제2판

스포츠를 위한 하이퍼포먼스 트레이닝

HIGH-PERFORMANCE TRAINING FOR SPORTS

제 2 판

스포츠를 위한
하이퍼포먼스 트레이닝

HIGH-PERFORMANCE TRAINING FOR SPORTS

편집자 | 데이비드 조이스, 다니엘 르윈든

대표 역자 | 서 민 섭

CONTENTS

Part 3 운동 수행 능력의 향상과 지속

역자 서문

EXOS, ALTIS, 프리미어리그, NBA, 올림픽 금메달, 월드컵 우승—

선수 트레이닝을 공부하는 사람들이라면 누구나 한 번쯤은 가슴이 뛰었을 단어들입니다. 이러한 세계 무대를 경험하고 변화를 이끈 최고의 실전 전문가들과 교수진들이 직접 들려주는 지식과 생생한 현장 경험이 이 책에 고스란히 담겨 있습니다.

저 역시 원서로 처음 이 책을 접했을 때, "이보다 더 체계적이고 깊이 있는 선수 퍼포먼스 트레이닝 자료는 없다"고 확신했고, 대학의 모든 트레이닝 수업에서 필수 교재로 활용되어야 한다는 확신이 들었습니다. 그만큼 이 책은 최신 스포츠 과학 연구와 세계 주요 리그, 국제 대회를 누빈 실전 경험이 '이론과 현장'의 언어로 완벽하게 집약된 결정체입니다.

특히, 러프버러, 카디프 메트로폴리탄, 리버풀 존 무어스 등 유수의 명문대 교수진이 집필을 주도하며 실제 EXOS, ALTIS, EPL, NBA, NFL, NHL, 올림픽, 월드컵 무대에서 선수들을 지도한 각국의 현장 전문가들이 속도, 파워, 민첩성 등 핵심 신체 역량 개발은 물론 회복 · 재활, 부상 예방, 인시즌/오프시즌 트레이닝, 더 나아가 심리적 · 환경적 요인과 현장 조직문화까지 스포츠 퍼포먼스의 모든 영역을 과학적으로 풀어내고자 정성을 다했습니다.

한국 스포츠 현장에서는 여전히 실무적 인사이트, 최신 이론, 그리고 현장 적용이 가능한 구체적인 전략을 아우르는 참고서가 부족하다고 느껴왔습니다. 이번 번역 작업은 단순한 '언어 전환'을 넘어, 글로벌 트레이닝 최전선에서 축적된 지식을 국내 환경과 현실에 맞게 소개하고, 우리나라 코치, 트레이너, 선수, 스포츠 지도자 모두가 한 차원 더 높은 전문성과 적용력을 갖출 수 있는 기반을 마련하고 싶다는 진심 어린 바람에서 시작되었습니다.

이 책을 읽는 모든 분들이, 최고 수준의 스포츠 퍼포먼스 현장에서 얻어진 값진 지식과 경험을 쉽고 깊이 있게 접할 수 있기를 바랍니다. 이론이 현장에서 어떻게 실현되는지, 실전 사례와 데이터가 어떻게 새로운 패러다임을 여는지를 이 책의 각 장을 통해 확인해 보시기 바랍니다.

『스포츠를 위한 하이퍼포먼스 트레이닝』의 한글판 출간이, 우리 스포츠가 한 단계 더 도약하는 데 든든한 디딤돌이 되길 간절히 소망합니다. 방대한 지식의 가교 역할을 할 수 있어 진심으로 영광이며, 귀중한 기회를 주신 대성의학사 권오현 대표님과 편집장님 그리고 보다 더 잘해보고자 하는 욕심에 1년이 넘는 시간이 지나는 동안 중간에서 조율을 잘해 준 백형진 교수에게 이 자리를 빌려 감사의 뜻을 전하고 싶습니다. 또한 뜻 깊은 번역에 함께 해주신 모든 분들께 깊은 감사를 전합니다.

2025년 여름

대표역자 서민섭

서문

댄 파프 Dan Pfaff
ALTIS 헤드 코치

1960년대와 1970년대 초 미국에서 운동선수로 활동한 지 얼마 되지 않았을 때, 나는 코치들이 제너럴리스트였던 시절에 코칭에 입문했다. 팀 코치는 스포츠의 기술적, 전술적 측면을 가르치고 시합을 위해 선수들을 트레이닝시켜야 했다. 많은 코치들이 여러 종목의 코치를 맡았고, 이러한 업무에 수반되는 다양하고 많은 요구를 처리해야 했다.

이후 군비 경쟁과 올림픽 등을 통해 국제 경쟁의식이 고조되면서 스포츠 과학이 등장하고, 직업 및 학문 분야가 전문화되기 시작했다. 대학에서 체육학 학위를 받은 졸업생을 코치로 배출하던 시대는 점점 줄어들고 있었다. 그 후 얼마 지나지 않아 하이-퍼포먼스 스포츠에서 코치의 역할이 훨씬 더 명확해지면서 코치는 피트니스, 스포츠 생리학, 스포츠 재활, 물리치료, 스포츠 영양, 근력 및 컨디셔닝, 스포츠 심리학, 정형외과 의학, 생체역학 및 기타 여러 전문 분야 전문가들의 도움을 받게 되었다.

오늘날 이러한 하위 분야는 선수와 팀의 가능성의 한계를 찾기 위해 노력하는 선수들을 지원하는 데 활용할 수 있는 산업으로 존재한다. 과학, 기술 그리고 전문 지도자들은 오늘날의 코칭에 정보를 제공하며 지난 50년 동안 코치의 역할을 변화시켜 왔다.

획기적인 책인『스포츠를 위한 하이퍼포먼스 트레이닝』의 새롭고 개선된 버전은 운동선수들이 최상의 기량을 추구할 수 있도록 현재 쓸 수 있는 지식을 담고 있다. 데이비드와 댄은 스포츠 과학과 적용의 각 측면에서 세계 최고의 권위자들을 모았다.

이 책에는 중요한 퍼포먼스 주제에 관한 17개의 완전히 새로운 챕터와 초판에서 특히 인기 있고 필수적이었던 챕터의 업데이트된 내용이 포함되어 있다. 각 장의 저자들은 모두 세계적인 전문가들로, 쉽게 접근할 수 있으면서도 장시간의 심포지엄만큼이나 풍부한 정보를 제공하는 형식으로 전문 지식과 경험을 공유하고 있다. 모든 퍼포먼스 실무자에게 즉시 적용할 수 있는 관련 정보만을 제공한다는 목표는 정보 과부하, 상아탑(현실과 동떨어진), 탑-다운 관리 체계가 만연한 오늘날의 업계에서 환영할 만한 접근 방식이다.

이 책에 기여한 최전선의 선구자들은 오늘날 운동선수들이 직면한 퍼포먼스 문제에 대한 새로운 학제 간, 다차원적 해결책을 제시하고 있다. 나의 소견으로는 모든 과학의 미래는 큰 아이디어를 연결하고 연구 결과와 방법론, 관점을 공유하는 데 있다고 생각한다. 시간이 지남에 따라 사례 연구Case study는 종종 통찰력 있는 연구를 촉진해 왔으며, 학문적으로는 눈살이 찌푸려질지라도 수십 년 동안 코치들의 생명줄이 되어왔다.

스포츠 과학 분야에서 수년간 하이퍼포먼스를 경험해온 기간 동안 가장 큰 돌파구는 항상 학제 간, 전체론적 사고에서 비롯되어 왔는데, 이것이 바로 이 책이 오늘날의 퍼포먼스 지도자에게 중요한 이유이다.

이 책에는 정신적 기술, 프로그램 설계, KPI 모니터링, 준비 상태 및 선수 개발을 다루는 챕터들이 포함되어 있다. 또한, 프로그램 설계에서의 에너지 시스템 요소, 재활 및 핵심적인 경기 복귀 요소, 학습 환경 논의, 피드백 메커니즘 및 이론과 같은 주제와 함께 이러한 요소의 최적화를 위해 지속적인 맥락을 살펴보는 챕터도 포함되어 있다. 종종 간과되는 소프트 스킬의 영역은 전체 작업에서 분명하게 드러나는 또 다른 주제이며, 다양한 전문가들의 관점이 창의적으로 엮여 있다.

근력, 스피드, 달리기 역학 및 움직임 효율성에 대한 큰 비중을 차지하는 항목은 집필진과 챕터 수에서 큰 비중을 차지한다. 교과서에서는 과학이 독자에게 전달되는 방식을 간과하는 경우가 많지만 『스포츠를 위한 하이퍼포먼스 트레이닝』에서는 그렇지 않다. 데이비드와 댄, 그리고 공저자들은 과학의 교육적 적용을 핵심 축으로 삼았다.

이 책에 담긴 정보와 저자들의 명쾌한 설명이 운동선수, 코치, 스포츠 과학 종사자들이 스포츠계에서 활동하는 방식을 변화시키는 데 영향을 미칠 수 있기를 바란다. 독자들에게 한 가지 주의할 점이 있다. 이 책의 방대한 내용을 완전히 이해하려면 여러 번 다시 읽어야 하며, 각 장마다 동료들과 토론을 하는 것이 좋을 것이다. 그렇게 하더라도 이 책의 내용이 구식이 되기 훨씬 전에 이 책을 다 읽게 될 것이다.

서론:
현대 운동선수에 대한 이해

데이비드 조이스David Joyce, MPhty, MSc, MBA
시냅싱 전략 및 퍼포먼스 대표이사

다니엘 루인던Daniel Lewindon, MSc(SEM), MSc(S&C)
영국 테니스협회 퍼포먼스 과학 및 의무 책임자

이번 개정판의 새로운 점은 무엇인가? 『스포츠를 위한 하이퍼포먼스 트레이닝』 초판 이후 몇 년이 지났지만 큰 변화는 없었다. 하지만 모든 것이 변화하기 시작할지도 모른다. 우리는 인류 역사상 가장 큰 기회와 위협에 직면해 있으며, 그중 상당수는 우리의 스포츠, 엔터테인먼트, 라이프스타일 선택과 기대에 큰 영향을 미칠 것이다. 우리는 곧 그 어느 때보다 빠른 속도로 직업적으로나 개인적으로 적응해야 하는 선택과 압박에 직면하게 될지도 모른다.

우리가 사용하는 기술의 정교함과 경제성은 점점 더 가속화되고 있으며 과학, 건강, 커뮤니케이션, 스포츠 참여 및 시청의 모든 영역에 점점 더 큰 영향을 미치고 있다.

더욱 빠르고 강력한 무선 네트워크, 카메라, 프로세서의 등장은 이러한 진화를 뒷받침하고 있으며, 현실과 가상이 구분할 수 없을 정도로 가까워지고 인공지능이 상상할 수 없는 곳으로 발전하고 있다. e스포츠는 계속해서 번창하며 그들만의 독특한 특성과 도전을 가진 새로운 세대의 선수들을 만들어 내고 있다. 가상현실은 이미 커뮤니케이션, 기술 개발 및 재활을 강화하기 시작했다. 이는 전 세계가 점점 더 연결됨에 따라 '진입로'에 불과할 것이다. 과연 미래의 팬들이 집에서 더 좋은 '좌석'을 구할 수 있는데도 불구하고 경기를 보기 위해 경기장까지 갈 필요가 있거나 가기를 원할까? 세계 최고의 외과의사를 만나고 수술을 받기 위해 먼 거리를 이동해야만 할까? 앞으로는 운동선수들이 집에서 훈련하고 심지어 경기를 치르는 날이 오지 않을까?

건강의 관점에서 보면 향상된 자동화 의료 영상, 줄기세포 치료, 3D 프린팅, 가상 상담, 심지어 가상 치료와 수술이 현실화될 가능성이 높다. 게놈에 대한 우리의 이해는 미래의 운동 능력, 회복력, 수명에 혁명을 일으킬 것이다. 미래의 의료 요법은 크게 달라질 것이며, 이 분야에서 계속 일하게 될 의사들은 완전히 다른 기술을 필요로 할 것이다.

기본적인 예로, 소셜 미디어의 문화적인 사용은 이제 '전문가'를 손가락 끝에 두고 있는 세대의 운동선수들이 있다는 것을 의미한다. 클릭 두 번으로 모든 답을 얻을 수 있는 세상에서 지도자로서 우리는 어떻게 가치를 더할 수 있을까?

더 광범위하고 훨씬 더 중요한 것은 전 세계적인 환경의 변화가 우리 삶과 선택, 기대의 모든 측면을 바꾸기 시작할 것이라는 점이다. 기후에 대한 반박할 수 없는, 솔직히 말하면 지진에 가까운 변화로 인해 개인, 조직, 국가는 대체 에너지와 지속 가능한 식량을 개발하기 위한 경쟁에서 우리 발자국의 모든 요소를 빠르게 재평가하게 될 가능성도 있다.

스포츠의 경우, 탄소 발자국을 줄이려는 노력(그리고 아마도 금전적 인센티브)은 관전뿐만 아니라 스포츠에 직접 참여를 위한 이동에도 영향을 미칠 가능성이 크다.

기후 변화와 기술은 하이퍼포먼스 스포츠의 미래, 종사자인 우리, 인류 모두에게 영향을 미칠 것이다. 우리는 계속해서 번창하기 위해 생각했던 것보다 더 많은 적응력을 갖춰야 할 것이며, 선수들의 관심, 참여, 신뢰를 얻고 유지하는 것이 점점 더 어려워질 것으로 보인다.

그리고 이것은 우리가 전 세계적인 팬데믹에서 변화된 세상으로 나오기 전의 일이다. 요점은 10년은 물론이고 두 달 후에도 어떤 일이 기다리고 있을지 모른다는 것이다. 하지만 스포츠는 지속될 것이며, 선수들의 잠재력을 최대한 끌어낼 수 있도록 선수들과 함께 일할 전문가의 필요성도 커질 것이다. 그러나 지도자의 탁월함을 구성하는 요소는 달라질 가능성이 높다. 기술 분야 지식은 필수적이지만 그것만으로는 더 이상 충분하지 않다.

그 결과, 『스포츠를 위한 하이퍼포먼스 트레이닝』의 핵심과 본질을 유지하면서 현재와 미래의 성공에 필요한 몇 가지 소프트 스킬을 소개하는 챕터와 이 멋지고 새로운 세상을 탐색하는 데 도움이 되는 의사소통, 언어, 관계, 리더십 및 기술에 대해 논의하는 챕터가 추가되었다.

맥락에 대한 이해

이 글의 목적은 독자들에게 운동선수의 피지컬 트레이닝에 대한 깊은 이해를 제공하는 것이다. 그러나 이것이 스포츠 성공으로 이어진다는 보장은 없다. 이 지식을 적용할 수 있는 맥락에 대한 이해와 스포츠 자체와 개별 운동선수에 대한 깊은 이해가 필요하다. 유전, 성격, 트레이닝 이력 및 부상 이력, 외부 영향 및 신념의 차이로 인해 사람마다 훈련에 다르게 반응하게 된다.

따라서 우리가 활동하는 맥락과 환경을 이해하는 것이 중요하다. 프로그램의 성공 여부는 개념이 얼마나 잘 전달되느냐에 달려 있다고 할 수 있다. 세계 최고의 프로그램이라도 제대로 알려지지 않으면 구매가 이루어지지 않고, 따라서 효과도 나타나지 않는다.

본문의 비전

운동선수의 신체적 준비에는 많은 것이 달려 있기 때문에 전 세계 하이퍼포먼스 스포츠에 종사하는 사람들 간에 모범 사례를 공유해야 한다. 지난 10년간 스포츠 및 운동 과학 분야의 혁신으로 인해 현재 서점에 진열된 많은 출판물에는 업데이트가 필요한 정보가 포함되어 있을 것이다. 이 책에서는 이러한 최신 정보를 제공할 뿐만 아니라 새로운 방식을 제시하고 있다. 이 책에서 다루는 고급 개념은 하이퍼포먼스의 세계에 대한 심층적인 통찰력을 제공한다.

이 책에서 다루는 주제는 정보를 즉각적이고 실용적으로 활용할 수 있는 방식으로 최첨단 퍼포먼스 과학을 제시하고 있다. 이 책의 페이지에 제시된 정보가 토론을 이끌어 내고 진정한 하이퍼포먼스에 대한 정확한 인식을 위한 실무의 변화를 촉진할 수 있기를 바란다.

전문가

인간의 퍼포먼스 극대화를 위해서는 여러 영역에서 탁월함을 추구해야 한다. 이 책은 운동 능력의 각 특정 영역에서 세계적인 리더로 인정받는 사람들의 공동 작업으로, 저자들은 각자의 전문 분야에 대해 글을 집필했다. 이들은 자신의 분야에서 모범 사례가 무엇인지 설명하고 해당 분야에 대한 연구 결과를 생생하게 전달하고 있다. 이러한 방식으로 세계 최고의 전문가들이 세계적인 수준의 연구와 방법을 효과적으로 정리하여 독자들에게 과학을 적용할 수 있는 최선의 방법을 제공하고 있다.

이 저자들은 세 가지 기준에 따라 선정되었다.

1. 특정 응용 선수 퍼포먼스 분야에서의 경험, 기록 및 세계적인 명성
2. 최신 연구를 실용적이고 체계적인 방식으로 적용하는 능력
3. 독자가 즉시 이해하고 적용할 수 있도록 모범 사례 원칙을 전달할 수 있는 능력

이 책은 세계 최고 수준의 운동 능력에 대한 과학뿐만 아니라 이 과학을 실제 세계에 적용하는 방법을 전파하는 하이퍼포먼스 스포츠 분야의 세계적인 리더들이 협력하여 만든 작업의 결과물이다. 우리의 비전은 이 책이 신체 퍼포먼스가 가장 중요한 활동에 종사하는 모든 선수, 코치 또는 지원 전문가에게 즉시 적용할 수 있는 매뉴얼이 되는 것이다. 하지만 이는 전통적인 스포츠에만 국한된 것이 아니다. 군인 및 실업 운동선수도 엘리트 수준의 신체적 준비가 필요하다.

이 책을 가장 효과적으로 활용하는 방법

교과서는 일반적으로 첫 페이지부터 마지막 페이지까지 읽도록 설계되지 않았으며, 이 책도 예외는 아니다. 하지만 전체에 걸쳐 일관된 주제와 이야기가 이어질 수 있도록 내용을 구성했다.

첫 번째 파트에서는 잘 다치지 않는 선수를 육성하는 데 필요한 기본적인 과정을 다루고 있다. 두 번째 파트에서는 주요 운동 능력과 이를 발전시키는 방법에 대해 설명하고 있다. 그러나 한 가지 운동 영역만 사용하는 스포츠는 거의 없으므로 세 번째 파트에서는 운동 능력의 모든 다른 속성을 능숙하게 결합하는 것을 논의하고 있다.

각 장은 독자에게 즉각적인 실전 지식을 제공할 것으로 기대하고 있으며, 코치가 업무 현장에 정보를 적용하고 바로 사용할 수 있을 만큼 실용적인 예시가 충분하게 수록되어 있다. 각 장은 세부적인 내용도 풍부하고 각 주제를 심도 있게 다루고 있어 반복해서 읽을 가치가 충분하다.

오늘날 대부분의 사람들은 시간이 부족하기 때문에 모범 사례 원칙을 찾기 위해 방대한 양의 과학 연구 자료를 뒤지는 것은 불가능에 가깝다. 이 책은 운동선수, 트레이너, 코치, 과학자들에게 처음 읽은 후에도 유용하게 사용할 수 있을 뿐만 아니라 각 장에 대한 심층적인 검토를 통해 보람을 느낄 수 있을 만큼 충분한 세부 정보를 담고, 신뢰할 만한 최신의 실용적인 정보를 제공하고자 했다. 이 책에는 바로 사용할 수 있는 정보와 프로그램이 충분히 포함되어 있어 독자들이 책을 가지고 다니며 교육 세션의 기초 자료로 활용할 수 있다. 또한 독자들이 필요에 따라 프로그램을 수정하고 발전시키는 방법을 이해할 수 있도록 이러한 프로그램의 이면에 있는 사고 과정에 대한 논의도 충분히 제공하고 있다.

이 책은 세계적인 수준의 저자들이 다루는 주제의 폭이 넓어 최신 스포츠 컨디셔닝 원칙과 프로그램을 찾는 선수나 코치에게 종합적인 자료를 제공할 수 있다. 이 책은 레시피를 보기 위한 서적은 아니다. 이 지혜의 전파는 선수나 학생뿐만 아니라 스포츠별 퍼포먼스 측면에서 결과를 극대화하기 위해 노력하는 현장에서 일하는 모든 사람에게 귀중한 가치가 있다.

각 장을 읽고 나면 독자는 논의된 주제에 대한 최신 견해를 이해할 뿐만 아니라 여러 분야의 리더들의 전문 지식을 바탕으로 이 지식을 통합적으로 적용하는 방법을 이해할 수 있다.

스포츠 퍼포먼스의 단일 요소는 독립적으로 존재하지 않으므로 특정 문제가 여러 장에서 다뤄지는 경우도 있을 수 있다. 예를 들어 피로에 대한 주제는 모니터링과 회복 장에서 모두 다루고 있다. 스포츠에서 뛰어난 성과를 내기 위해 여러 영역 간의 연계성을 보여주기 위해 의도적으로 이러한 방식으로 책을 구성했다. 따라서 독자가 직접 자신만의 방식을 선택하고 이러한 의도적인 크로스오버를 활용하여 이 책을 최대한 활용할 것을 권장한다.

이러한 크로스오버는 퍼포먼스 체계 내에서 학제간 협업의 필요성을 더욱 잘 보여주고 있다. 예를 들어 부상당한 조정 선수의 재훈련에는 근력, 유산소 능력, 크로스트레이닝, 훈련 부하 모니터링 및 회복을 고려해야 한다는 것이 명확하게 드러나 있다. 따라서 이 책은 스포츠 및 피트니스 코치뿐만 아니라 의사, 물리치료사, 운동 트레이너와 같은 의료 및 재활 담당자에게도 유용할 수 있다.

여러분과 여러분의 선수에게 최고의 행운을 기원한다!

Part I

회복력의 구축과 발전

Chapter 1

선수의 능력과 준비 상태에 대한 이해

마이클 R. 맥과이건 Michael R. McGuigan, PhD, CSCS*D
뉴질랜드 스포츠 퍼포먼스 연구소, 오클랜드공과대학교

조 클럽 Jo Clubb, BSc, MSc
퍼포먼스 과학 컨설턴트, 글로벌 퍼포먼스 인사이트

운동선수가 하이퍼포먼스 스포츠를 준비할 때 중요한 요소는 선수의 운동 능력을 평가하는 것이다. 지도자는 선수를 트레이닝할 때 두 가지 핵심 목표를 가지고 있어야 한다.

1. 선수의 신체적, 기술적, 심리적 능력을 향상시켜 가능한 최고 수준의 경기 준비 상태에 도달하도록 돕는다.
2. 정밀하게 통제된 트레이닝 프로그램을 개발하여 경기 시즌의 적절한 순간과 주요 경기의 각 시점에서 최대의 경기력을 발휘할 수 있도록 한다.

이러한 목표의 근간은 강하고 건강한 선수를 만드는 것이며, 이를 효과적으로 달성하기 위해서는 선수의 신체적 능력을 파악해야 한다. 이러한 중요한 정보가 없으면 트레이닝 프로그램을 효과적으로 설계하기 어렵다.

이 장의 목적은 운동 능력 테스트 과정에 대한 이해와 선수의 강점과 약점을 완전하고 정확하게 파악하기 위해 가장 적합한 테스트를 결정하는 방법을 제공하는 것이다. 또한 운동 능력 향상을 위한 전략적 접근 방식을 개발하고 모든 관계자에게 전달할 수 있도록 결과를 제시하는 가장 효과적인 방법을 보여준다.

스포츠 및 팀의 요구 사항에 대한 이해

코치와 과학자들은 오랫동안 운동선수의 다양한 능력을 평가하는 데 관심을 가져왔다. 예를 들어, 1927년 운동 생리학자 A.V. 힐Hill은 선수들이 자석을 착용한 상태에서 트랙을 따라 일정한 간격으로 설치된 대형 와이어 코일을 사용하여 단거리 선수의 가속도를 측정했다.[1] 운동선수의 신체적 자질에 대한 평가에는 다양한 테스트를 사용할 수 있다. 테스트 프로그램을 설계할 때는 스포츠와 개별 요구 사항을 철저히 분석하여 어떤 테스트가 가장 적합한지 결정하는 것이 중요하다.

트레이닝과 마찬가지로 신체 능력 평가 역시 구체적이어야 하므로 테스트를 위한 테스트를 시행하지 않는 것이 매우 중요하다. 생성된 데이터는 의미 있어야 하며 어떤 식으로든 선수의 퍼포먼스에 영향을 미치는 데 사용되어야 한다. 또한 어떤 검사를 사용하는지 비판적으로 검토하고 이전에 사용되었다는 이유만으로 또는 장비와 전문 지식이 있다는 이유만으로 검사를 선택하지 않는 것이 중요하다. 스포츠별 및 개인별 생리학적 데이터를 모두 분석하는 것은 개별화된 훈련 프로그램 설계에 대한 전략적 접근을 시작하는 데 있어 매우 중요하다. 그림 1.1은 신체 능력과 준비도 평가를 위한 테스트를 선택하고 사용하는 데 사용할 수 있는 제안된 접근 방식을 보여주고 있다.

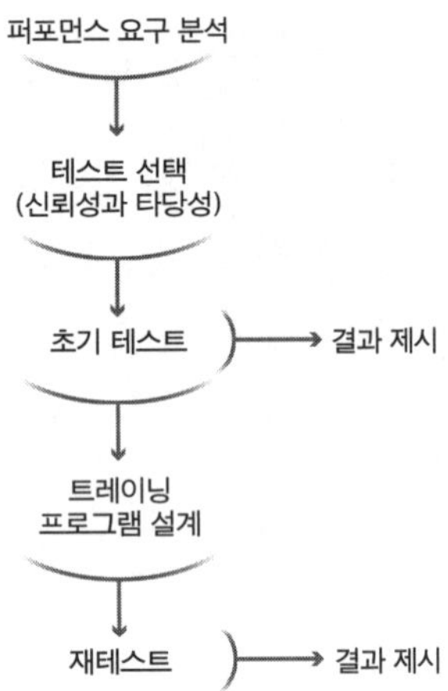

그림 1.1 신체 능력 평가의 테스트-재테스트 주기. 핵심적인 요소는 지속적이고 효과적인 평가 및 결과 제시를 통해 훈련 진행 상황을 정량화하고 훈련의 효과를 평가하는 것이다.

운동선수의 신체 능력을 평가하는 데에는 몇 가지 이유가 존재한다. 여기에는 다음이 포함될 수 있다.

- 트레이닝 프로그램의 효과에 대한 객관적인 정보 제공,
- 특정 중재 전략의 영향 평가,
- 프로그램 조정과 관련된 합리적인 의사 결정 지원
- 스포츠의 요구 사항에 대한 선수와 코치의 이해 극대화
- 새로운 기술에서 나온 데이터의 효과적인 사용
- 엘리트 선수 준비에 관한 연구 증가에 기여

스포츠의 특정 요구 사항을 이해하는 것은 컨디셔닝, 근력, 파워, 민첩성 및 스피드 향상을 위한 포지션별 트레이닝 프로그램을 설계하는 데 중요한 영향을 미친다. 넷볼, 축구, 15인제 럭비와 같은 스포츠 자체 내에서도 포지션마다 상당한 차이가 있을 수 있다. 각 포지션의 요구 사항에 따라 트레이닝 프로그램과 운동을 처방하면 선수들이 경기에서 맡은 역할에 기대되는 특정 요구에 대비하고 최적의 경기력을 발휘하는 데 도움이 될 수 있다. 이러한 요구 사항 분석 과정에는 경기 중 선수들의 경기력 분석과 함께 적절한 신체 능력 테스트가 포함되어야 한다. 이는 해당 종목의 특정 요구 사항을 충족하는 개별화된 트레이닝 프로그램을 개발하는 데 도움이 된다.

그림 1.1과 같이, 테스트 선택은 초기 퍼포먼스 분석에 기반해야 한다. 특정 스포츠 및 포지션의 퍼포먼스와 직접적인 관계를 기준으로 테스트를 선택할 수 있다. 또한 경기력과 관련된 신체 능력을 평가하는 테스트를 포함함으로써 훈련 프로그램의 효과를 점검하는 데 도움이 될 수 있다. 테스트 항목의 특이성을 평가하는 또 다른 접근 방식은 팀 및 스포츠의 부상 역학을 고려하는 것이다. 스포츠 및 포지션의 신체적 요구 사항에 대한 지식과 결합하면 특정 테스트의 적절성을 평가하는 데 유용할 수 있다. 예를 들어, 아이스하키에서 서혜부 부상의 유병률이 높고[2] 스케이팅 중 방향과 속도 전환이 잦다는 특성을 고려할 때 서혜부 근력 테스트를 포함하는 것이 적절하다. 더 많은 스포츠별 사례는 이 장의 '데이터에서 퍼포먼스로' 섹션을 참고하자.

부상 평가와 재활의 결과 통합

모든 트레이닝 프로그램의 핵심은 부상 예방과 재활이다. 미래의 부상을 예측할 수 없기 때문에 평가의 효과에는 의문이 제기되어 왔다.[3,4] 그러나 예측 능력이 떨어지더라도 평가 과정이 부상 검사와 재활 영역에 어느 정도 이점을 제공한다는 데에는 공감대가 형성되어 있다. 특히 테스트는 다음과 같은 영역에서 중요하다.

- 트레이닝 프로그램에 통합할 중재를 결정한다.
- 부상 예방 및 재활 과정에서 중재의 진행 상황과 효과를 결정할 때 객관성을 추가한다.
- 퍼포먼스팀, 의료팀 및 코칭팀의 모든 구성원 간의 의사소통을 촉진한다.

부상 예방은 업계 차원에서 노력해야 할 부분이지만, 현재 우리가 이해하고 있는 부상 위험의 일부 측면은 우리가 통제할 수 없는 영역이기도 하다. 따라서 예방보다는 부상 위험 최소화라는 용어를 사용하는 것이 더 적절할 수 있다. 실제로 운동 능력의 향상은 부상 위험의 감소와 경기력 향상과 관련이 있다는 점을 고려할 때, 이러한 평가는 이중 목표를 가질 수 있다.[5] 이러한 결론은 운동 능력 평가 결과를 부상 위

험을 최소화하는 중재와 통합하여 사용하는 것을 뒷받침하고 있다.

현재 많은 하이퍼포먼스 프로그램에서는 물리치료사, 근력 및 컨디셔닝 코치, 퍼포먼스 분석가 등의 전문가가 함께 협력하여 선수 준비에 대한 다학제적 접근 방식을 취하는 것이 일반화되고 있다. 한 연구에서는 선수 준비에 대한 이러한 다학제적 접근 방식이 대학 야구 선수의 부상률과 경기력에 미치는 영향을 연구했다.[6] 5년 동안 전반적으로 부상률이 감소하고 경기력이 향상되었는데, 이는 스포츠 코치, 스포츠 의학 및 스포츠 과학 부서 간의 협력적인 노력에 기인한 것으로 나타났다. 그러나 일부 환경에서는 근거 기반 훈련을 실행하는 데 어려움이 존재한다는 점에 유의해야 한다. 예를 들어, 엘리트 축구팀을 대상으로 한 설문조사에 따르면 노르딕 햄스트링 운동이 부상 위험을 줄이는 데 도움이 된다는 강력한 증거가 있음에도 불구하고 이를 준수하는 비율은 약 17%에 불과했다.[4] 이러한 문제에 대해서는 이 장의 뒷부분에서 더 자세히 살펴볼 수 있다.

이러한 접근 방식이 성공하려면 모든 관계자 간의 긴밀한 소통이 필수적이다. 실제로 엘리트 축구와 공연 예술(예: 태양의 서커스)에 대한 연구에 따르면 주요 관계자 간의 의사소통이 부상 예방 접근 방식과 그에 따른 부상률에 직접적인 영향을 미칠 수 있다고 강조했다.[7,8] 따라서 실시되는 테스트의 의미를 퍼포먼스 팀 전체가 이해해야 하고, 도출된 결과가 선수의 상태를 평가하는 데 실질적인 가치가 있는 정보를 제공해야 하며, 이 정보가 효과적으로 전달되는 것이 매우 중요하다.

피지컬 능력에 대한 적절한 테스트의 선택

지도자는 선수의 신체 능력을 평가하기 위해 적절한 테스트를 선택하는 것이 중요하다. 선수의 능력을 측정하기 위한 평가 프로토콜을 개발할 때 고려해야 할 두 가지 중요한 사항은 '타당도'와 '신뢰도'이다. 이러한 구성 요소는 종종 같은 의미로 논의되지만, 선수들을 위한 테스트 프로그램을 선택할 때에는 별도의 요소로 고려해야 한다.

현명한 방법

'타당도'는 특정 테스트가 본래 측정하려는 능력을 정확하게 평가하는지를 의미한다. 이는 선수 간의 차이를 구별하는 데 중요한 요소이며, 실제 테스트 점수와 기준 테스트 점수를 비교하여 평가하는 경우가 많다.
'신뢰도'는 수행 결과가 얼마나 일관되게 반복될 수 있는지를 나타낸다. 최적의 신뢰도 평가는 반복 시행을 통해 이루어지며, 선수의 변화를 추적하는 데 중요하다.

운동 수행 능력을 측정하는 실험실 또는 현장 기반 테스트는 신뢰할 수 있고 타당해야 할 뿐만 아니라 선수의 체력 수준의 작은 변화에도 민감해야 한다. 데이터 수집의 준비 및 실행과 관련하여 몇 가지 기본적인 요소를 고려해야 한다. 이러한 요소들이 결합되어 정확한 측정값을 기록하는 데 도움이 될 수 있다. 이러한 사항에는 다음과 같은 요소가 포함될 수 있다.

- 검사자의 교육 및 평가
- 효율적인 테스트 진행을 위한 충분한 보조 인력 확보
- 데이터 입력 시트 또는 컴퓨터 스프레드시트의 세심한 준비
- 정밀하고 캘리브레이션된 장비의 가용성
- 테스트 환경의 효율적인 설계
- 테스트 진행 순서를 포함한 테스트 세션의 구조
- 선수들에게 테스트 절차에 대한 사전 숙지 제공(명확한 설명 및 시범 포함)
- 테스트 중 선수들의 최대 노력을 위한 지원

테스트 절차의 핵심 요소는 테스트 세션을 준비하는 것으로, 이는 타당하고 신뢰할 수 있는 테스트 프로토콜을 보장하는 데 도움이 된다. 평가 프로토콜에 대한 파일럿 테스트(예비 테스트)를 수행하는 것도 고려해야 한다.

신뢰도

테스트의 신뢰도는 운동선수, 환자, 고객, 연구 참여자의 평가 정확도에 영향을 미치기 때문에 가장 중요한 요소로 간주되는 경우가 많다. 예를 들어, 엘리트 스포츠의 경우 퍼포먼스 향상의 한계와 성공 여부를 가르는 차이가 극히 작으므로, 퍼포먼스 테스트의 신뢰성을 파악하는 것이 매우 중요시되고 있다. 신체 능력을 측정할 때는 그 방법이 신뢰할 수 있는지를 확인하는 것이 매우 중요하다.

지도자는 신뢰도를 측정하기 위해 여러 방법을 사용할 수 있다. 이러한 방법에는 상관관계, 일반적인 측정 오차 및 평균값의 변화가 포함되어 있다.

상관관계

가장 일반적인 형태의 신뢰도는 재테스트 신뢰도이며, 이는 한 번 이상 측정된 변수의 재현성을 의미한다. 예를 들어, 1회 반복 최대(1RM) 테스트를 수행할 때, 첫 번째 테스트와 두 번째 테스트에서 동일한 결과가 나오는지를 확인하는 것이 중요하다. 재테스트 상관관계는 신뢰도를 측정하는 일반적인 방법이다. 상관계수 1.00은 변수 간에 완벽한 관계가 있음을 의미하며, 0.00은 관계가 전혀 없음을 나타낸다. 피어슨 상관 계수 또는 클래스 내 상관 계수(ICC)는 모두 재테스트 신뢰도를 정량화하는 데 사용된다. 하지만 재테스트 신뢰성을 확립하기 위해서는 이상적으로 2회 이상의 반복 테스트가 필요한데, 이런 경우 ICC가 더 적절한 측정 방법이다. 신뢰도 측정값을 계산하는 데 사용할 수 있는 스프레드시트는 온라인에서 사용할 수 있다.[9]

일반적인 측정 오차

일반적인 측정 오차는 테스트와 관련된 오차의 양을 직접적으로 측정할 수 있기 때문에 선수의 수행 능력 변화를 평가하는 데 더 유용한 방법이다. 측정 오차는 기술적, 생물학적 등 모든 원인에 의한 측정값의 변동을 의미한다. 일반적인 오차의 중요한 유형은 변동 계수(CV coefficient of variation)다. 이는 선수의 평균 점수에 대한 백분율로 표시되는 일반적인 오차를 말한다. 이는 퍼포먼스 테스트의 신뢰도를 나타내는 데 특히 유용할 수 있다. 이 접근 방식을 사용하여 테스트 프로그램에서 사용되는 모든 테스트에 대한 일반 오차를 계산한 다음 훈련 프로그램에 대한 반응으로 나타난 변화가 의미 있는지 여부에 대한 올바른 결론을 내릴 수 있다.

예를 들어 수직 점프 테스트를 3일에 걸쳐 실시하여(2회 이상 반복 테스트를 실시하는 것이 항상 더 효과적이다!) 1일차 65cm, 2일차 66cm, 3일차 68.5cm의 결과를 얻었다고 가정해 보자. 차이 점수는 1cm와 2.5cm이며, 이 차이 점수의 표준편차는 1.06이다. 그런 다음 일반적인 오차는 '차이 점수의 표준편차÷2의 제곱근, 즉 $1.06 \div \sqrt{2} = 0.75$'로 계산할 수 있다. 이는 여러 선수를 사용하여 계산해야 한다.

온라인에서 제공되는 스프레드시트를 사용하여 이 측정값을 계산할 수 있으며, 이 피험자 내 변동을 %CV로 계산할 수 있다.[9]

평균값의 변화

평균값의 단순한 변화도 신뢰도를 평가하는 또 다른 척도가 될 수 있다.[10] 이 변화는 무작위 변화와 체계적 변화의 두 가지 구성 요소로 이루어져 있다. 평균값의 '무작위 변화'는 샘플링 오류로 인한 것이고, '체계적 변화'는 시험 간 값의 비무작위적 변화다(예: 운동선수의 동기 부여). 변화를 계산하는 간단한 방법은 한 쌍의 시험 간에 대응표본 t-검정을 수행하는 것이다. 't-검정'은 두 평균 간의 비교를 허용하는 통계 테스트다. 두 번 이상 테스트를 받은 선수 그룹을 비교할 때(즉, 반복 테스트) 대응표본 t-검정을 사용할 수 있다. 이 테스트는 엑셀 또는 통계 프로그램에서 수행할 수 있다. 학습 효과가 작은 테스트를 선택 또는 설계하거나 선수에게 충분한 사전 적응 시도를 허용하여 학습 효과를 줄이는 것이 중요하다.

테스트의 허용 가능한 신뢰도에 대한 의문이 종종 제기되곤 한다. 지도자들은 적절한 테스트를 선택할 때 신호 대 잡음비 signal-to-noise ratio를 고려해야 한다. 허용 가능한 신뢰도 측정에 대한 사전 설정된 표준은 없지만, 0.75 이상의 ICC 값은 신뢰할 수 있는 것으로 간주될 수 있으며 대부분의 임상 응용 분야에서 이 지수는 최소 0.90이어야 한다고 종종 제안되고 있다. 일부 과학자들은 임의로 CV의 분석 목표를 10% 이하로 선택하기도 하지만, 이 수치의 타당성에 대해서는 여전히 추측의 영역에 있다. 이는 상당히 자유로운 해석으로 보이며, 코치는 가능하면 매우 높은 신뢰도를 가진 테스트를 사용하도록 권장해야 한다. 높은 신뢰도는 임상적으로 중요한 개인의 작은 변화를 모니터링하고 적절한 크기의 샘플을 사용한 대조군 실험에서 이러한 효과를 정량화하기 위한 전제 조건이다. 즉, 우리가 시행하기로 선택한 운동 테스트 결과의 변화를 감지할 수 있을 만큼 테스트가 우수한지를 알아야 한다. 신뢰도가 충분히 확보되지 않으면, 선수의 실제 상태나 훈련 프로그램의 효과를 정확히 파악하기 어려울 수 있다.

타당도

타당도는 테스트가 측정하고자 하는 것을 실제로 평가하고 있는지에 대한 근본적인 문제를 다루기 때문에 매우 중요하다. 또한 테스트가 선수의 경기 퍼포먼스와 얼마나 잘 연관되어 있는지에 대한 문제도 다룬다. 신뢰도를 결정할 때와 마찬가지로 온라인 스프레드시트를 사용하여 타당도를 계산할 수도 있다.[11] 경기력 향상에 관한 연구에서 특이한 점은 연구자들이 실제 경기 종목에서 다양한 중재가 경기력에 미치는 영향을 조사한 적이 거의 없다는 점이다.[10] 기존의 접근 방식은 실험실이나 현장 테스트에서 이벤트를 시뮬레이션하여 퍼포먼스를 평가하는 것이었다. 이는 참가자를 모집하고 퍼포먼스에 도움이 되거나 방해가 될 수 있는 치료의 효과를 측정하거나 설명할 수 있는 변수를 측정하는 것과 같은 현실적인 이유에서 비롯된 경우가 많았다.

안타깝게도 테스트에서의 퍼포먼스와 경기에서의 퍼포먼스 사이의 관계는 충분히 연구되지 않았기 때문에 테스트에서의 퍼포먼스 변화가 경기에서의 퍼포먼스 변화로 어떻게 해석되는지는 불확실하다(이 장의 데이터에서 퍼포먼스로의 전환 섹션 참고). 테스트의 신뢰도와 관계없이 지도자는 테스트에서 측정할 수 있는 개선 사항이 실제 경기에서도 재현되는지 확인해야 한다. 과거에 연구자들은 테스트에 참여한 선수 그룹의 퍼포먼스가 경기에서의 퍼포먼스 또는 현재 개인 최고 퍼포먼스와 상관관계가 있는 유효성 연구를 수행하여 이 문제를 다루었다.[12]

실용성 및 특이성

타당도와 신뢰도를 고려하는 것뿐만 아니라 선수의 퍼포먼스에 대한 관련 역량을 평가하고 해당 환경에 적합한 테스트를 선택해야 한다. 현재 수많은 테스트 옵션이 제공되므로 적절한 테스트를 선택하려면 무엇을, 언제, 어떻게, 그리고 가장 중요한 이유는 무엇인지에 대한 명확한 근거를 마련하는 것이 필수적이다. 선수에게는 많은 요구 사항이 있으며, 테스트는 추가적인 부담을 주기도 한다. 따라서 적용 환경에 도입되는 모든 테스트는 충분한 이점을 제공해야 하며, 특정 환경에서의 실용성도 고려해야 한다. 이 장에서는 '적용 환경에서의 테스트 실행'이라는 제목의 섹션에서 실용적인 고려 사항에 대해 설명하고 있다.

현명한 방법

테스트 결과의 변화가 경기 퍼포먼스의 변화와 직결된다는 가장 중요한 기준을 충족하는 실험 결과 또는 퍼포먼스 테스트를 사용하는 것이 매우 중요하다.

적용 환경에서의 테스트 실행

테스트의 타당성, 신뢰성, 특이성이 결정되면 평가를 어떻게 수행할 것인지에 대해 고민하고 계획해야 한다. 지도자는 학문적 연구에서 사용되는 실험실 기반 테스트에 비해 시간과 표준화된 조건이 거의 주어지지 않는다. 적절한 테스트 관리를 보장하기 위한 조치를 취해야 하지만, 실제 적용 환경의 현실은 이를 어렵게 만들 수 있다. 지도자는 다음 사항을 고려해야 한다.

- **예산.** 일반적으로 동일한 유형의 기술(예: 포스플레이트)에 대해 서로 다른 비용을 제시하는 여러 공급업체가 존재한다. 결정을 내릴 때 회사 간의 차이를 이해하는 것이 중요하지만 예산 제약도 영향을 미칠 수 있다.
- **장비 캘리브레이션.** 임상시험 간 표준화를 위해 모든 데이터 수집 세션 전에 장비 캘리브레이션 방법에 대한 지침을 따르는 것이 필수적

이다.

- **운영 단체 규칙.** 특정 스포츠의 경우 리그 규정에 따라 테스트 실시 시기와 사용 가능한 기술이 결정될 수 있다. 예를 들어, 미국의 주요 팀 스포츠에서는 단체협약(CBA)에 따라 선수들이 훈련 시설에 의무적으로 출석해야 하는 시기를 제한하고 팀 활동 시간을 제한한다. 또한 CBA는 경기와 훈련에서 선수를 모니터링하는 데 어떤 웨어러블 기술을 사용할 수 있는지도 규정할 수 있다. 이것이 역량 평가와 같은 다른 영역의 기술로 확대될지는 아직 지켜봐야 한다.
- **숙달.** 팀마다 사용하는 테스트와 프로토콜에 차이가 있을 수 있다. 이는 국제적 팀과 국내 팀과 비교했을 때, 그리고 같은 클럽 내 다른 연령대나 팀 간에도 마찬가지일 수 있다. 따라서 새로운 선수가 테스트에 참여할 때 잠재적인 숙달 효과를 고려해야 한다.
- **일정.** 테스트 실시 시기를 고려하는 것은 거시적 수준(시즌 중 언제)과 미시적 수준(일일 일정 중 언제)에서 모두 매우 중요한 부분이다. 모든 테스트는 선수가 활기차고 의욕이 넘칠 때 실시하는 것이 이상적이며, 경기 후 적절한 시간대(예: 48시간)에 실시하는 것이 능력 평가의 목표인 경우 가장 이상적이다(피로 모니터링은 경기 직후에 실시하는 것과는 대조적). 그러나 이것이 항상 가능한 것은 아니다. 예를 들어, NBA와 NHL 선수들은 정규 시즌에만 82경기를 치르며 일주일에 최대 5경기에 출전해야 한다. 지도자는 접근 방식에 유연성을 발휘하고 선수의 다른 요구 사항을 고려해야 한다.
- **피로의 영향.** 이는 테스트 중 피로 영향을 최소화하기 위한 일정 수립뿐만 아니라 테스트가 유발할 수 있는 잠재적 피로와 관련하여 고려해야 할 사항이다. 테스트는 종종 트레이닝 세션 직전 또는 전날에 실시되므로 피로가 누적되는 시간 경과를 고려해야 한다. 특히 최대 피로를 유발하는 테스트 일정은 신중해야 하며, 잠재적인 피로 또는 강화 효과를 고려하여 테스트 순서를 설정해야 한다.
- **표준화된 웜업.** 테스트 준비는 일관성을 유지해야 하며 표준화된 웜업이 모범 사례로 간주된다. 근육 온도가 신체 능력에 미치는 영향이 잘 알려져 있는 만큼, 일관된 웜업은 반복 가능성을 높이는 데 도움이 된다. 그러나 웜업 프로토콜 자체가 피로를 유발하지 않도록 해야 한다.
- **테스트 프로토콜.** 모든 테스트에 대해 설계된 프로토콜과 사용된 지침은 일관성이 있어야 한다. 불필요한 시간 제약 없이 신뢰할 수 있는 데이터를 수집할 수 있도록 충분한 횟수를 실시해야 한다. 적용 환경에서 시험 횟수와 휴식 기간을 결정하는 가장 중요한 요소는 시간일 수 있다. 예를 들어, 미국 프로풋볼 리그(NFL)의 오프시즌 및 훈련 캠프 기간 동안 로스터는 팀당 최대 90명의 선수로 구성되므로 모든 테스트는 시간 효율적인 방식으로 수행되어야 한다.
- **문화.** 새로운 테스트를 적용 환경에 도입할 때 마지막으로 고려해야 할 사항은 해당 테스트가 선수들의 기대치 및 스포츠 문화와 어떻게 부합하는가 하는 것이다. 일부 테스트와 기술은 특정 팀이나 종목에서는 일상적인 것이지만, 다른 환경에서는 낯설게 느껴질 수 있다. 새로운 평가 방법의 통합은 앞서 설명한 모든 요소를 고려하고, 이전의 전통을 존중하며, 관계를 구축하고, 선수와 동료들에게 이러한 테스트의 잠재적 이점에 대해 교육함으로써 도움을 받을 수 있다.

추가적인 테스트 시간이나 장비 없이도 트레이닝 중에 테스트를 수행할 수 있는 접근 방식이 모색되고 있다. 예를 들어, 최대하 체력 테스트는 웜업에 통합될 수 있으며, 피로도 평가는 트레이닝 데이터 모니터링에 사용될 수 있다. 저항성 트레이닝 세션 중에는 속도 기반 트레이닝을 사용하여 트레이닝 준비 상태와 현재 근력 수준을 추정할 수 있다. 이러한 접근 방식이 운동 능력에 대한 특정 테스트를 완전히 대체할 수는 없지만, 트레이닝을 테스트 환경으로 사용하는 것은 독립적인 테스트 데이터를 보완할 수 있는 매력적인 접근 방식이다.

중재를 위한 우선순위 결정

선수 평가 과정의 중요한 부분은 중재의 우선순위를 결정하는 것이다. 테스트 후 핵심 고려 사항 중 하나는 트레이닝 프로그램에서 어떤 능력을 목표로 삼아야 하는가 하는 것이다. 근본적인 질문은 "약점에 집중하는 것이 중요한가, 강점을 계속 개발하는 것이 중요한가, 아니면 두 가지를 모두 시도하는 것이 중요한가"이다. 예를 들어, 그림 1.2는 가상의 운동선수를 대상으로 한 근력 및 파워 테스트 결과를 보여주고 있다. 이 테스트 데이터에 따르면 이 선수는 최대 근력 및 부하 점프와 같은 힘 관련 능력에서 상대적으로 부족한 수준이다. 이 선수의 스포츠 퍼포먼스가 높은 수준의 힘 생산에 달려 있다고 가정하면, 이 선수는 근력 개발에 중점을 둔 후속 트레이닝 프로그램에서 더 많은 혜택을 받을 수 있다는 결론을 내릴 수 있을 것이다. 이러한 접근 방식은 훈련 프로그램을 개별화하여 시간과 노력을 가장 효과적으로 배분할 수 있도록 할 때 매우 중요하다. 이러한 맥락에서 특정 능력의 트레이닝이 다른 신체 능력에 미치는 영향도 고려해야 한다. 이러한 신체적 자질을 자주 재테스트하면 이 과정에 도움이 될 수 있으며, 지도자에게 프로그램 및 특정 중재의 효과에 대한 정기적인 피드백을 제공할 수 있다. 이러한 개념은 다음 장에서 자세히 살펴볼 예정이다.

중재 우선순위를 결정하는 데 유용한 지표의 예로는 동적 근력 지수(DSI)가 있으며, 이는 폭발적 근력 결손explosive strength deficit[15] 또는 동적 근력 결손dynamic strength deficit[16]이라고도 불린다. 이 값은 CMJ와 같은 탄성 운동을 통해 측정된 최대 힘 생산량과 등척성 테스트 중에 산출된 최대 힘, 가장 일반적으로 IMTP[13]를 결합하여 계산된다. 결과 비율은 근력 잠재력, 최대 힘 능력 및 탄성 움직임 중에 힘을 가할 수 있는 능력을 반영한다. 운동선수가 탄성 트레이닝, 동시 트레이닝 또는 최대 근력 트레이닝 중 어느 것에 집중해야 하는지 대해 지도자에게 지침을 제공하는

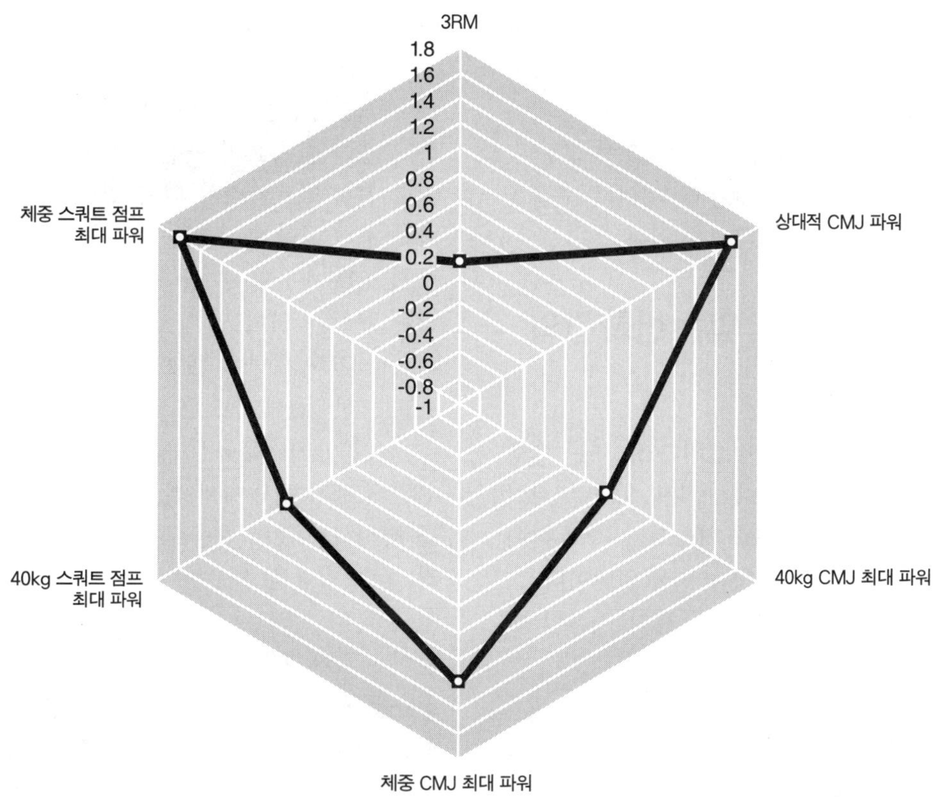

그림 1.2 선수의 근력 및 파워 프로필. 0은 선수가 해당 테스트에 필요한 표준에 도달했음을 나타낸다.

사례 연구

새로운 퍼포먼스 담당 직원이 축구팀에 배치되어 최상의 테스트 및 모니터링 프로토콜을 구현할 수 있는 기회가 주어졌다. 예산 영향 분석에 따라 이 팀은 포스 플레이트에 투자하기로 결정했고, 이를 통해 직원들은 반동 점프(CMJ)와 등척성 미드 싸이 풀(IMTP) 데이터를 수집할 수 있었다. 트레이닝 프로그램의 효과를 판단하기 위해 일부 변수에 대해 이 집단 내에서 가장 작은 유의미한 변화를 계산하여 약 6주마다 평가했다. 또한 동적 근력 지수(CMJ 최대 힘/IMTP 최대 힘)[13]를 계산하여 선수들을 탄성, 동시 또는 최대 근력을 개발하기 위한 그룹으로 분류했다. 능력 평가뿐만 아니라 객관적인 피로 모니터링을 위해 포스 플레이트를 사용했다. CMJ 테스트는 약 일주일에 한 번, 경기 이틀 후(일정에 따라 다름) 실시했다. 테스트는 필드 훈련 세션에 앞서 체육관 기반 웜업의 일부로 통합되어 실시했다. 평균 CMJ 높이는 최고 CMJ 높이[14]보다 신경근육 상태를 측정하는 데 더 민감한 척도로 입증되었기 때문에 각 선수에 대해 세 번의 시도에서 이를 추적하여 가장 작은 변화와 비교했다. 마지막으로, 축구에서 햄스트링과 사타구니 부상의 빈도가 높다는 점을 고려하여,[8] 구단은 이러한 근육 그룹의 힘을 평가하는 장비에도 투자했다(특히 한 가지 수축 유형과 자세에서만). 이 데이터는 개인을 고위험군으로의 분류와 부상 예방 운동의 개별화, 부상 발생 시 재활을 위한 기준 정보를 제공하는 데 사용되었다.

등 직접적인 실무적 의미를 지니고 있어 매력적인 분석 방법이다.

스포츠 과학에서 일반적으로 사용되는 비율과 관련된 수학적 부적절성에 대한 우려가 제기되었지만,[17] 현재 시행되고 있는 테스트의 분석을 극대화하는 것은 중요하다. 테스트를 실행하려면 시간과 자원이 필요하며 선수에게 추가적인 부담이 가해진다. 따라서 실무자는 추가 테스트를 도입하기 전에 수집된 데이터가 충분히 활용되었는지 지속적으로 검토해야 한다. DSI와 같이 기존 테스트 소스로부터 데이터 수집을 결합하는 방법이 유용한 접근이 될 수 있다.

테스트 퍼포먼스의 의미 있는 변화 값의 계산

테스트의 신뢰도 및 타당도와 직결되는 또 다른 핵심 고려 사항은 '테스트 퍼포먼스에서 의미 있는 변화란 무엇인가'이다. 의미 있는 변화란 테스트가 가장 작은 의미 있는 변화를 감지할 수 있는 능력을 의미한다.

의미 있는 최소 변화는 다음과 같이 계산할 수 있다.

0.5 CV% 또는 0.2×선수 간 표준편차[12]

운동선수를 다룰 때 개인과 그룹 모두에게 실질적으로 중요한 변화의 정도가 어느 정도인지 이해하는 것도 고려해야 한다. 이 개념을 사용할 때 지도자는 변화의 정도를 평가하고 테스트와 관련된 노이즈를 고려해야 하며, 이는 테스트 대상 선수 집단의 유형과 사용 중인 테스트 유형에 따라 달라진다.

선수의 퍼포먼스에서 의미 있는 최소한의 변화를 파악하는 개념은 선수 준비 과정에서 지도자가 달성하고자 하는 목표의 핵심에 해당하기 때문에 중요한 개념이다. 퍼포먼스의 의미 있는 변화를 결정함으로써 선수가 메달 획득 가능성을 높이기 위해 필요한 향상 정도를 계산할 수 있다.[12] 또한 특정 테스트에서 나타난 변화가 의미 있는 변화인지 아닌지를 판단하여 테스트 결과 해석에 큰 도움을 줄 수 있기 때문에 팀 스포츠 선수들에게도 큰 영향을 미칠 수 있다.

예를 들어, 운동선수를 테스트할 때 동등하게 구성된 경쟁자 집단에서 최소한의 의미 있는 향상 정도를 결정하는 것이 유용할 수 있다. 이 접근 방식은 여러 선수 집단을 사용하여 조사되었다.[18] 여기에는 특정 종목의 엘리트 선수에 대한 CV의 값을 계산하는 것이 포함된다. 이 연구에 따르면 지도자들은 엘리트 선수를 테스트하거나 준엘리트 선수의 퍼포먼스에 영향을 미치는 요인을 연구할 때 CV 값의 절반을 측정하는 데 확신을 갖기를 원한다는 것을 시사한다. 이 접근법을 사용하면 지도자는 담당하고 있는 선수 그룹에 맞는 테스트의 의미 있는 변화를 계산할 수 있을 것이다. 경쟁하는 선수들의 CV 예시를 사용할 수도 있다.[19] 개별 테스트의 CV 값은 다른 실험실이나 프로그램에서 발표된 결과에 의존하지 말고 코치가 담당하고 있는 선수를 사용하여 계산하는 것이 가장 좋다는 점에 유의해야 한다.

테스트 결과 변화의 유의미성에 대한 해석

신체 능력 평가에 가장 적합한 테스트를 선택하는 것처럼 생성된 데이터를 해석하는 것도 매우 중요하다. 이러한 해석을 돕기 위해서는 다양한 방법을 사용할 수 있다. 테스트 결과의 변화를 해석할 때, 스포츠 환경에서 흔히 볼 수 있는 작은 표본 크기와 작지만 중요한 퍼포먼스 변화와 같은 이유로 인해 지도자는 실제 프로그래밍 목적으로 전통적인 통계적 유의성(귀무 가설 및 방향성 가설 검정)에만 관심을 두어서는 안 된다. 효과 크기, 백분율 차이, Z 점수, t-테스트 점수 등 다양한 접근 방식을 사용하여 테스트 결과 해석을 지원할 수 있다.

우리는 팀 스포츠 선수들을 체력 테스트를 통해 평가하지만, 체력 테스트 퍼포먼스와 팀 퍼포먼스 사이에는 명확한 관계가 없기 때문에,[12] 체력 테스트 퍼포먼스에서 의미 있는 최소한의 변화 또는 차이를 어떻게 결정해야 하는지에 대한 문제가 제기되고 있다. 이에 대한 해결책은 표준화된 변화 또는 차이와 같은 비전통적인 접근 방식을 사용하는 것이다. 이 척도는 코헨의 효과 크기로도 알려져 있으며, 여러 연구에서 차이의 크기 또는 평균의 변화를 평가하는 메타 분석에 유용하다.[18] 이 방법을 사용하면 평균의 차이 또는 변화를 피험자 간 표준편차(평균의 변화/사전 점수의 표준편차)의 비율로 표현하며,[10] 이는 Z 점수와 유사한 척도로 사용된다. 다시 말하지만, 이 측정에서 의미 있는 최소한의 차이 또는 변화를 구성하는 명확한 지침은 없지만 일부 연구에 따르면 0.20[10]이 적절하다고 제시한다. 예를 들어 0.20의 값은 80번째 백분위수에서 85번째 백분위수로 이동하는 것과 동일하다. 개인 종목 선수의 퍼포먼스 테스트의 경우, 최상위 선수의 경기 퍼포먼스에서 종목 간 편차의 절반을 계산하는 것이 제안되었다. 팀 스포츠의 체력 테스트의 경우, 일반적인 가이드라인은 선수 간 표준편차[12]의 약 0.20다.

표 1.1 효과 크기 점수 및 상관 계수에 대한 분류 척도

설명	효과 크기	상관 계수
상관관계가 거의 없음	0.0	0.0
낮은 상관관계	0.2	0.1
보통의 상관관계	0.6	0.3
높은 상관관계	1.2	0.5
매우 높은 상관관계	2.0	0.7
거의 완벽한 상관관계	4.0	0.9
완벽한 상관관계	무한대	1.0

Data from W. Hopkins et al., “Progressive Statistics for Studies in Sports Medicine and Exercise Science,” *Medicine and Science in Sports and Exercise* 41, no. 1 (2009): 3-13.

표 1.1은 효과 크기(평균의 차이로 계산)와 상관 계수를 모두 분류하기 위한 권장 척도를 보여주고 있다.

예를 들어, 반동 점프(CMJ) 테스트에서 상대적 최대 파워에 대한 의미 있는 최소 변화를 계산해 보자. 10명의 선수가 테스트를 완료하고 65, 63, 56, 62, 64, 58, 49, 65, 62, 45watt/kg의 점수를 받았다고 가정하면, 선수 간 표준편차는 7.0W/kg이다. 따라서 이 테스트에서 의미 있는 최소 변화는 7.0×0.2=1.4W/kg으로 계산된다. 따라서 일정 기간의 훈련 후 반복 테스트에서 최소 1.4W/kg 이상의 개선이 있어야 중재가 성공적이라고 간주할 수 있다. 이러한 최소한의 의미 있는 변화 점수는 테스트 대상 선수와 동일한(또는 유사한) 선수 집단을 사용하여 계산하는 것이 중요하며, 가능한 한 많은 선수를 사용하여 특이값이 전체 점수에 큰 영향을 미치지 않도록 하는 것이 중요하다.

영향력 극대화를 위한 결과 제시

이 장에서 논의한 다양한 접근 방식은 코치, 선수 및 지원 스태프에게 결과를 제시하는 전략적 접근 방식과 결합되어야 한다. 신뢰할 수 있고 유효한 테스트 방법을 개발하고, 데이터를 수집하고, 변화가 의미 있는 변화인지 아닌지를 판단하는 것만으로는 충분하지 않다. 정보가 코치나 선수에게 의미 있는 방식으로 제공되지 않으면 해당 정보가 선수의 퍼포먼스에 변화

를 가져올 수 있는 능력이 떨어지게 된다. 결과 해석을 돕기 위해 먼저 테스트의 신뢰성을 고려하여 변화의 규모를 평가해야 한다.

코치와 선수가 이해할 수 있는 방식으로 결과를 제시하는 것이 중요하다. 이는 다양한 방법과 조합을 통해 이루어질 수 있다. 가장 효과적인 방법은 개인이 정보를 어떻게 받기를 선호하는지 조사하는 것이다. 구두로, 표에 숫자로, 또는 그래프와 같은 시각적 방식으로 표시할 수 있다. 시간 및 데이터 관리의 한계로 인해 모든 선호도를 모두 충족할 수는 없겠지만, 이러한 접근 방식을 시도해 보는 것을 권장한다. 또한 이는 지도자가 데이터 표시 및 커뮤니케이션에 대한 접근 방식에 다양성과 유연성을 가져야 한다는 점을 강조하고 있다.

좋은 첫 단계는 어떤 식으로든 결과를 그래프로 표시하는 것이다. 데이터를 그래프로 표시하면 결과의 추세를 파악하거나 신체적 능력의 큰 변화를 시각화할 수 있다. 이러한 방법의 몇 가지 예와 사용 방법은 다음 목록에 설명되어 있다.

- 단순 퍼센트 변화를 사용한다. 예를 들어, 선수는 마지막 테스트 이후 2.5% 향상되었다. 이는 다음과 같이 계산할 수 있다.

(새로운 값-이전 값) / 이전 값×100

또한 테스트의 노이즈(일반적인 오류로 표시) 및 최소한의 의미 있는 변화와 함께 보고할 수도 있다.

- 실제 값에 대해 가능성 한도를 사용한다. 가능성 한도를 보고하는 가장 간단한 방법은 관찰된 변화에 일반적인 오차를 더하거나 빼는 방법이다.[12] 예를 들어 선수가 마지막 테스트 이후 2.5% 향상되었으며, 최소한의 의미 있는 변화는 1.0%다.
- 선수의 점수를 계산하여 Z 점수를 사용한다. 평균 점수/표준편차. 수치와 그래프는 코치와 선수에게 데이터를 시각적으로 보여주는 좋은 방법이다. 시각적 이미지는 코치와 선수에게 선수의 퍼포먼스가 그룹 내에서 어느 위치에 있는지 보여줄 수 있다. 방사형 그래프를 사용하여 Z 점수를 그래프로 표시하면 그룹 대비 선수의 강점과 약점을 그림으로 표현할 수 있으므로 약점을 공략하기 위한 특정 트레이닝을 처방하는 데 유용한 도구가 될 수 있다. 그림 1.3은 Z 점수의 방사형 그래프의 예시를 보여주고 있다.

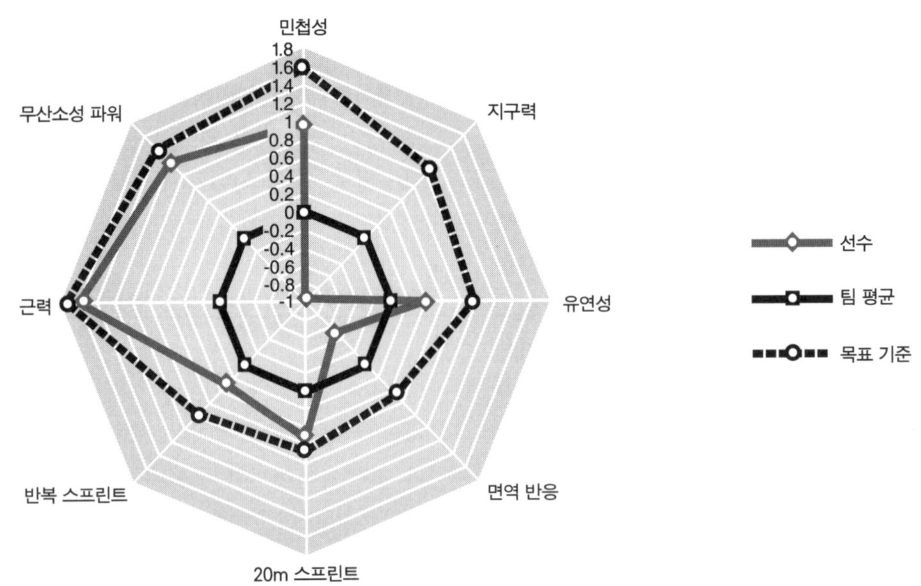

그림 1.3 개인 선수와 팀 평균 및 목표 기준 비교. Z 점수의 평균이기 때문에 기존 계산법을 사용하면 팀 평균은 항상 0이 된다는 점에 유의한다.

이 접근 방식은 일회성 테스트에 특히 유용할 수 있다. 그러나 테스트 프로세스의 중요한 부분은 재테스트를 실시하고 재테스트 결과를 이전 결과와 비교하는 것이다. 선수가 부상으로 인해 테스트에 참가할 수 없는 경우 이 접근 방식에 문제가 발생할 수 있다. 표본 크기가 작을 경우 특정 테스트에서 특히 강한(또는 약한) 선수가 있으면 평균이나 표준편차에 큰 변화가 생길 수 있다.

다른 접근 방식은 다양한 테스트에 대해 목표 평균과 표준편차가 결정되는 변형된 Z 점수를 사용하는 것이다. 이러한 기준값은 지도자가 결정할 수 있다(예: 상대 CMJ 파워의 기준[목표]을 60watt/kg으로 결정할 수 있다). 이러한 기준치는 일반적으로 유사한 모집단에 대한 출판된 문헌, 해당 모집단에 대한 이전 테스트 데이터 또는 코치 피드백 등 여러 출처를 기반으로 설정한다. 이러한 기준점이 설정되면 Z 점수는 다음과 같이 계산할 수 있다.

Z 점수 = (선수의 점수-기준 점수) / 표준편차

그림 1.4는 이 접근 방식을 사용하여 시간에 따라 측정된 선수의 Z 점수의 예를 보여주고 있다.

- 표준 차이 점수는 퍼포먼스 점수 변화(사후 테스트-사전 테스트)에 대한 Z 점수로, 평균 차이 점수에서 개인별 차이 점수를 빼고 차이 점수의 표준편차[20]로 나눈 값이다. 이 접근법의 장점은 지도자가 퍼포먼스 변화가 매우 큰 개인을 시각화할 수 있다는 것이다.
- 데이터를 표시하는 데는 다른 여러 방법을 사용할 수 있다. 예를 들어, 일부 개인은 Z 점수가 혼란스러울 수 있으므로 1부터 10까지의 결과를 보고하는 표준 10점(STEN) 점수와 같은 대안을 사용할 수 있다. 이 점수는 Z 점수 또는 원래 테스트 데이터에서 계산할 수 있다. STEN 점수를 계산하려면 다음 중 하나를 사용할 수 있다.

STEN = (Z 점수×2)+5.5

또는

STEN = [(테스트 결과-평균 테스트 결과)/ 표준편차]×2+5.5.

- 간소화를 위한 또 다른 접근 방식은 Z 점수를 t-테스트 점수로 변환하는 것이다. 이는 Z 점수를 0에서 100 사이의 값으로 나타내며, Z 점수 0은 50으로, 각 표준편차는 평균에서 10 차

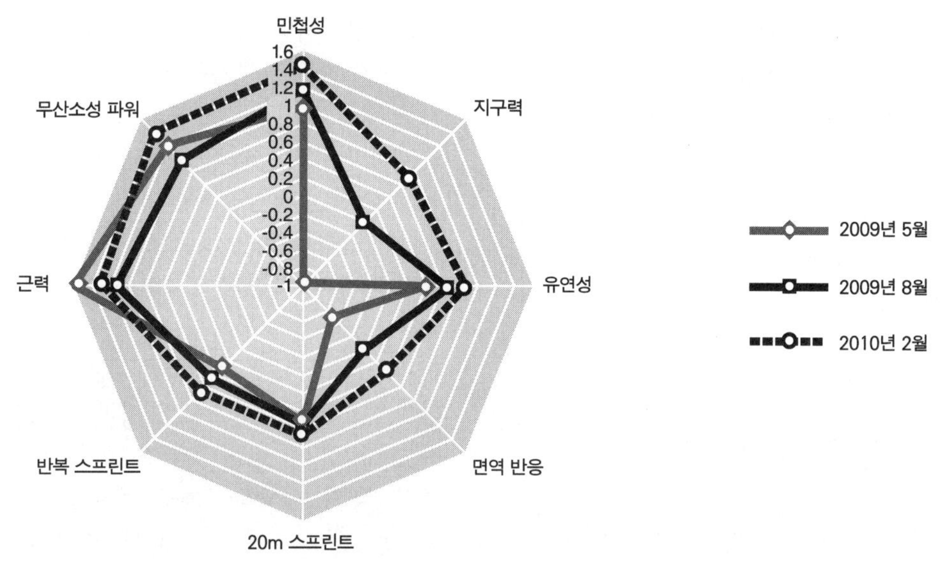

그림 1.4 시간 경과에 따른 개별 선수 모니터링.

이로 표시된다. Z 점수를 변환하려면 다음을 사용한다.

$$t \text{ 점수} = (Z \text{ 점수} \times 10) + 50$$

보고 프로세스의 또 다른 중요한 부분은 이러한 결과를 코치와 선수에게 제공하는 데 걸리는 시간이다. 코치들이 확인된 약점을 보완하기 위해 훈련 프로그램을 변경할 시간을 가질 수 있도록 가능한 한 빨리 결과를 제공해야 한다. 테스트 데이터를 제대로 제시하지 않으면 선수의 훈련 결과 개선에 미치는 영향이 제한될 수 있는 것처럼, 주요 이해관계자에게 정보를 전달하는 데 시간이 지나치게 오래 걸리면 부정적인 영향을 미칠 수 있다. 지도자는 의미 있고 시기 적절하며 코치와 선수를 위한 구체적인 권장 사항이 포함된 테스트 보고서를 제공하는 것을 목표로 해야 한다.

최근에는 운동선수 데이터 관리 시스템을 사용하여 데이터를 저장하고 시각화하는 것이 일반적이다. 마찬가지로, 특정 기술을 보유하고 있거나 조직 내에서 다른 사람들과 협업하는 지도자는 내부적으로 이러한 솔루션을 구축하거나 데이터 소스를 전문 데이터 시각화 도구와 통합할 수 있어야 한다. 대시보드는 의미 있고 매력적인 방식으로 데이터를 전달하는 효과적인 방법이 될 수 있다. 또한 표시되는 선수, 테스트, 측정 지표 또는 기간을 동적으로 변경하여 사용자가 정보를 탐색할 수 있는 대화형 솔루션을 구현할 수도 있다. 전문가들은 이러한 대화형 대시보드와 필터링 및 하이라이트 도구를 사용하여 코칭 스태프에게 매력적인 스토리를 전달하도록 권장하고 있다.[21]

현명한 방법

데이터 시각화의 중요성과 적용 환경에서 대시보드의 활용도가 높아졌지만, 데이터 전달과 관련된 대화 및 대인 관계 기술의 중요성을 간과해서는 안 된다.

데이터에서 퍼포먼스까지

트레이닝 프로그램에서 중요한 척도는 트레이닝이 스포츠 퍼포먼스로 얼마나 효과적으로 전달되느냐 하는 것이다. 예를 들어, 저항성 트레이닝은 다양한 선수 집단에서 근력, 파워, 스피드를 향상시키는 것으로 나타났다. 저항성 트레이닝은 이러한 신체적 능력을 향상시키는 것 외에도 근육 크기를 늘리고 부상 위험을 줄인다는 측면에서 운동선수에게 상당한 이점을 제공할 수 있다. 그러나 선수 준비 과정의 궁극적인 목표는 경기 중 퍼포먼스를 극대화하는 것이다. 따라서 트레이닝은 특히 팀 스포츠를 고려할 때 경기 퍼포먼스에 상당한 이점을 제공하는지 여부의 맥락에서 살펴볼 필요가 있다. 이는 스포츠를 위한 테스트 과정을 설계하고 신체 능력의 스포츠 퍼포먼스 전이를 측정하는 근본적인 문제를 해결할 때 고려해야 할 중요한 요소들이다.

엘리트 운동선수의 운동 퍼포먼스 향상을 위한 기본 신체적 능력을 향상시키기 위해 고안된 훈련 프로그램을 사용하는 것은 흔한 일이다. 많은 문헌에 따르면 피지컬 트레이닝은 다양한 스포츠 종목에서 퍼포먼스 지표를 향상시킬 수 있다. 그러나 많은 스포츠에서 여전히 해답을 찾지 못한 질문은 "이러한 신체적 능력과 그 발달이 경기 퍼포먼스 향상이라는 측면에서 성공에 어느 정도 기여하는가"이다. 또한 트레이닝에서 이러한 퍼포먼스 측정으로 전이되는 정도에 관한 문제도 있는데(16장 참조), 이는 궁극적으로 평가해야 할 신체 능력을 결정하기 때문에 지도자에게 중요한 고려 사항이 될 수 있다. 운동선수 퍼포먼스 향상을 위한 트레이닝 프로그램의 역할에 관한 질문을 해결하기 위해 하이퍼포먼스 운동선수를 대상으로 한 트레이닝 연구가 점점 더 많이 시도되고 있다.

연구자들은 객관적인 기술 기준을 사용하여 경기 능력의 차이를 설명하려고 시도해 왔다.[22] 이 연구 결과에 따르면 생리적 또는 인체 측정학적 특성이 아닌 기술 특성이 성공적인 럭비 리그 선수와 그렇지 않은 선수를 구분하는 것으로 나타났다. 그러나 모든 생리적 및 인체 측정학적 특성은 경기 능력과 관련이 있었다. 또 다른 연구에서는 미식축구 경기 능력(코치가 판단한)과 일부 생리학적 측정치 간의 관계를 연구했다.[23] 선수들을 대상으로 실시한 모든 측정 중에서 경기 능력을 가장 강력하게 예측하는 것은 수직 점프 퍼포먼스였다. 다양한 수준의 럭비 유니온 선수들을 대상으로 한 또 다른 연구에서는 상위 레벨의 선수들이 하위 레벨의 선수들보다 절대적, 상대적 근력과 파워

코치의 인사이트

전체론적 트레이닝 모델에 대한 평가

잭 네일러 Jack Nayler
RB 라이프치히, 스포츠 사이언스 책임자

내 경력에서 내가 지원했던 모든 코치와 매니저들은 전술 주기화라는 포괄적인 용어에 속하는 유사한 훈련 모델을 따랐다. 전술 주기화는 기술, 전술, 피지컬 훈련을 동시에 해결하려는 총체적인 훈련 모델이다. 경기로 이어지는 각 훈련 요일에는 뚜렷한 주제가 있으며, 이를 중심으로 훈련 세션이 설계된다. 예를 들어 경기 3일 전에는 넓은 공간, 많은 선수 수, 높은 수준의 고강도 러닝을 통해 심혈관계 부하를 높이고 최대 속도에 노출되는 게임을 목표로 하는 세션이 포함된다.

매주 비슷한 점이 있을 수 있지만, 축구 시즌은 상호 의존적인 변수가 많고(경기 전후 일수, 출전 가능한 인원, 다가오는 경기와 이전 경기의 난이도 또는 중요도 등) 세션 설계와 실제 결과에 차이를 만들어 내는 복잡한 시즌이다. 이러한 복잡한 환경에서 효과적으로 일하고 올바른 결정을 내리기 위해서는 지속적인 발견과 적용의 반복적인 과정이 필요하다. 이전에 효과적이었던 방법이 앞으로는 더 이상 적용되지 않을 수도 있기 때문이다.

스포츠 과학자의 핵심 역할 중 하나는 코칭팀과 긴밀히 협력하여 부하를 파악하고 각 선수의 부하 반응을 측정하는 것이다. 이상적으로는 정기적인 테스트가 이러한 정보를 제공하는 데 도움이 되겠지만, 시즌의 현실은 이러한 공식화된 접근 방식을 방해한다. 49주의 시즌에 걸쳐 60경기 이상(약 3.5일에 한 경기)을 치를 때는 정기적인 강력한 테스트를 구현하기 어렵기 때문에 보다 실용적인 접근 방식이 필요하다. 표준 모범 사례는 매우 통제된 학업 환경에서만 가능한 옵션이라는 점을 인정해야 한다. 따라서 테스트는 곧 모니터링이고 모니터링은 곧 테스트라는 사고방식을 채택하여 일 년 내내 선수의 체력과 피로를 추적할 수 있는 기회를 제공해야 한다.

그러나 이를 효과적으로 수행하려면 기준(기준선) 값을 설정하고 매일 수행하는 작업의 고유한 차이를 이해해야 한다. 이를 위한 한 가지 방법은 클래식 세션을 설정하는 것이다. 특정 날짜에 해당 세션이 기술, 전술 및 피지컬 영역에 걸쳐 우리의 주제별 항목을 모두 충족했는가? 그렇다면 이 세션을 데이터베이스에 클래식 세션으로 코딩하고 데이터를 수집하여 향후 세션을 비교할 수 있는 벤치마크를 제공할 것이다.

팀 단위로 클래식 세션 평균 ±표준편차를 불러오고 해당 날짜의 그룹 평균을 사용하여 관련성이 있다고 간주되는 각 매개변수에 대한 표준 또는 Z 점수를 생성한다. 이는 일일 보고서 상단의 방사형 도표에 그래픽으로 표시된다. 각 항목은 개별 선수에 대한 막대그래프로 표시되며, 각 막대에는 의미 있는 변화의 상한과 하한이 표시되어 비슷한 세션에서 다른 선수와 비교하여 어느 위치에 있는지를 나타낸다. 이러한 그래픽은 코치의 기대치 및 세션에 대한 신체적 목표와 관련하여 그룹과 그룹 내 개인 모두에 대한 세션의 부하를 빠르고 쉽게 분석할 수 있는 방법을 제공한다.

전체론적 트레이닝 모델로 작업할 때는 원하는 신체적 결과를 이끌어 내기 위해 전술적, 기술적 요소의 제약을 조절하고 있다는 점에 유의해야 한다. 전술적 규율을 어겨 가며 인위적으로 훈련 횟수를 부풀리려는 선수는 궁극적인 목표인 팀 퍼포먼스에 해가 되므로 원하지 않는다. 선수들에게 데이터를 피드백할 때 이 점을 유의하라. 신체적 결과에 대한 모든 메시지는 세션의 전술적, 기술적 목표(세션이 진행됨에 따라 변경될 수 있음)와 연습 경기에서의 포지션 및 전술 설정의 차이에 관한 내용을 포함해야 한다. 우리는 선수들이 이해할 수 있는 언어로 피드백을 제공하고, 선수들이 자신의 고유한 퍼포먼스의 맥락에서 추상적인 숫자를 구성할 수 있도록 한다.

이 과정의 기본은 기술 코치와 피지컬 스태프 간의 긴밀한 협력 관계이다. 모든 사람이 훈련 주간에 걸쳐 원하는 결과를 인식하고, 세션 설계에 기여할 수 있으며, 결과를 이해하고, 기술, 전술 및 피지컬 목표와 관련하여 명확한 메시지와 피드백을 제공하는 것이 중요하다.

출력이 더 큰 것으로 나타났다.[24] 엘리트 럭비 유니온 선수들을 대상으로 한 또 다른 연구에서는 경기 중 특정 핵심 성과 지표와 다양한 신체적 테스트 사이에 강력한 관계가 있음을 발견했다.[25] 이러한 연구는 퍼포먼스에 가장 중요한 측정을 식별하는 문제를 강조하고 있다. 이러한 작업이 효과적으로 이루어져야만 트레이닝 프로그램이 선수의 퍼포먼스에 미치는 영향을 평가할 수 있게 된다.

엘리트 운동선수를 대상으로 연구를 수행하는 데는 어려움이 있지만, 이 집단에 대한 보다 잘 통제된 연구가 분명히 필요하다. 연구자들은 이러한 질문에 답하기 위해 대안적인 접근 방식을 고려할 수 있을 것이다. 엘리트 운동선수를 대상으로 한 연구 설계와 결론은 그룹 평균이 트레이닝이나 실험적 중재와 통계적으로 유의미한 차이를 보이지 않기 때문에 개별 운동선수에 대한 효과를 놓치는 경우가 많다는 의견이 제시되었다. 이 접근 방식은 엘리트 운동선수를 대상으로 하는 연구에서와 같이 충분한 수의 참가자를 확보할 수 없는 경우에도 유용하다. 엘리트 스포츠의 단일 사례 연구 설계는 잠재적으로 개별 선수의 긍정적인 운동 중재 결과를 감지하고 선수의 트레이닝과 퍼포먼스를 지속적으로 최적화할 수 있는 능력을 갖게 할 수 있을 것이다.[26]

요약

운동선수를 평가하기 위한 다양한 테스트가 존재한다. 신체 능력과 준비 상태에 대한 평가는 구체적이어야 하므로 지도자는 테스트를 위한 테스트를 시행하는 것을 피해야 한다. 또한 지도자는 어떤 테스트가 사용되는지 비판적으로 검토해야 하며, 이전에 사용되었다는 이유만으로 또는 장비와 전문 지식이 있다는 이유만으로 테스트를 선택해서는 안 된다. 신뢰할 수 있고 유효한 테스트 외에도 각 테스트가 포함된 이유와 그 적절성(예: 근본적인 신체적 특성을 평가하거나 퍼포먼스를 예측하기 위해)을 이해하고 인식하는 것이 중요하다. 지도자는 신체 능력을 평가하는 데 사용되는 테스트를 식별하기 위해 체계적이고 근거에 기반한 프로세스를 따르는 것이 권장된다.

지도자는 선수의 신체 능력을 판단할 때 몇 가지 중요한 요소를 고려해야 한다. 전문가들은 테스트에서 의미 있는 작은 변화나 차이를 발견하고 스포츠와 개인에 맞게 잘 설계되고 잘 선택된 테스트를 통해 선수의 이러한 변화를 측정해야 한다. 사용 중인 테스트는 여러 번의 시행을 통해 크게 개선될 수 있다. 또한 지도자는 평가하고자 하는 특성을 명확히 이해하고 항상 신뢰도가 가장 높은 테스트를 사용해야 한다. 신뢰도를 높이려면 항상 엄격하고 일관된 프로토콜을 준수해야 한다.

테스트 자체도 중요하지만, 코치와 선수에게 테스트 결과를 제시하는 것이 더 중요할 수 있다. 지도자는 의미 있는 프레젠테이션 방법을 고려하고 데이터가 선수의 퍼포먼스에 영향을 미칠 수 있는 방법에 대해 항상 생각하는 것이 권장된다. 고려해야 할 근본적인 문제는 평가가 특정 목표를 달성하지 못한다면 신체 능력을 평가하는 데 사용되는 테스트 항목에서 해당 항목을 제거해야 한다는 것이다.

필수 항목

- 신뢰할 수 있고 유효한 테스트를 사용한다.
- 테스트 사용 목적을 명확히 한다.
- 적용 환경에서 테스트 결과에 영향을 줄 수 있는 요소를 고려한다.
- 테스트를 사용하여 중재의 우선순위를 결정한다.
- 영향력을 극대화하기 위해 명확하고 의미 있는 방식으로 테스트 결과를 제시한다.

Chapter 2

유소년 선수의 지도

로드리 S. 로이드Rhodri S. Lloyd, PhD와 L. 올리버Jon L. Oliver, PhD
카디프 메트로폴리탄대학교 유소년 신체발달센터Youth Physical Development Centre

션 P. 커밍Sean P. Cumming, PhD
배스대학교 건강학과University of Bath, Department for Health

기존 문헌과 현장 경험에 따르면 적절하게 처방되고 잘 지도된 근력 및 컨디셔닝 프로그램이 유소년 선수들의 운동신경 향상, 부상 위험 감소, 건강 및 웰빙 개선으로 이어질 수 있다는 사실이 명백히 밝혀졌다. 유소년 선수들은 성장과 성숙으로 인해 다양한 신체적, 생리적, 심리적 변화를 경험하는 시기이고, 종목 특이적 훈련과 많은 경기 일정에 점점 더 많이 노출되는 독특한 집단이다. 유소년 선수들과 함께 일할 때의 복잡성으로 인해, 지도자는 수준 높은 코칭 및 교육 기술을 보유해야 할 뿐만 아니라 소아 운동 과학의 기초를 이해하여 처방된 훈련이 훈련 반응을 최적화하고 부상이나 질병의 위험을 최소화할 수 있도록 하는 것이 필수적이다.

이 장에서는 다음과 같은 방법으로 어린 선수들을 훈련하는 과학과 실제 사이의 연결 고리를 만들고자 한다.

- 성장과 성숙이 신체 능력에 미치는 영향과 이것이 장기간 운동능력 발달 프로그램에 어떤 영향을 미칠 수 있는지 살펴본다.
- 유소년 운동선수의 운동 기술, 근력과 파워, 스피드와 민첩성을 발전시켜야 하는 이유와 방법을 확인한다.
- 유소년 운동선수를 위한 훈련 계획을 설계할 때 발생할 수 있는 혼란스러운 문제를 탐구한다.

운영상의 정의

'유소년Youth'은 어린이Children(여성과 남성 각각 약 2~10세, 2~11세)와 청소년Adolescence(여성 약 11~19세, 남성 약 12~19세)을 모두 포함하는 전 세계적인 용어다. 청소년기는 같은 나이 사이에서도 성숙 속도가 다르기 때문에 연대기적 연령으로 정의하기 어려운 발달 단계라고 할 수 있다.

'성장Growth'은 신체 구성, 신체 크기 또는 신체 특정 부위의 치수의 정량화 가능한 변화를 의미하는 반면, 성숙Maturation은 아동기부터 성인기까지 인체 내에서 점진적으로 변화하는 매우 다양한 시기와 속도를 의미하며 성장과 더불어 전반적인 신체 수행 능력에 영향을 미친다.[1]

'운동신경Athleticism'은 다양한 환경에서 정확하고 자신감 있게 다양한 동작을 수행할 수 있는 능력을 의미하며, 이를 위해 유능한 수준의 운동 기술, 근력, 파워, 스피드, 민첩성, 밸런스, 코디네이션 및 지구력이 요구된다.[2]

성장과 성숙이 신체 능력에 미치는 영향

기존의 소아 발달 연구에 따르면, 근력, 속도, 지구력과 같은 체력 지표는 성장과 성숙에 따라 아동기와 청소년기 전반에 걸쳐 일정하지 않은 방식으로 향상된다.[3] 이러한 특성은 유소년 선수 또는 그 집단을 지도하는 코치에게 도전 과제가 된다. 자연스러운 성장 발달로 인해, 실제 훈련 프로그램에 따른 수행 능력 변화가 발생했는지, 아니면 단순히 성장과 성숙의 결과인지를 판단하려면 변화의 크기가 충분히 커야 한다.

아동기 동안 이러한 수행 능력의 변화는 주로 신경계 발달과 대뇌 성숙에 기인한다.[4] 특히 운동 단위 동원, 발화 빈도, 동기화 및 신경 수초화의 개선은 모두 신경근 기능을 향상시키는 것으로 간주된다.[5] 이 발달 단계에서는 기존의 움직임 제어 체계가 무의식적으로 개선되고 강화되어 유소년 선수들이 보다 정교한 협응 기술을 더 효율적으로 수행할 수 있게 된다. 신경근계는 어린 시절의 신경 가소성의 증가와 관련이 있으며, 이는 신경 경로의 가소성과 강화로 나타난다.[6,7] 따라서 아동기는 운동 기술 습득을 위한 이상적인 기회로 간주된다.[2,8]

아동에게 청소년기 성장 급등기에 진입하면 남아(평균 연령 12~14세)와 여아(11~13세) 모두 성장 호르몬과 성호르몬 농도가 급격히 증가하는 신체 발달 단계를 경험하게 된다.[9] 이 발달 단계에서는 신경계가 한층 더 성숙하고, 근육량과 체성분, 기타 구조적 요소에도 적응이 일어나며, 이러한 변화는 스피드, 근력, 지구력, 근파워와 같은 신체 능력의 자연스러운 향상으로 이어진다.[4,10~12]

연대기적 및 생물학적 나이

문헌에 따르면 연대기적 연령이 같은 개인이라도 생물학적 연령에 따라 현저하게 차이가 날 수 있으며,[13] 때로는 5~6세까지 차이가 날 수 있다. 이러한 생물학적 발달의 차이는 연대기적 나이가 같은 아동들 간에도 뚜렷하게 나타나며, 훈련 계획 수립이나 훈련 반응 해석에 혼란을 줄 수 있다. 예를 들어 15세 남성 두 명을 대상으로 할 때 한 명은 생물학적 나이가 12세(즉, '후기 성숙자')이고 다른 한 명은 생물학적으로 17세(즉, '조기 성숙자')일 수 있다. 이 두 개인에게 제시되는 트레이닝 프로그램과 트레이닝 반응의 특성은 서로 다를 가능성이 높다.

생물학적 나이는 유소년 선수의 발달 단계를 보다 정확하게 반영하므로, 코치는 생물학적 나이를 추정하는 데 사용할 수 있는 기본 신체 측정값(키, 체질량, 다리 길이 등)을 약 3개월 간격으로 주기적으로 기록하는 것이 권장된다. 예를 들어, 미르발트 Mirwald와 동료들[14]은 한 개인이 최대 신장 증가 속도(PHV) 시점까지 얼마나 남았는지를 연령 단위로 예측할 수 있는 회귀 방정식을 개발했으며, 이 예측은 약 6개월의 표준 오차 범위 내에서 가능하다. 하지만 아이가 실제 PHV 시점에서 멀어질수록 오차는 커지며, 조기 또는 후기 성숙자에게서는 이 오차가 더욱 두드러진다. 따라서 PHV 시점에서 멀리 떨어진 시기의 생물학적 나이 예측일수록, 그 정확도에 대해 더 신중할 필요가 있다.

또는 예측 성인 신장(PAH)의 백분율을 사용하여 성숙도를 추정할 수 있으며,[15] 데이터를 사용하여 개인을 다양한 성숙 단계(예: <85% PAH, ≥85~<90% PAH, ≥90~<95% PAH, ≥95% PAH)로 분류할 수 있다.[16,17] 참고로, 청소년기 성장 급등은 일반적으로 약 85~86% PAH에서 시작되고, PHV는 일반적으로 약 91~92% PAH에서 발생하며, 성장 속도는 일반적으로 약 95~96% PAH에 이르면 성장 급등 이전 수준으로 다시 감소한다.[18] 성숙도 추정치의 정확성을 극대화하기 위해서는 성장 속도(즉, 단위 시간당 키의 변화량)와 PAH 비율을 교차 검증하는 것이 권장된다. 예를 들어, PAH 비율이 92%이고 성장 속도가 연간 10cm인 개인이 청소년기 성장 급증을 경험하고 있으며 잠재적으로 PHV를 경험하고 있다고 추론할 때 지도자는 두 지표를 개별적으로 사용하는 경우보다 더 큰 확신을 가질 수 있다. 또한, 지도자는 사춘기에 수반되는 눈에 보이는 신체 변화(예: 체격 및 체성분의 변화, 얼굴 수염의 출현, 남성의 목소리 변화)를 고려하여 이러한 평가를 더욱 구체화할 수 있다.

현명한 방법

어린아이들 간에도 성숙도가 다를 수 있으며, 이는 PAH 비율과 같은 척도로 확인할 수 있다.

훈련 반응성 및 잠재적인 부상 위험 요소를 이해하려면 성장과 성숙에 대한 인식과 이해가 필수적이다. 예를 들어, 연구에 따르면 PHV 이전의 소년들은 스프린트와 점프를 위한 플라이오메트릭 훈련에 긍정적으로 반응하는 반면,[19,20] PHV 이후에는 근비대 중심의 훈련이 더 효과적인 적응을 유도할 수 있다. 또한 연간 7.2cm를 초과하는 성장률은 유소년 남자 선수의 하지 부상 위험에 대한 경고 신호로 간주된다.[21] 이처럼 성장과 성숙이 훈련 반응성과 부상 위험에 영향을 미칠 수는 있지만, 코치는 선수 개개인의 기술 수준과 훈련 목표를 중심으로 훈련을 설계해야 한다는 점을 잊지 말아야 한다. '눈앞에 보이는 것을 지도하라'는 오래된 격언은 여전히 유효하다.

바이오 밴딩

바이오 밴딩은 나이보다는 생물학적 성숙도에 따라 어린 선수들을 주기적으로 그룹화하는 방식이다.[16] 성숙도에 따라 선수를 매칭하는 개념은 오래전부터 존재했지만, 이 전략의 적용은 비교적 최근에 이루어졌다.[17] 선수들을 그룹화하는 방법으로서 바이오 밴딩은 성장과 성숙의 개인차로 인해 발생하는 많은 문제(즉, 선수의 체격과 기능의 차이, 성숙도에 따른 선발 편향, 경쟁의 불공정성)를 해결하기 위해 고안되었다.[22] 바이오 밴딩 과정을 통해 조기 성숙 선수와 후기 성숙 선수에게도 새로운 도전과 학습 기회가 주어진다. 또한 바이오 밴딩은 청소년 성장 급등기와 같은 민감한 발달 시기에 적절한 훈련량과 내용을 처방하여 부상 위험을 최소화하고 선수들이 크기·체격 구성·기능의 급격한 변화에 원활히 적응할 수 있도록 돕는다.[16] 통념과 달리, 바이오 밴딩은 연령대 시스템을 대체하는 것으로 간주되어서는 안 된다. 이는 조기 성숙 선수와 후기 성숙 선수 모두의 발달을 최적화하는 것을 목표로 하는, 역동적이고 다면적인 게임 및 훈련 프로그램의 일부로 기능해야 한다. 바이오 밴딩이 성숙도에 따라 선수들을 정렬하는 과정이지만, 심리적 성숙도나 기술적 능력의 평가가 배제되어서는 안 된다.

어린 운동선수를 그룹화하는 전략으로서 바이오 밴딩은 비교적 새로운 방법이다.[17] 따라서 현재까지 바이오 밴딩의 잠재적 이점과 함정을 조사한 연구 사례는 제한적이지만,[23~26] 이러한 초기 결과는 고무적이다. 영국 프리미어 리그와 각 클럽 아카데미는 바이오 밴딩에 대한 초기 연구의 대부분을 개척하였다.[27] 조기 성숙 선수들은 바이오 밴딩 경기(생물학적 연령 그룹화)를 성인 무대에서의 경쟁에 대비하기 위한 효과적인 준비 과정으로 평가했다. 더 이상 신체적 이점에 의존할 수 없게 된 조기 발달 선수들은 기술적이고 전술적인 방식으로 플레이하도록 스스로 유도되었다. 또한 조기 성숙 선수들은 더 많은 도전에 직면했고, 더 집중해서 노력하며, 더 빠르게 판단하고 공을 처리해야 했다고 보고했다. 후기 성숙 소년들은 신체적으로는 비슷한 어린 선수들과의 경쟁에서, 자신의 신체적 및 기술적 특성을 활용하고 발휘할 수 있는 더 많은 기회를 가지게 되었다. 또한, 보다 적극적으로 리더십을 발휘하고 동료 선수들에게 멘토링을 제공하는 경우가 많았다. 전반적으로, 조기 성숙 선수와 후기 성숙 선수 모두 경기의 신체적 부담이 줄어들고, 기술적·전술적 요소가 더욱 강조되는 환경을 경험했다고 보고했다. 이는 최근 애벗Abbott과 동료들이 수행한 연구에서도 확인된다. 이들은 바이오 밴딩과 연령대별 경기에서 선수들의 신체적·기술적 퍼포먼스를 객관적으로 비교 평가하였으며, 그 결과[24]는 이러한 접근법의 타당성을 뒷받침한다. 이러한 초기 결과는 고무적이지만, 바이오 밴딩의 잠재적 이점을 확인하고 더 잘 이해하기 위해서는 추가적인 연구가 필요하다. 특히 흥미로울 만한 질문은 다음과 같다. 바이오 밴딩을 도입하기에 가장 적절한 나이는 언제인가? 어떤 성숙도 밴드가 가장 효과적인가? 바이오 밴딩으로 부상 위험을 줄이고 급속 성장기 동안 발달을 최적화할 수 있는가? 바이오 밴딩은 코치가 선수의 재능 및 퍼포먼스를 평가하는 데 어떤 영향을 미치는가? 초기 및 후기 성숙 선수가 바이오 밴딩 활동에 참여할 수 있도록 돕고 준비시키는 가장 좋은 방법은 무엇인가?

기술적 역량

생물학적 나이는 연대기적 나이보다 더 나은 기준이 될 수 있지만, 훈련 프로그램을 결정하는 유일한 요소가 되어서는 안 된다. 기술적 역량(또는 움직임 능숙도)은 목표를 지향하는 인간의 움직임에서 나타나는 숙련도를 말하며, 역량이 높을수록 운동 능력 향상[28,29] 및 부상 위험 감소[30]와 관련이 있다. 원하는 신체적 또는 생리적 적응(예: 신장성 수축 시 근력 증가 또는 힘 생성 속도[RFD] 증가)이 프로그램 결정의 핵심이지만, 궁극적으로 운동 선택, 트레이닝 강도 및 볼륨 측면에서 프로그램의 세부 사항은 주로 기술적 역량(즉, 개인이 의도한 대로 움직일 수 있는 능력)을 기반으로 구성된다. 예를 들어, 기준 데이터는 14세 축구 선수의 수직 점프 높이가 벤치마크 데이터에 비해 상대적으로 낮다는 결과가 나올 수 있다. 따라서 트레이닝 프로그램의 의도된 목표는 신경-근 협응 기반 파워 향상으로 설정될 수 있다. 하지만 해당 선수가 움직임 패턴이 불안정하고 점프 및 착지를 제대로 수행하지 못하며, 전반적으로 근력도 부족한 경우에는, 상대 근력을 향상시키는 동시에 움직임 제어 능력을 개선할 수 있도록 보다 기초적인 운동이 처방되어야 한다.

유소년 선수가 발휘하는 움직임 기술의 숙련도를 평가하는 일은 때로 쉽지 않다. 근력, 지구력, 스피드, 파워 등은 신뢰도와 타당성 수준에 차이는 있지만, 비교적 객관적인 측정 프로토콜로 평가할 수 있다. 반면, 움직임의 질을 평가하기 위해서는 주관적인 판단이 개입될 수밖에 없다. 이러한 이유로, 다양한 형태의 움직임 스크리닝이 고안되어 점수화 방식을 통해 움직임의 질을 평가하는 방법이 널리 사용되고 있다. 이러한 평가는 대체로 움직임 결함이 존재하는지 여부를 기준으로 판단된다. 유소년 선수가 프로그램 전반에서 수행하는 모든 동작을 일일이 평가하는 것은 현실적으로 불가능하므로, 모든 항목을 포함하지 않더라도 여러 가지 운동 기술 역량[31] 범주에 걸쳐 숙련도를 평가하는 것으로 충분하다.

역량 평가를 하기 위해 반드시 별도의 테스트 세션을 실시할 필요는 없으며, 오히려 코치는 훈련 세션 내에서 논리적이고 점진적인 방식으로 역량을 평가할 수 있다. 예를 들어, 지도자는 아동이 초기에 동작의 올바른 자세를 찾고, 해당 자세를 유지하고(예: 3~5초), 매끄럽고 안정된 방식으로 여러 번 반복(예: 5~10회 반복)할 수 있는지 판단할 수 있다.[3] 만약 아동이 각 단계를 어려움 없이 수행할 수 있다면 코치는 운동을 점진적으로 발전시켜야 한다(예: 부하 증가). 반대로, 아동이 주어진 동작 단계에서 어려움을 겪는다면 처음에는 적절한 큐잉을 제공하는 것이 수행에 도움이 될 수 있으며, 또는 교정 운동을 제공하거나 운동의 난이도를 낮추는 것이 필요할 수도 있다. 기술 역량 확인을 위한 이러한 전략적 접근의 평가 방식은 연중 주기적으로 실시할 수 있으며(예: 프리시즌), 상황에 따라 코치가 트레이닝 세션 중에 즉석에서 사용할 수도 있다.

사례 연구 1

14세 럭비 선수 두 명이 연령별 럭비팀에 입단하였다. 두 선수 모두 각자의 포지션에 비해 다소 가벼운 편이며 추가적인 체질량 증가가 필요하다. 기본적인 신체 측정에 따라 A 선수는 PHV 2년 전이므로 늦게 성숙하는 유형이며, B 선수는 PHV 1년 후이므로 조기 성숙자에 해당한다.

이처럼 연대기적 연령은 같지만 두 선수의 내적 환경은 뚜렷하게 차이가 난다. A 선수는 아직 청소년기의 성장 급등을 경험하지 않았으며, 근육량 발달을 돕는 호르몬 변화도 본격적으로 나타나지 않은 상태이다. 따라서 체질량 증가가 필요하더라도, 코치는 근력 및 운동 기술motor skill 향상에 초점을 맞춘 트레이닝 프로그램을 처방하는 것이 더 나을 것이다. 특히 청소년 어색함adolescent awkwardness이라고 불리는 청소년기 성장 급등으로 인해 운동 조절motor control 능력에 일시적인 혼란이 생길 수 있기 때문에 운동 기술 발달에 중점을 두는 것이 더욱 중요하다.

그러나 B 선수는 PHV 후 1년이 지난 상태로, 성호르몬 농도의 급증으로 인해 자연스럽게 체중이 증가하는 시기인 최대 체중 속도(PWV)와 더 밀접하게 일치하는 것으로 판단된다. 남성의 주된 성호르몬인 테스토스테론은 단백질 합성을 촉진하므로, 궁극적으로 이 시기는 선수의 운동 능력 발달의 주요 목표를 실현하기 위해 근육 생성(근비대) 훈련 프로그램을 처방하기에 유리한 시기이다.

사례 연구 2

한 S&C 코치strength and conditioning coach가 사춘기 이전 단계에 있는 10세 여자 하키 선수 두 명을 육성하는 프로그램에 배정받았다. A 선수는 3년간 트레이닝을 받았으며 다양한 운동 기술에서 기술적 역량을 발휘할 수 있다. B 선수는 트레이닝 경험이 없고, 정식 훈련을 받은 적이 없으며 기본적인 움직임 패턴을 충분히 수행하지 못한다.

B 선수에게는 기본 동작 기술과 기본 수준의 근

력 향상을 위한 훈련 프로그램을 처방해야 하지만, A 선수에게는 역도 동작 훈련 단계(예: 클린 앤 저크, 스내치) 및 고난도 플라이오메트릭과 같은 심화된 훈련 방법을 처방할 수 있다.

이 두 가지 사례는 어린 선수들과 함께, 특히 팀으로 구성된 환경에서 일하는 현실을 보여준다. 어린 선수는 연대기적 또는 생물학적 나이에 관계없이, 자신의 기술적 능력에 따라 훈련을 받아야 한다. 따라서 생물학적으로 성숙한 16세 여자 선수라도 높은 수준의 훈련에 앞서 기본적이고 근본적인 운동 기술을 숙달해야 한다. 이 두 사례는 또한 최근 많은 관심을 받고 있는 개념인 아동과 청소년의 신체 발달에 대한 장기적인 접근의 필요성을 강조한다.[32]

장기적 선수 발달 모델 설계

장기적 선수 발달 모델(LTAD long-term athletic development)은 유소년 트레이닝에 대한 연구가 축적됨에 따라 발전되었다. 피차르도Pichardo와 동료들의 리뷰[33]에서 언급했듯이 LTAD에는 몇 가지 일반적인 모델 외에도 체력 특성과 훈련 방식에 따라 다른 모델이 제안되었다. 근력 및 컨디셔닝 훈련을 통해 LTAD를 지원하는 가장 인기 있는 모델은 유소년 신체 발달(YPD youth physical development) 모델로, 이 모델은 지도자들에게 청소년의 운동 능력 발달에 대한 전반적인 조망을 제공하기 위해 제안된 것이다.[32] YPD 모델은 남성과 여성 모두 발달의 모든 단계에서 모든 체력 요소를 훈련할 수 있다는 점을 강조하면서도, 코치는 발달 단계에 따라 특정 훈련에 우선 순위를 두어야 한다. 퍼포먼스 향상, 부상 위험 감소, 전반적인 건강 증진 효과를 모두 얻으려면 모든 발달 단계에서 근력과 운동 기술 역량을 개발하는 것이 모델의 핵심이다.

유소년 선수의 운동 기술 역량 개발

기본 움직임 기술(FMS)은 보다 전문적인 종목 특이적 기술 패턴을 위한 기초를 쌓는 블록이다. FMS의 넓은 범주에는 보행, 조작 및 안정화 기술이 포함되며, 이러한 기술은 일반적인 FMS 프로그램 및 테스트 프로토콜의 특징으로 나타난다.[34] YPD 모델은 운동 기술 개발 초기에는 FMS 숙달에 초점을 맞추고 스포츠 특정 기술(SSS Sports-Specific Skills)에는 덜 집중해야 한다고 제안한다. 이는 어린 선수들이 동일한 운동 패턴에 반복적으로 노출되는 위험을 줄이기 위한 것이다. 이러한 반복된 노출은 근골격계 통증[35] 또는 무릎 전방 통증[36] 등 과사용 부상의 위험 증가 및 유병률 증가와 관련되어 있기 때문이다. 코치들이 어린 선수들의 다양한 움직임 기술을 개발하도록 돕기 위해, 모든 유소년 근력 컨디셔닝 프로그램에는 운동 기술 역량(AMSC athletic motor skill competencies)을 포함할 것을 권장한다.[31]

AMSC는 엘리트 선수들이 자주 하는 고난도 훈련 동작들에 포함된 중요한 개별 운동 패턴들로 이루어져 있다. 다만, 유소년 선수의 운동 기술 역량 개발을 위해서는 훈련 환경이 안전하고 재미있으며 다양한 자극을 제공해야 한다는 것이 일반적인 견해이다. 예를 들어, 이전에 트레이닝 경험이 전혀 없는 어린이 선수가 트레이닝을 시작하자마자 역도나 고급 플라이오메트릭과 같은 고난도 훈련 방식에 노출되어서는 안 된다. 이러한 상황에서 코치는 AMSC를 자연스럽게 흥미롭고 연령에 맞는 훈련 환경에 통합해야 한다. 따라서 아이에게 클린이나 스내치 동작을 단순히 지시하는 대신, 코치는 다양한 동작을 포함한 재미있는 준비 운동 활동을 처방할 수 있다. 예를 들어, 움직임 도전 과제, 장애물 코스, 게임 및 파트너 도전 과제 등을 활용하여 버니 홉이나 다른 동물 모방 동작을 수행하도록 할 수 있다(그림 2.1 참조). 또한 코치는 체중을 저항의 형태로 사용하는 기본 운동(예: 숄더 스탠드 투 스탠드, 그림 2.2) 또는 기본 장비를 사용하는 저부하 저항 훈련 운동(예: 밴드 저항 오버헤드 스쿼트, 그림 2.3)을 사용하여 훈련 경험이 부족한 어린이에게 적절한 훈련 자극을 제공할 수 있다.

이러한 동작들은 선수에게 과도한 외적 부하를 주지 않으므로, 기술적 능력과 움직임 제어가 1차적인 훈련 초점으로 유지될 수 있다. 선수의 기술 숙련도가 높아지면서, 처방된 훈련의 강도와 복잡성도 훈련 경험이 쌓인 만큼 점차적으로 증가할 것이다. 아울러, 초급 유소년 선수들은 더 넓은 범위의 AMSC에 노출될 것으로 예상된다. 그 후, 훈련 경험이 쌓이면서 코치는 선수의 약점이 드러나는 특정 AMSC에 더 많은 훈련 시간을 할애할 필요가 있다. 따라서 경험이 쌓이면 어

그림 2.1 버니 홉: (a) 시작 자세, (b) 바닥에 손 뻗기, (c) 바닥을 차서 뒤꿈치를 끌어 올리며, 손으로 체중 버티기. 시작 자세로 돌아가기.

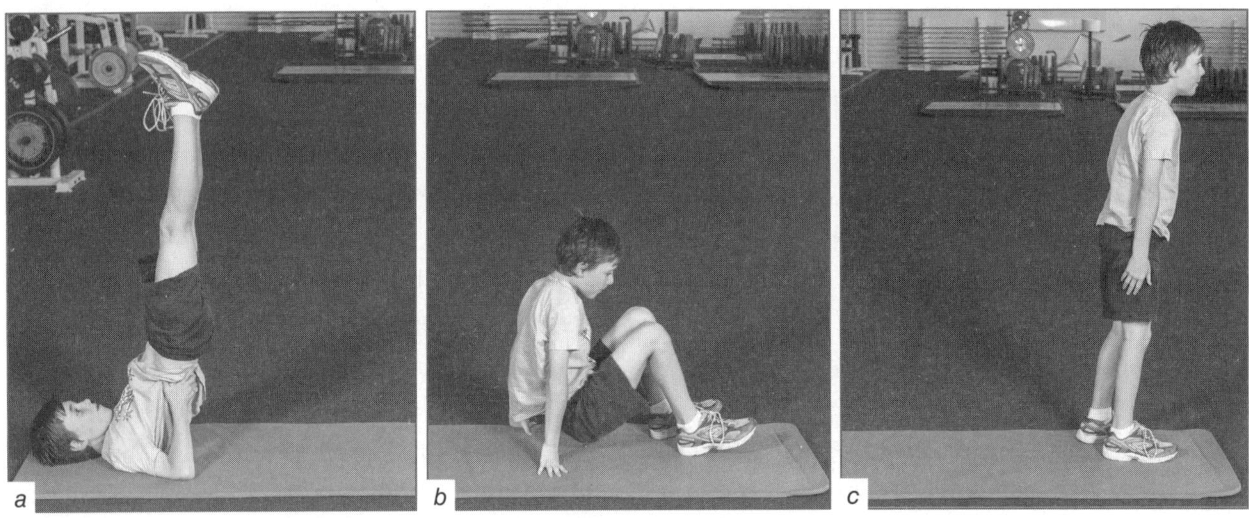

그림 2.2 숄더 스탠드 투 스탠드: (a) 숄더 스탠드, (b) 척추를 구부려 앉은 자세, (c) 일어서기.

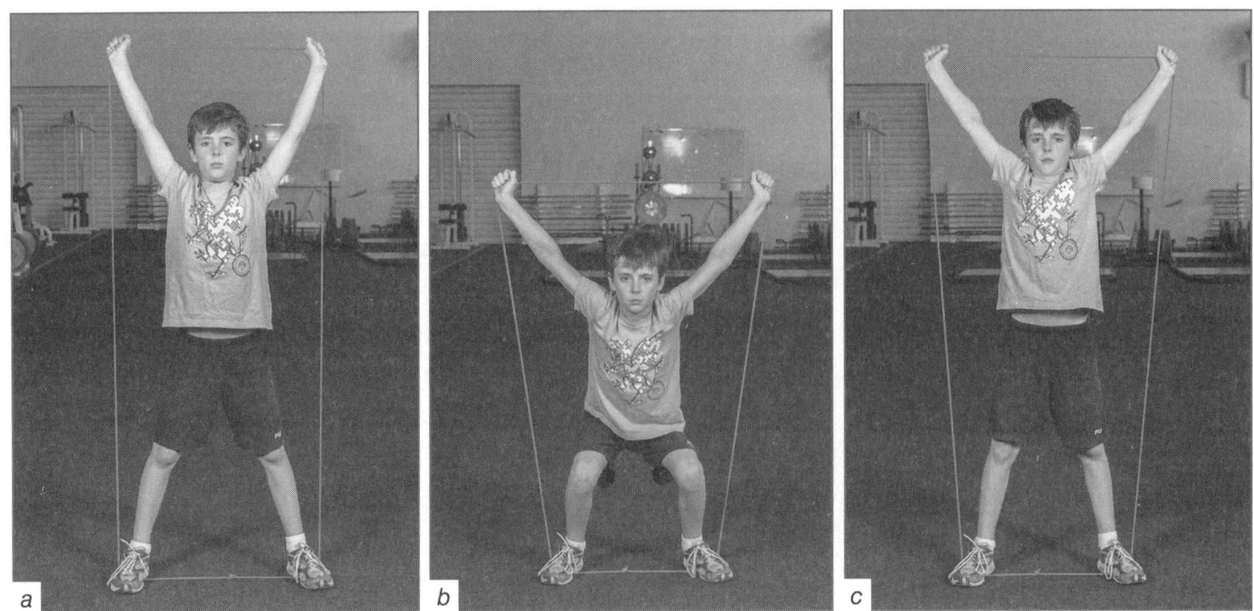

그림 2.3 저강도 밴드를 이용한 오버헤드 스쿼트: (a) 발 밑과 양손에 밴드를 고정한 시작 자세, (b) 스쿼트, (c) 시작 자세로 돌아가기.

린 선수의 훈련은 더욱 구체화될 가능성이 크다.

아이의 훈련이 점차 더 고도화되고 근력, 스피드, 파워 개발과 같은 다른 체력 요소에 더 큰 비중을 두게 되더라도, 모든 선수의 발달 프로그램에는 운동 기술 발달이 항상 포함되어야 한다고 권장된다. 심지어 매우 숙련된 유소년 선수라도 기본 움직임 기술을 다시 살펴보는 것이 필요할 수 있다. 특히 청소년기 성장 급등으로 인해 전신 움직임에서 기술적 역량이 일시적으로 저하되는 경우에는 이러한 과정이 특히 더 필요하다.

선수가 더 높은 수준의 운동 능력을 갖추게 되면, 운동 기술 개발은 점차 운동 기술 유지 중심으로 전환되며, 전체 트레이닝 세션에서 차지하는 비중도 줄어들게 된다. 예를 들어, 트레이닝 경험이 전혀 없는 사춘기 전의 어린이는 전체 트레이닝 세션의 70%를 기본적인 운동 기술 개발에 할애할 수 있지만, 성인기에 접어드는 청소년 운동선수의 경우에는 이 비중이 전체 훈련 시간의 10~15%로 줄어들 수 있다. 이러한 훈련 중점의 전환은 표 2.1와 표 2.2에서 확인할 수 있다. 표 2.1은 트레이닝 연령이 0년인 사춘기 이전 8세 남자아이, 표 2.2는 트레이닝 연령이 8년인 사춘기 이후 17세 남성의 근력 컨디셔닝 세션의 예시다.

현명한 방법

저항성 트레이닝은 유소년 선수가 건강, 체력, 그리고 퍼포먼스를 향상하기 위해 다양한 저항을 이용하여 운동하는 것을 의미한다. 이를 위한 적절한 저항 방법으로는 체중, 웨이트 머신, 프리 웨이트(바벨 및 덤벨), 탄성 밴드, 그리고 메디신 볼을 활용하는 것을 포함한다.

표 2.1 사춘기 이전 8세 남자아이(낮은 기술 역량 및 훈련 연령 0년)를 위한 전신 근력 컨디셔닝 세션 샘플

세션 단계	운동	목표 핵심 움직임 패턴	볼륨 (세트×반복)	강도 (% 1RM)	휴식 (분)
동물 형태 웜업 게임	다양한 운동 사용	다양한 움직임 패턴과 움직임 탐색 기회	5분	없음	1
움직임 준비 (FMS)	폼 롤러	전신 근막 이완	2×10 각 부위	없음	1
	고블릿 스쿼트	흉추 신전과 고관절 가동범위 향상	2×8	체중	1
	스플릿 스쿼트	하체 편측 사용 및 둔근 활성화	2×6 각 다리	체중	1
	낮은 박스 점프	점핑, 랜딩, 리바운딩 기술	2×6	체중	1
	견갑골 푸시업	견갑골 당기기	2×8	체중	1
	몬스터 밴드 푸시 프레스	상체 밀기(수직)	2×8	가벼운 밴드	1
	몬스터 밴드 풀 다운	상체 당기기(수직)	2×8	가벼운 밴드	1
	플랭크 변형	안티로테이션 및 코어 브레이싱	2×30초	체중	1
메인 운동 (저항)	오버헤드 스쿼트	하체 양측 사용	2×6	나무 막대기 또는 어린이용 바벨	2
	엘리베이티드 프레스 업	상체 밀기(수평)	3×8	체중	2
	TRX 수파인 풀 업	상체 당기기(수평)	3×8	체중	2
보조 운동	스트레칭	없음	2×20초	없음	1

표 2.2 사춘기 이후 17세 남성(높은 기술 역량 및 훈련 연령 8년)을 위한 근력 컨디셔닝 세션 샘플

하체 세션					
세션 단계	운동	목표 핵심 움직임 패턴	볼륨 (세트×반복)	강도 (% 1RM)	휴식 (분)
웜업(FMS)	폼 롤러	하체 근막 이완	2×10 각 부위	없음	1
	미니밴드 워크	둔근 활성화	2×10 각 다리	없음	1
	클램 쉘	둔근 활성화	2×8 각 다리	없음	1
	드롭 점프(30cm)	점핑, 랜딩, 리바운딩 기술	3×3	체중	1~2
메인 운동 (저항)	스내치	하체 양측 사용	3×3	85	2~3
	오버헤드 스쿼트	하체 양측 사용	4×5	85	2~3
	바벨 스텝업	하체 편측 사용	3×5 각 다리	85	2~3
보조 운동	루마니안 데드리프트	하체 양측 사용	3×5	85	2~3
상체 세션					
세션 단계	운동	목표 핵심 움직임 패턴	볼륨 (세트×반복)	강도 (% 1RM)	휴식 (분)
웜업(FMS)	폼 롤러	상체 근막 이완	2×10 각 부위	없음	1
	Y, T, W, Ls	견갑골 당기기	5×1	없음	1
	앉아서 흉추 회전	흉추 가동범위 향상	3×4 각 방향	없음	1
메인 운동 (저항)	벤치 풀	상체 당기기(수평)	4×5	85	2~3
	덤벨 벤치 프레스	상체 밀기(수평)	4×5	85	2~3
	와이드 그립 풀업	상체 당기기(수직)	3×6	80	2~3
	스내치 프레스	상체 밀기(수직)	3×6	80	2~3
보조 운동	바벨 롤아웃	안티로테이션 및 코어 브레이싱	3×8	80	2~3

유소년 선수의 근력 파워 향상

유소년의 근력과 파워 발달은 과거에는 많은 논쟁의 대상이었지만, 초기의 오해와 달리 현재는 어린이와 청소년 모두에게 저항성 트레이닝을 적용하는 것을 뒷받침하는 풍부한 연구 근거가 존재한다.[37~39] 어린이가 스포츠 활동에 참여할 준비가 되었다면 저항성 트레이닝을 포함한 어떤 형태의 형식화된 근력 및 컨디셔닝 프로그램에도 참여할 준비가 된 것으로 볼 수 있다.[37] 어린이가 저항 훈련을 시작하기 위한 최소 연령 요건은 없지만, 지침을 이해할 수 있고, 스스로 활동에 참여하기를 선택할 수 있을 만큼 충분히 성숙해야 한다. 경험상, 그리고 자격을 갖춘 전문가가 적절하게 프로그램을 처방하고 지도하는 경우에 한해, 어린이는 5~6세부터 안전하고 효과적으로 저항 훈련에 참여할 수 있다.

퍼포먼스 향상 및 부상 방지 측면에서 모든 성숙 단계에 걸쳐 저항성 트레이닝의 사용을 뒷받침하는 강력한 증거가 존재함에 따라, 이는 장기적인 선수 발달 전략의 핵심 요소 중 하나로 간주된다.[2,32,37] 또한 최근 메타 분석 데이터에 따르면 저항성 트레이닝을 포함한 근력 및 컨디셔닝 프로그램이 기본 움직임 기술(FMS)을 향상시키는 데 효과적이라는 사실이 밝혀졌다.[40] 또한 연구 결과에 따르면 근력이 낮거나 평균(등척성 미드싸이 풀 동작 중 상대적 최대 힘으로 측정)인 남학생들은 높은 근력을 가진 또래에 비해 저항성 트레

이닝 기술 역량이 낮을 가능성이 각각 8배와 4배 더 높은 것으로 나타났다.[29] 또한 연구에 따르면 저항성 트레이닝은 유소년 운동선수들의 체중 상태[41]와 자존감과 같은 심리사회적 특성[42]에 긍정적인 영향을 미치는 것으로 나타나, 저항성 트레이닝의 이점이 단순한 신체 능력 향상을 넘어 다양한 발달 영역에 걸쳐 있음을 시사한다.

운동 기술motor skill 역량의 발달과 마찬가지로 근력 파워 트레이닝에 일찍 노출되면 유소년 선수가 주니어 단계에서 엘리트 스포츠 수준으로 안전하고 성공적으로 전환할 가능성이 높아진다. 어린이가 수기 저항, 머신 웨이트, 플라이오메트릭 트레이닝, 저항 밴드, 메디신 볼, 프리 웨이트 운동 등 다양한 형태의 저항성 트레이닝에 노출되면 근력과 파워가 대폭 향상될 수 있다.[37,39] 어린 시기에 트레이닝으로 인한 근력 및 파워 향상은 일반적으로 근섬유 수준의 구조적 변화로 인한 것이 아니라, 주로 근육 간 및 근육 내 협응력의 향상에 의해 이루어진다. 따라서 눈에 띄는 신체 구성 변화 없이도 아이가 더 강하고 폭발적인 힘을 갖게 되는 경우는 흔히 관찰된다. 비록 구조적 적응이 없더라도, 유년기 저항 트레이닝을 통한 상대 근력[43] 및 운동 기술[44] 향상은 청소년기보다 동등하거나, 경우에 따라 더 클 수 있다.

어린 시절에는 남녀 모두 근력이 선형적으로 증가한다. 그러나 아이들이 사춘기에 접어들면서 성별에 따른 근력과 파워의 차이가 더욱 뚜렷해지며, 일반적으로 남성이 여성보다 높은 근력과 파워를 보인다. 사춘기에 접어들면서 현저히 다른 호르몬 환경으로 인해 자연스럽게 근육량이 증가하며, 그 결과 근력과 파워 수준이 증가한다.[4] 청소년기 선수가 충분한 훈련 연령과 기술 역량을 갖추었다는 전제하에, PWV 시점은 근비대 중심 훈련을 시작하기에 이상적인 시기로 간주된다.[32]

고강도 파워가 요구되는 스포츠에 참여하는 유소년 선수들에게는, 약 2년간의 장기적인 저항 훈련 노출이 근력,[45] 파워,[46] 방향 전환 속도[47]를 현저히 향상시킨다는 연구 결과가 있다. 또한 표본 수는 적지만, 최근 연구에 따르면 근파워의 장기적인 향상은 최대 근력의 변화에 크게 좌우된다고 한다.[48] 이러한 결과는 최근 메타 분석을 통해 뒷받침되었는데, 이 메타 분석 신경근 파워는 근력을 기초로 개발되어야 한다고 제시하고 있다.[39] 또한, 저항성 트레이닝의 운동 효과는 다양한 요소에 기인하는 것으로 보인다. 상체 근력 및 근지구력, 하체 파워, 심폐지구력 등의 다양한 신체적 특성들이 단기적인 통합 신경근 트레이닝integrative neuromuscular training에도 긍정적인 반응을 보이는 것으로 나타났다.[20,28,49]

근육 단면적(mCSA)의 증가는 이전 연구에서 주니어 역도 선수들의 힘 생성 능력 향상과 관련이 있는 것으로 보고된 바 있으며,[11] 따라서 청소년기의 증가된 동화 작용 상태를 활용하기 위해 근비대hypertrophy 중심의 트레이닝 전략을 적용하는 것이 합리적인 접근법이다. 여자아이들은 테스토스테론 수준이 낮기 때문에, 남자아이들과 같은 정도의 근육량 증가를 경험하기 어려울지라도, 혈중 인슐린, 인슐린 유사 성장인자(IGFinsulin-like growth factor) 및 성장 호르몬의 농도 및 민감도 증가를 통해 여전히 의미 있는 근비대 효과를 기대할 수 있다는 점은 주목할 만하다.

건강 및 기술 관련 체력 요소를 모두 향상시키는 이점 외에도, 연구에 따르면 근력 및 컨디셔닝 트레이닝은 어린 선수들의 부상 위험을 줄이는 데도 도움이 될 수 있다. 데이터에 의하면 청소년 스포츠에서 발생하는 부상의 약 50%는 적절한 준비 훈련 및 컨디셔닝을 통해 예방할 수 있었을 것으로 나타났다.[50]

현명한 방법

어린 선수들은 훈련, 경기, 학업, 그리고 사회적 부담감 사이에서 균형을 잡아야 한다. 일정을 맞추기 어려운 시기에는 코치들이 신경근 특성(예: 운동 기술 역량, 근력 및 파워) 개발에 중점을 두는 훈련을 우선시하는 것이 유익할 수 있다. 이는 운동 제어와 근력 사이의 밀접한 연관성이 다양한 다른 운동 능력에도 영향을 미치기 때문이다.

현명한 방법

부상의 메커니즘은 다양하며 모든 부상을 완전히 막는다는 것은 비현실적이므로 어린 운동선수들은 부상, 특히 과사용 부상의 가능성을 줄이기 위해 연중 내내 정기적으로 저항성 트레이닝을 해야 한다. 경기 일정이 집중된 시기에도 어린 선수들은 최소한 운동신경 수준을 유지하기 위해 근력 및 컨디셔닝 활동에 참여하는 것이 중요하다.

운동 기술 개발과 마찬가지로, 유소년 선수의 근력 및 파워를 위한 프로그램을 계획할 때 S&C 코치는 훈련 연령과 기술 역량을 우선적으로 고려해야 한다. 예를 들어, 경험이 부족한 어린 선수에게는 체중을 이용한 운동과 기본적인 저항성 트레이닝 장비를 사용하는 운동을 통해 저항을 제공할 수 있다. 그러나 유능한 움직임 패턴을 보여줄 수 있는 어린 선수의 경우 역도(스내치, 클린 앤 저크 및 그 파생 운동) 및 기타 다근육, 다관절 운동(스쿼트, 데드리프트, 프레스 앤 풀)과 같은 고도화된 트레이닝 전략을 사용하면 큰 효과를 거둘 수 있다.

현명한 방법

어떤 형태의 저항성 트레이닝이든 기술 역량을 해치면서까지 훈련의 복잡성, 볼륨, 강도 또는 빈도를 높여서는 안 된다.

유소년 선수의 스피드, 민첩성, 유연성 발달

스피드와 민첩성은 스포츠의 기본 요소이므로 어린 선수들의 훈련 프로그램에서 핵심 요소가 되어야 한다. 이는 또한 어린이의 기본 움직임 기술(FMS) 발달에 자주 포함되는 대표적인 이동 형태이기도 하다. 어린 시절은 이 발달 단계와 관련된 신경 가소성으로 인해 대근육 운동 패턴을 발달시킬 수 있는 특별한 기회를 제공한다. 따라서 코치들은 어린 선수들에게 가속, 감속, 스프린트, 방향 전환, 커팅과 관련된 기술을 향상시키는 데 주력해야 한다.

그러나 스피드와 민첩성을 발휘하기 위한 기술 수행 능력 개발에 더해, 최대한 짧은 지면 접촉 시간 내에 강한 힘을 빠르게 발휘하는 능력 역시 효과적인 경기 수행에 필수적이다. 특히, 스프린트 중 예측할 수 없는 커팅 동작[51]이나 방향 전환을 포함하는 다양한 움직임[52]에서 발생하는 지면 반발력을 안전하고 효과적으로 흡수하기 위해서는 충분한 수준의 근력이 필수적이다. 따라서 스프린트와 방향 전환 기술을 향상시키는 것뿐만 아니라, 근력 및 파워 훈련은 스피드와 민첩성을 향상하고자 하는 유소년 대상의 근력 및 컨디셔닝 프로그램에서 핵심적인 요소가 되어야 한다.

스피드 발달

스피드는 스트라이드(보폭) 빈도와 스트라이드 길이의 곱으로 볼 수 있다. 아동기에서 성인기로 전환되는 동안 스트라이드 빈도는 줄어들 수 있지만, 스트라이드 길이가 동시에 증가함으로써 보상되어 결국 성숙 과정에서 속도가 증가하는 결과를 가져온다.[10] 스트라이드 길이의 증가는 지면과 접촉하는 동안 이동하는 거리를 증가시키는 하지 길이의 증가로 설명될 수 있다. 하지만 성인 다리 길이의 95%는 약 12세에 도달함에 따라, 그보다 더 큰 원인은 스트라이드의 공중 단계에서 더 먼 거리를 이동하는 것이다. 이러한 현상은 성숙 과정에서 자신의 체중에 비해 큰 힘을 짧은 시간에 지면에 가할 수 있는 능력이 향상되기 때문이며,[53] 또한 지면 접촉 시 신체 중심의 과도한 흔들림을 억제할 수 있도록 다리 강성이 발달하기 때문일 가능성이 크다.[54] 따라서 S&C 코치는 청소년기에 자연적으로 발달하는 힘 생성 능력과 스트라이드 길이 증가를 적절한 훈련을 통해 더욱 효과적으로 촉진할 수 있다.

성인들의 달리기 중 감소된 지면 접촉 시간은 스프린트 속도 증가의 주요 결정 요인이라고 제안되고 있다.[55] 하지만 근수축 속도를 반영하는 지면 접촉 시간은 아동기와 청소년기 동안 자연스럽게 향상되지는 않는 것으로 나타났다. 선수가 스프린트 중 지면 접촉 시간을 줄일 수 있다면, S&C 코치는 이것이 자연적인 성숙 과정으로 인한 것이라기보다는 훈련 적응의 결과임을 인식해야 한다.

스피드는 아동기와 청소년기 전반에 걸쳐 훈련을 통해 향상될 수 있다는 근거가 있지만, 발달 단계에 따라 선수들은 서로 다른 형태의 훈련에 더 효과적으로 반응한다.[49,56,57] 누적된 데이터에 따르면 사춘기 전 아동은 높은 수준의 신경계 활성화에 크게 의존하는 플라이오메트릭 및 스프린트 훈련에 더 민감하게 반응하는 반면, 청소년 운동선수는 근력 및 플라이오메트릭 훈련의 조합에서 더 많은 이점을 얻을 수 있다(이 발달 단계에서의 적응은 본질적으로 신경 및 구조적 측면 모두에서 이루어질 수 있음을 시사). 이러한 연구 결과는 스프린트 속도가 모든 발달 단계에서 훈련 가능하다는 일반적 인식을 뒷받침하며, 각 훈련 방식에 대한 반응성은 아동기와 청소년기에 자연스럽게 발생하는 신체적·신경적 적응과 시너지를 이루며 정렬될 수 있음을 보여준다.[58]

현명한 방법

스프린트 퍼포먼스 향상에 관한 연구에 따르면, 사춘기 이전의 어린이는 신경 자극 기반의 훈련, 특히 플라이오메트릭 및 스프린트 훈련에 잘 반응하는 것으로 나타났다.

어린 선수의 파워와 스프린트 능력 향상을 위해 플라이오메트릭을 처방할 때, 플라이오메트릭 동작 중에는 근신경계에 큰 부담이 가해지므로 트레이닝 방식을 점진적으로 도입하는 것이 필수적이다. 또한 점진적인 접근 방식을 통해 훈련의 강조점이 움직임의 질(예: 자세 정렬, 지면과의 높은 반응성)에 계속 집중될 수 있도록 한다. 숙련된 운동선수는 지면 접촉 시간을 줄이고, 더 많은 운동 단위를 동원하며, 신장 반사 반응을 더 잘 활용하여 폭발적인 움직임을 수행하는 트레이닝에 집중할 수 있다.

운동 경험이 적은 어린이와 청소년은 올바른 움직임 메커니즘 발달에 초점을 맞춘 저강도 플라이오메트릭 운동을 수행해야 하며, 이 범주의 어린이를 위한 운동 처방은 코치의 상상력에 의해 다소 제한되지만, 재미와 도전 요소가 유지되어야 한다. 그러나 훈련 경험이 많고 운동 능력이 우수한 유소년 선수는 드롭 점프나 다양한 바운딩과 같은 고강도 플라이오메트릭 활동을 정기적으로 포함할 수 있다. 최근 문헌은 유소년 선수를 위한 플라이오메트릭 훈련 모델을 제안하여, 경험이 부족한 어린이가 재미 위주의 훈련(구조화되지 않은, 낮은 신장성 부하)에서, 종목 특이성 수준의 플라이오메트릭 훈련(높은 구조화 수준, 높은 신장성 부하)으로 전환하는 방법을 설명한다.[59]

민첩성 발달

뛰어난 민첩성 능력의 두 가지 주요 요소는 다음과 같다. 방향 전환 스피드, 인지 능력(13장 참조). 사춘기 직전의 발달 단계는 신경 가소성으로 인해 근력 및 방향 전환 속도와 같은 근신경 특성을 발전시킬 수 있는 적절한 시기이다.[32] 또한, 신경 적응의 가능성이 높아지는 이 발달 단계는 시냅스 경로의 강화 및 가지치기 과정synaptic pruning이 활발하게 이루어지므로, 전반적인 인지 능력과 의사 결정 과정을 향상시킬 수 있는 이상적인 기회이기도 하다.[6,60] '진정한' 민첩성을 평가하기 어렵기 때문에, 기존의 소아 문헌에서는 대부분 방향 전환 스피드만을 테스트하였다.[61]

민첩성은 다양한 구성 요소가 퍼포먼스에 영향을 미치기 때문에 측정이 복잡한 체력 요소임을 기억해야 한다. 또한 민첩성이 자연스럽게 발달하는 양상을 다룬 데이터는 부족하다. 여기에 더해, 각 구성 요소가 아동기와 청소년기를 거치며 어떻게 발달하는지에 대한 정보가 거의 없기 때문에, 성숙이 아동 및 청소년 선수의 훈련 방식에 어떤 영향을 미치는지 판단하기는 다소 어렵다.

현명한 방법

코치는 유소년 운동선수의 성숙도 상태와 관계없이, 기술적 역량에 맞춰 민첩성 훈련을 처방해야 한다.

그림 2.4는 이전 문헌[62]에서 수정된 것으로, 다양한 발달 단계에 있는 유소년 운동선수들에게 각 단계의 우선적인 훈련 주안점을 제공하는 민첩성 훈련 모델을 보여준다. 이 모델은 트레이닝 처방의 핵심 기준으로 기술적 역량을 제시하며, 초기 단계에서는 기본 움직임 기술(FMS)의 숙달에 더 큰 비중을 두고, 선수의 경험이 쌓이고 움직임 숙련도가 향상될수록 반응성 민첩성 훈련의 비중을 점차 늘릴 수 있다. 또한, 이 모델은 발달 단계에 관계없이 모든 유소년 운동선수의 훈련 프로그램에 기본 움직임 기술, 방향 전환 스피드, 반응성 민첩성 훈련이 모두 포함되어야 하며, 개인에 따라 그 비율이 달라져야 한다는 점을 인정한다. 그림에서 성숙도 상태도 고려되었는데, 어린이들은 초기에 기본 움직임 기술을 숙달하는 데 더 많은 기회를 가지며, 청소년들은 아동기 동안 확보한 움직임 역량을 바탕으로 반응성 민첩성 훈련의 기회를 더 많이 갖는다. 그림 2.4에 표시된 민첩성 훈련 모델은 운동선수가 아동기부터 형식화된 훈련에 참여하였다는 전제에 기반하여 설계되었다.

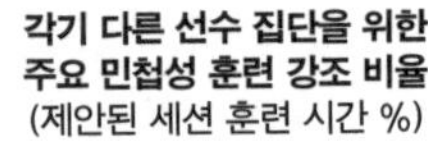

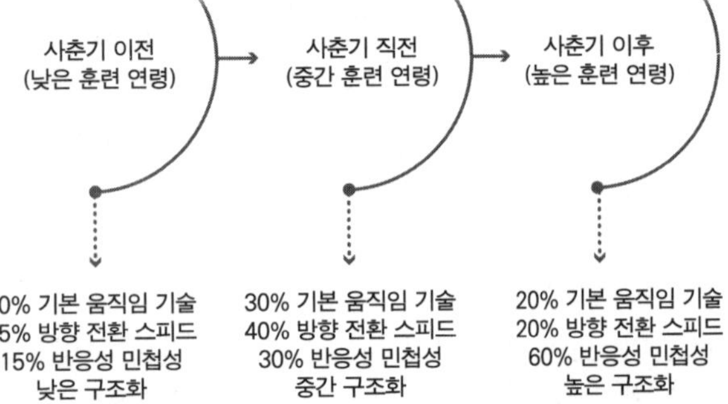

그림 2.4 다양한 발달 단계의 어린 선수들을 위한 주요 민첩성 훈련 초점.

Based on R.S. Lloyd, P. Read, J.L. Oliver, R.W. Meyers, S. Nimphius, and I. Jeffreys, 2013, "Considerations for the Development of Agility During Childhood and Adolescence," *Strength and Conditioning Journal* 35, no. 3 (2013): 2-11.

지구력 발달

기술 또는 전술 세션 외에 별도의 지구력 훈련의 필요성이 인정되는 경우, 연구에 따르면 사춘기 전 아동은 고강도 인터벌 훈련 프로토콜에 따라 유산소 파워를 크게 향상시킬 수 있다.[12,63] 특히 경험이 부족한 사춘기 전 아동의 경우 지구력 향상을 위해 고안된 모든 트레이닝 세션은 적절한 훈련 자극을 제공하기 위해 고강도 인터벌 형태로 구성되어야 하며,[3,12,64] 이는 자유 놀이 시간에 흔히 볼 수 있는 활동 패턴과 매우 유사하다. 아동 및 청소년을 지도할 때 트레이너는 특히 다양한 발달 단계에서 지구력 퍼포먼스의 단기적인 변동을 주의 깊게 관찰해야 한다.

유소년 선수들이 일반적으로 많은 양의 종목 특이적 훈련과 경기를 일상적으로 수행하기 때문에, 대부분의 유소년 선수 트레이닝 프로그램에서 지구력 발달은 우선순위가 낮다고 주장할 수 있다. 또한, 여러 종목이 특별히 높은 수준의 지구력을 요구하지는 않으며, 지구력은 성인이 되어도 훈련 가능하다는 사실을 고려할 때, 아동기나 청소년기에 신경근 특성(예: 근력, 협응력, 스피드, 파워)을 지구력보다 우선시하는 것이 제안된다.[32]

현명한 방법

스피드 및 민첩성 발달과 마찬가지로, 어린 운동선수들이 유산소성 또는 무산소성 지구력 활동 중에 흔히 경험하는 반복적인 충격력을 견딜 수 있을 만큼 근골격계를 충분히 튼튼하게 발달시켜야 한다.

흥미롭게도 어린이의 유산소성 능력이 높은 경우 골격 골절 위험이 증가하는 경향이 있다는 연구 결과가 있으며, 특히 근력이 낮은 아동에서 이러한 경향이 두드러졌다.[65] 이러한 결과는 유소년 선수들이 유산소 또는 무산소 활동 중 발생하는 부하를 감당할 수 있도록, 뼈와 근육, 결합조직에 충분한 근력을 발달시켜야 한다는 개념을 뒷받침한다. 비록 훈련받지 않은 학령기 유소년을 대상으로 했지만, 근력 향상이 유산소 수행 능력에 미치는 긍정적인 영향을 입증한 연구에서는, 운동 기술과 근력 발달에 중점을 둔 통합 신경근 트레이닝 프로그램이 1마일 달리기 수행에 긍정적인 변화를 유도한 것으로 나타났다.[28] 다만, 이 연구는 훈련 경험이 없는 학령기 아동을 대상으로 한 것이며, 결과의 일반화에는 주의가 필요하다. 연구 저자들은 어린이는 신진대사적으로 특화되지 않은 존재이기 때문에, 훈련을 통해 나타나는 적응 효과가 반드시 특정 활동의 요구에만 한정되지 않는다고 강조했다.[28]

유연성 발달

유연성은 어린 운동선수들에게 중요한 신체 능력으로 여겨진다. 이러한 유연성의 중요성은 종목에 따라 다르다. 예를 들어 체조와 같은 심미적 스포츠는 신체의 극단적인 자세를 기준으로 점수가 매겨지므로 유연성이 매우 중요하다. 반면에, 야구나 골프와 같은 다른 스포츠는 힘이 작용하는 구간을 넓히기 위해 큰 관절 가동범위가 요구된다. 스포츠의 요구 사항과 관계없이, 선수는 해당 스포츠에 일반적으로 사용되는 관절 가동범위에서 안정성(적절한 수준의 근력)을 보여줄 수 있어야 한다는 점을 인식해야 한다. 유연성은 스포츠 수행 능력에 있어 상대적으로 중요함에도 불구하고 소아·청소년을 대상으로 한 연구가 많이 부족한 분야이다. 기존의 문헌에 따르면, 사춘기 이전 시기가 유연성 발달에 중요한 시기로 제안되었으며, 특히 6~11세는 근육과 관절 구조의 발달이 활발하게 일어나 유연성 향상에 민감한 시기인 것으로 보고되었다.[32,66]

생리학적으로, 이러한 발달 단계와 관련하여 근육 조직의 유연성이 향상되고 근건접합부의 뻣뻣함(수동 및 능동 모두)이 감소하여 관절의 가동범위가 더 크게 향상될 수 있다. 또한, 청소년기의 급성장기 전후부터 성인이 될 때까지 유연성 수준이 정체되거나 심지어 감소하는 경향이 있다는 증거도 있다.[67] 이는 적어도 이전에 습득한 유연성 수준을 유지하기 위해 발달 후기 단계에서 지속적인 유연성 트레이닝이 필요하다는 것을 시사할 수 있다.

유연성 훈련은 신체에 큰 부담을 주지 않기 때문에, 유소년 선수들은 종목의 특성과 요구에 따라 주 2회에서 매일 수행하도록 권장할 수 있다. 만성적인 관절가동범위의 변화를 원하는 경우, 스트레칭을 10~30초 동안 유지하는 것이 좋다. 이 권장 사항은 선수들이 웜업의 일환으로 일상적으로 수행하는 짧은 시간의 가동성 운동과는 다르다. 가동성 운동은 근육의 온도, 탄력성 그리고 일시적인 가동범위 향상을 목표로 한다. 어떤 훈련 방법을 선택하든, 코치는 어린 선수들이 스트레칭을 할 때 자세와 몸의 정렬을 주의 깊게 살펴야 한다.

스페셜리스트가 되기 전에 제너럴리스트가 되어라

'스포츠 조기 전문화'란 어린 나이에 한 가지 스포츠에만 집중하며, 연중 내내 해당 종목에 특화된 훈련을 지속하는 것을 의미한다.[68] 조기 전문화와 관련된 위험에는 사회적 고립, 번아웃, 과사용 부상[69] 등이 있으며, 이러한 위험은 모두 건강한 장기 운동능력 발달에 부정적인 영향을 미친다. 체조와 같은 특정 스포츠는 다른 스포츠보다 조기 전문화에 더 적합할 수 있지만, 스포츠 전문화는 청소년기까지는 미루는 것이 바람직하다. 이는 어린 운동선수가 종목 특이적 기술에 집중하기 전에 다양한 훈련 환경에 노출되어 균형 잡힌 운동신경을 발달시킬 수 있도록 하기 위함이다. 안타깝게도, 더 많은 종목에서 어린 선수들에게 조기 전문화를 촉진하고 있는 것으로 보인다. 그 결과, 많은 S&C 코치들이 비기능적 과수행(NFOR$_{\text{non-functional overreaching}}$), 오버트레이닝(OT), 그리고 과사용 부상과 같은 추가적인 위험에 대처해야 하는 상황에 직면하고 있다.

하나의 종목에 집중하는 선수들을 위한 훈련 프로그램은, 이들이 본격적인 시즌을 시작하기 전에 상대적으로 단순한 구성으로 체력을 준비할 수 있게 해준다. 여러 스포츠에 참여하는 어린 선수들에게는 각 경기 시즌 사이에 준비 단계를 구축하는 것이 매우 중요하다. 이는 선수가 충분한 휴식과 회복 시간을 확보하고 정상적인 성장과 성숙 과정이 일어날 수 있도록 도와준다.[2] 또한, 준비 단계는 경기 시즌 동안 감소하거나 정체된 체력 수준을 회복하거나 향상시킬 수 있는 기회로 간주해야 한다. 이러한 접근 방식은 유소년 운동선수의 전반적인 건강 및 웰빙 감소와 경기력 저하로 이어질 수 있는 비기능적 과수행이나 오버트레이닝의 가능성을 줄이는데 필수적이다. 이전 연구에 따르면, 유소년 운동 인구의 약 30%에서 비기능적 과훈련 또는 오버트레이닝이 발생하며,[70] 이를 겪은 사람의 1/3은 재발 위험이 있다고 한다.[71]

요약

성장과 성숙의 복잡한 특성으로 인해 어린 운동선수에게 근력 및 컨디셔닝을 제공하려면 소아 운동 과학에 대한 올바른 이해가 필요하다. 이 장에서는 성공적인 장기간 운동능력 발달에 적용되는 주요 원칙을 검토하고 '필수 항목'에 나열된 핵심 메시지를 강조하였다.

필수 항목

- 기술적 역량이 트레이닝 처방을 결정하는 주요 변수가 되어야 한다. 그러나 각 선수에게 최대한 효과적인 트레이닝 프로그램을 설계하려면 생물학적 성숙도도 고려해야 한다.
- 유소년 대상의 근력 및 컨디셔닝 프로그램은 다양한 건강 및 기술 관련 체력 요소의 발달을 목표로 해야 하지만, 프로그램의 중심은 근력과 운동 기술 숙련도를 개발하는 데 두어야 한다.
- 스피드를 향상시키기 위해 코치는 지면 접촉 시간 동안 힘을 더 빠르고 강하게 전달하는 동시에, 접촉 시간을 줄이는 데 초점을 둘 수 있다. 이 두 가지 특성은 각각 사춘기 동안 자연스럽게 발달하는 요소와 그렇지 않은 요소를 대표한다.
- 사춘기 직전 시기는 민첩성 퍼포먼스에 필요한 운동 기술 패턴과 힘 생성 능력을 배우기에 이상적인 발달 단계이다.
- 유연성 트레이닝은 모든 청소년 발달 프로그램의 중요한 요소지만, 코치는 선수가 실제 경기에서 사용되는 동작 범위 안에서 힘을 발휘할 수 있어야 한다는 점을 잊지 말아야 한다.
- 어린 선수에게 가해지는 전반적인 신체적, 심리사회적 요구 사항에 주의를 기울여야 하며, 특히 선수가 여러 종목에 참여하는 경우에 더 그렇다. 근력 및 컨디셔닝은 단순히 전체 훈련 프로그램의 부가적 요소로만 보는 것이 아니라, 그 자체로 본질적이고 필수적인 구성 요소로 인식되어야 한다.

Chapter 3

정신 건강의 향상

사무엘 커밍 Samuel Cumming, MSc
영국 스포츠연구소English Institute of Sport 정신건강부 총괄 대행

수잔 우드 Susan Wood, PhD
체인지 마인즈 UKChanging Minds UK 임상심리학자

제임스 벨 James Bell, MSc, PhD
체인지 마인즈 UKChanging Minds UK 퍼포먼스 서비스 책임자

엘리트 스포츠에는 요령이 없다. 우리는 신체적, 기술적, 전술적 영역에서 최대한의 이익을 얻기 위해서 계속해서 노력해 왔지만, 이제 막 정신적, 심리적 준비에서 얻을 수 있는 최대한의 이익을 인지하기 시작한 수준이다. 지속 가능한 스포츠 우수성을 얻기 위해서는 인적자원과 웰빙에 투자해야 한다.

이 장에서는 정신 건강의 향상과 보호의 이해에 대한 접근 방식과 논의를 위한 개요를 제시하고자 한다. 우리는 엘리트 스포츠에서 정신 건강을 어떻게 정의하는지 설명하고 자신과 다른 사람의 정신 건강에 대해 논의하는 방법에 대한 권장 사항을 제공한다. 그리고 개인과 더 넓은 시스템이 어떻게 정신 건강을 향상시킬 수 있는지 살펴보고 정신 건강을 보호하는 데 있어서 자기 관리와 회복력의 중요성에 중점을 둔다. 마지막으로 위기 상황에서 정신 건강 문제에 대응하기 위한 몇 가지 중요한 단계를 전반적으로 설명한다.

정신 건강에 대한 정의

정신 건강의 개념은 굉장히 간단하면서 동시에 복잡한 흥미로운 현상 중 하나다. 아마도 이는 인간이 매우 복잡한 것에 대해 질서와 정리를 원하는 본능에서 비롯된 결과일 것이다.

정신 건강에 대한 일반적인 오해는 그것이 단순한 문제점이라 생각하는 것이다. 정신 건강에 대해 말해 보라고 한다면 일반적인 반응은 대개 '불안감, 강박 및 우울감 같은 것'일 것이다. 또는 사람들이 어려움을 겪을 때를 설명할 때 "그때는 정신 건강에 문제가 있었는데 지금은 나아졌습니다"라고 묘사하는 것을 들을 수도 있다. 이러한 설명은 특별히 도움이 되지도 않을뿐더러 정확하지도 않다. 우리는 모두 정신 건강 문제와 항상 함께하고 있다.

우리는 긍정적인 정신 건강과 정신 건강 문제, 두 가지를 포괄하는 연속체로서 정신 건강을 이해하는 것이 도움이 된다는 것을 발견했다. 긍정적 정신 건강은 '모든 개인이 자신의 잠재력을 깨닫고, 삶의 보통의 스트레스에 대처할 수 있고, 생산적인 활동을 하고, 사회에 기여할 수 있는 올바른 상태'로 설명할 수 있다.[1] 정신 건강 문제는 커다란 괴로움, 일상 기능의 손상 또는 다른 사람과의 관계에 어려움을 초래하는 행동, 경험, 생각 및 감정의 패턴으로 정의된다. 이러한 괴로움이나 장애는 일정 기간 동안 경험될 가능성이 가장 높으며, 개인의 일반적인 대처 전략으로는 쉽게 완화

되지 않는다.[2] 우리는 이 연속체의 어딘가에 속해 있으며, 우리 삶 혹은 주변 환경에서 무슨 일이 일어나고 있는지에 따라 끊임없이 따라 움직이고 있다. 예를 들어, 수면이 부족한 밤을 보낸 후 중요한 시합이 다가오고 있는 상황에서 하루 종일 연달아 강행군을 하다 보면 정신 건강이 고갈될 가능성이 높아질 것이다. 마찬가지로 주말에 회복을 하고 몇 가지 흥미로운 프로젝트가 예정되어 있다면 우리는 좀 더 긍정적인 정신 건강 상태일 것이다.

이것은 정신 건강을 직관적으로 정의하려는 한 가지 예시이다. 하지만 모든 사람의 정신 건강이 긍정적인 정신 건강부터 괜찮은 상태를 지나 정신 건강 문제로 어려움을 겪기 시작하는 단계까지 모두 같은 범주에 속한다고 생각해서는 안 된다는 점을 명심해야 한다. 여기서 개념이 좀 더 복잡해지는데, 우리 모두 일상적인 스트레스나 중요한 삶의 사건에 대해 같은 방식으로 반응하지 않는다. 사랑하는 것을 잃은 사람의 경험은 다른 사람의 경험과 상당히 다를 수 있다. 그렇기 때문에 신체 건강과 마찬가지로 정신 건강을 일반적인 건강 및 웰빙의 한 측면으로 보는 것이 가장 도움이 된다. 정신 건강은 우리 모두가 가지고 있고, 노력할 수 있고, 끊임없이 변화하고 우리가 살아온 경험에 의해 긍정 혹은 부정적인 영향을 받을 수 있다.

스포츠 맥락에서 정신 건강을 이해하는 것이 왜 중요한지, 왜 정신과 의사와 심리학자들에게만 맡겨둘 수 없는 것인지에 대한 답변은 세 가지다.

우선, 정신과 육체적 건강 사이에 동등한 중요성을 유지하는 것이 중요하다. 우리 모두가 신체 건강을 유지하고 다른 사람(동료, 팀메이트 등)을 지원할 책임이 있는 것과 마찬가지로 자신과 다른 사람의 정신 건강에 대해서도 비슷한 책임이 있다. 의사는 누군가의 신체 건강을 책임지는 유일한 사람이 아니다. 마찬가지로, 심리학자나 정신과 의사는 누군가의 정신 건강을 책임지는 유일한 사람이 아니다. 모든 코치와 지원 스태프는 선수와 함께 일할 때 심리적인 역할을 해야 한다. 긍정적인 정신 건강을 증진하는 것은 우리 모두에게 책임이 있다.

두 번째로, 우리 모두는 스스로의 정신 건강을 돌볼 책임이 있다. 선수, 코치, 지원 스태프에게 비범한 신체적 퍼포먼스를 요구하는 엘리트 스포츠 세계에서는 그러한 퍼포먼스의 중심에 있는 인간을 인식하고 그들을 배려하고 보살피는 방식이 매우 중요하다.

마지막으로, 긍정적 정신 건강은 사람들이 최선을 다하게 하고, 지속 가능한 하이퍼포먼스의 중요한 기반을 제공한다.[3] 단기적으로 사람들은 정서적 영향 혹은 정신 건강을 돌보지 않아도 높은 수준의 수행이 가능하다고 주장할 수 있다. 우리는 가끔 정신 건강상의 어려움을 보고했음에도 불구하고 뛰어난 퍼포먼스를 달성할 수 있었던 선수들의 이야기를 듣는다. 그러나 우리는 엘리트 스포츠의 높은 압박감, 스트레스 및 위협에 장기간 노출되면 퍼포먼스와 웰빙 모두에 해로운 영향을 미친다는 점을 인정해야 한다. 만약 사람들이 지속적으로 높은 수준의 위협과 스트레스를 경험한다면 정신 건강 문제가 발생할 위험이 높아질 수 있다. 따라서 우리는 엘리트 스포츠의 매우 도전적인 특성과 높은 수준의 지원 사이의 균형을 맞추면서 이러한 환경에서 긍정적인 정신 건강을 증진해야 한다.

정신 건강은 간단한 개념이 아니다. 복잡하고 혼란스러운 환경에서 활동하는 선수의 발전을 지원할 수 있도록 정신 건강에 대한 이해를 높여야 한다.

스포츠의 본질: 혼란의 수용

스포츠와 같은 복잡한 환경에서 정신 건강과 같은 복잡한 개념을 논의할 때, 이 주제를 완전히 회피하거나, 흑백이론의 세계에 살거나, 환경을 더 부드럽고 쉽게 만드는 것이 전부라고 생각하는 함정에 빠지기 쉽다.

정신 건강과 하이퍼포먼스 스포츠 사이의 복잡한 상호작용을 이해하는 데 도움이 되는 한 가지 방법은 맥락 내에서 복잡성의 수준을 고려하는 것이다. 먼저 우리는 일반 인구에서 선발된 개인들로 구성된 그룹을 고려해야 한다. 이들은 모두 역동적인 정신 건강의 연속선상 어딘가에 위치하며, 일상생활의 요구와 스트레스에 따라 이동한다. 여기에 더해, 일반적으로 26세 이하의 젊은 연령층에 해당하는 선수들이 포함된다. 이들은 신경학적으로 아직 발달 중이며(예: 감정 조절 및 의사 결정 능력), 사회적 압력과 위험 감수 행동에 더욱 취약한 특성을 가진다.[4-6] 20~49세 남성의 가장 큰 사망 원인으로 자살이 꼽히고,[7] 16~24세 여성의 약 20%가 자해 경험이 있다고 보고하는[8] 통계는 엘리트 스포츠 참가자의 주요 연령층이 직면한 압박을 극명하게 드러내고 있다. 여기에 작은 개선을 위한 끊임없는 노력, 지원 체계와 떨어져 있는 시간, 강도 높은 감시, 높은 부상 위험, 불확실한 환경, 선발과 경쟁의 압박 등 스포츠 환경이 주는 복잡성이 더해진다. 장애를 가진 선수의 경우 장애로 인한 어려움이 더욱 복잡하게 얽혀 있을 수 있다. 이러한 선수들은 장애인을 바라보는 사회의 시선, 기밀 유출의 위험, 장애인 선수로서 자신의 정체성을 받아들이는지에 대한 문제 등에도 대처해야 한다. 많은 어려움이 도사리고 있다.

우리는 특히 엘리트 스포츠가 매우 도전적이고 종종 불합리한 환경이라는 현실을 받아들여야 한다. 우리는 그들에게 세상 그 누구보다 더 빠르고, 탄탄하고, 강함을 요구한다. 이를 얻기 위해서 선수들은 모두의 정신 건강에 부담을 주는 활동에 참여하게 된다.

현명한 방법

여기서 하고자 하는 말은 이 환경이 더 부드러워져야 한다는 것이 아닌, 장기간 지속될 수 있는 회복탄력성resilience을 발달시키기 위해 높은 수준의 도전과 높은 수준의 지원 사이의 균형을 맞춰야 한다는 것이다.

연속으로 메달을 획득한 운동선수의 특성을 설명하는 하디Hardy와 동료[9]의 유명한 연구에서는 이러한 선수가 스포츠와 관련된 긍정적인 일과 일상에서의 부정적인 일을 연결 짓거나, 강박증과 완벽주의 그리고 압박감 속에서도 더 높은 수준의 퍼포먼스를 유지하기 위한 철저한 준비를 하는 공통점을 보였다. 언뜻 보기에는 이러한 연구 결과는 '재능에 트라우마가 필요하다'로 해석되기 쉽지만, 우리는 이러한 연구 결과가 스포츠 경험을 통해 회복력과 대처 능력을 발달시키려면 선수들이 높은 수준의 도전과 적절한 지원 사이의 세심한 균형을 필요로 함을 보여준다고 믿는다. 예를 들어, 올림픽 게임과 같이 큰 스트레스와 불안감을 유발하는 시합에서 기대 이상의 성과를 거두려면 준비 과정에서 동일한 양의 지원이 제공되었다는 확신이 필요하다.

이러한 균형을 이루기 위해서는 개개인 및 그들의 형성 경험과 동기를 이해하고 상황의 구체적인 복잡성을 제대로 인식하여 그에 맞춰 지원을 구성하는 것이 중요하다. 우리의 경험에 의하면, 회피적 애착 스타일*[10]을 가진 개인이 스포츠에 끌리는 경향이 있으며 스포츠 환경의 특성이 이러한 스타일을 유지하거나 심지어 악화시킬 수 있다는 사실도 알아냈다. 회피적 접근 방식은 하이퍼포먼스 스포츠 생활에 적응하는 대처 전략을 제공하지만, 갈등을 초래할 수 있는 논의를 피하거나, 어려움에 처했을 때 지원을 구하지 않거나, 불확실할 때 질문을 하지 않거나, 현 상태에 도전하는 등의 바람직하지 않은 결과를 가져올 수 있다.

개개인을 이해하고 겪고 있는 문제를 이해하는 데 도움이 되는 한 가지 방법은 무엇이 잘못되었는지 묻기보다는 이야기와 경험을 나눌 기회를 주는 것이다. 이 다섯 가지 질문은 이러한 종류의 이해를 얻기 위한 구조를 제공한다.[11]

1. 당신에게 무슨 일이 일어났는가?
2. 그것이 당신에게 어떠한 영향을 주었나?
3. 당신은 그것을 어떤 의미로 생각했나?
4. 대처하거나 살아남기 위해 무엇을 해야 했나?
5. 당신의 강점은 무엇인가?

때때로 누군가가 자신의 이야기를 나누고 싶은지 알기 어려운 경우가 있으며, 이는 종종 우리가 이러한 질문을 피하게 만들 수 있다. 이러한 딜레마를 상대방과 공유하여 그가 이야기하고 싶을 경우 지지적인 대화의 기회를 만드는 것이 좋다. 예를 들어, "아까 화가 난 것 같던데 그 일에 대해 이야기하고 싶은 마음이 있나요?"라고 말할 수 있을 것이다.

* 애착 이론을 설명하는 것은 이 장의 범위를 벗어난다. 다음은 이론에 대한 매우 간략한 개요다. 자세한 내용은 존 볼비John Bowlby와 동료들의 연구를 참조하라. 애착은 인간이 생존하고 자신의 필요를 충족시키기 위해 가지는 본능적인 과정이다. 애착은 주 보호자와의 상호작용을 통해 유아기부터 발달하기 시작한다. 이러한 초기 관계에서 배운 것들이 우리의 애착 스타일을 형성하고, 자신에 대한 인식과 타인이 우리에게 어떻게 반응할 것인지에 대한 기대를 제공한다(우리는 돌봄을 받는가? 그리고 우리는 다른 사람이 우리를 돌보도록 할 수 있는가?). 우리의 애착 행동은 스트레스나 위협을 받을 때 활성화된다. 예를 들어, 우리는 다른 사람에게 도움을 요청할까, 아니면 스스로 문제를 해결하려고 노력할까? 우리는 다른 사람들로부터 쉽게 위로를 받을까, 아니면 계속해서 확신을 구해야 할까? 우리의 애착 스타일은 우리가 새로운 도전과 탐구에 대해 얼마나 자신감을 느끼는지에 영향을 미친다. 주로 회피 애착 유형을 가진 사람들은 자립하는 경향이 있고, 다른 사람에 대한 신뢰도가 낮고 도움을 구하는 행동이 적으며 또한 작업과 목표에 집중하고 감정을 억제한다. 참고, 참다가, 폭발!

이러한 질문을 단어 그대로 물어볼 필요는 없지만(자연스러운 방식으로 질문하는 것을 권장한다), 이런 방식으로 대화에 접근하면 문제뿐 아니라 그 사람에 대해 더 잘 이해하는 데 도움이 된다. 개인에 대한 이러한 깊은 이해를 통해 우리는 혼란을 피하는 것이 아니라 수용할 수 있다. 또한, 이러한 접근 방식을 통해 우리는 상황의 어려움과 제약을 확인하고 맥락에서 행동의 기능을 이해하며 무엇이 도움이 되지 않는지 식별해 그 사람을 적절하게 지원할 수 있다. 혼란을 수용하는 데 가장 중요한 것은 긍정적 정신 건강을 증진하는 것이 모두의 일이며, 따라서 모든 상호작용이 중요하다는 점을 이해하는 것이다. 주변 환경에 있는 모든 사람은 다른 사람의 정신 건강을 의식적으로 지원할 책임이 있다.

정신 건강의 향상

정신 건강이 무엇인지 정의하고 그 복잡성을 설명한 다음 "내가 무엇을 할 수 있는가?"라고 질문해야 한다. 이 섹션에서는 코치나 실무자가 운동선수 집단의 정신 건강에 영향을 주기 위해 할 수 있는 일에 대한 몇 가지 생각을 제안한다. 원칙들은 앞서 언급한 연속선에 따라 정리되어 있으며, 먼저 긍정적인 정신 건강을 촉진하는 방법을 다룬 후, 정신 건강(특히 자신의 정신 건강)을 보호하는 방법, 그러고 나서 정신 건강 위기에 대한 대응을 포함하여 정신 건강 스펙트럼의 더 심각한 끝부분을 다루는 방법을 설명한다.

긍정적 정신 건강을 향상시키는 방법을 더 잘 이해하기 위해 우리는 몇몇 선수, 코치 및 실무자를 초대하여 그들의 경험에 대해 논의하고 긍정적 정신 건강을 향상시키는 방법에 대한 모범 사례를 확인했다. 4가지 핵심 원칙이 부각되었다. 이 섹션에 설명된 네 가지 원칙 각각에는 엘리트 스포츠 환경에서의 삶에 원칙을 구현하는 방법에 대한 예시가 포함되어 있다. 우리는 모든 예시가 모든 스포츠나 맥락에서 작용하는 것은 아니라는 점을 알고 있지만, 여러분이 일하는 고유 환경에서 시도해 볼 수 있는 자신만의 아이디어를 생성하는 데 자극을 주기를 바란다.

제 1원칙: 모든 사람의 가치

선수들과 코치들은 자신들이 경험한 최고의 스포츠 환경이 선수로서뿐만 아니라 한 사람으로서의 가치를 인정했다고 강조했다. 실제로 이에 대한 많은 예시가 있었지만(다음 목록 참조), 근본적으로 환경은 사람(즉, 선수, 코치, 지원 스태프)을 단순히 퍼포먼스를 제공할 수 있는 상품 그 이상으로 다뤘다.

예시

- 한 스포츠에서는 사람을 소중히 여기는 것이 참가자들이 그들의 개인적인 기여에 대해 감사를 표하는 방식으로 가장 잘 설명되었다. 특정 프로그램에서 누군가가 떠나야 할 때가 되면 퍼포먼스 디렉터는 모든 사람을 모아 함께 떠나는 사람에게 자신이 한 모든 일(경기장 안팎에서)에 대해 감사를 전하고 앞으로의 일 또한 응원했다. 결국, 이것은 엄청난 노력 없이도 그 환경에 있는 사람들에게 자신이 소중하게 여겨졌음을 보여주고 결과적으로 긍정적 정신 건강이 향상되는 매우 간단한 행동이다.
- 많은 스포츠는 매년 혹은 반기별로 건강 검진 과정을 진행하며 이러한 과정은 일반적으로 스포츠의 신체적 측면에 중점을 둔다. 우리의 경험에 의하면 보다 진보적인 스포츠는 신체 건강 목적뿐 아니라 정신 건강 목적을 위한 검사에 중점을 둔다. 초기 검사는 관련 설문지나 도구(예: K-10, WHO5, PHQ-9, GAD-7)를 이용할 수 있다. 위험에 처해 있는 것으로 확인된 사람들은 추가 조사를 할 수 있도록 요청해서, 맞춤형 관리 및 지원 계획으로 이어질 수 있다. 긍정적 정신 건강을 증진하는 또 다른 확실한 방법은 모든 운동선수 및 직원과 일대일 인터뷰 또는 대화로 현재 정신 상태를 살펴보고, 뭔가 잘못되어 간다는 조기 경고 신호 그리고 이에 대한 잠재적인 대처 전략을 실행하는 것이다. 이러한 유형의 안전 계획은 선수가 아닌 사람에게 부여되는 가치를 보여주는 좋은 방법일 뿐만 아니라 우리 자신의 정신 건강을 돌보는 방법에 대해 적극적으로 대처할 수 있는 좋은 방법이다. 신체 건강 검진과 마찬가지로 정신 건강 검진도 적절한 훈련을 받은 직원이 결과를 해석하고

관리할 수 있는 자원을 갖춘 잘 개발된 정신 건강 전략의 일환으로만 진행되어야 한다는 점을 인식하는 것이 중요하다. 모든 검사는 긍정적인 웰빙 유지에 관한 더 넓고 적극적인 대화가 되어야 한다. 스트레스를 받을 때를 어떻게 알 수 있습니까? 자신을 돌보기 위해 무엇을 하시나요? 당신의 지원 네트워크는 누구로 구성되어 있나요? 어려움을 겪고 있다면 다른 사람들에게 어떻게 알릴 것인가요?

- 우리는 이 책의 독자들이 검사 도구를 바로 이용할 수 없다는 것을 알고 있다. 이 경우 우리는 잠재적으로 모든 사람의 정신 건강에 대한 관심을 보여줄 수 있는 가장 간단하고 직접적인 방법을 권장한다. 실제로 그들이 어떻게 지내고 있는지 물어보는 것을 의미한다. 아침에 누군가에게 "안녕하세요?"라고 인사하는 것은 흔한 일이다. 모든 사람에게 진심 어린 관심을 갖기 위해서는 그 사람의 삶에 무슨 일이 일어나고 있는지 호기심을 갖고 대답을 주의 깊게 들어야 한다. 단순히 "어떻게 지내?"라고 묻지만 말고 "괜찮아요"라는 대답에 또 다른 질문을 이어서 해야 한다. 훈련장 밖에서 사람들의 삶에 일어나는 일들에 대해 알아차릴 수 있는 환경을 만든다면 뭔가 잘못된 일이 있을 때, 우리는 더 그 사람들을 살펴보고 긍정적 정신 건강을 증진할 수 있다.

제 2원칙: 정보에 기반한 선택과 자율성

이 원칙은 자율성에 대한 인간의 요구에 초점을 둔다. 우리가 스스로의 삶에 대한 통제력이 없거나 삶의 방식에 대한 선택권이 없다면 긍정적 정신 건강 상태를 유지하기 어렵다. 스스로의 선택권을 잃거나 매 순간 계획대로 따라야 한다면 우리의 정신 건강이 위협받을 가능성이 높아진다. 분명, 선수들은 눈에 띄는 퍼포먼스를 얻기 위해서는 선택의 여지가 없기 때문에, 엘리트 스포츠 맥락에서는 많은 선택권을 제공하기 어렵다. 예를 들어, 수영에서 국제적인 수준의 기량은 발휘하려면 특정 속도로 운동량을 유지하며 많은 시간을 보내는 것이 중요하다. 우리는 엘리트 퍼포먼스의 기본 법칙을 바꿀 수 없지만 우리는 해당 매개변수 내에서 정보에 기반한 선택을 할 수 있는 기회를 만들 수 있다.

예시

- 사람들에게 그들의 스포츠 참여 면에서 정보를 기반으로 선택할 수 있는 기회를 제공하는 것이 당연해 보일 수 있지만 실제로는 흔하지 않다. 우리는 가끔 여러 해 동안 경쟁해 온 선수 혹은 수십 년 동안 같은 일을 해 온 코치가 같은 방식으로 그 스포츠를 대하고 싶어 한다고 생각한다. 그러한 생각을 피하는 하나의 방법은 그들에게 팀이나 스포츠 혹은 프로그램을 계속해서 하고 싶어 하는지 물어보는 것이다. 이것은 공식적으로 편지나 회의를 통해 이루어질 수 있고 혹은 일상적인 대화를 통해 비공식적으로 이루어질 수도 있지만, 적어도 매년 그들에게 계속할 동기가 있는지 물어봐야 한다고 생각한다. 이러한 논리는 처음 프로그램에 참여하는 유소년 선수나 코치에게도 적용된다. 선수가 재능 있고 빠르게 발전한다고 해서 반드시 다음 단계를 밟고 싶어 하는 것은 아니다. 따라서 선수에게 다음 단계가 무엇을 포함하는지(시간, 에너지, 희생 측면에서)를 충분히 알리고, 프로그램에 공식적으로 포함시키기 전에 옵션을 고려할 시간을 주어야 한다. 특히 유소년 선수의 경우, 그들이 정보에 기반한 선택을 하기 위해서는 필요한 모든 세부 사항을 알고 직면할 수 있는 어려움에 대해 이해하는 것이 중요하다.
- 매우 다른 접근 방식으로, 자율성을 제공하는 또 다른 방법은 선수와 코치가 스포츠 외에 할 수 있는 일을 탐색하는 것이다. 분명히 선수와 코치가 엘리트 수준의 스포츠에서 경력을 계속하려면 피해야 할 활동이 있지만(즉, 베이스 점핑과 같은 고위험 스포츠가 트랙 사이클 선수로서의 경력을 보완하는 활동은 아니다), 중요한 점은 그들이 휴식 시간을 어떻게 보낼 것인지 혹은 훈련과 경쟁 이외에 무엇을 할 것인지에 대해 정보를 기반으로 선택할 수 있는 것이다. 그것은 그들이 추구하는 교육 방침에 관한 것일 수도 있고, 단순히 그들이 어디에서 살고 누구와 함께 여가 시간을 보내기로 선택하는지에 관한 것일 수도 있다. 긍정적 정신 건강을 증진하려면 인간이 자신의 삶의 측면에서 자율성을 느끼는 것이 중요하다. 특히 훈련과 경쟁의

단조로움에서 벗어나는 것이 중요하다.

- 훈련 프로그램의 시기, 내용, 구조에 선수를 참여시키거나 최소한 프로그램이 왜 그런 식으로 진행되는지 설명하고 피드백을 받는 것만으로도 선수에게 어느 정도 자율성을 부여할 수 있다. 이는 또한 선수들이 프로그램에 참여하고 투자하는 정도에 상당히 긍정적인 영향을 미칠 수 있을 것이다.

제 3원칙: 다른 사람과의 관계 증진

관계는 긍정적 정신 건강을 증진하기 위해 보호해야 하는 또 다른 근본적인 인간의 요구이다. 극단적인 예를 들자면 고립되어 있거나 다른 사람과 교류하지 않는 사람은 일상생활에서 적절한 수준의 인간관계를 유지하는 사람보다 정신 건강이 좋지 않을 위험이 훨씬 높을 가능성이 있다. 우리는 대부분 각자 다른 사람과의 관계에 있어서 개인차가 있다는 점을 인정한다(예: 내향적인 사람은 비교적 적게 필요하거나 외향적인 사람은 더 필요하거나). 기본 원칙은 종종 스포츠 동료를 넘어선 무언가와의 관계가 긍정적 정신 건강에 중요한 기여를 한다는 것이다. 다음은 스포츠에서의 몇 가지 예시이다.

예시

- 관계를 증진하는 효과적인 방법 중 하나는 다른 스포츠의 선수들과 스태프들이 함께 시간을 보내는 것이다. 흥미로운 점은 영국 전역에 많은 멀티스포츠 경기장이 있지만, 선수와 스태프가 다른 종목의 사람들과 교류하는 유일한 기회는 올림픽, 패럴림픽 또는 영연방 경기 대회뿐인 경우가 많다는 것이다. 선수들 간의 관계를 더 자주 그리고 최적으로 증진하기 위해, 선수들이 함께 시간을 보낼 수 있는 이벤트나 장소를 마련하는 것도 가능하다. 예를 들어, 취업 박람회나 정보 공유 이벤트를 열거나, 선수들이 훈련을 관찰하거나 서로 코칭을 할 수 있도록 초대하는 방법이 있다. 이를 현실화하는 방법은 여러 가지가 있지만, 핵심은 선수들이 함께 시간을 보내고, 경험을 나누고, 서로의 분야에 대한 공통점과 차이점에 대해 논의하고, 궁극적으로 그들이 스포츠보다 더 큰 무언가에 연결되어 있다고 느끼도록 돕는 것이다.
- 관계를 촉진하는 또 다른 방법은 선수와 지원 스태프의 출연과 지역사회와의 연계를 통한 것이다. 경험에 비추어 볼 때, 선수들은 출연이나 지역 사회 방문을 피하거나 참여하지 않으려는 일종의 체크박스 행사로 여기는 경우가 많다. 가장 적극적인 일부 스포츠 종목에서는 선수들의 지역 사회 방문을 선수, 코치, 지원 스태프를 중요한 지역 사회와 연결할 수 있는 기회로 인식하고 있다. 이는 개인의 이력이나 배경을 기반으로 할 수도 있고, 육성할 가치가 있는 스포츠 또는 지역 내 커뮤니티를 기반으로 할 수도 있다. 선수와 코치들이 엘리트 스포츠 환경 밖에서 자신에게 중요한 사람이 누구인지, 무엇이 중요한지 생각하도록 격려하고 인간적인 방식으로 커뮤니티와 소통하도록 하는 것은 언제나 정신 건강을 향상시키는 긍정적인 일로 여겨지고 있다.

제 4원칙: 자기 관리와 회복 우선시하기

마지막 원칙은 본질적으로 넓은 개념이지만 매우 중요하다. 정신 건강을 위해 자기 관리와 회복을 우선시해야 한다는 것이다. 다음은 이 원칙이 실제로 적용되는 예다.

예시

- 육체적 건강과 발달처럼 정신적인 부분도 한 해를 주기화한다. 경험에 의하면 선수와 코치는 특정한 날에 최적의 신체적 퍼포먼스를 보여주기 위해 한 해를 주기화하는 데 전문가이다. 그러나 우리는 그들이 정신 건강에는 동일한 원칙을 적용하지 않는다는 사실을 발견했다. 우리 자신을 더 잘 돌보는 매우 간단한 방법 중 하나는 달력을 통해 중요한 스트레스가 될 수 있는 시점(예: 선발, 중요한 경기)을 식별하고, 그런 순간들을 대비해 적절한 휴식 시간과 재충전할 수 있는 시간을 계획하는 것이다.
- 자기 관리의 우선순위를 정하는 또 다른 방법은 훈련 환경 안팎으로 회복을 증진하도록 설계된 물리적 공간을 만드는 것이다. 이는 작은 수면 공간, 라운지 혹은 휴식 공간이 될 수 있다. 혹은 선수는 훈련 사이에 다른 환경에서 휴식 시간을 가질 수

있다. 중요한 부분은 체육관이나 훈련장을 이용하는 것과 같은 수준으로 이러한 영역을 설계하고 유지하는 것이다.

- 마지막으로, 환경을 조성하는 리더나 중요한 영향력 있는 사람들이 스스로를 돌보고 정신 건강과 관련하여 열려 있는 모습을 보이는 것이 가장 중요하다고 생각한다. 경험에 의하면 보통 코치나 리더는 종종 다른 사람을 위해 자신의 웰빙을 희생하는 경우가 많다. 그들은 항상 한밤중에 이메일을 보내거나 휴일이 없고 혹은 장기간 잠을 자지 않거나 가족보다 일을 우선시한다. 팀에 영향력이 있는 사람이 이런 방식으로 행동하면 다른 사람들도 이를 따라 하는 것이 괜찮은(실제로 바람직한 것으로) 것처럼 보이게 되며, 사람들이 그 행동에 이의를 제기하기 어려워진다.

우리가 본 가장 좋은 환경은 리더가 자신의 어려움에 대해 이야기하고, 대처 전략을 공유하며, 어떻게 일관되게 자신의 자기 관리를 우선시하는지 공유하는 환경이다. 이와 같은 행동이 긍정적인 정신 건강을 증진하는 반면, 새벽 5시 이전에 출근하고 자정 이후에 퇴근하는 사람을 모범 사례로 칭찬하는 것과 같은 반대의 행동은 긍정적인 정신 건강 환경을 조성하고 유지하기 어렵게 만들어 버린다. 과거에 잘 통했던 방식에 대한 자연스러운 저항이 항상 있을 것임을 이해하지만, 스포츠와 다른 산업(예: 기업, 군대)에서 우리가 아는 바와 같이 번아웃이 작업의 질과 인력 유지에 미치는 위험, 그리고 이러한 스트레스를 예방하기 위한 자기 관리 활동이 성과 향상에 미치는 이점들을 알게 되었다.

정신 건강의 보호

개인적인 수준에서 좋은 정신 건강은 자기 인식과 좋은 자기 관리에서 시작된다. 다른 사람을 돌보기 전에 우리는 스스로를 제대로 돌볼 수 있어야 하며, 이를 위해 스트레스의 원인과 대처 방법을 이해해야 한다. 회복과 스트레스 관리는 상당히 개념적이므로 스트레스 양동이(그림 3.1)의 시각적 비유가 이를 이해하는 데 도움이 되는 방법이다.

그림 3.1 스트레스 양동이.

스트레스 양동이는 우리 모두 가지고 있으며, 개인마다 그 크기와 형태가 다르다. 이는 우리가 스트레스를 담아 두는 공간으로, 양동이의 크기와 모양(즉, 얼마나 많은 스트레스를 담을 수 있는지)은 유전적 요인이나 어린 시절의 경험과 같은 다양한 요소에 따라 결정된다.

우리는 이 스트레스 양동이에 중요한 삶의 사건들을 담아 두는데, 이는 마치 버킷 바닥에 자리 잡고 있는 돌과 같다(그림 3.2). 이는 중요한 지인을 잃거나 외상성 부상 혹은 관계의 종료일 수 있다. 이러한 돌들은 평생 동안 양동이 안에 머무를 수도 있으며, 시간이 지나면서 자연스럽게 줄어들 수도 있고, 때때로 꺼내어 조금씩 다듬어 나갈 수도 있다.

그림 3.2 스트레스 양동이 안에 들어있는 돌.

스트레스 양동이에 남아 있는 공간은 일상의 스트레스를 위해 남겨 둔 공간으로 물통에 점차 물을 붓는 것으로 표현된다(그림 3.3).

그림 3.3 스트레스 양동이를 채우는 물.

스트레스를 경험할 때마다 양동이에 더 많은 물이 쏟아진다. 이로 인해 잠을 설치거나 실수를 하거나 혹은 경쟁에 있어서 시간적, 금전적 압박이 있을 수 있다. 우리는 양동이가 차기 시작하는 것을 알아차리지 못할 수 있고, 반대로 양동이에 추가되는 작은 변화에도 민감하게 반응할 수도 있다. 점차 양동이는 스트레스가 많은 경험으로 계속 채워지게 된다.

스트레스 양동이가 점점 더 채워지고 무거워지면서 우리는 초조함, 짓눌림, 압도감을 느낄 수 있다. 스트레스를 억누르려고 애쓰다 보면 물이 불규칙하게 쏟아질 수도 있다(우리는 성급해지거나 짜증을 낼 수도 있고, 다른 사람에게 표출 할 수도 있다). 때로는, 다른 사람들의 도움과 지지가 있다면 가득 찬 양동이를 더 잘 관리할 수도 있다. 그러나 아무리 작은 스트레스라도 계속해서 쌓이게 되면, 결국 양동이는 넘쳐흐르게 될 것이다.

양동이가 차기 시작할 때 도움이 되는 것들이 있다.

- 양동이가 차오를 때를 알아차릴 수 있도록 자기 인식을 쌓는다.
- 스트레스를 일부 해소하기 위해 양동이에 수도꼭지를 넣는다(자기 관리).
- 과도한 스트레스를 받을 때 거절하거나, 일의 우선순위를 정하거나 혹은 심각한 스트레스 요인으로 변하기 전에 갈등을 해결하는 등 물이 양동이에 들어가는 것을 먼저 막는다.

양동이의 수도꼭지(그림 3.4)에는 음악 감상, 친구 및 가족과의 시간 보내기, 웃음, 명상 또는 운동이 포함될 수 있다. 수도꼭지를 놓을 가장 좋은 장소를 찾아서 양동이가 비워지기 전에 계속해서 채워지지 않도록 하는 것이 중요하다.

그림 3.4 스트레스 양동이에 수도꼭지.

현실을 직시하자. 어느 정도의 흘러넘침은 예상할 수 있다. 정신 건강의 복잡함과 스포츠의 어려움을 고려할 때, 때때로 우리의 양동이는 가득 차서 넘칠 수도 있을 것이다. 하지만 양동이가 가득 차고, 넘치고, 다시 채워지는 사이클에 갇히면 지칠 수밖에 없다. 또한 주요 대회로 인해 멀리 떨어져 있는 친구나 가족과 함께 시간을 보낼 수 없는 등 평상시의 수도꼭지를 사용할 수 없는 특정 상황도 있을 수 있으므로 이러한 상황에서 사용할 수 있는 다른 수도꼭지가 무엇인지 아는 것은 매우 중요하다.

가장 중요한 것은 양동이에 무엇을 담아 들고 다니는지, 무엇으로 채워져 있는지, 가득 차는 것을 어떻게 알 수 있는지, 너무 많이 쏟아지는 것을 방지하기 위해 어떤 수도꼭지가 필요한지, 양동이가 가득 찼을 때를 대비하여 어떻게 계획할 수 있는지 이해하는 데 시간을 투자하는 것이다(웰빙 행동 계획은 그림 3.5를 참조하라). 이러한 지식에도 불구하고 우리는 회복력과 일반적인 대처 전략만으로는 우리의 스트레스들을 처리하기에 충분하지 않을 때가 있다는 점을 인식해야 한다. 이런 경우, 우리는 위기가 닥쳤을 때 어떻게 대응해야 하는지 알아야 한다.

위기 대응

우리가 아무리 많은 예방 조치를 취하고 우리 자신과 다른 이들을 돌보려고 노력하더라도 일부 사람들은 매우 좋지 않은 정신 건강 상태를 겪거나 정신 건강 문제를 경험할 수밖에 없다. 극단적인 경우에는 이러한 문제가 해로운 행동(예: 자살, 자해, 폭력적인 분출)으로 나타나며, 이는 위기 대응이 필요한 상황이다. 이러한 위기가 자주 발생하지는 않지만, 여전히 선수들이나 코치 및 지원 스태프가 이러한 상황이 발생했을 때 적절하게 대응할 수 있는 준비를 갖추었다고 느끼는 것은 중요하다. 사실 이런 상황은 무엇보다 큰 불안을 불러일으키고 관련된 사람들에게 심각한 트라우마와 어려움을 초래할 수 있다. 불행히도 직면할 수 있는 위기 상황의 유형을 정확히 예측하는 것은 불가능하다. 이러한 예기치 못한 상황에 대한 대응을 생각하게 만들 수 있는 실용적인 방법은 몇 가지 시나리오를 통해 그 상황에 대해 어떻게 느낄지(1에서 10까지의 척도로) 고민하고, 만약 실제로 그 상황에 직면했을 때 무엇을 할지에 대해 생각해 보는 것이다.

사람이 자살 충동을 느끼거나 극단적인 자해를 생각하거나 계획하는 등 매우 극단적인 경우에 우리는 다음과 같은 현실적인 단계가 도움이 된다는 것을 알았다.

1. **먼저 자기 조절을 하라.** 잠시 심호흡을 통해 자신을 진정시키고, 그 사람의 고통에 대한 자신의 감정적 반응을 인식하라. 상대방의 말을 들을 준비가 되어 있어야 한다.
2. **감정을 인정하라.** 상대방이 어려움을 겪고 있다는 것을 인정하게끔 하라. 그가 당신에게 개인적인 비밀을 털어놓는 경우(예: 자해를 하고 있다는 사실) 그가 당신에게 말을 한 것은 올바른 행동이었다고 다시 한번 확인시켜라.
3. **요약하라.** 이러한 상황에 마주했을 때 우리는 때로는 가능한 빨리 문제를 해결하고 싶어 한다. 문제를 고치려고 하기보다는 그 사람에게서 들은 내용을 다시 요약하여 그 사람의 말을 제대로 들었는지 확인하라. 이것은 당신이 불안함을 느낄 때 시간을 벌 수 있는 좋은 방법이며, 당신이 잘못 들은 부분이나 어떤 짐작을 하고 있는지 상대방에게 말할 기회를 제공한다.
4. **개방형 질문을 하라.** 짧은 "예", "아니오" 대답을 요구하지 않는 개방형 질문(예: 더 자세히 말씀해 주시겠어요? 기분이 어땠나요? 지금 기분이 어때요? 최근에 어떤 일이 있어서 이런 기분이 들었나요?)에는 그 사람이 자신을 표현하고 상황을 완전히 이해할 수 있도록 시간을 주는 것이 도움이 될 수 있다. 누군가에게 말할 시간을 주는 것은 처음 느꼈던 감정의 강도가 감소하는 경우가 있기 때문에 도움이 될 수 있다.
5. **도움을 받아라.** 그 사람이 자신이나 다른 사람에게 해를 끼칠 위험이 있다고 생각되면 다른 사람에게 알리고 이에 대해 조치를 취해야 한다. 이러한 경우 혹은 확실하지 않은 경우에도, 이 정보에 따라 조치를 취하는 것은 중요하다. 당신은 그 사람에 대해 걱정하고 있고 가능한 최선의 도움을 주고 싶기 때문에 누군가에게(예: 의사나 응급 서비스 기관) 이를 알려야 한다고 말하는 것이 도움이 될 수 있다. 상대가 아무에게도 말하지 말아 달라고 애원하더라도 실행에 옮겨야 한다. 안전은 비밀을 지켜야 하는 것보다 중요하다. 모든 국가에는 전화로 연결 가능한 음성 서비스가 있다. 그리고 우리는 스스로를 돕기 위해 사용할 수 있는 선택지를 찾고 다른 사람을 돕기 위해 조언을 줄 수 있도록 권장한다.
6. **안전 계획을 준비하라.** 그 사람이 자신이나 다른 사람에게 즉각적인 위험이 된다고 생각하지 않지만, 당신이 떠나고 난 후에 그가 안전한지 확실히 하고 싶다면, 그 사람이 다음에 무엇을 할 것인지 혹은 남은 날 동안 어떻게 스스로를 돌볼 것인지 물어볼 수 있다. 특히, 그 사람이 남은 날 동안 정해진 계획이 없다면 그 사람과 함께 안전 계획을 세워야 할 수도 있다.
7. **종료 및 합의.** 대화가 끝날 때, 다음에 그 사

웰빙 행동 계획

내가 최상의 상태일 때
- 내가 하고 있을 것 같은 일은...
- 내가 생각할 수 있는 일은...
- 다른 사람들이 내가 하는 것을 본다면...

내가 최상의 상태이기 위해 도움이 되는 것
- 나는 ...을 할 때 최상의 상태가 된다.
- 내게 에너지를 주는 것은...
- 나를 최대한으로 끌어올리는 환경은...
- 내가 가장 잘 관계를 맺는 사람들은...

내가 어려움을 겪을 때
- 내가 알아차릴 수 있는 것은...
- 내가 주로 생각하는 것은...
- 다른 사람들이 내가 ...라는 것을 알아차릴 것이다.
- 사람들은 내가 ...라는 것을 잘 알아차리지 못할 것이다.

나를 도전하거나 자극하는 경향
- 내가 압박감을 느끼는 상황은...
- 내가 처리하기 어려운 상황은...
- 가장 어렵다고 생각할 때는...

어려움을 겪을 때 내가 할 수 있는 것
- ...에 도움을 요청한다.
- ...에 헌신한다.
- ...을 함으로써 나 자신에게 친절할 것이다.

다른 사람들이 도울 수 있는 것
- 내가 다른 사람에게 도움을 받고 있다고 느낄 때는...
- 다른 사람이 도움 된다고 느낄 때는...
- 다른 사람이 도움이 되지 않는다고 느낄 때는...

그림 3.5 웰빙 실행 계획표.

람과 언제 대화할지(또는 다른 사람이 그 사람과 언제 대화할지), 연락을 할 수 있는지 없는지 확실히 하는 것이 중요하다. 당신이 원하더라도 매일 그 사람에게 도움을 줄 수는 없다. "이 때(예: 오후 7시) 이 번호로 문자나 전화로 연락 가능하고 이후에는 잠들어서 통화가 어렵다"라고 말하는 것이 좋다. 그러면 그 사람은 적어도 당신의 지원 범위와 앞으로 어려움을 겪게 될 경우, 어떻게 당신에게 말할 수 있는지 알 수 있다.

8. **디브리핑(상황 정리)**. 어려움에 처한 사람을 돕는 것은 어려운 일이다. 대화가 끝난 후 지원을 요청하여 디브리핑하고 자기 관리가 필수적임을 인식하는 것이 매우 중요하다.

이상적인 세계에서는 정신 건강의 위기 순간을 절대 경험하지 않을 것이다. 사람들이 위기 상황에 빠지는 것을 방지하는 한 가지 방법은 이 장에서 설명하는 예시들을 따르는 것이다. 또한, 스포츠 내에서 명확하게 전달된 추천 경로를 마련하여 위기 상황에 이르기 전에 적절한 도움을 받을 수 있도록 안내하는 것이 중요하다. 우리의 경험에 따르면, 팀 닥터, 심리학자, 퍼포먼스 라이프스타일 상담사, 복지 담당자, 그리고 경우에 따라 코치를 포함한 정신 건강 팀 또는 웰빙 그룹을 구성하는 것이 더 효과적이다. 단 하나의 지원 지점(예: 의사)만을 운영하면 지원이 필요한 사람들에게 적절한 도움을 제공하는 데 병목현상이 발생할 수 있기 때문이다. 그림 3.6에 제시된 추천 경로는 최적의 방법 중 하나일 수 있지만, 각 스포츠의 고유한 상황에 맞게 조정이 필요할 것이다.

요약

우리는 이 장을 통해 정신 건강이 본래 복잡하고 예측하기 어려운 특성을 가지고 있음을 이해하는 것이 중요하다는 점을 강조하고자 한다. 정신 건강 문제는 단순하게 해결되는 것이 아니므로 복잡성을 받아들이고, 항상 확신이나 명확함을 기대하지 말고 함께 일하는 개개인을 이해하는 데 호기심을 가져야 한다.

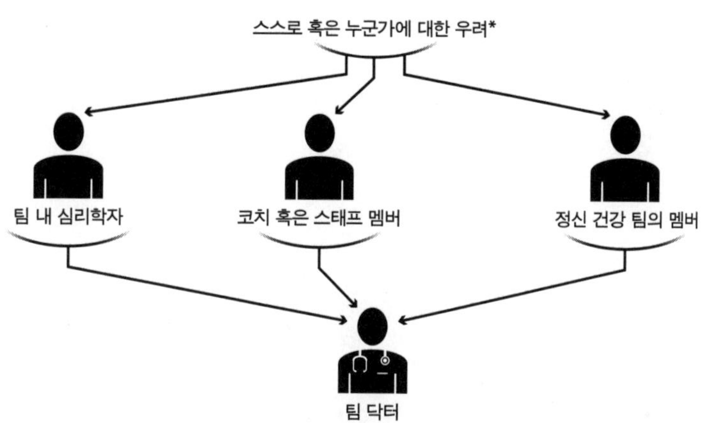

그림 3.6 추천 경로.

필수 항목

- 모든 이는 정신 건강을 가지고 있으며, 모든 사람의 정신 건강은 중요하다.
- 모든 상호작용이 중요하므로 우리 스스로 인식과 이해를 높일수록 더 나은 결과를 얻을 수 있다. 우리는 긍정적인 정신 건강을 촉진하는 환경을 조성할 수 있으며, 특히 엘리트 스포츠 환경에서도 이러한 노력이 가능하다. 단, 선수들에게 큰 성취를 요구하는 만큼 어느 정도의 역기능은 불가피할 수 있다.
- 스스로를 더 돌볼수록, 다른 사람을 더 쉽고 효과적으로 돌볼 수 있다. 더 많은 사람들(특히, 리더)이 자기 관리의 모범을 보일수록, 주변 사람들도 이를 따를 가능성이 높아진다.
- 호기심과 공감을 촉진하기 위해 사람들이 다음과 같은 열린 질문을 하도록 권장하라. 무슨 일이 있습니까? 그것이 어떤 영향을 미쳤나요? 그것을 어떻게 이해했나요? 대처하거나 살아남기 위해 무엇을 해야 했나요? 당신의 강점은 무엇인가요?

- 모든 방법이 실패했을 때를 대비하여, 사람들이 언제 어디서 도움과 지원을 받을 수 있는지 명확하게 알 수 있도록 공식적인 지원 체계를 마련하고 이를 충분히 알리는 것이 중요하다.

Chapter 4

움직임 효율성 최적화

매트 조던Matt Jordan, PhD, CSCS
캐나다 스포츠 연구소 캘거리Canadian Sport Institute Calgary 스포츠과학 디렉터
캘거리대학교University of Calgary 조교수Assistant Professor

숙련된 코치에게 움직임의 효율성에 대해 물어보면 모든 스포츠는 아니더라도 대부분의 스포츠에서 핵심 성과 지표(KPIkey performance indicator)라고 대답할 것이다. 하지만 움직임 효율성에 기여하는 요인들이나 이를 정확히 측정할 수 있는 테스트에 대해서는 합의를 이루기가 매우 어려울 수 있다.

실제로 측정할 수 있는 것부터 시작해 보자. 역학적 효율성. 두 명의 사이클 선수가 동일한 속도로 10km 주행을 한다고 가정해 보자. 그런데 한 명만 공기역학적 스킨슈트를 입고 있다면, 스킨슈트를 입지 않은 사이클 선수는 같은 속도를 유지하기 위해 더 많은 에너지를 소비해야 할 것이다. 이것이 바로 역학적 효율성이다. 스킨슈트를 입지 않은 선수는 같은 외적 에너지 산출량을 내기 위해 더 많은 내적 에너지를 소모할 것이다. 특정 트레이닝 전략과 장비 개선을 통해 역학적 효율성을 높일 수 있다.

움직임의 효율성은 선수가 경기 환경의 요구 사항을 충족하기 위해 움직임 솔루션을 생성하는 방법의 측면에서도 고려할 수 있다. 이는 측정하기는 어렵지만 효율적인 움직임에 있어서는 그 중요성이 결코 떨어지지 않는다. 사실, 엘리트 선수들이 경기 기술을 표현하는 방식에서 나타나는 엄청난 변동성이야말로 그들을 다른 선수들과 차별화하는 요소이다.

반대로 부상이 어떻게 효율성을 저해하는지 생각해 보자. 반응 시간이 늦어지고, 속도가 둔해지며, 피로가 더 빨리 누적되고, 경기 환경의 요구를 충족시킬 수 있는 움직임 솔루션이 극단적으로 제한될 것이다. 움직임 전략이 더 경직되게 되고(즉, 변화가 적어지고), 선수는 끊임없이 변화하는 복잡한 경기 환경의 요구를 충족시키는 적응력이 감소하게 된다. 이것이 움직임 효율성에 주요한 기여 요인이다. 이 장에서 우리는 역학적 효율성과 움직임 적응력이 효율적인 움직임에 기여하는 바를 고려해 볼 것이다. 또한, 효율성을 향상시킬 수 있는 트레이닝 전략에 대해서도 논의할 예정이다.

역학적 효율성

그림 4.1에 표시된 프레임워크를 바탕으로 논의를 시작하면 먼저 역학적 효율성을 살펴볼 수 있다. 첫 번째 논의는 역학적 효율성이다. 역학적 효율성은 상대적으로 적은 에너지로 더 많은 양의 작업을 수행할 수 있는 능력이며 다음과 같이 정의된다.

$$\text{역학적 효율성(\%)} = \frac{\text{외부 역학적 에너지 출력}}{\text{소비된 내부 에너지}} \times 100$$

우리 몸은 내부 에너지의 극히 일부만을 움직임을 위한 에너지로 전환할 수 있다. 예를 들어, 사이클 선수의 총 효율은 20~30%에 불과하며, 이는 사이클 선수가 신진대사 에너지의 1/3 미만만을 사이클을 움직이는 에너지로 전환할 수 있다는 것을 의미한다.[1]

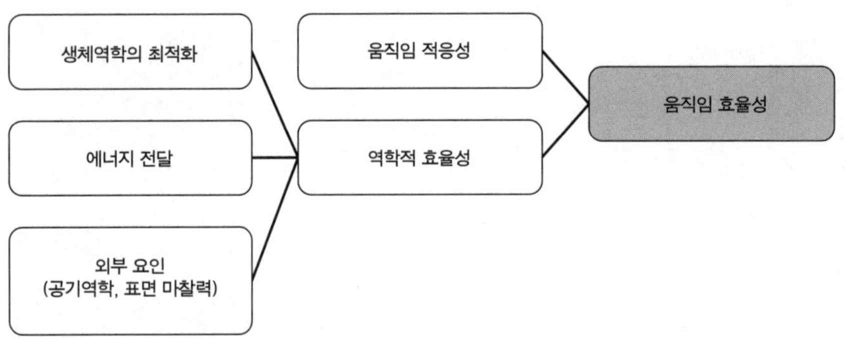

그림 4.1 움직임 효율성을 이해하기 위한 단순 모델.

우리는 공기 저항과 지면 마찰력 등 속도를 늦추는 요인들을 해결함으로써 역학적 효율성을 개선할 수 있다. 또한 훈련을 통해 역학적 효율성을 개선할 수도 있다. 인간이 동력을 사용하는 가장 빠른 스포츠인 롱트랙 스피드 스케이팅을 예로 들어 역학적 효율성에 기여하는 몇 가지 요인을 살펴보자(그림 4.2).

첫째, 공기역학과 빙면 마찰력 감소는 역학적 효율성을 높이는 데 매우 중요하다. 특히 스피드 스케이팅 선수들이 60km/h에 도달하고 공기 마찰력이 움직임 속도에 따라 기하급수적으로 증가한다는 점을 고려할 때 더욱 그러하다. 마찰력을 줄여 효율성을 높이기 위해 텍스처링된 스킨슈트와 공기역학적으로 형상화된 헬멧을 설계하는 데 상당한 연구와 혁신이 이루어지고 있다. 사이클과 알파인 스키에서도 마찬가지다. 수영과 조정에서도 유사한 유체역학 및 공기역학적 요인이 발견된다. 공기역학은 서브-2 마라톤을 목표로 하는 경우에도 중요하다.

둘째, 선수의 기술과 자세를 공기역학적으로 최적화하여 선수의 스케이팅 자세를 더욱 효율적으로 만들 수 있다. 스피드 스케이팅 선수가 사용하는 굴곡된 푸시 자세는 스트라이드(보폭)당 외부 운동량을 증가시키고 공기역학을 개선한다는 점에서 유리하지만, 운동 근육에 혈류가 제한되어 이 자세에 익숙하지 않은 선수의 피로를 악화시키는 생리학적 결과를 초래할 수 있다.

세 번째로 중요한 요소로 넘어갈 것이다. 우리는 선수들의 생체역학을 최적화하고 역학적 효율성을 높이기 위해 스포츠 특이적인 방식으로 선수들을 훈련시켜야 한다. 다음 섹션에서는 역학적 효율성을 향상시키는 몇 가지 트레이닝 전략을 살펴볼 것이다.

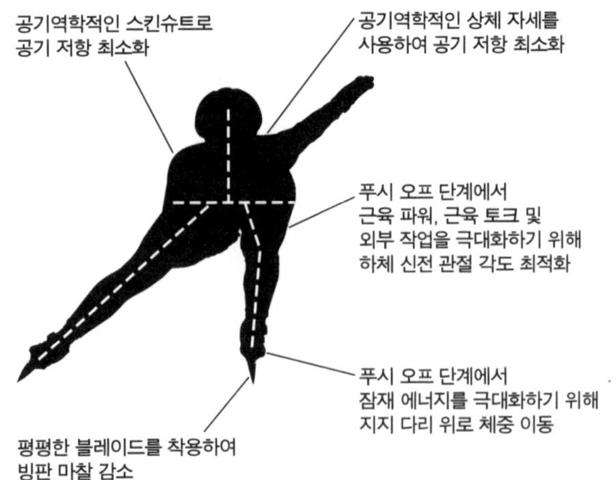

그림 4.2 스피드 스케이팅은 사이클형 운동이며, 인간의 힘으로 하는 스포츠 중 가장 빠르다. 이는 역학적 효율성을 최적화하기 위한 장비와 공기역학의 기여도를 강조한다.

역학적 효율성 향상을 위한 생체역학 최적화

우리의 생체역학은 역학적 효율성에 매우 중요한 핵심 요인이다. 많은 요인들이 우리의 생체역학에 영향을 미치지만, 트레이닝 가능한 두 가지 주요 변수는 근육의 힘-길이 관계와 힘-속도 관계다.[2] 예를 들어, 고관절이 더 굴곡된 자세로 있는 엘리트 사이클 선수들은 더 많은 고관절 신전을 하는 육상 선수들에 비해 대퇴직근 근육 길이가 더 짧은 상태에서 더 강하다(그림 4.3).[3] 이는 힘-길이 관계가 적응 가능하다는 것을 확인시켜 주며, 부과된 요구에 대한 특정 적응(SAID)이라고 불리는 훈련 원리의 한 예시로 볼 수 있다.

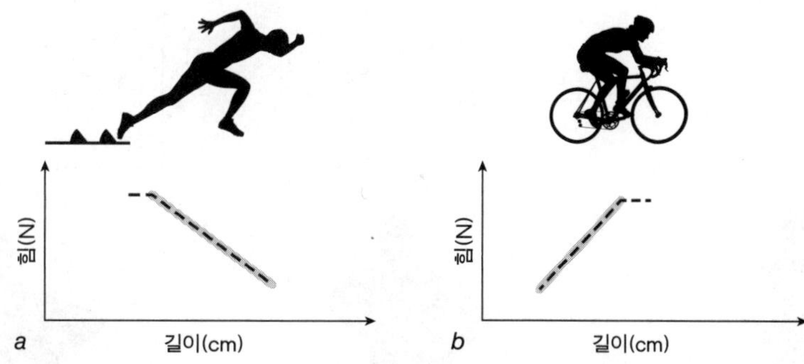

그림 4.3 엘리트 육상 선수(a)와 엘리트 사이클 선수(b)는 대퇴직근의 힘-길이 관계에서 서로 다른 영역에서 작용하는 것으로 나타났다. 그 결과, 이들 운동선수는 각자 훈련하고 경쟁하는 근육 길이에서 더 강한 힘을 발휘할 수 있다.
Data from W. Herzog et al., "Moment-Length Relations of Rectus Femoris Muscles of Speed Skaters/Cyclists and Runners," *Medicine and Science in Sports and Exercise* 23, no. 11 (1991): 1289-1296.

이러한 적응적 변화는 또한 최대산소섭취량과 무산소성 역치가 동등한 사이클 선수와 육상 선수가 서로의 스포츠를 바꾼다면 아마도 서로의 퍼포먼스를 맞출 수 없을 것이라는 점을 설명해 준다. 그들의 생체역학은 각자의 스포츠에 너무 특화되어 있기 때문이다. 사이클 선수는 익숙하지 않은 자세에서 같은 양의 근육 힘을 내는 데 더 많은 에너지가 필요할 것이고, 육상 선수 역시 마찬가지일 것이다. 실용적인 관점에서 보면, 이는 단순히 훈련에 대한 우리 신체의 적응성을 보여줄 뿐만 아니라, 오랜 기간 동안 특정 스포츠에 전념하는 것이 움직임의 효율성에 가져다줄 수 있는 잠재적 이점을 시사하고 있다.

현명한 방법

고도로 전문화된 운동선수(예: 사이클 선수)를 위한 크로스 트레이닝을 계획할 때는 역학적 효율성에 미치는 영향을 고려하는 것이 중요하다. 한편으로, 크로스 트레이닝은 새로운 운동 방식이 동기 부여에 주는 심리적 이점과 같은 긍정적인 효과를 가질 수도 있다. 하지만 무분별하게 사용하면 힘-길이 관계가 해당 스포츠의 특정 요구 사항에서 벗어나게 될 수 있으며, 이는 효율성을 저하시킬 수 있다.

역학적 효율성을 위해 근육의 힘-길이 관계를 최적화하는 것의 이점을 더 자세히 알아보기 위해, 운동선수가 세 가지 다른 무릎 관절 각도를 사용하여 수직 점프를 수행하는 상황을 생각해 보자(그림 4.4). 이 중 하나(그림 4.4b)는 근육 힘-길이 관계의 정점, 즉 근육 힘 곡선$_{\text{muscle strength curve}}$과 일치한다. 그림 4.4a와 그림 4.4c의 상황에서는 운동선수가 최적이 아닌 관절 각도를 사용하여 동일한 근육 힘을 생성하기 위해 더 많은 에너지를 소비해야 할 것이다. 운동선수의 근육-힘 곡선이 경쟁적인 운동(경기)이나 기술의 요구 사항에 근접하도록 하는 것은 역학적 효율성을 달성하는 데 필수적이며, 근력 훈련은 스포츠에 특화된 힘 곡선을 개발하는 데 도움이 될 수 있다.

근력 트레이닝과 운동 선택

근력 트레이닝은 선수를 더 강하고 파워풀하게 만드는 것 외에도 역학적 효율성을 위한 몇 가지 잠재적 이점이 있다. 예를 들어, 건$_{\text{tendon}}$을 통한 근육 힘의 전달을 개선하는 것은 지구력 운동선수의 움직임 경제성에 대한 근력 트레이닝의 긍정적인 효과를 부분적으로 뒷받침하는 메커니즘이다.[4] 그림 4.5는 역학적 효율성을 위한 근력 트레이닝 운동을 분류하는 단계별 체계를 제공하고 있다.

계층 구조의 최상위에는 경쟁적인 운동, 즉 경기 그 자체가 있다. 역학적 효율성과 관련하여 스포츠 자체의 목적 있는 연습만큼 효과적인 것은 없다. 계층 구조의 맨 아래에 표시된 구조적 안정성 운동은 건과 같은 조직이 스포츠별 요구에 맞게 준비되도록 함으로써 역학적 효율성을 높여 준다. 편측(한 발) 및 양측(양발) 스쿼트와 같은 기초 운동은 필요한 관절 각도

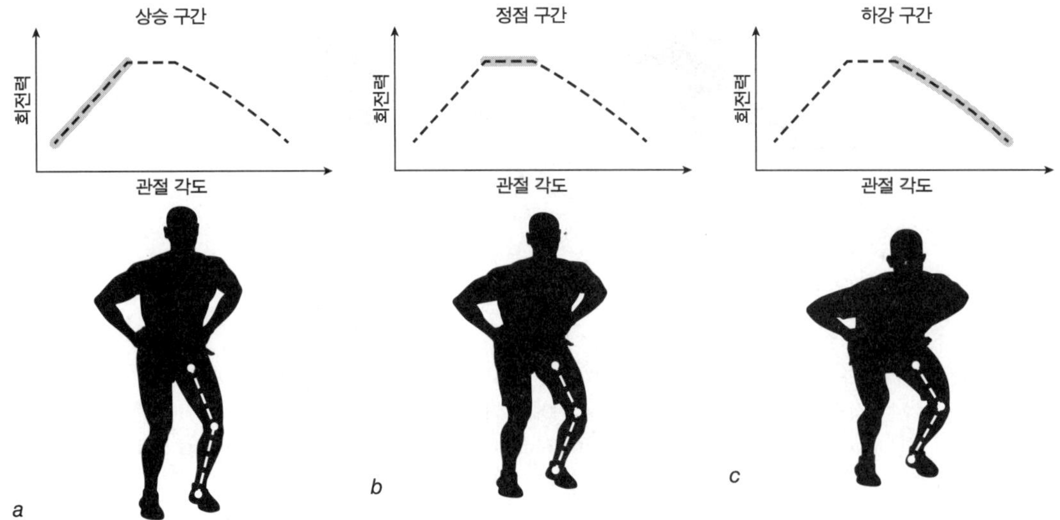

그림 4.4 수직 점프 수행력과 움직임의 효율성을 최대화하기 위한 무릎 굴곡 각도 최적화: (a) 상승 구간, (b) 정점 구간, (c) 하강 구간. 운동선수가 정점 구간(b) 근처에서 움직이도록 함으로써 근육 힘을 최대화할 수 있다.

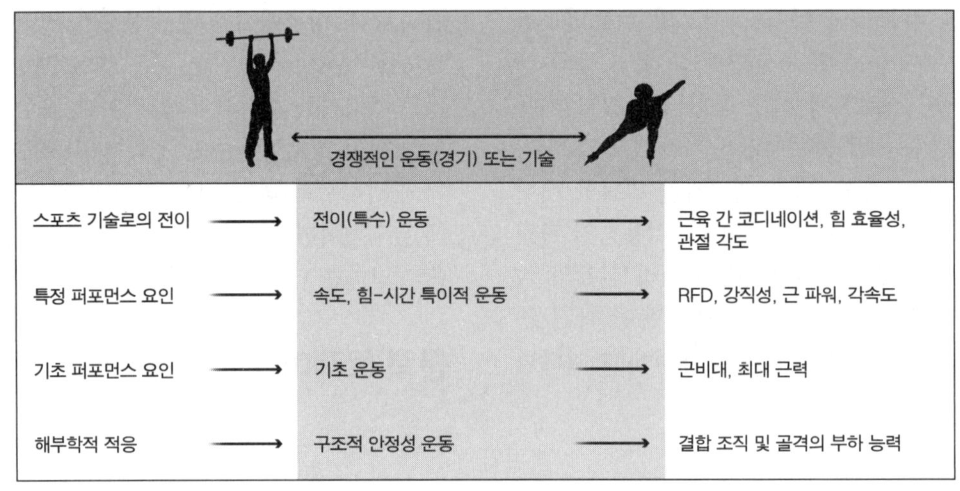

그림 4.5 역학적 효율성 향상을 위한 근력 훈련 운동의 분류.

와 스포츠 관련 자세 및 체형에서 최대 근력을 개발하는 데 사용할 수 있다. 특정 속도 및 힘-시간 관련 운동은 선수가 경기에서 사용할 수 있는 시간 동안 그리고 근력 곡선 요구 사항에 따라 최대 근력을 빠른 힘의 적용(힘 발달 속도, RFD)으로 전환하는 데 도움이 될 것이다. 마지막으로, 전이 운동transfer exercise은 표면이나 물체에 힘을 효과적으로 적용하는 능력(힘 효과)을 향상시키는 동시에 선수의 코디네이션 능력을 향상시킨다. 이들은 역학적 효율성을 높이기 위한 두 가지 필수 요소라고 볼 수 있다.

최적의 근력 트레이닝 운동을 선택하기 위해서는 스포츠 특정 요구 사항에서 시작해야 한다. 경기에서 기술적 숙련도와 수행력을 위해 필요한 핵심 위치와 자세는 무엇일까? 선수가 힘이 강한 위치는 어디이고, 힘이 부족한 위치는 어디일까? 경기에서의 요구 사항이 선수의 근력 능력 및 힘 곡선과 어떻게 일치하는가? 이제 우리는 관심 있는 자세를 강화하기 위해 운동을 조정하고, 등척성 훈련이나 준등척성 훈련 기법을 사용하여 힘 곡선에서 원하는 적응을 이끌어 낼 수 있다.

그림 4.6 1-1/4 백 스쿼트는 무릎 굴곡의 깊은 각도에서 특정 위치에서의 근력을 기르고 힘 곡선을 변화시키는 데 효과적이다.

그림 4.6에 표시된 예시인 1-1/4 백 스쿼트를 예로 들어보면, 선수가 풀 스쿼트 1회를 수행한 후 상승하기 전에 하단 자세에서 쿼터(1/4) 스쿼트를 반복하는 동작이다. 이 운동은 신장성에서 단축성으로의 전환을 강조하고 무릎을 크게 굴곡하는 자세에서의 근력을 향상시켜 준다. 이 운동은 캐치 자세에서 근력을 향상시키고자 하는 조정 선수와 같이 경기에서의 요구로 인해 무릎 굴곡 90도 미만의 근력을 향상시켜야 하는 운동선수에게 적합할 수 있다. 캐치 자세에서 하체 근력을 높이면 하체 신전근 근력 곡선이 최적화되어 조정에서의 역학적 효율성이 향상된다. 1-1/4 백 스쿼트는 무릎을 굽히는 자세가 부상 메커니즘에 포함되는 스포츠에서 무릎 부상에 대한 회복탄력성을 키우는 데도 사용할 수 있다.

부상 회복탄력성injury resilience은 생체에너지적 관점에서의 역학적 효율성과는 거의 관련이 없지만, 우리의 움직임 적응성 측면에서의 움직임 효율성 개념과는 관련이 있다. 예를 들어, 알파인 스키 레이싱에서 전방 십자인대(ACL) 부상이 발생하는 흔한 자세는 스키 선수가 점프에서 착지할 때 발생하는데, 이는 스키 선수를 완전한 풀 스쿼트 자세로 만든다. 착지 시 외부 에너지와 장비에서 경골로 전달되는 전단력이 ACL에 부하를 주게 된다. 무릎 굴곡 90도 아래의 특정 자세에서 근력을 기르면 스키 선수가 부자연스러운 자세에서 에너지 흡수 능력을 높일 수 있어 더 나은 움직임 적응성을 갖게 된다. 이는 알파인 스키 선수의 ACL 파열에 대한 부상 회복탄력성을 기르는 데 중요하다.

현명한 방법

관절가동범위 전체에 걸쳐 근력을 기르면 경기나 기술 수행 중에 발생하는 움직임의 어려움을 해결할 수 있는 가능한 움직임 옵션을 늘릴 수 있다.

역학적 효율성을 위해 힘 곡선을 최적화하는 데 사용할 수 있는 준등척성 하체 운동의 두 번째 예는 그림 4.7에 나와 있다. 등척성 트랩 바(헥스 바) 데드리프트는 근력 향상이 필요한 위치 바로 위에 핀을 설정한 케이지에서 수행된다. 여기서 우리는 전통적인 편심성/구심성 운동과 등척성 동작을 결합하여 훈련된 관절 각도에서 특정 위치의 근력을 증가시킬 수 있다. 이 운동은 페달 스트로크의 탑에서 최대 근력을 향상시키기를 원하는 스프린트 트랙 사이클 선수가 역학적 효율성을 위해 하체 신전근 힘 곡선을 최적화하는 데 사용될 수 있다.

트랙 사이클링의 예를 계속 들어 보면, 최대 근력을 향상시키는 것은 사이클 선수가 스탠딩 스타트 자세에서 더 나은 바이크 가속을 달성하는 데 도움을 줄 뿐만 아니라, 바이크를 가속하는 데 필요한 힘이 선수의 최대 근력에서 더 낮은 비율이 되도록 함으로써 효율성도 향상시킬 수 있다.

동일한 조건에서 같은 자전거를 가속하고 페달에 동일한 힘을 가하지만, 한 선수는 200kg을 스쿼트할 수 있고 다른 선수는 100kg만 스쿼트할 수 있는 두

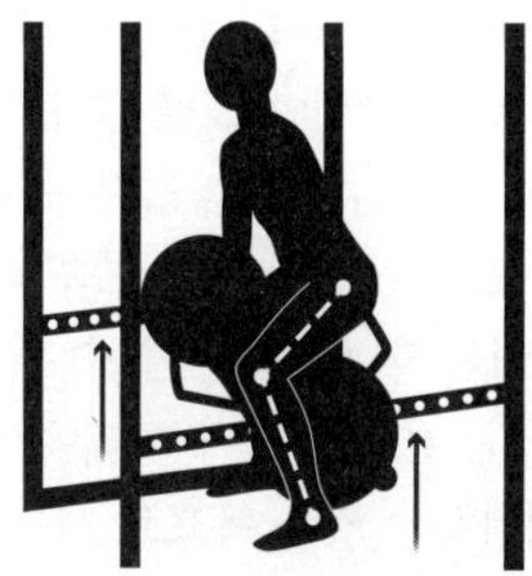

그림 4.7 등척성 트랩 바(헥스 바) 데드리프트는 특정 관절 각도에서 하체 신전근의 최대 근력을 기르는 데 사용될 수 있다.

명의 스프린트 트랙 사이클 선수를 생각해 보자. 자전거를 가속하는 데 필요한 최대 근력은 첫 번째 사이클 선수의 절대적인 최대 근력에서 더 낮은 비율이므로, 에너지 소모적인 움직임을 덜 만들어 낸다. 이는 역학적 효율성에 긍정적인 변화를 가져올 수 있다.

최대 근력이 효율성에 미치는 이점 외에도, 그림 4.5는 우리에게 경기에서의 힘 적용 시간 프레임을 운동 선택(힘-시간 특이성 및 움직임-속도 특이성)과 일치시킬 것을 요구한다. 다시 한번, 트랙 사이클링 예시를 확장해 보자. 120rpm으로 페달링하는 스프린트 트랙 사이클 선수가 페달 스트로크 동안 하향 방향으로 힘을 가할 수 있는 시간이 대략 150ms(밀리초)라고 가정해 보자. 우리는 효율성을 더욱 향상시키기 위해 이 시간 프레임 내에서 빠른 힘 적용을 위한 운동선수의 협응력과 신경 구동력을 개발할 필요가 있다. 이를 위해, 우리는 무게가 있는 스쿼트 점프와 같은 운동을 처방할 수 있으며, 점프 수축 시간이 150ms의 시간 프레임과 일치하도록 외부 하중을 선택할 수 있다. 우리는 선형 위치 변환기(LPTLinear Position Transducer), 포스 플레이트 또는 지면 기반 광학 센서를 사용하여 점프 수축 시간을 평가할 수 있다. 경기에서 힘 적용 시간 프레임을 식별하고 운동선수의 RFD 능력을 향상시키는 것은 많은 스포츠에서 효율성의 비결이며, 크로스컨트리 스키와 같은 지구력 운동선수에게도 마찬가지라고 볼 수 있다. 크로스컨트리 스키에서 핵심 기술은 더블 폴링이다. 스키 속도가 증가함에 따라 운동선수는 지면에 힘을 가할 수 있는 시간이 점점 줄어들게 된다. 가장 높은 속도에서는 선수들이 최대 폴 힘에 도달하는 데 단 100ms밖에 걸리지 않을 수도 있다. 스키 속도가 증가하고 지면 접촉 시간이 짧아짐에 따라, RFD 능력이 낮은 선수들은 전진 추진력에 저항하는 제동력을 발달시키기 시작하게 된다. 선수들은 충분히 빠른 속도로 힘을 낼 수 없으며, 지면에 가하는 힘은 실제로 그들의 속도를 늦추어 효율성을 감소시킨다. 전이 운동transfer exercise은 우리가 크로스컨트리 스키어의 RFD를 성장시켜 고속 더블 폴링의 효율성을 향상시키는 데 도움을 줄 수 있다. 같은 개념은 선수가 무거운 썰매를 정지 상태에서 가속시켜 썰매 속도를 최대화하는 것을 목표로 하는 4인승 봅슬레이에도 적용될 수 있다. 푸시 스타트는 썰매의 관성을 극복하기 위해 엄청난 최대 근력뿐만 아니라 썰매가 최대 속도로 가속될 때의 높은 스프린트 속도도 필요하다. 우리는 RFD와 속도가 낮은 선수가 썰매에 먼저 탑승하도록 선수들의 썰매 탑승 순서를 최적화할 수 있을 것이다. 이를 통해 전진 추진력 효율성을 감소시키는 전반적인 저항 제동력을 최소화할 수 있다.

그림 4.8 측면 스피드 스케이트 허들 홉은 스피드 스케이팅에 필요한 관절 각도, 관절 각속도, 힘의 적용 방향을 반영하는 플라이오메트릭 운동이다. 이 운동은 스피드 스케이터의 근육 힘-길이 관계에 특화된 최대 근력과 근력 발현율(RFD) 능력을 향상시켜 준다.

마지막으로, 전이 운동을 특정 기초 운동 및 힘-시간 운동과 결합하여 근육 간 코디네이션, RFD 능력, 힘의 유효성, 힘의 적용 각도, 그리고 관절 각속도 특이성을 훈련하여 효율성을 증가시키는 방법을 고려해 볼 것이다. 스피드 스케이팅으로 돌아가면, 스케이트 선수는 높은 하지 관절 신전 각속도를 사용하여 측면 방향으로 힘을 가해야 한다. 그림 4.8은 스케이트 선수의 이러한 능력을 훈련하기 위해 우리가 활용할 수 있는 전이 운동을 보여주고 있다. 플라이오메트릭 운동인 측면 스피드 스케이트 허들 홉은 스케이팅의 관절 각도, 관절 각속도, 힘의 적용 방향을 모방한다. 전이 운동의 다른 예로는 복서의 몸통 회전 능력을 개발하기 위한 측면 메디신 볼 던지기나 크로스컨트리 선수의 고속 상체 더블 폴링 효율성을 높이기 위한 스탠딩 오버헤드 메디신 볼 슬램이 있을 수 있다.

힘-속도 관계와 부하 매개변수 선택

이전 섹션에서 배운 바와 같이, 근력 트레이닝과 신중한 운동 선택은 근력 곡선을 이동시키고, 힘-시간 특이성을 향상시키며, 힘의 유효성을 높여 역학적 효율성을 개선할 수 있다. 힘-속도 관계는 운동선수의 생체역학과 역학적 효율성에 영향을 미치는 또 다른 훈련 가능한 근육 특성이다. 우리는 힘-속도 관계로부터 파워-속도 곡선을 계산할 수 있을 것이다(그림 4.9). 다른 조건이 동일하다면, 최대 파워가 더 큰 운동선수는 일반적으로 최대 파워가 낮은 운동선수보다 더 높이 점프하고, 더 빨리 스케이팅하고, 더 빨리 사이클을 타고, 더 빨리 달릴 것이다. 근육 파워 공식은 파워=힘×속도이며, 파워는 최대 단축 속도의 약 1/3에서 최대화된다(그림 4.9).

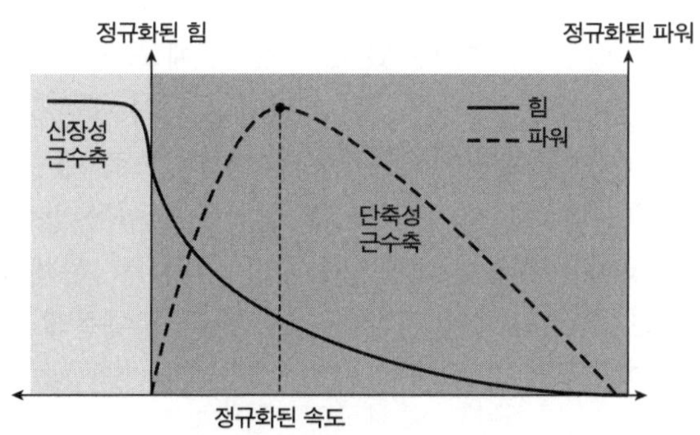

그림 4.9 힘-속도(실선) 및 파워-속도(점선) 관계. 파워-속도 관계의 정점(검은 점)은 기술적 요인(예: 사이클링 중 페달링 케이던스)과 근력 훈련의 영향을 받는다. 파워-속도 관계의 정점에 해당하는 속도로 운동하거나 경쟁하는 것은 근육 자체의 특성에 기반하여 파워를 최대화할 수 있어 움직임의 효율성이 향상된다.

이 단계에서 우리는 생체역학, 역학적 효율성, 스포츠 퍼포먼스가 단순한 가산 방정식이나 모델에서 나오는 선형적인 실체가 아님을 기억하는 것이 매우 중요하다. 예를 들어, 사이클 선수의 파워 출력은 각 분리된 근육 그룹의 파워 생산 능력이 최적이 아닐 때 최적화된다.[2] 시스템에 최적인 것이 반드시 각 분리된 근육 그룹에 최적인 것은 아니다. 그럼에도 불구하고, 사이클링 스포츠에서의 역학적 효율성은 종종 체중 증가를 최소화하면서 최대 근력, 근 파워, RFD의 향상을 극대화함으로써 가장 잘 달성되곤 한다. 이 개념의 중요성을 강조하기 위해, 체중이 동일한 두 명의 운동선수를 고려해 보자. 한 선수는 상대적으로 더 많은 하지 길항근 근육량(즉, 비추진 근육)을 가지고 있어 더 무거운 하지를 가지고 있다. 더 큰 주동근 횡단면적은 힘 생성 능력을 증가시키지만, 더 무거운 사지를 가진 운동선수는 더 가벼운 사지를 가진 운동선수에 비해 더 많은 에너지를 소비하여 효율성을 감소시킨다.[5] 따라서 근력 훈련은 종종 역학적 효율성을 높이기 위해 운동선수의 상대 파워(파워-체질량 비율)와 상대 근력(근력-체질량 비율) 향상에 주로 초점을 맞춘다.

상대 근력, 상대 파워, 궁극적으로 역학적 효율성을 개선하려면 근력 트레이닝 부하 매개변수를 신중하게 선택해야 한다(그림 4.10).

그림 4.10의 비(非)근비대 구역은 근력 훈련에 대한 신경 적응을 강조하며, 근비대 증가를 최소화하는 동시에 근육 간 코디네이션 및 근육 내 코디네이션을 포함한다. 이 구간에서의 트레이닝은 체중 증가를 최소화하면서 RFD, 파워, 근력의 향상을 최대화한다. 이는 스포츠카의 질량을 변경하지 않고 마력을 증가시

역학적 효율성을 위한 부하 매개변수					
	목표 능력	세트	횟수	수축 시간 (ms)	부하 (% 1RM)
플라이오메트릭	반응 근력	3~6	6~10	< 200	체중
구간 1	탄성 능력, 최대 파워, RFD	5~8	5~8	< 300	10~60%
구간 2	근비대	3~5	5~10	> 1,000	70~80%
구간 3	최대 근력	3~6	1~5	> 2,000	80~100%

빠른 속도 → 느린 속도

그림 4.10 역학적 효율성을 향상시키기 위한 부하 매개변수 표. 근비대를 통한 체질량 증가가 운동 능력에 중요한 경우도 있지만, 다른 세 구간의 트레이닝은 신경 적응과 상대 근력 및 상대 파워의 향상으로 이어진다.

키는 것과 같다. 엔진 출력의 추가는 상대적으로 가벼운 자동차가 더 빨리 가속되고 연료를 적게 소모함을 의미한다. 즉, 더 효율적으로 된다는 의미다. 그러나 헤비급 레슬러나 미식축구의 오펜스 라인맨과 같이 제지방량을 최대화해야 하는 경우에는 구간 2(근비대)에서의 트레이닝이 효율성 향상에 도움이 될 수 있다. 더 큰 제지방량은 모멘텀 증가와 상대방에 의해 전달되는 에너지를 더 잘 흡수할 수 있는 능력으로 이어진다. 또한 힘은 근육의 생리학적 횡단면적에 비례하므로, 더 큰 근육은 근력과 파워를 생성하기 위한 더 큰 엔진을 의미할 뿐만 아니라, 무겁거나 강한 상대에 대한 움직임의 효율성도 더 좋아짐을 의미한다.

이 섹션의 마지막 포인트는 그림 4.9에 표시된 신장성 근육 활동 구역과 관련이 있다. 신장성 근육 활동은 근육이 장력을 생성하는 동시에 근육이 신장되는 활동이다. 신장성 근육 활동 중에는 단축성 근육 활동에 비해 상당히 더 많은 힘이 생성되며, 더 적은 대사 에너지가 필요하다. 건과 같은 탄성 조직도 효율성에 기여하는데, 특히 달리기나 홉핑과 같은 신장-단축 사이클(SSC) 동작이 포함된 주기적 운동 중에 그렇다(그림 4.11).

SSC 작용이 움직임의 효율성에 의미 있게 기여하려면 몇 가지 중요한 조건이 충족되어야 한다. 첫째, 지면에 닿기 전에 근육 활동을 통해 직렬 탄성 요소sereies elastic element에 장력을 만들어 신체가 착지할 수 있도록 준비해야 한다. 한밤중에 계단을 내려오다가 마지막 계단을 잊고 내려온 경우를 생각해 보자. 그때 느꼈던 아찔한 느낌은 근육의 사전 활동성 부족으로 인해 지면 접촉에 대한 준비가 되어 있지 않았기 때문이다. 효율적인 SSC 작용을 위한 두 번째 요건은 빠른 신장 운동으로 활성화된 근건 복합체가 길어져 탄성 에너지를 저장할 수 있도록 하는 것이다. 마지막으로, 아모티제이션 단계amortisation phase로 알려진 신장 운동과 단축 운동 단계 사이의 결합 시간은 탄성 에너지의 회복을 위해 가능한 한 짧아야 한다.[6]

근건 단위의 활동적인 신장 이후에 단축성 수축이 이루어지면 대사적 비용이 적게 들기 때문에, SSC 작용은 효율성을 높이기 위해 동물계 전체에서 사용된다.[7] 건이 에너지를 저장하고 신속하게 방출하는 능력은 근육보다 훨씬 뛰어난데, 이는 육상 동물들이 빠르게 지면을 이동할 수 있게 해 준다. 예를 들어, 캥거루를 살펴보면 캥거루는 길고 단단한 건이 에너지 흡수와 적용에 있어 역학적으로나 대사적으로 매우 효율적이도록 해 주기 때문에, 호핑을 주요 이동 방식으로 사용하는 유일한 대형 동물이다. 이와 유사하게, 가장 빠르고 효율적인 인간은 길고 단단한 아킬레스건

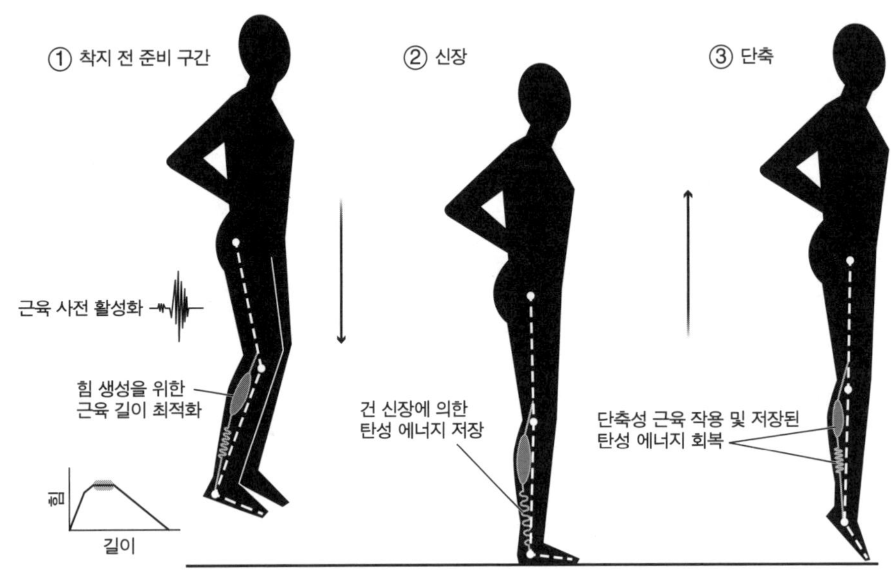

그림 4.11 신장-단축 사이클(SSC) 움직임의 예. 준비 단계에서는 착지에 대비하여 근건 복합체를 준비시키는 근육의 사전 활성화가 발생한다. 착지 시 근건 구조는 신장을 겪는다. 이어서 근건 복합체의 빠른 단축과 저장된 탄성 에너지가 회복되어 효율성을 향상시킨다.

을 통한 힘의 전달에 의존한다. 이는 트레이닝 처방에 유용한 참고 자료가 될 수 있다.

플라이오메트릭 트레이닝을 통해 RFD와 최대 근파워를 향상시키는 것은 최대 근력 트레이닝과 유사하게 움직임 효율성에 영향을 미친다. 플라이오메트릭 트레이닝은 또한 지구력 운동선수들의 움직임 경제성을 향상시키기 위해서도 사용된다. RFD와 최대 파워의 상한선을 높임으로써, 경쟁 기술이나 경기의 요구 사항이 가용한 능력의 더 낮은 비율이 되고 더 적은 에너지를 필요로 하게 된다. 플라이오메트릭 트레이닝을 위한 가이드라인은 그림 4.10에 제시되어 있다.

현명한 방법

생체역학은 역학적 효율성의 핵심 동력이며 트레이닝이 가능하기 때문에 운동선수의 역학적 효율성을 개발하는 데 중요한 지렛대 역할을 할 수 있다.

다음 섹션에서는 움직임 적응력과 그것이 움직임 효율성에 어떻게 연결되는지에 대해 다룰 것이다.

움직임 적응력과 움직임 효율성

단 하나의 움직임 전략이 가장 효율적이라고 할 수 없기 때문에, 우리는 단 하나의 미리 정의된 움직임 전략에 초점을 맞추기보다는 운동선수의 움직임 적응력을 향상시키는 데 주력하는 것이 더 좋다. 이는 농구나 수구와 같은 복잡한 회피 스포츠에서는 당연해 보일 수 있지만, 자유형 수영과 같이 기록 경쟁을 하는 개인 종목에서도 각 선수는 자신의 신체적 내적 제약(예: 신장, 체중, 생체역학), 과제 제약(예: 바다 수영 대 실내 수영), 환경적 제약(예: 경기 대 훈련 경주) 등에 따라 퍼포먼스 결과를 최적화하는 개별적인 움직임 솔루션을 찾아내야 한다. 우리는 또한 움직임 적응력을 높이기 위해 제약 조건을 조작할 수 있으며, 이는 운동선수들에게 더 효율적인 움직임 전략을 개발하도록 이끌 수 있다.

코디네이션과 변동성

움직임 코디네이션과 변동성은 선수의 적응력을 뒷받침하며, 가용한 여러 자유도degrees of freedom를 조정하여 변동성을 활용할 수 있는 능력은 효율적인 움직임 해결책을 이끌어 낸다. 움직임의 변동성은 종종 일관성 없는 기술 수행과 관련이 있다고 오해되곤 하지만, 실제로 최고의 선수들은 경쟁 기술을 표현하는 방식에서 상당한 변동성을 보이며, 문제를 해결하는 데 다양한 도구를 효과적으로 활용할 수 있다. 움직임 변동성은 골디락스 효과Goldilocks effect의 지배를 받는다. 지나친 변동성은 경기력의 불안정성을 초래하고, 반대로 지나친 경직성은 적응력 저하로 이어진다(그림 4.12).[9]

움직임의 효율성에는 최적의 지점이 있는데, 이는 움직임의 복잡성과 예측 가능성의 관계에서 정점에 위치하고 있다.[10] 다음의 세 가지 시나리오를 생각해 보자. 걸음마를 배우는 유아, 허리 통증이 있는 사람, 그리고 NFL에서 환상적인 캐치를 하는 와이드 리시버. 유아는 예측할 수 없는 움직임 전략을 사용하며 복잡성이 낮다. 허리 통증이 있는 사람은 복잡성이 낮은 움직임을 만들어 내지만, 척추에 안정적이고 예측 가능한 환경을 유지하기 위해 노력하며 움직임은 매우 반복적이고 변동성이 없다. 반면에 와이드 리시버는 엄청난 수준의 움직임 복잡성을 보여주며, 주어진 상황에 가장 적합하고 효율적인 움직임 솔루션을 찾기 위해 자기 조직화self-organization를 한다. 이러한 다양한 움직임 솔루션 탐색 전략은 효율성에 대한 다른

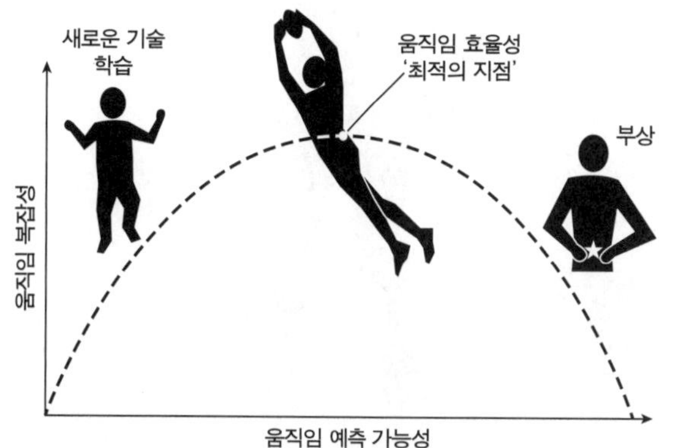

그림 4.12 움직임 효율성을 위한 최적의 지점을 보여주는 움직임 적응력 연속체.

사고방식을 제공하며, 최고의 선수들이 획일적이고 반복적인 방식으로 움직인다는 기존의 개념을 무너뜨린다.

움직임 적응력과 효율성에 대한 코치의 통찰

움직임의 효율성을 향상시키는 데 있어 움직임 적응력의 중요한 역할을 파악하기 위해, 그림 4.13에 나타난 신체 자세를 살펴볼 것이다. 이 그림은 비효율적인 착지 전략을 가진 선수를 묘사하고 있다. 움직임 효율성movement efficiency은 생성된 총 힘에 비해 특정 운동에 기여하는 힘의 비율인 힘 효율성force effectiveness을 극대화함으로써 최대화할 수 있다. 선수의 오른쪽 하반신에 나타난 정렬은 에너지 손실 또는 운동 사슬을 통한 비효율적인 에너지 전달을 시사한다.

첫 번째로 고려해야 할 점은 이 자세가 일관되게 수행되는 움직임 전략을 나타내는지다. 만약 이러한 착지 패턴이 가끔씩만 발생한다면, 우리는 그것에 대해 크게 우려하지 않을 수도 있다. 사실, 우리 연구실에서는 정기적으로 엘리트 선수들의 매우 다양한 착지 시 힘과 운동학을 관찰하는데, 이는 도약 단계의 특성에 기초하여 착지 자세를 미세 조정하는 능력을 시사한다. 두 번의 점프가 동일할 수 없기 때문에, 선수는 효율적으로 착지하기 위해 어느 정도의 움직임 변동성을 보여야 할 것이다. 여기서 중요한 것은 선수가 부상이 자주 발생하는 극단적인 운동 범위를 피할 수 있도록 하는 것이다.

트레이닝 연령이 낮고 하체 근력 수준이 낮은 유소년 농구 선수의 착지 전략을 꾸준히 지켜본다면 그 결과는 어떨까? 착지 전략은 비효율적일 가능성이 높으며, 특히 농구에서 전방십자인대(ACL) 부상이 발생할 수 있는 상황에서 유소년 선수가 하체 부상에 더 취약해질 수 있을 것이다. 마지막으로, 우리가 이러한 착지 전략을 스피드 스케이팅의 엘리트 선수에게서 관찰하고, 그림 4.14에 나타난 것처럼 아이스링크에서 그들의 움직임 전략을 분석한 후, 아이스링크와 점프 착지 자세에서 유사한 점을 발견했다고 가정해 보자. 우리는 착지 전략을 바꾸려고 해야 할 것인가? 그렇게 되면 선수들이 해부학적, 생리학적 제약 조건을 고려하여 최적의 자세와 위치를 찾을 수 있을 것인가? 이러한 오프-아이스 운동 전략의 변화가 선수들의 온-아이스 퍼포먼스에 어떤 영향을 미칠 것인가? 이 전략을 그대로 유지해야 할 것인가?

같은 스피드의 스케이팅 선수가 크로스 트레이닝으로 필드 스포츠를 하기로 결정했고, 선택한 스포츠가 무릎 부상의 높은 위험을 동반한다고 상상해 보자. 우리는 그림 4.13에 묘사된 착지 전략의 효율성에 대해 다른 결론에 도달할 수 있을 것이다. 환경과 상황이 움직임 전략의 효율과 비효율을 구분하는 데 영향

그림 4.13 반동점프(CMJcountermovement jump) 착지 시 잠재적인 움직임 비효율성을 나타내는 신체 자세.

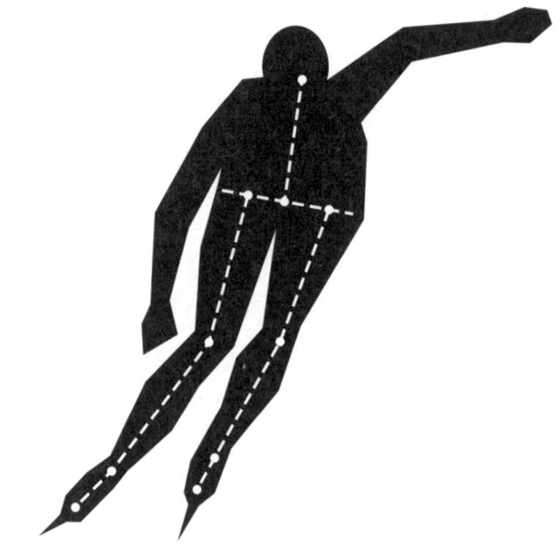

그림 4.14 엘리트 스피드 스케이팅 선수의 보디 포지션으로, 엘리트 선수들 사이에 존재하는 움직임 전략의 다양성을 보여주고 있다.

을 미칠 수 있다.

이러한 시나리오는 단순히 '옳은' 움직임 방식과 '잘못된' 움직임 방식이 있다고 결론 내리는 것보다 더 깊이 있는 방식으로 움직임의 효율성에 대해 생각할 수 있도록 도와준다.

현명한 방법

일반적으로 흔히 발생하는 실수는 최적의 움직임 전략으로 간주될 수 있는 것에 대해 미리 정의된 개념을 사용하여 움직임 모델 내에서 선수의 진행 상황을 선형적인 과정으로 보는 경향이 나타나는 것이다. 과학에 따르면, 선수들이 움직임의 해결책을 만들어 내는 방식은 매우 복잡하고 비선형적이라고 한다. 따라서 우리는 선수들의 움직임의 효율성을 향상시키는 데 도움이 되는 유연하고 비선형적이며 반복되는 모델을 사용하는 것이 가장 적합할 수 있다.

무릎 부상에서 복귀하는 선수를 대상으로 포스 플레이트에서 수행되는 한 다리 에너지 흡수 테스트single-leg energy absorption test의 간단한 예를 그림 4.15에서 살펴볼 것이다.

이 테스트의 목적은 운동선수의 움직임 전략 경향을 파악하고, 에너지 흡수 능력을 측정하며, 훈련 가능한 주요 움직임 제어 및 코디네이션의 결함을 파악하는 데 도움이 되도록 과제 제약을 조작하는 것에 있다. 이 테스트는 선수가 팔을 고정한 상태에서 측면으로 한 발 점프를 하도록 한다. 따라서 팔은 힘을 생성하는 역할을 하지 않고, 선수는 몸통과 하체 근육을 에너지 흡수, 균형, 제어의 주요 동력으로 사용해야 한다. 이 예에서는 하체 움직임 전략의 효율성을 평가하기 위해 과제 제약(팔을 고정된 위치에 유지하는 것)을 사용했다. 이 테스트를 수행한 결과, 오른쪽 다리 착지 전략에서 효율적인 특징을 관찰할 수 있었다. 선수는 중립 척추를 유지한 채 바른 자세로 착지했고, 고관절, 무릎, 발목의 정렬이 유지되었다. 척추와 골반은 역 T자 형태를 이루었다. 그러나 왼발 착지 전략은 최적이 아니었다. 척추와 골반의 역 T자 형태가 관찰되지 않았다. 허리 이하 부위의 역학이 원치 않는 척추 비틀림을 유발하고 있었다. 또한, 무릎 내측Valgus에 하중이 집중되는 전략과 수직 방향의 지면 반발력이 높아지는 것을 볼 수 있는데, 이는 전방십자인대 손상의 잠재적 위험 요인이 될 수 있다. 비생산적인 관상면 및 시상면 운동은 또한 수직 방향에서 선수의 힘 효율성을 감소시키고 움직임 효율성을 저하시킨다.

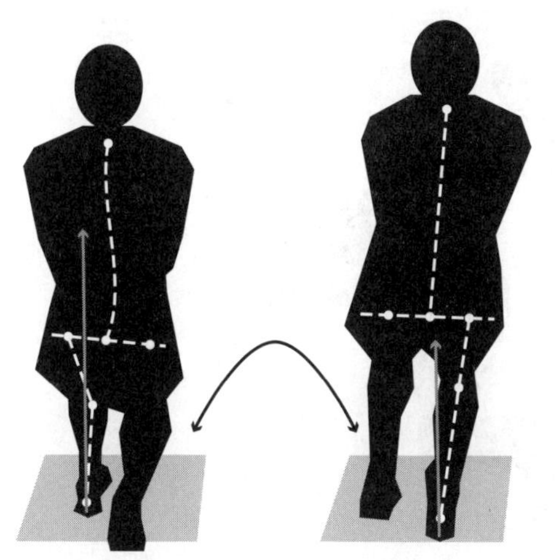

그림 4.15 왼쪽 무릎 부상이 있는 선수에게서 스포츠 복귀 전에 관찰되는 한 다리 착지 전략.

여기서 볼 수 있는 움직임 비효율성을 해결하는 첫 번째 단계는 선수가 관여하는 관절에 충분한 근력을 가지고 있는지 확인하는 것이다. 예를 들어, 고관절 외전 또는 외회전 근력이 감소하면, 이와 같은 움직임 전략이 나타나는 근본 원인이 될 수 있다. 여기서 고관절 근력은 선수의 움직임을 결정하는 내적 제약 조건이다.

현명한 방법

우리의 움직임 전략은 각 관절에서 사용할 수 있는 힘과 관절가동범위에 의해 제한된다.

둘째, 우리는 선수가 과제의 요구 사항을 충족시키기에 충분한 신장성 RFD 능력과 신장성 근력을 가지고 있는지 확인해야 한다. 앞서 논의한 바와 같이, 우리는 효율성을 높이기 위해 신장성 근력의 상한선을 높이고자 해야 한다. 마지막으로, 우리는 운동선수의 신장성 움직임 역량과 움직임 제어 능력을 평가해야 한다. 여기서 목적성 있는 다양한 훈련이 완벽함을 만들어 낸다. 목적성 있는 훈련이란 선수가 높은 수준의 집중력과 의도를 가지고 움직임 훈련에 참여하는 것을 의미한다. 변동성 훈련은 과제 제약(예: 특정 목표물에 착지하거나 시각적 신호에 따라 착지하기), 내적 제약(예: 눈을 감은 상태와 눈을 뜬 상태의 비교), 또는 환경 제약(예: 고립된 움직임 기술 훈련을 동료 선수들과의 경쟁으로 전환하여 사회적 자본의 교환을 포함하기)을 변경함으로써 달성할 수 있다. 다음 섹션에서는 런닝과 방향 전환 움직임과 같은 복잡한 경쟁 기술을 중심으로 이러한 개념들을 발전시켜 나갈 것이다.

움직임 효율성을 높이기 위한 움직임 적응력 훈련

코칭에서 흔히 범하는 실수는 효율적인 움직임이 어떤 모습이어야 하는지 미리 정해 놓고, 이를 모든 상황에서 모든 선수에게 무차별적으로 적용하는 것이다. 런닝에서의 가속 능력을 생각해 보자. 효과적이고 효율적인 가속을 위해서는 특정 핵심 자세를 달성해야 한다. 첫째, 추진력을 위해서는 수평 방향의 힘 벡터가 필요하다. 이를 위해 스프린터의 신체 기울기는 지면과 약 40도에서 45도를 이룬다. 둘째, 가속 효율성은 저항성 제동력을 최소화함으로써 최적화된다. 따라서 스프린터들은 가속 단계에서 엉덩이 아래쪽에서 지면을 디딘다. 팔 동작 또한 가속 능력의 중요한 동력이며, 상지에서 이루어지는 모양과 위치는 하지의 리듬과 타이밍을 이끌어 낼 수 있다.

스프린터들은 효과적인 힘 적용에 필요한 중요한 자세에 가깝게 자기 조직화를 하지만, 선수들 간 그리고 한 선수 내에서도 다양한 움직임 전략이 나타난다 (그림 4.16). 스프린터의 해부학적 구조, 팔다리 길이, 최대 근력, 반응성 근력reactive strength과 같은 선수 내부의 요인(즉, 내적 제약)은 맞바람을 마주하며 달리거나 고지대에서 달리는 것과 같은 환경적 요인의 영향과 함께 효율성을 형성한다. 또한, 이러한 핵심 위치와 자세의 대부분은 필드 스포츠 환경으로 옮길 수 있지만, 과제 제약(예: 공이나 스틱을 들고 있는 것)과 환경 제약(예: 충돌을 피하는 것) 때문에 필드 스포츠 선수들은 신속하게 움직이면서도 경기를 계속하기 위해 자기 조직화를 해야 한다. 가장 효율적인 가속 전략은 목표와 제약 조건에 따라 필드 스포츠 선수마다 달라질 수 있다. 그럼에도 불구하고, 가속의 물리학은 수평 힘 벡터의 최대화, 투사 각도의 달성, 상지의 모양과 타이밍을 이용한 하지의 활동 추진 등과 같은 특정 기본 자세를 달성해야 한다.

가속 능력에서 벗어나 야구 투구, 격투 스포츠에서의 타격, 또는 클라이밍과 같은 다른 기술적 스포츠 기술로 넘어가면서, 우리는 가장 효율적인 움직임 전략 면에서 더 많은 다양성을 보기 시작한다. 핵심은 가장 효율적인 것이 선수, 과제, 환경, 그리고 목표에 따라 달라진다는 것이다. 움직임 전략이 부분적으로 제약에 의해 형성된다는 사실은 트레이닝, 훈련 및 기술 개발을 통해 움직임의 효율성을 최적화할 수 있는 도구를 우리에게 제공한다.[8] 그림 4.17은 실제 상황에서 이 지식을 적용할 수 있는 프레임워크를 제공하고 있다. 이 프레임워크는 효율적인 방향 전환 움직임을 개발하는 데 중점을 두고 있지만, 우리는 이를 사용하

그림 4.16 두 명의 엘리트 스프린터가 사용하는 가속 시 신체 위치와 자세의 비교. 해부학적 요인과 최대 근력과 같은 내적 제약이 가장 효율적인 움직임 전략을 형성한다.

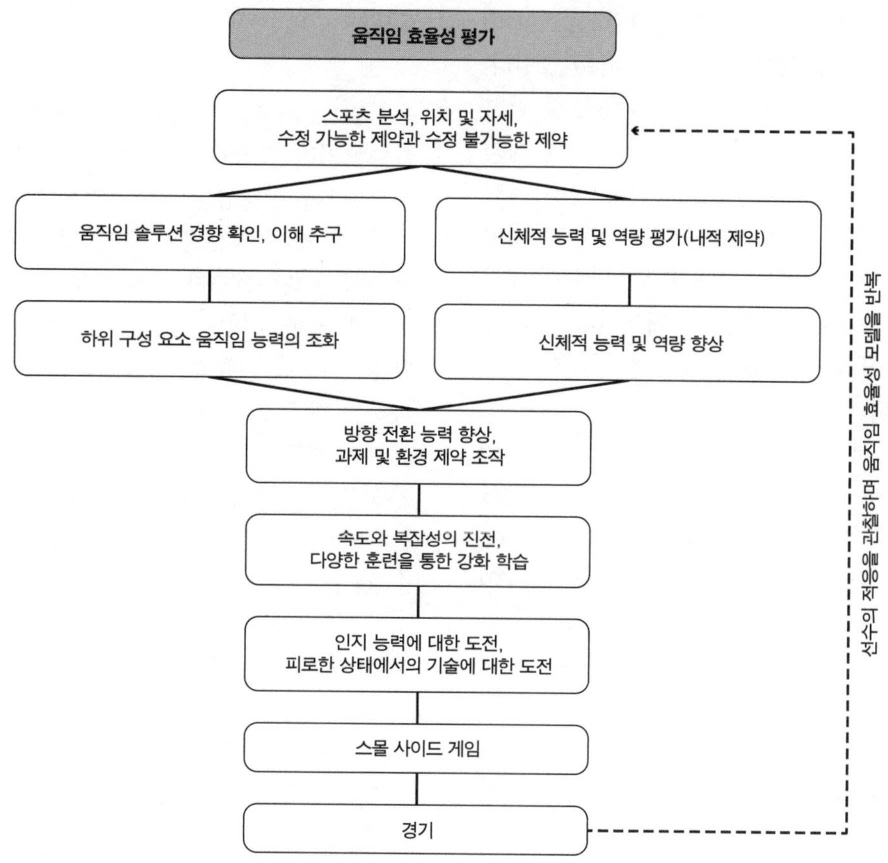

그림 4.17 움직임 효율성 향상을 위한 프레임워크.

여 다양한 경쟁 운동과 기술에 걸쳐 움직임의 효율성을 향상시킬 수 있을 것이다.

그림 4.17에서 가장 중요한 특징은 우리를 종점에서 다시 시작점으로 되돌려 놓는 점선이다. 움직임의 효율성을 향상시키는 것은 반복적인 과정이다. 이것이 비선형적인 방식으로 나타나기 때문에, 우리는 지속적으로 움직임 효율성 모델을 재검토해야 한다. 우리의 삶에 걸쳐 우리의 움직임 전략이 얼마나 다른지 생각해 보자. 인간의 움직임과 효율성은 단순히 더해지는 방정식이 아니다.

우리 프레임워크의 출발점은 스포츠 자체에 대한 평가다. 특히 수정 가능한 제약과 수정 불가능한 제약에 대해 이해하지 않고는 움직임의 효율성에 대해 논의하는 것은 불가능하다. 예를 들어, 필드하키 선수는 달리면서 방향을 바꿀 때 스틱을 들고 있어야 한다. 이것은 수정 불가능한 과제 제약이다. 또한 필드하키 선수는 다양한 바닥(예: 잔디, 인조잔디, 코트)에서 경기를 해야 할 수도 있다. 이는 선수가 바닥 유형을 선택할 수 없다고 가정할 때, 수정 불가능한 환경적 제약의 예시라고 할 수 있다.

스포츠 분석에 이어 두 번째 단계는 운동선수의 움직임 솔루션 경향을 파악하는 것이다. 변동성이 적응 시스템의 핵심 특징이라는 점을 기억해야 한다. 그래서 과도하게 변동적인 움직임 경향과 매우 경직된 움직임 경향은 위험 신호라고 볼 수 있다. 우리는 움직임 경향을 형성할 수 있는 다양한 내적, 과제, 환경 제약을 고려해야 한다. 동시에, 최대 근력, 능동적 관절가동범위, RFD, 유산소 능력과 같은 신체 능력과 역량을 평가하는 것이 중요하다. 이 장 전반에 걸쳐 논의했듯이, 최대 근력과 같은 신체 능력은 우리의 움직임 적응력과 움직임의 효율성을 형성한다.

3단계에서는 관련된 움직임 전략을 더 작은 하위 구성 요소의 움직임 역량으로 세분화할 수 있다. 이것을 부분-전체 훈련 전략이라고도 한다. 이것은 엘리트 선수들의 트레이닝 과정에서도 중요한 요소이며, 특히 새로운 기술을 개발하는 경우에는 더욱 그렇다. 그런 다음 하위 구성 요소의 움직임 역량을 방향 전환 훈련에 통합해야 한다. 이 단계에서 과제와 환경 제약 조건을 활용하여 선수의 움직임 적응성과 함께 움직임 솔루션 영역을 형성할 수 있다. 예를 들어, 상체와 하체를 분리하는 능력을 훈련하는 경우, 선수가 메디신 볼이나 둥근 막대를 들고 있는 상태에서의 방향 전환 훈련을 통해 이 하위 구성 요소 능력에 대한 연결성을 높일 수 있다.

다음은 훈련의 속도와 복잡성을 점진적으로 높이는 것이다. 방향 전환 훈련의 속도를 높이는 일반적인 방법은 콘을 과제 제약으로 사용하고 콘 사이의 간격을 늘리는 것이다. 예를 들어, 콘 사이의 간격을 2m에서 4m로 늘리면 선수가 더 높은 달리기 속도에 도달할 수 있게 된다. 제약이 움직임 효율성을 형성하기 때문에, 과제의 신체적 요구 사항(예: 피로할 때)과 인지적 요구 사항(예: 외부 자극에 반응)을 증가시키는 것은 스포츠 특정 전이를 얻기 위한 디딤돌이 될 수 있다. 마지막으로, 우리는 스몰 사이드 게임small-sided game을 사용하여 실제 경기와의 격차를 해소하고, 적응 과정의 역동적인 특성을 고려하여 1단계로 돌아가 이 사이클을 반복할 수 있다.

요약

움직임 효율성은 역학적 효율성과 움직임 적응력의 함수이지만 측정될 수 있는 것은 역학적 효율성뿐이다. 역학적 효율성은 전반적인 에너지 소비량를 줄이면서 더 많은 추진력을 내는 것을 의미하며, 움직임 적응력은 운동선수가 어떻게 움직임 솔루션을 생성하는지에 관한 것이다. 힘-길이 관계 및 힘-속도 관계와 같은 근육 특성에 특별히 고려하여 생체역학을 최적화하는 것은 힘 효율성, 기술, 장비 요소를 최적화하는 것과 함께 역학적 효율성을 높이는 데 중요하다. 또한, 신장-단축 사이클(SSC) 동작과 신장성 동작을 포함하는 움직임은 역학적 효율성을 향상시키는 데 사용될 수 있다.

선수-환경 시스템은 복잡하고 적응력이 있다. 움직임 솔루션은 내적, 과제, 환경 제약에 의해 형성되는 자기 조직화 과정에 의해 생성된다. 가장 효율적인 단일 움직임 솔루션은 없다. 대신, 움직임의 효율성은 특정 목표를 고려할 때 가장 최적의 움직임 솔루션을 찾기 위해 우리가 이용할 수 있는 여러 자유도를 관리하는 것을 수반한다. 움직임 효율성은 상황에 따라 달라지지만, 내적 제약(예: 최대 근력 같은 신체적 능력)과 과제 제약, 환경 제약을 고려하는 다각적인 접근 방식을 결합하면 선수의 적응력을 형성하고 움직임의 효율성을 높일 수 있을 것이다.

필수 항목

- 역학적 효율성의 최대 변화를 얻기 위한 목적과 의도를 가지고 경쟁적인 운동과 기술을 훈련한다.
- 근력 운동을 통해 올바른 위치와 자세에서 선수를 단련하고, 힘-시간/속도-시간 특이성, 힘 효율성, 코디네이션을 향상시키는 운동을 선택하여 역학적 효율성을 향상시킨다.
- 근력 운동을 통해 선수의 힘 대 질량 비율을 증가시키는 근신경적 요인을 개발한다. 이는 역학적 효율성에 중요한 기여를 한다.
- 다양한 훈련과 제약 기반 코칭을 통해 스포츠의 복잡성을 충족할 수 있는 폭넓은 움직임 솔루션을 갖춘 적응력 있는 선수를 육성한다.
- 선수가 적응하고 발전함에 따라 움직임 효율성 모델을 반복적으로 적용해야 한다. 한 상황이나 한 발달 단계에서 가장 효율적인 것이 반드시 다른 상황이나 다음 발달 단계에서 가장 효율적인 것으로 이어지는 것은 아니다.

Chapter 5

체간 근력과 코디네이션의 발전

로렌 랜도우Loren Landow, CSCS*D
덴버 브롱코스Denver Broncos, 헤드 S&C 코치(근력 및 컨디셔닝 책임 코치)
랜도우 퍼포먼스Landow Performance, 설립자 겸 대표

몇 년 전, 한 고등학생 선수의 부모님이 선수의 훈련 세션을 지켜본 후 미소를 지으며 다가왔다. "와, 우리 시대에도 코어가 있었다면 좋았을 텐데요!" 아버지는 내 손을 잡으며 말했다. 그의 어조는 마치 코어가 최근에 진화한 새로운 신체적 특성이며, 우리가 이제야 과학을 통해 그 신비한 힘을 어떻게 끌어내는지 알게 된 것처럼 들렸다. 일부 독자들에게는 그의 잘못된 발언이 어리석거나 무지해 보일 수 있지만, 이런 종류의 혼란은 꽤 흔하다. 이 부모님의 입장에서는 아마도 오늘날의 젊은 선수들이 이전 세대의 청소년들보다 더 양질의 훈련 프로그램을 접할 수 있다는 점을 언급하고 싶었을 것이다. 또한 그의 발언은 코어에 대한 일반 대중의 신비화를 나타낸다. 필자는 '코어core' 대신 '체간trunk'이라는 용어를 사용하는 것을 선호한다. 이 장에서 체간은 척추와 골반뿐만 아니라 근신경 시스템, 건, 인대, 그리고 이러한 뼈에 부착된 근막을 포함한다.

여러 세대를 거치면서 스포츠 퍼포먼스 트레이닝의 발전은 이 분야의 범위를 확장시켜 관련된 일반 분야(예: 임상, 과학, 학술, 코칭 등)와 특정 전문 분야(예: 생체역학자, 생리학자, 운동학자 등) 내에서 새롭게 등장하는 다양한 직업을 포함하게 되었다. 체간을 어떻게 가장 잘 트레이닝시킬 수 있는지에 대한 질문을 다루는 직업들의 차이와 다양성은 수많은 다른 접근 방식을 만들어 냈다. 당연히 우리 모두는 자신의 경험과 연구를 바탕으로 편견을 가지고 있지만, 이 주제에서 진정한 진전을 이루려면 우리 개별 직업의 관점으로만 체간을 바라보려는 자연스러운 충동과 싸워야 한다. 이 장에서는 특정 학파나 이론에 치우치지 않고 다양한 접근법을 종합하여 체간의 평가 및 트레이닝에 대한 일관되고 통합적인 방법을 제시하고자 한다. 핵심 전제는 체간 근육을 포함하는 운동이 스펙트럼을 따라 분류될 수 있다는 점이다. 즉, 기본적인 자세 안정성을 활성화하는 저강도 자세 운동부터, 스포츠에서 요구되는 역동적인 움직임과 힘 생산 능력을 반영하는 고강도·고속 운동까지 다양한 형태가 존재한다. 이 장은 체간 트레이닝에 대한 학제간 접근 방식을 제시하고 있다. 구조화되면서도 적응 가능한 3단계 트레이닝 모델을 제안하는데, 여러 상호 연관된 하위 단계로 구성되어 있다. 궁극적인 목적은 독자에게 모든 운동 상황에 적용 가능한 신뢰할 수 있는 체간 트레이닝 방법론을 제공하는 것이다.

체간 트레이닝을 위한 포괄적 접근법

이 운동 스펙트럼의 양 끝에서 두 가지 상반된 철학이 등장했으며, 이 주제는 많은 스포츠 퍼포먼스 전문가들 사이에 큰 의견 차이를 만들어 냈다. 첫 번째 접근법은 종종 '낮은 수준의 국소 근육 안정화 트레이닝'

또는 이와 유사한 용어로 불리며, 이 부위의 기능 장애를 줄이기 위해 충분히 훈련되지 않은 안정근을 발달시키는 데 중점을 둔다. 적절한 기능은 다른 근육들이 보상작용의 역할을 하지 않아도 되는 것을 의미하기 때문에, 기능적 트레이닝 지지자들은 이러한 접근법이 부상이나 병리학적 문제의 가능성을 줄인다고 주장한다.

다른 진영은 일반적으로 스쿼트와 데드리프트와 같은 전신 리프팅이 적절한 양과 부하로 처방된다면 트레이닝에서 고립된 체간 운동은 대부분 불필요하다고 주장하고 있다. 이들은 이러한 운동들이 스포츠의 요구에 대비하기 위해 체간에 필요한 적절한 스트레스를 제공한다고 주장한다.

어떤 면에서 보면 두 가지 관점 모두 옳지만, 너무 단순화되어 큰 그림을 간과하는 경향이 있다. 선수들은 중량 복합 동작을 할 때 엄청난 수준의 체간 활성화가 일어나는데, 이러한 리프팅은 코치가 웨이트 트레이닝장에서 만들 수 있는 스포츠에 가장 특화된 스트레스 요인 중 하나이다. 단점은, 억제된 근육은 이러한 운동으로 충분한 자극을 받지 못할 수도 있으며, 다른 조직에 과도한 부담을 줄 수 있다는 점이다.

반대로 긴장성 활성화와 안정성의 사소한 세부사항에 과하게 빠져들 수도 있다. 궁극적인 목표는 운동 스펙트럼을 합리적으로 진행하며, 회전력이 높은 다관절 운동 스트레스를 포함한 고강도 운동으로 나아가는 것이다. 요약하자면, 첫날부터 고강도/고속 운동, 회전 운동과 같은 복합적인 동작을 많이 하는 운동을 시작하는 것은 안정성의 기초를 다지지 못한다면 위험할 수 있지만, 운동의 난이도와 복잡성을 높이는 것을 소홀히 하는 것도 운동선수의 퍼포먼스와 힘의 회복탄력성을 크게 저해할 수 있다. 이 두 가지 접근 방식은 단독으로는 효과가 없기 때문에, 다음과 같은 질문이 발생하게 된다. 경기장에서 볼 수 있는 힘을 전달하기 위해 더 효과적인 방법으로 체간을 트레이닝할 수 있는 방법이 있을 것인가?

일부는 두 가지 주요한 체간 트레이닝 철학을 경쟁 관계로 보고, 한 이념에 충성을 선언하며 고집스럽게 그것을 옹호하려 할 수 있지만, 그들의 관계는 더 미묘하다. 고강도/고속 그리고 기능적 트레이닝은 둘 중 하나를 선택해야 하는 문제로 여겨져서는 안 된다. 오히려 이들은 더 큰 전체의 상호 연관된 구성 요소로 이해되어야 한다. 그러나 이는 체간 트레이닝이 단순히 이 두 주요 그룹에서 무작위로 뽑아낸 운동들을 자신의 운동 프로그래밍에 뿌려 넣는 식이 되어야 한다는 의미는 아니다. 기능적 트레이닝과 고강도/고속 트레이닝은 선수의 훈련 수준과 결함 또는 병리학적 문제에 맞는 논리적 계층 구조로 구현될 때 가장 잘 작동할 수 있다.

이유 없이 체간 운동을 계속 바꾸는 것은 분명 유혹적일 수 있지만, 궁극적으로는 더 표적화되고 전략적인 접근법이 훨씬 바람직하다. 선수들이 더 높은 수준의 훈련을 위한 기초로 배워야 할 특정 기술 세트를 선택하고 이를 정교화하는 것이 중요하다. 이러한 시스템을 효과적으로 구현하기 위해서는 다음 세 가지 요소가 중요하다.

1. 당신의 철학, 방법, 메시지에 일관성을 유지한다.
2. 최적의 운동 기술 학습과 기술 습득을 위해 인내심을 유지한다. 선수가 할 수 있는 전체 연습 횟수나 훈련 횟수에 대한 강조가 아닌, 이러한 운동을 수행할 수 있는 선수의 역량에 대한 강조로 전환해야 한다.
3. 코칭 큐를 현명하게 선택하라. 작은 디테일에 대해 지속적으로 지적을 받는 선수에게는 코칭 신호가 가치가 없어질 수 있다. 선수들은 스스로 문제를 해결할 수 있는 충분한 시간과 공간을 제공받아야 한다.

체간 해부학과 기능: 간단한 개요

체간(그림 5.1)은 통합된 시스템으로서 힘을 흡수하고 전달하는 역할을 한다. 체간의 뼈, 근육, 결합 조직이 모두 상호 의존적인 역할을 하지만, 그들의 기능은 너무나 복잡하게 연결되어 있어 한 부분의 기능이 제대로 작동하지 않으면 시스템의 다른 구성 요소에 과부하를 줄 수 있으며, 전체 사슬을 약화시킬 수 있다. 트레이닝 경험이 적은 젊은 선수는 바벨 아래로 들어가 비교적 무거운 무게를 스쿼트할 수 있을지는 모르지만, 자세 제어와 안정성의 부족은 수동적 조직(뼈와 인대)이 바벨의 축 방향 하중을 필요 이상으로, 혹은 안

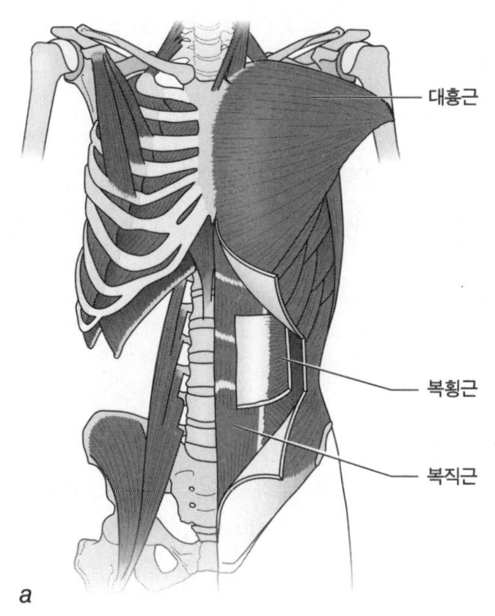

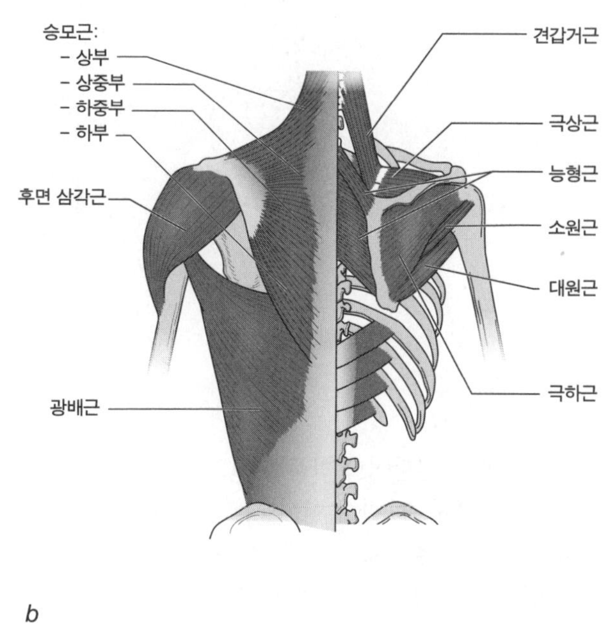

그림 5.1 체간의 근육: (a) 전면, (b) 후면.

전하지 않은 수준으로 감당해야 할 수도 있다. 그는 원하는 움직임을 안전하고 효과적으로 수행하기 위해 체간의 해부학적 구성 요소를 동기화하는 방법을 배우기 위해 양질의 코칭과 축적된 훈련이 필요하다.

모든 선수는 스포츠 경기 중 복잡한 3면의 힘의 조합을 처리할 준비가 되어 있어야 한다. 세 가지 주요 움직임 면(시상면, 관상면, 수평면)은 얼핏 보기에 단순해 보이는 상황에서도 끊임없이 작용한다. 체간 굴곡(주로 복근과 대요근에 의해 제공됨)과 체간 신전(주로 척추기립근 그룹에 의해 제공됨)은 일반적으로 잘 코칭된 전통적인 리프팅으로 발달될 수 있다. 이 장에서는 몸통 회전 능력(주로 내, 외복사근에 의해 제공됨)의 향상에 집중할 것이다. 이러한 회전 요구 사항은 대부분의 고속 스포츠에 존재하며, 종종 전문가들이 잘 이해하지 못하곤 한다.

회전 움직임은 스포츠 전반에 걸쳐 관찰될 수 있다. 테니스, 단거리 달리기, 체조, 수영, 축구, 야구, 그리고 종합격투기 모두 어느 정도의 회전적 측면을 보여주고 있다. 사실, 10m 공기소총이 아마도 체간 회전 요구가 거의 없는 유일한 올림픽 종목일 것이다. 대부분의 스포츠가 체간 회전을 필요로 하지만, 선수에게 요구되는 바가 모두 동일하지는 않다. 투수가 빠른 공을 던질 때 경험하는 체간 부위의 회전력은 축구 골키퍼가 공을 던질 때와는 다르다. 많은 경우, 이러한 스포츠의 움직임 패턴은 본질적으로 고도의 회전 운동으로 쉽게 분류된다(야구 투수의 경우). 반면에 다른 스포츠 기술은 100m 단거리 선수의 달리기와 같이 덜 명확한 회전적 측면을 보일 수 있다. 이러한 기술들은 상당히 다를 수 있지만, 모두 동적 회전 움직임의 흡수, 전달, 생성에 있어 체간의 근본적인 역할을 보여준다.

관절에 작용하는 네 가지 일반적인 힘에 대한 트레이닝

스포츠에서 성공하려면 주요 면의 움직임에서 뛰어난 신체 제어 능력이 필요하다. 3차원적 신체 제어를 향상시키기 위한 트레이닝은 궁극적으로 선수들이 수동적 조직에 가해지는 불필요한 스트레스를 줄이고, 움직임 중 에너지 누출을 방지하여 더 효율적으로 힘을 전달할 수 있도록 도울 수 있다. 이러한 제어는 관절 수준에서 압축, 견인, 전단, 토크에 저항하거나 접합으로써 이루어진다. 이는 모두 체간이 회복탄력성을 유

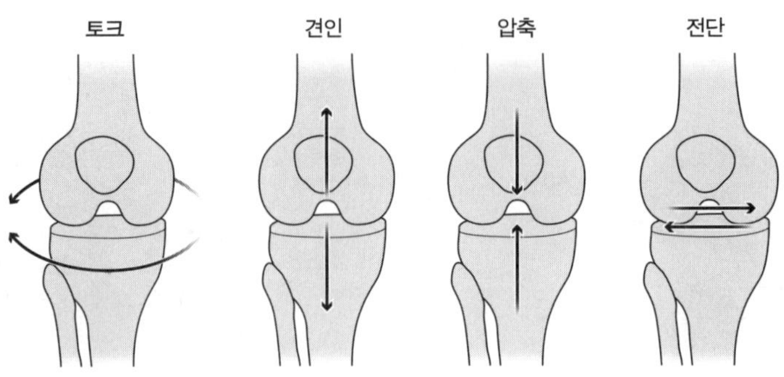

그림 5.2 네 가지 유형의 관절 힘: 토크, 견인, 압축, 전단.

지하는 데 필요한 일반적인 힘들이다(그림 5.2).[1]

관절 외부에서 두 반대 힘이 서로를 향해 직선으로 작용할 때, 그 결과로 나타나는 힘을 압축이라고 한다. 견인은 사실상 압축의 반대 개념이다. 이 경우, 대립하는 힘들이 한 선을 따라 서로 멀어지는 방향으로 작용하여 두 관절 표면을 당겨 분리시킨다. 토크는 관절 표면 사이에 비틀림 상호작용을 생성하기 위해 결합하는 반대 회전력을 설명하고 있다. 전단력은 동일하고 평행한 힘이 반대 방향으로 적용될 때 발생한다. 두 관절 표면이 서로 미끄러지듯 움직인다.

관절 수준에서 이러한 힘들은 비율, 방향, 강도 면에서 끊임없이 변화하고 혼합된다. 체간 내에서 고려해야 할 주요 관절 상호작용은 척추 사이의 상호작용이다. 예를 들어, 플랭크나 피지오볼 롤아웃은 요추에 전단 모멘트를 생성하며, 선수는 척추의 온전성을 유지하기 위해 이에 저항해야 한다. 팔로프 프레스 운동은 척추의 수직 축을 중심으로 토크를 발생시킨 다음, 선수가 팔을 축에서 멀리 뻗을 때 그 힘을 증폭시킨다. 파머스 캐리는 주로 척추를 압축시키는 반면, 매달린 상태에서의 무릎 올리기는 척추를 견인 상태로 만든다. 다른 운동들은 관절에 작용하는 힘의 관점에서 볼 때 더욱 복잡해진다. 특히 한쪽으로 부하가 가해질 때 그렇다. 예를 들어, 한 손 케틀벨 홀드는 선수가 척추의 한쪽에는 압축을, 다른 쪽에는 견인을 극복해야 한다.

효과적인 체간 트레이닝은 이러한 운동들을 전략적으로 사용하여 척추에 작용하는 네 가지 일반적인 유형의 관절 힘에 대한 안정성을 향상시키는 것이다. 분절 안정성이 더 큰 선수들은 부상 가능성이 낮아지며, 체간을 통해 힘을 더 잘 흡수하고, 전달하고, 생성할 수 있다. 다음 섹션에서는 이러한 회복탄력성을 구축하도록 설계된 사려 깊은 체간 트레이닝 모델을 제시하고 있다. 척추에 대한 힘을 미세하게 처방하는microdosing 것은 선수의 건강함에 매우 중요하다.

현명한 방법

이러한 방식으로 관절에 작용하는 힘을 고려한다는 것은, 우리의 체간 운동 선택이 단순히 인터넷에서 인기 있다는 이유로 아무 운동이나 선택하는 것이 아니라, 선수들이 자신의 스포츠에서 요구되는 움직임을 생성하거나 저항하는 데 필요한 것들에 대한 사려 깊은 분석을 바탕으로 한다는 것을 의미한다.

체간 트레이닝 연속체: 프레임워크와 실행

이 장에서 강조하는 트레이닝 진행은 긴장성(지속적이고 가벼운 수축) 근육에서 위상성(짧은 기간 동안 매우 활성화되지만 그 외에는 이완된) 근육에 이르기까지 선수의 체간을 안에서 밖으로 구축한다. 이는 선수의 인식과 근육 활성화를 위해 설계된 초기 평가와 운동으로 시작하며, 목표는 선수의 훈련 상태를 파악하는 것이다. 여기서부터 우리는 우려되는 영역을 전략적으로 다루고 고립 운동을 사용하여 내재적 활성화와 자세 안정성에 집중할 수 있다. 그런 다음, 이러한 기초를 바탕으로 훈련 요구 사항을 동적 안정성(힘 회복력)으로 발전시킬 수 있다.

힘에 대한 회복탄력성 트레이닝은 복잡성이 점진

적으로 증가해야 하며, 정적 관절 위치에서의 등척성 유지로 시작하여 외부 힘의 동요perturbation가 있는 더 동적인 안정성 운동으로 진행되어야 한다. 선수의 능력이 향상됨에 따라 트레이닝은 근력 운동의 실행을 통한 힘 생산과 고강도/고속 회전 운동에 필요한 코디네이션을 포함하기 시작해야 한다. 이때 사지는 엄청난 양의 힘을 생산하도록 요구되며, 체간은 효과적인 전달 수단이 되어야 한다. 이는 웨이트장에서 더 높은 강도의 동작을 효과적이고 안전하게 수행하기 위한 중요한 기반이다.

그림 5.3에 표시된 체간 트레이닝 모델은 운동 도전과 복잡성의 연속체를 사용하고 있다. 선수들은 더 고급 운동과 변형으로 넘어가기 전에 이 연속체의 낮은 단계에서 올바른 자세를 유지하고 힘과 안정성을 보여주어야 한다.

지도자들은 이 연속체 내에서 다양한 운동과 응용을 사용하여 트레이닝 난이도를 선수의 능력에 맞춰야 한다. 궁극적으로 능력과 힘에 대한 내성이 진행의 관문 역할을 해야 한다. 선수는 올바른 자세를 찾고, 운동 중 해당 자세를 유지할 수 능력을 보여주어야 한다. 운동의 난이도, 지속 시간, 부하를 점진적으로 증가시키는 것이 훈련 연속체를 따라 발전하는 과정이다. 잘못된 이유로 운동을 진행할 때(예: 코치나 선수의 부모를 달래기 위해) 이는 발달 부족(그리고 가능한 실제 부상)으로 인해 결국 선수에게 해를 끼치게 될 것이다. 이것이 이 모델의 인식 및 활성화 단계를 중요하게 만드는 이유다. 이제 이 모델을 더 자세히 살펴볼 것이다.

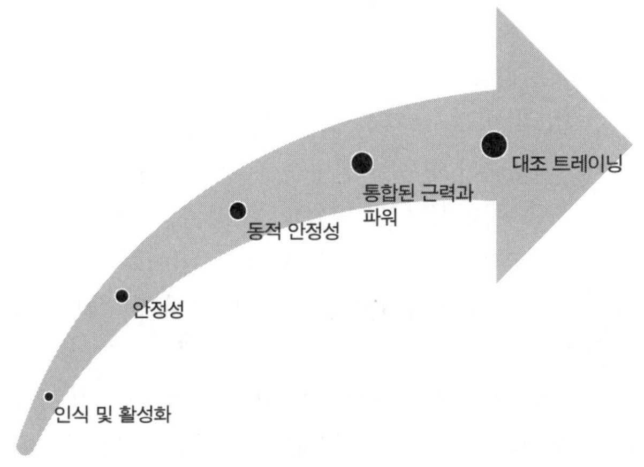

그림 5.3 체간 트레이닝 연속체.

1단계: 식별 및 활성화

체간 트레이닝 과정은 몸통 관련 평가와 움직임 스크리닝으로 시작되어야 하며, 이후 초기 선수 지도와 운동이 이어져야 한다. 이러한 낮은 수준의 운동과 테스트는 지루해 보일 수 있지만, 코치와 선수 모두에게 매우 중요하다.

지도자들은 훈련 전에 선수들의 흉추 가동성뿐만 아니라 요추골반 가동범위와 안정성을 검사하는 것으로부터 큰 이점을 얻을 수 있다. 선수의 구조적 제한이나 운동 제어motor-control 문제를 파악하는 것도 유용할 수 있다. 이 두 변수 모두 코치의 운동 선택과 진행 속도에 영향을 줄 수 있기 때문이다. 이와 관련하여 몇 가지 운동이 매우 도움이 될 수 있다. 평가에 사용될 수 있는 일반적인 운동의 세 가지 예는 다음과 같다.

1. **플랭크**. 플랭크는 코치가 선수의 요추 자세가 어느 시점에서 악화되는지, 그리고 피로가 축적되는 속도를 관찰할 수 있게 해 준다.
2. **버드독**. 버드독은 코치가 선수의 자세 탐색과 유지 능력, 그리고 골반 하강을 방지하면서 요추골반 제어를 유지하는 능력을 평가할 수 있게 해 준다.
3. **캣/카우**. 캣/카우 자세는 코치는 선수가 골반 기울기와 흉추 움직임 사이의 분리를 얼마나 잘 만들어 낼 수 있는지 관찰할 수 있다. 먼저 골반을 후방 경사로 당기면서 흉추 굴곡을 유도한 다음, 반대로 흉추 신전과 골반 전방 경사로 전환한다.

식별

초기 단계에서 선수의 훈련 상태를 초보자, 중급자, 또는 고급자로 분류하는 것이 지도자들에게 가장 첫 번째이자 아마도 가장 중요한 작업일 것이다. 많은 코치들이 식별 단계를 완전히 간과하고, 선수들이 이미 체간 트레이닝 연속체의 상위 단계 운동을 수행할 준비가 되어 있다고 가정하는 경우가 많다. 그러나 근육량이 많고 특정 리프팅에서 강한 모습을 보인다고 해서 자동으로 중급자나 고급자로 분류해서는 안 된다.

이 평가 과정을 통해 세 가지 주요 면에서 선 자세

의 능동적 관절가동범위를 평가하는 것이 중요하다.

1. **시상면.** 전방 굴곡과 후방 신전
2. **관상면.** 좌우 측면 굴곡
3. **수평면.** 좌우 회전

살펴봐야 할 세 가지 주요 사항은 총 관절가동범위, 대칭성(좌우), 그리고 통증이다. 또한 움직임의 질을 살펴보는 것도 중요하다. 예를 들어, 선수가 신전할 때 모든 척추 분절에서 균일한 기여가 있는지, 아니면 특정 분절에서만 힌지 동작이 일어나는지 확인한다. (이 평가는 특히 선수가 신전 관련 요통 이력이 있는 경우 중요하다.) 이러한 개별 동작을 평가한 후, 코치는 이러한 움직임들을 결합할 수 있으며, 이는 특히 이러한 동작들이 해당 선수의 스포츠에서 관찰되는 경우 중요한 스크리닝 전략이다. 예를 들어, 조정 선수를 고려해 보자. 우리는 조정 선수의 굴곡, 측면 굴곡, 회전이 결합된 움직임이 어떤지 보고 싶을 것이다.

코치는 스쿼트나 데드리프트와 같은 운동에서 본격적인 부하를 시작하기 전에 선수들의 초기 체간 안정성 수준을 평가해야 한다. 종종 이 판단은 선수가 무거운 중량을 들어 올리려는 시도를 코치가 관찰하면서 이루어져야 한다. 만약 선수가 리프팅 중 안정성 부족을 보인다면, 코치는 그것을 중단시키고 선수의 부하나 운동 선택을 낮춰야 한다.

훈련 세션이 시작되기 전에, 선수의 자세와 몸짓을 살펴보는 것도 매우 유용한 식별 기회가 될 수 있다. 선수가 훈련장에 나타났을 때, 그의 자세와 몸짓은

현명한 방법

선수나 고객이 부상을 입었고, 상황이 개별 지도자의 전문범위를 벗어나는 것으로 보인다면, 적절한 자격을 갖춘 의료 전문가의 허가가 있을 때까지 위험 신호가 있는 문제를 무시하고 계속 진행하지 않는 것이 중요하다. 코치가 성공을 위해 할 수 있는 가장 중요한 일 중 하나는 이러한 상황에서 도움을 줄 수 있는 좋은 네트워크의 사람들과 연계하는 것이다. 물리치료사, 선수 트레이너, 의사 및 기타 전문가들이 이에 해당된다. 고객과 선수들은 본인의 자존심보다는 트레이닝의 안전을 더 높은 우선순위로 삼을 수 있는 코치를 높이 평가할 것이다.

그가 겪고 있을 수 있는 급성 또는 만성적인 신체적 문제에 대해 많은 정보를 제공할 수 있다. 이러한 관찰을 통해 선수의 개별 능력, 제한 사항, 취약점을 파악할 수 있다.

훈련 과정에 걸쳐 실시되는 선수 설문조사도 식별 도구로 잘 작동할 수 있다. 연구에 따르면 기분이나 인지된 스트레스와 같은 주관적인 선수 측정이 혈액 마커나 심박수 반응과 같은 객관적 측정보다 훈련 부하를 평가하는 데 더 우수하다고 한다.[2]

활성화

이 맥락에서 '활성화'는 자세와 위치 제어를 의미하며, 운동 능력의 중요한 요소이다. 많은 활성화 운동들은 안정성 운동으로 진행하는 데 도움이 될 수 있다. 이는 초기에 배를 안으로 당기는 데 집중하는 운동들을 포함하며, 결국 선수들이 몸통을 단단히 고정하는 단계로 진행된다. 데드버그 운동이 좋은 예시를 제공한다. 활성화 수준에서 복횡근(TVA)을 사용하여 배꼽을 척추 쪽으로 내리고 허리는 바닥에 평평하게 유지하면서 양쪽 다리를 번갈아 가며 땅에 발뒤꿈치를 디디는 것을 강조하는 변형으로 시작한다. 운동선수들이 TVA를 통해 더 나은 활성화와 능력을 얻게 되면, 좀 더 안정성에 기반한 운동 버전으로 전환할 수 있다. 체간을 더 잘 지탱할 수 있도록 코칭을 실시한다. 이때, 자세를 유지하고 지구력을 기르기 위해 더 많은 조직이 동원된다.

다음 단계는 선수들이 다양한 자세에서 자세와 근육 활성화를 얼마나 잘 유지할 수 있는지 보는 것이다. 네발기기 자세short-lever quadruped에서 시작하며, 여기서 우리는 머리, 목, 어깨, 엉덩이 위치를 평가하고 요추골반 제어에 대한 아이디어를 얻을 수 있다. 또한, 흉추가 어떻게 위치하고 견갑골이 어떻게 놓여 있는지도 볼 수 있다. 과도한 회전rotation, 거상elevation 또는 전인protraction이 있는지 선수들을 평가한다. 당신이 보는 결함을 자발적으로 교정할 수 있는지 선수들에게 물어보면 많은 정보를 얻을 수 있을 것이다. 이는 그들이 움직임 인식과 제어 능력이 있는지에 대한 통찰력을 제공한다.

다음으로, 선수들에게 캣/카우 기반 운동을 하게 하여 흉추의 굴곡과 신전 정도, 그리고 사용 가능한 골반 경사 범위를 관찰한다. 우리는 움직임의 양과 질

(부드러움과 제어) 모두를 볼 것이다.

일단 완료되면, 사지를 움직이게 함으로써 그들의 체간 제어에 도전할 수 있다. 예를 들어, 선수들에게 다리를 뒤로 뻗으라고 요청할 수 있다(처음에는 짧은 지렛대로). 이것의 목적은 요추골반 제어를 유지하면서 과제를 수행할 수 있는지 보는 것이다. 이러한 과제 중 자세를 잃고 요추가 과도하게 신전되는 것은 선수들이 기본 활성화와 안정성 운동을 더 많이 필요로 한다는 명확한 지표라고 할 수 있다. 선수들이 저강도 운동 중에 좋은 자세를 유지할 수 없다면, 더 큰 부하나 더 높은 속도에서 자세를 유지하는 것은 매우 어려울 것이다. 따라서 이러한 네발기기 자세 기반의 짧은 지렛대 운동은 인지와 활성화 요소를 동시에 제공할 수 있다.

초기 대퇴사두근 훈련 후, 우리는 선수들을 다리를 곧게 펴고 하는 동작들을 시킴으로써 짧은 지렛대에서 긴 지렛대로 이동할 수 있다. 우선순위는 여전히 자세 유지에 있다. 팔다리를 굴곡, 외전, 내전으로 움직일 때 귀, 어깨, 엉덩이, 무릎, 발목의 정렬 상태를 유지할 수 있는지 확인한다. 선수들이 관절가동범위를 통과할 때, 긴 지렛대의 움직임을 극복하기 위해 중앙부에 가벼운 힘을 유지하도록 유도한다.

네발기기 자세와 다리를 곧게 편 자세에서 선수들의 자세 제어를 검사한 후, 선 자세로 전환한다. 여기에는 지지하는 다리의 자세를 우선으로 하는 전형적인 동적 워밍업 동작이 포함된다. 다시 말하지만, 귀에서 어깨, 엉덩이, 무릎, 발목을 통해 일직선으로 그릴 수 있어야 한다.

이러한 활성화 운동은 우리가 선수들에게 신체 인지에 대해 가르칠 수 있게 해 준다. 특히 운동 중 체간이 어떻게 움직이고 느껴야 하는지, 그리고 움직임의 끝 범위가 어디여야 하는지(예: 스쿼트의 바닥 깊이)에 대해 지도할 수 있다.

코치는 활성화 운동 중 선수들이 관절 위치를 어떻게 제어하는지 주의를 기울여야 한다. 여기서 나타나는 움직임의 특이성은 종종 더 복잡하고 까다로운 운동에서도 나타나기 때문이다. 예를 들어, 활성화 기반 운동에서 과도한 신전을 하는 경향이 있는 사람들은 일반적으로 스쿼트나 클린에서도 같은 습관을 보인다. 무거운 복합 리프트compound lift 중 요추골반 안정성의 상실은 위험하지만, 발견하기 어려울 수 있다.

요추 과신전 경향이 있는 선수들은 종종 요추에서 너무 많은 신전이 일어나며 스쿼트를 마무리한다. 코치는 귀에서 발목까지 일직선 정렬을 보고 스쿼트 반복이 올바르게 끝났다고 가정할 수 있지만, 실제로는 선수의 신전이 엉덩이hip 대신 허리low back에서 일어났을 수 있다.

시간이 지남에 따라, 부하가 있는 상태에서 이러한 반복적인 요추 신전은 척추 후궁 협부pars interarticularis의 피로 골절이나 척추분리증과 같은 만성 문제로 이어질 수 있다. 반대로, 부적절한 부하 패턴하에서 과도한 척추 굴곡을 나타내는 선수들도 굴곡 기반의 추간판 병변에 취약해질 수 있다. 이러한 위험을 완화하기 위해, 지도자는 선수들에게 움직임에서 그들의 끝 범위가 어디여야 하는지 알려 주고, 선수가 제어할 수 있는 움직임의 범위 내에서 운동해야 한다는 것을 계속 강조해야 한다.

2단계: 힘 회복탄력성

힘을 더 잘 흡수하고 전달하는 방법을 배우기 위해, 선수들은 긴장성 우세tonic-dominant 활성화 운동과 연속체의 후반부에 있는 고강도 위상성 기반phasic-based 동작 사이의 간극을 메울 수 있는 훈련이 필요하다. 안정성이 부족하고 힘 흡수가 약하면 힘 생산 능력이 크게 저하되므로, 논리적으로 다음 단계의 목표는 먼저 정적 자세에서, 그다음에는 동적 상황에서 힘에 대해 회복탄력성이 있게 만드는 것이어야 한다.

안정성

안정성 단계는 통제된 상황에서 올바른 관절 위치를 찾고 유지하는 선수의 능력을 강조한다. 그러나 체간 트레이닝 연속체를 따라 계속 진전하기 위해서는 선수들이 움직이고 변화하는 환경에서도 안정화하도록 도전해야 한다. 안정성은 일반적으로 관절 강성joint stiffness 또는 관절 위치를 유지하고 이러한 유지에 필요한 힘의 생산으로 이해된다. 안정성은 관절 수준과 전신 수준 모두에서 발생한다.

척추는 굴곡, 신전, 회전 및 측면 굴곡으로 움직일 수 있다. 우리가 초기에 모르는 사실은 각각의 선수가 이러한 유형의 움직임에 저항하기 위해 체간 내에서 얼마나 잘 힘을 생성할 수 있는지 여부다. 관절 또는 전신 수준에서 안정성을 유지하려면 다양한 조건에서 자세의 완전성positional integrity을 유지하기 위해 힘을 받아들이고 생성해야 한다.

안정성 기반 운동은 요추골반 복합체의 분절 제어를 구축하는 데 기반을 두고 있으며, 운동 중 더 높은 힘을 요구해 선수들을 향상시킨다. 여기에는 화려한 장비는 필요 없다. 아직 고급 방식도 필요 없으며, 단지 선수들이 중력에 대항하여 자세를 유지하는 것만으로 충분하다.

체간 트레이닝 연속체의 힘 회복탄력성 단계를 따라 선수들을 향상시키기 위해, 우리는 플랭크와 같은 필라 유형pillar-type 운동으로 시작하여 엎드린 자세에서 측면, 그리고 역방향으로 진행하는 안정성 운동 시리즈를 사용할 수 있다. 그런 다음 선수들이 이러한 운동에서 숙련도를 보이면, 우리는 그들을 페데스탈pedestal 시리즈로 진전시킬 수 있다. 모든 플랭크 자세에서 반복적으로 통제된 다리 올리기를 하는 것으로, 정적 자세를 유지하는 대신, 선수의 페이스는 의식적으로 느리고 신중해야 한다. 왜냐하면 이 움직임들이 약간의 동요perturbation를 만들어 내어 선수가 나중에 더 도전적인 동적 안정성 운동을 준비하는 데 도움이 되기 때문이다.

이러한 필라와 페데스탈 운동은 반드시 시간이나 반복 횟수로 수행되지는 않는다. 대신, 선수가 요추골반 영역에서 자세 제어를 잃을 때 세트가 완료된다. 간헐적 등척성 프로토콜은 이 단계에서 척추 안정성을 강화하는 데 사용되며, 움직임을 유도하기보다는 저항하는 방식으로 적용된다.[3] 선수들은 10초 간격으로 짧은 동작을 하고 그 사이에 10초의 휴식을 취하면서 척추 안정성을 최대로 끌어올린다.

현명한 방법

지구력 기반의 등척성 유지 운동도 중요한 역할을 하지만, 간헐적 등척성 유지 프로토콜은 스포츠에서 요구되는 고강도 힘을 더 잘 모방한다. 한 번에 몇 분 동안 플랭크 자세를 유지하는 대신, 선수들은 간헐적 휴식으로 구분된 짧은 유지에 집중하여 근력을 키울 수 있다.

운동은 시간으로 수행될 수 있지만, 반복 횟수로 수행하는 것이 종종 도움이 된다. 이는 코치가 개별 선수들이 제어할 수 있는 것을 기반으로 매개변수를 만들 수 있게 해 주기 때문이다. 결국, 코치는 선수가 올바른 자세를 유지하지 못하는 순간 운동을 중단할 수 있어야 하며, 이를 실행할 의지도 가져야 한다. 그러나 이는 말처럼 쉬운 일이 아니며, 특히 그룹 트레이닝 세션에서 더욱 그렇다. 따라서 선수들에게 이러한 운동에서 책임감을 가르쳐야 한다. 가장 이상적인 시나리오는, 함께 훈련하는 선수들이 자존심보다 질 높은 훈련을 중요시하는 문화를 발전시키는 것이다.

동적 안정성

선수가 낮은 수준의 안정성 운동에서 능숙해지면 동적 안정성 단계로 진행할 수 있다. 이 단계에서는 이전에 정적 유지만 요구되던 운동에 불안정성 추가(그림 5.4), 자세 조작 또는 힘 적용의 짧은 변화와 같은 외부 영향이 포함된다. 이러한 힘의 편차는 작아야 한다. 선수는 여전히 이 힘에 저항하고 극복할 수 있어야 하며, 그래야만 운동이 성공적으로 수행될 수 있기 때문이다.

크롤링 패턴, 앉은 자세의 리듬 있는 안정성, 파

그림 5.4 파트너의 외부 자극perturbation.

그림 5.5 서거나 무릎 꿇은 자세에서 탄력 파워 밴드를 이용한 팔로프 프레스에 외부 자극이 추가된 모습.

트너가 균형을 흔드는 플랭크, 서거나 무릎 꿇은 자세에서 탄력 밴드를 이용한 팔로프 프레스에 외부 자극 추가하기(그림 5.5), 파트너의 외부 자극과 함께 피지오볼에 서서 유지하기 등의 움직임은 동적 안정성의 몇 가지 예시다. 이러한 운동은 목적성을 가지고 수행되어야 한다. 코치는 불안정성 스트레스 요인이 실제로 상황에 적합한지에 대해 중요한 판단을 해야 한다.

불안정한 도구들이 유행이다. 마케팅 측면에서는 균형이나 체간 트레이닝 방식이 불안정할수록 더 좋아 보일 수 있다. 일부 불안정성 도구들은 확실히 활용될 수 있다. 하지만 오직 그러한 유형의 운동에 신체적으로 준비된 선수나 고객들에게만 해당된다. 프로그램에 이러한 도구들을 도입하기 전에, 코치는 추가된 도전이 개별 선수에게 긍정적으로 또는 부정적으로 영향을 미칠지 고려해야 한다. 훈련 초기에는 대부분의 선수들에게 지면과 상호작용하는 것만으로도 충분히 어려운 경우가 많다.

현명한 방법

만약 선수가 운동의 불안정성에 대해 성공적으로 안정화하고 극복하지 못한다면, 이는 그 선수가 아직 해당 운동에 준비되지 않았다는 의미이며, 더 정적인 자세 안정성 운동으로 되돌아가야 한다.

이 단계에서는 동적 안정성만큼 동적 가동성도 중요해진다. 잠재적 문제에 대한 인식을 통해 지도자들은 적절한 관절가동범위를 우선시할 수 있다. 체간 강직성만이 유일한 훈련 초점이 될 수 없기 때문이다. 이 단계에서 우리는 파트너 메디신 볼 시리즈를 시행할 수 있다(그림 5.6~5.8). 우리가 논의했듯이, 체간의

그림 5.6 수평면에서의 파트너 회전 핸드오프.

그림 5.7 파트너 로우 투 하이: (a) 선수들은 굴곡하고, 회전하여 측면 굴곡한 자세에서 시작한다. (b) 선수들은 신전하고, 회전하여 측면 굴곡한 자세로 마무리한다.

단일 평면 동작은 굴곡, 신전, 회전, 측면 굴곡이다. 그러나 스포츠 상황에서는 과제를 완수하기 위해 이러한 움직임들의 조합이 요구되는 경우가 더 일반적이다. 따라서 우리는 선수가 복합 동작에서 능숙하고 자신감 있게 수행할 수 있도록 트레이닝해야 한다.

3단계: 힘 생산

대부분의 사람들은 선수가 더 이상 무게를 들어 올릴 수 없을 때 1회 최대 반복(1RM) 스쿼트나 벤치 프레스 시도를 종료한다. 그러나 이러한 최대 노력 동안 코치가 가장 신경 써야 할 부분은 생산된 힘보다는 선수가 힘을 생산하는 동안 전달 연결 고리(즉, 체간)에서 일어나는 일에 더 집중되어야 한다. 이러한 이유로, 체간 트레이닝 과정 초기에 무거운 복합 근력 및 파워 운동을 권장하는 것은 현명하지 않다. 훈련 연속체에서 더 복잡한 운동들은 선수가 동작 전반에 걸쳐 적절한 척추 안정성과 요추골반 제어 능력을 갖추지 못했다면 잠재적으로 위험할 수 있다.

복합 근력 및 파워 운동

무거운 다관절 바벨 운동은 체간 발달에 정말 훌륭하지만, 이러한 운동들이 진행 과정의 더 고급 단계에 위치하는 데에는 이유가 있다. 많은 선수들은 약하거나 비활성화된 근육으로 인해 분절 안정성 문제를 보인다. 이 문제는 단순히 무거운 바벨을 들었다고 해서 저절로 해결되지 않는다. 오히려 이러한 문제는 체간의 다른 부위가 과도하게 부담을 지게 만들며, 부상의 위험을 높일 수 있다. 그러나 적절히 적용된다면, 복합 근력 운동은 체간을 강화하고 더 무거운 부하를 견딜 수 있게 해 주어서 스포츠의 요구에 따른 힘을 더 잘 흡수하고 전달할 수 있게 한다. 예를 들어, 파머스 캐리, 슈트케이스 홀드, 플레이트 레이즈, 외부 부하가 있는 닐링 케이블 리프트, 닐링 촙, 전방 부하가 있

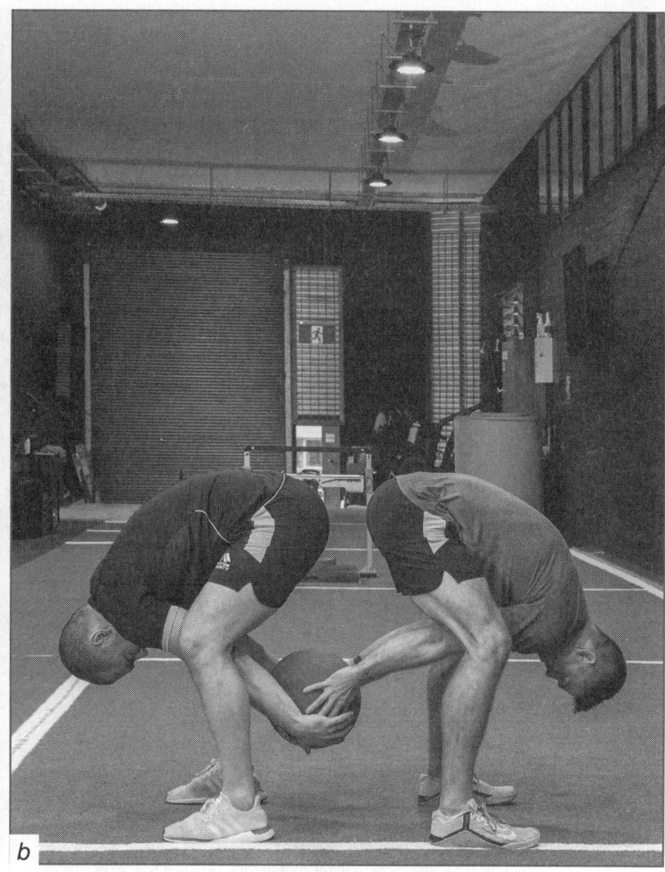

그림 5.8 파트너들이 등을 맞대고 서서 (a) 메디신 볼을 머리 위로 건네준다(신전), (b) 그다음 다리 사이로 건네준다(굴곡).

는 글루트-햄 레이즈(그림 5.9), 랜드마인 로테이션, 랜드마인 풀 투 펀치(그림 5.10)는 압축, 전단, 견인, 토크 힘에서 척추에 도전을 주는 운동 중 일부에 불과하다.

이제, 선수들이 단순히 회전 파워 운동으로 바로 뛰어들어서는 안 된다는 것이 분명해져야 한다. 오히려, 선수들은 이러한 운동들이 체간에 가하는 엄청난 요구를 견딜 수 있는 능력을 증명해야 하며, 그 역량을 보여줄 수 있을 때 다음 단계로 진행할 자격을 얻게 된다.

현명한 방법

불안정한 관절이나 신체 자세에서 높은 수준의 힘을 생산하려는 것은 운동선수에게 있어 카누에서 대포를 쏘려는 시도와 같다. 선수들이 통제된 환경에서 기본적인 관절 자세를 안정화하고 유지할 수 없다면, 그들의 스포츠 기술에서 효율적이고 강력하며 정확할 것이라고 기대할 수 없다.

웨이트장에서 회전 운동은 종종 고속 상황에서 사용된다. 전통적인 웨이트 리프팅과 올림픽 리프팅 변형이 확실히 많은 체간 활성화를 포함하고, 체간 제어력 향상이 주요 코칭 결과가 되어야 하지만, 이러한 리프팅은 이 책의 다른 부분에서 광범위하게 다루고 있다. 대신, 이 섹션에서는 회전 파워의 발달에 초점을 맞춘다. 메디신 볼 던지기는 이러한 회전 파워를 끌어내는 가장 좋은 방법 중 하나다. 그러나 주목해야 할 중요한 부분은 회전 파워의 생성이 발이 지면을 밀어 다리를 회전시키고, 엉덩이를 신전시키며, 체간을 통해 상지로 전달되어 공을 던지는 운동역학적 연쇄라는 점이다. 이러한 운동에서 체간은 전달의 수단이다. 한 손 메디신 볼 펀치, 메디신 볼 오픈 로테이션(벽을 향해), 메디신 볼 클로즈드 로테이션(벽에 수직으로), 메디신 볼 홉 투 펀치, 회전 펀치를 위한 탄성 저항 장비 등 이러한 운동들을 활성화와 안정성 작업의 기초 없이 시행하는 것은 운동에서 표현되는 회전

그림 5.9 전방 부하가 있는 글루트-햄 레이즈.

파워를 감소시킬 것이다. 예시는 그림 5.11과 5.12에 나와 있다.

대조 트레이닝Contrast Training(고급 전략)

힘-속도 연속체의 양 극단에서 작업하는 것은 많은 코치들이 스쿼트와 벤치 프레스 같은 전통적인 운동에서 사용하는 전략이다.[4] 우리는 회전 동작 패턴 내에서도 힘-속도 곡선을 다루어야 한다. 이 맥락에서 대조 훈련의 예로는 중량 케이블 회전 촙 후에 클로즈드 메디신 볼 로테이션을 수행하는 것이 있다. 무거운 중량 촙을 수행하면 최대 수의 운동 단위가 동원된다. 더 가벼운 도구로 전환하면 더 높은 파워 출력이 나타나게 된다.[5]

대조 방법을 운동에서 사용하지 않더라도, 창의적인 프로그래밍 선택을 통해 운동 내에서 운동들이 상호 보완적인 역할을 하게 할 수 있다. 다음은 서로 다른 부하와 힘하에서 척추에 도전을 주는 페어링의 예시이다. 1A는 주요 운동(예: 백 스쿼트), 1B는 오픈 메디신 볼 로테이션, 1C는 버드독이다. 1A는 척추에 높은 압축력과 전단력을 생성하고, 1B는 고속 토크를 생성하며, 1C는 토크와 전단에 저항하는 저강도 안정화 운동이다. 이러한 유형의 선택은 위상성 및 긴장성

그림 5.10 랜드마인 풀 투 펀치.

그림 5.11 메디신 볼 클로즈드 로테이션.

그림 5.12 메디신 볼 홉 투 펀치.

근육 트레이닝 스트레스의 균형을 잡는 데 도움이 된다. 이러한 페어링의 조합은 무궁무진하지만, 코치들은 척추에 대한 힘을 어떻게 도전적으로 만들 것인지에 대해 창의적이어야 한다.

훈련 드릴 선택하기

우리는 이 장의 대부분을 체간 트레이닝의 프레임워크를 논의하는 데 사용했지만, 이 주제를 완전히 검토하기 위해서는 드릴 선택에서의 스포츠 특이성에 대해서도 논의해야 한다. 수백 가지의 다양한 스포츠와 수백만 명의 다양한 선수들이 있으며, 모두 다른 배경, 강점, 약점을 가지고 있다. 이는 완벽한 운동이란 없다는 것을 의미한다. 오직 당신의 선수에게, 당신의 스포츠에, 지금 이 시점에 적절한 운동만이 있을 뿐이다. 그럼에도 불구하고, 좋은 프레임워크는 프로그램에 포함할 적절한 운동을 결정하는 데 도움을 줄 수 있다.

특정 스포츠에 대한 체간 트레이닝을 어떻게 프로그래밍할지 결정할 때, 우리는 먼저 그 스포츠의 성공을 위한 일반적인 움직임 패턴, 즉 핵심 성과 지표(KPI)를 결정해야 한다. 다음 단계는 그 스포츠의 일반적인 부상과 병리를 조사하는 것이다. 여기서부터 우리는 성과 목표에 영향을 미치고 더 탄력적인 선수를 만들기 위해 운동 처방의 역설계를 시작할 수 있다.

그러나 KPI에 따른 훈련이 반드시 생각만큼의 움직임 특이성 유형이나 정도를 요구하는 것은 아니다. 코치들은 선수의 훈련 체제를 계획할 때 '특정 요구에 대한 특정 적응'(SAID) 원칙을 명심해야 한다. 체간 트레이닝의 맥락에서 운동의 특이성은 선수의 스포츠와 시각적으로 유사한 정도보다는 그 스포츠에서 마주치는 특정 관절 힘과의 관련성에 더 중점을 두어야 한다. 웨이트장에서의 운동으로 스포츠의 움직임을 모방하여 훈련을 특정 스포츠처럼 보이고, 냄새나고, 맛나게 만들려는 유혹에 빠지기 쉽다. 그러나 이러한 접근 방식은 민감한 운동 기술에 너무 많은 부하를 추가하여 그 타이밍과 순서에 잠재적으로 영향을 줄 수 있기 때문에 선수들에게 문제를 일으킬 수 있다. 선수는 이미 특정 범위에서 스포츠 특정 움직임의 충분한 반복을 하고 있을 가능성이 높으므로, 우리는 대신 다르게 보이지만 여전히 주요한 동작 범위에서 안정성과 제어를 추가하는 더 큰 전이 효과를 갖는 트레이닝을 제공해야 한다. 예를 들어, 케이블 머신에서 시뮬레이션한 골프 스윙은 기껏해야 실제 움직임의 어색한 모사에 불과하며, 최악의 경우 골퍼의 스윙에 부정적인 영향을 미칠 수 있다. 대신 다양한 각도와 위치에서 일반적인 몸통 회전과 항회전과 같은 다른 측면을 훈련하는 것을 선택하면 훨씬 더 최적의 훈련 전이가 이루어질 것이다.

현명한 방법

코어에 불타는 느낌을 만들거나 눈길을 끄는 소셜 미디어 게시물을 위해 설계된 체간 트레이닝은 최적화되지 않은 결과를 초래할 가능성이 높다. 마찬가지로, 긍정적인 훈련 전이를 이끌어 내기를 바라며 스포츠의 움직임을 모방하려는 시도는 거의 원하는 효과를 내지 못한다. 가장 잘 전이되는 운동들이 항상 의도한 목표와 정확히 같아 보이는 것은 아니다. 그러나 스포츠와 관련된 일반적인 특성, 특히 특정 관절의 힘을 재현할 수 있어야 한다.

트레이닝 주기 내에서 충분히 긴 기간 동안 트레이닝 스트레스 요인을 적용하는 것은 적절한 특이성을 가진 운동을 사용하는 것만큼이나 중요하다. 지도자들은 선수들이 적응하고 향상되도록 특정 과제나 스트레스 요인을 충분히 포화 상태로 만들어야 한다. 체간 트레이닝에서 자주 목격되는 문제는 많은 코치들이 특정 과제나 스트레스 요인에 충분한 시간을 할애하지 않는다는 것이다. 대신, 그들은 선수들의 체간이 실제로 더 강해지지 않은 채로 운동을 무작위로 순환하는 주먹구구식 접근을 계속한다. 만약 운동의 축적이 목적 없이 즉흥적으로 선택된 운동들로 이루어졌다면, 열심히 운동하고 피곤해져도 기대했던 전반적인 향상을 만들어 내지 못하게 된다. 체간 시스템은 운동으로 무작정 공략하기에는 너무나 복잡하다. 이는 전략적이고 신중한 발달을 필요로 한다. 코치들은 스트레스 요인의 요구가 원하는 적응을 일으킬 만큼 일관되게 유지되도록 해야 한다.

요약

이 장에서 제안된 체간 트레이닝 연속체는 세 가지 뚜렷한 단계를 포함한다. 식별 및 활성화, 안정성 및 힘 회복탄력성, 그리고 힘 생산. 코치들은 이 연속체를 따라 작업하여 선수들에게 부상 위험을 줄이고 퍼포먼스를 향상시키는 신중하고, 점진적이며, 전략적인 체간 훈련 접근법을 제공해야 한다.

이 연속체의 주요 대상은 긴장성 근육에서 위상성 근육으로 진행시킨다. 이 아이디어는 고립된 상태에서 활성화하고 안정화하는 데 집중한 후, 더 높은 강도의 동적이고 복잡한 시나리오로 발전하는 방식이다. 더 개념적인 수준에서, 트레이닝 난이도는 선수의 능력과 안정성이 향상됨에 따라 기술, 시간, 부하를 기반으로 진행되어야 한다.

변형과 진행은 단순히 새로움을 위해서가 아니라 올바른 이유로 추가되어야 한다. 마찬가지로, 스포츠를 모방하고 단순히 같은 움직임에 부하를 가하는 것은 종종 역효과를 낼 수 있다. 이 장에서 제시된 연속체는 코치에게 이러한 함정을 피하고 진정으로 의식적이고 전체적인 체간 트레이닝 프로그램을 구축하는 데 필요한 지식을 제공하는 것을 목표로 한다.

필수 항목

- 선수가 통증을 겪는다면 적절한 의료 관리를 받도록 한다.
- 엘리트 선수라도 이 트레이닝 연속체의 활성화 및 식별 단계를 시작점으로 사용한다.
- 체간이 효과적인 힘 전달 수단이 되기 위해서는 강직성과 유연성의 균형이 필요하다는 것을 알고, 단순히 체간 강직성과 등척성 유지(항신전, 항회전 등)만 훈련하는 함정에 빠지지 않는다.
- 모든 운동에서 자세가 최우선 순위임을 확인한다. 나쁜 습관을 익히지 않는다.
- 중요한 기술적 움직임 패턴을 변질시킬 위험이 있으므로, 스포츠 특정 운동에 지나치게 치중하지 않는다.

Chapter 6

근력과 퍼포먼스를 위한 유연성 획득

버논 C. 그리피스 2세Vernon C. Griffith II, CSCS*D, TSAC-F*D
퍼포먼스 익스플로어드 LLCPerformance Explored LLC

유연성의 세계는 1908년 앉아 윗몸 앞으로 굽히기 테스트로 처음 건강 관련 체력 검사에 등장한 이래로 엄청난 변화를 겪어 왔다.[1] 그 이후로 유연성과 가동성은 근력, 파워, 유산소 지구력과 같은 다른 요소들과 함께 건강과 퍼포먼스 체계에서 움직임을 이끄는 중요성을 확립했다. 이 장에서는 유연성과 가동성이 어떻게 조화롭게 작용하여 움직임 제한을 해결할 뿐만 아니라 더 효율적인 움직임 결과를 만들어 내는지 살펴보며, 그 깊이와 가능성을 탐구할 예정이다.

유연성의 개방

'유연성'은 관절 또는 관절군이 움직일 수 있는 운동 범위를 말한다. 이 운동 범위는 선수마다 고유할 뿐만 아니라 각 선수 내에서도 관절마다 고유하다. 이러한 고유성은 신체 내 다양한 관절 구조와 특정 관절 주변 결합 조직의 기계적 특성에 기인한다. 일반적인 믿음과 달리, 한 관절에서 유연하다고(또는 유연하지 않다고) 해서 반드시 다른 관절들도 비슷한 능력을 가진다고 볼 수 없으며, 이를 그렇게 접근하면 오해가 생길 수 있다. 장력이 힘의 선을 따라 분산되므로, 유연성 제한은 주요 제한된 위치의 근위부 또는 원위부에 가동성 문제를 유발할 수 있다.

선수의 유연성 제한은 많은 해부학적, 생리학적 요인들로 인해 존재할 수 있다. 우선, 관절 구조의 유형이 운동 범위를 통해 움직일 수 있는 능력에 중요한 역할을 한다. 체내의 활액 관절은 6가지 범주로 분류된다. 평면 관절(손목에서 발견), 경첩 관절(팔꿈치에서 발견), 중쇠 관절(목에서 발견), 융기 관절(손가락에서 발견), 안장 관절(엄지손가락에서 발견), 그리고 절구 관절(고관절에서 발견)이다. 이러한 구조들은 주변 근육, 연골, 신경의 역학적 특성과 관절낭 영역의 건강 상태와 함께 관절이 움직일 수 있는 운동 범위의 상한선을 설정한다. 해부학적 고려 사항에만 국한되지 않고, 이러한 구조들은 나이, 성별, 온도 또는 부상 이력에 의해서도 영향을 받을 수 있다.

그러나 유연성을 고려할 때 우리는 해부학에서 벗어나 시야를 넓혀야 한다. 심리적 요인 또한 움직임 제한을 유발할 수 있는데, 이는 만성 요통과 같은 사례에서 볼 수 있다. 여기서 움직임 회피와 움직임 공포증kinesiophobia이 신체 활동이 해롭다고 믿는 사람들에게서 체간 경직을 유발하는 것으로 나타났다.[2] 코치들은 유연성 문제를 해결하고자 할 때 여러 요인을 고려해야 한다. 이러한 변수들 중 많은 것들이 서로 얽혀 있지만, 주요 원인을 찾아내는 것이 특히 중요하다.

다음 예를 살펴보자. 요통 이력으로 불안감을 가진 선수가 당신을 찾아왔다. 그녀는 이전에 앞으로 구부리는 것이 척추에 영구적인 손상을 줄 수 있다고 들었지만, 이후 적절한 자격을 갖춘 의료 전문가로부터 이러한 생각이 잘못되었다는 확인을 받았다. 그녀는 오랫동안 척추를 구부리지 않아 관절 경직이 있을 가능성이 높다. 그녀의 척추기립근은 아마도 단축되었을 것이다. 하지만 그녀의 가동성 부족의 주된 원인은 두려움일 가능성이 높으며, 이것이 바로 당신이 해결해야 할 부분이다. 코치로서 우리는 신체뿐만 아니라 마음에도 공을 들여야 한다는 점을 기억해야 한다.

이 퍼즐에 복잡성을 더하는 것은 국소적 제한이 전체 시스템 기능을 억제할 수 있다는 사실이다. 이는 우리가 인지된 긴장과 관련하여 운동 사슬의 위아래를 살펴봐야 한다는 것을 의미한다. 관절가동범위가 단기적으로는 과제 완수에 영향을 미치지 않을 수 있다. 왜냐하면 신체는 뇌의 지시를 따르는 놀라운 방식을 가지고 있기 때문이다. 하지만 이는 시간이 지남에 따라 움직임의 효율성과 효과성, 그리고 정확성과 반복 가능성을 희생하면서 이루어질 가능성이 높다. 예를 들어, 고관절 신전이 제한된 야구 투수를 생각해 보자. 이러한 결함은 흉곽까지 영향을 미쳐 어깨가 더 많이 외회전해야 하는 필요성을 만들고, 공을 머리 위로 던지기 위해 팔꿈치에 추가적인 불필요한 토크를 유발할 수 있다. 시간이 지남에 따라 수행 결과는 어깨 부상이나 투구 퍼포먼스 저하일 수 있지만, 고관절 범위 제한을 해결하지 않으면 이 문제를 해결하기 어려울 것이다. 이것이 바로 우리가 가동성을 다루어야 하는 이유다.

움직이는 능력

지도자들의 트레이닝 철학에서 종종 분리되어 다루어지는 유연성은 사실 가동성의 개념과 밀접하게 연관되어 있다. 그렇다면 이러한 상호작용은 어떻게 일어나는가? 가동성은 전체적인 움직임을 수행하기 위해 단순히 신체의 근육뿐만 아니라 근막, 힘줄, 인대의 강건하고 효율적인 관절 유연성flexibility과 유연함pliability에 의존한다. 이로부터 가동성은 움직임의 능력, 즉 움직이고, 움직여지고, 적응할 수 있는 능력이 된다. 여기서 핵심 단어는 '적응'이다. 왜냐하면 적응은 단순히 인지된 자극의 위치에서만 일어나는 것이 아니라 예상치 못한 변화에서도 일어나기 때문이다.

예를 들어, 리바운드를 위해 점프한 후 상대방의 발 위에 착지하는 농구 선수를 생각해 보자. 적절한 하지 유연성과 가동성이 없다면, 발목 염좌를 피하기 위해 발, 발목, 무릎, 고관절에서 필요한 반응적이고 적응적인 전략들이 제대로 작동하지 않을 것이다. 따라서 가동성은 통제된 환경에서의 수행뿐만 아니라 통제되지 않은 환경에서의 적응을 가능하게 하는 데에도 필요하다. 가동성 제한은 유연성과 유사한 특성을 가지며 서로 의존적이지만, 성장과 발달 요인도 포함한다. 선수가 성장함에 따라 그들의 근골격계와 신경계는 유전적 구성뿐만 아니라 노출된 환경에 적응한다. 체중, 신체 비율, 성장 비대칭은 자세에 영향을 미치며, 이는 운동 조절, 발달, 심지어 심리적 웰빙과 자신감에도 영향을 줄 수 있다.

유연성을 이용한 가동성 향상

유연하지 않은 지지 근육은 관절가동범위를 제한하고 관절과 근육 통증의 주요 원인이 될 수 있다. 이러한 유연성 부족은 효율적인 근육 수축을 방해하여 퍼포먼스를 저하시키고, 근력과 파워 감소, 그리고 근육이 원활하게 이완 및 수축하지 못할 경우 운동 조절에도 부정적인 영향을 미칠 수 있다. 일부 경우에는 이러한 제한이 혈액 순환을 억제하여 격렬한 운동 후 피로 관리와 근육 회복을 방해할 수 있다.[3] 이러한 국소적 제한은 그 발생 지점으로부터 멀리 떨어진 전신의 가동성까지 억제할 수 있으며, 마치 웅덩이에 던져진 돌이 물결을 일으키듯 긴장이 전신으로 퍼져 나가게 된다.

가동성과 유연성 평가

변화는 대부분의 상황에서 좋고 실행 가능한 선택이다. 그러나 모든 것이 항상 변한다면 우리가 어디에 있는지, 어디서 왔는지 방향을 이해하기 어렵다. 유연성 평가는 현재의 근골격 능력과 결합 조직의 콜라겐 및 탄성을 보여준다. 여러 각도에서 전체적인 움직임을 검사하는 것은 코치에게 풍부한 정보를 제공할 수 있을 것이다. 일관된 평가 프로토콜을 개발함으로써 코치는 단기 및 장기적으로 긍정적이거나 부정적인 추세를 기록하고 추적할 수 있으며, 아마도 이를 운동 부하의 변화와 연관 지을 수 있을 것이다.

선수의 유연성과 가동성을 평가하고 측정하는 방법은 많다. 우선, 관절 평가는 고니오미터goniometer, 경사계 또는 벽 격자를 사용하여 객관적으로 측정할 수 있다. 또한, 관절이 수동적으로 움직일 때 선수들에게 어떻게 느끼는지 피드백을 요청하여 유용한 정보를 얻을 수 있다. 예를 들어, 수동적 어깨 수평 신전에서 양쪽이 대칭적임에도 불구하고 한쪽 가슴 근육에서 다른 쪽보다 더 큰 긴장감을 느낀다고 보고할 수 있을 것이다.

길이를 평가하려면 관심 근육의 기시점, 정지점, 그리고 작용을 알아야 한다. 목표 근육의 기시점을 고정된 위치에 고정한 다음 최종 저항점에 도달할 때까지 천천히 늘린다. 신장 반사를 피하기 위해 길이 평가는 작용의 반대 방향으로 천천히 수행하는 것이 중요하다.[4] 이를 설명하기 위해 대퇴 외측의 대퇴근막장근(TFL)과 그 연결 조직인 장경인대(ITB)를 예로 들어 보자. TFL은 전상장골능에서 시작하여 ITB에 부착되며, 이 조직은 경골의 전외측 부위에 정지한다. 그 움직임 작용은 고관절을 내회전시키고 외전시키는 것이므로 반대 방향인 고관절 외회전과 내전에서 길어진다. 이 지식을 바탕으로 우리는 그 최대 연장성을 측정할 수 있다. 이를 위해 선수는 측정하고자 하는 쪽의 다리를 위로 오도록 옆으로 누워 아래쪽 고관절과 무릎을 구부려 요추를 안정화시킨다. 코치나 치료사는 선수 뒤에 서서 근위부를 안정화시켜 여기서 불필요한 움직임이 발생하지 않도록 한다. 위쪽 다리의 무릎을 90도로 구부리고, 처음에는 고관절을 신전하고 외전한 다음 움직임이 제한될 때까지 천천히 내전 상태로 내려가도록 합니다. 이 동작은 그림 6.1에 나와 있다. 일반적으로 ITB 길이는 선수가 통증을 느끼지 않고 대퇴부가 수평선 아래로 떨어질 수 있다면 정상으로 간주된다. 양성 또는 긴장된 상태의 테스트 결과는 대퇴부가 외전된 위치에 머무는 경우를 말한다.

이러한 긴장 관계를 나타내는 다른 예로는 하부 등과 후방 사슬의 가동성을 평가하는 앉아서 윗몸 앞으로 굽히기 테스트, 햄스트링의 능동 관절가동범위(AROM)를 검사하는 능동 무릎 신전 테스트, 그리고 개인의 흉추 회전 가동범위(ROM)를 평가하는 데 사용되는 앉은 자세에서의 몸통 회전 테스트가 있다.[5] 어떤 테스트를 선택하든 그 타당성과 신뢰성을 확보하는 것이 중요하다. 테스트는 다른 근육군의 기여 없이 원하는 근육군이나 관절만을 측정해야 하며, 매번 일관된 프로토콜을 유지하고 초기 및 최종 저항점을 기록해야 한다. 적절하게 수행된 경우, 이러한 테스트들은 여러 관절에 걸친 다양한 근육군과 기여하는 결합 조직의 주동근과 길항근 관계를 다룰 수 있으며, 가동성 능력이나 제한을 강조할 수 있다. 일관되고 신뢰할 수 있는 테스트는 지도자에게 좋은 측정 기준선을 제공하며, 이는 나중에 비대칭성을 평가할 때 참고할 수 있는 중요한 자료가 될 수 있다.

그림 6.1 TFL 테스트.

현명한 방법

운동을 시작하기 전에 선수에게 어디에서 느낌이 와야 한다고 미리 말하기보다는, 선수가 어디에서 무언가를 느끼거나 느끼지 않는지 직접 말하도록 한다. 이렇게 유도되지 않은 편견 없는 정보는 매우 유익할 수 있다.

현명한 방법

통찰력 있는 코치들은 단순히 근육이 뻣뻣한 것만이 유연성을 제한할 수 있는 요인이 아니라는 것을 이해하고 있다. 이러한 코치들은 기여 요인들을 파악할 수 있는 통찰력을 갖추고 있으며, 문제를 해결하기 위한 다양한 전략과 도구들을 보유하고 있다.

수동적 및 능동적 관절가동범위

유연성과 가동성에 관한 시작점은 '얼마나 많은 유연성이 최선인가?'가 아니라 '선수가 자신이 가진 관절가동범위를 제어할 수 있는가?'이다. 다시 말해, 그들이 전체 관절가동범위를 통제할 만큼 충분히 강한가? 그들이 적용된 자극에 반응하여 움직이고 적응하면서 그 관절가동범위를 안전하고 효과적으로 적용할 수 있는가? 이는 수동적 대 능동적 관절가동범위의 개념이 등장하는 지점이다. 근육은 수동적 및 능동적 장력을 모두 제공한다.

수동적 관절가동범위(PROM)는 타인이나 기계에 의해 수동적으로 움직일 수 있는 관절의 움직임 범위다. PROM을 더 크게 발달시키면 선수가 근육의 긴장 완화를 느끼고, 유연성을 개선하거나 순환을 증가시키는 데 도움이 될 수 있다. 수동적 장력은 관절의 유형과 상태(예: 관절염이 있는 무릎은 원래의 무릎에 비해 ROM이 감소할 가능성이 높음), 주변 근육의 길이, 그리고 주변 결합 조직의 점탄성 특성viscoelastic property에 의존한다. PROM은 또한 중추 및 말초 신경계의 영역에 의해 지배되며,[6] 이는 유연성을 제한할 수 있는 것이 근육 구축만이 아니라는 사실을 강조하고 있다. 예를 들어, 타이트한 햄스트링이 아니라 민감해진 좌골신경이 하지직거상 테스트의 감소된 결과의 원인일 수 있다. 마찬가지로, 누군가가 허리를 구부리면 척추가 무너질 수 있다고 말했기 때문에 앞으로 구부려 발가락을 만지는 것을 매우 꺼리는 선수는 움직임 공포증으로 인해 제한된 가동성을 보일 가능성이 높으며, 시간이 지남에 따라 적응적 연부 조직 단축으로 이어질 것이다. 따라서 우리는 하드웨어와 소프트웨어 문제 모두를 해결해야 한다.

반면에 능동적 관절가동범위(AROM)는 주동근(움직임의 주요 동력), 길항근(반대되는 근육), 협력근(움직임을 보조하는 근육) 및 안정근을 통해 관절가동범위를 움직일 수 있는 자신의 신경계 능력이다. 능동적 근육 기능이 감소한 경우(예: 근육 염좌) AROM과 PROM이 다를 수 있다. 예를 들어, 급성 햄스트링 좌상을 생각해 보자. 그 결과로 선수는 무릎 굴곡 AROM이 감소할 수 있지만, 무릎 관절 자체에 문제가 없다고 가정하면 PROM은 유지되어야 한다.

AROM과 PROM 평가의 유용성을 보여주는 또 다른 예는 고관절 굴곡 범위를 평가하기 위한 바로 누운 자세에서의 고관절 굴곡 평가supine hip-flexion test다(그림 6.2 참조). 이 평가는 개별적으로 또는 여러 선수들과 동시에 쉽게 수행할 수 있다. 선수가 바로 누운 자세에서 팔을 사용하여 굽힌 무릎을 가슴 쪽으로 당기도록 한다(그림 6.2a). 허리를 바닥에 밀착한 채로 무릎이 가슴에 얼마나 가까워지는지 주목한다. 이를 마친 후, 선수가 척추나 골반을 사용하여 평가에 대한 가동성을 돕지 않고 고관절 굴곡근만을 사용하여 능동적으로 무릎을 들어 올리도록 한다(그림 6.2b). 평가의 능동적 버전과 수동적 버전 사이의 차이를 주목하자. PROM이 AROM보다 크다면, 이는 과가동성, 신경학적 결함, 운동 조절 부족, 근력, 안정성 부족 또는 이전 부상에 대한 정보를 알려 주는 징후일 수 있다.

모든 깊이가 동일하게 만들어지는 것은 아니며, 이 간단한 평가는 관절이 가진 가동성과 유연성의 질, 그리고 두 가지 관절가동범위 사이의 상호작용을 이해하는 데 도움이 될 수 있다.

선수의 유연성을 향상시키는 데 도움이 되는 많은 중재 방법이 있기 때문에, 어떤 중재를 선택할지 결정하는 데 어려움이 있다. 단어에는 의미가 있고, 의미에는 힘이 있으며, 힘은 선수의 퍼포먼스와 직접적으로 비례한다. 따라서 선수와 코치 사이에 움직임과 이해의 언어를 만드는 것이 중요하다. '뻣뻣하다'와 '느슨하다'와 같은 용어들은 우리 몸을 지지하는 장력

그림 6.2 고관절 굴곡의 능동적 관절가동범위(AROM)와 수동적 관절가동범위(PROM) 비교 검사: (a) 선수가 팔을 사용하여 굽힌 무릎을 가슴 쪽으로 당김, (b) 선수가 고관절 굴곡근을 사용하여 무릎을 들어 올림.

의 개념을 고려하지 않고 무분별하게 사용되고 있다. 앞서 언급한 객관적인 평가를 수행할 뿐만 아니라, 선수들에게 주관적인 의견을 물어봐서 더 나은 결정을 내릴 수 있도록 해야 한다.

관절가동범위 개선하기

하루의 대부분을 앉아서 보내는 선수는 자신의 고관절이 뻣뻣하다고 설명할 수 있다. 그의 말이 맞을 수도 있지만, 실제로 더 큰 문제는 약한 근육일 수 있다. 이는 스트레칭을 중재 방법으로 우선시하는 것이 실수일 수 있다는 것을 의미한다. 반대로, 포수와 같이 하루 중 몇 시간을 깊은 쪼그려 앉은 자세로 보내는 선수의 경우, 그 뻣뻣한 느낌은 실제로 지지 근육에 가해지는 장력으로 인해 정확할 수 있다. 이 경우, 고관절 굴곡근을 스트레칭하는 것이 큰 도움이 될 가능성이 높다.

관절가동범위로의 스트레칭

근육의 관점에서, 근육 수축의 기본 단위인 근절을 고려해 보자. 스트레칭의 강도가 최대 가능 범위로 증가함에 따라 근섬유 사이의 거리가 증가하며, 이는 주변 결합 조직에 장력을 가하게 되고 결합 조직의 콜라겐 섬유들이 적용된 장력의 힘의 선과 같은 방향으로 정렬된다.[7] 근섬유가 최대 능력에 도달하면 결합 조직이 이를 보완하는 이러한 관계는 그 힘의 선을 따라 무질

코치의 인사이트

누가 가동성 트레이닝을 맡아야 하는가?

켈리 스타렛 Kelly Starrett
물리치료사(DPT), 『The Ready State』 공동설립자 및 저자

우리가 좋아하거나 가치 있게 여기는지와는 전혀 상관없이, 역학mechanic은 모든 훌륭한 움직임이나 스포츠 시스템의 핵심이다. 이러한 관점에서, 우리는 "선수가 보상작용이 일어나지 않은 완전한 움직임을 발현할 수 있도록 보장할 책임이 누구에게 있는가?"라고 물어야 한다. 따라서 더 나아가, '이 시스템이나 프로그램의 어디에서, 언제 이것이 다뤄지고 있는가?'를 고려해야 한다.

전통적으로, S&C 코칭 스태프의 역할은 선수들과 함께하는 짧은 시간을 이용하여 경기 수행을 향상시킬 것이라고 믿는 근력, 속도, 파워 또는 체력의 측면을 개선하거나 훈련하는 것이었다. 이는 움직임 준비movement preparation나 웜업도 포함할 수 있다. 스포츠 의학 스태프는 일반적으로 급성 부상, 경기를 제한하는 통증, 그리고 부상이나 수술 후 재활을 관리하는 책임을 맡는다. 전자는 명목상 더 큰 '선수 엔진'을 만들고, 후자는 주로 선수가 계속 경기할 수 있도록 유지하는 임무를 맡는다. 이러한 현재의 분업의 문제점은 관절가동범위의 회복이나 생체 시스템 움직임 표현의 최적화에 시간이 거의 주어지지 않는다는 것이다. 많은 전문 코치들은 운동 수정을 통해 움직임 제한을 우회하여 훈련하는 데 능숙해졌지만, 정작 이러한 제한을 직접적으로 해결하는 데에는 소홀한 경우가 많다.

스포츠가 복잡하고, 복합적이며, 시간에 쫓기는 노력이라는 점을 인식하면, 움직임 보상과 관절가동범위의 최소치를 주시하는 것은 이미 혼란스러운 수행 환경에서 관리해야 할 또 다른 데이터 포인트처럼 느껴질 수 있다. 이에 대한 문제는 두 가지이다. 중요한 관절가동범위를 개선하거나 회복하지 못하면 잠재적으로 막대한 퍼포먼스 향상의 기회를 놓칠 수 있고, 향후 부상을 쉽게 입도록 선수의 취약성을 증가시킬지도 모른다.

자세의 질(그리고 더 중요하게는, 선수가 더 이상 정상적인 관절가동범위를 표현할 수 없을 때를 인식하는 능력)은 프로그램에 참여하는 모든 구성원의 책임으로 내재화되고 통합되어야 한다. 특히, 선수들 스스로가 이를 인식하고 관리하는 것이 필수적이다.

가동성 훈련은 보통 다음 세 가지 주요 목표 중 하나를 중심으로 조직된다.

1. 주요 관절가동범위를 회복하거나 개선하기 위한 가동화
2. 통증이 있는 움직임에 대한 인식 개선을 위한 가동화
3. 회복을 촉진하고 트레이닝 세션의 부담을 줄이기 위한 가동화

좋은 스포츠 트레이닝 프로그램은 선수들에게 독립적으로 준비하고, 연료를 공급하고, 트레이닝하고, 연습하고, 경쟁하는 방법을 가르친다. 선수들이 수면 시간, 영양, 수분 섭취와 같은 환경적 고려사항의 관리 측면을 제외하고 조직의 질, 운동 범위 또는 연부 조직 회복을 관리하는 방법을 배우는 경우는 거의 없다. 이러한 문화적 결핍의 부작용 중 하나는 포지션 관리의 구성 요소가 이미 팀에 존재하지만 불가피하게 명백하지 않은 경우, 선수들이 결국 외부 도움과 지원을 구하게 된다는 것이다.

선수들의 건강과 준비 상태가 모두의 책임이라는 데 이의를 제기하는 사람은 거의 없다. 그러나 대부분의 코치와 선수들에게 예를 들어 고관절 굴곡이 해당 스포츠에 왜 중요한지, 훈련 동작과 어떻게 연관되는지, 부족할 경우 보상 전략을 어떻게 식별하는지, 그리고 언제 어떻게 해결해야 하는지 설명하라고 하면, 그 답변은 종종 아쉬움을 남긴다. 개별적인 움직임의 핵심 지표를 식별하고 이러한 요구를 해결하는 것이 스포츠와 트레이닝 경험의 더 큰 부분이 되어야 한다.

퍼포먼스 코치들이 세계 최고의 선수들과 일할 만큼 정교하다면, 그들은 또한 움직임 트레이닝 환경의 일부로 연부 조직 제한과 부족한 관절가동범위를 해결할 수 있는 도구를 갖추어야 한다. 마찬가지로, 재활 스태프는 그들의 업무 일부를 웨이트장으로 확장할 기회가 있으며, 이를 통해 선수가 치료실에 가기 전에 손실된 움직임 잠재력을 파악하는 데 도움을 줄 수 있다.

그러나 현실은 선수들이 훈련 환경에서보다 훈련 환경 밖에서 훨씬 더 많은 시간을 보낸다는 것이다. 따라서 코칭이 진정으로 영향력이 있으려면, 우리는 선수들이 우리의 주의 깊은 감독하에 있지 않을 때 건강과 퍼포먼스에 관련된 좋은 결정을 내릴 수 있도록 지식과 습관을 부여해야 한다. 이런 방식으로, 저녁에 연부 조직 가동화를 통해 억제성 조절과 회복의 루틴을 만드는 것은 선수가 어떻게 잠을 자는지 또는 팀이나 훈련 환경을 벗어난 곳에서 식단 선택을 최적화하는 것과 다를 바 없이 중요한 회복 전략으로 여겨져야 한다.

요약하면, 가동성은 모두의 우선순위이자 책임이 될 수 있다. 이는 스포츠 경험의 본질적인 부분으로 통합되어야 하며, 그 평가와 최적화가 모든 프로그램의 일상적인 측면이 되어야 한다. 논의의 대상이 되어야 할 유일한 변수는 트레이닝 방식과 경기 전술의 성격이다.

서해진 섬유들을 재정렬하는 데 도움을 준다. 이렇게 잠재적으로 손상된 조직을 정렬하는 것은 효율적인 움직임으로 돌아가는 데 도움이 될 수 있다.[7]

이러한 조직 정렬을 얻기 위한 다양한 테크닉이 존재한다. 정적 스트레칭(움직임 없이 스트레칭), 동적 스트레칭(움직임을 동반한 스트레칭), 그리고 고유수용성 신경근 촉진법(PNF, 저항을 동반하거나 저항에 대항하는 스트레칭)이 있다. 근육이 늘어날 때, 골지건기관과 근방추는 반사적으로 협력하여 근육 강직도를 조절한다. 이를 이해하는 것은 적용된 스트레칭 중재를 이용하는 데 중요하다. 골지건이 자극될 때 근육 수축을 방해하고 자가억제autogenic inhibition라고 불리는 과정에서 이완이 발생하도록 하기 때문이다.[8] 프로그래밍 시, 선수들이 중재의 목적을 인식하고 이해하도록 해야 한다. 추가적으로, 근방추가 늘어날 때에는 두 가지 반응이 나타날 수 있다. 하나는 근육이 수축하는 것이고, 다른 하나는 반대 근육의 수축을 억제하는 것으로, 이는 상호억제reciprocal inhibition로 알려져 있다.[8] 이를 통해 경기 후나 회복 시에는 통제된 호흡을 동반한 스트레칭으로 이완하도록 코칭 신호를 제공하여 골지건을 자극함으로써 더 넓은 가동범위를 달성할 수 있다.

최소 4주 동안 주 3~4일, 하루 10~15분씩 일관되게 스트레칭을 하면 지연성 근육통(DOMS) 후 힘 생산 능력의 더 빠른 회복을 유도할 수 있으며,[9] 나아가 퍼포먼스를 최적화하는 데에도 도움이 될 수 있다.[10] 반면에, 급성 스트레칭은 운동 신경의 억제, 근절의 과도한 길어짐, 또는 근육과 건의 길이와 순응도 증가로 인해 힘 생산의 감소로 이어질 수 있다.[11] 따라서 스트레칭 프로그램을 도입할 때는 일관성을 유지하는 것이 중요하며, 임의적이거나 즉흥적으로 적용하지 않도록 해야 된다는 것을 말해 준다.

현명한 방법

지속적이고 유효한 결과를 얻기 위해 스트레칭 중재는 근력과 파워 훈련과 같이 목적성과 계획하에 프로그래밍되고 추적되어야 한다.

깊이 있는 호흡

호흡 훈련은 기원전 2000년경 중국에서 기공Qigong으로 처음 시작되었다고 한다. 기공은 더 큰 활력과 치유를 위해 움직임, 호흡, 운동, 명상을 결합한 수련법이다. 호흡 훈련은 마음을 스트레칭과 연결시켜, 더 큰 관절가동범위로 나아가는 운송 수단 역할을 한다. 이러한 결합은 단순한 유연성 중재가 아니라 움직임 내에서의 경험을 촉진하여, 부교감 신경 활동으로 전환하고 변연계를 비활성화한다.[12] 천천히 호흡하는 기법은 부교감 신경 활동과 정서 조절 및 심리적 건강과 관련된 중추 신경계를 연결하며, 이들의 상호작용을 통해 자율 신경계, 대뇌 및 심리적 유연성을 증가시킨다.[13]

호흡에 집중하는 과정을 추가하면 운동의 여러 단계에서 진전을 이룰 수 있다. 우리는 무의식적으로 호흡을 이용하여 신경학적 움직임 동안 조직 내에 견고함을 만드는 데 활용한다. 이는 회복과 재생 과정에서도 의식적으로 사용될 경우 동일한 이점을 제공하며, 퍼포먼스를 향상시킬 수 있다. 호흡 훈련을 추가하면 즉시 현재 행동에 대한 의도와 집중을 증가시킬 수 있을 뿐만 아니라, 조직을 이완시키고 관절가동범위를 제한할 수 있는 긴장을 풀어주는 데 도움이 된다. 선수들이 스트레칭을 하는 동안 호흡과 시간을 연관짓도록 하고, 호기의 길이를 늘려 자세에 더욱 이완되도록 하여 신장 반사를 억제하도록 한다.

현명한 방법

세션에 음악이나 소리를 연결하여 정신적, 신체적 이완 사이의 연관성을 강조한다.

관절가동범위로의 이완

근막 그룹의 도수요법은 근육 주변 근막이 최적보다 덜 늘어나게 만들 수 있는 만성적 긴장을 해소하는 데 도움이 될 수 있다.[14] 자가 근막 이완(SMRSelf-myofascial release)은 운동선수가 코치의 감독하에 실시할 수 있는 개입 방법으로, 이러한 연부 조직 제한을 해결할 수 있다. 이는 여러 도구로 수행할 수 있으며, 가장 흔한 것은 이제 어디서나 볼 수 있는 폼 롤러(또는 이와 유사한 도구들)다. SMR은 근육 퍼포먼스에 부정적인 영향을 주지 않으면서 관절가동범위에 단기적인 효과를 미치는 것으로 나타났다.[15] 필자는 표면적이 더 넓은 도구로 시작하여, 선수가 중재를 받아들이고 더 많은 것이 필요해짐에 따라 도구의 표면적을 줄이는 방식으로 성공을 거둔 경험이 있다. 또한 시계를 보며 긴장을 유지하는 대신 호흡 횟수를 시간 표시로 사용하는 것도 실험해 보자. 6초 들이쉬기와 6초 내쉬기로 깊은 호흡을 5~10회 하면 각각 1~2분 정도가 된다. 선수들에게 운동 전후에 다양한 이완 방법을 경험하게 하여, 시간과 효과성의 적절한 균형을 찾아 필요할 때 중재를 필요에 따라 사용할 수 있도록 한다. 그러나 일부 선수들은 운동 후 이러한 형태의 근육 톤 최적화를 정말 좋아하지만, 다른 선수들은 그렇지 않을 수 있다는 점에 유의해야 한다. 이것이 좋은 전략인지 여부는 선수가 판단하도록 하는 것이 가장 좋다.

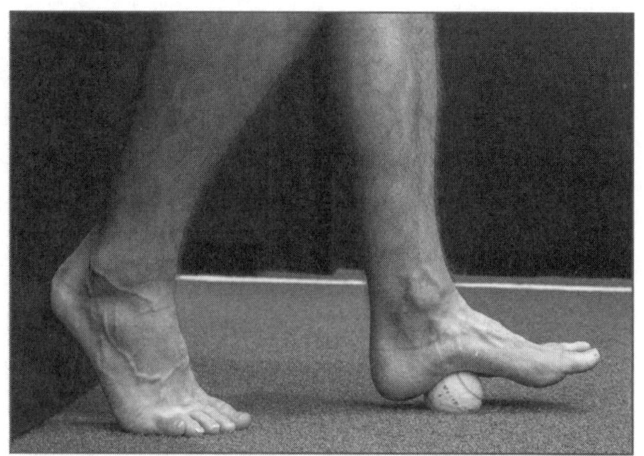

그림 6.3 족저근막 테니스 볼 SMR.

SMR의 흔히 볼 수 있는 예는 그림 6.3에 나와 있듯이 공, 막대기 또는 마사지 기구와 같은 물체로 발바닥 아래의 족저근막을 굴리는 것이다. 테니스 볼(또는 케틀벨)을 발 아래에 두고 앉은 자세로 시작하여 조직에 천천히 압력을 가한다. 발의 중족골 부위를 마치 갈비뼈가 호흡하는 것처럼 공을 감싸 쥔다. 지점에서 지점으로 이동한 다음 천천히 발바닥 아래를 굴린다.

각 발에 총 2분을 할애한다. 발가락, 특히 엄지발가락과 그 신전의 필요성을 간과하지 않는 것이 중요하다. 같은 테니스 볼을 엄지발가락 아래에 놓고, 스트레칭에 천천히 압력을 가하며 발목을 구부려 하퇴부에 더 많은 긴장을 만든다. 발바닥은 바닥에 그대로 두되, 아치가 무너지지 않도록 주의한다.

관절가동범위 강화하기

선수들과 운동 프로그램을 개발할 때, 유연성과 관절가동범위를 단순히 회복의 관점에서뿐만 아니라 그 활동적 가동범위 내에서의 근력, 파워, 반복성의 퍼포먼스 관점에서도 다루는 것이 중요하다. 일관된 저항성 트레이닝이 정적 스트레칭 프로토콜의 실행 가능한 기여자일 뿐만 아니라 가능한 대안이 될 수 있다는 근거가 있다.[16] 저항성 트레이닝은 근육 구조, 근섬유의 밀도, 결합 조직의 구조에 미치는 영향으로 인해 유연성을 증가시키는 것으로 입증되었으며, 이는 운동 제어력 발달, 수동적 긴장 감소, 또는 주변 조직의 경직도 감소 때문일 수 있다.[17] 수동적 관절가동범위를 개선하면 긴장을 풀거나 이완감을 제공하는 데 도움이 될 수 있다. 그러나 장기적인 건강과 웰빙을 위해서는 수동적 관절가동범위와 능동적 관절가동범위 사이의 간극을 좁히는 것이 핵심이다.

관절가동범위 개선을 위한 적용

이 장의 앞부분에서 다룬 유연성과 가동성 평가에서 밝혀진 객관적, 주관적 측정 결과는 우리가 사용할 수 있는 중재 방법을 안내한다. 예를 들어, 한 선수가 고관절이 뻣뻣하다고 말하며 찾아왔다. 더 깊이 조사해 보니 전날 강도 높은 스프린트 중심의 트레이닝 세션에 참여했다는 것을 알게 되었다. 바르게 누운 자세에서의 고관절 굴곡 검사에서 능동적 관절가동범위와 수동적 관절가동범위 사이에 거의 차이가 없음이 밝혀졌다. 이는 선수가 자신의 관절가동범위를 충분히 제어할 수 있으며, 관련 조직의 긴장을 풀기 위한 스트레칭 프로토콜에 효과적으로 반응할 수 있음을 의미한다.

이를 알고, 우리는 일반적으로 '카우치 스트레치'로 알려진 스트레칭으로 시작할 수 있다(그림 6.4 참조). 선수는 무릎을 꿇은 자세로 시작하여 뒷다리를 들어 올리고 안정된 기반을 유지한다. 선수에게 상체를 똑바로 세우고 골반을 후방 경사로 만들게 하여 고관절 굴곡근에 긴장을 주고 골반을 이용해 근육에 지렛대 작용을 만든다. 여기서 우리는 스트레칭에 적용할 수 있는 몇 가지 옵션이 있다.

선수는 30초씩 2~4회 동안 정적으로 스트레칭을 유지할 수 있으며, 각 범위로 더 깊이 호흡하고, 골반 경사를 만들고, 팔을 머리 위로 뻗을 수 있다. 또는 동적으로 고관절을 앞뒤로 움직이고 체중을 앞뒤로 이동하거나 골반의 경사를 전후로 변화시켜 고관절 굴곡근의 움직임과 긴장 변화도를 만들어 움직임과 함께 이완 감각을 만들 수 있다.

이 경우를 비슷하게 고관절이 뻣뻣하다고 불평하는 다른 선수의 경우와 비교해 보자. 그러나 이 선수의 경우, 수동적 관절가동범위와 능동적 관절가동범위 사이에 눈에 띄는 차이가 있다. 더 나아가 이 선수는 대학에서 더 많은 수업을 듣고 있고 매일 학교까지의 통학 거리가 더 멀어 장시간 앉아 있다는 것이 밝혀졌다. 이러한 차이는 여러 중재 방법이 도움이 될 수 있음을 시사하며, 그중 하나는 앞서 언급한 카우치 스트레칭으로 반대 방향의 고관절 신전 자세로 일정 시간을 보내는 것일 수 있다. 한편, 그들이 느끼는 뻣뻣함은 실제로 장시간의 앉은 자세로 인한 약함일 수 있다. 이 경우, 관절가동범위를 강화하는 것이 핵심일 수 있다. 이런 경우에 적절한 조치는 이 선수에게 전면 발 거상 스플릿 스쿼트를 수행하도록 하는 것이다

그림 6.4 카우치 스트레치.

그림 6.5 전면 발 거상 스플릿 스쿼트.

(그림 6.5 참조). 선수는 앞발을 안정된 물체 위로 2~4 인치 올린 다음 스플릿 스쿼트로 내려간다. 앞발 거상 자세는 양발이 지면에 있을 때보다 고관절을 더 깊은 가동범위로 이끈다. 선수가 스플릿 스쿼트로 내려갈 때, 골반을 후방 경사로 유도하여 고관절 굴곡근에 더 큰 긴장을 만든다. 선수는 신장성 및 단축성 부분에서 느린 템포로 움직임을 수행하면서 등척성으로 시간을 늘려 움직임을 진행할 수 있는 옵션을 가져야 한다.

여기서 선수는 이전의 카우치 스트레칭과 마찬가지로 골반과 몸통에 같은 강조점을 두면서 근력의 관점에서 동일한 조직에 부하를 주어야 한다. 박스의 높이는 그의 가능한 수동적 관절가동범위 능력에 맞게 설정하여야 하며, 가장 깊은 깊이에서의 등척성 유지를 통해 관련 조직의 가동성과 유연성에 도전하도록 해야 한다. 이 운동은 외부 저항이나 더 깊은 깊이로 진행할 수 있으며 전통적인 근력 및 컨디셔닝 원칙과 다르지 않게 프로그래밍할 수 있다.

현명한 방법

외부 부하로 관절가동범위에 부하를 주는 것은, 깊은 관절가동범위에서 적절히 수행될 때 어떤 운동이든 유연성 또는 가동성 중재가 될 수 있다는 점을 보여준다.

전통적인 스트레칭과 근력 트레이닝과는 별개로, 뻣뻣함이나 제한을 느끼는 선수는 기여하는 근막과 근육의 상태와 관련된 긴장 문제가 있을 수 있다. 폼롤러, 라크로스 볼, 테니스 볼 형태의 SMR은 필요한 부위의 연부 조직 치료에 효과적인 방법이다. 주로 회복과 정리운동 중재로 사용되며, 관절가동범위를 증가시키는 데 효과적이다. 흥미롭게도, 준비운동 중에 사용될 때에는 경기 전 극도로 긴장되는 선수들의 피로감과 불안감을 줄이는 데도 도움이 되었다.[18]

코치는 신체의 긴장 부위에 외부 자극을 적용하도록 지도할 때, 그 자극을 피하기보다 오히려 받아들이는 것의 중요성을 가르쳐야 한다. 만약 적용된 자극이 너무 크면(예: 족저근막 통증이 있는 준비되지 않은 선수가 라크로스 볼 위에 서는 경우), 잠재적으로 성공적일 수 있는 이 중재가 통증에 대한 부정적인 관계를 만들어 선수가 더 긴장되고 외부 스트레스 요인을 흡수하지 못하게 될 수도 있다. 이는 향후 운동 중재를 방해할 수 있다. 유연하고 가동성 있는 발은 외부 환경과 상호작용하면서 외부의 자극과 긴장의 변화에 적절히 반응할 수 있는 발이다.

요약

강물이 협곡 벽에 부딪히듯이, 움직임은 기능을 안내하며, 이 기능을 최적화하려면 시간이 지남에 따라 효율적인 긴장 분배가 필요하다. 이는 효율적인 움직임 패턴을 우리 신경계에 깊이 각인시킨다. 이 긴장 분배는 웅덩이에 던진 돌에서 퍼지는 물결처럼 신체 전체로 퍼져 나가며, 국소적인 제한이 광범위하게 전체적인 움직임 결과를 억제할 수 있음을 보여줄 수 있다. 긴장 특성의 균형은 유연성이 독립적으로뿐만 아니라 가동성에 추가로 중요하다는 점을 나타낸다. 유연성과 가동성 훈련은 문제를 해결하기 위한 반응적 중재 이상이며, 건강, 웰빙, 최적의 스포츠 퍼포먼스의 핵심 구성 요소다. 유연성과 가동성 훈련을 위해 근력 훈련은 전통적인 스트레칭 운동과 자가 근막 치료와 함께 효과적인 중재가 될 수 있다. 우리가 열린 마음을 유지하고 그들의 중요성을 인식할 수 있을 때, 그리고 그들의 깊이와 능력을 탐구할 수 있을 때, 기존 트레이닝 프로그램 내에 추가적인 가동성 운동을 포함시킬 수 있는 여러 기회가 존재하게 된다.

필수 항목

- 더 나은 퍼포먼스 향상 중재를 만들기 위해 코치와 선수 사이에 이해와 일관된 용어를 개발한다.
- 관절의 능동적 및 수동적 가동범위를 평가하여 선수가 제어할 수 있는 범위 간의 격차를 발견한다.
- 유연성 제한과 잠재적 개선 영역을 지속적으로 다루는 프로그램을 만들어 지속적인 결과를 만든다.
- 가능한 경우, 근력 원리를 활용하여 가동범위에 부하를 주어 환경 변화에 적응할 수 있는 내구성 있고 유동적인 가동범위를 만든다.
- 유연성과 가동성과의 관계를 만들어 신체적 특성보다 더 깊이 들어가 감정적, 심리적 웰빙에 영향을 미치도록 한다.

Chapter 7

트레이닝과 퍼포먼스를 위한 연료 공급

댄 엘리스 Dan Ellis**, SENr**
영국 테니스협회The Lawn Tennis Association 및 리버풀 존 무어스대학교 수석 영양사Lead Nutritionist

그레이엄 L. 클로스 Graeme L. Close**, PhD**
리버풀 존 무어스대학교 교수

프로 스포츠에서 가장 빠르게 성장하고 있는 과학 및 의학 지원 분야 중 하나는 영양학 부분이다. 영양이 적응과 회복을 촉진하는 데 중요한 역할을 한다는 증거가 풍부해지면서 이제 개인, 팀, 조직에서 자체적으로 퍼포먼스 영양사와 스포츠 영양사가 여러 분야의 팀에서 일하는 것이 일반화되었다.

이 장에서는 퍼포먼스 영양사가 자신의 역할에서 매일 사용하는 몇 가지 핵심 메시지와 근거를 간략하게 설명하려고 한다. 프로 스포츠의 실제 세계와 저자의 경험을 바탕으로 에너지 소비량을 평가하고 에너지 섭취량을 처방하는 데 필요한 핵심적인 기본 사항을 살펴볼 것이다. 이 장을 통해 독자는 자신의 스포츠에 필요한 영양 요구량을 조사하고 근거에 기반한 전략을 수립하는 데 도움이 될 수 있을 것이다.

에너지 요구량 측정

특정 스포츠 또는 활동의 에너지 요구량을 이해하는 것은 운동 기능을 유지하는 데 매우 중요하며, 만성적인 에너지 부족은 퍼포먼스와 건강 모두에 영향을 미칠 수 있다. 스포츠마다 에너지 요구량이 다르며, 같은 스포츠 내에서도 매일 에너지 요구량이 달라질 수 있다. 예를 들어 테니스의 경우, 훈련하는 날에는 서브나 기술적인 요소를 완성하는 데 몇 시간을 소비하지만 경기 당일에는 같은 선수가 4시간 이상 5세트를 소화하는 모습을 볼 수 있을 것이다. 따라서 선수의 일일 요구량을 평가하여 최적의 퍼포먼스를 발휘할 수 있는 충분한 에너지 가용성을 보장하는 것이 바람직하다.

일일 총 에너지 소비량(TDEETotal daily energy expenditure)은 다음 요소로 구성된다.

- **운동성 발열 효과**(TEEThermic effect of exercise). TEE에는 특정 활동 중에 소비되는 칼로리가 포함된다. 운동선수의 경우, 어떤 날의 운동 소비량은 일일 총 에너지 소비량에서 가장 큰 부분을 차지할 수 있다. TEE는 훈련 강도와 지속 시간에 따라 달라지며, 가장 격렬한 운동 활동에는 시간당 최대 1,000kcal가 필요하기도 하다. 특히 실제 운동 중에는 TEE를 측정하기가 어렵고, 엘리트 스포츠에서는 직접 측정하기보다는 추정치를 사용하는 경우가 많다.
- **안정시 대사율**(RMRResting metabolic rate). 기본적으로 RMR은 신체가 정상적인 생리적 기능을 유지하기 위해 완전한 휴식 상태에서 필요로 하는 에너지를 말한다. 이상적으로는 선수가 금식한 후 30분 동안 누운 자세로 휴식을 취하는 동안 배출된 가스를 측정하여 선수의 RMR

을 측정해야 한다. 이 기법의 명백한 한계는 메타볼릭 카트에 대한 접근성이며, 팀 환경에서는 선수단 전체를 측정하는 데 많은 시간이 소요될 수 있다는 것이다. 다양한 추정 방정식을 가이드로 사용할 수 있다. 이러한 추정식은 다양한 인구를 대상으로 한 대규모 연구를 기반으로 하지만 과대 또는 과소 추정될 수 있으며, 추정식마다 결과가 다를 수 있다. 현존하는 방정식을 평가하는 것은 이 장의 범위를 벗어나지만, 스포츠에서 가장 널리 사용되는 방정식은 커닝햄 공식(제지방량×22+500)으로, 이 공식은 운동선수 집단에서 검증되었다는 점을 고려할 때 스포츠에서 가장 널리 사용되는 공식이라고 할 수 있다. 스포츠에서는 RMR의 주요 예측 변수가 제지방량이라는 점을 고려할 때 커닝햄 방정식이 가장 정확하다고 할 수 있다. 일부 공식에는 스킨폴드 측정, 생체 임피던스 또는 이중 에너지 X-선 흡수 측정(DEXA) 스캔을 통해 추정할 수 있는 이 측정값이 포함되어야 한다.

- **비운동성 활동 열 발생**(NEAT Nonexercise activity thermogenesis). 일반적인 일상 활동(예: 걷기, 샤워)에 필요한 에너지를 NEAT라고 한다. NEAT는 활동 일기와 정해진 신체 활동 수준(PAL) 차트를 사용하여 확인할 수 있다. 선수는 일기를 통해 트레이닝 및 경기 활동 전후 15분 단위로 활동량을 기록해야 한다.
- **식이성 발열 효과**(TEF Thermic effect of food). TEF는 섭취한 음식을 에너지로 처리하는 데 필요한 에너지이다. TEF를 단독으로 측정하여 정확하게 정량화하는 것은 어려운 일이다. TEF는 열량 섭취량의 5~10%에 달하지만 섭취하는 음식의 종류에 따라 달라진다고 보고되고 있다.

총 에너지 소비량은 다양한 방법을 사용하여 결정할 수 있으며, 모든 방법에는 사용 편의성과 비용에 대한 제한과 차이가 따른다. 선택한 방법은 주로 예산과 장비에 대한 접근성에 따라 결정한다. 가장 일반적으로 사용되는 방법은 다음과 같다.

- **이중 표식수**(DLW Doubly labelled water). 이는 자유 생활을 하는 개인에게 가장 표준적인 방법이다(진정한 표준은 며칠 동안 대사 측정실에서 생활하는 직접 칼로리 측정법이다). DLW는 개별 세션이 아닌 며칠 동안의 칼로리 요구량을 정확하게 측정하는 포괄적인 방법이다. 운동선수는 첫날에 소량의 이중 표식수를 섭취하여 체내 평형 상태에 도달한 후 7일에서 14일 동안 소변 샘플을 수집하여 CO_2 생성량(칼로리로 환산)을 분석한다. 소변 샘플 생산 외에 선수에게 미치는 영향은 거의 없지만, 비용(2주 평가에 1인당 약 1,000파운드[약 170만 원])이 이 방법의 한계이기 때문에 주로 과학적 연구에만 사용된다.
- **액티그래피** Actigraphy. 가슴에 장착하는 기기는 내장된 가속도계를 통해 심박수와 움직임을 모두 측정한다. 이 장치는 가격은 비싸지만 DLW와 매우 일치하는 일일 에너지 소비량을 추정하는 데 사용할 수 있으며 연구 분야에서 널리 사용되고 있다.[1]
- **심박수 모니터링**. 한 세션 또는 하루 동안의 에너지 소비량을 추정하는 간단하고 빠르며 경제적인 방법인 심박수 모니터링을 통해 단일 세션을 측정하는 것은 일반적인 방법이다. 그러나 TEE를 정량화하는 동안 빠른 움직임에 대한 심박수 반응의 지연으로 인해 짧고 급격하며 폭발적인 일부 활동이 누락될 수도 있다. 사용하기는 쉽지만, 이 방법으로 일일 총 에너지 소비량을 측정하는 정확성에 대해서는 역사적으로 의문이 제기되어 왔다.[2] 또한 일부 운동선수는 경기 중 가슴 스트랩의 느낌을 좋아하지 않으며 일부 스포츠에서는 이러한 장치의 사용이 금지되어 있다.
- **손목 착용형 활동량 모니터**. 이러한 기기는 비교적 적은 비용으로 걸음 수, 운동량, 심박수 및 수면을 추적하는 데 일반적으로 사용되며, 비교적 활동량이 적은 인구 집단의 행동을 변화시키는 데 유용한 기기가 될 수 있다. 이러한 장치는 걸음 수와 가벼운 활동을 통해 에너지 소비에 대한 제한적인 가이드를 제공하지만

현재 가슴에 착용하는 스트랩에 비해 높은 강도에서의 심박수 정확도가 부족하다.

- **파워미터.** 파워미터는 최근 프로 사이클링과 아마추어 사이클링 모두에서 널리 사용되고 있다. 파워미터는 실제 운동량을 킬로줄 단위로 측정하여 사이클링 활동 중 소모된 칼로리로 변환할 수 있지만, 정확도는 선수 개인의 운동 효율에 따라 20~25%까지 달라질 수 있다.

현명한 방법

몇 가지 방법론을 사용하여 에너지 소비량을 파악할 수 있다. 어떤 방법을 선택할 때는 수집의 용이성, 선수의 수용성, 데이터 신뢰성을 고려해야 한다.

에너지 섭취량 측정

운동선수의 에너지 섭취량(EI Energy Intake)을 측정하는 데는 다양한 방법이 사용되며, 각 방법에는 한계가 존재한다. 운동선수에게 일지를 쓰거나 스마트폰 애플리케이션 일기를 사용하도록 요청하는 것은 과소 보고로 이어질 수 있다. 며칠에 걸쳐 음식 일기를 작성하면 섭취량을 어느 정도 정확하게 파악할 수 있지만, 선수에게 실용적이고 현실적인 접근 방식은 아닐 수 있다. 최근 에너지 섭취량 데이터를 수집하는 데 있어 발전된 방법은 선수가 식사를 시작할 때와 마칠 때 자신이 준비한 음식 사진을 전송하면 영양사가 이를 해석하여 영양 계산 소프트웨어에 수동으로 입력하는 스냅 앤 센드snap and send 방법이다. 간단한 방법이지만 사진으로 음식의 양을 정확하게 평가하기는 어려울 수도 있다. 하지만 선수의 선호도와 습관을 파악하는 데는 유용한 도구가 될 수 있다.

에너지 가용성

각 선수의 에너지 가용성을 평가하고 필요할 때 적절한 조언과 지원을 제공하는 것은 스포츠 영양사의 필수적인 역할이다. 에너지 가용성(EA Energy Availability)은 운동으로 인한 에너지 비용을 뺀 후 생리적 기능을 유지하는 데 사용할 수 있는 식이 에너지의 양으로 정의할 수 있다. 연구에 따르면 제지방량 1kg당 30kcal 미만의 에너지 가용성은 제지방량 1kg당 45kcal에 비해 골밀도, 호르몬 생성, 성장 및 회복 등 건강의 여러 측면에 부정적인 영향을 미칠 수 있는 것으로 나타났다.[3] 그러나 에너지 섭취량과 소비량을 측정하는 데 문제가 있기 때문에 에너지 가용성을 측정하는 것이 어렵다는 점을 다시 한번 강조하며, 따라서 운동선수의 에너지 가용성 저하에 따른 유병률은 아직 거의 알려지지 않았다.

현명한 방법

제지방량 1kg당 30kcal 미만의 에너지 공급은 골밀도, 호르몬 생산, 성장 및 회복 등 건강의 여러 측면에 악영향을 미칠 수 있다.

운동선수들은 종종 근육량을 늘리거나 지방량(또는 둘 다)을 줄임으로써 체성분을 극대화하려고 하는데, 이러한 전략의 효과를 평가하기 위해서는 체성분 평가가 매우 중요하다고 할 수 있다. 프로 스포츠에서 체성분을 평가하는 데 널리 사용되는 방법은 스킨폴드 캘리퍼를 사용하여 피하 체지방을 측정하는 것이다. 이 방법은 상대적으로 저렴한 비용(캘리브레이션 된 캘리퍼와 줄자만 구입하면 됨), 사용 편의성, 적은 장비로 언제 어디서나 측정을 수행할 수 있는 등 많은 장점이 있다. 측정은 이 기술을 표준화하기 위해 개발된 교육 자료인 국제신체계측학회(ISAK International Society for the Advancement of Kinanthropometry)의 지침에 따라 8개의 피부 접힘 부위(이두근, 삼두근, 견갑하근, 복부, 극상근, 장골, 허벅지 중간, 종아리 내측)에 고품질 캘리퍼(예: 하펜덴)를 사용하여 8개의 측정값의 총합(mm)을 산출해야 한다(표 7.1 참조). 스킨폴드 측정 외에도 생체 임피던스, 공기 변위air displacement 및 DEXA와 같은 다른 방법으로 체성분을 측정할 수 있으며, 엘리트 클럽이나 조직에서 점점 더 보편화되고 있다. 각 방법에는 다양한 비용, 절차 및 제한 사항이 있다. 실제 스포츠 환경에서는 가장 빠르고 간편하며 신뢰도가 가장 높은 스킨폴드 평가가 가장 많이 사용되는 방법이다.

지도자들은 비기능성 체질량이 중량 대비 파워 비율부터 운동 효율성 및 체온 조절에 이르기까지 퍼

표 7.1 다양한 스포츠에서 수집한 ISAK 8부위 합계(mm) 방법을 사용한 일반적인 스킨폴드 범위

	남성			여성		
	낮음	중간	높음	낮음	중간	높음
럭비						
백스	40~45	45~60	60~75	55~60	60~70	70~80
포워드	40~55	55~70	70~90	65~70	70~80	80~95
7인제	45~50	50~65	65~75	–	–	–
축구	40~45	45~55	55~65	60~65	65~75	75~85
로드 사이클	30~35	35~40	40~50	–	–	–
중장거리 육상	30~40	40~45	45~55	40~55	55~70	70~85
크리켓						
볼러	55~60	60~70	70~80	75~80	80~100	100~120
배트맨	70~80	80~100	100~120	90~100	100~120	120~140
격투기 선수	35~40	40~55	55~65	45~50	50~65	65~75
라켓 스포츠	40~45	45~60	60~75	55~65	65~80	80~95
필드 하키	35~45	45~60	60~70	55~65	65~80	80~90
수영	40~45	45~55	55~65	55~70	70~80	80~95

참고: 낮음, 중간, 높음은 일반적인 범위로 개인에게 최적으로 간주되어야 하는 범위를 제안하는 것은 아니다.
데이터는 검토 문헌이 아닌 엘리트 퍼포먼스 분야에서 일하는 동료들과의 개인적인 의사소통을 통해 수집되었다.

포먼스에 미칠 수 있는 다각적인 해로운 영향을 이해하고 있다. 그러나 건강과 퍼포먼스 사이에는 선수의 웰빙이 스킨폴드 몇 mm의 미미한 체중 감소를 쫓는 것보다 우선시되는 최적의 지점이 분명히 존재한다. 운동선수는 운동선수이기 전에 인간이라는 사실을 기억해야 한다. 지도자들은 많은 사람들에게 민감한 주제인 체성분을 논의할 때 사용하는 언어를 고려하는 시간을 가져야 한다. 체지방 감소보다는 기능적 체질량 개선에 대해 이야기하고, 측정값(체질량 포함)은 운동선수와 본인 사이에 비밀로 유지해야 한다. 코치 등 지원팀의 다른 구성원도 정보를 요청할 수 있기 때문에 항상 비밀을 지킬 수 있는 것은 아니다. 이들은 영양사만큼 정보에 민감하지 않을 수도 있다. 팀원이나 다른 성공한 선수의 미적 외모, 소셜 미디어 남용, 언론의 비하 발언, 코치나 팀원의 잘못된 판단이 감수성이 예민한 선수에게 해로운 영향을 미칠 수 있다는 점에 유의해야 한다.

현명한 방법

모든 선수에게 맞는 체질량 또는 기능적 체질량에 대한 단일 값은 없으므로 선수의 체성분 데이터는 퍼포먼스 데이터를 함께 고려하여 최적의 체성분을 결정해야 한다.

다량 영양소

이어지는 내용에서는 다량 영양소(탄수화물, 지방, 단백질)에 대한 개요와 함께 퍼포먼스 향상과 회복을 돕기 위해 다량 영양소에 적용되는 영양의 3T(총량$_{Total}$, 유형$_{Type}$, 시기$_{Time}$)를 구체적으로 살펴보고자 한다.

탄수화물

간단히 말해, 탄수화물은 고강도 운동 중 선수의 '연

료 탱크'라고 할 수 있다. 이는 영양 교육과 관련하여 선수들에게 정말 와닿는 간단한 개념이다. 탄수화물은 글리코겐의 형태로 근육과 간에 저장된다. 약 100g은 간에 저장되어 약 5g의 포도당이 혈류를 계속 순환하도록 유지하며, 약 500g은 골격근에 저장되는데, 저장 능력은 유전, 훈련 상태, 식이 섭취량 등 여러 요인에 따라 달라질 수 있다. 예를 들어, 훈련을 받지 않은 휴식 중인 사람은 고도로 훈련된 운동선수[4]가 탄수화물 로딩한 글리코겐 저장량의 절반 정도만을 보유한다. 저강도에서 중간 강도의 운동에서는 필요한 에너지의 대부분을 근육 내 지방(근육 내 중성지방)과 체지방(지방 조직) 및 탄수화물(근육 글리코겐 및 혈장 포도당) 기질의 조합을 통해 공급할 수 있다. 운동 강도가 높아질수록 에너지를 생산하는 주요 연료 공급원으로서 탄수화물에 대한 요구가 더 커지게 된다.[5]

1960년대 베르그스트롬Bergstrom의 중추적인 근육 생검 연구 이후 크로스컨트리 스키부터 럭비에 이르기까지 다양한 스포츠의 레이스, 시합 및 경기 중 글리코겐 사용에 대한 광범위한 데이터가 발표되고 있다. 대부분의 지구력 운동선수들은 과학이 근육 생검을 시작하기 훨씬 전부터 글리코겐 고갈의 결과로 나타나는 벽에 부딪히거나 두려움에 떨었던 경험이 있다. 많은 팀 스포츠에서 한 경기 동안 글리코겐이 완전히 고갈되지는 않지만, 부분적인 고갈은 경기 후반부, 특히 불충분한 보충과 결합될 경우 대회 기간 동안 퍼포먼스에 영향을 미칠 수 있다. 크루스트럽Krustrup과 동료들[6]은 근육 글리코겐이 건체중dry weight 근육 kg당 449mmol에서 225mmol로 감소하는 것을 발견했으며, 또한 경기가 끝날 때까지 근육 섬유의 47%에서 글리코겐이 완전히 또는 거의 완전히 비어 있었으며, 이는 실험 중에 나타난 스프린트 퍼포먼스 감소의 원인일 수 있다고 설명했다. 마찬가지로 브래들리Bradley와 동료들[7]은 럭비 리그 경기 한 번을 치른 후 근육 글리코겐이 40% 감소하는 것을 발견했다. 근육 글리코겐은 단순한 연료일 뿐만 아니라 수치가 낮으면 근소포체에서 칼슘이 방출되어 근육 수축을 방해할 수도 있다.[8]

현명한 방법

탄수화물은 고강도 및 장시간 운동 시 주요 연료 공급원이다.

전통적으로 식이 탄수화물은 단순 탄수화물과 복합 탄수화물로 분류되어 왔다. 단순 탄수화물은 포도당, 과당, 갈락토스와 같은 단당류(단일 당 분자)와 자당(포도당과 과당), 맥아당(포도당과 포도당), 유당(포도당과 갈락토스) 같은 이당류(두 개의 단당류)로 구분된다. 전분과 섬유질과 같은 복합 탄수화물(다당류, 수천 개의 포도당 단위)은 감자, 곡물, 채소 등에서 찾아볼 수 있다. 최근에는 특히 운동 식단과 관련하여 탄수화물이 혈당 농도를 높이는 속도에 따라 탄수화물을 분류하는 척도인 혈당지수(GI)에 따라 탄수화물이 분류되고 있다. 포도당 또는 흰 빵을 기준 식품으로 하여 100이라는 수치를 부여하고 각각 70 이상, 55~70, 55 미만인 식품을 고혈당지수(HGI), 중등도 혈당지수(MGI), 저혈당지수(LGI)로 분류한다. 음식의 GI는 운동 중 대사 반응에 영향을 미칠 수 있으므로 이를 고려하는 것이 중요하다. 예를 들어, 운동 전 몇 시간 동안의 LGI 식품은 지질 산화를 증가시키고 혈장 포도당 농도를 더 안정적으로 유지하며 운동 중 근육 글리코겐 사용을 절약할 수 있으므로 운동 전 식사에 포함하는 것이 유용하다. 반대로 운동 후 회복 기간에 근육 글리코겐 재합성을 촉진하는 데 있어서는 HGI 탄수화물이 혈당을 빠르게 상승시키는 능력 때문에 LGI보다 더 효과적이다(표 7.2 참조). 또한, 지속적으로 많은 양의 에너지를 섭취해야 하고 포만감이 제한 요인이 되는 경우, MGI-HGI 식품은 소화가 빠르기 때문에 더 많은 양을 섭취할 수 있도록 도와줄 수 있다. 당장의 목표에 따라 사용 가능한 탄수화물 식품의 GI를 달리하는 것이 바람직하다.

최근까지 탄수화물 처방은 전체 섭취량의 백분율(예: 탄수화물 60% 식단)로 제공되었는데, 이는 일일 에너지 및 훈련 수요의 변동을 고려하지 않은 권장 사항이었다. 최근 들어 식이 탄수화물의 총량은 훈련일의 요구량에 따라 체질량 1kg당 그램으로 권장되고 있으며, 이는 스포츠의 요구량을 하루 단위, 식사 단위로 지원하기 위해 보다 주기화된 접근 방식으로 전환할 수 있게 도와주었다.[9~11] 탄수화물 주기화를 통해 선수는 훈련 목표, 지속 시간 및 강도, 체성분 조정 및 원하는 생리적 적응에 따라 조작할 수 있는 특정 세션에 대한 급성 연료 공급 요구량을 고려할 수 있게 되었다. 탄수화물 공급을 줄인 상태에서 지구력 훈련 세션

표 7.2 럭비 및 축구의 경기용 일일 영양 지침

시기	탄수화물 요구량	설명
경기 하루 전	>6g/kg	근육 글리코겐을 늘리려면 LGI와 HGI를 혼합하여 섭취해야 한다.
경기일 아침	1~3g/kg	LGI 음식과 음료를 섭취해야 한다.
경기 전 식사	1~3g/kg	LGI 음식과 음료는 경기 약 3시간 전에 섭취해야 한다. 이른 시간에 경기를 시작할 경우 아침 식사로 섭취할 수 있다.
경기 중	30~60g/h	HGI 스포츠 음료(포도당 6%가 권장됨) 또는 젤을 섭취해야 한다. 이러한 음료는 경기 중 또는 하프타임 휴식 시간에 섭취할 수 있다.
경기 후 식사	시간당 1.2g/kg	글리코겐을 대체하는 HGI 식품을 섭취해야 한다. 음식, 음료 또는 두 가지 모두 가능하다.
경기 하루 후	4~6g/kg	근육 글리코겐 저장을 대체하기 위해 LGI와 HGI의 혼합물을 섭취해야 한다.

HGI: 고혈당지수high glycaemic index, LGI: 저혈당지수low glycaemic index

을 수행하면 유산소성 적응을 확대할 수 있다는 증거가 점점 더 많이 나오고 있다.[12] 최근 문헌에서는 지구력 운동에 대한 적응을 뒷받침하는 유전자 발현의 분자적 변화와 에너지 상태(및 영양 섭취)가 이러한 적응에 미치는 역할이 강조되고 있다.[4] 그러나 이 전략의 처방은 운동선수에 대한 충분한 지식을 갖춘 자격을 갖춘 퍼포먼스 영양사가 수행해야 한다.

간단히 말해서 신호등 시스템은 탄수화물 섭취량을 주기적으로 조절하는 데 사용할 수 있으며, 빨간색은 저탄수화물, 황색은 중간 탄수화물, 녹색은 고탄수화물 섭취를 나타낸다(표 7.3 참조). 이 신호등 시스템은 기본적인 수준의 탄수화물 주기적 섭취를 이해하고 적용하며 일일 요구량에 맞게 섭취량을 조절하는 데 도움이 될 수 있다. 이 지침과 함께 식사 시간에 맞춰 식사량과 그래픽에 대한 기본 교육을 실시하고 스마트폰으로 전달하면 스스로 탄수화물 섭취를 주기적으로 조절할 수 있는 자율적인 선수를 육성할 수 있을 것이다. 또한 체중 관리 기간 동안에는 선수가 큰 고민 없이 칼로리 섭취량을 조절할 수 있는 쉬운 방법을 제공할 수 있게 된다. 하지만 경고의 한마디: 운동선수들은 이러한 주기적인 탄수화물 제한이 체성분에 영향을 미칠 수 있다는 사실을 알게 되면 경기장에서의 실제 퍼포먼스 준비보다는 해변에서의 준비에 지나치게 중점을 두고 탄수화물을 지속적으로 제한하는 것을 선호하게 될 수도 있다.

테니스 훈련 권장 사항은 팀 스포츠와 비슷하지만, 토너먼트 중 권장 사항은 스포츠 고유의 변수, 특히 예측할 수 없는 경기 시간과 강도로 인해 조금 더 복잡해지기도 한다. 이러한 독특한 요인으로 인해 탄수화물 섭취의 총량, 유형 및 시기를 처방하는 것이 어려울 수 있다. 테니스 영양 연구는 드물지만, 자체 TDEE 사례 연구 데이터에 따르면 최고 수준의 경기 중 엘리트 여성의 경우 1kg당 최대 7g, 엘리트 남성의 경우 1kg당 최대 10g의 탄수화물을 매일 섭취하는 것이 좋다고 제시되고 있다(현재 검토 중인 데이터). 선수가 당일 첫 경기에 참가하지 않는 한, 경기 시작 시간이 크게 달라질 수 있으므로 영양 전략을 정확하게 계획하기가 어려워진다. 이상적인 전략은 일반적

표 7.3 국제 럭비 선수를 위한 훈련 중 탄수화물 권장량

상황	탄수화물 요구량	설명	색상 코드
가벼운 수준의 훈련일(스킬 기반 필드 세션 또는 표준 짐 세션)	<3g/kg^{-1}	LGI 식품을 주로 섭취해야 한다.	빨간색
보통 수준의 훈련일(90분간 필드에서 간헐적 운동)	3~5g/kg^{-1}	LGI 식품을 주로 섭취해야 한다.	주황색
고강도 훈련일(2회 세션, 모두 고강도)	4~6g/kg^{-1}	LGI 식품을 주로 섭취해야 한다.	초록색

HGI: 고혈당지수, LGI: 저혈당지수

으로 경기 3~4시간 전에 큰 식사를 한 번 하고, 경기 2시간 전에는 탄수화물이 풍부한 소량의 식사를, 경기 1시간 전에는 간식을 먹는 것이다. 선수는 긴 경기가 예상되는 경기에 대비하여 연료를 공급한 다음, 다음 경기 전의 경기 시간, 강도 및 시간을 반영하여 경기 후 재보충 전략(총량, 유형, 시기)을 조정해야 한다. 간단히 말해, 90분 경기 후 탄수화물 섭취량(예: 다음 4~6시간 동안 1~2시간마다 주황색 섭취)은 5시간 경기(예: 다음 4~6시간 동안 1~2시간마다 녹색 섭취)만큼 높을 필요는 없다. 이 시나리오의 기준으로 주황색 탄수화물은 kg당 0.6g, 초록색은 1.2g이지만, 선수가 탄수화물 섭취량을 측정하는 경우는 거의 없기 때문에 교육 자료와 그래픽으로 된 섭취량 가이드가 유용하게 쓰일 수 있다.

밤 늦게 끝나는 일부 경기는 다음 날 코트에 돌아와야 하는 선수가 숙면을 취하기 전에 최적의 재충전을 할 시간이 거의 없을 수 있다. 여기서 중요한 질문이 바로 이것이다. 재충전은 얼마나 공격적으로 이루어져야 하는가? 이를 통해 탄수화물 총량, 유형 및 시기를 파악하여 짧은 시간 내에 글리코겐 재합성을 최적화할 수 있게 된다. 토너먼트가 진행되는 동안 영양 섭취량이 경기 요구량을 반영하지 못하면 결승전에 도달했을 때 피로가 승부를 결정짓는 요인이 될 수도 있다.

현명한 방법

색상으로 구분된 탄수화물 처방의 시각적 표현은 운동선수가 그날의 요구량에 맞게 충분한 연료를 공급할 수 있도록 도움을 준다.

표 7.2와 7.3에서 탄수화물의 GI를 전략적으로 사용하여 필요할 때 혈당(및 인슐린) 수치의 균형을 맞추는 방법을 확인할 수 있다. 예를 들어, 운동선수의 목표 중 하나가 체지방 감량인 경우, 음식에 대한 인슐린 반응이 크면 지방 산화를 둔화시킬 수 있으므로 훈련 전에 HGI 식품을 먹이는 것은 현명하지 않다. 또는 경기 후 보충할 수 있는 시간이 짧은 경우에는 혈류에 빠르게 들어가 글리코겐 재합성 속도를 최대화할 수 있는 HGI 식품이 이상적일 수 있다. 일부 운동선수는 특히 반동성 저혈당에 민감할 수도 있다. 이는 운동 전 혈당(따라서 인슐린) 수치가 높아졌다가 근육 수축이 시작되면 급격히 떨어질 때 발생한다. 운동이 시작되면 포도당 수송체도 포도당을 세포 안으로 들여보내기 시작하고, 이후 혈장 포도당 제거량이 유입량을 초과하면서 혈당 농도가 빠르게 떨어지면 운동선수는 무기력감을 느끼게 된다. 따라서 경기 전 식사와 간식은 저혈당 식품을 섭취하는 것이 바람직하다. 일부 선수들은 경기 직전에 에너지 젤과 같은 소량의 HGI 간식을 섭취하면 혈류로 전달된 탄수화물을 근육에서 빠르게 사용할 수 있고 운동으로 시작된 카테콜라민 상승으로 인슐린 반응이 둔화되기 때문에 경기 직전에 섭취하는 것을 권장한다.

경기 전 탄수화물

근육 글리코겐 요구량이 높은 스포츠나 경기에서는 최적이 아닌 상태에서 동전 던지기(경기 시작)를 하는 것을 피하기 위해 경기 전에 글리코겐 저장량을 늘리는 것이 합리적이다. 그러나 30분 미만으로 지속되는 종목이나 낮은 운동 강도로 퍼포먼스를 수행하는 종목의 경우 글리코겐 저장량을 최대화할 필요가 없을 수도 있다는 점을 기억해야 한다. 충분한 글리코겐 저장량을 확보하기 위해 이전에는 초기에 저장량을 고갈시킨 다음 3일 동안 공격적인 재공급 전략을 통해 3일간의 초과 보상 전략을 권장해 왔다. 최근 연구에서는 글리코겐을 미리 고갈시킬 필요 없이 단 24시간 만에 충분한 글리코겐 수치를 달성할 수 있다는 사실이 밝혀지면서 이 개념은 다행히도 보류되었다. 이 기간 동안의 탄수화물 섭취량은 체중 1kg당 6~12g으로, 알려진 스포츠의 요구량(강도 및 지속 시간)과 기존 수준에 따라 크게 달라질 수 있다. 예를 들어, 운동선수가 지난 며칠 동안 저장량을 모두 소진했거나 부분적으로 고갈되었을 수 있는가? 지구력 스포츠는 이 범위의 상단을 목표로 해야 하지만, 기존의 글리코겐 사용 연구에 따르면 고정된 기간의 팀 스포츠는 이 권장량의 하단을 목표로 해야 하는 것으로 보인다.[7] 표 7.2와 7.3에서는 GI를 혼합하여 사용했다. HGI(저섬유질) 공급은 소화가 빨라 탄수화물을 더 빨리 저장할 수 있으므로 빠른 소화와 저장을 위해, 시간 압박이 적을 때는 LGI(고섬유질)로 전환하는 것이 바람직하다.

경기 중 탄수화물 공급

지구력 활동부터 팀 스포츠에 이르기까지 경기 중 탄수화물 섭취가 퍼포먼스 향상에 도움이 된다는 증거는 무수히 많다. 60분 이상 지속되는 경기에서는 시간당 30~60g의 포도당을 섭취하는 것이 권장된다.[13] 소장의 경계막에 위치한 나트륨 활성화 포도당 및 갈락토스 수송체 단백질 SGLUT1은 시간당 60g의 한도를 초과하면 포도당을 받아들이지 못하는 것으로 추정된다. 다중 수송 탄수화물(즉, 과당과 포도당을 결합한 탄수화물)을 사용하면 시간당 탄수화물 한도를 90g까지 늘릴 수 있다.[14] 과당 형태의 추가 30g/h^{-1}은 다른 수송 단백질인 비나트륨 의존성 GLUT-5에 의해 수용된다.[15]

현명한 방법

경기 중 탄수화물을 섭취하면 글리코겐을 절약하고 지구력을 높이며 기술 실행력을 향상시킬 수 있다.

각 스포츠는 활동 중 연료 공급과 관련하여 고유한 과제를 안고 있다. 축구와 럭비는 하프타임에 짧은 시간 동안 연료를 공급할 수 있는 기회를 제공하는 반면, 테니스는 앉아서 회복하는 동안 규칙적으로 연료를 공급할 수 있다. 지구력 운동선수는 마음대로 연료를 공급할 수 있지만, 다량의 탄수화물 섭취가 장에 미치는 영향을 고려하여 훈련 중에 탄수화물의 양과 공급원을 개인적으로 실험하면서 더 많은 양을 섭취하는 것에 대한 내성을 키워야 한다. 글리코겐 고갈이 제한 요인이 될 수 있는 종목이 아니더라도, 특히 선수가 힘든 대회 일정 동안 매일 퍼포먼스를 펼치는 경우, 경기 후 높은 근육 글리코겐 농도를 유지하고 보호하기 위해 탄수화물 산화 속도를 높게 유지하는 것이 현명하다. 승패의 미세한 차이를 고려할 때, 높은 탄수화물 산화율을 유지하는 것은 시상대에 오르는 것과 아예 시상대에 오르지 못하는 것의 차이가 될 수도 있다.

현명한 방법

탄수화물 산화 속도를 최적화하는 것이 승패를 가를 수 있다.

운동 후 탄수화물

탄수화물 재공급은 즉시 시작해야 하며, 운동 중 HGI 음식이나 음료를 통해 활성화된 포도당 수송체 GLUT4의 능동 수축 자극성 이동을 최대화해야 한다. 따라서 재보충은 미디어 시청 전 쿨다운 중에 시작할 수 있다.

즉각적인 재공급 후에는 다음 두 가지 요소를 고려하는 것이 중요하다.

1. 운동이 얼마나 오래 진행되었는가?
2. 다음 운동은 언제인가?

이 정보를 바탕으로 영양사는 운동의 길이와 강도에 따라 글리코겐 저장량이 얼마나 고갈되었는지, 다음 경기 전의 재충전 기간을 고려하여 얼마나 공격적으로 재충전을 해야 하는지 결정해야 한다. 투르 드 프랑스의 산악 스테이지에서 거의 모든 글리코겐이 고갈된 경우, 선수는 다음 4시간 동안 시간당 체중 kg당 1.2g의 HGI 식품을 계속 섭취하여 글리코겐 보충 속도를 최대로 유지해야 하며, 이후 18시간 동안 중간 또는 낮은 GI 식품으로 전환하여 하루 체중 kg당 8~12g(일부 보고 사례에서는 더 많은 양)을 섭취해야 최적의 글리코겐 재합성을 할 수 있도록 해야 한다. 운동선수의 과거 기록, 대회 요구 사항, 몇 가지 추정을 통해 연료 부족과 과잉 공급 사이의 적정점을 찾아야 한다.

현명한 방법

힘든 일정 중에는 처음 4시간 동안은 시간당 체중 kg당 1.2g을 섭취하여 글리코겐 재합성 속도를 최대화할 수 있다.

단백질

단백질은 단순히 근육을 만드는 데만 필요한 것이 아니다. 단백질은 인체 내에서 많은 중요한 역할을 하며 인상적인 몸매를 만드는 것뿐만 아니라 생명에 필수적인 요소다. 단백질은 다른 분자를 운반하고, 면역 체계를 지원하고, 성장과 회복을 조절하고, 움직임을 생성하고, 신경 자극을 전달하는 거대 분자로, 각 단백질은 다양한 구조를 가지고 있다. 각 단백질은 단백질의 구성 요소인 아미노산이 다양한 형태로 결합하여 만들어진 각각의 개별 단백질로 구성된다. 20가지 아미노산이 있으며, 일부는 필수 아미노산(식단을 통해 섭취해야 함)이고 일부는 비필수 아미노산(다른 아미노산으로 체내에서 생성 가능)이다. 탄수화물과 달리 단백질은 신체에 저장되지 않는다. 대신, 단백질은 손상된 단백질이 회복되고 교체되면서 매일 대체된다.

성인의 일일 단백질 요구량을 충족하기 위해 하루에 체중 1kg당 0.8~0.9g의 단백질이 필요하다고 널리 알려져 있으며, 이는 좌식 생활을 하는 사람의 질소 균형을 기반으로 한 연구 결과에서 나온 내용이다.[16] 그러나 오늘날의 운동선수는 질소 균형을 유지하기 위해 하루에 체중 1kg당 1.2~1.6g에 가까운 더 높은 요구량이 필요하다는 것이 밝혀졌다.[17] 운동선수의 경우, 질소 균형 유지는 최적의 섭취량을 반영하지 못하고 최소 섭취량만 반영한다.[18,19] 대신 근육 단백질 합성(MPS Muscle Protein Synthesis) 대 근육 단백질 분해[18]를 연구하여 근육 단백질 균형을 고려해야 한다.

MPS는 주기적으로 나타나며 하루 동안 단백질을 섭취할 때마다 나타난다. 단백질 섭취 후 섭취한 단백질이 서서히 사용되기 전에 MPS가 급증하여 신체가 근육 단백질 분해 상태에 빠지게 되고, 따라서 근육 단백질 균형이 마이너스 상태가 되어 최적의 적응과 회복을 방해할 수 있다.[20] 이 과정은 피할 수 없지만 규칙적인 단백질 공급을 통해 부정적인 균형을 유지하는 시간을 최소화할 수 있다(그림 7.1 참조).

연구에 따르면 MPS를 극대화하고 근육 손실 지표를 줄이려면 시간이 지날수록 양이 증가하는 기존의 패턴보다는 하루 종일 고르게 단백질을 섭취해야 한다고 권장한다.[21] 가장 최근 데이터에 따르면 매 끼니마다 단백질 섭취량이 많다고 해서 반드시 더 좋은 것은 아니며, 80kg 운동선수의 경우 한 끼에 체중 1kg당 약 0.4g, 즉 약 32g(큰 닭 가슴살 1개 또는 계란 4개)의 단백질을 섭취하는 것이 가장 적당하다.[22] 따라서 운동선수는 소비량과 신체적 요구량이 증가하기 때문에 하루에 체중 1kg당 1.3~약 2.0g의 더 많은 양을 섭취해야 하며, 전체 체중에 따라 3~4시간마다 약 20~30g을 섭취해야 한다.

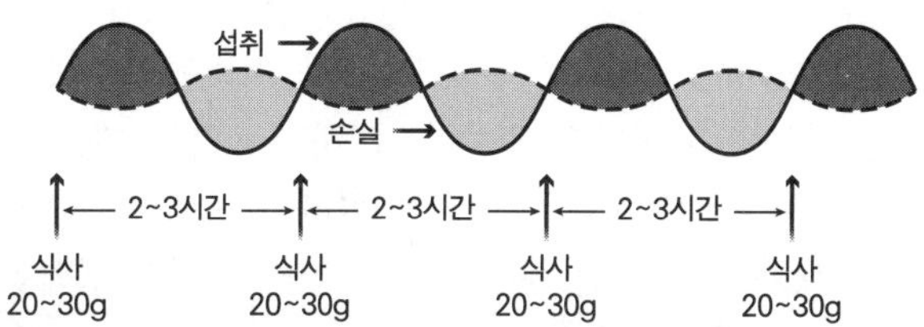

그림 7.1 근육 단백질 합성.
Based on J.L. Areta et al., "Timing and Distribution of Protein Ingestion During Prolonged Recovery From Resistance Exercise Alters Myofibrillar Protein Synthesis," *Journal of Physiology* 591(2013): 2319-2331.

훈련 목표는 처방되는 단백질의 양에 반영되어야 한다. 예를 들어, 칼로리 결핍 상태에서는 이 범위의 상단(또는 경우에 따라 그 이상)을 사용하여 제지방량 손실을 최소화해야 한다. 단백질을 고르게 섭취하려면 세 끼에 걸쳐 단백질만 먹는 것에서 벗어나 빌통(수제 육포의 한 종류)이나 그릭 요거트 같은 고단백 간식이나 간단하게 우유 한 잔을 섭취하는 것이 좋다. 체력적인 준비가 필요한 시기에 선수들이 장거리 비행을 한다면 이러한 방법이 어려울 수 있다. 선수들은 선수용 드라이 밀키트(기내에서 온수 요청), 참치 통조림, 빌통, 양질의 단백질 바 및 파우더 등 기내 반입이 허용되는 고단백 간식을 준비하는 것이 좋다.

식이 단백질 공급원

육류와 유제품 또는 콩과 두부 같은 식물성 단백질이 각 공급의 기본이 되어야 한다. 동물성 단백질은 생체이용률(실제로 소화되어 사용되는 비율)이 높고, 세포 성장의 중심 조절 경로인 mTOR 경로(포유류 라파마이신 복합체-1)를 자극하는 핵심 트리거 분자로 떠오른 필수 아미노산인 류신을 비롯한 다양한 아미노산[23]을 함유하여 근육 단백질 합성을 촉진하고 그 과정에서 조절자 역할을 하는 등 더 높은 생체 이용률과 폭넓은 범위의 아미노산을 함유하고 있다. 연구에 따르면 한 끼 식사에서 약 4~5g의 류신이 MPS를 지원한다고 한다.[24] 식물성 단백질은 일반적으로 아미노산의 불완전한 공급원이다. 식물성 단백질로도 충분한 단백질을 섭취할 수 있지만, 류신에 특히 주의를 기울여 모든 아미노산을 골고루 섭취할 수 있도록 다양한 섭취량을 유지해야 한다. 식물성 단백질은 동물성 단백질에 비해 생체이용률이 낮기 때문에 이를 보완하기 위해 섭취량을 더 늘려야 할 수도 있다. 운동선수의 경우 단백질 섭취량이 바람직한 탄수화물 함량보다 높을 수 있으므로 아미노산과 전체 섭취량의 올바른 균형을 맞추려면 신중한 계획이 무엇보다 중요하다. 예를 들어, 중간 크기의 닭 가슴살(120g)은 38g의 단백질과 0g의 탄수화물을 제공할 수 있지만, 믹스 콩으로 동일한 단백질을 섭취하려면 물기를 제거한 콩 520g을 먹어야 하며, 여기에는 84g의 탄수화물도 포함되어 있다(www.nutritics.com). 이 글을 쓰는 시점에 우리는 식품 제조업체들이 가격 인상과 함께 일반 제품에 단백질을 추가하는 단백질 광풍에 휩싸여 슈퍼마켓 진열대에 고단백 식품이 가득 쌓여 있는 것을 볼 수 있다. 주의: 정크푸드는 단백질이 10g 첨가되어 있어도 여전히 정크푸드다.

운동 후 단백질 섭취

최적의 단백질 섭취 시기를 둘러싼 많은 논쟁이 있다. 운동 전·중·후 특정 시간 내에 단백질 셰이크를 섭취하지 않으면 동화 작용이 중단될 수 있다는 헬스장 이용자들의 두려움은 대부분 해소되었다.[25] 운동 직후 단백질을 섭취하면 MPS가 현저하게 증가하지만, 이후 연구에 따르면 이러한 증가는 운동 후 몇 시간 후에도 일어날 수 있다고 한다.[26] 운동 후 식사에 단백질을 포함하면 글리코겐 재합성에도 도움이 되는 것으로 나타났다.[27] 실제로 대부분의 운동선수는 운동 직후 20~30g의 단백질을 고체 또는 액체 형태로 섭취한 다음 하루 종일 규칙적으로 섭취하는 것이 바람직하다.

현명한 방법

운동 후 탄수화물과 함께 단백질을 섭취하면 글리코겐 재합성이 증가한다.

편의성 측면에서 운동 후 단백질 공급원으로 인기 있는 것은 유청 단백질(유청 20%, 카제인 80%로 구성된 우유 가공품)이다. 유청 단백질은 소화가 쉽고 혈중 아미노산 농도 증가 속도와 높은 류신 함량으로 인해 운동 후 섭취의 표준으로 간주되고 있다.[28] 그러나 유청 단백질은 유제품이나 식물성 단백질을 섭취하지 않는 운동선수에게는 적합하지 않으므로 다른 대체 식품이 필요할 수 있다. 이미 강조한 바와 같이, MPS의 최대 비율을 이끌어 내기 위해 대체 단백질의 류신 함량에 주의를 기울여야 한다. 최근 완두콩, 감자, 마이코 단백질[29,30] 등 식물 기반 단백질이 점점 더 많이 연구되고 있다. 이러한 연구는 이러한 단백질이 유청과 같은 동물성 단백질을 피하고자 하는 운동선수에게 적합한 대안이 될 수 있음을 시사하고 있다.[31]

현명한 방법

대부분의 운동선수는 운동 직후 고체 또는 액체 형태의 단백질 20~30g을 섭취한 후 매 끼니마다 체중 1kg당 0.4g 정도의 단백질을 하루 종일 규칙적으로 섭취하는 것이 바람직하다.

지방

식이 지방, 특히 필수 지방산인 오메가 3와 오메가 6를 공급하는 양질의 지방은 생명 유지에 필수적이다. 오메가 3와 오메가 6는 지용성 비타민 A, D, E, K의 전달에 필요하며, 체내에서 생성되지 않기 때문에 반드시 식단을 통해 섭취해야 한다. 서구식 식단에는 오메가 6는 많고 오메가 3는 너무 적은 것으로 널리 보고되고 있다.[32] 운동선수들은 고등어, 연어 등 기름진 생선 섭취를 일주일에 3회 정도로 늘리는 것이 권장되는데, 이를 달성할 수 없다면 피쉬 오일 정제를 통해 효과적인 양의 오메가 3를 보충해야 할 수도 있다.

지방은 지방 조직(체지방)과 근육 내 중성지방(근육 내 지방)으로 저장되며 장시간 운동 시 중요한 연료 공급원이 된다. 과도한 식이 지방 섭취는 지방 조직으로 저장되어 신체 구성에 부정적인 영향을 미칠 수 있으므로 많은 선수들이 저지방 방식을 채택하고 있다. 지방의 에너지 밀도(1g은 9kcal 제공)를 고려할 때 이는 논리적으로 보일 수도 있지만, 저지방 식품을 선택하면 다른 비타민과 미네랄이 감소할 수 있다. 예를 들어 유제품을 피하면 칼슘 섭취가 저하될 수 있다. 운동선수는 저지방 식단을 고려하기보다는 가공육, 구운 식품, 품질이 낮은 간편식 섭취를 제한하고 견과류, 아보카도, 기름진 생선 등에서 건강한 지방 섭취를 늘리는 것이 권장된다.

운동선수의 식단에서 지방과 탄수화물의 역할에 대한 논쟁이 계속되고 있으며, 저탄수화물 고지방(LCHF) 식단을 통해 더 높은 비율의 지방을 연료로

회복 프로세스의 시작

세 가지 R

운동선수들이 경기 후 회복 과정을 시작하기 위한 간단한 개념은 음식이나 음료를 통한 회복Repair(단백질), 재보충Refuel(탄수화물), 재수화Rehydrate(수분)의 세 가지 R을 포함한다. 규칙을 준수하고 효과를 극대화하려면 편의성이 핵심이다. 선수들이 경기장에서 바로 음식으로 걸어갈 수 있다면 완벽할 것이다. 미디어와 인터뷰하거나, 반도핑 규정을 준수하거나, 메달 수여식에 참여하거나, 탈의실을 청소한 후 음식을 먹어야 한다면 회복 음료가 해결책이 될 수 있을 것이다.

사용할 수 있다는 논의가 활발하게 이루어지고 있다. 글리코겐의 제한된 저장량을 고려할 때 이러한 지방 적응은 매력적인 전략으로 보일 수도 있다. 그러나 이는 대부분 일화적인 이야기일 뿐이며, 실제로 레이스 우승 퍼포먼스가 감소했다는 연구 결과도 있다.[33] 연구에 따르면 지방 산화는 증가하는 것으로 보이지만, 이는 탄수화물 산화에 해를 끼치는 것으로 보이며, 해당 과정에서 핵심 효소 중 하나인 피루브산 탈수소효소(PDHpyruvate dehydrogenase)가 억제되어 레이스 우승에 필수적인 당분해 작용이 저해되는 것으로 밝혀졌다.[34] 즉, 탄수화물 산화가 방해된 상태에서 열심히 달리는 운동선수는 동일한 속도를 유지하지만 지방 산화를 통해 주어진 출력에 대해 더 많은 능력(최대산소섭취량)을 소모하게 된다.[10,33] 기본적으로 탄수화물은 운동 강도가 높아질수록 에너지를 더 효율적으로 생성하는 방식이다. 운동선수의 전체 지방 섭취량은 양질의 공급원을 통해 하루에 체중 1kg당 1~2g이 되어야 하지만 실제 섭취량은 운동선수, 운동 종목 및 목표에 따라 크게 달라진다.

앞서 설명한 탄수화물 주기적 섭취 방식을 사용하면 탄수화물 산화 능력을 무디게 하지 않으면서도 대사적으로 유연성을 유지하면서 더 높은 비율의 지방을 사용할 수 있다는 이점이 있을 수 있다. 탄수화물 가용량이 낮은 상태에서 훈련 세션을 시작하면 운동선수가 지방을 연료로 사용하는 능력이 향상될 수 있다. 반대로 탄수화물 가용성이 높은 상태에서 훈련 세션을 시작하면 필요할 때 높은 비율의 탄수화물을 사용할 수 있으며, 이러한 적응을 대사 유연성이라고 표현한다.

현명한 방법

식이 지방은 생명 유지에 필수적인 영양분이다. 운동선수는 하루에 체중 1kg당 1~2g의 식이 지방을 섭취해야 하며, 필수 지방산인 오메가 3와 오메가 6를 양질의 공급원으로 섭취해야 한다.

부상 시 조절

경험상 선수들은 움직이지 않으면 체지방 증가에 대한 두려움으로 즉시 전체 섭취량을 줄이곤 한다. 그러나 에너지 소비량 감소는 이전에 생각했던 것만큼 크지 않다고 알려져 있다. 실제 활동 소비량은 감소하지만 수술 후와 회복 과정에서 RMR은 증가한다. 앤더슨과 동료들은 ACL 부상을 입고 재활 중인 영국 프리미어리그 축구 선수의 하루 총 에너지 소비량이 3,178kcal이며, 이는 훈련 주 동안 팀 전체의 평균 소비량[35]보다 388kcal 적은 수치라는 것을 확인했다.

섭취량을 줄이면 치유 과정에 영향을 미치고 치유 기간을 연장할 수 있다. 섭취량이 너무 많아 체성분에 영향을 미치는 경우, 복귀 후 빠르게 교정할 수 있다. 제지방량 손실을 최소화하려면 선수는 고단백질 섭취량을 하루 체중 1kg당 최대 2.3g, 지방 섭취량은 하루 체중 1kg당 약 1g으로 유지하면서 나머지 칼로리 요구량은 탄수화물 섭취를 통해 보충해야 한다. 또한, 맥글로리McGlory와 동료들[36]의 연구에 따르면 생선 5g에 3.5g의 에이코사펜타엔산(EPA)이 함유된 오메가 3 피쉬 오일도 고정된 기간 동안 근육량을 유지하는 데 도움이 되는 것으로 확인되었다.

현명한 방법

- 에너지 가용성이 낮으면 회복 과정이 길어질 수 있으므로 피해야 한다.
- 재활 기간 내내 체질량을 안정적으로 유지해야 한다.
- 고단백질 섭취와 피쉬 오일 보충제를 섭취하면 제지방량 손실을 최소화할 수 있다.

보충제

모든 퍼포먼스 영양사는 식품 우선 접근법을 채택해야 하지만, 때로는 보충제가 퍼포먼스 전략의 중요한 부분이 되기도 한다. 이 섹션에서는 영양 섭취를 도울 수 있는 보충제와 퍼포먼스에 에르고제닉 효과가 있는 것으로 밝혀진 일부 보충제에 대해 설명하고자 한다.

과거에는 보디빌더들이 근육량을 늘리기 위해 영양 보충제를 사용했지만, 이제는 프로 및 아마추어 스포츠에서도 보충제를 사용하는 것이 보편화되었다. 영리 추구로 인해 보충제의 효능에 대한 근거가 약한 마케팅과 터무니없는 주장도 증가하고 있다. 퍼포먼스를 향상하고 경기력을 높이기 위해 모든 방법을 동원하는 선수들은 이러한 유혹에 쉽게 넘어갈 수 있다.

특정 보충제에 대해 자세히 알아보기 전에 선수들에게 보충제 안전에 관한 조언을 제공하는 지원 스태프의 역할을 강조할 필요가 있다. 보충제는 성분 목록에 다른 이름으로 숨겨진 금지 물질로 인해 제조 과정에서 오염될 가능성이 있다. 예를 들어, 현재 금지 물질인 1,3-디메틸펜틸아민(DMMA)은 검출을 피하기 위해 제라늄 추출물(뿌리/오일)로 성분 목록에 표시되는 경우가 이에 해당한다.[37] LGC Informed Sport에 인수되기 전, HFL Sport Science는 검증되지 않은 보충제를 분석한 결과 2007년에는 보충제의 25%에서 금지된 스테로이드가, 11%에서 금지된 각성제가 함유된 것으로 나타났다고 발표했다.[38] 2012년에는 도핑 테스트 양성 반응의 44%가 오염된 보충제에서 발생했고, 2013년에는 유럽 12개국에서 구매한 114개 제품 중 10%에서 스테로이드가 함유된 것으로 나타났다.[39] 사용하는 모든 보충제의 성분과 오염 가능성을 확인하는 것은 선수 개인의 책임이다. 도핑 방지 샘플링 중에 금지약물 또는 금지약물과 관련된 대사산물 또는 마커가 검출되는 경우, 의도와 관계없이 양성 테스트와 관련된 엄격한 책임 판결을 받게 되며, 이는 전적으로 선수의 책임으로 간주된다. 스포츠 및 운동 영양 등록부(SENr)는 보충제 섭취와 관련하여 선수를 안내하는 데 도움이 되는 의사 결정 트리를 작성했다(그림 7.2 참조).

지역 선수부터 엘리트 선수에 이르기까지 선수와 코치의 교육은 이러한 사고 과정을 반영해야 한다. 퍼포먼스 지원을 위한 영양 보충제 사용 결정은 2018년 국제올림픽위원회 식이 보충제 전문가 그룹[40]의 다음 성명서를 근거로 해야 한다.

> 일반적으로 어린 선수의 보충제 사용은 영양 상태를 충분히 평가하여 보충제 사용이 필요하다고 판단되는 경우를 제외하고는 권장하지 않아야 한다. 선수가 적절한 수준의 성숙도와 경기 준비 상태에 도달하고 적절한 훈련, 회복 및 영양 계획을 수립한 후에야 퍼포먼스 보충제를 통해 추가적인 이득을 얻을 수 있는 가능성을 모색해야 한다.

식품 우선 접근법을 적극 권장하지만, 영양 결핍, 운동 중 전해질 섭취, 운동 중 또는 운동 직후, 여행 중, 건강과 퍼포먼스를 위해 보충이 필수적인 외진 곳의 경우 등에는 이 방법이 항상 최적의 전략이 될 수 없는 경우도 있다.

탄수화물 보충제

앞서 이 장에서 강조한 바와 같이 탄수화물 보충제는 언제 어디서 사용할 수 있는지 명확히 알 수 있다. 젤 제품은 원래 지구력 관련 시장을 위해 편리하고 섭취하기 쉬우며 빠르게 작용하는 탄수화물 공급원으로 생산되었지만, 현재는 많은 프로 스포츠에서 널리 사용되고 있다. 일부 제품은 젤의 삼투압(농도)과 장내 내성이 일치하지 않아 물과 함께 섭취해야 하는 반면, 삼투압이 일치하는(등장성) 제품도 존재한다. 젤과 마찬가지로 탄수화물 파우더와 바는 활동 중에 혈당 농도를 안정시키고 간과 근육의 글리코겐 사용을 줄이

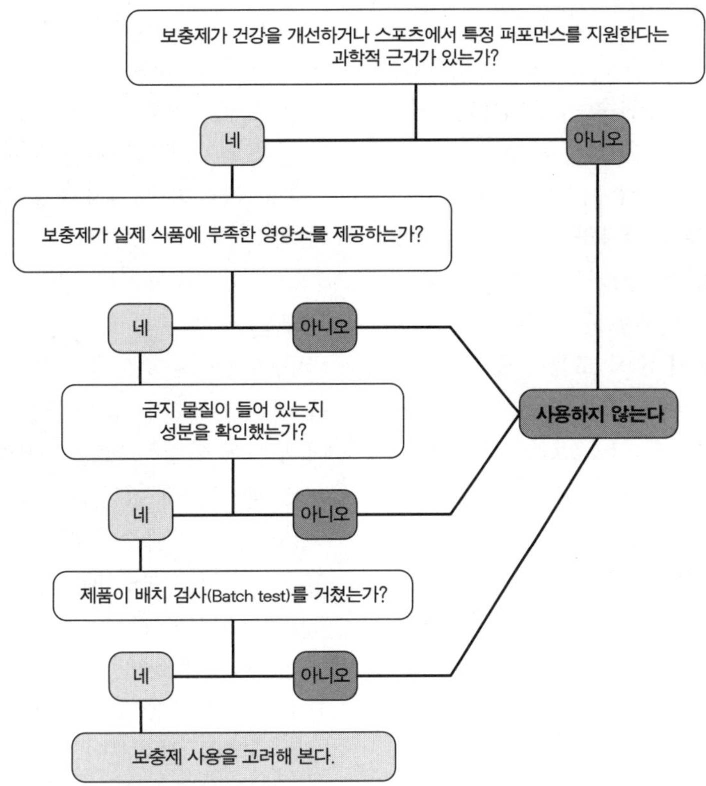

그림 7.2 SENr 보충제 의사 결정 과정.
From the Sport and Exercise Nutrition Register and the Association of UK Dietitians. Original illustration was produced by coauthor G. Close.

기 위해 사용할 수 있으며, 소화가 잘되는 HGI 탄수화물이 필요한 공격적인 로딩이나 재공급 기간에도 유용하게 사용할 수 있다.

단백질 보충제

다량 영양소로서 단백질의 중요성은 다시 강조할 필요가 없다. 단백질 보충제는 보충할 수 있는 편리한 형태의 단백질을 제공하지만, 실제 음식을 대체할 수는 없다. 단백질 파우더는 여행 중 음식 섭취량이 줄거나 식사 기회가 제한되어 있을 때, 또는 체격이 큰 운동선수가 음식으로 단백질 목표를 달성하기 어려울 때 유용하게 사용할 수 있다. (120kg의 럭비 선수는 하루에 2g/kg의 단백질을 섭취하는 것이 어려울 수 있다.) 단백질 섭취를 보충할 필요가 있다고 판단되는 경우, 선수에게 필요하지 않을 수 있는 추가 첨가물(예: 크레아틴)이 없는 양질의 순수한 형태의 단백질(유청, 카제인 또는 식물 기반)이 함유된 단백질 파우더를 선택해야 한다.

에르고제닉 보조제Ergogenic Aids

오늘날 보충제 산업은 효능이나 퍼포먼스 향상에 대한 확실한 증거 없이 제안된 메커니즘에 따라 모든 종류의 제품이 생산되는 거대한 시장이 되고 있다. 다음은 저자들이 선수들과 함께 사용하는 보충제에 대한 간략한 가이드를 근거에 따라 정리한 것이다.

크레아틴

크레아틴은 주로 골격근 내에 유리 및 인산화된 형태(PCr)로 저장되며 생선이나 붉은 육류와 같은 식이 공급원에 자연적으로 함유되어 있다. 근육 내 제한된 PCr 저장소는 운동의 초기 ATP 요구량 동안 고에너지 인산염 그룹을 제공하여 즉각적인 에너지를 제공하지만 빠르게 고갈되어 버린다.[41] PCr의 재구성은 반복적 최대 스프린트에서 제한 요인으로 작용한다.[41,42]

크레아틴을 추가로 보충하면 근육 내 총 PCr과 유리 크레아틴이 증가하여 최대 초과 운동 기간 동안 PCr의 재합성이 증가하므로 운동선수는 반복적인 운동 중에 시스템을 더 빨리 회복할 수 있게 된다.[43]

크레아틴의 에르고제닉 효과에 관한 방대한 양의 연구가 존재한다. 스프린트를 반복하는 동안 최대 파워 출력과 총 운동 수행량이 증가하는 것으로 보고되었다.[44,45] 경기 퍼포먼스 향상 외에도 크레아틴 보충제는 저항성 및 스프린트 훈련 중에 도움이 될 수 있으며, 총 운동량을 증가시켜 더 큰 적응력을 촉진할 수 있다고 한다.[45,46] 보충제를 통한 근육 크레아틴 수치의 상승은 개인마다 다르며 주로 기존 수치에 따라 결정된다. 보충제 섭취를 중단하면 4~6주 이내에 기준치 수준으로 돌아간다고 보고되었다.[46]

크레아틴은 다양한 형태의 보충제로 판매되고 있으며, 각 제품마다 효능이 다양하다. 크레아틴은 일수화물 형태로 섭취하는 것이 권장된다. 크레아틴 일수화물은 로딩 기간이 필요하며, 로딩 기간에는 5일 동안 하루 20g을 복용하고, 유지 기간 동안 훈련 후 하루 5g을 복용하면 근육 내 크레아틴 함량을 높일 수 있다.

베타 알라닌

고강도 운동을 하는 동안 저장된 에너지를 빠르게 사용하면 아데노신 이인산염(ADP), 무기 인산염, 수소이온(H^+) 및 젖산염과 같은 세포 내 대사산물이 축적된다.[42] 이러한 대사산물, 특히 H^+가 증가하면 근육 내 pH 수치가 낮아진다.[48] 여러 연구에 따르면 이러한 산성도의 증가는 근육 수축에 부정적인 영향을 미치고, 힘 생성을 감소시켜 말초 피로를 촉진하여 운동 능력을 떨어뜨린다고 한다. 이러한 산성도를 완충하는 능력은 반복적인 스프린트 퍼포먼스를 유지하는 데 중요한 결정 요인이 된다.[49]

카르노신(세포 내 완충제)의 전구체인 베타-알라닌은 다양한 방식과 기간에 걸쳐 잘 연구된 에르고제닉 효과를 가지고 있다. 특히 무산소성 운동 능력을 증가시키는 베타-알라닌은 2~4분의 활동 시간 동안 총 운동량을 증가시키는 것으로 나타났다.[50] 이러한 이점을 고려할 때 베타-알라닌은 훈련 강도를 높이기 위해 훈련 중에 유용하게 사용하거나(따라서 더 큰 적응을 촉진) 피로를 지연시키기 위해 경기 중에 사용할 수 있다. 초기 로딩 기간은 4주가 권장되며, 이 기간 동안 하루 4~6g을 복용하고 유지 관리로 계속 복용하는 것이 권장된다. 일부 운동선수는 피부 따끔거림(감각 이상)이 보고되었기 때문에 하루 동안 복용량을 분산하고 가능하면 식사와 함께 복용하는 것이 바람직하다.

카페인

다양한 스포츠 종목에서 운동선수들은 퍼포먼스 향상을 위해 카페인을 섭취한다. 카페인은 운동 능력 향상에 도움이 된다는 많은 근거와 함께 에르고제닉 보조제로 잘 알려져 있다. 카페인이 에르고제닉 보조제로 작용하는 메커니즘에 대한 연구는 운동 중 아데노신이 존재하고 농축될 때 다양한 작용을 억제하는 A_1 및 A_{2A} 아데노신 수용체에 대한 길항 작용에 초점을 맞추고 있다. 아데노신은 통증 인식을 향상시키고 각성을 감소시키며 운동 활동을 감소시키는데, 카페인은 이러한 효과를 상쇄하여 중추 신경계 메커니즘을 통해 피로를 지연시킬 수 있다.[51,52]

카페인은 유산소성 활동과 장시간의 스프린트 활동 중 피로에 이르는 시간을 지연시키는 것으로 나타났는데, 이는 카페인이 활동 중 피로를 늦출 수 있으며 산소 대사 경로에 크게 의존한다는 것을 시사한다.[53-55] 또한 카페인 보충제는 무산소 및 유산소 운동 능력을 향상시킬 뿐만 아니라 인지 기능 향상, 정신 운동 능력 향상, 반응 시간 감소를 통해 운동선수의 퍼포먼스를 향상시킬 수 있다.[56] 카페인의 효과는 운동선수가 매일 정기적으로 섭취하는 카페인의 양에 따라 달라질 수 있다. 경험상 카페인은 훈련 중에 사용하면 세션에서 더 많은 것을 얻고 세션 중 동기 부여와 의도를 높여 더 많은 양질의 운동을 완료할 수 있는 훌륭한 도구가 될 수 있다.

카페인은 퍼포먼스 또는 경기 30~60분 전에 체중 1kg당 약 3~6mg을 한번에 섭취하는 것이 권장된다.[51] 카페인은 복용량에 따라 두통, 빈맥, 과민성, 수면 장애[57] 등의 부작용을 일으킬 수도 있다. 카페인은 2004년 세계반도핑기구(WADA) 금지 목록에서 삭제되기 전까지 소변 1ml당 12μg의 허용 기준치를 가진 금지 물질로 등재되어 있었으며, 최근에는 WADA 모니터링 프로그램에 포함되었다.

코치의 인사이트

하프타임 영양 전략

제스 스펜드러브 Jess Spendlove
선임 스포츠 영양사, Health and Performance Collective 공동 창립자, 자문위원
GWS Giants, Sydney Kings, NSW Waratahs, Western Sydney Wanderers, Giants Netball, Cronulla Sharks 퍼포먼스 영양사

하프타임에 전략적으로 영양을 공급하면 신체적, 정신적 퍼포먼스에 상당한 이점을 제공할 수 있다. 하프타임은 선수들에게 재보충refuel, 재수화rehydrate, 재보급replenish의 기회를 선사한다. 이 시간을 활용하여 개인별 맞춤형 퍼포먼스 영양 전략을 실행하면 분명 뚜렷한 경기력 향상 효과를 얻을 수 있다.

축구나 호주식 럭비와 같은 지구력 기반의 필드 스포츠에서 하프타임에 집중해야 할 네 가지 영양 전략은 탄수화물, 수분, 전해질, 카페인이다. 모든 선수가 이러한 물질을 모두 섭취해야 하는 것은 아니지만, 높은 수준의 운동선수에게는 큰 도움이 된다. 스포츠 영양 전문가들은 훈련 동안 선수들에게 필요한 영양소를 파악하고 재충전을 위한 루틴을 정립하기 위해 열심히 노력하므로 경기 당일에는 전혀 새로운 일이 아니다. 이 준비 시간을 활용해 퍼포먼스와 선수 선호도에 따라 개입을 조정하고 반복하면서 선수들이 원하는 것, 필요한 것, 실용적인 것 사이의 균형을 유지한다.

하프타임 영양 전략의 구성과 제공은 주로 팀의 역량에 따라 서비스 수준과 전체 예산이 결정된다. 그럼에도 불구하고 모든 하프타임에 획일화된 전략을 실행하는 것이 목표가 되어서는 안 된다. 제약 조건에 관계없이 접근 방식이 전략적이고 실행이 체계적이라면 적은 비용으로 많은 것을 할 수 있다.

좋은 시스템과 프로세스를 갖추면 하프타임 영양 공급 전략을 최적화하여 팀의 모든 선수에게 별도의 개입 전략 없이도 모든 선수가 필요한 영양소를 섭취할 수 있다. 다음은 제 경험을 바탕으로 한 몇 가지 예시이다.

- 탈의실에 체중계를 배치하여 체중 증가 감소를 쉽게 볼 수 있도록 한다.
- 매주 동일하게 경기 전 식사와 간식을 제공하고, 선수들이 도착하기 전에 준비되도록 한다.
- 동일한 음료를 준비한다.
- 선수들의 카페인 섭취량을 개별화하여 개인 컵에 선수 번호를 표시한 다음 매주 웜업 중에 같은 시간에 섭취량을 제공한다.

이와 같은 체계는 홈과 원정을 가리지 않고 모든 경기에 일관된 전략을 제공할 수 있다. 훈련 중에 시스템을 구축하고 이를 통합하면 선수들은 치료를 위해 의료진을 만나거나 게임 계획 지침을 위해 코치를 만나는 등 다른 일이 있더라도 경기 당일에 이러한 영양 전략을 쉽게 적용할 수 있다.

일관성과 접근성은 모두 성공적인 연료 재공급을 위한 중요한 요소이다. 궁극적으로 필자는 결과를 중요하게 생각하기 때문에 과정에서 최대한 많은 마찰을 제거하려고 노력한다. 선수들이 탈의실에 들어 올 때 간식, 보충제, 음료가 제자리에 있는지 확인한다. 선수들이 다른 생각을 하고 있다는 것을 알기 때문에 가능한 한 명확하게 배치하고, 선수들의 재량권을 거의 요구하지 않는다.

다른 고려 사항으로는 스포츠 종목에 따라 하프타임에 발생할 수 있는 다양한 시나리오가 있다. 팀이 함께 원 모양으로 모여 앉는가? 그렇다면 원 중앙, 의자 아래, 라커 등 필요한 곳에 선수들이 확실히 접근할 수 있도록 한다. 선수들이 더 작은 포지션 그룹으로 나뉘는 경우에도 마찬가지이다. 나는 종종 선수들을 위해 간식과 보충제를 담은 개인 맞춤형 가방을 미리 만들어서 나눠주는 것이 이 과정에서 마찰을 없애는 좋은 방법이라는 것을 알게 되었다. 경기 당일의 영양 공급은 선수들에게 수월하게 이루어져야 하므로 제공되는 음식의 설정, 구조, 전달 방식을 살펴보면 이 부분을 쉽고 효과적으로, 무엇보다도 일관성 있게 전달하는 데 도움이 된다.

더 많이 준비하고 자동화할수록 시간과 여유를 확보할 수 있어 플레이어가 경련을 일으키거나 구토를 하는 등 예기치 않은 상황에 효과적으로 대처할 수 있다.

일관성이 가장 중요하다. 제 경험상, 지속 가능한 덜 정교한 시스템을 도입하는 것이 지키기 어려운 정교한 시스템을 도입하는 것보다 낫다. 하지만 내가 배운 가장 큰 교훈은 경기 당일 영양 공급은 주 초부터 시작된다는 것이다. 주문, 포장, 체크리스트 작성, 예산에 맞는 품목 준비, 선수들이 도착했을 때, 경기 중, 경기 후에 먹을 수 있는 간식 준비 등이 포함된다. 많은 계획과 준비를 거쳐야 잘 실행할 수 있다. 선수들의 필요와 취향, 선호도를 파악하는 것도 포함된다. 일관성을 유지하고 결정적인 순간에 중요한 것을 놓치지 않으려면 체계성을 유지하는 것이 가장 중요하다. 제대로 된 재충전은 경기의 판도를 바꿀 수 있다!

요약

퍼포먼스 영양 전략을 계획할 때는 이 장에서 설명한 세 가지 요소, 즉 총량, 유형, 시기를 고려하는 것이 기본 틀이 되어야 한다. 기적처럼 모든 걸 해결해줄 보충제나 일시적인 유행이 이 근본적인 원칙을 대신할 수는 없으며, 이 기본 원칙이 없으면 계획도 의미가 없어진다. 이러한 원칙은 선수에게 제공되는 모든 교육의 기초가 되어야 하며, 이를 통해 선수 스스로 적절한 식품을 적절한 시기에 충분한 양으로 선택하여 퍼포먼스를 지원하고 식품 우선 접근 방식을 통해 회복을 최적화할 수 있어야 한다. 일부 운동선수들은 스포츠 영양제를 보충제로만 섭취하는 경우가 있는데, 이러한 운동선수들은 보충제는 보충을 위한 것이지 대체할 수 있는 것이 아니라는 점을 기억해야 한다. 보충제 섭취를 고려하기 전에 영양소가 풍부한 식품을 통해 기초 영양을 충분히 섭취해야 한다.

과학에 기반한 실무자로서 우리는 모두 관련 연구와 그 적용이 스포츠에 어떻게 도움이 되는지 이해할 수 있지만, 선수들에게 우리 분야의 가치를 인식시키고 그들의 동의를 얻을 때 진정한 영향력을 발휘할 수 있다. 예를 들어 지구력 운동선수와 같은 일부 종목의 선수들은 봉크bonk 현상이 오거나 아직 몇 마일을 남기고 벽에 부딪혔을 때 영양의 가치를 곧 깨닫게 된다. 다른 스포츠에서는 영양이 경기나 퍼포먼스에 미치는 영향을 실제로 측정하는 것이 까다로울 수 있다. 영양이 승패를 가를 수 있기 때문에 선수들이 퍼포먼스 영양을 중요한 무기의 일부로 받아들이도록 할 때 관계 구축, 신뢰, 존중의 부드러운 기술이 큰 도움이 된다.

필수 항목

- 운동 능력과 최적의 퍼포먼스를 유지하려면 운동선수의 에너지 요구량을 이해해야 한다. 섭취량과 소비량의 지속적인 불일치는 건강에 부정적인 영향을 미칠 수 있다.
- 모든 선수에게 맞는 체질량 또는 기능적 체질량에 대한 단일 값은 없으므로 선수 체성분 데이터는 최적의 체성분을 결정하기 위해 퍼포먼스 데이터와 함께 고려되어야 한다.
- 글리코겐 고갈이 제한 요인이 될 수 있는 종목이 아니더라도 탄수화물 섭취로 인한 높은 탄수화물 산화율을 유지하는 것이 현명하다.
- 운동선수는 경기 전과 경기 후, 특히 힘든 경기 일정 중에는 더 높은 근육 글리코겐 농도를 유지하고 보호해야 한다.
- 시간당 30~60g의 탄수화물을 섭취하면 중등도에서 고강도의 에너지가 필요하고 60분 이상 지속되는 운동 중에 퍼포먼스를 향상시킬 수 있다.
- 근육 글리코겐이 심하게 고갈되었을 수 있는 경기 후에는 운동 후 3~4시간 동안 시간당 1.2g의 HGI 탄수화물을 섭취하여 재합성을 최대화한다.
- 단백질 섭취량은 하루 체중 1kg당 1.3~2.0g으로, 전체 체중에 따라 3~4시간마다 약 20~30g을 섭취해야 한다.
- 운동선수의 전체 지방 섭취량은 양질의 공급원을 통해 하루 체중 1kg당 1~2g을 섭취해야 하지만 실제 섭취량은 운동선수, 종목 및 목표에 따라 크게 달라질 수 있다.
- 운동선수는 음식을 우선으로 하는 접근 방식을 채택해야 한다. 보충제는 보충제이지 대체제가 아니기 때문이다. 보충제가 제공할 수 있는 이점을 조사하기 전에 기초적인 영양 섭취가 탄탄해야 한다.

Chapter 8

피트니스와 퍼포먼스 모니터링

스튜어트 코맥 Stuart Cormack, PhD
호주 가톨릭대학교 행동 및 건강과학부
SPRINT 연구센터(스포츠 퍼포먼스 · 회복 · 손상 및 신기술 연구소)

아론 J. 코츠 Aaron J. Coutts, PhD
시드니공과대학교(UTS) 보건대학, 스포츠 · 운동 · 재활학부, 인간 퍼포먼스 연구센터

선수 트레이닝의 목적은 경기력을 최적화하는 것이다. 적절한 선수 모니터링은 선수의 목표를 달성하는 데 도움이 되기에, 현재 대부분의 선수 트레이닝 과정 중 일반적인 부분으로 자리 잡았다. 그러나 트레이닝과 적응 과정의 특수성은 각 선수와 트레이닝 형태에 따라 다르므로 선수별로 부하와 반응을 관찰하는 것이 필요하다. 지도자들의 의사 결정 과정을 돕기 위해 부하 및 반응에 대한 다양한 도구와 측정 방법이 도입되었다. 그러나 데이터의 가용성이 증가하게 되면서 이 과정이 복잡해질 수 있고, 혹은 제대로 적용되지 않으면 적응과 퍼포먼스를 제한할 수 있는 잘못된 트레이닝 결정으로 이어질 수 있다.

기술 및 데이터의 복잡성에 상관없이, 트레이닝이나 경기의 양을 통한 반응, 즉 용량-반응 관계에 대한 이해는 최적의 프로그램을 개발하는 핵심이 된다.[1] 추가적으로 트레이닝 및 시합의 부하를 관찰하는 방법의 중요성, 즉 타당성을 이해하는 것이 중요하다. 이 장에서는 트레이닝 부하와 피로를 모니터링하는 데 사용할 수 있는 접근 방식들을 살펴보고, 이러한 방법의 효율성을 검토해 본다. 우리는 특히 이론적 개념과 실질적 적용 사이의 연계성을 중점에 둔다.

트레이닝 용량-반응 관계

퍼포먼스 향상을 위한 적절한 자극을 적용하는 과정은 트레이닝의 강도(용량)와 회복 간의 상호작용에 중점을 둔다.[2] 이론적으로, 훈련 자극이라는 형태로 가해진 스트레스는 항상성을 깨뜨리고, 이후 다시 기준선으로 돌아오는 과정을 거친다고 본다. 이는 용량-반응 방식으로 발생하는 것으로 보이며, 스트레스가 클수록 항상성으로 돌아가는 데 필요한 회복 기간이 길어진다.[3] 이러한 용량-반응 주기의 결과로 인해 유사한 자극으로 인한 항상성 저하를 방지하는 생리적 적응이 발생한다.[4~6] 이 과정(초과회복)의 핵심 요소는 트레이닝 자극 이후 충분한 회복 기간을 제공하는 것이다(그림 8.1).[7,8]

주어진 트레이닝에 대한 적응을 최적화하기 위해서는, 다음 스트레스를 적용하는 타이밍이 중요하며, 이상적으로는 초과회복 기간 동안 주어져야 한다.[6,9] 만약 2차적인 스트레스 자극 없이는 트레이닝에 대한 긍정적인 적응이 무산되고 선수는 트레이닝 전 수준으로 돌아간다.[2,4,5] 그러나 2차 자극이 너무 일찍 적용되면 피로가 누적되고 항상성으로 돌아가는 데 지연(심지어는 방지)될 수 있다.[7,10,11] 트레이닝 스트레스를 지속해서 부적절하게 적용하면 부적응과 퍼포먼스 저

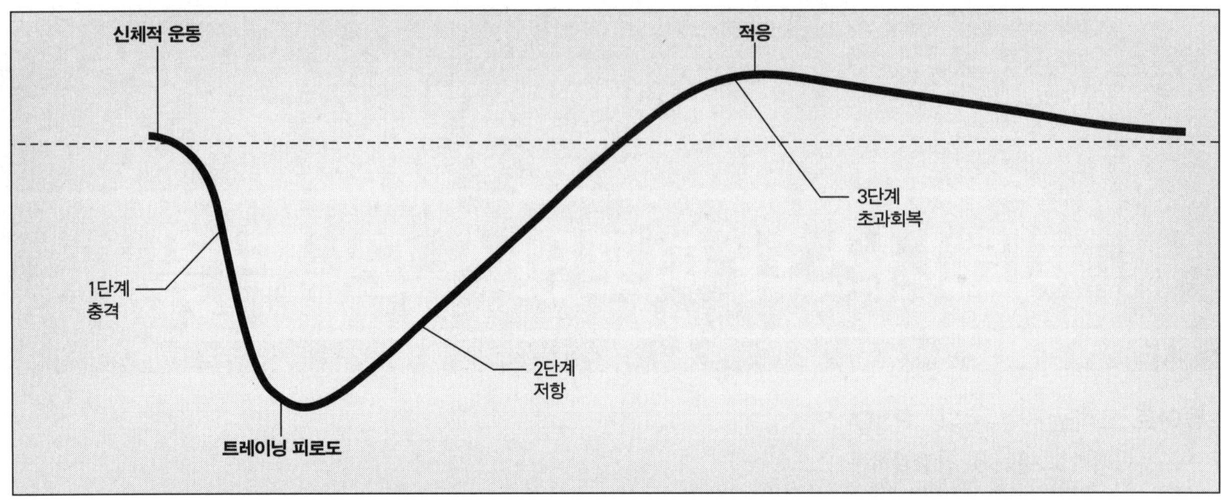

그림 8.1 스트레스 요인에 대한 반응을 설명하는 일반 적응 증후군(GAS General Adaptation Syndrome) 이론이다.
Adapted from H. Selye, *The Stress of Life* (London: Longmans Green, 1956).

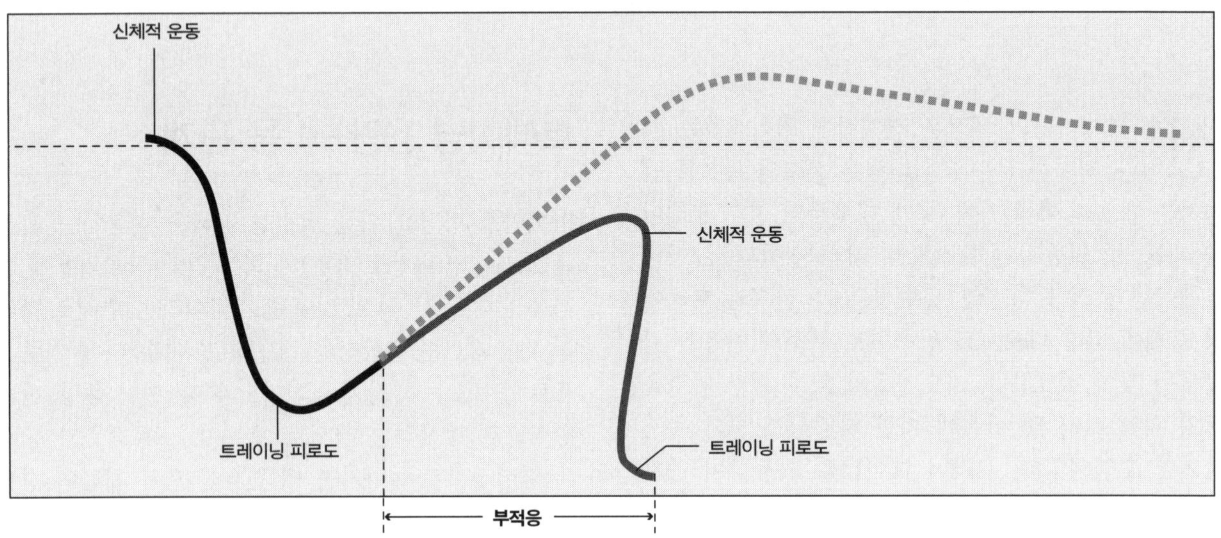

그림 8.2 트레이닝 후 회복 불충분으로 인한 트레이닝 부적응.

하를 초래할 수 있다(그림 8.2 참조).

이론적으로는 피로-회복 주기가 단순해 보이지만, 실제로는 무수히 복잡한 심리적-신체적 적응이 트레이닝 중 발생하므로 선수의 트레이닝 부하-퍼포먼스 반응을 수치로 나타내기 어렵다. 실제로 트레이닝량이 퍼포먼스와 부상 또는 질병에 미치는 영향은 복잡한 관계이다.[12,13] 예를 들어, 높거나 낮은 트레이닝 부하 모두 부상 위험에 영향을 주는 것으로 보이며,[14~17] 이는 트레이닝 연령, 신체적 능력 및 심리적 요인과 같은 다른 요인들의 중요성을 암시한다. 그러므로 앞서 언급한 바와 같이 주기화를 계획하고 트레이닝 과정을 제어하기 위해 정기적, 개별적으로 용량-반응 관계(즉, 체력, 피로, 퍼포먼스 등)를 검사하는 것이 표준적인 방법이 되었다.

피로 연속체

트레이닝 과정에서 피로는 정상적이고 바람직한 부분이고, 심각성은 그림 8.3[18]에 표시된 것처럼 연속체

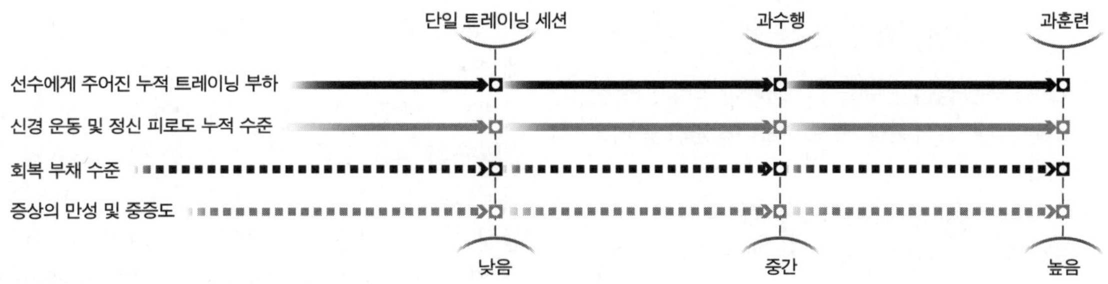

그림 8.3 피로 연속체.

로 볼 수 있다. 스트레스와 회복 사이의 균형이 적절할 때 선수는 개별 트레이닝 세션으로 인한 반응으로 급성 피로를 경험하고 자극에 따라 몇 시간 또는 며칠 내에 회복된다.[19] 그러나 회복기간 없이 강도 높은 트레이닝이 지속된다면, 선수는 과수행overreaching 상태가 시작될 수 있다.[18] 선수가 과부하 트레이닝으로 인해 일시적인 퍼포먼스 저하를 겪게 되면 '기능적 과수행functional overreaching' 상태에 들어갔다 할 수 있다.[20] 과부하 트레이닝이 계속되고 계획되지 않은 피로가 지속되면 선수는 비기능적 과수행nonfunctional overreaching으로 고통받을 수 있고 이는 몇 주 동안 지속될 수도 있다.[18] 피로 지속의 마지막 단계는 '과훈련 증후군overtraining syndrome'(혹은 설명하기 어려운 퍼포먼스 저하 증후군[21])으로, 이는 훈련량을 크게 줄이고 장기간 회복을 시도해도 경기력 저하가 지속되는 상태를 말한다.[18] 이 상태는 진단 가능한 질병으로 설명되지 않으며, 여러 생리적 시스템의 이상과 심리적 문제를 동반할 수 있다.[18,20]

현명한 방법

- 적응을 이끌어 내기 위해 일시적인 피로를 유발하는 항상성의 저해가 필요하다.
- 피로 반응의 지속 기간은 자극 유형에 따라 다르다.
- 과훈련 증후군은 일반적이지 않다.

트레이닝과 경기의 정량화

외적 부하 측정(예: 지속 시간, 속도, 이동 거리)은[22] GPSGlobal Positioning System, 가속도계, 파워미터, 카메라 시스템과 같은 기술이 일상적으로 사용 가능해지면서[23] 이제 일반화되고 있다. 그러나 외적 부하의 일상적인 측정이 자동적으로 훈련 과정이나 경기 결과의 개선으로 이어지지는 않는다.[23] 외적 부하의 각 구성요소의 관련성은 활동의 특성과 모니터링의 목표(즉, 퍼포먼스 최적화 모니터링과 부상 위험성 모니터링)에 따라 달라진다. 또한, 외적 부하는 선수가 경험하는 심리생리학적 스트레스에 대한 고려는 부족하다.

따라서 자극의 적응을 결정하는 것은 내적 부하다.[24] 내적 및 외적 트레이닝 부하 측정과 트레이닝 결과물 사이의 상관관계는 그림 8.4[22]에 나와 있다. 내적 부하는 심박수(HR)와 같은 객관적 지표 또는 운동 자각도와 같은 주관적 지표를 통해 정량화할 수 있다.

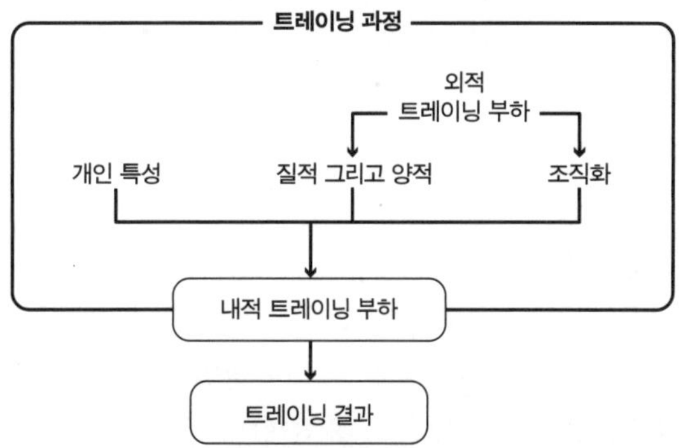

그림 8.4 트레이닝 결과에 대한 내적 및 외적 트레이닝 부하 간의 관계.

Adapted from F.M. Impellizzeri, S.M. Marcora, and A.J. Coutts, "Internal and External Training Load: 15 Years On," *International Journal of Sports Physiology and Performance* 14 (2019): 270-273.

현명한 방법

- 외적 부하 측정은 점점 단순해지고 있지만 적절한 측정을 선택하는 것은 트레이닝 방식과 모니터링의 목적에 따라 다르다.
- 모든 외적 부하 측정이 똑같이 중요한 것은 아니다.
- 내적 부하(체력 등의 요인에 의해 영향을 받는)에 따라 적응이 결정된다.

내적 부하 모니터링

외적 부하는 운동량과 강도를 정량화할 수 있으며, 내적 부하는 해당 부하에 대한 신체의 반응 정보를 제공한다. 이 점이 매우 중요한 이유는, 내적 부하가 적응을 주도할 뿐만 아니라, 주어진 외적 부하에 대한 반응은 트레이닝 상태, 영양, 유전학과 같은 수많은 개별 요인의 영향을 받기 때문이다(그림 8.4 참조).

심박수

운동 강도를 결정하기 위해 심박수 데이터를 사용하는 것은, 심박수와 산소 소비량(O_2) 사이의 선형 관계를 기반으로 하며 이는 운동 강도가 일정하게 유지되는 강도부터 최대 이하의 다양한 강도에서 적용이 가능하다.[25] 무선 심박수 모니터의 보급으로 인해 심박수는 현장에서 운동 강도를 측정하는 데 널리 사용되는 방법이 되었다.[26] 심박수는 운동 강도를 측정하고, 트레이닝을 처방하고, 체력 수준을 모니터링하는 데 유용할 수 있지만,[26,27] 팀 스포츠에서 운동 강도를 모니터링하고 처방하는 데 심박수를 사용하는 데는 한계가 있다는 점에 유의해야 한다.

TRIMP 방법

상대적인 트레이닝 강도를 해석하기 위해, 배니스터Banister와 동료 연구원들은 트레이닝의 모든 구성 요소를 하나의 임의의 단위로 통합하여 시스템 모델에 적용할 수 있도록 한 트레이닝 자극(TRIMPTraining Impulse)이라는 개념을 고안했다.[28] 이 방법은 이후 다른 연구자들에 의해 확장되어 왔다.[29~36]

TRIMP 방법은 처음에 수영 훈련에 적용되었으며, 훈련 부하는 수영한 거리×주관적인 강도 계수로 계산했다. 이후, 보다 객관적인 운동 강도를 추정하는 방법으로 평균 심박수를 사용하여 각 세션 동안 예비 심박수의 평균 수준(ΔHR ratio)을 결정하는 방식이 도입되었다.[38~40] 이 방법을 사용하려면 각 트레이닝 세션에 대한 심박수 정보 기록과 최대 및 안정 시 심박수 값에 대한 정보가 필요하다. 고강도 트레이닝의 상대적으로 더 큰 스트레스를 강조하기 위해 무게 지수가 포함되었다. 이 지수는 평균 ΔHR 비율과 운동 강도에 따른 혈중 젖산 곡선을 반영하는 상수(b)의 곱의 지수함수로 계산된다. 트레이닝 부하는 다음 방정식을 사용하여 계산된다.

$$\text{트레이닝 부하} = D(\Delta HR\ ratio)e^{b(\Delta HR\ ratio)}$$ [1]

여기서 D=트레이닝 기간, b=여성은 1.67, 남성은 1.92이다.[40,41]

에드워즈Edwards[42]의 TRIMP에 대한 대안적인 접근법을 제안하였다. 이는 각 훈련 세션에서 심박수 구간별 누적 운동 시간에 해당 구간에 할당된 가중치를 곱하여 운동 점수를 계산하는 방식이다(50~60%=1, 60~70%=2, 70~80%=3, 80~90=4 및 90~100%=5). 다른 방법은 환기 역치(VT)보다 낮은 수치, 환기 역치와 호흡보상점(RCPrespiratory compensation point) 사이, 호흡보상점 이상으로 구분하여 나타내는 심박수 단계를 사용하는 것이다.[30]

또한, 운동 강도의 척도인 TRIMP 접근 방식은 팀 스포츠 환경[43~45]에서 사용되어 왔으며, 개별적으로 계산된 TRIMP 점수(팀 평균 값과 대조되는)는 심박수로부터 내적 부하를 정량화하는 데 가장 적합한 형태일 수 있다.[44]

심박변이도

'심박변이도(HRV)'는 박동 간 간격의 일반적인 변화를 나타낸다.[46] 건강한 개인의 심박수 자율 조절은 주로 부교감 신경계(PNSParasympathetic Nervous System)와 교감 신경계(SNSSympathetic Nervous System) 활동의 결과다.[46] 부교감 조절은 심박수를 감소시키는 반면, 교감 조절은 상승시킨다.[46] 이러한 심박수의 주기적 변화는 HRV로 정량화할 수 있으며 여러 다른 기술들을 사용하여 측정할 수 있다. 하지만 분석은 복잡할 수 있다.[47,48] 박동

간 간격RR interval을 통한 HRV 분석은 시간 영역, 주파수 영역 및 비선형 측정의 세 가지 범주로 분류된다.[49]

급성 운동 직후의 HRV 측정은 일반적으로 자율신경 조절이 교감 신경 조절로 전환되어 비교적 빠르게 정상으로 돌아옴을 보여주지만, 항상 그런 것은 아니다.[50,51] 만성 운동의 결과로 부교감 및 교감 신경 조절이 각각 증감할 수 있지만 항상 그런 것은 아니다.[46] 심박변이도는 하이퍼포먼스 스포츠 환경에서 점차 일반적으로 사용되고 있으며, 연구에 의하면 팀 스포츠 선수의 부교감신경계(PNS)와 교감신경계(SNS) 조절 사이에 자율신경 균형이 이동하는 것으로 나타났다.[52~54] 일반적으로 휴식 중 혹은 운동 후 HRV와 심박수 회복(HRR) 증가는 트레이닝에 대한 긍정적인 적응을 나타낸다.[48]

과훈련은 심박수를 교감 신경으로 조절하는 것이 특징인 반면, 비기능성 과수행과 과훈련에서는 교감 신경 조절이 억제되고 부교감 신경 활동이 증가하는 것으로 나타났다.[56] 그러나 자율 제어의 변화 방향을 해석하는 것은 어려울 수 있으며,[55] 해석을 위한 맥락을 제공하기 위해 다른 요인(예: 최근 트레이닝 이력, 지각 측정)을 고려해야 한다.[47] 또한, 신뢰할 수 있는 HRV 측정값을 얻는 것과 같은 실질적인 문제로 인해 특히 대규모 선수 그룹에 적용될 때 이 접근 방식의 실제적 유용성은 제한될 수 있다.

심박수 회복

운동이 중단되면 조정된 교감신경의 중단과 부교감신경 재활성화가 발생하여 심박수가 급격히 감소한다.[46] HRR(심박수 회복)의 개선은 체력 향상과 관련이 있는 반면, 늦은 회복률은 트레이닝 중단을 나타낼 수 있다.[48,57,58] HRR은 자율신경계 조절의 영향을 받기 때문에 자율신경계 상태를 측정하는 데 유용한 수단이 될 수 있다.[46] 심박수 회복은 과수행의 시작을 감지하는 데 유용할 수 있으며, 표준 최대하 달리기 프로토콜이 이 목적에 적합할 수 있다(이 장 뒷부분의 보이지 않는 모니터링에 대한 논의 참조).[59,60]

심박수 기반 방법의 한계

심박수 측정의 사용은 일반적이고 비교적 간단하지만, 트레이닝 부하를 정량화하기 위해 이러한 측정 항목을 사용하는 데는 수많은 어려움이 있다.[35,61~63] 여기에는 잠재적으로 고가의 장비, 데이터 해석에 필요한 전문 지식 부족, 데이터 손실을 초래하는 기술적 오류 등이 포함되지만 이에 국한되지는 않는다. 게다가 심박수는 고강도 인터벌이나 근력 트레이닝과 같은 고강도 운동 중 강도를 평가하는 데 상대적으로 부족한 방법이기도 하다.[35] 고려해야 할 또 다른 요소는 데이터 수집 빈도와 환경에 대한 다른 요소이다. 이는 분석 및 해석을 위해 선택된 변수에 영향을 미칠 수 있다.[47]

운동 자각도

내적 부하를 측정하는 이전 접근 방식은 객관적인 측정을 사용했다. 그러나 개인의 노력에 대한 인식을 통해 주관적으로 운동 강도를 결정하는 것이 일반적인 접근 방식이다. 전반적인 운동 자각은 말초 작용 근육과 관절, 중추 심혈관 및 호흡 기능 그리고 중추 신경계로부터의 피드백 통합을 나타내는 것으로 제안된다.[64] 스웨덴의 과학자 군나르 보르그Gunnar Borg 교수와 그의 공동 연구자들은 운동 중의 노력에 대한 인식을 평가하기 위한 다양한 척도[65~68]를 개발하고 검증했다. 여기에는 21점 척도와 15점 척도가 포함되어 있으며, 이 척도에서는 노력에 대한 인식이 힘의 산출량과 심박수에 따라 선형적으로 증가한다.[64,69]

6~20 범주의 15점 척도의 한계(즉, 자극과 반응[즉, 운동 자각도] 간의 선형성에서 벗어나는 편차를 반영하지 못함)를 해결하기 위해, 양적으로 가속하는 방식으로 증가하는 특성을 가진 범주-비율 운동 자각 척도가 개발되었다.[64] 범주 비율 척도(예: deciMax, CR10 및 centiMax CR100)는 각각 0~11, 1~120 범위의 값을 사용하며, 숫자 값은 개별 비교가 가능하도록 언어 표현으로 고정된다. 일반적으로 CR10 척도는 운동 자각도(RPE)를 제공하는 최적의 표준 방법이었다. 그러나 불행하게도 이는 종종 단순한 0~10 범주 척도로 잘못 해석되는 경우가 많았다. 선수는 척도의 등간 척도로 이해하여 비율 특성을 왜곡하고 자극 반응 기능에 편차를 일으키는 정수의 값만을 말하는 경향이 있다.[70] 최근에는 CR100이 운동 자각을 평가하는 더 민감한 방법으로 주목을 받았다.[71,72] CR100 척도는 CR10 척도의 세분화된 버전이며 비선형 비율 데이터를 평가하고 자각된 노력의 미세한 변화까지 감지 가능성을

높이기 위해 개발되었다.[72] 보르그의 운동 자각도 척도는 적절한 심리 측정 방법을 사용하여 개발되었다. 다른 많은 수정된 척도(즉, 색상이 추가되거나 설명이 변경된 척도)가 있지만, 이는 검증되지 않았다.

요약하자면, 모든 상황에서 운동 자각도를 측정하기 위한 하나의 완벽한 척도는 없다. 보르그 15점 척도는 여전히 널리 사용되지만, CR10 및 100 척도는 노력에 대한 자각이 비선형 신체 반응과 연관되어 있는 고강도 운동(예: 팀 스포츠)에 더 적합할 수 있다. 지도자는 적절한 검증을 거치지 않은 수정된 척도를 사용해서는 안 된다. 최근에는 운동 자각도가 선수의 트레이닝 부하를 정량화하기 위해 다른 측정값과 함께 사용되었다. 가장 널리 사용되는 방법은 session-RPE 방법이다.

Session-RPE 방법

Session-RPE 방법은 피지컬 트레이닝을 모니터링하기 위한 TRIMP 방법의 수정된 버전으로 처음 제안되었고,[35] 10점 보르그 척도를 사용하여 트레이닝 강도에 트레이닝 시간(분)을 곱하여 계산한다. 이렇게 하면 각 세션의 내적 트레이닝 부하를 나타내는 트레이닝 자극 점수(일반적으로 부하라고 함)가 나온다. Session-RPE는 팀 스포츠를 포함한 다양한 운동 형태에서의 광범위한 강도의 내부 트레이닝 부하를 추정하는 유용한 도구로 검증되었다.[35,67,73-77] 세션 부하(RPE×세션 지속 시간)는 많은 스포츠 환경에서 s-RPE 값을 사용하여 가장 일반적으로 계산되는 지표이다. 그런 다음 단일 세션 값을 매일 합산할 수 있으며, 주간 부하는 평균 일일 부하에 7을 곱하여 정한다.[67] 또한, '단조로움monotony'과 '긴장strain'이라는 다른 변수를 계산할 수 있는데, 이 변수들은 서로 다른 매우 유용한 정보를 제공한다.[67] '단조로움'은 일주일 동안의 트레이닝 부하 변화를 의미하며, 일일 평균 부하를 일일 부하 표준편차로 나눈 값으로 계산된다. 한편, '긴장'은 단조로움과 부하의 곱이다.[67] 지도자들은 각 계산이 최종 값에 미치는 영향을 알고 있어야 한다. 예를 들어, 단조로움에 대한 파생 값은 세션 표준편차의 함수로 계산되는지, 아니면 일일 평균 부하 표준편차의 함수로 계산되는지에 따라 영향을 받을 수 있다. 후자가 일반적인 접근 방식이지만, 실제 세션 간 변동을 정확하게 반영하지 못하기 때문에(예: 하루 동안의 어려운 세션과 쉬운 세션) 대표성이 떨어지는 단조성 값이 산출될 수 있다. 단조로움과 긴장에 대한 자세한 논의는 이 장의 범위를 벗어난다. 그러나 독자는 이 섹션에서 인용된 참고 문헌을 참조할 수 있다.

내적 반응을 평가하기 위해 심박수와 같은 객관적 측정에 비해 RPE를 사용하는 이점은 값비싼 장비가 필요하지 않으며 고강도 운동(스프린트, 저항 및 플라이오메트릭 트레이닝) 중에 더 유효한 접근 방식을 제공할 수 있다는 것이다. 그러나 운동 자각을 정의하는 방법은 다양하고 이러한 점은 혼동되고 타당성을 위협할 수 있다.[78] 게다가 RPE는 단일 객관적 척도보다 전반적인 내적 부하를 평가하기 위한 훨씬 더 포괄적 차원의 척도로 여겨질 수 있다.

최근에는 호흡량(sRPE-B), 하체 근육 자각도(sRPE-L), 상체 근육 자각도(sRPE-U) 및 인지/기술적 요구(sRPE-T)를 기반으로 RPE의 개별 측면을 정량화하려는 시도가 있었다.[79,80] 이 접근법은 각 선수로부터 더 많은 데이터를 모아야 하지만, 코치와 과학자에게 특정 트레이닝 방식에 대한 용량 반응의 특정 정보를 제공할 수 있다.[80] 그러나 이러한 접근 방식은 운동 자각도가 통증 혹은 불편함과 혼동될 수 있으므로 주의가 필요하다. 결과적으로, 운동 자각이 고립된 방식으로 사용되어야 하는지, 보다 포괄적으로 사용되어야 하는지를 결정하기 위한 추가 연구가 필요하다.[78]

선수 반응 측정

트레이닝과 경기에 대한 선수의 반응을 평가하는 것은 매우 복잡하며 스포츠 과학 분야에서 상대적으로 미숙한 연구 분야이다. 궁극적으로 선수의 반응을 모니터링하는 목적은 선수가 트레이닝과 경기에 어떻게 대처하는지 알아내고 이 정보를 사용하여 다음 트레이닝 활동을 최적화하는 것이다. 이 분야의 초기 연구는 생리적 지표 사용에 중점을 두었지만,[81,82] 트레이닝을 이끌어 가기 위해 이러한 반응 측정을 사용하는 실제 적용은 제한적인 성과만을 거두었다.[83]

반응을 정량화하는 과제는 스포츠 과학에만 국한된 문제가 아니다. 실제로 이러한 문제는 의료 환경에서 발생했으며 구체적이고 검증된 설문지를 사용하여 건강 상태에 대한 환자의 견해를 평가했다. 이러한 방법을 '환자 보고 결과 측정(PROMspatient-reported outcome measures)'이라고 한다. 스포츠 과학에서도 유사한 접근 방식이 사용되었으며 트레이닝 및 경쟁에 대한 반응(주로 증상 및 신체 징후)의 주관적인 측정이 일반적으로 사용된다. 이 방법은 '선수 보고 결과 측정(AROMs athlete-reported outcome measures)'이라고 하며 때로는 '선수 자체 보고 측정(ASRMs athlete self-report measures)'이라고도 한다. 원래 주관적 반응에 대한 연구의 관심은 과수행과 과훈련의 초기 증상을 감지하는 것이었다. 더 최근에는 AROM이 트레이닝 적응과 신체적 퍼포먼스를 최적화하는 방법으로 선수 모니터링 시스템에 사용되었다.

일반적인 AROM 기구[84]는 기분 상태 검사 설문(POMS Profile of Mood State questionnaire),[85] 선수의 생활 수요에 대한 일별 분석(DALDA Daily Analyzes of Life Demands of Athletes),[86] 선수를 위한 회복 스트레스 설문지(RESTQ-S Recovery Stress Questionnaire for Athletes)[87] 및 다요인 트레이닝 스트레스 척도 Multi-Component Training Distress Scale가 있다.[88]

기분 상태 검사 설문(POMS)은 개인의 기분을 평가하기 위해 설계된 심리 측정 도구이며 기분 상태와 긴장, 우울증, 분노, 활기, 피로 및 혼란 수준에 대한 전반적인 측정을 제공한다.[85] POMS 설문지는 고강도 신체적 트레이닝을 받는 선수의 기분 상태를 평가하는 데 사용되었다.[89~95] 충분히 트레이닝된 선수의 경우 운동은 기분 상태 중 활력을 증가시키고 긴장, 우울증, 분노, 피로 및 혼란을 감소시켜 전반적인 평가를 향상시키는 것으로 나타났다.[92] 과도한 운동을 하면 그 반대 현상이 나타났다.[89~91,93,96] 일부 연구에서는 POMS가 과수행 및 과훈련을 반영하지 않을 수 있고[94,95,97] 기분 상태가 수많은 외부 요인에 의해 영향을 받을 수 있으므로 POMS는 다음과 같은 과수행 및 과훈련을 진단할 때 사용되는 퍼포먼스 저하 및 생리적 지표 같은 과도한 피로를 나타내는 다른 지표와 함께 사용되어야 한다.

선수의 생활 수요에 대한 일별 분석(DALDA)은 선수의 스트레스 수준을 평가하기 위해 설계된 도구다.[86] 이는 두 개의 주요 영역으로 구성되는데, 파트 A는 일반적인 스트레스 요인을, 파트 B는 스트레스 반응 증상을 다루고 트레이닝 및 시합 부하에 반응하여 선수의 스트레스 수준과 심리적 웰빙을 매일 관찰할 수 있는 방법을 제공한다.[93] 회복 및 스트레스 설문지(REST-Q Sport Recovery and Stress Questionnaire)[87] 및 다요인 트레이닝 스트레스 척도[88]는 POMS 및 DALDA와 유사한 정보를 제공하는 검증된 AROM이다.

다른 AROMs

심리 측정 검증이 없음에도 하이퍼포먼스 팀 스포츠 선수의 근육통, 피로 및 전반적인 웰빙 점수에 대한 다양한 인식의 변화를 평가하기 위해 실제로 많은 간단한 웰니스 설문지가 사용되어 왔다.[98~101] 이러한 설문지의 유용성은 사전 외적 부하[17]의 영향을 받는 것으로 나타나고 선수 평가가 후속 외적 부하[100]의 변화와 일치한다는 사실에 의해 부분적으로 지지되고 있다. 그러나 수면의 질과 같은 설문지 측면의 타당성은 의문시되었으며,[102] 이러한 목적을 위해 특정 설문지를 사용하는 것이 필요할 수 있다.[103]

웰니스 설문지를 포함한 심리 측정 목록의 일상적인 사용은 대부분의 모니터링 시스템의 표준 부분을 형성한다. 왜냐하면 선수의 반응은 트레이닝 및 시합에 어떻게 대처하고 있는지에 대한 정보를 조기에 제공할 수 있기 때문이다. 게다가 이러한 접근 방식은 시간과 비용에 있어 효율적이다. 주관적인 모니터링 도구는 트레이닝에 따른 급성 및 장기 반응에 대한 가치 있는 정보를 제공할 수 있지만, 트레이닝 부하를 모니터링하고 선수의 트레이닝 반응을 평가하는 객관적인 방법에도 상당한 관심이 있다. 그러나 현재 스포츠 과학에는 일상적인 선수 모니터링을 위한 검증된 AROM 기구가 많지 않다. 다른 영역 작업에 이어 이러한 도구를 확립하려면 입증된 개발 프로토콜을 사용하는 추가 연구가 필요하다.

현명한 방법

- 내적 트레이닝 반응은 객관적, 주관적 측면 모두에서 측정될 수 있다.
- 일부 객관적인 내적 부하 측정의 유용성은 활동 특이성에 따라 다르다.
- 자가 답변 설문지와 Session-RPE는 간단하면서도 매우 가치 있는 도구다.
- 검증된 심리측정 설문지의 일상적인 사용은 선수의 부하에 대한 반응의 중요한 정보를 제공할 수 있다.

외적 트레이닝 부하 측정

현재 GPS, 자동화 카메라 시스템 및 가속도계와 같은 마이크로 기술과 같은 추적 기술에 대한 보편화로 과학자와 지도자는 트레이닝과 경기 모두에서 외적 부하를 측정할 수 있게 되었다. 대부분의 경우 데이터는 실시간으로 제공된다. 수많은 리뷰를 포함하여 이러한 기술로 수집된 외적 부하 변수[104,105]를 광범위한 연구 부분에서 검토했으며, 더 자세한 정보는 관련 문헌[106,107,108]을 참조할 수 있다. 이 연구 중 일부는 특정 변수와 퍼포먼스 및 경쟁 수준 사이의 연관성을 보여주었다.[105,109,110] 급성 피로로 인해 경기 내에서 일어나는 변화에도 주목했다.[110~113]

추가적으로 GPS 및 다른 추적 시스템에서 얻은 일반적인 속도 및 거리 측정법 외에도 고속 샘플링 가속도계, 자이로스코프 및 자력계와 같은 '관성 측정 장치(IMU$_{\text{inertial measurement units}}$)'로 알려진 추가 센서의 데이터가 외적 부하를 정량화하는 데 특히, 팀 스포츠에서 점점 더 많이 사용되고 있다.[114~118] 이러한 접근은 단순한 속도 및 거리 측정법에서 고강도 가속, 감속 및 방향 전환과 관련된 스포츠의 실제 외적 부하를 과소평가할 수 있도록 발전했다.[116] 이러한 목적으로 사용되는 일반적인 지표 중 하나는 Player Load™로, 제조사마다 계산 방식에 다소 차이가 있지만, 이는 수직, 내외측(좌우), 전후 방향의 가속도를 벡터 크기로 표현한 값이다.[114~116] 또한 이러한 센서를 사용함으로써 방향 전환, 야구의 투구, 크리켓의 빠른 볼링, 럭비의 태클 등 경기 중 발생하는 상황을 자동으로 감지하는 알고리즘이 개발되었다.[119~122]

외적 부하 변수의 주요 특징은 특정 운동 형태와 관련이 있어야 한다는 것이다. 예를 들어, 저항성 트레이닝에서 횟수, 부하(kg) 및 속도의 조합을 통해 유용한 통찰을 얻을 수 있다.[123] 저항 트레이닝 부하의 일반적인 전형은 세트 수×반복 횟수×들어 올린 중량을 곱하여 얻을 수 있으며, 들어 올린 중량의 상대 강도(즉, 최대값과 비교)를 포함하여 다음 방정식을 이용하면 얻을 수 있다. 세트 수×반복 수×최대 반복률.[123] 선형 위치 변환기 및 가속도계와 같은 측정 기술을 사용하면 속도 및 파워와 같은 변수로 강도를 관찰할 수 있다.[124,125]

외적 트레이닝 부하를 정량화하는 또 다른 방법은 '트레이닝 스트레스 점수(TSS$_{\text{training stress score}}$)'다. TSS는 사이클링 파워미터[126]를 사용하여 수집된 데이터를 기반으로 트레이닝 부하를 평가하는 방법으로 처음 제안되었으며, 운동 시간(분)×일반화된 운동 평균 파워×강도 무게 지수(IF$_{\text{intensity weighting factor}}$)의 곱으로 계산된다. 사이클링 파워미터에서 다운로드한 데이터를 사용하여 TSS를 계산하는 데 상용화된 소프트웨어가 사용된다. 데이터는 적절한 속도의 최대 1시간 사이클 타임 트라이얼 동안의 개인 평균 파워값을 결합하여 IF를 계산한다. TSS는 트레이닝에 대한 요구사항 및 관련 생리적 반응을 적절하게 평가할 수 있다.[127]

또한 TSS 개념은 속도 및 거리 측정 그리고 달리기 요구에 기반한 고유한 알고리즘을 사용하여 달리기에 맞게 수정되었다.[128] 러닝 TSS(rTSS)는 트레이닝 기간과 강도를 곱하여 트레이닝의 양을 계산한다. 트레이닝 강도는 역치점 러닝 스피드의 백분율로 계산된 요소를 기반으로 하고, 이는 상용 소프트웨어와 GPS 장치 혹은 가속도계를 통해 수집된 데이터를 사용하여 계산할 수 있다. 이 방법은 엘리트 1,500m 종목 선수의 장거리 체력과 피로를 7년 동안 성공적으로 추적하는 데 사용되었다.[128]

아직 타당성이 검증되지는 않았지만, TSS와 rTSS는 파워미터, GPS 장치 및 상용 소프트웨어(예: Training Peaks)에 접근성이 높아짐에 따라 트레이닝 부하 측정 목적으로 선수와 코치 사이에서 점점 인기를 얻고 있다.[129] 이러한 측정의 정확성은 파워 출력 또는 달리기 속도를 측정하는 데 사용되는 장비의 정확한 캘리브레이션에 따라 달라진다. IF를 예측하는 데 사용되는 타임 트라이얼의 페이스를 정확하게 맞추는 각 개별 능력은 TSS 계산에 영향을 미친다.

내적, 외적 부하의 통합

트레이닝 부하를 모니터링하는 현대적인 접근 방식은 내적 부하와 외적 부하를 통합하는 것이다.[130~133] 이 접근 방식은 내적 부하(예: 심박수 또는 RPE)와 관련된 외적 부하(예: 속도 및 거리 측정 기준)를 정량화하는 것을 포함하며, 이를 통해 효율성$_{\text{efficiency}}$을 일정 부분 반영할 수 있는 지표로 제안되고 있다. 즉, 동일한 외적 부하에 대해 더 높은 내적 부하가 나타난다면, 이는 최적의 상태가 아닐 수 있음을 시사할 수 있다.

피로 평가

트레이닝과 경기의 외적 부하를 정량화하는 것도 중요하지만, 주어진 부하에 대한 반응의 평가도 마찬가지로 중요하다. 많은 경우, 코치와 과학자들은 피로를 측정하는 데 관심이 있는데, 피로는 필요한 힘을 유지하지 못하는 것으로 정의되며 인지적 요소도 포함될 수 있다.[134,135] 흥미롭게도, 피로가 증상으로 보고될 때, 그것은 자가 보고를 통해서만 측정될 수 있고, 기질적 특성 또는 상태 변수로 분류될 수 있다고 제시되어 왔다.[135] 그럼에도 불구하고, 지도자들은 피로 반응을 유발하는 근본적인 기전underlying mechanism을 규명하여 그 심각도를 이해하고 가능한 중재 방안을 결정하는 데 관심을 가진다.[136]

피로의 생리학적 부분을 설명하기 위한 모델은 신경근 피로 모델, 심혈관계 모델, 에너지 공급 모델[137] 등 수많은 모델이 있다. 흥미롭게도, 이러한 모델들 중 어느 것도 필요한 운동 강도를 유지하는 데 있어 '노력에 대한 인식perception of effort'을 중요한 요소로 다루지 않고 있다.[138] 따라서 피로 심리생물학적 모델(PBMPsychobiological Model)[138]과 통합적 조절 이론(IGTIntegrative Governor Theory)[139]이 기존 생리학적 요소 외의 측면을 포함하도록 개발되었다. PBM은 운동을 유지하는 데 필요한 노력의 수준이 선수가 발휘할 수 있는 노력의 수준을 초과하거나, 선수가 자신이 최대한의 노력을 다했다고 생각하고 더 이상 할 수 없다고 생각할 때 피로가 발생한다고 제안하고 있다.[138] 그러나 IGT는 항상성에 큰 장애로 인해 발생하는 '파멸적인 실패'를 무의식적으로 회피함으로써 퍼포먼스가 제한된다고 제안한다.[139]

다음 섹션에서는 피로 반응, 즉 준비 상태readiness를 평가하는 데 사용할 수 있는 다양한 방법을 살펴볼 것이다.[140]

퍼포먼스 테스트

많은 테스트가 신체적 능력을 평가하는 데 유용하지만, 여러 이유로 인해 특히 정기적인 경쟁 기간 동안 피로 상태를 정기적으로 모니터링하는 데 적합하지 않은 테스트도 많다. 그 이유는 피로감을 유발하는 테스트의 특성, 많은 수의 선수 수용의 어려움, 상당한 기술 요구 사항, 특수 장비(예: 등속성 동력계)의 필요성, 제한된 휴대성(예: 사이클 에르고미터), 또는 낮은 재검사 신뢰성 등이 있다.

그러나 두 번의 경기를 통해 호르몬과 퍼포먼스 반응의 차이를 확인함으로써, 잘 훈련된 선수와 과수행overreaching된 선수 또는 과훈련overtraining된 선수를 구분하는 것이 유용할 수 있다는 의견이 제시되고 있다.[141,142] 마찬가지로, 최대하 프로토콜submaximal protocol은 개인 및 단체 스포츠 선수들의 과수행 탐지에 유용할 수 있는 것으로, 최대하 셔틀 프로토콜에 대한 심박수 반응에 근거하여 퍼포먼스 저하를 겪는 것으로 확인된 선수들의 경우, 퍼포먼스 저하와 기분 상태 및 호르몬 변화 사이의 상관관계가 나타났다.[143]

보이지 않는 모니터링

피로 반응을 모니터링하는 접근 방식의 최근 발전은 스몰 사이드 게임(SSG)과 같은 도구를 사용하는 '보이지 않는 모니터링invisible monitoring' 개념이다.[113] 예를 들어, 축구 SSG 중에 나타나는 가속도계 변수의 변화는 이후의 경기 중 플레이어 로드Player Load™ 변수의 개별 벡터 분포 변화와 일치했다.[113] 이러한 움직임 전략의 변화는 경기 수행 중 피로도 평가도 가능하게 할 수 있다.[114,115,144]

신경근 피로

퍼포먼스 테스트를 이용한 신경근 피로 평가가 하이퍼포먼스 스포츠 환경에서 흔히 사용되지만, 이러한 프로토콜 중 대부분의 유효성은 불분명한 상황이다. 신경근 피로는 종종 그 원인에 따라 중추성(근위부에서 신경근 접합부) 또는 말초성(신경근 접합부에서 원위부)으로 분류된다.[136,137,145] 또한, 고강도, 중간 정도에서 높은 힘, 반복적인 신장성 또는 신장-단축 주기(SSCstretch-shortening cycle) 활동으로 인한 낮은 빈도의 신경근 피로(LFFlow-frequency neuromuscular fatigue)[146]가 발생하며 낮은 빈도의 힘 생성 능력에 대한 장기적이고 해로운 영향 때문에 지도자와 과학자에게 흥미로운 주제일 수 있다.[136,147,148] LFF를 평가하는 기준 방법은 경피적percutaneous 신경 또는 근육 자극[149]을 이용하는 것이지만, 이 방법은 선수들이 일상적으로 사용하는 데는 적합하지 않다.[146] 연구자들은 회복-스트레스 설문지[23]를 이용하거나 반동 점프(CMJcountermovement jump)와 같은 단발성 또는 반복적인 폭발성 활동을 통해 LFF를 평가하려고 시도해 왔다.[116,150,151]

하이퍼포먼스 스포츠에서 피로 상태를 평가하기 위해 반동 점프(CMJ) 프로토콜을 사용하는 것이 점점 더 대중화되고 있으며, 이 접근 방식은 상당한 연구의 주목을 받고 있다.[98,151~156] 선수의 피로를 평가하기 위해 단일 반복 및 다중 반복 프로토콜을 포함한 수많은 CMJ 프로토콜이 사용되어 왔다.[116,150,151,155]

이러한 각기 다른 연구 결과를 해석하는 데는 분석에 선택된 특정 변수(예: 점프 전략을 반영하는 결과 측정과 그렇지 않은 결과 측정), 운동의 실제 피로 유발 영향(예: 용량 반응dose response. 예: 일부 활동은 최소한의 피로 또는 전혀 피로를 유발하지 않을 수 있음), 데이터 수집 시기 등 많은 어려움이 있다. 중요하게도, 현장field 환경에서는 대부분의 경우 수행 저하performance decrement의 원인이 중추적central인지 말초적peripheral인지 구분하는 것이 어렵다. 그러나 최근 연구에서는 팀 스포츠 시뮬레이션 경기 수행이 중추 및 말초 요인에 미치는 영향에 대한 일부 단서를 제공하고 있다.[136] 본 연구에서 데이터 수집의 시기 적절성 덕분에, 축구 연습 경기 전반전이 끝난 시점에서 이미 보고된 바 없는 자발적 활성화 감소(중추 신경계에 의한 피로를 나타냄)와 말초 피로가 관찰되었으며, 이러한 현상은 경기 후에도 지속되었다.[136]

생화학적 지표

호르몬과 혈액, 소변, 타액의 기타 변수들은 선수의 트레이닝 부하에 대한 적응 정도를 파악하는 데 한동안 사용되어 왔으며, 트레이닝과 회복을 모니터링하는 데 잠재적으로 유용할 수 있다.[157] 다음 섹션에서는 좀 더 일반적으로 연구된 지표를 살펴볼 것이다. 그러나 성장 호르몬과 인슐린 유사 성장 인자와 같이 여기에서 다루지 않은 다른 지표들도 있다.

근육 손상

격렬하고 익숙하지 않은 신장성 운동은 운동 유발성 근육 손상(EIMDexercise-induced muscle damage)을 유발할 수 있다.[136,158] 크레아틴 키나아제(CK), 요소, 요산, 암모니아를 포함한 선택된 효소와 혈액 지표의 활동은 근육 손상을 반영하는 것으로 나타났다.[159~161] 이전의 연구에서는 과수행 및 과훈련을 받은 선수들의 CK 활성이 증가하는 것을 관찰했다.[162] 그러나 CK 활성의 증가는 과수행이나 과훈련보다는 급성 근육 손상을 나타낸다는 의견도 제기되었다.[81] 중요한 것은, CK 활성의 증가는 퍼포먼스 저하가 없는 무증상 장거리 러너들에게서도 보고되었다는 점이다.[160] 최근에는 CK 활성이 증가하지 않은 선수들의 과훈련에 대한 연구 결과도 보고되었다.[163,164] 팀 스포츠 선수들을 대상으로 한 연구에 따르면, 경기가 끝난 후 48시간까지 CK가 증가하다가, 경기가 끝난 후 72시간까지 기준치로 돌아온다고 한다.[136] 그러나 CK는 간접적인 지표일 뿐이고, 근육 손상 이외의 요인에 의해 영향을 받을 수 있다.[165] CK 분석을 위해 혈액 샘플을 채취하는 것이 다소 침습적이라는 점과 CK 수치에서 흔히 볼 수 있는 높은 변동성을 고려할 때, 지속적인 모니터링 프로그램의 일환으로 이 변수를 정기적으로 수집하는 것은 논란의 여지가 있다.

타액 대 혈액 지표

정맥채혈을 통한 주기적 채혈은 하이퍼포먼스 환경에서는 비실용적이겠지만, 타액을 통해 지표를 분석하는 것은 훨씬 더 실용성을 가지고 있다.[150,151]

코티졸

코티졸(CCortisol)은 신체적, 정신적 스트레스에 반응하여 부신피질에서 방출되는 당질코르티코이드이다. 코티졸 수치는 용량-반응 방식으로 최대 파워의 60%보다 높고 지속 시간이 30분 이상인 운동 강도에 반응하여 급격히 증가한다.[166] 코티졸은 깨어 있을 때 가장 높은 수준으로 관찰되고 저녁에 휴식 중 가장 낮은 수치로 점진적으로 감소하는 일일 변화를 보여준다.[167]

타액 C의 상승은 일반적으로 경기 및 연습 경기 직후에 보고된다.[116,168~170] 팀 스포츠 시즌 동안의 장기적인 반응을 조사한 연구는 많지 않지만, 일반적으로 훈련과 경기 스트레스를 많이 받는 기간 동안 C 값이 상승하는 것으로 나타났다.[94,171] 그러나 일부 조사에서는 프리시즌 기준치에 비해 시즌 중 C 값이 상당히 낮게 나타났는데, 이는 프리시즌 동안의 강도 높고 장기간 지속된 훈련에 대한 반응으로 기준선 수치 자체가 이미 상승해 있었기 때문일 수 있다.[150,172]

지구력 선수의 과수행과 과훈련에 대한 C의 반응은 잘 연구되었지만, 그 결과는 모호하다.[173~175] 코티졸의 장기적 상승은 과수행의 증상일 수 있고 트레이닝 세션과 경기 사이에 회복할 수 없음을 보여준다. 반대로 시상하부-뇌하수체 부신 축의 하향 조절로 인한 코티졸 수준의 유의미한 만성적 감소는 심각한 과훈련의 영향일 수 있다.[176] 타액 코티졸의 주기적 모니터링은 잠재적인 이점이 있지만, 통찰력을 얻는 데 필요한 비용과 전문 지식에 비하면 다른 접근 방식이 더 현명할 수도 있다.

테스토스테론

테스토스테론(T Testosterone)은 근육 조직 합성을 촉진하는 생식선 동화 호르몬 gonadal anabolic hormone 이다.[177] 테스토스테론은 단기간의 격렬한 운동 후에 증가하지만,[172,178] 격렬한 운동이 길어지면서(2시간 이상) 테스토스테론의 감소가 관찰되었다.[179,180] 증가된 테스토스테론 수치는 이전의 트레이닝 또는 경기에서 회복된 것을 반영할 수도 있다.[181]

연구의 상당 부분은 럭비, 축구 및 호주식 풋볼과 같은 종목을 포함한 스포츠에서 트레이닝과 시합 모두에 대한 T의 반응에서 조사했다.[94,116,168,170,182] 일부 보고서에 따르면 T는 접촉성 팀 스포츠 퍼포먼스 직후 감소했지만,[168] 다른 팀 스포츠 분야는 한 시즌 동안 증가한 것으로 나타났다.[170] 흥미롭게도 축구의 일부 포지션 그룹에서 더 높은 트레이닝 부하는 T를 높이는 결과를 만들었다.[170] 또한 T는 한 시즌 동안 변동성이 매우 크다는 것이 제시되었다.[150] C와 마찬가지로, 하이퍼포먼스 환경에서 T를 정기적으로 수집하고 분석하는 것은 잠재적인 이점이 있지만, 일부 스포츠의 복잡성과 잠재적인 퍼포먼스와의 상호작용 부족도 고려해야 한다.[170]

테스토스테론 대 코티졸 비율

T의 동화 작용과 C의 이화 작용으로 인해, 이 둘 사이의 비율은 신체의 전반적인 동화 작용과 이화 작용의 균형을 반영할 수 있다.[94] T:C 비율 T:C ratio 은 신체적 운동의 강도와 지속 시간, 그리고 격렬한 트레이닝이나 반복적인 경기 기간에 따라 감소하지만, 이러한 감소는 재생성 조치에 의해 역전될 수 있다.[183] 높은 T:C 비율은 동화 작용 상태를 반영하고, 30% 이상 감소하면 이화 작용 상태를 반영한다고 알려져 있다.[94] 낮은 T:C 비율은 운동선수가 과수행하고 있다는 지표일 수 있지만, T와 C 사이의 불균형은 정신적 스트레스에 의해 야기될 수도 있다.[184] T:C 비율은 T와 C를 모두 수집하고 분석해야 하므로, 비용 대비 이점이 상당히 낮을 수 있으며, 따라서 일상적인 사용은 다소 의문이 있다.

글루타민

혈장 글루타민 수치는 선수의 과수행 또는 과훈련의 신뢰할 수 있는 초기 지표로 제안되었다.[185] 과수행 또는 과훈련과 함께 보고된 낮은 혈장 글루타민 수치는 선수의 면역 기능을 감소시키고 질병 위험을 증가시킬 수 있다.[185,186] 하지만 잘 트레이닝된 선수와 과훈련된 선수의 연구 결과는 상충된다.[185,187~189]

글루타민산염

과수행 및 과훈련과 관련된 트레이닝 부하에 대한 혈장 글루타민산염 반응을 조사한 연구는 드물다.[186,188] 반복적인 고강도 운동은 근육세포 손상을 통해 휴식 중 글루타민산염 수치를 증가시키는 원인이 될 수 있으며, 이는 글루타민의 합성을 억제할 수 있다.[186]

면역 지표

운동은 면역체계에 대한 단기적인 손상을 초래하고, 강한 트레이닝은 면역기능 저하를 유발하여 선수들이 일반적인 질병에 취약하게 만들 수 있다.[190] 일부 연구에서는 트레이닝 부하가 증가함에 따라 질병률이 증가하는 것으로 나타났다.[33] 면역 상태의 잠재적 지표로는 백혈구 및 사이토카인 농도, 타액 면역글로불린 A 분비율 등이 있다.[191] 그러나 이러한 지표와 다른 지표가 일상적인 모니터링 도구로 사용될 수 있는 가능성은 다소 불분명하다.[192]

사이토카인

사이토카인은 피로와 질병의 신체적 증상과 부정적인

기분 상태 모두에서 중요한 역할을 한다.[193] 종양 괴사 인자 α(TNF-α tumour necrosis factor α) 및 인터류킨 6(IL-6 interleukin 6) 및 IL-1과 같은 사이토카인은 운동 집단에 대한 연구에서 사용되었다.[194] 장기간 격렬한 운동으로 염증성 사이토카인의 큰 증가가 입증되었다.[195] 다양한 사이토카인의 농도 증가는 과훈련과 관련이 있으며 심리 설문지의 결과를 반영하는 것으로 나타났다.[88,194] 이러한 관련성으로 인해 사이토카인을 모니터링 도구로 사용하는 것이 유용할 수 있다.

산화 스트레스

활성산소종(ROS Reactive oxygen species)은 운동 중에 생성되며 트레이닝에 대한 긍정적 적응을 자극하는 데 중요하다.[196,197] 산화 스트레스는 고강도 운동으로 인한 면역 및 염증 반응에서도 비롯된다.[136] 항산화 시스템은 유리기 free radical로부터의 세포 손상을 방어한다.[197] ROS의 생산 부족과 과잉 생산 모두 트레이닝 부적응을 초래할 수 있다.[198] 회복 미달 상태를 특징으로 하는 강도 높은 트레이닝 기간은 만성 산화 스트레스를 유발하여 피로, 퍼포먼스 저하 및 잠재적 과훈련을 초래할 수 있다.[199,200]

현명한 방법

- 트레이닝과 시합에 대한 반응을 모니터링하는 데 유용한 수많은 객관적 지표가 제안되어 왔다.
- 하이퍼포먼스 환경에서 사용할 적절한 객관적 변수는 타당성에 따라 달라진다.
- 최근 기술 발전으로 외적 트레이닝 부하에 대한 일상적 평가가 비교적 간단해졌다.
- 빈번한 샘플링(즉, 매주)의 필요성, 결과의 신속한 결정, 비용, 분석의 복잡성, 엄격한 수집 절차의 필요성 등이 결합되어 많은 생화학적 지표의 유용성을 제한한다.

트레이닝 부하, 부상 그리고 퍼포먼스

트레이닝 부하와 부상 및 퍼포먼스 간의 연관성이 존재한다면 트레이닝 프로세스를 최적화하기 위해 트레이닝 부하 및 피로를 모니터링하는 프로세스가 주로 유용하다는 주장이 있다. 실제로 이러한 상호작용에 대한 관심은 1970년대 중반부터 시작하여 이후 계속되고 있다.[28,40,201-205] 놀랄 것도 없이, 부상과 퍼포먼스 사이에는 부하와 부상 사이의 상호작용[206,207]을 탐색하기 위한 약간의 전제를 제공하는 것으로 보인다. 하지만 팀 스포츠에서 고·저 부하 모두 부상 위험을 높이는 것으로 보고되고 있어 이 연관성의 방향은 명확하지 않다.[14-16,208] 트레이닝 부하와 결합된 부상 이력 및 체력 수준과 같은 복잡한 상호작용 요인들이 부상 위험에 영향을 미칠 수 있다. 또한, '모든 부하는 동일하지 않다'는 것과 일부 자극(예: 일부 팀 스포츠에서 고속 또는 단거리 달리기에 대한 노출)이 부상 관점에서 다른 자극보다 더 중요할 가능성이 있다.[14]

퍼포먼스 측면에서 트레이닝 부하가 퍼포먼스에 미치는 영향이 광범위하게 보고되었으며,[37,209-211] 일부 연구에 따르면 선택된 트레이닝 부하 지수가 퍼포먼스를 예측할 수 있는 것으로 나타났다.[212] 그러나 개인의 퍼포먼스를 정확하게 예측하는 능력이 항상 높은 것은 아니다.[209,213] 팀 스포츠에서 일부 연구는 엘리트 호주 풋볼에서 내적 및 외적 트레이닝 부하와 퍼포먼스(선수 순위 점수로 측정) 및 경기 운동 강도(퍼포먼스 자체와 혼동되어서는 안 됨) 사이의 연관성을 제안하지만,[214] 팀 스포츠에서 이러한 유형의 연관성은 항상 명확하지는 않다.[109,140,215,216]

실용적 적용, 통계 분석, 데이터 제시

데이터는 이해하기 쉬운 방식으로 제시되지 않으면 도움이 되지 않을 수 있다. 이해하기 쉬운 방식으로 제시하면 데이터와 정보를 구분하는 데 도움이 된다. 중요한 결과와 추세를 설명하기 위해 여러 도구를 사용할 수 있다.

방법의 타당성과 신뢰성

스포츠 환경에서 모니터링 도구의 유용성은 그 타당성과 신뢰성에 달려 있다. '신뢰성 reliability'은 검사의 반복 가능 여부와 기술적 오류 및 생물학적 오류 모두와 관련이 있는지를 나타낸다. 신뢰성이 좋은 테스트는 다른 경우에도 같은 방식으로 수행할 경우 동일한 결과를 가져온다. 좋은 신뢰성은 지도자가 퍼포먼스 변화가 측정 장치나 테스트의 고유한 오류가 아닌 생물학적인 변화라고 확신할 수 있게 해 준다.

변수가 의도한 바를 측정하는지 여부를 포함하여 수많은 유형의 타당성이 존재한다. 예를 들어, 현장 테스트는 종종 표준화된 실험실 테스트와 비교된다. 하이퍼포먼스 스포츠에 중요한 타당성의 다른 유형으로는 구성 타당성과 생태적 타당성이 있다. 간단히 말해서, 측정값이 해당 환경에 적용될 수 있는지, 그리고 이론적으로 예상되는 것과 관련이 있는지(예: 퍼포먼스 또는 트레이닝 부하)를 확인해야 한다. 예를 들어, 포스 플레이트에 대한 CMJ를 통해 많은 변수를 얻을 수 있지만, 그중 많은 변수들은 피로-회복 상태의 유효한 지표가 되지 못할 수 있다. 왜냐하면 기준치와 비교했을 때 유용한 패턴의 반응이 없기 때문이다. 또한, 이전 트레이닝이나 경기 부하 또는 이후의 퍼포먼스와 관련이 없을 수도 있다. 예를 들어, 호주식 풋볼 엘리트 선수들의 경우, 신경근 피로를 측정하는 CMJ 변수 중 가장 적절한 변수는 체공 시간과 수축 시간의 비율(FT:CT)이다.[151] 이는 경기 후 며칠 동안 경기 전과 경기 직후의 값에 비해 억제되는 유일한 CMJ가 변수이고, 퍼포먼스 측정과도 상관관계가 있기 때문이다. 중요한 것은, 이 변수의 감소가 지속될 경우, 이후의 경기 결과와 일치하는 운동 강도와 움직임 전략의 수정이 이루어진다는 것이다.[114,115] 흥미롭게도, 이 변수는 높은 수준의 축구에서도 비슷한 결과가 나타난다.[116] 하이퍼포먼스 스포츠에서 모니터링 도구의 유효성을 확인하기 위해서는, 실무자들이 잠재적 변수를 평가하기 위한 몇 가지 기본적인 내부 프로젝트를 수행하거나 과학 문헌에서 지침을 받을 필요가 있다.

역사적으로 타당성과 신뢰성은 연구 환경에서 중요했지만, 기술 발전으로 인해 실제 환경에서 잠재적인 모니터링 도구에 대한 접근성이 높아졌다. 이로 인해 실제 환경에서 모니터링 목적으로 이러한 변수의 타당성과 신뢰성을 결정하는 것의 중요성이 높아졌다.

기준 값

변수가 바뀌었는지 결정하는 것은 비교되는 기준 값에 크게 의존한다. 여러 개의 기준 값을 계산하여 비교점을 제공할 수 있지만 중요한 특징은 기준 값이 유의미한 비교를 허용해야 한다는 것이다. 예를 들어, 팀 스포츠 시합 시즌 동안 주간 점수를 비교하는 것은 비교 기준이 되는 값이 반드시 '대회 기간$_{\text{competition phase}}$'을 대표하는 값이어야 한다.

비교점

재평가 일정을 미리 이해하고 계획하는 것이 가장 좋다. 그렇게 하면 데이터 수집이 즉흥적인 것이 아니라 전략적이고 체계적으로 이루어질 수 있다. 단기 및 장기 평가 기간을 모두 계획하는 것이 의미 있는 일이다.

급성

보통 모니터링 데이터는 여러 시간적 구조로 수집된다. GPS를 통한 운동 강도나 Session-RPE의 내적 부하와 같은 일부 데이터는 매일 또는 세션 단위로 수집되는 반면, 다른 정보는 매주 혹은 더 낮은 빈도로 수집된다. 수집 빈도에 상관없이 일관된 데이터 수집 방법이 핵심이다.

생화학, 신경근 및 경기 중 운동 강도 데이터(팀 스포츠 경기 단계)에 대해서는 기준 점수와 비교하여 매주 비교하는 경우가 많다. 웰니스 설문지(AROMs)의 점수는 주로 일주일 동안의 주요 트레이닝 세션(때로는 매일)에 대해 수집되며, 때로는 주간 평균값으로 계산되기도 하지만, 이러한 접근 방식의 경우 분석의 정확도가 떨어질 수 있다는 점을 염두에 두어야 한다. 심리 측정 검사 같은 일부 모니터링 도구는 더 적은 빈도(예: 월간)로 사용할 수 있다.

만성

변수가 얼마나 자주 수집되는지에 관계없이 기준과 비교한 변화는 한 달 정도의 기간 동안 분리된 주간 점수 또는 '롤링 또는 지수 가중 평균'으로 계산될 수 있다. 이 경우 기준 값에 대한 주간 비교는 급성 피로를 나타낼 수 있으며 월평균 반응은 보다 만성적인 피로 반응을 반영할 수 있다.

급성:만성 훈련 부하

최근 10년 동안 선수 모니터링이 가장 많이 사용된 분야는 부상 위험 관리 분야라고 할 수 있다.[217] 실제로, 많은 연구자들이 선수 집단의 트레이닝 부하와 부상에 대해 조사했으며, 이 주제에 대한 연구는 130건이 넘는다. 트레이닝 부하와 부상의 연관성을 찾기 위해 다양한 노출 지표가 개발되어 적용되었다. 이러한 지표 중 가장 널리 알려진 것은 급성 대 만성 부하 비율(ACWR acute:chronic workload ratio)로, 부상 위험 관리에 관한 여러 국제 지침에 제시되어 있다.[12,218]

요약하자면 ACWR은 베니스터Banister의 체력-피로 모델[28]을 기반으로 하며 계산에 급성 및 만성 부하 측정을 모두 사용하는 것으로 알려져 있다. ACWR은 피로 구성 요소(즉, 지난 주의 평균 트레이닝 부하, 급성 훈련량)를 체력 구성 요소(즉, 이전 4주 동안의 평균, 만성 훈련 부하)로 나누어 얻는다. 이 비율을 사용하여 측정된 만성 부하에 비해 급성 부하가 더 높다는 것은 선수 집단의 부상 위험성을 반영하는 것으로 널리 인식되고 있다. ACWR은 부상 위험과 관련이 있으며, 따라서 부상 위험을 줄이는 데 유용한 지표라고 지속적으로 주장되어 왔다.[219,220]

이 지표의 개념은 트레이닝 논리에 부합하고(즉, 너무 많이 너무 강하게 너무 자주 트레이닝하지 말 것) 부상과 관련이 있는 것으로 나타났지만,[221] 부상 위험 모니터링의 효율성을 제한하는 몇 가지 중요한 개념적, 통계적 문제가 있다.[222] 가장 중요한 문제는 만성 부하 내에서 급성 부하를 활용하는 것(수학적 결합으로 알려져 있음)과 롤링 평균의 사용이다.[223,224] 부상 모델(또는 모든 모델)에서 비율 측정을 사용하면 통계적 잡음이 발생하고 정규화가 이루어지지 않는다. 또한, 연구 결과에 따르면, ACWR은 연관성에도 불구하고 부상 예측 능력이 좋지 않다고 알려지고 있다.[225] 따라서 이 비율을 사용하기로 결정한 경우에는 주의가 필요하다. 그럼에도 불구하고, 우리는 개별 선수의 트레이닝 변화를 모니터링하고, 이 정보를 다른 선수의 반응 측정 결과 및 선수와 의료진의 피드백과 결합하여 트레이닝 관련 부상 위험 관리에 대한 의사 결정을 내리는 데 참고하는 것이 가장 좋은 방법이라고 권장한다.[226]

통계적 기법

연구에서 흔히 사용되는 전통적인 통계 분석 방법은 표본 크기가 제한적이고 변화가 작기 때문에 실제로는 부적절한 경우가 많다. 게다가 지도자들은 통계적 유의성에 거의 관심이 없고, 측정된 변화의 실질적인 중요성에 훨씬 더 관심이 있다.

간단한 접근 방식은 테스트의 노이즈나 오류(신뢰도 분석을 통해 구하고 절대 단위 또는 백분율로 표시됨)와 관련하여 관찰된 변화의 크기를 비교하는 것이다. 이 경우 테스트 오류보다 변화가 크다면 코치는 그 변화가 생물학적인 것으로 확신할 수 있다. 예를 들어 유효한 테스트의 오류가 3%이고 두 지점 사이의 변화가 5%인 경우 지도자는 이 변화가 주목할 가치가 있다고 비교적 확신할 수 있다. 이 방법은 유효한 테스트 사용, 테스트의 노이즈에 대한 이해, 테스트가 일반적인 트레이닝 환경의 변화에 민감한지 확인하고 일관된 방식으로 데이터를 수집하는 것에 의존한다.

더 정밀하고 엄격한 분석은 이 간단한 접근 방식을 확장한 것이며 변화의 규모에 대해 더 많은 정확성을 허용한다. 여기에는 중요하다고 여겨지는 운동 수행의 가장 작은 변화를 나타내는 가치 있는 변화의 계산이 포함된다.[227] 많은 경우 테스트의 오류(또는 노이즈)는 선수의 퍼포먼스에 중요할 가능성이 있는 가장 작은 중요한 변화보다 더 큰 경우가 많다. 액면 그대로는 변수가 측정 유용성에 제한이 있음을 뜻할 수 있지만, 측정값(신호라고 부르는)의 정규 변동(예: 주 단위)이 신뢰성 시험에서 계산된 노이즈를 초과하는 것은 드문 일이 아니다.[228] 예를 들어, 노이즈는 10%일 수 있지만 신호는 15%일 수 있으며, 이 경우 변수는 발생한 변화를 감지하는 데 효과적이다. 그러므로 노이즈와 관련된 신호를 고려하는 것은 유용한 접근법이 될 수 있다.

아마도 가장 큰 도전 과제 중 하나는 AROMs와 같은 도구에서 중요한 변화를 무엇으로 정의할 것인가 하는 점일 것이다. 이러한 도구들은 대체로 좋지 않은 것부터 우수한 것까지 범주를 나타내는 척도에서 주관적인 평가를 요구한다. 이러한 척도에서 점수를 해석하는 데 있어 문제는, 종종 정상(또는 유사한) 기준점이 있음에도 불구하고, 높은 또는 낮은 값을 정기적으로 보고하는 운동선수가 있다는 점이다. 이 문제에 대한 해결책은 각 응답을 정상적인 수준과 비교하여 어느 정도 차이가 나는지를 비교하는 것이다. 또한, 선수가 정기적으로 보고하는 것을 나타내는 값과 비교할 수도 있다. 이를 수행하는 방법의 예로 표준차이 점수[229]의 변형된 값을 사용하는 방법이 있다. 급성 수준에서 이것은 다음과 같이 표현할 수 있다.

(현재 점수 – 기준 점수) / 개별 기준의 SD*

*SD = 기준 점수의 표준편차(예: 프리시즌 컵 시합 단계에서 획득한 4개의 점수)

이 점수는 급성 점수를 기준에서 표준편차로 변환하는 역할을 한다. 코치들은 실무적으로 중요하다고 판단되는 표준편차의 수치를 기준으로 자체 임계값threshold을 설정할 수 있다. 그러나 우리의 경험을 바탕으로 위험 점수를 식별하는 데 실질적으로 유용한 한계점으로 Z=1.5를 권장한다.

집단과 개인의 비교

선수의 점수 변화 또는 차이를 계산하는 데 유용하게 사용할 수 있는 접근 방식은 Z 점수 또는 표준 10점(STEN) 점수[230]를 계산하는 것이다. 이 두 가지 방법은 개별 점수를 표준화하여 그룹 평균과 관련된 상대적 위치를 제공한다. 이러한 접근 방식의 변형은 그룹 평균이 아닌 미리 정해진 표준(그리고 일관된 표준편차)을 계산에 사용하는 것이다. 이로 인해 표준화된 점수는 미리 정해진 표준에 상대적인 개별 점수를 나타내는 지표가 된다(시간이 지남에 따라 변할 수 있고 개별 퍼포먼스의 해석을 어렵게 만드는 그룹 평균과는 대조적이다).

일상적인 트레이닝과 경기 환경에서는 비교적 간단한 분석과 보고가 도움이 될 수 있지만, 부상이나 퍼포먼스 예측, 중요한 외적 부하 변수의 결정 등과 같은 측면에 대해 더 복잡한 통계적 접근법을 사용하는 것에 대한 관심이 증가하고 있다.[116,208,214,231,232] 이러한 접근법에 대한 자세한 내용은 러디Ruddy와 동료들의 내러티브 리뷰 논문(2019)[231]을 통해 확인할 수 있다.

코치들에게 의미 있는 결과를 제공하기 위한 통합

부하 및 피로 모니터링 프로토콜의 목적은 트레이닝 및 경기 과정에서의 의사 결정에 정보를 주는 것이다. 따라서 부하 및 피로 프로토콜은 부가적인 기능으로 보는 것보다 전체 프로그램 내에 포함되어야 한다. 시간이나 장비 관점에서 특히 부담스럽거나 특정 테스트 세션이 필요한 프로토콜의 사용은 의문시된다. 실제로 이를 위해서 데이터를 수집하고 일관성 있는 방법으로 분석해야 한다. 위험한 부분은 수집된 정보가 즉시 분석되지 않거나, 의사 결정 과정에서 정보를 반영하지 않는 것이다. 마찬가지로, 타당하지 않거나(즉, 특정 변수를 사용하기 위한 체계적이고 실용적인 타당성이 있어야 한다.) 또는 신뢰할 수 없는 변수를 사용하는 것은 도움이 되지 않을 뿐 아니라 부적절한 결정을 내릴 수도 있다.

많은 하이퍼포먼스 환경에서 전체적인 피로 상태, 부상 위험 또는 퍼포먼스를 나타내는 단일 수치 또는 측정에 대한 요구에도 불구하고 지금까지 이러한 변수는 확인되지 않았으며, 트레이닝 및 경기 부하에 대한 반응 또는 부상과 퍼포먼스의 상호작용이 무수히 많은 개별 요인에 의해 영향을 받기 때문에 발견될 가능성이 매우 낮다. 따라서 신중한 접근 방식은 코칭 기술과 피로-반응 측정 그리고 내외적 부하를 결합하여 사용하는 혼합 방법 시스템을 사용하는 것이다.[233~236] 혼합 방법 접근 방식이 적절한 통계 분석과 결합될 때, 코치와 지원 스태프는 트레이닝 과정에 대해 정보에 입각한 결정을 내릴 수 있다. 이 주제에 대한 자세한 내용은 임펠리체리Impellizzeri(2019)[1]와 동료들이 최근 발간한 기사를 참조하길 권장한다. 하이퍼포먼스 설정에서 이것이 어떻게 보이는지에 대한 예는 표 8.1에 나와 있다.

효과적인 모니터링 과정의 핵심은 코치 및 기타 전문가에게 유용한 정보를 제공하는 것이다. 일반적으로 이러한 이해 당사자는 데이터 수집 및 통계 분석의 미묘한 차이보다 결과 및 실질적인 권장 사항에 더 관심이 있다. 이러한 이유로 가끔은 데이터의 그래프로 된 표현이 유용하다.[227] 선수 각자의 상태를 나타내는 신호등 시스템(녹색은 양호, 노란색은 주의, 빨간색은

표 8.1 하이퍼포먼스 팀 스포츠의 관찰 시스템 예시

변수	수집 빈도	통계 분석 기법	실용 가치
운동 자각도(RPE)	매 세션	개별 비교	중요
부하	매주	위와 같이	중요
단조로움	매주	위와 같이	잠재적으로 유용함
긴장도	매주	위와 같이	잠재적으로 유용함
AROMs 설문	주당 2~4	위와 같이	유효한 도구를 사용할 경우 중요
트레이닝 및 경기 볼륨과 강도	매 세션 (마이크로 공학을 통해서)	노이즈에 대한 신호 매주 그리고 장기 변화	중요
심리적 여유	주 단위에서 월 단위	위와 같이+심리학자 해석	중요
신경근	매주	노이즈에 대한 신호 매주 그리고 장기 변화	잠재적으로 유용하나 비용이 많이 들 수 있고 전문 장비가 필요
생화학적	매주	노이즈에 대한 신호 매주 그리고 장기 변화	결과의 가변성, 복잡성 및 비용으로 인해 의심
HRV와 같은 자율 신경계 지표	매일 그리고 매주	노이즈에 대한 신호 매주 그리고 장기 변화	잠재적으로 유용하나 복잡할 수 있고 다른 요인의 맥락 내에서 해석해야 함
기타 지표 (예: 수면)	필요한 경우 (예: 수면 습관 평가)	노이즈에 대한 신호 이전 측정 기간과 비교	매우 중요하나 특정 장비와 전문 지식 또는 특정 설문에 의존함

위험)과 같은 접근 방식이 유용할 수 있다. 백분율 용어의 변경을 보고하는 것도 대부분의 사람들에게 의미가 있으며, 그것의 중요성을 위해 필요한 상대적인 변화를 제공하는 것이 강조된다. 마지막으로, 이러한 유형의 데이터를 코치에게 의미 있게 만드는 가장 중요한 측면은 특정 데이터의 트레이닝, 경기 또는 부상 영향에 관한 질적인 추론을 제공하는 것이다.[227]

요약

하이퍼포먼스 스포츠에서 부하와 피로 모니터링에 중점을 두는 것이 증가하고 이 모든 정보를 하나의 지표로 표현하려는 욕구도 증가할 것으로 보인다. 그러나 언급한 바와 같이 이러한 단일 지표는 실질적으로 존재하지 않을 가능성이 매우 크다. 따라서 가장 큰 효과는 적절한 분석 기법과 결합된 유효하고 신뢰할 수 있는 도구(즉, 혼합 방법 접근법)를 사용하는 것일 가능성이 높다.

웨어러블(및 근접형 'nearable') 기술의 지속적인 발전은 다양한 측정 기준을 나타내는 대규모 데이터 세트를 생성할 수 있는 가능성을 제공하지만, 이러한 측정의 타당성과 신뢰성은 일상적인 사용 전에 먼저 확립되어야 한다. 또한, 객관적 측정 데이터와 주관적 도구의 정보를 결합하면 가장 큰 통찰력을 얻을 수 있을 것이다.

필수 항목

- 타당하고 신뢰할 수 있는 수단과 변수를 선택하여 트레이닝 및 경기 부하를 모니터링한다.
- 각 변수의 노이즈 및 최소 가치 변화를 파악하여 확인된 모든 변화의 실질적인 중요도를 평가한다.
- 내적 부하의 정량화를 우선시하고, 이를 선수 개별의 환경적 맥락에서 고려한다.
- 필요한 지표의 수를 최소화하는 모니터링 시스템을 개발하고, 선수와 코치에게 데이터와 해석을 효과적으로 제공한다.

Part II
운동능력 개발

Chapter 9

트레이닝 환경에서의 대인 관계 역학에 대한 이해와 영향

브렛 바솔로뮤Brett Bartholomew, MS Ed, CSCS*D, RSCC*D
ArtOfCoaching.com 설립자 겸 최고경영자(CEO)

코칭은 부분적으로는 즉흥적이고, 부분적으로는 게임 이론이며, 부분적으로는 설득이다. 일부 사람들에게는 당혹스럽거나 심지어 불쾌하게 느껴질 수도 있지만, 사실 코칭의 사회적이고 예측 불가능한 특성을 잘못 이해하면 트레이닝 환경 안에서 진정한 장기적인 변화를 만드는 데 상당한 장애가 될 수 있다. 물론 지난 몇 년 동안 트레이닝 관행, 데이터 분석, 심지어 조직도 구성 방식과 관련하여 엄청난 진전이 있었지만 전 세계의 코치들은 여전히 퍼포먼스 영역에 내재된 권력 구조와 미시적인 정치적 갈등을 인식하고 극복하는 데 어려움을 겪고 있는 경우가 많다.

코치가 사람 사이의 관계 흐름을 이해하고 조율하는 데 전문성을 발휘해야 하는 것은 분명하지만, 이 분야의 개선은 벤치 드로우에서의 힘 발전 속도(RFD) 향상이나 해마다 부상 감소를 보여주는 통계 수치처럼 명확하게 수치로 보여주기 어렵다. 관련된 사람들이 의사소통 관점에서 같은 생각을 가지고 있지 않다면 어떤 개입도 성공할 가능성이 거의 없어진다.

이 장에서는 코칭과 리더십의 핵심인 영향력이라는 주제에 대해 소개하려고 한다. 또한 대인 관계의 측면을 무시할 때 어떤 결과가 초래되는지도 살펴볼 수 있다. 마지막으로, 가장 중요한 것은 가장 복잡한 기술을 익히는 것이 어떻게 간단해지는지 이해할 수 있는 체계를 제공한다는 점이다.

웨이트장에서의 갈등과 미시 정치

미시 정치micropolitics는 모든 인간 상호작용의 특징이다. 미시 정치는 개인과 조직 내 집단이 자신의 이익을 증진하기 위해 사용하는 전략과 전술을 의미한다.[1] 이러한 이해관계가 본질적으로 교활하거나 기만적일 필요는 없으며, 통일된 결과를 향해 한 방향 또는 다른 방향으로 움직이는 데 초점을 맞추면 미시 정치로 간주될 수 있다는 점에 유의하는 것이 중요하다. 부서에서 직원을 추가로 고용하기 위해 더 많은 자금이 필요한가? 그렇다면 이 목표를 달성하기 위해 어느 정도의 미시적 상호작용이 반드시 이루어져야 한다. 다른 흔한 사례로는, 예를 들어 까다로운 선수가 다른 팀원들 사이에서 협조 문제buy-in related problems를 일으키는 경우는 어떤가? 문제를 일으키는 것이 정말 그 선수인지, 다른 팀원인지, 아니면 여러분인지 어떻게 알 수 있는가? 다른 팀원들이 말을 잘 듣는다고 해서 자신이 진정으로 문제를 통제하고 있다고 생각할 만큼 편견이 있는 것은 아닌가? 이런 실수를 하지 않도록 주의해야 한다. 퍼포먼스 환경의 코치는 본질적으로 예측 가능성, 안정성, 존중, 통제력을 갈망하는 경향이 있다는 점을 이해해야 한다.

아이러니하게도 높은 차원의 경기 영역에는 존재하지 않는 것으로 보이는 감정, 자아 및 기타 무형의 요소가 종종 결과를 방해하고 좌우할 수 있다는 것이 문제다. 믿기지 않는가? 거의 모든 수준의 스포츠에서 코치와의 대화에는 필연적으로 다음과 같은 사회적 상황에 관한 어느 정도의 노출이 포함될 수밖에 없다.

- 부서 간 의사소통이 원활하지 않음(통합 또는 대인 관계 기술 부족)
- 프로그램과 처벌을 지시하는 이기적인 코치
- 팀 기록이 나빠지거나 스타 선수가 부상당했을 때 발생하는 비난 게임blame game 문제
- 역할 모호성, 권력 역학 관계, 훈련 철학의 차이 등으로 인한 내부 직원 간의 갈등
- 자금 또는 부서 지원 부족으로 인한 관리 또는 소유권 관련 문제 발생
- 특정 스태프에 대한 선수의 불신 또는 기타 형태의 코치와 선수 간 갈등
- 유소년 선수의 부모가 세션의 요구와 기대치를 지시하며 지나치게 열성적인 경우
- 이해관계자와 권력자들 사이의 직업 안정성 부족과 만연한 정치적 태도

이러한 문제는 성취가 내부에서 잠식될 수 있다는 것을 보여주는 몇 가지 예일 뿐이며, 코치로서 성공하려면 무엇을 하는지뿐만 아니라 어떻게 하는지에 대한 적응력이 필요한 이유를 더욱 잘 설명해 준다. 갈등의 원인은 대인 관계, 개인 내 갈등, 상황적 갈등 등 다양한 수준에서 발생한다. 코치는 갈등의 순간에 통제를 추구할수록 더 많은 통제가 좌절되고 회피될 수 있다는 점을 이해해야 한다. 우리가 하는 일의 생체역학적, 생리적 요소에 대한 이해가 절대적으로 필요하지만, 이제 우리는 미시적인 영역에 대한 숙련도도 포함해야 한다.

인간으로서뿐만 아니라 코치로서도 대부분의 문제의 핵심은 본질적으로 사회적이며 이러한 유형의 주제를 탐색하는 것과 관련이 있다는 사실을 대뇌 피질 중앙에 새겨야 한다.

신뢰에 관한 진실

현대에 대량 생산되는 수많은 리더십 서적들이 전달하고자 하는 바가 무엇인지는 몰라도, 인간과 인간 사이의 관계는 매우 복잡하기 때문에 훌륭한 코칭이 항상 깔끔한 것은 아니다. 성공은 할 일 목록과 진부한 동기 부여 전략보다는 대인 관계 커뮤니케이션과 사회적 역학 관계의 총체성에 달려 있다고 할 수 있다. 이 두 영역은 관계 형성과 유지의 중심 역할을 하며, 코치들은 종종 신뢰에 대해 이야기하곤 하지만 과거에 트레이닝을 받아 온 방식 때문에 이 영역을 잘 이해하지 못하곤 한다. 신뢰는 시간이 지나면서 수동적으로 얻거나 받을 수 있는 것이 아니라, 벽돌 한 장 한 장 쌓아 올리며 동료의 동의와 충성심을 바탕으로 형성되는 것이다.

일부 사람들은 동의라는 용어가 부정적인 영업 기반 접근 방식을 의미한다고 생각하여 이를 혐오하기도 한다. 개인적으로 필자는 특히 사회적 역학이라는 큰 그림을 볼 때 사소한 용어의 의미보다는 명확성을 더 중요하게 생각한다. 이러한 논쟁은 우리 직업의 많은 영역에서 목격될 수 있다. 예를 들어, 사회역학[2]을 연구하면서 코칭은 자신에 대한 지식과 타인에 대한 지식이 필요한 사회과학이라는 것을 확신하게 되었지만, 그런데도 우리는 운동의 이름 같은 중요하지도 않은 싸움을 계속한다. 여기서 요점은 우리 직업이 퍼포먼스를 향상시킬 수 있는 가장 큰 지렛대인 사회적 역학을 계속 무시하고 있다는 것이다.

하지만 신뢰의 어려움은 용어에 대한 불안감에서 그치지 않는다. 사회 영역 내의 무지와 무관심은 역사적으로 수많은 오해, 전쟁, 배신, 경제 침체 및 기타 다양한 정치적 딜레마로 이어져 왔다. 오늘날의 퍼포먼스 환경은 우리 주변 세계의 축소판이며, 다양한 권력

현명한 방법

개인으로서 우리가 누구인지에 따라 관계의 질과 다른 사람에게 영향을 미칠 수 있는 능력에 막대한 영향을 미친다. 따라서 관계 개선을 위한 여정은 우리 자신의 자기 인식을 개선하는 것에서부터 시작해야 한다. 여기에는 자아 성찰이 포함되는데, 이는 우리 중 많은 사람들이 평생을 도망치듯 숨겨 왔던 불편한 진실을 드러내는 것과 같은 유형의 성찰이기도 하다. 이러한 유형의 비판적 성찰을 피하는 것은 코치가 자신의 업무에서 직면하는 가장 큰 장애물 중 하나일 것이다. 자신에게 가장 잘 맞는 코칭 스타일을 찾기 전에는 필연적으로 길을 잃을 수밖에 없다.

브로커와 이해관계자들이 끊임없이 혼돈, 불확실성, 갈등의 영역에서 자존심과 개인적 의제에 영향을 받으며 활동하고 있다.

겉치레가 아닌 기본기

전략적이고 숙련된 대인 의사소통에 대한 연구가 우리가 하는 일의 근간임에도 불구하고 많은 코칭 개발 의제에서 대부분 생략되어 왔던 이유는 무엇일까? 간단히 말해, 우리는 가장 일상적으로 보이는 측면을 당연하게 여기는 경향이 있다. 또한, 트레이닝 방법, 기술의 형태, 의료적 개입 등 복잡한 퍼포먼스 중재를 갖추는 것이 좋은 일자리가 희소하고 고용 불안정성이 높으며 경쟁이 치열한 이 분야에서 일종의 가치 시그널이 됐기 때문이기도 하다.

모든 사람이 그렇듯 코치도 다양한 형태의 이미지 관리를 위한 연출에 참여하며, 난해한 기술이나 전술을 보여주는 것은 코치들이 가장 좋아하는 상품이 되었다. 반면에 의사소통은 그렇게 쉽게 상품화할 수 없다. 사회적으로 능숙한 전문가들은 화려하지 않고 유연성이 뛰어나다. 따라서 의사소통과 영향력의 과학이 더 많은 영향력을 발휘하려면 사람들은 이러한 용어의 진정한 의미와 우리가 매일 상호작용하는 사람들로부터 더 많은 신뢰를 쌓고 더 많은 노력을 이끌어 내는 데 어떻게 도움이 될 수 있는지에 대한 이면을 볼 필요가 있다

현명한 방법

모든 코치와 치료사(그리고 부모, 자매, 형제, 친구, 동료, 이웃)에게 의사소통은 맹목적인 순응이 아닌 공동의 약속을 통해 목표를 달성하기 위해서 배울 가치가 있는 기술이다.

기술의 정의와 사회적 갈등의 원인

영향력을 더 잘 이해하려면 먼저 의사소통을 더 깊은 수준에서 이해해야 한다. 대부분의 욕구와 바람을 표현할 수 있는 5세 이후에는 많은 사람들이 의사소통을 숙달해야 하는 기술이라고 생각하지 않는다. 의사소통의 일부가 우리의 생각을 표현하는 능력인 것은 사실이지만, 시간이 지남에 따라 신뢰를 구축하는 도구로 사용하는 능력은 엄연한 하나의 기술이다.

기술은 다양한 상황에 적용할 수 있는 행동 체계로 정의할 수 있다.[3] 그러나 기술 개발에는 적절한 목표를 수립하는 능력뿐만 아니라 이를 실제로 성공적으로 구현할 수 있는 능력도 필요하다.[4] 이는 코치에게 어떤 의미가 있을까? 모든 리더에게 의미하는 바와 동일하게, 사람들의 문제를 다루는 능력을 향상시키기 위해서는 복잡한 사회적 상황과 그 상황이 벌어지는 복잡한 현실에 지속적으로 노출되어야 한다. 결국 우리는 운동 능력 발달을 위한 탄탄한 기반을 구축하는 데 있어, 단일 분야에만 특화하는 것보다는 복잡한 전신 운동, 스포츠, 환경 및 활동을 다양화하고 이후 정교화하는 과정을 통해 더 효과적으로 달성할 수 있음을 알고 있다. 대화 상대로서의 사회적 기술을 향상시키는 데도 같은 원리가 적용된다는 사실이 놀라운 이유는 무엇일까? 우리는 종종 나와 같은 사람들과의 상호작용을 추구하지만, 그렇다고 해서 나와 다른 사람을 대하는 기술이 길러지지는 않는다. 이런 식으로 다양한 관점을 통해 도전을 더하는 것은 바벨을 들어 올릴 때 점진적으로 무게를 올리는 것과 비슷하다고 할 수 있다. 뿐만 아니라 장기적으로 코치 교육의 흐름을 바꾸려면 이러한 기술을 판단하고 평가할 수 있는 힘도 키워야 한다.

퍼포먼스 향상 도구와 관련하여 의사소통과 영향력의 필요성에 대한 사례를 확인했다면 어디서부터 어떻게 시작해야 할까? 코칭에 내재된 대인 관계 및 정치적 요소의 복잡성을 헤쳐나가는 데 있어 핵심이 되는 단계들을 하나씩 살펴볼 것이다. 여기에는 자기 인식self-awareness과 관련된 주제(대담자, 교사, 전략가로서 자신의 강점과 약점을 먼저 깊이 이해해야 하므로)와 설득과 영향력의 영역이 포함된다. 이 장에서는 설득과 영향력이라는 용어가 빈번히 사용되는데, 전통적으로 묘사되거나 논의되어 온 방식과는 별개로, 이 두 개념은 불이나 물리학이 선악을 가질 수 없는 것처럼 본질적으로 선하거나 악하지 않다는 점을 이해해야 한다. 중요한 것은 우리가 가진 도구 그 자체가 아니라, 그 도구를 어떻게 활용하느냐에 달려 있다.

자아 성찰과 사회적 민첩성

이 질문을 잠시 생각해 보자. 현재 여러분이 갈등을 중재하거나 해결하려는 방식이 초래할 수 있는 결과는 무엇인가? 이 질문에 대한 답을 찾은 후에는 매일 이러한 행동을 형성하는 수많은 교육적, 사회학적, 생리적 개념과 이러한 개념이 여러분의 상호작용에 어떤 영향을 미칠 수 있는지 생각해 보아야 한다. 세션을 시작하기 전에 먼저 다음 질문을 스스로에게 해 보자.

- 어떤 코칭 스타일이나 전술에 가장 의존하는 경향이 있으며 그 이유는 무엇인가?
- 의사소통의 효과를 평가하기 위해 무엇을 하고 있는가?
- 현재 함께 일하고 있는 선수들의 맥락에서 효과적인 의사소통을 어떻게 정의하고 있는가?
- 세션 중에 핵심 메시지를 전달할 수 있는 3~5가지 다른 방법은 무엇인가?
- 어떤 유형의 혼란이나 갈등이 코치로서 집중력이나 우위를 잃게 만드는 경향이 있는가?
- 코칭 시 어떤 유형의 자원, 조치 또는 언어적/비언어적 행동에 의존하는 경향이 있으며 그 이유는 무엇인가?
- 내 행동으로 인해 선수가 느끼거나 예상할 수 있는 편견, 두려움 또는 좌절감을 어떻게 조정하는가?
- 선수들로부터 어떤 유형의 피드백을 수집하고 있으며, 어떤 유형의 피드백이 가장 듣기 어렵고 그 이유는 무엇인가?
- 내가 메시지를 전달하는 방식과 선수들이 메시지를 받아들이는 방식이 더 일치하고 일관성을 가지도록 내가 이끄는 사람들에게 메시지를 더 잘 개인화하려면 어떻게 해야 하는가?

마음을 잘 헤아리는 코치가 되기 위해 우리는 이러한 질문을 실천에 옮길 수 있는 프로세스를 고려해야 한다. 어떤 질문들은 우리가 진행하는 모든 세션에서 가장 먼저 생각해야 한다. 어떤 질문은 더 많은 데이터 수집이 필요하고 월별 또는 분기별 성찰에 더 적합할 수도 있다. 또한, 이러한 질문 중 상당수는 여러분이 평소에 보이는 행동을 목격하는 동료 및 멘토와 함께 논의하는 것이 가장 적절할 것이다. 또한 멘토링 관계를 맺고 있는 후배 코치에게 제기할 수 있는 주요 문제이기도 하며 코칭 커리큘럼 및 검토 프로세스의 일부가 되어야 한다.

현명한 방법

의사소통 과정의 영향력을 고려할 때, 웜업 루틴과 세트 및 반복수를 구성할 때와 동일한 수준의 고민과 면밀한 검토를 적용하는 것이 바람직하다.

잘못된 열정

대부분의 코치는 노력, 열정, 인내심, 긍정적인 태도, 우수한 성과를 내기 위한 헌신이 확실한 성공으로 이어진다고 믿고 있다. 그들은 종종 자신이 속한 조직 환경이나 자신이 처한 사회적 상황의 마키아벨리즘적(권모술수적) 현실을 보지 못하곤 한다. 사실 우리는 심리, 정서적 기민함, 게임맨십, 인간 본성 및 타이밍에 대한 이해도 갖춰야 한다. 일부에서는 이를 정치적이라고 생각할 수도 있지만, 폴리애나(지나치게 낙천적인) 세상에서 살아가는 것은 순진하며 지속적인 신뢰 구축이나 행동 변화라는 원하는 결과를 달성하는 데 필요한 사회적 민첩성을 표현하는 능력을 제한하게 된다.[2]

권력 역학

그리스의 정치가이자 군사 지도자였던 피타쿠스Pittacus는 "사람의 척도는 권력을 가지고 무엇을 하는가이다"라고 말한 것으로 알려져 있다.[5] 이는 이 장의 앞부분에서 언급한 미시 정치적 의제에 대한 요점과 유사하기 때문에 염두에 두면 유용한 격언이다. 생리학적 맥락에서 언급하든, 회사나 조직에서 계층적 역할이라는 지위적 맥락에서 언급하든, 권력은 많은 사람이 탐내는 속성이다. 그러나 후자의 의미와 관련하여 권력은 본질적으로 탐욕스러운 것이며, 효과적인 리더십을 위해 사용되는 것이 아니라 탐욕의 자산이라고 생각하는 사람들도 적지 않다. 여러분이 그러한 판단을 내리기 전에 스스로에게 물어봐야 할 질문은 권력

나의 경험

권력에 대한 나의 진정한 흥미는 15세 때 거의 1년 동안 병원에 입원하면서 시작되었다. 모르는 사람들과 하루 종일 작은 방에 앉아 있어야 하는 상황에서 재미있는 일이 벌어지기 시작했다. 말을 줄이고 더 많이 관찰하기 시작했다. 채혈, 식사, 그룹 치료 세션 사이에 간호사, 의사 및 기타 직원들이 특정 교대 근무를 누가 맡을지, 어떤 환자가 다른 환자를 위해서 퇴원해야 하는지, 환자가 어떤 약을 복용해야 한다고 생각하는지, 심지어 어떤 환자에게 특정 특권(30분 동안 밖에 나가거나 발목 웨이트 사용 가능 등)을 부여해야 하는지 등 로비를 하는 것을 지켜보곤 했다. 이러한 결정이 환자의 건강 상태에 대한 인식에 근거한 경우는 거의 없었고, 환자가 동의하는지, 순응하는지, 도전적인지 여부에 따라 결정되었다는 사실에 놀라움을 금치 못했다.

하고 싶은 말이 많았지만 나는 침묵을 지켰다. "나는 종종 내 말을 후회했지만 침묵을 후회한 적은 없다." 그리스 철학자 제노크라테스Xenocrates의 이 말은 침묵을 지킨 덕분에 복잡한 인간 행동과 권력 투쟁을 가장 앞자리에서 관찰할 수 있었기 때문에 특히 와닿았다. 이 시간은 권력 역학을 더 잘 이해하려면 일반적으로 더 효과적인 경청, 이해, 소통에서 더 효과적인 리더십이 나온다는 내 견해를 더욱 명확히 하는 데 도움이 되었다.

에 대한 부정적인 표현을 즉시 떠올리는 사람들의 편향된 의견을 형성하는 데 대중문화가 어떤 역할을 하는가 하는 것이다. 우리는 매일같이 권력 남용에 대한 보도로 넘쳐나는(감히 표적이라고 말할 수 있는) 뉴스에 노출되어 왔다. 권력을 성적 대상화하고 상업화하는 자극적인 TV 프로그램 광고도 넘쳐나고, 개인적인 관점에서 볼 때 우리는 종종 부정적이거나 이타적이지 않은 방식으로 권력을 휘두른 과거의 경험에 사로잡히곤 한다. 후자의 예가 바로 코칭 경력에서 대인 관계 역학에 대해 더 깊이 배우고자 하는 나의 열정을 자극한다.

필자가 기억하는 한, 필자는 인체의 퍼포먼스 잠재력뿐만 아니라 사회 환경 내 권력 역학의 본질에도 관심을 가져 왔다. 이러한 영향력의 복잡성은 이전에 의식적 코칭[2]에서도 언급한 바 있고, 다른 글에서도 공개적으로 논의한 바 있다. 하지만 해가 거듭될수록 성장기에 권력이 나에게 미친 직접적인 영향 때문에 권력에 대한 더 나은 이해를 갈망하는 또 다른 배움의 층을 발견하는 것 같다.

권력의 개념을 이해하는 것은 조직에서 사람들이 서로에게 어떻게 영향을 미칠 수 있는지 이해하는 데 필수적이다.[6~8] 권력이란 특정 시점에 한 명 이상의 사람들의 행동이나 태도에 영향을 미칠 수 있는 개인의 절대적인 능력을 의미한다.[9] 폭발적인 운동의 퍼포먼스에서와 마찬가지로 권력은 조건과 상황에 따라 변화하는 동적 변수로 간주되기 때문에 시간이라는 단어가 중요하게 포함된다.

퍼포먼스 전문가로서 우리는 어디로 가야 하는가? 우리가 관여하는 환경 내에서 일종의 권력 분석을 수행하는 것은 동료 이해관계자의 다양한 권력 사용뿐만 아니라 책임자가 보유한 권력의 원천을 더 잘 파악할 수 있도록 하는 좋은 출발점이다. 이러한 권력의 원천[10]에는 표 9.1에 설명된 것 중 하나 이상이 포함될 수 있다.

표 9.1에 제시된 권력의 기반은 사회적 변화가 구현되는 방식, 그러한 변화의 영속성, 각 권력의 기반이 확립되고 유지되는 방식에 따라 다르다. 코치가 일상적인 교육 시나리오에서 자신의 표현을 더 잘 이해하려면 코치가 조직 내 다른 사람들과의 상호작용의 성격을 분류할 수 있도록 기록표를 작성하고 보관하는 것이 바람직하다. 이러한 기록 양식의 예는 표 9.2에서 볼 수 있다. 여기에는 완전한 것은 아니지만 적절한 맥락을 형성하고 시간이 지남에 따라 드러나는 패턴을 파악하기 위해 참고할 만한 몇 가지 범주 영역을

표 9.1 권력의 기반: 정의 및 의미

권력의 유형	설명
보상적	대상자는 대리인이 통제한다고 생각하는 보상을 얻기 위해 순응한다.
강압적	대상자는 대리인이 통제한다고 생각하는 처벌을 피하기 위해 순응한다.
합법적	대상자는 대리인이 요청을 할 권리가 있고 대상자는 이를 준수할 의무가 있다고 믿기 때문에 이에 순응한다.
전문적	대상자는 대리인이 가장 좋은 방법에 대한 특별한 지식을 가지고 있다고 믿기 때문에 순응한다.
준거적	대상자는 대리인을 존경하거나 동경하고 대리인의 승인을 얻고 싶어서 순응한다.
정보적	대상자는 분석, 의사 결정 및 배급에 도움이 될 수 있는 중요한 지적 재산에 대한 접근 권한을 받기 위해 순응한다.

Based on B.H. Raven, "The Bases of Power and the Power/Interaction Model of Interpersonal Influence," *Analyses of Social Issues and Public Policy* 8, no. 1 (2008): 1-22.

표 9.2 권력: 조직 식별자

날짜	관련 당사자	상호작용의 특성	위치	권력 기반 관찰	가능한 의제	조직 문화
2020/09/15	총괄 관리자, 구단주 및 퍼포먼스 책임자	최근 주요 선수의 비접촉 부상으로 인한 퍼포먼스 기록 요청	총괄 관리자 사무실	• 합법적 • 강압적 • 정보적	• 견책 • 보다 철저한 데이터 분석 • 퍼포먼스 검토	• 지난 3년 동안 뒷문 정치가 빈번하게 발생 • 마키아벨리즘(권모술수)
2020/10/20	주장과 신입 선수	연말에 은퇴하는 주장이 최고의 자리에 오르고 싶어 한다. 주장은 팀에서 호감과 존경을 받고 있다. 신입 선수(고도로 숙련된 선수)가 팀 집중력과 결속력에 해로운 활동에 가담한 경우. 신입 선수가 팀 구단주로부터 최종 경고를 받았다.	훈련장	• 준거적 • 전문적 • 합법적 • 강압적	• 주장은 팀을 조율하고 더 이상의 혼란을 피하고자 한다. • 조직은 새로운 선수의 잘못된 행동으로 인한 조직 브랜드 손상을 완화시키면서 투자를 보호하고자 한다. • 신입 선수가 미디어의 관심에 지나치게 집중하는 경우.	• 지원 • 직원과 선수의 연속성 우선시 • 경기력을 무엇보다 우선시.

자세히 설명하고 있다.

공동의 노력이 필요하겠지만, 시간이 지나면서 코치와 스태프들은 프로그램 내에서 동작 분류를 쉽게 찾아내는 것처럼 권력의 원천을 파악하기 시작할 것이다. 이렇게 향상된 기억력은 코치들이 주어진 과제와 관계에서 행동이 규정 준수 지향적이든, 헌신 지향적이든, 저항 지향적이든 어떤 유형의 행동이나 행동이 더 나은 결과를 가져올 가능성이 높은지 더 잘 이해하는 데도 도움이 된다.

자체 권력 표의 서식을 지정할 때는 포함된 각 범주의 근거를 이해하는 것이 중요하다.

- **날짜.** 이는 시간적 맥락에서 매우 중요하다. 특정 시기는 조직과 개인 모두에게 다른 시기보다 더 많은 스트레스를 유발하기도 한다. 특정한 이벤트가 본질적으로 긍정적인지 부정적인지는 이벤트 자체만 보고 판단해서는 안 되며, 그 이전 이벤트도 함께 고려해야 한다.
- **관련 당사자.** 대화 상대에 주목하면 관계적 맥락의 관점에서 명확성을 높일 수 있다. 사회적

역학 관계는 당사자 간의 친숙도, 지위(합법적 또는 인지적), 조직 내외부의 다른 사람들과의 관계 등에 따라 다양한 방식으로 변화하고 전개된다. 누가 관련되어 있는지 알면 우리가 플레이할 수 있는 게임의 방향을 더 잘 잡을 수 있다.

- **상호작용의 특성.** 모든 형태의 사회적 상호작용은 목표를 기반으로 한다는 공통점이 있지만, 목표 자체는 사람마다, 장소마다 다르다. 이 영역 내에서 상호작용의 성격에는 일반적인 요청이나 문의, 상품이나 자산의 교환(협상), 설명, 대립, 공식적인 공개 또는 발표, 심지어 최종 목표가 친목이나 동료의식에 불과한 일반적인 대화 등이 포함될 수 있다. 어쨌든 상호작용이 갈등, 협력, 경기, 교류 또는 일종의 조정에 더 중점을 두었는지 여부를 기록해 두면 정보 환경에 귀중한 통찰력을 더해 상호작용의 역학을 이해하는 데 더 큰 도움이 될 수 있다.
- **위치.** 환경은 아마도 행동 변화의 가장 강력한 연금술사일 수 있다. 사람들이 행동하는 방식과 그들이 내리는 결정은 종종 감각적인 관점뿐만 아니라 물리적으로 그 순간에 어디에 있는지에 의해서도 영향을 받는다.[11,12] 예를 들어, 화를 잘 내고 폭발하는 것으로 악명 높은 고위층 인사가 카페와 같은 중립적인 공간이 아닌 자신이 선택한 장소(예: 사무실, 연구실 등)에서 만나고 싶어 하는 상황에 처할 수 있다. 공공장소에서 만나는 경우에는 다른 사람에게 기대하는 예의가 있기 마련이다. 이러한 행동 기대는 공개적인 당혹감이나 조롱을 당할 위험, 원치 않는 관심을 끌거나 대화가 도를 넘을 경우 쫓겨나는 등의 사회적 결과를 초래할 수도 있다. 대안은 조직 내 보다 개방적인 공간에서 만나는 것이다. 이러한 공용 공간은 유동인구가 많고 직원들이 더 자주 마주치며, 조직의 미덕이 명판이나 다양한 형태의 장식을 통해 찬양되는 경우가 많다. 다시 한번 말하지만, 이 옵션은 회의의 투명성으로 인해 양측이 더 많은 스킨십을 할 수 있는 상황을 조성해 준다. 또한 앞서 언급한 조직의 신조, 가치, 미덕으로 둘러싸인 공간에서 회의를 하면 공통의 목표를 비언어적으로 상기시키고 팀 중심의 행동에 대한 단서를 얻을 수 있다는 이점도 얻을 수 있다.
- **권력 기반 관찰.** 권력을 이해하려면 환경의 요소들이 서로 어떻게 상호작용하고 영향을 미치는지 세심한 주의를 기울여야 한다. 우리 모두는 사물 간의 상호 의존성을 보는 법을 배워야 한다.
- **가능한 의제.** 다소 추론적인 측면이 있지만, 타인의 의제에 관한 가설을 개발하는 것은 사회적 전략에서 매우 중요한 부분이다. 생체역학적 비대칭성이 운동선수의 퍼포먼스에 미칠 수 있는 영향을 결정하기 위해 증거와 관찰을 조합해야 하는 것처럼, 사회적 비대칭성과 대인 관계 갈등도 동일하다. 이러한 불확실성은 우리가 원하는 모든 정보를 쉽게 구할 수 없는 상황에서도 대안과 가능한 결과를 처리하는 동시에 의사 결정 시도에 대한 더 나은 이해를 추구하는 게임 이론의 사회적 의사 결정 특성의 본질이기도 하다.
- **조직 문화.** 조직의 문화는 무엇을 인식하고, 비난하고, 받아들이고, 원하는지를 형성하는 역할을 한다. 이러한 맥락에서 문화는 특정 그룹의 구성원 및 세대 간에 공유되는 가치, 신념, 기대, 관행을 특징으로 하는 역동적인 과정으로 정의해야 한다.[13-17] 여러분이 속한 문화의 가치와 정체성은 특정 권력의 기반을 합법적인 것으로 규정하고 다른 권력의 기반을 불법적인 것으로 규정하게 한다.[5] 이러한 점을 고려할 때, 시간을 내어 조직 내에서 관찰한 트렌드와 공통점을 적절히 반영하고 보고하면 프로파일링에 유용한 통찰력을 얻을 수 있다.

이제 우리는 권력이 대부분의 조직과 상호작용의 구조에 녹아 있으며 다양한 형태로 존재한다는 것을 알고 있지만, 여전히 의문은 남아 있다. 변화를 일으키려면 얼마나 많은 권력이 필요한가? 이 질문에 답하는 것은 "운동선수가 적응을 일으키려면 얼마나 많은 무게를 들어야 하는가?"에 답하는 것보다 쉽지 않다. 이는 앞서 언급한 상황적 요인과 함께 여러분이 활동하는 환경의 상대적 특성 때문이다.

현명한 방법

타인의 태도, 신념 또는 행동에 변화를 일으키는 데 필요한 힘의 크기는 개인의 성격, 자아상, 조직의 역사와 분위기, 다른 이해관계자의 태도와 인식, 요청의 성격, 대상자가 수행해야 할 과제에 따라 달라질 수 있다.

행동이나 조직 내에서 긍정적인 변화를 이끌어 내고자 하는 사람들에게 도움이 될 수 있는 또 다른 요소가 있는데, 바로 영향력이라는 요소다.

영향력

권력을 심리적 환경에 변화를 가져오는 능력으로 설명한다면, 영향력은 그러한 변화를 가져오기 위해 권력을 사용하는 것으로 정의할 수 있다.[18] 권력을 잠재적 에너지로, 영향력을 운동 에너지로 생각하면 도움이 될 수 있다. 어떤 형태의 권력을 행사하려면 반드시 어떤 형태의 영향력을 사용해야 한다. 영향력 자체는 고정된 것이 아니라 유동적이고 복합적이기 때문에 이 점에 유의해야 한다. 권력은 어떤 방식으로든 행사되거나 지시되지 않으면 무용지물이 될 수 있으며, 가장 큰 권력을 행사하는 것처럼 보이는 사람이 순식간에 역할이 뒤바뀌는 것을 볼 수 있다는 점에서 본질적으로 역설적이기도 하다.

영향력은 지속적인 신뢰를 구축하는 데 있어서도 중요한 요소다. 영향력 전술을 전략적이고 윤리적으로 활용하는 것은 사람들과의 상호작용을 구조화하여 보다 의미 있고 개인적이며 공감할 수 있도록 만드는 방법 중 하나다. 다시 말해, 철저한 계획과 맥락적 고려를 바탕으로 한 주기화가 이뤄져야 하는 것처럼 다른 사람과의 소통 방식도 마찬가지여야 한다.

현명한 방법

의사소통은 철저하고 사려 깊어야 한다. 사람들은 4년 주기를 백분율 단위까지 정밀하게 설계하면서도 정작 3분 전에 대화했던 상대의 이름조차 잊어버리는 경우가 있다.

여러분의 생각과는 달리, 우리 모두는 매일 수많은 영향력 전술을 사용하고 있다. 선수나 팀원들에게 그들의 열망이나 개인적인 가치관을 대변하는 감동적인 일화나 연설을 제공한 적이 있는가? 그렇다면 영감을 주는 호소력을 사용한 적이 있는가? 경쟁을 앞두고 불안감이나 자괴감을 느끼는 선수에게 자신이 실제로 잘 준비되어 있고 자신이 하는 일에서 절대적으로 최고라고 위로하거나 설득해야 했던 적이 있는가? 여기서 당신은 칭찬 전술을 사용했다. 마지막으로, 선수가 더 높은 수준의 경기에 참여하게 하거나 요청에 응하도록 하기 위해 선수에게 이유를 설명해야 했던 적이 있는가? 이 경우, 당신은 합리적 설득 전술인 영향력을 사용해야 한다.

영향력은 난해하거나 악한 것이 아니다. 영향력은 일상적인 코칭 상호작용에 내재되어 있다. 가르친다는 것은 영향을 준다는 의미가 될 수 있다. 누군가와 연결된다는 것은 영향을 준다는 것이다. 리드한다는 것도 영향을 미치는 것이다.

모든 형태의 영향력의 효과는 당사자 간의 관계(개인적, 지위적 또는 계층적), 특정 활동이나 목표에 참여한 과거 경험, 다른 지역에 대한 문화적 규범(사회적으로 허용되거나 비난받을 수 있다고 간주되는 것), 각 당사자의 대인 관계 기술 수준, 서로 또는 상황에 대한 인식, 목표의 성격, 각 당사자의 관심 또는 참여 수준 등 많은 요인에 따라 달라질 수 있다(이에 한해서 한정되지는 않음). 이처럼 권력과 영향력은 모두 사용하는 맥락과 이를 사용하는 사람의 역량에 따라 달라진다는 점에서 권력과 영향력 사이에는 서로 유사한 속성을 지닌다.

결론적으로, 어떤 형태의 영향력 행사도 대상자(선수, 스포츠 코치, 부모, 구단주 등)가 해당 상황에서 적절하고 유익하다고 인식할 때, 그리고 영향력 행사자인 당신, 당신의 사명 또는 목표를 성공적으로 수행할 능력에 대해 긍정적인 감정을 가질 때 성공 가능성이 더 높아진다.[9]

현명한 방법

지각 능력은 숙련된 상호작용과 영향력의 중심 주제일 뿐만 아니라 전체 과정을 하나로 묶어 주는 매개체 역할을 한다.

선수들을 위한 프로그램을 만들 때 사용하는 로딩 전략의 조합을 생각하는 것과 같은 방식으로 영향력 전술의 사용에 대해 생각하는 것은 도움이 될 수 있다. 우리는 훈련의 양을 다양화할 뿐만 아니라 다양한 각도에서 접근하는데, 경기 시즌의 시점, 함께 훈련하는 선수 또는 가용 자원에 따라 다양한 각도, 강도 및 방식을 고려한다. 이는 영향력과 매우 유사하다. 예를 들어, 영향력 전술은 단독으로 또는 동시에 사용될 수 있으며 다양한 방향을 겨냥할 수도 있다.[18,20] 방향성 접근 방식과 관련하여 하향식 어필은 조직 내 부하 직원에게 영향을 미치는 데 초점을 맞춘 접근 방식이다. 수평적 어필은 동료가 영향력 시도의 대상이 되는 경우이며, 상향적 어필은 자신보다 상급자를 대상으로 영향력 시도를 하는 경우를 말한다.

모든 환경에서 이러한 영향력을 어떻게 활용할 것인지에 대한 정확한 역학 관계는 경기를 준비하는 세계적 수준의 선수에게 적절한 훈련 방법을 적용하는 것처럼, 부분적으로는 사회 환경에 존재하는 변수의 수뿐만 아니라 해당 변수의 복잡하고 상호 의존적인 특성으로 인해 복잡하다는 점에 유의해야 한다.

미래를 바라보며

오늘날의 퍼포먼스 환경은 그 어느 때보다 정치적이다. 더 많은 카메라, 더 많은 자본, 더 많은 기대는 더 큰 압박으로 이어지며, 이는 결국 백오피스 정치와 권력 투쟁의 문화로 이어져 왔다. 선수들은 조직 내 리더십의 연속성과 일치 수준이 사상 최저 수준임에도 불구하고 모든 면에서 더 많은 것을 기대하기 때문에 문화적 충돌에 휘말리게 되었다.

신뢰는 희소성이 사라진 세상에서 희소 자원이 되었다, 질서를 회복할 수 있는 유일한 방법은 코치들이 구성원들에게 반복해서 요청했던 것과 같은 일을 하는 것, 즉 적응하는 것이다.

변화하는 환경을 고려할 때, 코치는 소통과 협상, 정치적 감각과 개인적인 매력을 바탕으로 한 새로운 언어를 구사하는 법을 배워야 한다. 코치와 선수의 관계는 항상 상호 이해와 상호 의존성, 평온할 때나 혼란스러울 때나 자연스럽고 불가피하게 발생하는 기브 앤 테이크에 기반하고 있다. 명령이 아니라 함께하는 무용이다.

이를 위해서는 코치 교육 방식도 변화해야 한다. 파워포인트나 사실과 통계의 반복에 초점을 맞춘 대규모 교육은 줄이고 다양한 제약 조건 아래 보다 원활한 상호작용이 이루어질 수 있도록 하는 교육이 필요하다. 코치들은 커리어에서 가장 중요한 순간을 위해 연습하고 다듬을 수 있는 장소와 기회가 필요하다. 코칭이 문제 없는 합리적인 일련의 과정으로 묘사되는 것이 아니라, 실제 역할극, 사례 연구, 영상 분석과 동료 및 자기 평가를 결합하여 코칭의 본질과 대인관계적 갈등이 해체되고 분석될 수 있는 결과물이 필요하다.

앞으로의 방식은 주말 교육이 아닌 평생에 걸친 수습식 교육이 되어야 한다. 또한 기술, 슬로건 또는 큐잉만을 가르치는 것을 훨씬 뛰어넘어야 하는데, 이것들은 훨씬 더 큰 사회적 환경 중 단지 하나의 요소에 불과하기 때문이다. 이상적인 프로세스에는 안내식 발견과 맥락적 간섭의 요소가 모두 수반되어야 한다. 코칭과 관련된 시나리오뿐만 아니라 코치의 직접적인 영역 밖에 있는 시나리오들을 통해 다양성을 통한 역량 강화를 도모해야 한다. 이를 통해 코치는 다양한 경험 수준과 지각 지향성을 가진 동료들로부터 평가를 받으면서 상황의 본질과 상황을 형성한 맥락을 더 잘 파악하고 결과의 다양성을 포용하는 방법을 배우게 된다.

문제 해결과 문제 설정을 모두 전제로 하는 이 복합적인 환경은 실패가 가득하고 학습이 풍부한 경험으로 작용하며, 새로운 시대로 나아가는 데 필요한 상호작용, 실행, 평가 및 적응 수준을 키우고 장기적으로 리더십에 대한 보다 의식적인 접근 방식의 토대가 될 것이다.

그 결과 얻은 교훈은 우리 중 누구도 우리가 생각하는 것만큼 잘할 수 없으며, 지금이 바로 다음 단계로 발전하기 위한 부름에 응답할 때라는 엄숙하면서도 놀라운 깨달음으로 다가오게 된다.

요약

코칭은 고귀한 직업이며 인간관계 개발의 거의 모든 측면에 적용될 수 있지만, 선수의 퍼포먼스를 향상시키는 것은 생리학, 데이터 및 인상적인 종합 트레이닝 프로그램을 작성하는 능력에 관한 부분에만 해당된다. 이러한 요소는 필요하긴 하지만 충분하지는 않다. 코칭은 신뢰를 쌓고 선수(출연자), 코치(조연), 퍼포먼스 팀 동료(제작진), 기타 중요한 당사자 등 주변의 모든 사람들에게 영향을 미칠 수 있어야 한다. 효과적이고 정직하게 영향력을 행사하려면 자신과 자신의 가치관을 이해하는 것은 물론 영향력을 행사하는 도구를 사용하는 역량을 갖추는 것이 중요하다. 이러한 기술을 향상시키기 위한 노력을 통해서만 진정한 코칭의 달인이 될 수 있을 것이다.

필수 항목

- 다른 사람과의 모든 상호작용을 되돌아보고 의사소통 방식에 신중을 기한다.
- 의사소통 전략에 유연성을 기르는 것이 중요하다.
- 다음 코칭 세션이 시작되기 전에, 세트와 횟수를 반복하는 것만큼이나 자신의 의사소통 및 영향력 전략에 많은 주의를 기울여야 한다.
- 사람들이 사용하는 다양한 영향력 전략과 이러한 전략이 어떻게 적절하게 활용되고 오용될 수 있는지 이해해야 한다.

Chapter 10

근력 트레이닝

에이먼 P. 플래너건Eamonn P. Flanagan, PhD

아일랜드 스포츠 연구소Sport Ireland Institute 수석 근력 및 컨디셔닝 컨설턴트Lead Strength and Conditioning Consultant

스포츠 퍼포먼스를 위한 근력 트레이닝 원리는 잘 알려져 있고 전문 분야 전반에 걸쳐 스포츠 퍼포먼스 향상을 위해 널리 사용되고 있다. 단순히 근력 트레이닝 퍼포먼스를 향상시키는 것이 아닌 필요한 종목 특이적 능력 향상에 초점을 맞추는 것이 중요하다. 즉, 근력 발달을 주된 목적이 아니라 보조 수단으로 바라봐야 한다. 근력 발달은 경기력 향상을 이끄는 데 효과적인 도구가 될 수 있지만, 처음부터 종목만을 염두에 둔다면 신체 능력을 종합적으로 발달시키지 못하고 전체적인 조망을 놓칠 수 있다.

이 장의 목적은 훈련을 진행하는 데 도움이 되는 핵심 원리를 이해하고 그 원리의 적용 방법에 관련한 전문적인 지식을 전달하는 것이다. 이 장에서는 복잡한 스포츠 영역에서 이러한 원리를 일관성 있게 적용할 수 있는 근력 트레이닝에 대한 쉬운 접근 방법을 다루고자 한다.

파워의 원천, 근력

스포츠 분야에서 일반적으로 '근력muscular strength'은 최대한의 외적 힘을 생성할 수 있는 능력으로 정의된다.[1] 근력(또는 힘 생성)이 증가하면 더 많은 일(운동)을 수행할 수 있고, '일work(운동)'은 '힘의 크기'와 '힘이 가해진 거리'의 곱으로 계산한다. 근력 트레이닝은 분명 스포츠 퍼포먼스에 긍정적인 영향을 미치지만, 수비수를 제치고 득점하거나 빠른 사이드 스텝 또는 결승선을 향해 스프린트 하는 것과 같이 스포츠에서 결정적인 순간을 가능하게 만들어 내는 것은 근 파워이다. 일반적으로 같은 시간에 더 많은 운동을 수행하거나, 같은 운동을 더 짧은 시간에 수행할 수 있는 선수가 승리한다.[2] '파워power'는 운동이 수행되는 속도를 의미하고 힘, 시간, 거리 세 가지 요소로 구성된다. 조정의 한 예를 살펴보면, 한 번의 조정 스트로크에서 파워는 이러한 요소들 중 하나 또는 일부 조합에 의해 증가할 수 있다.

- 동일한 시간 동안 동일한 스트로크 거리에 가해지는 평균 힘을 증가시킨다.
- 동일한 시간 동안 평균 힘을 유지하면서 스트로크 거리(또는 스트로크 길이)를 증가시킨다(즉, 일정한 스트로크 속도 유지).
- 평균 힘과 스트로크 거리를 유지하면서 스트로크에 소요되는 시간을 단축시킨다(스트로크 속도 증가).

이러한 상호작용을 이해하면 힘, 속도(힘의 생성 속도), 방향 및 운동가동범위(힘을 가할 수 있는 거리) 능력을 향상시켜 파워를 강화할 수 있다는 것을 알 수 있다.

근력 트레이닝은 힘 생성의 한계점을 높이고 선수의 파워 향상에 크게 도움이 된다. 최대 근력이 파워 출력의 핵심 요소인 점을 고려할 때, 파워풀한 선수가 되려면 강해져야 한다는 것은 분명하다. 약한 선수는 빠를 수는 있어도 강력한 파워를 발휘하지는 못한다.

현명한 방법

근력 트레이닝은 근육과 힘줄 조직의 손상에 대한 저항성을 높이는 데 매우 효과적인 메커니즘이다. 근력 트레이닝은 선수의 강인성과 신체 회복력을 높이고 부상 위험을 줄여 선수가 스포츠 성공의 핵심인 기술 및 전술 훈련 내에서 성장할 수 있도록 해 준다. 따라서 근력 트레이닝은 신체 퍼포먼스를 향상시킬 뿐만 아니라 기술 훈련의 양, 강도, 지속성 높이는 데도 도움이 된다.

근력 트레이닝의 효과는 뚜렷하다. 근력을 강화하면 종목 특이적 파워 출력을 향상시키고 부상으로 인해 훈련에 참가하지 못하는 일수를 최소화할 수 있다. 근력 트레이닝은 모든 퍼포먼스 프로그램에서 절대 빠질 수 없는 필수 요소여야 한다. 하이퍼포먼스 스포츠에서 근력 발달에 대해 자세히 알아보기 전에 효과적인 트레이닝 원칙을 다시 한번 점검해 보자.

트레이닝 원리: 프로세스 가이드

트레이닝 접근 방식은 상황에 따라 다양하고 맥락적에 맞게 조정될 수 있으며, 모두 확립된 원칙에 따라 진행되어야 하며 스포츠 근력 트레이닝의 실행을 이끄는 몇 가지 원리가 있다.

'적응Adaptation'은 개인이 신체적, 환경적, 심리적 스트레스 요인에 대처할 수 있도록 하는 변화의 과정이다. 신체에 현재 수용 가능한 수준을 넘어서는 스트레스가 가해지면 신체는 평형 상태를 유지하려는 본능에 따라 적응 반응이 활성화된다. 스트레스에 적응하는 목적은 다음에 같은 스트레스가 가해졌을 때 신체가 대처할 수 있도록 하는 것이다. 시간이 지남에 따라 한때 스트레스로 여겨졌던 것이 편안해지면, 이 적응 과정을 자극하기 위해 스트레스 수준을 높여야 한다. 이것이 '점진적 과부하incremental overload'의 원리이다. 과부하 없이 트레이닝이 선수의 능력 내에서 편안하게 지속된다면 적응이 필요하지 않게 된다. 중요한 점은 과부하가 단순히 바벨에 더 많은 무게를 얹는 것을 의미하는 것이 아니라 선수의 노력 강도, 훈련의 양과 밀도, 트레이닝에서 요구되는 움직임 기술 수준을 증가시킴으로써 긍정적인 신체 적응을 자극할 수 있다는 것이다.

현명한 방법

일반적으로 근력 트레이닝의 강도는 부하 강도(% 1RM)로 알려져 있다. 그러나 프로그래밍에서 이에 못지않게 중요한 것은 선수의 노력의 강도, 즉 운동 시 최대한의 노력, 가속도 및 속도로 반복하려는 선수의 의지 수준을 고려하는 것이다.

'특이성Specificity'의 원리는 신체적 적응이 트레이닝의 유형에 따라 구체적으로 결정된다는 것을 의미한다. 특이성은 '일반성Generality'의 원리와 균형을 이루어야 한다. 특히 초보자나 운동 능력이 부족한 선수에게는 전반적인 신체 발달만으로도 스포츠 퍼포먼스의 향상으로 이어질 수 있다. 이러한 원리는 겉으로는 모순적으로 보이지만, 실제로는 선수의 트레이닝 기간이나 발달 수준에 따라 적용 방식과 비중이 달라진다.

많은 연구에 따르면 일반적인 근력 수준은 선수마다 다르다는 점이 밝혀졌다. 그러나 이러한 연구들은 대부분 엘리트 선수와 비엘리트 선수를 비교하는 경향이 있다. 연구에 따르면 선수들은 각자 다른 근력 수준을 가지고 있으며, 특히 엘리트 선수와 비엘리트 선수를 비교할 때 이 차이가 더욱 두드러지는 것으로 나타났다. 이러한 차이는 다양한 그룹을 대상으로 한 연구에서 더욱 확실하게 확인되었다. 발달 초기 단계의 선수들에게는 기초 근력의 발달이 스포츠 성과 향상에 중요한 역할을 한다. 그러나 엘리트 수준에서는 비슷한 신체 능력을 가진 선수들끼리 경쟁하게 되며, 효과적인 퍼포먼스를 위해서는 근력, 탄력성, 기술 및 전술적 능력의 조합이 필요하다. 따라서 '강함이 항상 좋은 것'이라는 관점은 엘리트 수준에서는 아무래도 한계가 있다. 각 선수들은 자신의 강점을 살려 훌륭한 성과를 이룰 수 있으며, 총체적인 운동 발달이 요구된다.

트레이닝의 원리는 각각 관련지어 고려해야 한다. 근력 및 컨디셔닝 코치는 종종 스포츠 내에서 요

현명한 방법

초기 신체적 발달에는 일반성의 원리를 우선시하고 후기 신체적 발달에서는 특이성의 원리를 우선시하는 것이 가장 효과적이다. 선수들을 일반적인 운동 능력부터 일반적인 근력 발달, 종목 특이적 근력 발달까지 나아가도록 해야 한다.

구되는 움직임을 모방하기 위해 창의적인 운동 방법을 개발한다. 특이성을 추구하면서 신체에 크게 과부하를 주지 않는 생체역학적으로 유사한 종목 특화된 운동을 개발할 수 있다. 결국, 우리는 스포츠 자체에서 변형된 형태를 수행하게 된다. 전문가의 코칭과 함께 강도 높은 운동을 수행하는 스포츠 트레이닝은 준비 과정에서 달성할 수 있는 최고 수준의 스포츠 특이성이다.

코치들은 해당 종목 훈련의 특이성을 보완할 수 있는 일반적인 트레이닝 방법으로 근력 트레이닝을 고려해야 한다. 이러한 일반적인 근력 트레이닝 방법은 종목 동작 자체를 모방하지 않고도 점진적으로 발전시키면서 구체화할 수 있다. 이러한 유형의 트레이닝은 해당 종목의 주요 동작과 생체역학적 유사성을 높여 진행할 수 있다.

- 사용되는 근육 그룹, 관절 동작, 동작 범위 및 평면
- 근육 수축 유형(등척성, 신장성, 단축성, 신장-단축 주기 유형 등)
- 근육 간 코디네이션
- 힘을 적용하는 시간
- 노력의 의도
- 최대 힘 또는 속도에 도달하는 동작 범위의 지점
- 힘의 적용 방향(선수의 무게 중심 기준)

그림 10.1은 여러 스포츠 종목에 따라 일반적인 근력 운동에서 보다 구체적인 근력 운동으로의 진행 과정을 간략하게 보여주고 있다. 운동 선택은 스포츠별 목표를 향한 구체성을 높이기 위해 조정되었지만, 운동은 본질적으로 일반적이며 스포츠 훈련 자체의 기술 개발을 방해하지 않을 것이다.

← 일반적 ——————————— 특이적 →

복싱 목표: 상체 힘과 펀치력 향상	벤치 프레스	탄도성 벤치 드로우 • 최고 속도의 매치 포인트 • 노력의 의도 증가 • 힘 적용 시간 단축	스탠스 자세에서 3kg 샷 펀치 • 관절 움직임, 동작 평면 일치 • 최고 속도의 매치 포인트 • 힘 적용 시간 단축
럭비 유니온(15인제) 목표: 하체 근력 및 직선 속도 가속력 향상	스쿼트프트	밴드 박스 스쿼트 • 최고 속도의 매치 포인트 • 노력의 의도	3포인트 스타트 자세에서 저항성 슬레드 스프린트 • 관절 움직임, 가동범위 및 평면의 일치 • 근육 수축 유형 • 근육 간 협응 • 힘 적용 방향 • 힘 적용 시간
태권도 목표: 한 발의 근력과 공격 속도 증가	뒷발 거상 스플릿 스쿼트	스탠스 포지션을 유지하는 폭발적인 12인치 스텝업 • 관절 움직임, 동작 평면 일치 • 노력의 의도	스탠스 자세에서의 밴드 저항 수평 바운드 • 관절 움직임, 동작 평면 • 근육 수축 유형 • 근육 간 협응 • 힘 적용 방향 • 힘 적용 시간
조정 (스컬링) 목표: 레이스 시작 단계에서 후방 체인의 근력과 가속력의 향상	높은 힙 스타트 자세의 트랩 바 데드리프트	6인치 데피싯 스내치 그립 데드리프트 • 관절 움직임, 가동범위 및 평면의 일치	반복 트랩 바 점프 스쿼트 • 힘 적용 방향 • 근육 수축 유형 • 노력의 의도 • 힘 적용 시간

그림 10.1 다양한 스포츠 종목의 일반적-특수적 근력 운동 선택의 스펙트럼 예시. 첫 번째 열에는 스포츠와 일반적 및 특이적 트레이닝 목표에 대한 개요가 설명되어 있다. 다음 열은 일반적 기본 근력 운동 예시를 제공한다. 마지막 두 열은 보다 특이적 운동 선택에 대한 진행 과정을 보여주고 생체역학적 유사성을 높이기 위해 조작된 변수를 강조하고 있다.

트레이닝의 '다양성variation'은 장기적인 운동 발달에 중요한 역할을 한다. 신체는 주어진 요구에 적응하지만, 이러한 요구가 적절하게 변화하지 않으면 발달이 정체된다. 다양성이 부족하면 오버 트레이닝, 퍼포먼스 정체, 심지어 부상으로 이어질 수도 있다.[3] 근력 및 파워 향상을 최적화하기 위해 대부분의 프로그램은 주기적인 형태의 트레이닝 변형을 적용한다. 주기화는 신체적 특성과 트레이닝 유형이 지속적이고 상호 보완적으로 발달하도록 트레이닝 원칙을 체계적으로 관리하는 접근 방식이다. 훈련의 빈도, 양, 강도, 노력의 강도 또는 집중도 같은 훈련 변수의 조작을 통해 변화를 줄 수 있다. 과학적 검토에 따르면 주기적인 트레이닝 프로그램은 다양하지 않은 접근 방식보다 근력과 파워를 더 크게 향상시키는 것으로 나타났다.[4] 이에 대해서는 19장과 24장에서 자세히 살펴볼 예정이다.

트레이닝의 일관성과 변화 사이의 균형은 상당히 미묘하다. 적응을 위한 충분한 과부하가 자극될 수 있도록 운동 실행의 안정성을 충분히 개발하려면 시간이 필요하다. 스내치를 배우는 어린 선수는 처음에는 기술 숙련도의 한계로 인해 제약을 받을 수 있다. 선수는 근력 적응을 위한 과부하를 자극하기에 충분한 부하를 사용하지 못할 수도 있다. 이 경우 과부하는 움직임 협응의 문제 중 하나라고 할 수 있다. 운동 기술이 안정될 때까지 선수는 점진적으로 자신의 근력에 도전할 수 있는 정도로 과부하를 가할 수 있다.

현명한 방법

다양성을 추구한다는 이유로 운동 유형을 너무 자주 변경하면 선수는 신체적 과부하 단계에 도달하지 못하고 항상 기술 습득 단계에만 머무르게 된다.

운동의 일관성과 다양성의 균형을 맞추기 위해 코치는 운동 부하 대비 운동 기술을 모니터링해야 한다. 운동 패턴의 안정성과 일관성이 점진적으로 향상되고 있는지 살펴야 한다. 패턴이 안정화되면 부하를 추가하고 다시 관찰한다. 처음에는 부하가 증가하면 운동 패턴이 불안정해지지만, 이는 곧 안정적인 상태가 될 것이다. 코치에게 이상적인 것은 운동의 안정성과 일관성을 확보하고 점진적인 과부하를 허용할 수 있을 만큼 충분히 오랫동안 운동을 유지하는 것이다. 운동량과 강도의 미묘한 변화를 통해 매주 다양성을 부여할 수 있다. 운동 변화는 운동 효과가 감소하고 정체되기 전에 실시해야 한다.

현명한 방법

일반적으로 8~12주 기간의 훈련 블록은 운동의 일관성과 운동 다양성 사이의 균형을 최적화하는 데 효과적이다.

맥락적 근력 향상

근력 운동에서 흔히 저지르는 실수는 근력 발달을 따로 떼어 놓고 보는 것이다. 근력 향상은 다른 퍼포먼스 특성과 상호 보완적인 방식으로 발전할 때에만 가치가 있게 된다. Z 점수(1장에서 더 자세히 설명)는 다양한 신체 능력 간의 관계를 파악하는 데 유용한 도구로, 선수의 강점과 약점이 동료들과 비교하거나 자신의 이전 퍼포먼스 프로필과 비교하여 어느 수준에 있는지를 평가할 수 있다. 그림 10.2는 세계적인 필드 스포츠 선수의 피지컬 테스트 프로필을 보여주고 있다. 각 테스트 지표는 그룹 평균과의 표준편차 크기인 Z

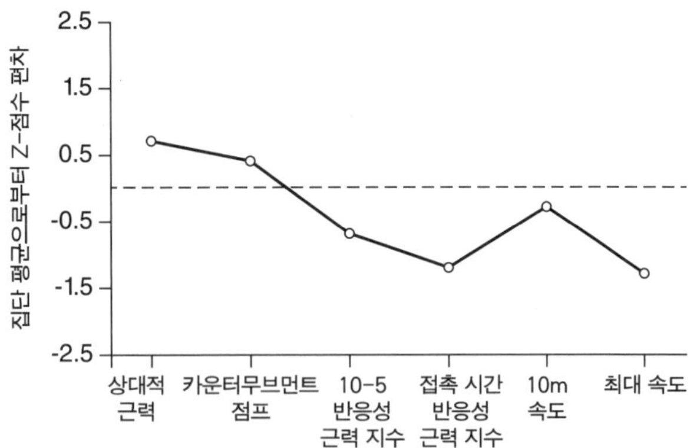

그림 10.2 세계적인 필드 스포츠 선수의 신체적 퍼포먼스 Z 점수 프로필. Relative strength = 백 스쿼트에서 3RM 테스트를 통해 평가한 상대적 하체 근력, CMJ = 반동 점프를 통해 평가한 하체 근력, 10–5 RSI = 10/5 반복 점프 테스트를 통해 평가한 반응성 근력 지수, CT–RSI = 10/5 반복 점프 테스트에서 사용한 접촉 시간, 10m speed = 직선 40m 스피드 테스트에서 처음 10m를 넘는 시간, Peak velocity = 직선 40m 스피드 테스트에서 30~40m의 평균 속도. 접촉 시간, 속도 시간 및 속도가 클수록 음의 Z 점수로 표시된다.

점수로 표시된다. 이 예에서 선수는 스쿼트 및 중량 점프와 같은 전통적인 근력 운동에서 발달한 하체 전반의 근력과 파워 수준은 평균 이상이다. 그러나 이 선수는 반응성 근력reactive strength과 최고 속도 능력은 평균 이하인 것으로 나타났다. 반응성 근력은 하체가 지면에 힘을 신속하고 효과적으로 전달할 수 있는 능력을 나타낸다. 이러한 넓은 맥락에서 근력 발달을 바라보면 코치와 선수는 지속적인 최대 근력 발달보다 반응성 근력과 최고 속도 능력에 우선순위를 두어야 한다는 것을 알 수 있다.

근력 발달을 다른 주요 신체적 특성과 맥락에서 설명하는 효과적인 평가 시스템을 개발하는 것은 중요하다. 이러한 평가 시스템은 근력 향상을 얼마나 적극적으로 추구해야 하는지, 그리고 퍼포먼스 결함을 보완하기 위해 트레이닝에 집중할 수 있는 부분을 결정하는 데 도움이 된다.

프로그래밍 고려 사항

이 장의 서두에서 파워의 결정 요인인 힘, 시간, 거리를 강조했다. 선수의 커리어 전반에 걸쳐 근력과 파워 향상을 고려할 때는 이 세 가지를 염두에 두어야 한다.

장기적인 근력 향상은 운동 능력 개발의 초기 단계부터 시작해야 한다. 이를 통해 가동범위를 통한 안정성이 선수에게 제한적인 요소가 되지 않도록 움직임의 기반을 마련할 수 있게 된다. 선수들은 적절한 자세를 통해 적절한 거리 이상에서 힘을 표현할 수 있어야 한다. 선수는 파워를 생성할 수 있는 견고한 움직임 패턴을 가져야 한다. 선수는 성장함에 따라 힘에 더욱 집중할 수 있다. 선수들은 파워 생성의 기본이 되는 근력의 일반적인 토대를 개발할 것이다. 더 높은 수준의 근력에 도달하면 시간 요소를 개발하는 데 더 집중할 수 있을 것이며 더 구체적이고 고급화된 훈련 기술을 사용하여 더 빠른 속도로 힘의 역량을 적용하는 방법을 배우게 된다.

초기 발달: 근력 트레이닝 초급자

어린 선수나 초보 선수의 근력 훈련의 주요 목표는 앞으로의 트레이닝을 뒷받침하는 운동 능력을 심어 주는 것이다. 움직임 기술 장벽이 발생하면 장기적인 발달에 장애가 될 수 있을 것이다. 엘리트 레벨의 코치와 선수는 초기 발달 단계에 뿌리내린 잘못된 스쿼트 패턴을 고치는 것이 어려울 수 있으며, 이는 스쿼트 패턴에서 근력을 개발하는 능력을 제한할 뿐만 아니라 점프 스쿼트, 클린 또는 스내치와 같이 움직임 패턴의 구성 요소로서 스쿼트 능력에 의존하는 다른 트레이닝 동작의 개발에도 제한을 줄 수 있다.

다양한 운동 기술의 광범위하고 다양한 레퍼토리를 개발하면 특히 다음과 같은 상황에서 선수의 적응력을 높일 수 있게 된다.

- 일반적인 움직임 패턴에서 벗어난 새로운 신체 기술을 배우는 경우
- 다른 스포츠, 종목 또는 포지션으로 전환하는 경우
- 성장 급증을 경험하는 경우
- 부상을 극복하기 위해 새로운 방식으로 트레이닝을 축적하는 경우

이 단계에서 우선순위를 두어야 하는 운동 능력의 유형은 문서화되어 있으며 다음과 같다.

- 런지, 힌지 및 스쿼트
- 점프 및 착지
- 가속, 스프린트, 감속
- 던지기 및 잡기
- 밀고 당기기
- 저항 및 브레이싱

이러한 유형의 트레이닝에 접근할 때는 유연하고 통제되며 적응력 있는 방식으로 움직일 수 있는 선수를 육성하는 것을 궁극적인 목표로 모든 평면에 걸쳐 동작을 포함시켜야 한다. 코칭 강조점의 진행 상황을 예로 살펴보자.

1. 선수는 스쿼트, 런지, 힌지와 같은 주요 자세를 제어할 수 있고 이러한 주요 자세에서 힘과 안정성을 향상시킬 수 있어야 한다.
2. 선수는 모든 동작을 빠르고 정확하게 수행할

수 있어야 한다.

3. 선수는 움직임의 다양한 조합을 안정적으로 전환할 수 있어야 한다.
4. 선수는 다양한 움직임의 조합에서 속도와 정확성을 가지고 전환할 수 있어야 한다.

초기 발달 단계에서는 맨몸 운동이나 가벼운 저항 및 복잡하지 않은 움직임 패턴을 이용한 입문용 근력 운동이 적합하다. 근비대 및 일반적인 운동 능력은 이 단계의 중요한 부차적인 목표로, 앞으로의 더 강도 높은 운동에 대비하기 위해 선수를 준비시켜 준다. 이러한 방법은 표 10.1에 설명된 대로 간단한 트레이닝 세션에서 결합할 수 있다.

현명한 방법

움직임 능력 개발은 트레이닝이 아닌 스킬 개발로 간주해야 한다. 충분한 훈련이 축적될 수 있도록 반복 횟수를 늘리고 세트는 정해진 제한 없이 개방형으로 설정할 수 있다. 코칭의 초점은 선수가 충분한 반복을 수행하여 움직임의 질을 안정화하고 개선할 수 있도록 지도하는 데 맞춰져야 한다.

중기 발달: 선수의 향상

선수가 강력한 운동 능력을 개발하는 단계에서는 보다 전통적인 근력 트레이닝 전략을 도입할 수 있다. 주요 목표는 힘 생성 능력을 높이는 것이다. 고강도 근력 운동은 근력이 약하거나 중간 정도인 선수의 근력과 파워 출력을 높이는 데 매우 효과적이다. 메타분석 및 검토 문헌에서 기초 근력 수준을 높이기 위한 몇 가지 일반적인 트레이닝 접근법을 확인할 수 있다.[4]

- 훈련된 개인에게 높은 강도의 부하 사용(1~6 RM 범위 또는 1RM의 80% 이상)

표 10.1 초기 발달 단계 선수를 위한 기초 근력 트레이닝 프로그램

운동	세트 수, 반복 수	강도 표시
경기 기반 세션 입문서		
파트너 또는 그룹과 함께하는 네발 자세 레이스	앞, 뒤, 옆으로 2번 경주×10~15m	고강도, 경기
운동 능력 개발		
오버헤드 스쿼트	3~4×8~12	
포워드, 백워드, 래터럴 런지	각 방향 3×3~5(양쪽)	하단 구간 멈춤 유지
싱글 레그 힌지 투 스텝업	3×8~10(양쪽)	싱글 레그 힌지의 하단 위치에서 상자를 손으로 터치하고 스텝업 위치의 상단에서 멈춰 움직임을 안정시키고 적절한 자세를 느끼게 한다.
박스 점프	4~5×5~8	선수가 편안하게 점프할 수 있는 낮은 박스를 사용하며, 점프와 착지 메커니즘에 중점을 두게 한다.
기초 근력, 운동 능력 및 근비대 발달		
1a. 카운터밸런스 스쿼트	3×8~12	메디신 볼 들고
1b. 프레스 업	3×8~12	손을 올려 운동 강도 조절
2a. 싱글 레그 스쿼트	3×6~8(양쪽)	운동 강도 관리 및 운동 범위 극대화를 위한 밴드 보조 기능
2b. 인버티드 로우	3×8~12	몸의 각도를 조절해 운동 강도를 관리하고 체간 근력 완전성 보장
3a. 래터럴 런지	3×6~8(양쪽)	메디신 볼 들고
3b. 사이드 플랭크 밴드 당기기	3×15~30초	

- 훈련받지 않은 개인에게는 중간 강도 사용(1RM의 약 60%)
- 제한된 기간 동안만 실패까지 도달하도록 트레이닝
- 세션당 3~5개의 운동 세트
- 주당 2~4일의 훈련 빈도
- 트레이닝 전반에 걸쳐 트레이닝 양과 강도의 다양성 제공
- 다관절, 바벨 기반 운동

이러한 매개변수는 중급 수준의 선수를 위한 대부분의 근력 운동의 기초가 되어야 한다. 근력 운동의 초기 단계에서는 각 운동은 개발이 필요한 기술로 간주해야 한다. 더 가벼운 무게를 사용하고 더 많은 세트와 반복 횟수가 필요할 것이다. 운동의 변형은 주요 자세를 강조하는 방식으로 이루어진다. 선수들은 '실패'를 멀리해야 한다.

선수가 더 나은 수준의 운동 기술과 근력을 개발함에 따라 최대 반복 횟수를 평가할 수 있으며, 트레이닝이 더 처방적으로 바뀔 수 있게 된다. 전반적인 트레이닝 강도(% 1RM)를 높일 수 있고 트레이닝 세션의 양을 줄일 수 있다. 표 10.2에는 중급 선수가 고강도 운동으로 전환하는 프로그램의 예가 나와 있다.

현명한 방법

1RM 테스트가 적절하지 않을 수도 있으므로 $RIR_{reps\text{-}in\text{-}reverse}$ 방법은 트레이닝 부하를 처방하는 데 유용한 도구가 될 수 있다. 이 중기 단계의 초반에는 협응력 향상을 통해 퍼포먼스의 초기 향상이 이루어진다. 운동 기술이 확립된 후에야 신경근, 근육 및 근비대 적응을 유도하기 위해 충분한 외부 부하를 사용할 수 있게 된다. 보다 전방위적이며 견고한 운동 능력을 갖춘 선수는 근력 트레이닝의 기술 요소를 빠르게 발전시키는 경향이 있으며, 그 결과 근력 향상 효과를 더 일찍 거둘 수 있을 것이다.

근력과 파워의 상관관계는 선수가 강해질수록 감소하는 경향이 있다. 근력이 증가함에 따라 추가적인 근력 발달 역량과 근력이 파워 출력에 미치는 긍정적인 영향은 감소한다.[1] 선수가 필요한 근력을 개발함에 따라 이러한 일반적인 근력 훈련 매개변수에서 벗어나 보다 발전된 방법을 사용해야 할 수도 있을 것이다.

강인한 선수를 어떻게 정의해야 하는가? 이는 선수와 스포츠에 따라 고려해야 할 사항이며, 보편적인

표 10.2 중기 단계 초반의 트레이닝 진행 예시

1~6주		6~12주		12~16주	
운동	세트 수, 반복 수	운동	세트 수, 반복 수	운동	세트 수, 반복 수
1. 고관절 높이에서의 파워클린	6×5~8 5회 이상 예비운동	1. 무릎 높이에서의 파워클린	6×4~6 3~4회 예비운동	1. 파워클린	6×3 2~3회 예비운동, 트레이닝 블록 마지막에 보수적으로 1~3RM 평가
2. 정지 프론트 스쿼트	4×8 5회 이상 예비운동	2. 백 스쿼트	4×8 3~4회 예비운동	2. 백 스쿼트	5×5 1~2회 예비운동, 트레이닝 블록 마지막에 1~3RM 평가
3. 한 발 루마니안 데드리프트(RDL)	4×5~8 5회 이상 예비운동	3. 루마니안 데드리프트	4×8 3회 이상 예비운동	3. 루마니안 데드리프트	4×5 2~3회 예비운동
4. 벤치 프레스	4×8, 1RM 70%	4. 벤치 프레스	5×5, 1RM 75~80%	4. 벤치 프레스	5×3, 1RM 83~90%
5. 벤치 풀	4×8, 1RM 70%	5. 벤치 풀	5×5, 1RM 75~80%	5. 벤치 풀	5×3, 1RM 83~90%

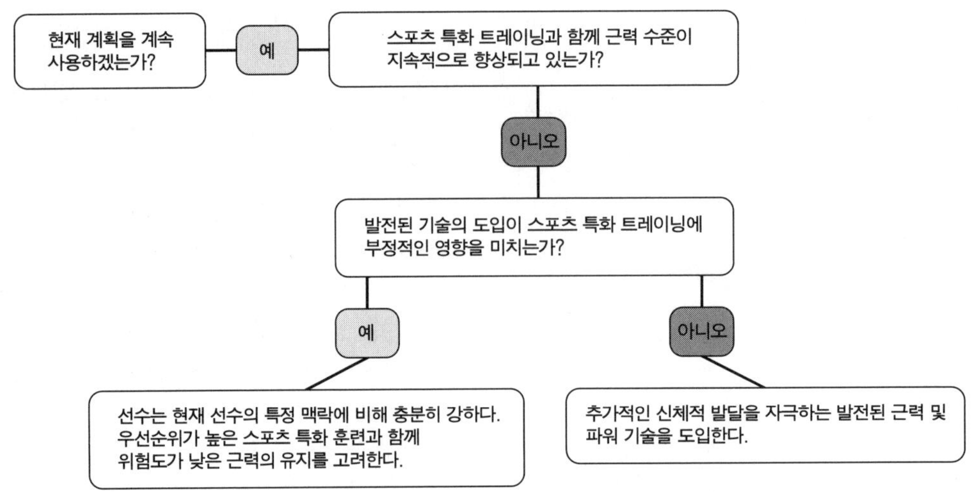

그림 10.3 '얼마나 강한 것이 충분히 강한 것인가'에 대한 의사 결정 흐름도.

기준은 존재하지 않는다. 예를 들어, 선수가 높은 수준의 외부 저항을 극복해야 하는 종목에서는 근력의 중요성이 더 크다고 할 수 있다. 포환던지기(7.3kg)는 창던지기(0.8kg)보다 더 많은 근력이 필요하다. 럭비에서 상대 선수와 직접 부딪히며 스크럼을 짜는 프롭은 외부 저항 없이 최고 속도로 달리는 아웃사이드 백보다 더 많은 힘이 필요하다. "얼마나 강한 것이 충분히 강한 것인가"라는 질문은 선수의 전반적인 스포츠별 발달을 고려하는 논리적 관점에서 접근해야 한다. 스포츠별 피지컬 퍼포먼스 향상이 가장 중요한 목표가 되어야 할 것이다. 전반적인 스포츠 발달에 방해가 된다면 고도의 근력 및 파워 기술을 도입하는 것은 의미가 없다. 그림 10.3은 이 질문에 대한 논리적이고 총체적인 접근 방식의 한 예다.

후기 단계 발달: 강한 선수

강인한 선수 그룹에서는 적응을 촉진하기 위해 더 큰 변화가 요구된다. 근력 수준이 높은 선수에게는 보다 공격적인 근력 트레이닝 접근 방식과 심화된 근력 및 파워 트레이닝 기술이 필요해진다. 일반적인 운동에서 보다 특정한 운동으로의 변화 역시 강력한 근력 및 파워 향상에 자극이 될 수 있다.

심화 트레이닝 방법은 선수의 근력 수준이 높을 때 더 효과적인 것으로 보인다.[5] 심화 트레이닝 방법에는 탄도성ballistic 트레이닝, 플라이오메트릭, 복합 트레이닝 및 프라이밍이 포함된다. 이러한 방법은 주로 적응력을 극대화할 수 있는 근력 능력을 갖춘 선수가 변화를 필요로 할 때 성장 후반부에 사용해야 한다.

선수의 근력 능력이 더 발달할수록 운동 선택 시 더 많은 특수성을 고려해야 할 것이다. 더 강한 선수의 경우 근력을 더 향상시킬 수 있는 능력은 제한되어 있으며, 트레이닝 적응은 보다 속도velocity에 맞게 조정되어야 한다.[6] 그림 10.1은 기존의 일반적인 근력 운동을 상급 선수에게 더 구체적이고 적합하도록 발전시키는 방법의 예를 보여주고 있다. 표 10.3은 이를 확장하여 단계별 트레이닝 프로그램에서 고급 선수를 위한 운동 진행을 상세하게 나타낸 것이다.

특수성과 일반성은 상호 보완적인 원리다. 상위 수준의 선수는 높은 수준의 일반적 근력을 통해 보다 특정한 파워 운동에서도 높은 퍼포먼스를 발휘할 수 있다. 초급 및 중급 선수의 경우 선수의 근력이 힘을 생성할 수 있는 잠재력을 결정하기 때문에 파워 훈련보다 근력 향상에 먼저 집중할 필요가 있다. 근력이 약한 선수의 경우 최대 근력이 낮기 때문에 속도 기반 훈련은 큰 도움이 되지 않을 것이다.[6]

커리어 후반기 관리: 노장 선수

선수가 커리어의 후반기에 접어들면서 스포츠에서 성공할 수 있는 신체적 자질을 이미 갖추고 있는 경우가 많다. 이러한 연령대에서는 극한의 근력 향상을 공

표 10.3 후기 향상 단계의 헤비급 올림픽 복싱 선수의 진행 예시

	1~6주		6~12주		12~18주	
	운동	세트, 횟수, 참고 사항	운동	세트, 횟수, 참고 사항	운동	세트, 횟수, 참고 사항
복합 트레이닝 조합	1. 박스 스쿼트 (박스는 평행 높이)	3회×5세트 1RM 60%, 최대 노력 의도	박스 점프 스쿼트 (박스는 평행 높이)	5,4,3,2회×4세트 1RM 30% 단축성 속도 피드백	점프 스쿼트 반복 (신장성 깊이는 스스로 선택)	5회×4세트 1RM 20% 단축성 속도 피드백
	2a. 벤치 프레스	5회×5세트 1RM 75~80%	2a. 밴드 벤치 프레스	3회×5세트 1RM 50~60% 최대 노력 의도 단축성 속도 피드백	2a. 벤치 스로우 (스미스머신)	3회×4세트 1RM 20~30% 최대 노력 의도
	2b. 누워 메디신 볼 던지기	6회×4세트 무겁게, 8~10kg 메디신 볼	2b. 선 자세에서 메디신 볼 던지기	5회×4세트 중강도, 5~6kg 메디신 볼	2b. 복싱 자세에서 메디신 볼 펀치	한 손당 3회×4세트 가볍게 3~4kg 메디신 볼
	상체 근지구력 서킷: 풀업 중량 프레스업 숄더 프레스 벤치 풀	10회×4세트	상체 반복 파워 서킷: 중량 풀업 플라이오 프레스 업 수직 메디신 볼 던지기 폭발적 벤치 풀	5회×4세트	무릎 자세에서 파트너와 그래플링	3~5초 4회×4세트
	강건한 부상 예방: 목 근력 그립 근력 외회전 근력	프로그램 전반에 걸쳐 일관되게	4. 강건한 부상 예방: 목 근력 그립 근력 외회전 근력	프로그램 전반에 걸쳐 일관되게	강건한 부상 예방: 목 근력 그립 근력 외회전 근력	프로그램 전반에 걸쳐 일관되게

선수는 18주 동안 일반적인 근력과 파워 훈련에서 보다 구체적인 파워 및 스피드 훈련으로 진행한다.

격적으로 추구하는 것이 위험을 감수할 만한 가치가 있는지가 관건이다. 나이가 많은 선수의 경우 추가적인 신체적 향상을 실현할 수 있는 기간이 줄어들고 부상 위험이 증가하는 시기를 맞이하게 된다. 이 시기에는 훈련 설계의 작은 실수도 부상이나 역효과로 이어질 가능성이 훨씬 높아진다. 코치에게는 이러한 위험과 이득의 계산을 염두에 두는 것이 가장 중요하다고 할 수 있다.

신체의 발달을 공격적으로 추구하기보다는 위험을 줄이는 쪽을 택하는 것이 현명할 것이다. 핵심은 선수가 오랜 경력을 쌓을 수 있게 해 준 신체적 능력을 유지하고 부상 위험을 줄이며 선수의 출전 기회를 극대화하는 것이어야 한다. 신체 발달 후기 단계에서는 중간 단계에서 설명한 것과 유사한 일반적인 트레이닝 방법으로 돌아가는 것이 효과적인 접근 방법일 수 있다. 선수는 이미 이러한 방법을 견디고 적응할 수 있는 능력이 입증되었으므로 적은 볼륨의 트레이닝이 기본 근력 능력을 유지하고 출전 가능성을 극대화하는 수단으로 활용할 수 있다.

몇 가지 간단한 프로그래밍 도구는 신체적 발달과 위험 관리 사이의 균형을 찾는 데 효과적일 수 있다. 나이가 많은 선수는 일반적으로 자신의 신체적 준비 상태와 언제 근력 운동을 해야 하는지, 언제 더 보수적으로 해야 하는지에 대해 잘 알고 있는 편이다.

'개방형 세트'는 코치가 선수에게 최소한의 운동량을 프로그래밍하는 데 사용할 수 있으며, 선수는 추

가 반복을 완료할 수 있는 범위가 허용된다. 80% 1RM으로 3회 이상 3세트를 반복하는 세트 및 반복set-and-repetition 방식은 선수가 근력을 유지할 수 있는 최소한의 저볼륨을 실시하지만, 선수가 준비되었다고 느끼고 특정 세션에서 위험 대 보상 균형이 유리한 경우에는 반복 횟수를 늘릴 수 있는 범위를 허용할 수 있다.

'상승 및 하강 피라미드'를 통해 선수는 인지된 준비 상태에 따라 스스로 평가하여 세션 내에서 조절을 할 수 있다. 8-6-4-6-8의 반복 계획 예시는 표 10.4에 설명되어 있다. 부하는 피크 세트인 4까지 상승하고 6과 8의 두 번째 세트를 통해 하강한다. 세트 구성표의 상승 부분에서 선수는 보수적으로 운동의 질과 준비 상태를 평가할 수 있어야 한다. 상승 세트를 통해 선수는 세션을 진행하면서 피크 세트를 어떻게 로드해야 하는지 측정할 수 있다. 하강 세트에서 선수는 세트 1과 2에 비해 부하를 늘릴 수도 있고 보수적으로 하강할 수도 있다.

표 10.5는 이러한 다양한 방법을 노장 선수를 위한 전체 훈련 세션 계획에 통합하는 방법의 예시를 보여주고 있다.

신인 선수부터 커리어 후반기의 선수까지 각기 다른 접근 방식이 필요하다. 그러나 각 트레이닝 단계는 한 가지 유형의 트레이닝에만 적합한 고립된 블록이 아니다. 이 가이드라인은 일반적인 권장 사항이며 단계 내에서 접근 방식이 중복될 수도 있다. 그림 10.4는 선수의 커리어 기간에 따른 훈련 유형의 상대적 분

표 10.4 상승 및 하강 세트 및 반복 체계의 예시

세트	반복	중점
1세트: 상승	8	예비 동작으로 5~6회 반복, 움직임 능력과 부하 준비 상태 자체 평가에 집중
2세트: 상승	6	예비 동작으로 3~4회 반복, 노력의 의도를 높이고 피크 세트에 얼마나 무거운 무게를 올릴지 평가
3세트: 피크	4	가장 무거운 세트, 부하 강도는 자체 평가된 준비 상태에 따라 결정
4세트: 하강	6	준비 상태가 좋고 피크 세트에 대한 반응이 긍정적이면 2세트보다 부하를 늘린다. 필요한 경우에는 2세트보다 부하를 줄인다.
5세트: 하강	8	준비 상태가 좋고 이전 세트에 대한 반응이 긍정적이면 1세트보다 부하를 늘리고, 필요한 경우에는 1세트보다 부하를 줄인다.

표 10.5 커리어 마지막 해의 엘리트 조정 선수(스컬러)를 위한 근력 향상 세션

운동	세트, 반복, 강도	참고
파워 클린	6×3, 2, 1, 1, 2, 3 1RM의 약 70~85%에서 상승 및 하강	바 속도 및 기술 실행에 중점을 둔다.
2. 백 스쿼트	5×8, 6, 4, 6, 8 상승 및 하강	첫 세트는 예비 동작으로 5~6회 반복한다.
3. 벤치 풀	4×10, 8, 6+, 10 1RM의 60%, 70%, 80%, 60%	선수는 6+세트에서 실패에 얼마나 근접했는지 판단한다.
4a. 벤치 프레스	3-4×8, 6, 4+, 8 1RM의 65%, 75%, 85%, 70%	선수는 4+세트에서 실패에 얼마나 근접했는지를 판단한다. 네 번째 세트는 스스로 선택한 상태에 따라 선택 사항이다.
4b. 루마니안 데드리프트	3~4×5~8	5~6회 예비 동작, 선수 스스로 부하와 정확한 반복 횟수를 결정한다.
5a. 스플릿 스쿼트	3×6(양쪽)	가볍게, 선수의 느낌에 따라
5b. 스탠딩 케이블 촙, 리프트	3×6/6(양쪽)	가볍게, 선수의 느낌에 따라

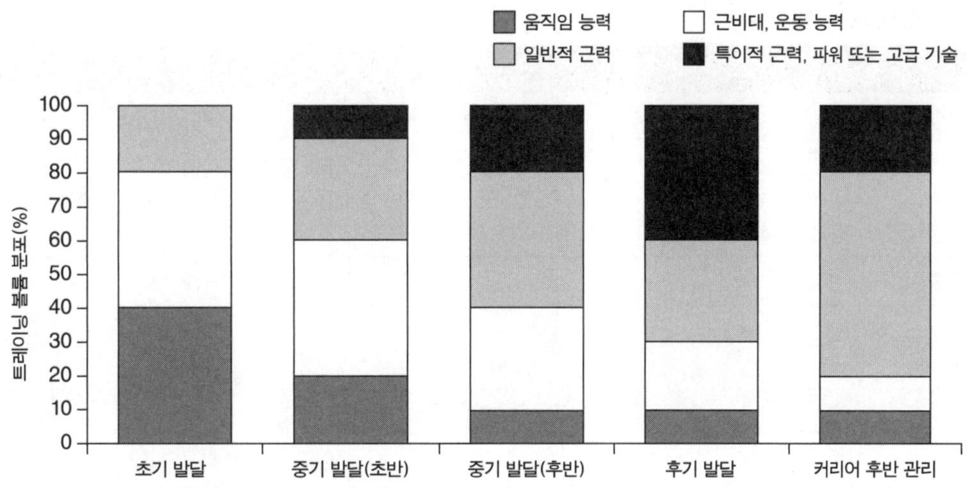

그림 10.4 선수의 경력에 따른 트레이닝 유형 분포(%) 예시.

포를 보여주는 예시다. 각 트레이닝 주 또는 블록마다 필요와 요구 사항이 다르지만, 여기에 제시된 개요는 전반적인 원칙을 안내하는 로드맵으로서의 제안이다.

선진 트레이닝 방법

선수 발달 과정의 핵심 단계에서 선진 트레이닝 방법의 필요성에 대해 간략하게 알아보았다. 이러한 트레이닝 방법의 적용과 트레이닝 효과 대비 위험성을 신중하게 고려해야 한다. 이 부분에서는 근력 수준이 높은 발달 후기 단계의 선수들에게 효과적인 훈련이 될 수 있는 세 가지 방법에 대해 설명한다.

복합 트레이닝

복합 트레이닝은 고강도 근력 트레이닝과 생체역학적으로 유사한 파워 또는 플라이오메트릭 트레이닝을 결합한 것이다.[7] 이러한 복합 트레이닝의 목적은 고강도의 근육 수축 이후에 힘 생성 능력의 증가가 관찰되는 활성화 후 퍼포먼스 향상 현상을 활용하는 것이다.[8] 복합 트레이닝의 운동들은 움직임의 패턴, 주 운동의 기여도, 힘의 작용 방향에 기반하여 생체역학적으로 짝을 이룰 수 있도록 구성한다. 이렇게 짝을 이루는 복합 트레이닝의 예로는 백 스쿼트와 수직 점프, 파워 클린과 뎁스 점프, 스텝업과 한 발 박스 점프 등이 있다. 근력 트레이닝은 이후 파워 트레이닝에서 퍼포먼스에 필요한 운동 단위motor units를 보다 효과적으로 활성화시키는 데 기여한다. 최적의 회복 시간(대부분의 선수의 경우 2~4분)이 주어질 경우, 근력 트레이닝의 피로 영향은 사라지고 강화 효과는 지속적으로 유지된다.

복합 트레이닝은 필요한 파워 트레이닝에 이미 기술적으로 능숙하고 보다 강한 선수들에게 더 큰 이점이 있을 수 있다. 근력 트레이닝의 자극은 최대 노력 강도로 >85% 1RM 또는 >65% 1RM의 훈련 부하를 사용해야 한다. 파워 트레이닝은 기본적으로 탄도성ballistic을 지닌 운동이어야 한다. 표 10.6에는 복합 트레이닝 세션의 예시가 제시되어 있다. 이러한 세션이 강한 파워 트레이닝 자극이 될 수 있다. 하지만 고부하와 고속 트레이닝의 복합적인 구성을 고려할 때, 이러한 트레이닝 세션은 근신경계에 큰 피로 영향을 미칠 수 있다는 점을 트레이너는 유의해야 한다.

현명한 방법

복합 트레이닝은 고강도 근력 운동을 통해 이후 빠른 파워 운동의 퍼포먼스를 향상시킬 수 있는 좋은 방법이다. 즉각적인 강화 효과가 나타나지 않더라도 파워 퍼포먼스가 떨어지지 않는다면, 이는 두 가지 신체적 특성을 상호 보완적으로 훈련할 수 있는 흥미롭고 새롭고 효과적인 방법이 될 수 있다.

표 10.6 복합 트레이닝 세션 예시

운동	세트, 반복, 강도	참고
	복합 조합 1	
1a. 파워 클린	4×2 1RM의 60%-70%-80%-85%로 기술적 웜업	트리플 플렉션에 대한 저항력 강조, 가능한 가장 높은 캐치 포지션에서 바벨을 받는 것을 목표로 한다.
2~4분 수동적 휴식		
1b. 리버스 오버헤드 메디신 볼 던지기	4×2	
	복합 조합 2	
2a. 백 스쿼트	4×3 1RM 85%	모든 반복에 대한 최대 노력 강도
2~4분 수동적 휴식		
2b. 반동 점프(CMJ)	4×3 부하 없이	모든 반복에 대한 최대 노력 강도
	복합 조합 3	
3a. 벤치 프레스	4×2 1RM의 80%-85%-90%-93%	
2~4분 수동적 휴식		
3b. 메디신 볼 던지기	4×3	반복할 때마다 최대 거리로 던지기

속도 기반 트레이닝

속도 기반 트레이닝(VBT)은 트레이닝 효과를 극대화하기 위해 단축성 리프팅의 속도를 측정하여 진행하는 모든 형태의 근력 트레이닝이다. 일반적으로 리프팅의 속도는 바벨(또는 기타 근력 트레이닝 기구)에 부착하거나 선수가 착용하는 장비를 통해 측정한다.

운동 부하가 증가하고 운동 수행에 대한 선수의 노력 정도가 최대가 되어 갈수록, 속도는 예측 가능한 선형적인 패턴으로 감소한다. 이러한 정보를 바탕으로 트레이너는 선수의 현재 컨디션에 대해 정확하게 예측할 수 있고, 주어진 트레이닝 세션 내에서 상대적인 운동 부하와 선수의 노력 정도를 보다 효과적으로 조절할 수 있다. 예를 들어, 3~4회의 최대하 부하에서 바벨의 속도를 측정하면 당일에 더 높은 강도의 운동 부하 또는 최대 반복 횟수에서 바벨의 속도를 정확하게 예측할 수 있다. 이를 통해 선수와 코치는 현재 선수의 컨디션이 평소 수준보다 좋은지, 나쁜지를 파악하고 그에 따라 트레이닝 세션을 적절하게 조절할 수 있다.

현장에서 VBT를 근력 트레이닝에 적용할 수 있는 수 있는 몇 가지 방법을 다음 내용에서 간략하게 알아보자.

피드백 도구로서의 속도 모니터링

속도를 피드백 도구로 활용하는 것은 VBT의 기본적이고 효과적인 적용 방법이다. 반복 횟수 마다 속도에 대한 피드백은 운동 수행에 대한 선수의 노력 정도를 높이는 입증된 방법이며, 파워 트레이닝 프로그램에서 트레이닝 효과의 전이 정도를 증가시키는 것으로 나타났다.[9]

스쿼트 점프, 파워 클린, 벤치 스로우와 같은 탄성을 이용한 트레이닝 방법은 빠른 속도의 운동을 발휘하기 위해 선수가 매우 높은 수준의 노력을 기울여야 한다. 이러한 운동의 부하는 보통 제한된 범위 내에서 유지 또는 조절되며, 부하의 증가가 일반적으로 트레이닝의 진전을 결정하는 요소는 아니다. 이상적인 트레이닝의 결과는 동일한 부하를 더 빠른 속도로 운동하는 것이다. 속도에 대한 측정 없이는 선수의 트레이닝 진행 상황과 노력의 정도를 파악하기 어렵다.

속도 피드백을 활용하면 특정 부하에서의 트레이닝 진행 상황을 측정할 수 있고, 선수의 운동 수행에 대한 높은 수준의 노력을 강력하게 이끌어 낼 수 있다.

트레이닝 속도 유지를 장려하는 속도 모니터링

속도 손실률 컷오프 지점을 사용하면 숙련된 근력 트레이너의 세트 및 반복 속도 출력을 최적화하는 데 유용한 방법이 될 수 있으며, 특히 변화 또는 피킹 단계에서 유용할 수 있다. 여기에는 시작 속도를 기준으로 컷오프 지점이 있는 개방형 세트와 반복이 포함된다.

예를 들어, 세션 목표가 80% 1RM의 부하에서 24회 반복을 완료하는 것이고 원하는 결과가 반복하는 동안 높은 속도(부하 대비)를 유지하는 것이라고 가정해 보자. 피킹 단계에서는 대사적 피로를 제한하는 것도 바람직할 수 있다. 4×6 또는 3×8 방식으로 이 많은 양의 운동을 완료하는 일반적인 접근 방식은 세트 내 및 세트 사이에 속도가 떨어지고 근육 피로도도 크게 증가할 수 있다. 대신 속도가 (첫 번째 반복의) 초기 속도의 10~20% 이하로 떨어지면 세트가 종료된다. 이 방식을 사용하면 선수가 더 많은 세트에 걸쳐 24회 반복을 누적할 수 있게 된다. 5, 5, 4, 3, 3, 3, 1의 총 7세트 훈련량은 흔하지 않다. 이 접근 방식은 전체 운동량에서 더 높은 평균 속도를 보장하고, 실패에 접근하는 것을 방지하며, 대사적 피로를 제한할 수 있다. 또한 이러한 접근 방식은 숙련된 근력 트레이너의 고정 하중에서 1RM과 속도를 증가시키는 것으로 나타났다.[10] 또한 근력 수준이 높은 선수에게 프로그램에 변형을 적용하는 데 효과적인 방법이다. 하지만 주의할 점이 있다. 특정 유형의 피로(이 경우 대사성 피로)를 완화하기 위해 훈련 시스템을 만들지만 실수로 다른 곳의 피로를 자극하는 경우가 종종 있을 수 있다. 이러한 유형의 접근 방식은 노력의 의도가 높기 때문에 더 높은 신경 피로를 유발할 수 있다. 따라서 코치는 트레이닝의 보상과 위험을 모두 고려해야 한다.

부하-속도 프로필

1RM 테스트는 근력을 평가하는 일반적인 방법 중 하나다. 그러나 최대 근력은 일반적으로 단일 트레이닝 결과 그 자체가 아니라 전반적인 파워 출력을 촉진하기 위해 개발되는 것이다. 주요 운동에서 선수의 부하-속도 프로필을 평가하면 속도 범위에 걸친 근력

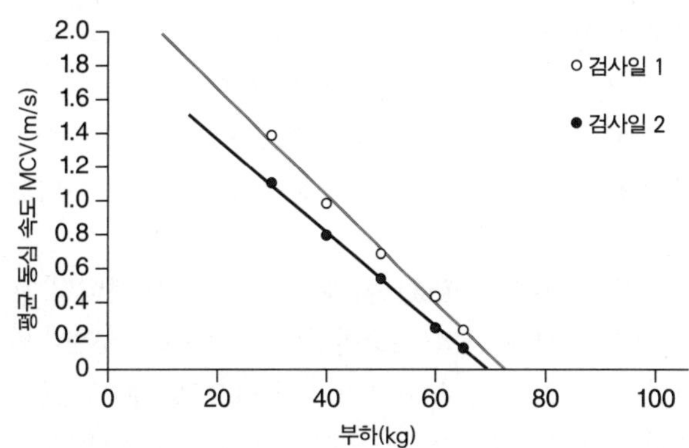

그림 10.5 중간 수준의 근력을 가진 엘리트 여성 격투 스포츠 선수의 부하-속도 프로필(벤치 프레스) 예시.

발달에 대한 전체적인 관점을 얻을 수 있게 된다. 이는 트레이닝이 더 많은 스포츠별 속도에서 근력에 원하는 효과를 내고 있는지에 대한 자세한 정보를 제공할 수 있다.

다음은 부하-속도 프로필을 만들기 위한 지침이다.[11]

- 4~6개의 최대하 부하에서 평균 동심 속도(MCV)를 평가한다.
- 부하 범위가 30~85% 1RM인지 확인한다.
- 속도가 0.5m/s 감소하도록 부하를 분산한다(예: 벤치 프레스에서 40~80%, 스쿼트에서 30~85%).
- 각 부하에서 가장 높은 평균 속도를 기록한다.

그림 10.5는 두 번의 테스트에서 여성 격투 스포츠 선수의 부하 속도 프로필을 보여주고 있다. 높은 부하에서의 속도의 향상은 제한적이었지만 타격 스포츠의 퍼포먼스와 더 관련이 있는 낮은 부하에서의 속도에서는 상당한 향상이 이뤄졌음을 알 수 있다.

프라이밍

경기 당일 프라이밍 세션은 이후 경기에서 신경근 퍼포먼스의 향상을 이끌어 내는 것을 목표로 하는 세션이다. 전제는 간단하다. 신경근 시스템이 준비된 선수는 경기 환경에서 더 높은 수준의 힘, 파워, 속도를 발휘한다는 것이다. 프라이밍이 신경근 퍼포먼스를 급

격히 향상시키는 메커니즘은 신경근 시스템의 활성화, 경기 당일 호르몬 프로필의 향상 및 긍정적인 심리적 효과로 생각되고 있다.[12,13] 프라이밍은 6~32시간 동안 속도, 근력, 파워를 향상시키는 것으로 나타났다.[12]

점프 스쿼트 프로토콜과 상체 근력 트레이닝 또는 고강도 하체 근력 트레이닝이 효과적인 것으로 밝혀진 근력 트레이닝 프라이밍 방법으로 입증되었다. 메디신 볼 던지기, 플라이오메트릭 및 역도 파생 운동과 같은 탄성 트레이닝도 프라이밍 기법으로 활용될 수 있다.

프라이밍 트레이닝을 실시할 때 지켜야 할 핵심 원칙이 있다.

- 선수의 트레이닝 연령이 높아야 한다.
- 선수는 선택한 운동에 기술적으로 능숙해야 한다.
- 근력 기반 프라이밍 활동은 부하 강도가 높아야 한다.
- 트레이닝은 높은 강도의 부하 또는 노력으로 진행되어야 한다.
- 프라이밍은 경기 약 5~6시간 전에 실시해야 한다. 하지만 경기 24~32시간 전에 실시하는 프라이밍도 도움이 될 수 있다.
- 세션 볼륨을 낮추고 피로를 최소화해야 한다.

프라이밍의 또 다른 이점은 시즌 내내 꾸준히 근력과 파워 운동을 누적할 수 있다는 점이다. 많은 종목의 경기 일정이 혼잡하여 근력과 파워를 자극할 기회가 제한되어 있는 경우가 많다. 프라이밍 세션을 정기적으로 사용하는 선수는 그렇지 않은 선수보다 더 큰 트레이닝 자극을 축적할 가능성이 높다. 표 10.7에는 프라이밍 훈련 세션의 예가 나와 있다. 프라이밍은 급성 퍼포먼스 향상 효과를 자극하는 것을 목표로 하지만, 장기적인 신체 발달에도 이점이 있다. 훈련 내용은 프라이밍 원칙을 준수하되 선수의 발달 요구 사항도 반영되어야 한다.

요약

파워 출력은 스포츠의 성공을 좌우하는 핵심 요소로, 선수의 힘 생산 능력과 힘을 낼 수 있는 거리와 시간에 따라 영향을 받는다. 근력 트레이닝은 선수의 힘 생산 능력과 파워 출력을 높이는 데 매우 효과적인 방법이다. 근력 운동은 신체 준비 과정의 필수 요소이며 모든 신체 퍼포먼스 프로그램에 포함되어야 한다. 초보 선수의 경우, 움직임 능력은 선수 생활 전반에 걸쳐 최적의 운동 능력을 갖추기 위한 핵심적인 초점이 되어야 한다. 선수가 적절한 움직임 능력을 확립하면 전통적인 근력 훈련에 집중할 수 있게 될 것이다. 근력 수준이 높아질수록 더 강한 선수는 근력을 지속적으로 개발하기 위해 더 고급 트레이닝 기술, 더 높은 부하 강도, 더 높은 운동 특이성을 필요로 하게 된다.

표 10.7 최대 근력 수준이 높은 숙련된 선수를 위한 프라이밍 트레이닝 세션 예시

운동	세트, 반복, 강도
반복 허들 점프	4~6×6~8 허들 짧은 지면 접촉 시간에 집중
2. 파워 클린	최대 노력 강도로 4~6×2회 1RM 60%–70%–80%–85%로 기술적 웜업 수행
3. 벤치 프레스	3~4×2 1RM 80~90%
상체 당기기 및 개별 부상 예방 영역를 포함한 가볍거나 중간 정도의 보조 근력운동(예비 동작 3~4회 반복)	

필수 항목

- 근력 향상은 탄탄한 운동 능력의 토대를 바탕으로 이루어져야 한다. 초기 발달 단계에서 움직임 능력을 우선시하고, 선수의 장기적인 발달 과정에서 이러한 요소를 유지해야 한다.
- 기본 근력 운동은 주 2~4일의 일반적인 훈련 빈도로 세션당 3~5개의 운동 세트의 고강도(1~6 RM 범위 또는 >80% 1RM)를 사용해야 한다.
- 움직임 안정성을 확보하고 점진적인 과부하를 허용할 수 있을 만큼 충분히 오래 근력 운동을 유지해야 한다. 운동 효과가 정체되기 전에 운동 횟수를 변경한다. 일반적으로 8~12주 길이의 훈련 블록은 이러한 균형을 최적화하는 데 효과적이다.
- 커리어 후반기 선수의 경우 트레이닝 오류의 잠재적 단점이 더 높아진다. 개방형 세트와 상승 및 하강 세트는 이러한 지식이 풍부한 선수가 자신의 준비 상태에 따라 세션 내에서 조정할 수 있도록 하는 유용한 방법이다.
- 부하-속도 프로필은 기존의 1RM 테스트에 비해 속도 범위에 걸쳐 근력 능력에 대해 더 세분화된 정보를 제공하는 매우 효과적인 테스트 방법이다.

Chapter 11

스피드 트레이닝

장-브누아 모랭 Jean-Benoit Morin**, PhD**
생테티엔 장 모네 대학교Université Jean Monnet Saint-Etienne 정교수

스튜어트 맥밀런 Stuart McMillan
ALTIS 공동 소유주Co-owner 및 최고경영자(CEO)

스포츠 맥락에서 스피드는 일반적으로 운동선수가 특정 거리를 달리는 속도로 볼 수 있다. 예를 들어 육상에서는 단거리 선수는 60m, 100m, 200m, 400m의 정해진 거리를 달리고, 스프린트와 허들 선수는 60m, 100m(여자), 110m(남자), 400m의 거리를 달려야 한다. 배구처럼 비교적 짧은 거리부터 농구처럼 보통 거리, 호주식 럭비처럼 비교적 긴 거리까지 다른 스포츠에서도 선수의 이동 거리는 매우 다양하다.

이동 거리가 거의 적은 스포츠에서 스피드를 표현하는 능력을 흔히 순발력quickness이라 부르며, 우리가 스피드 또는 가속이라고 부르는 것과는 관련이 없다(예: 뛰어난 순발력을 보이는 운동선수가 반드시 뛰어난 스피드를 보여주는 것은 아니며, 그 반대의 경우도 마찬가지이다.[1] 예를 들어, 이러한 유형의 스피드는 코트 기반 스포츠에서 자주 표현되곤 한다).

따라서 순발력을 훈련하기 위해 고안된 방법과 스피드를 훈련하기 위해 고안된 방법을 구분하는 것이 중요하다. 1980년대 말과 1990년대 초에 시장에 등장하기 시작한 민첩성agility 및 순발력quickness 훈련 장비의 대중화에 힘입어 지난 수십 년 동안 팀 스포츠의 피지컬 트레이닝 분야에서 순발력 훈련(즉, 민첩성과 방향 전환 훈련)이 강력한 입지를 구축했다. 스피드 훈련에 대한 인식과 그 중요성에 대한 인식은 감소한 것으로 보이는데, 이는 민첩성과 순발력에 대한 인식이 높아진 것과 같은 시장 논리가 부족했기 때문인 것으로 보인다.

하지만 지난 몇 년 동안 현장 기반의 선수와 팀의 성공에 스피드의 중요성을 알리는 코치와 과학자들이 다시 등장하고 있으며, 어쩌면 우리는 스피드의 새로운 황금기에 접어들고 있는지도 모른다. 과학자와 코치들이 과거의 편법이나 장난감 같은 것에 의존하지 않고 효과적인 스피드 트레이닝 방법의 실제적인 관련성과 적용을 전달하기 위해 응용적이고 통합적인 방식으로 협력하는 시대에 접어들고 있는 것이다.

이 장에서는 스피드에 초점을 맞출 것이다. 스피드를 정의하는 요소, 스피드를 이해하는 방법, 스피드를 평가하는 방법, 스피드를 개선하는 방법, 그리고 함께 일하는 선수 및 팀과의 관계에 대해 논의한다.

팀 스포츠에서의 스피드

선수 퍼포먼스 코치들은 종종 선수들이 스프린트를 배워야 하는 이유를 정당화하기 위해 관련 질문을 던지는 코치들로부터 도전을 받곤 한다. 다음 시나리오를 생각해 보자.

프리시즌 대학 미식축구 경기를 가정해 보자. 후반전 초반, 감독이 두 번째와 세 번째 선수들에게 출전 시간을 주고 있다. 미드필드에서 3야드 거리의 3번째 다운 상황에서 쿼터백이 세 번째 러닝백에게 공

을 패스한다. 그러면 라인에 틈이 생기고 러닝백이 그 쪽으로 달려가지만 속도가 부족해 백필드에서 태클을 당해 패하고 팀은 펀트할 수밖에 없게 된다. 다음의 다운 세트에서 공은 두 번째 러닝백에게 넘겨지고, 그는 라인을 돌파하여 오픈 필드에 진입한다. 그는 세 번째 러닝백보다 속도가 조금 더 빠르지만 수비 백필드로 돌파하지 못하고 쉽게 태클을 당하게 된다.

이 두 러닝백은 고등학교 때 육상 선수로 뛰지 않았고, 전력 질주하는 방법에 대해 전혀 이해하지 못하고 있었을 것이다. 효과적인 전력 질주 자세의 중요성을 이해하지 못했고, 두 선수 모두 팔다리를 효과적인 방식으로 컨트롤하지 못했다. 두 선수 모두 피곤하고 지나치게 흥분한 상태였기 때문에 자세에도 영향을 미쳤다. 두 선수의 궁극적인 경기 퍼포먼스는 물론 잠재적인 건강 상태도 상대적으로 부족한 스피드로 인해 영향을 받았을 것이다.

이제 고등학교 육상팀에서 단거리 선수였던 1군 러닝백을 생각해 보자. 그는 쿼터백으로부터 공을 받아 빈틈을 보고 오픈 필드까지 돌파해 들어갈 수 있다. 그는 수많은 어포던스affordance(행동 유발성. 예: 라인백, 블로커의 위치, 경기장 내 공간 등)에 온전히 집중할 수 있다. 그는 라인백들을 피해 다운필드로 향할 수 있다. 그의 뛰어난 스피드로 인해 백업 선수와 같이 느린 선수는 사용할 수 없는 선택지가 나타나기 시작한다. 수비수가 그를 차단하기 위해 달려오는 것을 보지만, 그는 인사이드로 돌아가지 않고 사이드라인으로 방향을 바꿀 수 있다는 것을 알고 있다. 그는 수비수를 제치고 엔드존에 도달한다.

이 예는 필드 기반 스포츠에서 속도가 얼마나 중요한지 보여주는 단순한 예일 수 있지만, 꼭 비현실적인 예는 아닐 것이다.

이 장에서 논의하는 많은 개념은 직선 스프린트 또는 육상 경기의 맥락에서 연구되었거나 생성되었다. 스포츠 퍼포먼스 업계에서는 이러한 개념이 대부분의 스프린트 시간을 비선형적인 방식으로 보내는 팀 스포츠 선수들과 관련성이 있는지, 그리고 이러한 개념을 코칭에 활용할 수 있는지에 대해 의문이 제기되어 왔다.

우리가 더 빠른 선수를 원하는 이유는 선수가 자신의 종목에서 더 잘할 수 있도록 하기 위해서라는 점을 기억해야 한다. 우리는 필드 기반 스포츠 선수를 단거리 스프린터로 만드는 데 관심이 있는 것이 아니라, 스피드가 증가하면 스포츠별 퍼포먼스가 향상된다는 가정하에 필드 기반 스포츠 선수의 스피드를 높이기 위해 노력하는 것이다.

현명한 방법

선수가 더 빨라졌지만 경기력 자체는 향상되지 않았다면, 우리의 훈련 개입이 오히려 역효과를 낸 셈이다. 속도 향상(또는 그 전이)에 쏟은 시간을 다른 곳에 투자했더라면 더 나은 결과를 얻을 수 있었을 것이기 때문이다.

먼저 어떤 훈련 개입이 일반적인 스포츠 및 포지션별 요구 사항, 개별 선수의 핵심 성과 지표(KPI), 궁극적으로 스포츠 퍼포먼스를 어떻게 향상시키는지를 고려해야 한다. 이 휴리스틱은 개발하고자 하는 능력에 관계없이 적용된다. 예를 들어, 라인백의 40야드 기록이 0.1초 향상되었다고 해서 반드시 풋볼 경기장에서의 퍼포먼스가 향상되는 것은 아니며, 백 스쿼트에서 100파운드가 향상되었다고 해서 반드시 퍼포먼스가 향상되는 것도 아니다.

축구나 미식축구와 같은 팀 스포츠에서도 직선 스피드는 성공적인 퍼포먼스에 중요한 요소로 작용하는 것으로 나타났다.[2] 팀 스포츠에서 대부분의 스프린트는 팀원, 상대 또는 장비와 직접적으로 상호작용하는 것이라고 생각하기 쉽지만, 많은 경우 그렇지 않기도 하다. 예를 들어 축구에서는 공이나 다른 선수가 전혀 관여하지 않는 스프린트가 많다.[3] 전체 경기에는 많은 이벤트가 있지만, 스포츠의 승부를 결정짓는 많은 순간에는 스피드를 보여주는 것이 밑바탕이 되곤 한다.

따라서 이러한 종목에서 선수들과 함께 일하는 코치들은 스프린트의 기본을 더 잘 이해하는 것이 적절하다. 이러한 코칭 능력을 갖추면 경기의 맥락에서 다양한 스프린트 변형이 어떻게 나타나는지 더 잘 이해할 수 있으므로 후속 트레이닝을 어떻게 설계해야 하는지에 대한 통찰력을 얻을 수 있다.

하지만 무엇이 올바른 것인지 모른다면 선수의 기술이 올바른지 어떻게 알 수 있겠는가?

이런 의미에서 정상적인 스프린트 능력의 개발은 선수들이 보다 다양한 맥락의 스포츠 환경에서 보다

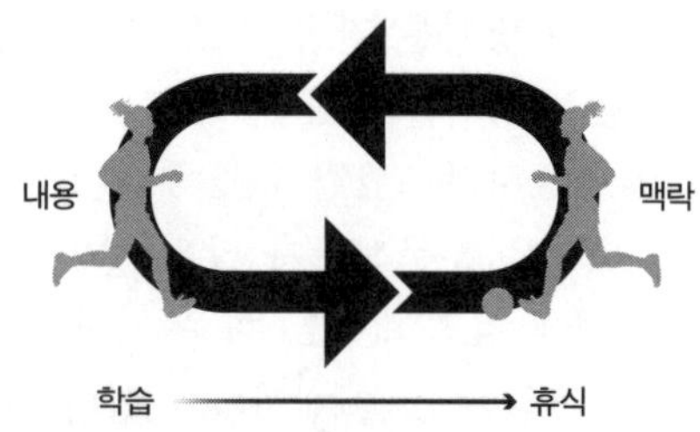

그림 11.1 내용–맥락 연속체.

효과적이고 효율적이며 안전하게 돌파할 수 있는 '법칙'으로 작용하게 된다.

이를 살펴보는 한 가지 방법은 동작의 '내용content'을 '맥락context'과 구분하는 것이다(그림 11.1).

운동선수는 주변 공간을 탐색하면서 다양한 자유도를 제어하고 협응coordinate하는 법을 배운다. 결국, 의식적인 노력 없이도 움직일 수 있을 만큼 안정된 동작이 가능하게 된다.[4]

이것이 우리의 움직임 기술 목록의 '내용content' 이기도 하다.

그런 다음 선수는 스포츠 환경의 맥락context에서 공간을 탐색하기 시작하고 움직임은 더욱 적응력이 높아지게 된다. 본질적으로 스포츠 과제는 선수가 해결책을 개발하도록 장려하는 다양한 문제를 제공하는 것이다.

'궁극적인 스포츠 역량'은 안정화와 적응이 반복되는 시기로 이해할 수 있다. 내용과 맥락 모두. 선수들은 스포츠 기술을 뒷받침하는 기본적인 움직임 기술을 향상시키기 위해 의도적으로 노력해야 할 뿐만 아니라 맥락에서 환경을 인식하고 상호작용할 수 있는 기회를 모색해야 한다.

경기 자체에서 거슬러 올라가면 코치는 먼저 스포츠 퍼포먼스를 뒷받침하는 움직임을 파악하는 것이 무엇보다 중요하다. 이러한 움직임은 선수들이 스포츠 과제를 수행하는 동안 처음에는 의식적으로, 나중에는 무의식적으로 적용할 수 있는 기초적인 기준점(FAPsFoundational Anchor Points)을 제공할 수 있다. 동시에 선수들은 자신의 스포츠 환경을 탐색함으로써 행동의 안정성과 지각의 정확성을 동시에 향상시킬 수 있다.

모든 운동선수에게는 완전히 새로운 동작이라도 익숙한 기본 동작에 공통된 속성이 있는 행동 유연성이 내재되어 있다. 이러한 기본 동작을 구성하는 속성은 은연중에 작용하며,[5] 보다 맥락적인 탐색을 위한 기초를 제공한다. 이러한 형태와 패턴이 우리에게 더 익숙할수록 새로운 상황에 직면할 때마다 더 효율적으로 활용할 수 있게 된다.

이것이 바로 규칙을 어기기 전에 먼저 규칙을 알아야 한다는 뜻이다. 선수가 기초적인 수준에서 기초적인 기준점을 안정화하면 더 복잡한 수준에서 더 높은 수준의 안정성과 유연성으로 이러한 동작을 실행할 수 있는 가능성이 높아진다. 선수가 비교적 기초적인 수준에서 이러한 FAP를 안정화하지 못하면 더 복잡한 수준에서 이러한 동작을 실행할 때 일관성이 없고 비효율적일 수 있다. 의미를 부여할 수 있는 기준점이 없기 때문이다.

먼저 '빠르다'는 것이 무엇을 의미하며 이를 어떻게 측정할 수 있는지 이해해야 한다.

스피드에 대한 이해

실제로 스피드에는 다음과 같은 다양한 능력을 나타내는 여러 하위 카테고리가 포함되어 있다.

- 스타팅 스피드
- 가속도
- 절대 스피드
- 스피드 지구력

앞서 언급한 스피드의 구성 요소는 스포츠 내에서 표현되는 순서대로 나열되어 있으며, 각 요소는 과제에 따라 중요도가 다르지만 주로 대부분의 육상 또는 필드 기반 경기 및 스포츠와 가장 관련이 있는 가속도와 절대 스피드에 초점을 맞추고 있다.

스피드에 대한 표현을 단계별로 나누고 선수들에게 이런 식으로 가르치기보다는 상태position, 패턴pattern, 자세posture를 가르치는 코칭 개념에 집중하는 것을 선호한다.

먼저 선수가 힘을 가하는 주된 방향(수평 및 수직)과 그 사이의 전환과 관련된 스프린트의 역학적 요구사항을 이해해야 한다. 간단히 말해, 선수가 최대 속도에 비해 느리게 움직일수록 질량 특이적 지면 반력의 방향이 더 수평에 가까워진다. 이는 가속 역학(속도의 증가)을 이해하면 설명할 수 있다. 반면에 선수가 최대 속도에 대해 더 빠르게 움직일수록 질량 특이적 힘의 적용 방향은 수직이 된다. 이는 '절대 속도absolute speed 역학' 또는 '직립 역학'으로 정의된 것을 이해함으로써 설명할 수 있다.[4]

이러한 개념은 육상 및 필드 기반 스포츠의 스프린트 퍼포먼스에 대한 다음의 상호 보완적인 개념 모델에 자세히 설명되어 있다.

효과적인 힘의 생성 및 전달

힘의 생성과 전달을 고려할 때 우리가 진정으로 고려해야 할 것은 힘의 양, 속도, 적용되는 방향뿐이다. 그러나 악마는 디테일에 있으며(문제점 혹은 해결하기 어려운 요소가 세부 사항에 숨어 있다는 속담) 이 간단한 개념 뒤에는 매우 복잡한 요소가 숨어 있다.

스프린트 퍼포먼스는 오랫동안 속도는 스텝 길이와 스텝 빈도의 시간 곱이라는 단순한 시공간적 모델을 통해 설명되고 해석되어 왔다. 트레이닝을 통해 스텝 길이와 빈도를 모두 개선하는 것이 합리적이지만, 뉴턴의 운동 법칙에 따라 선수들이 단위 체질량당 스프린트의 모든 단계에서 생성할 수 있는 지면 반작용력(GRF)의 양과 이를 지면에 적용하는 역학적 효율을 개선하는 것을 목표로 하는 것이 더 바람직하다.

GRF 벡터의 방향은 가속 퍼포먼스의 핵심이며,[6] 단위 체질량당 생성되는 GRF의 총 크기는 스프린트 전체에 걸쳐 중요하다.[7] 그림 11.2에 제시된 바와 같이, 이 기능 모델은 운동선수가 많은 양의 힘을 생성하고 이를 지면에 효과적으로(즉, 수평 방향의 각도[가속]) 적용해야 한다는 것을 제시하고 있다. 이러한 필수 요소는 스프린트의 특정 맥락에서 발생해야 하며, 필드 스포츠 선수의 경우 앞서 언급한 대로 추가적인 특정 제약 조건이 적용되어야 한다. 상대적으로 더 수평적인 힘의 적용은 선수가 뒤로 밀거나 앞으로 나아가도록 유도하는 신호를 통해 지도하는 반면, 직립 스프린트에서 상대적으로 더 수직적인 힘의 적용은 선수가 아래로 밀거나 위로 들어 올리도록 유도하는 신호를 통해 지도한다.

현명한 방법

GRF 방향의 효과를 백분율로 표현하는 방법은 힘의 비율(RF)이다. 다른 모든 것이 동일할 때 비율이 높을수록 GRF 벡터가 수평 방향으로 더 많이 향하고 전방 가속도가 더 높아진다. (최대 힘 출력 능력보다는) 전반적으로, GRF 방향 설정 능력이 엘리트 선수와 비전문 선수를 명확하게 구분하는 요소라고 볼 수 있다.

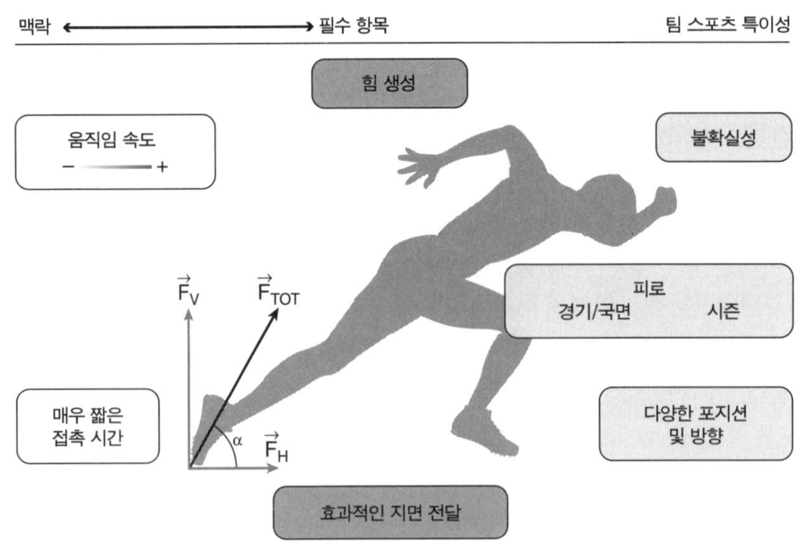

그림 11.2 스프린트 가속 및 최고 속도 퍼포먼스의 개념적 모델. 상황과 스포츠별 제약 조건 내에서 필수 사항을 준수해야 한다. 지도 목적으로 지면 반력 벡터(F_{TOT})는 수평(F_H) 및 수직(F_V) 구성 요소로 나눌 수 있다.

힘의 생성

빠른 가속과 런닝에는 신경근계, 특히 하지의 높은 힘의 출력이 필요하다. 그러나 이러한 힘이 가해지는 움직임(따라서 근육 수축) 속도를 간과하는 것은 어리석은 행동일 수 있다. 실제로 최근 연구에 따르면 하프 스쿼트 방식으로 측정한 하지 최대 힘의 출력 수준과 스프린트 가속도에 대한 GRF의 스프린트별 수평 성분($F_{H'}$, 이후 수평 힘으로 표기)의 수준 사이에는 훈련된 엘리트 선수에게서는 매우 낮은 상관관계가 있는 것으로 확인되었다.[8]

현명한 방법

낮은 속도의 움직임에서 강하다는 것이 고속에서도 강하다는 것을 체계적으로 의미하지는 않는다. 스프린트에서 좋은 퍼포먼스를 내기 위해 필요한 것은 스프린트의 움직임-속도 스펙트럼 내에서 많은 양의 힘을 낼 수 있는 능력이다.

스탠딩 또는 블록 스타트 최대 스프린트에서 단 1초 후의 런닝 속도는 이미 최대값의 거의 절반에 달하며, F_H는 이미 최대값의 절반으로 감소해 있다. 100m를 10초 이내로 달릴 수 있는 스프린터 중 일부는 하프 스쿼트에서 150kg 이상을 들어 올리지 못하지만, 초속 10m 이상으로 달릴 때의 GRF 생산량은 매우 뛰어나다.[6] 스프린트는 분명히 최대 힘의 출력이 아니라 특정 움직임-속도 스펙트럼 내에서의 절대적인 최대 힘의 출력에 관한 것이다. 이는 훈련의 특이성 측면에서 분명한 결과를 가져오게 된다.

이러한 고속 상황에서의 또 다른 특징은 매우 짧은 접촉 시간 내에 높은 힘을 만들어 내야 한다는 것이다. 스프린트에서 너무 오래 시간이 걸리면(예: 최대 스쿼트 푸시) 많은 양의 GRF를 생성할 수 있다고 해도 소용이 없다. 스프린트 및 필드 스포츠에서 일반적인 접촉 시간은 약 90~150ms이며, 이것이 선수가 최대 GRF 출력을 내기 위해 사용할 수 있는 시간 범위다.

폭발성, 힘 발전 속도(RFD), 하지 근육의 사전 활성화, 발목, 무릎, 고관절 및 관련 근골격 구조의 전반적인 강성 등이 스프린트에 있어 빠른 속도, 짧은 접촉 시간, 높은 수준의 GRF를 생성하는 데 중요하기 때문에 훈련 시 이를 고려해야 한다.

저속 및 긴 접촉 시간 훈련은 전반적인 근력 운동으로 좋은 역할을 할 수 있지만, 빠른 사람을 위한 특정 트레이닝은 저항 가속, 위켓 런wicket run, 빠른 바운드 및 빠른 스프린트와 같이 과제에 더 가까운 트레이닝 내용에 우선순위를 두어야 한다. 이러한 두 가지 다른 역학적 맥락(저속, 긴 접촉 시간 vs 고속, 짧은 접촉 시간) 사이의 트레이닝 효과 전이 가능성은 훈련된 운동선수에게는 명확한 과학적 근거가 뒷받침되지 않는다.

현명한 방법

가속은 체질량과 반비례하므로, 체질량 대비 힘의 능력이 더 강해지면 무거워지고 느려질 위험이 있다는 점을 기억해야 한다. 선수가 더 강해지고 더 커지더라도 스프린트에 특화되지 않은 운동(예: 스쿼트 또는 레그 프레스)을 천천히 수행하면 가속 능력(체중 대비 매우 빠른 속도의 힘)이 둔화될 수 있다.

힘의 전달

전방 가속의 양은 GRF의 순 수평 힘(F_H)(즉, 추진력에서 제동 요소를 뺀)에 직접적으로 의존하며, 이는 생성되는 GRF의 양과 지지 국면 동안 GRF 벡터의 전반적인 방향에 따라 달라진다(그림 11.2).

동일한 런닝 속도에서 (여전히 가속이 가능한) 스프린트 전문가와 (최대 속도 정점에 도달한) 축구 선수를 구분하는 것은 전체적으로 단위 체질량당 더 높은 GRF를 생성하고 그 벡터를 더 수평으로 향하게 하는 능력이다(더 높은 F_H).[7]

역학적 효과의 두 번째 근원은 결국 지면과 상호 작용하는 해부학적 구조, 즉 발과 발목에 있다. 스프린트에서 접촉하기 전과 접촉 국면 동안 발생하는 상당한 양의 힘이 발에 전달되어야 한다. 사슬은 가장 약한 고리만큼만 강하다. 따라서 발의 내재 근육과 전반적인 발목 안정성 구조가 역학적 부하를 견디고 역학적 에너지를 지면에 전달할 수 있는지가 스프린트 퍼포먼스의 핵심이라고 할 수 있다. 지면 힘 전달의 역학적 효과에서 발과 발목 근력의 중요성을 명확히 밝히기 위해서는 더 많은 연구가 필요하지만, 발 근육이 인간의 보행에 기여하는 것은 분명하다. 또한, 정상급 운동선수들은 특히 짧은 접촉 시간과 높은 GRF 조건에서 전반적인 발 중족골 및 발목 관절 강성이 매우 높은 수준을 보이는 것이 일반적이다. 따라서 전반적인 발과 발목 근력 능력을 평가하고 베어풋 또는 미니멀 슈즈 워킹, 다양한 유형의 외발 등척성 홀드 등을 통해 이를 훈련하는 것은 스프린트 선수들에게 흥미로운 발전 방향이 될 수 있다.

마지막으로, 체중의 최대 4배에 달하는 상당한 GRF가 지면으로부터 몸 전체로 전달되기 때문에 모든 부위의 움직임을 제어하고 협응하여 GRF가 실제로 몸을 앞으로 움직이게 만들고 에너지 누수를 최소화할 수 있도록 해야 한다. 특히 골반과 몸통의 움직임 제어가 중요한데, 이는 스프린트 사이클의 다양한 단계에서 불필요하거나 과도한 골반 경사 또는 회전 또는 몸통의 굽힘, 굴곡 또는 회전이 비효율적인 움직임 또는 균형을 맞추기 위한 높은 토크 생성의 필요성과 관련이 있기 때문이다.[9] 발에서 머리까지 전체 관절과 근육 구조를 연결하고 관통하는 근막 조직도 이러한 전반적인 힘 전달 과정에서 중요한 역할을 한다.

현명한 방법

스프린트 선수는 밧줄 혹은 아랫부분만 적절한 강성을 보이는 시스템보다는 지면에서 효과적으로 튀어 오르는 막대로 간주해야 한다.

필드 기반 스포츠 특이성

앞서 언급한 모든 개념은 단거리 스프린트나 육상 경기의 맥락에서 연구되거나 생성된 내용이다. 하지만 팀 스포츠 시나리오에서도 이러한 개념은 유효하고 중요하다. 대부분의 필드 기반 스포츠 스프린트 동작은 걷기나 조깅에서 빠른 속도로 가속하기 시작하는 롤링 스타트와 함께 전개된다. 그러나 가속 퍼포먼스는 GRF 생성 및 방향성 능력에 따라 달라지며, 대부분의 경우 이미 자세가 비교적 직립되어 있고 속도가 높기 때문에 후자가 훨씬 더 중요할 수 있다. 이는 필드 스포츠 선수들이 특히 빠른 속도와 직립 자세에서 가속을 위해 수평으로 힘을 가할 수 있는 능력이 중요하다는 점을 강조하고 있다.

마지막으로, 가장 중요한 것은 팀 스포츠에서는 피로의 맥락이 분명하지만 직선 속도 경기(예: 40야드 또는 100m 대쉬)에서는 덜 중요할 수 있다는 점이다. 피로는 경기 중 급격하게 발생하거나 시즌 또는 플레이오프 기간 동안 장기적으로 발생하며, 신경근육계의 전반적인 능력과 스프린트 메커니즘 및 퍼포먼스에 영향을 미친다. 예를 들어, 반복 스프린트에 대한 연구[10]에 따르면 스프린트를 반복하면 GRF 생성 능력은 크게 손상되지만 하지의 전체적인 강성과 GRF의 방향성(RF[힘의 비율] 및 D_{RF}[힘의 비율 감소] 변수, 가속 시 런닝 속도 증가에 따른 RF의 감소율을 설명하는 변수)은 더 크게 변화하는 것으로 밝혀졌다. 반복적인 가속으로 인한 피로로 인해 선수는 힘을 덜 낼 뿐만 아니라 훨씬 더 열악한 역학적 효율(예: GRF의 직립 방향, RF의 빠른 감소, 낮은 강성, 긴 접촉 시간)로 힘을 가하는데, 이는 피로 상태에서 부상 위험이 높아지는 것과도 관련이 있을 수 있다.

속도 평가: 좋은 점과 나쁜 점

지금까지 스프린트를 해야 하는 선수에게 무엇이 중요한지 결정하는 데 가장 관련성이 높은 요소에 대해 논의해 보았다. 이 섹션에서는 이러한 요소를 측정하는 접근 방식에 대해 논의하고, 일반적으로 속도를 향상시키는 방법에 대한 몇 가지 생각을 제시하고자 한다.

스프린트 기법 분석을 위한 정량적 접근법: 스프린트 힘-속도-파워 프로파일링

중요한 생체역학적 개념을 현장에 적용하기 위해 피에르 사모지노Pierre Samozino 박사와 그의 그룹은 쉽게 접근 가능한 입력 변수로부터 스프린트 가속도 힘-속도-파워 변수를 계산할 수 있는 간단한 방법을 제시하고 검증했다.[11] 간단히 설명하자면, 이 방법은 러너의 무게 중심에 적용되는 운동 법칙을 기반으로 하며, 입력값으로 체질량, 키, 가속 중 스플릿 횟수(3~5회) 또는 순간적인 런닝 속도(예: 레이더, 레이저 또는 로봇 저항 장치로 얻은 값)만 필요하다. 이러한 입력값으로 모든 계산을 수행할 수 있는 무료 스프레드시트가 게시되어 있다.*

스마트폰과 태블릿용 저렴한 iOS 앱MySprint도 사용 가능하며,[12] 고속 비디오 녹화(초당 120~240 프레임)

를 기반으로 30m 스프린트 가속 분할 시간을 정확하게 측정할 수 있으며, 전체 계산을 위한 무료 스프레드시트와 연결되어 있다.* 이 거시적 방법은 국제 표준 장치[13]에 대해 검증되었으며, 주요 핵심 성과 지표를 심층적으로 분석하여 각 선수의 강점과 약점을 보다 개별적이고 상세하게 해석할 수 있도록 해 준다. 이 장의 뒷부분에서 살펴보겠지만, 스프린트 기록은 최종 스프린트 퍼포먼스만을 알려 줄 뿐 근본적인 역학적 요인에 대한 정보는 제공하지 않는다.

스프린트 퍼포먼스는 종종 최고 속도 또는 주어진 거리(예: 30m, 40야드, 100m)에서의 시간 테스트를 통해 평가되곤 한다. 이는 대부분의 스프린트 스포츠의 퍼포먼스가 주어진 거리를 최단 시간 내에 주파하거나 주어진 시간 내에 최대 거리를 주파하는 것에 의존하기 때문에 당연한 결과라고 할 수 있다. 일반적인 문제는 스프린트 퍼포먼스가 다른 선수는 그 퍼포먼스를 뒷받침하는 역학적 요소도 똑같이 다르다고 직관적으로 추론하거나 그 반대의 경우, 두 개의 유사한 퍼포먼스(예: 30m 스프린트 시간)는 두 개의 유사한 역학적 프로파일과 그에 따라 유사한 훈련 필요성과 내용을 나타낸다고 직관적으로 추론하는 것이다. 이론적으로는 그럴 수 있지만, 대부분의 경우 주어진 스프린트 기록은 다양한 힘-속도-파워 프로파일에 따라 달라질 수 있다. 주어진 거리에서의 스프린트 시간은 사실 가공되지 않은 정보라고 할 수 있다.

현명한 방법

스프린트 기록을 측정하고 분석하는 것은 선수가 주어진 테스트 거리에서 빠른지 느린지만 알려 줄 뿐, 그 이유를 알려주지는 않는다.

우리는 이보다 더 현명할 수 있다. 우리의 경험에 따르면 스프린트 힘-속도-파워 프로파일을 구성하는 5가지 주요 요소(F_{H0}[이론상 최대 수평 힘], V_0[속도], P_{max}[수평 힘과 관련된 파워], RF_{max}[최대 힘의 비율], D_{RF}[최대 힘의 비율 감소]) 훈련 수준이 비슷한 선수 그룹(단거리 선수, 럭비 또는 축구 팀)에서 많은 수의 다른 프로필을 관찰할 수 있으며, 이는 논리적으로 다른 트레이닝 필요성(따라서 훈련 프로그램) 또는 적어도 스

*스프레드시트는 www.researchgate.net/publication/321767606_Spreadsheet_for_Sprint_acceleration_force-velocity-power_profiling에서 확인 가능. 동영상 튜토리얼은 www.youtube.com/watch?v=T-VrkU_Ev6w에서 확인 가능.

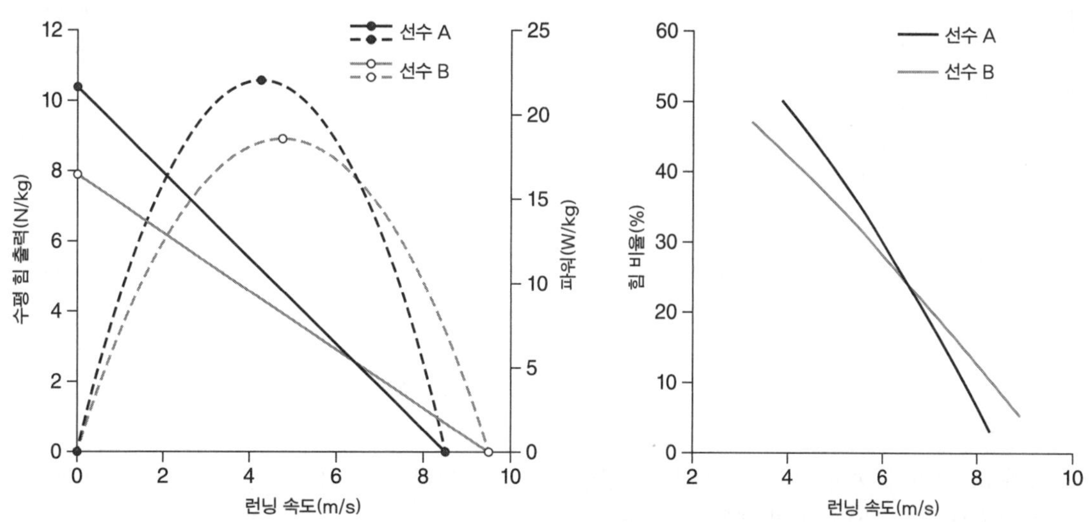

그림 11.3 비슷한 30m 퍼포먼스, 매우 다른 개인별 힘-속도-파워 프로파일. 선수 A(검은색 선)와 선수 B(회색 선)는 30m 스탠딩 스타트 테스트에서 동일한 퍼포먼스를 기록했다. 각각 4.41초, 4.42초. 그러나 힘-속도(왼쪽 그림, 검은색 선), 파워-속도(왼쪽 그림, 회색 선) 및 힘의 비율(오른쪽 그림) 프로필은 매우 다르며, 이를 통해 개별 퍼포먼스를 더 잘 해석하고 추적하여 개별 맞춤형 트레이닝 또는 복귀 트레이닝(재활) 프로그램을 설계하는 데 사용할 수 있다.

프린트 트레이닝 프로그램 내에서 다른 조절 또는 '음영shades'과 연관되어 있다. 높은 수준의 스포츠 환경에서도 대규모 선수 그룹에서 개인당 하나의 트레이닝 프로그램을 설정하는 것은 현실적이지 않지만, 트레이닝 테마를 개별적으로 변형하는 것이 가장 좋은 방법이라고 생각한다.

그림 11.3에 표시된 일반적인 예에서 두 팀원(엘리트 럭비 유니언[15인제] 선수)은 비슷한 30m 퍼포먼스를 보이지만, 이는 매우 다른 프로파일의 최종 결과일 뿐이다. 간단히 말해서, 선수 A는 스프린트 초반에 더 높은 힘의 비율(즉, 수평 방향의 지면력 적용)로 인해 분명히 더 힘(force) 지향적인 프로파일을 가지고 있다. 그러나 속도가 증가함에 따라 역학적 효율성은 더 빠르게 감소하는데, 이는 더 부정적인 D_{RF}(속도 증가에 따른 힘의 비율의 가파른 감소)와 더 낮은 이론적 최대 속도 V_0로 설명할 수 있다. 따라서 프로필이 다른 두 선수는 부분적으로 다른 프로그램에서 혜택을 받을 수 있을 것이다.

이러한 개인 간 비교는 다양한 유형의 트레이닝 개입에 대한 개인의 반응, 그 크기 및 운동역학을 해석하는 데 도움이 될 수 있다. 이러한 분석은 훈련 과정의 일부일 뿐만 아니라 부상 및 재활 후 퍼포먼스 복귀 과정을 모니터링하는 데도 도움이 된다.

재활 환경에서 스프린트 역학 이해의 중요성

부상당한 선수의 부상 전 프로필을 아는 것은 적어도 부상 전 프로필을 목표로 삼는 데 중요한 정보를 제공하며, 프로필의 각 구성 요소에 대한 사전 및 사후 비교를 가능하게 한다. 예를 들어, 대부분의 축구 선수는 스프린트 관련 햄스트링 부상에 대한 재활 후 V_0 수치는 정상으로 돌아왔지만 F_{H0} 수치는 손상된 상태로 유지되는 것을 확인할 수 있었다.

정상적이고 효과적이며 개별화된 퍼포먼스 복귀 프로세스는 재활 프로그램의 최종 단계를 설계할 때 고려되어야 한다. 그러나 데이터가 유효성과 신뢰성을 확보하기 위해서는 힘-속도-파워 테스트가 충분히 자주(예: 2개월에 한 번) 실시되어 대표성 있는 데이터를 확보하고 재활 과정의 확실한 목표가 될 수 있도록 해야 한다는 점을 염두에 두어야 한다.

현명한 방법

힘-속도-파워의 역학적 프로파일은 그 자체로 훈련 목표가 아니라는 점을 명심해야 한다. 이는 스프린트 퍼포먼스를 뒷받침하고 설명하는 개별 선수의 신체 능력 상태를 파악하기 위한 하나의 도구일 뿐이다.

힘force과 속도velocity 트레이닝

특정 힘-속도 기반 훈련 프로그램 또는 자극의 경우, 속도 기반 접근 방식(즉, 선수가 자극 및 개발해야 하는 힘-속도 스펙트럼의 특정 부분 내에서 최대한의 노력을 발휘하도록 유도하는 운동과 저항을 사용하는 것)을 추천한다. 예를 들어, 스프린트 시작 시 수평 방향의 힘과 최대 힘 출력을 개발하려면 매우 무거운 슬레드 또는 로봇 저항의 형태로 높은 저항을 사용하는 것이 적합하다.

최대 런닝 속도를 V_{opt}(V_0의 절반)에 가깝게 유도하는 저항은 P_{max}에 더 많이 노출(따라서 자극)될 수 있다. 현재 V_0을 개선하는 방법, 특히 과속overspeed 트레이닝을 사용하는 것이 효율적인지 또는 최대 속도 달리기 또는 매우 가벼운 저항만으로 개선할 수 있는지에 대한 연구가 진행 중에 있다. 최대 또는 준최대 런닝은 짧은 접촉 시간과 높은 힘의 맥락, 스윙 단계의 사전 활성화, 접촉 시 발목 및 전반적인 하지 강성을 유도하는 강력한 방법이라는 점에 유의해야 한다. 고립된 훈련이나 헬스장 기반 운동으로는 최대 스프린트에서 관찰되는 극도로 짧은 접촉 시간(일반적으로 90~120ms)과 햄스트링 활성화 수준을 유도할 수 없다.

이러한 선행 연구 외에도 힘-속도 스펙트럼의 각 특정 부분에 대한 트레이닝 적응을 효과적으로 유도하는 자극의 유형과 관련된 신경근 기전을 확인하려면 더 많은 연구가 진행되어야 한다. 절대적인 측면에서 다른 운동, 트레이닝 형태 또는 방식보다 우월한 것은 없으며, 모든 것은 개별적인 상황과 트레이닝 목표에 따라 달라진다는 점을 명심해야 한다.

스프린트 기술 분석을 위한 정성적 접근법

스포츠는 복잡하고 역동적인 생태계로, 스포츠가 진

행되는 동안 의미 있는 방식으로 기술 변화에 긍정적인 영향을 미칠 수 있는 능력이 코치의 중요한 역할이다. 코치가 선수와 함께 있을 때 선수의 움직임에 세심한 주의를 기울이는 것 외에도 코칭 안목을 향상시키기 위해 사용할 수 있는 옵션은 다음과 같다.

- 고속 동영상 관찰
- 일반 속도 동영상 관찰
- 역재생 동영상 관찰
- 매일의 일상적인 상황에 대한 비판적 관찰(예: 비대칭을 적극적으로 찾으면서 사람들을 관찰하는 것)
- 움직임의 정지 프레임 사진 연구

이 중 처음 세 가지 방법은 불과 한 세대 전만 해도 많은 생체 역학자들의 선망의 대상이었던 정교한 장비인 스마트폰으로 쉽게 활용할 수 있다. 하지만 여기서는 기술과의 의도적인 상호작용이 무엇보다 중요하다. 기술이 지원하는(기술 주도가 아닌) 코칭을 통해 선수의 퍼포먼스를 이해하고 이러한 퍼포먼스에 영향을 주기 위해 무엇을 할 수 있는지 파악할 수 있다.

여기서 마지막 방법은 코치가 효과적인 스프린트 메커니즘을 더 잘 이해하고 식별할 수 있도록 동영상 소스에서 파생된 정지 사진 세트를 사용하는 정성적 시스템인 ALTIS 키노그램 방법[14]의 기초를 형성하는 것이다.

ALTIS 코치는 직립 스프린트에서 3개의 입각기stance-phase 프레임과 2개의 비지지기flight-phase 프레임 등 5개의 프레임을 사용하여 ALTIS 키노그램 방식을 구성한다. 세 가지 지지 국면 프레임을 터치다운touch-down, 풀 서포트full-support, 토오프toe-off라고 한다. 두 가지 비행 국면은 MVPmaximal vertical projection(최대 수직 프로젝션)와 스윙 다리 햄스트링이 최대로 늘어나는 지점인 스트라이크strike라고 한다. 이러한 키노그램은 동작의 맥락skill에 대해서는 알려 주지 않지만, 내용technique에 대해서는 알려 줄 수 있다.

그림 11.4는 엘리트 여성 단거리 육상 선수의 한 스텝, 5프레임 키노그램의 실루엣을 보여주고 있다.

또한 2프레임 키노그램(터치다운 및 토 오프)을 사용하여 가속 역학을 캡처할 수도 있다(그림 11.5).

키노그램은 운동선수가 테크닉을 실행하는 동안 만들어 내는 형태를 보여준다. 이러한 모양은 선수가 이동하는 동안 취하는 자세를 의미한다. 선수의 스프린트 기술은 이러한 모양을 탐색하는 과정에서 나타나며, 공간에서 신체를 제어하고 협응하는 데 익숙해지면서 점점 더 숙달된다. 탐색에 자신감이 붙기 시작하면서 선수의 기술은 더욱 안정되고, 이러한 초기 안정 상태를 바탕으로 점점 더 복잡한 시나리오에서 더 많은 탐색을 할 수 있게 되는 것이다.

그녀의 테크닉은 더욱 능숙해졌다.

그림 11.4 엘리트 여성 단거리 육상 선수의 5프레임 직립 스프린트 키노그램 예시.

그림 11.5 엘리트 남자 단거리 육상 선수의 2프레임 가속 키노그램 예시.

따라서 그녀의 테크닉은 자신의 자세를 탐구하는 데서 나온다. 그녀의 스킬은 스포츠 과제와 환경의 맥락에서 자신의 기술을 탐구하는 과정에서 발현된다.

궁극적인 스포츠 퍼포먼스는 테크닉 탐구(안정적인 내용)와 스킬 탐구(적응 가능한 맥락)의 균형을 맞추는 트레이닝 방법을 적절히 구성함으로써 향상될 수 있다.[15]

스피드 향상: 제1원칙 접근법

모든 운동선수는 각기 다르고 다른 방식으로 움직인다. 모든 움직임의 역학을 코칭할 때 가장 큰 과제 중 하나는 완전히 개별화된 운동 모델의 무용함을 인식하면서 함께 작업하는 선수의 개별적인 특성을 존중하는 생체역학 모델을 개발하는 것이다.

모든 선수는 각자의 방식으로 움직이며, 모두 기본적인 물리 법칙의 지배를 받는다. 이러한 법칙은 어떤 동작이 가능한지뿐만 아니라 어떤 동작이 최적의 동작인지도 결정하며, 일부 법칙은 단거리 선수에게 다른 것보다 더 중요하다. 이러한 움직임은 자세shape와 패턴pattern으로 세분화할 수 있다.

자세

자세shape는 운동하는 동안 선수가 취하는 자세를 의미한다.

예를 들어, 스타팅 블록을 빠져나오는 다음 다섯 가지 형태의 단거리 선수를 생각해 보자(그림 11.6). 이 선수들은 각각 100m 단거리 스프린트에서 10초를 돌파한 몇 안 되는 선수들이다. 이들은 블록에서 최대한 가속해야 한다는 동일한 과제를 공유하지만 매우 다른 방식으로 과제를 해결해 나간다.

자세는 매우 다른 것처럼 보이지만 공통점에 초점을 맞추면 다음과 같은 점을 확인할 수 있다.

- 지지 다리가 강하게 신전되었다.
- 스윙 다리의 허벅지가 앞쪽과 위쪽으로 굴곡되었다.
- 스윙 다리의 발목은 초기 지면 접촉을 예상하여 굴곡되어 있다.
- 팔은 다리와 균형을 맞추고자 굴곡되고 신전된다.

이러한 동작의 궁극적인 특징은 모든 효과적인 가속과 직립 스프린트 역학을 정의하는 자세로 이해할 수 있다. 이것이 바로 앞서 언급한 기본적인 고정점(FAPfoundational anchor point)이다.

이러한 FAP는 움직임의 의도이며, 선수마다 의도는 일관성이 있지만 결과는 그렇지 않기도 하다. 궁극적인 테크닉인 결과는 궁극적으로 두 가지 요소에 의해 결정된다.

1. **내부 요인:** 선수의 개인적 제약. 예를 들어 명백한 해부학적 요인(키, 체중, 근력, 가동성 등) 및 기타 덜 명백한 특성(길이-장력 관계, 섬유 유형의 차이, 펜네이션 각도[근육의 깃각], 근막 조직 및 신경-화학적 구성 등)
2. **외부 요인:** 운동 목표에 대한 선수의 기술적 이해, 과제 자체의 세부 사항 및 퍼포먼스가 수행되는 환경

이 두 가지 요소로 인해 선수들은 같은 의도를 가지고 있어도 상당히 다른 자세를 만들게 된다.

예를 들어, 지지 다리를 강하게 신전하는 동작은 다양한 프로젝션 정도에서 신전 각도에 따라 여러 가

그림 11.6 엘리트 남자 단거리 선수 5명의 토 오프 자세에서의 블록 클리어런스 형태.

그림 11.7 다양한 스포츠, 다양한 가속 패턴.

지 다른 결과로 나타난다. 다른 모든 것이 동일하다면, 키가 작고 힘이 좋은 운동선수는 키가 크고 힘이 약한 운동선수보다 더 낮은 각도로 발사된다.

마찬가지로 필드 기반 스포츠의 영역 내에서 가속은 무한한 수의 결과로 나타난다. 팀 스포츠의 혼돈(그림 11.7)은 두 가지 움직임 결과가 비슷하게 보이지 않는다는 것을 의미하지만, 그렇다고 해서 FAP와 관련된 의도가 크게 다르다는 것을 의미하지는 않는다. 윙어가 풀백을 제치고 공을 받아 주위를 돌며 가속하는 경우, 야구 선수가 내야 안타를 치는 경우, 농구 포인트 가드가 속공을 하는 경우, 러닝백이 라인을 공격하는 경우 모두 지지 다리를 강하게 신전하고, 자유로운 다리의 허벅지를 앞쪽과 위쪽으로 굴곡하고, 지면 접촉을 예상하여 자유로운 다리의 발목을 굴곡하고 팔을 굴곡하고 신전하여 균형을 맞추는 동작을 하고 있는 것이다.

우리가 이러한 형태에서 어떻게 움직이느냐를 패턴이라고 하며, 이러한 패턴은 코치가 맥락 속에서 스킬의 발달에 영향을 미칠 수 있는 주된 기회라고 볼 수 있다. 우리의 과제는 이러한 패턴이 어떻게 형성되고 어떻게 영향을 미칠 수 있는지 알아내는 것이다.

현명한 방법

일부 독자는 이 섹션을 마무리하기 위해 특정 운동이나 큐잉을 원할 수 있지만(이후 프로젝션, 리듬, 라이즈 섹션과 가속 섹션에서 다룰 예정), 근본적으로 동작을 가르치고 큐잉을 제공하기 위한 개념으로 훈련을 사용하는 것에 대해 반대한다. 큐잉은 코치와 선수에 따라 달라져야 한다. 독자는 이러한 움직임에 영향을 주기 위해 어떤 단서를 제공할지 스스로에게 물어봐야 한다. 따라서 독자에게 물고기를 주는 것이 아니라 물고기를 잡는 방법을 알려 주고자 한다.

패턴

모든 선수를 위한 최적의 스프린트 모델은 존재하지 않지만, 연구에 따르면 개별화된 코디네이션 패턴은 여러 선수에게 여러 차례 비슷한 패턴이 발생한다는 점에서 상당히 안정적인 경향이 있는 것으로 나타났다.[16]

우리가 한 자세에서 다른 자세로 전환하는 방식은 다음 세 가지 운동학적 개념이 결합되어 설명된다.

1. **프로젝션**: 스프린트 과정에서 생성되는 힘의 방향과 크기
2. **리듬**: 스트라이드 길이, 스트라이드 빈도, 공중에서의 시간, 지면에서의 시간 간의 조화로운 상호작용
3. **라이즈**: 스프린트 과정에서 무게 중심의 높이 변화

프로젝션

제시된 세 가지 운동학 개념 중 힘의 크기와 방향인 프로젝션이 가장 중요하며 사실상 리듬과 라이즈를 모두 결정한다.

일부 코치들은 특히 가속할 때 스트라이드 빈도에 기반한 스프린트 방식에 편향되어 혼란을 겪는 경우가 많다. 많은 엘리트 운동선수들이 놀라운 속도로 팔다리의 위치를 바꿔야 하는 특성 때문일 수도 있다.

또한 선수들은 최대 프로젝션의 중요성뿐만 아니라 프로젝션의 각도도 이해하도록 권장해야 한다. 예를 들어, 종종 선의를 가진 코치들이 선수에게 너무

현명한 방법

60m 스프린트 종목의 최고 스타터들은 매우 높은 스트라이드 빈도를 가지고 있지만, 이들이 각 스트라이드마다 엄청난 양의 힘을 발휘하고 있다는 사실을 간과해서는 안 된다. 따라서 선수들은 먼저 힘을 발휘하는 방법을 익히고 나서 더 높은 스트라이드 빈도나 케이던스를 연습해야 한다.

낮게 밀어내라고 지시하면 선수는 결국 캐스팅 아웃(하퇴가 무게 중심보다 너무 앞으로 뻗어 제동 스텝이 뚜렷해지는 현상)이나 스케이팅을 하게 된다. 이 경우 발이 지면을 향해 뒤로 향하기 전에 무게 중심 앞에서 스윙할 시간이 충분하지 않아 발이 엉덩이 선 안쪽이 아니라 바깥쪽에 착지하게 된다.

엉덩이는 선수 개개인의 힘 생성 능력에 적합한 각도로 프로젝션 되어야 한다. 프로젝션의 크기와 방향이 모두 일치하면 발이 무게 중심 아래 지면에 닿을 수 있는 시간과 공간이 확보되어 운동 역학이 최적화될 수 있다.

프로젝션을 극대화하기 위한 좋은 큐잉은 다음과 같다. "땅을 폭발적으로 밀어내라", "허벅지를 앞으로 내밀어라", "위층으로 바운드하라" 등이 있다.

리듬

리듬에서는 수축과 이완, 강한 형태와 약한 형태, 어트랙터attractor와 플럭츄에이터fluctuator가 번갈아 나타난다. 중요한 것은 선수가 각 스트라이드 내에서 얼마나 효율적으로 수축하고 이완할 수 있는지뿐만 아니라 전체 스프린트의 주어진 거리에서 선수가 이를 어떻게 협응할 수 있는지를 설명하는 것이다.

예를 들어 100m 단거리 육상 선수에게 가장 효과적인 리듬은 첫 걸음부터 최대 속도에 도달할 때까지 스트라이드 길이와 공중에 떠 있는 시간 시간이 점진적으로 증가하는 가속 구간으로 설명할 수 있다. 동시에 같은 기간 동안 지상에 머무는 시간은 점차 감소하게 된다. 이는 멀리뛰기나 세단뛰기 도움닫기에서 볼 수 있는 것과 같은 리듬으로, 도약 선수들이 크레센도 리듬으로 박수를 요청하는 이유라고 할 수 있다! 흥미롭게도 여러 스프린트 연구자들의 연구 결과에 따르면 엘리트 100m 단거리 선수들은 100m 경기에서 세 번째 또는 네 번째 스텝부터 최대 보폭에 도달하는 것으로 나타났다.

점차 줄어드는 지면 접촉 시간은 선수와 코치에게 청각적 크레센도를 제공하며, 이는 가속을 지도하는 방법과도 관련이 있다.

일반적으로 스프린트가 짧을수록(종종 팀 스포츠의 경우) 리듬이 빨라지고, 그 반대의 경우도 마찬가지다. 최대 프로젝션과 관련된 리듬은 무엇보다도 먼저 훈련해야 하지만, 코치는 선수들에게 다양한 리듬을 제공하기 위해 여러 가지 짧은 스프린트 거리를 처방하는 것이 권장된다.

라이즈

일반적인 직선 스프린트에서는 리듬이 증가함에 따라 무게 중심이 상승하게 된다. 선수가 직립할 때까지 모든 스텝에서 무게 중심이 부드럽고 점진적으로 상승하는 것을 관찰해야 한다. 한 걸음 한 걸음 내디딜 때마다 적절한 운동학적 변화가 수반되어야 하는 속도 변화가 동반되어야 한다. 그러나 이러한 운동학적 변화는 여전히 FAP의 모양을 준수해야 하며, 다음과 같은 일관성을 유지해야 한다.

- 지지 다리 신전
- 스윙 다리 굴곡
- 스윙 다리 배측 굴곡
- 다리와 균형을 맞추기 위한 팔의 굴곡 및 신전

선수는 한 걸음 한 걸음 내디딜 때마다 엉덩이와 어깨가 올라가는 것을 느껴야 하며, 좋은 큐잉은 다음과 같다. "위층을 달리는 것처럼 느껴라", "막 이륙한 비행기처럼 느껴라", "머리 꼭대기에 연결된 끈을 구름 위에 앉아 있는 사람이 매 스텝마다 나를 점점 더 높이 끌어당기고 있다고 느껴라" 등이 있다.

종합

함께 훈련하는 선수의 스프린트를 향상시키고자 하는 코치에게 유용한 운동은 일반적인 오류를 파악하고, 이를 가장 연관성이 높은 운동학적 개념과 짝을 지어 각 오류에 대한 해결 전략을 수립하는 것이다(일부 오류는 둘 이상의 개념과 관련이 있다는 점을 이해해야 한다). 훈련 세션 중(또는 일부)에서 단일 개념에 대해 작업하면 선수에게 특정 기술 목표를 더 명확하게 제시하여 세션 효율성을 극대화하는 데 도움이 될 수 있다.

한 선수에게 적합한 운동법이 다른 선수에게 반드시 적합한 것은 아니라는 점을 기억해야 한다. 예를 들어, 엘리트 단거리 선수가 블록에서 가속하는 힘의 크기, 시간, 방향은 센터백 뒤에서 달리는 14세 여자 축구 센터 포워드[7,17] 선수와는 크게 다르다.

선수, 과제 및 스포츠 환경 자체에 관계없이 모든 선수를 위한 중요한 원칙은 동일하게 유지되어야 한다.

선수가 가속할 때, 우리가 봐야 할 것은 다음과 같다.

- 각 스텝마다 감소하는 프로젝션 각도
- 각 스텝마다 감소하는 지면 접촉 시간
- 각 스텝마다 증가하는 스트라이드 길이
- 각 스텝마다 증가하는 체공 시간

대부분의 경우 이러한 특성은 선수와 과제에 관계없이 매우 자연스럽게 발생하는 것을 관찰할 수 있다. 스프린트 역학에 대한 코칭은 매우 빠르게 장애물에 부딪힐 수 있으며, 업계에서는 본질적으로 자연스러운 능력을 지나치게 복잡하게 만드는 편향된 경향이 있다.

현명한 방법

프로젝션, 리듬, 라이즈의 운동학적 개념을 사용하여 기술 지도를 구성하면서 자세shape와 패턴pattern이라는 비교적 간단한 개념을 중심으로 훈련을 구성해 보자.

요약

스프린트를 할 때 움직임의 결과는 엘리트 선수마다 다를 수 있지만, 그 자세와 패턴은 많은 공통점을 보인다. 엘리트 선수들은 초기 발달 단계에 내재된 자연스러운 유동성을 많이 유지하는 경향이 있으며, 일반적으로 자세와 패턴이 매우 일정하다.

그러나 엘리트 수준에 도달하지 못한 많은 선수들은 성장 과정에서 자연스럽게 갖고 있던 효율적인 움직임 전략을 잃게 된다. 이는 신체 구조적 제약이 스포츠 종목의 특수성에 반응하면서 변화하고, 코치들의 선의이지만 궁극적으로는 부적절한 기술 지도에 적응하려는 과정에서 점차 비효율적인 움직임 패턴으로 전환되기 때문이다.

또한, 맥락적인 움직임 시간이 증가함에 따라 선수의 기본적 움직임 내용에 소요되는 시간이 줄어들고, 코치는 전력 질주와 같이 신체 능력 기반 요소보다 스킬 구성 요소에 우선순위를 두기 시작한다.

하지만 선수의 발달 과정에서 맥락이 상대적으로 더 중요해지긴 한다. 그러나 궁극적인 스포츠 역량에는 안정적인 움직임 구성(내용)과 적응력 있는(맥락) 움직임이 모두 필요하다.

운동선수의 퍼포먼스를 극대화하려면 기술을 맥락에서 벗어나게 하는 적절한 시점을 파악해야 하며, 이는 사실상 동작을 더 관리하기 쉬운 것으로 하향 조절하는 것이기도 하다. 선수는 항상 자신이 할 수 있는 것에 제한을 받게 된다. 따라서 선수가 효율적으로 스프린트를 할 수 없다면, 그가 플레이하는 경기의 맥락에서 이러한 효율성이 제공되지 않으므로 궁극적인 퍼포먼스가 제한될 수밖에 없다. 이러한 기술에는 하향 조절이 필요하며, 선수는 덜 복잡한 시나리오에서 이러한 어포던스affordance(행동 유발성)를 개발할 수 있다.

많은 코치(특히 운동 습득에 대한 생태학적 접근 방식에 익숙한 코치)는 이미 이 방법을 사용하고 있을 것이다. 그들은 문제를 파악하고 선수가 도전할 수 있는 지점까지 맥락을 하향 조절한다. 덜 맥락적이지만 여전히 전달 가능한 방식으로 문제를 성공적으로 해결할 수 있다. 그러나 이러한 코치 중 상당수는 맥락을 완전히 제거하고 경기와 완전히 분리된 스프린트 훈련을 하는 데서 그치는 경우가 많다.

많은 선수들이 스프린트 방법에 대한 기본적인 이해조차 부족하여 종목의 상황에 따라 스프린트 기회가 주어졌을 때 비효율적인 방식으로 움직이곤 한다.

이 문제를 개선할 수 있는 유일한 방법은 선수를 경기의 맥락에서 잠시 떼어내, 비전술적 환경에서 훈련하는 것이다. 이는 특히 엘리트 스포츠에서 많은 사람들에게 어려운 일이지만, 우리는 이것이 함께 일하는 선수의 건강과 퍼포먼스를 모두 개선할 수 있는 최선의 전략이라고 생각한다.

필수 항목

- 스프린트 가속 퍼포먼스는 단위 체중당 힘의 생산량과 그 힘의 효율적인 방향(즉, 전방)에 따라 달라지며, 특히 빠른 이동 속도에서는 더욱 그렇다. 이러한 개념이 이러한 개념들이 실제 코칭 현장에서 적용되고 있는지를 점검할 필요가 있다.
- 힘 전달 능력은 고관절 신전근과 발목-발바닥 근육에 크게 의존한다. 이 근육의 발달은 프로그램에서 우선순위가 되어야 한다.
- 힘이 가장 중요하다! 모든 스포츠, 종목, 작업 및 운동선수에게는 가속을 위한 적절한 리듬, 라이즈 및 프로젝션이 있지만, 이 모든 것은 힘을 가하는 능력에 의해 결정된다.
- 자세도 중요하다! 선수가 스프린트할 때 취하는 자세에 따라 기술이 결정되며, 이는 선수의 건강과 퍼포먼스를 결정하는 데 큰 영향을 미친다. 선수의 성공은 힘을 내는 능력뿐만 아니라 그 힘을 사용하는 방법에 의해서도 결정된다.
- 무엇이 기원일까? 움직임 오류는 자세, 패턴 또는 리듬에서 비롯될 수 있다. 오류를 정확하게 교정하려면 오류의 원인을 이해해야 한다.

Chapter 12

점프 및 착지 트레이닝

제레미 M. 셰퍼드 Jeremy M. Sheppard**, PhD**
캐나다 스포츠 연구소Canadian Sport Institute 수석 고문

데이나 아가-뉴먼 Dana Agar-Newman**, MSc**
캐나다 퍼시픽 스포츠 연구소Canadian Sport Institute Pacific 근력 및 컨디셔닝 책임자

점프와 착지 시퀀스는 많은 스포츠에서 중요한 운동 능력이다. 배구와 같은 스포츠는 점프의 빈도수가 많은 특징이 있고 점프와 착지 시퀀스는 경기에서 수백 번 수행되며,[1] 이는 확립된 퍼포먼스의 표준이다.[1-3] 다른 스포츠(예: 육상 점프)의 경우 점프 자체가 이벤트이며, 점프는 퍼포먼스의 결과(예: 높이나 거리)이다. 일부 스포츠에서는 점프가 덜 빈번하게 발생할 수 있지만 퍼포먼스는 결과에 상당한 영향을 미칠 수 있다. 예를 들어, 럭비 리그에서 선수는 경기 중 공중에서 공을 경합하기 위해 몇 번 점프할 수 있지만, 이에 따른 결과(즉, 공격 또는 수비 선수가 공을 잡는지의 여부)가 경기의 결과를 결정할 수도 있다. 마찬가지로, 경기 중 효율의 저하 없는 점프와 착지 능력은 테니스나 배드민턴과 같은 스포츠에서 필수적이다.

이 장에서는 우수한 점프 착지 퍼포먼스로 이어지는 주요 신체적, 기술적 특성에 대해 설명한다. 그러나 정보의 적용을 최적화하기 위해서는 많은 개념이 상호 의존적이기 때문에 다른 장과 함께 보고 해석해야 한다. 예를 들어, 이 장의 정보 적용을 향상시키기 위해서 적절한 평가(1장)가 필요하다. 최적의 가동성(6장), 움직임 효율성(4장), 높은 수준의 근력(10장)도 점프 착지 능력 개발의 주요 고려 사항이다. 이 장에서는 이러한 고려 사항들이 점프 및 착지의 맥락에서만 논의되며, 이러한 중요 고려 사항에 대한 상세한 내용은 이 책의 다른 장을 참조하기 바란다.

이 장의 목적을 위해 '점프 및 착지'라는 용어는 힘 생성, 도약 및 충격 흡수의 전체 시퀀스를 나타낸다(그림 12.1).

점프 착지 시퀀스는 인조잔디(예: 풋볼), 코트(예: 농구), 모래(예: 비치발리볼, 멀리뛰기), 매트(예: 체조) 및 물(예: 서핑)을 포함하는 다양한 표면에서의 도약을 포함한다. '점프'(및 '점핑')라는 용어는 다양한 스포츠에서 초기 정지 자세(예: 럭비의 라인아웃, 배구의 블로킹), 러닝(예: 농구의 레이업), 숏 어프로치(예: 배구의 스파이크) 혹은 한쪽 다리나 양쪽 다리에서 수행된 모든 다양한 모습을 넓게 나타낸다. 이 장에서는 주로 수직 점프에 대한 고려 사항에 초점을 맞추고 있지만 테스트나 트레이닝 개념은 수평 점프와 직접적인 관련이 있다. 수평 점프에서 얻는 퍼포먼스는 선수가 자신의 체질량을 지탱해야 하고 비행시간을 증가시키기 위해 상당한 수직 이동이 있는 경우가 있기 때문에 수직 힘-시간 특성에 따라 결정된다.[4,5]

그림 12.1 수직 점프 순서: (a) 굴곡(힘 생성), (b) 도약, (c) 착지(힘 흡수).

트레이닝 가능한 특성

점프 및 착지 퍼포먼스를 향상시키기 위해서는 먼저, 선수가 가장 약할 수 있는 부분을 전략적으로 코칭할 수 있는 구성 요소를 이해해야 한다. 이번 섹션에서는 점프 퍼포먼스 향상에 기여하는 트레이닝 가능한 주요 구성 요소에 대한 고려 사항을 설명할 것이다.

최대 근력과 파워

코치들은 힘과 속도의 상호작용을 반영하기 위해 구어체 용어인 '파워'를 사용한다.[6] 파워가 힘과 속도의 곱이라는 점을 고려한다면, 파워 생성은 높은 힘을 가하고 높은 속도를 얻을 수 있는 능력에 의해 뒷받침된다고 보는 것이 도움이 되며, 수직 점프는 확실히 이 정의에 적합하다.[7,8] 이러한 요소들은 독립적으로 논의되는 경우가 많지만, 사실 힘을 최대로 효과적으로 향상시키기 위해 이해해야 하는 상호의존적 특성이다.

고중량 근력 트레이닝

때때로 무부하 점프(즉, 선수의 체중만으로 점프하는 것)는 최대 근력 특성을 필요로 하지 않기 때문에 최대 근력 트레이닝은 점프 능력 향상에 별 도움이 되지 않는다고 잘못 주장되기도 한다. 이는 수직 점프에서 나타나는 최고 힘이 선수의 최대 근력 역치에 비해 상대적으로 낮게 측정되기 때문에 높은 힘 능력에 대한 필요성은 점프 자체에서 본질적으로 관찰할 수 없기 때문일 수 있다. (또한 부분적으로 일부 특이한 선수들이 전혀 세지 않다는 실제 관찰 때문일 수도 있다.) 그러나 최대 근력과 최대 근력 트레이닝 방법은 널리 알려져 있듯 점프 능력과 연관성을 가지고 있다.[2,8~13] 이동을 증가시키기 위해서 선수들은 더 빠른 속도로 도약해야 하며, 이는 순수 수직 충격량(힘×시간=충격량)의 증가를 통해 얻는다. 선수가 일정한 시간 동안 더 큰 힘을 가하면 충격량을 증가시킬 수 있다. 이러한 결과는 선수가 얼마나 빠르게 힘을 발휘하느냐(RFDrate of Force development, 힘 발전 속도)와 동작 중 낼 수 있는 최대 힘에 직접적으로 관련이 있다. 이 중 최대 힘은 최대 근력 훈련을 통해 향상시킬 수 있다.

현명한 방법

점프 퍼포먼스에서 근력, 가동범위 및 움직임 기술은 다른 모든 훈련이 필요로 하는 기초 구성 요소로 볼 수 있다.

이 책 중 10장에서 자세한 근력 트레이닝 정보가 나와 있지만, 점프 관련 종목 선수에게는 스쿼트와 강한 당기기 트레이닝이 특히 중요하다는 점에 유의해야 한다.[8,9,14,15] 백스쿼트(그림 12.2), 프론트 스쿼트(그림 12.3), 스내치 스쿼트(그림 12.4), 싱글 레그 스쿼트(그림 12.5), 데드리프트(그림 12.6), 루마니안 데드리프트(그림 12.7)와 같은 동작에서 일반적인 능력과 최대

그림 12.2 백 스쿼트.

그림 12.3 프론트 스쿼트.

a

b

그림 12.4 스내치 스쿼트.

그림 12.5 한 발 스쿼트.

그림 12.6 데드리프트.

그림 12.7 루마니안 데드리프트.

근력을 발달하는 것을 목표로 하는 훈련 방법은 근력을 위해 포함시켜야 할 중요한 일반적 발달 운동이다.

이론적 한계가 있을 수 있고, 트레이닝 우선순위와 관련하여 수확체감의 법칙이 근력 트레이닝과 수직 점프 향상에 미치는 영향에 확실히 적용되지만, 이 지점에 있는 선수는 고빈도 점프 및 착지 종목(배구, 농구)에서 극히 소수이다. 간단히 말해, 근력 증가가 점프 퍼포먼스를 감소시킨다는 증거는 없지만 최대 근력과 파워가 점프 능력과 관련이 있으며 상대적으로 최대 근력을 증가시키면 파워와 점프 퍼포먼스가 예외 없이 향상된다는 강력한 뒷받침이 존재한다.[2,16~23]

현명한 방법

점프가 요구되는 선수들은 점프 능력을 유지하고 향상시키는 데 큰 비중을 두고 시즌 중 종목 특성에 맞는 최대 근력 유지를 강조한다.

올림픽 리프팅

올림픽 리프팅은 점프 선수를 위한 트레이닝에 있어 유용한 측면이다. 올림픽 리프팅과 거기서 파생된 트레이닝 드릴들은 속도와 힘을 트레이닝할 수 있는 훈련 수단이다. 그 효과는 점프 퍼포먼스로 이어질 수 있는 광범위한 전신 운동(특히 고관절-무릎)에 대한 저항을 제공하기 위해 비교적 가벼운 하중(예비 리프트 및 보조 리프트 응용)부터 적당히 무거운 하중(최대하, 최대 스내치 및 클린)까지 다양한 하중 범위를 사용하여 생성된다.[2,9,17,21,24] 본질적으로 운동 단위의 총합이 큰 이 넓은 가동범위 운동은 매우 높은 외부 파워 출력을 만들어 내므로 점프 퍼포먼스 향상을 위한 중요한 운동으로 고려해야 한다.

현명한 방법

올림픽 리프팅 및 응용 동작들을 포함하는 것은 점프 능력을 향상시키는 데 특히 유용하다.

점프 선수들과 함께 일하는 코치는 올림픽 리프팅에 대한 적절한 점진적 지도 과정을 성장 중인 선수들의 트레이닝에 포함하여, 이 선수들이 신체적으로 완성되었을 때 속도 특성(가벼운 부하 및 보조 올림픽 리프팅), 최대 파워(적당하거나 최대하 부하), 고중량 파워 움직임(올림픽 리프팅 최대부하)을 훈련하는 수단으로 안전하고 효과적으로 사용할 수 있도록 해야 한다. 표 12.1은 배구 종목에서 선수들의 스내치(그림 12.8)와 클린(그림 12.9)의 능숙함을 향상시키기 위해 사용되

표 12.1 배구선수 육성을 위한 올림픽 리프팅 교육과 트레이닝 진행(만 14세, 15세)

스내치	클린
스내치 스쿼트 *체중 50%* (체중 80~100%)	프론트 스쿼트 *체중 75%* (체중 100%)
스내치 밸런스 *체중 50%* (체중 70~80%)	
행에서 스내치까지 *체중 50%* (체중 65~75%)	행에서 클린 *체중 65%* (체중 80~90%)
스내치 *체중 60%* (체중 80~90%)	클린 *체중 80%* (체중 100~110%)
파워 스내치 (체중 70%)	파워 클린 (체중 90%)

운동 단계로 진행하기 전에 달성해야 할 목표는 이탤릭체로 표시했다. 마지막 단계(즉, 16세) 목표 기대치는 괄호 안에 표시되어 있다.

a

b

c

그림 12.8 스내치: (a) 시작 포지션, (b) 고관절 높이까지 바 들기, (c) 프레스 오버헤드.

그림 12.9 클린: (a) 시작 포지션, (b) 턱까지 바 들기, (c) 딥 스쿼트, (d) 선 자세.

는 장기적 교육 진행의 예와 트레이닝에 사용될 수 있는 몇 가지 파생물을 제시한다.

또한 올림픽 리프팅은 착지 퍼포먼스에 적용할 수 있는 높은 수준의 신장성 근력과 제어를 안전하게 향상시킬 수 있는 뛰어난 수단으로 봐야 한다. 올림픽 리프팅의 캐치 단계에서는 하체(발목, 무릎 및 엉덩이)를 사용하여 선수의 체중과 외부 부하의 감속을 조절해야 한다.[25] 제대로 가르치면 착지에 분명한 과부하를 제공할 수 있는 몇 안 되는 훈련 방식 중 하나이다.

부하 점프

부하 점프는 주로 점프 스쿼트(즉, 반동 동작으로)와 스쿼트 점프(즉, 신장성 동작과 단축성 동작 사이에 2~4초의 정지)를 사용하여 추가 부하를 사용하여 퍼포먼스를

평가하고,[26~28] 많은 맥락에서 점프 능력을 트레이닝시키며 우수한 결과를 얻는다.[19,29~34]

일부 코치들은 프리웨이트에 비교해 스미스 머신에서 부하 점프를 수행하는 것이 안전하거나 더 적합하다고 생각하지만 이는 옳지 않다.[27,35] 바벨, 웨이트 조끼, 헥스 바 또는 제한 없는 점프 동작을 허용하는 다른 수단을 사용하는 것이 좋다. 코치는 회전 토크의 차이와 이러한 각각의 수단이 선수의 기술에 미치는 영향을 고려할 수 있다. 바벨 부하 점프에서 부하가 증가함에 따라 선수는 점점 더 직립 자세를 취하게 되는데, 이는 무릎 우세 동작으로 간주될 수 있다(이는 코치가 직립된 몸통을 강조하는 다이빙과 같은 스포츠에 더 적합할 수 있다). 부하에 관계없이 헥스바를 사용하면 몸통이 자유롭게 회전할 수 있으며, 이는 일부 점프 맥락과 더 유사할 수 있다.

앞서 설명한 운동을 위해 사용하는 부하는 포괄적인 힘-속도 분석[36~38]을 기반으로 특정 능력 향상을 목표로 할 수 있다. 예를 들어, 힘-속도 분석 결과에서 무거운 부하의 파워와 최대 근력이 부족할 경우, 선수가 수행하는 전체 근력 및 파워 훈련 중 60~70%를, 고중량 근력 훈련과 더 무거운 부하의 파워 훈련으로 구성할 수 있다. 반대로 높은 속도 능력의 부족을 강조하는 힘-속도 분석은 플라이오메트릭 및 고속 저부하 폭발적 근력 움직임에 60~70%의 중점을 둔 프로그램을 나타낼 수 있다. 이 트레이닝은 코치에게 힘-속도 스펙트럼을 목표로 하는 다양한 부하를 제공하며, 이를 통해 낮은(체질량 대비 5~30%), 중간(체질량 대비 30~70%) 또는 무거운(체질량 대비 70~125%) 부하 트레이닝에 중점을 둘 수 있다. 힘-속도 분석의 결과로부터 코치는 각 훈련 유형의 상대적인 강조점을 선택하여 원하는 특정 적응을 목표로 할 수 있다.

점프 스쿼트는 일반적인 근력 및 올림픽 리프팅 동작에 비해 운동 단위의 관여가 적다는 점을 고려할 때, 저중량 및 무부하 상태를 목표로 하는 특수 운동으로 간주되어야 하므로[19] 수직 점프 퍼포먼스를 극대화하는 선수에게 유용하다고 할 수 있다. 이는 점

표 12.2 엘리트 배구 선수의 다양한 바벨 부하를 사용한 점프 스쿼트 트레이닝 진행을 통합한 5주간의 하체 근력 및 파워 시퀀스 (205.5cm, 101kg)

세션 1					
운동	1주차	2주차	3주차	4주차	5주차
점프 스쿼트	4×5(50kg)	4×3(60kg)	5×3(65kg)	6×4(30kg)	6×3(15kg)
스내치	6×3(60~70kg)	7×3(60~70kg)	7×2(65~75kg)	6×2(65~75kg)	4×2(70~77.5kg)
백 스쿼트	9×5/4/3* (110/115/120, 115/120/125, 120/125/130kg)	9×4/3/2* (115/120/125, 120/125/130, 125/130/135kg)	9×3/2/1* (120/125/130, 125/130/135, 130/135/140kg)	휴식	6×3(130~135kg)
한 발 스쿼트	3×12(101kg)	3×10(111kg)	4×8(116kg)	4×6(121kg)	휴식
세션 2					
운동	1주차	2주차	3주차	4주차	5주차
점프 스쿼트	4×4(60kg)	5×3(70kg)	6×2(80kg)	6×4(40kg)	6×3(20kg)
클린	6×3(60~70kg)	7×3(60~70kg)	7×2(65~75kg)	6×2(65~75kg)	4×2(70~77.5kg)
프론트 스쿼트	6×7(80~85kg)	6×6(82.5~87.5kg)	7×5(85~90kg)	휴식	4×7(82.5~87.5kg)
루마니안 데드리프트	3×10(90kg)	4×8(100kg)	4×6(110kg)	휴식	3×7(95kg)

* 백 스쿼트의 경우, 선수는 총 9세트를 3그룹으로 나누어 수행한다. 1 · 4 · 7세트는 가장 높은 반복 수를 갖지만 무게는 낮으며, 3 · 6 · 9세트는 가장 적은 반복 수를 갖지만 무게는 더 높다. 예를 들어, 1주차에 선수는 세트 1에서 110kg으로 5회 반복하고, 세트 2에서 115kg으로 4회 반복하고, 세트 3에서 120kg으로 3회 반복한다. 그런 다음 정해진 무게로 이 패턴을 두 번 더 반복한다.

프 스쿼트를 일 년 내내 사용할 수 없다는 뜻이 아니라 다른 기초 운동을 배제하고 장시간 사용해서는 안 된다는 것을 의미한다. 표 12.2는 점프 스쿼트에서 처음에는 중간 정도의 바벨 부하(선수 체중의 25~75%)를 사용한 다음 상대적으로 가벼운 부하(선수 체중의 25% 미만)로 점프 스쿼트를 진행하는 예시를 제시하고 있다. 점프 스쿼트에서 이러한 부하 진행은 종종 점프 퍼포먼스의 탁월한 향상을 가능하게 한다.

신장-단축 주기와 플라이오메트릭 트레이닝

근육이 짧아지기 전에 초기 신장을 수행하는 신장-단축 주기(SSC)는 반동(예: 정지 후 수직 점프)을 수반하지 않는 동작과 비교할 때 근육의 힘과 파워 출력을 강화하는 데 중요한 기여를 한다.[39~46] 이전에 신장된 근육에 의해 생성된 자극의 증가는 신경성 및 근육성 요인의 조합으로 인해 발생한다.[46~48] SSC 기반 움직임에서 신장성 힘, 반사 자극 및 탄성 기여는 단축성 움직임보다 크며 뎁스 점프 및 과부하 신장[39,47,49~53]과 같은 강조된 신장성 SSC 활동으로 더욱 향상될 수 있다.

SSC 능력을 강조하는 플라이오메트릭 트레이닝은 점프 능력을 극대화하기 위한 트레이닝 프로그램에 포함되어야 한다. 그러나 SSC 활동을 강조하는 많은 프로그램은 너무 많은 운동이나 트레이닝 드릴을 사용하고 세트당 너무 많은 반복을 한다. 이 경우에는 선수들은 각 운동에서 기술을 습득할 수 있는 기회가 제한된다. 예를 들어, 어떤 프로그램은 많게는 10개의 다른 운동, 각 2~4세트, 6~10회 반복을 포함한다. 근력 트레이닝과 몇 가지 특정 플라이오메트릭 운동을 결합한 프로그램이 더 효과적이다.[53] 플라이오메트릭 운동은 세트 사이의 피로를 피하는 것은 움직임의 수행에 필수적이며 높은 강도는 효율성에 가장 중요하기 때문에, 운동 다양성이 훨씬 적고(세션당 1~4가지 운동) 매우 낮은 반복(3~6회)으로 수행해야 한다.[54] 플라이오메트릭 운동을 (스포츠 기술 훈련 외에도) 과도하게 실시하면 기술 습득에 혼란을 주는 비구조적 스트레스로 작용하며, 원하는 SSC 자극의 질을 떨어뜨릴 수 있다. 너무 많은 운동이 포함되면 트레이닝 프로그램의 많은 부분이 새로운 동작을 배우는 데 쓰이며 선수는 관절 주위의 과도한 근육 동시수축과 비효율적인 움직임 패턴으로 고통받을 수 있다. 이런 상황에서는 SSC 트레이닝으로부터 얻는 이점도 미미할 수밖에 없다. 선수가 높은 수준의 수행 능력으로 고강도의 하중을 받아들이고 산출할 수 있는 상태가 되기 전까지는, 그 훈련은 효과를 발휘하기 어렵다. 따라서 코치는 우선 해당 운동이 선수에게 가져다줄 실제적인 이점뿐만 아니라, 운동학적 특성과 운동 학습의 측면까지 함께 고려하여, 점프 능력 향상에 직접적이고 타당한 기여를 하는 플라이오메트릭 운동만을 사용해야 한다.

또한 플라이오메트릭 운동의 목적은 스포츠 동작을 무조건 모방하는 것이 아니라 관련 특성을 자극하는 것이어야 한다. 스포츠 동작을 모방하는 것은 스포츠 특수성에 대한 지나치게 단순한 접근 방식이며 특이성과 과부하 사이의 반비례 관계에 영향을 받는다.[55] 또한, 스포츠 안에서 이미 높은 빈도로 기술이 일어나고 있는 경우 기술 습득 및 트레이닝 부하 관점에서 부정적인 개입이 발생할 수 있다.

예를 들어, 엘리트 배구 선수들의 경우, 반동 유형의 점프(블로킹 점프, 세트 및 스파이크 점프)는 단순히 연습 및 경기에서 주당 1,000~3,500회(일반적으로 1,000~2,500회) 수행될 수 있다. 스트렝스 컨디셔닝 코치와 의료 실무자는 추가 점프 훈련의 유용성과 목적을 신중하게 고려해야 하고 대신 특정 신체적 특성을 목표로 하며 스포츠 자체의 기술 훈련 세션에서 이미 수행되고 있는 동작을 단순히 모방해서는 안 된다.

총량은 일제히 처방하기 어렵고 선수의 신체적 소양과 튼튼함, 그리고 현재 트레이닝에서의 다른 스트레스 요인에 비추어 고려해야 한다. 코치는 운동에 대한 선수의 신체적 준비 상태나 다른 트레이닝으로 인한 피로 상태, 안전하고 효과적으로 동작을 수행할 수 있는 운동 능력 등을 신중하게 고려해야 한다. 단순히 효과가 있기를 바라며 많은 양의 운동을 하는 것보다 선수에게 가장 적합하고 구체적인 운동만을 선택하고 특정 부하 조건을 적용하는 것이 플라이오메트릭을 사용하는 훨씬 더 나은 접근 방식이다.

선수가 가능한 한 높이 점프하기 전에 높은 곳에서 떨어지는 '뎁스 점프'('드롭 점프'라고도 함)는 수직 점프[50,53,56~60]를 향상시키는 데 가장 효과적인 플라이오메트릭 운동 중 하나다. 뎁스 점프를 사용하는 주된 목적은 낙하로 인한 충격 속도의 증가를 통해 추가(즉,

강조된) 신장성 부하를 제공하기 때문에 신장성 동작의 스트레치 부하를 증가시키는 데 있다. 이 운동은 독특한 사전 활동 특성,[61] 단축성 수직 동작에 선행하는 신장성 동작의 과부하 및 신경 근육 특성의 새로운 트레이닝 적응[53,61,62]을 제공한다. 뎁스 점프는 겉으로 보기에 전혀 다른 점프 과제를 개선하는 데에도 활용될 수 있다.[50,53,58] 이는 뎁스 점프를 하면 선수가 낙하 시 더 높은 신장성 속도로 인해 높은 임펄스를 발생시켜야 하기 때문이라고 설명할 수 있다.[58] 이러한 신장성 조건이 강조되면 신경성 및 근원성$_{myogenic}$ 기여도(즉, 과부하)가 커지기 때문에 높은 스트레치 부하 조건[39,41,43,56,57,61]에서 점프 시 충격량을 향상시키는 데 효과적이며, 정상적인 조건에서도 우수한 점프 능력을 개발하는 데 효과적이다.[63]

다양한 낙하 높이를 통해 다양한 부하 상황을 만들어 낼 수 있으며, 높이가 증가함에 따라 강도도 증가하고 또한 기술이 수정된다.[50,53,56,57] 예를 들어, 바운스 뎁스 점프(그림 12.10)가 수행될 수 있는데, 선수는 지면에서 가능한 짧은 시간 있을 목적으로 높이에서 떨어진다. 이 지침은 상대적으로 낮은 관절 이동과 신장성-전환-단축성 근육 작용의 빠른 사이클(즉, 짧은 아모티제이션 단계)을 유발한다.[58] 턱 점프(그림 12.11) 뿐만 아니라 이 훈련은 선수가 정상 속도보다 빠른 속도로 착지를 정지시키고 짧은 접촉을 강조한다. 일반적으로 점프 높이가 같다면 지면 접촉이 짧은 운동은 지면 접촉이 긴 운동에 비해 강도가 강한데, 이는 동일한 수직 충격량을 더 적은 시간에 생산해야 하기 때문에 힘 발전 속도와 최대 힘이 더 높아지기 때문이

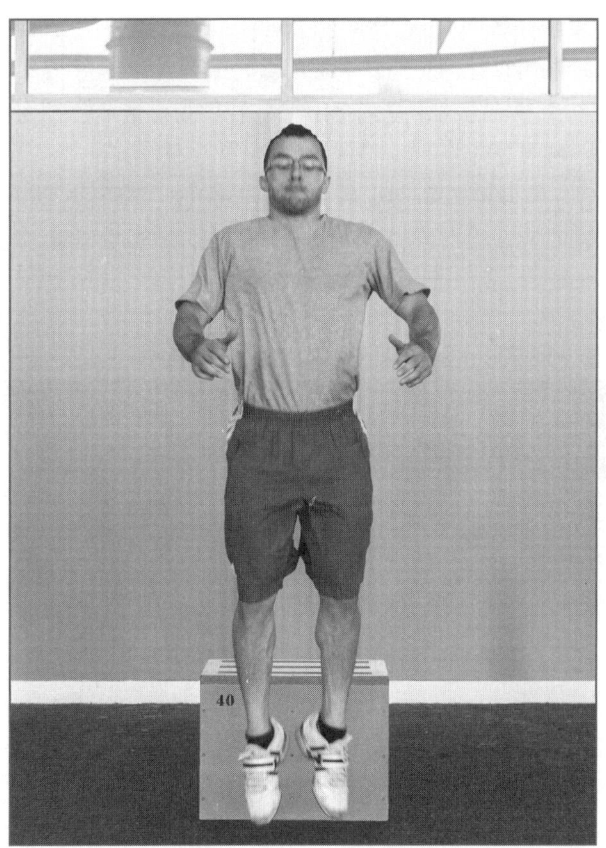

그림 12.10 바운스 뎁스 점프. 선수는 규정된 높이(일반적으로 10~40cm)에서 내려와 빠르게 바닥에서 벗어나 점프를 하는 것을 목표로 한다. 선수가 원하는 결과를 이해할 수 있도록 '바닥에서 공처럼 바운스 하세요'와 같은 코칭 큐를 사용하면 착지 시 짧은 접촉 시간과 상대적으로 낮은 관절 순응도를 보장하는 데 효과적이다.

그림 12.11 턱 점프. 선수는 무릎을 턱 자세로 움직이면서 제자리에서 점프를 반복하고, 하강하면서 바닥으로 빠르게 뻗어 짧은 접촉과 폭발적인 점프 동작을 강조하는 퍼포먼스를 수행한다.

다. 많은 코치들이 이 훈련을 선호하는 이유는 신장성-전환-단축성 근육 작용이 상대적으로 느린 점프에도 상당한 퍼포먼스 이점이 있는 빠른 전환을 개발하는 명확한 목적이 있기 때문이다.[53] 뎁스 점프 또는 바운스 뎁스 점프의 기술은 낙하 이후 수평 홉 또는 바운드를 포함함으로써 코디네이션 및 수평 힘 생성 요구를 증가시키도록 수정될 수 있다.

낙하 높이의 선택은 뎁스 점프 프로그래밍의 주요 고려 사항이다. 착지 기술 및 일반적인 운동 능력 평가와 함께 각 선수의 적절한 훈련 높이를 결정하는 데 도움이 되는 신장 부하 내성 평가를 하는 것이 가장 좋다. 상대적 근력relative strength 수준은 선수가 더 높은 신장 부하를 견딜 수 있는 능력에 영향을 미칠 가능성이 있다.[64] 표 12.3은 점진적 신장 부하 내성 테스트 세션에서 모두 동일한 반동 점프 점수를 가진 세 명의 배구 선수에 대한 예를 제공한다. 반동 점프 테스트 후 각 뎁스 점프의 낙하 높이가 10cm씩 점진적으로 증가했으며, 선수들은 각 높이에서 가능한 높게 점프하기 위해 여러 번 시도했다. 결과는 가장 낮은 신장성 하중 내성(A), 가장 높은 신장성 하중 내성(B) 및 집단의 일반적인 모습을 보여준다(C). 세 가지 경우 모두 각 선수의 특정 박스 높이가 단일 최고 점프 결과를 도출했다는 점에서 최적의 높이를 결정할 수 있다. 그러나 최대 높이 및 최소 접촉을 위한 뎁스 점프와 같은 다양한 훈련 유형에 대해 운동에서 힘-속도 스펙트럼의 다양한 측면에 시험하기 위해 다양한 높이가 훈련 계획에 포함되어야 한다. 표 12.4는 엘리트 배구선수를 위한 준비운동 후 근력 트레이닝 세션 전 실시되는 뎁스 점프 플라이오메트릭 프로그램의 예시를 제공한다.

점프의 신장성 단계는 수직 점프의 반동 동작에서 추가 질량을 사용하는 방식으로 더욱 강조할 수 있다. 선수가 반동 하강의 최하단 지점에서 부하를 해제한 뒤 부하 없이 점프하거나(그림 12.12), 바벨 릴리스를 사용하여 추가 신장성 부하가 있는 부하 점프 스쿼트를 수행하여 더욱 강조할 수 있다. 일반적인 반동 점프에 비해 이 방법은 점프의 추진 단계가 시작될 때 근육의 향상된 수축 상태로 인해 더 높은 점프 높이(및 우수한 파워 출력)를 제공한다.[47] 일반적인 반동 점프와 비교할 때, 선수 체중의 20~40%의 신장성 부하를 추가하는 점프는 수직 점프 점수에서 우수한 향상을 제공한다.[52]

역학적으로 선수의 체중을 줄이는 보조 점프는 점프 퍼포먼스를 향상시키는 독특한 과속 방법일 수

표 12.3 국가대표 배구선수 3명의 반동 동작 수직 점프(CMVJ) 높이 및 20~60cm 높이에서 떨어지는 뎁스 점프 점수

다른 플라이오메트릭	낙하 높이 20cm	낙하 높이 30cm	낙하 높이 40cm	낙하 높이 50cm	낙하 높이 60cm
CMVJ					
플레이어 A	320cm	318cm	308cm	300cm	294cm
플레이어 B	324cm	326cm	328cm	330cm	329cm
플레이어 C	323cm	326cm	323cm	320cm	317cm

표 12.4 표 12.3에 제시된 테스트 결과에 따른 배구선수 3명을 위한 뎁스 점프 트레이닝 프로그램 예시 세션

플레이어 A	턱 점프 8×3	빠른 접촉 4×3	최대 높이 10×2	높은 위치에서의 착지 6×2		
플레이어 B	한 발 턱 점프 4×3		빠른 접촉 4×3	빠른 접촉 4×3	최대 높이 8× 2	최대 높이 6×2
플레이어 C	보조 점프, 체중 10% 4×5	빠른 접촉 4×3	최대 높이 8×2	최대 높이 6×2	높은 위치에서의 착지 6×2	

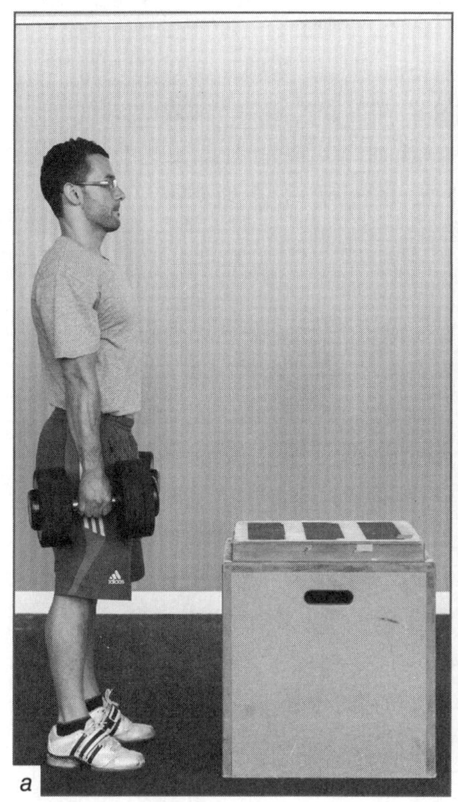
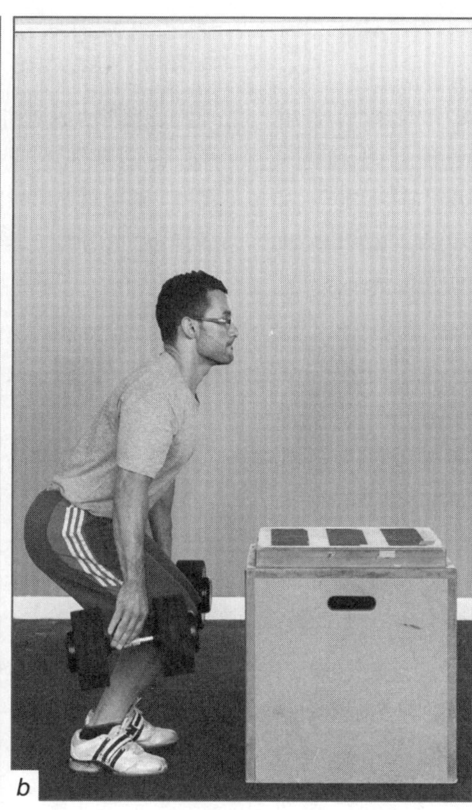

그림 12.12 릴리즈 점프.

있다. 코치는 하네스와 번지 시스템을 사용하여 선수가 파워리프팅 저항 스트랩을 잡거나 수평 방향으로 밀어낼 수 있다. 감소된 부하는 일반적인 단축성 속도보다 더 큰 속도를 허용하고 결과적으로 더 높게 점프할 수 있게 한다. 합리적인 근력 트레이닝 배경을 가진 선수에게 근력 트레이닝 프로그램과 함께, 이것은 독특하고 새로운 자극을 제공하고 특히 더 높은 속도로 힘을 만들어 낼 수 없는 선수들에게 향상된 퍼포먼스를[36,37,65] 이끌어 낼 수 있다.

신체 조성

코치는 점프력 향상을 위해 대부분 기술적, 신체적 훈련에 중점을 두어야 하지만, 과도한 지방량은 점프력에 부정적인 영향을 미친다. 과도한 지방량은 근육량처럼 도약력에 도움이 되지 않으며 점프 퍼포먼스에 미치는 악영향은 순전히 고전 역학(즉, 뉴턴 물리학)에 의해 설명될 수 있다. 또한 과도한 지방량은 관절가동범위에 영향을 미치고 착지 시 구조적 부하를 증가시켜 근력 퍼포먼스를 방해할 수 있다. 이는 낮은 체지방의 마른 선수들이 바람직하다는 것이 아니라, '날씬함'(건강하고, 낮은 체지방 수준)이 점프 능력을 극대화하고 싶어 하는 선수들에게 매우 바람직한 특성이라는 것을 말하는 것이다.

만약 경쟁력 있는 선수가 충분히 트레이닝되어 있지 않다면, 종목 특이적인 신체 능력의 결핍을 보완하는 방향으로 훈련을 구성한다면 더 많은 양의 훈련을 할 수 있다. 그러나 선수가 스포츠에 맞는 트레이닝을 하고 있지만 여전히 과도한 지방량을 가지고 있다면 수면과 스트레스와 같은 요인뿐 아니라 음식량, 내용물과 종류, 섭취 타이밍과 분배와 같은 요인들까지 모두 우선적으로 관리되어야 한다. 이런 식습관이나 생활 방식은 충분히 조정 가능하며 종종 문제의 원인이 된다. 코치가 신체적, 전술적, 기술적 요구를 해결할 수 있는 기회는 제한되어 있으므로, 특정 훈련 목적을 방해하지 않는 선에서, 훈련 외 시간에 신체 조성 문제를 다루는 것이 가장 효과적이다(예: 하루 4시간 훈련하는 선수는, 나머지 20시간 동안 체지방 감량이나 식습관 개선에 집중할 수 있다). 근력 컨디셔닝 코치 및 스포츠 과학 지도자가 근력 및 파워에 대한 동시 훈련의 간섭 효과와 과도한 훈련량이 부상 위험에 미치는 영향을 고려하지 않고 추가 훈련을 통해 에너지 소비를 증가시켜 과도한 지방량을 개선하는 것은 지극히 일반적인 일이다. 문제를 뒷받침하는 요인을 해결하지 않고 현재의 부적절한 식사와 생활 방식을 가능케 하는 프로그램에 훈련을 추가하는 것은 옳지 않다. 엘리트 수준의 스포츠 트레이닝은 특정 신체적 요구 사항을 충족하는 데 필요한 운동량과 강도를 신중하고 구체적으로 고려해야 하며, 일반적으로 총 트레이닝의 양이 많다. 신체 조성의 주기화는 신중하게 트레이닝을 계획하고 경기 기간 동안 최적의 구성을 달성할 수 있도록 해야 한다.

표 12.5는 점프 스쿼트의 긍정적 영향과 선수가 과도한 지방량을 감소시킬 때 달성할 수 있는 근력 퍼포먼스를 보여준다(일곱 부위 스킨 폴드 테스트의 낮은 합계에서 입증됨). 관찰 기간 동안의 주요 초점은 체지방 수준에 대한 식습관 개선과 생활 방식의 역할에 대한 선수의 이해를 향상시키는 것이었지만, 가장 중요한 것은 이러한 요인들의 변화를 실행하고 선수에게 결과와 설정된 목표에 대한 책임을 묻는 것이다. 결과적으로 부가적 지방 조직의 감소는 선수의 제지방량 지수(LMI)의 증가를 반영하여 날씬함을 증가시켰다.[66] 근력과 파워 퍼포먼스에 대한 이익은 쉽게 관찰할 수 있고 움직임(점프 스쿼트, 클린, 스쿼트) 중에 추가적인 비기여 질량(즉, 지방)이 감소하여 근력과 파워 퍼포먼스가 향상됨을 설명한다. 바벨 클린과 스쿼트 부하가 증가한 경우, 근력은 신체에서 줄어든 지방량의 일부가 단순히 바에 추가된 원판의 형태로 있다고 설명할 수 있다. 일반적으로 과체중인 운동선수가 트레이닝 후 회복하는 데 더 오래 걸린다는 점을 고려할 때, 마른 체형의 선수가 트레이닝에 더 잘 대응할 수 있는 위치에 있었다고 추측할 수 있다.

훈련 계획

훈련 적응에 대한 단순한 과학적 이해는 필요한 모든 다요인성 결정을 내리기에 불충분하기 때문에 훈련 방법을 점진적인 계획에 통합하는 것을 때로는 예술이라고 한다. 개개인의 장기적 요구, 스포츠의 요구 및 선수의 신체적 정서적 상태에 대한 영향, 트레이닝 그룹의 각 구성원의 운동 능력을 고려하고 이해해야 한다. 중요한 것은 훈련 계획에 대한 일상적인 응용과 결정이 최신 피드백과 관찰에 따라 이루어지기 때문에 트레이닝 계획은 작은 일이 아니며, 유능한 과학자나 뛰어난 코치인 지도자에게 의존한다. 그렇지 않은 경우 엘리트 선수들은 테스트 결과를 웹사이트에 업로드하고 데이터만으로 생성된 효과적인 훈련 프로그램을 받을 수 있는데, 이는 엘리트 수준에서 완전히 효과적이지 않는다. 그럼에도 불구하고 다음 섹션에서는 점프 및 착지 능력 향상을 고려할 때 지도자가 그들의 훈련 접근 방식을 구성하는 데 도움이 될 수 있는 일반적인 개념을 제공한다.

표 12.5 체질량 변화

테스트 척도	초기 테스트	후속 테스트
체질량(kg)	84kg	76kg
7개 부위 스킨 폴드 테스트(mm)	88mm	42mm
제지방량 지수(LMI)	1.05	1.81
1RM 클린	110kg	120kg
1RM 스쿼트	190kg	205kg

엘리트 스프린트 사이클 선수(BMX 레이싱)의 3개월 동안 식이요법 및 생활습관 조정 이후 7개 부위의 스킨 폴드 테스트의 합산, 제지방량 지수(LMI), 점프 스쿼트 변위, 클린 및 스쿼트 1RM.
LMI는 체질량(kg)/7개 부위 스킨폴드 테스트의 합(mm) 공식에서 얻는다.

트레이닝 운동의 분류

엘리트 선수들과 함께 일할 때는 트레이닝으로 인한 총 부하를 정량화하는 것뿐만 아니라 구체적인 운동 유형과 그 효과를 파악하는 것이 중요하다. 운동을 일반적, 특수적 및 특이적general, special and specific 세 가지 넓은 범주 중 하나로 분류하면 지도자는 해당 선수에게 적합하다고 판단되는 각 훈련 유형에 대한 상대적 접근 방식을 결정할 수 있다.

'일반적 운동'은 점프의 구성 요소를 뒷받침하는 일반적인 신체적 자질을 향상시키는 것으로 정의할 수 있다. 여기에는 가동범위, 최대 근력, 힘 발전 속도 및 최대 파워와 같은 측면이 포함된다. '특수적 방법'에는 점프력, SSC 기능, 스포츠 자체에서 수행되는 동작과 관련된 목표 동작과 자세와 같은 점프 퍼포먼스와 관련된 매우 특정한 측면을 목표로 하는 방법이 포함된다. '특이적 점프 방법'은 스포츠 자체와 동일한 방법을 말한다. 예를 들어, 농구 선수는 리바운드 점프를 연습할 수 있고 배구 선수는 스파이크 점프를 할 수도 있다. 표 12.6은 일반적, 특수적 및 특정적 방법 중에 샘플 설명을 보여준다.

트레이닝 강조점

코치는 선수 평가 및 프로파일링(1장)을 통해 트레이닝 기간의 시간을 고려하여 각 훈련 유형에 대한 상대적 강조점을 결정할 수 있다. 일반 준비 단계에서 특이적 방법은 퍼포먼스 수준을 유지하기 위해 더 작은 정도로 수행되고 이는 선수의 스포츠 훈련에서 많은 양의 특정 점프를 통해 달성된다. 일반 준비 단계에서는 최대 근력 강조점에 앞서 일반적 근력 방법이 사용되고 낮은 양의 특수적 방법(예: 고도 착지altitude landing, 낮은 높이의 뎁스 점프)만 사용된다. 근력과 파워에 대한 이러한 일반화된 트레이닝의 기초부터, 점프 능력을 강화하기 위해 후속 단계에서 특이적 방법을 추가할 수 있다. 선수들이 그들의 커리어를 통해 발전하고 퍼포먼스 수준이 높아짐에 따라 일반 준비 단계의 기간이 줄어들어 특이적 운동에 더 많은 시간을 들일 수 있다.

운동의 종류를 정량화하는 것 외에도 선택한 운동의 본질을 계획하고 정량화하는 것도 중요하다. 트레이닝 유형을 플라이오메트릭 활동, 탄도성 근력, 최대 근력 또는 일반/반복 근력으로 분류하면(표 12.7) 트레이닝 프로그램의 총합뿐만 아니라 각 범주의 총 세트, 총 반복 횟수 및 부하량을 계산하여 트레이닝 강조점을 명확하게 결정할 수 있다. 부하량은 다음과 같이 간단히 계산된다.

$$\text{부하량} = \text{세트 수} \times \text{반복 횟수} \times \text{질량}$$

예를 들어, 75kg 선수의 바운딩 4세트 10회 반복의 플라이오메트릭 부하량은 $4\times10\times75=3{,}000$이고 120kg의 백스쿼트 6세트 3회 반복의 최대 근력 부하량은 $6\times3\times120=2{,}160$이다. 그림 12.13은 유소년 배구 선수의 근력과 컨디셔닝 훈련의 중주기에 대한 부하량을 나타낸 것이다.

표 12.6 배구, 농구, 멀리뛰기를 위한 운동의 일반적, 특수적 및 특이적 범주

스포츠	일반적	특수적	특이적
배구	스쿼트 스내치 한 발 스쿼트	뎁스 점프 중량 점프 스쿼트	블로킹 점프 세트 점프 스파이크 점프
농구	스쿼트 클린 앤 저크 파워 클린	박스 홉 턱 점프	리바운딩 덩크 레이 업
멀리뛰기	스쿼트 바벨 스텝 업	허들 홉 바운드 숏 런업 바람-보조 롱 런업	롱 점프

표 12.7 점프 관련 종목 선수들이 사용하는 운동을 플라이오메트릭, 탄성 근력, 최대 근력, 일반 근력 또는 반복적 시도로 분류

플라이오메트릭	탄도성 근력	최대 근력	일반 근력 혹은 반복적 시도
뎁스 점프 홉/바운드 턱 점프 스킵 허들 홉 강조된 신장성 점프	스내치 클린 올림픽 리프트 변동 중량 점프 스쿼트	스쿼트와 변동 데드리프트 프론트 스쿼트 루마니안 데드리프트	스쿼트와 응용 런지 응용 스텝 업 리버스 하이퍼익스텐션 한 발 스쿼트 카프 레이즈

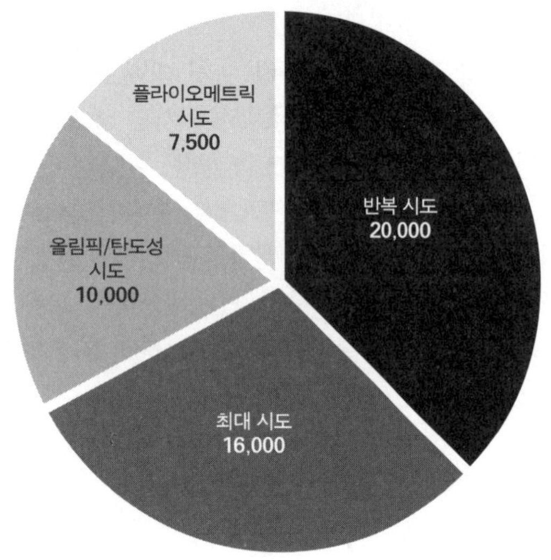

그림 12.13 유소년 배구 선수를 위한 근력 컨디셔닝 트레이닝의 중주기를 위한 볼륨 부하.

현명한 방법

코치가 점프와 관련된 다양한 자질을 효과적으로 다루기 위해서는 볼륨 부하 방법 또는 이와 유사한 접근 방식을 사용하여 트레이닝 부하와 부하 유형을 계획하고 정량화하는 것이 필수적이다. 이러한 노력의 결과로 각 선수의 특정 필요 요소를 해결하기 위해 트레이닝을 더욱 개별화할 수 있다.

트레이닝 전이

이론적 배경이 마련되고 점프 및 착지 트레이닝을 개발하기 위한 프로그램이 계획되었다면, 이제 실제로 결과를 제공할 단계가 된 것이다. 처음 두 영역이 이 섹션으로 이어지는 것은 의심의 여지가 없지만, 좋은 코치와 훌륭한 코치를 구분하는 것은 일반적인 트레이닝 가능한 자질의 향상뿐만 아니라 코치의 지도를 받는 선수에게 측정 가능한 퍼포먼스 향상을 가져오는 프로그램을 효과적으로 구현할 수 있는 능력이다. 상위 레벨의 선수를 효과적으로 지도하려면 트레이닝 신체적 자질, 트레이닝 부하 그리고 부하, 기술 및 기타 관련 요인에 대한 선수의 반응의 상호작용에 대한 이해가 필요하다.

점프 기술

효과적으로 점프하기 위해서는 적절한 힘의 합이 이루어져야 한다. 간단히 말해 선수는 탄성 에너지의 효율적인 사용을 가능하게 하기 위해서 효율적인 신체 자세와 이상적인 역학적 자세(즉, 관절 각도)를 사용해야 한다. 코치는 기술, 특히 골반, 무릎, 발목 및 팔 스윙을 통한 효과적인 힘의 합산을 유도해야 한다. 특히 양발 점프의 경우 몸통 위치는 골반에서 몸통 신전을 통해 효과적인 점프 기술에 기여할 수 있지만 과도한 굴곡은 효과적이지 않을 것이다. 따라서 몸통의 기울기는 선수 개인의 신체적 특징 및 크기에 대한 최적화의 문제로 보아야 한다.

모든 기술적 측면에서 선수 개인의 트레이닝 배경, 기술 경험, 신체 크기 및 내재적 자질에 따라 달라지기 때문에 완벽한 기술은 존재하지 않는다. 그러나 처음 선수들에게 더 효과적으로 점프를 가르칠 때, 올바른 스쿼트(양발 도약의 경우)와 싱글 레그 스쿼트(한 발 도약의 경우) 기술을 강조하는 것이 중요하다. 이러한 운동은 균형 및 기술 운동으로 보는 것이 가장 좋다. 이러한 동작을 효율적으로 균형 있게 수행하지 못하는 선수는 부적절한 동작 순서를 사용하여 점프 동작에서 파워가 누수된다.

착지 기술

효과적인 점프 트레이닝 프로그램의 한 부분으로 착지 트레이닝은 지도자가 고려해야 할 중요한 구성 요소이다. 사실 점프 트레이닝의 다른 부분에 집중하기 전에 착지 기술을 우선하는 것이 가장 합리적이다.

현명한 방법

비행기를 착륙시킬 사람이 없다면 조종하는 법을 배우는 것은 안전하지 않을 것이다. 마찬가지로 선수는 폭넓은 점프 트레이닝을 실행하기 전에 효과적인 기술로 착지 시 힘을 안전하게 흡수하는 법을 배워야 한다.

안전하고 효과적인 착지의 주요 목적은 적당한 최대 힘과 안전 범위에 있는 역학과 관련된 관절의 움직임을 통해 착지하는 것이다. 이 두 요소는 상호 의존적이다. 관절의 비효율적인 움직임(예: 고관절 조절 저하로 인한 무릎의 외반슬valgus knee, 그림 12.14)은 무릎의 위험한 스트레스뿐만 아니라 무릎이 만들어 내는 힘의 약화로 인해 더 높은 최대 힘을 초래한다.[67,68]

코치는 생체 운동 능력이 발달할 시간을 갖기 위해 가능한 어린 나이부터 선수들의 조절, 안정성, 가동범위 및 근력에 특별히 중점을 두고 효과적인 생체 운동 능력을 발달시키는 것을 목표로 해야 한다.[69,70] 차선의 기술은 종종 생체 운동 능력의 결함을 보상하는 것이며, 근본적 원인을 해결하지 않고 기술을 수정하려는 것은 비생산적이다. 표 12.8은 어린 배구선수의 한 쪽 다리와 양다리 모두에 대한 착지 능력 발달을 위한 진행 계획 샘플을 제공한다.

그림 12.14 착지 시 외반슬 움직임.

착지 기술을 발달시키고 평가하는 간단한 방법은 고도 착지altitude landing를 사용하는 것이다. 선수가 박스에서 땅으로 떨어져 착지하는 것을 관찰하는 이 드릴은 효율적인 착지에 필요한 특정 신장성 근력을 증가시킬 뿐 아니라 좋은 기술을 발달시키는데 이상적이다. 이러한 착지를 지도할 때, 선수가 운동 사슬

표 12.8 점프 후 안전하고 효과적인 착지를 위한 기초 배구선수(12세, 13세) 및 발달 중인 배구선수(13세, 15세)의 기술적 움직임 능력과 진행

조절 근력	힘 흡수	한 발 힘 흡수
양측 스쿼트		
워킹 런지	수직 홉과 스틱	
한 발 스쿼트	수평 홉과 스틱(멀리뛰기)	한 발 홉과 스틱
	5×턱 점프(마지막 횟수 스틱)	한 발 수평 홉과 스틱
	높은 위치에서의 착지와 스틱(박스에서 떨어짐) 5×수평 홉	5×한 발 턱 점프(마지막 횟수 스틱) 한 발 높은 위치에서의 착지(박스에서 떨어짐)
		한 발 5×수평 홉

을 통해 유지하는 형태를 고려한다. 적어도 정면(그림 12.15a)과 측면(그림 12.15b)에서 관찰하면 선수 착지를 온전하게 볼 수 있고 그리고 발목, 무릎 및 골반을 통한 압박이 낙하 높이에 적합한지 과도한지, 적은지를 알아낼 수 있다. 선수의 압박량이 너무 커 보이고 스프링을 단단하게 하는 등의 피드백으로 기술을 바꿀 수 없다면, 선택한 낙하 높이에서 훈련할 만큼 선수가 강하지 않다는 의미일 수 있다(즉, 이 시기에는 선수에게 박스가 너무 높다).

착지 시 굴곡이 너무 적다는 것은 일반적으로 극도로 높은 최대 힘이 신체를 통해 전달되어 관절부에서 높은 최대 압박력이 발생하는 것을 의미한다. 선수는 더 살짝 착지하도록 권장되어야 한다. 때때로 약한 선수나 인지적으로 적절한 유연성과 인지적으로 조절된 강성을 결합한 기술이 발달되지 않은 선수는 초기에 충격 흡수 없이 딱딱하게 착지한 후, 흡수 단계에서 무너지며 넘어지기도 한다. 이는 선수의 근력이나 기술이 사용 중인 특정 높이에 적합하지 않다는 신호다. 만약 선수가 발목이나 무릎 부상에서 회복 중이라면, 이는 선수에게 추가 부상의 위험이 남아 있다는 것을 나타낸다. 특히 착지 시 고관절, 무릎, 발목의 갑작스러운 움직임과 무릎의 외반 움직임의 조합은 무릎 부상 위험과 관련이 있으며, 코치가 관찰한 이러한 특성을 보이는 움직임 패턴은 트레이닝을 통해 교정해야 한다.

현명한 방법

착지의 목적은 효과적인 흡수와 신체 정렬로 조용하고 통제된 착지를 발달시키는 것이다.

그림 12.16은 0.5m 박스에서의 고도 착지altitude landing를 수행하는 비슷한 체질량의 전문 서핑 선수 2명의 수직 힘 추적을 보여준다. 한 선수는 주로 발목, 무릎 및 엉덩이 굴곡을 통해 충분한 흡수력을 제공하여 다른 선수보다 최대 힘을 훨씬 낮게 유지할 수 있다. 이 분석을 통해 높은 최대 충격력을 보인 선수는 높은 낙하 높이를 사용하면 안 된다는 것을 쉽게 판단할 수 있다. 그러나 힘 곡선을 측정하지 않더라도 이는 착지하는 소리로 알 수 있다. 이 경우, 착지 충격력이 매우 큰 선수는 처음 착지 순간부터 큰 소리를 내며 착지한 후, 근육 조절의 실패를 특징으로 하는 비

그림 12.15 높은 위치에서의 착지: (a) 정면, (b) 측면.

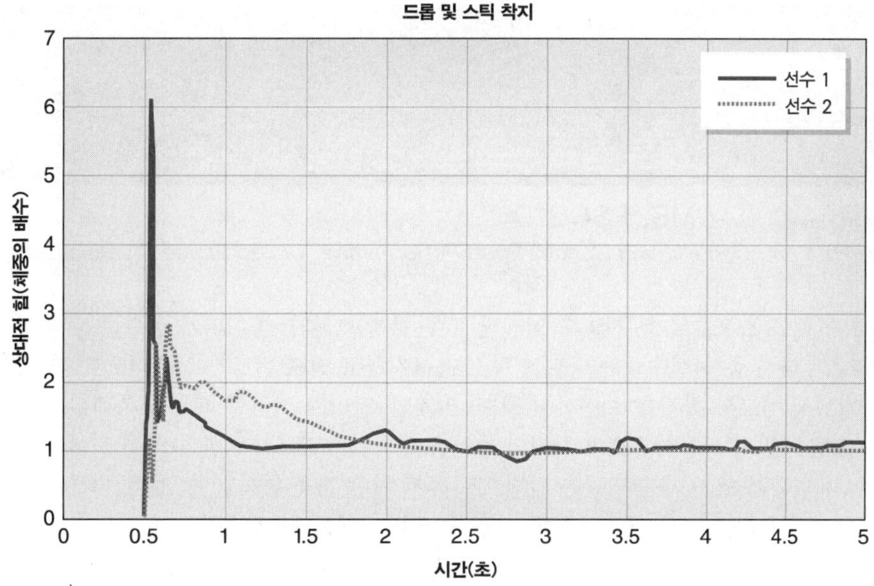

그림 12.16 두 명의 서핑 선수의 수직 힘 추적.

효율적인 충격 흡수 패턴이 관찰되었다. 무릎이 안으로 무너지거나 외반슬 동작을 보이진 않았지만, 트레이닝 당시 이 선수의 근력 수준에 이 낙하 높이가 적절하지 않다는 것은 쉽게 볼 수 있었다. 적절한 착지 기술은 굴곡의 원위부에서 근위부까지의 순서(팔의 하방 신전을 동반해서 발목, 무릎에서 엉덩이로)를 사용해야 한다.

고도 착지 프로그램은 한 발 착지와 양발 착지를 모두 포함할 수 있다. 많은 착지가 한 발 착지로 발생하기 때문에 한 발 착지의 필요성을 인식하는 것이 중요하다. 예를 들어, 배구의 런업 점프(스파이크 점프)는 양발 도약을 포함하지만, 선수가 공을 때리기 위해 공중에서 위치를 조정하고 한 발로 먼저 착지하고 다른 발이 이어 착지하기 때문에 대부분의 경우 한 발 착지를 한다. 이는 공을 잡기 위해 공중에서 조정하거나 상대가 접촉하면 한 발 착지를 강요하는 미식축구의 리시버도 비슷하다. 이것은 신체에 작용하는 최대 힘을 줄이는 면에서 이상적이지는 않지만 없앨 수 없으며, 선수는 이러한 요구를 충족시키기 위해 훈련해야 한다. 따라서 한 발 착지와 양발 착지 진행 모두 선수들의 기술과 신장성 근력을 포함하여 발달시켜 스포츠의 통제되지 않고 예측할 수 없는 특성에 대비해야 한다. 한 발 착지 시 다리에 작용하는 힘은 양발 착지의 2배이고 이러한 강도 상승을 고려하여 훈련 프로그램의 양을 조절해야 한다는 점을 코치에게 상기시키는 것이 중요하다.

표 12.9는 첫 올림픽 게임에 앞서 4년 동안 엘리트 배구 선수의 고도 착지 프로그램에서의 몇 가지 강조점을 제공한다.

표 12.9 엘리트 남자배구 선수의 착지 기술과 신장성 근력 발달을 위한 고도 착지 트레이닝 진행

선수의 나이(해)	양측 착지	일측 착지
16	5×3 0.40m 높이 4×2 0.50m 높이	4×4 0.20m 높이
17	4×3 0.50m 높이 4×2 0.60m 높이	4×4 0.30m 높이
18	4×3 0.50m 높이 3×2 0.75m 높이	5×4 0.30m 높이
19*	3×3 0.50m 높이 3×2 0.75m 높이	3×4 0.30m 높이

이 프로그램은 4년 동안의 단일 선수 트레이닝에서 나온 것이다.
*올림픽 해. 준비 기간 단축으로 볼륨이 감소하였다.

코치의 인사이트

모든 점프 스포츠는 동일하지 않다

티모시 펠로Timothy Pelot, MS, RSCC*D

Senior Strength and Conditioning Coach, Sport Performance, United States Olympic Committee

많은 스포츠가 점프 스포츠로 분류될 수 있지만 모두 같지는 않다. 높이뛰기 선수는 수직 이동이 가장 높을 수 있지만, 다른 종목 선수들과 다르게 등으로 착지하고 점프 빈도가 상대적으로 적다. 농구 선수들은 한 경기에서 점프와 착지를 60번까지 할 수 있지만, 달리기 시작할 때부터 축적된 추진력을 활용하고, 감속 스텝을 많이 사용함으로써 착지의 충격을 완화할 수도 있다. 반면 배구 점퍼들은 네트를 건드리는 것이 제한되어 있기 때문에 같은 방법으로 착지 시 충격을 완화할 수 없다. 다른 종목의 점프와 달리 배구 점프 횟수는 한 경기에 200회를 넘을 수 있다. 이는 배구선수들에게 다른 점프 선수들보다 상당히 높은 누적 착지력을 줄 수 있다.

점프 빈도뿐 아니라, 착지할 때마다의 강도도 중요하다. 엘리트 남자 배구 선수는 체중의 15배가 넘는 착지력에 노출될 수 있다.

점프에서 착지하는 것은 뼈, 근육 및 결합 조직 내의 신경학적 효율성 및 역학적 구성을 포함한 무수히 많은 생리학적 기능에 지치게 한다. 이러한 시스템이 긴장되면서 스피드, 파워 및 안정성과 같은 퍼포먼스 변수가 약화된다. ACL 파열, 발목 염좌 및 허리 염좌가 일반적이다. 이러한 부상은 가속 작용의 결과로 나타나는 경우는 드물고 오히려 감속 작용의 결과이며 빠르게 발생하는 것으로 알려져 있다. 따라서 근력이 안정성을 만들어 낼 수 있을 정도로 빠르게(50~90ms 이내에) 작용하지 않으면, 관절 구조는 불안정한 채로 남아 있게 된다.

정상급 국가대표팀에게 점프 퍼포먼스 향상은 분명 중요하지만, 우리가 가장 중점을 두는 것은 아니다. 오히려, 우리의 목표는 점프 퍼포먼스를 유지하고 시간 경과에 따른 점프 높이의 붕괴를 줄이는 것이다. 따라서 점프 지속 가능성이라고 하는 점프 높이 지구력을 향상시키기 위해서는 선수들이 매우 강해지는 것이 중요하다.

우리의 훈련 우선순위는 다음과 같다.

- 신장성 트레이닝을 통해 감속 능력을 향상시킨다.
- 결합 조직 특성을 증가시켜 힘 전달 및 소실을 돕는다.
- 다양한 조건(고부하와 낮은 속도, 저부하와 높은 속도 및 궁극적으로 고부하와 높은 속도)에서 관절이 더 큰 관절 굴곡으로 이동함에 따라 제어 기능 향상.

이러한 전략을 시작하지 않으면 불리한 운동학적 행동, 퍼포먼스 저하 및 취약성 증가로 이어질 수 있다.

요약

점프 퍼포먼스는 다요인성이며 범위 및 가동성, 움직임 능력 및 착지 효율성, 근력 및 파워 수준, 인체 측정 요소 및 선수의 트레이닝 상태와 같은 고려 사항에 의해 긍정적 또는 부정적 영향을 받는다. 점프 퍼포먼스의 기반은 상대적 파워이며, 파워는 근력을 바탕으로 뒷받침된다. 이처럼 선수의 근력은 프로그램 설계에서 언제나 고려 사항이다. 주요 전통적 움직임을 통해 개발된 좋은 상대적 근력을 기반으로 올림픽 리프트, 중량 파워 운동 및 특이적 신장-단축 사이클 운동을 통합한 방법이 분리되어 수행된 것보다 훨씬 더 큰 결과를 얻을 수 있다.

필수 항목

- 개별 선수에 대한 트레이닝 개입은 맥락(스포츠)에 대한 지식뿐만 아니라 개인의 움직임 패턴과 운동 분석을 기반으로 해야 한다. 이는 트레이닝 전이에 있어 목표된 정확성과 신중함을 보장한다.
- 점프 착지에 대한 기술적 분석이 필수적이다. 우리는 선수들이 더 나은 점프와 착지를 위한 엔진을 발달시키도록 도울 뿐만 아니라 움직임의 효율성과 효과를 높이고 부상 확률을 줄이기 위한 기술 모델을 개발해야 한다.

Chapter 13

민첩성 트레이닝

소피아 님피어스 Sophia Nimphius, PhD
에디스 코완대학교Edith Cowan University 인간 퍼포먼스학 교수Professor of Human Performance

대부분의 스포츠에서, 속도의 변화나 빠르고 결정적인 방향의 전환은 경기의 흐름을 바꿀 수 있는 공격 기회 창출, 득점 또는 수비 성공을 만들어 낸다. 따라서 민첩성agility은 다양한 상황적 맥락이나 정보에 대응하여 고유한 관절가동범위 또는 시간적 제약 속에서 선수의 근력strength과 기민성dexterity을 표현해야 하는 까다로운 움직임 기술이다. 이 장에서는 기술적인 운동 실행과 퍼포먼스 강화와 부상 위험을 낮추기 위한 점진적이고 장기적인 민첩성 발달의 틀을 만들기 위한 민첩성의 결정적인 요소(지각적, 인지적, 육체적)들을 설명할 것이다. 비록 이 장의 전제가 생체역학적, 생리학적 그리고 운동 행동 지식에 기반하지만, 목적은 지도자들에게 바로 적용 가능하고 기술을 사용하든 안하든, 팀에서부터 경기로 복귀하는 개인들까지 다양한 환경에서 시행 가능한 정보를 제공하는 것이다. 이 장은 선수 퍼포먼스에서 흔히 간과되는 측면들의 향상을 위한 코칭, 설계 그리고 프로그래밍 제안으로 마무리된다.

민첩성 이해하기

스스로 학습하거나 선수를 코칭할 때, 어떤 정보를 이해하려면 공유된 언어가 동의되고 이해되어야 한다. 따라서 이 장의 명확성을 높이기 위해 추가적인 맥락을 포함한 정의를 제시한다.

계획적이든 비계획적이든 방향을 전환할 수 있는 신체적 능력을 '방향 전환(CODchange-of-direction) 능력'이라 한다.[1] COD 능력은 방향, 속도 또는 이동 방식을 바꾸는 데 필요한 기술이나 능력을 포함하고,[2] 이 능력은 그림 13.1 상단에 제시된 바와 같이 개인의 전반적인 COD 능력을 나타낸다.[3] 그림 13.1에서 그림 13.1에 있는 모든 요소들이 겹쳐지는 부분은 '민첩한 선수'를 정의하는 기준으로 간주될 수 있다. '민첩성agility'은 자극에 반응하여 방향, 속도 또는 이동 방식을 바꾸는 능력으로 정의되어 왔다.[4] 이 장에서는 이러한 행동에 상황적 맥락에 대한 반응도 포함하며, '자극' 대신 '정보'라는 용어를 사용한다. 기존의 많은 민첩성 테스트는 미리 계획된 방향 전환 능력만을 평가했기 때문에, '방향 전환 속도(CODSchange-of-direction speed)'라는 용어는 경기장이나 코트에서 미리 정해진 위치와 공간으로 초기 방향을 변경하는 능력을 평가할 때 사용된다.[1] 또한, 속도를 유지하면서(주로 곡선 형태) 이동하거나, 이동 방식 자체를 바꾸는(예: 크로스오버, 셔플, 백페달 등) COD 능력은, 많은 CODS나 민첩성 평가에서 흔히 측정하는 사이드스텝 동작이나 백도어 컷과 구별되며, 이러한 능력을 '기동성manoeuvrability'이라고 한다.[2] 그러므로 훌륭한 COD 능력을 구성하는 움직임의 복잡성은 광범위하고 중복된다. 그림 13.1은 민첩성, CODS, 그리고 기동성이 각각 갖는 고유한 특성과 서로 중첩되는 특성을 개괄적으로 보여주며, 뛰어난 COD 능력, 즉 '민첩한 선수'의 이상적인 모델을 제시하고 있다.

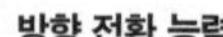

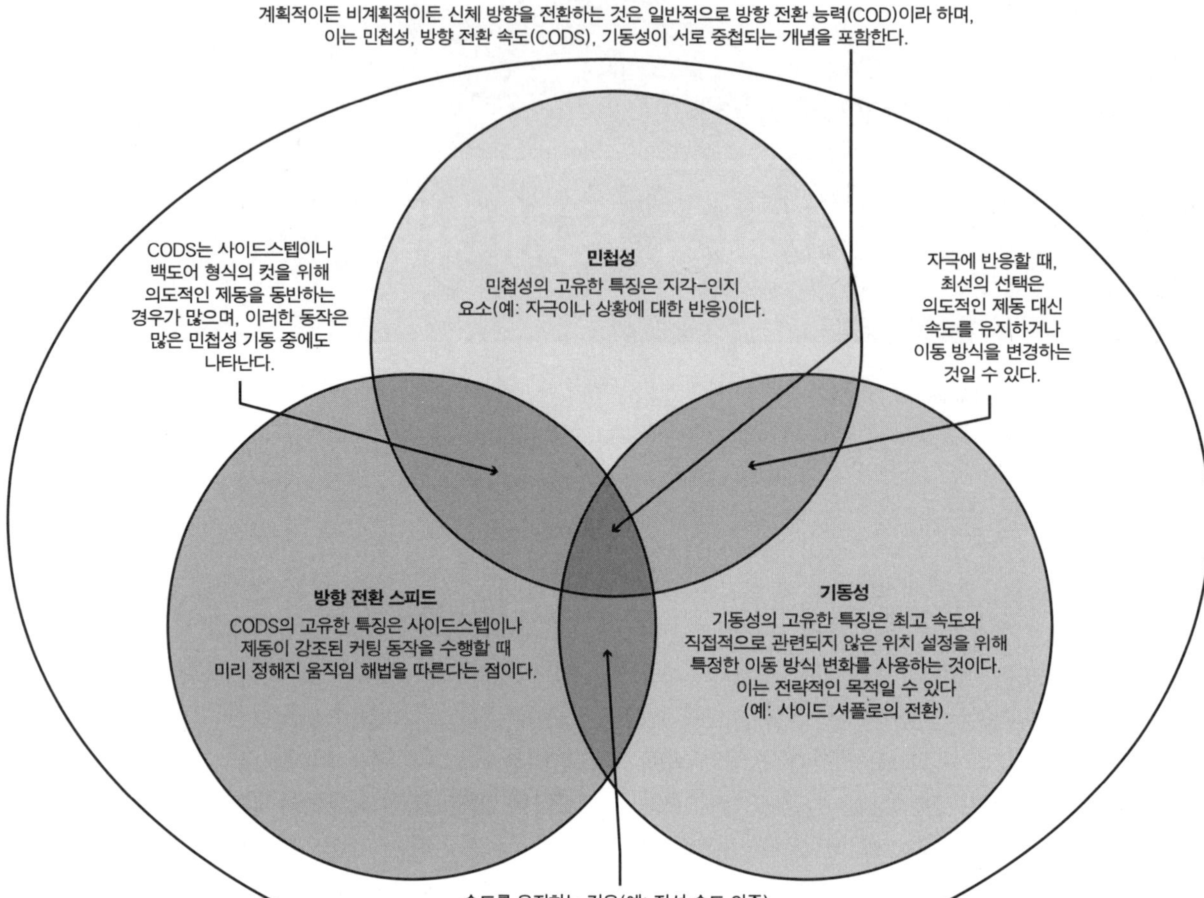

그림 13.1 전반적인 방향 전환 능력을 위해 상호작용하는 다양한 유형의 방향 전환.

Reprinted from S. Nimphius and D. Kadlec, *Overarching Change of Direction Ability: A Venn Diagram of Agility, Change of Direction Speed and Maneuverability* (2020). This is under Creative Commons License CC BY 4.0.

현명한 방법

CODS는 이동 방향을 바꾸는 사전 계획된 움직임이다. 반면, 민첩성은 지각 및 의사 결정 과정을 수반하는 모든 COD, 속도 변화 또는 이동 방식의 변화를 포함한다. 선수가 사전에 계획된 움직임에 따라 방향을 바꾸는 방식은, 맥락적 상황이나 정보에 반응하여 방향을 바꾸는 방식과 종종 다르다.

민첩성의 요소들

민첩성의 하위 구성 요소들은 다양한 지각-인지 능력들과 CODS 또는 기동성을 위한 다양한 신체적 요소들을 포함한다(그림 13.2). 코치와 선수들은 각 영역의 적절한 발달을 위한 다각적인 접근이 필요하다. 민첩성 퍼포먼스의 향상은, 이를 뒷받침하는 특정 신체적 속성의 향상보다 뒤처지는 경향이 있다.[5] 이는 신체 능력의 증가와 그 증가가 실제 경기력 향상으로 전환되기까지의 지연을 의미하는 '지연 시간$_{\text{lag time}}$'이 선수의 지속적인 기술 습득 과정의 일부이기 때문이다. 민첩성 향상에 실질적으로 기여하는 지각 능력을 향상시키기 위해서는, 실제 경기 상황을 반영한 트레이닝에 장기간 노출되는 것이 필수적이다. 따라서 코치는 훈련 계획의 타당성을 신뢰해야 하며, 근육, 힘줄, 인대, 뼈와 같은 조직의 적응 속도는 상이하나, 경기력 변화를 뒷받침하는 기술 습득 과정은 선형적이지 않다는 점을 명확히 인식하고 전달할 필요가 있다. 근육은 힘줄, 인대, 뼈보다 빠르게 적응할 수 있으며, 신체 능력과 향상된 협응성은 특정 기술에 다양한 속도와 강도로 전이될 수 있다는 점을 고려하여, 보다 고도화된 드릴을 처방해야 한다. 그러나 선수들은 조직이 반복적으로 견디기 어려운 수준의 높은 힘을, 정교한 협응을 통해 COD 기술 수행 중에 가할 수 있다. 코치는 정해진 트레이닝의 일부로 특정 COD 기술을 반복적으로 수행하는 운동선수의 신체적 준비성을 고려해야만 한다. 구어체 속담에 '그들이 할 수 있다고 해서 해야 하는 건 아니다'는 말이 있는데, 조직들이 부하 주기와 미세 손상에 취약하다는 개념에서 비롯된다. 따라서 전방십자인대(ACL) 연구[6]에서 제시된 바와 같이, 조직 피로로 인한 손상 가능성은 특히 COD 능력의 훈련 및 개발 과정에서 반드시 고려되어야 한다.

그림 13.2에 설명된 대로 민첩성에 기여하는 신체적 능력의 복잡성과 상호 의존적 특성을 보다 잘 전달하기 위해, 도표는 지각-인지 구성 요소와 CODS 또는 기동성을 뒷받침하는 신체적 구성 요소의 두 부분으로 구분되어 제시되었다. 민첩성에 대한 모델은 이전 연구[3]에서 제시된 바 있으나, 그림 13.2의 이론적 민첩성 모델은 맥락에 따라 해석될 필요가 있다. 상황이나 정보에 대한 반응으로 선택되는 움직임 전략(CODS 또는 기동성 중심의 움직임)은 신체적 제약에 따라 영향을 받을 수 있으며, 이는 그림 13.2에는 명시적으로 나타나지 않지만, 그림 13.1에서의 요소 간 중첩을 통해 암시된다. 따라서 신체적 제약은 선수의 COD 능력에 영향을 미치며, 이는 지각-인지 능력과 상호작용할 때 다양한 형태의 움직임 전략으로 나타날 수 있다. 이러한 맥락은 민첩성의 발달이 다요인적$_{\text{multifactorial}}$이며 비선형적$_{\text{nonlinear}}$이라는 본질을 다시금 강조한다.

방향 전환 능력(CODS)의 기반이 되는 요인들에 대한 더 나은 이해는 종단적 트레이닝 연구를 통해 확보되었다. 이러한 연구들은 상대적 근력(relative strength) 트레이닝과 5-0-5 CODS 수행 능력 간에 중간에서 높은 수준의 전이 효과가 있으며, 이는 특히 발달기 선수$_{\text{developing athletes}}$에서 두드러지게 나타난다고 보여주었다.[7] 다만 이 전이 효과의 크기는 우세측$_{\text{dominant side}}$과 비우세측$_{\text{non-dominant side}}$ 간에 차이가 존재한다. 이러한 결과는 운동 기술, 운동 능력$_{\text{motor capacity}}$(예: 근력), 그리고 개인의 선호나 편향이 상호작용하여, 신체 능력 향상과 숙련된 퍼포먼스 사이의 전이 효과를 증진하거나 저해할 수 있음을 시사한다. 따라서 젊거나 성장기 단계에 있는 선수에게는, 특히 180도 방향 전환이 요구되는 고속 진입형 5-0-5 테스트와 같은 높은 물리적 부하가 동반된 CODS 수행에

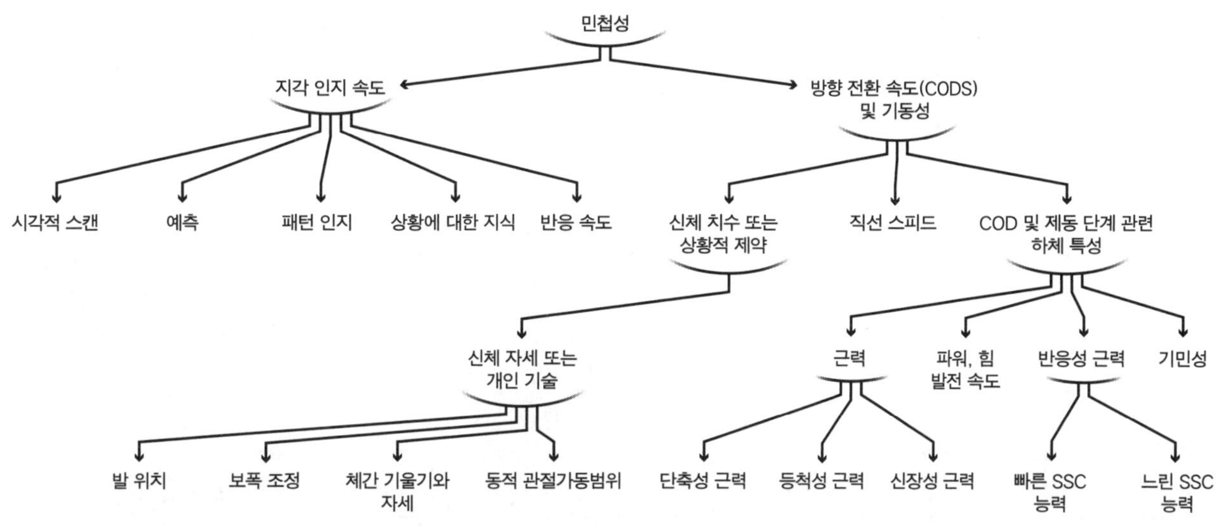

그림 13.2 민첩성의 구성 요소.

Adapted from W.B. Young, R. James, and I. Montgomery, "Is Muscle Power Related to Running Speed with Changes of Direction?" *Journal of Sports Medicine and Physical Fitness* 42, no. 3 (2002): 282-288; J.M. Sheppard and W.B. Young, "Agility Literature Review: Classifications, Training and Testing," *Journal of Sports Sciences* 24, no. 9 (2006): 919-932.

서 근력은 방향 전환 능력의 핵심 요인이 될 수 있다.[8] 그러나 제한 요인으로서의 근력은 무한하지 않으며, 민첩성을 보다 깊이 이해하고 훈련하기 위해서는 운동 기술의 발달 또한 근력만큼 중요한 고려 대상으로 다루어져야 한다.

마지막으로, 어떠한 단일한 움직임도 민첩성을 그대로 정의하지는 못한다. 따라서 그림 13.1에 제시된 다양한 움직임 기술들은 COD 능력 또는 민첩한 선수의 향상이라는 포괄적 개념 속에서 함께 고려되어야 한다. 민첩성에 대한 보다 포괄적인 모델을 제시하는 데 중점을 두었으며, 이는 수정 가능한 요인들(예: 근력, 협응력, 힘 발전 비율)과 제한적이거나 수정이 불가능한 요인들(예: 골격 형태, 고관절 내회전과 같은 가동범위 제한)을 모두 고려하기 위한 것이다. 한편, 이 장의 후반부에서는 그림 13.2에 포함되지 않은 민첩성에 필수적인 운동 조절에 대해 다룬다. 선수는 개인적 제약과 상황적 제약을 동시에 고려해야 하므로, 완전무결한 기술은 존재하지 않는다. 그럼에도 불구하고, 기본 원칙들은 모든 상황에서 여전히 적용 가능하다.

그림 13.3은 다양한 근육 작용에 따라 발현되는 근력을 제시하며, 이를 통해 제시된 모델의 구성 요소들이 COD 능력의 범주 내 다양한 움직임에 어떻게 적용되는지를 보여준다. 서로 다른 유형의 근수축에서 발휘되는 힘은 일반적으로 힘-속도 곡선force-velocity curve상에 표현된다. 선수는 유전적 특성, 트레이닝 연령, 트레이닝 이력, 트레이닝의 주기에 따라, 신장성eccentric, 등척성isometric, 단축성concentric 근력의 발휘 수준에 차이를 보인다. 이러한 차이는 일반적인 동적 근력 평가(예: 1RM 스쿼트)에서는 정확히 반영되지 않을 수 있다.

방향 전환 중 요구되는 지배적 혹은 제한 요인으로 작용하는 근력의 유형은, 제동braking에 소요되는 시간과 강도에 따라 달라진다. 그림 13.3은 일반적인 사이드 스텝side step 동작에서 다음과 같은 3단계의 근수축 형태가 어떻게 적용되는지를 보여준다. 감속을 위한 제동 단계에서는 신장성 수축, 자세를 안정적으로 유지하는 전환 단계에서는 등척성 수축, 새로운 방향으로의 추진 단계에서는 단축성 수축이 각각 작용하며, 이 모든 과정이 지지 발step plant 동작 내에 포함되어 있다. 따라서 이와 같은 COD 수행에 필요한 요구 조건들과 해당 신체적 속성들(이 경우 근수축 유형 또는 힘의 형태) 사이의 관계는 그림 13.3을 통해 명확히 설명된다. 이러한 유형의 COD에서는, 본격적인 방향 전환 직전의 준비 동작 혹은 그 전 단계(페널티메이트 스텝penultimate step) 또한 수행 결과에 영향을 미친다. 그리고 이 준비 동작의 수행 효율성 역시 앞서 제시된 모델의 구성 요소들에 의해 동일하게 영향을 받을 수 있다. 예를 들어, 선수의 다관절 등척성 및 신장성 근력,[9] 그리고 기민성 및 근력에 대한 조절 능력[10]은, 제동 단계에서 적절한 신체 정렬을 유지한 채 감속을 수행할 수 있는 능력의 핵심 기여 요인이 될 수 있다. 반대로 이러한 능력이 부족할 경우, 비효율적인 제동이 나타날 수 있다. 또한, 일부 연구에서는 페널티메이트 스텝 동안의 몸통 조절 능력이, 그 이후 발생하는 COD 동작 내에서의 부상 위험이 높은 자세와 유의미한 관련성을 갖는 것으로 보고하고 있다.[11] 결과적으로, 제

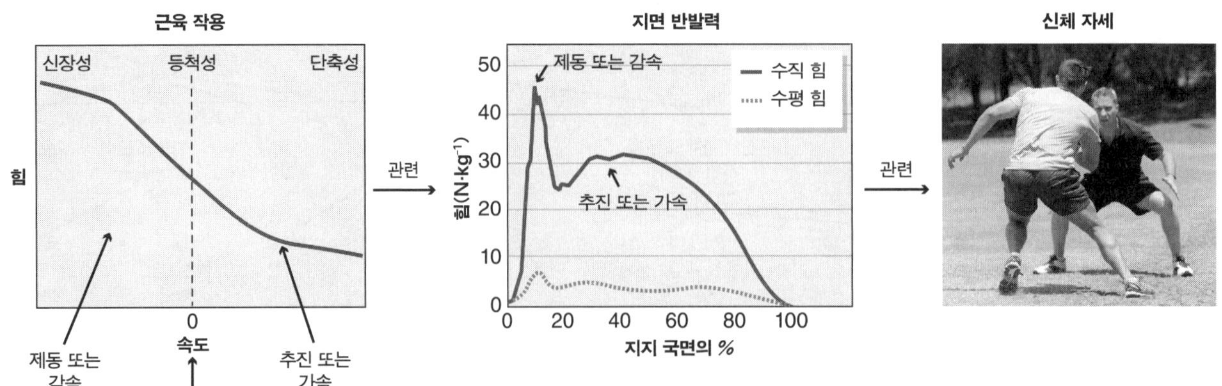

그림 13.3 COD 스텝 또는 플랜트 동작 중 근육 작용과 지면 반발력 단계 간의 관계.

동 요구가 커지거나 작아지는 상황적 조건에 따라, 요구되는 힘의 형태, 신장 단축 주기(SSC) 능력의 특성(느린 SSC 또는 빠른 SSC), 그리고 유리한 신체 정렬을 조직화할 수 있는 준비 시간의 변화는 신체적 요구 수준과 이후 선택되는 움직임 전략 전체에 영향을 미친다.[12]

현명한 방법

선수가 성장함에 따라, 최대 근력 중심의 단순한 접근을 넘어서야 하며, 방향 전환 능력 향상에 있어 동등한 수준으로 개발되어야 하는 개인 또는 과제 제약 요소들의 상호작용을 반드시 고려해야 한다. 이러한 제약 요소에는 근력$_{strength}$, 코디네이션 및 기민성$_{dexterity}$, 동적 관절가동범위의 제한(예: 대퇴비구충돌로 인해 제한될 수 있는 고관절 회전), 골반 및 몸통의 코디네이션과 조절 능력 등이 포함된다.

방향 전환 방식

그림 13.3에 제시된 예는 고전적인 사이드스텝 COD를 설명한 것이지만, 그림 13.1에 나타난 각 유형의 COD 능력에 해당하는 움직임은 그 외에도 다양하게 존재한다. 대부분의 스포츠 상황에서, 선수는 전략적 시나리오(수비 전술) 또는 경기의 속도 및 방향 변화에 적응하기 위해 지속적으로 자신의 신체 자세를 조정해야 한다. 이러한 결정 과정에서의 지각-인지적 요소와는 별개로, 각 COD 유형을 수행하기 위해 요구되는 다양한 움직임들을 개괄한 구조는 개념적 이해를 도울 뿐만 아니라 훈련 단계의 설계를 위한 틀로 활용될 수 있다.[13] 이러한 틀은 훈련 계획 수립 및 프로그래밍 과정에서도 활용 가능하며, 그 예시는 그림 13.4에 제시되어 있다.

그림 13.1의 COD 능력을 포괄하는 요소에 대한 개괄적인 설명에서 제시된 내용과 그림 13.2에서 미리 제시한 다양한 유형의 COD 능력에 기여하는 신체적 및 지각-인지적(앞으로 논의될) 요소의 모델, 그리고 추상적인 아이디어나 분류에서 종합적인 운동 능력과 폭넓은 운동 솔루션을 갖추는 데 필요한 구체적인 움직임으로의 발전 과정을 결합하면 다음 섹션에서 지각-인지 요구가 추가될 때 시간 및 상황 제약하에서 신체 움직임의 상호작용을 탐구할 준비가 된 것으로 볼 수 있다.

이동 방식
일반적으로 많은 COD 테스트(직선)나 기동성 테스트(곡선 또는 직선 이외의 다른 움직임 방식)의 일부를 구성한다.

- 앞으로 직선 달리기
  - 일반
  - 몸통 회전 동반
- 곡선 달리기
  - 다양한 곡률을 가진 단일 곡선
  - 복수 곡선(예: 일리노이 민첩성 테스트)
- 뒤로 달리기(백페달링)
- 사이드 셔플
  - 크로스오버 없이
  - 크로스오버 동반

전환 움직임
이동 방식, 속도 또는 신체 방향의 변화를 연결하는 역할을 한다.

- 속도를 변화시키는 직선 달리기
  - 조깅-스프린트-조깅
  - 걷기-스프린트-조깅
  - 그 외 다양한 응용
- 다양한 시작 자세에서 가속
  - 정면에서
  - 측면에서
- 크로스오버 스텝**
- 드롭 스텝**
  - 후방에서
  - 지면에 엎드린 상태에서
- 직선 달리기에서의 전환
  - 측면 움직임
  - 백페달링

컷 형식 COD
회피 또는 반응하기 위해 COD 이전 또는 COD 내에서 더 높은 감속을 하는 대표적인 COD 유형이다. 매우 효과적이지만 부상 위험으로 인해 논란이 되는 경우가 많다.

- 사이드스텝
  - 90° 이하의 다양한 각도
  - 다양한 진입 속도
  - 다양한 페널티메이트 단계의 제동 방식
- 크로스오버 스텝
  - 일반적으로 45° 이하의 각도
  - 위 내용의 응용
- 백도어 또는 컷백
  - 90° 이상의 각도(컷백)
  - 180°로 대표되는 백도어
  - 위 내용의 응용

이동 방식 결합 또는 커팅 초기 자세에서 관절 하중 증가로 인한 움직임의 복잡성 증가

그림 13.4 주요한 방향 전환 능력과 연관된 다양한 신체 움직임을 위한 틀.

Reprinted from S. Nimphius and D. Kadlec, *Framework for Different Physical Movements That Relate to Overarching Change of Direction Ability*, (2020).

민첩성: 신체적 요소와 지각-인지적 요소의 통합

민첩성 모델의 또 다른 측면은, 민첩성을 독특한 '신체적' 체력 요소로 만드는 지각-인지적 요구 사항에 있다. 모델(그림 13.2)에서는, 보다 빠른 인지 처리 속도를 가능하게 하는 여러 영역들이 결합되어 있다. 이는 민첩성 퍼포먼스를 향상시키고, 일부 선수에게는 신체적 한계를 보완하여 민첩성이 요구되는 상황에서도 높은 퍼포먼스를 발휘할 수 있도록 한다. 지각-인지 속도를 구성하는 주요 요소에는 시각적 스캔visual scanning, 예측anticipation, 패턴 인지pattern recognition, 상황에 대한 지식knowledge of the situation이 포함된다. 이러한 요소들은 전술적 및 상황적 제약, 그리고 선수가 속한 종목이나 팀 스타일에 특화된 작업 특이적task-specific 또는 경기 특이적game-specific 지각 및 인지 능력을 반영한다. 이 요소들의 향상은 장기적인 선수 발달 목표로 고려되어야 하며, 각 지각-인지 기술의 실제 경기 수행에서의 적용성을 높이기 위해 스포츠 기술 훈련coaching sport skills 맥락에서 주로 이루어져야 한다. 코치는 제한된 준비 시간 내 반응을 요구하는 조건을 부여함으로써, 관절 부하joint loading나 신체적 요구 수준을 높이는 지각-인지적 도전 과제를 포함한 훈련을 설계할 수 있다. 장기적인 훈련 연구와 명확한 과학적 근거가 축적되기 전까지, 코치들은 민첩성 드릴을 신체 능력 향상의 수단으로 활용하여 근거 기반 접근법evidence-based practice을 적용할 수 있다. 이 주제는 이 장의 후반부에서 자세히 다룬다.

현명한 방법

민첩성은 신체 및 지각-인지적 속성의 다양성에 의해 특별히 뒷받침된다. 이런 기본 요소의 장단점을 이해한 선수와 코치는 시간이 지남에 따라 비선형적으로 향상될 것을 이해하며 민첩성을 향상할 수 있는 거대한 기회의 창을 만날 수 있다.

지각-인지 기술의 복잡성과 맥락적 발달의 필요성을 보여주는 하나의 예로, 연구에 따르면 선수의 하체 반응 시간은 정보-반응 요구 조건(전술적 상황)이 공격 상황(반대 방향으로 움직임)인지 또는 수비 상황(같은 방향으로 움직임)인지에 따라 달라질 수 있다.[14] 공격적 과제incompatible stimulus와 수비적 과제compatible stimulus 수행 시 반응 시간에 차이가 나타나는 정확한 메커니즘은 아직 밝혀지지 않았다. 그러나 선수 개개인이나 전술적 상황에 따라 정보 처리 전략이 달라질 수 있으며, 이는 상황에 반응하는 데 걸리는 시간에도 영향을 미칠 수 있다. 뇌가 공격 상황과 수비 상황을 서로 다르게 처리한다는 사실은, 지각-인지 경로와 함께 신경근계의 신체적 경로를 전술적 상황에 연관된 맥락 속에서 트레이닝해야 한다는 필요성을 더욱 뒷받침한다. 이는 선수의 포괄적 발달을 위해 최대 수준의 지각-운동 수행perceptual-motor performance을 달성하는 데 핵심적이다.

민첩성 평가

민첩성은 명백히 중요한 요소이지만, 이를 평가하기 위해 적절하고 의미 있는 테스트를 선택하는 것은, 단순히 평가가 필요하다고 결정하는 것보다 훨씬 더 어렵다. 이러한 어려움의 이유는, 선수가 다양한 민첩성 과제를 수행할 때 다양한 움직임 해법movement solutions을 보일 수 있기 때문이다. (이는 앞 문단에서 논의한 내용이다.) 하나의 특정 움직임 해법을 요구하는 상황에서 좋은 수행을 보였다고 해서, 모든 다양한 상황에서도 동일한 수준의 능력을 보장하는 것은 아니다. 모든 접근법과 테스트는 일정한 한계를 가진다. 따라서 코치는 신체적으로 까다로운 COD를 요구하면서도, 신체 능력 평가를 단순화하고, 동시에 지각-인지 요소를 포함시켜 시간적 또는 공간적 스트레스 상황하에서 이 신체 능력이 얼마나 유지되는지를 평가할 수 있는 테스트를 선택해야 한다. 이러한 방식으로, 일반적인 신체 능력이나 기본적인 움직임 수행 능력을 먼저 평가한 뒤, 보다 복잡하고 까다로운 민첩성 과제하에서 후속 평가를 수행할 수 있다. 또한 이 영역의 평가는 자연스럽게 주로 양적quantitative이지만, 질적qualitative 평가 또한 고려해야 할 강력한 이유가 있다.[1] 선수에게 적합한 CODS 및 민첩성 평가를 결정하는 데 관련된 보다 구체적인 논의는, 응용 기사[1] 또는 민첩성 평가에 초점을 맞춘 참고문헌[15]을 참고하는 것이 권장된다. 다음 섹션에서는 민첩성의 양적 및 질적 평가 개요를 제시하고, 코칭 현장에 이 정보를 적용하기 위한 준비 단계로서 다른 신체적 능력 평가 지표들과의 관계를 함께 고려한다.

COD 능력의 양적 평가

적절하게 선택된 CODS 및 민첩성 테스트는 방향 전환 능력에 대해 많은 정보를 제공할 수 있다. 그러나 모든 테스트가 동일한 정보를 제공하거나, 선수의 COD 능력에 대해 상호 교환 가능한 정보를 평가하는 것은 아니다. CODS 테스트 선택의 영향을 이해하면, 과거 연구들에서 다양한 근력 지표와 방향 전환 능력 사이에 유의한 관계 또는 유의하지 않은 관계가 모두 나타났던 이유를 설명할 수 있다.[5] 예를 들어, 5-0-5 테스트, 변형된 5-0-5 테스트, 그리고 L-run(그림 13.5)과 같은 방향 전환 테스트들은, 동일한 선수를 대상으로 수행했을 때조차 테스트 간 중간 정도의 상관성만을 보인다.[16] 이는 이러한 테스트들이 모두 방향 전환 수행 능력을 측정하는 것으로 보이지만, 실제로는 그림 13.2에 제시된 모델에서 설명하는 신체적 요구 요소나 운동 기술이 약간 또는 상당히 다를 수 있음을 보여준다.

특별히 민첩성을 평가할 때, 테스트는 선수가 COD를 시행하는 것뿐 아니라 특별히 정보(테스트에서 흔히 '자극'이란 용어로 지칭)에 대한 반응으로 나타나는 움직임을 요구한다. 그림 13.6에 있는 민첩성 테스트는 비특이적이며 정보나 자극에 반응하기 전에 다양한 거리로 설정할 수 있다. 이런 자극은 인간, 시각 기반 또는 일반적인(예: 화살표 또는 빛) 것일 수 있고, 지시에 따른 같은 방향 혹은 반대 방향으로의 방향 전환을 선수에게 지시하는 것일 수 있다. 인간이나 시각 자극은 선수의 지각-인지 능력을 평가할 때 생태학적 타당성을 높이는 데 기여한다. 그러나 이러한 자극은 주변 시야, 팀 움직임, 공격 및 수비 구조, 공간 기반 의사 결정과 같은 요소들을 충분히 반영하지 못하기 때문에 한계가 있다는 점도 이해해야 한다. 선수가 정보를 미리 인지할 시간이 없을 때, '워스트-케

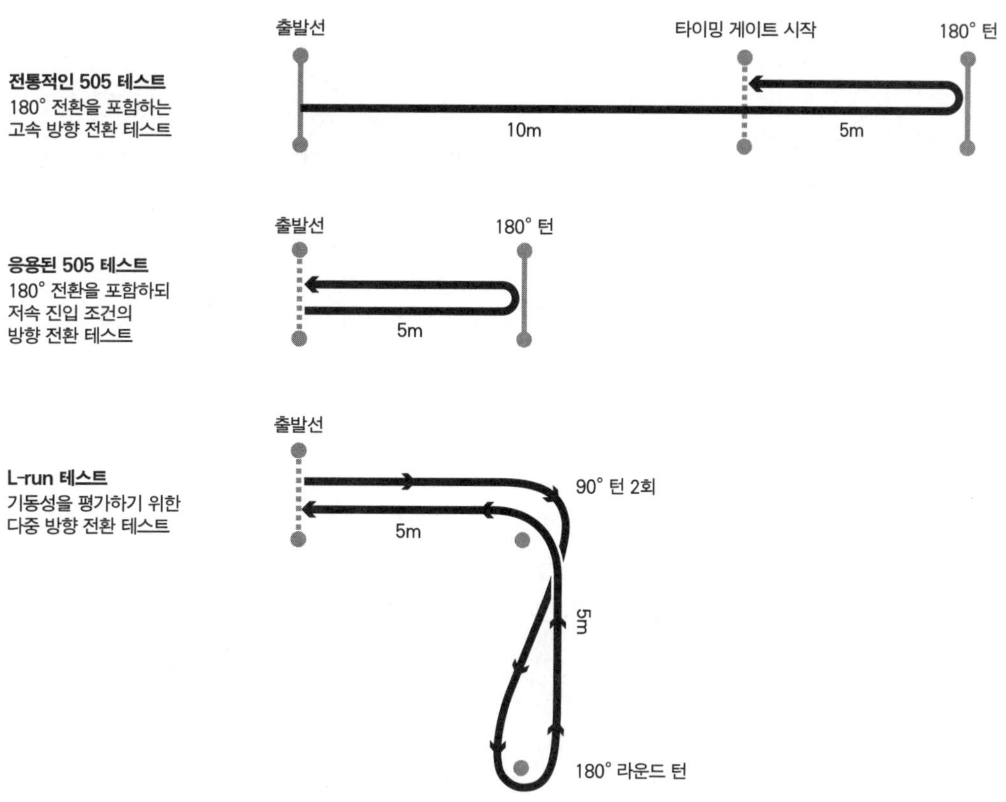

그림 13.5 고속, 저속 및 기동성 방향 전환 속도(CODS) 테스트 비교.

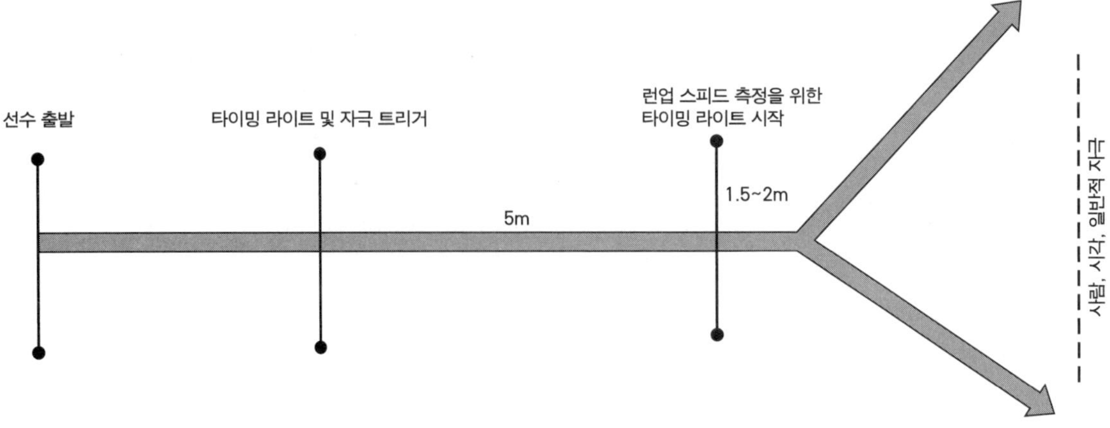

그림 13.6 민첩성 테스트 예시. 민첩성 테스트는 반응 및 이후의 COD를 유도하기 위해 사람, 시각 또는 일반적인 자극을 사용할 수 있다.

이스 시나리오'를 평가하기 위한 일반적인 자극 민첩성 테스트를 사용하는 것을 고려해야 한다는 제안이 있다. 일반적인 자극 민첩성 테스트는 선수의 넓은 지각-인지 능력을 제거하고, 높은 관절 부하에서 선수의 신체적 능력을 테스트한다. 예를 들어, 더 높은 무릎 외반 움직임은 시각 자극에 비해 일반적인 자극 상황에 대한 반응으로 사이드스텝을 할 때 나타난다.[17] 이러한 결과는 '워스트-케이스 시나리오' 평가, 점진적 부하에 기초한 COD 훈련 진행, 그리고 의사 결정 시간과 움직임 전략을 준비할 여유를 줄이는, 예측 불가능한 경기 상황에서 발생할 수 있는 위험성을 이해하는 데 중요한 시사점을 제공한다.

COD 능력 평가에는 CODS 테스트와 민첩성 테스트를 포함할 수 있다. 대부분의 민첩성 테스트는 45° 방향 전환만을 요구하기 때문에, COD가 필요로 할 수 있는 다양한 각도(따라서 요구되는 제동량)를 보완하기 위해 신체적으로 더 높은 부하를 요구하는 CODS 테스트를 수행해야 한다. 초기의 시도는 각 설계의 하위 항목이 선수의 고유한 신체적 평가를 제공한다는 것을 입증하며,[18] 전통적인 t-테스트의 절반과 5-0-5와 같은 45°에서의 일련의 테스트들을 사용하여 평가하였다. 그러나 이것은 지도자에게 많은 시간을 소요한다. 따라서 선수, 종목 그리고 선수의 발달 단계에 가장 적합한 테스트를 선택해야 한다. 일반적으로 CODS 테스트는 변형된 5-0-5와 같은 저속의 COD, 전통적인 5-0-5와 같은 고속의 COD, 또는 pro-agility 같은 테스트가 필요할 수 있다. 이는 구분 가능한 저속 및 고속의 방향 전환(표 13.1) 또는 L-run 또는 3cone 민첩성 테스트(속도를 유지하는) 또는 t-테스트의 방법 변경 같은 기동성을 필요로 한다. 테스트는 이 장에서 설명한 세 가지 분류(CODS, 기동성 및 민첩성)로 크게 나누어져 있지만, 구체적인 특징에 따라 더 세분화될 수 있다. 이는 코치에게 필요성이나 상황에 가장 적합한 평가를 선택하기 위한 보다 나은 이해와 명확한 의사 결정의 틀을 제공한다.

현명한 방법

민첩성이나 COD 능력을 전체적으로 완벽하게 평가할 수 있는 테스트는 없다. 그러나 선수, 종목 또는 맥락에서 무엇이 중요한지를 파악하고, 장점과 한계를 이해하는 것은 민첩성 향상을 위한 프로그램을 개발하고 시행할 때 선수의 요구를 이해할 수 있는 토대를 마련해 준다.

COD 능력의 질적 평가

지금까지 COD 능력 평가의 초점은 정해진 과제를 완료하는 데 걸리는 시간에 맞춰져 있었다. 그러나 움직임 기술을 코칭하는 본질은, 움직임이 수행되는 방식의 의미를 이해하는 데 있다. 이러한 이해는 선수가 기술을 수행하는 데 걸린 시간과 무관하거나 연관하여 선수의 능력을 평가하는 강력한 도구가 된다. 방향 전환 시 표현되는 다양한 움직임 방법 때문에, 이 부분은 5-0-5나 180도 COD 수행 중으로 범위를 한정

그림 13.7 전통적인 5-0-5 테스트에서 오른쪽과 왼쪽에서의 180° 방향 전환(COD) 비교.

왼쪽에서 오른쪽으로 진행되며, 선수는 오른쪽 COD(아래 이미지)에서 보다 더 상체를 세운 자세로 수행하고, 감속 시 왼쪽 다리(내측 다리)에 주로 하중을 싣는다(발이 선에 더 가까이 위치). 이는 재가속을 위한 신체 정렬이 불리하게 되는 결과를 초래한다. 반면, 왼쪽 COD(위 이미지)에서는 선수의 몸이 더욱 앞으로 기울고, 감속 시 오른쪽 다리(외측 다리)를 사용하여 보다 적극적인 자세를 취하며, 그 결과 재가속을 위한 더 유리한 신체 위치를 형성한다. 이러한 기술적 차이는 평가 수행 시간의 차이를 설명하는 데 도움이 되며, 양측 다리의 발달을 위해 제약 기반 훈련이나 과제 중심 훈련의 활용 필요성을 시사한다.

Reprinted from S. Nimphius, *Qualitative Analysis of Movement Solutions for ACL Reconstructed and Non-Reconstructed Sides During a 180 Degree COD*, (2020). This under Creative Common License CC BY 4.0.

한다. 이 평가에서는 높은 진입 속도로 인해 COD 진입 시 제동을 피할 수 없으며, 신장성 단계를 피하려는 선수들은 신체적, 심리적으로 어려움을 겪는다. 제동 단계에서 나타나는 회피 또는 변형된 이동 전략은 ACL 부상 복귀 시 선수 준비 상태를 평가하는 중요한 요소로 확립되었고, 이 개념은 그림 13.7과 같이 COD 평가에도 적용될 수 있다.

그림 13.7에 나와 있듯이,[19] 이 선수에게 주목해야 할 핵심 요소는, 좌측과 우측이 각각 평균보다 1.15, 0.6 표준편차 높은 정규화 점수를 기록했음에도 불구하고, 각 방향에 대해 서로 다른 전략으로 접근하고 있다는 점이다. 특히 이전에 부상이 있었던 선수를 평가할 때 코치가 주의 깊게 보아야 할 점은, 이 선수가 사용하는 제동 회피 전략과 더 큰 COD 편차(오른쪽 0.54초 vs 왼쪽 0.41초)다. 이는 테스트 상황에서 선수가 오른쪽(ACL 재건 측)을 수용하기 위해 다른 움직임 전략을 사용하지 않았다면, 편차가 더 컸을 가능성이 높다. 결과적으로 COD 능력 평가는 복잡할 필요는 없지만, 테스트 선택에서부터 양적, 질적 분석까지 치밀하고 일관된 접근이 필요하다.

기타 신체 능력 지표의 활용

표 13.1과 그림 13.8에서는 두 미국 풋볼 쿼터백의 신체 능력 측정을 비교하여, 각 선수가 포지션 평균 대비 뛰어난 영역과 개선이 필요한 영역을 한눈에 파악할 수 있도록 시각화하였다. 결과는 측정 단위를 초월해 비교 가능한 표준화 점수로 제시된다. 이 장의 후반부에서는 이러한 테스트 결과를 바탕으로 두 선수의 장기적인 발달을 어떻게 계획할 수 있는지 설명할 것이다.

표 13.1 두 미식축구 쿼터백의 체력 테스트 결과 비교

테스트	선수 A	선수 B	포지션 평균
상대적 스쿼트 1RM(체중 대비)	1.53	1.98	1.81
상대적 파워 클린 1RM(체중 대비)	1.09	1.19	1.19
반동 점프(CMJ)	72cm	66cm	71cm
40cm 뎁스 점프(DJ)	65cm	70cm	73cm
L-run	6.99초	7.17초	6.95초
Pro-agility, 10m 스프린트	2.19초	2.19초	2.23초
Pro-agility, 플라잉 10m 스프린트	2.31초	2.17초	2.16초
반응성 민첩성 테스트(RAT, 반응 시간)	25ms	75ms	50ms

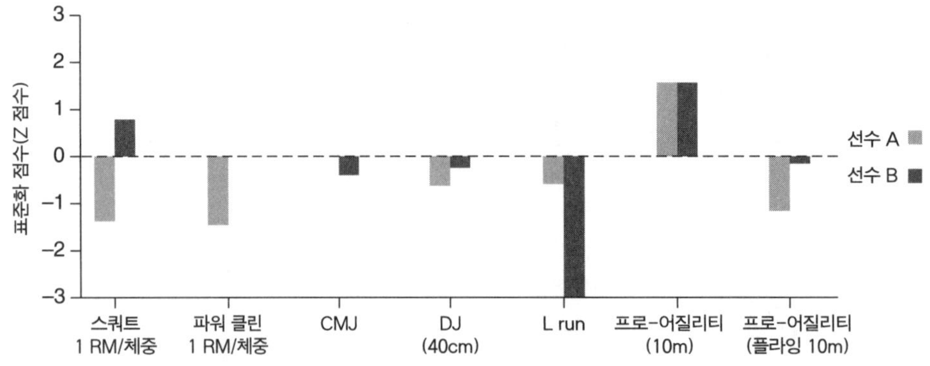

그림 13.8 CODS 결과를 중심으로, 표준화된 Z 점수로 선수의 강점과 약점을 비교한 그래프.

민첩성 향상을 위한 전략

잘 구성된 테스트 구성은 민첩성 퍼포먼스를 뒷받침하는 다양한 구성 요소에 대한 정보를 제공할 수 있다. 근력, 파워, 스피드 테스트와 함께 활용하면, 민첩성 또는 전반적인 경기력을 향상시키기 위한 효과적인 트레이닝 프로그램을 설계할 수 있다. 프로그램에 착수하기 전에, 민첩성의 장기적인 발달을 위한 개념적 틀은 지도자에게 신체 능력 향상과 기술 습득을 통한 운동 수행 간의 순환적 발달 과정을 조망할 수 있는 시각을 제공한다. 감속, 가속 또는 방향 전환 시, 선수에게는 크기와 방향을 가진 벡터로서의 '힘'을 효과적으로 가할 수 있는 신체 능력이 요구된다. 이 개념은 새로운 것이 아니라, 힘은 질량과 가속도의 곱에 비례한다는 뉴턴의 제2법칙(F=ma)에서 비롯된 원리다. 선수가 힘을 효과적으로 작용시키는 능력은 가속, 감속, 방향 전환 능력 전반을 향상시키며, 이와 같은 숙련된 힘의 활용은 코디네이션된 움직임을 통해 근력을 실제 수행으로 전이하는 데 필수적인 '기민성' 요소다. 민첩성 향상을 위한 전략은 그림 13.9와 같이 피라미드 구조로 개념화될 수 있다.[20] 기초 역량을 토대로 각 단계가 계층적으로 쌓이며 구성된다. 이 접근은 지도자에게 기초 능력의 중요성을 인식하되, 그것을 실제 경기 수행으로 연결시키기 위한 후속 단계의 개발 또한 간과하지 않아야 함을 강조한다.[20]

선수가 그림 13.2의 이론적 모델과 그림 13.9의 피라미드 하단에 해당하는 신체적 기반을 충분히 갖춘 경우, 이제는 이러한 신체적 특성을 효과적이고 효율적으로 활용하는 법을 학습할 수 있다. 이는 선수 고유의 신체 구조anthropometry 및 생리학적 제약 내에서, 방향 전환 중에 힘을 효과적으로 발휘할 수 있는 신체 자세를 정확히 확보하는 능력을 포함한다. 기술 수행을 본격화하기 전에 충분한 근력 기반을 갖추는 개념은 새로운 것이 아니다. 이는 무게를 지탱하지 못하는 기초 위에 완전한 구조물을 세울 수 없다는 원리에 기반한다. 모든 관절은 일정 수준 이상의 부하를 견딜 수 있는 한계를 가지고 있으며, 여기에는 몸통, 고관절, 무릎, 발목 등이 포함된다. 따라서 일부 방향 전환 동작, 특히 사전에 계획된 동작의 경우, 관절에 부담을 줄 정도의 부하가 가해지지 않을 수 있다. 앞서 논의했듯이, 예상하지 못한 방향 전환은 일반적으로 관절에 가장 높은 부하를 발생시키며, 이는 피라미드 상단의 수행 능력에 해당한다. 하지만 이 발달 과정은 선형적이지 않다. 다양한 관절가동범위에서의 근력 증진, 또는 힘 발전 비율 향상 등 특정 신체 능력은 주기적으로 재강화되어야 한다. CODS, 기동성, 민첩성 훈련은 방향 전환 속도를 높이거나 훈련 과제의 복잡성을 증가시키는 방식으로 점진적으로 발전시킬 수 있다. 또한 민첩성 훈련에서는 시간, 공간, 지각 정보의 제한을 강화해 나갈 수 있으며, 이는 선수의 문제점이 코디네이션 부족이 아니라 신체 능력의 부족일 때 효과적이다. 즉, '안 하려는 것'이 아니라 '할 수 없는 것'일 때는 신체 능력 향상이 우선시되어야 한다. 이러한 맥락에서 선수는 해당 조건 내에서 운동 학습을 위한 훈련을 수행하게 되며, 이후에는 이전에 설명한 방식에 따라 과제를 점차적으로 어렵게 하여 재평가 또는 도전을 받는다. 이 개념은 그림 13.10에 자세히 설명되어 있다.

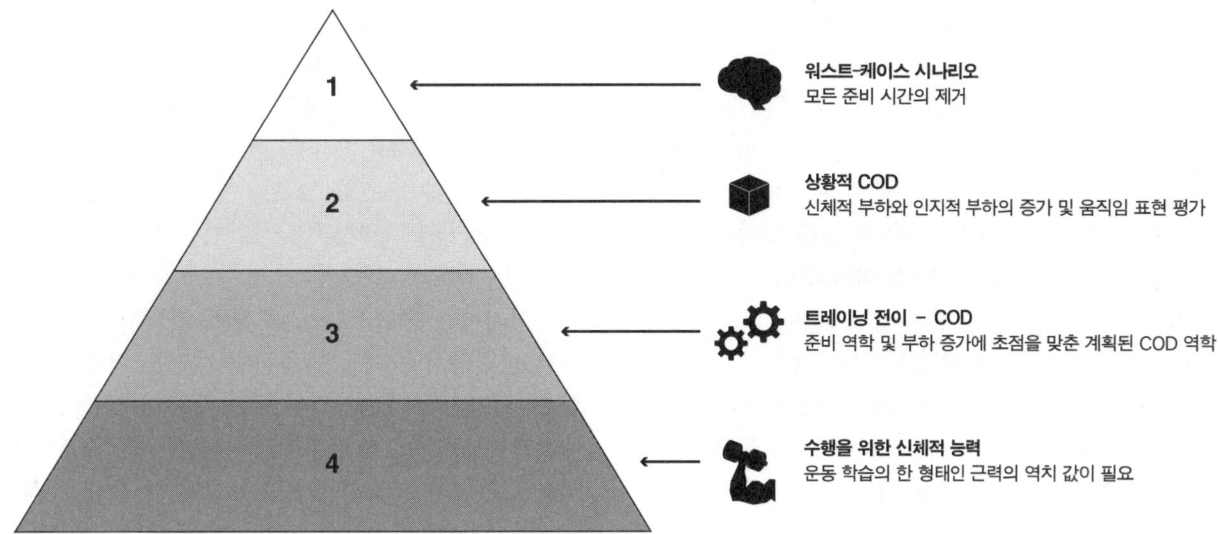

그림 13.9 COD 능력 발달 피라미드.
기본 단계인 레벨 4에서는 '할 수 없다(I can't)'에서 '할 수 있다(I can)'로 전환하여 신체적 과제를 수행하려는 시도가 이뤄진다. 레벨 3에서는 COD 맥락에서 신체 능력을 활용하는 능력을 강화하는 훈련을 제공하며, '안 할 것이다(I won't)'에서 '할 것이다(I will)'로의 전환을 유도한다. 레벨 2에서는 훈련 과제나 제약 조건을 통해 더 큰 도전이 주어지며, '하지 않았다(I didn't)'에서 '했다(I did)'로 발전한다. 마지막으로 레벨 1에서는 준비 시간이 제거되거나 상황에 대한 의존성이 줄어든 워스트-케이스 시나리오에 선수를 놓고, 학습된 움직임 해법이 유지되는지를 확인한다. 이때 '의존적(dependent)'인 상태에서 '독립적(independent)'인 상태로의 전환이 목표가 된다.
Reprinted from S. Nimphius and J. Alderson, *Neuromuscular Training and Change of Direction Mechanics: Performance and Injury,* (2019). This is under Creative Commons License CC BY 4.0.

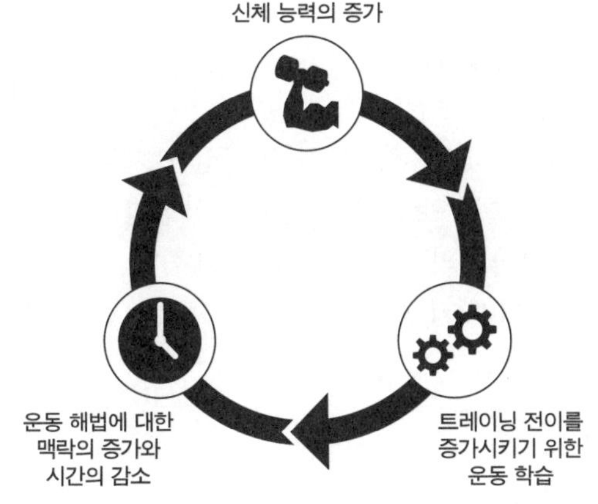

그림 13.10 신체 능력을 높이고, 그 능력을 숙련된 COD 동작으로 옮기고, 의사 결정 시간(decision time)을 줄이거나 선수의 속도를 높여 학습한 기술이 새로운 요구를 견딜 수 있는지 판단함으로써 신체적 요구를 증가시키는 지속적인 개발 과정의 기본 원리. 이 주기는 신체적 요구를 발전시키기 위해 계속된다. 어느 시점에서 선수는 이러한 부하를 견딜 수 있는 신체적 능력을 추가해야 할 필요가 있다. 학습의 초기 단계에서는 부분 차단(blocked) 학습을 주로 사용할 수 있지만, 순차(serial), 무작위(random) 및 차등 학습(differential learning) 방법을 항상 적절히 사용해야 한다.
Reprinted from Reprinted from S. Nimphius and J. Alderson, *Neuromuscular Training and Change of Direction Mechanics: Performance and Injury,* (2019). This is under Creative Commons License CC BY 4.0.

운동-행동 원리에 기반한 COD 능력 코칭 전략

COD 능력을 향상시키기 위해서는, 힘을 효과적으로 가하는 방법을 이해하고 학습하는 것이 무엇보다 중요하다. 그러나 코칭 세션 내에서 사용되는 주의 집중과 동기 유발 방식은 선수의 퍼포먼스에 영향을 줄 수 있다.[21] 따라서 향후 퍼포먼스에 대한 기대감, 선수의 자율성, 주의 집중과 같은 요인이 만들어 내는 심리적 조건을 함께 고려해야 한다. 이러한 점에서, 코칭이란 단순히 기술을 가르치는 행위가 아니라, 세션의 목적(예: 실습, 교육, 퍼포먼스)에 맞추어 이러한 변인들을 적절히 선택하고, 선수의 학습 단계에 맞추어 적용하는 '기술'이다. 이에 따라 훈련은 하나의 움직임을 의도적으로 제한하거나, 선수 스스로 움직임을 탐색할 수 있도록 하거나, 혹은 과제 중심의 설계를 통해 외부 초점 기반의 환경을 조성하는 방식으로 구성되며, 이는 모두 선수의 퍼포먼스 최적화와 학습 촉진을 목적으로 한다. 한편, COD 기술에 대해서는 다양한 제안이 존재하지만, 그 유형과 관계없이 모든 COD 움직임에 공통적으로 요구되는 핵심 원리는, 고관절, 무릎, 발목을 통해 전달되는 에너지를 견디는 능력, 몸통의 정렬을 효과적으로 조절하는 능력, 그리고 골반을 짐벌처럼 활용하여 신체의 균형과 정렬을 유지하는 능력이다.[20] 이러한 요소들은 단일한 상황이 아니라 다양한 실제 맥락에서 발현되어야 하며, 이 장에서는 그러한 원리를 어떻게 코칭 실천에 통합할 수 있을지를 구체적인 예시와 함께 설명한다.

훈련 과제를 통해 주의를 외적으로 유도하고, 선수가 다양한 운동 해법을 탐색할 수 있도록 해야 한다. 추가적인 과제는 특정 움직임이나 가동범위를 목표로 설정할 수 있다. 예를 들어, 그림 13.7의 질적 분석 사례에서 코치는 선수가 회전 라인을 넘지 않으면서 그 너머에 위치한 콘을 터치하도록 과제를 설정함으로써, 외측에 부하가 걸리는 움직임을 유도할 수 있다. 유사하게, 바닥을 안쪽 손으로 터치하게 하여 부하를 안쪽 다리로 전이시키는 과제도 활용할 수 있다. 이러한 다양한 과제 설계는 선수의 움직임 탐색을 유도하고, 하나의 운동 해법에 대한 의존도를 줄이는 데 도움을 준다.

제약을 활용하여 선수가 특정 움직임 해법을 탐색하도록 유도하거나, COD 중 유리한 신체 위치를 습득하고 제어하는 방법을 익히도록 지도할 수 있다. 예를 들어, 가슴 앞에 중량이나 메디신 볼을 들도록 하는 제약은 선수의 체간에 대한 인식을 높이고, 결과적으로 체간 제어 능력을 향상시킬 수 있다. 또 다른 예로, 페널티메이트 스텝 구간에 두 개의 민첩성 폴대 사이에 눈높이 정도의 번지코드를 설치하면, 신체 위치를 낮추고 올바른 자세를 유도하는 데 효과적이다. 이러한 예시는 특정 자세를 강제로 지시하는 대신, 제약을 통해 선수 스스로 그 위치에 도달하도록 유도하며, 동시에 해결 전략을 스스로 만들어 내는 더 자율적인 선수를 길러 낸다.

마지막 단계에서는, 선수들이 제약이 없는 상황에서 발견하거나 개발한 움직임 해법을 실제로 활용할 수 있는지를 재평가해야 한다. 충분한 신체 능력이 개발된 이후에는, 직접적인 움직임 제약은 없지만 신체적으로 높은 부하가 요구되는 과제를 통해 움직임의 질을 평가하는 '워스트-케이스 시나리오'를 통합할 수 있다. 이때는 화살표나 콘과 같은 일반적인 자극을 제시해 반응을 유도한다. 이와 같은 상황에서 코치는 특히 페널티메이트 스텝과 사이드스텝 구간에서 몸통의 제어 능력과, 골반을 짐볼처럼 활용하여 무릎과 고관절이 정렬되도록 다리를 배치하는 능력(예: 무릎 외반 부하 감소)을 면밀히 평가해야 한다.[11,20]

전체 통합하기

전체적인 COD 능력, 특히 민첩성을 개발할 때에는, 신체적·기술적으로 강한 선수를 양성하기 위한 신체 특성 트레이닝의 논리적이고 체계적인 진행 원칙에 따라 일관되게 접근해야 한다. 표 13.2의 훈련 분류 체

표 13.2 방향 전환 및 민첩성 훈련 과정의 분류

	초보	중급	숙련자
방향 전환 드릴	움직임 패턴은 전진, 후진, 측면 셔플 동작으로 제한됨	다양한 각도의 방향 전환이 추가된 기본 훈련 패턴	고속 스프린트와 급격한 방향 전환이 결합된 움직임 패턴
	낮은 진입 속도에서 방향 전환 수행 (진입 거리 >5m)	중간 진입 속도에서 방향 전환 수행 (진입 거리 약 10m)	민첩성 훈련: 제한 없는 움직임 옵션을 가진 자극에 대한 공간적 및 시간적 불확실성이 큰 훈련(일반적으로 스몰 사이드 게임을 통해 연습됨)
	급격한 방향 전환보다는 더 많은 곡선이 요구되는 기동성 훈련(일부는 더 뚜렷한 방향 전환을 위해 중간 수준으로 분류될 수 있음)	민첩성 훈련: 중간 수준의 진입 속도 및 제한된 움직임 옵션을 제시하는 자극에 대한 반응	

계는 움직임 패턴, 속도, 지각-인지 요구를 기준으로 어떤 훈련이든 체계적으로 분류할 수 있도록 코치에게 기준을 제공하고 있다.

기초적인 근력이 부족한 초보 선수는, 복잡하거나 인지적 요구가 높은 민첩성 훈련 단계로 넘어가기 전에, 기본 수준의 가속·감속·방향 전환 훈련을 유지해야 한다. 이러한 접근은 신체적 또는 전술적으로 훈련의 요구에 준비되지 않은 선수가, 과도한 신체적·지각-인지적 요구(이는 신체 부하에 직접적인 영향을 미친다)로 인해 초기 기술 발달이 저해되는 것을 방지하면서 점진적인 성장을 도모한다. 선수가 '어떻게 움직일 것인가'를 배울 때, 웨이트장과 필드에서의 발달 과정을 포괄적으로 고려하기 위해, 표 13.3은 운동 학습에 초점을 두고 신체 능력 발달 수준이 유사한 예시를 제시한다.[22]

각 훈련에 소요되는 시간, 부분 차단block, 순차serial 무작위random 연습 설계의 활용 여부, 앞서 언급된 방식들을 통한 맥락 간섭의 정도, 그리고 훈련의 진행 속도는 모두 선수의 성숙도, 기술 수준, 신체 능력을 기준으로 결정된다. 그러나 팀 환경에서는 이러한 접근 방식을 현실적으로 적용하기 위해, 선수들이 요구하는 민첩성 유형에 따라 그룹을 나누어 훈련 시간을 분배하는 방식이 효과적이다. 그림 13.1을 다시 참고하여, 어떤 선수는 민첩성, COD, 기동성 개발을 위해 20-20-60의 시간 비율이 필요할 수 있고, 또 다른 선수는 60-20-20의 분배가 더 적절할 수 있음을 고려하자. 같은 드릴을 설정하되, 각 구간에서 정해진 시간이 지나면 다음 구간으로 순환하게 구성할 수 있다. 예를 들어, 각 스테이션에 12분, 4분, 4분씩 배분하는 방식이다. 이와 같은 구성은 팀 전체를 세 개의 다른 중점 그룹으로 나누는 것이며, 코치 입장에서 현실적으로 적용 가능하면서도 어느 정도 개별화된 훈련 설계를 가능하게 한다.

현명한 방법

선수의 신체적 능력에 부합하는 움직임 해법 탐색 상황을 유도할 수 있도록, 관련성 있는 과제와 제약을 활용한 훈련을 설계함으로써 훈련 전이 효과를 향상시킨다. 필요할 경우, 근력 세션에서 수행한 동작과 기술 세션에서 나타나는 유사한 움직임 사이의 관계를 인식할 수 있도록 돕는 코칭 큐cue를 활용한다.

민첩성 향상 프로그래밍을 위한 테스트 결과 활용

민첩성 향상에 중점을 두고 프로그래밍할 때, 앞서 논의된 신체 능력, CODS, 민첩성 테스트로 구성된 다면적인 평가 구성은, 선수의 강점과 약점을 파악하고 민첩성 발달을 위한 중점 영역을 설정하는 데 유용하다. 표 13.1과 그림 13.8에 제시된 두 명의 미국 풋볼 쿼터백의 테스트 결과는, 프로그래밍 수립을 지원하기 위

표 13.3 COD 능력 향상을 위한 선수의 맥락에 따른 다양한 초점 단계 비교

신체 능력 초점(운동 학습 초점)	유소년, 초보 또는 스포츠 복귀 초기 단계	엘리트, 숙련자 또는 스포츠 복귀 말기 단계
근력: 신체 정렬 및 자세	맨몸 운동: 모든 움직임 동안 신체 정렬 및 자세 유지	전통적인 부하 리프트: 저항성 훈련
신장성 근력 및 파워: 제동 능력	드롭 착지: 저속 및 다양한 방향에서의 감속 훈련	강조된 신장성 운동 및 플라이휠 훈련: 고속 및 다양한 각도에서의 감속 훈련
단축성 근력 및 파워: 가속 능력	동심성 점프(박스 점프): 다양한 출발 위치에서의 가속 훈련	올림픽 리프트 및 부하 점프: 썰매(측면 포함)나 밴드(보조 또는 저항)를 활용한 가속 훈련
다방향 근력: 일반적인 COD 능력	런지 및 편측 근력 운동: 초급 및 중급 수준의 COD 및 민첩성 훈련	다면 리프트 및 비대칭 운반: 중-고급 COD 및 민첩성 훈련
반응성 근력: 민첩성 및 전반적인 COD 능력	플라이오메트릭스: 스포츠 및 중급 민첩성 훈련	고급 플라이오메트릭스 및 복합 트레이닝: 스포츠 및 고급 민첩성 훈련

Reprinted from S. Nimphius and D. Kadlec, *Comparison Different Stages of Focus Based on the Athlete and Their Context for Development of COD Ability,* (2020).

표 13.4 민첩성 프로그래밍을 위한 두 선수의 강점 및 약점 비교

강점		약점	
선수 A	선수 B	선수 A	선수 B
비부하 하체 파워	부하하에서의 움직임	부하하에서의 움직임	비부하 움직임
기동성	단축성 근력	단축성 근력	기동성
저속 COD	전반적인 근력	기초 근력 부족으로 인한 기반 약화	지각-인지 속도
지각-인지 속도	고속 COD	고속 COD	

해 표 13.4에 강점과 약점으로 정리되어 있다. 젊은 선수의 민첩성 발달을 위한 훈련 단계를 계획하는 것과 마찬가지로,[8] 모든 선수는 개인의 퍼포먼스 능력이나 수준에 기반하여 맞춤형 진행 단계를 구성해야 한다. 선수의 약점을 집중 공략해 훈련 시간을 늘리면, 더 큰 적응 효과를 기대할 수 있으며, 이는 더 높은 퍼포먼스 향상으로 이어질 수 있다.

그림 13.11에 나타난 바와 같이, 민첩성, 고속 방향 전환, 부하-속도 방향 전환 및 기동성과 관련된 훈련에 소요되는 시간의 변화를 조정함으로써, 목표에 맞는 민첩성 프로그램을 설계할 수 있다는 제안이 제시되었다. 초기 그래프는 CODS 훈련과 민첩성 훈련에 할당된 시간을 구분하고 있으며, 이후 그래프에서는 COD 훈련을 고속 및 급제동 요구와 저속 및 기동성 요구로 나누어 구분할 수 있도록 한다. 민첩성 향상에 관련된 많은 세부 훈련들은 동적 워밍업에 통합할 수 있다. 다만, 선수의 연령, 경험 또는 훈련 주기에 따라 별도의 민첩성 향상 블록을 계획하는 것도 가능하다.

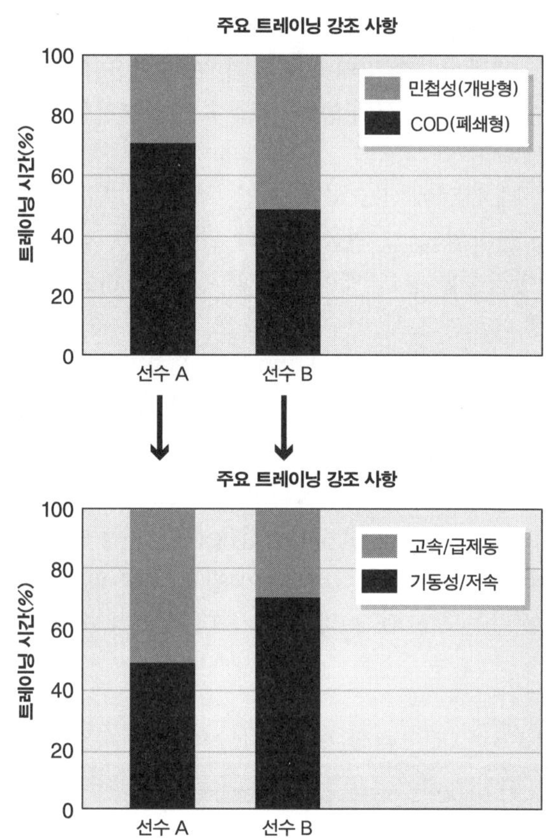

그림 13.11 CODS 및 민첩성 훈련에 할당된 트레이닝 시간 비율 비교.

민첩성 트레이닝의 빈도

3주 동안 매일 15분 정도의 집중적인 민첩성 트레이닝만으로도 민첩성 퍼포먼스를 유의미하게 향상시킬 수 있다.[23] 따라서 시즌 내 중요한 시점에 맞춰 민첩성 발달을 집중적으로 계획할 수 있다. 그림 13.12에 나타난 것처럼, 시즌에 진입할수록 종목과 더욱 밀접하게 연관된 민첩성과 CODS를 점진적으로 향상시키는 과정을 반영한 연간 계획을 수립할 수 있다. 민첩성은 짧은 기간의 집중 훈련을 통해서도 향상될 수 있으며, 실제 민첩성 트레이닝 시간 대부분은 기술 트레이닝(예: 스몰 사이드 게임, 전형적인 훈련)이나 준비 운동에 통합되거나 통합되어야 한다. CODS나 스피드 향상을 위해 준비 운동을 확장하는 방법도 효과적이다. 이러한 요소들은 피로가 오기 전에 수행하는 것이 가장 좋으며, 이는 선수가 효과적이고 효율적인 움직임을 위해 최적의 신경근 패턴을 학습할 수 있도록 한다. 반

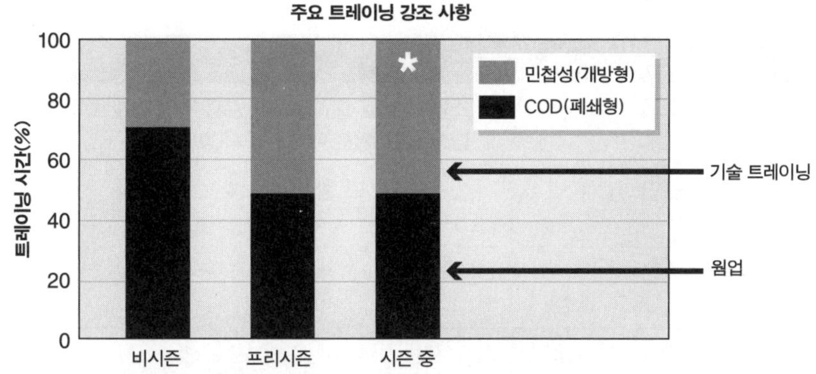

그림 13.12 연간 CODS 및 민첩성 집중 시간 비율 분배 예시.

면, 피로 상태에서 COD 훈련을 수행할 경우 운동 역학kinematics이 변화하는 것으로 나타났으며, 이는 피로 시 방향 전환 중 부상 위험이 증가할 수 있음을 설명할 수 있다.[24] 그러나 이 부분은 여전히 연구 중이며, 일부 선수에게는 피로 상태에서 COD를 훈련하는 것이 오히려 긍정적일 수 있다는 반대 관점도 존재한다.

주기화된 민첩성 프로그램 작성의 마지막 단계는, 특정 중주기에 대한 계획을 바탕으로 해당 중주기 동안 매일 수행할 드릴, 세트 수, 반복 횟수를 구체적으로 작성하는 것이다. 미식축구 쿼터백 A와 B를 위한 예시 훈련 블록은 표 13.5와 13.6에 제시되어 있다. 이 블록들은 트레이닝 요구 사항과 할당된 시간에 따라 주 2회, 3주 또는 4주 동안 수행할 수 있다. CODS와 민첩성 훈련의 각 유형 내에서 드릴의 종류와 훈련 시간 비율은, 선수별로 가장 취약한 부분에 초점을 맞춘 계획(그림 13.11)에 따라 조정된다.

명시적으로 언급되지 않은 경우, 시즌 중 프로그램은 한 세트 수행 후 약 45초 간의 휴식 시간을 가질 때 총 10~15분 동안 진행된다. 이 선수들은 수년간의 경험과 높은 근력 및 파워 수준을 바탕으로 고급 수준으로 분류된다. 따라서 약점 보완을 위한 훈련조차도 주로 중급 및 고급 단계의 드릴로 구성된다. 다만, 이러한 선수들도 웜업 초반, 주초(예: 경기 직후) 또는 비시즌 기간에는 보다 기초적인 드릴로 회귀할 수 있다. 초보자용 또는 중요하지 않다고 여겨지는 사전 계획된 드릴은 종종 간과되지만, 비우세 쪽 팔다리의 사

현명한 방법

훈련 마지막에 수행하는 레드라인 드릴은 상급 민첩성 또는 COD 드릴로 분류된다. 이러한 드릴은 고도로 훈련된 선수에게 계획된 과부하overreaching 단계의 일부로 사용되거나, 피로로 인해 부상을 입었던 선수가 스포츠로 복귀할 때에만, 제한적으로 적용해야 한다.

표 13.5 테스트 결과에 따른 선수 A 훈련 블록 예시

훈련 및 설명	분류	목적	반복(45초 휴식)	트레이닝 시간 %
백 투 리시버 훈련: 빨간 저지 및 파란 저지. 휘슬에 반응하여 회전 후 색상 식별, 해당 방향 콘으로 재빠르게 이동	상급(민첩성)	빠른 COD 상황에서의 지각-인지 속도(스캔 및 반응 시간) 향상	4회	~30%
지그-재그: 전방 및 후방 이동을 통해 5개의 콘을 빠르게 회전하며 통과	중급(CODS 기동성)	전방 및 후방 고속 전환(컷팅 동작은 아님)	4회	~30%
X-패턴 멀티스킬 달리기: 안쪽 · 바깥쪽 풋플랜트를 결합한 고속 전진 달리기 및 백패달	상급(CODS: 고속 및 다각도)	고속 제동 및 다양한 각도의 CODS 역량 강화	각 방향당 3회	~40%

표 13.6 테스트 결과에 따른 선수 B의 훈련 블록 예시

훈련 및 설명	분류	목적	반복(45초 휴식)	트레이닝 시간 %
반은 스텝 훈련: 사람의 자극에 반응하여 45도 컷. 한 스텝만 필요	중급에서 상급(민첩성)	첫 스텝 반응을 위한 지각-인지 속도 향상(의사 결정, 예상 반응 시간)	8회(10초 휴식)	~20%
2×2m 내에서 미러 드릴	상급(민첩성)	지각-인지 속도 향상(예상 및 반응 시간)+빠르지만 저속 COD	4회	~20%
확장된 피겨8: 5개의 콘 주위를 빠르게 앞뒤로 움직이는 동작	중급(CODS 기동성)	전·후방 고속 전환 훈련(컷팅 아님)	4회	~30%
3콘 민첩성 훈련	중급에서 상급(CODS: 저속 및 기동성)	저속 제동 및 CODS 후 콘 주변 후속 기동성	3회	~20%

용을 균형 있게 유지할 수 있는 회복적 기능을 제공한다. 이러한 접근은 시즌 중 경기에서 선수들이 자연스럽게 자신이 강한 움직임 패턴에 의존하면서 발생할 수 있는 점진적인 불균형이나 편향을 줄이는 데 도움이 된다. 전반적으로, 논리적인 진행 과정을 이해하고, 평가하고, 적용할 수 있는 능력은 모든 수준의 선수들에게 COD 민첩성 또는 민첩성 퍼포먼스를 지속적으로 향상시킬 수 있는 기반을 제공한다.

요약

민첩성, 또는 보다 광범위하게는 COD 능력의 향상은 이 능력의 핵심 구성 요소에 대한 이해, COD 능력에 대한 적절한 평가, 그리고 일별 훈련 고려 사항(선택된 훈련, 코칭 큐, 훈련 유형의 분포)과 선수의 장기적 발달을 함께 고려하는 계획의 실행을 필요로 한다. 이때 신체 능력 개발과 COD 동작 중 신체 능력을 숙련된 운동 실행으로 전환하는 과정을 균형 있게 조화시켜야 한다. 효과적인 계획 수립과 신체 능력 및 기술 개발을 결합하면, 선수들이 퍼포먼스와 방향 전환 과정 중 퍼포먼스의 폭을 지속적으로 향상시킬 수 있는 프로세스를 만들어 낼 수 있다.

필수 항목

- 민첩한 선수를 길러 내기 위해서는, 코치가 신체 발달만큼이나 기술 습득 과정을 동일한 비중으로 존중해야 한다.
- 민첩성 평가는 복잡하고 다요인적이다. 따라서 코치는 다양한 테스트를 통해 평가할 수 있는 특성을 명확히 하고, 가장 생태학적 타당성을 갖춘 방법조차 한계가 있음을 인정해야 한다.

Chapter 14

무산소성 파워 트레이닝

데이비드 T. 마틴David T. Martin, PhD
에페이론 라이프Apeiron Life 수석 과학자 겸 퍼포먼스 디렉터
호주 가톨릭대학교Australian Catholic University 운동과학 교수

많은 스포츠 종목에서 최고의 스피드, 빠른 가속, 폭발적인 강력한 움직임은 퍼포먼스에 영향을 미친다. 이러한 고강도 활동은 주로 무산소성 대사에 의해 촉진되므로, 무산소성 파워와 능력에 대한 주제는 스톱워치가 도입되기 전부터 코치와 스포츠 과학자들에게 인기가 있었다.

스포츠는 다양하고 복잡하기 때문에 보편적인 진리를 말하기가 어렵다. 그러나 속도와 힘으로 표현되는 운동 강도는 운동 시간이 길어질수록 감소한다는 사실은 잘 알려져 있다. 1분 미만의 완전한all-out 최대 운동의 경우, 필요한 총 에너지의 절반 이상이 무산소적으로 생성된다는 것이 제안되었다.[1] 무산소성 운동 능력에 관한 스포츠 과학 연구는 다음 네 가지 영역에 초점을 맞추는 경향이 있다.

1. 테스트 방법론과 정의
2. 세계적 수준의 선수들의 특징
3. 경기에서 요구되는 요소들
4. 파워와 능력을 향상시키는 훈련 방법론

이 장 전체에 걸쳐 과학 문헌을 참고하고 있지만, 호주 스포츠 연구소에서 훈련하는 세계적인 수준의 선수들과 함께 일하거나 미국 프로농구(NBA)에서 플레이한 경험을 바탕으로 한 실제 사례도 참고하고 있다. 무산소성 파워와 능력에 대해 더 자세히 알고 싶은 분들을 위해, 관련 주제와 역사적 논쟁, 발견에 대해 체계적으로 논의하는 훌륭한 과학적 리뷰 논문들이 많이 있다.[1~3]

이 장을 다 읽은 독자는 무산소성 파워를 테스트하는 방법과 그 결과를 해석하는 방법을 이해할 수 있을 것이다. 이 장은 독자가 이 중요한 에너지 생산 경로를 향상시키기 위해 사용할 수 있는 다양한 접근법에 대해 더 잘 이해할 수 있도록 작성되었다.

흥미로운 주제로서의 무산소성 체력

선수의 무산소성 파워와 능력에 영향을 미치는 변수는 여러 가지가 존재한다.

- 근육 그룹(단일 근육 vs 근육 그룹)
- 근육 수축 유형(단축성, 등척성, 신장성)
- 수축 속도(느림 vs 빠름, 느림에서 빠름으로의 전환)
- 수축 횟수(5회 미만에서 20회 이상)
- 회복 기간(단기 또는 장기)
- 환경 조건(더위와 저산소증)
- 동작 패턴의 숙련도(간단한 동작 또는 복잡한 동작)

각 스포츠의 무산소성 요구 사항은 고유의 특성을 가지고 있다. 웨이트장에서 중량 스쿼트를 할 수

있는 선수가 농구 경기를 2시간 넘게 하면서 최대 점프 높이의 99%로 여러 번의 점프를 반복할 수 있는 것은 아니다. 다행히도, 일반적인 움직임에서 특정 스포츠에 특화된 움직임으로의 전환이 가능하지만, 수많은 연구 결과에 따르면 선수들은 가장 자주 트레이닝하는 움직임 패턴에 가장 큰 적응을 보이는 경향이 있다고 한다.[1,4,5] 트레이닝에 최대의 노력과 의식적인 훈련의 개념이 포함될 때, 원하는 적응의 가능성이 높아진다.[6] 요약하면, 트레이닝 특이성의 원칙은 무산소성 체력 발달에 여전히 중요한 역할을 한다.

철학적으로, 어떤 코치들은 스포츠 특유의 움직임을 강조하는 훈련 프로그램을 선호한다. 이를 기능적 트레이닝이라고도 한다. 반면, 다른 코치들은 훈련과 경기 중에 스포츠 특유의 부하를 가하는 것을 선호하며, 웨이트장에서 근력과 파워와 같은 핵심 체력 역량을 개발하는 데 집중한다. 중량 스쿼트는 원하는 하체 적응(예: 근력 증가)을 촉진하는 데 사용되는 일반적인 운동이다. 반면에, 한쪽 다리로 점프하는 것은 일부 스포츠에서 보다 특이적인 동작 패턴이지만, 이 동작 패턴에 상당한 무게가 실리면 부상의 위험이 증가한다. 고강도 트레이닝의 경우, 세계 정상급 멀리뛰기 선수는 프리시즌 동안 단순히 수많은 최대 점프를 하는 것이 아니다. 부상 위험과 기존의 생리적 한계 때문에, 경험 많은 근력 트레이닝 코치는 경기의 요구사항을 모방하는 스포츠별 컨디셔닝 운동에 앞서 일반적인 트레이닝 진행 과정을 포함시킨다. 스포츠 특유의 움직임 패턴을 무시하는 트레이닝 프로그램은 생리적 적응을 촉진하는 것으로 보일 수 있으나, 이는 직접적으로 경기력 향상으로 이어지지 않는다. 이에 대한 자세한 내용은 18장과 19장에서 다룬다.

현명한 방법

퍼포먼스 향상에 연결되는 방식으로 무산소성 체력을 향상시키려는 코치와 트레이너에게 주는 메시지는 트레이닝 세션에서 선수가 경기의 특정한 요구에 직간접적으로 대비할 수 있도록 준비시켜야 한다는 것이다.

무산소성 트레이닝의 개념을 논의하기 전에, 용어가 다양하고 때로는 혼란스러울 수 있기 때문에 정의를 살펴보는 것이 좋다.

'무산소성 파워Anaerobic power'는 고강도 운동 중에 생성되는 최대 에너지 흐름 비율 또는 최대 역학적 힘을 의미한다. 반면, '무산소성 능력Anaerobic capacity'은 산소 비의존적 에너지 생성 시스템에 의해 촉진되는 고강도 운동의 총량을 의미한다. 비록 흔하지는 않지만, 무산소성 파워와 능력은 독립적인 체력 특성이 될 수 있다. 예를 들어, 사이클 선수는 1초 최대 파워를 향상시키지 않고도 30초 평균 파워(능력)를 향상시킬 수 있다.

'무산소성 파워'는 운동이 이루어질 수 있는 최대 비율이다. 일반적으로 와트(W)로 측정되거나 최대 움직임 속도로 반영된다. 무산소성 파워는 운동에 관여하는 근육량, 운동 단위 동원, 가속과 최대 달리기, 수영, 사이클링 속도에 영향을 미치는 체질량 대비 파워 비율에 따라 달라진다. 1초 동안 생성된 최대 파워는 무산소성 파워를 반영하는 데 사용될 수 있다.

'무산소성 능력'은 수행할 수 있는 고강도 운동의 최대량이다. 일반적으로 킬로줄(kJ)과 같은 작업 단위로 정량화된다. 운동량은 골격근 내에 저장된 고에너지 인산염의 총량과 고강도 무산소성 운동 중에 생성되는 대사성 노폐물에 저항하는 능력에 따라 달라지는 경향이 있다. 30초 동안 축적된 운동량은 무산소성 능력의 좋은 예시다.

무산소성 파워와 무산소성 능력 평가

고강도 체력을 정량화하는 두 가지 접근법이 제안되었다. 첫 번째는 정해진 시간(보통 1분 미만) 동안 수행되는 역학적 운동이나 운동 속도를 정량화하는 것이다. 무산소성 파워를 정량화하는 테스트의 일반적인 예로는 수직 점프 높이, 스탠딩 롱 점프 거리, 10m 스프린트 시간, 6초간 사이클링 스프린트 시 최대 파워 등이 있다. 무산소성 능력을 정량화하려는 사람들은 최대 노력을 더 오래 해야 하고, 측정 단위가 파워(watt)에서 작업량(kJ)으로 달라진다.

무산소성 능력을 평가하는 가장 널리 알려진 테스트 중 하나는 30초 윙게이트 사이클 테스트다. 단거리 육상 선수들의 경우, 100~400m까지의 스프린트는 10~60초 동안의 최대 강도 운동으로 무산소성 에너지 저장량을 거의 고갈시킬 수 있어 무산소성 능력을 평가하는 데 효과적이다. 알파인 스키 선수들은 60초 박스 점프 테스트를 사용해 왔고, 격투기 선수들은 30초 동안 펀치를 반복하면서 손의 속도와 충격력을 기록하는 테스트를 도입했다. 이러한 테스트들은 각 종목의 특성을 모방한 운동 방식을 사용하여 무산소성 체력을 평가할 수 있음을 보여준다.

무산소성 체력을 정량화하는 두 번째 접근법은 때때로 값비싼 실험실 장비와 특정 가정을 필요로 한다. 무산소성 에너지 소비량은 최대한 운동 중 산소 섭취량과 파워 출력 간의 관계를 기반으로 추정할 수 있다. 이 관계를 활용하면, 해당 운동이 100% 유산소 운동이라고 가정할 때 어떤 유형의 고강도 운동에 필요한 산소 섭취량을 추정할 수 있다. 예를 들어, 사이클링에서 누적 산소 결핍량($AOD_{accumulated\ oxygen\ deficit}$)은 고강도 운동 중 실제 산소 소비량에서 같은 운동이 완전히 유산소운동으로 수행되었을 때의 추정 산소 소비량을 뺀 값으로 계산된다. 실제 산소 섭취량을 측정하고, 고강도 운동에 필요한 산소 섭취량을 추정함으로써, 최대 고강도 운동 중 무산소성 체력을 나타내는 정당한 지표가 될 수 있는 누적 산소 결핍량(AOD)을 정량화할 수 있다.

그림 14.1은 최대산소섭취량을 이끌어 내는 파워 출력과 동일한 강도로 2분 동안 수행되는 운동 과제의 예를 보여주고 있다. 그림에서 아래쪽 음영 부분은 해당 운동에 대한 유산소성 에너지 기여도를 나타내고, 위쪽 음영 부분은 무산소성 에너지 기여도를 나타낸다. 이 예에서 무산소성 에너지 생산 시스템이 해당 운동에 필요한 총 에너지 요구량의 약 1/3을 기여하는 것으로 나타난다.

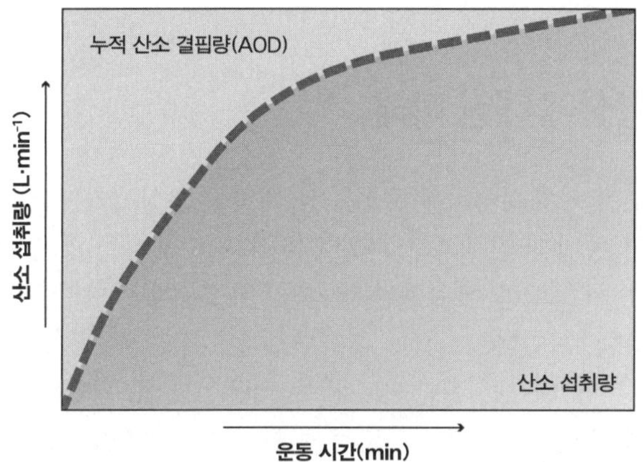

그림 14.1 2분 동안 수행한 운동에서 운동 강도는 최대산소섭취량을 이끌어 내는 파워 출력과 같다.

무산소 체력을 평가할 때 운동의 종류뿐만 아니라 테스트 지속 시간의 특이성도 고려되어야 한다. 예를 들어, 호주의 엘리트 트랙 사이클 선수들을 대상으로 한 연구에서, 스프린트 사이클 선수들은 자신들의 종목 경기 시간과 유사한 짧은 스프린트(70초) 동안 무산소성 능력의 지표인 AOD를 가장 높게 기록한 반면, 추발 사이클 선수들은 자신들의 종목 경기 시간과 비슷한 더 긴 운동(300초) 동안 가장 높은 AOD 수치를 기록했다.[7]

현명한 방법

현장 및 실험실 환경에서 무산소성 에너지 시스템을 평가하는 방법은 다양하다. 각각의 방법에는 장단점이 있지만, 경기 퍼포먼스와 관련된 유효한 정보를 얻기 위해서는 테스트에 해당 종목에 특화된 움직임 패턴을 적절한 시간 동안 포함시켜야 한다.

테스트와 트레이닝의 결합

코치들은 종종 "선수들의 무산소성 체력을 얼마나 자주 테스트해야 하는가?"라는 질문을 하곤 한다. 예상대로, 적절한 답을 얻기 위해서는 여러 변수를 고려해야 한다. 현대적인 접근 방식은 고강도 트레이닝 세션이나 경기 도중 고정밀 측정을 실시하는 것으로, 기본적으로 테스트와 트레이닝 및 경기일을 통합하는 것이다.

이제 휴대용 라이트 게이트, 트랜스폰더 기반 타이밍 시스템, 계측식 체육관 장비, 계측식 사이클링 파워 크랭크를 더 쉽게 이용할 수 있게 되었기 때문에, 트레이닝과 테스트 세션을 결합하는 것이 가능한 시대가 되었다. 선수들이 충분히 의욕을 갖고, 결합된 테스트-트레이닝 조건이 비교적 비슷하다면, 고강도 트레이닝에 대한 적응의 진행 상황을 기록할 수 있다. 따라서 적절한 장비를 사용하면 강도 높은 트레이닝 세션 동안 선수의 스포츠 특이적 무산소성 체력을 기록할 수 있어 무산소성 체력에 대한 통찰력을 높일 수 있다.

최근의 기술 발전으로 체육관에서 하는 대부분의 주요 운동에서 수축 속도와 변위를 측정하는 능력이 향상되었다. 캘리브레이션된 인코더와 맞춤형 소프트웨어를 사용하여 저항성 트레이닝의 여러 측면을 정확하게 평가할 수 있는 비교적 저렴한 장치가 현재 출시되어 있다. 마찬가지로, 타이밍 라이트와 사이클링 파워미터는 최대 가속도와 최대 출력을 정량화할 수 있다. 이러한 상용 휴대용 장비는 역사적으로 실험실에 국한되었던 고가의 장비를 본질적으로 복제한다. 트레이닝 세트 동안의 각 수축에 대해 가속도, 힘, 속도, 변위, 힘, 완료된 운동량을 측정할 수 있으며, 비교가 용이하도록 저장할 수 있다. 이 기술의 결과로 새로운 수준의 정밀도와 장기적 정확성을 얻을 수 있다.

현명한 방법

트레이닝 세트의 강도와 지속 시간은 전통적으로 바벨의 무게와 수행한 수축 횟수를 기록하여 정량화되어 왔다. 새로운 기술은 리프팅 속도와 총 변위의 미세한 변화를 기록하고 분석할 수 있게 해 줌으로써 피로와 신경근 적응에 대한 새로운 통찰력을 얻을 수 있게 해 준다.

팀 스포츠 선수와 로드 사이클 선수 모두 경기 중 수많은 고강도 스프린트에 참여한다. 이러한 선수들에게 체계적인 고강도 트레이닝 세션은 코치가 반복되는 스프린트와 관련된 무산소성 파워와 피로 저항력을 평가할 수 있도록 해 준다. 호주 스포츠 연구소의 사이클링 코치와 과학자들은 로드 사이클 선수들이 완만한 오르막(2~4%)을 이용하여 도로에서 점점 더 긴 스프린트를 하는 조합 트레이닝-테스트 세션을 개발했다. 스프린트는 6, 15, 30, 60초 동안 지속되며, 완전한 회복(운동 사이에 5~10분)을 하면서 수행된다. 사이클 선수들은 이전에 테스트한 동일한 경사도에서 일련의 스프린트를 수행하지만, 이번에는 회복 시간이 제한된다(예: 60초). 이러한 유형의 테스트를 통해 얻은 파워미터 결과는 코치들이 특정 시간 동안 생성할 수 있는 최대 파워를 확인할 수 있게 해 줄 뿐 아니라 피로 저항력에 대한 견해를 제공해 준다.

그림 14.2는 가능한 테스트 결과의 도식도를 보여주고 있다. 검은색 점선은 본질적으로 피로가 없는 상황에서의 최대 파워-지속 시간 관계이다. 점들은 트레이닝 전 사이클 선수의 테스트 결과를 나타내고, 삼각형은 반복 스프린트에 초점을 맞춘 6주간의 체계적

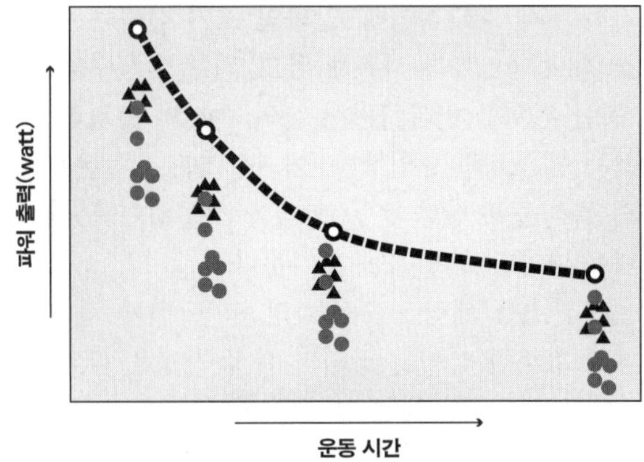

그림 14.2 6주간의 트레이닝 기간이 스프린트 사이클링의 최대 파워 수치에 미치는 영향을 보여주는 테스트 결과 예시.

인 고강도 인터벌 트레이닝 후의 결과를 반영한다. 이 예에서 주어진 지속 시간 동안의 최대 파워는 변하지 않았고, 피로에 대한 저항력만 향상되었다. 팀 스포츠 선수들은 고강도 스프린트 트레이닝을 몇 주 동안 받았음에도 불구하고 최대 10초 스프린트 기록이 향상되지 않을 때 종종 좌절감을 느낀다. 이러한 트레이닝은 최대 파워보다 피로 저항력을 향상시키는 경우가 더 많다.

현명한 방법

때로는 트레이닝 후 퍼포먼스 향상의 원인을 무산소성 대사 능력 향상으로만 돌리기 어려울 때가 있다. 파워와 산소 섭취량을 측정하지 않으면 무산소성 체력과 유산소성 체력의 향상을 구분하기 어렵다. 또한 무산소성 능력 변화와 무관하게 테스트 점수 향상에 기여하는 움직임 효율성과 기술의 향상이 있을 수도 있다.

향상에 대한 이해

코치와 트레이너가 무산소성 체력을 향상시키는 최선의 방법을 연구하는 과학 문헌에 익숙해지는 것은 중요하다. 이를 이해하면 적응의 정도와 지속 기간을 예측할 수 있다.

30~60초 동안 지속되는 짧은 고강도 운동에 대한 유산소적 기여는 몇 주 동안 지속될 수 있지만, 무산소적 적응은 오래가지 않는다. 또한, 호주 스포츠 연구소Australian Institute of Sport의 예비 연구 결과에 따르면,

유산소 에너지 시스템의 사용이 실험적으로 제한될 경우 고강도 운동으로부터의 회복이 저해된다는 사실이 밝혀졌다.[8] 엘리트 여성 사이클 선수들을 4주간의 고지대 트레이닝 캠프 기간 동안 두 그룹으로 나눠어 실험을 진행했다. 한 그룹은 정상적인 고도 상승에 따른 적혈구와 헤모글로빈 질량의 증가를 경험할 수 있었다. 그러나 다른 그룹에서는 고도 상승에 따른 헤모글로빈 질량 증가를 막기 위해 정확한 양의 혈액이 제거되었다. 고도 노출 후 두 그룹 모두 최대 4분간의 파워 출력이 비슷하게 증가했다. 그러나 고도에 따른 헤모글로빈 증가가 있는 그룹에서 유산소 운동의 기여도가 더 크다는 것이 밝혀졌다. 흥미롭게도, 헤모글로빈이 추가된 그룹은 짧은 회복 기간 후, 지칠 때까지 타는 시간 과제에서 더 나은 퍼포먼스를 보였는데, 이는 이 그룹에서 회복이 향상되었음을 시사한다. 산소 섭취량과 파워 출력에 대한 정교한 측정 없이는, 고강도 운동에 대한 적응이 주로 유산소적 적응 때문인지 무산소적 적응 때문인지 알기 어렵다.

무산소성 파워와 능력에 대한 제한

연구자들은 무산소성 파워와 능력의 한계를 조사하려고 시도해 왔으며, 이 연구 분야는 피로라는 복잡한 영역으로 확장된다.[4] 다양한 유형의 고강도 운동 중 실패의 원인이 되는 정확한 메커니즘에 대해서는 여전히 논쟁이 진행 중이지만, 현재는 단시간 최대 노력 중 동기 부여가 퍼포먼스와 밀접하게 관련될 수 있다는 사실이 널리 받아들여지고 있다.

과학 문헌에서 일부는 말초적 제한(예: 젖산 축적)을 주장하고, 다른 일부는 중추적 제한(예: 동기 부여)을 주장하는 단순한 이분법이 확립되어 있지만, 중추적 제한과 말초적 제한 모두 무산소성 퍼포먼스에 영향을 미칠 수 있다. 무산소성 파워는 기능적 근육량과 섬유 유형 구성과 밀접한 관련이 있다. 또한, 연구에 따르면 동기 부여와 감정의 영향을 크게 받는 신경근 활성화가 최대 파워 생성에 중요하다는 사실이 확인되었다.

무산소성 능력에 관한 한, 일반적인 패러다임은 무산소성 대사의 노폐물이 근육 수축을 직접적으로 방해하고, 3형과 4형 구심성 신경 섬유를 활성화하는 농도에 도달할 때 발생한다고 가정한다. 이로 인해 바람직하지 않은 감각(예: 통증)이 발생하고, 뇌에서 근육으로 전달되는 운동 명령의 강도가 감소한다.

포뮬러 1 드라이버가 가장 빠른 랩타임을 기록하라는 요청을 받았다고 상상해 보자. 자동차가 더 빨리 달리지 못하는 이유는 기본적으로 두 종류가 있다. 자동차 또는 드라이버. 마찬가지로, 짧은 고강도 노력은 일반적으로 적절한 근육량을 동원할 수 있는 뇌의 능력에 의해 제한되거나 근육량이 부족하여 제한된다. 선수가 중추적으로 제한을 받는다면, 동기 부여(예: 플라시보 효과)가 퍼포먼스에 영향을 미칠 수 있다. 그러나 선수가 말초적으로 제한을 받는다면, 근육량과 섬유 구성의 구조적 요소를 변화시키기 위해 트레이닝이 필요할 수 있다.

복잡한 문제를 간단하고 실용적인 접근법으로 접근하는 것은 무산소성 파워를 개발하는 데 기여하는 생리적, 생화학적 시스템 간의 상호작용을 경시하려는 의도가 아니다. 오히려 이러한 메커니즘에 대한 검토는 인식을 제고하고, 실질적인 관점에서 코치와 선수가 퍼포먼스를 저해하는 요소를 생각하게 하는 데 그 목적이 있다. 잘 트레이닝된 많은 무산소성 운동선수들에게 있어서, 감정 상태와 관련이 있을 수 있는 중추적인 추진력은 종종 퍼포먼스의 주요한 제한 요소 중 하나일 수 있다.[4]

현명한 방법

무산소성 체력의 제한은 근육량과 구성, 동기 부여, 신경근 사용, 대사성 노폐물 제거 또는 완충, 중추 피드백에 대한 회복력, 고강도 운동 패턴의 효율성과 관련이 있을 수 있다.

코치와 스포츠 과학자들에게는 선수의 무산소성 퍼포먼스에 대한 특정 저하요인을 파악할 수 있는 기술을 찾아내는 것이 관건이다. 선수가 무산소성 파워나 능력을 발휘하지 못하는 이유를 규명하는 것은 효율적이고 전략적인 트레이닝 프로그램을 설계하는 데 도움이 될 수 있다.

코치의 인사이트

파워 퍼포먼스 향상을 위한 강도의 조절

마이크 영 Mike Young, PhD
Director of Performance and Research, Athletic Lab; Performance Director, North Carolina Courage

강도intensity는 무산소성 파워 개발의 초석과도 같은 변수이다. 그리고 우리는 피로가 파워, 부하, 속도 등의 강도 측정에 영향을 미친다는 것을 알고 있다. 이러한 이유로, 필자는 의도를 극대화하고 피로를 최소화할 때 무산소성 파워가 가장 잘 발달한다는 것을 발견했다.

아마도 무산소성 파워 발달과 관련하여 간과되는 변수 중 하나는 운동 분배일 것이다. 운동 분배는 주어진 훈련량을 주어진 기간 동안 어떻게 배분하는지를 의미한다. 이것은 주어진 시간 동안 수행되는 총 운동량만을 고려하는 훈련 밀도와 다르다.

대부분의 전통적인 근력 및 파워 트레이닝 프로토콜에서는 급성 피로가 발생할 때까지 운동을 한 다음 휴식 시간을 갖는다. 이 방법이 효과적일 수 있지만, 급성 피로가 발생하는 것은 앞서 언급한 지침에 위배된다. 따라서 무산소성 파워 발달이 목표인 경우, 더 나은 훈련 분배 대안이 있다는 것을 알게 되었다.

훈련 분배를 최적화함으로써 다음이 가능하다.

- 총 트레이닝 양을 유지할 수 있다.
- 강도를 높일 수 있다.
- 세션 시간을 늘리지 않고 피로를 줄일 수 있다.

이를 위해, 필자는 원하는 운동량을 더 많은 세트로 나눈다. 이렇게 하면 급성 피로가 발생하는 것을 방지할 수 있는 완충 공간이 만들어진다. 각 세트는 피로를 최소화하기 위해 많은 반복 횟수를 남겨두고 마무리된다. 세트당 수행하는 작업량은 줄이고, 총 작업량은 동일하게 유지하기 위해 더 많은 세트를 수행한다. 각 세트에서 급성 피로가 발생하는 것을 피할 수 있기 때문에, 세션 지속 시간을 유지하는 데 도움이 되도록 더 짧은 휴식 시간을 허용할 수 있다.

클러스터 세트는 반복 횟수 재분배 프로토콜의 변형으로, 세트 내 휴식 시간이 내장되어 있다. 이러한 프로토콜을 사용하면 중량이나 파워 출력을 더 많이 처리할 수 있다. 그러나 클러스터 세트는 세션 시간을 연장하고 많은 선수들의 세션 관리를 더 어렵게 만들기 때문에 팀 스포츠 환경에서는 비실용적이다. 그러나 이러한 단점 없이 모든 이점을 누릴 수 있다.

필자는 지난 몇 년 동안 여자 축구 클럽과 많은 월드컵 선수들과 함께 반복 횟수 재분배 프로토콜을 성공적으로 사용했다. 과거에는 1RM의 75%의 부하와 세트 사이에 2분의 휴식 시간을 포함하는 5세트 6회 반복과 같은 프로토콜을 프로그래밍했다. 지금은 같은 부하로 10세트 3회 반복을 하고 세트 사이에 1분만 휴식하는 데 같은 시간을 사용할 가능성이 훨씬 더 크다.

또한, 필자가 육상 선수들과 함께 자주 사용하는 이 프로토콜의 또 다른 변형은 속도 기반 훈련(VBT)과 자동 조절을 포함한다. 필자는 VBT 장치를 사용하여 세트 내에서 속도 감소량을 추적한다. 각 세트 내에서 운동선수는 동작 속도가 10~15% 감소할 때까지 반복을 수행한다. 이 속도 감소는 많은 반복과 매우 높은 파워 출력의 유지에 상당히 잘 부합한다. 필자는 이 방법이 각 세트에서 급성 피로가 발생하는 것을 피하며, 운동선수의 높은 집중력을 유도하는 데 유용하다는 것을 발견했다.

이러한 방법은 무산소성 파워를 향상시키고, 시간 효율성을 유지하며, 경기 준비를 위해 피로를 잘 관리해야 하는 시즌 중에 가장 유용하다. 최근 주키치와 투파노Jukic and Tufano*의 연구에 따르면 이러한 프로토콜이 유효하다는 사실이 입증되었으며, 급성 피로 발생을 피함으로써 세션 시간을 늘리지 않으면서도 운동 후 운동 자각도(RPE)를 낮추면서 더 빠른 속도와 더 큰 파워를 얻을 수 있다는 사실이 밝혀졌다. 내 선수들은 세션이 끝날 때 피곤함을 느끼지 않고 DOMS를 경험하지 않기 때문에 이 방법을 좋아한다. 나는 무산소성 파워 자극이 더 크기 때문에 이 방법을 좋아한다. 모두에게 이득인 셈이다.

*Jukic, I., and J.J. Tufano. 2019a. Rest redistribution functions as a free and ad-hoc equivalent to commonly used velocity-based training thresholds during clean pulls at different loads. *Journal of Human Kinetics,* 68: 5–16.
Jukic, I., and J.J. Tufano. 2019b. Shorter but more frequent rest periods: No effect on velocity and power compared to traditional sets not performed to failure. *Journal of Human Kinetics,* 66: 257–268.

무산소성 파워 및 능력을 위한 트레이닝

무산소성 체력의 경우, 많은 코치들이 "No pain, no gain!"이라는 유명한 격언을 따른다. 그러나 무산소성 체력을 향상시키려는 선수들이 약간의 불편함을 견뎌야 할 수도 있지만, 연구 결과는 짧은 고강도 운동을 위해 선수들을 준비시키는 데 있어 좀 더 체계적인 접근 방식을 지지한다.

실패 경험의 중요성

무산소 트레이닝과 관련된 근본적인 질문은 운동이 실패할 때까지 수행되어야 하는가 하는 것이다. 다시 말해, 운동선수가 최대의 노력을 다하지 않고 중단한다면 잠재적인 적응에 영향을 미칠 수 있는가 하는 것이다. 놀랍게도, 이 간단하고 잠재적으로 중요한 질문은 과학계에서 많은 관심을 받지 못했다. 이용 가능한 증거에 근거하여, 우리는 여전히 알지 못한다고 결론을 내렸다.[5]

실패지점까지 이르는 트레이닝의 장점 중 하나는 골격근 운동 단위의 최대 동원을 포함한다는 점인데, 이는 적응의 정도를 더 크게 하고 호르몬 상태(즉, 성장 촉진 호르몬)에 긍정적인 자극을 줄 수 있다.[6] 그러나 실패지점까지 이르는 트레이닝의 단점은 부정적인 감각(즉, 실패)과 부상의 위험, 그리고 이런 유형의 트레이닝을 자주 실시할 경우 과훈련의 위험이 있다는 것이다.

선수들에게 실패지점까지 반복하도록 유도하는 개념을 뒷받침하는 한 연구가 호주 스포츠 연구소에서 주니어 엘리트 농구 선수와 축구 선수들을 대상으로 실시되었다. 이 연구에서 실패지점까지 반복하도록 유도하는 운동 세션(벤치 프레스)을 처방받은 선수들은 6주간의 트레이닝 기간 동안 이 운동(6RM 평가를 통해 테스트)에서 더 큰 개선을 보였다.[6] 확실히, 이 흥미로운 영역에 대한 더 많은 연구가 필요하며, 가장 좋은 접근 방식은 선수의 체력 수준과 전반적인 트레이닝의 주기화 및 구조에 따라 달라질 수 있을 것이다. 실패지점까지 트레이닝하는 것은 선수가 실패 없이 더 많은 양의 운동을 경험하는 3~6주 블록 이후에 더 적절할 수 있다. 이러한 유형의 트레이닝의 경우, 실패지점에 도달하지 않고 여러 번 반복할 수 있도록 목표 강도를 정할 수 있다.

운동 강도를 위한 운동 시간의 사용

'운동 강도exercise intensity'는 종종 심박수, 달리기 속도, 사이클링 파워 또는 웨이트 리프팅 중량으로 표현되지만, 스프린트 지속 시간 또는 반복 횟수도 운동 강도를 반영할 수 있다. 예를 들어, 사이클 선수가 60초 동안 지속할 수 있는 파워(즉, 1,000W)로 운동한다면, 운동 지속 시간을 3등분할 수 있다. 처음 20초 동안 1,000W의 힘으로 근육이 적절한 힘을 생성하도록 하지만, 전반적인 노력에 대한 인식은 극단적인 수준보다 훨씬 낮을 것이다. 다음 20초(20~40초) 동안 동일한 출력에서 힘들어지기 시작하지만, 그 노력은 비교적 쉽게 회복할 수 있을 것이다. 반대로, 1,000W의 마지막 20초(40~60초)는 최대의 노력을 필요로 하고, 그 결과 구조적 실패가 발생하게 된다. 선수가 1,000W에서 최대 1분 동안의 노력을 완료하려고 시도한다면, 감각이 매우 불편해지고, 그 노력으로 인해 피로가 오래 지속되어, 이후의 노력을 어렵게 만들거나 불가능하게 만들 수 있다.

이 예는 단시간 고강도 운동의 강도를 평가하는 데 운동 지속 시간을 어떻게 활용할 수 있는지를 보여주고 있다. 앞서 언급했듯이, 고강도 트레이닝을 주기화하는 한 가지 접근 방식은 실패를 경험하지 않고 질적으로 높은 운동의 양을 늘리는 데 집중한 다음, 운동선수가 반복적인 실패지점을 경험하는 트레이닝 세션으로 넘어가는 것이다. 이런 유형의 트레이닝 진행은 부상의 위험을 최소화하고 동기부여를 높게 유지할 수 있다. 고강도 세션이라도 일주일에 2~3회만 진행되면 과도한 피로나 과훈련이 발생할 가능성이 매우 낮아진다.

현명한 방법

짧은 시간 동안의 최대 무산소성 운동을 하고, 그 운동의 전체 시간 동안 지속할 수 있는 최대 파워를 설정하고, 운동 시간을 3등분으로 나눈다. 첫 번째 1/3은 몸이 약간의 불편함을 느끼면서 스포츠 특유의 피로를 경험할 수 있도록 한다. 이것은 기술과 효율성을 향상시키는 데 큰 도움이 된다. 두 번째 1/3은 어렵지만 비교적 짧은 시간 내에 회복할 수 있다. 이때는 관련 운동 강도를 높이기 위해 노력해야 한다. 마지막 1/3은 운동의 완료가 구조적 실패지점 및 피로와 관련되어 있기 때문에 아껴야 한다. 그러나 이 운동은 페이스를 조절하고 운동 범위를 늘리는 방법을 배우는 데 매우 좋다.

고강도 트레이닝의 주기화

산 정상에 오르기 위해 선택할 수 있는 여러 가지 길(어떤 길은 길고, 어떤 길은 짧고, 어떤 길은 위험하고, 어떤 길은 안전함)과 마찬가지로, 무산소성 운동 능력을 향상시키기 위한 다양한 접근 방식이 존재한다. 앞서 언급했듯이, 선수의 무산소성 운동 능력을 향상시키는 트레이닝 프로그램을 구성하기 전에 무산소 운동 능력을 뒷받침하는 생리학과 선수의 한계를 이해해야 한다.

무산소성 체력을 뒷받침하는 기본 속성에 적절한 근육량, 바람직한 근육 구성(즉, 섬유 유형), 신경근 동원, 운동 효율성, 대사성 노폐물에 대한 저항성, 말초 피드백 등이 포함된다면, 과학적 원리에 기반한 트레이닝 프로그램을 설계할 수 있는 근거가 존재한다고 할 수 있다.

트레이닝의 중점을 분류하는 또 다른 방법은 말초적 한계와 중추적 한계에 초점을 맞추는 것이다. 전통적인 무산소 운동 접근법은 말초적 구조적 요소를 먼저 구축하는 데 중점을 둔 다음, 선수가 중요한 경기에 가까워지면 더 적은 양이지만 훨씬 더 강도가 높은 프로그램으로 전환하는 것을 포함한다.

무산소성 파워를 향상시키는 또 다른 접근법은 파워 향상에 초점을 맞춘 다음, 피로 저항력과 무산소성 능력을 향상시키기 위해 고강도 반복 수축 횟수를 늘리는 트레이닝을 하는 것이다. 마지막으로, 선수는 주어진 파워를 발휘할 때 운동 속도를 향상시키는 것을 무시해서는 안 된다.

그림 14.3은 세 가지 근본적인 질문을 연결하는 흐름도를 보여주고 있다.

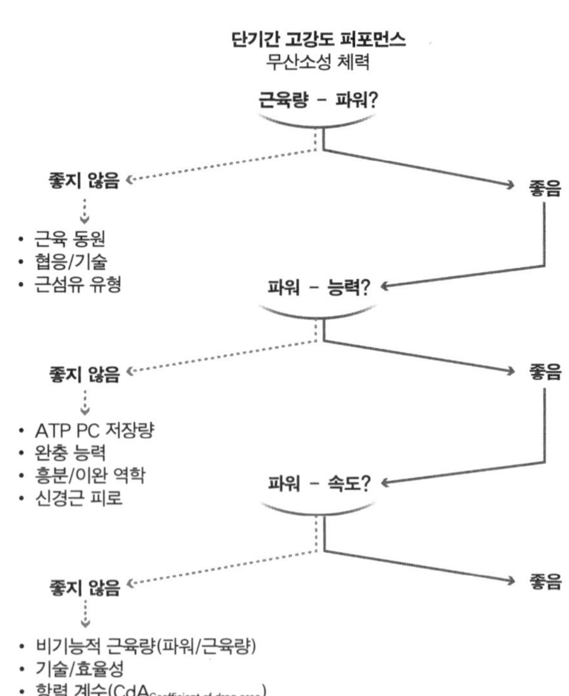

그림 14.3 세 가지 기본적인 질문을 바탕으로 무산소성 운동 능력을 결정하는 흐름도.

1. 선수가 필요한 파워를 내기 위해 충분한 근육량을 가지고 있는가?
2. 선수가 일련의 스포츠 관련 인터벌에 적합한 피로 저항성을 보여주고 있는가?
3. 선수가 필요한 힘의 양에 필요한 속도로 움직이고 있는가?

근육량 증가를 위한 트레이닝

기능적 근육량functional muscle mass을 늘리기 위한 트레이닝은 관련 움직임 패턴과 유사한 저항 운동에 집중하는 경향이 있다. 예를 들어 조정 선수는 체스트 풀 운동을, 스프린트 사이클 선수는 하체 근육량 향상을 촉진하기 위해 무거운 중량의 스쿼트를 수행한다.

과학적 연구의 요약에 따르면, 근육량을 늘리기 위한 자극은 강도와 반복 횟수의 조합을 포함한다. 따라서 5회 미만의 반복으로 무거운 무게를 들어 올리는 것은 강도는 충분하지만 지속 시간이 충분하지 않은 것으로 보인다. 반면, 20회 이상 가벼운 무게를 들어 올리는 것은 트레이닝 세션당 반복 횟수는 많지만 근육 비대를 촉진할 만큼의 강도는 충분하지 않을 수 있다.

최근에는 신장성 운동이 기능적 근육량의 발달을 자극하고 재형성하는 데 있어 독특한 역할을 할 수 있다는 사실이 주목을 받고 있다. 신장성 운동은 근육량의 증가를 촉진할 뿐만 아니라 세포 외 기질(결합 조직)의 재형성과 속근섬유에 대한 우선적 자극과 같은 추가적인 이점도 제공할 수 있다.[9]

현명한 방법

흔히 마주하게 되는 어려운 도전은 지방량을 줄이면서 근육량을 늘리는 것이다. 한 가지 접근 방식은 일일 식단을 통해 지속적으로 에너지 결핍 상태를 유지하는 동시에 격렬한 운동 전, 운동 중, 운동 후에 류신이 풍부한 단백질 공급원을 섭취하는 것이다. 근육량을 늘리는 인기 있는 접근 방식은 격렬한 운동 후에 초콜릿 우유 한 잔을 마시는 방식으로 단백질을 추가로 섭취하는 것이다.

피로에 대한 저항력 구축

피로 저항력은 회복이 제한된 상태에서 강력한 움직임을 반복적으로 수행할 수 있는 능력이라고 생각할 수 있다. 예를 들어, 축구 선수인 쌍둥이가 정확히 같은 시간 안에 10m 달리기를 할 수 있다고 상상해 보자. 그러나 20초의 회복 시간으로 10번의 반복 스프린트를 완료해야 하는 상황에서 한 쌍둥이는 최대 속도의 5% 감소 이내로 모든 스프린트를 완료하는 반면, 다른 한 쌍둥이는 마지막 스프린트를 가장 빠른 속도보다 10% 이상 느린 속도로 마치게 된다. 두 선수 모두 빠르고 파워가 있지만, 피로 저항력에서는 큰 차이가 있다고 할 수 있다.

근육 피로와 관련된 독특한 측면이 최근에 소개되었는데, 그것은 수축 속도[10]와 관련이 있었다. 연속적으로 수행되는 수축의 횟수는 수축당 수행되는 작업량과 관계없이 피로에 독특하고 독립적인 영향을 미칠 수 있었다. 다시 말해, 자전거를 타는 선수는 최대 페달 스트로크 20번을 수행할 수 있다. 마지막에 그의 파워 출력은 큰 기어(페달 스트로크당 더 많은 작업)를 사용했는지 작은 기어(페달 스트로크당 더 적은 작업)를 사용했는지에 관계없이 최대의 퍼센트와 동일하다. 사이클 종목의 경우, 이 데이터는 스프린터들이 경기 중 더 큰 기어비를 선택해야 근육 수축당 더 많은 일을 할 수 있다는 것을 시사한다. 흥미롭게도, 지난 10년 동안 세계 정상급 스프린터들이 경기 중 선택하는 기어비가 급격하게 증가했다(A.S. Gardner and N. Flyger, 개인적인 커뮤니케이션, 2012년 8월).

초과 속도 트레이닝Overspeed Training

가벼운 부하(매우 빠른 움직임을 가능하게 함)를 가하는 스포츠 관련 수축에서 무거운 부하를 가하는 유사한 수축으로의 진행은 피로에 대한 수축 횟수의 중요성을 고려할 때 흥미로운 점진적 과부하 옵션을 만들 수 있다. 가벼운 부하를 가하는 초과 속도 수축은 근육 수축의 흥분과 이완 측면을 모두 목표로 한다. 사이클링의 경우, 자전거 에르고미터의 매우 짧은 크랭크 암을 사용하여 최대 스프린트를 통해 빠른 수축을 수행할 수 있다. 짧은 크랭크 암(예: 120mm vs 표준 170mm)을 사용할 경우 250rpm 이상의 매우 높은 케이던스가 발생하며, 근육을 켜고(수축) 끄는(이완) 것과 관련된 세포 내 칼슘 순환 메커니즘이 활발하게 작용한다

초과 속도 트레이닝 세션은 다양한 스포츠 분야에서 많은 엘리트 코치들이 사용해 온 방법이지만, 과학적 증거를 통해 그 메커니즘이 밝혀지기 시작했다. 이 발견은 피로 저항력, 장시간동안 전력을 소모하는 all-out 활동을 향상시키기 위해 트레이닝 프로그램에 고속 수축을 통합하는 근거를 제공한다. 달리기와 관련된 다른 스포츠의 경우, 부상 위험을 크게 증가시키지 않는 방식으로 보폭 비율을 늘리는 방법(예: 내리막길 달리기 또는 무부하 달리기)을 연구하는 것이 좋을 것으로 보인다. 크로스컨트리 스키, 조정, 카약과 같이 상체를 사용하는 스포츠의 경우, 에르고미터를 착용하거나 특수한 장비(예: 작은 패들 블레이드)를 사용하여 스포츠 특이적 움직임 패턴을 매우 빠른 속도로 수행하는 것이 비교적 쉬울 수 있다.

표준 인터벌 세트(예: 타바타 인터벌[11])를 사용하는 경우, 저항을 줄이고 수축 빈도를 높이는 방식으로 트레이닝을 진행하는 것이 기존의 저항 증가 및 수축 빈도 감소 방식보다 상대적으로 더 큰 부하를 제공하는 데 효과적이다. 반대로, 저항을 증가시키는 경우, 수축 빈도를 중요한 조절 변수로 고려하는 것이 적절할 수 있다.

초과 속도 트레이닝 중 칼슘 순환과 정체기에 따른 신경근 적응에 필요한 시간 범위를 문서화하기 위해서는 연구가 필요하지만, 고강도 트레이닝에 대한 다른 생리적 반응에 근거하면, 일주일에 2~4회, 2~4주 동안 트레이닝을 하면 원하는 변화를 유도할 수 있을 가능성이 높다.

현명한 방법

퍼포먼스 정체 상태를 타개할 방법을 찾고 있는 코치와 선수들은 약간의 다양성을 추가하고 초과 속도 트레이닝을 실험해 보는 것을 고려해 보는 것이 좋다.

골격근의 근섬유 유형을 유리하게 재구성하는 데 사용할 수 있는 다양한 유형의 트레이닝 중, 지도자와 스포츠 과학자들이 상당한 관심을 기울이고 있는 세 가지 현대적 접근법이 있다. 플라이오메트릭, 여러 번의 단거리 급가속multiple short-rapid accelerations, 편측성 트레이닝single-limb training.

플라이오메트릭은 신장-단축 반사stretch-shortening reflex 이용하여 강력한 동적 수축을 가능하게 한다. 연구 결과에 따르면 플라이오메트릭 트레이닝 세션은 근육의 파워 생성 능력을 향상시키는 데 도움이 된다고 한다.[12]

여러 번의 단거리 급가속multiple short-rapid accelerations을 통해 선수는 서서 출발하는 상태에서 최대 달리기 속도에 이르기까지 느린 수축에서 거의 최대 수축에 이르는 자연스러운 진행 과정을 경험할 수 있다. 달리기 외에도 수영, 조정, 카약, 사이클링 등 다양한 스포츠에서 최대 단거리 급가속을 수행할 수 있다.

편측성 트레이닝single-limb training은 피로 저항력 향상에 사용할 수 있는 새로운 트레이닝 유형 중 하나이다. 편측성 트레이닝은 한쪽 다리로만 페달링 동작을 할 수 있기 때문에 사이클링에 특히 적합하다. 편측성 트레이닝에서는 전체 혈액량과 신경 자극이 한쪽 다리로만 전달되기 때문에, 일반적으로 선수가 골격근에 더 큰 부하를 가할 수 있다. 예비 데이터에 따르면, 편측성 사이클 트레이닝 후 적응이 잘 이루어진다고 한다.[13]

웨이트장 트레이닝 세션 중 실시간으로 파워를 피드백하는 또 다른 옵션은 각 반복 동작 동안 최대 파워를 발휘하는 데 초점을 맞추는 것이다(예: 리프팅 속도와 무게의 조합).

현명한 방법

새로운 트레이닝 방법을 도입하는 것의 장점은 선수들이 트레이닝에 대한 동기를 유지하고 새로운 운동 루틴에 전념하면서 트레이닝 드릴의 빠른 향상을 즐길 수 있다는 것이다. 특이성이 있는 요소가 있다면, 이러한 새로운 트레이닝 방법의 일부로 인한 전반적인 적응은 원하는 퍼포먼스 향상을 뒷받침할 것이다.

선수가 원하는 파워 출력을 내기 위해 필요한 근육량을 확보하고, 파워 생성 능력이 피로에 충분히 견딜 수 있게 되면, 움직임의 속도와 파워 출력 간의 관계를 고려해야 한다. 이 생체역학 주제는 여기서는 자

세히 다루지 않을 것이다. 그러나 실험실 에르고미터에서 선수가 파워가 있다고 해서, 실제 필드에서 조정, 패들링, 사이클링을 할 때 빠르게 움직일 수 있다는 것을 의미하지는 않는다는 것을 인식하는 것이 중요하다. 짧은 고강도 퍼포먼스의 한계를 알면, 코치는 선수의 장점을 보호하고 약점을 개선하는 트레이닝을 목표로 삼을 수 있을 것이다.

무산소성 운동 능력을 향상시키는 트레이닝에 대한 새로운 관점

최대 고강도 운동의 한계는 최대 파워 생성 능력과 최대 유산소 능력에 관련된 운동의 강도로 판단된다. 이런 관점을 바탕으로, 400m 육상 선수나 200m 수영 선수를 위한 혁신적인 트레이닝 프로그램을 설계할 수 있게 된다. 이 프로그램은 최대 속도를 향상시키기 위해 고강도 유산소 인터벌(4~10분 운동)을 결합한 고강도 단거리(10초 미만) 트레이닝에 초점을 맞춘다. 이 경우, 선수들은 자신의 종목과 관련된 불편한 운동 강도(30~60초)에 노출되지 않게 될 것이다. 본질적으로, 젖산 내성 인터벌은 처방되지 않을 것이다. 혈중 젖산이 많이 축적되고 세포 내외부의 완충 능력을 자극하는 인터벌 세트를 선호하는 사람들에게는 이 새로운 트레이닝 방식이 매우 이상하게 보일 것이다.

30초에서 120초 동안의 최대 강도로 운동하는 트레이닝의 장점 중 하나는 트레이닝 세션이 정신적으로 덜 고통스럽다는 것이다. 트레이닝 세션은 여전히 힘들고 강도도 높지만, 30초에서 60초 동안 지속되고 때로는 극심한 메스꺼움을 유발하는 전력질주 구간은 더 이상 포함되지 않는다. 트레이닝 세션을 좀 더 견딜 수 있게 만들고, 훈련을 더 자주 반복하며, 체력 범위를 향상시키는 데 집중하면 경기에서 전력 질주를 위한 1분간의 노력$_{\text{all-out 1-minute effort}}$을 아낄 수 있게 된다.

영양 보충제와 무산소성 체력

앞서 논의한 바와 같이, 고강도 무산소성 운동의 두 가지 주요 말초적 한계는 에너지 공급(아데노신3인산[ATP]과 크레아틴인산염의 총량)과 무산소성 대사 경로에 의한 근육 수축과 에너지 생산을 방해하는 무산소성 대사산물(즉, H^+의 축적)을 완충하는 능력일 가능성이 높다. 영양 보충제 제조업체들은 크레아틴 로딩이 골격근의 고에너지 인산염 함량을 향상시킬 수 있다는 연구 결과[14,15]와 수많은 완충제(즉, 중탄산나트륨, 구연산염, 인산염)가 무산소성 능력을 향상시켜 고강도 운동 중의 퍼포먼스를 향상시킬 수 있다는 다른 연구 결과[16]를 신속하게 활용해 왔다.

크레아틴 일수화물을 (하루에 약 20g씩 5~10일 동안) 섭취하면 선수가 고강도 반복 스프린트에 참여할 수 있다는 것을 확인하는 여러 연구가 권위 있는 과학 저널에 발표되었다.[15] 마찬가지로, 짧은 고강도 운동(30~300초) 1~2시간 전에 체질량 1kg당 0.3g의 중탄산나트륨을 섭취했을 때의 이점을 입증하는 잘 통제된 연구도 많이 존재한다.[16] 최근 들어, 베타-알라닌은 세포 내 완충 능력을 향상시키는 영양 보충제로 작용하는 것으로 나타났다. 많은 경우에, 베타-알라닌은 60~240초 동안 지속되는 최대 퍼포먼스를 향상시킬 수 있는데, 이는 골격근 내의 산-염기 균형을 유지하는 근육 카르노신의 농축에 기여하기 때문일 가능성이 높다.[17,18]

에너지 저장 및 완충 능력을 목표로 하는 보충제 외에도, 선수들이 최대한의 노력을 기울일 때 동기 부여와 최대 노력의 중요성을 강조하는 자극제 카페인에 의한 고강도 퍼포먼스 향상 효과를 뒷받침하는 근거도 있다. 일부 연구[19]에 따르면, 체질량 1kg당 2mg의 카페인 섭취가 반복 스프린트 능력을 향상시키는 데 도움이 되는 것으로 나타났다. 또한, 카페인 섭취는 다른 퍼포먼스 제한 요인이 있는 활동적인 참가자보다 트레이닝을 잘 받은 선수에게 더 도움이 될 수 있다. 한편, 카페인은 특히 익숙하지 않은 사람들에게 불안감과 근육 떨림과 같은 단기적인 부작용을 일으킬 수 있다는 점도 유의해야 한다. 따라서 경기 전략으로 채택하기 전에 트레이닝 단계에서 시험해 보는 것이 좋다.

주의 사항

고도로 트레이닝된 헌신적인 선수의 경우, 보충제가 실제로 얼마나 도움이 되는지는 아직 밝혀지지 않았다. 이 집단의 선수를 대상으로 한 엄격한 통제 연구는 수행하기가 어렵기 때문이다. 반면에 훈련 수준이 낮은 선수의 경우, 보충제를 섭취하면 트레이닝에 적절하게 적응하지 못한 대사적 한계를 보완할 수 있기 때문에 퍼포먼스에 더 큰 영향을 미칠 수 있다.

현명한 방법

보충제를 통한 퍼포먼스 향상은 일반적으로 1%에서 3% 정도이지만, 4~8주간의 트레이닝을 통해 5% 이상의 퍼포먼스 향상을 기대할 수도 있다. 많은 선수들이 퍼포먼스를 향상시키기 위해 쉽고 빠른 방법(즉, 보충제)을 선택하는 경향이 있지만, 장기적인 생리적 적응을 유도하기 위해 훨씬 더 많은 노력이 필요한 힘든 트레이닝을 선택하는 경우도 있다.

또한, 고려해야 할 중요한 사항은 플라시보 효과, 즉 신념 효과라고도 알려진 강력한 효과다. 보충제에 관해서라면, 특히 고통과 절망(즉, 포기하고 싶은 마음)과 관련된 고강도 운동에 사용되는 보충제는 희망과 동기를 유발하는 강력한 요인이 될 수 있다. 어떤 경우에는 신념 효과가 너무 강력해서 실제로 작용 메커니즘이 입증되지 않은 제품을 믿는 것이 효과가 입증된 보충제를 믿지 않는 것보다 더 중요할 수 있다.

그림 14.4는 보충제의 효과가 있다는 낮은 수준의 실험적 근거와 높은 수준의 실험적 근거, 그리고 선수의 낮은 수준의 신념 효과와 높은 수준의 신념 효과를 바탕으로 운동선수와 보충제에 대해 논의할 때 발생할 수 있는 네 가지 시나리오를 보여주고 있다.

선수의 신념 \ 과학적 근거	좋지 않음	좋음
좋음	**합리적인 허용 범위** 강한 신념 그러나 근거 없음	**훌륭한 선택** 신념과 근거
좋지 않음	**사용하지 말 것** 신념도 없고 근거도 없음	**인내심** 믿음은 없지만 근거는 있음

그림 14.4 과학적 근거와 선수의 신념에 근거한 보충제 분류.

모든 보충제가 과학적으로 충분한 효과가 입증되고, 동시에 선수도 그 효과를 믿는다면 가장 이상적이겠지만, 실제 현장에서는 그렇지 않은 경우가 많다. 예컨대, 과학적으로는 효과가 입증되지 않았지만 선수 본인이 강하게 신뢰하는 보충제가 있는가 하면, 반대로 강한 과학적 근거가 있음에도 불구하고 선수가 그 보충제를 신뢰하지 않는 경우도 존재한다. 이러한 시나리오는 코치에게 매우 실망스러울 수 있지만, 스포츠에서 신념의 효과가 얼마나 강력한지를 인식하는 것이 중요하다. 많은 보충제의 경우, 운동선수가 그 과정에 대한 믿음이 부족하면 실제로 보충제의 잠재적인 긍정적인 효과를 차단할 수 있다. 경험이 풍부한 코치는 선수의 강한 믿음에 순응하는 경향이 있으며, 발생할 수 있는 다양한 유형의 조건에 대한 관리 전략을 개발한다.

무산소성 선수를 위한 고지대 트레이닝

호주 스포츠 연구소의 스프린트 트랙 사이클 선수들은 고지대 캠프를 마친 지 3주 만에 긍정적인 생리적 적응과 중요한 경기에서의 뛰어난 퍼포먼스를 보였다고 한다(T.R. Ebert, 개인적인 커뮤니케이션, 2012년 4월). 이러한 퍼포먼스 향상의 바탕이 되는 정확한 적응 과정은 아직 완전히 밝혀지지 않았지만, 고지대 트레이닝이 골격근 완충 능력의 향상을 촉진할 수 있다는 증거가 있다.[20]

고지대 트레이닝의 또 다른 예상치 못한 잠재적 이점은 고지대 트레이닝 프로그램에 착수한 선수들이 식이요법, 수면, 보충제, 회복 등 트레이닝의 다른 중요한 주변 요소에 더 일관성을 가지기 시작한다는 것

현명한 방법

고강도 트레이닝에 있어 동기 부여의 영향력을 간과해서는 안 된다. 트레이닝 세션에 대한 감독과 격려가 경기력을 향상시키고 더 나은 퍼포먼스를 이끌어 낸다. 고강도 트레이닝은 모든 반복과 인터벌에 대한 특별한 동기 부여가 필요하다. 동기 부여의 중요성을 이해하는 코치는 고강도 트레이닝 세션의 구조가 선수들이 트레이닝 세션에 최적으로 반응할 수 있도록 신체적 부하와 긍정적인 대인 관계 역학을 결합해야 한다는 것을 알고 있다.

이다. 왜냐하면 그들은 고지대 트레이닝의 이점을 극대화하기를 원하기 때문이다. 이런 생각을 하는 선수들에게 고지대 트레이닝은 동기부여가 되어, 그들이 원하는 행동을 하도록 도울 수 있다.

요약

무산소성 파워는 많은 스포츠에서 퍼포먼스에 중요한 요인이다. 무산소성 파워를 평가하고 향상시키기 위해 사용되는 테스트와 트레이닝 방법론은 복잡하고 빠르게 발전하고 있다. 수많은 과학적 연구에서 근육량과 파워 생성 간의 관계, 파워 생성 및 피로 저항 간의 관계, 파워 생성 및 움직임 속도 간의 관계를 포함하여 무산소성 파워의 많은 흥미로운 측면을 밝혀냈다. 무산소성 운동의 트레이닝에 관해서는, 각각의 트레이닝 블록이 논리적인 순서에 따라 진행될 수 있도록 하는 것이 권장된다. 짧은 고강도 운동에 대한 적응이 빠를 수 있고, 고강도 운동의 과도한 부하가 부상, 질병, 심한 피로, 동기 상실을 초래할 수 있기 때문에, 무산소 운동에 초점을 맞춘 트레이닝 사이클 동안 건강과 퍼포먼스 능력을 면밀히 모니터링하는 것이 중요하다. 마지막으로, 숙련된 트레이닝 코치들은 트레이닝에 대한 동기를 유지하고 코치와 트레이닝 방법을 믿는 것이 얼마나 중요한지 잘 알고 있다. 이런 이유로, 적절한 인체공학적인 보조기구와 건강한 라이프스타일을 포함하는 다양한 프로그램이 최상의 결과를 이끌어 낸다.

감사의 글

이 장에서 다루는 주제와 의견은 호주 스포츠 연구소Australian Institute of Sport의 생리학과와 필라델피아 76ers에서 일하는 뛰어난 스포츠 과학자들과 필자가 나눈 많은 토론의 직접적인 결과물이다. 특히 크리스 고어Chris Gore 박사와 짐 마틴Jim Martin 박사의 국제적으로 인정받는 전문 지식과 스프린트 사이클링 전문가인 스콧 가드너Scott Gardner 박사, 태미 에버트Tammie Ebert 박사, 니콜라스 플라이거Nicholas Flyger 박사의 전문성을 인정하고 감사드리고 싶다.

필수 항목

- 단계적으로 무산소성 트레이닝 단계로 전환하는 것을 강조한다.
- 기본적인 동작부터 시작해서, 스포츠에 특화된 동작으로 전환한다.
- 강도가 증가함에 따라 트레이닝 시간은 감소해야 한다.
- 의도적으로 피로에 이를 때까지 수행하는 최대 강도 운동은 유익할 수 있다.
- 고지대 트레이닝과 일측성 하지 운동은 무산소성 체력 향상에 도움이 될 수 있다.
- 크레아틴, 베타-알라닌, 단백질 보충제는 도움이 될 수 있다.
- 무산소성 파워의 급격한 증가는 지속적인 피로감에 앞서 나타날 수 있다.
- 강력한 운동선수에게는 피로 저항력(능력)이 중요하다.

Chapter 15

유산소성 파워 트레이닝

마르탱 부셰Martin Buchheit, PhD

킷맨 랩스Kitman Labs 퍼포먼스 인텔리전스 연구 책임자Head of Performance Intelligence Research
HIIT Science 공동설립자

폴 로어센Paul Laursen, PhD

Athletica Inc. 공동설립자 및 CEO
HIIT Science 공동설립자 및 CEO

하이퍼포먼스를 이끌어 내기 위해 필요한 준비 트레이닝을 계획하고 적용하는 과정은 퍼즐을 풀어야 하는 것과 비슷한 면이 있다. 이를 위해, 우리의 작업은[1] 여러 다른 스포츠에 걸쳐 다양한 형태의 트레이닝, 특히 고강도 인터벌 트레이닝(HIIThigh-intensity interval training)을 처방하는 것과 관련된 복잡성과 잠재적 해결책을 고려한다.

HIIT와 다른 방법을 통해 개발할 수 있는 핵심 분야 중 하나는 유산소성 파워다. 이 장의 목표는 모든 유형의 선수와 대부분의 스포츠에서 유산소성 파워를 향상시키는 방법에 대한 전반적인 철학을 개괄하는 것이다. 선수의 유산소성 파워를 향상시키는 방법에는 최대 근력 트레이닝, HIIT, 열 트레이닝, 고지 트레이닝 등이 있다. 주기적 영양 섭취도 중요한 역할을 할 수 있다.

정의

'유산소성 파워Aerobic power'는 정의에 따르면 궁극적으로 세포의 미토콘드리아 내에서 유산소성(산소 사용)으로 생성되는 에너지를 의미한다. 미토콘드리아는 산소가 있는 상태에서 연료(주로 탄수화물과 지방)를 연소하여 '세포 호흡'이라는 복잡한 과정을 통해 에너지를 생성(아데노신 삼인산[ATP])하는 세포의 발전소 같은 에너지 단위로 간주된다. 심장이 혈액을 온몸의 근육, 심장, 신경세포로 보내기 전에 폐에서 혈액은 산소로 포화된다(운동 중에는 이러한 조직에 주로 영양분이 공급되지만, 동시에 모든 세포에 영양분이 공급된다). 이 유산소 능력은 신체의 '최대산소섭취량'($\dot{V}O_2max$)이라고도 하며, 실험실에서 측정할 때 비율(ml · O_2/min)로 표시된다.

이와 관련이 있지만 구별되는 개념(그리고 종종 혼동되는 '유산소성 능력')으로, 이는 최대산소섭취량의 일정 비율을 유지할 수 있는 능력을 말한다. 따라서 '유산소성 능력Aerobic capacity'은 간접적으로 임계 파워, 임계 속도 또는 최대 젖산 안정 상태[2]의 개념을 더 많이 나타낸다.

유산소성 파워 또는 최대산소섭취량은 중추적 요소와 말초적 요소를 모두 포함한다. 중추적 요소는 주

이 장의 일부 내용은 P. Laursen과 M. Buchheit가 편집한 『Science and Application of High-Intensity Interval Training: Solutions to the Programming Puzzle』과 HIIT Science 블로그(https://hiitscience.com)에서 발췌한 것이다.

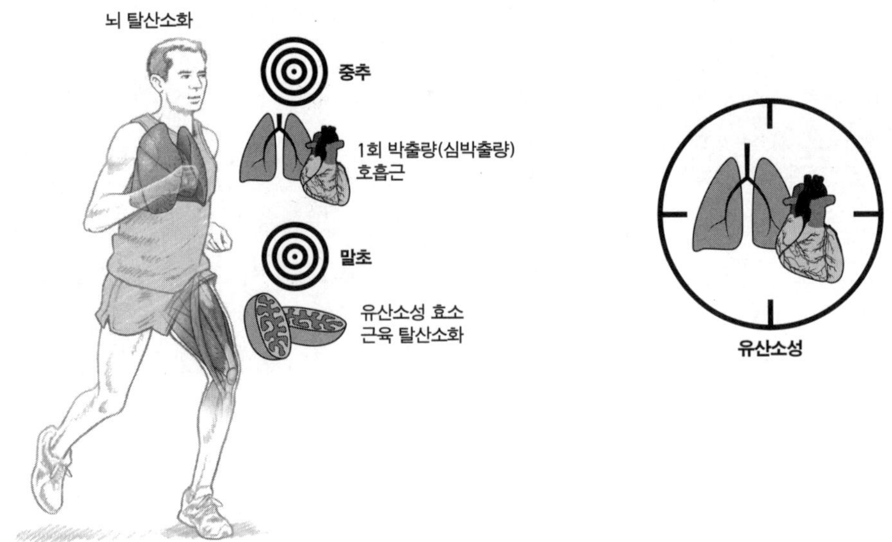

그림 15.1 유산소성 운동의 중추 및 말초 구성 요소.

Adapted from M. Buchheit and P. Laursen, "Physiological Targets of HIIT," in *Science and Application of High-Intensity Interval Training: Solutions to the Programming Puzzle,* edited by P. Laursen and M. Buchheit (Champaign, IL: Human Kinetics, 2019), 34.

로 심박출량, 즉 운동하는 근육에 산소를 공급하는 심장과 폐의 능력을 의미한다. 우리는 종종 이것이 많은 지구력 스포츠의 맥락에서 $\dot{V}O_2max$의 주요 결정 요인임을 확인할 수 있다. '말초적 요소'는 주로 전달된 산소를 추출하고 사용하는 근육의 능력을 의미하며, 그림 15.1에 설명되어 있다.

유산소성 파워를 극대화하는 방법을 더 자세히 알아보기 전에, 왜 유산소성 파워가 중요한지 명확히 알아야 한다. 그 이유는 성공적인 선수가 되기 위해 필요한 모든 에너지 과정에 사용할 수 있는 깨끗한 에너지원을 제공한다는 사실로 논리적으로 설명할 수 있으며, 하이퍼포먼스 선수 트레이닝에 관한 책의 맥락에서 다음과 같은 능력을 언급하고 있다.

- 주로 1~2분 이상 지속되는 고강도 운동의 반복적 수행
- $\dot{V}O_2max$의 상승에 따른 천장 효과로 인한 피로 최소화와 부분적인 이용률의 상승에 의존하지 않는 일정 강도 또는 속도로의 장시간 운동 수행
- 고강도 운동의 급성기 사이의 회복
- 전술적 인지, 기술적 능력, 의사 결정 등 고강도 운동에서 인지 기능의 발휘(뇌와 신경 조직은 산소 에너지가 필요. 그림 15.1, 뇌 탈산소화 참고)
- 트레이닝, 게임, 경기 또는 대회 후의 피로 회복

유산소성 파워를 향상시키기 위해 트레이닝 계획에 포함해야 할 사항을 설명하기 전에, 먼저 목표를 이해하는 것부터 시작해야 한다.

기본 철학: 내용보다 목표가 우선

최고 수준의 선수들에게 성공적인 프로그램을 제공하려고 할 때, 트레이닝의 퍼즐은 보통 처음 보이는 것보다 훨씬 더 복잡다. 맥락이 모든 것을 좌우하기 때문에, 유산소성 파워를 향상시키기 위한 권장 사항을 제시하기 전에 이 맥락을 잘 이해해야 한다. 대규모 팀에서 일할 때, 트레이닝 계획은 종종 여러 직원이 각자의 (대개는 강한) 자존심을 가지고 논의하고 결정을 내리기 때문에, 유산소성 파워의 향상이 최우선 과제인 경우에도 의사 결정 과정이 단순화되기보다는 오히려 복잡해질 수 있다. 또한, 선수들은 종종 자신의 습관과 신념을 가지고 있으며, 이러한 신념이 중요한 유산소성 파워 프로그램 개발과 상충되는 경우에도, 훈련을 계속하고 신뢰를 확보하기 위해서는 이러한

신념을 존중해야 할 필요가 있다.[3] 또한, 대부분의 트레이닝 계획은 간단한 생리학적 원리(예: 선수가 화요일의 트레이닝으로 인해 아직 몸이 아픈 경우), 예상치 못한 사건(예: 원정 경기 후 비행기가 지연된 경우, 출전하지 않은 선수들을 위한 추가 런닝 세션 전에 수면이 부족한 경우) 또는 스포츠 외적인 요인(예: 가정사, 언론 인터뷰)에 따라 매일 변경될 수 있다. 이 점을 고려할 때, 유산소성 파워를 향상시키기 위해 며칠 전에 종이에 계획된 특정 세션이 D-day에 실제로 적합할 가능성은 거의 없다.

그렇다면, 하이퍼포먼스 환경에서 이러한 복잡성을 어떻게 처리할 수 있으며, 유산소성 파워 향상 프로그램에 대해 올바른 결정을 내릴 수 있는 방법은 무엇인가? 여기에서는 상황을 이해하고 실용적인 접근을 취하는 것이 필수적이다. 완벽한 트레이닝 프로그램 방법은 없지만, 주어진 상황에 맞는 더 나은 방법(또는 가장 나쁘지 않은 방법)이 있는 경우가 종종 있다.

예를 들어, 모든 상황에서 긴 인터벌이 짧은 인터벌보다 낫다고 말하거나, 고지대 트레이닝보다 열 트레이닝을 더 많이 해야 한다고 말할 수는 없다. 그림 15.2에 표시된 주요 맥락 매개변수 외에도, 최적의 시나리오는 다음과 같은 맥락에 따라 달라질 수 있다.

- 시즌의 단계
- 주간 소주기의 시간대(예: 내일 근력 세션이 예정되어 있어 다리를 피로하지 않게 유지해야 하는지, 아니면 휴식일이라 오늘 신경근육계에 과부하를 줄 수 있는지?)
- 선수의 개인별 생리학적 특성(예: 느린 지구력형 선수 vs 폭발력형 선수)
- 심리적 상태(예: 지난 3경기 동안 교체 선수로 출전해 공이 없는 상태에서 러닝을 하기 싫어하는 선수에게 공을 포함한 세션을 통합하는 것이 현명할 수 있다).

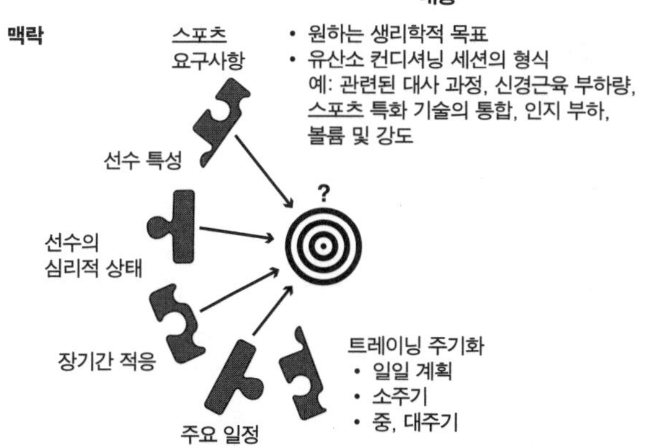

그림 15.2 유산소성 파워 향상 퍼즐을 완성할 때 평가해야 할 상황적 고려 사항의 예.

Reprinted by permission from M. Buchheit, "Content is King, But Context is God," *HIIT Science* (2018), https://hiitscience.com/content-is-king-but-context-is-god.

현명한 방법

특정 세션이 절대적으로 맞거나 틀린 것은 없다. 실제로, 이후에 자세히 설명할 옵션과 함께 사용하는 유산소성 파워 향상 전략은 모두 현재 상황과 의도에 따라 달라진다. 상황을 이해하는 것은 쉽지 않을 수 있지만, 선수의 퍼포먼스 퍼즐을 적절하게 풀기 위해서는 매우 중요한 단계이다.

동시 트레이닝과 간섭 효과

유산소성 파워를 향상시키기 위해 사용할 수 있는 다양한 방법을 소개하기 전에, 이러한 방법들이 결합될 때의 생리적 효과를 충분히 이해해야 한다. 실제로, 하이퍼포먼스 스포츠에 대한 상황적 고려 사항을 검토한 후, 다음으로 가장 자주 발생하는 과제는 복합 훈련 프로그램의 복잡성에서 비롯된다.

'복합 훈련Concurrent training'은 주기적인 트레이닝 프로그램 내에서 근력/파워와 지구력(또는 신진대사) 컨디셔닝 세션을 동시에 통합하는 것을 의미한다. 이 부분이 종종 퍼즐을 복잡하게 만드는 부분이다. 많은 스포츠에서 우리는 두 가지 측면이 모두 필요하다. 곧 자세히 설명할 유산소성 파워는 주로 심폐 기능 및 대사 컨디셔닝에서 파생되는 반면, 최대 근력과 파워의 발달은 근력 및 파워 트레이닝에서 더 많이 파생되는 경향이 있다. 각 트레이닝 형태는 운동-스트레스 스펙트럼에서 서로 정반대 끝에 위치한다(그림 15.3 참조).

이 두 가지 형태의 트레이닝을 함께 진행하면 어떤 일이 일어날까? 과학자들은 그 결과를 '간섭 효과interference effect'라고 명명했다. 그 원인을 설명하기 위해 두 가지 이론(급성 및 만성)이 제시되었으며, 그

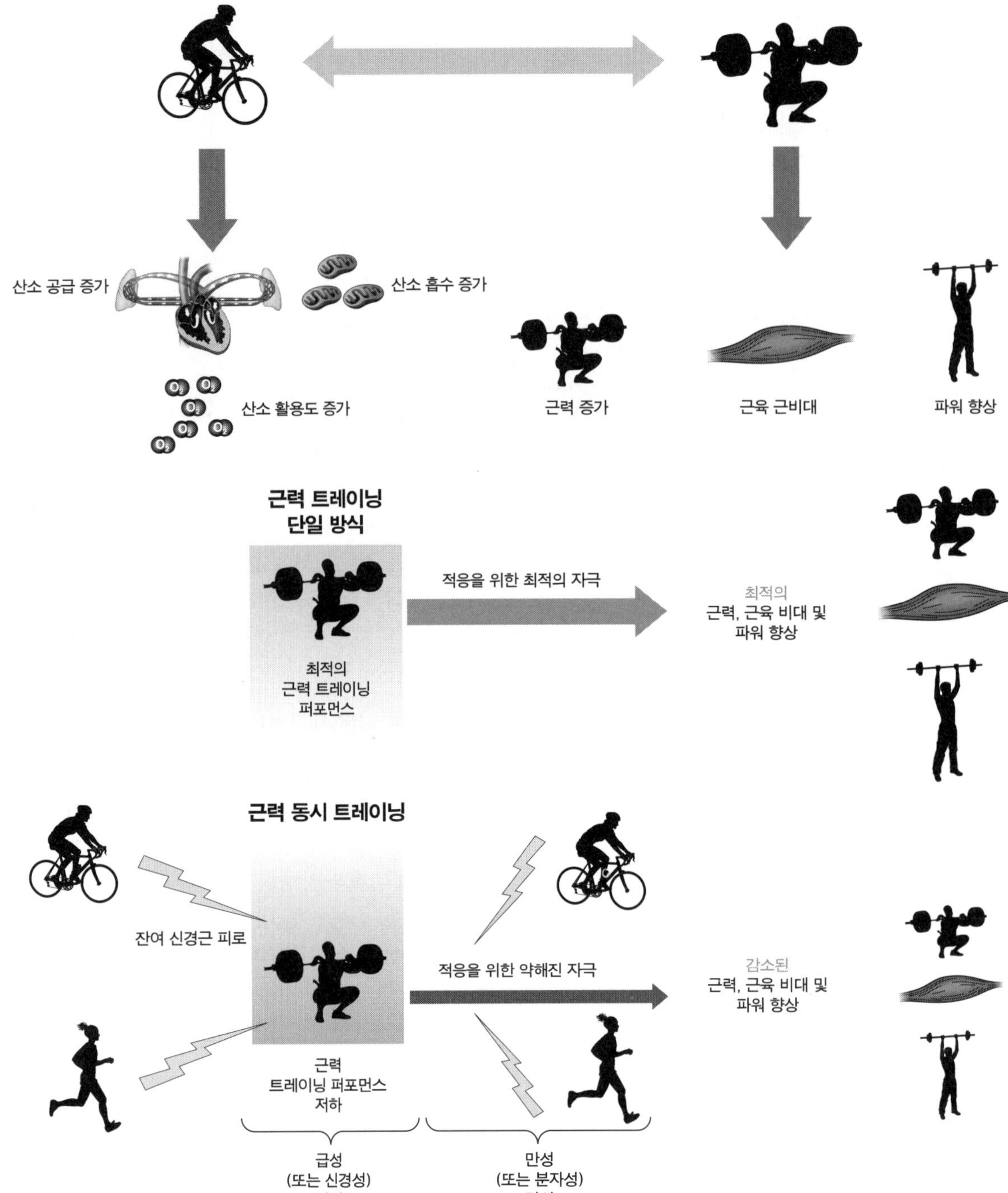

그림 15.3 근력과 지구력 트레이닝의 상반된 특성으로 인해, 대사 컨디셔닝 세션이 근력과 파워 관련 세션에 방해가 될 수 있고, 그 반대의 경우도 발생할 수 있는, 간섭 현상이 생길 수 있다.

Reprinted by permission from J. Fyfe, M. Buchheit, and P. Laursen, Incorporating HIIT Into a Concurrent Training Program," in *Science and Application of High-Intensity Interval Training,* edited by P. Laursen and M. Buchheit (Champaign, IL: Human Kinetic, 2018), 120, 124.

중 급성 이론, 즉 신경 간섭이 가장 많은 지지를 받고 있다.

이 아이디어를 설명하기 위해, 근력 트레이닝을 하기 몇 시간 또는 며칠 전에 특정 유산소성 파워 트레이닝 세션을 통해 하체가 미리 피로해지면, 필요한 강도로 높은 강도의 근력 트레이닝을 수행하기가 훨씬 더 어려워진다는 것을 쉽게 상상할 수 있다. 이러한 상황이 반복되면, 트레이닝으로 인한 근력, 파워, 근육량 등의 향상이 약화될 수 있다.[1] 이는 '내용보다 맥락을 중시하라'는 우리의 기본 철학과 유산소성 파워 향상을 위한 처방을 내리기 전에 큰 그림을 파악해야 하는 이유와도 관련이 있다.

트레이닝 퍼즐 해결하기

유산소성 파워를 향상시키는 방법에는 최대하 지구력 트레이닝, 열 트레이닝, 고지대 트레이닝 등 여러 가지가 있다. 사실 고강도 인터벌 트레이닝(HIIT)도 상황에 따라 사용할 수 있다. 예를 들어, HIIT는 크로스 컨트리 스키나 트라이애슬론과 같은 지구력 스포츠의 주요 유산소성 파워 트레이닝 방식은 아니다. 그러나 많은 스포츠, 특히 팀 스포츠의 경우, HIIT는 하이퍼포먼스 환경에서 유산소성 파워를 개발하기 위해 사용할 수 있는 가장 강력하고 제어 가능하며 실용적인 방법일 가능성이 높다. 이는 특히 HIIT가 1회 박출량, 심박출량 및 속근 섬유 동원(및 후속 적응)의 변화에 미치는 영향 때문이라고 할 수 있다.[1] 따라서 앞으로는 HIIT에 초점을 맞출 것이다.

이 시점에서, 선수의 유산소성 파워를 향상시키기 위한 트레이닝 세션을 계획할 때 일반적으로 목표로 삼아야 할 세 가지 주요 생리적 반응을 인식하는 것이 중요하다. 그림 15.4에서 볼 수 있듯이, 이러한 반응에는 유산소성 산화aerobic oxidative, 무산소성 해당과정anaerobic glycolytic 및 신경근/근골격 자극이 포함된다. (이러한 시스템이 개별적으로 또는 공동으로 어떻게 목표가 될 수 있는지에 대한 자세한 정보는 https://hiitscience.com을 참고하기 바란다.) 목표하는 생리학적 반응이 명확해지면, 그림과 같이 다양한 정도의 유산소(대사적 O_2 시스템), 무산소 및 신경근 스트레스 또는 부하를 포함하는 트레이닝 세션으로 구성된 HIIT 유형을 도입할 수 있다(그림 15.4).

현재 가장 중요한 단계는 모든 요소를 통합하는 것이며, 이는 그림 15.5에서 가장 잘 설명되어 있다.

1단계: 하이퍼포먼스 환경에 내재된 중요한 상황적 고려 사항부터 시작해야 한다. HIIT 세션 유형을 적절하게 선택하기 위해 고려해야 할 요소로는 스포츠 요구 사항, 참여 선수, 원하는 장기적 적응, 동시 트레이닝 배경, 주기화 측면 등이 있다. 이러한 요소들이 함께 목표에 도달하기 위해 필요한 생리학적 반응(유산소성 대사, 무산소성 대사, 신경근)을 결정한다.

2단계: 트레이닝에 필요한 생리학적 목표(그림 15.4 참조)를 결정하여 필요한 트레이닝 유형을 결정한다. 이 6가지 생리학적 반응 목표는 다음과 같은 범주로 분류된다.

- 유형 1, 유산소 대사형으로 산소(O_2) 운반 및 이용 시스템(심폐 시스템과 유산소성 근육 섬유)

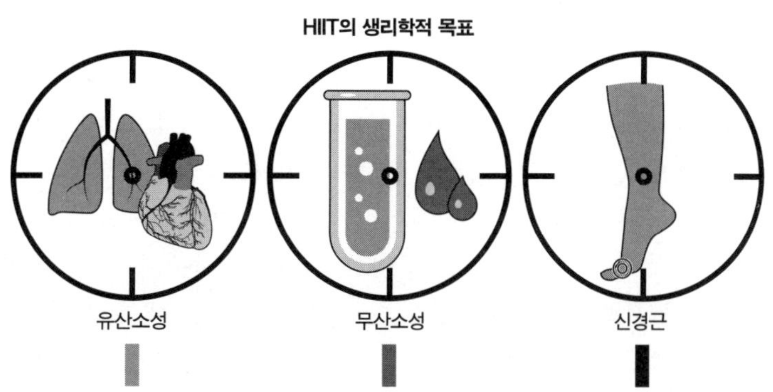

그림 15.4 모든 트레이닝 세션의 세 가지 주요 생리학적 목표: 유산소성 산화, 무산소성 해당과정, 신경근/근골격.

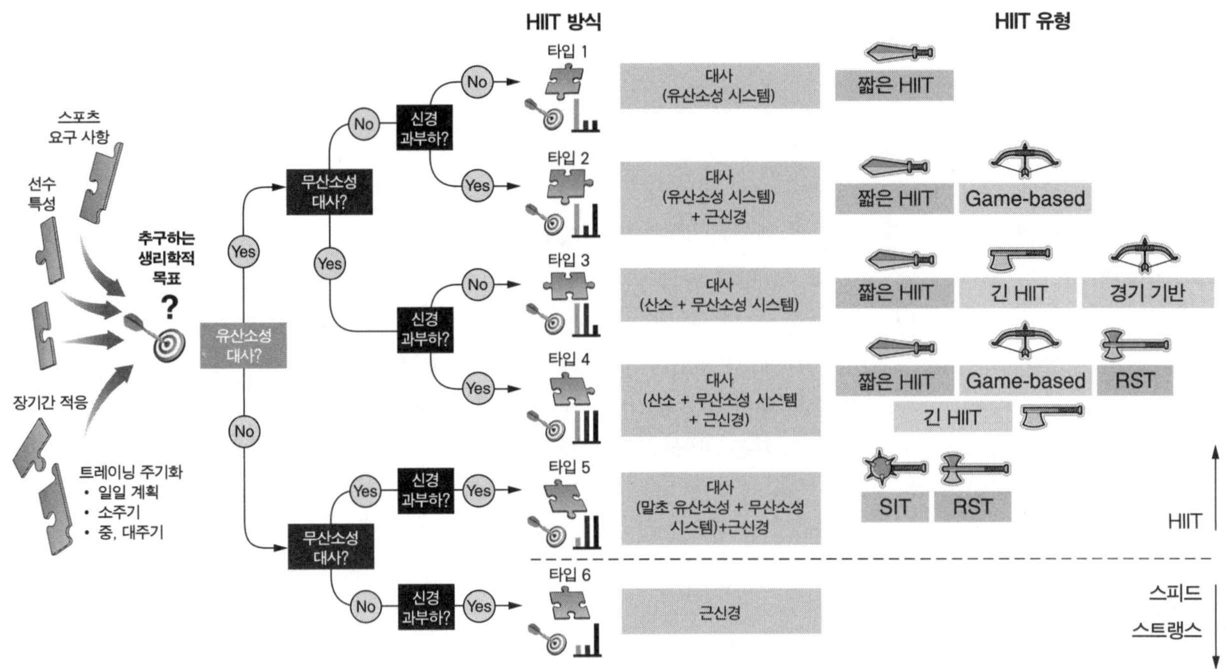

그림 15.5 모든 생리학적 퍼포먼스 퍼즐을 해결하기 위한 HIIT의 과학적 로드맵 솔루션.

Reprinted by permission from P. Laursen, M. Buchheit, and J.C. Vollmer, "Genesis and Evolution of High-Intensity Interval Training," in *Science and Application of High-Intensity Interval Training: Solutions to the Programming Puzzle,* edited by P. Laursen and M. Buchheit (Champaign, IL: Human Kinetics, 2019), 12; Adapted from M. Buchheit and P.B. Laursen, "High-Intensity Interval Training: Solutions to the Programming Puzzle: Part I: Cardiopulmonary Emphasis," *Sports Medicine* 43, no. 5 (2013): 313-338.

에 큰 부담이 가해진다.

- 유형 2, 유형 1과 유사하지만 신경근 부담이 더 큰 대사형
- 유형 3, 유형 1과 유사하지만 무산소성 해당과정 에너지 기여도가 높고 신경근 부담이 제한적인 대사형
- 유형 4, 유형 3과 같은 대사형이지만 신경근의 부담이 큰 유형
- 유형 5, 유산소성 반응은 제한적이지만 무산소성 해당과정 에너지의 기여도가 크고 신경근의 부담이 큰 유형
- 유형 6(HIIT로 간주되지 않음) 신경근의 부담만 큰 유형으로, 일반적으로 속도와 근력 트레이닝을 의미한다.

3단계: 마지막으로, HIIT 형식 섹션에서 목표를 달성하기 위해 원하는 무기를 선택하기만 하면 된다. 목표 유형의 반응에 적절하게 대응하기 위해 선택할 수 있는 HIIT 형식(무기)에는 짧은 인터벌, 긴 인터벌, 반복 스프린트 트레이닝(RST), 스프린트 인터벌 트레이닝(SIT), 경기 기반 HIIT 등이 있다.[1]

그림 15.5에 설명된 의사 결정 매트릭스를 철저히 이해하면, 유산소성 파워 향상 목표뿐만 아니라 거의 모든 생리학적 기반의 프로그램 구성의 퍼즐을 가장 잘 풀기 위한 기회를 얻을 수 있다. 중요한 점은, 동일한 무기를 사용하여 다양한 HIIT 유형을 목표로 할 수 있으며, 적절하게 활용하면 어떤 무기도 생리학적 반응에 독점적으로 적용될 수 없다는 점이다. 예를 들어, 주로 유산소성 대사(HIIT 유형 1~4에서 볼 수 있음)를 목표로 하는 모든 트레이닝 하위 집합이 HIIT의 짧은 인터벌 형식을 사용하여 달성될 수 있다는 점에 주목해야 한다.

이제 그림 15.5의 유산소성 대사 목표(유산소성 파워 향상)에 집중해 보자. 유형 1부터 4까지를 목표로 하면 유산소성 대사 스트레스 부하가 증가하는 것을 알 수 있다. 이는 이러한 목표 세션이 모두 유산소성 발달을 가능하게 하기 때문이다. HIIT 유형의 오른쪽을 보면, 짧은 인터벌, 긴 인터벌, 반복 스프린트 트레

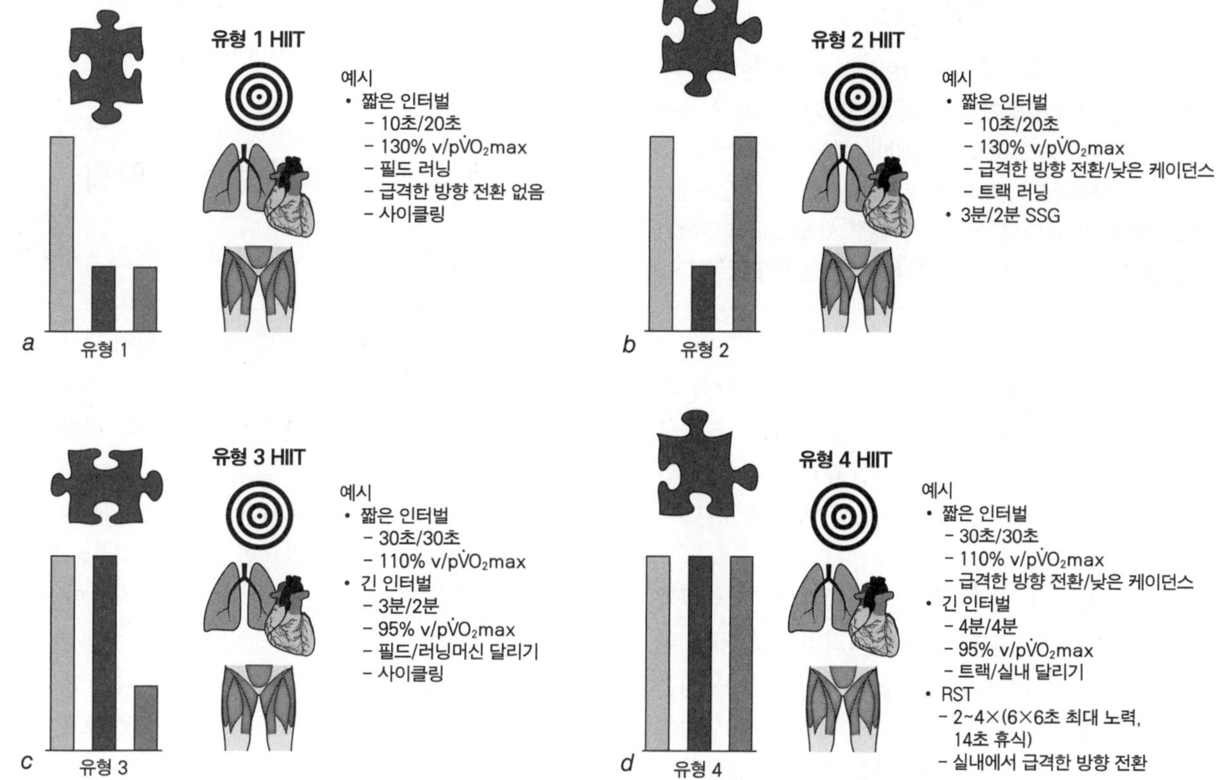

그림 15.6 HIIT 목표 유형과 생리학적 강조점 및 형식 예시: (a) 유형 1, (b) 유형 2, (c) 유형 3, (d) 유형 4. 10초/20초는 work:rest 인터벌을 의미, SSG: 스몰 사이드 게임, RST: 반복 스프린트 트레이닝.

이닝 및 경기 기반 HIIT(또는 스몰 사이드 게임)가 모두 이러한 목표를 달성하기 위해 구성될 수 있음을 알 수 있다. 모든 무기는 올바르게 맞춤화되면 유산소성 파워를 개발하는 데 사용될 수 있다.

그림 15.6(a~d)는 이 네 가지 HIIT 유형을 생리학적 목표 강조점과 HIIT 무기(HIIT의 주요 요소)로 구분하여 설명하며, 이러한 목표를 달성하기 위한 세부사항을 제공하고 있다. 특히 주목할 점은 유산소성 대사 시스템에 부하를 단독으로 가하거나, 무산소성 해당과정 및 신경근육적 스트레스를 다양한 정도로 강조하여 조절할 수 있다는 점이다.

지도자를 위한 사고방식의 전환

목표 유형을 먼저 고려해야 하는 이유는 두 가지가 있다. 주로 이는 다양한 스포츠의 맥락에 따라 이러한 서로 다른 생리학적 시스템이 다양한 방식으로 부담을 받는다는 사실과 관련이 있다. 예를 들어, 이 점을 설명하기 위해 신경근/근골격계 시스템을 분리해 고려해 보자.

매일 매일, 세션이 끝날 때마다 신경근/근골격계에 스트레스를 주는 타격을 받는다고 생각해 보자. 그림 15.5에서, 이는 HIIT 유형 2, 4, 5, 6의 세 번째 막대에 해당한다. 이것이 대부분의 사람들에게 어떻게 재앙으로 이어질지 상상할 수 있을 것이다. 일반적으로 이러한 세션 사이에는 신경근/근골격계가 적절히 적응할 수 있도록 충분한 휴식 기간(보통 며칠)이 필요하다. 예를 들어, 거의 모든 팀 스포츠에서 경기나 강도 높은 세션 후 근육 통증이 사라지는 데 얼마나 걸리는지 생각해 보라. 따라서 우리는 항상 하루하루의 신경근육 부하를 조정해야 한다(하루는 강도 높게, 다음 날은 쉬거나 가볍게).[1] 이처럼 하루하루의 생물학적 시스템에 맞는 부하 주기화를 '수평적 교대horizontal alternation'라고 한다.

현명한 방법

수평적 교대는 포르투갈의 축구 코치들이 사용하는 전술 주기화 패러다임에서 비롯되었다. 이 패러다임은 일부 신체적 능력은 다른 능력이 회복되는 동안에 항상 트레이닝할 수 있으므로, 선수들은 거의 매일 트레이닝을 할 수 있지만, 프로그램에 따라 교대를 실시하면 특정 시스템에 과부하가 걸리는 것을 방지할 수 있다는 생각에 기반을 두고 있다.

요약하면, 다양한 HIIT 세션의 주요 생리학적 반응을 이해하면, 유산소성 파워를 비롯해 우리가 추구하는 생리학적 능력을 최대한 개발하기 위해 적절한 세션을 적절한 시기에 적절한 장소에 배치할 수 있게 된다.

우리는 유형 1 및 3 반응을 목표로 하는 적절한 HIIT 트레이닝 무기를 추가하여 이러한 다른 중요한 시스템을 계속 발달시킬 수 있다. 이러한 목표 유형은 신경근/근골격계에 부담이 적은 HIIT 무기에서 비롯된다. 유산소 및 무산소성 시스템도 회복이 필요하기 때문에, 그림 15.5에 표시된 것과 동일한 목표 유형의 사고방식을 적용하여 필요에 따라 이러한 시스템의 회복을 촉진할 수 있도록 프로그램에 반영해야 한다.

유산소성 파워를 향상시키기 위한 로드맵이 마련되었으므로, 이제 그림 15.2에서 언급한 주요 상황적 고려 사항 중 하나인 선수 특성을 명확히 할 필요가 있다. 이를 위해 유산소성 파워를 측정할 적절한 방법을 찾아야 한다.

유산소성 파워 평가

선수의 유산소성 파워를 평가하기 위해서는 여러 가지 접근법이 사용될 수 있다. 실험실 기반의 점진적 테스트 매개변수가 가장 정확한 평가 방법일 수 있지만, 하이퍼포먼스 환경에서 원하는 트레이닝 및 퍼포먼스 결과를 평가하고 달성하는 데 객관적이고 효과적인 여러 현장 기반의 최대 임계 속도 및 파워 분석 도구와 방법이 더 실용적일 수 있다. 이 섹션에서는 코치, 과학자 및 지도자들이 유산소성 파워를 평가하고 트레이닝 처방을 위한 도구로 사용하는 접근법을 설명한다. 더 자세하게 말하면, 여기에는 최대 유산소 속도와 파워Maximal Aerobic Speed and Power, 그리고 30-15 간헐성 체력 테스트$_{30\text{-}15_{IFT}}$ Intermittent Fitness Test가 포함된다.

최대 유산소 속도, 최대 유산소 파워

HIIT를 프로그램할 때 유용한 참고 강도는 신체의 $\dot{V}O_2max$(소위 v/p$\dot{V}O_2max$ 또는 최대 유산소 속도/파워[MAS/MAP])와 관련된 속도 및 파워로 알려져 있다.[4,5] 이 방법의 장점은 $\dot{V}O_2max$와 러닝/사이클링의 에너지 비용을 단일 요인으로 통합한 측정값을 제공하며, 이는 선수의 최대 운동 능력peak locomotor ability을 나타낼 수 있다는 점이다.[4] v/p$\dot{V}O_2max$는 이론적으로 $\dot{V}O_2max$를 유도하는 데 필요한 최저 속도/파워이기 때문에, 이 지표가 트레이닝의 이상적인 기준이 된다는 것은 직관적으로 이해할 수 있다.[4,6,7] 특이성 원칙을 따를 경우, 이러한 강도로 점진적으로 트레이닝을 축적하면 유산소성 파워가 더욱 향상될 수 있다고 추측할 수 있다.

v/p$\dot{V}O_2max$는 여러 방법으로 측정하거나 추정할 수 있다.

1. 트랙이나 러닝머신, 또는 에르고미터를 사용하여, 피로에 도달할 때까지 경사면과 같은 단계별 러닝/사이클링 테스트를 진행하면서 직접 측정(즉, 폐 가스 교환)을 할 수 있다.[8]
2. 트랙 러닝: 몬트리올 대학 트랙 테스트(UM-TTUniversity of Montreal Track Test)[9]는 팀 스포츠 선수들에게 가장 일반적으로 사용되는 프로토콜이다.[10,11] Vam-Eval도 사용되지만,[12] UM-TT와 달리 속도 증가가 더 완만하고 콘 간 거리가 더 짧다. Vam-Eval은 젊은 선수들이나 비장거리 달리기 전문 선수들에게 적용하기 쉽기 때문에 점점 더 많은 관심을 받고 있다.
3. 사이클링, 빠른 램프 단계 증가(예: 30W/분)가 있는 사이클 에르고미터에서 $\dot{V}O_2max$ 및 관련 파워 출력을 유도하는 점진적 테스트를 통해 피로에 도달할 때까지 진행한다.[8] 로잉[13] 및 크로스컨트리 스키[14]를 포함한 다른 운동 유형에서도 유사한 방법을 사용하여 평가할 수 있다.

미묘한 차이에도 불구하고, 현장 테스트에 더 실용적인 v/p$\dot{V}O_2$max를 예측하기 위해 몇 가지 간접적인 방법을 사용할 수 있다.

- 러닝. 5분간의 전력 러닝[15]이 사용된다. 이는 v$\dot{V}O_2$max에서 소진까지의 평균 시간이 4~8분 사이로 보고되었기 때문이다.[4,16] 이 테스트에서 계산된 v$\dot{V}O_2$max는 UM-TT(r=0.94) 및 램프 트레드밀 테스트(r=0.97)에서 도달한 $V_{IncTest}$와 대부분 상관관계가 있는 것으로 나타났다.[15] 단, 이 속도보다 약간(즉, 1km/h 범위) 느리거나 빠르다. 그러나 5분 테스트를 통해 추정된 v$\dot{V}O_2$max는 페이싱 전략의 영향을 받을 수 있으며, 약 5분 동안 v$\dot{V}O_2$max로 달릴 수 있는 훈련된 러너에게 가장 적합할 가능성이 높다. 이 5분 테스트는 연구 환경에서 더 많이 사용되며, 호주 풋볼 팀에서 사용하는 것과 같은 현장 테스트로는 2km 타임 트라이얼(일반적으로 약 6~7분)이 있으며, 이 테스트는 진행하기가 훨씬 쉬운 편이다.[1]
- 사이클링. 4분간의 전력 사이클링 테스트가 사용된다. 4분 동안 파워미터 및 관련 소프트웨어 프로그램으로 모니터링된 최대 평균 출력(MMP)은 p$\dot{V}O_2$max와 비슷한 범위에 속하는 경향이 있다.[17,18]
- 조정. 2km 로잉 머신 타임 트라이얼(약 6~7분)이 사용된다. 이 테스트는 대부분의 조정 경기가 이 거리에서 결정되기 때문에 퍼포먼스 관련 테스트이기도 하다.[19]

유산소성 파워를 평가하는 더욱 실용적인 방법은 보이지 않는 모니터링 또는 숨겨진 방법을 사용하는 것이다. 즉, 선수가 일상적인 트레이닝을 하는 동안을 측정하는 것이다. 이를 위해 GPS(위성항법장치) 기술이 한계가 없는 것은 아니지만, 점점 신뢰성이 높아지고 있으며, 원격 모니터링에 가장 실용적인 방법이다. 사이클링 파워미터와 마찬가지로 GPS 시스템은 온라인 소프트웨어 플랫폼에 통합되어 현장에서 $V_{IncTest}$를 원활하게 통합 및 계산할 수 있다. 사이클링 트레이닝 처방의 경우, 대사 카트와 같은 정교한 장비를 사용할 수 없는 상황에서 p$\dot{V}O_2$max 및 $P_{IncTest}$는 캘리브레이션된 파워미터를 사용하여 현장에서 가장 실용적으로 추정할 수 있으며, 이를 통해 4분 MMP를 결정할 수 있다.[20]

30-15 간헐성 체력 테스트(30-15$_{IFT}$)

$\dot{V}O_2$max 또는 $V_{IncTest}$ 테스트는 유산소성 파워를 평가하지만, 팀 또는 라켓 기반의 특정 HIIT 세션에서 중요한 다양한 생리학적 변수의 전체적인 모습이나 중거리 달리기에서 중요한 능력까지 포착하지는 못한다.[21] 많은 스포츠에서는 반복적인 짧은 운동 인터벌(45초 미만)이 포함되는 경우가 많으며, 이 경우 무산소성 해당과정 시스템과 신경근 시스템도 활발히 활성화된다.

무산소성 속도 예비력(ASR)의 중요성

무산소성 속도 예비력(ASR$_{\text{Anaerobic Speed Reserve}}$)은 개인의 v/p$\dot{V}O_2$max와 최대 스프린트 속도(MSS) 또는 무산소성 최대 파워(즉, MMP5s) 사이의 운동 능력을 의미한다. 코치들은 종종 ASR을 충분히 고려하지 않지만, 프로그램 계획 시 자동 조종 장치에 의존할 수 없다는 것을 보여주기 때문에 반드시 고려해야 한다. 실제 사례에서 두 선수는 유사한 v$\dot{V}O_2$max를 가지고 있음에도 불구하고 명확히 다른 MSS 능력을 보일 수 있다.[22] HIIT 세션에서 두 선수가 일반적으로 현장에서 적용되는 v$\dot{V}O_2$max의 유사한 백분율로 운동을 수행할 경우, 운동은 그들의 ASR의 다른 비율을 포함하게 되며, 이는 다른 생리학적 요구를 초래한다. 분명히 두 선수의 운동 내성에는 차이가 있으며, ASR이 더 높은 선수가 상대적으로 더 낮은 비율로 부하를 받고 있다.[22] 따라서 v$\dot{V}O_2$max 외에도, 고강도 HIIT 동안 트레이닝 강도를 개별화하기 위해서는 MSS(및 ASR) 측정을 고려해야 한다(그림 15.7 참조).[22,23]

ASR 사용 비율 외에도, 팀 스포츠 형태의 HIIT에 대한 반응에 대해 추가로 고려해야 할 사항은 각 짧은 인터벌이 시작될 때의 개인의 대사 관성(예: $\dot{V}O_2$ 역학), 각 휴식 인터벌에서 선수가 회복하는 속도, 선수의 방향 전환 능력(세션이 셔틀로 진행될 경우)과 관련

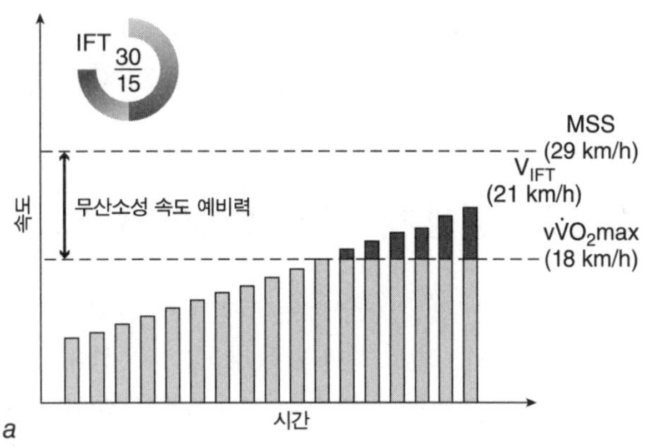

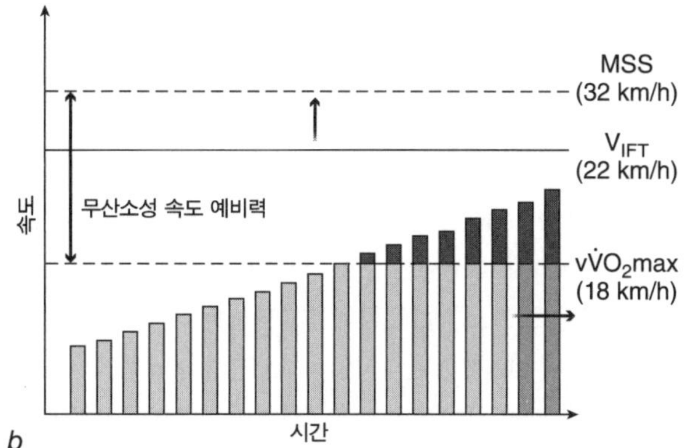

그림 15.7 30–15 간헐성 체력 테스트(V_{IFT})에서 최고 속도에 도달하기 위한 무산소 속도 예비력(ASR)의 중요성. (a) 최대산소섭취량($v\dot{V}O_2max$)을 유도하는 데 필요한 최소 속도에 도달하면, 나머지 단계에서 공급되는 추가 에너지는 대부분 무산소성 에너지원에서 파생된다. 따라서 동일한 $v\dot{V}O_2max$ 조건에서 최대 스프린트 속도(MSS)가 높을수록(즉, ASR이 크거나 적어도 사용되는 비율이 높을수록) supra $v\dot{V}O_2max$ 단계를 더 많이 수행할 수 있으며, V_{IFT}가 더 빠르게 진행된다. (b) 이 선수는 더 큰 ASR을 가지고 있기 때문에, 동일한 $v\dot{V}O_2max$에서 30~15_{IFT}(1km/h) 동안 두 단계 더 높은 수준까지 도달할 수 있다. ASR(또는 사용 비율)도 고강도 간헐적 달리기에서 달성할 수 있는 결과에 영향을 미치기 때문에, $v\dot{V}O_2max$가 아닌 V_{IFT}를 사용하면 각 선수에 대한 운동 프로그램에서 유사한 무산소성 및 신경근 트레이닝 부하를 프로그래밍할 수 있다.

Reprinted by permission from M. Buchheit, "The 30-15 Intermittent Fitness Test: 10 Year Review," *Myorobie Journal* 1 (2010): 1-9, http://www.martin-buchheit.net.

이 있는 것으로 보인다.[10,22]

이러한 변수를 고려하지 않고 HIIT를 프로그램하면 유산소 및 무산소성 에너지 요구량이 다른 세션이 될 수 있으며, 이로 인해 트레이닝 부하의 표준화가 어려워지고 특정 생리학적 적응을 목표로 하는 능력이 제한될 수 있다.[10] 이는 그림 15.7에서 볼 수 있다. 이 그림에서 $v\dot{V}O_2max$ 수준은 비슷하지만 ASR/MSS 능력이 다른 두 명의 운동선수가 30-15_{IFT}를 수행한 결과를 보여준다. 이러한 서로 다른 퍼포먼스 능력으로 두 선수에게 동일한 HIIT 운동을 처방하는 것은 문제가 될 수 있다. 두 경우 모두 자극이 부적절하다(너무 어렵거나 너무 쉽다).

현명한 방법

30–15_{IFT}는 최대 심박수와 $\dot{V}O_2$를 유도할 뿐 아니라 ASR, 운동 간 회복 능력, 가속, 감속 및 COD 능력도 측정할 수 있도록 설계되었다.[10,24,25] 따라서 테스트 중에 도달한 최종 속도인 V_{IFT}는 이러한 능력들의 결과물이라고 할 수 있다. 즉, 30–15_{IFT}는 간헐적인 스포츠에서 일반적으로 수행되는 트레이닝 세션에 매우 특화된 테스트 방법이다.[22]

다양한 요요 테스트(예: vYo-Yo_{IR1}yo-yo intermittent recovery level 1)에서 도달한 최고 속도[26]는 유사한 생리학적 요구 사항을 가지고 있지만, V_{IFT}만이 트레이닝 처방에 정확하게 사용할 수 있다. 예를 들어, vYo-Yo_{IR1}은 V_{IFT}[27]와 달리 $V_{IncTest}$(및 $v\dot{V}O_2max$)와의 관계가 속도에 의존적이기 때문에 트레이닝 처방에 직접 사용할 수 없다.[28] vYo-Yo_{IR1}에서 달릴 때, 느리고 체력이 부족한 선수는 ASR의 더 많은 비율을 사용하지만, 체력이 좋은 선수는 $v\dot{V}O_2max$ 이하로 달린다. 마지막으로, V_{IFT}는 잘 훈련된 팀 스포츠 선수들에서 COD를 사용한 HIIT를 개별화하는 데 $V_{IncTest}$보다 더 정확하다는 것이 입증되었으며,[10] 신뢰성도 높고, 일반적인 측정 오차(CV로 표시)는 1.6%(95% CL, 1.4~1.8)로 나타났다.[29] 또한 주목할 점은 V_{IFT}가 $v\dot{V}O_2max$ 및 $V_{IncTest}$보다 2~5km/h(15~25%) 더 빠르기 때문에,[22,25,27] 프로그램 설계 시 V_{IFT}의 백분율을 조정해야 한다는 점이다. HIIT는 일반적으로 $v\dot{V}O_2max$(즉, 100~120%[30,31]) 정도에서 수행되지만, V_{IFT}는 이러한 운동의 상한을 구성한다. 따라서 30-15_{IFT}는 V_{IFT}의 85%에서 105% 사이의 강도 범위에서 처방된 간격 운동의 강도와 지속시간을 개인화함으로써 프로그램의 정확성을 향상시킬 수 있다.[32~36]

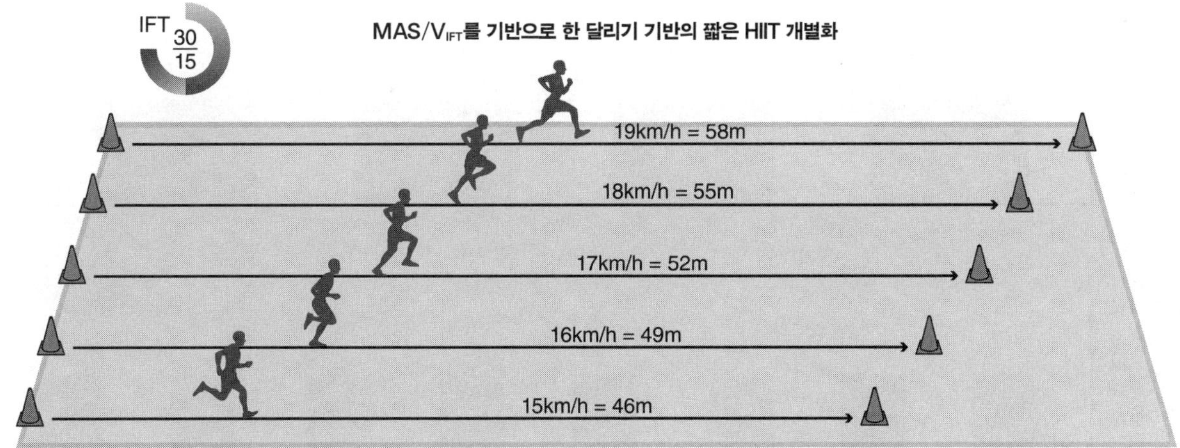

그림 15.8 30–15 간헐성 체력 테스트(V_{IFT}) 종료 시 도달한 속도의 110%에서 10초 짧은 인터벌 HIIT 러닝에 대해 30–15_{IFT} 결과를 사용한 러닝 왕복 거리 및 속도의 개별화.

예를 들어 설명하자면, 각 선수의 V_{IFT}가 알려져 있으면 각 선수에게 맞춤형 거리를 설정하는 것이 상대적으로 간단해진다(그림 15.8 참조). 여기서 30-15_{IFT}를 19km/h로 완료한 선수는 V_{IFT}의 110% 강도로 진행되는 10초 간격의 HIIT에서 58m를 달린다. 반면, 15km/h의 속도로 테스트를 마친 선수는 10초 동안 46m만 달린다. 참고로, V_{IFT}는 $v\dot{V}O_2max$ 또는 $V_{IncTest}$보다 15%에서 25% 더 빠르기 때문에 프로그램 설계 시 V_{IFT}의 사용 비율을 조정해야 한다. 이 개인별 처방을 더 쉽게 만들고 편리하게 하기 위해, V_{IFT}를 기반으로 달리기 거리를 자동으로 계산하는 스프레드시트가 새로운 무료 30-15_{IFT} 앱(https://30-15ift.com/)에서 제공되는 링크를 통해 요청 시 무료로 제공된다.

HIIT 무기

유산소성 파워와 퍼포먼스 잠재력을 평가하고 생리학적 목표를 발전시키기 위한 로드맵 솔루션을 마련했으니 이제 우리가 사용할 수 있는 주요 무기를 확장해야 할 단계다. 그림 15.5에서 볼 수 있듯이 대부분의 스포츠에서 사용되는 5가지 주요 HIIT 형식이 있다. 여기에는 긴 인터벌, 짧은 인터벌, 반복 스프린트 트레이닝(RST), 스프린트 인터벌 트레이닝, 경기 기반 트레이닝 또는 스몰 사이드 게임이 포함되며 일반적인 예는 그림 15.9에 제시되어 있다. 자세한 내용은 HIITScience.com을 참고하기 바란다.

긴 인터벌

일반적으로 긴 인터벌은 V_{IFT}의 80~90%인 $v/p\dot{V}O_2max$(95~105%) 전후의 강도-시간 연속체의 긴 쪽 말단을 반복해서 사용한다. 급성 대사 및 신경 근육 반응을 유도하려면 지속 시간이 1분 이상이어야 한다. 긴 인터벌이 효과적이려면 짧은 시간(1~3분)의 수동적 회복 또는 최대 V_{IFT}의 45% 또는 $V/P_{IncTest}$의 60%까지의 능동적 회복(2~4분)으로 분리해야 한다. 긴 인터벌은 유형 3 및 4 목표에 맞추는 데 사용할 수 있다(그림 15.5).

짧은 인터벌

짧은 인터벌은 60초 미만의 운동을 비슷하게 짧은 시간 동안 반복하는 방식이다. 짧은 인터벌은 주로 원하는 젖산 반응에 따라 V_{IFT}의 90~105%(100~120% $V/P_{IncTest}$)에서 1분 미만의 회복 시간(수동적 회복 V_{IFT} 45% / $V/P_{IncTest}$ 60% 이하)으로 분리하여 퍼포먼스를 수행해야 한다. 젖산염 반응을 낮추려면 더 긴 수동적 회복을 사용해야 한다(유형 1~4, 그림 15.5).

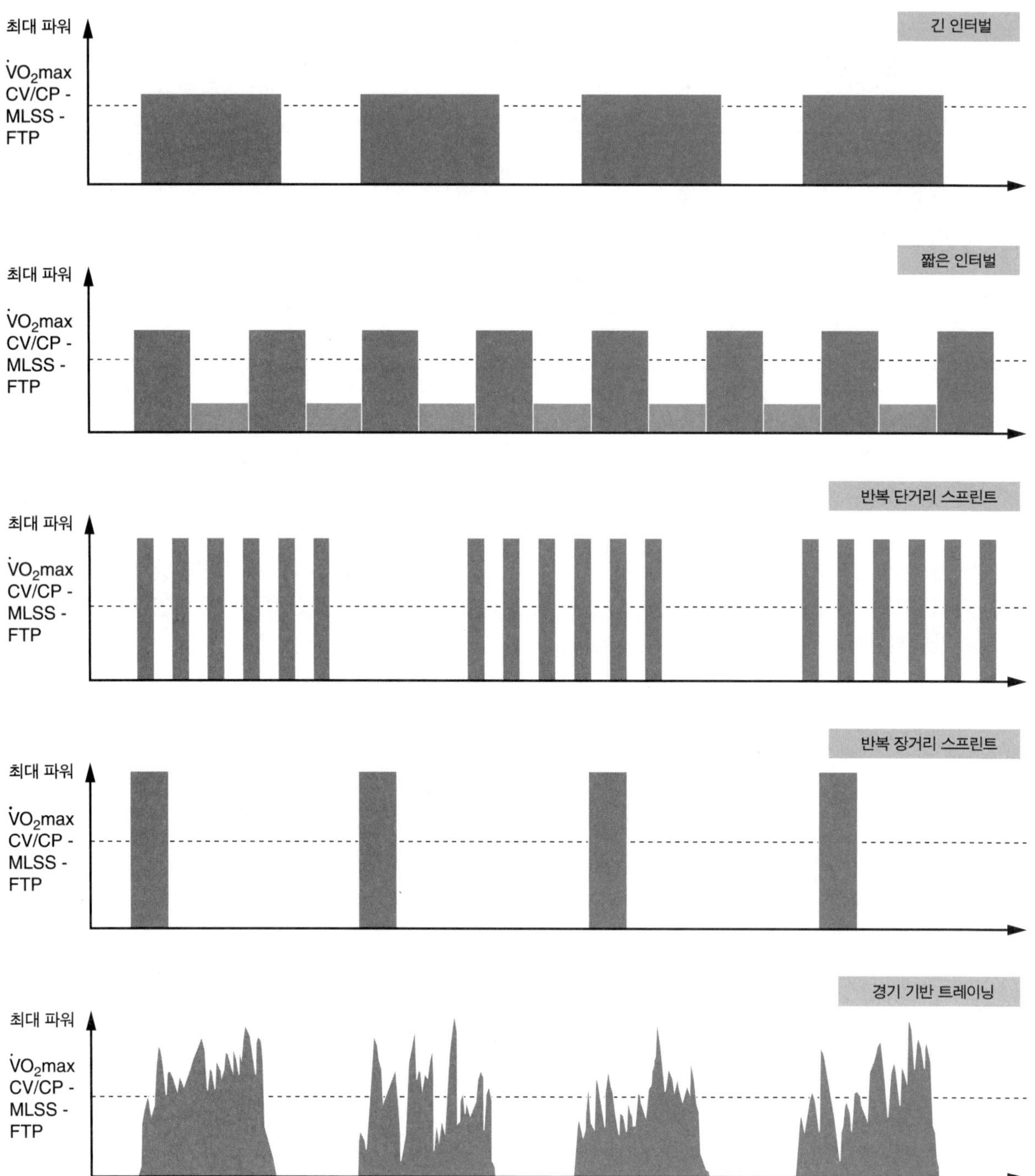

그림 15.9 긴 인터벌, 짧은 인터벌, 짧은 스프린트와 긴 스프린트 반복, 경기 기반 트레이닝 등 HIIT로 생리학적 반응을 형성하는 데 사용할 수 있는 5가지 주요 무기에 대한 개요.

Reprinted by permission from P. Laursen and M. Buchheit, J.C. Vollmer, "Genesis and Evolution of High-Intensity Interval Training", in *Science and Application of High-Intensity Interval Training,* edited by P. Laursen and M. Buchheit (Champaign, IL: Human Kinetics, 2019), 4.

반복 스프린트 트레이닝

반복 스프린트 트레이닝(RST) 또는 단거리 스프린트는 보다 높은 수준의 능력을 목표로 하는 데 사용할 수 있는 트레이닝 형식이다. 이 형식은 3초에서 10초 동안 최대 강도로 3~10회 실시하며, 회복 시간은 짧고 수동적인 것부터 45% V_{IFT}/60% $V/P_{IncTest}$까지 다양하다. RST는 유형 4 표적뿐만 아니라 무산소성 유형 5 목표 달성에 사용할 수 있다(그림 15.5).

스프린트 인터벌 트레이닝

스프린트 인터벌 트레이닝(SIT)은 RST와 마찬가지로 스프린트를 최대한으로 끌어올리는 운동이지만, 그 지속 시간이 20초에서 45초 정도로 길다는 점이 차이가 있다. 이러한 노력은 매우 부담스럽고 회복도 수동적이며 오래 걸린다(일반적으로 1~4분). SIT는 유형 5에 초점을 맞추므로 유산소성 파워를 키우는 데 권장되는 도구는 아니다(그림 15.5).

경기 기반 HIIT, 스몰 사이드 게임

경기 기반 HIIT는 긴 인터벌의 스몰사이드 게임(SSG)이다. 스포츠에 따라 다양한 운동 강도로 2~4분간 실행하는 경향이 있다. 회복 시간은 일반적으로 수동적이며 90초에서 4분 정도로 다양하다. 경기 기반 HIIT 또는 SSG는 종종 유산소 운동의 특성을 가지고 있으며 2, 3, 4번 유형의 반응을 목표로 할 수 있다.

반응을 조정하기 위한 도구 설정

그림 15.5, 15.6 및 15.9에서 볼 수 있듯이, 우리는 상황에 따라 유산소성 파워를 향상시키기 위해 무수히 많은 방법을 사용할 수 있다. 그림 15.10에 설명된 12개의 미세한 조절 레버를 사용하여 이러한 개별적인 도구를 더욱 세밀하게 조정하여 생리학적 반응을 변화시킬 수 있다. 여기에는 다음과 같은 항목이 포함된다.

1. 운동 세션 강도
2. 운동 세션 시간
3. 회복 세션 강도
4. 회복 세션 기간
5. 시리즈 기간
6. 시리즈 횟수

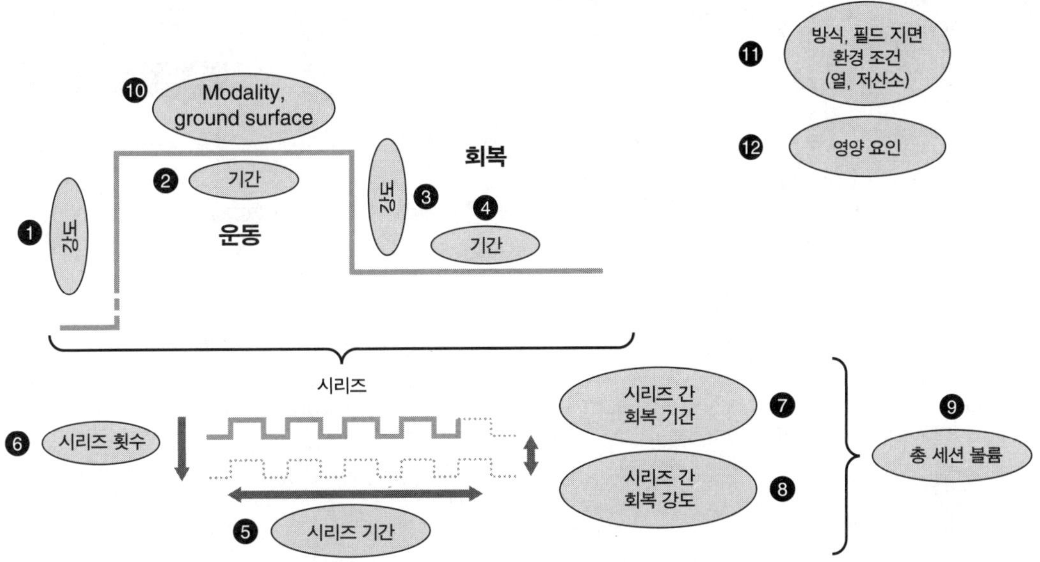

그림 15.10 HIIT 세션 중 생리학적 반응을 조절하기 위해 조작할 수 있는 12가지 요인.

Reprinted by permission from M. Buchheit and P. Laursen, "Manipulating HIIT Variable," in *Science and Application of High-Intensity Interval Training,* edited by P. Laursen and M. Buchheit (Champaign, IL: Human Kinetics, 2019), 54.

7. 시리즈 간 회복 기간
8. 시리즈 간 회복 강도
9. 총 세션 볼륨
10. 운동 방식 또는 필드 지면
11. 외부 환경 조건(예: 열 및 저산소)
12. 영양 요인(예: 탄수화물 가용성, 수분 상태)

각 요소를 사용하여 반응을 조정하는 방법에 대한 자세한 설명은 HIITScience.com을 참고하기 바란다.

개요

시작하기 전에 맥락을 명확히 파악해야 한다. 스포츠, 문화, 코치, 선수, 장기 계획 및 일일 계획을 파악해야 한다(그림 15.11). 맥락이 명확해지면 생리학적 목표를 파악한다(그림 15.5). 앞서 살펴본 바와 같이, HIIT는 유산소성 파워를 개발하는 데 매우 효과적인 수단이며, 상황에 맞게 여러 가지 무기를 사용하여 HIIT 유형 1부터 4까지 모두 사용할 수 있다(그림 15.6). 마지막으로, 무기를 사용하기 전에 사용 가능한 미세 조정 방법을 사용하여 무기를 맞춤 설정한다. 20개 이상의 종목에서 이 장의 이론이 어떻게 적용되는지에 대한 구체적인 예시를 보려면 HIITScience.com을 확인하기 바란다.

요약

요약하면 유산소성 파워는 중추성(심혈관계) 및 말초성(미토콘드리아) 요소를 모두 포함하는 것으로, 다양한 방법을 통해 향상시킬 수 있다. 유산소성 파워를 향상시키는 가장 실용적이고 효과적인 방법 중 하나는 고강도 인터벌 트레이닝(HIIT)을 적절히 활용하는 것이다. 고강도 인터벌 트레이닝을 포함한 트레이닝 전략을 적용하기 전에 스포츠의 맥락을 명확히 이해해야 한다.

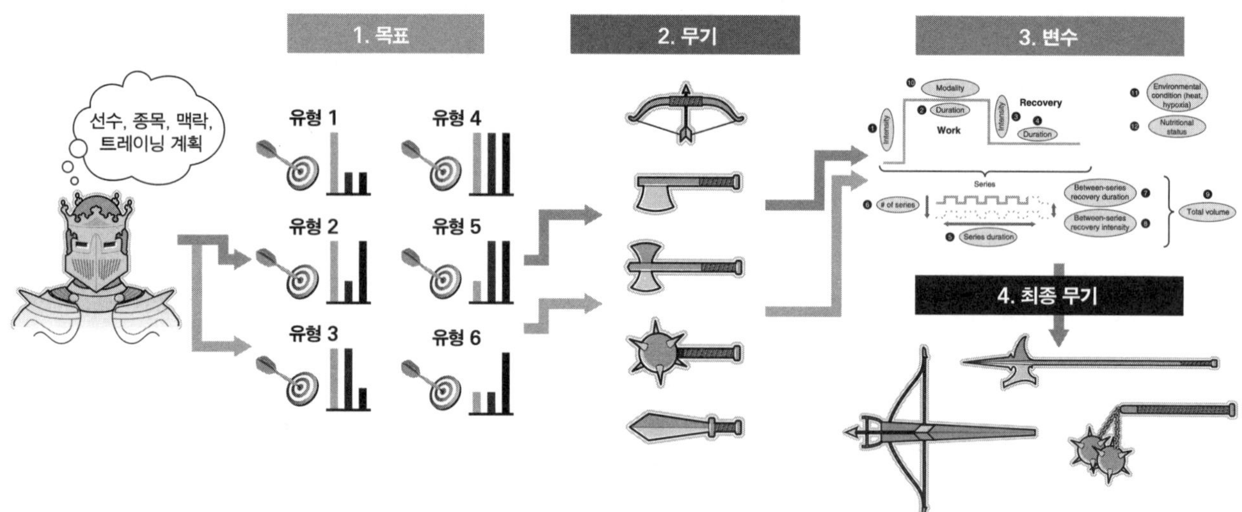

그림 15.11 큰 그림의 시나리오. 상황을 파악하고(그림 15.2), 목표를 파악하고(그림 15.4), 무기를 선택하고(그림 15.5), 미세 조정한 후(그림 15.10) 교전한다.

Reprinted by permission from M. Buchheit and P. Laursen, "Using HIIT Weapons," in *Science and Application of High-Intensity Interval Training,* edited by P. Laursen and M. Buchheit (Champaign, IL: Human Kinetics, 2019), 74.

필수 항목

- 유산소성 파워 발달에는 중추성(심혈관계) 및 말초성(미토콘드리아) 측면이 모두 포함된다는 점을 이해한다.
- 어떤 형태의 트레이닝 전략을 적용하기 전에 자신의 스포츠 맥락을 잘 파악한다.
- 유산소성, 무산소성 및 신경근 반응을 목표로 쉽게 조작할 수 있는 고강도 인터벌 트레이닝(HIIT)을 유산소성 파워를 향상시키는 효과적인 수단으로 사용한다.
- 팀 스포츠 맥락에서 30-15 간헐성 체력 테스트를 사용하여 HIIT로 유산소성 파워 향상을 개별화한다.
- 유산소성 파워를 향상하기 위해 스포츠 상황에 따라 적절한 HIIT 형태를 선택한다.

Chapter 16

트레이닝과 퍼포먼스를 위한 큐잉

닉 윈클먼Nick Winkelman, PhD
아일랜드 럭비협회(IRFUIrish Rugby Football Union) 선수 퍼포먼스 및 스포츠과학 총괄 책임자

이 장에는 코칭하는 법을 배우는 것, 다른 사람들이 목표로 하는 것에 도달할 수 있도록 지도하는 방법을 배우는 것, 코치가 하는 말의 힘에 대한 이야기가 담겨 있다. 이 이야기의 주인공은 사라Sarah라는 운동 전문가 지망생이다.

사라는 어린 시절부터 스포츠를 사랑했다. 축구부터 소프트볼, 농구, 비치발리볼까지, 사라는 스포츠와 함께 살아 숨 쉬었다. 당연히 사라는 언젠가 프로로 나아가는 꿈을 꿨다. 축구와 소프트볼 양쪽에서 장학금 제안이 들어오자, 사라의 꿈은 현실 같아 보이기 시작했다. 아니, 적어도 그렇게 생각했다.

축구 주 챔피언십의 결승전, 강한 비바람이 치던 날, 사라는 승부를 결정지을 수 있는 슛을 날렸다. 그러나 그녀의 발이 공을 차는 순간 상대 선수의 발이 그녀의 다리를 찼다. 사라는 땅바닥에 쓰러지며 그녀의 무릎에는 통증이 몰려왔고, 여기저기서 들려오는 비명 소리가 그녀의 귓가에 메아리쳤다.

의사가 병실에 들어오자마자, 사라는 언제 다시 훈련을 시작할 수 있느냐고 물어봤다. 소프트볼 시즌이 코앞으로 다가왔기 때문에 사라는 준비 시간을 조금도 놓치고 싶지 않았다. 그러나 의사의 표정은 다르게 말하고 있었다. 그 순간, 사라는 눈물을 터뜨렸다.

사라의 부모님이 그녀를 위로하는 동안, 의사는 다리에 가해진 충격 때문에 심각하게 무릎이 손상되었다고 설명했다. 사라는 이게 첫 외상성 손상이어서 회복하는 데 얼마나 걸릴지 전혀 예상할 수 없었다. 사라는 눈물을 흘리며 자리에서 일어나 의사에게 다시 경기를 뛸 수 있을지 물었다. 의사는 불확실한 표정으로 그녀를 바라보며 "모르겠다"고 대답했다. 의사는 사라에게 앞으로 9~12개월 동안 집중적인 재활 치료가 필요하며, 완전히 회복할 수 있을지는 시간이 지나야 알 수 있다고 설명했다.

무릎 수술 후 물리치료사(PT)에게 첫 상담을 받던 사라의 몸 상태는 사상 최악이었다. 의사의 진료 결과가 그녀의 마음을 요동치게 했다. 9~12개월, 9~12개월, 9~12개월! 사라는 시니어 시즌에 복귀하지 못한다면 어떻게 해야 할지 몰랐다. 게다가 완전히 회복하지 못하면 장학금을 놓칠 수 있다는 사실도 알고 있었다. 설상가상으로 사라의 PT는 어수선해 보였고, 파일을 잘못 가져왔다며 사라의 파일을 찾으러 나가야 한다고 설명했다. 사라가 혼자 앉아 있는 동안 절망감이 방 안을 가득 채우는 것 같았다. 하지만 그 이후에 일어난 일은 이러한 생각을 바꾸고 절망을 투지로 바꿨다.

PT가 돌아왔을 때, 낯익은 얼굴이 함께 들어왔다. 바로 사라의 고등학교 시절 근력 및 컨디셔닝(S&C) 코치였다. 사라는 코치의 얼굴을 보자마자 눈물을 참으며 사라는 자신이 혼자가 아니라는 것을 깨달았다. 그래도 사라는 자신의 PT를 보며 어떻게 된 일인지 물었다. 그는 경기에서 승리하려면 팀이 필요하듯, 사라가 다시 경기장에 복귀하려면 팀이 필요하다고 설명했다. 사라의 PT는 집중적인 재활과 S&C 코치의 점진적인 참여를 포함한 과정을 간추려 설명했다. 명확한 목표가 정해지고 계획이 잡혔으며 팀이 모이자 사

라는 시작할 준비가 되었다.

사라가 재활에 들어가자 시간은 금방 지나갔다. 어느새 사라는 S&C 코치와의 스피드 세션과 축구팀과의 기술 세션을 완료하였다. 6개월이 지나자 사라는 완전히 훈련에 복귀할 수 있게 되었다. 그럼에도 불구하고 사라는 시니어 시즌 내내 PT 및 S&C 코치와 긴밀히 협력하며 부상 없이 축구 시즌을 보냈다.

그녀의 충격적인 부상을 목격한 사람들은 그녀의 복귀를 기적에 가깝다고 생각했지만, 사라는 많은 노력과 팀의 지원이 있었기에 가능했다는 것을 알고 있었다. 그리고 바로 그 팀이 대학 축구 입학 의향서에 서명할 때 사라의 옆에서, 그리고 고등학교 전교생 앞에 함께 서 있었다.

사라는 캠퍼스에 도착하자마자 설렘에 휩싸였다. 인생의 다음 챕터를 빨리 시작하고 싶었다. 부상을 뒤로 하고 무한한 가능성을 마음에 품은 사라는 그 어느 때보다 의욕이 넘쳤다. 부상 전 사라가 생각할 수 있었던 것은 대학에서 운동을 하고 프로 선수가 되는 것뿐이었다. 그러나 그녀는 자신의 PT와 S&C 코치가 한 인간으로서, 그리고 선수로서 자신에게 미친 영향을 보고, 그 도움을 나누며 그녀가 받은 '두 번째 기회'를 다른 사람에게도 돌려주어야 한다는 생각이 들었다.

그래서 사라의 학생 지도교수가 졸업 후 하고 싶은 일이 무엇이냐고 묻자 사라는 다른 사람을 돕고 싶다고 재빨리 대답했다. 지도 교수의 표정을 보니 좀 더 자세한 설명이 필요하다는 생각이 들어 사라는 자신의 이야기를 들려주었다. 이어진 상담을 통해 사라는 두 가지 가능한 진로가 있음을 알게 되었다. 물리치료사로 경력을 쌓을 수도 있고, 근력 및 컨디셔닝 코치로 경력을 쌓을 수도 있었다. 어떤 진로를 선택하든, 사라는 운동을 가르치고 사람들을 돕는 일을 하게 될 것이다.

사라의 지도교수는 운동 및 스포츠 과학 학위를 취득하고 물리 치료 학교에 지원하는 데 필요한 필수 과목을 이수할 수 있다고 설명했다. 이렇게 하면 사라는 두 직업의 기반이 되는 기초 지식을 쌓는 동시에 어떤 길을 택할지 결정할 수 있는 유연성과 시간을 확보할 수 있다.

사라의 지도교수는 학위 요건으로 마지막 학기 동안 8주간의 실습을 이수해야 한다고 알려 주며 상담을 끝냈다. 지도교수는 사라가 한 달 동안 물리 치료사를, 또 한 달 동안 근력 및 컨디셔닝 코치 밑에서 견습할 것을 제안했다. 그렇게 함으로써 사라는 졸업 후 직업을 선택할 때 정보를 바탕으로 결정할 수 있었다.

사라는 그 후 4년 동안 축구와 학업에 전념했다. 경기장에서 몸을 단련하지 않을 때는 도서관에서 지식을 쌓았다. 사라는 코치와 치료 전문가에게 큰 관심을 가지고 많은 질문을 하며 빠르게 평판을 쌓았다.

사라가 4학년이자 대학 축구의 마지막 해를 마무리할 때, 프로 선수가 되겠다던 꿈은 이뤄지지 않을 것이 분명해졌다. 그러나 사라는 마지막 학기 동안 준비했던 실습 과목과 그 과목이 고취할 미래에 집중하고 있어서 신경을 쓰지 않았다.

첫 번째 실습 과목

사라는 스포츠 의학 클리닉 문 앞에서 잠깐 멈춰, 다른 입장에서 겪었던 모든 경험을 되돌아보았다. 무릎 재활 치료 시간, 감정의 기복들, 그리고 그녀의 물리 치료사(PT)도 생각했다. 처음에 움직임 전문가 movement professional가 되는 데 관심을 가지게 해 준 사람은 사라의 PT였다. 사실, 사라는 그런 생각이 처음 머릿속에 떠올랐던 순간을 정확히 기억할 수 있었다. 그때 사라는 외발(한 발 홉)로 뛰는 데 어려움을 겪고 있었다. 그런 그녀의 좌절감을 느낀 사라의 PT는 그녀에게 움직이는 동안 무슨 생각을 하는지 물었다. 처음에는 "아무 생각도 안 하고 있어요."라고 말했으나, 잠시 멈춰 생각나는 대로 "음, 넘어지지 않으려고 노력하고 있어요."라고 말했다.

사라의 PT는 미소를 지었다. "그게 어떻게 좀 도움이 되나요?" 함께 한바탕 웃은 뒤 PT는 다음과 같이 말했다. "움직임은 몸과 마음 간의 춤입니다. 그것들이 조화를 이룰 때 우리의 움직임은 유연하고 자연스러워질 수 있어요. 하지만 조화롭지 않다면, 쉬워야 할 일도 어려워질 수 있어요." 사라가 어리둥절한 표정을 지으며 잘 모르겠다는 듯 보이자, PT는 말을 이어 나갔다. "커다랗고 분홍색인 코끼리를 생각하지 말라고 하면 바로 무엇이 떠오르나요?"

"커다란 분홍색 코끼리요."라고 말하며 사라는 웃었다.

"정확해요! 마음속에 들어온 것은 무엇이든 그 안에 머무르는 경향이 있어요. 특히, 우리에게 이상하거나 흥미롭거나 중요한 것일수록 더욱 그래요."

사라는 이 말에 대해 잠시 생각했다. "그러니깐 선생님 말씀은 저에게 착지가 중요하니 넘어지지 말자는 생각이 실제로는 절 넘어지게 한다는 건가요?"

"맞았어요!"

"그럼 대신 뭘 생각해야 하나요?" 사라가 물었다.

"이론적으로, 자기 몸에 목표를 제시하고, 그 결과물을 달성하길 원해야 해요."

"네, 그럼 넘어지지 말자 대신에 착지를 유지하자고 생각해야 한다는 거죠?" 사라가 말했다.

"맞아요." PT가 확인시켜 줬다. "무엇을 해야 할지에 집중함으로써 당신의 마음은 하나에만, 하나의 작업에만 집중하게 됩니다. 하지만 하지 말아야 할 것에 집중한다면, 당신의 움직임은 방향을 잃어요." 사라는 이렇게 인식을 바꿔 착지를 유지하는 데 집중하면서 외발 점프의 다른 세트를 마쳤다. 그러나 놀랍게도 이런 전반적인 집중은 별로 도움이 되지 않았으며, 여전히 넘어지고 있다는 것을 깨달았다.

사라가 PT에게 다가가자, PT 얼굴에 번진 미소를 볼 수 있었다. "왜 웃고 있어요? 집중하는 게 도움이 안 됐어요"라고 그녀는 톡 쏘았다.

"네, 도움이 되지 않는 것 같았어요. 무슨 일이 일어난 걸까요?"

사라는 습관적으로 빈정거리는 말을 내뱉기 전에 생각해 보았다. "음, 착지 유지가 목표이긴 한데, 그렇게 구체적이진 않았어요. 그냥 빨리 달리거나 높이 점프하라고 말하면서 제가 그렇게 해 주기만 바라는 것처럼요."

"바로 그거예요!" PT가 맞다고 말했다. "착지를 유지하라고 말하면서 어떻게 해야 할지는 말해 주지 않았죠. 어떤 면에선 착지 유지를 방향을 잃은 목적지처럼 생각할 수 있어요. 좀 더 방향에 집중할 수 있게 도와드릴게요. 제가 당신에게 마치 무거운 메디신 볼을 막 던지려고 한다고 생각하고 착지해 보세요. 위험 수준을 높이기 위해 진짜로 메디신 볼을 들고, 다는 아니지만 몇 번은 반복해서 던질 거예요. 당신의 목표는 볼을 잡고 균형을 유지하는 것입니다."

다음 두 세트 동안, 사라는 메디신 볼을 잡으려는 것처럼 착지에 집중했고, 몇 번 반복하자 성공했다. 조금 연습한 후, 사라는 메디신 볼을 잡는 것을 생각하는 것과 실제로 볼을 잡는 것이 유사한 결과를 가져오고 착지를 훨씬 향상시킨다는 것을 알아차렸다. 사라는 '초점을 맞춰 집중하는 것'이 일종의 초능력을 준 것 같다는 느낌이 들었다. 그전까진 자신이 생각하는 것과 움직이는 방식 사이의 관련성을 생각해 본 적이 없었다. 그날부터 사라는 강한 호기심을 갖고 자기 생각과 치료사의 말을 듣게 되었다.

추억에서 벗어나자, 사라는 아직도 병원 문을 바라보고 있다는 것을 깨달았다. 안으로 들어가니 익숙한 얼굴이 사라를 반겼다. 그는 고등학교 때의 PT이자 실습을 위해 함께 일하게 된 첫 움직임 전문가였다.

언제 말해야 하는가?

하루가 끝날 때마다 사라와 PT는 앉아서 그녀가 관찰한 내용과 모든 질문을 논의했다. 사라의 첫 번째 실습이었기 때문에 PT가 하는 일과 선수에게 미치는 영향에 세심한 주의를 기울였다.

처음 2주 동안 사라는 운동, 반복 및 세트, 코칭 큐coaching cue 등 모든 것을 기록하였다. 처음에 그녀가 페이지에 적은 메모는 상형 문자처럼 구불구불한 선으로 보였다. 각각은 의미가 있었지만, 전체적으로 보면 의미가 없었다. 그러나 되돌아보는 동안 구불구불한 선들이 어떤 구조를 형성하기 시작했다.

사라는 PT가 기존 선수와 새로운 선수를 대할 때 다르게 소통한다는 것을 알아차렸다. 이런 관찰에서 심오한 뜻이 있는 건 아니라고 생각했지만, 배울 점이 있다고 느꼈다.

주간 검토를 위해 자리에 앉은 사라는 "기존 선수와 다르게 새로운 선수와 커뮤니케이션하려면 어떻게 접근하시나요? 구체적으로, 움직임을 코칭하기 위한 접근 방법이 어떻게 달라지나요?"라고 PT에게 물었다.

PT는 잠시 생각에 잠겼다가 말문을 열었다. "움직임을 코칭하거나 커뮤니케이션하는 것은 치료사로서 우리가 하는 가장 중요하고도 어려운 일이에요. 우리는 우리 머릿속에 있는 생각을 선수의 생각으로 전달하기 위해 언어를 사용하려고 하잖아요, 그러기 위해서는 선수의 언어로 말해서 간단하고 흥미로우며 효과적인 방식으로 커뮤니케이션해야 해요. 저는 어떻게 말해야 할지 결정할 때 항상 세 가지 목표를 염두에 둬요. 메시지를 전달하는 데 필요한 최소한의 단어를 사용하기, 흥미롭고 공감할 수 있는 언어를 사용하기, 움직임에 긍정적인 영향을 미치는 구절이나 큐 사용하기예요. 그러므로 제가 횡설수설하거나, 선수가 지루해하거나 혼란스러워하는 걸 알아차렸거나 제가 움직임에 영향을 주지 않고 있다는 것을 알게 되면, 말하는 내용을, 또는 어떤 경우엔 말하는 방법을 업데이트해요."

PT는 계속 말하기 전에 사라가 다 메모할 때까지 기다렸다. "저의 커뮤니케이션은 이 세 가지 목표에 따라 이루어지긴 하지만, 선수마다 무엇이 달라지는지 물어보는 건 좋은 질문이에요. 궁극적으로 제가 말하는 내용은 그 사람이 새로운 사람인지보다 우리가 진행하고 있는 이 움직임에 얼마나 친숙한지와 더 관련이 있어요. 두 가지 경우 모두 5개의 반복 단계[1]로 나눠지는 커뮤니케이션 루프communication loop를 사용합니다. 1단계에서는 움직임을 '묘사합니다.' 그리고 이 단계에는 수행 방법 설명이 포함돼요. 이 첫 번째 단계의 목표는 동작에 대해 알아야 할 정보를 제공하고자 함이에요. 그 이상도, 그 이하도 아닙니다."

"2단계에서는 동작을 '시범으로 보여줍니다.' 여기에서는 당신이 움직임을 수행하여, 선수에게 말로 설명하는 것과 함께 시각적으로 참고할 수 있도록 해줘요. 저는 보여주며 설명할 때 선수에게 하지 말아야 할 것보다 무엇을 해야 하는지 보여줘요."

"3단계에서는 움직임의 '큐를 줍니다.' 큐는 당신이 선수에게 움직이기 전에 생각해 달라고 마지막으로 요청하는 아이디어입니다. 설명과 달리 큐는 간단한 문구로 단어 하나 정도로 짧을 수 있습니다. 움직이는 중에 선수가 집중하도록 사용하는 언어입니다. 궁극적으로 설명은 선수가 알았으면 하는 것이고, 큐는 선수가 집중했으면 하는 것입니다."

"4단계에서는 선수가 동작을 '수행할' 것입니다. 예를 들어 스키핑skip 동작 동안 리듬 큐를 주려는 게 아니라면 조용히 있을 것입니다. 이렇게 하면 큐가 선수의 패턴에 미치는 영향을 평가할 수 있으며, 더 중요한 것은 선수를 산만하게 하지 않는다는 점입니다."

"마지막으로 5단계에서는 선수와 움직임을 '디브리핑debrief합니다.' 여기서 디브리핑은 피드백 제공과 같은 뜻입니다. 따라서 선수가 어떻게 느꼈는지, 그리고 당신이 관찰한 바를 논의하고 모든 질문에 답합니다. 또한, 동일한 큐를 유지할지, 수정하거나 완전히 변경할지 결정하는 단계이기도 합니다."

"'커뮤니케이션 루프'라고 불리는 이유를 이제 알 수 있겠죠. 저는 선수가 집중을 업데이트할 필요가 있다고 생각할 때마다 노래같이 루프로 이 단계를 반복할 것이에요. 자, 원래 질문으로 돌아가서, 새로운 선수 대비 숙련된 선수와 함께 일하는 것의 차이점은 무엇일까요? 새로운 선수거나 운동을 처음 시작하는 경우, 동작을 설명하고 보여주고 큐를 주는 '긴 루프'를 사용합니다. 선수가 그 동작을 수행하면, 우리는 함께 수행 내용을 디브리핑합니다. 그러나 선수가 동작에 익숙해지면, 불필요한 언어를 줄이고 움직임에 큐를 주는 '짧은 루프'를 통한 사이클로 전환합니다. 선수가 해당 동작을 수행한 후, 다시 한번 함께 리뷰합니다. 많은 내용이 담겨 있지만 이해가 되길 바랍니다."

"확실히 이해했어요"라고 사라가 말했다. "커뮤니케이션을 체계화하기 위해 프로세스를 만들어 낸 방식이 정말 마음에 들어요. 저에게 엄청난 양의 정보를 던지고 그 정보로 무엇을 해야 할지 스스로 알아내기를 기대하는 코치들이 너무 많았어요. 그러나 코치님의 이러한 접근법은 사람에게 부담을 주지 않으면서도 제때 적절한 정보를 제시할 수 있게 해 주는 것 같아요."

"저도 그런 경험을 했어요"라고 PT가 동의했다. "저는 재활 프로그램을 설계할 때 신중하게 접근하는 방법을 취하는 것처럼, 코칭하고 커뮤니케이션하는 방식에도 동일하게 적용해야 한다고 항상 느꼈습니다." 사라는 PT에게 감사를 표하고, 처음 2주 동안 배운 모든 것을 곱씹었다.

현명한 방법

코치의 언어는 선수가 동작 중에 어떻게 집중할지에 직접적인 영향을 미친다. 선수가 제때 적절한 정보를 받을 수 있도록 하려면 무엇을 말해야 할지, 그리고 언제 말해야 할지 고려하는 것이 중요하다.

얼마나 많이 말해야 하는가?

실습의 마지막 2주 동안, 사라는 PT의 커뮤니케이션 루프에 매우 주의를 기울였으며, 자신의 노트에 DDCDD 루프로 약칭했다. 사라는 PT가 세션 중에 각 단계를 명시적으로 언급하지는 않았지만, 각 단계 사이에 잠시 멈추는 것 같다는 점을 알아차렸다. 사라는 이를 통해 선수가 더 많은 정보를 요구받기 전에 제시되는 정보를 흡수할 수 있다고 느꼈다.

그러나 사라가 루프에서 가장 흥미로워했던 부분은 큐였다. 사라는 PT가 이 커뮤니케이션 단계에 부여한 가치를 알 수 있었다. PT는 항상 잠시 멈추고 이렇게 말했다. "집중하세요", "상상해 보세요", "그런 것처럼 움직이세요." 각각의 경우에 PT는 단 하나의 큐를 제공했다. PT는 선수와 큐를 논의하거나 큐를 만드는 데 선수에게 참여를 요청할 수도 있었다. 그러나 그는 절대 한 개 이상의 큐를 제공하지 않았다.

사라는 PT가 선수에게 너무 많은 정보를 주길 원하지 않는다는 것을 이해했지만, 이런 생각도 했다. '분명 선수가 한 가지 이상의 것에 집중할 필요가 있는 경우가 있을 거야.' 스쿼트, 점프, 스프린트 등 복잡한 동작을 머릿속으로 생각해 보았다. 사라는 이러한 동작에서 선수가 여러 신체 부위를 조정해야 하므로 여러 생각이 필요하다고 생각했다.

이러한 생각을 떨칠 수 없었던 사라는 PT와의 마지막 세션에서 얼마나 많이 말해야 하는지 PT의 견해를 알아보기로 했다. 사라는 간단히 "선수에게 하나 이상의 큐를 주는 것이 적절할 때도 있을까요?"라는 질문을 던졌다.

PT는 전에도 이런 질문을 받은 적이 있었다는 듯 미소를 지으며 사라에게 물었다. "혹시 머리를 토닥이며 동시에 배를 문질러 본 적이 있나요?"

사라는 미소를 지었다. "물론이죠."

PT는 사라에게 물어보았다. "얼마나 성공적으로 그 일을 해냈나요?"

사라는 직접 시범을 보이려고 했다. "네, 처음에는 별로 안 좋았지만, 결국에는 성공했죠."

"그렇죠." PT가 말을 이었다. "그런데 머리를 토닥이는 것과 배를 문지르는 것을 따로 할 때와 동시에 할 때 중 어느 쪽이 더 빠를까요?"

사라는 어떻게 될지 생각해 보며, 자신만의 해석을 내놓았다. "그러니까 코치님 말씀은 우리가 선수에게 두 가지 큐를 줄 수 있지만, 그렇게 하면 선수가 동시에 두 가지 일에 집중하려고 하기 때문에 동작의 효율성이 떨어질 수 있다는 거군요."

"맞습니다." PT가 말했다. "보세요, 마음은 멀티태스킹을 잘하지 못해요. 우리는 동시에 여러 가지를 생각하고 할 수 있다고 느끼지만, 그건 착각이에요.[2] 우리가 실제로 하고 있는 것은 초점을 정말 빠르게 전환하는 것입니다. 자, 만약 우리가 느린 동작을 수행한다면, 선수에게 두 가지 큐를 줘도 괜찮아요. 예를 들어, 맨몸 스쿼트를 할 때, 아래로 내려가면서 벤치를 터치하고 올라오면서 몸을 수직으로 세우는 것에 초점을 전환하도록 요청하는 것은 무리가 아니죠. 그러나 동작이 빠를수록 마음이 하나 이상에 집중하는 것이 더 어려워집니다. 이는 우리의 집중력이 움직임의 목표를 지시하고, 움직임의 목표가 목표 달성을 위해 필요한 조정력을 결정하기 때문이에요. 그러므로 마음이 어떤 목표를 선택할지를 두고 싸우고 있다면, 몸은 어떤 패턴을 수행할지를 두고 싸울 것입니다. 이것은 마치 형제들이 TV 채널을 가지고 싸우는 것과 같아요. 선택이 이루어지기 전까지는 아무것도 확실하지 않아요."

"말이 되네요"라고 사라는 생각했다. "하지만 단 한 개의 큐만 제안하기란 저에게는 어려울 것 같아요. 특히, 선수가 동작에서 여러 실수를 할 때는 말이죠."

"이것이 동작 전문가로서의 기쁨이자 도전이랍니다." PT는 자신 있게 말했다. "동작은 하나의 조각, 하나의 큐, 하나의 집중을 한 번에 해결해야 하는 퍼즐이죠. 결국, 당신은 동작 실수에 우선순위를 지정할 수 있게 될 테고, 그 실수가 고쳐지면 나머지 패턴도 제자리에 가게 해 줄 거예요. 이렇게 하면 공유할 가장 좋은 큐를 결정하기가 훨씬 쉬워질 거예요."

사라는 가방을 싸면서, 지난 4주 동안 자신이 얼마나 많은 것을 배웠는지에 대해 생각했다. 아직 물리

현명한 방법

선수에게 한 번에 하나의 큐를 제공하여 한 번에 하나의 집중과 하나의 목표를 제공한다. 이는 코디네이션이 움직이는 동안 사용하는 집중과 불가분의 관계에 있기 때문에 필수적인 코칭 방식이다.

치료가 자신의 진로라고 확신할 수는 없었지만, 사라는 자신이 배운 코칭과 커뮤니케이션 기술이 평생 도움이 될 것이라는 걸 깨달았다.

두 번째 실습 과목

사라가 고등학교 체력 단련실에 들어갔을 때, 여전히 공기 중에 감도는 리프팅용 초크 냄새를 맡을 수 있었다. 사라의 근력 및 컨디셔닝(S&C) 코치가 항상 말했듯이, 그 냄새는 그곳에서 근육을 단련했던 많은 시간을 상기시켜 주었다. 사라는 자기 코치를 생각하며, 물리치료사와 유사하다는 사실에 놀랐다. 한 사람은 부상을 당한 선수와 함께 일하고, 다른 한 사람은 건강한 선수와 함께 일하는 데다 둘 다 코칭하는 방식에서 너무도 확실하게 겹치는 부분이 있는데도 지금까지 한 번도 그렇게 생각해 본 적이 없었다.

사실, 사라의 S&C 코치는 기발한 큐를 생각해 내는 것으로 명성이 높았다. 코치가 말하길 그 큐들은 거의 미스테리한 특성이 있다고 했다. 체육관 어디에서든 리프팅으로 어려움을 겪을 때, 그 큐 중 하나는 공중에서 날아와 동작을 한 번 더 반복하도록 도와준다. 그것이 사라의 S&C 코치가 많은 사랑을 받은 이유다. 그 코치는 진심으로 관심을 두고 선수들이 이해할 수 있는 방식으로 커뮤니케이션하고, 그들과 친해지며 실제로 변화를 만들기 위해 시간을 쏟았다. 당시 사라는 모든 코치가 이렇게 커뮤니케이션할 것으로 생각했다. 그러나 시간과 경험을 통해 항상 그런 것은 아니라는 사실을 깨달았다.

사라가 추억 회상을 마쳤을 때, 출입구에서 그녀를 부르는 우렁찬 목소리가 들렸다. "사라!"

사라가 돌아서자, 고등학교 S&C 코치가 그녀를 향해 달려오는 것을 보았다. 코치는 손을 내밀며 말했다. "반가워, 사라 양. 내가 말하는데, 네가 경기했던 것의 반만큼만 코칭을 해도, 넌 잘하는 거야!" 사라와 S&C 코치는 자리에 앉아 다음 달 실습 계획을 세웠다.

무엇을 말해야 하는가?

스포츠 의학 클리닉에서의 경험과 유사하게, 사라는 실습의 처음 며칠 동안 관찰하고 메모하며 보냈다. 그러나 첫 주가 끝날 무렵, 사라는 학생 선수들을 코치하면서 지금까지 배운 내용을 적용하기 위해 최선을 다했다. 이는 사라가 예상했던 것보다 훨씬 더 어려웠다. PT와 S&C 코치에게 자연스럽게 보이던 것들이 사라에겐 전혀 그렇지 않았다. 그러나 사라는 단념하지 않았다. 계속해서 코치했고, 두 번째 주가 끝날 무렵에는 드디어 자신의 목소리를 내기 시작한 것 같은 느낌을 받았다.

무엇보다 사라에게 도움이 된 것은 S&C 코치가 그녀의 말을 들을 수 있을 만큼 가까이 있으면서도 사라가 코치하는 순간을 혼자서 가질 수 있을 만큼 멀리 떨어져 있는 것이었다. 사라가 값진 보석 같은 코칭 팁을 얻은 것은 바로 이 시기였다.

사라는 신입생 축구 선수들로 이루어진 작은 그룹과 함께 수직 점프vertical jump를 실시하고 있었다. 3가지 스테이션을 가진 서킷 트레이닝의 세 번째 스테이션에서, 사라에게는 3번씩 점프하는 3세트를 통해 5분 동안 선수들을 코치할 수 있었다. PT에게 배운 내용을 적용하여, 사라는 선수들이 긴 (커뮤니케이션) 루프를 익히도록 첫 번째 세트 전에 동작을 설명하고 시범을 보여주고 큐를 보냈다. 그러나 누군가의 움직임을 보기도 전에 오버코칭 하는 실수를 저지른 사라는 짧게 지시하며, 첫 세트 동안 선수들에게 "최대한 높이 점프하세요"라는 큐를 보냈다.

선수들이 첫 번째 점프 세트를 마친 후, 사라는 간단한 디브리핑에 참여하게 했다. "이번 첫 세트를 되돌아보며, 점프할 때마다 온전히 모든 집중과 노력을 기울였는지 스스로에게 물어보시기를 바랍니다. 그렇지 않았다면 다음번엔 한번 제대로 해 봅시다." 사라는 자신도 되돌아보며, 엉덩이를 더 많이 펴면 선수들이 더 높이 점프하는 데 도움이 될 것이라고 결론을 내렸다. 선수들에게 휴식하고 반성하는 시간을 준 후, 사라는 짧은 (커뮤니케이션) 루프로 전환하여 선수들에게 "엉덩이를 빠르게 펴는 데 집중하세요"라는 큐를 보냈다.

사라는 선수들이 다음 세트를 수행하는 것을 관찰하면서, 눈앞에 펼쳐진 광경에 어리둥절했다. 노력은 있었으나, 결과는 나오지 않았던 것이다. 확실히 선수들은 엉덩이를 더 빠르게 펴고 있었지만, 뭔가 잘못하는 것처럼 보였다.

모든 과정을 지켜보고 있었던 S&C 코치는 선수들이 쉬는 동안 잠시 대화를 나누기 위해 다가왔다. "사라, 다음 세트 전에, 선수들에게 천장에 닿으려고 해보라고 큐를 줬으면 좋겠어. 천장에 닿은 사람에게 줄 매스 무버 티셔츠가 있다고 덧붙여도 돼." S&C 코치는 사라가 체육관 중앙을 향해 걸어가는 동안 미소를 지으며 "가자!"라고 외쳤고, 그 소리는 체육관 전체에 울려 퍼졌다.

사라는 S&C 코치가 말한 대로 그룹에게 천장에 닿도록 해 보고, 닿으면 상품을 얻을 수 있다고 알렸다. 역시, 점프를 시작하자마자 사라는 새로운 큐로 인해 선수들이 엉덩이를 더 펴고 점프 높이를 향상하려고 노력하게 된 것을 보았다. 더 좋은 점은 키가 큰 선수 한 명이 천장을 두드릴 수 있었다는 것이다. 그러자 축하의 함성이 터져 나왔고, S&C 코치가 그 선수에게 티셔츠를 주는 즉석 시상식이 열렸다. 그 혼돈과 흥분은 사라가 왜 그토록 예전의 자기 코치에게 돌아와 배우고 싶어 했던 이유를 상기시켜 주었다.

체육관 청소를 마친 후 사라와 코치는 일과를 리뷰하기 위해 앉았다. "사라, 네가 선수들에게 준 큐와 내가 사용하라고 권유한 큐 사이에 무슨 차이가 있었을까?"

이 질문에 대해 이미 생각해 본 사라는 재빨리 대답했다. "음, 제 생각엔 코치님의 큐가 제 큐보다 더 동기 부여가 되어서, 선수들이 더 높이 점프했던 것 같아요. 하지만 전 여전히 선수들이 자기 기술을 이해해야 한다고 생각해요. 그래서 왜 제 큐가 코치님의 큐만큼 효과가 없었는지 잘 모르겠어요."

S&C 코치는 책상 위의 서류 몇 장을 주섬주섬 치우다 표지에 윈드서퍼 그림이 그려진 낡은 책 한 권을 집어 사라에게 건네주었다. 형광펜으로 줄 그어진 페이지를 넘기면서 사라는 이 책이 많이 사랑받았다는 것을 알 수 있었다. 책을 덮으며, 사라는 '가브리엘 울프의 『Attention and Motor Skill Learning』'[3]이라는 제목을 큰 소리로 읽었다.

사라는 코치가 말하기 시작하자 주의 깊게 들었다. "사라, 나는 네가 말한 것에 모두 동의해. 그래, 내 큐는 너의 큐보다 더 많은 동기 부여 효과를 주었어. 또, 그래, 우리 선수들은 자기 기술을 어느 정도 이해하고 있어야 해. 그러나 우리의 큐 사이엔 다른 점이 있어. 그리고 그 내용은 네가 들고 있는 그 책에 설명되어 있어."

사라는 다시 한번 표지를 내려보고 '주의력Attention'과 '학습Learning'이라는 단어를 다시 읽었다.

"우리 큐의 결정적인 차이는 너의 큐는 내적 언어를 사용하고 나의 큐는 외적 언어를 사용했다는 것이야." 코치가 말했다.

"그 차이가 무엇인가요?" 사라가 물었다.

"차이는 내적 언어 또는 내적 큐가 신체 부위, 관절 또는 근육의 동작을 대상으로 하는 반면, 외적 언어 또는 외적 큐는 '땅을 밀어내 보시오'와 같이 주변 환경에 미치는 동작의 효과, 또는 동작 목표를 대상으로 한다는 거야. 예를 들면 이런 게 있겠지…"

"천장에 닿도록 해 보세요." 사라가 코치의 말을 마무리했다.

코치는 고개를 끄덕이며 말했다. "정확해!"

"너의 큐가 카메라의 줌 렌즈 같다고 생각하면 돼." 코치가 계속 말을 이었다. "신체에 초점을 맞춰 줌인을 한 큐는 내적이고, 환경이나 결과에 초점을 맞춰 줌 아웃을 한 큐는 외적이야."

"알겠어요, 그러니깐 제가 사용한 큐는 내적이었고 코치님이 제안한 큐는 외적이었군요." 사라가 말했다. 코치는 고개를 끄덕였다. "그리고 확실히 코치님의 큐가 점프에 더 효과적이었던 것 같아요." 사라가 반성하며 말했다. "하지만 우리가 내적 큐를 사용해야 할 때도 있지 않을까요? 특히, 어떤 사람이 동작을 막 배우기 시작했거나, 기술적인 지식을 늘리고 싶을 때요."

"중요한 질문을 하고 있구나, 사라, 사실, 처음에 울프 박사의 주의 집중과 학습에 관한 연구 논문을 읽은 후 내가 물었던 질문과 정확하게 일치해. 그러나 울프 박사와 다른 많은 연구자들의 연구 결과는 분명했지. 코칭 동작에 있어서, 즉 어떤 동작이든, 우리는 선수를 격려할 때 외적 큐를 사용하여 외적 집중을 취하도록 해야 해. 그 문제에 대해선 너희 할머니한테도 마찬가지야. 이렇게 생각해 봐. 자동차를 운전할 때, 너는 가속 페달, 브레이크, 휠을 의식하고 있겠지만, 실제로 자동차를 운전하려면 도로에 집중해야 한다는 것을 알고 있을 거야. 결국, 차를 어떻게 몰아야 하는지 알려 주는 것은 도로야. 이건 인체도 마찬가지야."

사라는 S&C 코치의 말을 들으면서 수년 동안 선수로서 들었던 많은 큐에 대한 기억을 훑어보았다. 변화를 불러온 큐, 자신과 통한 큐를 생각하면서, 사라는 그 큐의 대부분이 외적이었던 것을 깨달았다. 외발 점프를 향상시키기 위해 사라의 PT가 사용했던 메디신볼 큐조차 외적 큐였다. 되돌아보니, PT의 큐 대부분이 외적이거나 비유였다는 것을 깨달았다. 그러나 사라는 또한 자신의 PT와 S&C 코치가 신체 동작에 대해 여러 번 언급하는 것을 들었기 때문에 내적 언어도 사용했었다는 것을 알고 있었다. 어떻게 된 거였을까?

그러다가 갑자기 번뜩 생각이 들었다. 사라는 순서대로 사용하기만 하면 내적 언어, 설명하는 언어, 외적 코칭 언어를 모두 사용해도 괜찮다는 것을 알아차렸다. 즉, 동작을 설명하거나 리뷰하는 경우, 패턴을 설명하기 위해 필요한 정도까지는 내적 언어를 사용할 수 있다. 그러나 환경에 초점을 맞추면 환경을 탐색하는 데 사용하는 코디네이션이 트리거되고, 결과에 초점을 맞추면 결과를 달성하는 데 필요한 코디네이션이 트리거되기 때문에 큐는 외적 언어로 준비할 필요가 있다.

사라는 머리가 어지러웠지만, 마치 선물을 받은 것 같은 기분도 들었다. 마치 겹겹이 싸여서 포장을 풀어주길 기다리는 선물 같았다. 운이 좋게도 S&C 코치는 사라에게 울프 박사의 책을 기꺼이 빌려주었다.

현명한 방법

우리의 움직임은 우리가 탐색하는 환경과 우리가 추구하는 결과에 의해 형성된다. 따라서 코치는 큐잉을 할 때 외적 큐를 사용하여 외부에 집중하도록 유도해야 한다. 이렇게 하면 동작 설명과 디브리핑에 사용되는 모든 내적 언어는 움직이는 선수의 머릿속에서 사라지게 될 것이다.

큐잉하는 방법

주말이 끝날 즈음, 사라는 울프 박사의 책을 다 읽었지만, 책을 내려놓을 수가 없었다. 페이지마다, 그리고 연구마다, 사라는 외적 집중을 장려하는 큐를 생성하는 것의 이점에 대해 읽었다. 균형 잡기부터 야구, 수영에서 스프린트에 이르기까지 사라는 외적 집중의 이점을 뒷받침할 증거를 찾았다.[4~7] 실제로, 이러한 증거가 너무 많아서 사라는 이 사실을 더 일찍 알지 못했다는 것을 믿을 수 없었다. 사라는 얼마나 많은 코치와 치료사들이 이렇게 강력한 코칭 도구가 존재하는 것을 모르고 있는지 궁금했다.

동시에 사라는 왜 내적 큐라는 함정에 빠지기 쉬운지 이해했다. 그녀가 받은 교육의 상당 부분은 생체역학, 해부학, 신체 운동학에 포함된 것이었다. 사라는 해당 정보를 전달하는 데 사용되는 과학적 언어가 동작을 설명하는 방법을 이해하는 데는 가장 중요하지만, 동작을 코치하는 데 사용하면 부족하다는 점을 깨달았다.

그러나 사라는 S&C 코치와 울프 박사의 말이 없었다면 결코 이러한 결론에 도달하지 못했을 것이다. 적어도 이렇게 빨리 알지는 못했을 것이다. 문제는 사라가 대학에서 배운 내용이 아니었다. 배우지 못했던 것이 문제였다. 이상하게도 이 깨달음은 사라를 흥분시켰다. 사라는 자신이 마치 그 정답의 일부, 정답의 지지자가 될 운명이었던 것처럼 느꼈다.

"똑, 똑, 똑!" S&C 코치가 사라의 차창을 두드리자, 사라의 집중력은 흩어졌다. 이른 아침 리프팅 세션을 위해 체육관을 열 시간이었다.

다음 며칠, 몇 주 동안, 사라는 코칭 관련 내용을 정리했다. 사라는 동작을 설명하거나 리뷰할 때 내적 언어를 사용하는 것을 주저하지 않았지만, 큐잉을 할 때는 외적 언어나 관련 가능한 비유를 사용하기 위해 최선을 다했다.

그러나 딱 한 가지 문제가 있었다. 사라는 S&C 코치와 PT가 했던 것만큼 외적 큐를 만드는 이런 모든 작업이 쉽지 않음을 깨달았다. 사라와 코치가 마지막 회의를 위해 앉았을 때, 큐를 만드는 방법에 대한 조언을 구할 기회가 생겼다.

"코치님, 저는 외적 큐와 비유를 생각해 내기 위해 최선을 다해 왔어요. 그런데도 때로 어려울 때가 있어요."

S&C 코치가 물었다. "무엇이 어려워?"

사라가 말했다. "음, 선수가 스쿼트 중 무릎 정렬과 같은 기술적 변화를 하도록 돕고 있을 때, 내적 큐를 사용하지 않기란 어렵다는 것을 알고 있습니다. 또한 저는 선수가 다양한 만큼 다양한 큐에 반응한다는 사실도 발견했어요. 제가 처음 만든 몇 가지 외적 큐가 효과적이지 않은 어떤 경우에는 내적 언어를 사용하여 어떻게 해야 하는지 말해 줄 수밖에 없었어요."

S&C 코치는 일어나 오래된 대학 강의실에서나

볼 수 있는 그런 종류의 칠판으로 걸어갔다. 코치는 칠판에 거리Distance, 방향Direction, 설명Description이라는 단어를 적었다. "좋아, 사라. 먼저 네가 겪고 있는 상황은 정상이라는 점을 말해 주고 싶어. 사실, 유능한 코치가 되려면 불편한 것에 익숙해질 필요가 있어. 그렇지 않으면 결코 스스로에게 도전하지 못할 거야."

사라는 안도의 한숨을 쉬며 고개를 끄덕였다.

코치는 계속해서 말했다. "그렇긴 하지만, 올바른 큐를 생각해 내기 어려울 때 사용할 수 있는 전략이 있단다. 나는 이 전략을 '큐잉의 3D'라고 부르고 싶어."[8] 코치가 각 단어에 밑줄을 긋자, 분필이 날카로운 소리를 냈다. "거리, 방향, 설명은 효과적인 외적 큐의 세 가지 중요한 특징을 나타낸단다. 일종의 해부학이야. '거리'는 선수가 자신에게 가까이 있는 것 또는 멀리 있는 것에 집중하고 있는지 알려 주는 큐의 일부야." 코치가 설명했다. "벤치프레스를 예로 들어 보자. '벤치'에서 바를 멀리 가게 만드는 큐는 가까운 외적 집중을 장려하지만, 바를 '천장' 쪽으로 가게 만드는 큐는 멀리 있는 외적 집중을 장려해. 한쪽 큐가 다른 큐보다 낫다는 것은 아니지만, 어떤 선수에게는 다른 큐보다 특정 큐가 나을 수도 있어. 그 큐들을 생각해 봐. 사라. 어느 쪽을 더 선호해?"

사라는 잠시 큐들을 생각했다. "제 생각에는 바를 벤치에서 멀리 밀어내는 것이 저에게 더 좋을 것 같아요."

코치가 말했다. "오! 네가 무슨 말을 했는지 알겠어?"

"네?" 사라가 물었다.

"넌 선호하는 큐를 골랐을 뿐만 아니라, '가게 만드는drive' 큐가 아닌 '밀어내는push' 것이라고 말을 바꾸기도 했어."

"그게 중요한가요?" 사라가 물었다.

"네가 선호하는 단어, 더 이해가 잘 되는 단어를 사용했기 때문에 중요한 거야. 네가 더 납득하기 쉬운 큐를 선택한 것과 같지. 다시 본론으로 돌아가 보자. 올바른 큐란 없어. 단지 너에게 맞는 큐만 있을 뿐이야."

"네, 이해했어요." 사라는 고개를 끄덕였다.

코치가 말했다. "자, '방향'은 선수가 집중하고 있는 대상을 향해 움직이고 있는지 아니면 대상으로부터 멀어지고 있는지를 알려 주는 큐의 일부야. 그러면 네가 선택한 벤치프레스 큐는 멀어지는 큐일까, 향하는 큐일까?" 코치가 물었다.

사라는 자신에게 직접 큐를 반복해 보고(벤치에서 바를 '멀리' 밀어내기) 대답했다. "멀어지는 큐입니다."

코치가 말했다. "맞았어! 그럼 바를 천장 '쪽으로' 가게 만드는 큐는 향하는 큐가 되겠지. 결론적으로 큐의 거리는 물리적 환경에서 선수가 집중하고 있는 곳을 결정하지만, 큐의 방향은 선수가 해당 지점으로 움직이는지 또는 해당 지점으로부터 이동하는지를 알려줘. 거리와 방향은 함께 선수가 공간 내에서 어디로 움직이고 있는지 이해하는 데 도움이 돼."

이번에는 사라가 일어서서 칠판을 향해 갔다. "큐의 거리와 방향은 일종의 GPS나 나침반처럼 작동하여 선수에게 어디로 가야 하는지 알려 주는 것 같아요." 코치가 고개를 끄덕였다. 사라가 말을 이었다. "그리고 코치님이 말하는 것은 수행하는 선수의 동작을 형성하기 위해 제가 거리와 방향을 조작할 수 있다는 것이고요."

"맞았어!" 코치가 말했다. "그러나 나는 가장 좋은 D를 마지막까지 남겨 뒀지. '설명'은 동작을 수행하는 방법을 설정하는 큐의 일부야. 구체적으로, 이것은 큐 안에 있는 동사 또는 동작 단어야. 예를 들어, 벤치 프레스 큐에서 나는 자동차 운전, 공을 몰기, 못을 박기에서 쓰이는 단어와 같은 'drive'를 사용했어. 그러나 네가 큐를 다시 말했을 때 'push'라는 단어를 사용했지. 실제로는 두 단어 모두 하나의 물체가 다른 것을 치거나 움직이는 것과 관련이 있다는 뜻이지만 말이야. 궁극적으로 동사는 큐의 핵심이야. 그것은 큐에 에너지를 주지. 좋은 점은 항상 여러 개의 동사를 마음대로 사용할 수 있다는 거야. 거리와 방향처럼, 이 선택을 통해 함께 일하는 사람에게 큐를 쉽게 적용할 수 있어."

받아들일 내용이 많았지만, 사라는 이제 더 나은 큐를 만드는 데 필요한 도구를 갖춘 느낌이 들었다. 큐 생성에 대한 코치의 3D 접근법과 사용할 수 있는 거의 무한한 수의 비유 사이에서, 사라는 자신이 놓쳤던 코칭의 근본적인 자료를 얻은 것 같다고 생각했다. 사라가 마지막으로 가방을 싸는 동안, S&C 코치가 사라에게 공책을 건네주었다. "이건 뭐예요?" 사라가 물었다.

코치가 권했다. "열어 봐."

사라는 페이지를 넘기면서 모두 빈 페이지라는 것을 알았다. 딱 한 페이지만 제외하고 말이다. 거기에는 코치가 적은 글이 있었다. "할 수 없다고 생각되면 언제든지 잠시 멈춰서 '아직이야!'라고 말해 봐."

사라는 코치를 꼭 껴안고 공책에 대해 감사를 표했다. "이건 제가 만들 모든 새로운 큐에 도움이 될 거예요."

코치가 미소를 지었다. "그렇게 말할 거로 생각했어."

체육관을 나오며 사라는 다음으로 무엇을 할지 생각했다. 어떤 진로를 선택해야 할지 아직 결정을 내리지는 못했지만, 두 가지만큼은 확실하게 알게 되었다. 그녀에게 동작 코칭은 열정이었고, 사람들을 돕는 것은 목적이었다.

현명한 방법

선수의 상황에 맞게 외적 큐를 조정하려면 큐의 거리(가깝거나 멀거나), 방향(앞으로 또는 뒤로) 또는 설명(동작 동사)을 조정해 보자. 이렇게 하면 큐잉 사전을 확장하는 동시에 즉석에서 언어를 조정하는 방법을 배울 수 있을 것이다.

요약

사라의 이야기를 읽으면, 우리는 자신의 이야기와 비슷한 점을 쉽게 찾을 수 있다. 우리는 모두 자신이 하는 일에 전념했지만, 결국 우리가 하는 방법이 차이를 만든다는 것을 깨닫게 되었다. 나의 멘토 중 한 분이 말했듯이, 카멜레온이 되는 능력으로 코치의 성공을 정의할 수 있다. 이는 특히 우리가 코칭하는 사람들에게 적응하는 능력을 갖추어야만 함을 의미한다. 그러기 위해서는 우리 앞에 있는 선수에게 적합한 코칭 언어를 만들 수 있어야 한다. 사라의 여정에서 볼 수 있듯이, 효과적인 코칭 언어를 만들기 위해서는 언제 말하고, 얼마나 많이 말하고, 무엇을 말해야 할지 아는 것이 필수다. 효과적인 커뮤니케이션을 위한 조건이 정해지면, 큐잉하는 방법을 생각할 수 있다. 궁극적으로, 우리의 말이 선수 동작에 미치는 영향에 주의를 기울임으로써, 코치가 가지고 있는 가장 중요한 하나뿐인 도구를 더욱 눈에 띄게 만든다. 그것은 바로 우리의 목소리이다.

필수 항목

- 코치의 언어는 선수의 집중력을 형성할 수 있는 잠재력이 있으며, 이는 선수가 움직이는 방식에 직접적인 영향을 미친다. 이러한 코칭 언어의 특성과 타이밍에 따라 퍼포먼스 변화가 긍정적인지, 부정적인지, 중립적인지 결정된다.
- 코치의 언어는 DDCDD 커뮤니케이션 모델을 사용하여 최적의 효과를 위해 구성될 수 있다. 동작을 설명하고, 동작을 보여주고, 동작을 큐잉하고, 선수가 동작을 수행하고, 선수와 코치가 동작을 리뷰한다.
- 코치의 큐는 코치가 동작 전과 동작 중에 선수에게 고려하라고 마지막으로 요청하는 사항이므로 선수의 집중과 그에 따른 동작에 가장 큰 영향을 미친다.
- 큐잉을 할 때, 코치는 한 번에 하나의 코칭 큐만 제공하는 것이 권장된다. 이는 작업 기억에 대한 요구량을 제한하는 동시에 시간이 지나면서 형성될 수 있는 확실한 집중을 세워 준다.
- 큐잉을 할 때, 코치는 외적 큐 또는 비유를 사용하여 집중하게 지시하는 것이 권장된다. 이는 선수가 탐색하려는 환경(도로) 측면에서 선수의 의도(목적지)를 설정한다.
- 선수와 수행 중인 동작에 대한 최고의 큐를 생성하려면, 큐의 거리(가까이 있음, 멀리 있음), 방향(향하고 있음, 멀어지고 있음) 또는 설명(동작 동사)을 조작하는 것을 고려하자. 그렇게 하면 원하는 기술적 변화를 장려하는 동시에 외적 집중을 유지하도록 큐를 조정할 수 있다.

Chapter 17

운동 능력의 스포츠 퍼포먼스로의 전환

덴컨 N. 프렌치Duncan N. French, PhD
UFC 퍼포먼스 인스티튜트 부사장, 퍼포먼스 부문

인간의 동작은 특정 환경 내에서 특정 과제를 주어진 시간에 달성하기 위해 발생한다. 스포츠의 역동적 환경도 예외가 아니며, 시합 중에 필요에 따라 다양한 동작을 결합하여 명확한 운동 과제를 해결한다. 그러나 스포츠 동작은 단순히 신체 위치의 혼란스러운 변화 그 이상으로 복잡하다. 스포츠 동작은 기술적 결과, 경기 내 상황 또는 시합 자체에 영향을 미치는 복잡한 운동 작업을 처리하는 솔루션을 만들기 위해 순차적으로 수행된다. 이에 따라 코치와 선수는 보충 트레이닝 방법에 크게 중점을 두며, 스포츠 시합으로 전이하길 바란다.

퍼포먼스 트레이닝

각각의 운동 패턴을 수행하는 정확성과 일관성은 선수의 테크니컬 기술 실행 능력(예: 럭비 태클, 농구 슛, 테니스 볼 치기)에 영향을 미친다. 이러한 운동 동작을 지지하는 능력quality을 개발하는 것이 스포츠별 트레이닝의 핵심 목표이다. 코치와 선수는 트레이닝 중 수많은 훈련과 반복 연습을 사용하여 기술적 일관성을 향상하고 성공 가능성에 영향을 미치는 능력을 개발한다. 이러한 훈련은 두 가지 유형으로 나눌 수 있다.

1. 기술적 능력(운동 퍼포먼스)을 향상하기 위한 훈련
2. 신체 능력(운동 신경)을 향상하기 위한 훈련

트레이닝 방법이 스포츠 퍼포먼스에 영향을 미치는 정도는 보조적인 반복 연습으로 트레이닝이 얼마나 유용한지에 따라 결정된다. 테크니컬 기술 트레이닝은 특정 과제의 예행 훈련을 요구하지만, 운동 신경 트레이닝은 생리학적 능력을 개발하기 위한 보편적인 접근법이다.[1] 전자는 운동 학습 법칙에 따라 정의된 특정한 동작에 중점을 두어 신경운동 조정력을 향상하고자 하지만,[2] 후자는 뉴턴 역학과 생체에너지학의 원칙을 우선시하여 특수성을 덜 고려하는 경향이 있다.[3] 두 접근법 모두 기존 퍼포먼스 기준과 선수의 트레이닝 경력에 따라 달라진다(그림 17.1 참조). 낮은 수준에서 중간 수준의 선수는 특수성과 상관없이 발전할 수 있는 기회가 많지만(그림 17.1 참조), 높은 수준의 선수는 높은 수준의 스포츠 특수성을 가졌다고 판

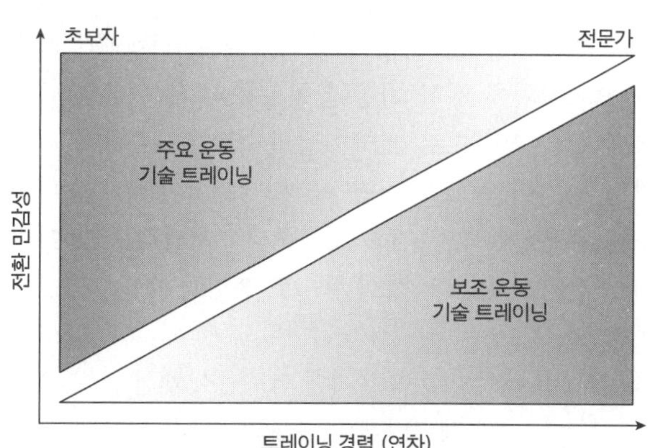

그림 17.1 낮은 수준과 높은 수준의 선수에게서 나타나는 트레이닝 전이의 기회 범위.

단하여 보조적 훈련으로 제한되는 경우가 많다.[4,5]

힘을 발휘하는 능력, 필요한 동작 범위를 통해 팔다리를 움직이는 능력, 주어진 시간 내에 대사 에너지를 생성하는 능력은 모두 스포츠에서 중요한 요소이다. 그러나 비-특이적 트레이닝으로 간주할 수도 있는 운동 신경 향상에 든 시간이 경기 퍼포먼스로 직접 전이되는 정도를 이해하기는 여전히 어렵다. 완벽한 세상이라면, 트레이닝 특성의 모든 변화가 스포츠로 직접 전이될 것이다(예: 1:1 비율). 그러나 안타깝게도 그러한 경우는 없으며, 대부분 훈련된 신체적 특성의 변화는 테크니컬 기술에 부분적으로 영향을 미칠 뿐이다.

트레이닝의 전이

많은 사람은 '전이Transfer'를 스포츠 트레이닝의 만병통치약으로 여기곤 한다. 전 세계의 코치들은 스포츠별 기술과 경쟁력 있는 퍼포먼스를 향상시킬 수 있다고 믿는 지도 전략을 지속해서 추구한다. 그 결과, 트레이닝 체계의 시행과 적응이 분명해지는 시기 사이에 시간적 차이가 있어 어려움이 생긴다. 실제로 신경근 수축성을 증가하기 위해 사용하는 특정 트레이닝 현상(예: 프라이밍, 사후 활성화 상승 작용[PAP])을 제외하면, 근력 트레이닝 세션을 통해 힘을 생성하는 능력을 즉각적으로 향상시키거나, 복잡하고 새로운 기술을 배워서 처음부터 쉽게 수행하려고 시도하는 상황은 거의 없다. 대신, 이러한 적응이 실현되려면 시간이 걸리므로 훈련 중재가 효과적으로 진행되는지 또는 얼마나 효과적인지 이해하기 어렵다.

'트레이닝 전이'는 과제나 트레이닝 중재가 다른 과제나 상황에 대한 반응에 영향을 미치는 정도를 나타낸다. 본질적으로 트레이닝의 전이는 주어진 트레이닝 방법이 목표하는 운동 과제에 얼마나 유용한지 또는 유용하지 않은지를 보여준다.[3] 개념적으로, 트레이닝 전이는 다음 방정식 함수로 표현될 수 있다.

트레이닝 전이 = 기술 퍼포먼스 개선 /
트레이닝 받은 운동의 개선[1]

트레이닝 중재의 효과는 진행 중에는 완전히 알 수 없는 역설 때문에, 선수, 코치, 그리고 트레이너들 모두 반드시 트레이닝 전이를 위한 전략을 계획하는 데 집착하게 되었다.

트레이닝 전이 패러다임의 핵심은 특수성이라는 개념으로, 이는 단순히 적응이 트레이닝 자극의 성격에 한정된다는 것을 말한다.[6] 특수성의 원칙이 그대로 시행된다면, 모든 트레이닝 방법은 단순히 스포츠 동작을 모방할 것이다. 이 접근법의 문제는 단일 훈련 자극으로 인한 만성적 과부하가 과도한 트레이닝으로 이어질 수 있으며, 그 결과 퍼포먼스에 부정적인 영향을 미칠 수 있다는 것이다.[7] 따라서 스포츠 트레이닝의 현대적 접근법에서는 높은 수준의 전이를 갖는다고 간주하는 사례별 훈련과 운동 능력을 강화하기 위한 보조적 반복 연습(그러나 시합의 퍼포먼스와는 실질적으로 다른 생체 역학적 및 신경 조정 패턴을 보임)이 종종 함께 이루어진다.[3] 예를 들면, 3단계 접근법을 사용하여 네트에 배구공을 스파이크하고, 두 발로 점프한 다음 팔을 머리 위로 빠르게 뻗어 상대방 코트의 아래쪽 대각선으로 큰 힘을 가해 공을 치는 것은 경기별 동작 순서를 재현하기 위해 여러 번 반복할 수 있다. 그러나 그 외에도, 보조 훈련에는 지면 반력을 증가시키기 위한 하체 저항력 트레이닝(예: 스쿼트, 데드리프트)과 같은 것들이 포함될 수도 있다. 또한, 견갑대의 이동성 및 최대 보강을 통해 선수는 관절과 자세의 완벽성을 유지하고, 과도한 사용으로 인한 손상의 위험을 최소화하면서 높은 속도로 팔을 움직일 수 있는 능력을 갖추게 된다.

이후에는 더욱 구체적인 트레이닝을 수행할 수 있는 일반적이고 비-특이적 트레이닝 방법을 뒷받침할 강력한 근거가 있다(즉, 일반적 신체 준비[GPP]는 특정 신체 준비[SPP]의 기반을 제공함)[8] 일반적 신체 능력을 향상한 후, 스포츠별 훈련을 수행하면 스포츠 퍼포먼스가 향상될 것이 분명하다.[3,8] 많은 목표 과제의 경우, 모든 특수성 측면을 충족하는 트레이닝을 설계하는 것은 불가능하다. 대부분의 트레이닝은 목표 동작의 한두 가지 측면에만 부분적으로 한정될 수 있다.[9] 그렇게 되면, 일반적 트레이닝은 특수성이 부족하지만, 기술 트레이닝은 시합으로의 전이 정도가 높다는 역설이 생긴다.

동적 일치

특화된 훈련은 스포츠 퍼포먼스에 직접적인 영향을 미치는 높은 수준의 전이성을 갖는 것으로 나타났다.[10] 이는 주로 5가지 특정 기준에 따라 정의되기 때문이다.

1. 동작의 범위와 방향
2. 힘 생성의 강조 영역
3. 노력의 동적 특성
4. 최대 힘 생성 속도 및 시간
5. 근육 작동 체계

'동적 일치(DC$_{\text{dynamic correspondence}}$)'라는 용어는 높은 수준의 전이성을 나타내는 트레이닝 방법을 설명하기 위해 특수 훈련에서 발전했다.[9,10] DC를 이용한 훈련은 시합 기술 시행 시에 볼 수 있는 운동 패턴과 매우 유사하거나 실제로 동일하다. 가장 중요한 것은 시합 기준을 직접적으로 향상한다는 점이다. 이러한 5가지 기준을 준수함으로써, 코치는 이론적으로 트레이닝 프로그램 내에서 주어진 시간에 반복 연습과 훈련을 채택하고, 전이를 최대화할 가능성이 크다는 것을 알 수 있다. 본다르추크$_{\text{Bondarchuk}}$[11]의 훈련 분류 시스템은 DC의 원칙을 기반으로 한다. 이 시스템 내에서 일반적 준비 운동(GPEs$_{\text{general preparatory exercises}}$)은 DC의 원칙을 무시한다. 특정 준비 운동(SPEs$_{\text{specific preparatory exercises}}$)은 국소적 특수성(근육 활성화 수준)에 따라 선택되지만, 동작은 목표 과제의 어떤 부분과도 유사하지 않을 수 있다. 특정 발달 운동(SDEs$_{\text{specific developmental exercises}}$)은 목표 과제의 한 가지 또는 두 가지 측면을 기계적으로 과부하하고 높은 수준의 국소적 특수성 및 전체적 특수성을 갖는다(즉, 각각 근육 내 코디네이션 및 근육 간 코디네이션). 경쟁적 운동(CEs$_{\text{competitive exercises}}$)은 목표 작업 자체 또는 매우 사소한 변형을 복제하며, 가장 높은 수준의 동적 일치를 가진다(표 17.1 참고).

현명한 방법

적용된 환경에서 많은 코치는 본다르추크의 훈련 분류 시스템에 따라 트레이닝 단계를 분류하여 일반적 준비 단계, 특정 준비 단계, 특정 개발 단계, 시합 단계 등 적절한 시기에 스포츠별 기술과 트레이닝 방법을 직접적으로 일치하도록 한다. 동적 일치는 이러한 각 단계 전반에서 점진적으로 이루어진다.

표 17.1 동적 일치와 훈련 분류

	목표 기술	
훈련 분류	축구공 킥	복싱 펀치 훈련
일반적 준비 운동	루마니안 데드리프트 (RDL) 워킹 런지 스프린트 프라울러 슬레드 밀기 또는 당기기 고정식 자전거	푸쉬업 풀업 박스 점프 올림픽 웨이트리프팅 변형
특정 준비 운동	니 익스텐션 노르딕 컬 알터네이트 런지 점프 카프 레이즈 번갈아 다리 들며 플랭크 홀드	알터네이트 덤벨 벤치 프레스 스탠딩 밴드-저항, 스트레이트 암, 몸통 회전 누워 메디신 볼 던지기
특정 발달 운동	스탠딩 밴드-저항 고관절 굴곡 고관절 굴곡 머신 싱글 레그 덤벨 RDL 고관절 및 무릎 가동성	덤벨 섀도우 복싱 밴드-저항 펀치 밴드-저항 동작(허리 저항)
경쟁적 운동	고정된 공 킥(예: 데드 볼) 움직이는 공 킥	펀칭 백에 펀칭 섀도우 복싱 코치와 미트 치기

동작의 범위와 방향

DC의 첫 번째 원칙은 동작의 범위와 방향이 시합에서 나타나는 것과 일치해야 한다는 것이다(예: 복싱에서 펀칭 동작을 재현하기 위해 싱글 암 메디신 볼 체스트 패스 사용). '범위Amplitude'는 팔다리나 관절이 움직이는 운동 범위를 의미하며, 동작의 방향은 가장 논리적인 형태의 특수성을 가질 수 있다.[6] 따라서 코치는 특정 기술을 수행하기 위해 관절 각도와 범위를 이해하고 팔다리가 움직이는 방향을 인식해야 한다.

힘 생성의 강조 영역

모든 동작은 신체에 가해지는 힘의 결과로, 공간 사이로 신체를 나아가게 한다. 트레이닝 운동은 운동 패턴 중 시합에서 발생하는 특정 근육 활동을 반영해야 한다. 이후, 힘이 가해지는 동작의 영역을 강조하여 근육 노력의 특성을 반영해야 한다(예: 번지를 사용한 저항 스프린트 시작, 슬레드 끌기, 1080 스프린트, 런 로켓).

노력의 동적 특성

'동적 특성Dynamics'은 시합과 관련된 힘-속도 특성(동역학)을 나타낸다.[6] 이 원칙은 동작 패턴이 힘의 크기, 힘이 가해지는 속도, 힘이 발생하는 속도 등 시합에서 경험하는 패턴과 유사해야 한다는 것을 의미한다. 이 응용 사례에는 홉, 스킵, 바운드와 같은 플라이오메트릭 운동 동작이 포함되며, 고속 달리기 및 스프린트 중에 발생하는 지면 반력과 힘 발달 속도를 재현하는 데 사용할 수 있다.

최대 힘 생성 속도 및 시간

스포츠 퍼포먼스에는 주어진 시간 내에 힘을 생성하는 능력인 힘 생성 속도(RFDrate of force development)가 필요하다.[6] 트레이닝 형식이 RFD에 중점을 두고, 필요한 근육 활동이 스포츠에서 볼 수 있는 시간 프레임과 유사한 프레임에서 발생할 경우, DC로 간주한다(예: 농구 선수가 무게 가중 조끼를 착용하고 백보드 터치[즉, 수직 점프]를 수행함).

근육 작동 체계

마지막으로, 모든 역학적 작동은 단축성, 등척적, 신장성 등 다양한 근육 활동의 결과이다. 다양한 근육 활동은 스트레칭-단축 주기stretch-shortening cycle[12,13]에서와 같이 힘 생성 특성에 영향을 미칠 뿐만 아니라 활동의 에너지 소비에도 영향을 미친다. 역학적 일치와 에너지적 일치를 모두 입증하는 활동의 좋은 예로는 테니스, 농구 또는 축구의 카오스 타입 방향 전환 반복 연습이 포함된다.

DC 패러다임의 한계는 시합에서의 개선이 오로지 DC 기준의 결과임을 입증하는 결정적 증거를 제공하기가 거의 불가능하다는 점이다. 실제로 식이요법, 생활 방식, 수면, 질병 및 기타 여러 외부 변수 등도 퍼포먼스 결과에 영향을 미치기 때문에 트레이닝 프로그램의 실제 효과를 확인할 방법이 없는 경우가 많다. 통제된 환경 내에서 개별 기술에 대한 트레이닝 중재의 가치를 입증하는 것은 가능할 수도 있다(예: 축구공 차기에 미치는 플라이오메트릭 운동 트레이닝의 효과[14,15]). 그러나 혼란스러운 스포츠 상황에서도 동일한 기술에 영향을 미칠 수 있다는 증거는 거의 없다.

특이성

가장 이론적으로 순수한 형태의 '특이성specificity'은 운동 능력의 향상이 트레이닝 자극에 따라 다르다는 점을 상기하는 설명일 뿐이다. 이는 어떻게, 왜 적응이 일어나는지에 대한 설명이 아니다. 특이성은 SAID 원칙(부과된 요구에 대한 특정 적응)의 포괄적인 용어로, 어떻게 트레이닝 결과가 수행된 트레이닝의 직접적인 결과인지를 강조한다. 운동 능력을 전이하는 가장 효율적이고 효과적인 방법을 고려할 때, 일부 반복 연습과 훈련은 DC를 갖지만, 나머지는 과부하의 특이성이 있으며, 스포츠 기술로의 전이 가능성에 있어 DC가 부족하다. 특이성과 동적 일치는 유사하다고 간주할 수도 있겠지만, 동일하지는 않다는 점을 인식하는 것이 중요하다. 동적 일치나 적응의 특이성을 갖춘 트레이닝 활동을 시행하는 것이 가능하며, 두 접근법 모두 스포츠 기술의 퍼포먼스에 영향을 미칠 가능성을 가지고 있다.

현명한 방법

특이성은 부과된 요구에 대한 직접적인 반응인 트레이닝 중 특정 적응을 강조하는 포괄적인 용어이다. 이는 어떻게, 왜 적응이 일어나는지에 대한 설명이 아니다.

'동적 일치Dynamic correspondence' 또는 '트레이닝 전이training transfer'는 특이성과 동의어이며 이 용어들은 종종 같은 의미로 사용된다. 그러나 특이적이라고 간주하는 트레이닝 방법은 스포츠에 필요한 신체적 특성을 모방할 수 있겠지만, 궁극적으로 스포츠 자체를 복제하지 않는다는 점에서 높은 DC를 가졌다고 생각되는 방법과 다소 다를 수 있다. 많은 운동 패턴(예: 스노보드에서 에어리얼, 플랫폼 다이빙 또는 다양한 격투 스포츠)의 경우, DC에 필요한 제안된 기준을 모두 충족하는 트레이닝 과제를 설계하는 것이 불가능할 수 있다.[2,9] 일부 트레이닝 중재는 동적 일치 기준의 한두 가지 측면만 목표로 삼기 때문에 특이성에 따라 다른 가치를 지닐 수 있다. 전이 가능성이 부족하기 때문에 해당 훈련과 반복 연습을 중복하게 되는가? 반대로, 많은 목표 기술의 경우, DC에 대한 모든 기준에 과부하가 걸리는 트레이닝 과제를 개발할 가능성은 작을 수 있지만, 여전히 가치 있는 구조적 변화나 운동 제어 특성을 목표로 할 수 있다.

현명한 방법

많은 스포츠 특이적 기술의 경우, 동적 일치의 모든 기준을 충족하는 트레이닝 중재를 개발할 가능성은 적을 수 있지만, 기술에 중요한 특정 구조적 변화 및 기능적 변화, 그리고 운동 제어 특성을 목표로 하는 것은 여전히 가치가 있다.

스포츠 특이적 기술의 퍼포먼스를 효과적으로 향상시키는 트레이닝 프로그램을 만들 때, 코치와 지도자는 사용하는 훈련 및 반복 연습이 일치성과 특이성을 조화롭게 포괄하도록 노력해야 한다. 일부 훈련은 DC를 반영하는 것이 좋지만, 다른 훈련은 원하는 생리학적 반응의 특이성을 목표로 한다. 일반적으로 변화(예: 스포츠 퍼포먼스 향상)에 영향을 미칠 가장 큰 가능성을 가진 프로그램은 이 두 가지 요소의 분배를 효과적으로 관리하는 프로그램이다. 트레이닝 프로그

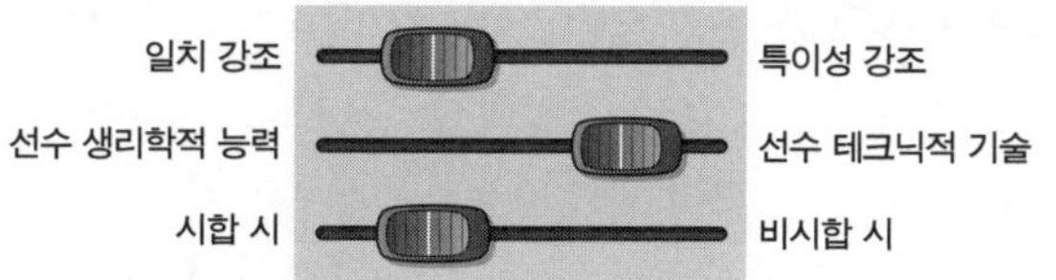

그림 17.2 효과적인 트레이닝 프로그램을 만들려면 핵심 전략과 중재 사이의 균형과 조화가 필요.

램 개발 전반에서 각 반복 연습이나 운동이 퍼포먼스를 보완하는 주요 방식(즉, 일치 또는 적응의 특수성을 통해)을 분류한 다음, 트레이닝 단계 전반에서 이러한 요소의 분배를 모니터링하는 것이 중요하다. 운동의 선택과 포함은 스포츠의 특정 요구 사항, 개별 선수의 요구 사항(예: 신체적, 기술적 능력의 차이), 그리고 트레이닝 단계에 따라 영향을 받는다. 이러한 세 가지 전략의 고려 사항을 기반으로 분배 요구 사항을 합리적으로 조정할 수 있으며, 이는 음악 제작에서 오디오 믹싱 보드가 균형과 조화를 조정하는 데 사용되는 것과 마찬가지이다(그림 17.2).

운동 학습의 원리

트레이닝의 전이에 대한 모든 논의를 위해서는 무조건 운동 학습을 논의해야 한다. '운동 학습Motor learning' 또는 '기술 습득skill acquisition'은 인간의 인식을 특정 운동 동작과 결합한 다음 동작 수행자-환경이라는 관계 내에서 해당 동작을 보정하는 프로세스이다.[16] 전이할 수 있는 운동 기술의 습득은 운동 기술 학습 또는 재학습에 반응하여 중추 신경계(CNS) 적응을 조절하는 행동학적 및 신경학적 요인에 의존한다.[17,18]

선수가 새로운 기술을 발전시킴으로써, 동작 문제(예: 가속, 비틀기, 회전, 착지)를 해결하는 데 사용할 수 있는 운동 과제의 자발적인 제어가 향상된다. 이는 테크닉적인 기술이나 신체적 능력 모두 동일한데, 그 이유는 가장 기본적인 근력 트레이닝 운동조차도 올바른 테크닉(기술)으로 수행해야만 하는 과제가 필요하기 때문이며, 그러면 SAID에 영향을 미칠 수 있다. 보쉬Bosch[2]는 일반적인 운동 능력이나 근력 및 힘과 같은 신체적 능력이 기술 및 코디네이션과 불가분하게 연결되어 있으며, 이는 동작을 수행해야 하는 상황에 따라 달라진다는 사실을 기반으로, 이들이 따로 존재

하기란 실제로 불가능하다고 주장한다. 이런 주장은 어느 정도 동적 일치가 있다고 판단되는 훈련(예: 특정 준비 운동 및 특정 발달 운동)의 경우일 수도 있겠지만, 일반적 준비 유형의 운동을 수행하려면 어느 정도 기술이 필요하긴 해도, 가장 큰 요구 사항은 생리학적 능력이라고 주장할 수도 있다(예: 고정식 자전거에 앉아 해당작용에 대한 윙게이트 검사를 시행하거나 근력 수준을 개발하기 위해 앉아서 레그 익스텐션을 수행함).

운동 학습의 일부 이론은 신경과학과 인간의 움직임이 중추 신경계 전체의 제어 센터에 의해 조직된다는 믿음에 근거하고 있다. 신경과학은 뇌의 구조와 기능, 네트워크 연결성, 뇌의 신경조절물질, 신경가소성 메커니즘이 모두 밀접하게 관련되어 있음을 강조하고 있다.[17] '다이내믹 시스템 이론(DSTDynamic systems theory)'[2]에 따르면 운동 학습은 뇌의 일부(예: 움직임의 의도), 척수 수준(예: 달리기와 같은 팔다리 움직임의 리드미컬한 코디네이션), 심지어 신경계 외부(예: 동시 수축co-contraction 시 근육이 서로 영향을 미치는 방식) 등 CNS의 모든 수준에서 조절된다고 설명하고 있다.[17] DST의 기본은 환경(예: 공의 움직임, 상대편의 동작, 경기장)이 모든 기술을 수행하는 방식에 영향을 미친다는 점을 고려하는 것이다. 트레이닝 전이는 동작 과제의 구성 요소를 올바르게 수행하는 선수의 능력뿐만 아니라 끊임없이 변화하는 환경에 효과적으로 적응할 수 있는 능력에 따라서도 달라진다(예: 움직임 변동성에 대한 자기 조직화).

이것이 실질적으로 의미하는 바는 무엇일까? 인간의 움직임 중, 중추 신경계(CNS)는 특정 운동 과제 내에서 매우 안정적이고 일관되게 반복되는 위치들, 즉 개인의 움직임 지문movement fingerprint을 인식할 수 있다. DST의 패러다임에서는 이러한 안정적인 운동학적 위치를 '어트랙터attractors'라고 부르며, 기술이 올바르게 수행될 때 높은 재현성을 보인다.[2] 이러한 어트랙터 상태와 함께 신체는 '플럭츄에이션fluctuations'에 반응하는 반사를 자기 조직화하여 끊임없이 변화하는 환경에 적응할 수 있도록 한다. 높은 수준의 트레이닝 전이를 위해서는 어트랙터와 플럭츄에이션을 모두 트레이닝해야 한다. 주요 퍼포먼스 엔드 포인트(예: 야구 투구, 축구 스트라이크, 점프슛)의 변동성과 거기에 도달하기까지 걸린 과정의 변동성 사이에는 반비례 관계가 있다. DST의 원칙에 따라 중요한 핵심 자세의 안정성(즉, 기술 리허설)과 이를 달성하기 위한 신체 능력의 변동성(즉, 움직임 가변성)을 강조하는 트레이닝 방법을 실행해야 한다.[19] 필자는 근력과 파워와 관련된 생리학적 능력을 향상시키기 위해 바벨에 부하를 추가하는 것과 같은 방식으로 운동 과제 내에서 제시된 움직임 변동성과 플럭츄에이션을 프로그램 내에서 트레이닝 진행을 불러일으키는 핵심 방법으로 사용한다. 하지만 코치로서 반드시 유의해야 할 점은, 만약 플럭추에이션이 어트랙터의 위치 자체를 크게 변화시킨다면, 이는 부하 증가가 지나치게 빨랐음을 의미할 수 있다. 이 경우에는 일시적으로 트레이닝의 복잡성을 낮춰, 정확한 어트랙터 상태를 재확립한 뒤, 다시금 움직임 변동성을 점진적으로 높여야 한다.

운동 학습의 대체 철학은 행동 심리학의 역할과 기술 습득, 운동 학습 및 트레이닝 전이에서 동기 부여와 주의 집중의 중요성을 강조한다. 울프와 루스웨이트Wulf and Lewthwaite[18,20]는 내적 동기 부여와 학습에 대한 관심, 즉 OPTIMAL을 통해 퍼포먼스를 최적화하는 것을 선도하는 지지자이다. 최적의 운동 학습을 위해서는 다음의 세 가지 요소가 핵심인 것으로 나타났다.

1. 퍼포먼스에 대한 기대치 향상
2. 자율성
3. 외적 주의 집중

첫째, 자신감이 있거나 기대치가 향상된 개인은 퍼포먼스의 장기적인 변화를 경험하고 런닝 이코노미를 포함한 다양한 신체적 특성을 위해 더 높은 수준의 퍼포먼스 기준을 달성하는 것으로 나타났다.[21,22] 둘째, 운동 수행자의 자율성은 선수가 자신이 선호하는 방식으로 운동 과제를 해결할 수 있는 자율성을 가질 때 스스로 조절하고 기술 전이가 향상된다는 것을 나타낸다. 마지막으로, 훈련 중 외적 집중 또는 운동 결과에 집중하는 것이 내적 집중에 비해 향상된 운동 퍼포먼스와 기술 습득을 촉진한다는 증거가 상당히 있다.[23] 예를 들어, 내적 집중(예: 팔, 어깨 또는 고관절의 위치)을 촉진하는 훈련과 비교하면, 외적 집중 반복 연습(예: 바닥 밀어내기, 간격 벌리기, 최대한 몸 뻗기)이 과제 효과성(동작 정확도)과 효율성(근육 활성화)을 더 크게 향상하는 것으로 나타났다.[20] 이에 대해서는 16장에 자세히 나와 있다.

전이 전략 개발

운동 신경의 전이와 관련된 실제적 고려 사항은 복잡하다. 트레이닝이 목표 과제에 매우 특이적인 것이 좋다고 주장하는 사람들(예: 기술 습득 강조)과 생리학적 능력을 향상하기 위한 전통적인 접근법(예: 신체적 과부하 강조)이 스포츠 적용에 보편적일 수 있다고 믿는 사람들 사이에서 최고의 방법이 무엇인지는 의견이 분분하다.[9] 특이성과 과부하가 트레이닝의 상충하는 원칙이라는 것은 분명하다.[9] 일반적인 신체 트레이닝은 과부하를 수반하지만, 종종 특이성이 부족하며 전이를 보장하지 않는다. 한편, 매우 특이적인 트레이닝은 전이될 가능성이 높지만, 신체 트레이닝이 전이할 수 있는 과부하의 크기(예: 더 큰 구조적, 기계적 및 에너지적 과부하)를 제공하지 못할 수도 있다. 이러한 이유로, 과부하의 코디네이션적인 메커니즘과 생리학적 메커니즘을 모두 포함하는 혼합식 방법 접근법이 최적의 접근법일 가능성이 높다.[9] 운동 제어와 생리학적 능력의 원리를 모두 적용하면, 가장 많이 전이할 수 있는 트레이닝 방법과 가장 적게 전이할 방법을 식별하는 기준의 역할을 하는 이론적 의사 결정 계통도를 만들 수 있다(그림 17.3 참조).

운동 능력을 스포츠 퍼포먼스로 전이하는 것을 목표로 하는 전략을 개발할 때, 식별하고, 시행하고, 영향을 미치는 능력이라는 세 가지 순차적 요소를 고려하는 것이 좋다. 그림 17.4에 나타낸 이 간단한 3단계 프로세스는 트레이닝 규칙을 지시하고 전이 가능성을 최대화하는 역할을 할 수 있다.[24]

현명한 방법

특이성과 과부하는 상충하는 트레이닝 원칙이다. 일반적 트레이닝은 스포츠 특이적 운동 특성보다 생리학적 능력의 과부하를 목표로 하므로 종종 특이성이 부족하다. 대조적으로, 스포츠 자체를 실제로 수행하는 것 이상으로 고도의 스포츠별 기술을 계속 과부하 시키기란 종종 어렵다. 이러한 이유로, 트레이닝에 적용하는 혼합식 방법 접근법이 최적일 가능성이 높다.

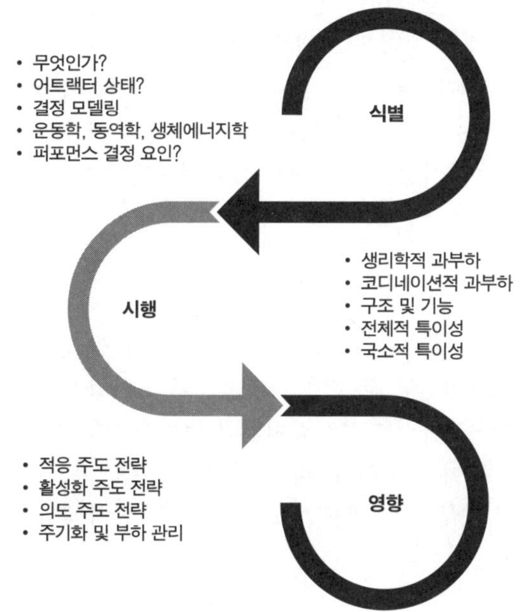

그림 17.4 식별, 실행, 영향: 운동 규칙의 3단계 과정.

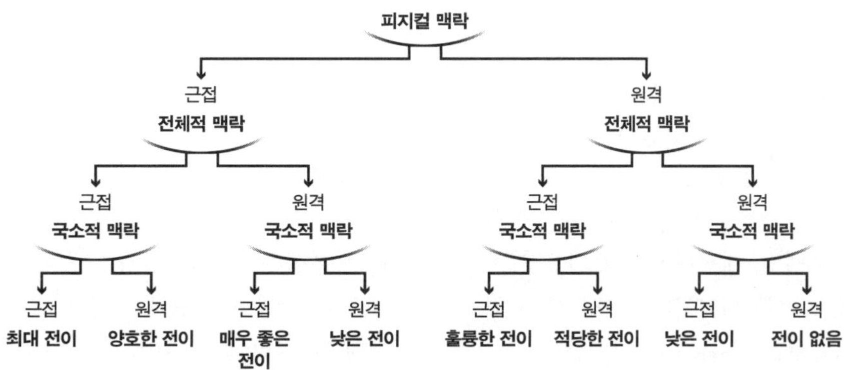

그림 17.3 목표 운동 패턴에 대한 근접 및 원격 전이 반복 연습의 전이 가능성을 평가하기 위한 의사 결정 계통도.

식별

목적지를 모르고서는 성공하는 것이 불가능하다. 트레이닝 프로그램을 설계할 때도 이와 마찬가지이다. 트레이닝 계획이 확실하게 정의된 우선순위에 중점을 맞출 수 있도록 기술, 움직임 패턴, 스포츠 활동의 종합적인 요구 분석을 수행하는 것이 좋다. 식별 프로세스의 더 자세한 개요는 이어지는 '요구 분석: 식별' 단락에서 논의한다.

시행

특정 요구가 식별되면, 전이 가능성이 높은 자질을 촉진하는 트레이닝 중재를 시행해야 한다. 궁극적으로, 신체적 능력을 최대화하기 위해 트레이닝 특수성(SAID)을 증폭시키는 것을 목표로 하는 것이 좋으며, 이후에는 이러한 능력을 운동 학습(동적 일치)의 원리를 사용하여 스포츠 퍼포먼스로 전이해야 한다.

영향

마지막으로, 트레이닝 중재의 목적은 현재 상황을 깨뜨리고 향상된 퍼포먼스 기준을 설정하고자 함이다. 과부하를 관리하고 트레이닝의 특성을 시합으로 전이하는 것이 기본이다. 다시 한번, 이 영향 프로세스는 이 장 뒷부분의 '퍼포먼스 결과: 영향' 단락에서 더 자세히 논의한다.

요구 분석: 식별

요구 분석으로 성공에 필요한 시스템과 기능을 평가해야 한다(표 17.2 참조). 요구 분석을 통해 훈련-규칙 프로세스는 각각 중대한 트레이닝 변수에 대한 정보에 기반하여 선택과 스포츠 퍼포먼스에 맞는 프로그램 설계를 반영할 수 있다.[25] 요구 분석은 관찰, 결정론적 모델링, 전술적 모델링, 테크니컬 평가의 조합으로 퍼포먼스 결정 요인을 식별하는 것이 좋다. '퍼포먼스 결정 요인$_{\text{Determinants of performance}}$'(예: 어트랙터)은 성공(승리 또는 패배)에 영향을 미치는 스포츠 기술 내의 특정 요소이다. 요구 분석의 도전 과제는 복잡한 운동 패턴을 관찰하고 해당 필수 요소를 정의하는 것이다. 혼란스러운 스포츠 내에서 발생하는 노이즈 중에서 성공에 직접적으로 영향을 미치는 차별적 요인(신호)을 식별해야 한다.

모든 스포츠에서 이 프로세스는 시합에서 승리하는 방법을 이해하는 것부터 시작되어야 한다. 농구를 예로 들면, 필드 골 비율, 공격 또는 수비 리바운드 수, 턴오버 또는 점유 시간과 같은 경기 통계로 설명될 수 있다. 이러한 일반적인 경기 통계를 통해 변화가 결과에 어떻게 영향을 미칠 수 있는지를 나타내는 결정론적 모델링을 수행할 수 있다(예: 수비 리바운드를 더 많이 얻으면, 점유 시간이 늘어날까? 공격 리바운드를 늘리면, 이것이 바스켓에 근처에서의 높은 슛 성공 확률과 관련성을 가질까?). 승패에 영향을 미치는 요인을 파악했으면, 선수나 팀의 현재 퍼포먼스를 성공에 영향을 미치는 통계적 요인과 대조해 보는 갭 분석을 수행해야 한다. 예를 들면, 팀이 충분한 수비 리바운드를 얻지 못하여, 그 결과 상대 팀이 높은 확률의 슈팅을 기록하며, 득점한 총점도 리그 평균보다 높았다고 하자. 이 정보를 활용하여 해당 결과에 영향을 미치는 방법을 최종적으로 전략화할 수 있다. 이런 경우에, 선수가 상대를 신체적으로 더 잘 박스 아웃 하기 위해 핵심 근육군$_{\text{pillar}}$의 근력을 향상할 필요가 있다는 것을 의미할 수도 있으며, 또는 상대편보다 더 잘 점프하여 공을 가장 높은 지점에서 회수하기 위해 점프 높이를 늘릴 필요가 있다는 것을 의미할 수도 있다. 또는 수비 선수가 바스켓을 향해 움직이는 상대 공격 선수의 위치를 파악하지 못한 타이밍 및 공간 인식 요인이 있었을 수 있다. 이러한 예시는 요구 분석이 성공에 영향을 미치는 특정 테크니컬, 전술적 또는 신체적 요인에 어떻게 집중해야 하는지를 보여주며, 해당 요인들은 앞으로 추진할 트레이닝 전략의 핵심 퍼포먼스의 지표로 활용될 수 있다.

어트랙터

요구 분석은 선수가 특정 기술이나 운동 과제를 성공적으로 수행하기 위해 본질적으로 끌리는 어트랙터 상태[2]를 식별할 수 있어야 한다. 이전에 논의한 것처럼, '어트랙터$_{\text{attractors}}$'는 선수가 스포츠 기술을 수행하기 위해 채택하는 각각의 다양한 동작, 신체 자세 또

표 17.2 요구 분석 고려 사항

집중	결정 인자(예시)	고려 사항
시합 매개변수	규칙 및 규정 기간 규모 시합 목표	시합 또는 경기는 어떻게 이기는가? 제약 조건은 무엇인가? 선수는 얼마나 멀리 이동하는가? 경기는 얼마나 오래 지속되나?
신경근	힘의 특성 속도 특성 근육 활성화	힘의 크기? 힘의 발달 속도? 근육 활동?
생체에너지	최대 무산소 파워 최대 당분해 작용 파워 유산소 파워	활성 기간? 활성 빈도? 활성 강도?
테크닉	테크니컬 기술 특정 동작 동작 빈도	기본 기술? 어트랙터 상태? 신체 자세?
전술	시합 우위 페이스 속도 팀 상호작용 추세	템포? 동작 패턴? 전략? 목표 대상?
심리	불안 또는 각성 시력 기대	교감신경계? 부교감신경계?
부상 위험	부상 메커니즘 부상 빈도 부상 중증도	신체 자세? 접촉과 충돌? 위험 요소?
장비	특성 생리학적 영향	시합 우위? 생리학적 방해?

는 행동이다. 운동학적 관점에서 어트랙터는 시간의 흐름에 따라 일관적으로 발생하므로, 운동 과제의 성공적 수행을 유도하는 신호를 나타낸다. 선수는 자기 신체, 환경 또는 수행하려는 과제에 부과된 제약하에서 CNS의 자기 조직화를 통해 특정 자세에 끌리게 된다(즉, 선수는 기술을 수행하는 데 가장 생체 역학적이고 생체에너지학적으로 효율적이거나 효과적인 방법을 찾는다).[26] 스포츠는 선수가 거의 무한한 수의 운동 패턴을 수행하도록 요구할 수 있지만, 어트랙터는 상대적으로 적어서 모든 동작의 기초가 되는 경우가 많다. 코치로서, 필자는 스포츠 기술의 수행을 뒷받침하는 핵심 자세와 위치(예: 어트랙터)를 식별하고 정의하는 능력을 가장 우선시한다. 경험을 통해 코치는 핵심적인 기본 자세를 파악하고, 트레이닝을 통해 이러한 자세를 목표로 삼는 코칭 안목을 향상시킬 수 있다.

대부분의 코치가 공감할 수 있는 어트랙터의 간단한 예는 '트리플 익스텐션'이다. 그림 17.5에서 확인할 수 있듯이 발목, 무릎 및 고관절의 신전은 달리기뿐만 아니라 다른 많은 기본적 운동 패턴(예: 방향 전환, 점프, 웨이트리프팅)에서도 추진력과 관련된 자세이다. 트리플 익스텐션은 일반적이고 일관되게 반복되는 운동 자세로 , 모든 요구 분석에서 해당 스포츠들을 위한 어트랙터로 대표된다(그림 17.6 참조). 해당 운동 패턴에서는 자세를 달성하지 못하면, 운동 패턴이 무너지거나(예: 역도 선수가 바닥에서 충분히 높이 끌어당기지 못함), 결과적으로 실패(예: 외야수가 공을 향해 몸을 날릴 때 공을 놓침)하기 때문에 트리플 익스텐션이 중요하다. 운동학을 관찰하는 동안, 근육 힘의 동역학과 근육-힘줄 강성도 식별할 수 있으며, 이를 통해 운동 제어와 기술 수행에 필요한 생리학적 능력과의 밀

트리플 익스텐션 어트랙터 상태

- 완전히 신전된 고관절, 무릎, 발목
- 최대 추진력을 촉진하도록 정렬된 힘 벡터
- 힙락 및 시스템 강성은 신체의 가속을 촉진한다.
- 효율적인 신체 자세 및 운동학

그림 17.5 트리플 익스텐션 어트랙터 상태.

스포츠에서 효과적인 트리플 익스텐션 어트랙터 상태

- 완전히 신전된 고관절, 무릎, 발목
- 정렬된 힘 벡터
- 성공적으로 완료된 기술

그림 17.6 캐칭, 커팅, 당기기에 효과적인 어트랙터 상태.

접한 연관성을 추가로 입증할 수 있다. 효과적인 요구 분석은 특정 운동 패턴에 대한 각 어트랙터 상태뿐만 아니라 이러한 상태를 용이하게 하는 기본 신체적 능력(예: 힘-속도, 생체에너지학)을 자세히 설명한다.

생체에너지학

어트랙터 상태는 운동 제어 원리에 영향을 받지만, 생체에너지학의 요구 분석은 생리학적 시스템에 깊이 뿌리를 두고 있다. '생체에너지학Bioenergetics'은 운동을 수행할 수 있는 속도와 지속 시간, 그리고 피로가 발생하기 전까지 수행할 수 있는 횟수를 조절한다. 이 장에서는 생체에너지학의 세부 사항을 다루지 않지만, 요구 사항 분석은 각 에너지 시스템의 필수적인 기여를 정의해야 한다. 실제로, 고-에너지 인산염 시스템(예: ATP-PCr), 무산소성 해당작용 및 유산소성 대사의 비율 조절 단계는 스포츠 수행의 성공에 필요한 임계 용량을 달성하기 위해 적절한 생리학적 과부하로 트레이닝하는 것이 좋다.

결정론적 모델링

경기와 퍼포먼스 기준은 지속해서 변화하고 있으며 종종 개선되고 있다(즉, 1970년대에 진행된 모든 스포츠 대회를 현대의 스포츠 대회와 비교해 보면 매우 다르게 보일 가능성이 높다). 전체적 요구 분석은 시간이 지남에 따라 스포츠 퍼포먼스가 어떻게 변화하는지 평가한 다음, 향후 퍼포먼스 기준을 계획하려는 것이 좋다. 과거에 사용된 표준을 검토하고, 갭 분석을 통해 미래의 퍼포먼스가 어떻게 될지 예측하여, 이에 맞춰 트레이닝 전략의 목표를 설정할 수 있다. 데이터를 이용할 수 있는 경우, 회귀 분석 및 결정론적 모델링을 사용하여 필요한 퍼포먼스 기준을 예측할 수 있다. 예를 들어, 올림픽에서 100m 달리기 우승을 고려하고 있다면, 역사적으로 해마다 우승 시간이 어떻게 변화해 왔는지 살펴볼 수 있다. 거기에서 완주 시간의 추세를 예측하고, 경기에서 승리하기 위해 필요한 목표 완주 시간을 제안하는 것이 가능하다. 그런 다음 달성해

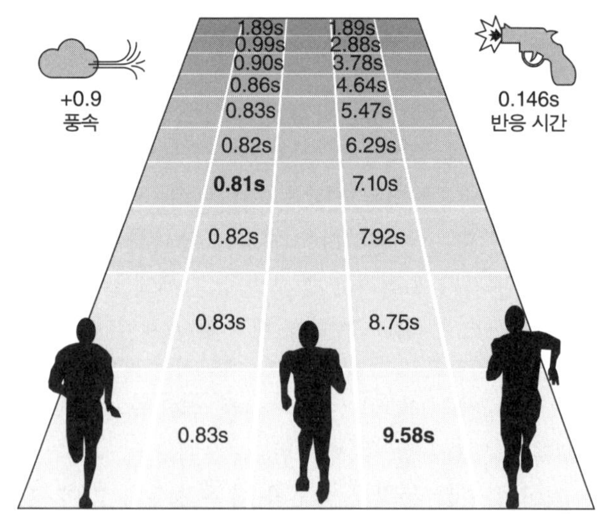

그림 17.7 2009년 우사인 볼트가 세운 100m 세계 기록인 9.58초를 깨기 위해 달성해야 하는 분할 시간 목표의 결정론적 모델링 예시. 각각의 10m 분할 시간은 왼쪽 열에 표시되고, 누적 시간은 오른쪽 열에 표시된다. 시속 27.8마일의 최고 런닝 속도는 60m 지점에서 달성되어야 하며, 경주 전체의 평균 속도는 시속 23.35마일 이상이어야 한다.

야 할 최대 달리기 속도와 관련하여 전체 100m 경주를 10m씩 분할 시간으로 나눌 수 있다. 이를 통해 선수는 경주 내에서 달성해야 하는 목표를 이해하여 성공 가능성을 높일 수 있다(그림 17.7 참조).

트레이닝 중재: 시행

성공적인 트레이닝 중재는 운동 능력의 원하는 측면에 대한 적응을 유도한 다음 이러한 새로운 특성을 시합으로 전이시킨다. 생리학적 관점에서 트레이닝 과부하는 조직 및 전신 구조, 그리고 퍼포먼스에 유익한 기능에 적응하도록 유발된 것으로 나타났다.[3,4,8,27] 코디네이션적인 접근법에서, 스포츠 기술의 역학적 과부하는 운동 학습의 원리에 따라 CNS가 자기 조직화하고 근조직을 더 잘 활성화하도록 촉진하는 전체적인 특수성을 목표로 삼는다.[2,9] 마지막으로, 근건 단위의 국소적 상호작용은 트레이닝 전이에 외부 동작의 유사성보다 잠재적으로 더 중요하기 때문에, 활성화 수준에서 국소적 특이성이 가장 중요하다.[2] 트레이닝 중재가 전이를 최대화하기 위해서는 생리학적 구조와 기능의 과부하뿐만 아니라 동작의 운동 제어와 관련된 전체적 특이성과 국소적 특이성을 동시에 최적화해야 한다(표 17.3 참조).

현명한 방법

트레이닝 프로그램 내에서 트레이닝 전이의 우선순위를 결정할 때, 특정 구조와 기능을 목표로 설정하기 위해 생리학적으로 과부하를 제시하는 것이 좋다. 또한, 운동 제어 관점에서는 CNS 수준의 전체적 특이성과 근육 활성화 수준의 국소적 특이성을 목표로 하여 과부하를 제시하는 것이 좋다.

구조와 기능

생리학적 과부하는 조직(예: 근육, 힘줄, 뼈), 대사산물, 그리고 신체의 신경내분비 시스템의 구조적, 기능적 변화를 목표로 하는 것이 좋다(표 17.3 참조). 여기에서 신체의 신경내분비 시스템은 힘 표출을 증진하고, 에너지를 제공하며, 회복을 촉진하고, 더욱 효과적으로 신체에 메시지를 전달한다. 생리학적 구조와 기능에 영향을 미치는 트레이닝 중재는 새로 나온 개념이 아니지만, 조직과 시스템이 과부하에 반응하여 겪는 적응적 변화를 기본적으로 이해할 필요가 있다.

적응을 목표로 하기 위해서는 플라이오메트릭 트레이닝, 저항성 트레이닝, 고강도 인터벌 트레이닝, 장기간의 지구력 운동 등 다양한 전통적인 트레이닝 방법을 채택할 수 있다. 이러한 모든 접근법이 스포츠 퍼포먼스에 도움을 준다는 것을 종합적인 증거들이 뒷받침한다.[5,28,29] 그러나 효과적인 전이를 위해서는 적

표 17.3 트레이닝 전이를 촉진하기 위한 트레이닝 과부하로 조절될 수 있는 생리학적 특성과 운동 학습 특성의 예시

구조 및 기능 (생리학적)	전체적 제어 (운동 학습)	국소적 제어 (운동 학습)
근육	근육 간 코디네이션	근육 내 코디네이션
↑ 단면	↑ 신경 구동	감각-운동 솔루션의 다양화
Δ 펜네이션 각도(깃각)	↑ 운동 단위 동원	↑ 신경 가소성
Δ 다발 길이	↓ 길항근 활성	↑ 비율 부호화
Δ 섬유 조직 유형	↑ 동기화	↑ 수초화
↑ 마이오신 중쇄	Δ 근육 동시 수축	Δ 골지건 민감도
생체에너지	Δ 억제 및 자극	Δ 근건 기능
↑ 모세혈관 밀도	↑ 네트워크 연결	
↑ 미토콘드리아 밀도	↑ 신경전달물질 함량	
↑ 효소 함량		
기타		
↑ 콜라겐 함량		
↑ 뼈 재형성		

완전한 목록은 아님. ↑=증가, ↓=감소, Δ=변화.

응과 목표 과제가 구조적이며 기능적으로 관련되어야 한다. 예를 들어, 훈련된 스프린트 선수의 최고 속도를 증가시키는 데에는 더 큰 수직 지면 반력(GRF)을 생성하는 능력이 중요하다고 밝혀졌다.[30] 이러한 이유로, 퍼포먼스의 결정 요소로서, 체력 단련실에서 수직 지면 반력을 높이는 것이 우선되어야 하는데, 그 이유는 이 능력이 퍼포먼스로 전이될 수 있는 신체 능력이기 때문이다.

가장 기본적인 수준에서는 생리학적 과부하를 유발하는 힘-속도 관계나 생체에너지학적 영향을 미치는 구조적 및 기능적 시스템을 목표로 해야 한다. 근력 트레이닝 과부하는 힘-속도 특성에 상당한 영향을 미치는 것으로 나타났다.[29] 사모지노Samozino와 동료들[28]과 코르미Cormie와 동료들[31]은 주어진 트레이닝 자극(예: 탄도성 트레이닝 대 고중량 트레이닝)이 특정한 신경근 적응을 통해 힘-속도 프로파일을 변경시킬 수 있음을 보여주었다. 또한, 라우르센과 부흐하이트Laursen and Buchheit[32]는 신체의 생체에너지 시스템과 관련하여 특정 트레이닝 전략이 퍼포먼스의 생화학적 기반을 어떻게 조절할 수 있는지에 대한 종합적인 통찰력을 제공했다. 생리학적 구조와 기능이 스포츠 퍼포먼스에 어떻게 필수적인지를 뒷받침하는 증거가 많이 있다. 따라서 트레이닝 과정에는 생리학적 과부하가 포함되어야 한다.

전체적 제어

트레이닝 특이성과 운동 학습을 목표로 하는 코디네이션적인 전략의 가치를 뒷받침하는 증거가 늘어나고 있다.[2,23] 목표 기술(예: 저항 스프린트, 오버사이즈 농구공 슈팅, 더 무거운 배트 휘두르기)과 외부 동작이 일치하는 과제별 트레이닝 방법을 채택하면, 전체적 제어를 조정하는 CNS의 조절 센터가 강화된다.[17] 따라서 스포츠 기술 내에서 경험한 것과 특정한 방식으로 운동 단위 활성화를 트레이닝하는 것은 전이를 촉진하는 데 중요하다.[2,17]

운동 과제 중 근육 간 조정과 그 상호작용은 근육 내 코디네이션에 의해 조절된다. 이러한 근육 내 코디네이션은 CNS의 전체적 제어하에 있으며, CNS는 운동 단위 동원, 발화 빈도, 운동 단위 동기화 및 기타 활성화 특성을 스스로 조절하여 인간의 동작을 조절하고 특정 작업을 수행한다. 전체적 제어의 좋은 예는 야구공을 던지는 기술이다. 대흉근과 전면 삼각근은 내회전 및 수평 외전과 함께 작동하며, 동시에 상완 삼두근은 팔꿈치를 신전시켜 전방으로 향하는 힘의 운동 사슬을 생성한다. 이 모든 동작은 근육 간의 활성을 관리하는 중추 신경계의 반사 조절하에 있다. 중요한 점은 근육 내 코디네이션이 목표 기술에서 벗어날 때, 전이 효과가 줄어들고 보조적인 트레이닝 반복 연습의 가치가 감소한다는 것이다.[33] 이러한 연구 결과는 바버트와 반 소에스트Bobbert and Van Soest[34]가 지지하였으며, 하체 근력의 변화를 향상된 점프 퍼포먼스 기준으로 전이되게 하기 위해 근육 간 코디네이션의 변화가 필요하다는 것을 보여준다. 브레어리와 비숍Brearley and Bishop[9]은 힘 생성(즉, 생리학적 능력)의 개선이 항상 운동 퍼포먼스의 즉각적인 개선으로 이어지지는 않는 현상을 자주 관찰하였다고 강조한다. 대신, 근육 간 패턴이 새로 발견된 근력 특성과 충분히 코디네이션되어 효과를 발휘할 때까지 달성이 지연된다.

트레이닝 방법에는 목표 과제와 외적 움직임의 일치 수준이 높은 훈련이 포함되어야 한다(스포츠 기술과 유사한 수준). 이러한 방법은 스포츠에서 볼 수 있는 운동 패턴의 근육 내 코디네이션에 특화되어 있으며, 트레이닝 전이를 촉진하는 데 매우 유용하다. 전이를 촉진하기 위한 트레이닝 계획을 설계할 때, 경기에서 관찰되는 것과 유사한 외부 움직임 패턴을 과부하시키는 전체적 제어 훈련이 명확해야 한다.

국소적 제어

전체적 제어 요소는 종합적 스포츠 과제의 실행을 조정하는 근육 간 작용을 조절하지만, 국소적 제어 메커니즘은 개별적 근건 단위의 관련된 활성화를 조정한다. 국소적 제어는 등척성, 신장성, 단축성 주기를 통해 힘을 생성하는 단일 근육의 작용을 설명한다.[13] DC의 기준은 트레이닝 운동이 원하는 목표 과제에 대한 역학(힘-속도 특성)과 근육 작업 방식(근육 활동)을 모두 반영하도록 요구하기 때문에 국소적 제어 요인이 트레이닝 전이를 촉진하는 데 중요하다.[10] 특히, 보조 트레이닝 중재의 일부 구성 요소는 목표 운동 활동과 동일한 근육 활성을 공유해야 한다. 국소적 수준에서 근육 활동은 힘-속도, 근육의 길이-장력, 그리고 RFD 관점에서 목표 과제에 대한 내적 특이성을 입증해야 한다. 이러한 근육 간 코디네이션은 개별적 근육 단위가 경험하는 부하, 속도 및 위치뿐만 아니라 이를 조절하는 신경계의 능력과 밀접하게 연관되어 있다.[28]

근육 내 제어의 유사성은 매우 중요하다. 근력을 일반적으로 적용할 수 있는 능력으로 이해하는 것이 이를 가장 잘 설명하는 개념이다. 근력은 근육에 가해지는 힘-속도 요구의 특성에 따라 달라진다. 사모지노와 동료들[28]은 탄도성 근육 활동이 출력 능력의 최대화와 하지 신경근 시스템의 힘-속도 프로파일 최적화에 의해 결정된다고 지적했다. 이러한 연구 결과는 특히 잘 훈련된 개인의 경우, 저항성 트레이닝이 부하가 없는 동적 동작에서 신속한 힘 발달로의 전이를 제한한다는 것을 발견한 반 후렌Van Hooren과 동료들[35]에 의해 뒷받침되었다. 만약 당신이 국소적 특수성의 법칙을 채택한다면, 가속이 주요 목표인 경우 잘 훈련된 개인에게 강력한 근력 트레이닝보다 폭발적이고 짧은 기간의 수축을 사용하는 트레이닝 과제를 제안할 것이다. 또한, 트레이닝을 퍼포먼스로 전이하는 것을 최대화하기 위해서는 근육 간 코디네이션의 국소적 수준에서 실제 스포츠 동작을 구체적으로 모방하는 것이 중요하다.

퍼포먼스 결과: 영향

트레이닝에서 얻은 운동 능력의 전이를 통해 스포츠 퍼포먼스에 실제로 영향을 미치려면, 코치는 힘-속도의 생리학적 능력과 생체에너지학뿐만 아니라 CNS의 전체적 및 국소적 운동 제어와 네트워크 연결에 영향을 미치는 전략을 받아들여야 한다. 비-특이적 신체 트레이닝에는 근육 단면적, 펜네이션 각도(깃각), 대사 완충 능력 또는 근육 내 고-에너지 인산염의 적응이 포함될 수 있다. 이에 반해, 특정 트레이닝은 관련 근육 조직의 신경 활성화 능력을 개발하는 외적 및 내적 동작의 특이성을 갖는다.[36] 기본적으로 이러한 방법의 통합은 훈련 계획 구성(주기화) 문제를 나타내며, 코치는 종합적 트레이닝 전략 내에서 이를 적극적으로 구현하고자 해야 한다.

트레이닝에서 스포츠로의 운동 능력 전이에 영향을 미치기 위해서는 세 가지 수준의 전이를 목표로 삼아야 한다.

1. 구조 및 기능: 구조적 특이성을 목표로 하기 위해 과부하의 생리학적 원리를 활용하는 적응 중심 접근법
2. 전체적 제어. 운동 학습 원칙을 채택하며 결과 의도의 특수성을 갖는 활성화 중심 접근법
3. 국소적 제어. 부하와 속도에 기계적으로 관련된 근육 활동으로 내부 운동 단위의 특수성을 목표로 하는 의도 중심 접근법

전통적인 생리학적 과부하(GPE)에 대한 적응은 주로 능력에 기반하지만, 코디네이션적인 과부하 또는 특정 트레이닝(예: SPE)에 대한 적응은 보다 기술에 기반한다. 이는 일반적, 특정 준비, 특정 발달, 경기-유형 운동의 정의를 중심으로 트레이닝 구조를 분류한 본다르추크[11]의 접근법을 반영한다. 이러한 접근법은 또한 신체적, 시간적 상황을 고려한 근접 및 원격 전이 훈련(그림 17.3)을 반영한다.

트레이닝-경기 연속 스펙트럼의 한쪽 끝에는 전이가 부족할 수 있지만(예: 데드리프트, 백 스쿼트, 힙 스러스트, 계단 오르기), 각각의 신체 능력을 최대화할 수 있는 일반적인 트레이닝 방법이 있다. 연속 스펙트럼의 반대쪽 끝에는 스포츠 동작을 복제하고 적은 과부하(예: 과속 트레이닝, 저항 스프린트, 중량 장비)를 사용하지만, 기술을 전이할 수 있는 특정 발달 및 경기 훈련이 있다. 연속 스펙트럼의 중간에는 일반적 트레이닝과 시합 사이의 전이가 있다. 이는 개별적 근건 단위 수준에서 신경운동 과부하를 목표로 하는 제약-기반 접근법을 사용해야 하는 경우이다(예: 복잡한 플라이오메트릭, 스몰 사이드 게임, 방향 전환 반복 연습).[19]

트레이닝 전이를 최대화하기 위해, 트레이닝 프로그램은 이 장의 앞부분에서 논의한 세 가지 범주의 분배를 관리하는 것이 좋다. 효과적인 분배와 주기화(훈련 계획 구성)를 통해, 첫 번째로 트레이닝은 신체 능력 향상에 초점을 맞추고, 두 번째로 새로 얻은 신체 능력을 사용하기 위해 근육 간 코디네이션과 근육 내 코디네이션에 도전하는 스포츠 특이적 기술 사용에 초점을 맞춰야 한다.[24] 그림 17.8과 17.9는 올림픽과 비-시즌 스포츠(그림 17.8), 그리고 시즌 스포츠(그

림 17.9)를 위한 적응 중심, 의도 중심, 활성화 중심 중재의 분배를 강조하는 프로그래밍 전략의 예를 보여준다.

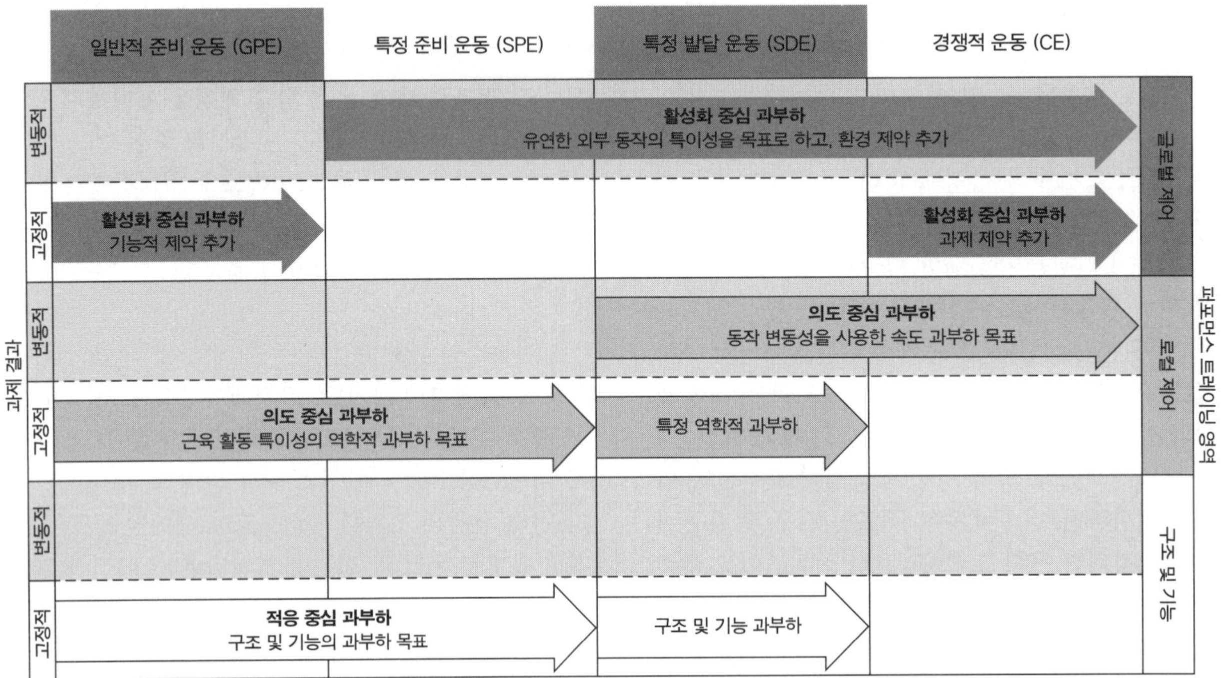

그림 17.8 올림픽과 비-시즌 스포츠를 위한 트레이닝 전이를 최대화하기 위해 적응 중심(구조 및 기능), 의도 중심(전체적 제어), 활성화 중심(국소적 제어) 중재의 분배를 강조하는 프로그래밍 전략.

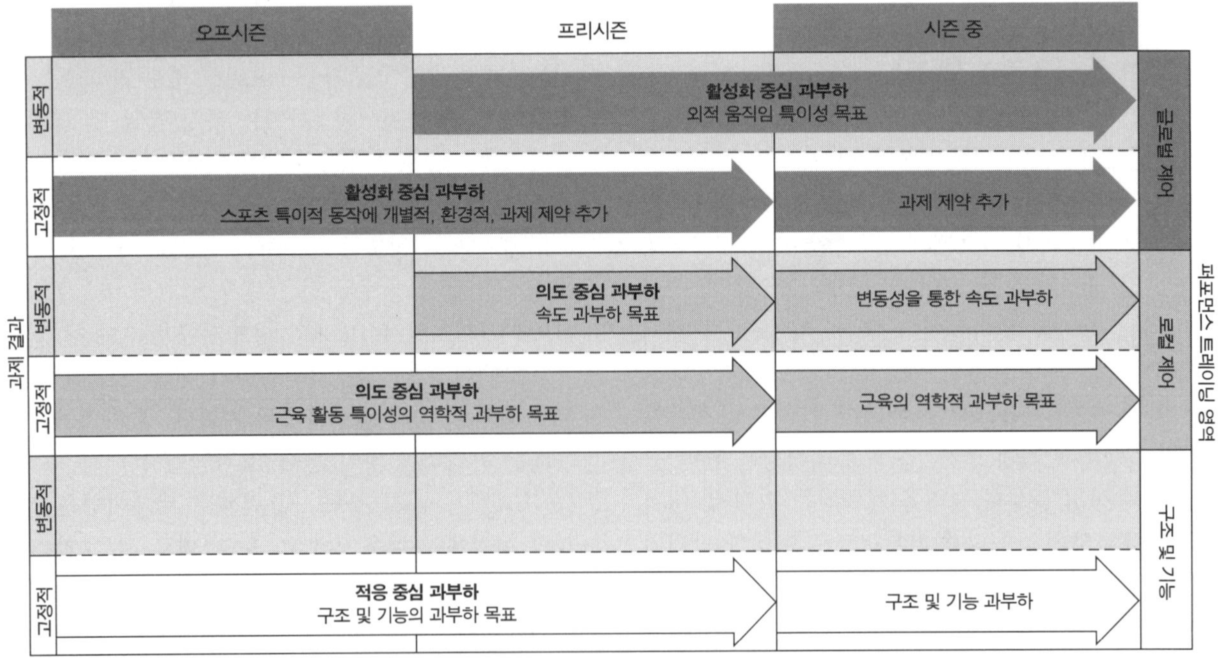

그림 17.9 시즌 스포츠를 위한 트레이닝 전이를 최대화하기 위해 적응 중심(구조 및 기능), 의도 중심(전체적 제어), 활성화 중심(국소적 제어) 중재의 분배를 강조하는 프로그래밍 전략.

코치의 인사이트

창의적인 코칭

크리스 맥로드 Chris Mcleod
Lead Strength and Conditioning Coach, The Lawn Tennis Association

일상적으로 코칭을 하는 사람들은 트레이닝 중재 시행 시 그 중재가 효과적인지를 완전히 알 수 없다는 역설을 자주 느낀다. 항상 질서와 확실성을 추구하는 게 자연스럽지만, 이러한 불확실성을 인식함으로써 코칭과 전이를 창의적인 행위로 간주할 수 있으며, 개인에게 새롭고 유용한 무언가를 창조하고자 한다.

코칭은 미래에 어떤 일이 일어날지 상상하는 능력에 창의적으로 의존한다. 실제적으로 상상력은 트레이닝 의도, 즉, 선수, 코치, 그리고 더 넓은 퍼포먼스 지원팀의 집단적 신념을 반영하는 뚜렷한 행동으로 간주할 수 있다.

영화 제작자들이 공동의 방향성과 의도를 형성할 때, 종종 영화의 세부 내용이 완성되기 전부터 포스터 작업부터 시작하는 경우가 많다. 영화 제작에 참여한 모든 사람이 포스터를 보고, 그들이 제작하고자 하는 영화를 잘 대표한다고 동의할 수 있을 때, 이는 모두가 상상하고 있는 결과물에 대해 집단적으로 합의가 이루어졌다는 신호가 된다. 이 접근법은 전문 용어를 이해하기 쉽게 설명하고, 퍼포먼스 장소에 맞추어 원하는 결과를 고려하여, 정확성보다는 일관성(모든 사람에게 적합하고 의미가 있음)에 중점을 둔다.

분석해야 할 흥미로운 질문은 다음과 같다. 스포츠에서 집단적인 의도가 어떻게 표현되는가? 선수, 코치, 퍼포먼스 지원팀은 성공적이거나 의미 있는 전이를 위해 무엇에 동의해야 하는가? 이 프로세스는 다섯 가지 구체적인 단계로 구성된다.

1. 목적Desire: 우리는 무엇을 달성하려고 하는가?
2. 정의Define: 선수나 팀이 해결해야 하는 문제를 제시하는 환경이 목적과 관련이 있는가? 의도된 생리학적 적응이 목적과 일치하는가?
3. 발전Develop: 선수나 팀의 발전이 진행 중인지 어떻게 알 수 있는가? 데이터가 무엇을 나타낼 건인가? 선수는 어떤 느낌을 받게 될 것인가? 선수나 팀은 어떻게 행동할 것인가?
4. 설계Design: 선수나 팀이 목적과 관련되어 해결해야 하는 문제를 제시하는 환경을 어떻게 조성할 것인가?
5. 이탈Deviate: 우리가 하는 일을 종합적으로 검토하고 개선하는 프로세스가 마련되어 있는가? 어떤 패턴이 우리에게 나타나고 있는가? 무엇이 타당하지 않은가? 무엇이 우리를 놀라게 하는가? 우리는 어떤 조치를 취해야 하는가?

프로그래밍 결정의 기본적인 사항에 비하면 추상적으로 보일 수도 있겠지만, 이러한 높은 수준의 일관성은 실제로 창의적인 코칭 가능성을 더욱 확장하고, 훈련에 대한 적응 반응의 이해를 더 많이 필요로 하며, 퍼포먼스 환경에서 변화를 유도할 수 있는 높은 수준의 책임을 제공한다. 퍼포먼스 지원팀이 계획 프로세스에서 고려해야 하는 의도와 특정 질문을 강조하기 위해, 7인 럭비 선수의 실제 사례를 살펴보자. 퍼포먼스에 대한 질문은 다음과 같다. "어떻게 하면 이 선수의 신체적 프로파일을 개선하고, 트레이닝 중 그가 특정 시나리오에서 더 효과적인 수비수가 될 수 있는 기회를 더 많이 만들 수 있을까?" 5단계는 다음과 같다.

1. 목적: 수비 퍼포먼스 향상하기.
2. 정의: 선수가 특히 내측(왼쪽) 어깨 쪽으로 이동할 때, 더 성공적으로 태클을 하여 팀원의 자신감을 높여 준다.
3. 발전: 팀과 개인의 향상된 수비 퍼포먼스, 선수의 우측 방향 전환에서 의미 있는 개선, 더 나은 한 발 반응성 근력 및 하체의 최대 힘을 데이터가 나타낼 때, 선수가 발전 중인 것을 알게 된다. 선수와 팀은 목표 상황에서 수행할 수 있는 선수의 능력에 더 많은 자신감을 가지며, 이러한 자신감은 선수와 팀에서 나오는 특정 행동으로 입증된다.
4. 설계: 환경이 제공하는 제약을 보여준다(Renshaw et al. 2019).* 예를 들어, 수비수가 오른쪽 어깨 태클 시 보너스 포인트를 획득한다. 이에 따라 공격수는 오른쪽 어깨 태클을 피하고 컷백하여 왼쪽 어깨 태클이 필요해진다.
5. 특이적 적응력은 다양한 지면에서 한발로 뛰는 활동에 정기적으로 노출되어 발달하며, 이는 주요 리프트에서 1RM 85~90%에서의 5×5로 나타난다.
6. 이탈$_{\text{Deviate}}$: 패턴은 경기장 안팎에서 초반 몇 주 동안 퍼포먼스 증가를 보여준다. RSI에 이렇게 급격한 변화가 있다는 것은 말이 되지 않는 부분이다. 태클에 대한 자신감이 팀 전체와 개인의 퍼포먼스에 얼마나 큰 영향을 미치는지 새삼 놀라게 되었다. 우리가 취하는 조치는 팀 기반 수비 세션에서 최적의 퍼포먼스와 학습을 할 수 있도록 선수의 한 주를 구성하는 것이다.

코칭을 창의적인 행위로 인식하는 접근법의 중요성은 앞으로 더욱 중요해질 수 있다. 인공지능을 활용하면 선수 개개인에 맞게 움직임 기술을 개별화하거나 새롭고 독특한 퍼포먼스 방식을 만들어 낼 수 있을 것이다. 미래에는 기술이 코치보다 더 빠르고 창의적으로 가능한 것을 구상해 낼 수도 있을 것이다. 그렇다면 코치는 보다 인간적인 모습을 보여야 하고 선수와 팀이 이전에는 볼 수 없었던 것들을 시도할 수 있는 환경을 조성해야 할 것이다. 즉, 코치는 기계가 할 수 없는 호기심과 공감 능력을 갖추고 선수들이 스스로를 놀라게 할 수 있는 신뢰와 열정을 만들어야 할 것이다.

* Renshaw, I., K. Davids, D. Newcombe, and W. Roberts. 2019. *The Constraints-Led Approach: Principles for Sport Coaching and Practice Design*. London and New York: Routledge.

요약

운동 능력을 경기 퍼포먼스로 전환하는 것은 피지컬 트레이닝의 백미라고 할 수 있다. 전이를 극대화하려면 트레이닝 전략은 생리학적 능력의 과부하와 운동 제어의 원칙을 모두 수용해야 한다. 트레이닝 개입은 전통적인 트레이닝 접근법의 특징인 생리학적 구조와 기능의 과부하를 부여해야 하지만, 스포츠의 특이성으로 인해 운동 능력의 전이를 촉진하는 운동 학습 활동도 구현하려고 노력해야 한다. 운동 능력의 전이를 극대화하는 전략과 방법을 개발할 때, 필수 사항으로 나열된 부분을 고려하는 것을 권장한다.

필수 항목

- 모든 스포츠 기술과 동작은 신경 인지적 제어와 생리학적 및 생체역학적 요인이 복합적으로 작용한다. 따라서 모든 스포츠 기술을 개발할 때 코치와 퍼포먼스 전문가는 항상 다양한 트레이닝 단계에서 운동 제어 요인과 생리학적 능력 요인을 적절한 시기에 적절히 분배하고 강조하여 모든 요소의 공생적 발달을 고려해야 한다.
- 모든 스포츠 트레이닝 전략의 기본 우선순위는 성공 가능성을 직접적으로 높이는 것이다. 스포츠는 여러 개별 동작(예: 축구의 크루이프 턴, 농구의 크로스오버 드리블, 테니스의 포핸드 다운더라인)이 결합된 것으로 보아야 한다. 트레이닝 개입의 유일한 목적은 성공에 영향을 미치는 주요 운동 과제에 특정한 퍼포먼스 결정 요인을 정의하고, 운동 능력의 격차를 파악한 다음 이 격차를 최소화하는 구체적인 방법을 공식화하는 것이다. 그러나 운동 능력은 트레이닝을 통해 향상되지만, 모든 트레이닝 개입의 가치는 퍼포먼스 향상도 분명해질 때에만 진정으로 검증될 수 있다.
- 동적 일치의 패러다임은 트레이닝 전이와 동의어라고 할 수 있다. 훈련이 기술 실행으로 전이되도록 촉진할 때 동적 일치 요소를 나타내는 훈련과 운동을 포함시키는 것이 중요하다. 그러나 트레이너는 생리학적 기반이든 운동 제어 기반이든 모든 트레이닝이 특이성 이론을 준수하여 선수가 적용되는 자극에만 적응할 수 있도록 항상 인지해야 한다. 프로그램 과정에서 생물학적 및 인지적 특이성을 완전히 이해하고 트레이닝 자극의 타이밍을 이해하기 위해 항상 주의를 기울여야 한다.

Chapter 18

정신적 및 신체적 스트레스 요인 관리하기

존 카일리John Kiely, PhD
중앙랭커셔대학교University of Central Lancashire 코칭 및 퍼포먼스 연구소
엘리트 퍼포먼스 분야 수석 강사

이 챕터는 운동 부하 계획이나 회복 전략에 관한 것이 아니다. 특이한 운동이나 소주기에 대한 의견을 제시하지도 않는다. 당신이 스쿼트를 하든 안 하든 상관없다. 각자가 선호하는 주기화 운동 모델에 관련해서는, 그야말로 모든 모델에 양면성이 있다. 이 챕터는 그보다 더 깊은 곳에 있는 무언가에 관한 논의이다. 코치로서 우리가 하는 모든 일에 스며들어 있는 무언가에 대한 이야기이다. 우리가 지금껏 처방해 온 모든 프로그램, 우리가 제공해 온 모든 세션들, 우리가 가르쳐온 모든 기술에 영향을 미치지만, 가장 기본이 되는 교과서, 학술 문헌, 코칭 과정에서는 여전히 잘 다뤄지고 있지 않은 무언가에 대해 다루고자 한다.

트레이닝 계획을 세우고, 기술을 개선하고, 데이터를 추적하고 해석하는 데에 상당한 시간과 에너지, 경험, 전문 지식을 투자하고, 몇 주, 몇 달, 여러 계절 동안 단 몇 초의 기록을 줄이거나 무게 몇 킬로그램을 더 해보기 위해 노력하고, 기술, 장비, 인력에 막대한 투자를 하는 우리의 직군에 있어서, 이번 챕터에서는 눈에 보이지 않고 정량화할 수는 없지만 모든 성공과 실패에 실질적인 역할을 하는 무언가에 대해 이야기하고자 한다. 우리가 간과했을 수도 있는 근본적인 요소에 대한 것이다.

코치는 좀비 킬러가 되어야 한다

노벨 경제학상을 수상한 경제학자이자 ≪뉴욕타임스≫ 칼럼니스트인 폴 크루그먼Paul Krugman은 수많은 증거에 의해 반박 당하고 있음에도 불구하고 고집스럽게 죽기를 거부하는 독단적 신조를 '좀비 아이디어'라고 표현했다. 좀비 아이디어는 죽었어야 마땅하나 죽지 않고 돌아다니며 우리의 두뇌를 갉아먹고, 그로 인한 피해를 스스로 인지하지도 못 하도록 한다. 좀비 아이디어는 의문과 혁신을 용납하지 않고, 그와 다른 의견은 하찮은 것으로 몰아붙이거나 괴롭히며 우리 이데올로기를 약탈하는 무리처럼 배회한다. 좀비 아이디어는 어떤 목적을 갖고 있기 때문에 죽지도 않는다. 좀비 아이디어는 특정 신념을 입증하거나 피상적으로 문제를 해결하거나, 혹은 편견에 빠지게 하기 때문에, 우리는 좀비 아이디어들이 개개인의 사상 깊은 곳에서 구석진 곳에 숨어 있도록, 그들이 간과되어 간섭받지 않을 수 있도록 내버려둔다.

기존의 전통과 관습, 오래된 신조가 뿌리 깊은 반면, 과학적 근거는 얕고 피상적인 영역에서 좀비 아이디어는 성행한다. 코치 문화에서는 큰 영향력을 갖는 한 가지 좀비 아이디어가 교육 이론의 구조 안에 깊숙이 자리 잡고 있어, 명백한 반대의 증거가 있음에도 불구하고 지속되고 있다. 이 좀비 아이디어는 고립된

학문 분야 내에서 지속되었고, 코칭 내 관습과 교육 커리큘럼을 통해 전파되고 있다. 이 좀비 아이디어는 바로 피지컬 트레이닝의 강도가 유사한 운동 인구 집단 내에서는 예측 가능하고 비례적으로 비슷한 체력 결과를 이끌어 낸다는 것이다.

물론 우리 코치들도 개인 간 차이가 어느 정도 존재한다는 점을 인지하고 있다. 또한, 동일한 트레이닝 방법이 모든 선수에게 정확히 동일한 효과를 가져다주지는 않는다는 점도 인지하고 있다. 영양 상태와 피로도가 트레이닝 결과에 어느 정도 영향을 미친다는 점 역시 인지하고 있다. 그러나 실제로는 이러한 트레이닝에 대한 반응이 다양하게 나타날 수 있다는 점을 고려하여 트레이닝 프로그램을 계획, 제공하며 평가하는 기존의 관습적인 방식을 조정하려는 노력은 거의 기울이지 않는다.

트레이닝의 효과가 예측 가능한가에 대한 문제를 논의할 때, 우리는 일반적으로 코치와 선수가 통제할 수 없는 변수인 유전적 요인을 개인 간의 훈련 반응성 차이의 원인으로 꼽는다. 하지만 최근 호주의 한 연구에서는 DNA의 100%를 공유하는 일란성 쌍둥이들에서, 세심하게 잘 통제된 근력 및 지구력 트레이닝 프로그램을 똑같이 수행했을 때 그 훈련 결과는 매우 상이하게 나타났으며, 이러한 연구 결과는 이전에 생각했던 유전적 차이가 개인간 트레이닝 반응성의 결정적인 요인이 아님을 보여준다.[1] 그런데 유전적 요인이 개인 간 반응성의 차이를 설명하지 못한다면, 그 차이의 주된 원인은 무엇일까? 더 나아가, 트레이닝 반응성에 영향을 미치는 요인을 잘 이해한다면 이러한 영향을 더 생산적으로 활용하여 운동 준비 과정을 최적화할 수 있을까?

이 장에서는 피지컬 트레이닝이 예측 가능한 결과를 가져온다는 좀비 같은 생각에 도전하고, 트레이닝 적응의 심층적인 원동력에 대한 완전한 이해가 더 지능적이고, 정보에 입각한 지각력을 강화하며, 궁극적으로 더 효과적인 운동 준비 철학을 가능하게 할 수 있는지 알아볼 것이다.

하지만 이러한 사례를 구축하기 위해서는 처음으로 돌아가야 한다. 완벽한 처음으로 말이다.

신체 건강의 신경경제학에 대한 이해

문화적으로 우리는 덜 산업화된 생활방식이 건강에 이롭다고 생각하는 경향이 있다. 하지만 놀랍게도 최근 한 연구에서, 맨발로 달리며 100% 유기농 재배 팔레오 식단을 섭취하는 파라과이 수렵채집인을 관찰한 결과, 연구에 참여한 남성들은 부상이나 질병으로 인해 전체 사냥의 20%를 놓친 것으로 나타났다. 산업화된 세계에서는 이들과 직접적으로 비교할 수 있는 건강 통계를 찾기는 어려웠다. 영국의 연간 결근율은 남성의 경우 약 3%, 여성의 경우 약 2%에 정도이다. 또한, 매년 아마추어 러너의 70% 이상이 무리한 운동으로 부상을 입는다는 사실도 잘 알고 있다. 하지만 이러한 관찰 결과는 우리에게 무엇을 알려 줄 수 있을까? 직접적인 관찰 결과 이외에는 거의 없다. 첫째, 도시에서 일하는 위험은 정글에서 일하는 위험과 같지 않다(아일랜드의 진화 생물학자가 말했듯이 말도 안 되는 비교를 하는 것과 다름없다). 둘째, 우리가 원시림에 살든 교외의 번화가에 살든 상관없이 우리는 취약한 존재이다. 우리는 매일 위험에 노출되어 있으며, 다양한 감염, 질병, 부상을 유발하는 사건(가령, 사고에 의한 사망은 45세 미만 미국 시민의 주요 사망 원인 중 하나이다)의 그림자 속에서 매일 걷고 있다. 이러한 위협들은 우리 모두를 유전자 풀에서 언제든 제거할 수 있을 만큼 즉각적이고 치명적이며, 끊임없이 우리를 따라다니며 기회를 엿보고 있다.

이러한 상존하는 위험들과 우리 사이에 존재하는, 생물학적 시스템 전체에 분산되어 있는 복잡한 네트워크로 이루어진 방어 체계는 과소평가되어 있으며 잘못 이해되고 있다. 이 방어체계는 외부의 위협으로부터 우리를 보호하고 내부의 문제를 가라 앉히고 배출하는 장벽이자 경비원 역할을 한다. 이것은 우리의 면역 체계이다. 면역 체계는 오늘날 우리가 살고 있는 환경과는 근본적으로 다른 환경에서 진화하였다. 우리가 이끄는 라이프스타일, 이동하는 환경, 직면하는 위험, 섭취하는 식단, 우리를 죽이는 질병 등 모든 것이 시대와 생태계, 문화에 따라 다르다. 하지만 우리의 면역 체계는 불청객인 병원균, 상처, 우울증, 사회적 모욕, 강도 높은 트레이닝 등 그 과제가 무엇이든 상관없이 적응하고 방어한다. 그러나 지속적인 방어적

경계 활동에는 그만한 대가를 치르게 된다.

분명한 것은 신체의 이러한 방어 반응이 에너지를 소비한다는 것이다. 예를 들어, 한 고전적인 실험에서 내독소 주사가 성인의 대사율을 최대 40%까지 증가시켰다. 자연적으로 발생하는 가벼운 열을 앓고 있는 환자도 체온이 1도 상승할 때마다 대사율이 13% 증가한다.[2] 에너지 저장은 제한되어 있기 때문에 한 가지 문제와 싸우는 데 에너지를 쏟으면 다른 문제와 싸우는 데 사용할 수 있는 에너지가 줄어든다.

마찬가지로 우리 몸의 내부 약국에는 림프구, 히스타민, 프로스타글란딘, 염증성 사이토카인 등 면역 반응에 필요한 필수 생화학 자원이 제한적으로 저장되어 있다. 이러한 재고는 유지 비용이 많이 들고 근본적으로 유한하다. 한 가지 위협을 방어하기 위해 그것들이 투입되면 다른 위협을 방어하는 데 사용할 수 없으며, 한번 고갈되면 재합성하고 보충하는 데 시간이 필요하다. 이는 동시에 또는 밀접하게 연관된 여러 면역학적 위협에 우리의 신체가 최적으로 대응할 수 없다는 것을 의미한다.

따라서 한정된 내부 저장소 자원을 신중하게 배분해야 한다. 기능을 활성화하고 보호하기 위한 목적으로 구축하는 우리 몸의 방어 체계는 적절한 우선순위에 따라, 적절한 용량으로 전략적으로 분배될 때만 적응할 수 있다. 치명적인 바이러스나 강도 높은 트레이닝 세션 등 어떠한 위협에 대해서도 최적의 적응력을 발휘하려면, 주어진 도전에 알맞게 생물학적 반응이 적절하게 조절되어야 한다. 따라서 건강한 상태가 견고하게 유지되기 위해서는 일련의 전략적이고 냉철한 판단과 결정이 중요하다. 건강한 반응은 너무 뜨겁지도 차갑지도 않고, 너무 많지도 적지도 않은 '아기곰의 죽Baby Bear's porridge'과 같다. 이러한 절충점을 협상하는 것은 선수의 반응, 적응, 회복 및 수행 능력에 매우 실질적인 영향을 미친다.

하지만 그 이유를 정확히 밝혀내려면 좀 더 진화론적인 연구가 필요하다.

현명한 방법

위협으로부터 우리를 보호하고 회복과 적응을 촉진하는 신경생물학적 자원은 소중하고 제한적이며, 서로 상충되는 요구에 노출될 경우에는 전략적으로 할당되어야 한다.

신체적 적응: 절충점과 협상

당신이 구석기 시대 수렵채집인이라고 가정해 보자. 더러운 물을 마시고 병원균에 감염되었다. 면역 체계가 위협을 감지하고 비상 방어 모드로 전환된다. 항원이 일련의 생화학적 방어 체계를 활성화하고 행동을 조정하는 증상들이 유발된다. 그런데 지금이 과연 몸을 무력하게 만들기 좋은 시점일까? 당신이 사냥 탐험을 떠났다고 가정해 보자. 당신은 굶주렸고, 주변은 포식자와 경쟁자들로 가득 찬 적대적인 환경이다. 무엇보다 당신은 지금 당장 안전하고 따뜻한 보금자리, 그리고 당신을 돌봐줄 사람들이 있는 곳으로 돌아가야만 한다. 이렇게 취약한 시기에 지금 자기 스스로를 무력화시키는 것이 합리적일까? 생존이 위태로운 이 시기에 몸이 아프고, 졸리고, 쑤시고, 신체 기능이 저하되고, 정신이 혼미해지는 등 강력한 면역 반응을 스스로 유발하는 것이 진화론적으로 합리적일까?

분명히 그렇지 않을 것이다. 극심한 스트레스가 있는 기간 동안에는, 휴식과 회복을 강제하는 증상이 증폭되는 대신, 체내에 내재된 건강관리 시스템은 정신적, 신체적 활성을 촉진하는 동시에 부정적인 감각을 하향 조절하는 신경학적, 생물학적 미세 환경을 조성한다. 그러나 업무 수행 능력 수준을 유지하는 대가로 회복과 복원을 희생하는 작용의 결정적인 약점들은, 과도하게 동원되던 체내 면역이 갑자기 중단될 때 드러난다. UCLA의 의대 교수인 마크 쇼엔Marc Schoen 박사는 이 익숙하지만 잘 설명되지 않는 현상을 '렛다운let-down 효과'라고 부른다. 이는 파괴적인 파도가 지나간 후 나타나는 극심한 역류 현상이다. 면역 방어자들의 물결은 물러가지만 그들이 남긴 독성 잔류물은 남아 있다. 즉각적인 여파로 건강관리 시스템은 에너지적으로, 생화학적으로 고갈된다. 당신에게는 복구, 복원 및 초기화가 필요해진다. 그러나 그동안 호흡기 감염, 염증, 관절통, 편두통, 독감, 피부염, 우울증 등 렛 다운 효과를 대표하는 질병 중 하나에 일시적으로 노출될 수 있다. 렛 다운 효과는 매우 중요하지만 잘 인식되지 않는 인간의 능력, 즉 선천적, 무의식적, 반사적으로 인지된 상황에 가장 적합하도록 신경생물학적 조건을 맞춤화하는 능력을 보여준다.

논의의 핵심을 강조하기 위해 극단적인 경우를 생각해 보자. 한 아이가 혼란스럽고, 불안이 극심한 환경에 놓여 있다고 가정해 보자. 학대 가정, 기능을 제대로 하지 못 하는 시설, 전쟁 지역. 이러한 경우 대개 아이의 성장 속도는 느려지고 심인성 왜소증과 같이 극단적인 경우에는 성장이 멈추기도 한다. 대개 인지 및 심리 정서 발달 역시 함께 멈추게 된다. 왜 그럴까? 명백하고 현존하는 위험이 존재하기 때문이다. 생존이 심각하게 위협받는 상황에서는 진화적 관점에서 볼 때, 생물학적 또는 신경학적 성장과 같은 필수적이지 않은 사치스러운 곳에 사용되는 자원을 줄이고, 임박한 위협에 대비한 높은 준비 태세를 유지하는 것에 모든 가용 자원이 집중된다. 위험하고 앞을 예측할 수 없는 환경에서는 자극에 빠르게 반응할 수 있으며, 높은 불안감과 경계심의 상태를 장기간 유지하는 것이 현명한 것이지, 일어나지도 않을 미래에 투자하면서 투기적인 장기 건설 프로젝트에 자원을 소비하는 것은 낭비이다.

번식력은 진화적으로 우선순위가 높은 기능이며 막대한 자원 투자가 필요하지만, 단기 생존에 필수적인 것은 아니다. 따라서 심각한 도전을 받는 상황에 처하게 되면, 생식력은 생존이라는 더 큰 선을 위해 희생된다. 선수에서 이러한 현상은 상대적 에너지 결핍 증후군Relative energy deficiency syndromes에서 볼 수 있듯이 과도한 트레이닝으로 인한 신진대사 장애와 부적절한 영양 및 회복 전략이 결합된 조건에서 성호르몬 장애로 나타난다. 이러한 장애로 인해 일반적으로는 월경 조절 장애, 정자의 질 저하, 뼈 건강 손상과 같은 결과가 나타난다.

결정적으로, 이 한정된 귀중한 자원은 트레이닝 개선을 통합하고 회복을 촉진하며 운동 기술을 내재화 및 개선하는 모든 신경 및 조직 적응의 성장, 복구, 재형성 및 플라스틱 리모델링을 가능하게 한다. 결과적으로 신경경제학적 긴축 상태는 트레이닝 생산성을 떨어뜨리고 회복 기간을 연장하며 부정적인 운동 결과를 유발하는 여러 경로를 피할 수 없을 것이다.

현명한 방법

한정된 자원에 대해 수요가 급증하는 시기에는 여러 우선순위에 맞게 예산을 배정해야 하므로 트레이닝 적응력이 불가피하게 저하될 수밖에 없다.

신경경제학적 의사 결정의 원동력

그러나 이러한 자원 배분은 분명히 지식적으로 이루어지는 과정이 아니기 때문에 근본적이지만 잘 고려되지 않는 질문을 제기한다. 스마트폰, 수면 추적기, 고속 측정기, 걸음 수 측정기 등이 없던 우리 조상들은 어떻게 이 복잡한 의사 결정의 퍼즐을 풀어 냈을까? 우리는 의식적으로 생각하지 않고 어떻게 생명활동에 소중한 자원에 대한 예산을 책정하고 배분할 수 있었을까? 전형적인 진화 방식에 따르면, 그 해답은 예상치 못했지만 꽤 우아하고 효과적이다.

인류의 오랜 진화 역사는 우리에게 내재된 기억과 영향력이라는 도구를 갖추게 했다. 고대에 인간 종족의 생존을 촉진하는 습관은 우리의 유전체에 화석처럼 내재되어 있고, 최근 세대의 교훈과 초기 삶의 경험은 후생유전체에 새겨져 있으며, 신념은 사회적으로 프로그래밍 되고 문화적으로 전수되며, 경험에 부여된 의미에 대한 개인화된 해석은 자연과 양육 환경으로 통합되어 형성된다. 넛지, 편견, 직관, 두려움, 눈치, 의심, 불편함, 잔소리, 불안과 공포, 유혹과 혐오, 본능과 직감 등이 총체적으로 우리의 모든 기분, 모든 결정, 모든 행동에 영향을 미치며 특정 행동과 행위로 우리를 끌어들이기도 하고, 우리로 하여금 이를 거부하게 만들기도 한다.

우리는 이러한 모든 정보와 단서를 종합하고, 현재 상황에 대한 인식의 맥락에 비추어 다음에 일어날 일을 예측한다. 과거의 교훈이 현재에 대한 해석과 통합되어 예측이 탄생한다. 이 본능적인 예측이 전두엽, 두정엽, 측두엽이 모이는 중뇌의 한 주름에 자리 잡은 중앙 처리 허브인 뇌섬엽 피질 깊숙한 곳에서 생겨나면, 우리의 기반이 되는 기능 상태가 새롭게 예측된 미래에 대비하기 위해 조정된다. 호르몬적, 정서적, 전기적, 생화학적, 면역학적, 행동적으로 우리는 현재 상태가 아니라 앞으로 다가올 상황을 예측한 결과에 맞춰 몸과 마음을 조율한다. 우리는 예상되는 미래에 적응한다.

글래스고 대학의 라스 무클리Lars Muckli 교수의 말에 따르면, '예측 코딩'은 밀레니엄 시대에 접어든 이래 뇌과학 역사상 가장 위대한 이론으로 널리 알려진 이론으로, '진화가 생물학에서 중요한 것처럼 신경과학에서도 중요하다'는 이론이다.

인간의 건강이 '작동'하는 방식을 해석하는 틀인 전통적인 생물의학 모델은 뇌를 감각 정보를 수신한 후 반응을 시작하기까지 기다리는 수동적인 기관으로 상정한다. 예측 코딩은 이전 경험에 기반한 기대치를 바탕으로 뇌가 다음에 일어날 일에 대한 가설을 끊임없이 구성하고, 이러한 예측을 바탕으로 예상되는 미래에 맞춰 신체의 기본적인 기능 상태를 조정한다는 이전에 없던 관점을 제시한다.

우리는 과거의 교훈을 현재의 지각과 통합하여 예측된 미래에 선제적으로 대비한다. 그러나 뇌는 이러한 예상된 시각에 고집스럽게 집착하지 않고 여러 감각들을 지속적으로 스캔하여 예상과 실제 감각 피드백 사이의 차이와 불일치를 찾는다. 즉, 예측 오류를 검색하는 것이다. 풍부한 경험과 높은 신뢰도, 높은 예측 가능성을 갖춘 작전 도중에 사소한 오류가 발견되면 이러한 오류는 지휘 계통에 전달할 가치가 없는 무의미한 불일치로 무시된다. 그러나 실존적 불확실성(예: 부상 후 어떤 동작을 재학습할 때)으로 인해 낮은 신뢰도와 낮은 정밀도로 예측이 이루어진 경우, 우리의 신체는 일련의 감각들을 면밀히 조사한다. 이러한 경우 사소한 오류라도 신경세포 구조로 올라갈 만큼 충분히 알릴 가치가 있는 것으로 분류될 수 있다. 임계치를 넘어서면 이러한 오류 메시지는 의식의 인식 범위를 벗어나기 시작한다. 우리는 지각하기 시작하고 '느끼기' 시작한다. 성가신 통증, 잔소리 같은 의심, 점점 커지는 불안감. 이전에는 알아차리지 못했던 윙윙거리는 소리가 시끄러운 주변 소음 위로 들리는 지속적이고 끈질긴 알람 소리로 확대된다. 우리는 놀랍고 잠재적으로 중요할 수 있는 사건이 발생하고 있으며, 그에 대해 의식적으로 주의를 기울여야 함을 인식하게 된다.

예측 오류가 우리의 의식의 영역에서 인지될 때, 우리는 세상이 어떻게 작동하는지에 대한 모델을 바꾸거나 감각 경험을 바꾸어 우리의 믿음과 경험한 현실 사이의 일관성을 유지하려고 노력한다. 예측 오류를 최소화하려는 이러한 반사적 욕구는 매우 강력해서 최근 지구상에서 가장 영향력 있는 신경과학자로 평가받는 칼 프리스턴Karl Friston은 불확실성을 해결하고 예측 가능성을 회복하려는 타고난 욕구야말로 뇌의 가장 중요한 동기 부여라고 말했다. 우리는 우리 존재의 특정 측면을 잘 설명해 주는 틀을 재구성함으로써 우리가 가져왔던 신념을 업데이트하거나, 움직이는 방식을 조정하거나, 감정 변화를 유발하는 신경화학적 농도를 증폭하거나, 감각 데이터의 우선순위와 샘플링 방식을 변경하여 들어오는 감각 데이터를 우리의 예측과 일치하도록 바꾼다. 우리는 기존의 신념을 업데이트하거나 감각 경험을 바꾸기도 한다. 또는 두 가지를 모두 수행하기도 한다.

그렇다면 진화는 왜 이런 기괴해 보이는 전략을 선호할까? 외부 상황에 대비하기 위하여 체내 기능을 준비시키고 가장 필요한 곳으로 자원을 전환하는 데는 시간이 걸리기 때문이다. 자극이 도착할 때까지 기다렸다가 필요한 자원을 동원하는 것은 너무 번거롭고 자원을 많이 소모하며, 가장 치명적으로, 느리다. 예측을 통해 생리적 프로세스를 제어하고, 그 이후에는 예측 오류에서 벗어난 예기치 못한 '놀라움'에만 주의를 기울이면, 뇌가 추적해야 하는 정보의 양이 기하급수적으로 줄어든다. 간단히 말해, 자원 효율성이 매우 뛰어나다. 따라서 예상치 못한 상황에서 다가올 문제를 예측하고 예상되는 요구에 맞게 배경 생리적, 신경학적, 인지적, 정서적, 호르몬 및 행동 상태를 선제적으로 조정하는 것이야말로 자연에서 가장 극도로 간결한 생산성 비결일 수 있다는 사실이 밝혀졌다.

현명한 방법

신념과 이전 경험, 현재 상황에 대한 인식이 선천적으로 결합되어 형성된 예측은 다가오는 수요에 대비하기 위해 자원 배분을 조절하는 역할을 한다.

과학적 상식 또는 실생활과의 연관성?

역동적인 스포츠 움직임에서는 정확도 높은 예측의 중요성은 설명할 필요 없이 분명하다. 예를 들어 러닝을 할 때 다리의 강성은 곧 다가올 지면과의 접촉에 필요한 정도로 알맞게 정밀 조정되어야 한다. 그렇지 않으면 안전과 효율성이 저하된다. 마찬가지로 공을 잡거나 서브 리턴을 하거나, 태클을 피하는 것도 모두 정확한 예측과 사전 준비에 달려 있다. 예측하고 준비하지 않으면 돌진하는 현실에 제대로 대처할 수 없다. 이처럼 즉각적이고 시간이 촉박한 상황에서는 단기적인 예측 정확도가 매우 중요하다. 하지만 우리의 신체는 더 긴 관점에서 예측하고 선제적으로 대비하고 있을까?

사례를 구성하기 위해 먼저 사망률에 관한 연구와 사망에 관한 데이터부터 살펴보자. 최근 6,489명의 미국 노인을 대상으로 한 표본 조사에서 실제 나이보다 스스로의 나이가 많거나 적다고 느끼는 자기 인식 연령이 사망률에 큰 영향을 미치는 것으로 나타났다. 스스로 나이가 많다고 느끼며 미래 건강에 대해 부정적인 예측을 하는 사람은 8년 동안 사망할 확률이 41% 더 높은 것으로 나타났다.[3] 또 다른 연구에서는 미국 성인 6만 1,141명의 데이터를 분석한 결과, 자신을 덜 활동적이라고 인식하는 사람들이 더 활동적이라고 인식하는 사람들보다 사망할 확률이 최대 71% 더 높았다.[4] 중요한 점은 실제 신체 활동을 통제한 후에도 이러한 결과가 유지되었다는 점이다. 즉, 실제 활동 수준과 관계없이 자신이 활동량이 많은지 적은지에 대한 인식이 사망률에 큰 영향을 미치는 것으로 나타났다. 최근 스탠퍼드의 한 연구에서 무작위로 배정된 참가자들에게 유전적 프로필에 따라 심폐 건강 또는 식사 후 포만감 정도에 따라 비만에 과도하게 노출되거나 비만을 예방할 수 있다고 알려 주자, 각 그룹의 참가자들은 새로 알려 준 예측에 따라 폐활량과 포만 신호 호르몬 그렐린의 분비가 증가 또는 감소하는 경향을 보였다.[5]

각 예시에서 참가자의 예측(내가 언제 죽을 것 같은지, 유전적으로 폐 기능이 나빠지기 쉬운지, 식사 후 포만감을 느끼는지 등)은 생물학적 결과를 그 믿음의 방향으로 이끌었다. 예측이 예측된 결과를 촉진하는 조건을 만든 것이다. 따라서 예측은 장기적인 건강에 의외로 큰 영향을 미친다. 하지만 예측이 신체적 기능에도 영향을 미칠까?

아직까지 풀리지 않은 플라시보와 노시보 효과에 대한 수수께끼를 생각해 보자. 플라시보는 흔히 아무 효과가 없는 것으로 묘사되지만 우울증, 천식, 알레르기, 과민성 대장 증후군, 불면증, 피로, 메스꺼움, 붓기, 골관절염, 편두통, 파킨슨병, 조현병 등 여러 질환에 걸쳐 임상적으로 의미 있는 효과가 분명히 존재한다. 그러나 대부분의 플라시보 연구는 통증에 초점을 맞추었으며, 플라시보는 기존 약물 치료 보다 효과가 더 큰 경우가 많다.

운동과 관련된 최근 연구에 따르면 피지컬 트레이닝 후 경험하는 정신적 및 인지적 이점의 50%는 플라시보 메커니즘에 의해 발생한다고 한다.[6] 또 다른 최근 연구에 따르면 플라시보 및 노시보 효과는 의학적 맥락에서 관찰되는 이점과 유사한 성격과 규모로 신체적 퍼포먼스와 회복의 차원에 영향을 미친다고 한다.[7] 예를 들어 가짜 보조제를 제공하며 이에 대한 긍정적인 정보를 함께 들려주었을 때, 30m 스프린트 기록이 크게 향상되었고, 같은 가짜 보충제를 제품에 대한 부정적인 정보들과 함께 제공했을 때는 퍼포먼스가 현저히 감소했다.[8] 또 다른 조사에서는 플라시보를 사용한 경우 3,000m 달리기 시간이 단축되었고, 테니스 경기력을 향상시킨다고 홍보된 일반 라켓을 사용한 경우 서브 속도가 증가했다. 특히 이러한 사례들에서 플라시보의 개입이 운동 능력에 유의미한 영향을 미쳤음을 나타내기에 충분할 정도로 효과의 크기가 컸다.

그렇다면 플라시보 효과란 무엇일까? 전통적인 생물의학 모델의 관점에서 플라시보 현상은 당황스럽고 부적절하며 약간 의심스러운 기이한 현상이다. 그러나 예측 코딩의 관점에서 플라시보는 이전 예측에 대한 긍정적인 재평가를 유도하여 중요한 자원을 더 관대하게 배분하도록 유도하는 희망의 메시지일 뿐 신비로운 것이 아니다. 플라시보 효과는 신경생물학적으로 재정 긴축의 종식을 나타내도록 조정된 경제적 전망과 동등한 효과를 발휘한다. 우리가 미래를 낙관적으로 재평가하게 하는 무언가를 발견하거나 이를 재해석하게 되면, 오류 감지 경보가 둔감해지고 비축된 자원에 대한 통제력이 느슨해지며, 내부 상태가 새롭게 수정된 예측을 반영하도록 바뀐다. 반면, 노시보는 미래가 더 암울할 것이라며 벙커에 몸을 숨기고, 다가오는 신경경제적 침체에서 살아남기 위해 반드시 필요한 귀중한 자원을 필사적으로 비축해야 한다고 제언한다.

또는 우리가 스트레스라고 부르는 현상을 생각해 보자. 아이러니하게도 이는 그 자체로 원인인 동시에 증상이기도 하고, 그 자체가 지나친 스트레스의 결과이기도 한 현상이다. 과도한 스트레스는 서구 사회에서 6대 주요 사망 원인의 원인이며, 스트레스 관련 질환은 전체 병원 진료의 75~90%를 차지한다. 운동과 관련하여 과도한 스트레스는 코디네이션, 인지력, 기분, 수면, 신진대사, 호르몬 건강을 약화시키며, 운동 능력을 저하시키고 부상 위험을 악화시키며 회복과 재활을 저해한다. 또한, 스트레스가 높아지면 당연히 과훈련, 퍼포먼스 저하, 과사용, 탈진, 만성 피로, 면역 억제 및 우울증 유사 증상[9] 등 다양한 훈련 증후군에 대한 취약성이 증가하는 것으로 나타났다.

그렇다면 스트레스 반응이란 무엇일까? 예측 코딩 패러다임의 관점에서 보면, 단순히 새롭게 예측되는 도전을 인식하고 이에 대비하는 것이다. 다가오는 도전에 대처할 수 있도록 우리의 인지 능력이 수정되면, 우리의 확신이나 취약성에 대한 감각이 바뀌고 예측이 업데이트된다. 그 후 신경전달물질이 시냅스를 통과하여 수용체를 자극하고 박혀 있던 '조약돌'(은유적 표현)을 밀어내어 스트레스 반응을 구성하는 일련의 하위 생물학적 및 행동적 적응을 시작하게 된다. 새로운 정보가 감지되고 개인의 대처 능력에 대한 인식의 틀 속에서 해석되면, 그에 따른 예측이 수정되고 스트레스 반응은 그 예측에 맞춰 조절된다.

현명한 방법

트레이닝과 퍼포먼스 결과에 직접적인 영향을 미치는 다양한 현상을 예측 코딩의 관점을 통해 일관성 있게 재해석할 수 있다. 이러한 재해석은 운동 준비와 수행의 여러 차원에 걸쳐 예측이 미치는 영향력을 조명한다.

이것이 코치와 관련이 있을까?

예측 코딩의 관점을 통해 보면 스트레스와 플라시보 현상 간의 구분이 사라진다. 둘 다 동일한 핵심 메커니즘의 서로 다른 표현일 뿐이다. 즉, 우리 인체의 지능형 건강관리 시스템은 과거의 학습 내용과 현재 사용 가능한 정보를 결합하여 다가올 수요를 미리 예측하고, 이후 예측된 미래에 가장 적합하도록 건강과 행동의 모든 측면을 조정하는 시스템이다.

역사적으로 우리의 트레이닝에 대한 논리와 문헌은 의심할 여지 없이, 그리고 합리적으로, 생의학 모델의 해석 관점을 통해 트레이닝 부하와 신체적 적응 사이의 관계를 개념화함으로써 서양의학의 선도를 따랐다. 우리는 신체적 준비 과정을 본질적으로 상향식 bottom-up 현상으로 본다. 피지컬 트레이닝이라는 입력값은 역학적 또는 대사적 부하를 부과하여 예측 가능한 신체적 결과를 유도한다. 이러한 관점에서, 트레이닝 부하는 트레이닝 스트레스와 동일하며, 트레이닝 스트레스는 이후의 신체적 적응과 정비례한다는 것을 알 수 있다.

예측 코딩은 좀 더 정교한 설명의 기본 체계를 제시한다. 다가오는 트레이닝 과제에 대한 기대는 예측을 불러일으킨다. 이러한 예측은 정신적, 정서적, 역학적, 신진대사적, 신경적, 생리적, 행동적 준비의 원동력이 된다. 운동할 때 우리는 필터링되지 않은 여러 신호를 생성한다. 우리 신체는 이러한 신호에 예측 오류가 있는지 스캔한다. 오류가 감지되면 예비 조사를 거쳐 중요하지 않은 것으로 간주하거나 다음 단계의 조사로 이관한다. 오류 신호는 본질적으로 나쁜 것이 아니다. 오류 신호는 잠재적으로 중요한 사안에 대해 신경계의 주의를 환기시키는 수단일 뿐이다.

날것의 '데이터'를 점진적으로 의미 있는 정보로 바꾸는 역할을 하는 일련의 신경계 메모(포스트잇)들이 이어지고, 각 단계별 평가 수준에서, 이러한 정보 묶음들은 관련성에 따라 걸러지고 해당 수준에서 종료되거나 실행되거나, 아니면 더 높은 명령 체계로 전달된다. 조직 세포에서 대뇌 피질에 이르는 통신 고속도로를 따라 잠재의식 및 의식 처리 계층을 거치면서 정보는 해석되고 변조되며 감쇠되거나 증폭된다.

특정 임계값을 넘어서면 이 풍부한 정보들은 의식 수준까지 도달하여 우리의 지각 경험을 변화시키기 시작한다. 우리는 뭔가 달라진 감각을 느낀다. 우리의 주의가 이동한다. 인식이 바뀌고 우선순위가 바뀐다. 우리의 자연스러운 건강관리 시스템은 과거의 경험과 현재 상태에 대한 해석을 바탕으로 정보에 입각한 결정을 내리고 예측에 따라 가장 유익한 곳에 자원을 배치할 수 있는 방향으로 자원을 재배치한다. 우리는 미래를 우리가 내린 예측에 걸고 있다.

현명한 방법

신체적 적응은 피지컬 트레이닝 매개변수에 의해서만 좌우되는 것이 아니다. 부과된 트레이닝 자극에 우리가 부여하는 의미, 관련성 및 중요성에 대한 해석은 적응 자원의 할당과 그에 따른 체력 반응에 큰 영향을 미친다.

실질적인 시사점

트레이닝 적응은 결코 그저 한 단계의 관찰에서 일어나는 것이 아니다. 대신, 피지컬 트레이닝은 여러 조직, 척추 및 상위 피질 부위에 분산된 다양한 수준의 생리적, 대사적, 신경학적, 정신-정서적 및 코디네이션적인 반응을 유도한다. 일부 영역은 심리적, 정서적 영향(세포의 역학적 긴장이 세포의 '믿음'과 관계없이 적응을 유도함)에 의해 조절되지 않을 수 있지만, 대체로 많은 영역은 조절이 가능하다. 피지컬 트레이닝의 관련성, 가치, 적용 가능성 및 적절성에 대한 우리의 해석이 트레이닝 반응의 중요한 조절자라는 인식은 많은 파급 효과를 가져온다. 그러나 코칭의 관점에서 이러한 현상을 하나의 통합된 틀 안에서 맥락화하는 데 특히 유용할 수 있는 특정 개념이 하나 있는데, 바로 마인드셋이라는 개념이다.

과거의 경험이든 새로운 감각적 해석이든 모든 정보는 어떤 기준의 틀에 따라 맥락화되어야 한다. 우리가 삶을 살아가면서 수집하는 미묘한 정보, 모호한 추정, 불완전한 정보의 스냅샷과 단편은 어떤 신념, 즉 마인드셋에 따라 설명될 수 있어야 한다. 이러한 맥락에서 마인드셋이란 주어진 경험이나 습득한 정보에 내포된 의미를 선택적으로 해독하고 파악할 수 있게 해 주는 개념적 구조이다. 마인드셋에는 의식적인 수준에서 우리의 예측에 영향을 주는 일련의 신념과 기대가 포함되어 있다.

마인드셋이라는 개념은 지각, 기대, 경험 및 해석과 습득한 지식, 내재된 편견, 학습된 행동 및 개인적 신념을 혼합한 것이다. 마인드셋은 정보를 내면화하고 해석하는 방식과 이후에 적응하고 대응하고 행동하는 방식을 암묵적으로 형성한다. 예를 들어, 노화에 대해 부정적인 마인드셋을 가진 사람들은 일반적으로 건강에 해로운 방향, 선택 및 결과를 보이고, 운동이나 건강한 식습관과 같은 건강한 행동을 채택할 가능성이 낮으며, 건설적인 마인드셋을 가진 사람들보다 일반적으로 더 빨리 사망한다.[4]

중요한 것은 마인드셋은 새로운 정보나 기존 정보에 대한 해석의 변화에 따라 쉽게 수정될 수 있다는 점이다. 예를 들어, 2007년에 알리아 크럼Alia Crum과 엘렌 랭거Ellen Langer는 7개 호텔의 객실 직원 84명을 대상으로 운동 습관에 관한 설문조사를 실시했다. 조사 결과 객실 직원 중 앉아서 일하는 사람들의 일반적인 건강 상태가 좋지 않은 것으로 나타났다. 그 후 44명의 객실 직원에게 업무가 얼마나 육체적으로 힘든지, 일반적으로 얼마나 많은 칼로리를 소모하는지, 활동 수준이 의사의 운동 권장량을 얼마나 초과하였는지 알려 주었다. 한 달 후 재평가했을 때, 연구 그룹 참가자들은 체중이 줄고 혈압이 개선되었으며 모든 측정 항목에서 대조군보다 훨씬 더 건강하고 한 달 전보다 더 건강해졌다. 하지만 신체 활동 행동에는 변화가 없었다. 정보 제공, 신념 체계의 재구성, 주의의 방향 전환만으로 이루어진 개입이 신체적 결과를 크게 향상시켰다.[10]

이후 크럼이 진행한 연구에서는 두 가지 치료법 중 하나를 시행하여 금융 기관 직원들의 마인드셋을 변화시켰다. 먼저 무작위로 선정된 164명의 직원에게 스트레스의 부정적인 결과를 강조하는 짧은 교육 동영상을 보여주었다. 추가로 163명의 직원들에게는 면역력 강화, 창의력 향상, 업무의 질 향상 등 스트레스의 긍정적인 결과를 강조하는 스트레스 강화 동영상을 시청하게 했다. 일주일 후, 스트레스의 부정적 영상을 본 그룹에 속한 직원들은 스트레스를 업무 성과에 해로운 것으로 보는 경향이 더 강해졌으며, 결정적으로 많은 사람들 앞에서 발표해야 하는 과제에 직면했을 때 코티졸 수치가 상승한 것으로 나타났다. 한편, 스트레스를 성과 향상의 마중물로 여긴 스트레스-강화 그룹은 말하기 과제를 수행하는 동안 더 유리한 호르몬 프로필을 보였고, 향후 개선을 이끌어 내기 위해 필요한 건설적인 피드백에 더 개방적이었다.[11] 다른 영역에서는 스트레스-강화(스트레스의 긍정적 결과를 믿는 그룹)의 마인드셋을 가진 미국 네이비실 후보생들이 장애물 코스를 수행하는 데에 소요되는 시간을 측정했을 때 더 뛰어난 결과를 보였고, 선발 프로그램에서 더 오래 버텼으며, 동료와 교관으로부터 다른 후보생들에 비해 더 긍정적인 평가를 받았다.[12]

마인드셋은 신념, 가정, 기대, 직감, 의심, 혐오, 욕망, 동기, 두려움, 그리고 모든 종류의 환경적 넛지, 단서, 실마리 등을 쌓아 올리는 발판을 제공한다. 마인드셋은 우리가 삶의 여러 측면에 관심을 기울이는 방식, 사건을 해석하는 방식, 그리고 이러한 사건에 대처하기 위해 채택하는 생물학적, 행동적, 태도적 방식을 형성한다. 마인드셋은 모든 하위 행동, 적응 및 성과를 형성하는 신경생물학적 자원의 흐름을 지시하고 할당하는 방식에 영향을 미친다.

마인드셋은 중요하며 가변적이다. 모든 경험에 적용되는 하나의 포괄적인 마인드셋은 존재하지 않는다. 대신 여러 가지 마인드셋이 중첩되어 있다. 우리 삶의 모든 측면은 경험을 분류하고, 기록하고, 이해하는 개인화된 관점을 통해 바라보게 된다. 이러한 관점은 대부분 문화적으로 형성되고 우발적이고 우연히 유전되지만, 현대의 많은 현상들에서 알 수 있듯이 마인드셋은 의도적이고 의식적으로 구성될 수 있으며 구조화될 수 있다. 코치는 리더, 교사, 가이드, 인플루언서 등 다양한 역할을 통해 운동 마인드셋의 핵심적인 창조자이자 큐레이터 역할을 한다.

코치가 선수의 마인드셋에 긍정적인 영향을 미칠 수 있는 10가지 방법

1. 선수의 의견을 소중히 여기고 존중하는 피드백과 피드백 프로세스를 설계한다.
2. 선택한 트레이닝 및 회복 전략이 선수 퍼포먼스에 어떻게 기여하는지 설명한다.
3. 긍정적이고 회복탄력적인 트레이닝 그룹의 문화와 습관을 장려한다.
4. 신호 전달과 표현의 중요성을 의식적으로 인식한다.
5. 선수들에게 근간이 되는 정신-정서 상태 조절의 중요성에 대해 교육한다.
6. 선수에 대한 피드백을 프로그램과 프로세스의 지속적인 발전과 연결시킨다.
7. 문제와 해결책에 대한 대화, 의견 교환 및 토론의 기회를 제공한다.
8. 신중하고 사려 깊은 의사소통(부주의한 의사소통은 노시보와 같은 부정적인 성과 효과를 유발할 수 있음)을 한다.
9. 회복탄력적이고 자비로우며 열심히 일하는 롤모델이 되어 모범을 보인다.
10. 코칭 원칙, 신념 및 사려 깊은 의견을 정확하게 요약하는 적절한 코칭 마인드를 의식적으로 만들어 간다.

이러한 관점에서 코치의 역할은 단순히 트레이닝 세션을 제공하고, 트레이닝 계획을 설계하고, 적절한 기술 모델을 지도하는 것 이상으로 확장된다. 코칭에 대한 보다 포괄적인 새로운 비전은 코치의 페르소나, 소통 기술, 전문성, 아우라가 훈련 반응과 그에 따른 신체적, 심리적, 기술적 적응에 지속적으로 미치는 직접적인 영향력을 강조하게 된다.

코치 행동의 중요성을 받아들임으로써, 선수의 의견과 관점을 소중히 여기고, 개방적이고 정직하며 긍정적으로 소통하고, 전문적이고 유능하면서도 자비로운 모습으로 일관되게 임하고, 우리의 신념을 적절하게 정리하고 선별하는 데 성실해야 하며, 이 프로그램이 선수 개인의 야망과 팀의 공동 사명에 어떻게 도움이 되는지 선수들이 충분히 이해할 수 있도록 해야 한다는 기준이 부과된다. 이러한 기준은 우리의 페르소나, 분위기, 말과 행동이 어떻게 피지컬 트레이닝 결과에 직접적인 영향을 미치는지 지속적으로 인식할 것을 요구한다. 운동 관련 현상을 해석하는 개념적 틀인 운동가의 마인드셋은 신체의 적응 작용에 크게 기여한다.

현명한 방법

퍼포먼스 관련 현상을 해석하는 개념적 틀인 선수 마인드셋은 신체적 적응에 크게 기여한다.

결론: 의식적으로 만들어지는 코칭의 힘

좀비 아이디어가 항상 위험한 것은 아니다. 한때 그것들은 목적에 부합했고, 유용했다. 기존 생의학 모델의 관점을 통해 평가할 때, 피지컬 트레이닝 부하가 예측 가능하고 비례적으로 신체적 적응을 유도한다는 좀비 아이디어는 매우 합리적이었다. 그러나 이제 이러한 믿음은 정말로 피지컬 트레이닝 결과를 조절하는 것이 무엇인지를 이해하는 우리의 시야를 방해하는 장애물이자 스스로 부과한 장벽이 되었다.

피지컬 트레이닝은 절대 고립된 상태에서 이뤄지지 않는다. 두뇌와 신체는 물리적 부하 그 자체에 적응하는 것이 아니라 그 물리적 부하 경험의 의미와 관련성에 대한 해석에 따라 적응한다. 피지컬 트레이닝은 신호를 생성한다. 신호는 의미에 대한 해석과 인식을 유도하며, 이는 우선순위를 변경함으로써 트레이닝 반응과 신체적 결과를 이끌어 내도록 자원을 배분한다. 따라서 신체적 퍼포먼스와 신체적 적응은 특별히 역학적인 현상이기만 하거나, 정신에서 나오는 신비한 결과물로만 설명되는 것은 아니다. 이는 면역학적, 정신-정서적, 인지적, 신경학적, 생물학적 지류가 합류하여 형성된 새로운 결과이며, 모두 상호 영향을 하며, 유연하고, 함께 흐르고, 불가분의 관계에 있으며, 모두 선수의 준비 상태를 형성하는 데 기여한다.

우리는 일반적으로 선수의 마인드셋이나 믿음, 희망, 신념을 고취하는 코치의 역량을 트레이닝 적응의 원동력으로 생각하지 않지만, 여러 증거에 따르면 이는 사실임을 알 수 있다. 코치, 지원 스태프, 신뢰할 수 있는 조언자, 동료로서 우리는 때로는 신중하게, 때로는 무심코 선수의 사고방식에 영향을 미친다. 우리가 역량을 보여줄 때, 우리는 자신감을 불어넣을 수 있다. 우리가 명확한 의사소통자, 조직적이고 부지런한 사람, 우리 직업과 선수 및 선수 복지에 대한 열정적인 사람, 관심을 보이는 사람, 일관성 있는 메시지를 전달할 때, 우리는 단순히 생각을 바꾸는 것이 아니라 생화학을 바꾸는 것이 된다. 우리는 선수들이 피지컬 트레이닝에 반응하는 방식을 근본적으로 바꾸고 있다. 우리는 긍정적인 적응을 장려하고 있다. 좋아지든 안좋아지든, 좋든 싫든, 우리는 긍정적인 영향을 주거나 부정적인 영향을 주거나, 스트레스 증폭제 또는 완화제 역할을 하거나, 플라시보 또는 노시보 역할을 하거나, 신중하고 자신감 있는 신호를 전달하는 전달자 또는 혼합된 메시지를 전달하는 전달자이거나, 공동의 사명에 기여하는 신뢰받는 협력자 또는 방해가 되는 존재가 되기도 한다.

핵심은 기존의 이념이 완전히 틀렸다는 것이 아니라, 이러한 기존의 이념들이 신체 준비 프로그램을 가장 잘 운영할지에 대한 우리의 관점을 흐리게 할 만큼 충분히 애매하고 한계가 있다는 것을 인정하는 것이다. 코치로서 우리가 소통하는 방법, 발표하는 방법, 관계를 발전시키는 방법, 믿음을 고취하고 이해를 촉진하며 정서적 참여와 공동 소유권을 키우는 방법, 관계와 존중을 기르는 방법, 우리가 진정으로 아끼는 암묵적 신뢰를 쌓는 방법 등이 중요하다. 이러한 고려사항은 부수적인 부가 기능이나 피상적으로 좋은 점이 아니라 의식적으로 만들어진 코칭의 핵심이며 효과적인 선수 준비 프로그램의 기초이다.

필수 항목

- 선수 준비 모델과 코치 교육 커리큘럼 및 교과서들은 태도 및 관계 요인이 피트니스 적응에 미치는 중요한 영향을 간과하고 있다.
- 코치의 행동, 개인적 표현, 커뮤니케이션, 페르소나 및 선수와의 관계는 건강, 체력 및 퍼포먼스 결과에 직접적인 영향을 미치는 간단한 비용 및 시간 효율적인 개입의 예이다.
- 이러한 영향의 정도를 고려할 때, 이러한 적응을 형성하는 요소를 우연에 맡기는 것은 더 이상 합리적이지 않다. 피지컬 트레이닝 변수를 계획하는 것처럼 교육, 이해, 열린 토론, 참여, 명확한 의사소통을 목표로 하는 계획과 프로세스도 의식적으로 설계해야 한다.
- 마인드셋은 우리가 개인화된 현실을 해석하는 정신적 틀이다. 마인드셋은 신경생물학적 자원의 배분과 신체적 결과에 불가분의 영향을 미친다. 결정적으로, 마인드셋은 쉽게 바꿀 수 있다.
- 체력과 부상 회복력을 키우는 것은 역학적이고 생리학적인 노력만으로는 부족하다. 모든 훈련 방법의 가치는 선수의 인식에 의해 영향을 받는다. 코치는 의식적이든 무의식적이든 이러한 선수의 인식에 영향을 미칠 수밖에 없다. 효과적인 신체 훈련 프로세스를 설계하기 위해 노력하는 것처럼, 이러한 원칙을 제정하고 구현하기 위해 노력해야 한다.

Part III

운동 수행 능력의 향상과 지속

Chapter 19

프로그램 설계

벤저민 로젠블랫Benjamin Rosenblatt, PhD, ASCC
잉글랜드 축구협회(FAThe Football Association) 남자 대표팀 수석 피지컬 퍼포먼스 코치

선수는 스스로 움직임과 상태를 조율하며 환경에 적응해 나가는, 자기 조직화된 존재로 볼 수 있다. 따라서 훈련의 목적은 이러한 적응 능력을 활용해, 자기 조직화 능력과 목표 달성 역량을 높이는 데 있다. 변화가 거의 없는 단조로운 훈련은, 부상이나 질병 위험 증가라는 형태로 소진 반응을 일으킬 수 있다. 선수는 매일 스트레스-반응 사이클의 서로 다른 단계에 있을 수 있다. 따라서 긍정적인 적응을 유도하려면, 훈련 강도와 양을 주기적으로 계획적으로 변화시키는 것이 필수적이다. 주기화periodisation란, 경쟁에서 성공하기 위해 필요한 시점에 필요한 적응이 일어나도록 훈련을 전략적으로 계획하고 모니터링하는 과정이다.

이 책의 초판에서는 주로 트레이닝 계획을 설계할 때 코치가 사용할 수 있는 다양한 훈련 전술의 유형을 다루었다. 그리고 이 장과 함께 읽어볼 만한 글로는 존 킬리John Kiely가 쓴 '주기화' 개념에 대한 시사적인 비평[1]이 있다. 2판을 준비하며 이 장을 다시 검토했을 때, 이러한 정보는 이미 대부분의 사람들에게 익숙하다는 점을 깨달았다. 대신, 부족하다고 느꼈던 부분은(그리고 더 큰 영향을 주기를 바랐던 부분은) 트레이닝 계획을 설계할 때 코치들이 실제로 어떤 요소들을 고려하는가에 대한 내용이었다. 이러한 이유로 2판에는 '의사 결정' 섹션을 새롭게 추가했다. 이는 코치들이 어떤 훈련 전술을 선택할 것인지를 판단할 때 거치는 선택의 과정을 조명하기 위한 것이다. 이 섹션이 이 장을 더 영향력 있게 만들고, 코치들이 훈련 계획을 작성할 때 참고할 수 있는 실질적인 지침이 되기를 바란다. 이 장의 구성은 다음과 같다. 첫 번째 섹션에서는 적응의 본질을 다루고, 두 번째에서는 훈련 프로그램의 설계 방식을 설명한다. 세 번째에서는 프로그램 구조화 전략을, 네 번째에서는 목표 달성을 위한 실천적 전략을 다룬다.

일반 적응 증후군

인체의 적응 능력(1950년 셀리에Selye가 박테리아에 대해 '일반 적응 증후군'[2]으로 처음 설명)을 활용하는 것은 효과적인 트레이닝 프로그램을 설계하는 데 있어 핵심적인 부분이다. 급성 세포 신호, 호르몬, 면역 반응은 단백질 합성을 유도하며, 기능적 적응은 선수에게 가해지는 훈련 자극의 특성에 매우 구체적으로 반응한다.[3] 트레이닝 세션이 과부하를 유발할 정도로 충분한 볼륨과 강도를 가진 경우 급성 피로(경고)가 뒤따른다. 이어 시간이 지남에 따라 긍정적인 적응인 초과회복(저항) 반응으로 이어진다. 반복된 훈련 세션의 누적과 그에 따른 신체의 적응 과정은 순환 부하의 핵심 원리다.[4,5] 또한, 시간이 지나며 여러 훈련 세션이 누적될수록, 피로 누적과 그에 따른 초과회복 반응이 더 크게 나타난다.

적절한 스트레스에 적절한 회복 시간이 주어지면 유기체가 더 잘 준비된 상태로 유지되는 적응 반응이 발생한다. 이러한 초과회복 반응 또는 긍정적 적응은

에너지 자원의 동원 및 호르몬 반응으로 인한 것이며, 이는 일관된 장기간의 트레이닝에서 체력 향상이 나타나는 이유이다. 전체 볼륨, 강도, 빈도, 스트레스의 종류가 너무 크고 회복이 충분하지 않으면, 급성 반응과 마찬가지로 만성적인 부적응 또는 심각한 피로 상태의 결과가 발생한다. 이런 결과는 스포츠에서는 질병, 부상에 대한 취약성 또는 만성 피로 증후군과 유사한 증상을 보이는 과훈련overtraining으로 나타난다.[6,7]

트레이닝 계획 설계

트레이닝 계획의 목적은 선수의 적응 능력을 활용하여 스포츠 목표를 달성할 확률을 높이는 것이다. 트레이닝 계획을 작성하고 어떤 주기화 방법을 사용해야 하는지 결정하기 위해 다음 단계를 따라야 한다(그림 19.1).

- **스포츠 프로파일.** 당신이 근무하는 스포츠의 요구 사항과 주요 성과 지표(KPI)에 대해 철저하고 상세한 이해를 갖는 것이 매우 중요하다. 스프린트 사이클링에 대한 우수한 퍼포먼스 모델의 한 예시는 마틴Martin과 동료들에 의해 자세히 설명되었다.[8]

현명한 방법

고려해야 할 제약 사항은 대회 일정과 장소, 상대 팀, 전술적 요구, 플레이 스타일, 승리를 위한 요구 사항 및 퍼포먼스를 뒷받침하는 신체적 특성이다.

- **선수 프로파일.** 스포츠 경기에서의 요구 사항과 주요 성과 지표를 이해한 후, 선수의 강점과 약점을 조사한다. 이는 선수의 특성 중 어떤 것이 퍼포먼스를 지원하고 어떤 신체적 특성이 퍼포먼스를 제한하는지를 나타낸다. 이 내용은 1장과 2장에서 더 자세히 설명되어 있다.
- **목표.** 시합 일정, 스포츠의 요구 사항 및 선수에게 필요한 것을 이해한 후, 선수의 신체적 발전을 위한 명확한 목표를 설정할 수 있다. 이 목표는 구체적이고 달성 가능하며 시간적으로 명확하게 설정되어야 한다. 선수가 정확히 무엇을 달성해야 하며, 그 목표를 달성해야 하는 시점을 명확히 파악해야 한다.
- **트레이닝 계획.** 선수가 어떤 목표를 달성해야 하고 그것을 언제 달성해야 하는지를 파악하면, 해당하는 기간 동안 경쟁 일정 내에서의 훈련 기회가 명확해지고 나타나기 시작한다. 다양한 종류의 트레이닝의 볼륨과 강도에 대한 결정은 후속 장에서 논의되는 다양한 주기화 전략과 각각의 신체적 특성에 대한 적응 과정의 시간 경과를 고려하여 이루어진다.
- **모니터링.** 선택된 트레이닝 전략의 효과를 평가하기 위해서는 완료된 트레이닝과 개인의 반응을 주의 깊게 관찰해야 한다. 이 내용은 7장에서 자세히 다루며, 이 정보는 트레이닝 전략을 실시간으로 조정하는 데 도움이 될 수 있다.

많은 과학적인 증거들이 일반적 적응 증후군이 스포츠 퍼포먼스 향상을 위한 트레이닝에 적용될 수 있다는 것을 보여주고 있다.[9] 트레이닝은 선수의 적응 능력을 활용하기 위해 목표를 설정하지만, 근육 손상과 상기도 상부 감염(URTIupper respiratory tract infections)은 시스템에 가해진 총 스트레스에 대해 선수가 부정적으로 반응하는 예시이다.

긍정적이고 구체적인 만성적 적응은 특정한 과부하 스트레스를 제공하여 경보 반응을 촉진함으로써 유도될 수 있다. 소진 반응보다는 적응을 얻고 과부하를 촉진하기 위해 여러 변수를 조작할 수 있다. 코치들에게는 훈련 부하를 계속 증가시키는 아이디어가 매력적일 수 있지만, 훈련 계획의 요소를 다양화하지 않으면 근육 손상[10]과 호흡기 감염[11]의 위험이 상당히 증가할 수 있다. 그러므로 우리는 선수에게 단순히 더

스포츠 프로파일 → 선수 프로파일 → 목적 → 트레이닝 계획 → 모니터링

그림 19.1 트레이닝 계획 과정.

많이 하기만을 요구할 수 없다. 프로그램 디자인 시의 목표는 트레이닝 부하에 긍정적인 반응을 얻기 위해 몇 가지 트레이닝 변수를 잘 다루는 데 있다. 조작 가능한 변수는 볼륨과 강도, 빈도, 과부하 및 회복이다.

볼륨과 강도

'트레이닝 볼륨'은 수행된 전체 트레이닝의 양을 나타내며, '트레이닝 강도'는 트레이닝이 얼마나 힘든지를 나타낸다. 일반적으로 볼륨은 수행된 작업의 총량(시간 또는 거리), 강도는 알려진 최대치에 대한 작업량의 비율(최대치 대비 %)로 측정된다. 트레이닝의 급성 볼륨과 강도는 급성 스트레스 반응을 유발하는 데 충분해야 한다. 이것은 '과부하'라고 알려져 있다.

트레이닝의 전반적인 볼륨과 강도는 시간이 지남에 따른 장기적인 적응을 촉진하기에 충분해야 한다. 트레이닝에 대한 전형적인 스트레스 반응은 선수가 더 많은 볼륨의 훈련과 더 높은 강도의 운동을 견딜 수 있게 되는 것이다. 그러나 시간이 지남에 따라 과도한 트레이닝 볼륨과 강도는 과도한 피로 반응을 유발하여 과훈련 또는 부상으로 이어진다는 것이 밝혀졌다.[6] 선수가 완료하는 트레이닝의 볼륨과 강도는 트레이닝 스트레스의 조절 규모를 결정하기 위해 정량화되어야 한다.

빈도

'트레이닝 빈도'는 트레이닝 스트레스가 얼마나 자주 가해지는지를 나타내며, 일반적으로 세션의 횟수로 측정된다. 볼륨과 강도와 마찬가지로, 트레이닝 스트레스는 선수에게 과부하를 유발하고 경보 반응을 촉발하기에 충분한 빈도로 가해져야 하지만, 과도한 빈도로 인해 소진 반응이 유발되어서는 안 된다.

과부하

'과부하의 원리'는 스트레스 반응을 자극하기 위해 트레이닝이 충분한 볼륨, 강도 및 빈도를 갖춰야 함을 제안한다.

회복

'회복'은 경보 단계의 시간 경과를 나타낸다. 만약 경보 단계에서 연속적인 트레이닝 스트레스가 가해진다면, 2차 경보 단계가 유발되어 적응이 아닌 소진을 초래할 수 있다.

트레이닝 프로그램을 체계화하기 위해 변수를 다루는 방법

과부하를 유도하고 회복과 적응을 촉진하며 변화를 제공하기 위해 트레이닝의 볼륨과 강도를 조절하는 몇 가지 전략이 존재한다. 이러한 전략은 표 19.1과 그림 19.2(a~e)에서 자세히 설명되어 있다. 궁극적으로 각 전략은 장점을 가지고 있지만, 이 전략들은 단순히 적응 반응을 촉진하는 도구라는 것을 기억하길 바란다. 다음 섹션에서 논의되는 트레이닝 단계의 각 목표에 따라 사용되는 전략을 결정해야 한다. 개별 선수 또는 팀이 사용된 전략에 어떻게 반응했는지를 결정

표 19.1 트레이닝 볼륨과 강도를 조절하는 데 사용되는 전략

명칭	전략
고전적	전체 볼륨과 강도를 서로 반비례적으로 조절 (예: 볼륨이 줄면 강도는 증가)
파동형	트레이닝 볼륨과 강도를 유사한 방식으로 변화시킴
증가형	트레이닝 볼륨과 강도의 점진적인 증가
다양한 볼륨	높은 트레이닝 강도를 유지하면서 볼륨을 변화시킴
다양한 강도	높은 트레이닝 볼륨을 유지하면서 강도를 변화시킴
반응적	운동선수와 코치의 상태와 느낌에 따라 매일 트레이닝 볼륨과 강도를 조절

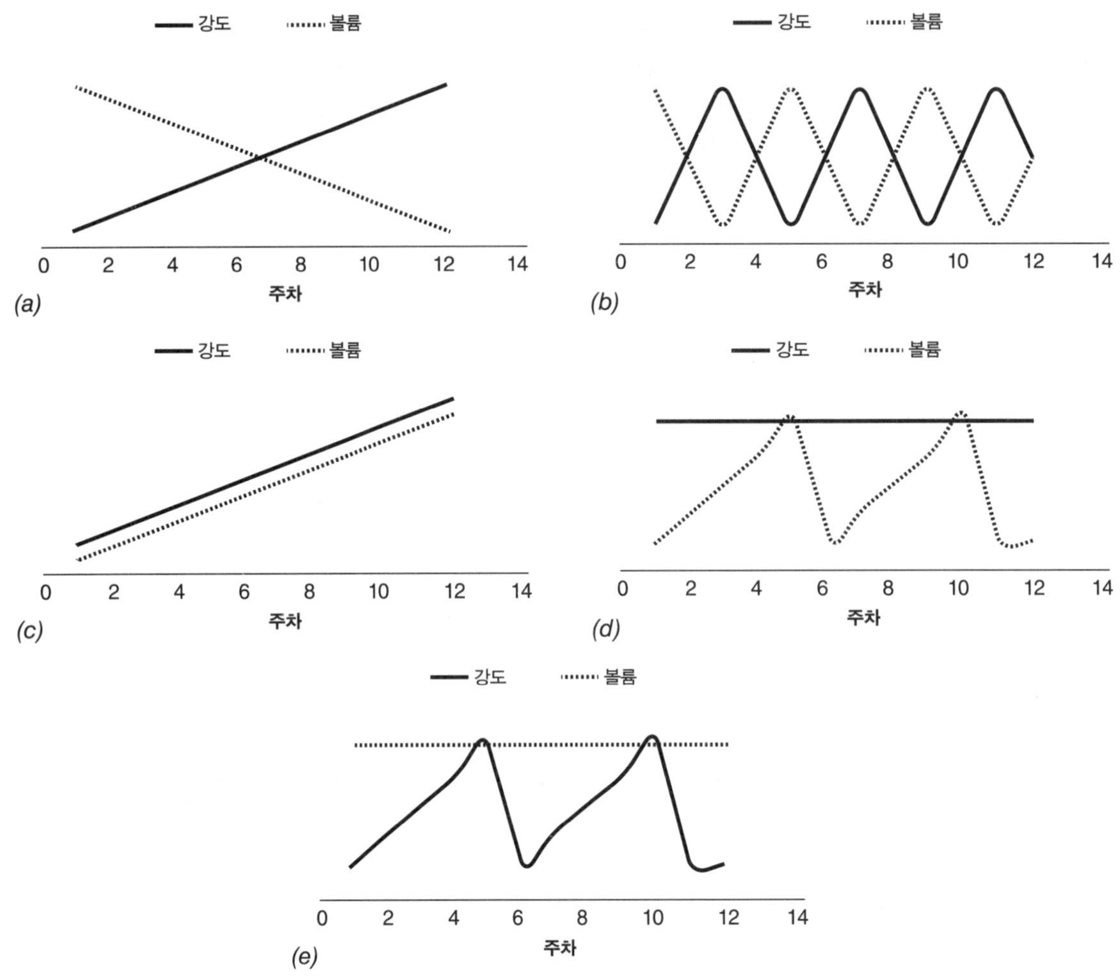

그림 19.2 트레이닝 볼륨과 강도의 조절 전략: (a) 고전적, (b) 파동형, (c) 증가형, (d) 다양한 볼륨, (e) 다양한 강도.

하는 유일한 방법은, 트레이닝의 볼륨과 강도를 계획하고 반응(급성 및 만성 모두)을 모니터링하는 것이다. 모니터링 계획을 수립하는 것은 코치가 미래에 더욱 현명한(자세한 정보에 근거한) 결정을 내릴 수 있도록 도와준다.

사례 연구: 부상에서 회복 중인 엘리트 스키 크로스 선수

높은 수준의 퍼포먼스를 가진 스키 크로스 선수가 동계 올림픽 예선 토너먼트 경기 참가를 위해 부상으로부터 회복 중이었다. 그녀는 트레이닝 부하를 기록하고 전체 트레이닝 스트레스를 모니터링하고 조절하기 위해 운동 자각도(RPE) 기반의 트레이닝 임펄스(TRIMP) 시스템을 사용하였다(8장 참조). 그림 19.3은 1주차, 4주차, 7주차에 일주일간의 높은 트레이닝 스트레스가 어떻게 누적되었는지를 보여준다(그림 19.4는 선수의 일일 트레이닝 부하량을 보여준다). 그녀는 5주차에 스키로 복귀했고, 8주차에 무릎에 반응이 생겨 계획된 트레이닝 부하를 완료할 수 없었다. 전체 트레이닝 부하는 이전의 고부하 주차보다 약간 높았지만(그림 19.3), 이번 주의 트레이닝 부담은 훨씬 더 컸다. 이것은 훈련의 다양성이 거의 없음을 나타낸다. 선수는 예선 토너먼트에 참가할 수 있긴 하였다. 그러나 트레이닝 스트레스가 더 효과적으로 계획되었더라면(총 부하는 낮추고 훈련 세션 간 부하 조절 폭을 더 키웠더라면), 그녀는 무릎에 반응이 생기지 않았을 수도 있으며, 더 잘 준비된 상태로 경기에 나설 수 있었을까? 이는 세션 간 트레이닝 부하를 변화시켜 과도한 피로를 예방하고 퍼포먼스 향상을 촉진하는 가치를 강조한다.

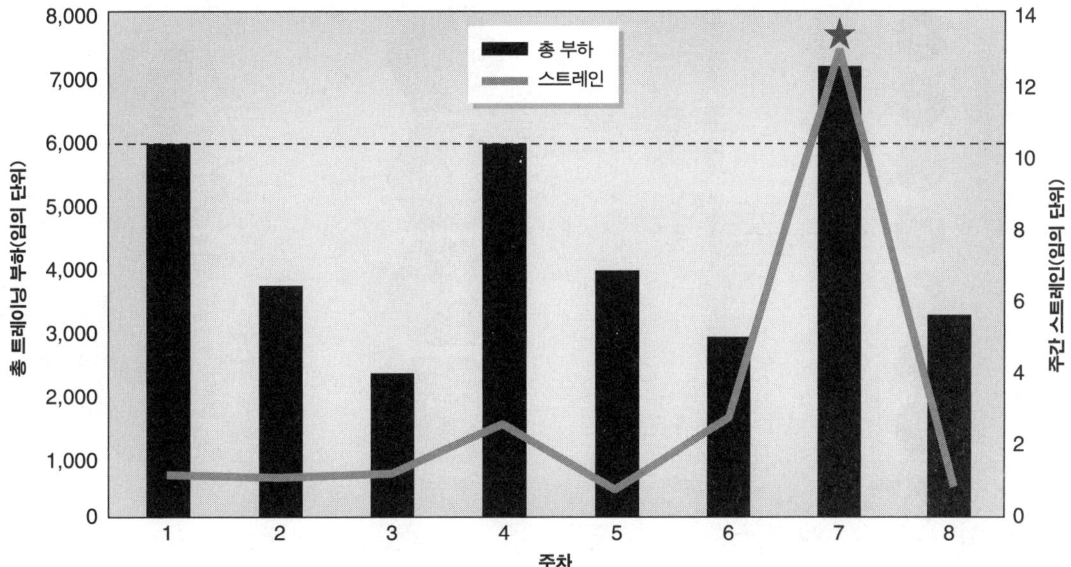

그림 19.3 높은 수준의 퍼포먼스를 가진 스키 크로스 선수가 올림픽 예선 경기 전에 축적한 주간 총 트레이닝 부하 및 트레이닝 스트레인, 별은 무릎에 이상 반응이 나타난 주를 나타낸다. 검은 직선은 이 선수의 총 트레이닝 스트레스에 대한 잠재적 한계를 나타낸다.

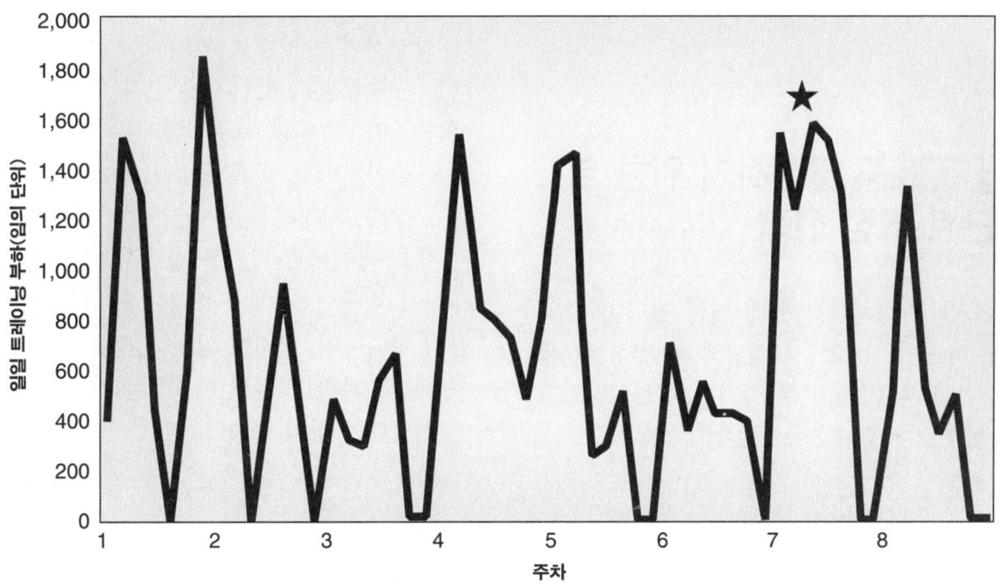

그림 19.4 올림픽 예선 토너먼트 이전 높은 수준의 퍼포먼스를 가진 스키 크로스 선수가 축적한 매일의 트레이닝 부하. 별표는 그녀의 무릎이 이상 반응을 보인 주를 나타낸다.

트레이닝 단위의 정의

그림 19.5에서 시각화된 것처럼, 트레이닝 계획은 각각 특정 목표를 가진 몇몇의 트레이닝 단위로 분할된다. 트레이닝 단위는 본질적으로 계층적이다. 대주기는 일반적으로 1년의 기간을 나타내며, 여러 개의 중주기 블록으로 구성된다. 각각의 중주기는 특정 목적 달성을 목표로 하며, 여러 개의 소주기로 구성된다. 소주기는 일반적으로 5~14일의 트레이닝일로 이루어져 있으며, 각 소주기마다 트레이닝 볼륨과 강도가 조절되어 부하가 너무 많거나 적은 것을 방지한다. 여러 훈련일이 모여 하나의 소주기를 이루며 운동의 볼륨

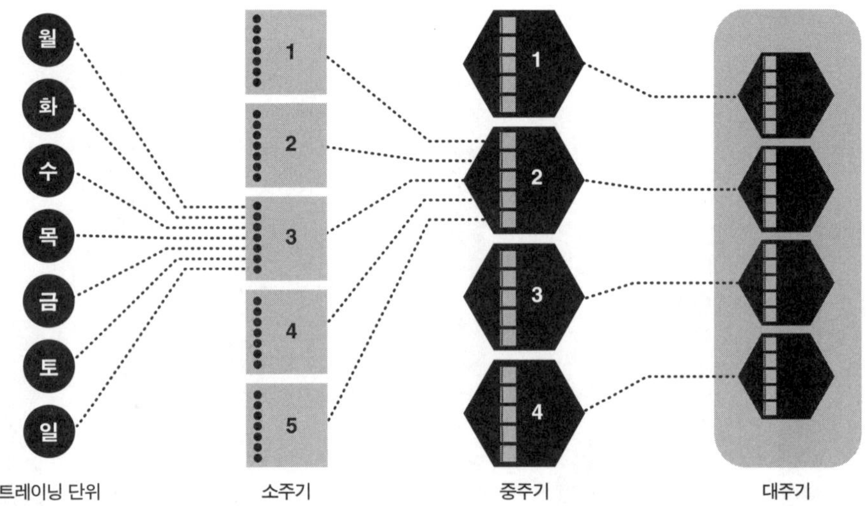

그림 19.5 트레이닝은 소주기에 적합하게 구성되며, 이 소주기는 중주기에 포함되어 있고, 이 중주기는 결국 대주기를 이룬다.

과 강도는 매일 조절되어 선수가 너무 많거나 적은 부하를 겪지 않도록 한다. 경쟁이나 보완적 목표를 가진 각각의 세션들이 합쳐져 하루의 트레이닝을 이룰 수 있다.

트레이닝 목표를 달성하기 위한 트레이닝 단위 조정 전략

트레이닝 적응을 최적화하기 위해 여러 전략이 정의되어 있으며, 이는 표 19.2에서 설명되어 있다. 이 섹션에서는 각 전략에 대한 일부 증거를 검토하고, 각 전략이 성공적으로 적용된 경우를 보여준다.

선형 전략Linear Strategy

이 트레이닝 전략은 한 가지 신체적 특성을 순차적으로 발전시키는 것으로, 각 특성은 스포츠 퍼포먼스에 더욱 구체적으로 맞춰지게 된다. 단거리 육상 선수의 예를 들면, 첫 번째 중주기에서는 일반적인 체력과 근력을 발전시키고, 다음 중주기에서는 특이적 근력, 파워, 스피드 지구력을 발전시키며, 마지막 중주기에서는 대회 직전에 스피드를 발전시키는 것이다. 선형 트레이닝 접근법에 대한 증거는 근력 트레이닝에서 확실히 나타나며, 근력이 강한 선수들은 근력이 약한 선수들보다 파워트레이닝에 더 잘 적응할 수 있는 능력을 지닌다는 것이 입증되었다.[12]

표 19.2 트레이닝 단위를 조작하는 전략의 일반적인 명칭 및 설명

명칭	전략
선형	근비대, 근력, 파워 등 한 가지 신체적 특성의 주기적 순서가 차례로 바뀌는 것
동시	한 번의 중주기 동안 지구력, 근력 등 여러 자질을 트레이닝하는 것
결합	파워와 근력과 같은 여러 상호 보완적인 신체적 특성을 한 기간 동안 트레이닝하는 것
집중	개별 신체 능력의 향상을 목표로 하는 높은 트레이닝 부하를 가진 짧은 기간 예: 유산소 능력을 향상시키기 위한 2주간의 중주기
블록	집중된 중주기의 연속된 블록
테이퍼링	경기 전에 초과 보상을 촉진시키기 위해 작업의 볼륨 또는 강도를 급격히 줄이는 것
대회	연이어 짧은 시간 안에 열리는 연속적인 대회를 위한 준비

코치의 인사이트

토너먼트 우승을 위한 준비

닉 길Dr. Nic Gill, PhD
뉴질랜드 남자 럭비 국가대표팀 '올 블랙스All Blacks' 헤드 스트렝스 & 컨디셔닝 코치

토너먼트 준비는 몇 달 동안 지속되는 시합 시즌을 준비하는 것과는 다른 접근법을 요구한다. 각 선수, 스포츠, 팀 및 조직은 토너먼트 성과에 관해 고려해야 할 다른 요소들을 가지고 있다. 모든 관계자가 자부심을 가질 수 있는 성과를 만들어 내기 위해 어떤 도전과 해결책이 필요한지를 이해하는 것이 중요하다.

상황 파악

토너먼트 준비를 시작하기 전에 현황을 파악해야 한다. 당신의 스포츠에서 토너먼트를 특별하게 만드는 요소는 무엇인가? 다음과 같은 질문이 포함될 수 있다.

- 퍼포먼스 간의 시간이 다른가?
- 토너먼트는 연간 일정 또는 경기 주기에서 어떤 위치에 있는가?
- 토너먼트가 열리는 장소는 어떤 특성이 있는가?
- 문화적 또는 언어적 문제가 발생할 가능성이 있는가?
- 개최 도시의 규모로 인해 여정에 큰 문제가 될 가능성이 있는가?
- 선수나 팀이 얼마나 오래 집을 떠나 있어야 하는가?
- 친구나 가족과 떨어져 있는 타국 환경에서의 시간이 걱정되는가?

다양한 고려 사항이 있으므로, 가능한 문제를 먼저 식별한 후 코치 및 매니저, 그리고 선수들과 함께 해결책을 논의해야 한다. 잠재적인 문제를 식별하는 것은 중요하지만, 가장 중요하고 가장 큰 영향을 줄 것으로 예상되는 문제를 식별하여 자원을 적절하게 집중하는 것이 더 중요하다.

예를 들어, 당신이 관여한 스포츠가 장기간에 걸쳐 고강도의 노력을 요구한다고 가정해 보자. 조건은 매우 덥고 습기가 높을 것으로 예상된다. 토너먼트는 다른 언어를 쓰는 나라에서 열릴 것이다. 잠재적인 열 스트레스를 완화하기 위해 에너지나 자원을 써야 할까, 아니면 통역가를 고려해야 할까? 의사 결정 과정에서 다양한 의견을 나누는 것은 이점이 있다.

계획

토너먼트는 많은 계획을 필요로 하며, 과거 토너먼트의 경험이 매우 중요하다. 만약 당신이나 스태프 중 일부가 토너먼트에 대한 경험이 부족하다면, 개인적인 경험과 교훈을 제공할 수 있는 사람을 준비 과정에 참여시키는 것이 좋다. 이는 과거 해당 토너먼트에 참가한 스태프 또는 선수들이 될 수 있다. 다른 사람의 실패와 성공에서 배우는 것은 막대한 이점이 있다.

각각의 계획은 많은 계층과 고려해야 할 많은 요소들을 가지고 있다. 첫 번째는 선수들이다. 이번 토너먼트 출발까지 1개월, 3개월, 6개월 동안 선수들에게 필요한 것은 무엇인가? 신체적, 정신적, 기술적, 전술적 그리고 종합적인 관점에서 필요한 것은 무엇인가? 이것은 토너먼트가 시작되기 전에 선수들이 집중해야 할 것을 확인하는 퍼즐의 첫 번째 큰 조각이다.

만약 당신이 팀에 속해 있다면, 팀에 필요한 것이 꼭 고려되어야 한다. 경기 계획과 전략을 세우기 위해 팀원들이 함께하는 시간이 필요한가, 또는 팀으로서 함께 동료들과 친해지고 서로를 알아가기 위한 시간이 필요한가?

최종적으로, 그에 대한 대답은 당신의 스포츠, 조직, 팀 및 이벤트 이전에 함께할 수 있는 시간에 따라 달라진다는 것이다. 그럼에도 불구하고, 계획의 가장 중요한 측면은 선수들이 최고의 성공 기회를 제공하기 위해 필요한 것을 정확히 달성하는 것이다. 끝으로, 선수들이 자신감을 가지고 필요한 것을 실행할 수 있도록 정보를 제공하고, 계획과 연결되게 유지하길 바란다.

전체 계획 중에서 물류 관련 내용이 실행하기 가장 쉬운 부분일 것이다. 하지만, 토너먼트가 시작되면 당신의 계획이 얼마나 정확하고 신뢰할 수 있을까? 기상 예보가 바뀌고, 경기장 표면 상태가 악화되며, 교통 상황이 계속 변하기 때문에 작은 일들이 발생한다. 비상 상황에 대한 계획을 갖는 것은 필수적이며, 변화는 예측할 수 없다. 날씨, 여행, 숙박, 훈련 장소, 시설, 식사 그리고 그 사이의 모든 부분들이 예약되고 조직되고 승인되었는지 확인하는 것이 중요하다. 집을 짓는 것처럼 항상 확인하고 다시 확인하여 실수나 혼란을 피해야 한다.

만약 뭔가 잘못되면 어떻게 될까? 어떤 문제가 발생할 수 있을까? 압박과 스트레스가 있거나, 또는 가정의 지원이 부족한 해외 환경에서 경기를 치를 때, 많은 것들이 잘못될 수 있다. 비록 우리가 모든 문제나 사건을 예측하거나 계획할 수는 없지만, 어떤 문제가 발생할 수 있는지와 그것들을 해결할 방법에 대해 신중하게 생각하는 것이 중요하다. 스태프 및 선수들과 함께 '만약에'를 브레인스토밍하고, 이에 대한 해결책을 사전에 준비하라.

만약

- 심각한 부상이 발생하고 교체가 필요한 경우
- 선수들 사이에 질병이 퍼져 나가는 경우
- 한 명 또는 그 이상의 스태프가 아프거나 질병에 걸린 경우
- 토너먼트 초반에 경기 계획이 무너지는 경우
- 스태프들이 분열되거나 협력을 잃는 경우
- 선수가 질병으로 인해 집으로 돌아가야 하는 경우
- 징계 문제가 발생한 경우

비록 이러한 일들 중 많은 것이 현실이 되지 않을 수도 있지만, 이에 대비하는 과정은 중요하다. 문제에 대한 해결책은 매우 중대하며, 이러한 일 중 한두 가지에 준비가 되어 있는 것을 통해 열차의 궤도를 유지시킬 수 있다!

선수들의 건강은 퍼포먼스에 매우 중요하다. 토너먼트에서는 여러 경기나 레이스가 예상되므로, 건강은 주요 우선순위여야 한다. 여기서 건강이란 모든 선수들의 몸 상태가 좋고 출전 준비가 되어 있는 것을 의미한다. 좋은 위생 습관은 일부 질병을 예방하는 데 도움이 될 수 있다. 특히 대규모 그룹에서는 많은 세균이 접촉을 통해 전파되기 때문에 위생을 지키는 것은 매우 중요하다. 이는 항상 퍼포먼스 환경에서 중요하지만, 토너먼트의 위치는 다른 문제와 연관될 수 있으므로 주의가 필요하다. 누가 음식을 준비하고 있으며, 선수들은 어떻게 식사를 하고 숙소를 공유하고 있는가? 선수들이 방이나 음료병, 식기를 공유하고 있는가? 선수들이 손을 잘 씻는가? 그리고 질병을 조기에 보고하여 그룹 전체에 전파되는 것을 피하고 있는가?

긴장된 환경에서의 모든 퍼포먼스와 마찬가지로, 퍼포먼스를 향상시키는 요인, 그리고 저하시킬 수 있는 요인이 있을 것이다. 준비 중인 대회의 독특성을 이해하고, 존재할 수도(존재하지 않을 수도) 있는 문제에 대한 해결책을 이해하는 것이 중요하다. 논의하고 계획을 세우고, 계획을 논의하고, 계획을 검토하고, 다시 한번 검토하고, 그리고 실행하라!

선형 주기화 접근법은 최대 파워 능력을 향상시켜야 하는 선수의 경우, 근비대-최대 근력-파워 순으로 발전시켜야 한다고 제안한다. 이 전략의 장점은 신체 발달이 명백하게 진행된다는 것이다. 하지만, 항상 선수의 신체 발달 요구와 일치하지 않을 수 있다는 단점이 있다.

사례 연구: 그림 19.6은 이전에 근력 트레이닝 경험이 없는 엘리트 축구 골키퍼를 대상으로, 세 가지의 중주기 동안 근력 트레이닝 총 볼륨과 평균 강도가 나타나 있다. 트레이닝 기간은 프리시즌 초(7월)에 시작되어 시즌 중(10월)에 끝났다. 이 트레이닝 단계 이후에도 골키퍼는 근력을 유지하기 위해 주 1회씩 운동을 지속하였다. 중주기마다 각 4주간 진행되었으며, 운동(행 클린, 백 스쿼트 및 스텝 업)은 전체 트레이닝 기간 동안 동일하게 진행되었다. 첫 번째 중주기는 근비대 및 근력 트레이닝에 대한 내성을 기르는 데 초점을 맞췄다. 두 번째 중주기는 트레이닝 강도를 높이면서 상대적으로 높은 볼륨을 유지하는 데 초점을 맞췄다. 이는 골키퍼가 최대 근력 중주기의 높은 강도를 견딜 수 있도록 준비시키기 위함이었다. 트레이닝을 마친 결과, 집중적인 프리시즌과 시즌 동안의 경기 부담에도 불구하고, 골키퍼는 반동을 이용한 점프 높이를 4cm 높일 수 있었다. 골키퍼의 퍼포먼스는 점프 높이에 따라 제한될 수 있기 때문에, 이는 신체적 퍼포먼스의 의미 있는 변화로 이어져 기술적인 퍼포먼스 향상으로 이어질 수 있었다.

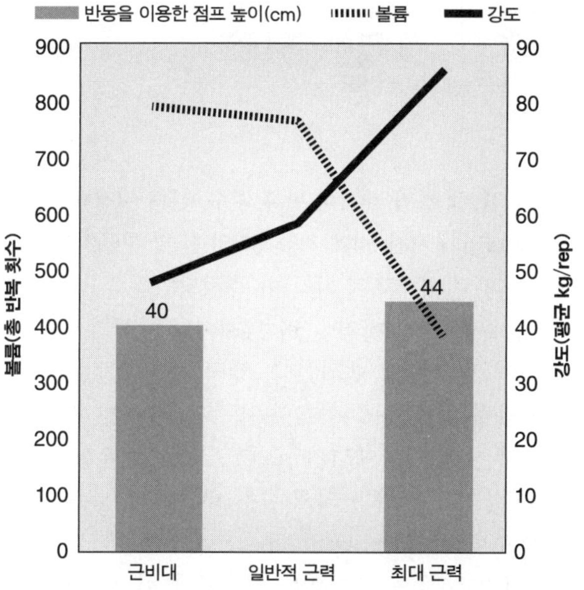

그림 19.6 프리미어 리그의 골키퍼의 반동을 이용한 점프(CMJ) 높이를 10% 향상시킨 선형 근력 트레이닝 프로그램의 예시이다. 각 중주기의 총 볼륨과 평균 강도, 그리고 훈련 단계의 시작과 끝에서의 반동을 이용한 점프 높이가 표시되어 있다.

동시 전략Concurrent Strategy

대부분의 스포츠는 우수한 퍼포먼스를 위해 여러 가지 신체적 특성의 발전을 필요로 한다. 그러나 어떤 신체적 특성의 발전에는 다른 신체적 특성의 희생이 뒤따를 수 있다. 이는 한 종류의 트레이닝으로 인한 피로 또는 세포 신호 전달화의 경쟁으로 인해 발생할 수 있다.[13] 하지만, 여러 가지 신체적 특성들을 경쟁으로써 여기는 것이 아니라, 트레이닝 스트레스를 전체적으로 고려하는 것이 더 적절할 것이다. 중주기 동안 근력과 지구력 훈련의 볼륨과 강도를 조절함으로써, 총 트레이닝 스트레스를 일정하게 유지하면서도 양쪽 훈련에 필요한 에너지 자원을 확보하고 효과적인 적응을 유도할 수 있다(20장 참조).

동시 전략은 긴 시즌(예: 프로 럭비, 축구) 동안 여러 체력 특성을 유지하거나 약간의 이득을 얻는데 적합할 수 있다. 또한 실력을 쌓는 중인 선수에게는 적합할 수 있지만, 이미 잘 훈련된 선수가 특정 신체적 특성의 큰 향상을 이루고자 하는 경우에는 적합하지 않을 수 있다. 동시 트레이닝의 장단점은 20장에서 더 상세히 논의된다.

사례 연구: 한 엘리트 유도 선수가 올림픽 예선 토너먼트를 6개월 앞두고 전방십자인대 파열이 발생하였다. 부상을 당하기 전에, 그녀의 플레이 스타일은 상대를 서서히 지치게 하고 경기 후반에 승리를 거두는 것이었다. 이후에는 고강도 유산소 체력이 그녀의 퍼포먼스에 가장 중요한 요소였다. 전방십자인대 파열 이후, 하지 근력 및 근육-힘줄 강성(특히, 내측 햄스트링)은 완전한 유도 트레이닝으로의 복귀 능력을 제한하고 있었다. 그녀의 계획의 제약 조건은 대회 전에 2개월간 점진적으로 유도 훈련을 해야 하고, 수술 후 첫 2주 동안은 실질적인 훈련을 할 수 없다는 것이었다. 따라서 그녀의 트레이닝 목표는 유도 트레이닝 시작 전 12주 동안 고강도 유산소 체력과 하지 근력을 동시에 향상시키는 것이었다. 고강도 유산소 체력(로잉 머신에서 반복 실시 횟수 측정)과 하지 근력(실패 지점

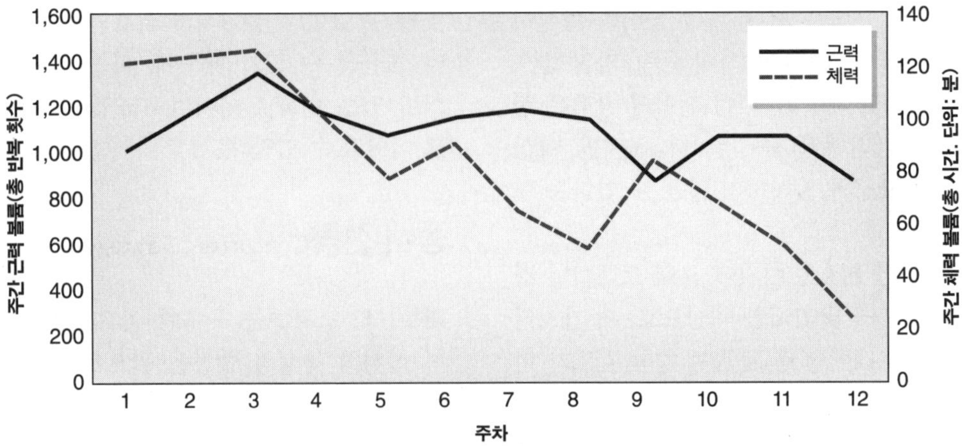

그림 19.7 엘리트 유도 선수의 근력과 유산소 체력을 향상시키기 위한 동시 트레이닝 기간 동안의 주간 총 트레이닝 볼륨.

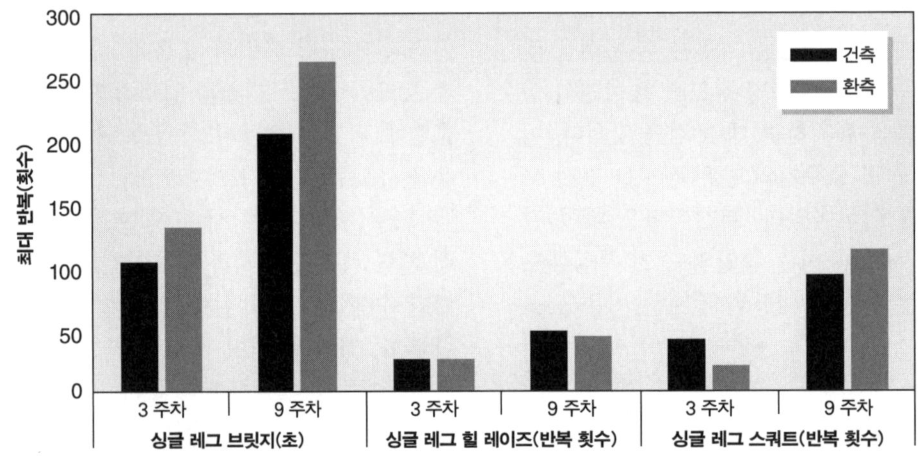

그림 19.8 동시 트레이닝 기간 3주차에서 9주차까지에서의 근육 컨디셔닝 변화.

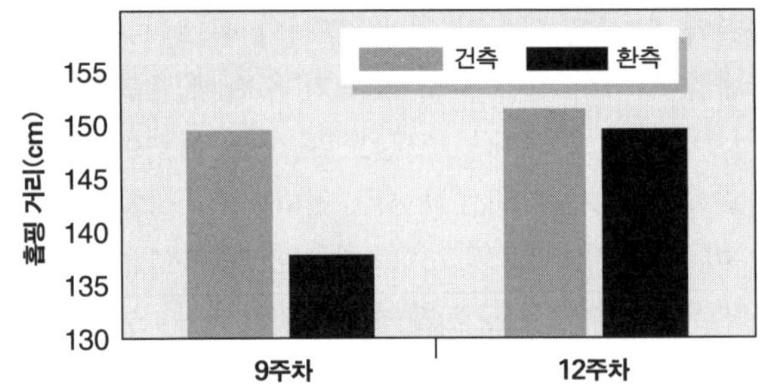

그림 19.9 동시 트레이닝 기간 9주차에서 12주차에서의 최대 싱글 레그 홉핑 거리 변화.

까지의 한 발 스쿼트 최대 반복 횟수, 실패 지점까지의 힙 브릿지 버티기 시간, 실패 지점까지의 한 발 뒤꿈치 들기 최대 반복 횟수, 최대 홉핑 거리)이 측정되었다.

일주일에 세 번의 근력 트레이닝 세션과 다섯 번의 체력 세션이 진행되었다. 체력 세션에는 두 번의 긴 인터벌 세션(3~6 세트, 3~6분 운동, 3~6분 휴식), 두 번의 짧은 인터벌 세션(3~4 세트, 20~40초 운동, 10~20초 휴식), 그리고 한 번의 무산소 세션(40초 운동, 4분 휴식)이 포함되었다.

이 기간 동안 트레이닝 강도를 높이기 위해 근력 및 체력 트레이닝 볼륨은 일정 부분 감소하는 모습을 보였다(그림 19.7). 트레이닝 기간이 끝날 무렵, 그녀는 반복 로잉 테스트에서 피로 지수 10%를 달성할 수 있었고(20% 미만은 높은 수준의 점수로 간주), 근육 컨디셔닝(그림 19.8)과 근육 파워(그림 19.9)에서 큰 개선을 이룰 수 있었다. 이 사례는 트레이닝을 병행하는 전략이 엘리트 선수의 재활 과정에서 근력과 유산소성 체력의 지표를 개선하는 데 효과적일 수 있음을 보여주고 있다.

결합 전략Conjugate Strategy

숙련된 엘리트 선수들은 준엘리트 및 발달 중인 선수들보다 훨씬 더 높은 강도의 트레이닝이 가능하다. 따라서 최대 강도의 세션시 축적할 수 있는 트레이닝 스트레스의 양이 매우 높다. 선형적인 트레이닝 접근방식에서는 이것이 문제가 될 수 있다. 왜냐하면 엘리트 선수들에게는 한 소주기 내에서 매우 높은 특정 트레이닝 스트레스를 여러 번 누적해야 할 수 있기 때문이다. 이 문제를 해결하기 위해 베르호샨스키Verkoshansky[14]에 의해 주기화의 결합 방법conjugate method이 개발되었다.

본질적으로, 결합 방법은 한 소주기 내에서 여러 신체적 특성을 트레이닝하지만, 각 중주기마다 이 중 한 가지의 강도를 극대화하는 것을 포함한다. 예를 들어, 멀리뛰기 퍼포먼스를 극대화하기 위해서는 최대 근력, 스피드-스트렝스, 그리고 스트렝스-스피드 모두가 필요하다. 만약, 일주일에 세 번씩 근력 트레이닝을 한다면, 1회 세션에서 세 가지의 근력 특성을 모두 다루지만, 매주 한 가지 특성을 제외한 나머지는 최대하로 진행한다. 예를 들어, 1주차는 최대 근력, 2주차는 근력-스피드, 3주차는 스피드-근력을 최대 강도로 진행할 수 있다. 이러한 중주기를 반복하면 불필요한 피로를 유발하지 않으면서도 세 가지 근력 특성 모두를 장기적으로 발달시킬 수 있다. 이 방법은 미국 웨스트사이드 바벨 파워리프팅 클럽의 파워리프터들에 의해 가장 잘 알려져 있지만, 럭비 클럽과 육상 점프 선수들도 시즌 중에 성공적으로 사용하고 있다.

결합 트레이닝 전략의 장점은 하나의 트레이닝 기간 동안 다양한 신체적 특성을 발전시킬 수 있다는 것이다. 그러나 선수들은 요구되는 수준의 트레이닝 강도를 달성하기에 충분한 신체 발달을 가지고 있어야 한다.

집중 전략Concentrated Strategy

점점 더 많은 연구에서 집중적인 부하가 다양한 체력 변수를 개선하는 데 효과적이라는 증거가 나오고 있다. 로네스타드, 한센과 엘레프센Ronnestad, Hansen and Ellefsen[15]은 잘 훈련된 사이클 선수의 지구력 지표가 4주간의 중주기 동안 계획된 고강도 유산소 트레이닝 8회 중 5회를 첫 주에 실시했을 경우, 중주기 동안 고르게 분산했을 때보다 더 큰 향상을 보였다는 사실을 입증했다. 불가리아 역도 대표팀도 짧은 집중 중주기[5] 동안 최대 중량을 하루에 여러 번 들어 올려 큰 성공을 거둔 것으로 보고했다.

집중적인 부하 전략의 분명한 장점은 짧은 시간 안에 신체 발달의 큰 이득을 얻는다는 것이다. 그러나 트레이닝 볼륨과 강도가 높고 잠재적으로 지루하기 때문에, 이는 높은 수준을 가진 전문화된 선수들과 함께 사용할 단기적인 전략이다.

사례 연구: 프리미어 리그 축구팀이 6주간의 프리시즌을 가졌다. 모든 훈련은 다양한 심박수 구역에서 특정 기간을 달성하는 데 중점을 둔 스몰 사이드 게임과 축구 드릴을 사용하기로 결정됐다. 코치진은 훈련 첫 3주 기간 동안 어떤 경기도 계획하지 않았고, 대신 컨디셔닝 중심의 축구 트레이닝의 집중 부하 기간을 가졌다. 이후 이어지는 3주 동안 더 많은 전술적 훈련과 경기가 포함되었다. 유산소 능력 향상을 위한 충분한 트레이닝 스트레스가 제공되었는지를 확인하기 위해, 1주차와 3주차 말에 최대 유산소 러닝 속도 평가가 실시되었다. 트레이닝 부하는 맞춤형 시스템을 통해 산출되었다.

그림 19.10은 1~3주차의 트레이닝 부하와 신체적 스트레스 부담strain이 4~6주차에 비해 훨씬 컸음을 보여준다. 실제로 6주 동안의 총 트레이닝 부하의 47%가 2, 3주차에 집중되었다. 팀의 최대 유산소 달리기 속도는 초속 4.42±0.27m에서 초속 4.85±0.13m로 10% 향상되었으며(효과 크기 2.03), 이는 축구에 특화된 집중 훈련이 프리미어 리그 축구팀의 유산소 러닝 퍼포먼스를 향상시키는 데 효과적인 전략이었음을 시사한다.

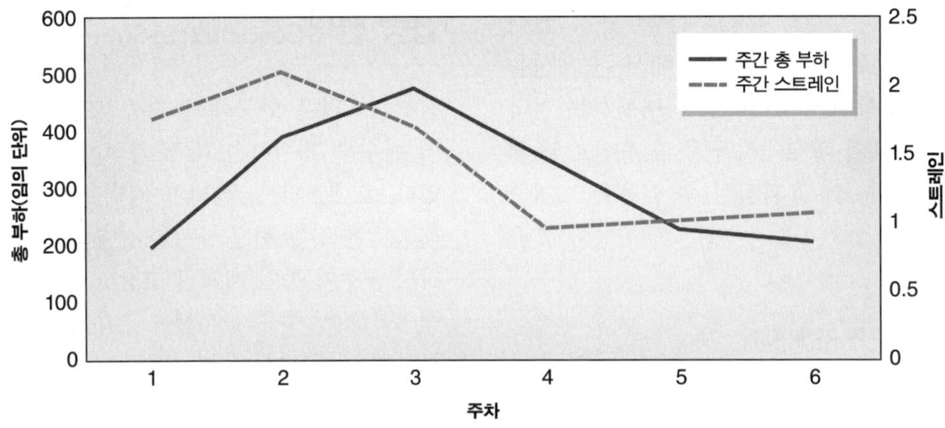

그림 19.10 프리미어 리그 축구팀의 프리시즌 6주 트레이닝의 주간 총 부하와 스트레인. 부하는 트레이닝 시작 3주간에 집중되어 있다.

블록 전략Block Strategy

이 전략은 선수들이 시즌 중 여러 차례 최고의 기량을 발휘해야 하는 어려움을 극복하기 위해 처음으로 개발되었다.[16] 블록 전략은 연속적인 높은 집중도의 중주기 블록을 계획하는 것을 포함한다. 각 블록이 높은 수준의 피로를 누적함에 따라 트레이닝의 지연 효과를 활용하여 세 번째 블록이 끝날 때 퍼포먼스가 최고조에 이르게 된다.

본질적으로, 중주기는 세 가지로 나뉜다. 축적accumulation, 변형transmutation, 실현realisation. 축적 블록은 최대 근력 및 지구력과 같이 트레이닝 효과가 오래 지속되는 신체적 특성을 향상시키는 것을 목표로 한다. 변형 블록은 스포츠 특이적 체력 특성에 대한 집중적인 부하를 포함한다. 마지막 블록인 실현 단계에서는 트레이닝 스트레스를 크게 줄이고 퍼포먼스를 구현하기 위한 트레이닝을 진행한다. 이 전략은 훈련 강도와 볼륨이 단기간에 집중되어 상당한 피로 누적 시기를 동반하기 때문에, 매달 혹은 두 달마다 주요 대회에 출전하는 선수들에게 특히 유용할 수 있다. 복싱, 카약, 봅슬레이, 조정과 같은 종목의 경우가 이에 해당한다.

사례 연구: 500m 여성 스프린트 카약 선수가 연말 레가타에서 최고의 성과를 내어 국가대표팀에 합류하기 위해 노력하였다. 그녀는 이미 건강하고, 선천적으로 높은 수준의 유산소성 체력을 가졌지만, 트레이닝을 중지한 상태였다. 그녀는 기술 수행에 어려움을 겪었는데, 특히 높은 스트로크 레이트(분당 스트로크 수)가 제한되었다. 대회까지 9주가 남은 상황에서, 3주간의 축적 블록을 진행하였다. 트레이닝 목표는 높은 스트로크 레이트와 낮은 스트로크 레이트에서의 유산소 능력과 기술적 수행 능력을 향상시키는 것이었다. 트레이닝은 다음과 같이 구성되었다.

- 근력 유지: 주당 2회
- 유산소 발달: 주당 5회(크로스 트레이닝)
- 낮은 스트로크 레이트 기술적 패들: 주당 4회
- 높은 스트로크 레이트 기술적 패들: 주당 3회

변형 블록은 4주 동안 지속되었으며, 유산소성 체력과 기술 수행을 스피드(레이스 특이적 속도)와 스피드 지구력으로 전환하는 것을 목표로 하였다. 트레이닝은 다음과 같이 구성되었다.

- 근력 유지 및 파워: 주당 2회
- 유산소 유지: 주당 1회(크로스 트레이닝)
- 낮은 스트로크 레이트 기술적 패들: 주당 3회
- 스피드 지구력: 주당 5회
- 스피드 트레이닝: 주당 3회

마지막 실현 블록은 레이스 전략을 향상시키고 적응을 돕기 위해 트레이닝 볼륨을 줄이는 것을 목표로 하였다. 트레이닝은 다음과 같이 구성되었다.

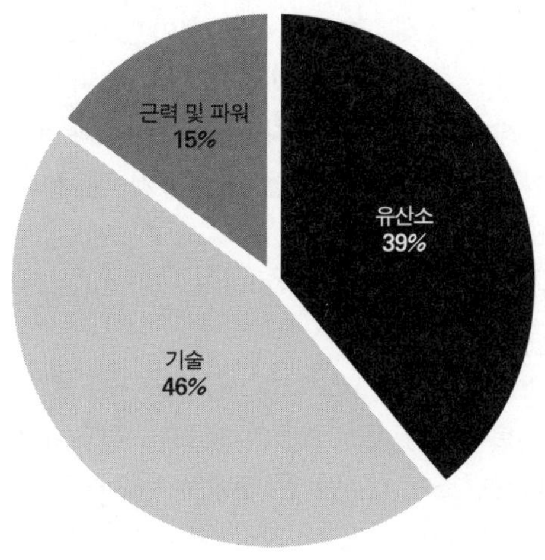

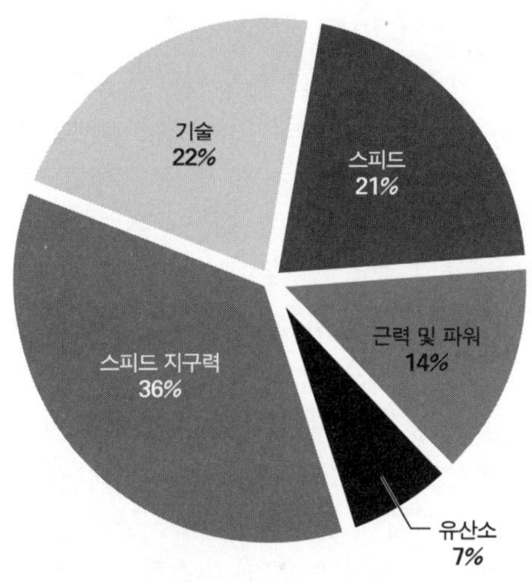

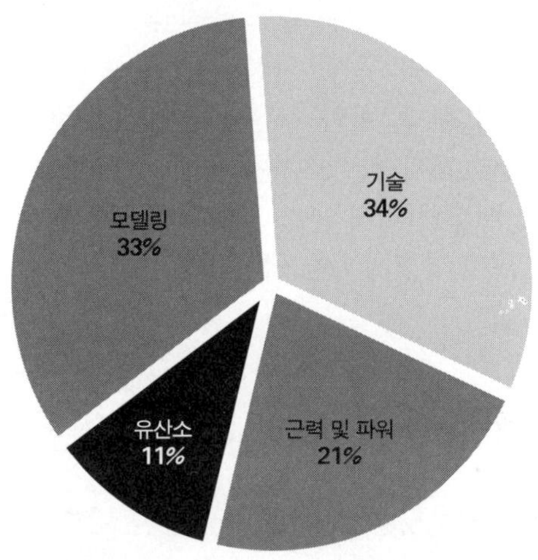

그림 19.11 스프린트 카약 선수의 트레이닝 블록 분포: (a) 축적, (b) 전환, (c) 실현.

- 파워 유지: 주당 2회
- 유산소 유지: 주당 1회
- 낮은 스트로크 레이트 기술적 패들: 주당 3회
- 레이스 세션: 주당 3회

이 전략으로 레가타에서 7초 단축된 개인 최고 성적을 기록하고 국가대표팀 선발에 성공하였다(그림 19.11 참조).

테이퍼링 전략Tapering Strategy

테이퍼링 전략은 대회 전에 초과회복을 위해 트레이닝의 볼륨 또는 강도를 급격히 줄이는 것을 의미한다. 테이퍼링은 소주기 내에서 발생할 수 있고(예: 매주 대회가 있고, 이를 준비하는 경우), 또는 특정한 목적을 위한 중주기가 될 수도 있다(예: 세계 선수권 대회를 준비하는 수영 선수). 현대적 해석은 대회가 가까워지면 볼륨을 대폭 감소시키고 강도를 유지하는 것을 선호한다. 부하에 대한 다른 모든 반응들과 마찬가지로, 언로딩에 대한 반응은 각 선수에게 매우 개별적이고,[17] 각 선수에게 최적의 언로딩 반응을 결정하기 위해 특징지어져야 한다. 이에 대한 내용은 제24장에서 자세히 다루고 있다.

대회 전략Competition Strategy

주기화의 가장 어려운 측면 중 하나는, 경기 단계 동안 과도한 피로를 누적시키지 않으면서 체력적인 적응을 최적화하기 위한 트레이닝 스트레스를 조절하는 것이다. 엘리트 수준의 프로 축구와 럭비에서는 몇 달 동안 매주 주당 1회 또는 2회의 경기를 치른다. 효과적인 주기화 전략은 과도한 피로 유발 없이 퍼포먼스를 극대화하기 위해, 각 선수에게 시기에 맞고 적절한 유형의 충분한 트레이닝 스트레스를 제공한다. 이 트레이닝 단계는 일반적으로 낮은 트레이닝 볼륨을 가지고, 신체적 특성을 유지는 하지만 발전은 거의 없는 것을 특징으로 한다.

켈리와 쿠츠Kelly and Coutts[18]는 프로 럭비 리그에서 사용되는 전략을 개요로 설명하였다. 그들의 간단한 모델의 인자는 경기 수준, 경기 간 시간 및 경기 장소를 고려하여 경기 난이도 평가를 결정한다. 경기 난

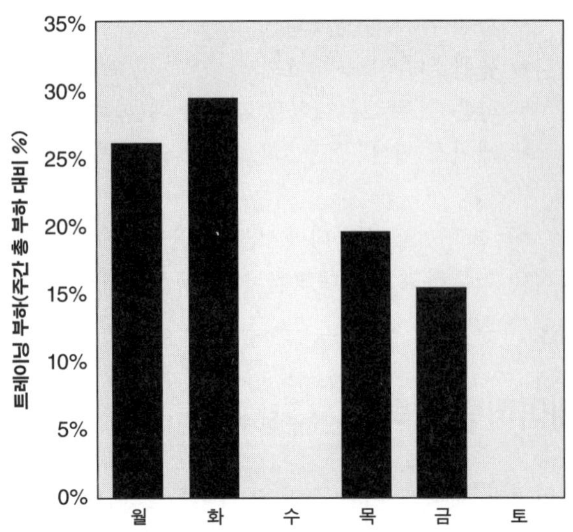

그림 19.12 토요일 경기를 앞둔 프리미어 리그 축구팀의 소주기 및 트레이닝 부하 분배.

이도 평가를 매주 그래프로 표시하면, 각 주차에 어느 정도의 트레이닝 부하를 축적해야 할지 결정할 수 있으며, 체력 향상과 회복 모두를 위한 기회를 파악할 수 있다.

더 작은 규모로 보면, 그림 19.12는 토요일 경기 전 프리미어 리그 팀의 축구 특이적 트레이닝 부하를 나타내고 있다. 총 트레이닝 스트레스의 60% 이상은 주 시작 시(회복일이 중간에 있는 경우)에 누적되고 나머지 40%는 주 마지막에 누적된다. 주 시작은 스몰 사이드 게임을 통한 체력 유지를 지향하는 반면, 경기 전 마지막 2일은 더 전술적인 측면에 집중되는 경향이 있다.

성과를 위해 경기 전략은 매우 중요하다. 바람직하지 않은 피로가 누적되지 않고, 경기를 위한 신체적 특성을 유지하고 발전시키는 것은 균형을 잘 잡은 것이며, 이는 관련된 선수들과 상세히 논의되어야 한다.

의사 결정

트레이닝 계획을 작성할 때 가장 어려운 점은 선수나 팀이 언제 어떤 유형의 훈련을 해야 하는지 파악하는 것이다. 트레이닝 원리를 따르면 모든 것이 잘 이루어지지만, 한 명의 선수에게 모든 종류의 훈련을 다 시킬 수는 없다! 나의 경험에 따르면 코치들이 가장 많은 시간을 소비하는 5가지 핵심 포인트 또는 걸림돌을 발견하였다. 이것들은 코치들이 선수나 팀을 위해 계획한 트레이닝의 효과를 좌우하며, 세트와 반복 횟수를 포함한 트레이닝 계획을 작성하기 전에 해결해야 할 중요한 사항들이다.

결과 중심 계획

피지컬 트레이닝 프로그램의 목표는 선수나 팀의 스포츠 퍼포먼스에 긍정적인 영향을 미치는 것이다. 트레이닝 계획을 설계할 때 가장 중요한 것은 스포츠 퍼포먼스에서 최우선적으로 변화가 필요한 측면을 파악하고, 이러한 측면이 어떤 신체적인 요소에 의해 결정되는지 이해하며, 이를 발전시켜 경기장에서 그 영향을 만들도록 계획하는 것이다. 이러한 리버스 엔지니어링 접근법은 계획된 트레이닝 활동을 선수에게 가장 중요한 부분과 연결시켜 주며, 선수가 그 부분에서 어느 정도의 진전을 이루고 있는지를 코치가 측정할 수 있게 해 준다.

선수는 경기장에서 성과를 내는 동시에 이러한 성과를 가능하게 하는 신체적 변화를 만들어야 한다. 이러한 접근 방식은 다른 분야와 협력할 때도 유용한 틀을 제공한다. 예를 들어, 하키 선수가 수비 시 스틱을 지면에 가깝게 유지하는 태클 능력을 향상시키고 싶어 한다고 가정해 보자. 이러한 결점은 경기 중에 직접적으로 확인되어야 하며, 선수는 이 경기 특성을 뒷받침해 줄 수 있는 런지 움직임 패턴의 가동범위와 반동점프(CMJ) 동안 신장성 힘 발현 속도(RFD)를 향상시켜야 한다. 이와 같은 리버스엔지니어링 방식의 피지컬트레이닝은 코치가 항상 최종 목표를 염두에 두고, 선수나 팀이 근력 컨디셔닝에만 뛰어나지 않고 그들의 스포츠에서도 뛰어날 수 있도록 도와줄 수 있다.

경기 제약Competitive Constraints

피지컬 트레이닝은 선수에게 다양한 피로를 유발한다. 따라서 선수의 경기 일정의 제약 내에서 새로운 종류의 운동, 고볼륨, 고강도, 고빈도 트레이닝으로 인해 선수가 경험하게 되는 피로를 고려해야 한다. 각 종목마다 고유한 경기 일정과 환경이 있다. 잉글랜드 프리미어 리그, 챔피언스 리그 및 국가 대표로 뛰는 축구 선수는 1년에 한두 번만 출전하는 엘리트 격투기 선수와는 분명히 다른 경기 일정을 가지고 있다. 선수를 피로에 노출시키는 것은 트레이닝 과정에서 중요한 고려 사항이다. 이는 선수 및 코칭팀과 협력하여 계획해야 하며, 다음 세션 또는 다가오는 경기의 목표를 달성하기 위해 선수가 필요로 하는 자원에 따라 결정되어야 한다.

이러한 계획된 피로 기간은 트레이닝 기회로 간주되어야 하며, 일일, 주간 또는 블록 단위로 설정될 수 있다. 각 선수(심지어 같은 팀 내에서도)는 각기 다른 경기 또는 훈련 구조를 갖고 있으므로, 이러한 트레이닝 기회는 개인별로 파악되어야 한다.

선수를 둘러싼 다양한 사람들의 영향

선수는 원하는 적응 반응을 달성하는 데 필요한 일관성과 강도로 트레이닝을 해야만 신체적 특성을 개선할 수 있다. 따라서 일관성과 강도를 위협할 수 있는 요소를 고려하는 것이 중요하다. 선수 본인이 자신의 경기력에 대한 이해관계자라면 좋든 싫든 트레이닝 계획에 대해서도 동등한 이해관계자가 되어야 한다! 즉, 트레이닝 계획은 코치, 선수, 에이전트, 부모, 의료진 또는 기타 근력 컨디셔닝 코치 등 다른 사람들과 협력하여 작성해야 한다는 것을 의미한다. 모든 이해관계자는 프로그램 내에서 서로 다른 수준의 영향력을 가지고 있지만, 선수가 훈련 계획을 수행하는 데 있어 그들이 방해가 되거나 돕게 될 가능성이 높을수록, 그들은 훈련 계획 수립 과정에서 더 핵심적인 인물이 된다. 트레이닝 계획 과정에서 가장 중요한 영향을 미치는 사람은 선수(본인의 시합이다!), 코치(선수가 성공하기 위해 어떻게 경쟁해야 하는지에 대한 폭넓은 관점을 가진 사람), 의료팀(운동 선택에 도움이 되는 정보를 가진 사람)이어야 한다. 또한, 선수에게 영향을 미치는 사람들과, 그들이 선수의 훈련 일관성과 강도를 지속 가능하게 하거나 저해할 수 있는 방식도 함께 고려해야 한다. 이는 선수가 여러분이 만든 계획에 동의하도록 하는 것과는 다르다. 동의buy-in는 피지컬 트레이닝에 필요한 완벽한 솔루션이 있다는 것을 의미한다. 반면 협업은 선수(및 훈련 계획에 중요한 다른 사람)가 의사 결정 과정의 일부이며 시간이 지남에 따라 헌신할 가능성이 더 높다는 것을 의미한다. 자율성(또는 인식된 자율성)은 시간이 지남에 따라 지속적으로 헌신하게 하는 초석이다.

강점 vs 약점

선수는 강점을 키우는 것을 목표로 해야 하는가, 아니면 퍼포먼스를 제한하는 요소를 제거하는 것을 목표로 해야 하는가? ≪Fitness and Sport Review International≫에 발표된 연구에 따르면, 소련 레슬러들을 대상으로 한 연구에서 성공과 관련된 신체적, 기술적, 전술적 특성(즉, 그들의 강점)을 발전시킨 선수들은 제약 요소를 제거하려고 노력한 경우보다 퍼포먼스에 더 강력하고 긍정적인 영향을 미쳤다.[19] 이 이야기에는 주의할 점이 있다. 아무리 강점을 잘 키운다 해도, 특정한 약점이 선수를 성공하지 못할 수준으로까지 제한할 수 있다는 점이다. 이런 경우의 한 예시는 선수가 다치기 쉬운 신체적 특성을 가지고 있는 것이다. 햄스트링이 약한 단거리 육상 선수는 적절한 수준의 한계치까지 근력을 갖추도록 노력해야 한다. 이렇게 함으로써 선수의 능력을 제한하는 좌상 관련 위험을 줄일 수 있게 되고, 트레이닝을 일관되게 이어나가 자신의 강점을 발전시킬 수 있게 된다.

약점이나 제한 사항을 퍼포먼스의 위협으로 간주하는 것은 유용할 수 있다. 이러한 퍼포먼스 측면에서의 위협이 되지 않는 최소 임계값은 어느 정도일까? 이 임계값을 넘으면 더 이상의 개선이 필요하지 않을 수 있으며, 선수는 강점을 향상시키는 데 집중할 수 있게 된다.

트레이닝 계획을 설계할 때는, 가장 중요한 것이 무엇인지, 향상시키기 가장 쉬운 것이 무엇인지, 여러 결과를 달성할 수 있는 것이 무엇인지를 고려하고 물어보는 것이 바람직하다. 만약 선수에게 매우 중요한 것이 있고, 이것을 향상시키기가 비교적 쉽고, 여러 결과를 이룰 수 있다면, 그것이 선수가 가장 우선적으로 다뤄야 할 사항이 된다. 이러한 접근법은 퍼포먼스를 위협하는 요소를 제거하고 성공을 돕는 특성을 지원하는 트레이닝 목표를 찾는 데 유용한 틀을 제공할 수 있다.

그룹 vs 개인

트레이닝 계획에서 가장 어려운 측면 중 하나는 그룹과 개인의 요구가 서로 다르다는 점을 고려해야 하는 것이다. 이 문제를 해결하는 데 유용한 접근 방식은 그룹 트레이닝 모델 내에서 선수를 분류하는 것이다. 그룹이 보여주기를 원하는 특성과 그 시기를 파악할 수 있다면(예: 시즌 시작 전까지 모든 경기력 위협 요소를 제거), 이 기준을 충족하는 능력에 따라 선수를 분류한 다음 개인이 아닌 선수 범주에 맞게 프로그램을 구성할 수 있을 것이다. 이 기준 기반 의사 결정 모델은 재활에 주로 사용되지만 그룹 환경 내에서 개별 맞춤 트레이닝을 할 때도 유용한 모델이 될 수 있다. 예를 들어, 리우 올림픽을 준비하면서 영국 하키 피지컬 준비팀은 유산소 능력이 낮은 선수(30-15 체력 테스트에서 20.5km/h 미만)가 밀집된 토너먼트 환경에서 피로를 더 많이 느낀다는 사실을 확인했다. 따라서 이 정도의 유산소성 능력을 갖추지 못한 선수들은 이 한계치까지 유산소성 능력을 향상시키는 것이 중요했다. 이미 이 특성을 달성한 사람들은 자신의 강점을 더욱 강화할 수 있었다.

요약

주기화는 본질적으로 원하는 결과를 얻기 위해 트레이닝 스트레스를 조절하는 것이다. 이 목표를 달성하기 위해 여러 전략을 사용할 수 있으며, 각 전략에는 고유한 장점이 있다. 의사 결정 과정은 해당 스포츠가 요구하는 것과 선수가 필요로 하는 것을 고려하며 이루어져야 한다. 트레이닝 계획은, 계획이 효과적인지 확인하고 선수가 스트레스에 어떻게 적응하는지 자세히 알아보기 위해 모니터링되어야 한다. 트레이닝 계획을 작성할 때는 선수들에게 필요한 것이 무엇인지, 언제 필요로 하는지를 고려한 후, 그에 맞는 최적의 트레이닝 방법을 생각해야 한다.

필수 항목

- 트레이닝 계획이 트레이닝 원칙과 일치하도록 하라.
- 팀과 개인의 필요, 팀 또는 개인의 경기 방식, 대회 일정을 바탕으로 주기화 모델을 발전시켜라.
- 측정 도구를 사용하여 프로그램의 효과를 확인하고, 이 정보를 다음 준비 단계 계획에 활용하라.

Chapter 20

프리시즌

대런 버지스Darren Burgess, PhD
멜버른 풋볼클럽Melbourne Football 선수 퍼포먼스 총괄 관리

엘리트 팀 스포츠에서 한 시즌의 성공은 프리시즌을 얼마나 효과적으로 계획하고 실행하느냐에 크게 좌우된다. 이 시기는 다가오는 시즌을 대비해 선수들의 신체적, 전술적, 정신적 준비를 갖추는 데 결정적으로 중요하다. 퍼포먼스 코치는 전술적 관점과 피지컬 관점에서 감독의 철학과 훈련 요구를 조화롭게 통합할 수 있어야 하며, 동시에 훈련 부하를 퍼포먼스 향상과 부상 예방이라는 두 가지 목표에 적절히 맞춰 조절할 수 있어야 한다.

프리시즌은 팀 전체에 적절한 컨디셔닝 과부하를 제공할 수 있는 중요한 시기이다. 그 기간이 길든 짧든, 이는 퍼포먼스 팀이 가장 우선적으로 추구해야 할 목표다. 무엇보다도, 이 시기의 컨디셔닝은 실제 경기의 특성을 반영해야 하며, 훈련 세션은 경기만큼, 이상적으로는 경기보다 더 높은 강도로 설계되어야 한다. 즉, 프리시즌에는 선수들이 충분히, 그리고 경기 상황에 맞게 과부하를 경험해야 한다. 이는 단순히 경기력을 높이는 데 그치지 않고, 뼈와 근육, 힘줄의 회복력과 내구성을 길러 시즌 중의 높은 부담을 무리 없이 감당할 수 있도록 하기 위해서도 중요하다. 단, 프리시즌을 오직 컨디셔닝 중심으로만 구성해서는 안 되며, 체력 및 전술 트레이닝이 적절히 통합되도록 구성하는 것이 핵심이다.

이 장에서는 팀 스포츠를 위한 프리시즌 프로그램을 준비하고 제공하는 데 실질적인 지침을 제공한다. 어떻게 프리시즌 트레이닝이 평가될 수 있는지에 대한 개요를 제공할 뿐만 아니라 프로그램 디자인 및 수행에 대하여 상세히 설명할 것이다.

프리시즌의 목표

프리시즌 트레이닝 프로그램의 목표를 이해하는 것이 중요하다. 특히 팀 스포츠의 프리시즌 트레이닝 목표에는 부상 위험 감소, 근력과 파워 발달, 컨디셔닝 발전 및 전술적 트레이닝이 포함된다.

부상 위험 감소

대부분의 팀 스포츠는 가속, 감속, 점프, 착지, 방향 전환, 태클 및 스프린트와 같은 고위험 움직임이 포함되어 있다. 경기 특이적 스피드로 이러한 움직임을 반복적으로 실행하는 선수의 능력은 스피드, 근력, 파워, 민첩성, 유연성 및 지구력의 최적의 조합을 필요로 한다. 성공적인 부상 위험 감소의 실천은 프리시즌에서 시작되어 시즌 내내 이어져야 한다.

프리시즌 기간의 초반에는 통합된 프리시즌 평가 과정이 진행되어야 한다. 이 과정의 목적은 근육의 불균형이나 약화, 관절의 느슨함 또는 움직임의 결함을 확인하는 것이다. 혈액 프로파일링, 뇌진탕 기준 검사, 시력 및 심장 평가, 보행 분석 또는 등속성 근력계와 같은 부가적인 선별 검사는 부상 위험 감소 프로그래밍에 더 영향을 미칠 수 있는 상세한 프로파일링 정보를 제공할 수 있다. 생리학적 평가와 근력 평가 또

한 부상 예방에 도움이 될 수 있다. 예를 들면, 30-15 간헐성 체력 테스트(30-15$_{IFT}$) 또는 요요 테스트(자세한 내용은 15장 참조)[1]를 통해 낮은 수준의 유산소 지구력을 가진 축구 선수는 경기 중에 피로와 관련되어 연부 조직 부상을 당하기 쉬워진다.

부상 위험의 감소는 특정한 세션 또는 단발적인 훈련으로 이뤄진다고 생각해서는 안 된다. 적절한 근력과 컨디셔닝 그리고 기술 세션 부하의 적용을 통해 선수들이 인시즌에 대비할 수 있는 충분한 수요를 보장하면서도 과도한 훈련을 방지할 수 있다. 예를 들어, 프리시즌 프로그램이 너무 과할 경우에는, 선수들이 이 기간 중 부상을 입거나 시즌이 시작되었을 때 피로한 상태일 수 있다. 이와 반대로, 프리시즌 프로그램이 너무 약한 경우에는, 인시즌 경기가 선수들에게 익숙하지 않은 자극을 줄 수 있고, 부상이나 피로에 영향을 받은 경기력을 보일 수 있다.

현명한 방법

부상 위험 감소의 가장 영향력 있는 형태는 아마도 적절한 부하 관리의 결과일 것이다.

프리시즌의 고속 러닝

프리시즌 동안 퍼포먼스 코치진이 마주하는 고속 러닝(HSR$_{\text{high-speed running}}$)(시속 20km 이상)의 딜레마는, 이 훈련이 적절한 빈도와 강도로 수행될 경우 속도 관련 연부 조직 손상에 대한 예방 효과를 기대할 수 있다는 점이다.[2] 그러나 이 세션들이 지나치게 자주, 너무 높은 강도로 혹은 주기화가 적절히 이뤄지지 않은 상태에서 실시될 경우, 오히려 부상 위험을 높일 수 있다.[3]

부상 위험을 최소화하기 위해 이러한 세션은 프리시즌 기간에 비교적 점진적으로 도입되어야 한다. 예를 들어, 프리시즌 기간이 6주라면, 고속 러닝을 2주차에 도입할 수 있다. 이는 피트니스 코치가 충분한 양의 볼륨을 지정하여 선수들이 곧 있을 연습 경기에서 적절하게 퍼포먼스를 보일 수 있도록 보장하게 한다. 반면에 프리시즌 기간이 14주라면, 피트니스 코치는 프리시즌의 3~4주차까지 이러한 종류의 러닝에 노출을 제한할 수 있다.

고속 러닝이 도입되면 프리시즌 프로그램에 적절하게 주기화되어야 한다. 예를 들어, 럭비 리그에서는 최소 26주의 인시즌 기간을 위해 선수들은 매주 한 번씩 극도로 빠른 속도로 뛸 수 있도록(경기 중에) 컨디션을 조절해야 한다. 또한, 이 기간 중 경기 사이의 트레이닝은 선수들에게 추가적인 고속 러닝을 요구 할 수 있다. 그러므로 프리시즌에는 팀과 개인을 위한 총 주간 고속 러닝 부하(트레이닝+경기)를 모두 고려해야 한다.

현명한 방법

프리시즌 기간에 고속 러닝은 점진적으로 통합되어야 한다. 코치들은 프리시즌 동안 고속 러닝 세션 간에 적어도 1일의 휴식을 보장해야 한다

프리시즌의 근력 및 파워 발달

시즌 중 최적의 퍼포먼스를 위해 적절한 수준으로 근력과 파워(이 섹션에서는 근력으로 통칭함)를 발달시키는 것은 프리시즌 기간의 핵심 목표이다. 컨디셔닝 트레이닝(나중에 다룸)과 마찬가지로, 이 기간은 뼈, 근육 및 힘줄에 적절하게 부하를 주어 다가오는 시즌을 위해 준비되도록 하는 이상적인 기회를 제공한다. 이는 퍼포먼스와 부상 위험 감소 관점 모두에서 매우 중요하다.

일반적으로 말하자면, 근비대, 근력, 파워 및 근지구력과 같은 요소들은 모두 프리시즌 근력 프로그램에 주기화되어야 한다. 이러한 근력의 주기화 과정은 아래의 다양한 요소에 따라 결정된다

- **경기 종목**. 예를 들어, 다양한 축구 계열의 스포츠나 수구 종목은 필드하키 또는 배구 종목에 비해 상당한 정도의 근비대를 필요로 한다는 것이 명백하다.
- **포지션**. 일부 포지션들은 다른 포지션보다 더 많은 근비대 또는 파워가 요구된다(예: 축구에서 센터 백과 윙어의 비교).
- **선수 이력**. 연령과 트레이닝 경력뿐만 아니라 부상 이력 또한 채택된 근력 접근 방식에 영향을 미쳐야 한다.
- **근력 트레이닝 이력**. 경험이 많은 선수들은 경

험이 적은 선수들보다 최대 근력 수준에 도달하는 데 시간이 적게 걸린다.

- **코칭 철학.** 팀의 코치나 감독이 선호하는 플레이 스타일이 있을 수 있으며, 특정 근력에 중점을 두어야 할 수도 있다. 예를 들어 럭비 팀의 코치가 선수들이 태클과 경합 플레이에서 상대를 압도하기를 원한다면 이러한 목적을 위해 근력 향상에 더 많은 시간을 투자해야 할 것이다.
- **선수 명단.** 팀 선수들의 근력 프로필을 평가하고 이 프로필을 코칭 철학과 일치시켜야 한다.

이러한 요소들을 고려하고 개별 선수 및 팀 목표가 설정되면, 프리시즌의 근력 프로그램 디자인이 매우 중요해진다. 일반적으로, 프리시즌 훈련 기간에는 주당 적어도 세 번의 노출이 권장된다. 물론, 선수의 훈련 경력, 코칭 철학 및 근력 트레이닝 이력은 이러한 지침에 영향을 줄 수 있다.

팀 스포츠 근력 발달에 대한 적절한 모델은 프리시즌을 일반적인 준비 단계(GPP general preparation phase)로 시작하는 것일 수 있다. 이 단계에서 근비대, 움직임 준비, 기술 확립, 불균형 교정 및 일반적인 근력은 개인 및 팀 요구에 따라 강조될 수 있다. 이 단계가 완료되면 시즌이 접근함에 따라 근력과 파워 트레이닝으로 진행할 수 있다(그림 20.1).

각 단계의 기간은 트레이닝 가능한 시간과 프리시즌 시작 시 팀의 신체적 상태에 따라 달라진다. 예를 들어, 프로 영국 프리미어 리그 축구팀의 경우, 프리시즌 기간은 6주로 단 7~10일 후에 친선 경기가 포함된다. 이러한 상황에서의 해결책은 전체 6주 기간을 개별 GPP로 사용하고 선수들이 개별 요구에 따라 트레이닝하도록 하는 것일 수 있다. 반면에, 호주식 축구(AF Australian Rules football)에서 프리시즌 기간은 대략 16주간이다. 여기서 GPP는 6~8주로 지속되고 나머지 시간은 근력과 파워 단계 사이에 분할될 수 있다.

근력 발달의 각 측면을 달성하기 위한 운동 선택, 볼륨 및 강도, 그리고 주기화 모델은 많은 연구의 주제가 되었으며,[4~6] 근력 발달을 위한 일반적인 규칙을 처방하거나 해석할 때 항상 주의가 필요하다. 근력 발달에 대한 보다 구체적인 처방은 10장에서 확인할 수 있다.

현명한 방법

팀 스포츠에 대한 근력 주기화는 움직임 숙련도, 불균형 교정 및 근력에 구체적인 초점을 두고 각 개인의 요구 분석에 기초해야 한다. 프리시즌 동안의 근력 훈련은 개개인의 필요에 따라 다르지만, 적어도 일주일에 세 번은 수행되어야 한다.

프리시즌의 컨디셔닝 발달

프리시즌에서의 컨디셔닝 프로그래밍(이 장에서 지구력, 반복 스피드, 속도 및 민첩성 훈련을 설명하는 데 컨디셔닝이라는 용어가 널리 사용됨)은 선수들을 단일 경기와 장기간에 걸친 여러 경기의 요구에 대비하도록 준

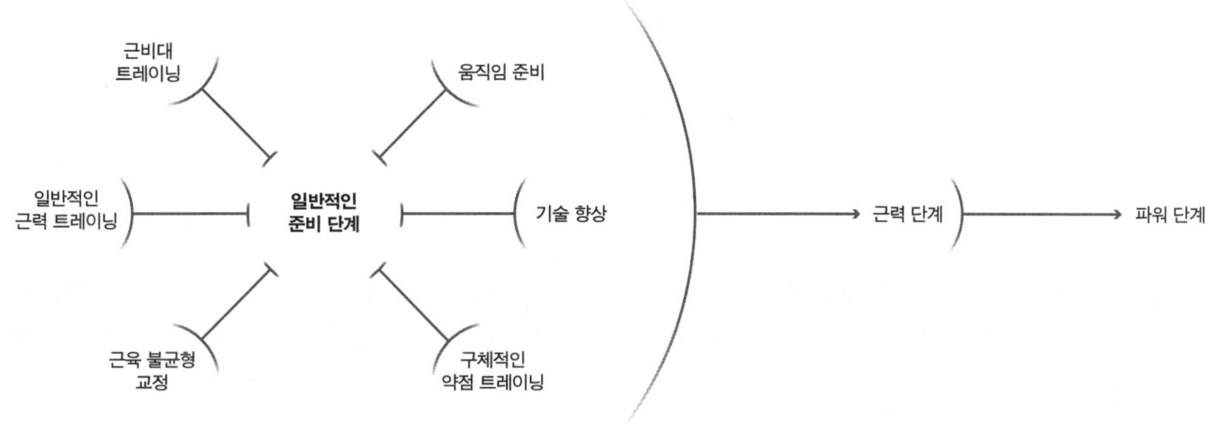

그림 20.1 프리시즌 준비를 위한 대안 근력 모델.

비되어야 한다.

컨디셔닝 트레이닝의 볼륨과 강도는 근력 발달에 영향을 미치는 요소에 따라 달라진다.

- **스포츠 종목**: 필드하키 및 축구와 같은 스포츠는 크리켓이나 농구와 같은 스포츠보다 지구력에 더 많은 중점을 둘 수 있다.
- **포지션**: 넷볼netball에서 센터 포지션은 골 디펜스 포지션보다 상당히 높은 운동과 휴식 비율(W:R)을 수행해야 한다.
- **선수 이력**: 부상 이력과 나이는 컨디셔닝 접근 방식에 영향을 줄 수 있다. 예를 들어, 어린 선수는 이전 트레이닝 경험에 비해 급격한 부하의 증가가 나타날 수 있기 때문에 일반적인 성인 트레이닝 부하에 노출되어서는 안 된다.
- **컨디셔닝 배경**: 근력과 마찬가지로, 경험이 많은 선수들은 경험이 적은 선수들보다 최대 지구력 및 반복 스피드 수준에 도달하는 데 시간이 적게 걸린다.
- **코칭 철학**: 예를 들어 기술 코치가 선수들이 달리기 영역에서 상대를 압도하길 원한다면, 적절한 컨디셔닝 발달에 더 많은 시간을 투자해야 할 수 있다.

팀 스포츠 환경에서 유산소 지구력을 위한 컨디셔닝은 수년간 상당한 연구의 주제였다.[7~9] 컨디셔닝 코치들이 직면한 딜레마는 스피드, 민첩성, 반복 스피드, 지구력이라는 다양한 요소를 어떻게 통합하고, 동시에 전술 훈련까지 포함하여 하나의 프리시즌 프로그램 안에 효과적으로 녹여낼 수 있는가 하는 것이다. 이는 대부분의 프로 축구 리그 및 NBA 농구와 같이 제한된 프리시즌 기간을 갖는 스포츠와 특히 관련이 있다. 이러한 문제에 대한 하나의 해결책은 모든 컨디셔닝 측면과 전술적 영향을 스몰 사이드 게임(SSG)에서 결합하는 것이다. 이 방법은 이 장의 뒷부분에서 더 자세히 다룬다.

컨디셔닝 트레이닝은 스포츠의 요구에 따라 구체적이어야 하지만, 이것이 반드시 게임이 프리시즌 기간 동안 훈련에서 단순히 복제되어야 한다는 것을 의미하지는 않는다. 운동과 휴식 비율(W:R), 이동 거리, 가속 횟수 및 기술 실행 횟수는 모두 프리시즌 컨디셔닝 프로그램에 반영되어야 한다. 예를 들어, 팀 스포츠 경기에서 고속 러닝의 W:R이 1:3으로 추정된다면, 퍼포먼스 코치는 프리시즌 트레이닝이 시작될 때 이 비율을 1:1로 과부하시키고 프리시즌이 진행됨에 따라 더 구체적인 1:3으로 진행할 수 있다. 이것은 처음에 신체가 경기 요구량의 과부하에 노출될 수 있게 하고, 특히 고속 러닝 측면에서 러닝 속도가 자연스럽게 낮아져 프리시즌 초기에 부상 위험을 줄일 수 있다(선수들은 1:1 비율에서는 고속을 오래 유지할 수 없기 때문이다). 프리시즌이 진행됨에 따라 W:R은 1:1.5 그리고 1:2로 증가할 수 있으며, 최종적으로 실제 경기 수준의 러닝 속도와 W:R에 도달하게 된다.

컨디셔닝 훈련은 과부하, 특이성, 회복 그리고 개인화의 원칙이 프리시즌 훈련의 모든 요소에 고르게 반영될 수 있도록 세심하게 계획되어야 한다. 이를 위해서는 각 선수의 특성과 상태에 대한 깊은 이해가 필요하며, 훈련 부하를 제대로 소화하지 못하는 선수를 조기에 파악하는 능력 또한 필수적이다. 이에 대해 자세한 내용은 8장에서 더 자세히 다루었다.

부상 위험 감소를 목표로 하는 세션

프리시즌 동안 사용해야 하는 부상 위험 감소 전략 중 하나는 정기적인 사전 재활prehabilitation 세션을 수행하는 것이다. 사전 재활 세션은 일반적으로 다양한 고유수용감각, 밸런스, 활성화, 동적 유연성 및 근력 운동으로 구성되어 있으며 팀 스포츠 선수들의 부상을 줄이는 것으로 나타났다.[10] 이상적으로, 이러한 세션은 적절한 퍼포먼스 스태프의 지도하에 웜업의 흐름을 방해하지 않고 더 기술적인 사전 재활 운동을 수행할 수 있을 때, 팀 워밍업 전에 포함되어야 한다. 착지 기술과 같은 사전 재활 운동은 팀 웜업의 더욱 역동적인 측면에 통합될 수 있다. 선수들이 시즌 동안 이 세션을 잘 따르게 하기 위해서 코치들은 운동 및 빈도에 다양성을 가져야 한다. 이러한 운동은 팀 전체 부하를 평가할 때도 반드시 포함되어야 한다.

실제로, 트레이닝 전에 수행하는 사전 재활 세션은 다양한 방식으로 구성될 수 있다. 한 가지 방법은 15분 정도의 서킷 스타일 세션으로, 선수들이 그룹 지어 각 스테이션을 거치며 진행하는 것이다. 이 방법은 모든 선수가 비슷한 운동에 노출된다는 특징이 있으

현명한 방법

부상 위험의 감소는 다양한 측면이 고려되어 이루어지며, 통합된 선별 과정, 트레이닝 부하 수정, 사전 재활 세션, 고위험성 활동(고속 러닝, 태클 등)의 점진적 도입을 포함한다.

며, 각 스테이션은 선별 과정을 통해 확인된 팀의 포커스 영역에 맞춰서 조정할 수 있다. 두 번째 방법은 각 선수에게 개별적으로 사전 재활운동을 제공하는 것이다. 이것은 훨씬 더 정확한 방법이지만 스태프의 관리가 크게 요구되어 많은 인원의 스포츠팀에는 적합하지 않을 것이다.

전술 트레이닝

프리시즌은 팀의 플레이 스타일을 정립하기에 이상적인 시기이고, 이를 위해 팀의 전술적 세션과 선수 교육이 필요하다. 일반적으로 시즌 중에는 게임 준비 및 회복에 많은 시간이 필요하기 때문에 기술 및 전술 트레이닝에 충분한 시간을 할애하기 어려울 수 있다.

따라서 전술 세션은 프리시즌 초반부터 포함되어 이 중요한 학습 기간 동안 최대한 노출되도록 해야 한다. 선수들이 어떠한 제한 없이 전술적 세션에 참여하기 위해서는 민첩성, 가속, 감속 및 스피드와 같은 다양한 요소들의 체계적이고 점진적인 준비가 필요하다. 퍼포먼스 스태프가 마주하는 어려움은, 프리시즌 전반에 이러한 변수들에 대한 내구성과 숙련도를 증가시키면서도 트레이닝과 컨디셔닝 볼륨이 높게 유지되도록 하는 것이다.

초기에는 전술 드릴 중 필드 크기를 늘리거나 선수 수를 줄이는 방식으로 진행한다. 이러한 조정은 일반적으로 민첩성 감소, 선수 간 접촉 감소 및 더 큰 신체적 요구로 이어진다. 힘줄과 근육이 적절한 준비 기간 없이 급격한 방향 전환에 노출되면 안 되기 때문에, 선수들에게 프리시즌 초기 단계에 이러한 제한을 부과하는 것은 중요하다고 할 수 있다.

예를 들어 프리시즌이 진행됨에 따라, 선수들이 제한 없는 전술 세션 참가를 위한 컨디션이 될 때까지 필드 크기를 줄이거나 트레이닝 횟수를 늘릴 수 있다. 예를 들어, 축구 프리시즌 준비에서, 퍼포먼스 스태프는 선수들의 기술 훈련과 신체적 과부하를 동시에 달성하기 위해 스몰 사이드 게임을 처방할 수 있다. 처음에는 컨디셔닝 구성 요소 및 기술 참여의 과부하를 위해 큰 사이즈의 필드 또는 작은 선수 수(예: 6대 6 풀 피치 또는 3대 3 하프 피치)를 포함해야 한다. 프리시즌이 진행됨에 따라, 컨디셔닝 과부하가 줄어들고 선수들이 경기 특이적 요구에 더 많이 노출되도록 필드 크기를 줄이거나 선수 수를 늘려야 한다(예: 6 대 6 하프 피치 또는 11 대 11 풀 피치).

피지컬 및 기술 트레이닝의 융합

기술 트레이닝을 피트니스 세션에 통합하는 것은 특히 프리시즌에 매우 유용할 수 있다. 축구와 농구 같은 일부 기술 지배적인 스포츠는 제한된 프리시즌 기간을 가지고 있고, 종종 신체적 목표를 달성하기 위해 기술 세션에 대한 조정이 필요하다.

고속 러닝이 트레이닝 우선순위가 될 수 있는 프리시즌의 초기 단계에서, 한 가지 옵션은 이러한 유형의 러닝을 비교적 분리된 기술 운동과 결합하는 것이다. 축구에서, 이것은 기존의 패스와 슈팅 훈련에 스프린트를 추가하는 것을 포함할 수 있다. 농구에서, 이것은 정해진 수의 코트 스프린트 후에 점프 샷을 추가함으로써 달성될 수 있다.

프리시즌이 진행됨에 따라, 기술 및 전술 트레이닝 목표가 우선시된다. 이 단계에서 기술 및 피지컬 트레이닝을 통합하는 효과적이고 인기 있는 형태는 스몰 사이드 게임이다. 많은 연구가 다양한 스포츠에서 스몰 사이드 게임의 신체적 이점을 평가하였다.[11,12] 일반적으로, 연구는 스몰 사이드 게임이 심박수 수치는 경기 수준으로 끌어올릴 수 있지만, 실제 경기 요구와 동등한 고속 러닝 수준을 생성하는 능력은 제한되어 있음을 시사한다. 각 세션은 각 개인이 예정된 트레이닝 부하에 노출되도록 면밀히 모니터링해야 한다. 고도로 숙련된 선수들은 종종 큰 신체 노력 없이 스몰 사이드 게임에서 예외적으로 잘 수행할 수 있다. 전통적인 러닝 세션에서는 시간 및 거리 진행 상황을 쉽게 판단할 수 없다. 그러므로 목표 고속 러닝 세트를 게임 중 일정한 간격으로 유용하게 추가할 수 있다.

대체 트레이닝 방식

효과적으로 프로그램을 구성한다면 대체 트레이닝 방법을 사용하여 긴 프리시즌 프로그램에 의미 있는 다양성을 더할 수 있을 것이다. 이러한 맥락에서 대체 트레이닝은 일반적인 러닝, 스킬 또는 헬스장 기반 훈련 방식의 변형 또는 대안 형태를 의미하며, 수영 트레이닝부터 요가까지 다양하게 활용될 수 있다.

종종, 퍼포먼스 스태프는 팀 스포츠 선수들에게 프리시즌 기간 동안 정기적으로 충격을 줄이는 트레이닝 방식을 제공한다. 이러한 세션(자전거, 수영, 권투 등)은 유산소 및 무산소성 체력 수준을 유지하고, 무릎, 발목 및 고관절을 통한 충격(부하)을 줄이면서도 트레이닝에 다양성을 더하는 역할을 한다.

프리시즌 트레이닝 프로그램에 요가, 필라테스 등 다른 트레이닝 옵션이 포함되도록 고려해야 한다. 이러한 유형의 트레이닝이 필요한 선수들은 프리시즌의 선별 과정을 통해 식별되어야 하며, 팀 전체에 대한 포괄적인 접근 방식이 아닌 개인적인 요구 사항과 이러한 활동에 대한 선수의 강한 의지를 기반으로 적용되어야 한다.

프리시즌 성공의 정의

프리시즌의 성공은 정의하기 어려운 경우가 많다. 이 환경에서 퍼포먼스 스태프의 역할은 신체적 퍼포먼스를 향상시키고 부상률을 줄이는 것이다. 이러한 각 목표에 대한 강조점은 균등하게 나눌 수 있지만, 특정 상황에 따라 한 가지가 다른 목표보다 우선시될 수도 있다. 예를 들어, 코치나 감독이 팀의 실력과 경험이 프리미어리그나 우승 경쟁자가 될 만큼 충분하다고 생각한다면, 코치는 공격적인 컨디셔닝 프로그램보다 부상 위험 감소에 중점을 두도록 퍼포먼스 스태프에게 지시할 수 있을 것이다. 반대로, 코치가 추가적인 컨디셔닝이 기술적 또는 전술적 결함을 보완할 수 있다고 판단하는 경우, 부상 위험 증가를 감수하더라도 컨디셔닝 요소를 늘리라고 피트니스 스태프에게 지시할 수 있을 것이다.

이 두 가지 목표를 염두에 두고, 팀 스포츠 프리시즌 프로그램의 성공을 확립하는 것은 아마도 두 가지 범주에 속할 것이다. 부상률 감소와 신체의 퍼포먼스 향상.

부상률의 감소

신뢰할 수 있고 타당한 부상 통계 자료를 유지하면 퍼포먼스 스태프가 부상을 정확하게 추적하고 프로그램의 성공을 평가할 수 있다. 이러한 통계에는 발생한 신규 부상 수(부상 발생률), 각 부상으로 인한 결장 기간(부상 유병률), 훈련과 경기에 참여 가능한 선수의 비율, 그리고 이러한 수치를 이전 연도 또는 상대 팀과 비교하는 것(가능한 경우)이 포함된다.

피트니스 스태프들은 선수들의 부상 동향에 큰 관심을 가지는데, 이것은 신중하게 짜인 프로그램과 부상 위험을 감소시키기 위한 트레이닝을 통해 예방할 수 있다. 이러한 부상은 주로 근육과 힘줄의 부상(연부 조직 부상)이지만, 일부 뼈 스트레스와 발목 및 무릎 관절의 부상도 예방 가능한 것으로 분류될 수 있다. 예를 들어, 퍼포먼스 스태프의 적절하고 구체적인 프로그래밍을 통해 위에 나열된 하지 부상[13~15]의 위험을 줄일 수 있다는 것이 입증되었다.

이러한 통계(팀이 완료한 총트레이닝의 비율 등의 측정뿐만 아니라)는 프리시즌과 인시즌 모두에 기록되어야 한다. 프리시즌 통계 자료에서 부상의 경향이 나타나는 경우, 프리시즌 후뿐만 아니라 즉시 트레이닝에 영향을 미쳐야 한다. 예를 들어, 햄스트링 부상에 대한 우려스러운 추세가 나타나면, 피트니스 스태프는 왜 이것이 발생할 수 있는지 조사하고 즉시 이 추세를 해결해야 한다. 인시즌 통계 자료는 프리시즌과 인시즌 트레이닝 모두에 영향을 미쳐야 한다. 예를 들어, 시즌 중에 비정상적으로 잦은 종아리 부상이 발생하면, 향후 프리시즌에서 이러한 부상의 원인을 감지하고 바로잡을 수 있도록 프리시즌 트레이닝 방법을 재검토해야 한다.

신체적 퍼포먼스의 향상

팀 스포츠에서 신체의 퍼포먼스 능력 향상 여부를 확인하는 것은 종종 어려운 일이다. 경기 결과인 승패를 보고 그것을 판단하는 방법은 지나치게 단순한 측정법이다. 특히 더 성공적인 팀은 종종 덜 성공적인 팀

보다 경기 중 활동량이 더 적은 경우를 보여주기 때문인데, 이것은 아마도 우수한 볼 점유율과 전술적 위치로 인한 것이다.[16,17]

체력 평가는 프리시즌 컨디셔닝 방법이 효과적이었는지를 확인하는 데 활용될 수 있다. 평가를 수행함으로써 발생할 수 있는 위험성과, 해당 평가가 팀 구성 또는 경기력 향상에 실질적으로 기여하는지를 함께 고려해야 한다. 예를 들어, 6주짜리 축구 프리시즌 기간 동안 제한된 시간을 가장 효율적으로 활용하려면 2~3회의 체력 평가가 과연 현명한 선택인지에 대해 컨디셔닝 코치는 고민해야 한다. 이런 경우, 최대하 수준의 평가가 유용할 수 있으며, 이는 표준화된 최대하 운동 세션을 수행하는 동안 선수들의 심박수 반응을 측정하는 방식일 수 있다. 또한, 해당 운동 부하 이

코치의 인사이트

프로 아이스하키에서의 프리시즌 시작

마크 피츠제럴드 Mark Fitzgerald
엘리트 트레이닝 시스템스 스트렝스 & 컨디셔닝 대표 디렉터

아이스하키는 부자연스러운 몸의 위치 및 자세 그리고 역학적 동작이 가득한 경기이다. 비시즌트레이닝이 시작된 초반에, 특히 첫날에는 훈련이 불길한 징조처럼 보일 수 있다. 대부분의 과제가 그렇듯이, 아이스하키도 기초부터 시작하여 점차 쌓아 올리는 방식으로 접근해야 한다.

한 해의 75% 기간 동안 카본 재질의 스케이트에 갇혀 있던 아이스하키 선수의 발과 발목은 충분한 회복이 필요하다. 우리는 발(특히 발바닥 조직들의 상태)을 검사하는 것으로 시작하여, 일반적으로 뻣뻣하게 굳어 있는 발목까지 확인한다. 우리는 선수들이 가능한 한 맨발로 다니도록 권장한다. 맨발로 걷는 것이 발의 아치를 세우고 움직이는 능력을 향상시킬 뿐만 아니라, 시즌동안 관리에 소홀했던 전경골근을 강화시키기도 한다는 것을 알게 되었기 때문이다. 이것은 우리가 프리시즌에 스프린트와 민첩성 훈련을 효과적이고 안전하게 실행할 수 있게 해 주는 중요한 요소이다. 선수들은 운동신경과 관련된 종합적인 훈련을 받았기 때문에, 이를 위한 신체적인 준비가 되어 있어야 한다.

다음으로 직면하는 것은, 하키 선수들에게 가장 빈번하게 영향을 미치는 고관절이다. 미성년 때부터 성인기 경력 전반에 걸친 빙상에서의 끝없이 긴 시간, 부적절한 스케이팅 교육, 미흡한 회복 전략, 그리고 신체 후면에 대한 지나치게 적은 관심 등이 하키 선수들에게서 계속 보이는 문제로 이끄는 요인들 중 일부에 불과하다. 비록 힘들었던 프리시즌 바이크 훈련과 지독했던 트레이닝 캠프가 지난 지 한참 되었지만, 여전히 이 운동선수 집단에서 고관절 충돌 및 고관절 구순 병변을 볼 수 있다. 바로 이러한 이유로, 우리는 프리시즌 초기 상당 시간을 이러한 기본적인 자세 관련 문제를 해결하는 데 집중한다.

하지만 우리는 프리시즌 기간에 폼 롤러만 하면서 보낼 수는 없다! 우리는 체육관으로 돌아가야 하지만, 잘못된 자세와 움직임 패턴을 강화하지 않는 것이 중요하다. 일반적으로, 1주부터 3주간의 첫 번째 단계는 주로 움직임 패턴의 품질을 회복하는 데 집중한다. 이 단계에서는 주로 가동성 및 유연성 운동, 플라이오메트릭 기술 교육, 그리고 다양한 형태의 부하를 받아들이는 방법을 습득하는 데 중점을 둔다. 이러한 기본적인 작업은 프로그램을 구체화시키고, 특정 선수의 보완점 해결을 통해 퍼포먼스 측면과 능력을 향상시켜 최고 수준으로 경기를 치를 수 있게 한다.

나는 아이스하키 프리시즌 기간 중 근력 코치로서의 역할은 단순히 무거운 물건을 들게 하는 것뿐만 아니라, 움직임을 최적화시켜야 한다고 생각한다. 또한, 시즌 기간 및 선수 생활을 유지할 수 있게 해 주는 자기 관리 습관을 가르치는 데 있다.

후의 심박수 회복 속도(HRR)도 측정할 수 있다. 이와 같은 평가 방식은 다양한 종목에서 체력 수준을 나타내는 지표로 활용된 바 있다.[18,19] 더불어, 최대하 평가 방식은 본질적으로 선수들에게 큰 부담을 주지 않기 때문에 프리시즌 전반에 걸쳐 반복적으로 활용하여 체력 변화 추이를 모니터링하는 데 효과적이다.

성공적인 프리시즌을 위한 방법

앞서 설명된 요인들에 의해 정의된 성공적인 프리시즌은 모든 피트니스 코치의 목표이다. 성공을 이끌어내는 방법은 스포츠 유형, 코칭 특성 및 프리시즌의 기간 등 다양한 요인에 의해 영향을 받는다. 하지만 피트니스 코치는 최소한 실패한 프리시즌을 방지하기 위해 활용할 수 있는 여러 선택지를 가지고 있다.

효과적인 프로그래밍

체력 요소에 대한 프리시즌 훈련 프로그램 구성은 이 장과 본서의 다른 부분에서도 이미 다뤄졌다. 그래서 여기에 대한 세부 사항을 반복할 필요는 없지만, 퍼포먼스 코치는 선수들의 수준에 맞으면서도 가능한 개인의 필요에 맞게 개별화된 완전한 프로그램을 보장해야 한다. 이것은 운동 경력, 포지션 또는 부상 여부에 따라 선수들을 각 그룹으로 나누는 것을 의미할 수 있다. 특히 어린 선수들은 프리시즌 프로그램 초기에 훈련 볼륨을 줄이거나 움직임 패턴 발달에 중점을 두는 방법 등 별도의 컨디셔닝 모델이 필요하다.

일반적으로, 프리시즌에는 파동형 주기화 모델이 사용된다. 이것은 프리시즌 기간에 따라 몇 개의 단계로 구성된다. 이상적으로, 3주간 트레이닝의 부하를 올렸으면, 그 후 일주일간은 부하가 줄여진 트레이닝이 뒤따른다. 이 디로딩 주간은 지난주에 비해 최소 25% 감소된 트레이닝 볼륨으로 구성되어야 한다. 다른 한편으로는, 예를 들어, 만약 6주간의 프리시즌 기간이 있다면, 부하가 증가되는 2주의 기간과 디로딩을 위한 1주의 기간을 합쳐 2사이클 진행할 수 있다. 프로그래밍을 하는 데에는 분명히 유연함이 필요하다.

테이퍼링에 대한 종합적인 지침은 24장에서 찾을 수 있지만, 프리시즌의 상황에서, 인시즌 직전의 테이퍼는 신중하게 계획되어야 한다. 코치와 퍼포먼스 스태프는 프리시즌 동안 완료된 훈련의 볼륨(대개 주어진 시간에 따라 결정됨)과 인시즌 초반에 예정된 경기의 중요성을 모두 평가해야 한다. 이러한 요소는 테이퍼링 전략의 기간과 강도를 결정하는 데 핵심적인 역할을 한다. 예를 들어, 호주식 축구에서의 프리시즌은 최대 16주가 될 수도 있으므로, 2주간의 상당한 기간의 테이퍼가 제안된다. 그러나 유럽 축구에서의 프리시즌은 겨우 6주에 불과할 수 있으므로, 실제로 테이퍼링이 사용된다면 짧은 기간일 가능성이 높다

효과적인 모니터링

전형적인 프리시즌 기간과 같은 격한 훈련 기간 동안 선수들을 효과적으로 모니터링하는 것은 성공적인 프로그램에 있어서 매우 중요한 부분이다. 팀이나 선수 개개인의 프로그램에 변화가 필요한 때를 식별할 수 있는 능력은 컨디션 관리가 잘된 선수와 오버트레이닝 된 선수 간의 차이를 만들 수 있다.

각각의 세션을 모니터링하는 것보다 더 중요한 것은 선수와 팀에 대한 트레이닝의 누적 효과를 모니터링하는 능력이다. 피트니스 코치는 이러한 프리시즌 모니터링에 대한 장기적인 접근 방식을 통해 트레이닝 기간이 각 선수에게 미치는 영향은 물론, 인시즌 프로그램에 대한 팀의 준비 상태를 평가할 수 있게 해준다. 이러한 유형의 모니터링을 위해서는 심박 변이도, 혈액 프로파일링, 정기적인 체력 평가 등의 추가적인 방법을 사용한다.

효과적인 프로그래밍과 더불어, 선수와 트레이닝 세션을 모니터링하는 능력은 성공적인 프리시즌을 위해 다른 무엇보다도 중요하다. 퍼포먼스 스태프는 모니터링을 통해 얻은 정보를 가지고 프로그램을 조절하게 된다. 이와 관련된 내용은 8장에서 더 자세히 논의하였다.

바람직한 팀 행동 개발

프리시즌 기간은 코칭 및 피트니스 스태프가 시즌 내내 팀이 보여줄 팀 행동을 개발하는 데 활용되어야 한다. 스트레스 상황에서의 회복탄력성, 팀의 화합, 정신적 강인함 및 팀의 팀 고유의 정체성 같은 행동들은

모두 일정한 수준으로 훈련될 수 있다. 시즌 중에는 이러한 행동들이 팀의 성공에 매우 중요한 영향을 미칠 수 있다. 그러나 경기의 압박감과 시즌 중의 훈련 제약으로 인해 시즌이 시작된 후에는 이러한 행동들을 확립하는 것이 어려워진다.

팀 결속, 강한 정신력 또는 피트니스 중심의 캠프 참가 등은 일반적으로 장기간에 걸친 프리시즌 기간 동안 사용되는 전략이다. 이러한 캠프는 선수들과 팀의 전술, 목표 및 행동에 대해 논의할 수 있는 긴 시간을 제공하고, 새로운 팀원들이 서로를 알아가는 데 도움이 된다. 또한, 선수들을 평상시의 일일 훈련 루틴에서 벗어나게 하고, 신체적 또는 정신적 난관에 직면하게 함으로써, 힘든 상황에 놓였을 때 어떻게 반응하는지를 확인할 수 있는 기회를 코치에게 제공한다. 하지만, 이러한 기법을 지나치게 자주 적용할 때는 주의가 필요하다. 이러한 종류의 훈련에 대해 긍정적인 반응을 가지는 선수와 팀이 있지만, 어떤 선수들은 그렇지 않을 수도 있으며, 부상 및 과도한 피로가 발생할 수 있는 내재적인 위험을 가지고 있기 때문이다. 이러한 접근 방식의 필요 여부 결정에는 팀과 선수들에게 필요한 점을 비판적으로 검토하는 것이 매우 중요하다.

현명한 방법

실제로, 원하는 행동은 다양한 기술을 통해 개발될 수 있다. 예를 들어, 스탭은 선수들이 익숙하고 편안한 활동 패턴으로부터 벗어날 때의 반응을 평가하기 위해 트레이닝 시간을 이른 시간(또는 늦은 시간)으로 변경할 수 있다. 연습경기 중 의도된 심판의 오심, 대체 트레이닝 활동(스트롱맨 등), 그리고 군대식 팀 캠프 또한 피트니스 스태프에게 프리시즌 중 팀 행동에 영향을 미칠 수 있는 기회를 제공한다.

요약

효과적인 프리시즌 프로그램은 시즌 동안의 팀 스포츠 성공을 위한 틀을 확립한다. 프리시즌 동안 정해진 트레이닝 부하는 신체의 퍼포먼스를 최대로 끌어올리고 부상을 방지하기 위해 인시즌 요구보다 더 큰 스트레스를 받기에 충분해야 한다. 다양한 모니터링 기술의 적절한 사용과 함께 근력, 컨디셔닝 및 전술 훈련의 세밀한 통합을 통해 체력 코치는 팀 코치에게 인시즌 기간 동안 최상의 신체 상태의 선수 그룹을 제공할 수 있다.

필수 항목

- 프리시즌 동안 컨디셔닝 트레이닝은, 해당 종목의 특이성을 충실히 반영해야 하며, 시즌 중 요구되는 과부하에 적합하도록 보장하라.
- 시즌이 시작되기 직전에 테이퍼 기간을 갖도록 계획하라. 테이퍼를 유지하는 기간은 시즌이 얼마나 긴지에 따라 달라진다.
- 근력 트레이닝의 주기화는 특정 훈련 블록(근비대, 근력, 파워의 특정한 요소에 집중된)보다는 보다 일반적인 접근 방식으로 구성되어야 한다.
- 스몰 사이드 게임과 변경된 드릴은 주로 신체적 훈련과 전술적 훈련을 효과적으로 결합하는 방법이며, 이러한 활동에서의 고속 러닝은 신중하게 모니터링되어야 한다.
- 프리시즌 동안 선별, 신체적 평가, 효과적인 모니터링의 과정을 정기적으로 실행하여 이 기간의 효과를 평가하고 개인 및 팀 동향에 맞게 부하와 세션을 맞추는 것이 좋다.

Chapter 21

시즌

다르시 노먼Darcy Norman, PT, ATC, CSCS
킷맨 랩스Kitman Labs 퍼포먼스 과학 디렉터Director of Performance Science
미국 남자 축구 국가대표팀 퍼포먼스 코치Performance Coach

엘리트 스포츠의 시즌 중 프로그램은 다른 차원의 게임일 수 있다. 프리시즌은 그 자체로 부담과 기대가 큰 중요한 시기이지만, 시즌이 시작되고 나서의 스트레스나 복잡성complexity은 시즌이 시작될 때와는 비교할 수 없을 정도로 큰 경우가 많다. 경기, 원정, 부상, 승패의 명백한 영향 외에도 시즌 도중 코치나 선수가 바뀌는 경우도 드물지 않으며, 이러한 모든 요소가 복합되어 상황은 더욱 혼란스러워진다. 이 속에서 유일하게 변하지 않는 것은 선수의 운동 기능을 개발하고 유지해야 한다는 기대뿐이다.

이 장의 목적은 시즌 동안 작용하는 유형적·무형적 요소를 자세히 설명하고 성공을 추구하는 데 있어 목표 솔루션이 포함된 명확한 틀을 제공하는 것이다.

시즌 내 프로그래밍을 위한 체계 수립

혼돈chaos을 헤쳐나가는 것은 성공과 롱런을 위해 매우 중요하다. 체크리스트 접근 방식을 통해 통제할 수 없는 요소를 최대한 많이 완화하거나, 적어도 시즌 중에 불가피하게 발생하는 복잡성에 대처할 수 있는 다양한 정신적 모델을 준비해 두는 것이 좋다. 계획 시스템을 최대한 유연하게 만들어 스포츠계에서 직면할 수 있는 모든 변화하는 요구를 수용할 수 있도록 해야 한다.

시즌 중 트레이닝을 유연하게 계획하는 시스템은 팀의 수준과 활동, 그리고 눈앞에 놓인 요구 사항을 잘 파악하면서 대부분의 방법론과 주기화 방법, 코칭 스타일을 수용하고 적응할 수 있는 능력을 제공한다. 예상치 못한 상황에 대처할 수 있도록 최대한 체계적으로 계획하면 긴 시즌 동안 팀의 문화, 집중력, 분위기를 유지하는 방법 등 다른 수준의 계획을 추가할 수 있다. 이 시스템은 이퀄라이저 보드의 다이얼처럼 언제든지 조정하여 최상의 시나리오를 설정하고 현재 상황을 고려한 이상적인 결과를 제공할 수 있다고 생각하면 된다.

시즌 중인 팀을 위한 계획을 할 때는 다양한 고려 사항이 영향을 미친다. 이 책에서 설명한 대로 휴먼 퍼포먼스 프로그래밍의 일반적인 측면을 고려해야 하지만, 그 외에도 고려해야 할 요소가 많으며 그 중 일부는 통제할 수 없는 요소도 존재한다! 일반적인 고려 사항은 다음과 같다.

- 위치, 온도, 고도, 조건 및 다양한 필드 유형과 같은 환경적 제약
- 리그 또는 토너먼트의 제약(예: 일정, TV 중계, 시간)
- 소속된 클럽 또는 팀, 디렉터 및 이사회의 기대치 또는 철학, 클럽 멤버십 및 팬층
- 스폰서십, 미디어 투어, 여행 의무 및 인재 투자를 포함한 팀의 재정적 의무

- 트레이닝할 것으로 예상되는 시설 및 경기장(특히 국가 관리 기관[NGB]과 같은 홈 트레이닝 장소가 없는 팀에 소속된 경우)
- 코칭 철학, 커뮤니케이션 및 관리 스타일, 팀 가치관을 포함한 기술 스태프
- 프로그래밍 대상 선수의 배경, 재능 수준, 각자의 문화, 언어, 이념, 선수 조합 규칙 및 개인적 가치관

이러한 제약과 과제를 해결하기 위해서는 하이퍼포먼스 부서(HPU)가 최적의 구조와 조직, 충분한 적응력과 조화로움으로 한 치의 오차도 없이 선수와 팀이 성공할 수 있는 최고의 기회를 보장해야 한다.

현명한 방법

강력한 시스템을 갖추면 경기 시즌의 복잡성과 불확실성에 더 잘 대비할 수 있다.

미션, 비전, 핵심가치(MVV)와 의사소통

모든 하이퍼포먼스 부서에는 직원, 프로세스, 행동을 뒷받침하고 이끌어갈 명확한 미션, 비전, 핵심가치(MVV)가 있어야 한다. 다소 진부하게 들릴 수도 있고, 한때는 나도 이에 동의했을 것이다. 하지만 클럽 내 하이퍼포먼스 부서를 직접 이끌고, 세계 챔피언이라는 목표를 가진 팀 내 다른 하이퍼포먼스 부서의 일원이 되어본 경험을 통해 나는 이것이 얼마나 중요한지, 그리고 경기가 힘들고 손실이 누적되거나 긴 시즌의 피로와 의욕이 떨어질 때 북극성(지향점)이 얼마나 큰 힘이 되는지 깨닫게 되었다. '진부한 것은 사실이기 때문에 진부하다'는 말이 있듯이 말이다.

MVV의 구체적인 내용, 언어, 스타일은 소속된 문화와 스포츠 환경에 따라 다를 수 있다. 즉, 명확하고 간결하며(어쩌면 감성적으로) 작성되어야 하고, 과정 지향적이며, 미래에 초점을 맞추고, 열망에 찬 내용이어야 한다.

시간을 들여 명확한 MVV를 구축하는 것은 시즌 계획을 세우는 데 매우 중요하다. 이를 활용하면 선수들의 동기 부여가 낮을 때 선수들에게 더 열심히 하게 하고 더 구체적인 운동을 하도록 요청하는 데 도움이 될 수 있을 것이다. 또한 어려운 결정에 직면했을 때 반성할 수 있는 규칙을 제공하고 모니터링 및 테스트 프로세스를 구체화할 수도 있다.

지원팀 자체 내에서 채용, 스태프 역할의 명확성, 개발을 지원하는 체계를 제공하며 시즌의 혼돈이 시작되면 업무 흐름을 검토하고 우선순위를 정할 수 있도록 도울 수 있다.

역할, 책임 및 업무 흐름

MVV가 명확하고 구단과 선수 및 스태프가 조직의 운영 방식에 대한 공유된 관점에 따라 운영되고 있다면 스태프의 역할과 책임이 명확하게 정해져 있어야 한다. 시즌이 진행됨에 따라 다양한 스태프가 각자의 임무를 수행할 수 있도록 하는 것이 매우 중요하다. 업무를 수행하지 않는 직원에게 후속 조치를 취하려면 많은 에너지가 필요하며, 이는 성공을 위해 팀 내의 다른 중요한 관계를 유지하는 데 사용할 수 있는 에너지를 빼앗길 수 있다. 이는 경기하는 팀 자체와 다르지 않다고 할 수 있다. 각 선수는 팀 내에서 자신의 역할에 대해 명확히 알고 있어야 하며, 팀의 플레이 스타일에 따라 각자의 역할과 책임을 이해하고 실행해야 한다. 경기장이나 코트에 있는 선수와 마찬가지로 직원도 자신의 책임이 있지만 팀의 더 큰 이익을 위해 자신의 역할 외의 일을 해야 할 때가 있을 수 있음을 인식하고 적응력이 있어야 할 필요가 있다. 예를 들어 축구에서는 공격수가 수비를 해야 할 때도 있고 수비수가 공격을 해야 할 때도 있다. 직원들도 마찬가지다. 시스템을 갖추고 서로의 역할에 대한 멘탈 모델을 파악하여 스태프들 간의 상호 교류를 허용하면 모든 직원이 그룹의 목표를 달성하는 데 도움이 될 수 있도록 유연성을 유지할 수 있게 된다.

팀 운영 방식에 대한 명확한 방향이 정해졌다면 다음 단계는 그 비전을 실행하기 위한 일상적 구조를 마련하여 각 사람이 최종 목표에 어떻게 기여하고 있는지를 명확히 하는 것이다. 이러한 구조에는 직원 회의, 퍼포먼스 및 선수 회의, 평가 시기는 물론 선수와 코치에게 적용되는 것과 유사한 직무별 프로세스 및

결과 기반의 핵심 성과 지표(KPI)가 포함되어 성공을 위한 핵심 결과를 명확히 하고 강조할 수 있어야 한다. 이는 험난한 시즌 동안 팀이 순항할 수 있도록 도와주는 로드맵 역할을 계속할 것이다. 물론 이 일정을 그대로 따를 필요는 없지만, 시즌의 열기가 고조되어도 항상 기본으로 돌아갈 수 있는 강력한 체계와 가이드라인을 제공해 준다.

현명한 방법

조직, 팀, 하이퍼포먼스 부서 내에서 강력한 MVV를 확보하는 것은 어려운 결정을 내리고 책임감을 유지하는 데 있어 북극성(지향점) 같은 존재가 될 수 있다.

시즌 계획 수립

시즌을 계획하는 방식은 저마다 다를 수 있다. 필자의 목표는 팀의 목표에 따라 변경할 수 있고 목표를 달성할 수 있는 방법을 포함하는 가변적인 틀을 제공하는 것이기도 하다.

필자는 지속적으로 평가하고 반영할 수 있는 구성 요소로 나눌 수 있는 프로세스를 가지고 있다. 이를 통해 시즌에 직면하는 단기적인 휴리스틱이나 편견에 기반한 결정을 완화하고 향후 직면할 수 있는 다른 상황을 이해하는 데 도움이 될 수 있다.

나는 먼저 두 개의 연간 캘린더를 작성한다. 첫 번째 달력에는 경기, 휴일, 팀이나 계획에 영향을 미칠 수 있는 주요 날짜나 이벤트가 포함된 월별 개요가 작성된다(이 장의 뒷부분에 더 자세히 설명). 그림 21.1은 두 번째 달력을 보여주는데, 이는 사용자가 시즌의 자세한 구성을 이해하고 이를 중심으로 프로그래밍 및 기간 설정을 시작할 수 있도록 하는 보다 상세한 표다.

연간 달력은 그림 21.1에서 보는 것처럼 표로 만들 수 있다. 이 표는 경기 사이의 일수를 계산하고 경기 주간을 추적할 뿐만 아니라 경기가 홈 경기인지 원정 경기인지도 표시한다. 경기 주를 파악한 후에는 완벽한 주 2회 경기, 주 3회 경기, 주 4회 경기 등의 프로그램 설계를 시작할 수 있다. 경기 주간의 다양성이 적을수록 일관된 일정과 주기화 모델을 유지하기 쉬우며, 적절한 시기에 과부하, 저부하 또는 유지가 가능해진다.

이 표에서 전체 프리시즌 및 시즌 내 프로그램을 정리할 수 있다. 일정에 대해 어떤 질문을 하고 싶은지에 따라 단일 날짜와 관련된 모든 관련 데이터를

	Day	GD+	GD-	GD	Training week	Day type	Season	League
1	Sat.	6	7	+6:-7	12		In-season	Serie A
2	Sun.	7	6	+7:-6	12		In-season	Serie A
3	Mon.	8	5	+8:-5	12		In-season	Serie A
4	Tues.	9	4	+9:-4	12		In-season	Serie A
5	Wed.	10	3	+10:-3	12		In-season	Serie A
6	Thurs.	11	2	+11:-2	12		In-season	Serie A
7	Fri.	12	1	+12:-1	12		In-season	Serie A
8	Sat.	0	0	+0:-0	12	Game	In-season	Serie A
9	Sun.	1	2	+1:-2	2		In-season	CL
10	Mon.	2	1	+2:-1	2		In-season	CL
11	Tues.	0	0	+0:-0	2	Game	In-season	CL
12	Wed.	1	3	+1:-3	3		In-season	Serie A
13	Thurs.	2	2	+2:-2	3		In-season	Serie A
14	Fri.	3	1	+3:-1	3		In-season	Serie A
15	Sat.	0	0	+0:-0	3	Game	In-season	Serie A

그림 21.1 상세 일정표를 사용하면 정보를 전환하여 시즌 변수를 이해하고 이에 대처할 수 있는 방법을 개발할 수 있다.

입력할 수 있다. 열에는 날짜, 요일, 요일 유형, 경기일 전(+), 후(-), 시즌(시즌 중, 프리시즌) 및 대회 순서 등이 포함될 수 있다. 고려할 수 있는 변형은 다음과 같다.

- 시즌 동안 다양한 경기 주기에 직면하게 되므로 이에 대한 계획이 필요
- 다양한 주기에 얼마나 많은 홈 경기와 원정 경기가 있는지
- 해당 지역이나 시간대의 평균 기온
- 한 기간 동안 얼마나 많은 훈련 세션을 이용할 수 있는지

이 조직을 통해 하이퍼포먼스 부서 및 기술 담당자가 직면하게 될 일정 문제, 달력에서 연중 다양한 부분의 테마 또는 시즌의 전반적인 방향에 대해 더 나은 대화를 나눌 수 있게 된다.

그림 21.2의 그래프와 표는 시즌 중 직면하는 경기 주간의 횟수와 다양한 유형을 보여주고 있다. 이 구성을 통해 다음 단계로 나아가 다양한 계획 요소를 모두 고려한 가장 이상적인 경기 주간 일정을 계획할 수 있다.

피벗 테이블이나 그래프 기능을 사용하여 일정에서 직면하게 될 게임 주간의 변화를 이해하고, 이를 평가하여 다양한 트레이닝 구성 요소를 어디에 배치하는 것이 가장 적절한지 이해할 수 있다.

표 21.1에는 트레이닝에 필요한 모든 측면을 포함할 수 있도록 도와주는 트레이닝 구성 요소가 나와 있다. 일부 스포츠의 경우 필드 트레이닝이 이러한 요구 사항 중 많은 부분을 포괄할 수 있는데, 예를 들어 축구 기술 전술 트레이닝을 에너지 시스템 개발(ESD)로 대체할 수 있는데, 이는 ESD가 트레이닝 자체의 큰 구성 요소이기 때문이다. 해당 종목의 기술을 위한 훈련 내에서 컨디셔닝을 달성하는 전술적 주기화tactical periodisation 기반 모델을 처방하는 경우 ESD를 사용하지 않을 수도 있다. 반대로 코칭 그룹이 트레이닝의 기술 및 전술적 측면을 특정 컨디셔닝과 분리하는 블록 스타일의 주기화 방식을 처방하는 경우 ESD를 보조적인 구성 요소로 유지할 수 있다. 각 구성 요소는 가변적인 로스터의 요구 사항을 충족하기 위해 상향 조절, 하향 조절 또는 편측화를 통해 더 확장할 수 있다.

그런 다음 일정에서 직면할 수 있는 상황(예: 원정이나 홈)을 고려하여 가장 효과적인 개별 주간의 변형을 구축하기 시작해야 한다.

기본 체계가 마련되면 종목에 대한 지식, 그룹의 수준, 경기 혼잡 및 기타 변수로 인해 발생할 수 있는 수요에 따라 예상 부하를 추가할 수 있다. 이제 각 트

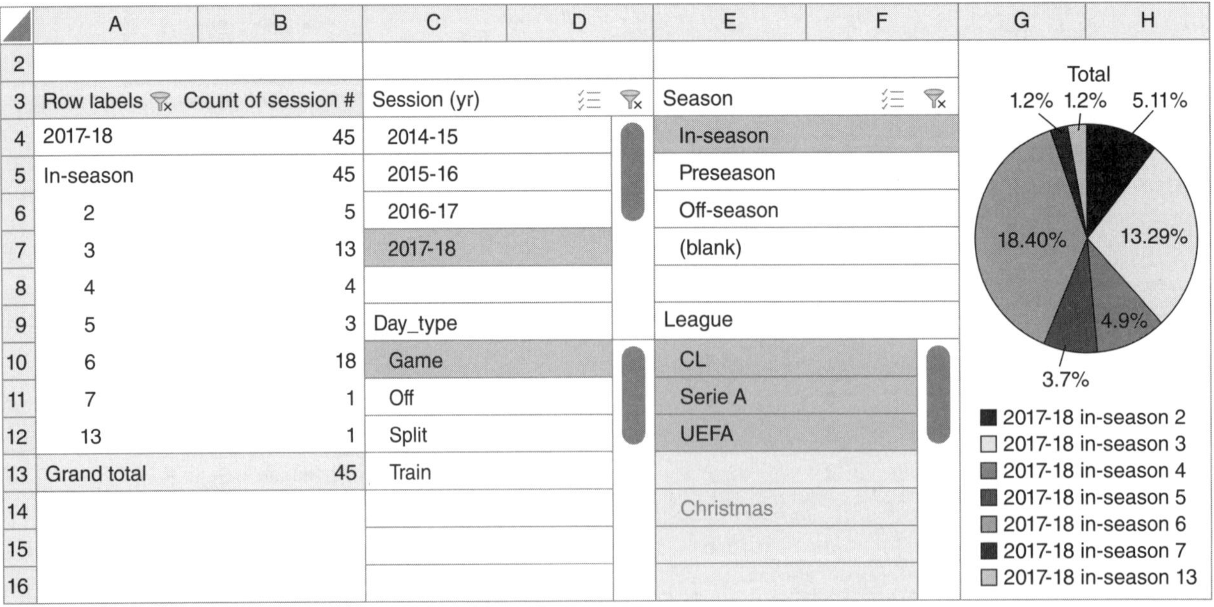

그림 21.2 일정표 요약.

표 21.1 시즌 중 트레이닝의 구성 요소

구성 요소	설명
치료	선수를 대상으로 한 모든 치료
개인/교정/개별 관리	선수를 위한 개별 운동 또는 치료 처방
가동성: 상, 하체	가동성과 관련된 트레이닝 구성 요소
안정성: 골반, 복부, 어깨, 이들의 조합	안정성과 관련된 트레이닝 구성 요소
움직임 기술: 직선적 움직임(절대 스피드, 가속) 또는 다방향 움직임(측면(셔플), 크로스오버, 드랍 스텝)	직선 및 다방향의 움직임 기술에 특화된 훈련 구성 요소
플라이오메트릭: 빠른 반응, 짧은 반응, 긴 반응, 매우 긴 반응	플라이오메트릭 트레이닝에 특화된 트레이닝 구성 요소
근력과 파워	근력 또는 파워 향상과 관련된 트레이닝 구성 요소
웨이트장	웨이트장에서 진행하도록 지정된 세션
회복 및 재생: 교감신경, 부교감신경	회복 및 재생과 관련된 트레이닝 구성 요소
에너지 시스템 개발(ESD): 컨디셔닝(유산소, 젖산 무산소, 비젖산 무산소)	에너지 시스템 개발과 관련된 트레이닝 구성 요소
기술 및 전술: 포괄적, 집중적. 공격, 수비, 세트 플레이 등	특정 스포츠에 대한 트레이닝 구성 요소
테스트 및 스크리닝: 신체적, 영양, 정신심리적	테스트, 스크리닝, 영양 또는 정신 심리적 상황에 대한 트레이닝 또는 평가 요소
훈련	특정 훈련의 개선을 위한 트레이닝 구성 요소

레이닝 구성 요소에서 팀, 선수 그룹 또는 개인에게 과부하, 저부하 또는 유지를 주기 위해 주기화 모델과 훈련 일정에 따라 적절한 시기에 수정할 수 있는 기본 체계가 완성되었다. 일단 선택 사항을 이해할 수 있는 좋은 구조와 수치를 확보하면, 급하게 결정을 내려야 하거나 일정이 변경되거나 개별 선수가 마지막 순간에 투입되는 등 급박한 상황에서 쓸데없이 시간을 낭비하지 않고도 민첩하면서도 일관성을 유지하는 것이 훨씬 수월해진다.

그림 21.3은 각 구성 요소와 시즌에 배치할 훈련 변수, 규칙 또는 목표가 포함된 경기 주 유형의 예시다.

구조와 시스템의 윤곽이 잡히고 구축되면 모든 트레이닝 구성 요소와 계획에 포함될 내용을 이해하기 시작할 수 있게 된다. 그런 다음에는 여러분과 스태프들이 계획한 다양한 기간에 대해 설정한 목표를 중심으로 다양한 사례를 연결하기만 하면 된다. 이 작업은 일반적으로 다음과 같이 진행된다.

- 연간 계획(장주기)은 팀과 관련된 모든 경기(예: 1군 일정, 2군 일정, 리그 A, 리그 B, 플레이오프 등), 휴일, 휴무일, 원정 및 기타 변수에 대한 개요이며 각 범주에 열을 추가하여 다양한 방식으로 구성할 수 있다(그림 21.4).
- 월간 계획(중주기)은 일정표에서 계획해야 하는 제약 조건에 따라 1주에서 여러 주를 포함할 수 있다(그림 21.5). 여기에서 구현하려는 다양한 구성 요소에 대한 노출을 추적할 수 있다. 여기에는 다양한 유형의 세션부터 세션 내의 구성 요소(예: 근력, 속도, 직선/다방향, 기술, 전술적 변화, 에너지 대사 변화 등)까지 모든 것이 포함될 수 있다.
- 주간 계획(단주기)(그림 21.6)은 하루에서 며칠까지 포함할 수 있으며 계획을 실행하는 방법에 대해 가장 자세하게 기술되어 있어야 한다. 단주기는 다양한 구성 요소를 포함할 수 있으며, 계획을 잘 세우면 다양한 변화에 효과적으로 대응하는 데 핵심이 될 수 있다.

	A	B	C	D	E	F	G	H	I
1	시즌 중 주간 훈련 스케줄 6일 분할								
2		토	일	월	화	수	목	금	토
3			경기 +1/−6	경기 +2/−5	경기 +3/−4	경기 +4/−3	경기 +5/−2	경기 +6/−1	
4			웜업 D	웜업 C					
5			회복/재생	AVT					
6				스프린트 능력 기반 경기					
7	AM								
8			워밍업 B						
9			패스		휴식일				
10			집중적						
11									
12		Game		웜업 A		웜업 B	웜업 A	웜업 G	경기
13	PM			기술/패스		AVT	기술/패스	시스템/전술	
14				포괄적		기술	포괄적	세트피스	
15						집중적		코너킥	
16									
17									
18	시즌 중 주간 훈련 스케줄 2일, 3일 분할								
19		토	일	월	화	수	목	금	일
20			경기 +1/−2	경기 +1/−1		경기 +1/−3	경기 +2/−2	경기 +3/−1	
21			웜업 D			웜업 D			
22			회복/재생			회복/재생			
23									
24	AM								
25			웜업 B			웜업 B			
26			패스			패스			
27			집중적			집중적			
28									
29		경기		웜업 G	경기		웜업 A	웜업 G	경기
30	PM			시스템/전술			기술/패스	시스템/전술	
31				세트피스			포괄적	세트피스	
32				코너킥				코너킥	

그림 21.3 경기 주간 일정 서식.

강력한 예비 계획을 세우면 세 가지 중요한 이점을 얻을 수 있다. 첫째, 예상치 못한 상황에 직면할 수 있는 경우를 예상할 수 있으므로 다음과 같은 조치를 취할 수 있게 된다.

- 팀과 스태프의 기대치를 관리하고 향후 계획을 최적화하기 위한 계획을 수립할 수 있다.
- 스태프들이 프로그램 내 다양한 활동에 할당된 시간을 정확하게 채울 수 있다.
- 다른 팀원들이 개별 선수의 일정과 스태프 일정 또는 의무 사항에 맞춰 작업할 수 있는 시기를 확인할 수 있다.
- 코칭 스태프나 기술 그룹과 소통하는 데 사용할 수 있는 체계를 제공하여 모두가 같은 정보를 공유하고 진행 상황을 명확하게 파악할 수 있다.

	A	B	C	D	E
1	경기 간격(일수)	경기 후 날짜	경기 전 날짜	훈련 주제	
2	7	1	–7	회복/재생	포괄/집중
3	7	2	–6	컨디셔닝	
4	7	3	–5	휴식일	
5	7	4	–4	휴식일	
6	7	5	–3	전술 90	
7	7	6	–2	전술 70	
8	7	7	–1	전술 60	포괄/집중
9	6	1	–6	회복/재생	
10	6	2	–5	컨디셔닝	
11	6	3	–4	휴식일	
12	6	4	–3	전술 90	
13	6	5	–2	전술 70	
14	6	6	–1	전술 60	포괄/집중
15	5	1	–5	회복/재생	
16	5	2	–4	휴식일	
17	5	3	–3	전술 90	
18	5	4	–2	전술 70	
19	5	5	–1	전술 60	포괄/집중
20	4	1	–4	회복/재생	
21	4	2	–3	전술 90	
22	4	3	–2	전술 70	
23	4	4	–1	전술 60	포괄/집중
24	3	1	–3	회복/재생	
25	3	2	–2	전술 70	
26	3	3	–1	전술 60	포괄/집중
27	2	1	–2	회복/재생	
28	2	2	–1	전술 60	

그림 21.3 (계속)

- 새로운 코칭 스태프가 프로그래밍에 대해 다른 견해를 가지고 들어오는 경우 구성 요소를 조정하거나 이동할 수 있도록 필요한 도구를 허용할 수 있다.

두 번째로 중요한 측면은 여러분과 팀이 수행하고, 경험하고, 결정한 모든 것에 대한 실행 기록을 보유하게 된다는 것이다. 이는 선수, 스태프 또는 외부 영향력으로부터 '왜 그런 결정을 내렸는가', 혹은 '결과를 더 잘 이해하려면 어떻게 해야 하는가'와 같은 비판, 결정, 질문, 편견, 발언에 직면했을 때 편향된 판단을 최소화하는 데 매우 중요하다.

세 번째는 시즌 중 스트레스가 많은 시기에 미리 대비하고, 원치 않는 시나리오를 예측하고 예방하는 데 도움이 되는 시스템을 갖추고, 의사 결정 모델을 수립할 수 있도록 준비할 수 있다는 것이다. 이렇게 하면 필요한 정신적 노동력을 줄여 더 중요한 업무에 집중할 수 있게 된다.

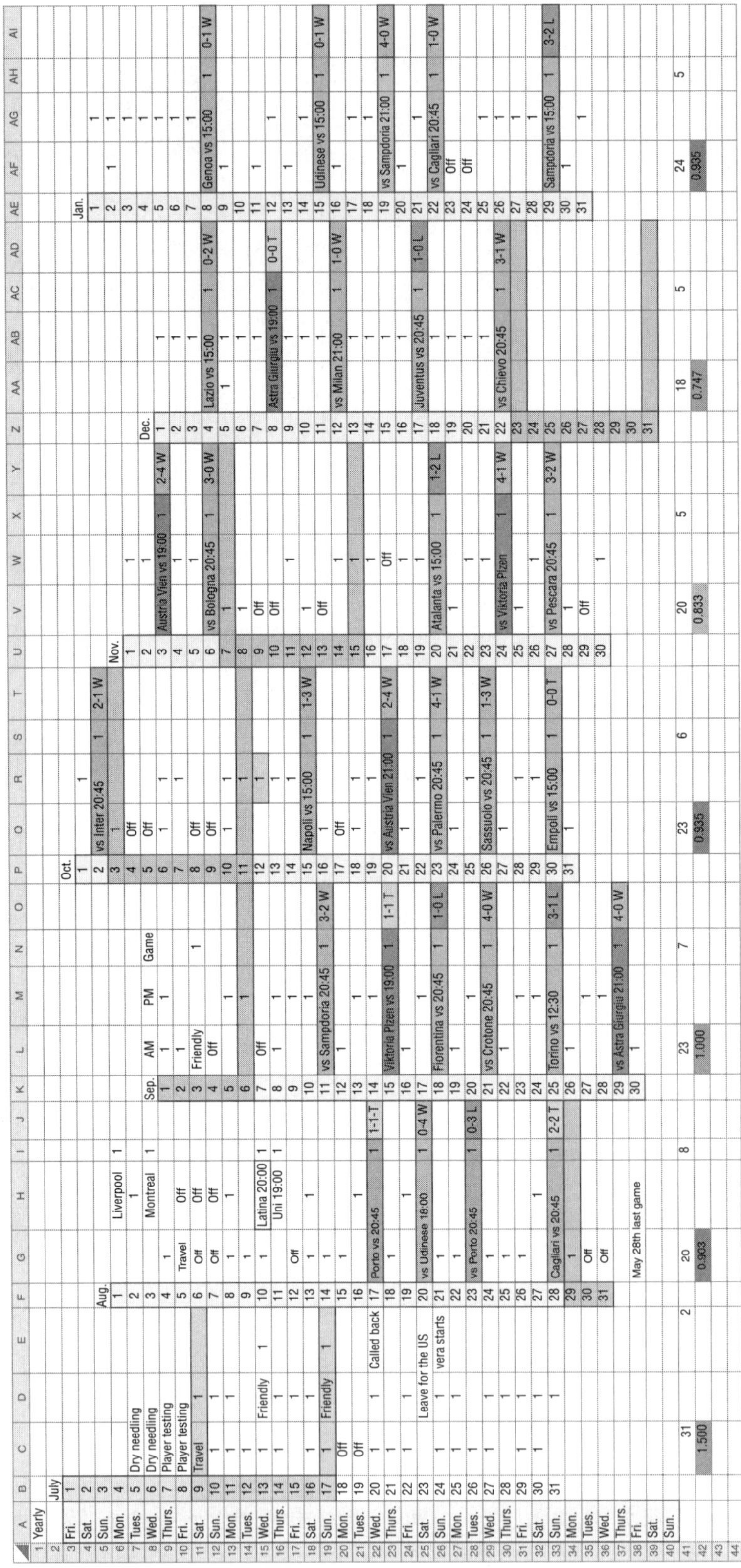

	A	B	C	D	E	F	G	H	I	J	K	L	M	N	O
1	Yearly														
2		July													
3	Fri.	1													
4	Sat.	2													
5	Sun.	3				Aug.									
6	Mon.	4				1		Liverpool	1						
7	Tues.	5	Dry needling			2		1							
8	Wed.	6	Dry needling			3		Montreal	1		Sep.	AM	PM	Game	
9	Thurs.	7	Player testing			4	1				1	1	1		
10	Fri.	8	Player testing			5	Travel	Off			2	1			
11	Sat.	9	Travel	1		6	Off	Off			3	Friendly		1	
12	Sun.	10	1	1		7	Off	Off			4	Off			
13	Mon.	11	1	1		8	1	1			5		1		
14	Tues.	12	1			9	1				6		1		
15	Wed.	13	1	Friendly	1	10	1	Latina 20:00	1		7	Off			
16	Thurs.	14	1	1		11		Uni 19:00	1		8	1	1		
17	Fri.	15		1		12	Off				9		1		
18	Sat.	16	1	1		13	1	1			10		1		
19	Sun.	17	1	Friendly	1	14	1				11	vs Sampdoria 20:45		1	3-2 W
20	Mon.	18	Off			15	1				12	1			
21	Tues.	19	Off			16		1			13		1		
22	Wed.	20	1	1	Called back	17	Porto vs 20:45		1	1-1-T	14		1		
23	Thurs.	21	1			18	1				15	Viktoria Plzen vs 19:00		1	1-1 T
24	Fri.	22	1	1		19		1			16	1			
25	Sat.	23		Leave for the US		20	vs Udinese 18:00		1	0-4 W	17		1		
26	Sun.	24	1	1	vera starts	21	1				18	Fiorentina vs 20:45		1	1-0 L
27	Mon.	25	1	1		22	1				19	1			
28	Tues.	26	1			23	vs Porto 20:45		1	0-3 L	20		1		
29	Wed.	27	1	1		24	1				21	vs Crotone 20:45		1	4-0 W
30	Thurs.	28		1		25	1				22	1			
31	Fri.	29	1	1		26	1				23		1		
32	Sat.	30	1	1		27		1			24		1		
33	Sun.	31		1		28	Cagliari vs 20:45		1	2-2 T	25	Torino vs 12:30		1	3-1 L
34	Mon.					29	1				26	1			
35	Tues.					30	Off				27		1		
36	Wed.					31	Off				28		1		
37	Thurs.										29	vs Astra Giurgiu 21:00		1	4-0 W
38	Fri.						May 28th last game				30	1			
39	Sat.														
40	Sun.														
41			31		2		20		8			23		7	
42			1.500				0.903					1.000			
43															
44															

	P	Q	R	S	T	U	V	W	X	Y	Z	AA	AB	AC	AD	AE	AF	AG	AH	AI
1																				
2																				
3	Oct.																			
4	1		1													Jan.				
5	2	vs Inter 20:45		1	2-1 W											1		1		
6	3	1				Nov.										2	1	1		
7	4	Off				1		1								3		1		
8	5	Off				2		1			Dec.					4		1		
9	6	1	1			3	Austria Vien vs 19:00		1	2-4 W	1		1			5		1		
10	7		1			4		1			2		1			6		1		
11	8	Off				5		1			3		1			7		1		
12	9	Off				6	vs Bologna 20:45		1	3-0 W	4	Lazio vs 15:00		1	0-2 W	8	Genoa vs 15:00		1	0-1 W
13	10	1	1			7	1				5	1	1			9	1			
14	11		1			8	1				6		1			10				
15	12		1			9	Off				7		1			11	1			
16	13		1			10	Off				8	Astra Giurgiu vs 19:00		1	0-0 T	12		1		
17	14		1			11		1			9		1			13	1			
18	15	Napoli vs 15:00		1	1-3 W	12	1				10		1			14		1		
19	16	1				13	Off				11		1			15	Udinese vs 15:00		1	0-1 W
20	17	Off				14		1			12	vs Milan 21:00		1	1-0 W	16	1			
21	18	1	1			15		1			13		1			17		1		
22	19		1			16		1			14		1			18		1		
23	20	vs Austria Vien 21:00		1	2-4 W	17		Off			15		1			19	vs Sampdoria 21:00		1	4-0 W
24	21	1				18		1			16		1			20	1			
25	22		1			19		1			17	Juventus vs 20:45		1	1-0 L	21		1		
26	23	vs Palermo 20:45		1	4-1 W	20	Atalanta vs 15:00		1	1-2 L	18		1			22	vs Cagliari 20:45		1	1-0 W
27	24	1				21	1				19		1			23	Off			
28	25		1			22		1			20		1			24	Off			
29	26	Sassuolo vs 20:45		1	1-3 W	23		1			21		1			25		1		
30	27	1				24	vs Viktoria Plzen		1	4-1 W	22	vs Chievo 20:45		1	3-1 W	26		1		
31	28		1			25	1				23					27		1		
32	29		1			26		1			24					28		1		
33	30	Empoli vs 15:00		1	0-0 T	27	vs Pescara 20:45		1	3-2 W	25					29	Sampdoria vs 15:00		1	3-2 L
34	31	1				28	1				26					30	1			
35						29	Off				27					31		1		
36						30		1			28									
37											29									
38											30									
39											31									
40																				
41		23		6			20		5			18		5			24		5	
42		0.935					0.833					0.747					0.935			
43																				
44																				

그림 21.4 연간 계획 서식.

	A	B	C	D	E	F	G	H
1	**Mesocycle planning**							
2	V1	Week	Day	Morning	Afternoon	Time	Games	Notes
3	Mon.	Jan.	9					
4	Tues.		10					
5	Wed.		11					
6	Thurs.	1	12					
7	Fri.		13					
8	Sat.		14					
9	Sun.		15					
10	Mon.	Jan.	16					
11	Tues.		17					
12	Wed.		18					
13	Thurs.	2	19					
14	Fri.		20					
15	Sat.		21					
16	Sun.		22					
17	Mon.	Jan.	23					
18	Tues.		24					
19	Wed.		25					
20	Thurs.	3	26					
21	Fri.		27					
22	Sat.		28					
23	Sun.		29					
24	Mon.	Jan.	30					
25	Tues.		31					
26	Wed.	Feb.	1					
27	Thurs.	4	2					
28	Fri.		3					
29	Sat.		4					
30	Sun.		5					
31	Mon.	Feb.	6					
32	Tues.		7					
33	Wed.	5	8					
34	Thurs.		9					
35	Fri.		10					
36	Sat.		11					
37	Sun.		12					
38	Mon.	Feb.	13					
39	Tues.		14					
40	Wed.		15					
41	Thurs.	6	16					
42	Fri.		17					
43	Sat.		18					
44	Sun.		19					
45			Totals		0			
46								

	J	K	L	M	N	O	P	Q	R	S	T
2	V1	Week	Day	ED	ID	EI	Sprint	MS	Weights	Game	Indiv.
3	Mon.	Jan.	9								
4	Tues.		10								
5	Wed.		11								
6	Thurs.	1	12								
7	Fri.		13								
8	Sat.		14								
9	Sun.		15								
10	Mon.	Jan.	16								
11	Tues.		17								
12	Wed.		18								
13	Thurs.	2	19								
14	Fri.		20								
15	Sat.		21								
16	Sun.		22								
17	Mon.	Jan.	23								
18	Tues.		24								
19	Wed.		25								
20	Thurs.	3	26								
21	Fri.		27								
22	Sat.		28								
23	Sun.		29								
24	Mon.	Jan.	30								
25	Tues.		31								
26	Wed.	Feb.	1								
27	Thurs.	4	2								
28	Fri.		3								
29	Sat.		4								
30	Sun.		5								
31	Mon.	Feb.	6								
32	Tues.		7								
33	Wed.	5	8								
34	Thurs.		9								
35	Fri.		10								
36	Sat.		11								
37	Sun.		12								
38	Mon.	Feb.	13								
39	Tues.		14								
40	Wed.		15								
41	Thurs.	6	16								
42	Fri.		17								
43	Sat.		18								
44	Sun.		19								
45			Totals								

	V	W	X
2	UL-Under load		
3	FS	Friendly	
4	LA	League A	
5	LB	League B	
6	LC	League C	
10		ED	Extensive endurance training
11		ID	Intensive endurance training
12		EI	Extensive intensive training
13		RSS	Repealed short sprint
14		AP	Acceleration power
15		SS	Start speed
16		MS	Movement session
17		Weights	Strength training
18		Individual	Individual position training
20	Notes		

그림 21.5 6주 계획 서식.

	A	B	C	D	E	F	G	H	I	J	K	L	M
1	Week 1 program 2017-2018												
2	V1	Date	Morning	Time (min)	RPE (1-10)	Load (units)		Afternoon	Time (min)	RPE (1-10)	Load (units)		Notes
3	Mon.			90	8	720			0	5	0		
4													
5													
6													
7													
8	Tues.			0		0			0		0		
9													
10													
11													
12	Wed.			90	9	810			0		0		
13													
14													
15													
16													
17	Thurs.			90	7	630			0		0		
18													
19													
20													
21													
22	Fri.			60	5	300			0		0		
23													
24													
25													
26													
27	Sat.			90	10	900			0		0		
28													
29													
30													
31													
32	Sun.			45	4	180			0		0		
33													
34													
35													
36													
37					AM total	3540		Training sessions - games		PM total	0		Weekly total = 3540
38													

그림 21.6 주간 계획 서식.

다양한 그룹을 위한 계획 수립

시즌이 진행됨에 따라 코치는 자신의 선택에 따라 각 선수의 부하와 선수의 현재 건강 및 체력에 따른 개별 요구 사항을 관리해야 하는 어려운 과제에 직면하게 될 것이다. 훈련 구성 요소에 대한 올바른 구조와 세부 사항을 설정하면 시즌 내내 도전 과제를 해결하기 위해 프로그램을 훨씬 쉽게 수정할 수 있게 된다.

반드시 적응해야 하는 영역 중 하나는 다양한 선수 집단이다. 일반적으로 팀에는 세 개의 다른 선수 집단이 존재한다. 모든 경기 시간을 플레이하는 선수의 경우, 경기 사이에 선수 회복에 중점을 두어야 한다. 두 번째 그룹은 간헐적으로 경기를 뛰는 선수들로, 가장 어려운 집단이다. 출전 시간의 다양성과 일관성이 매우 다를 수 있으며, 경기 및 훈련 참여도를 파악하기 위한 모니터링이 잘 이루어져야 한다. 또한 종목에 따라 리저브 팀을 운영해야 할 수도 있다. 선수는 리저브 팀에서 꾸준히 출전 시간을 얻고 간헐적으로 1군 팀에 소집되어 훈련할 수도 있다. 부상 위험 없이 적절하게 훈련 일정을 잡으려면 각 선수가 무엇을 하고 있는지 파악하는 것이 중요하다. 마지막 그룹에 속한 선수는 출전 시간이 매우 적거나 전혀 뛰지 않으며 육성팀에 속해 있는 경우가 많다. 이 그룹은 프로그램의 변동성이 적기 때문에 프로그램을 짜기가 더 쉬운 경향이 있지만, 경쟁의 기회를 얻지 못하기 때문에 동기 부여가 낮을 수도 있다. 앞으로 설명할 것처럼 모든 구성원이 목표를 갖도록 하는 것이 중요하다.

집단을 나누는 또 다른 방법은 선수의 개인 프로필과 함께 누적된 선수 기록의 많고 적음에 따라 그룹을 나누는 방식이다. 예를 들어, 베테랑 선수는 신인 선수나 연차가 있는 중고참 선수와는 다른 시즌 내 관리가 필요할 수 있다.

집단과 제약 조건에 관계없이, 각 집단에 속한 모든 선수가 호출 시 부상의 가능성을 줄이면서도 승리에 기여할 수 있는 수준의 플레이를 할 수 있도록 준비할 수 있는 시스템을 갖추고 있어야 한다. 이를 위해서는 신중하게 계획된 테스트 및 모니터링 시스템이 필요하다.

시즌 중 테스트, 모니터링 및 프로파일링

선수 모니터링에 대한 아이디어는 말 그대로 수천 가지로 세분화할 수 있을 것이다. 이 섹션의 목표는 시즌 동안 해당 환경의 맥락과 문화에 맞는 모니터링 시스템을 만들 수 있도록 몇 가지 기본 원칙을 제공하는 것이다. 모니터링의 핵심은 관찰된 값을 표준과 비교한 후, 그 차이를 맥락에 따라 해석하는 데 있다. 하지만 시즌 내에 달성하고자 하는 목표를 뒷받침할 수 있는 실현 가능하고 타당하며 신뢰할 수 있는 데이터 수집 프로세스를 만드는 것이 관건이다.

특정 날의 선수의 퍼포먼스(준비 상태)는 총 준비도에서 피로를 뺀 값과 맥락적으로 연관되어 있다. 준비도는 단기든 장기든, 긍정적이든 부정적이든 다양한 훈련 부하에 대한 선수의 적응의 산물이다! 이를 뒷받침하는 일반 적응 증후군(GAS)의 개념은 19장에 설명되어 있다.

시즌 중 관찰 및 평가의 다양한 방법을 자세히 살펴보기 전에 먼저 테스트, 평가, 모니터링, 프로파일링과 같은 용어를 사용할 때 몇 가지 핵심 개념을 정의해야 할 필요가 있다.

어떤 정보가 수집되는가?

선수에게 신체적·정신적으로 어떤 부하가 가해졌는가? 부하는 단기·중기·장기 잔여 부하로 세분화할 수 있다. 부하 측정 방법으로는 GPS, 운동 자각도(RPE), 들어 올린 총 중량, 심지어 강의실이나 회의실에서의 시간 등도 포함된다.

'회복'이란 선수가 신체적, 정신적으로 훈련 부하에 적응하는 과정을 의미한다. 심박 변이도(HRV), 회복 설문지, 심지어 혈액 생체 지표까지도 선수의 회복에 대한 이해를 돕는 데 사용할 수 있다. 또한 선수가 회복을 위해 무엇을 했는지에 대한 하위 범주도 포함한다. 예를 들어, 충분한 수면을 취했는지, 잘 먹었는지, 회복을 위한 기법을 수행했는지 등이 있다.

'퍼포먼스'는 경기 또는 훈련 중에 선수가 어떻게 수행하는지를 고려한 것이다. 예를 들어, 퍼포먼스 추적에는 경기 중 슈팅 수나 스프린트 횟수와 같은 경기 통계 또는 웨이트장에서 최대 세트에 도달한 1RM의 % 또는 포스 플레이트에서의 점프 높이와 같은 훈련 데이터가 포함될 수 있다. 또한 생체역학적 움직임 스크린이나 코치의 움직임 퀄리티에 대한 인식과 같은 코트나 웨이트장에서의 움직임 퀄리티로 퍼포먼스를 정의할 수도 있다.

어떻게 정보가 수집되는가?

'테스트'는 선수의 스포츠 또는 훈련의 맥락에서 벗어나 평가할 수 있는 외적인 과제를 선수에게 수행하도록 하는 것을 포함한다. 이러한 과제는 1RM 백 스쿼트를 통한 근력 테스트 또는 40m 스프린트를 통한 속도 테스트와 같이 선수의 생리학적인 측면을 측정하기 위해 수행된다.

'스크리닝'은 통증이나 피로를 파악하기 위한 회복 설문지, 운동량을 계산하기 위한 운동 자각도 평가, 단순히 선수의 상태를 묻는 질문 등 선수의 생리학이나 건강 상태를 평가하는 비침습적 테스트다.

'모니터링'은 스포츠, 트레이닝, 친숙함, 신뢰, 편안함 또는 생활의 맥락에서 선수에 대한 객관적 또는 주관적 정보를 수집하는 것을 말한다. 그런 다음 이 정보를 평가하여 활동 중 수행되는 생리학이나 퍼포먼스의 일부 측면을 더 잘 파악한다. GPS를 통한 운동량 모니터링, 액티그래프Actigraph를 통한 수면 모니터링 또는 심박변이도를 통한 회복 모니터링과 같이 비침습적인 모니터링 기준을 고려한다.

우리의 업무는 간단하다. 선수들의 퍼포먼스를 극대화하는 것이다. 선수들의 준비 상태, 컨디션, 피로도를 이해함으로써 더 나은 결정을 내릴 수 있게 된다. 이러한 자질을 정량화하기 위해 단기, 중기, 장기 기간 동안 완료한 운동량과 선수들이 그 운동량에 얼마나 잘 적응하고 회복하고 있는지에 대한 정보를 수집한다. 모든 항목에 체크하고 있는지 확인하고 각 항목에 긍정적인 요소와 부정적인 요소를 포함시켜야 한다. 그런 다음 수집한 정보를 평가하는 방법에 대해 간략하게 설명해보고자 한다.

전체 그림을 이해하려면 최소한 운동 부하, 회복

표 21.2 퍼포먼스 모니터링 특성

	테스트	스크리닝	모니터링
운동 부하		선수의 RPE 코치의 RPE	GPS 심박수 경기 시간 트레이닝 시간 미팅 시간
회복	포스 플레이트 점프 테스트 최대하 요요 테스트	회복 설문지 혈액 생체 지표 체성분	심박 변이도 수면 모니터링
퍼포먼스	스피드, 민첩성 테스트 움직임의 질적 평가를 위한 생체역학적 스크리닝 30-15 IFT 테스트 포스 플레이트 점프 테스트 근력 테스트, 1RM, 근력 측정기 평가	선수의 퍼포먼스 평점 코치의 퍼포먼스 평점	경기 기술적 통계 경기 피지컬 통계

및 퍼포먼스의 각 요소에 대해 알아야 한다. 표 21.2에서는 사용할 수 있는 평가를 보여주고 있다.

하향식 및 상향식 접근 방식

이상적인 세상에서는 모니터링 방법만을 사용하여 최선의 결정을 내리는 데 필요한 모든 정보를 얻을 수 있을 것이다. 문제는 스포츠 선수를 면밀히 측정할수록 특정 자질에 대한 선수의 실질적 준비도 변화를 파악하기가 어렵다는 것이다. 비록 내재적인 변수가 더 많지만, 이러한 정보는 선수의 성공이라는 우리의 실제 결과 목표에 대해 타당도와 특이도가 매우 높다. 그러나 최고 수준의 퍼포먼스만 보고서는 한계 요인을 파악할 수 없는 경우가 많다.

우리 모두가 한 번쯤 들어 봤을 법한 내용을 잠시 분석해 보고자 한다. 한 선수가 전환이 느리다고 감독이 말하는 경우가 있다. 이때 선수가 신체적으로 느린 것인지 아니면 단지 전환의 필요성을 인지하는 속도가 느린 것인지 어떻게 판단해야 하는가? 먼저 스피드 또는 민첩성 테스트를 통해 해당 선수를 테스트하고 몇 가지 표준 데이터와 비교해 볼 수 있다. 정보를 분석한 결과, 해당 선수의 최고 속도는 매우 빠르지만 가속이 좋지 않다는 것을 알게 되었다. 이것이 부족한 기술 때문일까, 아니면 근육의 역학이 좋지 않기 때문일까? 선수의 기술을 자세히 분석하면 선수가 개선할 수 있는 몇 가지 기술적 오류를 발견할 수 있을 것이다. 또한 포스 플레이트 테스트를 통해 선수의 근력과 파워가 약해 해결해야 할 문제가 있다는 것을 파악할 수도 있다. 이제 문제의 근원을 파악했으니 어떤 부분을 개선해야 하는지, 그리고 그 과정에서 진행 상황을 어떻게 추적해야 하는지 더 잘 알 수 있을 것이다. 만약 최상위 수준에서만 접근한다면, 경험이 부족한 트레이너는 스피드와 민첩성 훈련만 처방할 수 있을 것이다. 하위 수준에서만 접근한다면, 트레이너는 선수의 근력이 약하다는 것을 파악하고 중간 영역은 다루지 않은 채 근력 향상에만 집중할 수밖에 없을 것이다.

맥락이 가장 중요하다

특정 특성에 대한 선수의 전체 준비도 추이를 제대로 이해하려면 운동 부하, 회복, 퍼포먼스 등 모든 측면을 고려해야 한다. 예를 들어 준비도에 대한 KPI가 포스 플레이트에서 평가된 힘과 속도의 근육 동적 특성이라고 가정해 보자. 시간에 따른 퍼포먼스 테스트의 변화라는 맥락을 고려하면 준비 상태와 피로를 이해하기 시작할 수 있을 것이다. 예를 들어, 1주일 동안 하향 추세를 보인다면 피로가 증가하여 준비 상태readiness는 감소한 반면, 준비도preparedness는 동일하다고 가정할 수 있다. 하지만 3주 동안 하락 추세를 보인다면 피로 문제라고 자신 있게 말할 수 있는가? 아니면 오버트레이닝이나 트레이닝 부족으로 인한 적응력 저하일 가능성이 있는가? 더 많은 정보를 알지 못하면 단정적으로 말하는 것은 불가능에 가깝다. 먼저 선수가 최근에 수행한 트레이닝과 기존에 수행했던 트레이닝을 비교하여 트레이닝 부하를 살펴봐야 한다. 그런 다음 심박 변이도 또는 회복 설문지를 통해 회복 모니터링을 살펴보고 시간이 지남에 따라 선수가 어떻게 적응하고 있는지를 확인할 수 있을 것이다.

현명한 방법

강력한 시즌 계획을 세우려면, 시스템의 각 구성 요소뿐만 아니라 그들 간의 상호작용까지 모두 고려해야 한다.

시즌 번아웃 예방

시즌 중 프로그램의 전략과 기획 부분도 매우 중요하지만, 복잡한 시스템을 구성하고 승패를 좌우할 수 있는 부분 간의 상호작용을 이해하고 긴 시즌 동안 에너지와 열정을 유지해야 하며, 종종 고르지 못한 물살을 침착하게 헤쳐나가야 한다.

팀에 긍정적인 환경을 조성하면 경기에서의 승리, 문화 개선, 궁극적으로는 퍼포먼스 향상에 큰 영향을 미칠 수 있지만, 반대로 부정적인 분위기를 조성하면 퍼포먼스가 저하되고 팀이 바닥으로 추락할 수 있다는 사실이 이미 입증된 바 있다. 팀의 가치를 장려하고, 건전한 경기를 조성하며, 개선과 긍정을 이끌어 내는 것은 시즌 중 프로그램에 가치를 더할 수 있는 좋은 방법이다.

시즌 중 팀 내 자체 경기는 특히 시즌 결과가 기대했던 것과 다를 때 사기를 높이는 데 큰 도움이 될 수 있다. 팀은 훈련 세션의 일부로 자체 경기를 즐기거나, 경기 사이, 몇 주 또는 몇 달과 같은 훈련 주기에 맞춰 자체 경기를 하거나, 선수들이 실력을 향상하는 데 도움이 될 수 있는 도전을 할 수 있다. 이러한 자체 경기의 규칙은 코칭 스태프 또는 선수들이 직접 만들어, 특정 팀 가치를 주입하거나, 내적 동기를 높이거나, 단순한 자랑거리로 삼을 수도 있다.

스태프나 선수들은 긴 시즌의 단조로움을 달래기 위해 실시하는 이러한 트레이닝 경기의 승패에 따른 결과를 정할 수도 있다는 것을 고려해야 한다. 승패에 따른 몇 가지 예시적인 결과로는 결과를 상징하는 의상을 착용하거나 편리한 주차 공간 또는 팀 회식 테이블의 맨 앞자리와 같은 특권을 얻는 것 등이 있을 것이다. 가족, 친구 또는 팀원에게 자랑할 수 있는 특별한 트로피나, 혹은 많은 사람들이 초등학교 시절부터 기억하는 고전적인 별자리 차트가 될 수도 있다.

팀은 트레이닝 중 게임과 같은 내부 토너먼트나 시합을 즐기거나, 탁구와 같이 반응력과 눈과 손의 협응력이 필요한 다른 종목의 외부 시합, 또는 물구나무 서서 멀리 걷기, 줄넘기 이단 뛰기, 옆돌기 등 전반적인 운동 능력과 관절 힘을 향상시키는 신체적 도전 과제를 수행할 수도 있다.

특정 통계에 기반한 테마형 시상은 선의의 경쟁과 유쾌함을 선사할 수 있다. 판타지 리그, 머니볼과 같은 영화, 고액 도박의 인기로 인해 통계는 스포츠에서 더 큰 부분을 차지하게 되었다. 한 가지 제안은 스포츠에서 성공에 중요한 통계를 파악하고 이를 창의적인 방법으로 홍보하여 어려운 상황에서 선수들이 조금 더 열심히 노력하도록 동기를 부여하는 것이다. 대표적인 예로는 특정 경기 지표를 달성한 선수에게 수여하는 '헤비급 챔피언 벨트'가 있다. 또 다른 예로는 팀이 홍보하고자 하는 KPI와 관련된 투르 드 프랑스 스타일의 연습 유니폼이나 양말을 만들 수도 있을 것이다. 선수는 기념일이나 특정 기간 동안 이 유니폼을 착용하여 팀 내에서 자신의 성취를 나타낼 수 있다.

팀 및 가족 나들이 또는 인프라 제공은 동기를 부여할 수 있다. 스포츠에 종사해 본 사람이라면 경기와 트레이닝의 압박이 가정생활에 부정적인 영향을 미칠 수 있다는 것을 알고 있을 것이다. 특별한 날이나 휴일 또는 연중 특정 시기에 가족이 함께 모일 수 있는 시간을 예약하는 것은 팀에 큰 영향을 미칠 수 있다. 또한 이러한 기회를 통해 선수와 스태프들이 서로에 대해 배우고 공감할 수 있는 기회를 더 많이 가질 수 있게 될 것이다. 가족과 친구는 선수 지원 조직의 핵

현명한 방법

추억은 관계를 만든다. 시즌 동안 업무 환경과 놀이 환경의 균형을 유지하여 강력한 문화를 유지할 수 있는 기회를 찾도록 하자.

심적인 부분이다. 지원 조직에 요리 강습이나 기타 활동과 같은 교육 기회를 제공하면 선수와 팀에 도움이 될 수도 있다.

요약

시즌 중 프로그램은 성공적인 팀의 핵심 요소다. 훌륭한 시즌 중 프로그램은 자신과 팀의 목표를 조정하고 집중할 수 있는 명확한 미션, 비전, 핵심 가치 설정에서 시작된다. 그런 다음 모든 도전 과제, 제약 조건, 기회를 고려하고 그에 따라 계획을 세워야 한다. 체계적일수록 더 쉽게 적응할 수 있고 궁극적으로 더 큰 성공을 거둘 수 있을 것이다. 강력한 테스트, 벤치마킹, 모니터링은 시즌 내내 적절한 부하 지정과 퍼포먼스 목표를 설정하고 수준 높은 선수, 코치, 스태프 간의 대화를 위한 토대를 제공하는 데 매우 중요하다.

마지막으로, 항상 승리해야 한다는 목표 아래 높은 수준의 퍼포먼스를 보여야 한다는 끊임없는 스트레스를 받더라도 스포츠는 그저 하나의 게임이라는 사실을 기억해야 한다! '기계' 뒤에 숨어 있는 인간적인 상호작용을 이해하고 노력하는 데 시간을 할애하고, 그에 못지 않은 에너지를 쏟아야 한다. 힘든 시기에는 이러한 상호작용과 기억이 하나의 문화를 형성할 수 있다. 이러한 관계와 유대감은 해를 거듭할수록 팀을 하나로 묶어주며, 경기나 우승의 원동력이 될 수 있다.

필수 항목

- 세밀하고 엄격하게 준비한다. 시간을 들여 강력한 계획을 세우고, 눈앞에 닥친 문제를 미리 고려하자.
- 좋은 기록자가 된다. 일상적인 의사 결정과 그것이 진행 상황에 미치는 영향을 일관되게 검토한다. 결정을 내리는 방법과 이유에 관한 맥락과 제약 조건을 파악해야 한다.
- 정신적 스트레스를 줄일 수 있는 시스템을 구축한다. 패턴을 찾고 체크리스트와 시스템을 만들어 압박감 속에서도 명확하게 판단할 수 있도록 한다. 계획에서 벗어날 수는 있지만, 특히 스트레스가 많은 상황에서 정신적 부담을 줄일 수 있는 깔끔한 시스템을 마련한다.
- 역할과 책임을 명확히 한다. 경기장의 선수단과 마찬가지로, 모든 사람은 더 큰 팀 목표를 실행하는 데 있어 자신의 구체적인 책임을 명확히 이해해야 한다. 팀원들이 각자의 능력과 기여를 극대화하는 데 집중할 수 있도록 명확한 역할을 부여해야 한다.

Chapter 22

비시즌

티나 머레이Teena Murray, MS
새크라멘토 킹스Sacramento Kings 헬스 · 퍼포먼스 부사장

데릭 M. 한센Derek M. Hansen, MSc
뉴로머스큘러 트레이닝 및 경기 복귀 코디네이터, 퍼포맥스 헬스 그룹Performax Health Group 소유자, SprintCoach.com 운영자

'선수권 대회 우승은 비시즌에 결정된다'라는 오래된 격언은 여전히 사실일 수 있지만, 비시즌을 정의하고 관리하는 것은 점점 더 어려워지고 있다. 최고 수준의 스포츠에서, 그동안 비시즌은 휴식과 회복을 위해 팀과 스포츠(운동)로부터 오랜 기간 떨어져 있고, 나아가 다음 시즌으로 이어지는 신체적 발달에 집중할 수 있는 기간으로 정의되어 왔다. 요즘에는 여름리그, 국제투어, 토너먼트 그리고 다른 형태의 시합들이 생겨나면서 비시즌의 기간이 줄어들고 있다. 대학교와 고등학교 스포츠 전반에 걸쳐, 종목 특이적 기술적, 전술적인 면의 중요성이 점점 강조됨에 따라 피지컬 트레이닝과 회복 모두에 할애할 시간 줄어들어 비시즌의 초점 또한 변하고 있다. 유소년 스포츠에서 조기의 단일 스포츠 전문화의 확산은 비시즌 기간이 가장 필요한 모든 어린 선수들에게 비시즌이 전혀 없다는 것을 의미하기도 한다.

모든 수준의 선수가 해야 할 일은 발전, 준비, 시합에 적절한 시간과 노력을 투자하는 것이다. 올바른 균형이 이루어져야 최상의 결과를 얻을 수 있다. 비록 어떤 선수들은 시합과 종목 특이적 트레이닝만이 그들의 잠재력을 최대한 발휘하는 데 필요한 것이라고 느낄지 모르지만, 우리는 개인 기술과 신체 능력 향상에 집중하는 비경쟁 기간이 퍼포먼스를 높이고 선수의 내구성을 강화한다는 사실을 알고 있다. 이를 위해서는 선수들의 모든 요구들을 효과적으로 해결하고 통합하는 포괄적이고 점진적이고 개별화된 비시즌 계획을 세우는 것이 필수적이다.

이 장에서는, 다양한 종목, 연령 및 능력을 가진 선수들을 위한 적절한 비시즌 트레이닝 프로그램이 어떤 것인지 정의하고, 여러분의 계획 수립을 도울 수 있는 비시즌 트레이닝 프로그램에 대한 아이디어, 구성 및 제안들을 다루고자 한다. 비시즌에 대한 보편적으로 정해진 틀은 없지만, 우선시되는 일반적인 원칙은 먼저 비시즌에 대한 목표 결과를 정하고(그림 22.1), 철학과 원칙들을 명확히 한 다음, 이를 이용하여 방법론을 구체화하는 것이다. 코치들은 이러한 단계를 생략한 채, 운동 선택, 반복 계획, 강도 향상으로 바로 들어가는 경우가 매우 많다. 어떠한 여정이든, 먼저 목적지가 어딘지 알아야 하고 결승선까지 안내할 정확한

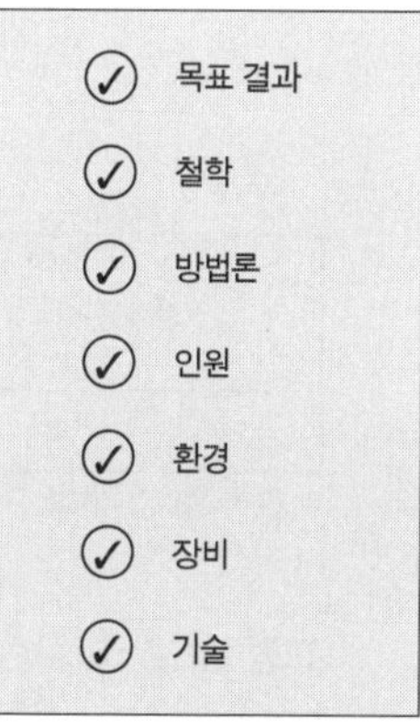

그림 22.1 비시즌 계획 체크리스트.

현명한 방법

비시즌의 초점이 변하고 있는 이유는 종목 특이적 기술적, 전술적인 면이 점점 강조됨에 따라 피지컬 트레이닝과 회복 모두에 할애할 시간이 줄어들고 있기 때문이다.

로드맵을 만드는 시간을 가져야 한다. 이는 선수들에게 잠재력을 최대한 끌어올리고, 최고 수준의 퍼포먼스를 발휘할 수 있는 기회를 제공한다.

비시즌 기간의 정의

비시즌 트레이닝을 최적화하는 것에 대한 논의를 시작하기 전에 먼저 다양한 종목과 각기 다른 수준의 선수들에게 비시즌 기간이 어떠한 모습으로 비춰지는지 정의하여야 한다. 모든 비시즌 기간이 동일하게 만들어지는 것이 아니라는 것은 우리가 확실하게 알고 있다. 비시즌 프로그램을 계획하기 전에 선수의 구체적인 상태를 평가하는 것이 항상 필요하다. 예를 들어, 대학 진학을 준비하는 고등학생 선수들은 대학 신입생 시즌을 준비하기 위해서 4~6개월 동안의 운동능력, 일반적인 근력, 근 비대를 위한 기간이 필요할 수 있다. 반면에, 베테랑의 프로선수는 현재 퍼포먼스 상태를 유지하고 관절, 인대, 힘줄에 영향을 줄 수 있는 과사용 상태를 예방하기 위해서 프리시즌으로 이어지는 6~8주간의 짧은 트레이닝 기간이 필요할 수 있다. 모든 경우에 있어, 비시즌 프로그래밍을 시작하기 전 선수에게 필요한 부분들을 평가하고, 우선순위를 정하고, 최적의 일정을 계획해야 한다.

비시즌의 전통적인 개념

과거에 비시즌은 일반적으로 선수들이 신체적 능력과 체력 요소를 발달시키고 기술적인 역량을 향상시키는데 시간과 에너지를 집중할 수 있는 시기였다. 비시즌은 더 많은 출전 시간을 얻길 원하고, 코치의 눈에 비친 자신의 입지를 향상시키길 원하거나, 일반적으로 퍼포먼스 향상을 희망하는 선수들에게 이를 실현할 수 있는 시기였다. 그리고 나서 향상된 신체적 능력과 새로운 기술들을 선보이기 위한 시기가 프리시즌(트레이닝 캠프)이었다.

비시즌은 전통적으로 근력 및 컨디셔닝 코치들이 중심에 서는 시기였다. 근력 및 컨디셔닝 코치들이 마침내 스포츠 자체에서 벗어나 신체적 능력의 향상과 발달에 영향을 줄 수 있는 기회를 가지게 된 때가 비시즌이었다. 이는 미국 대학 환경에서 특히 그러했다. 정확히 무엇을, 언제, 얼마나 수행하는지를 규정하는 규칙이 있음에도 불구하고, 스트렝스 코치들은 매년 그들의 팀에서 장기간의 전용 트레이닝 시간의 권한을 가질 수 있었다. 대부분의 선수들은 졸업할 때까지 그들의 대학 선수단에 소속되어 있기 때문에, 이는 4~5년 동안의 일관되고 집중적인 비시즌 트레이닝이라는 것을 의미한다.

전통적인 비시즌 트레이닝 프로그램에는 그림 22.2에 나타나져 있는 것처럼 일반적 신체 준비 단계(GPP)에서 프리시즌과 시합 단계의 초기 단계로 이어지는 보다 구체적인 트레이닝 단계(SPP)로 점진적인 전환이 포함된다. 각각의 새로운 단계에는 적절한 시간이 주어져 운동선수들이 새로운 수준의 신체적 퍼포먼스를 발달시키고 달성할 수 있다.

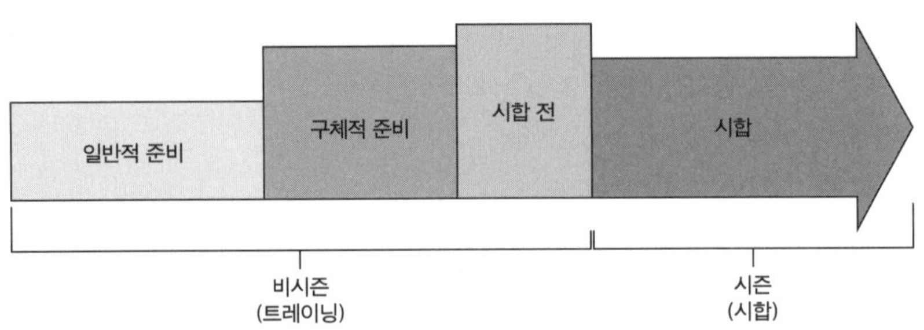

그림 22.2 비시즌 단계 진행.

프로 스포츠

프로 스포츠에서, 비시즌의 기간은 정규 시즌 동안의 팀 성과에 의해 결정된다. 예를 들어, NBA와 NHL에서의 포스트시즌 진출은 최대 2개월 간의 시합 기간이 더해질 수 있다. 북미 5대 프로스포츠의 현재 일정은 아래 그림 22.3과 같다.

대학 스포츠

대학 수준(NCAA, Division I)에서는 비시즌 기간을 관리하기 위해 엄격한 규칙이 마련되어 있다. 구체적으로, 코치들은 비시즌 트레이닝을 위한 정해진 기간의 주 수를 부여받고, 해당 기간 동안 정해진 시간(8시간)을 부여받는다. 그 정해진 시간은 매주 근력 및 컨디셔닝 활동들에 최대 6시간, 종목 특이적 기술 훈련에 최대 2시간이 가능하도록 구성되어 있다. 이렇게 선언된 비시즌 트레이닝 기간 동안 학생 선수들은 매주 2일의 휴식을 가져야 한다.

여름 동안, 미식축구와 남녀 농구를 제외한 모든 트레이닝 활동들은 자발적으로 이루어져야 한다. 미식축구와 남녀 농구의 경우, 학생 선수들은 학업 과정에 등록되어 있기 때문에 캠퍼스에 머물면서 일주일에 8시간까지 훈련해야 할 수도 있다. 이 세 가지 주요 종목 외에도, 점점 더 많은 학생 운동선수들이 여름 동안 캠퍼스에 머물면서 수업을 듣고 각자의 근력 코치와 함께 훈련하는 것을 선택하고 있고, 그리고 이것이 시합에서의 요구 사항들을 발달시키고 준비하는 가장 좋은 방법이라는 것을 깨닫고 있다. 봄, 가을, 겨울 스포츠 시즌의 전체적인 개요가 그림 22.4에 나타나 있다.

유소년 및 고등학교 스포츠

북미의 유소년 및 고등학교 스포츠 환경은 지난 10~15년 동안 조기 전문화가 더욱 두드러지면서 극

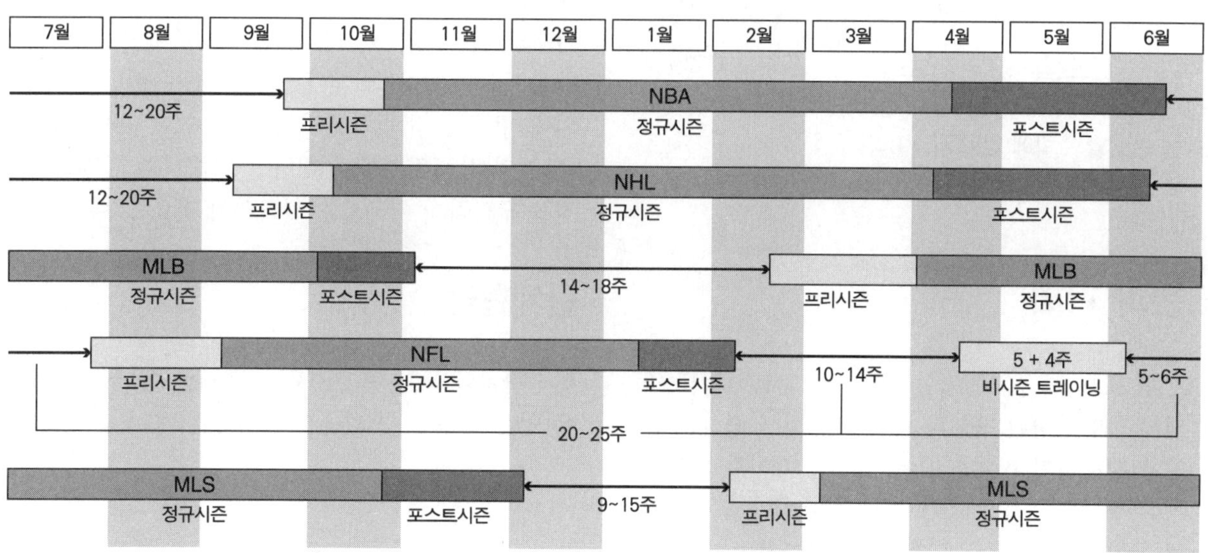

그림 22.3 프로스포츠 시즌 및 비시즌 기간.

<table>
<tr><th>8월</th><th>9월</th><th>10월</th><th>11월</th><th>12월</th><th>1월</th><th>2월</th><th>3월</th><th>4월</th><th>5월</th><th>6월</th><th>7월</th></tr>
<tr><td colspan="5">가을 스포츠 시즌</td><td>포스트시즌</td><td colspan="5">비시즌</td><td>프리시즌</td></tr>
<tr><td colspan="2">프리시즌</td><td colspan="6">겨울 스포츠 시즌</td><td>포스트시즌</td><td colspan="3">비시즌</td></tr>
<tr><td colspan="4">비시즌</td><td colspan="2">프리시즌</td><td colspan="4">봄 스포츠 시즌</td><td colspan="2">포스트시즌</td></tr>
</table>

그림 22.4 대학 스포츠: 봄, 가을, 겨울 스포츠 달력.

적으로 변화해 왔다. 한때 전문화의 출발점이었던 대학과 달리, 이제는 고등학교(때로는 그 이전) 시기에 대부분의 선수들이 향후 경력을 위해 단일 종목을 선택할 수밖에 없는 상황에 놓이게 되었다.

조기 전문화가 확산되기 전, 어린 선수들의 비시즌 기간에는 1년에 걸쳐서 휴식, 경기 참가, 다양한 스포츠에 참여할 수 있는 기회가 포함되었다. 불행하게도, 유소년 스포츠 코치들과 단체들은 요즘 많은 학부모들에게 기술의 숙달하고 대학 장학금을 받을 수 있는 유일한 길은 조기 전문화라는 것을 확신시켜 오고 있다. 이는 유소년 선수들이 연중 내내 훈련, 토너먼트, 경기, 스킬 캠프에 참여하게 하여 유소년 스포츠 산업이 호황을 누리는 결과를 초래하였다.

다행스럽게도 조기 전문화의 비극적 결과(번아웃, 정신 건강 문제, 과사용 부상)를 둘러싼 관심이 높아지고 있다. 이는 결과적으로 더 많은 국가 관리 기관이 코칭 교육 및 자격증 프로그램을 만들고 장기적인 운동선수 발달 모델을 조정하도록 이끌고 있다.

현명한 방법

대학이 한때 전문화의 영역이었던 반면, 고등학교(때로는 그 이전)는 이제 대부분의 선수들이 향후 경력을 위해 하나의 종목을 선택할 수밖에 없는 시기이다.

도전과 기회

선수, 팀 또는 조직을 평가할 때는 해당 시즌, 연도 또는 캠페인의 명시된 목표와 목적을 위해 노력하는 동안 해당 당사자가 직면한 모든 도전과 기회를 파악하는 것이 현명하다. 비시즌을 준비하는 전략을 수립하는 데 있어 잠재적인 방해 요소들을 파악하는 것이 도움이 될 수 있다. 모든 잠재적인 제약조건들과 기회들이 파악되어 나열되면, 선수들을 위한 트레이닝 시나리오를 최적화하기 위한 적절한 트레이닝 전략을 개발할 수 있다. 완벽한 트레이닝 계획은 실제로 존재하지 않는다는 점을 아는 것이 중요하다. 기상 조건, 질병, 수면 부족, 부상, 좋지 못한 상태 등이 모두 더해져 처음에 완벽한 계획으로 생각했던 것이 크게 뒤틀릴 수 있다. 잠재적인 방해 요소들을 예상할 수 있는 적응형 프로그램을 갖는 것은 비시즌에 운동선수들에게 상당한 이점을 가져다줄 수 있다.

현명한 방법

비시즌을 준비하는 전략을 수립하는 데 있어 잠재적인 방해 요소를 파악하는 것이 도움이 될 수 있다.

스포츠 문화

비시즌의 성공을 가로막는 가장 큰 장벽들 중 하나는 문화, 즉 팀 또는 조직의 문화와 스포츠 문화이다. 일반적으로 지니고 있는 태도는 항상 행동에 영향을 미치고, 결국 결과에도 영향을 미친다(그림 22.5). 일부 조직은 선수들의 발전에 대한 투자와 헌신으로 잘 알려져 있다. 이 조직들은 시간이 지남에 따라 더 크고, 더 건강하고, 더 빠르고, 더 강하고, 더 기술적으로 숙련된 선수를 키우려는 노력에 그들의 경쟁 우위가 숨겨져 있다고 믿는다. 다른 환경에서는 지금 당장 이기기win-now 전략이 핵심이 될 수 있고, 그 환경의 리더는 선수의 발전보다는 최고의 인재를 확보하는 데 더 중점을 둘 수 있다. 또 다른 환경에서는 희망적인 생각 외에 뚜렷한 비시즌 전략이 없을 수도 있다. 모든 경우에 있어 분위기를 조성하고 기대치를 설정하며 과정을 주도하기 위해서는 리더십이 필요하다.

단체협약

선수협회와 노조는 프로팀이 비시즌 동안 얼마나 많은 일을 협력할 수 있는지 결정하는 데 중요한 역할을

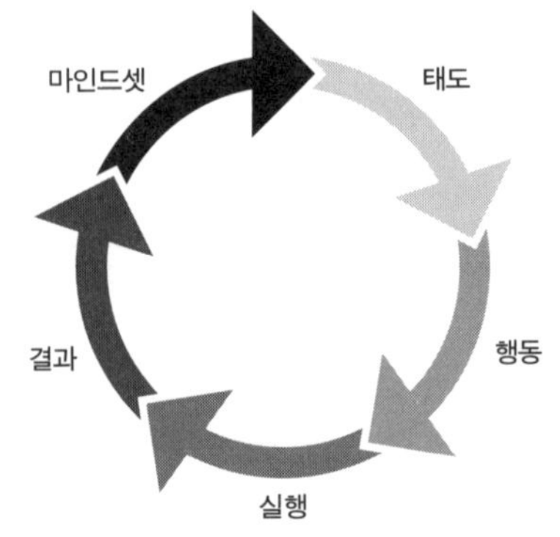

그림 22.5 마인드셋이 결과를 가져온다.

한다. 지난 10년간 북미 단체협약(CBAs)에서 '자발적'이란 단어는 대부분의 스포츠에서 비시즌 때 의무적으로 훈련을 하지 않도록 규정하는 것으로 정의하고 있다. 선수들에게 시즌은 연봉을 받는 시간으로 생각되고, 비시즌은 코치와 스태프들과 떨어져 휴식하는 시간으로 여겨져 왔다. 물론 선수들은 비시즌 동안 팀 시설에서 스태프들과 훈련할 수도 있지만, 이는 흔한 일은 아니다. 대부분의 프로선수들은 소속 팀 외 세계 다른 지역에 거주지가 있기 때문에 비시즌 동안은 이곳에서 개인 트레이너, 치료사, 기술 코치들과 훈련하는 경우가 더 많다.

현명한 방법

CBAs는 프로팀이 비시즌 트레이닝을 감독하고 비시즌 진행 상황을 모니터링할 수 있는 권한을 강하게 제한해 왔다.

CBAs로 인해 프로팀이 비시즌 때 선수 훈련을 감독하고, 훈련 진행 상황을 모니터링하는 데 엄청난 제한이 생겼다. 그런 만큼 부상자가 많이 발생하는 전지훈련과 프리시즌 준비에 대한 능률적인 접근법을 만들기가 어려워졌다. 때문에 CBAs에 따른 제약을 극복하는 과정은 팀에 오히려 기회로 작용할 수 있다. 강력한 정체성과 문화를 조성하고, 이에 맞춘 인재 발굴 전략을 펼치는 팀이 비시즌을 기회로 삼는 것이다.

대학 운동 규칙 및 규정

NCAA(미국 대학 선수 관리 기관)는 학생 선수들의 비시즌 기간 때 훈련 시간을 관리하기 위해 엄격한 지침을 제시하고 있다. 가이드라인이 제대로 지켜지고 있는지 감시하기 위해 엄격한 모니터링 프로세스를 마련했다. 이를 위반 시 벌금을 부과한다. 최근 법안이 학생 친화적으로 개정됐다. 덕분에 비시즌 기간 의무 휴무일은 늘어났지만, 반대로 의무 훈련 주 수는 줄었다.

모든 대학 스포츠의 비시즌은 여름이다. 선수들은 대부분 비시즌 때 캠퍼스를 떠나 집에 간다. 모든 선수들은 스트렝스 코치로부터 트레이닝 프로그램을, 종목 코치로부터는 기술 개발 계획을 받지만, 그 외에는 모든 것을 자율적으로 수행해야 한다. 선수들이 캠퍼스를 떠나 있는 동안에는 코치들이 보고 체계를 운영하는 것도 허용되지 않는다.

미식축구, 남녀 농구는 예외다. 이 종목 선수들은 여름에도 캠퍼스에 남아 훈련하고 수업을 들어야 한다. 코치들도 예외적으로 학생들을 훈련시킬 수 있는 권한을 갖게 된다. 다만 기간은 5주, 주당 8시간으로 제한된다. 코치들은 이 기간 근력 · 컨디셔닝, 기술, 팀 연습 일정을 계획하고, 조정할 수 있다.

문제는 축구, 필드하키, 배구, 크로스컨트리와 같은 가을 시즌 종목이다. 경기 일정이 학교에 돌아오고 약 2~3주 뒤에 시작하는 만큼 아무런 신체적인 준비 없이 고강도 프리시즌 전지훈련에 돌입해야 하기 때문이다.

장기간 운동능력 향상

조기 스포츠 전문화의 부정적인 결과에 대한 해결 방안은 장기간 운동능력 향상(LTAD long-term athletic development)이며, 이는 선수에게 신체적, 심리적으로 가장 큰 이점을 가져다주는 것으로 나타났고, 점점 더 많은 국제 스포츠 단체에서 이를 수용하고 있다. 이러한 접근 방식은 캐나다 스포츠 협회 산하 여러 국가기관에서 모델이 되고 있다. 그 목적은 개별 스포츠 단체가 자신의 스포츠 영역 안팎에서 멀티스포츠 및 다방향적 발달에 역할을 할 수 있는 기회를 창출하는 것이다. 모든 스포츠에 공통적인 기초 움직임 기술을 개발하고, 여기에 특정 종목에 필요한 주요 신체적 · 전술적 · 정신적 기술을 결합함으로써, 보다 건강한 스포츠 환경은 물론 최고 수준 경기에서의 견고한 하이퍼포먼스 시스템을 구축할 수 있다.

마이크로도싱 개념

마이크로도싱 개념은 긴 시합 시즌 동안 주요 신체적 특성을 유지하기 위한 솔루션으로 최근 몇 년 동안 인기를 얻고 있다. 마이크로도싱은 그림 22.6에 나타난 것처럼 더 짧지만 더 빈번한 트레이닝을 포함한다. 이러한 마이크로도싱의 접근 방식은 피지컬 트레이닝 요구 사항과 스포츠 특이적 요구 사항(연습 및 경기)의 균형을 맞춰야 하는 팀 스포츠 선수들에게 특히 효과적이다. 일부 스포츠에서는 이동과 시합으로 인해 시

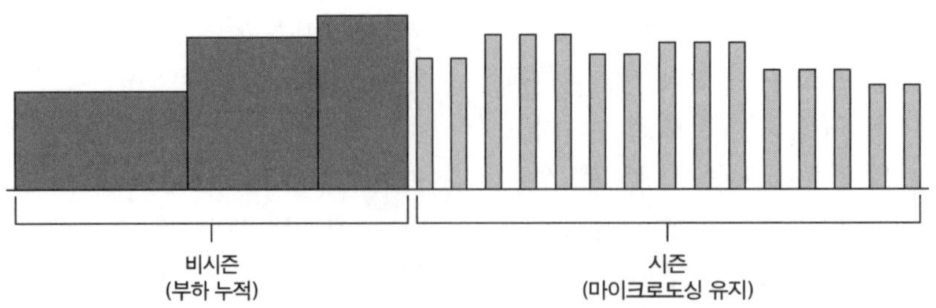

그림 22.6 지속 가능한 마이크로도싱을 위해 필요한 비시즌 운동의 누적.

합 단계에서 스피드, 근력, 파워 발달에 사용할 수 있는 시간과 에너지가 모두 제한되는 경우가 많다.

마이크로도싱 성공의 열쇠는 다음과 같다.

- **운동 능력과 체력의 탄탄한 기반.** 마이크로도싱은 기존 트레이닝 세션의 볼륨을 40~60%까지 줄여야 하기 때문에 체력이 이미 준비되어 있어야 한다. 스피드 트레이닝의 경우, 수개월 동안 세션당 300~400m를 스프린트하며 컨디션을 조절해 온 선수는 마이크로도싱 단계에서는 세션당 150~250m의 세션을 쉽게 견뎌낼 수 있을 것이다.
- **수준 높은 지도.** 반복과 세트 사이의 적절한 회복 기간의 중요성을 이해하고 고강도 마이크로도싱 세션 동안 확실한 기술적 지시(또는 프드백)를 제공할 수 있는 코치가 더 큰 성과를 거둘 수 있을 것이다. 특히 고강도 부하와 높은 속도가 수반되는 최상위 수준에서는 코칭 전문성이 더욱 중요하다.
- **프로그램 요소에 대한 기술적 전문 지식의 토대.** 선수는 코치가 지시하는 모든 과제에 대해 기술적으로 능숙해야 한다. 일반적으로 마이크로도싱 트레이닝 세션은 시간이 제한되어 있어 추가적인 기술 지도를 받을 기회가 제한적이다. 선수가 트레이닝의 기술적 요구 사항을 이해하고 안전에 대한 우려 없이 고강도 운동량을 쉽게 늘릴 수 있다면 세션의 효율성과 전반적인 효과는 극대화될 수 있다.

효과적인 계획 세우기

앞서 살펴본 바와 같이, 모든 수준의 스포츠 종목은 각기 고유한 도전과 기회의 조합을 지니고 있다. 선수마다 각각의 환경에 가장 적합한 최선의 계획을 세우는 것은 해당 종목 코치와 피지컬 코치의 협력에 달려 있다. 이 부분에서는 다양한 스포츠 환경에서의 최신 전략의 예시를 설명하고 있다.

현명한 방법

선수마다 각각의 환경에 가장 적합하고 최선의 계획을 세우는 것은 해당 종목 코치와 피지컬 코치의 협력에 달려 있다.

NBA National Basketball Association

NBA 플레이오프는 82경기의 정규시즌이 끝난 후 4월 중순에 시작한다. 플레이오프(두 번째 시즌)는 6월 초까지 진행되며, 결승전을 포함하여 7전 4선승제로 치러진다. 비시즌에는 6월 말과 7월 초에 3주 동안 여름 리그가 추가로 열린다. 신인들과 2년차 선수들을 위한 10일간의 토너먼트는 휴식과 웨이트 트레이닝장에서의 시간이 그 무엇보다 필요한 선수들에게 부담이 될 수 있다. 비시즌 트레이닝에 할애할 수 있는 시간이 제한되어 있는 것 외에도 NBA리그의 CBA는 팀이 소속 선수들의 비시즌 트레이닝 프로그램이나 진행 과정을 감독하거나 모니터링하는 것을 금지하고 있다.

NBA 팀들의 연간 일정에 대한 대략적인 개요가 그림 22.7에 나와 있다. 첫 번째 선은 포스트시즌 성적에 따라 14~21주간 감독되지 않는 비시즌 트레이닝을 나타낸다. 두 번째 선은 신인 선수들과 루키(신인 데뷔) 시즌을 막 마친 선수들의 일정을 나타낸다. 이

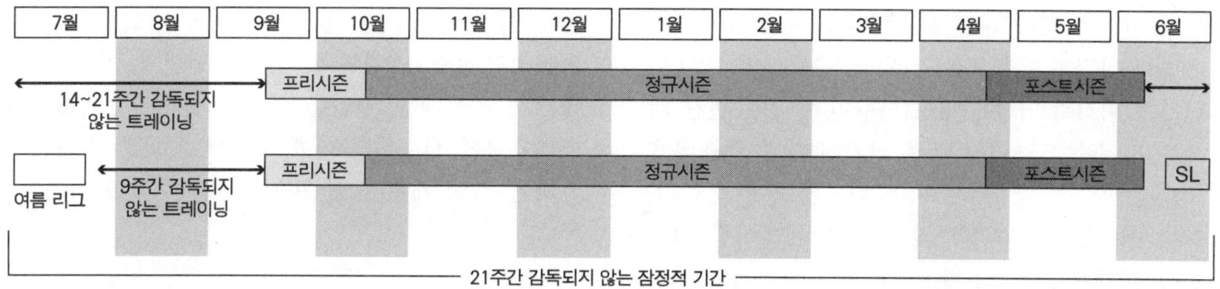

그림 22.7 NBA 연간 일정.

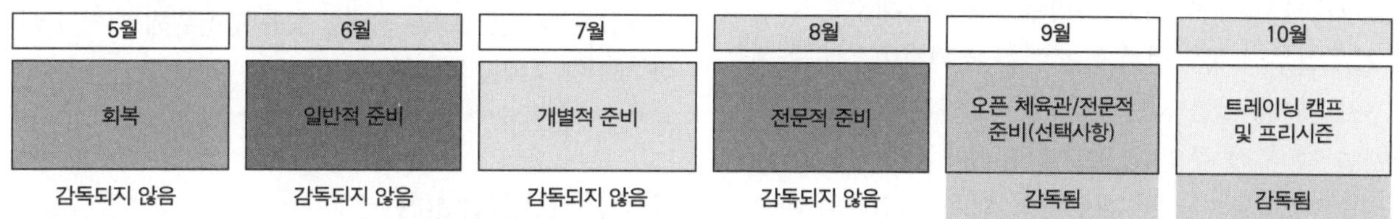

그림 22.8 NBA 비시즌 및 프리시즌 기간.

일정에는 여름리그 준비와 7월 초에 열리는 10일간의 토너먼트 대회가 포함된다. 세계선수권대회와 올림픽 참가로도 2년 또는 4년마다 NBA 비시즌 일정에 차질이 생길 수 있다.

NBA 비시즌(그림 22.8) 동안 선수들은 팀 시설에서 또는 원격으로 팀의 근력 컨디셔닝 코치와 함께 훈련할 수 있다. 대부분의 선수들은 자신이 선호하는 장소에서 개인 근력 코치, 기술 코치, 치료사와 함께 훈련하는 것을 선택한다. 많은 선수들의 신체적 준비 훈련보다 기술적인 스킬 훈련을 우선시하면서 매일 코트에서 상당한 시간을 보내고 있다. 8월이 되면서 대부분의 선수들이 농구 경기 플레이양을 늘리기 시작하고, 경기 컨디션을 끌어올리기 위해 다른 NBA 선수들과 함께 인기 있는 장소에 모여 운동하기 시작한다. 9월 초에는 선수들이 팀 코치의 지도를 받고 팀 근력 코치와 훈련할 수 있는 팀 오픈 체육관(기술 훈련, 비공식 훈련, 연습경기)에 복귀하는 것이 권장 또는 예상된다.

NFL National Football League

NFL의 비시즌 기간은 가장 긴 편에 속하는데, 이는 체력적으로 매우 힘든 스포츠이기 때문에 선수들이 경기장에서 4~5개월 동안 반복되는 충돌로 인해 회복할 시간이 필요하기 때문이다. NFL에게는 경기력을 보완할 수 있는 여름리그가 없다. 선수들은 비시즌에 주의를 기울여 선수 생명을 유지해야 할 필요성을 잘 알고 있다.

그림 22.9는 NFL 선수들의 비시즌을 세분화한 것으로, 최대 30주까지 선수는 종목 코치나 근력 및 컨

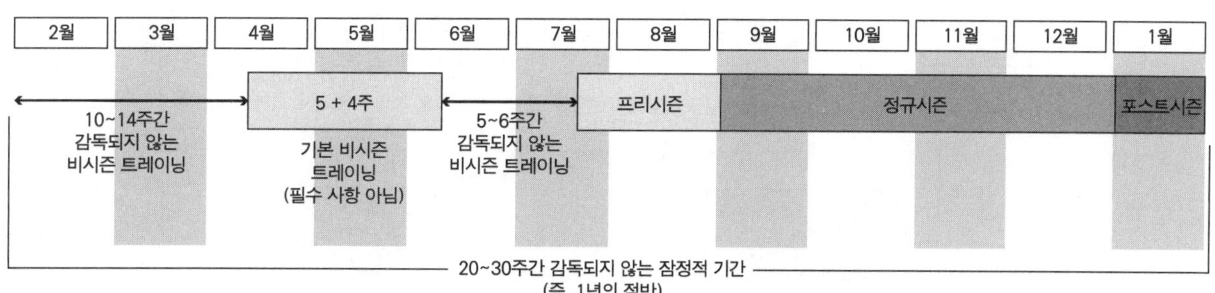

그림 22.9 NFL 비시즌 트레이닝 및 경기 기간.

디셔닝 코치와 함께 훈련하지 않아도 된다(팀이 비시즌 플레이 자격을 얻지 못한 경우). 선수들에게 팀에서 훈련하는 비시즌 기간은 필수 사항이 아니다. 선수 계약에는 비시즌 트레이닝 캠프 참가에 대한 인센티브로 비시즌 트레이닝 보너스가 포함되는 경우가 많다. 그러나 선수들은 공식적으로 비시즌 트레이닝 캠프 기간이 끝나면 2일간의 짧은 미니캠프에는 참가해야 한다.

그림 22.10은 자발적인 비시즌 트레이닝 기간의 주요 사항들을 간략하게 나타낸 것이다. 대부분의 팀은 월요일부터 목요일까지 훈련을 계획하여 선수들에게 3일간의 주말을 제공한다. 매주 3일간의 휴식이 주어지면 각 훈련 주의 월요일에 훈련에 돌입하기가 더욱 힘들어진다. 따라서 대부분의 팀은 선수들의 피로를 최소화하기 위해 한 주를 서서히 점진적으로 시작한다. 주 4회 세션으로 단 5주 동안만 신체적 준비 훈련에 집중한다. 1단계에는 전문 근력 및 컨디셔닝 세션이 포함되고, 2단계에는 포지션별 필드 기술 훈련이 포함된다. NFL은 선수들이 상대 선수와 개인 기술 훈련을 해야 하는 상황을 만들지 않는다. 실제 경기를 가정한 훈련을 진행하는 3단계에서는 팀 중심의 공격과 수비 상황이 일부 포함되지만, 선수의 건강과 안전을 보호하기 위해 실제 접촉은 금지된다.

NFL에서는 근력 컨디셔닝 코치와 훈련하는 시간이 상대적으로 짧기 때문에, 근력 컨디셔닝 코치들은 선수들이 5주간의 비시즌 기간 동안 모든 기본기를 탄탄하게 다질 수 있도록 열심히 노력해야 한다. 일반적인 체력 향상과 기술 숙달에 중점을 두고 종종 역도, 폭발적인 운동, 스피드 및 민첩성 세션의 강도를 단계적으로 조절한다. 시간은 항상 제한적이므로 코치와 스태프들은 선수들과 함께 제한된 기회를 최대한 활용하기 위해 계획과 실행에 세심한 주의를 기울여야 한다.

현명한 방법

시간은 항상 제한적이므로 코치와 스태프들은 선수들과 함께 제한된 시간(기회)을 최대한 활용하기 위해 계획과 실행에 세심한 주의를 기울여야 한다.

메이저리그(MLB)

프로야구 선수와 스태프는 정규시즌의 길이와 시즌 중 한 주에 치르는 경기 수로 인해 신체적 준비에 있어 어려운 상황에 처해 있다. 홈 경기 일정과 원정 경기 일정으로 선수와 스태프들이 충분한 피지컬 트레이닝을 병행하기가 쉽지 않다. 스프링 트레이닝에는 최대 33경기, 정규시즌에는 최대 162경기, 포스트시즌에는 최대 20경기를 치를 수 있다. 이는 한 시즌에 최대 215경기를 치를 수 있다는 것을 의미한다.

그림 22.11은 메이저리그팀의 연간 일정을 나타내는 것으로, 신체적 준비를 위해 비시즌 기간이 4개월 정도임을 알 수 있다. 북미의 다른 프로팀과 마찬가지로 MLB팀도 단체협약(CBA) 제한의 규제를 받는

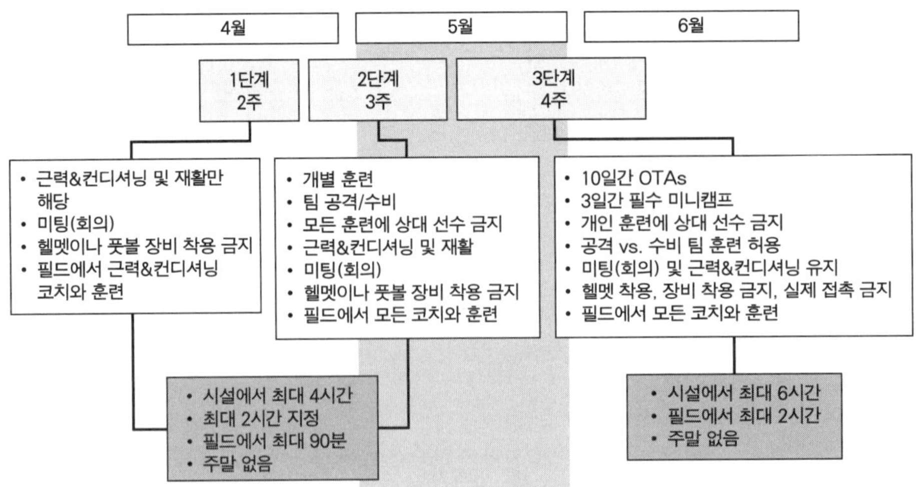

그림 22.10 NFL의 자발적 비시즌 트레이닝 및 훈련 기간.

7월
8월
9월
10월
11월
12월
1월
2월
3월
4월
5월
6월
정규시즌
포스트시즌
비시즌 기간
스프링 트레이닝 (스프링 캠프)
정규시즌

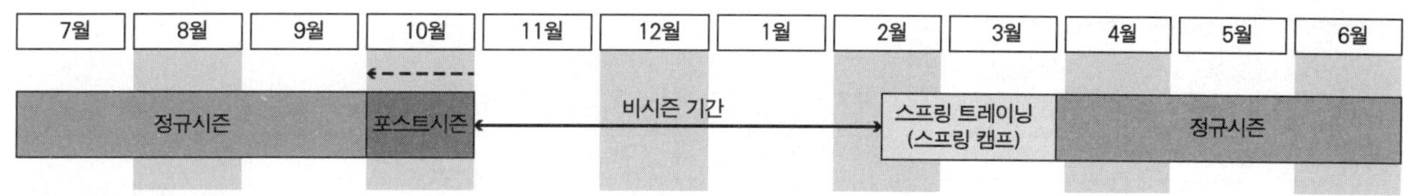

그림 22.11 MLB 프리시즌, 시즌, 포스트시즌, 비시즌 기간.

다. 이로 인해 선수들은 비시즌 트레이닝을 지도하는 사설의 신체 준비 전문가에게 의존하게 된다.

시즌이 시작되면 MLB 선수들은 많은 시간과 에너지를 소모하기 때문에 피지컬 코치가 실행할 수 있는 훈련량이 제한되어 있다. 대부분의 움직임 기반 운동은 각 경기 전 웜업 동작의 한 부분으로 마이크로도싱으로 진행된다. 신체 발달을 위해 긴 휴식 시간을 가지는 유일한 선수는 투수이다. 팀마다 5~6명의 선발투수들의 로테이션은 투수가 적절한 회복을 위해 정규시즌 경기 사이에 4~5일(5경기마다)의 휴식을 가질 수 있게 한다. 투수는 상지, 특히 한쪽 팔과 어깨를 많이 사용하여 부담이 크기 때문에 하체 근력과 파워뿐만 아니라 전반적인 체력과 가동성에 집중해서 훈련할 수 있다.

메이저리그 사례는 단체협약의 제약, 시즌의 총 기간, 시즌 내내 진행되는 경기 수로 인해 프로선수에게 발생하는 한계를 보여주는 좋은 예이다. 비시즌 기간은 비록 짧지만 팀 스태프들과 떨어져 있더라도 큰 이득을 얻을 수 있는 유일한 기간일 수 있다. 프리시즌과 스프링 트레이닝 기간을 대비하여 운동 습관을 기르고 꾸준히 훈련해야 할 책임은 선수들에게 있다.

현명한 방법

메이저리그 사례는 단체협약의 제약, 시즌의 총 기간, 시즌 내내 진행되는 경기 수로 인해 프로선수에게 발생하는 한계를 보여주는 좋은 예이다.

대학 스포츠 사례 연구

대학 스포츠 환경은 한 해 동안 어떤 종목에 참여하는지에 따라 각기 다른 도전 과제를 제시한다. 축구, 농구, 배구, 미식축구와 같은 팀 종목은 시즌이 명확히 정해져 있고 팀 훈련, 기술 훈련, 전술 훈련에 앞서 신체적 준비에 더 집중할 수 있는 개별 비시즌 준비 기간이 있다. 수영, 육상, 체조, 레슬링과 같은 개인 종목은 기술의 숙달, 보완, 유지와 관련하여 일 년 내내 신체적 준비에 집중할 수 있다. 모든 선수와 코치는 선수권 대회 성적을 위해 테이퍼를 계획하고 실행하므로 시즌 훈련 방법은 종목과 각 대회의 중요성에 따라 다르다.

축구

NCAA 축구(남자 및 여자)는 가을 스포츠로 8월 중순에 프리시즌 트레이닝 캠프가 시작된다(그림 22.12). 정규시즌은 9월 초부터 11월 중순까지 진행되고, 이후 포스트시즌 컨퍼런스 토너먼트와 상위 64개팀이 참가하는 NCAA 토너먼트가 이어진다. 이 단일 예선 토너먼트는 12월 중순에 열리는 파이널 4Final Four로 막을 내린다.

축구의 비시즌은 일반적으로 1월 초 겨울방학 이후 수업이 재개되면서 시작된다. 비시즌 초기 단계의 구성은 다양하지만 보통 6시간의 근력 컨디셔닝 훈련과 코치와 함께하는 2시간의 축구 전문 기술 훈련

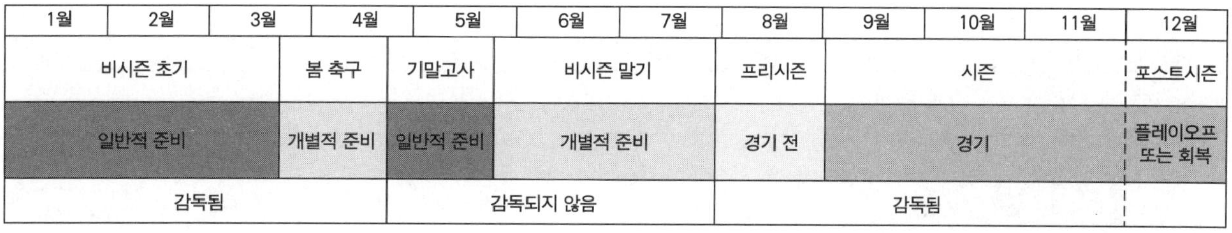

1월
2월
3월
4월
5월
6월
7월
8월
9월
10월
11월
12월
비시즌 초기
봄 축구
기말고사
비시즌 말기
프리시즌
시즌
포스트시즌
일반적 준비
개별적 준비
일반적 준비
개별적 준비
경기 전
경기
플레이오프 또는 회복
감독됨
감독되지 않음
감독됨

그림 22.12 대학 축구 대주기.

선택 A: 일일 변동/수직 통합(총: 5:45/주)

	월요일	화요일	수요일	목요일	금요일	토요일	일요일
시간	75분	75분	75분	75분	75분	75분	75분
중점	신경	역학	회복	신경	대사	휴식(필수)	
	고강도 컨디셔닝	저강도 컨디셔닝		고강도 컨디셔닝	고강도 컨디셔닝		

선택 B: 통합 접근 방식(6시간/주)

시간	월요일	화요일	수요일	목요일	금요일	토요일	일요일
중점	90분	45분	90분	45분	90분	75분	75분
	스피드/플라이오	컨디셔닝	스피드/플라이오	컨디셔닝	스피드/플라이오	휴식(필수)	
	고강도 CNS 리프팅		최대 근력 리프팅		최대 근력 리프팅		

그림 22.13 대학 축구 표준 소주기 계획(6시간 주기).

이 포함된다. 이 단계는 3월 중순에서 말의 봄방학까지 진행된다. 봄방학 이후 코치들에게 정해진 기간(보통 3~4주)에 20시간 동안 근력 컨디셔닝과 심화된 축구 전문 트레이닝을 할 수 있는 시간이 주어진다. 봄 축구에는 몇 차례의 친선 경기가 진행된다. 봄 축구가 끝나면 많은 선수들이 개인 훈련을 위해 여름 동안 캠퍼스를 떠나기 때문에 근력 트레이닝 코치는 보통 새로운 퍼포먼스 데이터를 수집하려고 한다.

비시즌 기간 중 가장 큰 과제는 근력 컨디셔닝 코치에게 주어진 6시간의 트레이닝 시간을 가장 효율적으로 계획하는 방법을 찾는 것이다. 수업 일정, 개인 기술 세션, 시설 일정, 때로는 날씨를 고려하다 보면 트레이닝 계획을 효율적으로 세우지 못할 수 있다. 그림 22.13은 주당 6시간을 훈련하고 필수 휴식 2일을 포함하는 주간 소주기의 두 가지 예를 나타낸다.

농구

디비전 1 대학 농구 시즌(그림 22.14)은 약 30회의 정규시즌 경기로 이루어지고, 3월 초에는 4~5일간의 컨퍼런스 토너먼트가 열린다. 이후에는 상위 64개 팀이 3주 연속 주말에 진행되는 단판 승부 토너먼트인 March Madness가 이어진다. 전국 챔피언 결정전에 진출하는 팀은 시즌 동안 총 40~45경기를 치를 수 있다. 이는 약 20주 동안 매주 평균 2경기를 치르는 것과 같다.

매년 가을, 팀 훈련은 10월 1일부터 시작한다. 이때쯤 되면 코치들은 이미 한여름부터 매주 몇 시간씩 선수들과 함께 훈련을 진행해 왔다. 디비전1 농구의 새로운 규정에 따라 이제 농구 전문 훈련은 주당 최대 4시간, 근력 컨디셔닝 훈련은 4시간까지 허용된다. 2019년 이전에는 농구 가이드라인이 다른 대학 스포츠와 동일하게 종목 전문 기술 훈련이 주당 2시간만 허용되었다.

비시즌 초기의 근력 컨디셔닝 훈련과 농구 전문 훈련을 종합하여 보여주는 주간 계획이 그림 22.15에 나와 있다. 이 계획은 두 훈련 영역에서 개별화가 광범위하게 이루어진다. 대학 선수들은 하루 종일 수업이 있는 경우가 많다. 이 때문에 아침 훈련을 하고, 수업에 갔다가 오후 훈련을 하는 것이 일반적이다. 그림 22.15의 일정은 이러한 패턴을 반영하는 동시에 월요

4월	5월	6월	7월	8월	9월	10월	11월	12월	1월	2월	3월
포스트시즌	비시즌				프리시즌		시즌				
회복	일반적 준비		개별적 준비		시합 전 (10월 1일, 팀 훈련 시작)		시합				

그림 22.14 대학 농구 대주기.

표준 주간 계획 (근력 컨디셔닝 4시간/농구 전문 훈련 4시간)

	월요일	화요일	수요일	목요일	금요일	토요일	일요일
시간	60분+60분	60분	60분+60분	60분	120분		
오전	스피드/플라이오 및 동적 파워(고강도 CNS) 리프팅		최대 근력 리프팅 및 저강도 컨디셔닝			휴식(필수)	
오후	개별 기술 훈련	팀 훈련	개별 기술 훈련	최대 근력 리프팅 및 저강도 컨디셔닝	개별 기술 훈련 및 팀 훈련		

그림 22.15 대학 농구 표준 마이크로사이클(소주기) 계획(8시간).

일 아침 신경계 중심 리프팅 훈련 와 월요일, 수요일의 고강도의 훈련 이후 회복을 최적화하기 위해 계획되었다.

육상(트랙 및 필드)

대학 스포츠에서 육상(트랙 및 필드) 종목은 다른 팀 종목과 다르게 접근해야 한다. 대학 농구 코치는 전술적 목표와 전략을 구사하기 위한 경기를 하는 것에 더 중점을 두는 반면, 대학 육상 코치와 선수에게는 전적으로 신체적 준비가 더 중요하다. 그렇다고 해서 육성 레이스 전략이 선수 발전에 중요하지 않다는 뜻은 아니다. 이는 신체적 준비가 부족하면 트랙, 점프, 투척 등 다양한 종목에서 선수의 퍼포먼스가 떨어질 수 있다는 것을 의미한다. 대부분의 육상 선수들은 4~6주 정도 지속되는 비시즌 기간을 훈련이 전혀 없는 기간으로 간주한다. 하지만 그렇지 않다. 육상 선수의 비시즌 훈련 기간에는 수개월에 걸쳐 생리적, 심리적, 기술적으로 점진적인 부하를 가하는 트레이닝이 필요하다. 이러한 훈련 방식은 시합 시즌을 준비하고 더 나아가 선수권 대회로 이어질 수 있도록 주기화적이고 잘 계획되어야 한다.

그림 22.16은 대학 육상 선수의 비시즌부터 대회 시즌까지의 훈련 과정을 나타낸다. 가을 시즌에는 장기간에 걸쳐 신체적, 기술적 능력을 끌어올리고, 실내 대회를 통해 기술을 다듬고, 경쟁 스트레스로부터 선수들을 적응할 수 있도록 한다. 훈련 프로그램은 실내 대회와 실외 대회를 고려하여 두 번의 주기화로 계획할 수 있지만, 두 대회 기간 사이에는 준비 훈련을 거의 진행할 수 없다. 따라서 대회 자체 내에서 신체적, 기술적 능력을 다듬고 향상시켜야 한다. 특히 필드 종목, 단거리 스프린트, 허들 경기와 같이 기술적인 종목의 경우, 선수가 최고의 기량을 발휘하기까지 몇 번의 대회를 치러야 할 수도 있다.

유소년 스포츠 사례 연구

유소년 스포츠 트레이닝 계획은 시합 시즌 동안 기본적인 신체 능력을 발달시키는 것과 과도한 트레이닝 부하를 피하는 것을 균형적으로 고려해야 한다. 코치들의 목표는 항상 선수들을 오랜 기간 생산적이고 건강하게 육성하는 것이지만, 유소년 선수들이 이 과정을 즐길 수 있도록 하는 것도 중요하다. 선수와 스포츠 사회를 위해 가능한 많은 선수들이 자신의 스포츠 종목에서 오래 운동할 수 있게 하고, 선수들의 번아웃과 중도 포기를 방지하는 것 또한 코치들의 목표다.

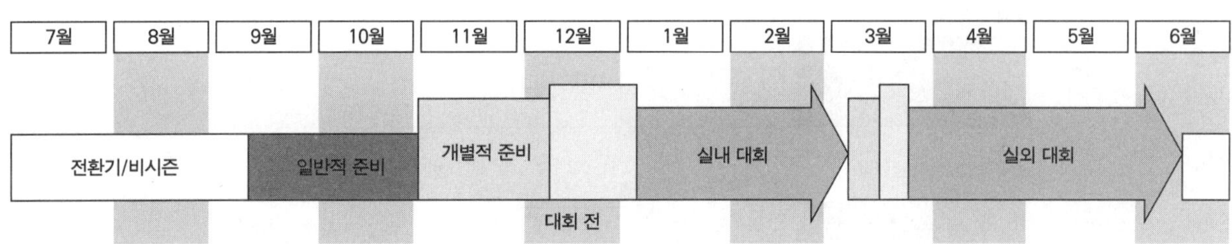

그림 22.16 대학 육상(트랙 및 필드) 일정.

체조

비시즌 기간 유소년 체조선수의 신체적 준비는 육상 선수와 비슷하게 실제 체조 트레이닝을 중심으로 진행될 수 있다. 체조 선수에게 필요한 기술, 유연성, 근력, 파워, 힘, 감각능력은 실제 체조 동작(또는 응용 동작)을 수행함으로써 균형 있게 발달시켜야 효과적으로 향상될 수 있다. 이러한 운동 능력은 필요에 따라 저항성 트레이닝, 스피드 향상, 체력 훈련으로 보완할 수 있다. 중요한 것은 운동 능력은 향상시키되, 과사용 부상overuse injury은 예방하는 것이다.

경험이 적은 어린 체조 선수는 체조에서 사용되는 운동 및 루틴과 관련된 퍼포먼스 기술과 훈련을 비시즌에 더 많이 사용할 수 있다. 가장 큰 이득은 나중에 더 복잡하고 고급스러운 운동과 루틴으로 발전하는 체조 관련 기술을 습득하는 과정에서 이루어진다, 고강도의 맨몸 운동을 충분히 반복하는 것만으로도 체조 기술 향상을 위한 적절한 신체 적응을 유도할 수 있다. 반대로, 더 폭넓은 기술과 고급 기술 기반을 갖춘 어린 체조 선수는 체조 퍼포먼스만으로는 달성할 수 없는 더 큰 적응을 이끌어 내기 위해 더 심도 있는 근력 및 컨디셔닝 활동을 통합해야 한다. 후자의 시나리오에는 더 많은 중량 운동과 전통적인 근력 트레이닝을 포함하는 일반적인 준비 단계가 포함될 수 있으며, 개별 체조 종목과 유사한 더 역동적인 동작으로 천천히 전환할 수 있다. 그림 22.17에서 볼 수 있듯이 일반적인 근력을 경기 시즌까지 유지하기 위해 특정 준비 단계 또는 경기 전 단계에 중량 운동의 양을 줄일 수 있다.

배구

미국의 배구선수들은 보통 두 시즌, 즉 8월 중순부터 11월까지의 학교 시즌과 1월부터 4월까지의 클럽 시즌을 치른다. 시즌 중 훈련과 경기의 비중이 두 시즌 모두 다를 수 있지만, 주중에 3~4회 훈련을 하고 주말에는 토너먼트에 참가하여 여러 경기를 하는 경우가 많다. 이로 인해 배구 외에 다른 스포츠나 체력 훈련을 할 시간의 거의 없다.

배구는 신체적으로 고강도의 부하가 따르는 종목이기 때문에, 부상의 위험성을 최소화하기 위해 적절한 신체적 준비를 하는 것이 중요하다. 폭발적인 점프, 서브, 스파이크와 같은 동작을 좁은 공간에서 반복적으로 많이 할수록 발목, 무릎, 엉덩이, 어깨에 큰 스트레스가 가해진다. 이로 인한 비접촉식 어깨 및 하지 부상과 점퍼스 니jumper's knee, 허리통증과 같은 과사용 부상은 배구 종목에서 매우 흔하다.

기초 수준의 유소년 배구 선수들은 서브, 패스, 블로킹, 스파이크과 같은 기술을 배우기 위해서 전문적인 기술 코칭이 필요하다. 또한 기본적인 착지 방법을 배울 수 있고 훈련 중 실시하는 점프의 총량을 파악할 수 있는 효과적인 코칭이 필요하다.

수준급의 배구선수일수록 퍼포먼스 향상과 부상 예방을 위해 체력, 힘, 파워, 가동성을 향상시킬 수 있는 코트 밖에서의 훈련이 중요하다. 배구에서 히터(공격수)는 야구에서 투수와 비슷하게, 빠른 속도로 오버

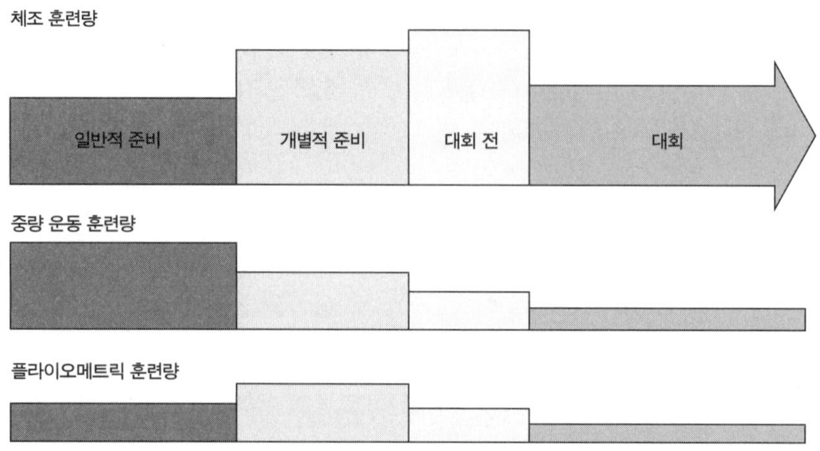

그림 22.17 우수 유소년 체조 선수를 위한 트레이닝 요소 상호관계.

헤드 스윙을 한 후 팔을 감속하기 위해 상당한 힘이 필요하다. 또한, 배구선수들은 반복되는 폭발적인 점프로 발생하는 강한 힘을 감속할 수 있는 하체 근력이 필요하다. 이는 비시즌에 훈련을 통해 발달시켜야 하고, 시즌 중에는 팀 훈련에 조금씩 포함되어야 한다. 그리고 배구의 반복적인 오버헤드 동작과 타구 스트레스를 고려하여, 흉추 및 견갑상완관절의 가동성, 견갑골-흉추 안정성을 위한 어깨 부상 예방 프로그램을 훈련 및 경기 전 웜업 루틴의 한 부분으로 권장한다.

비시즌 트레이닝을 위한 효과적인 기술 활용하기

현대 스포츠의 코칭과 선수 관리에서 기술의 도입은 중요한 부분이다. 전 세계 어디에서나 즉각적으로 영상을 분석하고, 움직임을 관찰하고, 의사소통하는 것이 가능해짐에 따라 코치의 지식 수준과 그 영향력이 모두 발전하고 있다. 기술 도입의 목표는 그 과정을 복잡하게 만들지 않고, 코치, 스태프, 팀원 간 소통의 지속 가능성을 약화시키지 않으면서 가치를 창출하는 것이다. 이것이 가능하다면 새로운 기술을 도입하는 데 드는 비용보다 훨씬 더 많은 이점이 있을 수 있다.

훈련 부하 모니터링

'훈련 부하 모니터링' 또는 '훈련 부하 관리'는 북미 팀 스포츠에서 아직은 비교적 생소한 용어로, 주로 시즌 중에 선수의 건강, 회복, 퍼포먼스를 관리하기 위해 사용된다. 육상, 사이클 등의 기타 개인 종목 선수들은 이미 오래전부터 시계와 손목 착용기기에 내장된 GPS 기술을 사용하여 속도, 거리, 페이스 등을 모니터링하며 훈련해 왔다. 하지만 팀 스포츠는 훈련 및 경기에서 선수들의 데이터(예: 훈련량, 강도)를 파악하는 데 사용되는 스포츠 과학 및 관련 기술들의 도입을 아직 준비 중에 있다.

실외 필드 스포츠는 GPS 기술을 사용하여 선수들이 시간 동안 이동한 거리와 속도, 훈련량, 포지션별 활동 반경 등을 수치로 파악할 수 있다. 아이스하키, 농구 등의 실내 스포츠의 경우 로컬 포지셔닝 시스템(LPS)을 사용한다. GPS와 LPS는 모두 가속도계와 자이로스코프를 사용하여 위치 변화(방향 전환)와 접촉의 횟수와 정도를 파악한다. 이러한 기술들은 퍼포먼스 관리, 부상 위험 예방, 경기 복귀 계획에 광범위하게 사용된다.

프로 스포츠의 경우, 북미 단체 협약에 따라 비시즌 동안 선수들의 훈련에 대한 모니터링은 허용되지 않는다. 정규 시즌 중에는 웨어러블 장비를 실제로 사용하는 것은 선수 개인의 선택 사항이다. 하지만 대부분의 리그에서 경기 중 웨어러블 장비의 사용은 허용되지 않는다. 대학 수준에서는 현재 웨어러블 장비 사용에 대한 제한이 없기 때문에 언제 어디서나 유용한 내/외부 훈련 부하 데이터를 쉽게 파악할 수 있다.

팀 스포츠에서 시행하는 대부분의 훈련 부하 관리 계획은 신체적 준비 및 스포츠 과학 담당자가 주도한다. 비시즌에는 과도한 훈련보다는 점진적인 체력 수준의 향상과 적절한 경기 복귀 프로그램 관리에 더 중점을 둔다. 비시즌에는 여전히 코치들이 스프린트 및 움직임의 기록을 측정하고, 점프 높이를 측정하고, 점프 횟수를 세며, 역도 부하와 훈련량을 기록하는 식으로 훈련의 부하, 양, 강도, 진행 상황을 모니터링하고 관리할 수 있는 기존의 방법들을 사용하는 것이 가장 보편화되어 있다. 또한, 훈련에 대한 신체 반응을 모니터링하기 위해서 종종 건강 설문조사, RPE 점수 등의 간단한 측정 도구를 사용하기도 한다.

비시즌의 훈련 부하 관리는 복잡한 과정일 필요가 없다. 기술은 트레이닝 과정의 특정 시점에서 선수의 퍼포먼스를 파악하는 데 유용할 수 있지만, 좋은 계획의 실행과 예리한 코칭 안목은 선수들이 더욱 발전할 수 있게 하고, 실수와 오류를 피할 수 있도록 도와준다.

현명한 방법

비시즌의 훈련 부하 관리는 복잡한 과정일 필요가 없다. 기술은 훈련 과정의 특정 시점에서 선수의 퍼포먼스를 파악하는 데 유용할 수 있지만, 좋은 계획의 실행과 예리한 코칭 안목은 선수들이 더욱 발전할 수 있게 하고, 실수와 오류를 피할 수 있도록 도와준다.

회복 관리

회복 관리는 선수의 건강과 퍼포먼스를 최적의 상태로 유지하는 데 중요한 부분이다. 시즌 중에는 경기와 대회가 잦아서 생기는 피로, 통증, 정신적 스트레스를 완화하기 위한 회복 전략이 필수적이다. 하지만 이 시기에는 원정 경기로부터 시간적 가용성, 적절한 시설이나 장비 사용 여부 등 통제할 수 없는 다양한 요소들이 회복 전략의 결정 및 실행에 영향을 미칠 수 있다. 이러한 경우 수면, 영양, 수분 섭취를 우선시하는 것이 최선이다.

비시즌에는 일반적으로 선수들이 다른 시기보다 신체 발달에 더 집중하고 훈련량과 강도를 높이기 때문에 회복 계획(기간, 프로토콜, 전략)을 효율적으로 세우는 것이 중요하고 실행하기에도 더 수월하다. 회복의 계획 과정에서 가장 먼저 고려해야 할 사항은 다음 훈련 세션까지 남은 시간이 얼마나 되는지 확인하는 것이다. 그리고 피로와 염증으로 적응 반응을 유도할 것인지, 아니면 다음 훈련 세션 전에 초과 회복supercompensation을 할 수 있도록 완전한 회복을 할 것인지를 결정해야 한다.

비시즌에는 선수와 교류가 적거나 선수가 팀에서 벗어나 훈련을 하는 경우가 많기 때문에 선수의 회복 상태를 모니터링하기가 어려울 수 있다. 따라서 코치와 스태프는 간단한 보고 수단을 통해 선수의 기본적인 컨디션과 피로에 대한 정보를 파악함으로써 다가오는 훈련을 효과적으로 계획하고 적절한 회복 방법을 제시해 줄 수 있다. 선수의 컨디션과 회복 상태를 실시간으로 소통하는 것은 다양한 소프트웨어 패키지와 앱을 통해 가능하다.

소통 및 보고

비시즌 기간에는 선수, 코치, 관계자(예: 경영진, 소유주)가 퍼포먼스의 진행 상황에 대해 정기적으로 소통하는 것이 필수적이다. 이는 다음과 같은 공통된 이해에서 시작된다.

- 각 선수의 기대치와 기준과 비교하여 그 선수의 현재 상태가 어떠한지,
- 퍼포먼스 우선 순위 기준을 어떻게 설정할 것인지(팀 및/또는 포지션별 기준과 비교하여),
- 퍼포먼스 진행 상황을 어떻게 객관적으로 측정하고 모니터링할 것인지에 대한 합의.

신체적, 기술적, 전술적, 정서적 측면 및 라이프스타일의 네 가지 요소를 기반으로 하는 개인 퍼포먼스 계획(IPP)의 진행을 돕기 위해 '장점, 단점, 기회, 위기(SWOT) 분석' 또는 '갭 분석'을 실시할 수 있다. 이는 모두가 같은 생각을 가지게 하고 최고의 비시즌 결과를 가져오는 데 효과적인 방법이 될 수 있다.

요약

결론적으로, 시합 시즌에 성공하기 위한 방법은 비시즌에 성공하는 방법과 동일하다. 비시즌에는 성공을 위한 방향 설정, 체계적인 계획 및 실행 전략, 모든 과정에서 구성원들 간 원활한 소통 등이 중요하다. 이 장 전체에 걸쳐 설명한 바와 같이, 모든 수준의 스포츠는 저마다의 목표와 그에 따른 성공의 기회가 있다. 코치들은 개별 선수(성별, 연령, 능력), 환경, 문화, 제한 사항 및 요구 사항에 대한 전반적인 이해 능력을 갖추는 것이 무엇보다 중요하다. 마지막으로, 코칭의 성공 여부는 예상치 못한 변수에 빠르게 대처하고 적응할 수 있는 의지와 능력에 달려 있다.

필수 항목

- 비시즌 훈련에 투자하라. 시즌 중에 훌륭한 퍼포먼스를 발휘하는 기반이 될 것이다.
- 선수를 파악하라. 종목에 필요한 훈련, 선수의 능력, 선수들이 겪는 스트레스를 파악하면 비시즌 및 시즌 중 훈련 계획을 세우는 데 도움이 된다.
- 종목별 요구 사항과 신체적 요구 사항 사이의 균형을 맞추어 더욱 뛰어난 선수가 될 수 있도록 하라.
- 선수 연령에 맞는 훈련을 하라. 유소년 선수는 성인 선수와 필요한 훈련이 다르다. 이러한 점을 고려하여 비시즌과 시즌 중의 훈련 내용, 양, 강도, 진행 과정을 결정해야 한다.
- 모든 팀 구성원들과 협력하여 선수들에게 적합한 계획을 세워야 한다.
- 기술을 훈련에 지능적으로 적용하라. 해결 방안을 찾기 전에 요구 사항과 문제점을 먼저 파악하라.

Chapter 23

웜업과 쿨다운

렛 라슨Rett Larson, MS
독일 여자 배구 국가대표팀 헤드 스트렝스 · 컨디셔닝 코치

1957년, 46명의 남학생들이 5분 동안 웜업을 진행한 후, 가능한 멀리 공을 던지는 실험을 진행했다. 몇주 후, 학생들을 소프트볼 경기장으로 다시 불렀고, 웜업을 하지 않고 공을 던져서 몇 주 전 실험에서 던진 것보다 멀리 던지면 금전적 보상을 제공하겠다고 했다. 참가자 중 그 누구도 돈을 받지 못했다.[1]

이 연구와 유사한 많은 연구들을 통해 적절한 웜업은 에르고제닉 보조제와 같다는 결론을 쉽게 내릴 수 있다. 하지만 이는 그렇게 간단하지 않다. 웜업이라는 용어는 스트레칭, 열 발생 운동, 근력 트레이닝, 게임, 시각화, 플라이오메트릭, 연부 조직 또는 신경자극을 포함한 활동들을 포함할 수 있다. 이러한 요소들은 다른 조합들로 여러 번 연구되었으며, 1957년 소프트볼 연구만큼 직접적인 결론을 내지 못했다. 연구에서는 선수들이 활동을 준비하기 위해 사용된 몇몇 방법들이 효과가 없는 것 뿐만 아니라, 선수의 퍼포먼스를 해칠 수도 있다는 것을 보여주었다. 이러한 이유로, 코치는 무엇이 그들의 환경에서 효과적인지, 개인적인 필요성, 종목, 포지션 그리고 트레이닝 주기에 따라 각 선수에게 특정한 요소를 어떻게 맞춤화할 것인지 여러 사용 가능한 방법을 이해하는 것이 중요하다.

치실을 사용하는 것과 마찬가지로 웜업은 많은 선수들이 해야 한다는 것을 알지만 정기적으로 하지 않는 경우가 많다. 이 장에서는 웜업을 실제 퍼포먼스 트레이닝 전에 수행하는 별도의 활동으로 간주해서는 안 되는 이유를 설명하고 있다. 그 대신 잘 구성된 웜업을 선수의 트레이닝 세션에 통합하면 움직임 숙련도, 균형, 코어 근력이 발달하고 부상 위험이 줄어든다. 이 장은 또한 웜업이 단순히 본 훈련을 위한 준비 단계에 그치지 않고, 근력 향상, 힘줄 강화, 긴장 완화, 팀 결속력 강화, 운동 능력 향상, 그리고 새로운 가동성에 대한 통제력 개발의 기회가 될 수 있음을 강조한다. 이 모든 것이 퍼포먼스 코치의 도구 상자에 추가되는 것이다. 마지막으로 이 장에서는 쿨다운에 대한 관심을 전환하고 엘리트 코치가 이 시간을 회복regeneration 과정의 효과적인 시작점으로 활용할 수 있는 방법에 대해 알아보고자 한다.

왜 웜업을 할까

경기에 지각해, 웜업을 하지 못하고 기록을 세운 선수들의 이야기가 많다. 또한 웜업으로 인해 부상 위험이 증가하는 결과를 보여주는 연구들이 있다. 예를 들어, 카르포비치Karpovich는 60m 단거리 달리기 전에 웜업을 한 어린 선수들이 웜업을 하지 않은 어린 선수들보다 햄스트링 부상이 많았다고 보고했다.[2] 이 연구들은 소수에 불과하지만, 웜업과 부상 예방 혹은 경기력 향상 사이의 관계는 생각만큼 단단하지 않으며, 웜업의 중요성이나 관련성에 의문을 제기할 수 있다.

몇 가지 질문을 하는 것은 무리가 아닐 수도 있다.

- 선수가 경기를 위해 웜업이 필요한가?

- 선수가 20분의 마사지, 스트레칭 및 느린 움직임에 의존하는 것이 부질없어 보이는데, 우리가 반대의 사고방식과 환경을 만들기 위해 노력해야 할까?
- 고양이는 사냥 전에 스트레칭을 하지 않기 때문에, 우리 선수들도 긴 서론 없이도 그들의 운동 능력의 95%에 안전하게 접근할 수 있어야 하지 않을까?
- 많은 사람들은 폼 롤링 및 스트레칭 같은 전통적인 웜업 방식들은 신체를 단지 단기간 가동범위 확보나 진통 효과로 속인다고 주장한다. 전통적인 준비운동은 코치들이 선수들에게 필요하다고 생각하기 때문에 세네 개의 플라시보 효과 모듈을 하나로 묶은 걸까?

만약 "아니오"라고 답한다면, 이 질문을 해 보자. "경기 동안, 웜업이 아주 중요하다면, 최선을 다해 달라고 요구하기 전에 게임의 첫 45분 동안 쿨다운이 된 벤치 선수들에게 무엇을 해야 할까?"

사실 시간이 문제라면 선수들은 아마도 최소한의 웜업으로도 안전할 수 있다는 것인데, 이는 완전한 준비운동이 불가능한, 불가피한 경우에 좋은 소식이다. 그리고 다행스럽게, 대부분의 선수들은 웜업을 트레이닝에 포함할 시간(그리고 취침 전에 치실질을 할 시간까지)을 가지고 있다. 규칙적으로 웜업을 하지 않기로 선택한 사람은 단기적으로 부상 위험이 크지 않을 수 있지만, 불균형이 해소되지 않고, 관절가동범위가 개선되지 않으며 움직임 운동 역학이 계속 제한되기 때문에 운동 잠재력이 깨어나지 않을 수 있다.

핵심 요소는 바로 이름에 포함되어 있다. 주요 목표는 선수들을 따뜻하게 하는 것이다. 메타 분석을 통해 검증된 적절한 워밍업의 부상 감소 및 퍼포먼스 향상 효과는 주로 근육 조직 내 온도 상승의 생리학적 이점에 기인한다.[3] 차가운 연부 조직은 제대로 기능하지 못한다. 개구리의 신경 자극은 체온이 낮아 인간의 신경 자극보다 8배 더 느리게 전달된다.[4] 트레이닝의 모든 준비 단계에서 체온 상승은 최우선 과제다. 따뜻해진 근육이 가져다주는 입증된 이점 몇 가지를 소개한다.

- 근육 온도의 증가는 조직의 점도를 감소시켜 관절가동범위(ROM)를 향상한다.
- 온도가 올라가면 근육은 더 많은 근섬유를 동원해 더 빠르게 수축할 수 있다.
- 높은 온도에서 헤모글로빈이 더 많은 산소를 공급하기 때문에, 증가한 수송 효율을 통해 더 많은 유산소성 아데노신-3인산(ATP)을 생성할 수 있다.
- 근육 유연성은 근육 손상을 줄이고 지연성 근육통(DOMS)을 덜 유발한다.
- 연습된 움직임의 근육 협응력이 증가한다.
- 심혈관계의 근력과 능력이 증가한다.

더불어 웜업은 심리적인 이점이 있고, 연구에 따르면 웜업은 억제된 퍼포먼스를 없애면서 부상에 대한 두려움을 감소시킨다.[5]

현명한 방법

퍼포먼스와 부상 감소 이점은 근조직의 온도 증가에 큰 영향을 받기 때문에, 어떤 웜업이든 가장 중요한 요소는 '몸을 따뜻하게 만드는' 부분이다.

웜업 설계의 기술

일주일의 웜업은 디자인하고 계획하는 데 근력 세션만큼 많은 시간이 걸린다. 이 세션은 근력, 스트레칭, 게임, 움직임 퍼즐, 소규모 팀 과제 및 종목-특이적 움직임 패턴이 혼합된 특별한 것이어야 한다. 필자는 기대감과 신경 흥분을 불러일으키기 위해 전형적인 웜업(폼 롤러, 조깅, 스킵, 미니밴드, 스트레칭, 연습)의 틀을 깨려고 노력한다. 선수들이 훈련에 왔을 때 가능한 자주 다른 장비 세팅을 보길 원하고, 세션의 구조가 익숙해 보이더라도 매일 구성 요소가 다르게 섞여 있기를 바란다. 어떤 코치들은 웜업이 일련의 잘 짜인 안무 같거나 잘 연습된 스킵, 런지, 체조 그리고 통일된 스트레칭 같은 것을 좋아할 수 있지만, 나는 더 산만하게 보이는 것을 선호한다. 퍼포먼스 코치들은 선수들이 덜 조화로운 몸놀림의 영역을 탐색하도록 유도할 필요가 있고, 웜업은 이를 수행하는 이상적인 장소이다. 선수들이 머리 위로 메디신 볼 들고, 눈을 가리거나 시간 제약하에서, 또는 주손이 아닌 손으로 종목-특이적 움직임을 연습하도록 한다. 특히 다른 팀이 하는 열을 맞춰 걸으면서 무릎 안기와 비교하면 보면 웜업이 다듬어지지 않은 것처럼 보일 수 있지만, 매번 경기력 향상을 위해 기꺼이 희생할 수 있다.

나는 웜업을 이 책의 초판에서 추천한 것들인 조직 유연성, 관절 ROM 및 신경 활성화만을 위한 시간이 아닌, 그 이상의 목적을 달성하기 위한 시간으로 보기 시작했다. 대신 지금은 약한 팀들을 위한 근력 세션, 느린 팀들을 위한 스피드 세션, 스트레스로 지친 팀들을 위한 놀이, 유연하지 않은 팀들을 위한 부하가 있는 가동성 운동, 어린 팀을 위한 움직임 기초이며, 엘리트 팀을 위한 움직임 퍼즐을 위한 시간이다. 시즌 내내 웜업은 내가 필요로 하는 어떤 형태로든 변할 수 있지만, 단 한 가지 확실한 것은 결코 시간 낭비는 아니라는 점이다.

나는 웜업을 부분부분으로 나눈다. 협상이 불가능한 부분은 배구를 하기 전 꼭 필요하다고 생각하는 선수들의 체온을 올리기 위해 필요한 5분과 관절을 스트레칭 하는 데 필요한 5분이다. 만약 나한테 10분의 웜업 시간이 주어진다면, 나는 첫 5분간 가능한 많이 올리는데 집중하고, 다음 5분을 다양한 방법으로 스트레칭을 진행하는 데 집중할 것이다.

매일 웜업을 위해 15분이 할당되고 주 6일을 트레이닝을 할 정도라면, 웜업을 구성하는 데 사용할 수 있는 5분 슬롯이 18개가 있다. 스트레칭은 매일 하나의 슬롯을 차지하기 때문에 12개의 슬롯이 남는다. 선수들이 열을 낼 수 있는 12번의 기회뿐만 아니라 시간 때문에 시도해 보지 못했던 부분을 포함하여 팀이 더 나은 퍼포먼스를 갖기 위한 시간이다. 예를 들어, 스스로 체온을 올리면서 신체를 조직할 수 있도록 많은 반복과 최소한의 코칭을 하는 미니 스피드 세션을 수행한다. 눈과 손의 협응성을 위한 저강도의 민첩성 훈련을 결합한다. 치료사가 사랑하는 하체 ISO 홀드를 선수에게 필요한 네발기기 패턴과 혼합한다. 슈퍼밴드를 구입하여 종목-특이적 움직임에 점진적으로 빠른 저항하는 운동을 한다. 소규모 팀 단위의 hacky-sack 경기를 위한 블록을 따로 두거나 그들이 몇 가지 기초적인 체조 동작(언제나 재미있는)을 하도록 한다. 매주 12개의 블록 중 하나는 유튜브에서 찾은 우스꽝스러운 훈련을 선수들이 도전하는 데 사용할 수 있다. 이 모든 것들은 선수들의 체온이 올라가게 하기 때문에, 단조롭지 않고 자극적이어야 한다.

당신의 코치가 웜업을 위해 고작 7분밖에 시간을 주지 않아 이 글을 읽고 화가 난다면, 몇 분의 시간을 더 갖기 위해 적극적인 방법을 취해야 한다. 전통적인 웜업 방식을 깨면서 당신의 웜업이 가치 있다고 감독에게 증명하라. 평범한 조깅과 스킵 동작은 버리고, 감독의 훈련에서 가져온 종목-특이적 동작을 슈퍼밴드를 이용해 회로 훈련으로 구성하라. 이는 선수의 속도를 줄여 안전을 확보함과 동시에, 주요 근육을 활성화하고 체온 상승을 유도하는 데 도움이 된다. 기본적으로 약간의 스트레칭을 추가하는 것을 제외하곤 웜업을 기술 연습의 시작과 매우 유사하게 보이게 만들어라. 요즘 필자는 마지막 5분 블록이 저항/보조/불안정성 배구 움직임을 한 후, 다른 코치들이 같은 동작으로 배구 훈련을 바로 하는 슈퍼셋으로 구성된 웜업을 일주일에 두세 번 한다. 이것은 꽤 이상적인 융합이다.

현명한 방법

퍼포먼스 코치들은 매주 웜업을 계획하고 디자인하는 데 충분한 시간을 보내지는 않는다. 웜업을 만드는 것은 단조로움을 피하는 동시에 기술의 숙달을 향해 노력하는 예술이다. 이 시간은 선수들을 종종 혼란스럽고 무질서한 그들의 운동 능력의 경계까지 밀어붙일 수 있는 이상적인 기회이다.

제약-기반 프로그래밍

젊은 코치일 때, 나는 주로 꾸준한 코칭 교정과 '아타-보이'(칭찬)를 통해 퍼포먼스 향상 지지자로 자리잡았다. 나는 모든 세션의 처음부터 끝까지 수정, 신호, 승인 및 개선에 대한 일종의 의식 흐름 오페라를 펼치곤 했다. 하지만 경험을 쌓으면서 심지어 더 강력할 수 있는 선수들의 변화에 영향을 줄 수 있는 다른 방법들이 있다는 것을 깨달았는데, 그중 하나는 제약-기반 프로그래밍이다. 지금은 이상적인 움직임 패턴을 만들어 내기 위한 완벽한 언어 표현을 만들기 위해 노력하는 대신, 말이 없이도 선수들이 원하는 움직임을 하게 만드는 제약 조건을 가진 훈련을 설계하는 데 더 많은 노력을 들이고 있다. 나는 내 선수가 문제를 '느

제약 기반 프로그래밍을 통한 웜업 예시

- 배구 선수들은 볼을 세팅하기 위해 필요한 단단하게 버티는 트레이닝을 위해 머리 위로 메디신볼 잡으려고 두 스텝(다양한 방향으로) 움직인다.
- 한 발 점프에 필요한 고관절 신전과 힙 하이크 동작을 트레이닝하기 위해, 가벼운 바벨로 스내치를 수행한 직후 한 발 박스 스텝업을 실시한다.
- 고관절의 짐벌과 같은 가동성을 만들기 위해 훌라후프 인터벌을 사용한다.
- 스프린팅을 하는 동안 스텝오버의 빈도를 늘리기 위해 위켓을 사용하거나 복부의 동시 수축을 훈련하기 위해 머리 위로 스틱을 든다.

끼고' 그것을 해결하기 위해 시도하길 원한다. '스케이트 보더는 지시 때문에 향상되는 것이 아니라 땅 때문에 향상된다'는 말처럼 말이다.

이런 훈련들(제약-기반 프로그래밍을 위한 웜업의 예를 보라)의 이점은 신체가 자기 조직화하고 창의적일 수 있는 여지를 남긴다는 것이다. 물론 선수들이 경기 중에 하는 것들이기 때문에, 웜업을 하는 동안에도 비슷한 환경을 만들기 위해 노력하고 선수의 몸이 스스로 해결책을 조직화하도록 돕는다. 나는 이것이 그들이 경기에서 직면하는 끊임없이 변화하는 상황들을 견딜 수 있게 준비시킨다는 것을 알았다. 프란츠 보쉬Franz Bosch의 말처럼, 나는 '완벽한 조건에서의 잘못된 숙달 추구'에 훨씬 적은 시간을 할애하고, 종종 곤란한 선수의 운동능력 한계를 탐구하는 데 더 많은 시간을 쏟는다.[5]

이 훈련들에서 주목해야 할 점이자 웜업에 이상적인 이유는, 대부분의 동작이 경기 속도에 근접한 수준까지 발전시킬 수 있어 동작 전이가 용이하다는 데 있다. 느리고 제어된 움직임 중에 제공되는 고유수용감각 피드백은 경기 스피드가 제공하는 피드백과 크게 다르다. 걷기는 구조적으로나 기계적으로 달리기와 다르다(이것은 아쿠아 조깅도 마찬가지지만 대부분의 사람들은 이 세 가지를 같은 움직임 항목으로 묶는다). 당신의 웜업을 설계할 때, 느린 움직임으로 시작하되 경기 스피드로 진행해야 한다.[5]

움직임 스크린으로써의 웜업

많은 퍼포먼스 코치들은 체육관에서 가장 엄격한 움직인 기술 전문가가 되기 위해 노력하고 있고, 엘리트 선수와 함께 일하길 원한다면 움직임의 질을 판별하는 '코칭 아이'를 향상시키기는 것이 특히 중요하다. 웜업은 선수들의 움직임 비효율성을 신속하게 스크리닝할 수 있는 기회를 제공할 수 있다. 나는 선수가 10m 스킵을 하는 것을 지켜보는 코치들을 알고 있는데, 그들은 왼쪽 다리에서 약간의 외회전을 보고 즉시 선수가 요근 이완, 중둔근 활성화, 심지어 그들의 발톱을 깍아야 한다고 진단했다. 이는 정말 인상적이지만, 팀 환경에서는 계획 없이는 어려울 수 있다.

만약 웜업을 기능부전의 빠른 스크리닝 도구로 활용하고 싶다면, 나는 코치들에게 그들이 찾고 있는 에너지 누출을 보여주는 웜업에 단 한가지의 훈련만 프로그래밍 하여 가능한 쉽게 만드는 것을 권장한다. 예를 들어, 나는 발열 서킷의 한 단계로 박스 드롭을 프로그램 하고, 선수들이 착지할 때 무릎이 외반되는 선수들을 스크리닝 하기 위해 자리를 잡는다. 많은 인기있는 스크린들은 오버헤드 스쿼트, 인라인 런지 또는 몸통 안정성 푸시업 등의 발열 서킷에 맞게 쉽게 적용될 수 있다. 팀의 규모와 기술 수준에 따라 스크린의 정밀도가 결정되지만, 일반적으로 나는 누구나 볼 수 있는 수준의 문제를 찾으려 노력한다.

현명한 방법

웜업은 선수들의 움직임 비효율성을 스크리닝하는 좋은 시간이 될 수 있지만, 팀 환경에서는 문제를 우연히 알아내기를 바라는 것은 어려울 수 있다. 대신, 특정 기능부전을 찾아내기 위해 설정한 단일 운동 단계에 완전히 중점을 둘 수 있는 서킷을 만들어야 한다.

추진 의도에 맞는 게임화

웜업 중 기술을 향상시키는 또 다른 방법은 보다 수동적인 접근 방식에 의존한다. 많은 엘리트 코치들은 선수들이 처음에는 물체를 잡는 등의 제약을 받더라도 결국에는 경기 수준의 속도로 원하는 동작을 실행해야 하는 게임과 같은 환경을 조성하는 것이 얼마나 유익한지 알게 되었다. 비교적 짧은 시간 안에 선수를 경기 준비에 투입해야 하는 경우, 트레이닝 시간을 최대 강도로 늘리고 느린 속도로 이상적인 기술을 연습하는 시간을 줄이는 것이 더 낫다는 이론이 있다. 많은 코치들은 선수들을 고속 동작으로 진행하기 전에 완벽한 기술을 고집하고 싶어 하며, 이는 때때로 의미 있는 추구일 수 있다. 하지만 엘리트 팀의 경우, 선수의 기술이 위험하거나 통증을 유발하지 않는다면 생리적, 호르몬적, 심리적으로 가장 큰 이점은 선수를 최대 속도로 자주 경쟁하게 하는 데서 비롯될 수 있다.

게임화는 단순히 훈련을 게임으로 만드는 예술이 아니다. 앱 개발자들은 화면에 중독되도록 게임화를 사용하고 이러한 개념의 일부는 요령이 있는 퍼포먼스 코치에게 좋은 방법이 될 수 있다. 몇 가지 예시가 다음에 있다.

- 팀을 최대한 자주 소그룹으로 나눈다. 매일 밤 모두가 자는 시간을 기준으로 경쟁을 만드는 것은 팀 나이팅게일 vs 팀 트럽토판 vs 팀 리프 밴 윙클과 같이 팀 간의 경쟁이 있는 경우 더 효과적이다. 그리고 선수들이 4시까지 넷플릭스를 즐기면 4명의 팀원을 실망시킨다는 것을 안다.
- 선수들의 패배에 대한 혐오심을 이용하라. 웜업의 마지막에 달리기를 할 때, 최고 기록을 세운 몇 명은 휴식할 수 있게 하고, 패자들은 승리할 때까지 계속해서 달려야 한다. 어떤 엘리트 선수도 마지막 그룹에 남아 달리고 싶어 하지 않는다.
- 선수들의 신체 테스트 결과를 순위화하고 기록하여 발표하라. 이것은 선수들간 만이 아니라 코칭 스태프 사이에서 내부적으로, 혹은 소셜 미디어상에서도 가능하다. 경험상 관객이 많을수록, 베팅이 커지고 노력도 커진다. 게임화는 의도를 촉진하기 위해 커뮤니티의 힘을 활용하는 것을 의미한다.
- 비디오 게임이 플레이어들을 끊임없이 놀라게 하는 것처럼, 가끔은 웜업에서도 새로운 도전을 도입하라. 나는 바에서 수동적으로 매달리는 것이 배구 선수들에게 훌륭한 전신 스트레칭(그리고 그립 강화)이라고 생각하며, 시즌 동안에는 바 아래에서 매달리는 시간을 늘리는 데 노력한다. 시즌 중 한번은 선수들을 두 명이나 세 명씩 팀을 이뤄 어떤 팀(한번에 1명씩 메달림)이 가장 적은 선수 교체 횟수로 10분 동안 메달리기를 성공하는지 본다.

현명한 방법

움직임을 연습할 때 게임 속도에서 멀어질수록, 운동이 실전으로 전환이 될 확률이 낮아진다. 나는 종종 빠른 속도로 진행되는 훈련에서 작은 기술적인 문제를 무시하고, 선수들이 최대 노력 움직임의 생리학적 이점을 누릴 수 있도록 한다. 게임화는 훈련 설계에서 내가 자주 사용하는 기술로, 선수들을 더 높은 강도로 운동하거나 오랜 시간 운동하도록 유도하는 데 효과적이다.

팀 웜업의 개별화

토드 로즈Todd Rose의 책 『The End of Average』에서, 그는 만약 당신이 평균 배구 선수를 대상으로 무언가를 만들려고 한다면 (나의 경우) 그런 선수는 존재하지 않기 때문에 실패할 것이라고 강력하게 주장한다. 미국 해군이 4,000명의 비행사에 대한 140개의 인체 측정값을 측정하고 평균을 기반으로 측정치를 설계하여 완벽한 크기의 전투기 조종실을 만들려고 시도했을 때, 이 표준 조종실은 누구에게도 편안하지 않았다. 단 한 명의 비행사도 말이다. 심지어 세 가지 측정치만 적용했을 때, 3.5%의 비행사에만 맞았다. 미국 해군이 깨달은 중요한 교훈과 스트렝스 코치가 고려해야 할 점은 조절 가능한 조종실이 가장 잘 디자인된 조종실이란 것이다.[6] 코치와 선수들이 개인적인 한계를 더 잘 인식함에 따라 웜업은 점점 더 개인화되고 맞춤화되어야 한다.

물론 내가 20명의 배구 선수로 구성된 팀과 함께

하는 방법은 다음과 같다. 먼저 물리치료사, 코치, 선수 등 각 선수에게 어떤 생체 운동 능력이 필요한지 결정하는 데 도움을 줄 수 있는 사람들에게 확인을 받는 것으로 시작한다. 나는 각 선수마다 3개의 슬롯(A, B, C)이 있는 3개의 메모 카드를 가지고 있는데, 일주일에 세 번의 트레이닝 세션에 대한 자기 관리를 위한 세 가지 세트다. 세터의 흉추 가동성이 형편없다면 매일 그 부위를 겨냥한 교정 운동을 A 슬롯과 C 슬롯 중 두 개에 넣을 수 있을 것이다. 선수가 멀리서 공을 세팅하는 능력이 부족하다고 코치가 말한다면, 나는 두 개의 메모 카드에 있는 B 슬롯에 폭발적인 메디신 볼 던지기를 프로그램할 수도 있을 것이다. 선수가 식스팩을 원한다고 하면 나는 선수의 의견을 소중히 여기기 때문에 나머지 슬롯에 롤아웃을 넣을 수 있다. 모든 선수의 가장 큰 약점을 해결하기 위해 웜업을 맞춤화할 수 있는 9개의 슬롯이 있으며, 선수의 실력이 향상되거나 새로운 한계가 발생하면 이 9개의 운동은 변경될 수 있다.

실행에 대한 몇 가지 구체적인 옵션이 있다. 일반적으로 나는 주간 내내 세 개의 운동 차트를 순환하며 특정 운동 차트를 수행하도록 지정하거나 선수들이 선택하도록 한다. 선수들에게 처음으로 그들의 카드를 소개할 때 나는 주간 웜업 계획서를 살펴보고 8-10분 동안 운동 차트에 시간을 할당했다(일주일에 8번의 연습이 있다). 나는 웜업 서킷을 시작으로, 스트레칭, 운동 차트 순으로 진행했다. 이 형식은 선수들이 자신의 특정한 약점에 대한 더 많은 할당된 시간을 요청하기 시작하면서 그 이후에 조금씩 변화했다. 이제는 전체 팀이 웜업 15분 전에 도착하여 운동 차트 셀프 케어를 먼저 진행한다. 이는 이상적인 상황이며, 이로 인해 웜업 내에서 새로운 그룹 과제를 프로그래밍할 수 있는 더 많은 시간이 확보된다.

웜업의 구성 요소

웜업에 관한 연구와 엘리트 코치들의 우수 사례들은, 이상적인 세션을 만들기 위해 선택할 수 있는 웜업 활동의 메뉴를 제공한다. 저녁 메뉴로 모든 요리를 주문하지 않는 것처럼, 매 훈련 세션 전에 모든 가능한 구성 요소를 사용할 필요는 없다. 스내치에서 최대 노력을 기울일 선수의 웜업은 밤잠을 설친 후 피곤한 상태로 민첩성 훈련에 참여하는 선수와는 달라야 한다. 시간 제약, 선수의 약점, 세션 흐름 또는 다양성의 요구는 종종 다양한 구성 요소를 서로 조합하길 요구한다. 다른 경우에는 코치가 선수의 특정한 제한 사항을 해결하기 위해 교정 운동과 같은 한 요소를 다른 많은 구성 요소에 통합하기로 결정할 수 있다.

근력 마이크로도싱

대부분의 스트렝스 코치들은 원하는 만큼의 시간을 헬스장에서 확보하기 어렵지만, 다행히도 웜업에 근력 훈련을 포함하는 데에는 아무런 제약이 없다. 실제로 열정적인 연구자들 덕분에 이것이 꾸준히 이루어질 때 '마이크로도싱'이라는 기술적인 명칭이 붙는다. 이름에서 알 수 있듯이, 운동을 마이크로도싱할 때는 일주일에 2~3번의 웨이트장 훈련 대신 적은 훈련량을 자주(매일) 수행한다. 예를 들어, 수요일의 훈련에서 3×2 터키시 겟업을 하는 대신, 발열 서킷의 한 부분으로 2개의 터키시 겟업을 그 주의 웜업 중 3번 반복하는 식으로 배치할 수 있다.

일부 코치들은 빅 리프트(스쿼트, 벤치 프레스 등)를 마이크로도싱하는 데 겁을 내지 않지만, 나는 웜업에 보조 운동만 선택하는 것을 선호한다. 그것들은 종종 내 선수들에게 이익을 줄 수 있는 운동이지만, 웨이트장 시간에 있어서 높은 우선순위는 아니다. 논리적으로, 그것들은 우리의 트레이닝 장에서 사용 가능한 장비로 할 수 있는 운동이거나 가까운 웨이트장에서 쉽게 가져올 수 있는 운동들이다. 웜업의 어디에 운동을 추가하냐에 따라 선택하는 운동이 달라진다. 이것이 발열 요소의 일부인 경우, 운동은 파머스 워크, 케틀벨 웨이터스 캐리, 터키시 겟업, 등척성 런지 상태로 파트너와 메디신 볼 던지기, 또는 벽 짚고 핸드 스탠드처럼 덜 동적인 것이어야 한다. 나는 일반적으로 가능한 많은 관절, 운동 평면, 수축 유형 및 근육군을 대상으로 하는 세네 개의 운동(사용 가능한 장비에 따라 다름)을 선택하고, 웜업을 시작할 때 선수들이 한 번 또는 두 번 순환하여 하도록 한다. 잘 선택했다면, 한 운동은 다른 것들보다 새롭거나 더 기술적일 것이고, 나는 그 운동을 코칭하는 위치에 있을 것이다.

만약 발열 서킷과 스트레칭 이후 마이크로도싱을

그림 23.1 동적 운동의 예시: (a) 제퍼슨 컬, (b) 한 발 루마니안 데드리프트, (c) 오버헤드 프레스, (d) 바벨 점프스쿼트, (e) 프라울러 푸시.

하기로 결정한다면, 나는 더 동적인 운동들을 선택할 수 있다(그림 23.1). 제퍼슨 컬이나 시시 스쿼트 같은 정렬 운동 중 하나, 한 발 루마니안 데드리프트 및 오버헤드 프레스 같은 무거운 리프팅, 또는 바벨 점프 스쿼트나 프라울러 푸시 같은 무게가 있는 플라이오 메트릭 운동이 포함될 수 있다. 또한 이는 다음으로 진행할 트레이닝 블록에 포함된 새롭고 더 기술적인 리프트를 소개하는 좋은 시간이다. 내 배구 선수들은 행 스내치가 그들의 웨이트장 프로그램에 등장하기 전, 가벼운 무게의 행 스내치를 웜업에서 무수히 수행했다. 웜업에서 터키시 겟업 기술을 습득했다면, 다음은 무거운 중량을 가지고 웨이트장에서 진행할 수 있다.

근력은 내가 웜업에 추가하고 싶어 하는 유일한 바이오모터 능력이 아니다. 최근에는 스프린팅의 생리학적 이점에 대한 연구가 더 많이 나오면서,[7] 매주 최대 속도 운동이 배구 선수들에게 힘 생성 비율(RFD) 향상, 지면 접촉 시간 및 펄싱 강성부터 한발 점프에 이르기까지 다양한 방면에서 도움이 된다고 생각하고 있다. 또한 이는 배구와 직접 관련되지 않은 경쟁 요소를 만들어, 선수들이 모든 역량을 끌어내는 데 효과적인 또 하나의 방법이 된다. 안전을 위해 나의 스프린트 전 웜업은 높은 키의 배구 선수들이 평소보다 더 멀리 더 강하게 달릴 때 가장 부상 가능성이 있는 근육을 대상으로 하는 움직임과 스트레칭으로 가득차 있다. 그리고 시즌 전에는 10m 달리기로 시작해서 여름 동안 30m까지 점진적으로 늘려간다. 초반 5번의 스프린트는 보통 메디신 볼이나 막대를 머리 위로 들고 수행하는데, 이는 복부의 동시 수축을 자극하고, 동시에 속도를 조절하여 마지막 세 번의 전력 질주에 대비해 부상 위험을 줄이기 위한 목적이다. 나는 선수들이 이것이 진지하다는 것을 알도록 항상 전자 타이밍 게이트를 사용하고, 마지막 세 번의 스프린트를 순위를 정하고 기록하고 발표하여 어떻게 선수들이 개인적으로 진행되고, 팀원들과 비교하는지 코치와 선수들이 알 수 있도록 한다.

현명한 방법

만약 당신의 팀이 약하다면, 웜업을 소규모 근력 세션으로 구성하지 못할 이유는 없다. 발열 서킷을 디자인 할 때, 웨이트장 세션에 적용하기엔 우선순위가 높지 않은 낮은 강도의 보조 근력 운동을 마이크로도싱한다. 나는 또한 더 많은 파워 적응을 추구하고 사후 활성화 상승작용(PAP) 효과를 얻기 위해 웜업의 마지막에 더 폭발적인 근력 운동이나 스프린트를 마이크로도싱할 수 있다.

정렬에서 벗어난 근력

매번 전통적인 근력 트레이닝만으로 선수들을 부상자 명단에서 지켜낼 수 있다고 스스로를 설득할 때마다, 나는 180kg의 NFL이나 럭비 선수가 아이들과 해변에서 놀다가 전방십자인대(ACL)가 파열됐다는 기사를 본다. 이런 생각으로 나는 나의 웜업을 정렬에서 벗어난 근력의 마이크로도싱 시간으로 활용한다. 나는 몸을 가장 취약한 자세에서 점진적으로 부하를 주는 운동을 포함한다. 나의 선수들은 굽은 등 근력을 위한 제퍼슨 컬, 외반된 무릎 스쿼트, 시시 스쿼트, 부하가 있는 내반 발목 걷기를 수행한다. 왜냐하면 이 모든 자세들의 배구의 불가피한 부분이기 때문이다. 경기장에서 선수들이 스스로 인지할 수 있는 모든 자세에 대해 당신 선수의 몸을 점진적으로 준비시키지 않는다면 그건 태만한 것이라고 생각한다. 내가 프로그램에 척추를 중립에 둔 전통적인 스쿼트만 넣는다면, 선수가 차 가운데 좌석에서 식료품 가방을 들어 올리다가 디스크가 미끄러져도 부분적으로 내 잘못일 것이다. 정렬을 벗어난 리프트는 웨이트장에서 보내는 제한된 시간 중에 할 만큼 중요하지 않기 때문에, 웜업 서킷의 일부로 적합하다.

조직의 질

만약 해부학 수업을 들었다면, 근육이 수의적 근수축 시 액틴 단백질이 두꺼운 마이오신 필라멘트와 함께 점차 결합하여 작동해야 하는 방식을 알고 있을 것이다. 불행히도, 선수의 근육은 일상적인 훈련 중에 상당한 스트레스를 받아 교과서처럼 효율적으로 작동하지 않을 수 있다. 실제로 많은 연부 조직 구조(건, 인대, 근막, 근육, 신경 등)는 트레이닝으로 인해 손상을 입을 수 있다. 근육이 얼마나 유연하건, 주위를 감싸고 있는 근막이 긴장되어 있거나 신경전도와 혈액 흐름이 방해된다면, 그 근육은 잘 작동하지 않을 것이다. 트레이닝 세션 전 마사지 기술을 사용하면 연조직 손상을 회복

그림 23.2 선수들은 폼 롤러를 다친 근육의 다친 부위를 완화하기 위해 폼 롤러를 사용한다.

할 수 있으므로 마사지 치료는 이러한 문제를 해결하는데 자주 사용된다. 폼 롤러(그림 23.2)와 마사지 건과 같은 도구들은 선수들이 자가 근막 이완(SMR), 자가 마사지, 그리고 지압 같은 기술들을 사용하여 통증 지각을 변조하고 혈류량을 증가시켜 이러한 트리거 포인트들을 해결할 수 있게 한다.[8]

호르몬 자극

웜업의 개념은 단순히 근육에 중점을 두는 것을 넘어 훈련이나 대회 준비의 다양한 측면을 포함하는 방향으로 전환되어야 한다. 고려해야 할 한 가지 영역은 퍼포먼스를 향상시키기 위해 호르몬 반응을 조절하는 기술의 사용이다. 럭비 선수들이 공격적, 성적, 혹은 트레이닝 장면을 포함한 비디오 클립을 시청했을 때, 그들의 테스토스테론 수치와 3RM 스쿼트 결과가 증가했다.[9] 이는 호르몬 자극형 영상 모음을 웜업에 통합하여 퍼포먼스를 향상시킬 수 있을 것으로 보인다. 비록 호르몬 반응이 개인마다 다르지만, 선수들이 이전의 승리를 시청한 후[10] 심지어 총을 들었을 때조차[11] 테스토스테론 수준이 증가한 것을 보여주기도 한다. 이 연구는 트레이닝이나 경기 전에 비디오 게임을 하거나 하이라이트 영상을 시청하는 것에 긍정적인 영향을 미칠 수 있다는 가능성을 보여준다.

근육 활성

우리는 모두 상사가 휘슬을 분 다음 여덟 명의 훈련병이 배를 머리 위로 들어 올리고 해변을 따라 조깅을 하는 군대 영화를 본 적이 있다. 한 명의 훈련병이 다른 훈련병보다 약하다면, 다른 훈련병들은 보상하기 위해 더 열심히 일해야 한다. 이제 고관절을 그 배라고 생각해 보자. 계단을 빠르게 올라갈 때, 당신의 뇌는 고관절 주위에 있는 근육에게 움직이라는 신호를 주는 휘슬을 분다. 이 중 일부 근육은 관절은 안정화하는데 도움이 되고, 다른 근육은 당신이 위로 올라가는 힘을 내는 움직임을 만든다. 문제는 때때로 약한 근육이 다른 근육에게 더 많은 일을 하도록 강요한다는 것이다. 나쁜 경우엔, 어떤 근육은 휘슬 소리를 듣지도 못한다. 만약 이런 일이 오랜 시간에 걸쳐 발생하면, 선수는 퍼포먼스를 방해하거나 부상을 야기할 수 있는 고관절 주변의 불균형을 만들 수 있다. 따라서 약한 안정화 근육을 대상으로 하는 활성화 운동이 필수적이다.

활성화 운동은 신경학적으로 근육을 흥분시키고 깨우는 역할을 한다. 트레이닝이나 경기 전 낮은 수준에서 근육 수축을 통합하면, 선수는 동원되는 운동 단위의 비율과 빈도를 증가할 수 있다. 이는 관절 주변의 움직임을 강화하는 데 도움을 주는 안정화 근육을 신경학적으로 자극하거나 추가적인 운동 단위를 동원하여 근육군에서 더 큰 힘을 생성하도록 하는 데 도움이 된다.

트레이닝 전 근육을 활성화시키는 다양한 기술이 있다. 보통 단일 근육은 낮은 속도의 운동에서 고립되고 저항한다(예: 벽슬라이드 또는 네발기기 자세에서 골반 외전). 이러한 운동은 근육이 스트레스에 적응함에 따라 더 많은 움직임 평면과 추가적인 저항을 점진적으로 포함한다. 활성화 세션 중 가장 흔히 대상이 되는 근육 중 일부는 코어와 회전근개이다. 탄성 발목 밴드, 아쿠아백, 진동 플레이트와 안정성 볼 같은 다양한 도구들도 운동 단위 동원을 유도하는 데 효과적이다.

균형Balance

균형 트레이닝은 퍼포먼스 트레이닝 커뮤니티에서 다양한 방법으로 인기를 누리고 있다. 불안정한 표면은 근육 안정화를 자극하는 강력한 도구일 수 있지만 닫힌 사슬 운동을 대신하여 지나치게 사용하면 최대 근력을 저해할 수 있다는 데에 대부분의 엘리트 코치들이 동의한다.[12] 이러한 이유로 선수들의 웜업에 일부 균형 트레이닝을 통합하면 균형 운동의 이점을 활용하면서도 근력 훈련의 직접적인 시간을 빼앗지 않을 수 있다. 목표는 신체가 위치에서 벗어나면 빠르게 안정된 자세로 돌아가는 능력인 코어 안정성을 만들어내는 것이다. 이 안정성이 부족한 선수들은 허리나 다리 손상의 위험을 가질 수 있다.[13]

의도적인 불안정성은 여러 방법으로 달성할 수 있다. 선수들에게 30초 동안 한 다리로 서라고 지시하고, 처음에는 눈을 뜬 채, 그다음은 한쪽 눈을 감고, 마지막으로는 양쪽 눈을 감게 하면 신체가 균형을 잃었을 때 신호할 수 있는 생존 반사를 활성화 하는데 충분할 수 있다. 얼음 위에서 미끄러지는 경우 활성화되는 투쟁-도피 기전과 유사하게, 이 반사는 운동 사슬 전체에 통증을 감소하고 안정화 근육을 활성화 하는 엔돌핀을 일시적으로 분비할 수 있다. 이 과정에 움직임을 추가하여 선수들에게 서 있는 다리의 바깥쪽 발가락에 반대 손으로 손을 뻗게 하면 생존 반사와 일련의 흔히 약한 근육 군을 효과적으로 작동시킬 수 있다. 또는 아쿠아백이나 슬로시 파이프를 다양한 위치에서 들고 있으면서 열린 운동 사슬에 불안정성 움직임을 더할 수 있다. 이것의 장점은 물로 채워진 작은 도구가 움직임을 약간 섭동시켜perturb, 경기에서 볼 수 있는 스피드와 가깝게 훈련을 진행할 수 있다. 이론적으로 이는 스포츠로의 전이를 용이하게 한다.

교정 운동

맞춤형 웜업의 가장 큰 이점 중 하나는 선수들의 움직임 제약을 해결할 수 있도록 만들 수 있다는 것이다. 선수들을 스크리닝을 한 후 해당 정보를 사용하여 밝혀진 움직임 부전들을 교정하는 데 사용할 수 있는 운동, 스트레칭 또는 연부 조직 조정을 선택할 수 있다. 또는 팀 전체에 대한 일반적인 종목-특이적 교정 프로그램도 수용 가능하다. 어떤 선수들에게는 재활, 다른 선수들에게는 예방 운동으로 간주된다. 체온을 상승시킬 수 있다면, 결코 시간 낭비는 아니다. 이런 교정 운동들은 발열 서킷 또는 스트레칭 세션에서 다른 운동들과 결합하여 수행될 수 있다.

게임

엘리트 선수들의 트레이닝 세션에 어린 시절의 게임을 포함시키는 것은 일상에서 벗어나는 환영할 만한 일탈이 될 수 있다. 의심스럽다면 다음 웜업 세션에 Simon Says 게임을 도입하여 선수들이 땀을 흘리며 활짝 웃는 모습을 확인해 보길 바란다. 선수들이 첫 번째 라운드에서 100%로 경쟁하여 부상의 위험이 있는 정도로 경쟁적이지 않게 선수들을 다양한 평면에서 움직이게 하는 게임을 선택한다. 아이디어를 얻을 수 있는 최고의 장소는 체육 교과서와 웹사이트다. 릴레이 레이스도 이 범주에 속하지만 강도를 조절하기 위해 제약을 가할 필요가 있을 것이다. 선수가 웜업에서 태그 게임을 하다가 햄스트링을 다친다면 감독은 행복하지 않을 것이다. 인원에 따라 달라질 수 있지만, 댄싱 비디오 게임이 좋은 선택일 수 있다. 즐겁게 체온을 올리는 데엔 규칙이 없다. 나는 수년간 저렴한 장난감들을 모아 두었고, 가끔 웜업의 분위기를 전환하는 데 활용한다. 디스크 던지기와 훌라후프 릴레이는 스킵 운동들처럼 혈류량 증가를 가져오고, 소규모 그룹의 공주머니 차기는 긴장된 고관절을 빠르게 이완하고, 트레이닝 전 피구는 조직을 따듯하게 하면서 경쟁심을 가져올 수 있다.

현명한 방법

체육 교육 전문가들에게 도움을 청하여 경쟁적인 즐거움을 불어넣을 수 있는 게임 저장고를 만들어라. 엘리트 수준에서도 어린이를 위해 디자인된 게임에 도전할 수 있다. 선수들이 체온을 올리고 땀을 흘릴 때 미소를 짓거나 웃는다고 당신의 자격증을 잃어버릴 거란 걱정을 하지 마라.

스트레칭

스트레칭에 관해서는 최소의 효과적인 양을 찾는 것이 좋다고 믿는다. 웜업이 전통적으로 스트레칭과 동의어로 사용되어 왔기 때문에 대부분의 코치들은 스트레칭에 너무 많은 시간을 쓰며, 이는 팀의 보다 급한 약점을 보완하는 데 쓸 수 있는 소중한 시간의 낭비가 된다. 코치들은 유연성과 부상 예방과의 연결고리가 약하다는 것을 잊는다. 몇 년 동안 스트레칭에 관한 거대한 자료를 축적한 결과로 코치들은 소중한 웜업 시간에 그것을 사용해야 할 의무를 느낀다. 여기에 동적 스트레칭을 선택할 때 고려할 몇 가지가 있다.

- 불필요한 스트레칭에 시간을 쏟지 마라. 배구 선수들은 일반적으로 각 웜업마다 어깨, 흉추, 고관절 그리고 발목 관절에 대한 한 가지 좋은 스트레칭을 한다. 다관절 운동이 단일 관절 운동보다 효과적이다.
- 햄스트링 가동성을 위해 1년간의 토터치보다는 바벨을 가지고 덥 루마니안 데드리프트를 해라. 한 동작에서 유연성과 근력을 결합하는 운동을 찾아야 한다. 만약 관절 가동범위의 끝에서 힘을 기른다면 몸은 더 큰 가동범위를 가지게 된다.
- 몸이 그날의 트레이닝 세션에 준비할 수 있는 운동을 선택해라. 만약 가속 운동을 한다면, 엉덩이 활성화와 흉추 및 발목 가동성에 집중해라. 최고 속도 역학 운동을 한다면, 고관절 가동성, 발목 안정성 및 햄스트링 활성화를 강조해라.
- 각 관절의 기능에 따라 적절히 접근하라. 몸의 관절은 움직임이 필요한 관절(어깨, 고관절, 흉추, 발목 그리고 손목)과 부상을 피하고 힘을 전달하기 위해 안정성이 필요한 관절들이(무릎, 요추, 경추, 그리고 팔꿈치) 교대로 쌓여 있다. 발목의 움직임은 필드에서 급격한 방향 전환 중에 발생할 수 있는 불필요한 힘으로부터 무릎을 보호하는 데 도움이 된다. 비슷하게 강한 코어는 요추를 안정화하고 고관절에서 발생한 횡단력을 몸통에 전달하는 데 도움을 주어 던지는 힘을 증가시킨다.
- 각 동적 스트레칭을 제한된 가동범위 안에서 시작하고, 길항근의 수축이나 탄성을 이용해 점점 가동범위를 증가한다. 근육의 가동범위를 너무 빠르게 늘리면, 스트레치 반사를 일으키고 늘리려던 근육이 오히려 수축하게 된다.
- 네발기기, 등반 등을 통해 원시적인 움직임 패턴을 강화해라. 이는 많은 종목의 선수들에게 도움이 될 수 있다.
- 던지기와 스윙을 하는 선수들을 위해 특별한 고려 사항들을 만들어라. 대부분의 동적 웜업은 주로 하체에 초점을 맞춘다. 어깨 건강을 위해 웜업 전반에 걸쳐 견갑골 후인과 안정화를 강조하라.
- 웜업의 통제된 환경을 활용하여 맨발로 훈련하라. 이는 발목의 가동성과 발의 힘 모두를 증가한다.
- 피로에 주의하라. 좋은 동적 웜업은 선수의 운동량과 수준을 서서히 증가시켜야 하지만, 훈련에 영향을 미칠 정도로 과도해서는 안 된다.

현명한 방법

스트레칭은 대부분의 코치들이 생각하는 것만큼 중요하지 않으므로 웜업 시간을 많이 낭비하지 마라. 스포츠에 중요한 몇 가지 부위를 선택하고 질 높은 다관절 스트레칭으로 공략하라.

신경적 준비

웜업에서 고려할 마지막 구성 요소는 신경적 준비이다. 활성화 후 강화(PAP Postactivation potentiation)는 급격하게 근육 힘 발현을 향상시키는 모든 운동을 포괄하는 용어이다. 이러한 활동은 더 많은 속근 운동 단위를 활성화함으로써, 최대 수의적 수축(MVCMaximal Voluntary Contraction)이나 수축 속도를 증가시키는 데 필요한 신경적 준비 상태를 만든다.

선수들은 경기 중 움직임 속도를 증가하기 위해 도구를 사용한다. 예를 들어 타자는 가벼운 배트로 스윙하고, 단거리 주자는 오버스피드 속도로 견인되며, 축구 선수는 빠른 풋워크를 위한 사다리 훈련을 수행한다. 이러한 활동 중에 신경계는 보다 빠른 속도로 활성화 되어 경기 중 더 빠른 움직임이 이루어지도록 학습한다.

반면, 선수들은 무게나 하네스를 이용한 저항성 움직임을 통해 PAP를 유도하기도 하는데, 이는 요구되는 동작을 수행하기 위해 더 강한 근수축을 일으키고 더 크고 많은 운동 단위를 동원한다.

웜업 세션 마지막에 신경적 준비 운동을 포함할 때 고려해야 할 가장 큰 요인 중 하나는 선수들 사이의 높은 개인차이다. 일반적으로, 선수들은 자신의 정상 체중의 ±10% 이상으로 저항을 받을 때 가장 큰 효과를 얻는다. 이보다 더 많거나 더 적으면 원하는 움직임의 메커니즘이 변경되어 전달되지 않을 정도로 바뀐다. 또 다른 고려할 요소는 PAP 운동과 트레이닝 또는 경기 사이의 시간이다. 연구에 따르면 대부분의 선수들은 성능을 최적화하기 위해 6~12분의 회복시간이 필요하다.[14] PAP 활동과 경기 사이의 시간이 너무 적으면 피로가 성능을 제한할 수 있으며, 너무 많은 시간이 지나면 PAP 자극이 사라진다. 웨이트 트레이닝 경험이 있는 선수들은 보통 PAP에서 더 많은 이점을 얻는다. 이는 훈련되지 않은 선수일수록 피로의 영향을 더 많이 받기 때문일 수 있다.[15]

트레이닝 전 신경계를 자극하는 한 가지 일반적인 방법은 플라이오메트릭을 사용하는 것이다. PAP 운동과 마찬가지로 플라이오메트릭은 신경근계가 사전에 높은 발화율을 유도하는 데 목적이 있다. 이런 이유로, 빠른 발 훈련이 점핑 로프보다 더 적절할 수 있다. 점프의 속도는 선수가 줄을 얼마나 빨리 돌릴 수 있는지에 따라 조절되기 때문이다. 발열 세션에서 빠른 발 훈련을 사용하는 것과 달리, 여기에서는 속도에 중점을 두어야 하며, 3초 이내의 짧은 반복과 더 긴 휴식 시간을 가져야 한다.

사례 연구

오버헤드 종목에서 충분한 양의 가속, 감속과 점핑이 충분히 포함된 효과적인 팀 웜업에 대한 예시이다. 15분 동안의 웜업이며, 5분씩 세 개의 블록으로 나뉜다. 각 블록이 핵심 구성 요소 외에 다양한 종목-특이적 움직임 준비 활동들을 어떻게 포함하는지 주목하라.

발열 서킷, 5분(1세트)

- 점프 로프: 50 앞으로, 25 뒤로, 25 앞으로 교차(또는 아무 동작)
- 정렬 외 근력: 무릎이 벽을 향하는 시시 스쿼트×20
- 기둥 활성화: 미니밴드 클램쉘 사이드 플랭크×20 각각
- 어깨 예방 운동: 엎드린 상태로 호버 홀드. 던지는 팔에 2kg 볼을 쥐고 무한대 모양 호버×20
- 등척성 근력: 등척성 런지(눈 감고)×30 각 30초씩

스트레칭, 5분

- 발목, 흉추 및 어깨: 다운워드 페이싱 도그×20초
- 사이드 몽키 크롤×5 양쪽
- 고관절: 코삭 스쿼트×3 양쪽
- 밸런스 과제: 크로우 자세 유지×20초
- 앞 뒤 크랩 크롤×10m 각 방향
- 어깨: 테이블탑 스트레치×3 손을 회전하면서
- 흉추 및 고관절: 브렛젤 2.0 스트레치
- 스파이더맨 크롤 15m
- 고관절, 발목 및 흉추: EXOS World's Greatest Stretch 시리즈×2 각각

신경적 준비 서킷, 5분

- 박스 드롭-반응성 측면 크로스오버 스텝×각 방향 3개
- 오버헤드 메디신 볼 슬램×6
- 박스 드롭-수직 점프-반응성 측면 크로스오버 스텝×각 방향 2개씩
- 점프 매트를 이용한 수직 점프 경쟁: 3인 1조, 누적 수직 점프 점수가 높은 팀이 승리하며, 모든 개인 점프를 기록한다.

쿨다운

트레이닝 직후는 회복을 시작하기에 가장 적절한 시기이다. 전통적으로 쿨다운은 5~10분간의 정적 스트레칭으로 구성되어 있다. 많은 엘리트 코치들은 이를 폼 롤러와 트리거 포인트 요법을 사용한 연부 조직 치료와 결합한다. 어떤 사람들은 심지어 선수들의 움직임 스크린 결과를 기반으로 조직 치료를 맞춤화한다. 일부 시설은 현장에서 크라이오 요법을 사용할 수 있고, 어떤 곳은 운동 후 마사지사를 이용 가능하고, 명상을 할 수 있는 편안한 의자에서 아로마 테라피를 할 수 있는 방이 있다. 회복에 대한 다양한 옵션과 그들의 상대적 효과에 대해 특별히 기록된 책들이 있으며,[16] 일반적으로 최고의 연구 결과가 등장하지는 않는다. 이러한 이유로 나는 쿨다운에 있어 하나의 방식에 의존하기보다 다양한 회복 도구를 유동적으로 활용하는 '샷건 방식'의 회복 서킷을 추천한다.

선수들이 원형으로 모여 정적 스트레칭을 시작하는 대신, 우선 회복 음료를 마시도록 하여 재생 프로세스의 중요한 부분을 마련한다. 음료를 마신 후에는 선수들이 정적 스트레칭, 요가 비파사나, 고유수용기 근신경 활성, 능동적 고립 스트레칭(AIS), 앉은 자세 및 트리거포인트 요법(단지 일부만 열거됨)으로 구성된 회복 서킷에 참여한다. 이는 중추 신경계를 이완시키고 배구에서 가장 자주 사용되는 근육과 관절을 대상으로 한다. 때론 각 위치에서 무엇을 해야 하는지를 강제로 규정하고, 때로는 몇 개의 전기 마사지 건을 구역에 놓고 운동선수들이 사용하고 싶은 곳을 자유롭게 선택하도록 한다. 타이머가 매분 울려 선수들에게 구역을 전환하도록 알린다. 그들이 기분 좋은 매트릭스를 모두 경험한 후에는 해산을 하거나 명상이나 시각화 연습을 위한 매트로 보내준다. 그 이후엔 선수들에게 낮잠을 자도록 권장한다.

현명한 방법

주말이나 휴가 중에 선수들이 회복 활동을 촉진하고 싶다면, 게임을 활용해 보라. 회복 옵션 메뉴(찬물 샤워, 낮잠, 마사지, 다리를 벽에 대고 누워 있기 또는 8시간 이상의 수면)에 점수를 할당하고, 선수들은 소규모 그룹으로 나뉘어 휴가 동안 누가 가장 많은 회복 점수를 획득하는지 경쟁하도록 한다.

장기간의 관절가동범위 운동이 필요한 선수에게 나는 비시즌에 이것을 우선적으로 하는 것을 권장한다. 트레이닝과 경기 중에는 중추 신경계를 자주 자극하기 때문에 근육 길이의 변화는 발생하기 어렵다. 나는 선수들이 웨이트 트레이닝과 경기에서 오는 신경계 과부하로부터 충분히 벗어나야만, 신경계를 이완시켜 근육 길이에 지속적인 변화를 줄 수 있다고 생각한다. 선수가 변화를 보기 원한다면 이 기간 동안 선수는 다양한 공격적인 근육 길이 확장 기술들을 적용해야 한다.

코치의 인사이트

전제 팀 웜업

토니 스트러드윅 Tony Strudwick
웨일즈 축구협회, 퍼포먼스 책임자

웨일즈 국가대표 축구팀에서, 경기 시작 전 선수들이 준비되었는지 확인해야 할 많은 사항이 있기 때문에 웜업이 철저하게 계획되어 있다. 구체적으로, 우리의 체크리스트에는 다음이 포함된다.

- 심부 체온 상승
- 움직임 준비와 유연성 향상

- 가속, 감속 및 방향 전환 훈련
- 개인 특이적 준비
- 기술 반복 숙련
- 팀 전술 정비 및 경기 리허설

움직임 효율성과 운동 능력은 우리에게 부상 예방과 퍼포먼스 측면에서 중요하다. 따라서 웜업에 기본적인 움직임 기술을 통합한다. 일반적인 흐름은 다음과 같다.

1. 속도에 상관없이 움직임을 수행한다.
2. 움직임의 스피드를 올린다.
3. 다른 조건에서 움직임을 수행한다.
4. 움직임 기술에 기반으로 기본적인 종목 기술을 연습한다.

다시 말해, 웜업은 일반적인 가동성에서 축구에 특화된 연습으로 진행되며, 중요한 마지막 순간의 전술적 및 심리적 준비를 간과하지 않는다. 선수들이 그라운드에 올라온 후 소요되는 몇 분은 그라운드를 가로지르며 정적 및 동적 움직임을 통합하는 시간이다. 이는 보통 5분이 소요되며 점진적으로 속도가 증가한다. 팀의 분위기에 따라, 이 부분은 주장에 의해 주도된다.

그런 다음 우리는 가동성과 유연성을 증가하기 위해 다양한 방향으로 움직임 기반 유연성 운동을 진행한다. 이 작업은 체온이 올라감에 따라 강도가 증가하고 선수들이 더 동적인 훈련을 준비할 수 있도록 한다. 우리는 하이-니 마치, 워킹 런지, 잭나이프 걷기, 래터럴 런지, 백런지 및 트위스트, 드랍 런지 및 인버티드 햄스트링 스트레칭을 포함한 몇 가지 동적 스트레칭 훈련을 선택한다.

야간 경기나 추운 환경에서 햄스트링, 대퇴사두근 및 내전근을 스트레칭하는 것은 이 근육들이 짧아져 있을 경우 부상의 위험이 증가하기 때문에 특히 중요하다. 웨일즈 국가대표팀에선, 정적 및 동적 운동들을 결합하여 사용하고 있다. 그러나 정적인 자세를 유지하는 시간은 20초를 넘지 않는다. 이러한 실용적인 접근 방식은 최신 연구와 선수들의 정적 스트레칭 선호도를 모두 반영한 것이다. 개별 선택이 정적 및 동적 운동의 통합을 결정하지만, 이 부분은 코치의 지시와 피드백에 의해 진행된다. 또한 우리 피트니스 코치들은 경기 준비를 가속하고 동기를 부여하기 위한 기간으로 사용한다.

우리의 경기 전 루틴의 중요한 구성 요소 중 하나는 몸을 빠르게 움직이도록 설계된 동적 운동이다. 이 동적 루틴은 점진적이고, 전신에 걸쳐 연속적인 움직임을 강조하며 일반적으로 전진 및 측면 이동, 방향 전환이 포함된 달리기 훈련에서 수행된다. 동적 웜업 운동의 예로는 런지, 스쿼트, 홉, 점프, 하이니, 하이킥 및 레그스윙이 있다. 이러한 운동은 국제 축구에서 스프린트, 헤더 및 태클과 같은 빠른 경기 활동의 실행력을 강화하기 위해 수행한다.

기술 실행의 질을 유지하기 위해, 선수가 반복 동작 사이에 충분한 회복 시간을 가지도록 한다. 이후에는 속도와 방향 변경이 포함된 특정한 볼 훈련을 통해 유산소 시스템을 자극하고 경기 중에 수행되는 것과 유사한 특정 움직임 패턴을 수행한다.

모든 달리기 방식(예: 전방, 측면, 후방), 스프린팅, 회전 및 점프뿐만 아니라 가속 및 감속과 같은 강렬한 강도 높은 상황을 웜업에 포함시킨다. 또한 포지션별 준비 시간을 포함하는 것이 일반적이다. 예를 들어, 중앙 수비수는 헤딩, 착지 패턴, 후방 움직임 및 회전 후 스프린트와 같은 것들을 조합하는 연습을 한다. 스트라이커는 골을 넣기 위한 움직임을 연습할 시간을 갖는다. 골키퍼는 경기 준비에 유사한 패턴을 따르지만 골키퍼 코치와 독립적으로 운동한다. 마지막으로, 선수들이 모여 기술을 통합한다. 스트라이커는 항상 슈팅을 연습하며, 골키퍼는 웜업의 마지막 5분 동안 함께한다.

축구는 고도의 기술이 필요한 경기이므로, 필요한 경우 웜업 훈련에 공을 추가한다. 가장 중요한 것은 패스 및 슛과 같은 경기 연습의 심리적 이점을 쫓는 것이다. 선수들은 이미 이런 탄성적인 훈련을 하기 전에 몸이 데워져 있고 경기 전 근육을 강하게 자극하여 신경계를 활성화시키는 효과가 10~15분 후에 점차 사라지기 때문에 이러한 드릴은 웜업의 끝에 수행된다.

웜업의 타이밍은 경기 시작 전에 이점이 사라지지 않도록 고려해야 한다. 운동을 마친 후에도 근육과 몸의 온도는 몇 분 동안 높아진 상태를 유지한다. 경기 시작 10분 전에 웜업을 종료하여 짧은 회복 기간을 회복하고, 선수들이 경기복으로 갈아입는 시간을 주고, 준비를 하며 코치들과 이야기를 할 수 있도록 한다.

모든 것을 종합하면, 우리의 웜업은 20~25분이 걸리지만, 그 내용은 환경 조건에 따라 다르다. 예를 들어, 날씨가 더운 경우에는 강도와 지속시간을 줄이고, 추운 조건에서는 더 많은 러닝 기반 운동을 통해 체온을 높이는 데 중점을 둔다. 기후는 고려 사항이지만, 이와 같은 틀은 익숙함과 일관성을 유지하여 경기나 상대 팀에 관계없이 사용된다.

교체 선수는 언제든지 필요할 수 있으므로, 그들의 준비는 필수적이다. 우리의 교체 선수들은 경기 중 15~20분마다 5~10분 동안 웜업한다. 하프타임 휴식 시간은 체온을 올리고 경기 준비 상태를 향상하는 좋은 기회를 제공한다. 한 번 더, 기후는 교체 선수의 관리에 중요한 역할을 한다. 추운 겨울 조건에선 운동 시간을 연장하고 근육 온도가 최적화되도록 관리해야 한다.

요약

운동이나 경기에 선수를 적절하게 준비하는 방법에 대한 연구를 살펴보면, 확실한 진실을 찾은 것은 쉽지 않다. 웜업을 진행하는 여러 방법이 있으며, 가장 성공적인 코치들은 선수의 종목, 불균형 또는 약점에 따라 다양한 방법을 사용하는 경향이 있다. 잘 설계된 웜업의 가장 효과적인 구성 요소는 바이오모터의 질이 팀에게 가장 중요하다는 것에 접근한다. 더 유익한 활동들을 사용할 수 있는 데 반해 너무 많은 코치들이 잘 알려진 웜업 스크립트(조깅과 스트레칭)를 고수한다. 이 시간은 선수들이 미숙하고 조정되지 않은 운동 능력의 외곽을 탐색할 수 있는 기회가 되어야 한다. 코치들은 잘 짜인 측면 스킵 동작을 과감히 줄이고, 엉성하게 던져진 디스크를 잡거나 처음으로 터키시 겟업을 시도하는 것과 같은 더 복잡하고 예측 불가능한 활동을 선택하는 것을 고려해야 한다. 웜업의 목표가 선수들이 완벽한 기술로 모든 움직임을 실행하는 것이라면, 그 움직임들의 속도를 느리게 하려는 유혹을 받을 수 있고, 이는 이 동작들이 게임 스피드로 실행될 때 제대로 전이가 이뤄지지 않는다. 이상적인 조건과 완벽한 형태는 행동이 시작된 후에는 거의 볼 수 없다.

물론 근육 조직의 질과 이상적인 기능적 길이에 주의를 기울여야 한다. 그러나 웜업은 종종 선수들이 잠든 채 있는 근육 그룹을 활성화하는 운동을 포함해야 한다. 이렇게 하면 선수들이 중요한 관절 주변에서 보다 큰 운동 단위 동원과 안정성을 얻을 수 있다. 유연성과 부상 예방 간의 연결이 약하지만, 대부분의 코치들은 많은 시간을 스트레칭하는 데 사용한다. 가능한 경우 조직 길이와 가동범위 끝에서의 근력을 결합하는 종목 특이적, 다관절 스트레칭을 선택하라. 이러한 스트레칭을 불균형, 관절 가동성 부족, 움직임 부전에 접근하는 교정 운동들과 결합하라.

부상을 예방하기 위해, 웜업의 가장 중요한 목표는 간단하게 선수들의 조직 온도를 높이는 것이고, 이러한 발열 활동은 동적 스트레칭, 근력 운동 또는 게임과 쉽게 결합될 수 있으며, 이를 통해 기본적인 움직임 패턴, 균형, 코어 강도, 협응성에 점진적인 도전을 제공하고 근육 길이를 증가시키는 데에도 도움이 된다. 보다 강력한 후속 움직임을 위한 신경근계 준비를 돕는 '활성화 후 강화(PAP)' 훈련은 선수의 근육을 준비하고 더 많은 빠른-수축 운동 단위를 활성화한다. 이러한 구성 요소들의 이상적인 조합은 선수를 따듯하고 피로하지 않으며 이후 활동을 위한 자극을 받은 상태가 된다.

전통적으로 트레이닝 직후에 쿨다운은 정적 스트레칭이나 연부 조직 치료로 이루어졌다. 더 효과적인 방법은 선수들이 회복 음료를 마시고 그 후에 정적 스트레칭, 요가 비파사나, 자가 마사지 및 트리거포인트 해결 등 다양한 회복 서킷을 수행하게 하는 것이다. 이를 통해 명상, 시각화 연습 또는 낮잠을 잘 수 있게 선수들의 신경계를 충분히 안정시킬 수 있다.

필수 항목

- 대부분의 코치들은 제한된 발열 활동들을 고수하여 웜업을 제대로 활용하지 못한다. 잘 계획된 웜업은 팀의 필요에 따라 스피드 트레이닝, 재활 훈련, 근력 훈련 또는 고등학교 수준의 체육 수업까지 포함할 수 있다.
- 만약 당신이 당신의 선수들을 완벽하게 맞춰진 워킬 니허그 로봇들처럼 보이게 만든다고 한다면, 당신은 그들의 선수 능력 향상을 희생하고 당신 스스로를 만족시키는 것이다.
- 당신의 수석 코치가 팀에 5~10분 정도의 웜업 시간을 준다면, 그것은 당신이 충분한 가치를 추가하지 못했기 때문이다. 특히 그 주에 코치가 집중하는 부분을 중심으로, 웜업을 기술 훈련처럼 보이도록 구성하라.
- 웜업 동작을 지나치게 지시하거나 단순화해서는 안 된다. 그렇게 되면 종목이나 게임의 속도와 거리가 벌어지게 된다. 대신, 선수들이 90~100%의 노력을 기울일 때 안전을 유지할 수 있는 제약 조건을 훈련에 포함하라.
- 불필요한 스트레칭에 시간을 낭비하지 마라. 당신의 스포츠에 필요한 핵심 부위를 대상으로 하는 몇 가지 훌륭한 다관절 스트레칭을 선택하고, 보다 유익한 활동으로 넘어간다. 쿨다운은 조직의 길이와 질에 집중하는 시간이다.

Chapter 24

경기력 극대화(피킹)

G. 그레고리 해프G. Gregory Haff, PhD, CSCS*D, FNSCA, AWF-3, ASCC, ASCA-2
에디스 코완 대학교Edith Cowan University 스트렝스 · 컨디셔닝학 교수

선수의 퍼포먼스에서 시합 일정 중 가장 중요한 순간에 최고 수준으로 운동을 수행할 수 있는 능력은 중요하다. 이러한 퍼포먼스의 향상은 선수의 전반적인 운동 능력이 최대화되기 때문에 종종 피킹(절정화)이라고 한다.[1] 퍼포먼스에서의 정점(피크)은 선수의 개별화된 연간 트레이닝 계획에 포함된 시합 일정에 따라 미리 계획된 시점에서부터 전반적인 트레이닝 부하를 체계적으로 감소시킴으로써 도달한다.[1,2] 이러한 트레이닝 부하 감소는 '테이퍼Taper'라고 불리며, 선수들의 신체적 준비에 중요한 요소로 간주된다.[1,3]

테이퍼로 시합 퍼포먼스(경기력)를 효과적으로 향상시키는 능력은 코치가 선수의 연간 트레이닝 계획에 포함된 시합 기간에 테이퍼를 어떻게 통합하는지에 따라 직접적인 영향을 받는다.[1] 특히, 퍼포먼스 향상의 정도는 트레이닝의 준비 기간과 시합 기간 동안 이루어지는 트레이닝의 양과 질에 따라 결정된다. 따라서 이러한 전제를 바탕으로 선수가 신체적, 전술적, 기술적 트레이닝 기반을 다질 때 트레이닝의 준비 기간(예: 일반 또는 특정단계) 및 시합 기간(예: 시합 전 또는 주요 시합단계) 동안 진정한 퍼포먼스 정점의 기초가 확립된다.[1] 이러한 기초가 확립되지 않으면 선수의 최고 기량을 발휘할 수 있는(피크) 능력이 점차 감소하고, 선수에게 퍼포먼스를 뒷받침하는 필수 생리학적 적응이 발현되지 않아 퍼포먼스 최적화가 이루어지지 않을 가능성이 높다.[4,5] 간단히 말해서, 선행 작업이 이루어지지 않았다면 정점(피크)을 찍는 것은 의미가 없다!

트레이닝 강도, 빈도, 양 등의 다양한 요소는 선수의 시합 테이퍼를 구성하는 복잡한 과정의 일부로 조작될 수 있다.[6] 이러한 요소들의 상호작용은 테이퍼 기간 동안 체계적으로 조작되어 선수의 퍼포먼스 능력을 조절한다. 테이퍼는 많은 코치들이 널리 사용하고 있으며,[2] 선수의 테이퍼를 구성하기 위한 다양한 방법을 검토하는 상당한 연구들이 진행되었다. 그러나 최적의 전체 테이퍼 구조에 대한 다양한 의견이 존재하며, 일부 코치와 선수들은 여전히 테이퍼의 중요성을 전혀 이해하지 못하고 있다.[5] 우선, 테이퍼 기간 중 퍼포먼스 향상을 극대화하려면, 트레이닝에 대한 기본적인 생리학적 반응을 이해해야 한다. 이 장에서는, 최적의 테이퍼를 구성하기 위해 로딩(부하) 및 언로딩 기간을 연간 트레이닝 계획에 구조화, 순서화 및 통합하는 방법에 대한 근거를 살펴보자.

테이퍼링의 이해

테이퍼링은 중요한 대회를 앞두고 선수의 트레이닝 계획을 수정하는 것을 설명하기 위해 다양한 정의가 사용된다.[7~9] 일반적으로 선수가 목표한 대회에 가까워질수록 선수가 수행해야 하는 전반적인 훈련량은 줄어든다.[7,10,11] 이러한 전반적인 트레이닝 부하를 감소시키는 것을 일반적으로 '테이퍼'라고 한다. 그러나 테이퍼링은 일상적인 트레이닝의 생리적, 심리적 스트레스를 줄이고 퍼포먼스를 최적화하기 위해서 일정

기간 동안 트레이닝 부하를 점진적이고 비선형적으로 줄이는 과정으로 보다 포괄적으로 정의하는 것이 더 좋다.[12] 이 정의는 효과적으로 테이퍼를 적용할 때 고려해야 할 실제 설계 요소들에 대한 단서를 포함하고 있기 때문에 더욱 적절하다.[7]

생리학적 전제

선수가 최고의 기량(피크)을 찍을 수 있는 능력을 뒷받침하는 핵심 전제는 체력의 최적화, 피로 해소에 소요되는 시간, 준비도에 대한 총체적인 관계이다. 체력-피로 관계[13] 또는 2-요인 이론[14](그림 24.1)은 체력과 피로가 어떻게 상호작용하여 선수의 준비도 또는 전반적인 시합에 대한 준비성을 조절하는지에 대한 일반적인 설명을 제공한다. 개념적으로 체력-피로 패러다임은 선수의 준비도가 지속적으로 변화하는 상태에 있고, 단일 트레이닝 세션이든 전체 트레이닝 구조이든 트레이닝 과정에서 자극되는 체력 또는 피로 수준의 변화에 직접적인 영향을 받는다는 사실에 기반한다.[14]

체력, 피로, 준비도의 상호작용과 관련된 핵심 요소는 트레이닝이 긍정적 및 부정적 반응을 모두 자극한다는 것이다.[13] 트레이닝 과정에 대한 주요 긍정적 반응은 체력 향상이며, 피로 누적은 주요 부정적 반응으로 간주된다. 궁극적으로 트레이닝 부하량이 많으면 피로가 체력보다 더 크게 나타나 선수의 준비도가 억제되고, 이는 결국 달성한 체력 수준이 가려지는 결과를 초래한다.[14] 모든 트레이닝 자극이 피로 반응을 증가시킬 수 있지만, 일반적으로 피로는 빠르게 해소(회복)되어 준비도가 상승한다.[14] 따라서 선수의 테이퍼는 체력 향상을 유지하면서 피로를 체계적으로 줄일 수 있도록 구성되어 선수의 시합 전 준비도를 높일 수 있도록 한다.

현명한 방법

적절한 휴식, 회복 또는 트레이닝 부하의 감소를 체계적으로 시행하여 피로를 해소함으로써 준비도를 향상시킬 수 있다. 장기간에 걸쳐 휴식을 너무 많이 가지거나 훈련량을 줄이면 선수의 체력은 저하되기 시작하고, 결국 퇴화involution 또는 디트레이닝 상태가 되어 궁극적으로 선수의 전반적인 준비도가 저하되는 결과를 가져온다.

지연성 트레이닝 효과 패러다임은[4,15] 퍼포먼스의

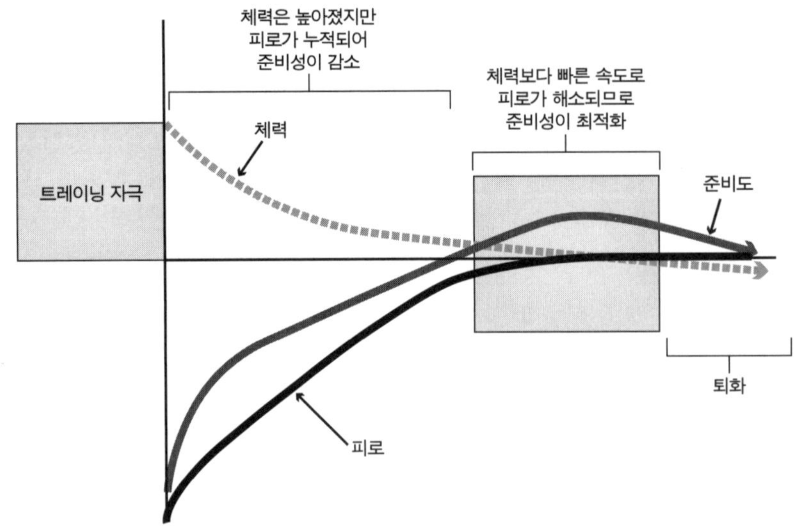

그림 24.1 체력-피로 패러다임.

Reprinted, by permission, from G.G. Haff and E.E. Haff, "Training Integration and Periodization, in *NSCA's Guide to Program Design,* edited by J.R. Hoffman for the National Strength and Conditioning Association (Champaign, IL: Human Kinetics, 2012), 210; Adapted from M.H. Stone, M.E. Stone, and W.A. Sands, *Principles and Practice of Resistance Training* (Champaign, IL: Human Kinetics, 2007), 376; L.Z.F. Chiu and J.L. Barnes, "The Fitness Fatigue Model Revisited: Implications for Planning Short- and Long-Term Training," *NSCA Journal* 25, no 6 (2003): 42-51.

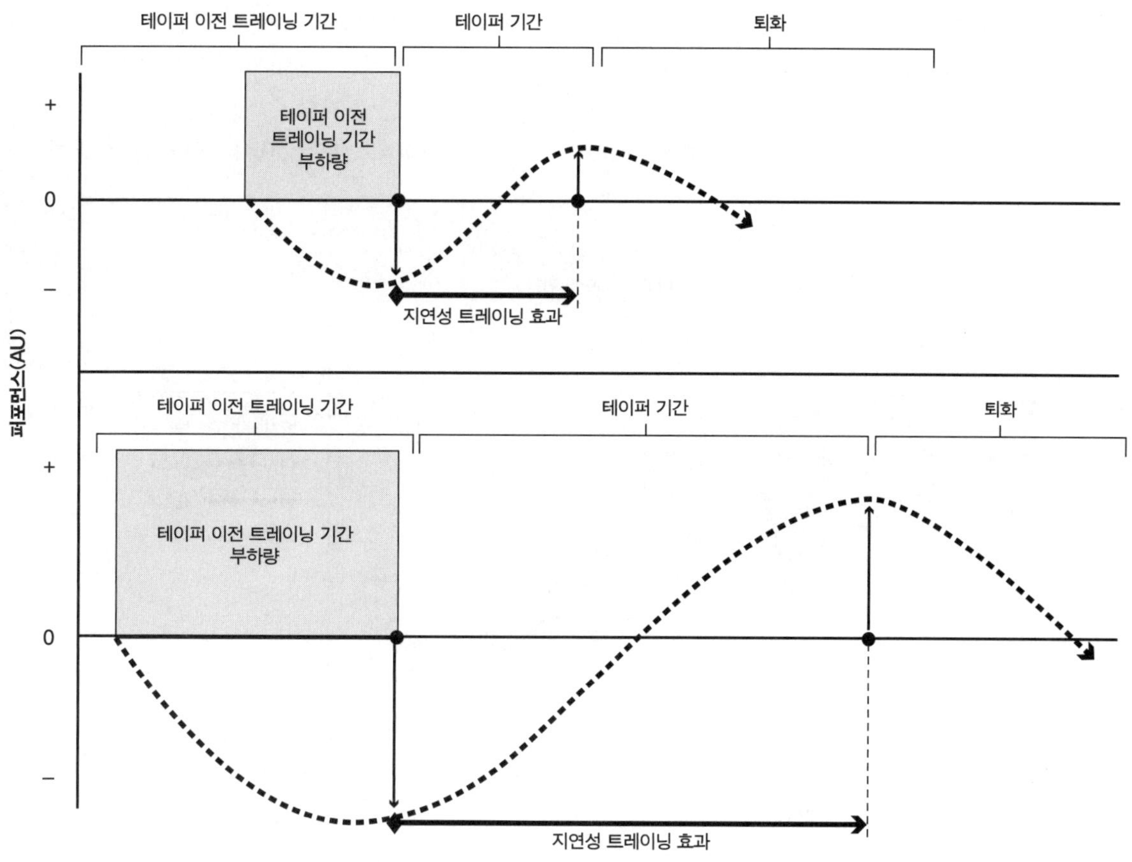

그림 24.2 지연성 트레이닝 효과와 테이퍼.

초과 회복supercompensation, 준비도의 향상, 선수가 겪는 트레이닝 스트레스의 강도 사이의 관계를 설명한다(그림 24.2).

트레이닝 스트레스의 강도는 생성되는 피로량과 이 축적된 피로를 해소하고 준비도를 높이는 데 필요한 시간에 직접적인 영향을 미치며, 이는 퍼포먼스의 초과회복으로 이어진다. 트레이닝 스트레스의 강도가 크거나 장기간에 걸쳐 수행될 경우 피로가 증폭되며, 체력 수준도 함께 증가한다.[16] 전체 트레이닝 부하가 크고 축적된 피로가 증가하면, 이 피로를 해소하고 준비 상태와 퍼포먼스를 모두 향상시키는 데 더 긴 시간이 필요하게 된다. 반면, 트레이닝 부하가 상대적으로 작을 경우, 축적된 피로 수준이 낮아지고 피로가 해소되는 속도는 현저히 빨라진다. 트레이닝 부하가 낮을수록 누적 피로도는 줄어들지만, 이러한 부하는 더 작은 체력 적응과 전체적인 준비도 상승 폭이 낮다는 점을 기억해야 한다. 이러한 관계에 기반해, 테이퍼의 효과는 상당 부분 그 전에 진행된 트레이닝에 의해 결정된다는 것을 명확히 알 수 있다.

현명한 방법

퍼포먼스가 준비부족과 연결되어 있다면 테이퍼를 통한 퍼포먼스의 향상은 기대할 수 없다. 마찬가지로, 짧은 테이퍼링 기간으로 많은 양의 트레이닝을 이제 막 마친 선수의 컨디션을 끌어올릴 수 있다는 것도 어리석은 생각이다.

개념적으로, 테이퍼의 궁극적인 목표는 선수에게 누적된 피로를 줄이는 동시에, 트레이닝 계획을 통해 자극된 체력 특성은 가능한 한 많이 유지하는 것이다.

체력은 일반적으로 느리게 변화하는 운동 준비도의 구성 요소이며, 선수가 겪는 트레이닝 중재에 대한 반응으로 얻은 체력 수준에 따라 몇 분, 몇 시간 또는 며칠에 걸쳐 비교적 안정적으로 유지된다. 반면, 피로는 생리학적 및 심리적 스트레스 요인에 영향을 받기 때문에 준비도의 구성 요소 중 변동성이 매우 크고 빠르게 변화하는 요인이다.[16] 실제로 자치오르스키Zatsiorsky와 크레이머Kraemer는 피로를 해소하는 데 걸리는 기간이 체력을 유지할 수 있는 기간보다 3배 짧다고 주장한다. 궁극적으로 테이퍼를 실행하면 트레이닝 부하에 변화를 주어 누적된 피로(빠른 변화)를 빠르게 감소시키는 동시에 선수의 전반적인 체력 수준(느린 변화)을 유지할 수 있다.

테이퍼의 기본 개념은 비교적 간단하지만 테이

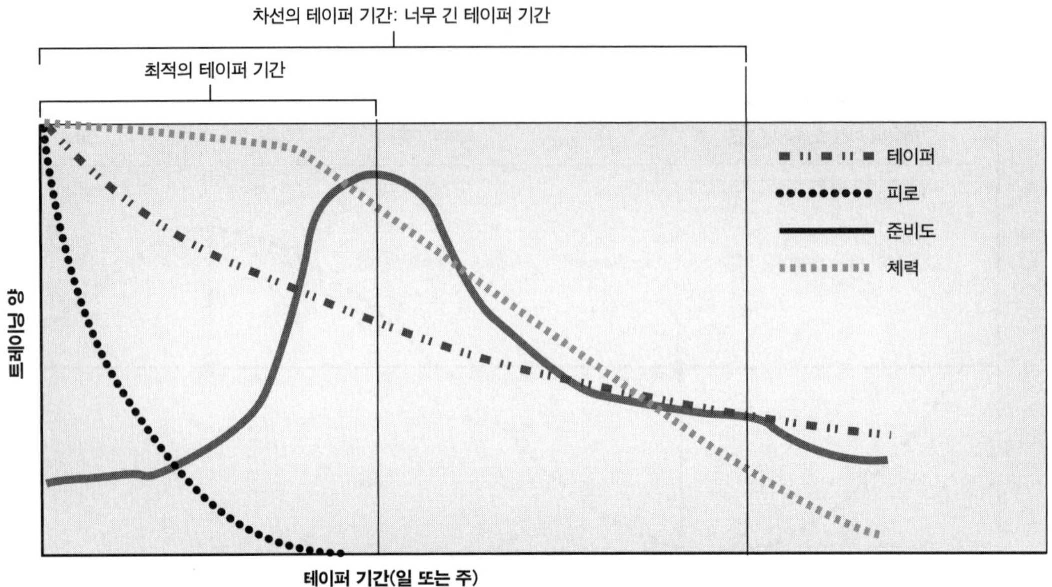

그림 24.3 피로, 체력, 준비도와 테이퍼 기간의 상관관계.

Reprinted by permission from T.O. Bompa and G.G. Haff, *Periodization: Theory and Methodology of Training,* 5th ed. (Champaign, IL: Human Kinetics, 2009), 189.

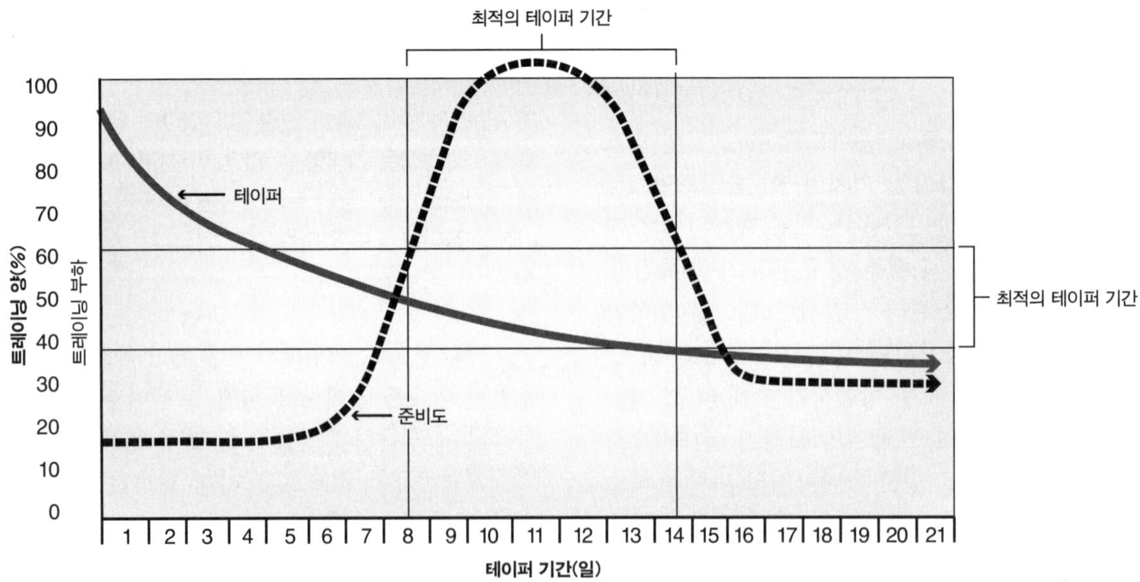

그림 24.4 준비도와 테이퍼 간의 상관관계.

Reprinted by permission from T.O. Bompa and G.G. Haff, *Periodization: Theory and Methodology of Training,* 5th ed. (Champaign, IL: Human Kinetics, 2009), 190; Adapted from L. Bosquet, L. Leger, and P. Legros, "Methods to Determine Aerobic Endurance," *Sports Medicine* 32, no. 11 (2002): 675-700.

퍼를 실제로 구현하는 것은 훨씬 더 복잡한 작업이며, 다양한 트레이닝 및 회복 기반 요소를 이해해야 한다. 예를 들어, 테이퍼를 너무 오래 지속하면 트레이닝 자극이 부족해져 체력이 떨어지기 시작한다. 이로 인해 선수의 전반적인 준비도 수준이 크게 저하되고(그림 24.3 및 24.4) 인볼루션(즉, 디트레이닝) 상태로 이어진다.[12]

결국, 준비도는 선수가 경험하는 트레이닝 부하의 감소 정도와 기간 사이의 절충의 결과라고 할 수 있다.[17] 선수의 트레이닝 부하를 조절하는 것은 피로를 제거하기 위해 가장 자주 조작되는 요인이지만, 회복 기법의 적용,[18,19] 맞춤형 영양 전략[18,19] 및 수면 위생에 대한 관리[20]와 같은 다른 요인들도 모두 선수의 피로를 효과적으로 감소시키는 능력에 영향을 미칠 수 있다. 전체적으로 효과적인 테이퍼는 선수의 전반적인 생리학적 및 심리적 준비 상태를 결정하는 다양한 요인들이 상호작용하여 영향을 미친다.

현명한 방법

경기 준비도를 효과적으로 높이려면 트레이닝 부하 감소에만 초점을 맞추기보다는 테이퍼의 효과를 다각적인 관점에서 고려해야 한다.

테이퍼의 주요 목표

본질적으로 테이퍼링 과정은 선수가 이전 훈련 기간 동안 축적된 피로를 회복하도록 하여, 결과적으로 전반적인 경기 수행 능력을 높이는 데 목적이 있다.[21,22] 테이퍼링이 경기력을 향상시키는 효과는 과학적 연구에 의해 강하게 입증되었다. 피로가 줄어들면 신체적 수행 능력이 개선될 뿐 아니라, 노력에 대한 주관적 인식이 완화되고, 기분 상태가 좋아지며, 전반적인 피로감이 감소한다는 사실이 보고되었다(표 24.1).[7]

테이퍼링이 효과적인 이유는, 훈련을 통해 형성된 생리학적 적응이 테이퍼링 시작 이전에 이미 이루어져 있으며,[7] 훈련 부하의 감소가 시작되고 누적된 피로가 줄어들 때 그 적응이 단순히 드러난다는 점에 있다.[23]

표 24.1 테이퍼의 주요 목표

트레이닝 스트레스 감소에 대한 반응	테이퍼의 잠재적 효과
전체적인 반응	누적 피로 감소 퍼포먼스 능력 향상 조금의 체력 향상
호르몬 반응	테스토스테론(T) 증가 코티솔(C) 증가 T/C 비율 증가
혈액 반응	적혈구량 증가 적혈구 용적률 증가 헤모글로빈 증가 합토글로빈 증가 망상적혈구 증가
근육 적응	미오신 중쇄 IIa 섬유 직경 증가 미오신 중쇄 IIa 힘 출력 증가 미오신 중쇄 IIa 파워 출력 증가
생화학적 반응	혈중 크레아틴 키나아제 감소
심리적 반응	힘듦에 대한 인지 감소 전반적인 기분 장애 감소 피로에 대한 인지 감소 활력 증가 수면의 질 향상

Sources: I. Mujika, *Tapering and Peaking for Optimal Performance* (Champaign, IL: Human Kinetics, 2009); N. Luden, E. Hayes, A. Galpin, et al., "Myocellular Basis for Tapering in Competitive Distance Runners," *Journal of Applied Physiology* 108, no. 6 (2010): 1501-1509.

테이퍼링의 장점

수준 높은 스포츠에서 퍼포먼스의 작은 향상은 경기 결과에 큰 영향을 미치고 승패를 가를 수 있다. 예를 들어, 2016년 리우 올림픽 수영 종목에서 금메달과 4위는 단 1.3% 차이로, 3위와 8위는 1.4% 차이로 순위가 갈렸다. 마찬가지로 2016년 리우 올림픽 역도 종목의 경우에도 금메달과 4위 사이에는 1.8%의 차이가 있었으며, 0.9%의 퍼포먼스 향상만으로도 성적이 향상될 것으로 예상되었다. 이러한 결과는 엘리트 트랙 선수들에게서 나타나는 결과와 유사하며 0.3~0.5%의 퍼포먼스 향상으로 시합 순위가 상승할 수 있는 반면, 엘리트 필드 선수들(예: 투척 종목 선수)은 0.9~1.5%의 퍼포먼스 향상으로 경쟁 순위에 긍정적인 변화를 줄 수 있다.[24]

잘 짜인 테이퍼링 전략을 실행한 후에는 이러한 차이 수준에 필적하거나 더 큰 정도의 시합 퍼포먼스 향상을 기대하는 것이 합리적다. 테이퍼링 전략에 대한 연구에 따르면 시합 전에 테이퍼를 적절히 시행할 경우 육상, 트라이애슬론, 사이클, 수영 선수의 퍼포먼스(0.5~11.0%)와 근력 및 파워(8~25%)가 유의하게 향상되는 것으로 나타났다(그림 24.5).[7,25-29]

일반적으로 대회 전 테이퍼를 통해서 경기 퍼포먼스가 약 3%(0.5~7%) 향상된다.[7,28] 예를 들어, 2000년 시드니 올림픽을 앞두고 3주간의 테이퍼를 시행한 결과 수영 퍼포먼스가 2.2% 향상되었다.[30] 흥미롭게도, 수영 종목에서 이 3주간의 테이퍼를 통해 나타난 퍼포먼스의 향상은 1위와 4위(1.62%)와 3위와 8위(2.02%) 간의 순위 차이와 유사했다는 점이다.[8,30]

근력을 높이는 것이 테이퍼의 목적인 경우, 일반적으로 2~8%의 퍼포먼스 향상이 예상되는데,[1] 이는 역도 종목에서 기록을 변화시키는 데 필요한 1.1%의 향상보다 더 큰 수치이다.[31] 백 스쿼트와 벤치 프레스 퍼포먼스에 대한 테이퍼의 효과를 조사한 Izquierdo 등 연구자들은 3RM 백 스쿼트 퍼포먼스는 7.2%, 벤치 프레스 퍼포먼스는 5.2% 향상한다고 보고하였다.[32] 이와 유사하게 Gibala 등 연구자들은 테이퍼를 시행할 때 최대 등척성 및 동적 힘 생성 능력이 3~8% 향상한다고 보고하였다.[33]

이러한 결과들을 종합적으로 고려하면, 테이퍼를 적절히 설계하고 시행하였을 때 퍼포먼스를 향상시킬 수 있다는 것이 분명하다.[3,6] 계획된 테이퍼의 전반적인 효과는 선택한 테이퍼의 유형,[7] 테이퍼 내에서 트레이닝 요소를 조절하는 방식[3,6] 등 여러 요인들과 관련이 있다. 일반적으로 테이퍼를 통해 퍼포먼스가 3% 향상되는 것을 기대할 수 있다. 이 정도의 퍼포먼스 향상은 올림픽과 세계 선수권 대회에서 금메달과 동메달의 성적을 가를 수 있다.

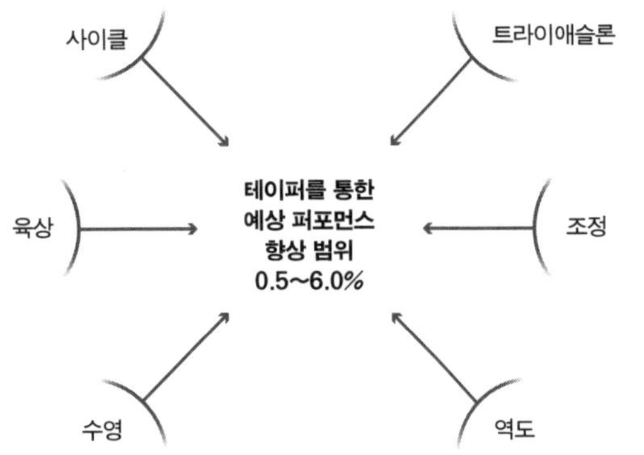

그림 24.5 테이퍼를 통한 퍼포먼스 향상의 기대.

Based on data from I. Mujika and S. Padilla, 2003, "Scientific Bases for Precompetition Tapering Strategies," *Medicine & Science in Sports & Exercise* 35, no. 7 (2003): 1182-1187.

현명한 방법

테이퍼링 전략을 제대로 시행하면 시합에서 승리할 가능성이 극대화된다. 하지만 또 다른 관점에서 보면, 테이퍼링 전략이 잘못되었을 때 승리할 확률이 줄어든다는 뜻이기도 하다.

테이퍼 중 고려해야 할 변수

많은 테이퍼링 전략을 선수의 연간 트레이닝 계획에 통합하여 선수가 특정 대회에서 정점에 도달할 수 있도록 할 수 있다. 어떤 전략을 시행하든 테이퍼의 기본 전제는 훈련량을 줄이고 피로를 해소하는 것이다.

트레이닝 부하를 줄이는 세 가지 기본 방법은 시합 전 중요한 기간 동안 트레이닝 양, 빈도, 강도에 변화를 주어 테이퍼를 시행하는 것이다.[34] 어떤 트레이닝 변수를 변화시키든 테이퍼의 전반적인 성공 여부는 테이퍼 이전에 진행되는 트레이닝,[17] 테이퍼의 전체 기간,[11,35] 시행하는 테이퍼의 유형[7,8,35]에 따라 영향을 받는다. 테이퍼가 적절하게 진행되지 않을 경우 선수의 준비도는 떨어질 수 있다. 예를 들어, 테이퍼 기간이 너무 짧으면 피로가 누적되어 준비도가 감소하고 퍼포먼스가 떨어진다. 반대로 테이퍼 기간이 너무 길면 트레이닝 자극 감소로 인하여 인볼루션이 발생하고, 퍼포먼스가 떨어진다.[37] 두 시나리오 모두 체력 수준을 감소시키고 퍼포먼스를 떨어트릴 가능성이 있으므로 테이퍼링 계획의 유형과 기간이 전략의 효과에 어떤 영향을 미치는지 이해해야 한다.

테이퍼의 유형

개별 스포츠 종목에 적용하기 위한 여러 유형의 테이퍼가 문헌에 제안되어 있다.[7,8,36] 이러한 테이퍼링 전략은 비점진적 또는 점진적 테이퍼링으로 구분할 수

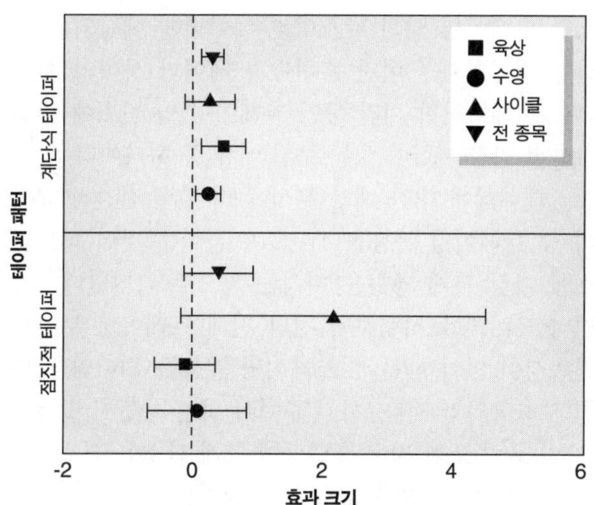

그림 24.6 테이퍼를 통한 퍼포먼스 향상 효과 크기.
Data based on L. Bosquet et al., "Effects of Tapering on Performance: A Meta-Analysis," *Medicine & Science in Sports & Exercise* 39, no. 8 (2007): 1358-1365.

있다. 비점진적 또는 계단식 테이퍼는 표준화된 훈련량 감소를 통해 이루어지며, 점진적 테이퍼는 체계적이고 점진적인 훈련량 감소를 통해 이루어진다(그림 24.6).

트레이닝 부하의 갑작스러운 감소는 비점진적 테이퍼의 특징이며, 잘못 시행될 경우 테이퍼 과정에서 체력 수준과 준비도가 더 떨어질 수 있다.[38] 이 전략을 적절하게 시행하면 일반적으로 트레이닝을 통해 얻을 수 있는 생리적 적응과 퍼포먼스 적응 모두가 향상된다.[7] 그러나 느리거나 빠른 점진적 테이퍼와 직접 비교할 때, 계단식 테이퍼는 퍼포먼스 향상 효과가 훨씬 적다.[8,38,39] 예를 들어, 점진적 테이퍼는 4.0~5.0%의 퍼포먼스 향상을 기대할 수 있는 반면, 계단식 페이퍼는 1.2~1.5%의 퍼포먼스 향상에 그치는 것으로 알려져 있다.[7]

이러한 현상은 육상, 수영과 같이 전통적인 지구력 스포츠에서 볼 수 있지만,[40] 계단식 테이퍼는 사이클에서 시행할 때 더 큰 퍼포먼스 향상을 가져오는 것으로 나타났다. 그러나 무지카Mujika[40]는 이러한 효과 크기를 산출하기 위해 분석된 데이터의 표본이 적기 때문에 사이클에 최적의 테이퍼 유형을 결정하기 위해서는 더 많은 연구가 필요하다고 주장한다. 하지만 종합적으로 고려할 때, 일반적인 테이퍼링 권장 사항은 특정 대회에서 선수가 피크를 찍기 위한 점진적인 전략을 시행하는 것이다.[7,8,17]

점진적 테이퍼가 선호되는 전략이라는 점을 감안할 때, 다음으로 고려해야 할 사항은 이 테이퍼를 어떻게 가장 효과적으로 구성할 것인가이다. 모든 점진적 테이퍼의 경우 트레이닝 부하는 일반적으로 선형

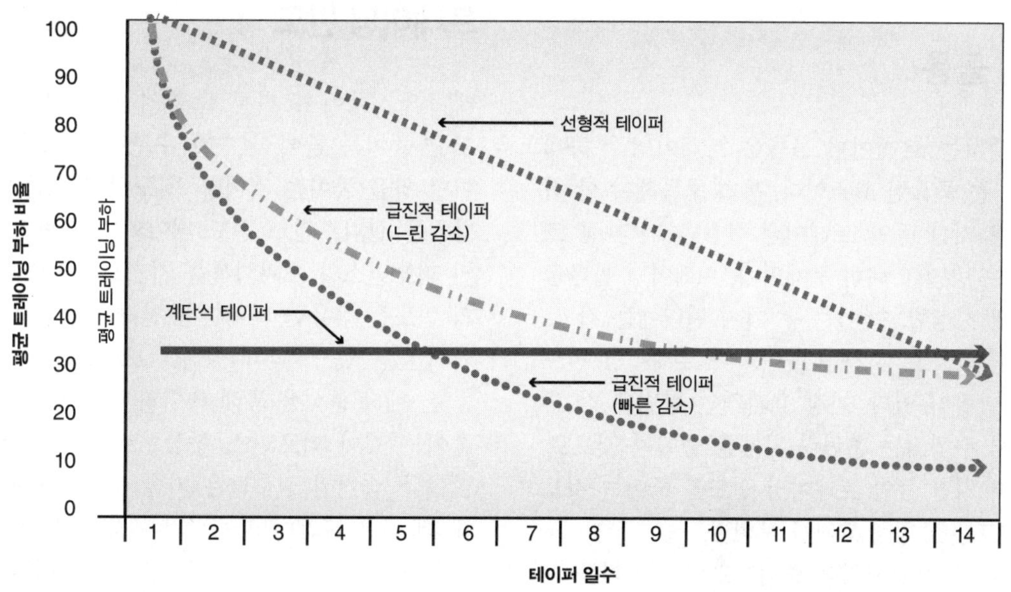

그림 24.7 일반적인 테이퍼 유형.
Reprinted by permission from T.O. Bompa and G.G. Haff, *Periodization: Theory and Methodology of Training,* 5th ed. (Champaign, IL: Human Kinetics, 2009), 193; Adapted from I. Mujika and S. Padilla, "Scientific Bases for Precompetition Tapering Strategies," *Medicine & Science in Sports & Exercise* 35, no. 7 (2003): 1182-1187.

적 또는 급진적 방식으로 감소한다.[6] 선형 테이퍼는 미리 정해진 기간 동안 트레이닝 부하를 일정한 비율로 체계적으로 줄이는 방법을 사용한다(그림 24.7).[7] 이와 반대로 급진적 테이퍼는 트레이닝 부하를 빠르거나 느리게 감소시킬 수 있다. 그러나 선수 개개인의 필요에 따라 점진적 테이퍼를 적용하는 다양한 방법이 고려될 수 있다.

일반적으로 선형적 테이퍼에 포함된 트레이닝 부하는 급진적 테이퍼에 포함된 트레이닝 부하보다 많다. 급진적 테이퍼는 트레이닝 부하가 빠르게 또는 느리게 감소한다. 일반적으로 느린 급진적 테이퍼는 빠른 급진적 테이퍼보다 트레이닝 부하가 많고 훨씬 느린 속도로 감소한다. 이러한 테이퍼링 전략을 비교할 때, 빠른 급진적 테이퍼는 선형적 또는 느린 급진적 테이퍼보다 훨씬 더 큰 퍼포먼스 향상(3.9~4.1%)을 보인다.[7,38,39]

현명한 방법

테이퍼 이전에 진행되는 트레이닝 부하는 테이퍼의 시행과 테이퍼링 전략에 할당된 기간에 큰 영향을 미치고 테이퍼의 전반적인 효과에도 영향을 미친다. 일반적으로 시합 전 트레이닝 부하를 줄일 때는 빠른 급진적 테이퍼를 시행하는 것이 좋다.

트레이닝 볼륨

선수가 수행하는 트레이닝 볼륨은 트레이닝 부하에 영향을 미치는 중요한 요소이다. 특히 주목해야 할 점은 테이퍼링 기간 동안 트레이닝 볼륨을 가장 잘 조절할 수 있는 방법에 대한 문제이다. 트레이닝 볼륨을 줄이기 위해 시행할 수 있는 두 가지 전략에는 각 트레이닝 세션의 소요 시간을 줄이거나 트레이닝 빈도를 줄이는 방법이 있다. 가장 효과적인 방법은 각 훈련 세션에서 수행되는 훈련량 자체를 줄이는 것으로, 이는 테이퍼 기간 동안 트레이닝 빈도를 줄이는 것보다 더 큰 퍼포먼스 향상 효과를 보인다.[8]

시합 전 트레이닝 양을 줄임으로써 테이퍼를 시행하려 할 때 고려해야 할 한 가지 핵심 요소는 테이퍼 이전에 진행한 전체 트레이닝 부하(예: 트레이닝 양 및 강도)이다. 이러한 선행된 트레이닝 부하에 따라 필요한 트레이닝 양의 감소량과 테이퍼에 예상되는 기간을 결정한다.[17] 이전 훈련량과 테이퍼 사이의 상호작용은 테이퍼링 기간 동안 트레이닝 양 감소에 대한 다양한 권장 사항이 있는 주된 이유 중 하나이다.[7,8]

테이퍼에 대한 메타 분석에 따르면, 점진적 테이퍼 중 트레이닝 볼륨을 41~60% 줄이는 것이 퍼포먼스에 가장 크게 영향을 미치는 것으로 나타났다.[8] 그러나 테이퍼를 시행하기 전의 전체 트레이닝 부하와 연관성이 있기 때문에, 트레이닝 볼륨을 테이퍼 시행 전 부하량의 60~90%까지 줄여야 하는 상황이 발생할 수 있다.[7,17] 또한 전체 훈련량이 크게 감소한 경우에는 단기간의 테이퍼가 필요할 수 있다.[41]

지구력 선수들이 시행하는 테이퍼링 기간과 유사하게, 트레이닝 볼륨의 감소는 이전 훈련량과 연관되어 있는 것으로 보이며 역도, 파워리프팅, 스트롱맨, 육상(트랙 및 필드) 등과 같은 근력과 파워 중심의 스포츠에 대한 테이퍼링 전략의 핵심 요소로 간주된다.[3]

개별 종목에 상관없이 테이퍼 중에 많은 양의 트레이닝 볼륨이 없어지는 경우, 테이퍼 기간이 길어질수록 체력이 저하될 가능성이 커진다. 이러한 결과는 궁극적으로 선수의 전반적인 경기력과 준비도를 떨어트릴 수 있다. 결론적으로 트레이닝 양을 40~60% 정도 줄이는 것이 가장 효과적인 전략이다.

트레이닝 빈도

테이퍼 시행에 또 다른 잘 알려진 방법은 트레이닝 빈도를 줄이는 줄여 선수가 수행해야 하는 전체 트레이닝 양을 줄이는 것이다. 지구력 선수들의 테이퍼링 방법을 살펴보면 고빈도 테이퍼는 숙련된 육상 선수의 퍼포먼스의 초과회복을 가져오는 반면, 중간 수준의 빈도를 적용한 테이퍼링 전략은 같은 반응을 일으키지 않는 것으로 나타났다.[42] 보스켓Bosquet 등 연구자들[8]은 메타 분석을 통해 테이퍼 중에 트레이닝 빈도를 줄이는 것이 퍼포먼스 향상으로 이어지지 않는다고 밝혔다. 숙련된 선수들은 기술 숙련도를 유지하기 위해 더 잦은 트레이닝 빈도가 필요하다.[7] 반대로, 중간 수준을 가진 선수들은 시합 전 테이퍼 중에 트레이닝 빈도를 30~50% 줄여도 테이퍼 전 트레이닝으로 발생한 생리적 적응을 유지할 수 있다.[7]

경우에 따라 테이퍼링 기간 중에 트레이닝 빈도

를 줄여야 할 수도 있지만, 높은 훈련 빈도를 유지하는 것이 더 일반적인 전략이다. 최상의 퍼포먼스 결과를 달성하고 생리적 적응을 유지하며 기술 숙련도를 유지하기 위해서는 테이퍼 전 트레이닝 빈도의 80% 이상의 트레이닝 빈도를 실시하는 것이 좋다.

트레이닝 강도

테이퍼의 효과를 극대화하기 위한 또 다른 효과적인 기법은 선수가 수행하는 트레이닝 강도를 조절하는 것이다.[5,6,43] 테이퍼 기간 중 트레이닝 볼륨과 빈도를 줄이면 트레이닝 강도는 테이퍼 전에 받은 트레이닝 수준을 유지하는 선수의 능력에 중요한 영향을 미친다. 예를 들어, 지구력 선수의 경우 테이퍼 기간 중 낮은 트레이닝 강도(최대산소섭취량의 70% 미만)를 수행하면 퍼포먼스가 떨어지거나 그대로 유지되는 경향이 있다.[45,46] 반대로, 테이퍼 기간에 높은 트레이닝 강도(최대산소섭취량의 90% 이상)가 포함되면 퍼포먼스가 초과회복으로 이어지는 경향이 있다.[47]

마찬가지로 근력 및 파워 선수에게 테이퍼 기간 중 더 높은 트레이닝 강도를 포함할 경우 근력과 파워가 크게 증가하는 것으로 나타났다.[5] 이러한 데이터를 바탕으로 근력 및 파워 종목을 위한 테이퍼를 시행할 때, 테이퍼의 이점을 최대화하려면 테이퍼의 일부로 더 높은 트레이닝 강도(예: 1RM의 80% 이상)를 포함하는 것이 중요하다.

현명한 방법

테이퍼 기간 동안 트레이닝 볼륨을 줄일 때는 트레이닝 강도를 유지하는 것이 중요하다. 모든 종목에서 트레이닝 강도를 유지하는 것은 중요하지만, 근력 및 파워 종목에서 가장 중요할 수 있다.

테이퍼 기간

테이퍼를 구성할 때 가장 어려운 일 중 하나는 퍼포먼스를 최적화하는 데 필요한 기간을 정하는 것이다. 테이퍼 전 트레이닝 기간에 발생한 피로의 정도에 따라 누적된 피로를 해소하고 준비도를 높이기 위해 필요한 기간이 정해진다.[17] 피로를 해소하고 체력을 유지하며 준비도를 높이는 것은 훈련량(예: 즉 볼륨과 강도)의 감소와 테이퍼 동안 시행하는 테이퍼링 전략의 영향을 받는다. 따라서 테이퍼 기간은 피로를 얼마나 빠르게 해소시키는지 또는 트레이닝 볼륨을 얼마나 줄이는지에 따라 크게 영향을 받는다. 이와 같이 테이퍼 기간은 트레이닝 양의 감소 정도에 따라 조절되고, 트레이닝 볼륨 감소의 정도가 클수록 테이퍼 기간이 짧아지고, 테이퍼 기간이 길수록 트레이닝 부하의 점진적 감소와 관련된다.

생리학적, 심리적, 그리고 가장 중요한 퍼포먼스 향상은 1~4주의 테이퍼와 관련이 있으며, 가장 이상적인 기간은 8~14일이다.[8,21] 8~14일의 테이퍼는 누적된 피로를 해소하고 장기간 지속되는 테이퍼가 체력과 퍼포먼스 모두에 미치는 부정적인 영향을 피하기 위해 최적이라고 할 수 있다.

일반적으로 시합 전 테이퍼의 가장 이상적인 기간으로 8~14일 정도의 테이퍼가 권장되지만, 테이퍼링 과정이 매우 개인적이라는 것을 기억해야 한다. 개인별 테이퍼의 핵심은 보다 덜 중요한 시합을 준비할 때 다양한 테이퍼링 전략을 시도하여 선수 개개인이 트레이닝 부하의 감소에 어떻게 반응하는지 파악하는 것이다. 또한 트레이닝 부하와 선수 준비도의 변화를 체계적으로 모니터링하는 방법을 활용하여, 선수 개개인이 다양한 테이퍼링 전략에 어떻게 반응하는지 파악하는 것이 중요하다.

테이퍼링에서 고려해야 할 두 번째 핵심 사항은 연간 트레이닝 계획에서 모든 시합 및 대회에 대해 테이퍼 일정을 계획할 수 없다는 점이다. 전체 대회 일정을 계획함에 있어 전국 선수권 대회, 세계 선수권 대회, 올림픽과 같은 주요 대회는 반드시 테이퍼가 필요하다. 다른 마이너 대회는 약간의 피로를 감수하고서 출전해야 한다. 테이퍼링 전략을 너무 자주 시행하면 테이퍼링 기간 동안 필요한 트레이닝 부하량을 자주 줄여야 하기 때문에 연간 트레이닝 계획에서 대회 준비에 전념할 시간이 줄어들게 된다. 전략적으로, 트레이닝 부하를 일시적으로 줄이는 것은 진정한 테이퍼가 아니며 마이너 대회를 앞두고 시행해야 한다. 그러나 마이너 대회가 목표하는 메이저 대회의 주요 예선일 경우 더 많은 트레이닝 부하 감소를 적용할 수 있지만, 이는 진정한 테이퍼가 아니라 단순히 대회 전에 트레이닝 부하를 조절하는 것에 불과하다.

테이퍼 예시

역도와 파워리프팅과 같은 근력 종목에 대한 문헌을 살펴보면 다양한 테이퍼링 전략을 다룬 연구는 제한적이다. 하지만 이 장에서 제시된 기본 원칙은 근력 종목 선수를 위한 테이퍼링 전략을 세우는 데 활용할 수 있다. 테이퍼링 전략을 세우고 실행하는 것의 핵심은 선수의 개별적인 상황을 고려하고 앞서 설명한 주요 원칙을 따르는 것이다.

그림 24.8은 55kg급 호주 여자 역도 국가대표 선수의 세 단계의 트레이닝 구간에 대한 훈련량(예: 반복 횟수×세트 수×강도=부하 훈련량)과 주당 평균 트레이닝 강도를 나타낸다. 선수의 2주간 테이퍼 기간(즉, 6~7주차) 동안 과학적 연구에 따르면, 훈련량은 이전 2주간의 종목 특이적 준비 기간(즉, 4~5주차) 대비 42.1% 줄었으며 준비 기간(즉, 1~3주차)과 비교하면 46.3% 줄어든 것으로 나타났다. 평균 트레이닝 강도는 1RM의 82.5% 이상으로, 이는 종목 특이적 준비 기간 동안의 트레이닝 강도와 비슷하다.

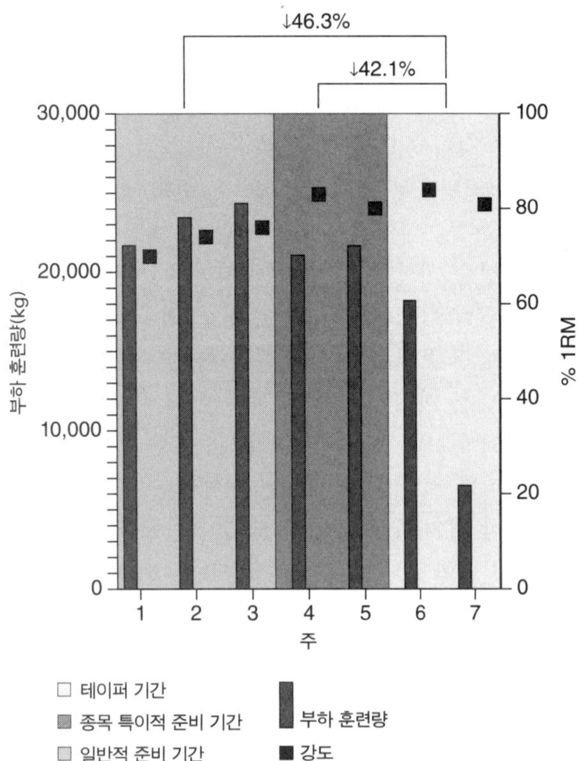

그림 24.8 55kg급 호주 여자 역도 국가대표 선수를 위한 세 단계 트레이닝 구간.

이 테이퍼의 핵심은 일반적인 준비단계에서 시합 테이퍼링으로 전환하는 것으로, 7주간 진행된다. 평균 트레이닝 강도는 유지되지만 트레이닝 볼륨은 줄어든다.

또 다른 예로, 헬라드Hellard와 연구자들[25]은 엘리트 수영 선수들을 위한 중요한 대회 전 11주 동안의 최적의 트레이닝 부하 패턴을 제안하였다. 11주의 기간은 9주간의 준비 기간(즉, 1~3구간)과 2주간의 테이퍼 기간으로 나눌 수 있다(그림 24.9).

이 예시에서 트레이닝 부하는 59% 감소하였으며, 이는 최신 테이퍼링 전략에 부합한다. 더 자세히 살펴보면, 각각의 소주기(즉, 한주간의 훈련)는 근력 트레이닝과 고강도 및 중·저 강도의 수영 훈련으로 구성되어 있다(그림 24.9b). 트레이닝 기간 전반에 걸쳐 각 소주기 내에서 트레이닝의 중점이 조정되며, 이는 테이퍼가 끝난 후 퍼포먼스를 최대화하기 위해 설계된 것이다.

요약

테이퍼링 전략을 시행하는 것은 선수들이 시합을 준비하는 데 있어 핵심적인 요소이다. 개념상으로 테이퍼의 핵심 목표는 선수의 누적된 피로 해소, 체력 유지 또는 향상, 시합 준비도의 최적화를 통해 적절한 시기에 선수의 퍼포먼스 능력을 향상시키는 것이다(표 24.2).

테이퍼를 적절히 시행하면 약 3%의 퍼포먼스 향상을 기대할 수 있다. 이러한 퍼포먼스의 향상은 시합 결과에 중요한 차이를 만들어 내는 것으로 나타난다(그림 24.5).

과학적 문헌에 따르면 테이퍼 중에는 대부분의 경우 트레이닝 부하를 약 41~60%까지 줄여야 하는 것으로 나타났다. 테이퍼 전의 트레이닝 부하가 많고 심한 피로를 고려해야 하는 경우 더 많은 훈련량을 줄이는 것(60~90%)이 필요할 수 있다.

트레이닝 부하를 줄일 때 트레이닝 빈도를 테이퍼 전 수준의 80% 이상으로 유지해야 한다. 또한 테이퍼링 기간 동안에는 어느 정도 트레이닝 강도를 유지하는 것이 중요한데, 이는 더 큰 퍼포먼스의 향상을 가져오는 것으로 나타났기 때문이다.

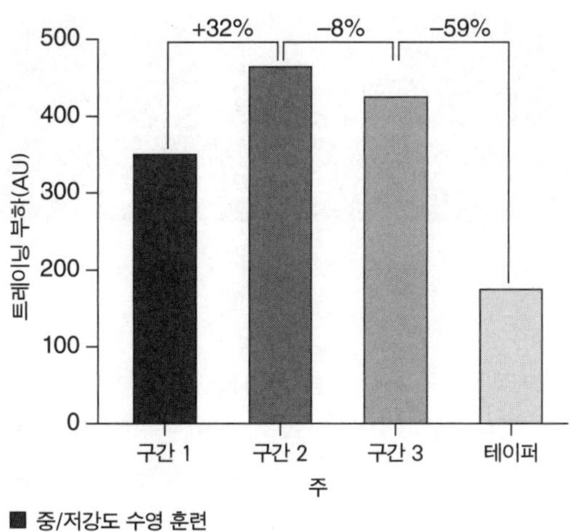

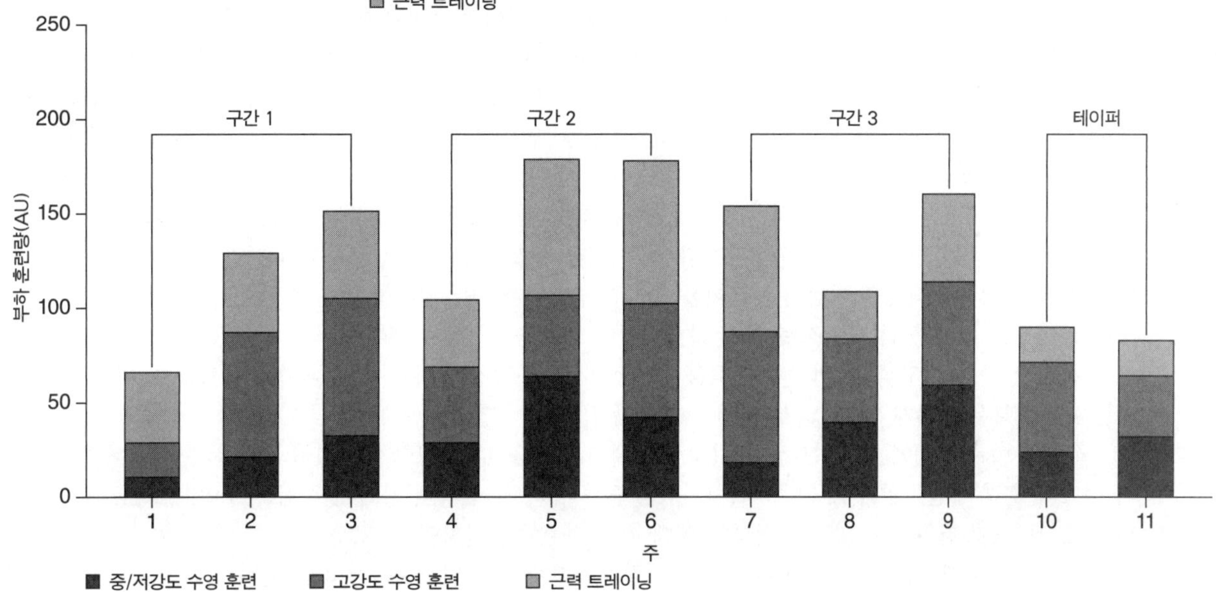

그림 24.9 중요 수영 대회를 앞둔 11주간의 트레이닝 부하 패턴.

Data based on P. Hellard et al., "Modelling of Optimal Training Load Patterns During the 11 Weeks Preceding Major Competition in Elite Swimmers," *Applied Physiology, Nutrition, and Metabolism* 42 (2017): 1106-1117.

표 24.2 테이퍼링 권장 사항

기본 가이드라인
개별화된 점진직 비선형 테이퍼 모델을 만든다.
테이퍼 전 트레이닝 양의 41~60%까지 트레이닝 양을 줄인다. 테이퍼 전 트레이닝 기간에 많은 훈련량으로 인해 더 많은 피로를 해소해야 하는 경우, 60~90%의 트레이닝 양을 줄일 수 있다.
테이퍼 기간 중간에서 고강도의 트레이닝 강도를 적용하여 인볼루션(훈련 중단) 현상을 방지한다.
트레이닝 빈도를 테이퍼 전 트레이닝 빈도의 80% 이상으로 유지한다.
테이퍼 기간은 1~4주간 지속할 수 있도록 계획하고, 일반적으로 권장하는 기간은 8~14일이다.

Adapted from T.O. Bompa and G.G. Haff, *Periodization: Theory and Methodology of Training,* 5th ed. (Champaign, IL: Human Kinetics, 2009), 191.

코치의 인사이트

테이퍼링: 기술과 과학이 만날 때

키넌 로빈슨 Keenan Robinson
스포츠 의학 · 과학 디렉터, USA 수영

나는 그동안 올림픽을 준비하는 미국 수영 대표팀 코치를 맡으면서 일관된 테이퍼링 철학을 유지해 왔다. 기본적인 테이퍼링 전략은 항상 꽤 고강도(바에 가해지는 부하)의 훈련을 유지하면서 리프팅 트레이닝 볼륨을 줄이는 것이었고, 훈련 21일이 지나면 체육관 방문 횟수를 줄였다. 남자의 경우 일반적으로 대회 3주 전에는 3번의 체육관 세션, 2주 전에는 2번의 체육관 세션을 진행하고, 수요일에 시작하는 대회 전 일요일이나 월요일에 1번의 체육관 세션을 진행한다. 여자의 경우 대회 전 10~21일 동안 주에 3번의 체육관 세션을 진행하고, 수요일에 시작하는 대회를 위해 일요일과 화요일에 1번의 체육관 세션을 진행한다. 이 전략은 매우 성공적이었지만, 올림픽을 앞둔 4년간의 꾸준한 훈련을 전제로 한다.

하지만 2016년 리우데자네이루 올림픽을 앞두고 4년 동안 마이클 펠프스의 훈련을 꾸준하게 진행하는 것은 내 마음대로 할 수 있는 것이 아니었고, 이는 연구실, 수영장, 체육관에서의 훈련 모니터링이 아닌 코칭 기술과 경험을 증명하고 테스트하는 것이었다.

마이클 펠프스와 함께한 4년의 기간 중 50% 이상이 불규칙적으로 훈련하거나 전혀 훈련하지 않은 기간이었다. 4년 중 첫해에는 수영장보다 골프장을 더 많이 방문하여 은퇴자의 시간을 보냈다. 두 번째 해에는 그가 컨디션을 이전처럼 끌어올리기 위해 노력했지만, 일관성 없는 훈련으로 인해 과훈련 상태에 이르고 경미한 연부 조직 손상이 발생하였다. 4년 중 세 번째 해에 처음 6개월 동안은 훈련을 전혀 하지 않았고, 이후 여름 막바지 대회를 준비하기 위해 엄청 급하게 훈련 계획을 세웠다. 소위 말하는 초과회복은 그렇게 슈퍼Super로 이어지지 않았다!

4년 중 마지막 해에는 웨이트 트레이닝 관점에서 보았을 때, 의심할 여지없이 그의 선수 커리어에서 최고의 훈련 구간이었다. 우리는 기술의 수행 능력과 하체 및 상체 강화에 중점을 두었고, 속도 기반 트레이닝으로 전환하여 그의 몸 상태는 역대 최고 수준에 도달하였다.

인시즌 대회에서 그의 수영 기량을 새롭게 끌어올리기 위해 집중했던 이러한 훈련과 테이퍼링 전략에도 불구하고, 우리는 올림픽 선발전과 올림픽이 결코 실패가 아닐 것이라는 확신을 할 수 있는 어떠한 퍼포먼스를 본 적이 없었다! 마지막 준비 대회(올림픽 선발전 3주 전)에서 마이클 펠프스가 마지막 날 기권하였을 때, 우리의 불안은 더욱 증폭되었다.

우리는 다른 두 가지 주요 지표를 통해 뭔가 잘못되었음을 알 수 있었다. 타액 코티솔 수치와 심박변이도 지표는 그가 우리가 기대했던 속도로 회복하지 못하고 있음을 보여주었다. 이는 1년 동안 쌓인 피로 때문일까, 최근 아빠가 되었기 때문일까, 아니면 다섯 번째 올림픽 출전으로 인한 스트레스 때문일까?

15년 넘게 연속으로 쌓아 온 코치의 (종목과 근력 모두에 대한) 직관은 말할 것도 없고, 수년간 수집한 데이터, 수 페이지에 달하는 주기화, 피킹 트레이닝 바이오마커들 등 모든 것이 창밖으로 던져지는 것 같았다.

과거에 성공을 거두었다는 이유로 기존 프로그래밍 틀에 집착하며 패닉에 빠지기보다는, 우리는 수중 훈련 템플릿과 웨이트 트레이닝 카드들을 참고 자료로 활용하였고, 결국 미국 올림픽 선발전으로 이어지는 몇 주간 우리를 이끈 것은 코치의 안목과 선수의 감각이었다.

그의 몸 상태는 나아졌고 쉽게 피로나 통증을 느끼지 않았지만, 여전히 컨디션이 좋지 않았다. 그럼에도 불구하고 그는 6개 종목에 출전 자격을 얻었고, 우리는 직관을 따르겠다는 계획을 계속 고집하였다.

올림픽 개막식 전 24일 동안, 테이퍼링 관련 문헌에 나온 내용과 달리, 우리는 저강도의 바디웨이트 운동만 진행했고 외부 부하를 거는 모든 리프팅 동작은 피했다. 이는 내가 평소 추구하는 트레이닝 방법이 아니었지만, 오버트레이닝에 대한 우려 때문에 이 방법을 선택하게 되었다. 당연히 그의 근력과 파워가 빠르게 감소하고 이 방법이 그의 퍼포먼스에 미칠 영향이 걱정되었다. 사실, 올림픽 첫날 테이퍼링 전문가들이 권장하는 방법을 따르지 않았기 때문에 대회에서 실패할지도 모른다는 불길한 예감이 들었다.

하지만 나의 걱정은 전혀 사실이 아니었다. 마이클 펠프스는 금메달 5개와 은메달 1개를 따냈다. 특히 남자 4×100 자유형 계영 팀을 우승으로 이끌며 수영 역사상 최고의 성적을 거두었다.

물론 이러한 퍼포먼스는 한 선수의 일생일대의 업적이기도 했지만, 코칭, 프로그래밍, 테이퍼링은 연구에서 알려진 것보다 더 많은 것이 필요하다는 사실을 깨닫게 해 주었다. 이 모든 경험을 통해 나는 신뢰, 헌신, 소통을 바탕으로 맺어진 관계가 모든 테이퍼링 전략의 핵심 요소라는 것을 배울 수 있었다.

마지막으로 테이퍼는 약 8~14일 정도 진행해야 한다. 테이퍼를 너무 오래 지속하면 오히려 선수의 체력과 전반적인 준비도에 부정적인 영향을 미치는 인볼루션(즉, 디트레이닝) 효과가 발생할 수 있다(그림 24.4).

이러한 요소들이 중요한 고려 사항인 것은 분명하지만, 테이퍼링 전략은 매우 개인화되어야 한다. 선수의 나이, 성별, 또는 참가 종목이 무엇이든 그것은 핵심적인 요인이 아니다. 테이퍼링 계획은 테이퍼 이전에 수행한 훈련 부하에 따라 결정되며, 반드시 선수 개인의 특성과 요구에 맞게 조정되어야 한다. 선수의 특성과 무관하게, 잘 구조화된 테이퍼링은 경기 성공 가능성을 크게 높일 수 있으며, 이는 반드시 전체 훈련 계획의 핵심 요소로 고려되어야 한다.

필수 항목

- 준비가 제대로 이루어지지 않은 상태에서 테이퍼를 진행하면 퍼포먼스를 향상시킬 수 없다.
- 주요 대회를 앞두고는 일반적으로 빠른 급진적 테이퍼를 진행하는 것을 권장한다.
- 테이퍼링 기간에는 트레이닝 볼륨을 40~60%까지 줄여야 한다.
- 테이퍼 기간 중의 트레이닝 빈도는 테이퍼 전 트레이닝 빈도의 80% 이상이어야 한다.
- 트레이닝 강도가 높은 테이퍼가 더 효과적이다.
- 테이퍼는 8~14일 정도 진행해야 한다.

Chapter 25

회복

쇼나 L. 할슨 Shona L. Halson, **PhD**
오스트레일리아 가톨릭 대학교Australian Catholic University SPRINT 연구센터SPRINT Research Centre 교수 · 부소장

로레나 토레스-론다 Lorena Torres-Ronda, **PhD**
스페인 농구 연맹Spanish Basketball Federation 퍼포먼스 스페셜리스트
빅토리아 대학교Victoria University 보건 · 스포츠 연구소Institute for Health and Sport 겸임연구원

회복의 중요성은 스포츠 커뮤니티 널리 인정되었다. 특히 고강도의 퍼포먼스를 요구하는 스포츠에서는, 활동 자체의 신체적 요구뿐만 아니라 추가적인 스트레스가 선수에게 가해진다. 이는 점점 혼잡해지는 일정, 이동, 시차 및 환경 변화, 비시즌 기간의 단축, 미디어 활동, 소셜 미디어 노출과 같은 것들을 포함한다. 스트레스와 피로의 다면적인 성격에도 불구하고, 과학 문헌은 현재까지 주로 생리적 지표와 퍼포먼스 결과에 초점을 맞추고 있다. 예를 들어, 연구는 크라이오 요법에서부터 사우나, 압박에서 스트레칭, 부력에서 진동까지(그리고 그 사이의 모든 것들) 다양한 것들을 조사해 왔고, 다양한 결과가 나타났다.[1-4] 일부 연구에서는 특정 개입이 일반적인 피로, 근손상 지표, 지연성 근육통(DOMS), 염증과 부종을 줄이고, 혈중 젖산과 크레아틴 키나아제 제거를 촉진하며, 혈류 및 가동범위를 증가시키고, 지각된 근육통을 감소시키거나 퍼포먼스를 향상시킬 수 있음을 보여주었다.[1] 이러한 연구 중 많은 것들은 실험실에서 완벽한 조건하에서 선수를 조사하며, 높은 수준의 스포츠에서 직면하는 실제 환경의 도전에 대해서는 다루지 않고 있다. 실험실이나 안정된 조건에서 얻은 것으로 추론된 연구에서 보고된 데이터를 일상적인 훈련 환경으로 확대하는 것이 가능할까? 엘리트 선수들은 회복을 위해 어떻게 할까? 우리(즉, 스트렝스 및 컨디셔닝 코치, 스포츠 과학자, 영양사, 물리치료사, 코치 또는 매니저)는 어떻게 회복을 조직하고 선수들에게 교육할까?

이 장에서, 우리는 전체적인 관점에서 회복에 접근하고 선수에게 영향을 미치는 다양한 회복 기법들의 효과를 살펴본다. 아마도 더 중요한 것은 우리는 어떤 전략에 대해서도 개별화되고 개념화된 접근의 필요성과 다각적이고 협력적인 지원 팀이 회복 프로그램의 영향을 극대화하기 위해 사용할 수 있는 행동 유도 전략에 대해서도 논의한다.

스포츠 퍼포먼스 요구와 맥락

스포츠 종목에 따라 피로가 유발되는 기전은 서로 다를 수 있다. 회복 프로그램을 설계할 때는 해당 종목의 요구 사항(예: 핵심 경기력 지표, 피로 원인)뿐만 아니라, 그 종목 또는 조직의 문화까지 이해하는 것이 중요하다. 이 문서에서는 각 스포츠의 생리학적 기전과 대사적 요구를 포괄적으로 설명하는 것은 범위를 벗어나지만, 회복 전략을 개발할 때 스포츠에서 선수들이 경험하는 중추적, 말초적 및 심리적 요구 사항을 고려하는 것은 중요하다. 또한 훈련 및 경기일정, 시설 및 장비, 이동 및 물류와 같은 측면도 고려해야 한다. 이러한 모든 변수는 회복 프로그램의 효과과 실용성

을 결정하는 중요한 요소이다.

현명한 방법

회복은 스포츠 종목과 조직의 문화에 크게 영향을 받을 수 있다. 회복 프로그램의 내용, 시기 및 방법은 코칭 및 지원 스태프가 회복에 두는 중요성과 선수 집단 내 리더들이 보여주는 본보기에 영향을 받는다. 또한 일부 스포츠 및 조직에서는 회복을 훈련 프로그램에 포함시키고 회복을 훈련 계획의 필수 요소로 간주한다. 이는 선수들의 더 적극적인 참여와 높은 수용 가능성으로 이어질 수 있다.

현장의 맥락은 종종 과학 저널에서 읽는 분명한 실험실 결과와는 상당히 다를 수 있다. 이 복잡성을 더해 주는 것은 우리가 인간과 함께 작업하고 있으며, 회복 과정을 최적화하지 않는 편견, 신념 및 행동을 고려해야 한다는 사실이다.

피로와 적응에 대한 올바른 이해와 충분한 회복-스트레스 균형을 보장하기 위해, 우리는 트레이닝, 경기 및 회복 상태를 모니터링 하는 것이 매우 중요하다.[2] 이러한 시스템은 7장에서 자세히 다루므로 여기서는 구체적으로 설명하지 않지만, 객관적 및 주관적 모니터링 데이터의 신뢰도와 타당도가 높을수록, 회복에 대한 의사 결정과 실행 전략이 더욱 효과적으로 이루어질 수 있다.

회복 장비 및 과학적 근거

회복 전략은 엘리트 퍼포먼스에 기여하는 심리적, 생리학적, 감정적, 사회적 및 행동적 구성 요소를 기준으로 다시 기준선으로 회복시키는 것을 목표로 해야 한다.[3] 이러한 전략은 일반적으로 능동적인 방법(저강도 운동과 같은 중간 정도의 운동을 의미), 수동적인 방법(마사지, 사우나, 압축의류) 및 선제적 방법(휴식, 사회적 활동)으로 나뉜다.[1] 그림 25.1은 이러한 옵션 중 일부를 개요화한 것이다.

선수와 지도자에게는 다양한 회복 중재 방법이 있지만, 우리는 회복 프로그램의 핵심이 영양, 수면, 그리고 정서적 및 정신적 휴식에 중점을 두어야 한다고 믿는다. 이러한 핵심 요소들을 다음 섹션에서 중점적으로 다루되, 활용 가능한 기타 회복 방법들 역시 함께 고려할 것이다.

영양 전략

스포츠 영양은 최적의 퍼포먼스와 회복을 촉진하는 데 근본적인 역할을 한다(경기에 참여하거나 트레이닝 세션을 완료 또는 적응을 향상하는 선수를 지원).[4] 비록 이 장의 주요 관심사는 아니지만, 특정 트레이닝 세션, 대회 및 훈련 단계에서 영양소 섭취의 유형과 타이밍을 어떻게 선택하고 구성하느냐는 선수의 회복을 증진하기 위해 고려되어야 한다. 주요 영양 전략은 다음과 같다.

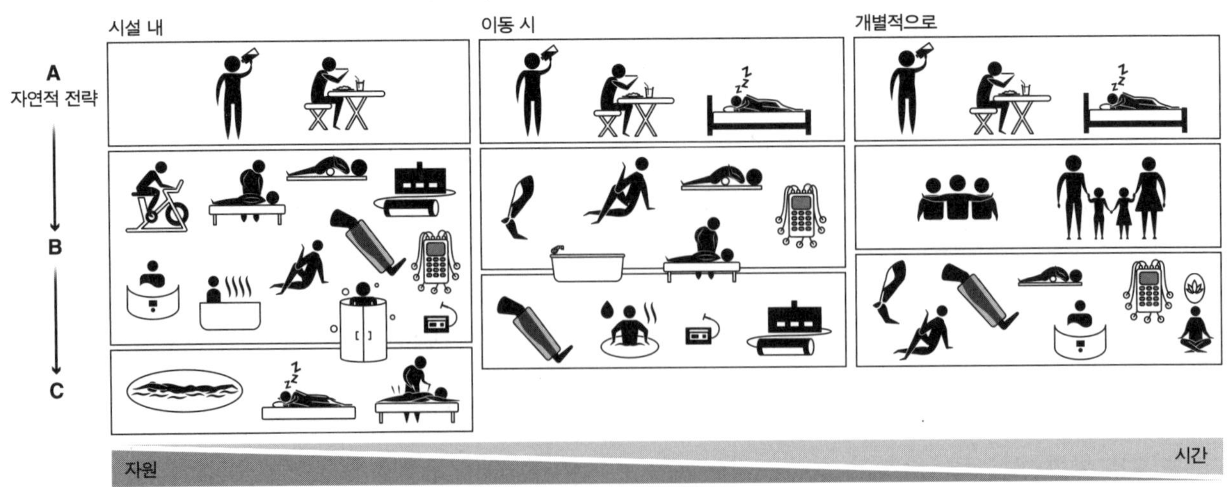

그림 25.1 회복 전략의 예시.

- 에너지 필요량 충족
- 탄수화물 요구량(예: 에너지 공급을 위한)
- 단백질 섭취(예: 조직 회복 촉진을 위한)
- 체액 보충(예: 땀으로 손실된 수분 보충을 위한)
- 미량 영양소 보충(예: 실내 스포츠에서의 비타민 D 또는 고지대 훈련 시 철분 보충)[4]

영양 계획의 또 다른 측면은 회복 목적으로 보충제를 사용하는 것이다. 종합적인 개요를 위해서는 IOC의 보충제 및 하이퍼포먼스 선수에 대한 합의 성명서를 참조한다[5](그림 25.2). 이 문서에서 제공되는 일부 실용적인 조언은 다음과 같다.

- 식품 보충제 및 스포츠 음식은 일반적인 식사 섭취량이 영양 목표를 충족하지 못하거나 회복력을 향상시킬 수 있는 경우에 유용할 수 있다.
- 과학적으로 효과가 입증된 보충제는 매우 소수에 불과하다.
- 보충제에 대한 반응은 사용 환경에 따라 달라지며, 개인마다 차이가 클 수 있다.
- 사용 맥락(프로토콜, 용량 및 타이밍)이 중요하며 개인의 필요와 반응에 기반해야 한다.
- 제품의 품질(브랜드)을 평가하고 가능한 부작용을 이해하는 것이 중요하다.

영양 중재에 관한 주요 권고 사항은 그림 25.2에서 확인할 수 있다.

수면

수면은 선수들이 신체적 및 심리적 회복을 향상시키는 데 가장 효과적인 수단으로 점점 더 인정받고 있으며, 이는 수면이 근육 회복, 인지 기능, 면역 기능, 대사 및 기분에 미치는 역할에서 입증되고 있다. 일반적으로 선수들은 동일 연령 및 성별의 사람들에 비해 수

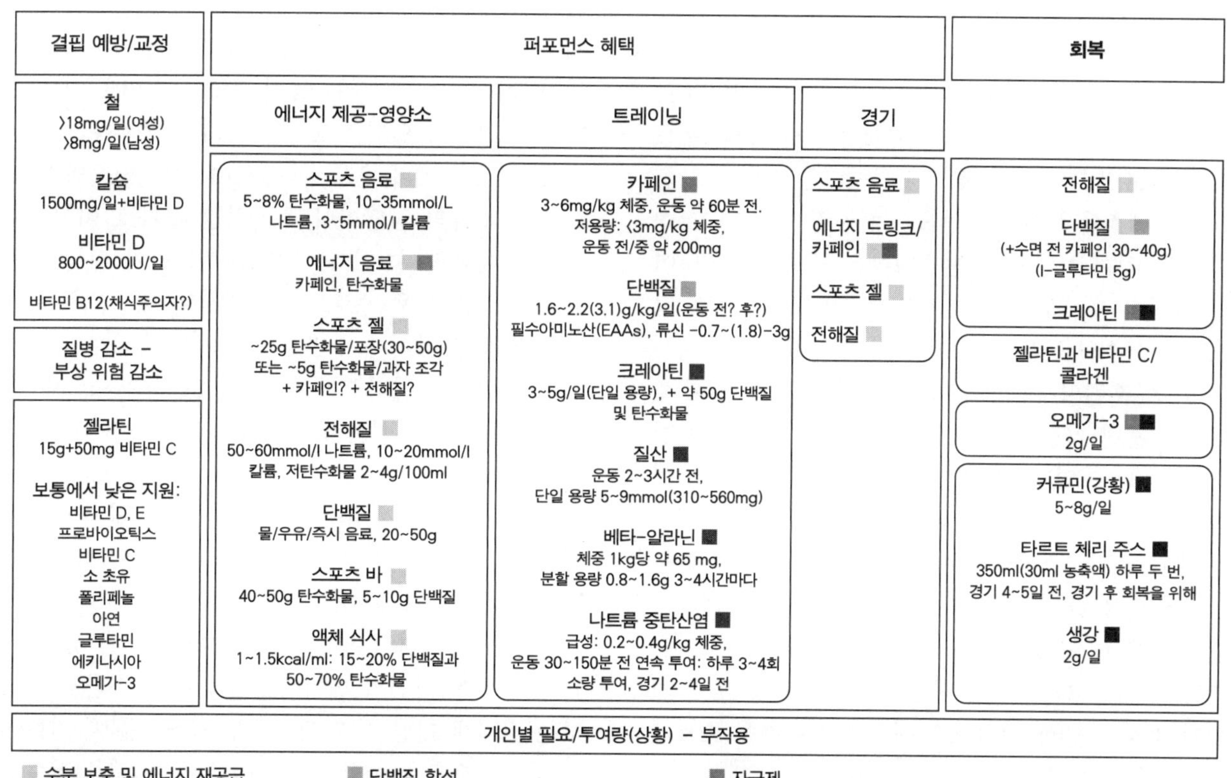

그림 25.2 식이 보충제와 하이퍼포먼스 선수, 선수의 회복을 촉진하기 위한 전략의 몇 가지 예.

Data from R.J. Maughan et al., "IOC Consensus Statement: Dietary Supplements and the High-Performance Athlete," *International Journal of Sports and Nutrition, Exercise, and Metabolism* 28, no. 2 (2018): 104-125.

면의 질과 양이 저하된다.[12] 호주의 연구에 따르면 국제 및 국내 선수들의 평균 수면 시간은 하루에 6시간 42분으로, 권장되는 8시간보다 훨씬 적다.[6] 흥미로운 점은 이 연구가 팀 스포츠와 개인 스포츠 선수들 간의 차이를 강조했는데, 팀 스포츠 선수들은 개인 스포츠 선수들보다 30분 더 길게 자고 있다고 보고했다. 선수들의 나쁜 수면의 이유는 직업 및 생활 방식과 관련된 것일 수 있지만, 많은 경우 행동적인 요인이다. 생활 방식 요소에는 일정, 여행 및 시차가 포함되며, 이러한 요소들은 관리하기가 더 어려울 수 있는 반면, 행동적인 요인에는 카페인 소비와 소셜 미디어 사용이 포함될 수 있으며, 이러한 요소들은 적절한 교육 및 행동 변화 전략을 통해 해결할 수 있다. 회복 계획이 실제로 효과적이려면 우리 선수들에게 수면을 더 자라고 말하는 것만으로 충분하지 않다. 조직, 물리 및 사회적 요인들도 고려해야 한다.

경기 스트레스는 선수들의 수면에 영향을 줄 수 있다. 데이터에 따르면 호주 선수들의 64%가 중요한 경기 이전 12개월 동안 최소 한 번 이상 평소보다 잠을 못 잤다고 보고했다.[7] 선수들이 신경 쓰는 가장 큰 수면 문제는 잠이 오지 않는 것(82%)으로, 그 원인으로는 '경기에 대한 생각'(84%)과 '긴장'(44%)이 주로 지목되었다. 일반적으로, 팀 선발, 스폰서 계약, 운동 또는 학교 스트레스, 관계 문제 등 다른 요인들로 인한 스트레스와 불안은 수면을 저하시킬 수 있다. 트레이닝 및 경기 시간도 수면에 영향을 줄 수 있으며, 이른 아침에 훈련하면 수면 시간이 줄어들고, 프로 팀 스포츠 선수의 늦은 밤 경기는 수면 시간을 감소시킬 수 있다. 훈련의 강도도 수면에 영향을 줄 수 있으며, 고강도 훈련 기간은 수면의 질이나 양이 줄어드는 결과를 낳을 수 있다. 카페인 섭취, 근육 통증, 부상, 여행(외국 환경에서의 수면), 소셜 미디어 및 비디오 게임은 효과적으로 관리되지 않을 경우 선수의 수면에 분명한 영향을 줄 수 있다고 보고된다. 이처럼 고려해야 할 요인은 매우 많다. 경기 일정에 영향을 줄 수 없을지라도, 다음 날의 훈련 시간을 조정하거나 몇 가지 쉽게 적용 가능한 전략으로 선수들이 이러한 스트레스를 대처할 수 있도록 도울 수 있다.

수면의 중요성에 대한 점점 더 많은 이해로 인해 수면을 모니터링하는 도구들이 증가하고 있따. 수면을 측정하는 도구는 다음과 같은 주요 범주로 나눌 수 있다. 다중 수면 기록법(PSG), 활동 모니터링(연구용 및 소비자용 웨어러블 기기 및 스마트폰 애플리케이션 포함), 수면 일지 및 설문지. 이러한 범주들에 대한 간단한 설명은 다음에 이어지며, 포괄적인 리뷰는 할슨 Halson[8]을 확인하라.

'다중 수면 기록법'(PSG)은 수면 모니터링의 가장 표준적인 방법으로 간주되며 수면 단계(즉, REM과 비REM)의 감지를 가능하게 한다. PSG는 일반적으로 개인이 수면 실험실을 방문하여(뇌 활동, 근육 활동, 호흡 속도 등을 측정하기 위해 다양한 전극이 부착된 외부 환경) 설정 및 수동 점수 측정에 전문 지식이 필요하며 비용이 많이 든다. 일반적으로 의료적 수면 장애가 의심되거나 연구 목적으로만 수행된다.

연구용 활동 모니터링 장치는 PSG와 비교하여 검증이 이루어졌고, 수면과 각성 상태를 감지하는 데 사용되는 알고리즘이 공개되어 있다는 점에서, 최근 연구 분야와 엘리트 스포츠 현장에서 점차 활용도가 높아지고 있다. 그러나 이러한 장치는 비용이 많이 들며 분석에는 어느 정도의 전문 지식이 필요할 수 있다. 스마트워치와 같은 소비자용 웨어러블 장치는 쉽게 접근 가능하고 비교적 저렴하지만, 사람이 깨어 있는지 정확하게 감지하는 능력 문제로 수면을 과대 평가하는 경향이 있다.[8] 그러나 이러한 장치는 기본적인 교육 도구로 유용할 수 있으며 수면 전문가나 의료 전문가와의 상담이나 추가적인 평가로 이어지는 계기를 제공할 수 있다. 수면을 측정하기 위한 다양한 스마트폰 응용 프로그램도 있으며 대부분은 독립적인 검증이 없거나 수면을 정확하게 측정하지 못한다는 것이 밝혀졌다.[8] 마지막으로 Consensus Sleep Diary[9]나 선수용 설문지인 Athlete Sleep Screening Questionnaire[10,11] 그리고 Athlete Sleep Behavior Questionnaire[12]가 유용할 수 있다. 다른 일지와 설문지처럼, 이들은 시간과 비용을 절약할 수 있지만 응답 편향이 존재할 수 있다.

수면을 객관적으로 모니터링하는 장점 중 하나는 선수들이 자신의 데이터에 접근하고 수면을 개선하는 방법에 대한 개별 피드백을 제공받을 때 변화에 더 적극적으로 참여한다는 점이다. 현재 검증된 수면 측정 도구 중에는 수면을 개선하는 방법에 대한 개별 피드백을 제공하는 도구가 없으므로 선수가 수면을 개선하는 방법에 대해 알려 주는 경험이 풍부한 전문가와의 협력이 필요하다. 이러한 협력은 적절한 피드백, 수면의 중요성에 대한 교육 및 수면을 향상하고 개선하는 방법을 포함해야 한다. 또한, 교육과 피드백은 수면을 개선하기 위한 계획의 분명한 핵심 요소이지만, 이미 습관화된 행동을 변화시키는 최선의 방법에 대한 이해 역시 그에 못지않게 중요하거나 더 중요할 수 있다.

현명한 방법

수면은 이제 우리가 가진 최고의 회복 방법으로 인식되고 있다. 수면 측정 기기들을 시장에 쏟아내는 많은 회사들 또한 이를 인지하고 있지만, 모든 기기가 유효하거나 신뢰할 수 있는 것은 아니다.

우리의 경험상, 선수들은 간단하고 이해하기 쉬운 형식으로 제공된 개별 데이터에 가장 잘 반응한다. 스트레스, 불안 및 수면 사이의 관계로 인해 수면 부족 결과에 대한 피드백을 제공할 때 주의하는 것이 좋다. 왜냐하면 이러한 피드백은 기존의 문제를 지속시키고 강화할 수 있기 때문이다. 개별적으로 그들의 수면을 개선할 수 있는 구체적인 요소가 있고, 수면을 최적화하는 방법(그림 25.3)에 대해 설명하는 것이 주요 초점이어야 한다. 수면을 모니터링 하는 것은 교육 과정의 중요한 부분이 될 수 있지만, 모든 선수가 매일 자신의 수면 데이터에 접근해야 하는지에 대해서는 의문점이 있다. 특히 유효성이 검증되지 않은 장치를 사용하는 경우에는 더욱 그렇다. 또한, 일부 선수들은 매일 수면 데이터와 숫자에 접근하는 것이 수면에 집착하게 만들어 추가적인 스트레스와 불안을 유발할 수 있다.

생리학적 전략

운동 후 생리학적 반응을 변화시키려는 목적의 회복 전략은 선수들이 흔히 사용하는 전략 중 하나이다. 일부 전략은 다른 전략보다 더 많은 과학적 근거를 가지고 있지만, 그 작용 메커니즘을 이해하고, 훈련 프로그램에 적절히 적용할 수 있도록 계획하는 것이 중요하다.

수치료

수치료를 이용한 회복 전략은 가장 많이 연구되었을 뿐 아니라, 선수들이 가장 흔히 사용하는 방법 중 하

선수의 수면 장애의 잠재적 원인	좋은 수면을 위한 추천 사항	체크리스트
생활 습관의 부족	일정한 취침 및 기상 시간	취침 시간 10:00 P 기상 시간 6:30 A
방 상태	적절한 수면 환경: 어두운, 조용한 방, 시원하지만 추운 정도는 아닌 방 온도, 깨끗한 방(먼지 수준과 공기 질 확인), 편안한 매트리스, 베개, 시트, 옷	
소셜 미디어 사용 및 게임	수면 30분 전 전자기기 사용 지양	
카페인 섭취	오후 늦은 시간 이후에는 카페인이나 알코올 섭취 지양. 수면의 질과 양을 모두 감소시킴	
경기 스트레스	이완, 호흡 기법, 명상	
트레이닝 및 경기 시간	20~60분 낮잠, 이후 수면 시간에 영향을 주지 않는 정도만 해당	WINE BEER
트레이닝 강도		
업무 및 학업 스트레스		
해외 일정, 이동, 수면, 시차		
대인 관계 문제		

그림 25.3 수면 장애와 해결책.

나이다. 여러 종류의 수치료는 다음을 포함한다.

- 냉수 침수 요법(CWI Cold-Water Immersion)
- 중성 온도수 침수 요법 Thermoneutral Water Immersion
- 온수 침수 요법(HWI Hot-Water Immersion)
- 냉온 교대수 치료(CWT Contrast Water Therapy, 냉수와 온수의 교차 적용)

수중에서의 정수압과 온도 조절 모두 회복에 도움이 될 수 있다(그림 25.4). 물에 잠긴 개인은 정수압, 즉 물이 신체에 가하는 압력에 노출된다. 정수압의 효과는 부종 형성을 제한하여 근육 손상의 영향을 줄일 뿐 아니라 근육에 산소 공급과 수축 기능을 유지하는 데 도움을 줄 수 있다.[13] 또한 물의 열적 특성은 부종과 염증을 감소시키고 혈류를 증가시키거나(혈관 확장) 감소시켜(혈관 수축) 피로를 최소화하고 선수의 전반적인 회복을 촉진하기 위해 사용된다.

냉수 요법(CWI)은 선수들 사이에서 훈련이나 경기 후 가장 널리 사용되는 전략 중 하나이며, 회복 전략으로서 선수들에게 가장 높은 평가를 받는 전략 중 하나이다.[14] 냉기 노출 또는 크라이오 요법의 보고된 이점은 다음과 같다.

- 인지된 회복 상태 및 부교감 심장 활동의 향상
- 근육 손상과 통증의 감소(조직 온도 변화와 혈류 개선을 통해)
- 통증 감소(신경 전달 속도가 느려지고 자극성 및 신경 전달이 감소함으로 인한 인지된 통증 감소)
- 기질 이동 및 심박출량 증가[15,16]

게다가 선수들이 CWI가 효과적이라고 믿고 기대한다면 근육 통증에 대한 주관적 평가가 개선될 수 있으며, 이는 침수 후 이완감에 대한 인식 향상에도 기여한다.[1] 몇몇 선수들은 특히 더운 환경에서 CWI 후 수면이 개선되었다고 주장했다.

냉온 대조 요법(CWT)도 흔히 사용되며, CWI 만큼 효과적일 수 있다. CWT는 차가운 물과 따듯한 물을 교대로 사용하고, 말초 혈관의 수축과 확장을 번갈아 가며 일으켜 순환을 자극한다고 제시됐다. CWT는

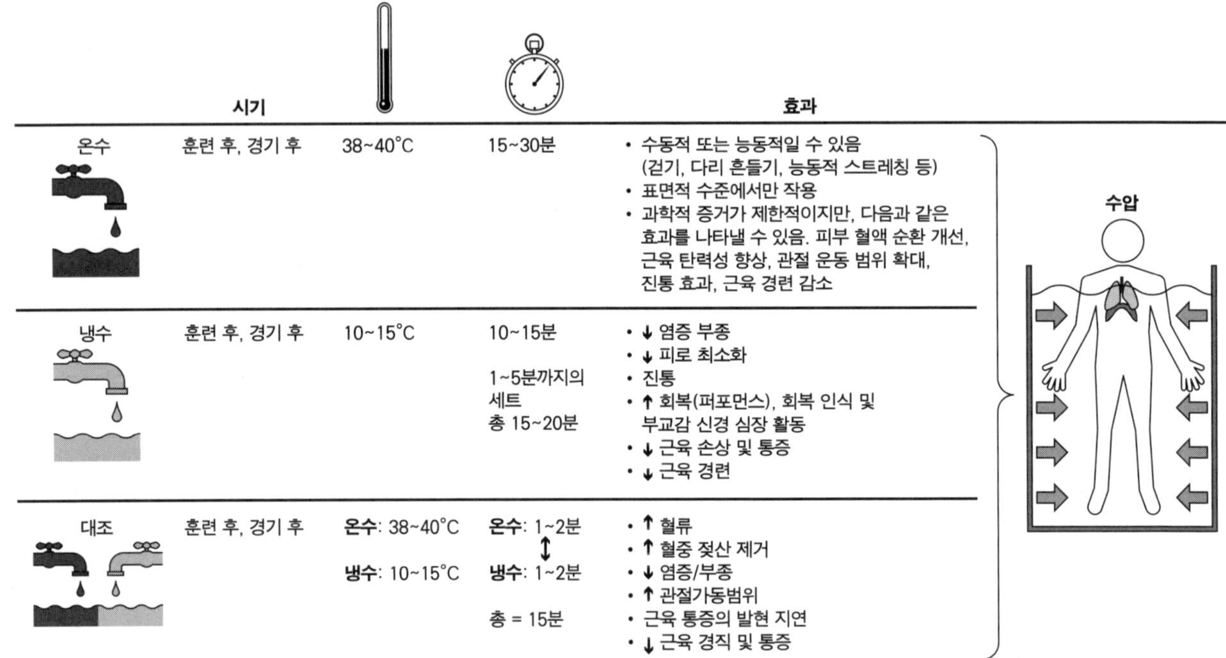

그림 25.4 회복을 위한 수치료 전략: 프로토콜 예시 및 주요 효과.

Data from F. Bieuzen, C.M. Bleakley, and J.T. Costello, "Contrast Water Therapy and Exercise Induced Muscle Damage: A Systematic Review and Meta-Analysis," *PloS one* 8, no 4 (2013): e62356; L. Torres and X. Schelling, "The Properties of Water and Their Applications for Training," *Journal of Human Kinetics* 44 (2014): 237-238.

염증, 부종 및 근육 경련을 줄이고 근육 통증의 발생을 완화하고 지연시키며 관절가동범위를 향상시킨다고 제시됐다.[13,16]

온수 요법에 관한 문헌은 희박하며 결과적으로 제한된 증거를 제공한다. 온수를 이용한 열요법의 효과는 주로 표피 아래 및 표피 조직(2cm 미만)에 영향을 미친다. 온수 목욕에 기인한 주요 이점은 혈류 증가, 근육 탄성 증가, 관절가동범위 향상, 진통 효과 제공 및 근육 경련 감소이다. HWI 사용은 급성 부상을 가진 선수들에게는 금기 사항이다.[17]

크라이오테라피

선수들 사이에서 인기를 얻고 있는 크라이오테라피의 형태는 섭시 영하 110도 보다 낮은 급냉 온도의 건조한 공기에 신체를 노출시키는, 전신(크라이오챔버) 및 부분(크라이오사우나 또는 크라이오캐빈) 크라이오 요법이다(그림 25.5). 항염증, 진통 및 회복 효과를 확인하는 최근의 연구에도 불구하고, 현재까지 운동 후 근육통증을 관리하기 위한 전신 크라이오 요법(WBC whole-body cryo-therapy)의 사용을 명확하게 지지하는 충분한 증거는 부족하다.[18~20]

압박 의류

압박 의류(CG Compression Garments)는 운동에 의한 근육 손상의 회복 효과에 관한 연구 결과가 엇갈리고 있음에도 불구하고, 선수들이 흔히 사용하는 수동적인 회복 전략이다(그림 25.6). 근육 기능의 회복을 가속화하고, 근육 손상 혈액 지표를 감소시키며, 근육 통증을

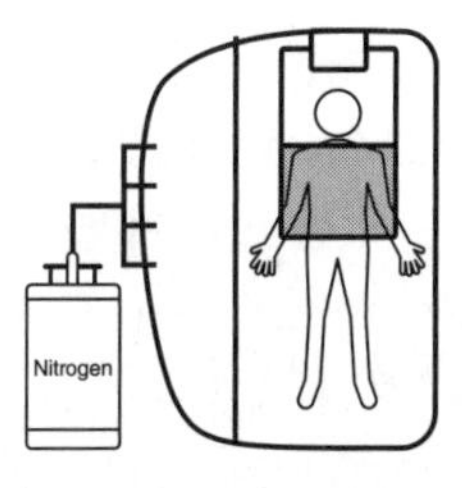

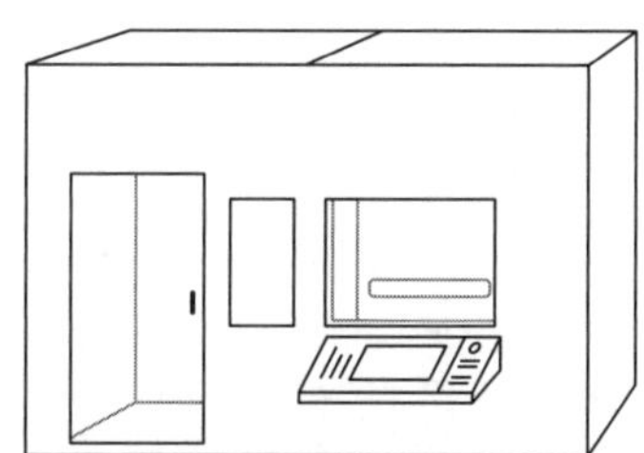

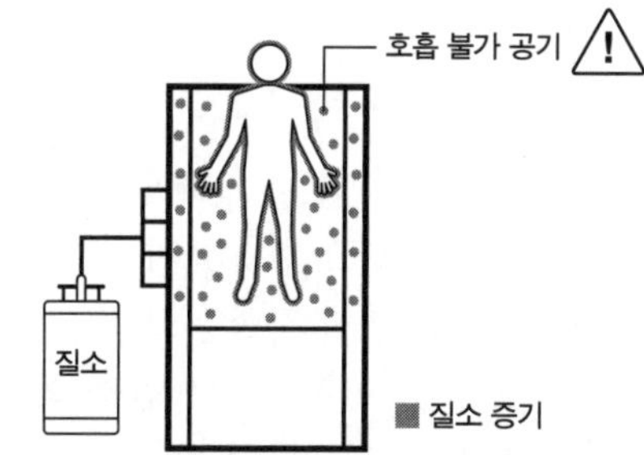

그림 25.5 전신 및 부분적 크라이오테라피를 회복 목적으로 사용했을 때의 긍정적 및 부정적 결과.

Data from C.M. Bleakley et al. "Whole-Body Cryotherapy: Empirical Evidence and Theoretical Perspectives," *Journal of Sports Medicine* 5 (2014): 25-36; J.T. Costello et al., "Effects of Whole Body Cryotherapy and Cold Water Immersion on Knee Skin Temperature," *International Journal of Sports Medicine* 35, no. 1 (2014): 35-40; G. Lombardi, E. Ziemann, and G. Banfi, "Whole-Body Cryotherapy in Athletes: From Therapy to Stimulation. An Updated Review of the Literature," *Frontiers in Physiology* 8 (2017): 258.

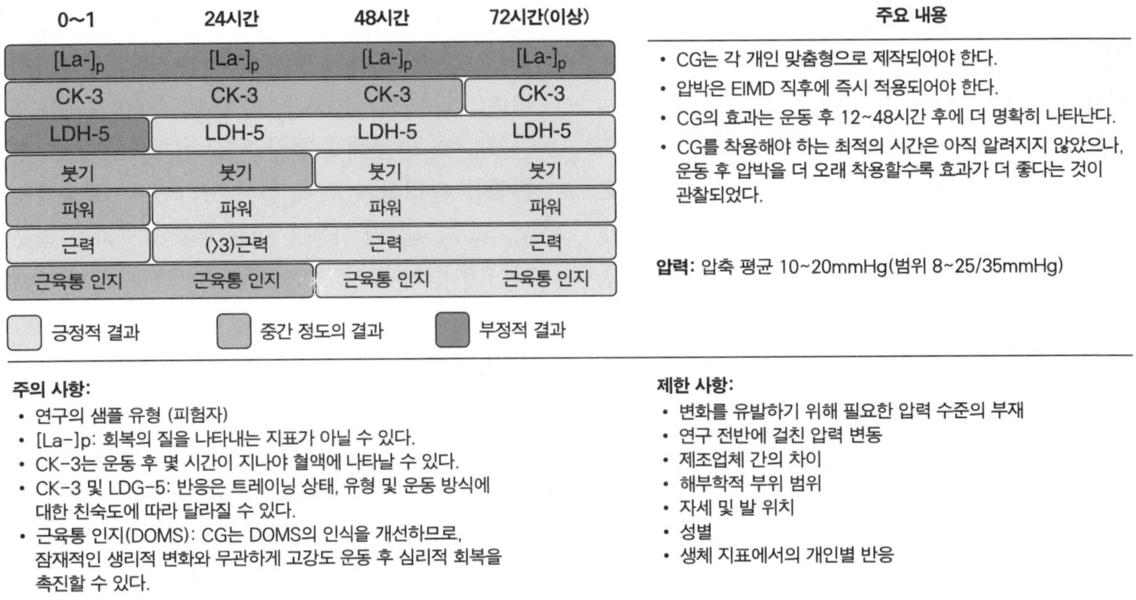

0~1	24시간	48시간	72시간(이상)
$[La^-]_p$	$[La^-]_p$	$[La^-]_p$	$[La^-]_p$
CK-3	CK-3	CK-3	CK-3
LDH-5	LDH-5	LDH-5	LDH-5
붓기	붓기	붓기	붓기
파워	파워	파워	파워
근력	(>3)근력	근력	근력
근육통 인지	근육통 인지	근육통 인지	근육통 인지

긍정적 결과 / 중간 정도의 결과 / 부정적 결과

주요 내용

- CG는 각 개인 맞춤형으로 제작되어야 한다.
- 압박은 EIMD 직후에 즉시 적용되어야 한다.
- CG의 효과는 운동 후 12~48시간 후에 더 명확히 나타난다.
- CG를 착용해야 하는 최적의 시간은 아직 알려지지 않았으나, 운동 후 압박을 더 오래 착용할수록 효과가 더 좋다는 것이 관찰되었다.

압력: 압축 평균 10~20mmHg(범위 8~25/35mmHg)

주의 사항:

- 연구의 샘플 유형 (피험자)
- [La-]p: 회복의 질을 나타내는 지표가 아닐 수 있다.
- CK-3는 운동 후 몇 시간이 지나야 혈액에 나타날 수 있다.
- CK-3 및 LDG-5: 반응은 트레이닝 상태, 유형 및 운동 방식에 대한 친숙도에 따라 달라질 수 있다.
- 근육통 인지(DOMS): CG는 DOMS의 인식을 개선하므로, 잠재적인 생리적 변화와 무관하게 고강도 운동 후 심리적 회복을 촉진할 수 있다.

제한 사항:

- 변화를 유발하기 위해 필요한 압력 수준의 부재
- 연구 전반에 걸친 압력 변동
- 제조업체 간의 차이
- 해부학적 부위 범위
- 자세 및 발 위치
- 성별
- 생체 지표에서의 개인별 반응

그림 25.6 압박 의류 사용의 주요 장점, 한계 및 핵심 포인트.
Data from O. Dupuy et al. "An Evidence-Based Approach for Choosing Post-Exercise Recovery Techniques to Reduce Markers of Muscle Damage, Soreness, Fatigue, and Inflammation: A Systematic Review with Meta-Analysis," *Frontiers in Physiology* 26, no. 9 (2018); D. Marqués-Jiménez et al., "Are Compression Garments Effective for the Recovery of Exercise-Induced Muscle Damage? A Systematic Review With Meta-Analysis," *Physiology & Behavior* 153 (2016): 133-148.

줄이고 순환을 향상시키는 긍정적인 효과가 관찰되지만, 더 많은 연구가 필요하다. 선수들에게 압박 의류 사용에 대한 합의된 권장 사항은 없지만, 우리의 경험에 따르면, 선수들은 일반적으로 압축 의류가 회복에 도움이 되는 것으로 판단한다. 운동 또는 경기 후에 최소한 60분 이상 착용하는 것이 권장된다.

사회심리적, 감정적 그리고 심리적 긴장 완화 전략

가장 많이 연구되고 자주 적용되는 회복 전략은 일반적으로 회복의 생리학적 측면을 다룬다. 그러나 최근에는 심리적, 감정적 및 사회적 회복 측면에 대한 관심이 증가하고 있으며, 스트레스를 줄이거나 관리하고 웰빙을 증진하며 이완을 촉진하기 위한 기술과 자원에 대한 관심도 높아지고 있다(예: 호흡 기술, 명상 및 정신수련, 부력 탱크, 낮잠 캡슐 등). 많은 엘리트 선수들에게는 훈련 이외의 시간에 대한 요구가 증가하고 있다(예: 소셜미디어, 스폰서십, 방송 출연). 우리 모두와 마찬가지로 선수들도 스트레스를 받는 삶의 상황에 노출된다(예: 관계 및 가족 문제). 이는 스트레스 수준이 증가할 뿐 아니라 회복에 사용할 수 있는 시간이 줄어들 수 있다. 높은 수준의 스태프가 이러한 추가 요인을 인식하고, 선수들이 이러한 요구를 관리할 수 있는 전략을 마련하는 것이 중요하다. 이러한 전략에는 정신적 및 감정적 회복에 시간을 할애하는 중요성에 대한 교육, 필요한 장비 및 기술에 대한 접근, 심리학자와 같은 전문가에 대한 접근이 포함되어야 한다. 많은 선수들은 올림픽 게임이나 월드컵과 같은 주요 대회 후에 그들의 스포츠와 떨어져 있는 시간이 필요하다. 시즌 끝에 선수들에게 휴가를 제공하는 것도 중요하며, 이는 시즌의 길이와 시즌 시작 시 훈련 요구와 균형을 이루어야 한다.

현명한 방법

회복은 단순히 생리학적 재생보다 더 많은 것을 포함해야 한다. 정신적 및 감정적 회복이 필요하다. 특히 정신적으로 요구되는 시기에는 추가적인 회복 시간이 필요하거나 훈련 부하를 줄여야 할 수 있다.

회복의 적응과 주기화

대부분의 경우, 대회 전에 피로를 최소화하는 것이 중요하며 회복 중재는 이 기간에 매우 중요하지만, 코치와 실무자들은 점점 더 선수들이 트레이닝을 위해 항상 신선한 컨디션을 유지해야 하는지 의문을 제기하고 있다(예: 이를 확장하면, 회복에 너무 많은 중요성을 두는 것이 가능한지에 대해도 의문을 제기한다). 우리는 해당 시기의 선수나 팀의 목표를 기반으로 회복에 접근해야 한다고 믿는다. 본질적으로 회복과 적응에 대한 두 가지 반대되는 견해가 있다. 첫 번째 견해는 피로, 염증 및 통증이 트레이닝 과정의 필수적인 부분이라고 여겨지며, 회복을 사용하면 이러한 요소가 감소하여 트레이닝에 대한 적응이 저하될 수 있다는 것이다. 두 번째 견해는 피로, 염증 및 통증의 감소가 선수가 개선된 질과 양으로 트레이닝 할 수 있게 하여 트레이닝에 대한 더 큰 적응을 가져올 수 있다는 것이다. 또한 회복이 질병 및 부상 위험을 줄이고 심리적 편안함을 향상시킬 수 있다는 제안이 있지만, 이를 뒷받침하는 데이터는 부족하다. 엘리트 선수들의 저항 또는 웨이트 트레이닝 세션 후에 냉수 침수를 최소화하거나 없애는 것에 대한 지지가 있는 것으로 보이지만,[4] 현재까지 수행된 연구는 초점이 너무 좁거나 방법론적으로 결함이 있기 때문에 명확한 합의는 이뤄지지 않은 상태이다.

일부 적응에 관한 연구는 회복 주기화를 고려하게 만들었다. 우리가 트레이닝과 영양을 주기화하는 것과 마찬가지로 회복을 일반적 준비, 특이적 준비, 테이퍼, 경기전, 경기, 플레이오프 또는 파이널, 과도기, 비시즌 또는 부상과 같은 다른 단계로 계획하는 것이 중요하다. 표 25.1과 25.2는 무지카Mujika와 동료들[4]의 연구로부터 가져온 것이며, 개별 및 팀 스포츠 선수의 최적의 성과를 위해 회복을 주기화할 때 고려해야 할 몇 가지 요소를 서술한다. 트레이닝 프로그램 내에서 회복을 조작하는 것은 다음과 같은 테마 중 하나 또는 모두를 포함할 수 있다.

- 일반 준비기에서는 트레이닝 적응을 극대화하기 위해 일정 기간 회복을 의도적으로 보류하는 방식(예: 만성 회복)
- 특정 트레이닝 세션을 위해 특이적 준비 단계에서 회복 전략을 활용하는 방식(예: 급성 회복)
- 경기 단계에서 급성 피로를 줄이기 위해 회복을 늘리는 것(예: 급성 회복)
- 여행 중 및 부상 회복과 심리적 스트레스 관리 등을 위해 회복을 포함하는 것(예: 급성 및 만성 회복)

주기화 계획을 만들 때, 회복의 포함 여부를 결정하는 주요 평가는 목표가 장기적인지 단기적인지

표 25.1 개인 스포츠를 위한 회복 주기화 계획

트레이닝 단계				
일반적 준비	특이적 준비	테이퍼	경기	과도기, 비시즌, 부상
트레이닝 적응력과 특이적 준비의 목표를 극대화하기 위한 적절한 회복	주요 세션, 특히 높은 수준의 기술 및 높은 퀄리티의 트레이닝 세션이 필요한 세션 후의 구체적인 회복 지원	회복은 테이퍼 기간 동안 피로를 최소화하는 데 사용될 수 있으며, 이는 효과적으로 테이퍼를 수행하는 데 필요한 시간을 단축하는 데 유용할 수 있음	피로를 최소화하고 경기 퍼포먼스를 극대화하기 위한 회복 지원	신체적 및 정신적 회복
적응의 극대화를 위한 회복 지연 포함 가능	회복은 주요 세션을 앞두고 피로와 근육 통증을 줄이는 목적으로도 사용 가능	이 기간 동안 고강도 트레이닝을 유지하기 위해 회복을 늘릴 수 있음	여행 및 시차로 인한 피로 관리 지원	부상 회복 또는 예방을 위한 물리 치료 포함 가능

Data from I. Mujika et al., "An Integrated, Multifactorial Approach to Periodization for Optimal Performance in Individual and Team Sports," *International Journal of Sports Physiology and Performance* 13, no. 5 (2018): 538-561.

표 25.2 팀 스포츠를 위한 회복 주기화 계획

트레이닝 단계				
일반적 준비	특이적 준비 및 경기전	주요 경기 및 정규 시즌	플레이오프 및 파이널	과도기, 비시즌, 부상
회복 처치의 제한을 통한 적응의 극대화	특이적 트레이닝 세션을 준비하기 위해 트레이닝 세션 사이의 회복 시간을 늘릴 수 있음	경기 후 또는 대회 후 회복 (특이적 준비 단계 또는 경기 전 단계와 동일)	경기 후 또는 대회 후 회복 (특이적 준비 단계 또는 경기 전 단계와 동일)	심리적 회복
저항 트레이닝 세션 후에는 냉수 요법을 피하는 것이 가장 좋음	프리시즌 경기 후 회복 (예: 활동적 회복, 냉수 요법, 냉온 교대 요법, 마사지, 압박 의류)	경기 간 또는 대회 회복 기간 (특이적 준비 또는 경기 전 단계와 동일)		긍정적인 심리 상태 증진

Data from I. Mujika et al., "An Integrated, Multifactorial Approach to Periodization for Optimal Performance in Individual and Team Sports," *International Journal of Sports Physiology and Performance* 13, no. 5 (2018): 538-561.

에 따라 다르다. 몇 가지 고려해야 할 질문은 다음과 같다.

- 시즌의 주요 목표는 무엇이며, 이는 언제 예정되어 있는가?
- 선수는 어떤 단계의 트레이닝을 하고 있나?
- 다음 트레이닝 세션은 언제인가?
- 다음 중요한 게임이나 대회는 언제인가?
- 회복 전략이 선수의 부상, 질병 또는 심리적 웰빙에 도움이 되나?
- 사용된 회복 전략이 적응을 저해할 수 있는 증거가 있나?

교육과 선수의 행동 변화

지도자로서 우리는 스포츠에 종사한다는 건 종종 정돈되지 않은 환경임을 이해해야 한다. 연구 결과가 무엇이든지 인간은 항상 합리적이지 않으며 자신의 이익을 극대화하는 방식으로 행동하지 않는다. 우리가 실제로 볼 수 있는 예 중 하나는 수면에 대한 지식과 인식이 증가했음에도 불구하고 많은 선수들이 밤에 수면을 방해하는 행동을 한다(예: 소셜미디어, 컴퓨터 게임, 영화, TV, 게임을 위한 스트리밍 플랫폼, 카페인 섭취 등). 최근 엘리트 럭비 리그 선수들을 대상으로 한 연구에서 수면 위생 교육과 모니터링이 수면을 개선시켰지만, 그 효과는 교육과 모니터링이 이루어진 기간에 한정되었다.[22] 이 연구는 교육을 통한 초기 수면 개선이 가능하나 교육 자체만으로는 장기적인 행동 변화를 가져오지 못한다는 것을 확인했다.

행동 과학은 우리가 선수의 수면 행동뿐만 아니라 선수의 회복, 건강 및 웰빙의 다른 측면을 변화시키는 능력을 향상시키는 데 도움이 될 수 있다. 대상 행동을 식별하고 그 행동의 심리적 결정 요인을 이해하며 과학에 기초한 행동 변화 개입을 개발하는 것이 유익할 수 있다. 예를 들어, 선수가 장기적 목표와 관련된 것뿐만 아니라 왜 특정 활동에 참여하고 있는지를 이해하는 것이 중요하다. 개인의 행동을 이해하고 그것을 대상으로 삼을 수 있도록 하는 것이 중요하다. 또한, 선수에게 미칠 수 있는 환경적 또는 일정 간섭이 무엇인지 파악해야 한다. 예를 들어, 새벽 트레이닝 세션, 늦은 밤 트레이닝 세션, 공유 객실 및 수면 전 팀회의는 수면을 방해할 수 있으며, 팀과 함께 일하는 스태프가 조정 가능한 요소일 수 있다. 더 나아가, 스트레스 관리, 명상 또는 점진적 근육 이관 같은 심리학적 기법이 선수를 지원하는 수단으로 제안된다면, 선수에게 이러한 기법을 익히고 실천할 수 있는 기술, 지식 및 접근 환경이 함께 제공되어야 한다.

선수들은 일반적으로 고립된 상황에서 결정을 내리지 않으며, 다른 사람들, 환경, 문화, 미디어, 스폰서 및 스포츠 단체와의 관계에서 중요한 영향이 있다. 팀 내에서 수면을 시간 기준으로 경쟁하는 것은 행동을 변화시키는 데 일부 추가적 동기부여를 제공할 수 있다. 수면이 약자를 위한 것이라는 오명을 없애고 좋은 수면을 최적의 건강과 성과와 연관시키는 것이 중요한 요소이다. 마지막으로, 선수 스스로 문제 해결 방안을 찾고 실행하도록 격려하고 자율성을 부여하는 것이 장기적인 성공으로 이어질 수 있다.

종합

선수들은 트레이닝과 경기에 대해 생리학적, 심리적으로 각기 다르게 반응한다. 마찬가지로, 다양한 회복 전략에 대해서도 서로 다르게 반응한다. 게다가, 경험적으로 다른 선수들은 종종 회복 방법을 고유한 방식으로 평가하고 받아들이는 경향이 있다. 이는 선수가 중재의 효과를 어떻게 보는가가 회복 프로그램의 성공에 영향을 미치기 때문에 중요하다.[14,21] 공통적인 예로 특정 선수는 수치료를 회복 루틴의 일부로 포함하지 않을 수 있다. 이 경우 교육이나 책임 부여가 개선되어야 하는 문제인지 확인하는 것이 중요하다. 그러나 선수가 그 효과를 믿지 않는다면, 본인이 효과적이라고 믿는 다른 대안을 논의해야 한다. 선수의 참여는 중요하다. 따라서 과학적 증거와 모니터링 중 수집된 데이터에 따라 개인 맞춤 전략을 제공하는 것이 좋다.[2]

현명한 방법

트레이닝 계획과 유사하게, 최고의 회복 프로그램은 실행하는 것이다!

선수들을 정말로 참여시키려면, 그들을 협력적인 의사 결정 과정에 참여시키는 것이 가장 좋다. 이것이 관계 구축과 의사소통이 회복 프로토콜의 성공에 중요한 이유다. 선수들의 회복 선호도를 고려하고, 선수들에게 그들의 도구에 대한 일부 선택권을 허용하는 것이 중요하다. 마지막으로, 선수들의 회복 기회와 타이밍을 고려하는 것이 중요하며, 도구가 최대의 효과와 효율성을 위해 결합될 수 있는지 여부도 고려되어야 한다(그림 25.7 참조).

선수들은 항상 자신의 특정 상황에 맞는 회복 요구를 해결하기 위해 가장 적절한 도구를 선택할 만한 경험 또는 지식을 갖추고 있지 않을 수 있다. 이러

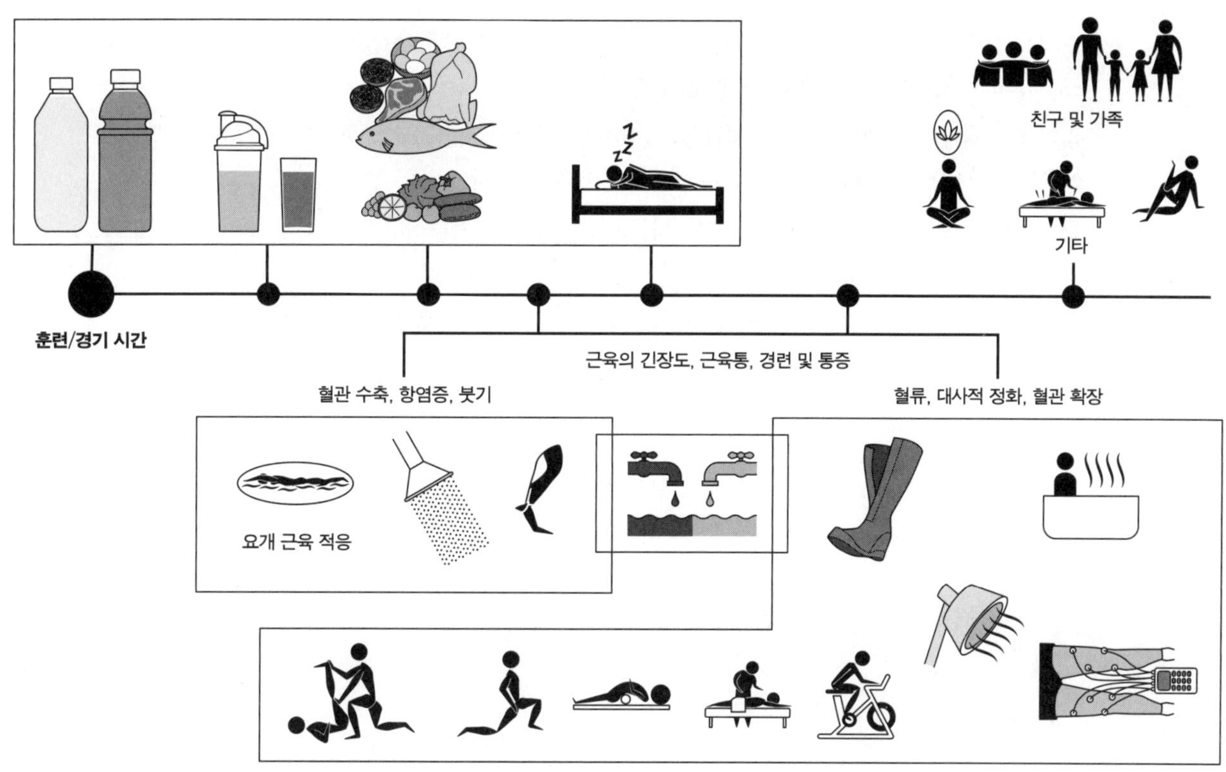

그림 25.7 다양한 신체적, 생리학적, 심리적 스트레스 요인을 회복하기 위한 전략의 예시 및 훈련 또는 경기 후 일정표 예시.

한 이유로 선수들은 피로의 종류, 가능한 전략, 그리고 이들의 과학적 근거에 대해 정보를 받아야 하며, 회복 프로그램의 의사 결정 과정에 참여되어야 한다. 선수들을 교육하는 한 가지 방법은 피로의 종류, 피로에 영향을 줄 수 있는 전략, 회복 중재에 대한 과학적 근거 또는 부족함에 관한 기본 정보가 포함된 간단한 인포그래픽을 제공하는 것이다. 이러한 정보는 이상적으로 선수와 함께 논의되어야 하지만, 또한 훈련 및 회복 장소에 전략적으로 배치되어 최대한 노출되어야 한다. 예를 들어, 이들은 체육관에서 고정식 자전거와 트레드밀 앞에 있는 텔레비전에 표시될 수 있거나, 선수가 공기 압박이나 수치료 시설(예: 스파 또는 얼음욕조)을 사용할 때 보이는 곳에 배치될 수 있다. 집단 교육 세션을 선호하는 경우, 시즌 동안 반복되어 선수의 참여를 극대화하고 지속적인 행동 변화의 가능성을 높여야 한다.

요약

회복 과정을 극대화하기 위해 다학제적 접근이 필수적이다. 트레이닝 및 모니터링에 참여하는 스태프의 의견은 선수가 필요로 하는 회복을 결정하는 데 도움이 되며, 선수의 장기 및 단기 목표는 적응을 극대화하기 위해 고려되어야 한다. 영양사의 영양 요구 사항, 물리치료사 및 스포츠의학 전문의가 인지하는 부상 상태, 그리고 심리학자의 심리적 회복 요구 사항에 대한 정보를 통합하는 것은 회복 프로그램의 품질과 효과를 크게 향상시킬 수 있다. 코치와 선수들에게 교육과 지속적인 학습은 적극적이고 효과적인 회복을 촉진하기 위해 필수적이다.

필수 항목

- 회복의 기본 요소인 수면과 영양을 우선시한다. 적절한 수면 기회를 제공하기 위해, 가능한 적절한 훈련 및 이동 시간을 설정하는 것이 좋다. 필요할 때 양질의 적절한 영양 및 보충제에 접근할 수 있도록 하는 것도 권장된다.
- 수치료 장소와 기회를 확인하고 찾는다. 특별히 설계된 시설이 없는 경우에는 간이 수영튜브, 욕조, 바다나 해변, 또는 샤워실을 사용할 수 있다.
- 압박 의류를 유용한 회복 도구로 사용한다. 이들은 비교적 저렴하고 실용적이다. 공기 압박은 실용적이지만 비용이 비싸므로 모든 선수에게 가능하지는 않다.
- 트레이닝 프로그램과 시즌 중 여유로운 시간을 장려하거나 가능하다면 정신적 회복을 위해 스포츠와 거리를 두는 시간을 갖는다.
- 적응과 회복 전략의 주기화 역할을 고려한다. 장기 및 단기 목표의 평가를 포함한다.
- 장기적인 실천을 위해 교육과 행동 변화를 선수에게 지속적으로 장려한다.

Chapter 26

학습

샘 로버트슨 Sam Robertson**, PhD**
스포츠 분석학 박사, 빅토리아 대학교University of Victoria 보건 · 스포츠 연구소 스포츠 분석학 교수

재클린 트랜 Jacqueline Tran**, PhD**
하이퍼포먼스 스포츠 뉴질랜드(HPSNZHigh Performance Sport New Zealand) 지식경쟁력팀 팀장

전 세계적으로 수천 개의 신문 지면과 수백만 건의 월요일 아침 대화가 주말에 발생한 선수의 결정적 실수나 인기 팀의 실망스러운 경기력에 대한 논의에 집중되어 있다. 엘리트 프로그램의 선수, 코치, 지원 스태프는 엘리트 스포츠의 특성과 그 요구에 완벽히 적응하고 준비된 상태로 최고의 경기 수준에 도달하며, 더 이상의 학습은 거의 필요하지 않다는 강한 믿음이 있다. 이러한 믿음은 비합리적이고 비현실적인 생각일 뿐이다. 학습은 퍼포먼스 향상에 있어 중요한 부분이지만, 이 둘은 별개의 개념으로 봐야 한다. 실제로 학습 과정에서 둘은 서로 분리될 수 있으며, 때로는 학습이 퍼포먼스에 저해하는 것으로 보일 수도 있다. 그럼에도 불구하고 진정한 엘리트 퍼포먼스를 발휘하려면 학습은 반드시 촉진되고 지원되어야 한다.

이 장에서는 하이퍼포먼스 스포츠를 위한 학습 환경 설계의 두 가지 관점, 즉 개인 학습을 지원하는 환경 설계와 집단 학습을 촉진하는 환경 설계에 대해 설명하려고 한다. 이 장의 맥락에서 환경은 물리적 환경과 그 특징, 집단의 사회 문화적 특징(문화, 가치, 사고방식, 규범 및 행동)을 포함한 환경과 맥락을 광범위하게 포괄한다.

학습과 퍼포먼스의 상관관계

스포츠에서 퍼포먼스의 선결과제는 적응과 학습을 통한 퍼포먼스 능력의 개발이라고 할 수 있다. 따라서 지속적인 학습은 퍼포먼스 향상에 매우 중요하다. 하지만 학습learning과 퍼포먼스performance는 서로 같은 의미의 용어는 아니다. 실제로 학습에 관한 연구는 오랫동안 학습과 퍼포먼스가 별개의 개념과 과정이라는 것을 밝혀 왔다. 이 장에서 학습은 장기적인 유지와 전이를 지원하는 행동이나 지식의 비교적 영구적인 변화를 의미하며, 퍼포먼스는 습득 과정 중과 습득 직후에 관찰하고 측정할 수 있는 행동이나 지식의 일시적인 변동을 의미한다.[1] 교육teaching은 이와 관련이 있지만, 의도적인 활동과 학습자 경험을 제공함으로써 지식과 경험을 헌신적으로 공유하는 별개의 개념이기도 하다. 이는 개인의 심리적 또는 지적 성장을 촉진하기 위해 고안된 것이다.

퍼포먼스 담당자로서 교육, 학습, 퍼포먼스가 상호 교환 가능한 것이 아니라는 점을 인식하면 효과적인 학습이 언제 이루어졌는지에 대해 보다 정확한 판단을 내릴 수 있게 된다. 특정 지시에 따라 원하는 동작을 실행하는 선수는 단기적으로는 향상된 퍼포먼스를 보여주지만, 이러한 학습 환경은 장기적으로는 해로울 수 있다. 예를 들어, 학습자에게 신체적 지도

를 제공하면 운동 기술을 습득하는 동안 발생하는 퍼포먼스 오류가 감소하게 된다.[2] 예를 들어 운동선수가 프론트 스쿼트를 반복할 때마다 자세를 수동으로 교정해 주는 경우에 해당한다. 반면, 비지도적이고 능동적인 학습에 참여한 개인은 단기간의 퍼포먼스 감소를 보이는 경우가 많지만, 학습을 장기적으로 유지하고 새로운 상황으로 전이하는 것을 테스트했을 때 더 효과적인 것으로 나타났다.[3-5] 따라서 학습 중 나타나는 선수 또는 팀의 퍼포먼스 수준은 연습 상황에서의 퍼포먼스를 보여줄 뿐이며, 실제 학습의 질을 반영하지는 않는다.

현명한 방법

선수가 새로운 지식과 기술을 습득하려고 할 때 퍼포먼스가 저하되는 경우가 많으므로, 학습 과정에 참여하는 동안에는 퍼포먼스 수준을 평가하지 않는 것이 좋다.

퍼포먼스 측정을 통해 학습을 평가하는 또 다른 문제는 직관적이지 않은 것처럼 보일 수 있다는 점이다. 단기적인 퍼포먼스 향상은 장기적으로 학습이 덜 효과적으로 이루어지고 있음을 나타낼 수 있다. 또한 단기적인 퍼포먼스 감소(즉, 오류)를 유도하는 것은 유지와 전이를 향상시키는 데 유용할 수 있다. 이러한 학습-퍼포먼스 현상이 존재한다는 것을 알면 현대의 하이퍼포먼스 스포츠 맥락에서 학습과 퍼포먼스 사이의 간극이 명확해진다. 스포츠 프로그램과 조직은 종종 우수성과 지속 가능한 성공을 추구한다고 주장하지만, 경기 결과에 과도하게 집착하며 이를 통해 개인이나 팀이 얼마나 발전하고 학습하고 있는지를 과도하게 추론하는 경향이 있다. 이러한 현상은 며칠에 한 번씩 경기가 열리는 고정된 스포츠에서 특히 더 심해진다. 역설적인 점은 퍼포먼스 저하가 항상 경쟁자가 더 뛰어나거나 더 빠르게 발전하고 있다는 의미는 아니라는 것이다. 퍼포먼스 감소는 선수나 팀이 양질의 학습을 하고 있다는 것을 의미할 수도 있다. 실질적인 의미에서 이는 지도자가 퍼포먼스 요구의 맥락에서 학습 활동의 타이밍을 고려해야 한다는 것을 의미한다. 프리시즌 기간, 기초 트레이닝 및 덜 중요한 경기 기간은 선수의 노력을 학습에 집중할 수 있는 적절한 시기이며, 이 기간 동안 단기적인 퍼포먼스 저하가 발생할 수도 있고, 심지어 이런 현상이 바람직하다는 것을 받아들일 수 있어야 한다. 그러나 중요한 경기 기간은 새로운 학습을 습득하는 데 집중해야 할 시기가 아니어야 한다. 그보다는 선수나 팀이 현재의 퍼포먼스 수준을 유지하는 데 중점을 두어야 한다.

따라서 양질의 학습의 척도는 장기적인 유지, 즉 학습 단계에 참여하기 전보다 더 높은 수준의 지식, 기술 및 행동이 지속적이고 반복적인 퍼포먼스를 통해 관찰되는 것으로 정의된다.

학습에 대한 복잡계 시스템 관점

앞서 설명한 학습의 정의는 학습이 무엇인지 설명할 뿐이며, 그 자체만으로는 효과적인 학습 환경을 조성하고 육성하고자 하는 퍼포먼스 지도자에게는 충분치 않다. 학습이 이루어지는 장소(맥락)와 학습을 하는 사람(학습자)도 고려해야 한다. 이는 효과적인 학습을 촉진하는 방법에 대한 발전된 이해의 기초를 구축할 수 있게 해 준다. 학습에 대한 복잡계 시스템 접근법complex systems approach은 사람, 환경, 맥락 간의 상호작용을 이해하기 위한 기본 틀을 제공하는 것을 목표로 하고 있다.

복잡계 시스템의 기초

스포츠는 복잡계 적응 시스템(CAScomplex adaptive systems)에서 흔히 볼 수 있는 특징들로 가득 차 있다. 이러한 시스템에서 발생하는 사건은 구성원(개인 또는 관련 개체의 하위 그룹) 간의 상호작용에서 비롯된다.[6,7] 복잡계 시스템은 인과적 순환 구조를 지닌 상호의존성을 보이며, 그 안에는 예측 불가능한 잠재성이 내재되어 있다. 적응형 시스템은 외부 환경의 변화를 스캔하고 감지하며, 새로운 조건에서 생존하기 위해 이를 조정하여 대응한다.[8]

농구 경기의 정지된 순간을 상상해 보자. 공을 놓쳐 사이드라인으로 향하고 있는데, 개입하지 않으면 공이 밖으로 튕겨 나갈 상황이다. 공에 가장 가까이 있는 사람은 블루 팀 선수다. 이 선수는 공을 밖으로 내보내느냐, 아니면 계속 플레이를 시도하느냐 하는 간단해 보이지만 빠르게 결정해야 하는 선택을 해야 한다. 선수는 어떻게 결정해야 하는가? 이 순간은 스포츠가 CAS임을 잘 보여주는 상황이다.

경기 자체를 하나의 시스템으로 본다면, 경기의 승패는 플레이 중인 공에 달려 있다고 할 수 있다. 이 결과를 달성하기 위해 블루 팀 선수는 공이 경계선을 벗어나기 전에 공을 잡으려고 시도하여 경기를 살릴 수 있을 것이다. 대신 선수가 자신의 국소 시스템(즉, 팀)에 도움이 되는 결과에 집중하는 경우, 생존은 팀이 득점을 시도할 수 있도록 소유권을 유지하거나 획득하는 것을 의미할 것이다. 선수는 외부 환경을 스캔하고 감지하여 두 가지 선택 중 팀을 위해 소유권을 유지하거나 획득할 수 있는 결과를 결정해야 한다. 시스템 내 다른 구성원인 레드 팀 선수가 마지막으로 공을 터치한 경우, 블루 팀 선수는 공을 경계를 벗어나게 하여 자신의 팀이 소유권을 얻도록 결정할 수 있다. 반면에 블루 팀 선수가 마지막으로 터치했다면, 블루 팀 선수는 자신이 공을 다시 잡아내거나 공을 다시 경기장으로 펴 올리기 위해 강하게 추진할 수 있으며, 이 과정에서 자신의 운동 능력과 이러한 행동이 팀에 도움이 될지를 고려해야 한다. 이러한 결정을 더욱 복잡하게 만드는 것은 경기 상황(점수 차 또는 남은 시간) 또는 기타 수많은 변수일 수 있다.

이 예는 단순해 보이지만, 코트에 있는 모든 선수의 과거, 현재, 미래의 행동이 공을 계속 플레이할지 여부를 결정하는 데 중요하다는 것을 알게 되면 그 복잡성이 나타난다. 선수들은 각각의 구성원이며, 서로 및 주변 환경과의 상호작용을 통해(예: 때로는 새롭고 예상치 못한 방식으로) 사건들이 발생하여 전체 시스템(경기 상태)의 행동을 만들어 낸다.

이 장에서의 목적에 따라 학습과 관련된 CAS의 가장 중요한 특성 몇 가지를 선별하여 아래에 정리했다.[9]

- **피드백.** 내재적 피드백은 학습 속도를 높이거나 낮출 수 있다. 적절하게 설계된 학습 활동은 참가자의 즐거움을 촉진하여 간접적으로 과제에 완전히 참여하도록 장려해야 한다.
- **비선형성.** 시스템의 다양한 입력이 출력에 미치는 영향은 비례하지 않는다. 예를 들어, 학습 기간이 길어졌다고 해서 항상 즉각적인 퍼포먼스 향상으로 이어지지는 않을 수 있다.
- **안정성의 영역.** 시스템은 특별한 동요가 없는 한 특정 상태를 지향하는 경향이 있다. 장거리 달리기 선수의 기술을 예로 들 수 있는데, 선수의 기술이 오랫동안 몸에 배어 있을수록 그 기술은 안정적이며 극도의 도전이 없는 한 변화할 가능성이 낮다.
- **적응.** 이 특성은 시스템 내의 구성 요소가 학습하거나 변화에 대응할 수 있는 능력을 의미한다. 예를 들어, 선수가 경기 중에 흔히 직면하는 다양한 조건에 적응할 수 있도록 회피 및 민첩성과 같은 스포츠 특이적 움직임에 노출시키는 훈련을 생각해 보자.
- **경로 종속성.** 이 특성은 현재 상태가 그 이전의 특정 상태의 성질이나 발생 시점에 따라 영향을 받는 경우를 말한다. 예를 들어, 선수가 더 간단한 운동을 먼저 숙달하지 않으면 일부 역도 기술은 학습이 어려울 수 있다. 이러한 종속성은 생리적 또는 인지적일 수 있다.
- **개방형 시스템.** 개방형 시스템은 외부의 구성 요소와 어느 정도 상호작용을 한다. 예를 들어, 일반적으로 학습과 관련이 없는 영향(예: 사회문화적 환경)은 선수의 학습에 중요한 역할을 할 수 있다.
- **예측 불가능성.** 알려진 것과 알려지지 않은 많은 구성 요소가 존재하기 때문에 미래의 결과를 예측한다는 것은 어려운 일이다. 예를 들어, 많은 부상의 원인에 대해 아직 모든 것이 밝혀지지 않았기 때문에 일부 선수는 모든 경기 복귀 요건을 충족한 후에도 재부상을 당하기도 한다.
- **중첩된 시스템.** 이는 시스템 내의 시스템이라고 할 수 있다. 예를 들어, 선수의 심혈관계는 시스템으로서의 선수 자신(즉, 선수가 너무 피곤해서 자신에게 패스된 공을 쫓아갈 수 있는지 여부)의 영향을 받고, 이는 다시 시스템으로서의 경기(즉, 팀 동료에게 처음부터 공을 패스할 기회가 주어지는지 여부)의 영향을 받는다.

이러한 특성을 함께 고려하면 학습을 위한 운영체계를 형성하는 데 도움이 될 수 있으며, 특히 코치가 훈련 및 학습 환경 설계에 직접 반영할 수 있는 핵심 요소들을 나타낸다.

학습에 대한 제약 기반 접근법

스포츠에서 CAS의 제약 조건은 학습 환경을 구성할 수 있는 틀을 제시해 준다. 제약 조건은 복잡계 시스템이 채택할 수 있는 가능한 동작이나 움직임의 수를 제한하는 경계 또는 설계 요소를 의미한다. 예를 들어, 콘이나 코치의 지시 없이 트레이닝 드릴을 구현하면 선수는 보다 구조화된 버전에 비해 더 많은 오류를 범할 수는 있지만, 운동을 완료하기 위한 자신만의 고유한 솔루션을 개발할 수 있을 것이다. 학습 시스템도 이와 유사하게 설명되고 이해될 수 있다. 제약 기반 학습 접근법은 개인이나 집단의 행동이 환경의 결과로 나타난다는 전제를 바탕으로 한다.[10] 따라서 개인이나 팀 모두 하나의 시스템으로 간주할 수 있다는 점을 인식하는 것이 중요하다.

스포츠에서 제약은 일반적으로 세 가지 유형으로 간주된다.

1. **과제.** 개인 또는 집단이 수행하는 행동 유형에 대한 제약.
2. **유기체.** 개인 또는 집단의 공유된 특성과 관련된 동적 특성(예: 주의력 조절, 피로 수준, 기분) 및 상대적으로 고정된 특성(예: 인체 측정, 연령)을 예로 들 수 있다.
3. **환경.** 트레이닝 및 경기 중 운동장 조건에 대한 제약과 개인 또는 집단이 학습하는 사회문화적 맥락에서 발생하는 제약 등, 학습 환경 전반에 작용하는 제약.[11,12]

학습에 대한 제약 기반 접근법의 주요 장점 중 하나는 이 체계가 스포츠 과학의 다양한 하위 분야를 연결하여 지도자가 폐쇄적인 사고와 작업 방식을 거부하도록 장려한다는 점이다. 예를 들어, 제약 기반 관점을 채택하면 팀 대항 스포츠에서 선수의 피로(생리와 관련된 유기체적 제약)가 필드 크기(퍼포먼스 분석과 관련된 환경적 제약)와 어떻게 직접적으로 연결되는지 이해할 수 있을 것이다.

제약 기반 접근법은 스포츠 퍼포먼스에 대한 거시적 통합 이론의 기초를 형성하는 데에도 적용되었다.[13] 따라서 스포츠 과학 문헌에는 선수 또는 선수 집단의 상황에 따른 특정 반응을 관찰하고 장려하기 위해 실제로 제약을 조작하려는 노력으로 가득하다. 예를 들어 경기장 크기와 선수 수를 조작하여 선수의 신체적 결과와 기술 행동의 변화를 유도하거나,[14] 스프링보드 다이빙 기술을 연습할 때 착지 표면을 변경하거나,[15] 축구에서 결정을 내릴 수 있는 시간을 줄이는 것이 패스 성과에 어떤 영향을 미치는지 모니터링[16] 등이 있다.

제약 기반 접근법에 대한 비판자들은 현실에서 이 접근법의 복잡성을 약점으로 지적하기도 한다. 그러나 제약 기반 접근법은 이제 그 어느 때보다 실제 적용 환경에서 구현이 가능해졌다. 이를 달성하는 데 영향을 미친 세 가지 주요 원동력은 더 많은 데이터, 더 나은 데이터, 향상된 분석 기술이다. 첫 번째와 두 번째는 기술적 개선이, 세 번째는 데이터 수집과 머신러닝 방법의 발전이 크게 기여했다. 컴퓨터 성능의 발전은 세 가지 모두에 도움이 되었다. 이러한 개선은 스포츠 환경에서의 학습에 큰 영향을 미쳤다. 예를 들어, 기술을 통해 얻어진 방대하고 정밀한 정보 덕분에, 훈련 세션의 설계가 경기에서의 요구 사항을 어느 정도 재현하는지 세밀하게 파악할 수 있게 되었다. 선수를 방해하지 않으면서도 제약 조건을 자동으로 수집(또는 최소한 반자동)하여 선수의 퍼포먼스 및 반응에 대한 피드백을 얻을 수도 있다. 이러한 피드백의 대부분(예: 심박수 또는 GPS 추적)은 거의 실시간으로 얻을 수 있다. 분석적 관점에서 머신 러닝은 제약 조건 간의 복잡한 상호작용을 고려하는 동시에 최종 사용자가 이해하고 실행할 수 있는 간단하고 이해하기 쉬운 권장 사항을 제공할 수 있다. 컴퓨터의 발전으로 과거에 비해 훨씬 더 많은 수의 제약 조건을 더 빠르게 처리하고 분석할 수 있게 되었다.

현명한 방법

트레이닝 설계의 변화는 고립적이고 선형적인 반응을 일으키지는 않는다. 제약 기반 접근법에 대한 이해는 트레이닝 블록, 세션 및 드릴을 계획할 때 다학제적 관점과 협력의 중요성을 강조한다.

퍼포먼스 스포츠에서의 학습

반응적이고 공동 생성된 학습 환경은 퍼포먼스 환경에 있는 사람들이 깊이 몰입하고, 개인의 숙련도가 높아지는 재미와 기쁨(즉, 개인 학습)을 경험하고, 주변 사람들의 성장(즉, 집단 학습)에 적극적으로 기여할 수 있는 토대를 제공한다.[17]

개인 학습

선수를 대상으로 한 제약 기반 접근법을 활용한 연구는 상당히 많이 이루어졌지만, 지원 스태프와 코치의 학습 및 개발에 대한 적용은 거의 주목받지 못했다. 코치가 스포츠 퍼포먼스에 크게 기여하고 리더, 멘토, 인사 관리자, 상담사, 교사 및 관리자로서 수많은 역할을 수행해야 하는 경우가 많다는 점을 고려하면 이는 분명한 발전의 기회가 될 수 있다. 선수들이 겪는 제약이 스태프에게도 동일하게 적용된다는 점을 고려하면 기회는 분명히 존재한다. 예를 들어, 스트렝스 코치가 비언어적 수단만을 사용하여 선수들과 더 잘 소통하는 방법을 어떻게 가르칠 수 있을까? 장비가 없는 훈련 환경에서 어떻게 선수에게 원하는 생리적 반응을 이끌어 낼 수 있는 훈련 세션을 설계할 수 있을까? 가능성은 무궁무진하다.

집단 학습

선수, 코치, 지원 스태프 등 스포츠 퍼포먼스 팀이 무대 공연자와 어떤 공통점을 가지고 있는지 생각해 보자. 스포츠에서 선수는 퍼포먼스를 만들어 내는 주연 배우이자 주요 출연자이며, 스토리텔링에서 가장 중요한 역할이다. 코치 역시 무대 위에서 조연으로 출연하는 앙상블 배우로 여러 면에서 퍼포먼스를 펼치는 연기자라고 할 수 있다. 퍼포먼스 지원 스태프는 일반적으로 무대 뒤에서 퍼포먼스 준비에 기여하고 출연자와 퍼포먼스 자체의 과정을 조율하기 때문에 제작진에 비유할 수 있다. 퍼포먼스의 질은 각 출연자가 자신의 역할을 얼마나 잘 수행하는지, 출연자들이 서로 얼마나 잘 상호작용하고 조율하는지에 따라 달라질 것이다. 이는 퍼포먼스 스포츠의 학습에도 적용된다. 퍼포먼스가 어떻게 나타나는지에 대한 더 풍부한 이해는 개인의 학습을 넘어 사람들로 구성된 공동체가 지식, 기술, 역량을 어떻게 공유하고 함께 성장해 나가는지를 살펴보아야 한다. 학습 공동체는 네 가지 핵심 특성을 지닌다.[18]

1. 집단 내 다양한 전문성, 공동체 구성원의 기여를 소중히 여기고 개인이 지속적으로 발전할 수 있도록 지원 제공
2. 집단적 지식과 기술을 성장시키는 공동의 목적에 대한 헌신, 그 과정에서 각 개인의 지식과 기술의 발전
3. 학습 방법에 대한 강조
4. 지식 공유를 위한 시스템 구축

그러면 공동체에서 이러한 특성을 어떻게 구현할 수 있을까? 다음 섹션에서는 학습을 촉진하는 환경을 설계할 때 강조해야 할 기능에 관한 지침을 제공하고 있다.

효과적인 학습 환경의 특징

학습자가 권한을 부여받고, 관련성 있고 현실적인 문제를 해결하며, 학습의 맥락을 이해하고, 그 과정을 의미 있게 받아들일 때, 그러한 환경은 학습을 촉진하는 데 효과적이다.[17,19]

이 세 가지 목표를 달성하기 위해 표 26.1에는 축구 클럽의 학습 및 훈련 환경을 설계하는 데 각 원칙을 어떻게 사용할 수 있는지에 대한 예시와 함께, 좋은 학습 설계를 위한 구체적인 원칙이 자세히 나와 있다.

개인을 위한 학습 환경 설계 원칙

스포츠 환경에 적용되는 개인별 운동 학습motor-learning 문헌을 약자 SPORT를 사용하여 요약해 보았다.[20] 이 문헌은 크게 특이성Specificity(대표적 설계), 점진성Progression, 과부하Overload, 가역성Reversibility 및 권태Tedium, Variety의 다섯 가지 영역과 관련된 것으로 분류했다.

표 26.1 학습 설계의 원리

학습 환경의 목적	학습 설계의 원리	예시
학습자의 역량 강화	공동 설계: 학습자는 학습 경험을 단순히 소비하는 것이 아니라 스스로 만들어 가는 능동적인 주체로 느낄 수 있다. 이는 주인의식, 자율성 및 수용을 지원하며 학습자의 동기 부여를 촉진하는 데 있어 핵심적인 부분이다.	축구 코치는 선수들과 협력하여 주간 훈련 세션을 계획한다.
	개별 맞춤 설정: 학습자는 자신이 원하는 학습 방식에 맞게 환경이나 경험을 조정하거나 새로운 학습 방법을 탐색할 수 있다.	축구 선수들은 패스 횟수를 늘리기 위해 휴식 시간 동안 스몰사이드 게임의 크기를 조정할 수 있다.
	정체성: 학습은 개인이 새로운 정체성을 갖게 할 정도로 강력하기 때문에 많은 투자가 이루어진다.	젊은 선수는 연습 디자인에 참여하면서 팀 리더로서의 자아 정체성을 키울 수 있다.
	조작 및 분산된 지식: 인간의 인지에는 지각과 행동이 깊이 연결되어 있기 때문에 학습자가 사용하고 조작할 수 있는 강력한 도구를 제공하면 자신의 효과와 능력에 대한 인식을 확장할 수 있게 된다.	축구 선수는 훈련 드릴에서 코치 역할을 할 수 있다.
문제 해결	잘 정돈된 문제: 학습이 발판이 되어 초기 문제가 학습자에게 향후 더 어려운 문제에 직면했을 때 어떻게 진행할 수 있는지에 대한 힌트를 제공한다.	코치는 훈련 세션 시작 전 공식 미팅에서 선수들에게 훈련 세션의 레이아웃을 설명할 수 있다.
	유쾌한 좌절감: 학습자는 학습이 어렵게 느껴지지만 여전히 할 수 있다고 느낄 때 학습을 지속하고 참여를 유지하게 된다.	코치는 선수가 연습 세션이 지나치게 쉽다고 생각할 경우 점진적으로 난이도를 증가시킨다.
	전문 지식의 주기: 반복적인 주기를 통해 학습자는 새로운 기술을 습득하고 연습한 후 해당 기술이 실패하면 새로운 수준의 숙달을 위해 다시 생각하고 적응해야 한다.	코치는 인접한 연령대 및 기술 수준이 비슷한 선수들이 연습 경기에서 서로 대결할 수 있는 기회를 체계적으로 마련한다.
	필요한 정보의 적시 제공: 학습자가 활용할 수 있을 때, 그리고 필요하다고 느낄 때 정보와 피드백이 학습자에게 제공되어야 한다.	코치는 선수가 활동을 시작하기에 충분한 정보를 제공하되, 정보 과부하를 유발하거나 지나치게 구체적인 지침을 제공하지 않도록 해야 한다.
	피쉬 탱크: 학습 환경은 실제의 복잡한 시나리오의 중요한 특징을 강조하기 위한 간단한 모델을 제공해야 한다. 피쉬 탱크는 학습자에게 새롭거나 낯선 것을 소개할 때 특히 유용하다.	코치는 참가자가 훈련에서 경험하는 제한 사항이나 규칙의 수를 줄일 수 있다.
	샌드박스: 샌드박스는 현실의 실제 모델을 유지하면서 위험과 결과를 완화하여 안전한 학습 환경을 조성하는 것이다. 샌드박스는 학습자가 지나친 부담을 느끼거나 실패로 인해 낙담할 가능성을 줄일 수 있다.	코치는 특정 연습 훈련을 따로 마련하여 선수들이 두려움 없이 움직임을 탐구하고 시행착오를 겪을 수 있도록 한다.
	전략으로서의 기술: 기술 훈련은 학습자가 일련의 기술이 서로 연관되어 있고 이러한 기술이 함께 중요한 목표를 달성하기 위한 전략을 형성한다는 것을 이해할 때 더 효과적이다.	전형적인 과제 설계(구체성 및 전형적 학습 참조).

학습 환경의 목적	학습 설계의 원리	예시
이해	시스템적 사고: 효과적인 학습은 맥락에 맞게 이루어진다. 학습자는 자신에게 중요한 전체적인 큰 시스템에 자신이 어떻게 들어맞는지 이해함으로써 도움을 받을 수 있다.	선수들은 경기에서 일반적으로 수행하는 역할과 관련된 역할을 연습하고 학습하여 역할이 어떻게 조화를 이루어 팀의 필드 위 구조(즉, 전술 시스템)를 만드는지 더 폭넓게 이해할 수 있다.
	행동 이미지로서의 의미: 학습은 지각과 행동 사이의 연결을 강화하여 아이디어, 정체성, 철학, 사건을 구체화할 때 깊은 의미를 발전시킨다.	코치는 유리하거나 불리한 숫자(예: 9 대 11)로 훈련을 설계하여 선수들이 공간과 혼잡도의 역동적인 변화를 감지하고 적절히 대응하는 연습을 할 수 있도록 한다.

1열과 2열은 Gee 2005(19)에서 각색한 내용이다. 3열은 축구 클럽에서 학습을 위한 훈련 환경을 설계하는 예를 사용하여 각 원칙을 설명하고 있다.
Adapted from J.P. Gee, "Learning by design: Good Video Games as Learning Machines," *E-Learning and Digital Media* (2005).

특이성과 대표 학습

'경기하듯 훈련하라'는 개념은 대부분의 선수와 코치들이 일반적으로 이해하고 있는 개념이다. 일반적으로 두 가지 주요 이론 중 하나가 이 개념을 뒷받침한다. 첫 번째는 특이성의 원칙으로, 훈련이나 연습이 선수나 팀이 경기에서 경험하는 조건과 일치하는 정도[21]로 정의되는 경우가 많다. 두 번째는 대표 학습 설계와 관련이 있다. 이는 경기에서 경험한 제약 조건을 훈련에 복제하는 것을 강조하며, 선수들에게 행동의 기회를 식별할 수 있는 범위를 제공하고 이러한 기회를 환경의 주요 정보 자원과 연결할 수 있도록 한다.[22]

도전 지점 체계challenge point framework[23]는 학습 환경의 특수성 수준을 결정할 수 있는 실용적인 방법을 제공하며, 학습 환경의 설계 및 평가에도 영향을 미칠 수 있다(그림 26.1). 도전 지점은 훈련이 경기를 대표할 수 있도록 하되, 성과와 학습에 부정적인 영향을 줄 정도로 지나치게 어렵지 않도록, 적절한 균형을 찾는 것을 중시한다. 경기 조건에 특화되지 않은 훈련은 더 높은 수준의 퍼포먼스와 연관된 것으로 보이지만 학습 효과가 일어나기에는 너무 쉬울 수 있다(또는 대표성 있는 설계가 부족하여 전이되지 않을 수 있다).

예를 들어 부상 후 다시 런닝을 시작하는 선수를 생각해 보자. 신체적 부하를 고려하더라도 학습의 관점에서 볼 때도 선수에게 충분한 도전을 주고 적절한 자극을 주되 부상 재발에 대해 불안해하거나 요구되는 민첩성이나 스피드를 완수하기 어렵지 않도록 세션을 설계해야 한다. 부상 재활에서 많은 경기 복귀

현명한 방법

오류가 발생할 수 있는 훈련을 의도적으로 설계하고 고려하며, 학습의 장기적인 유지력을 높이기 위해 바람직한 난이도를 도입해야 한다.

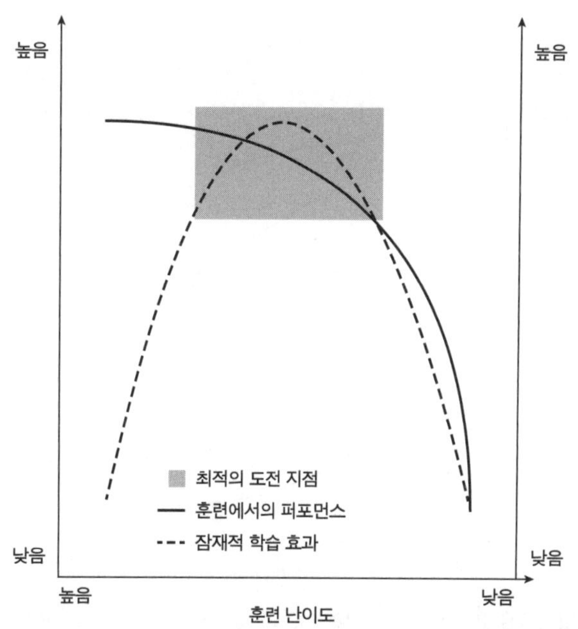

그림 26.1 스포츠에서의 훈련 설계와 관련된 도전 지점 체계.
Adapted from M.A. Guadagnoli and T.D. Lee, "Challenge Point: A Framework for Conceptualizing the Effects of Various Practice Conditions in Motor Learning," *Journal of Motor Behavior* 36, no. 2 (2004): 212-224.

프로토콜의 초점은 선수가 경기와 유사한 조건을 견딜 수 있도록 하는 개념에 맞춰져 있으며, 이는 특수성 원칙과 같은 개념이다.

점진성

학습의 진전은 학습 평가에서 더 높은 수준의 퍼포먼스가 관찰되거나 더 어렵거나 많은 양의 훈련을 견딜 수 있는 능력과 같이 다양한 방식으로 결정될 수 있다. 실제로 선수(그리고 팀)의 요구 사항은 고정적으로 유지되는 경우가 거의 없다. 예를 들어, 경기 시즌의 단계에 따라 또는 선수의 능력 수준, 경험 또는 나이에 따라 실제로 원하는 특이성 수준이 달라질 수 있다. 예를 들어, 전문 선수는 초급 또는 중급 선수에 비해 더 어려운 환경에서 훈련할 때 더 높은 수준의 퍼포먼스를 유지할 수 있다. 그림 26.2는 이러한 관계를 실제로 보여주는 예로, 과제의 난이도가 높아질수록 숙련도가 낮은 사람의 퍼포먼스 감소가 더 빠르게 관찰된다.

물론 퍼포먼스만이 트레이닝 난이도를 결정하는 데 사용할 수 있는 유일한 지표는 아니다. 선수로부터 얻은 피드백도 이러한 의사 결정 과정을 안내하고 보완하는 데 사용할 수 있다. 예를 들어, 선수의 퍼포먼스는 높지만 선수의 피드백에 따르면 훈련이 어렵다고 느끼는 경우 코치는 어떤 메커니즘이 선수를 그렇게 느끼게 하는지 조사해 볼 필요가 있다.

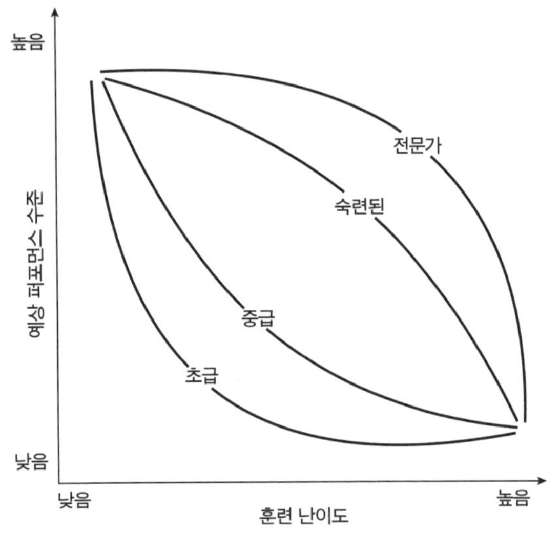

그림 26.2 학습자의 기술 수준에 따른 훈련 난이도와 예상 퍼포먼스 간의 예상 상관관계.

Adapted from M.A. Guadagnoli and T.D. Lee, "Challenge Point: A Framework for Conceptualizing the Effects of Various Practice Conditions in Motor Learning," *Journal of Motor Behavior* 36, no. 2 (2004): 212-224.

트레이닝은 난이도만으로 진행하기보다는 양을 기준으로 진행할 수도 있다. 학습의 양을 통해 진전을 이룬다는 관점 중 대중적으로 알려진 이론 중 하나는 '의도적 훈련'이며, 이는 흔히 1만 시간의 법칙[24]으로 알려져 있다. 의도적 훈련 이론은 광범위한 트레이닝이 학습자의 처리 능력과 그에 따른 기술 개발을 크게 향상시킨다고 주장하고 있다. 진전과 관련하여 이 이론은, 전문가 수준을 지향하는 학습자는 현재 자신의 수행 수준을 넘는 결과 목표를 설정하고, 이를 위해 의도적으로 연습 기회를 추구한다는 점을 강조한다. 의도적 훈련이 결과적으로 전문가 퍼포먼스 수준에 미치는 상대적 기여도에 대해서는 상당한 논쟁이 있어 왔지만, 어느 정도의 헌신적이고 방대한 훈련은 학습을 향상시키는 데 적어도 어느 정도 역할을 하는 것으로 보인다. 예를 들어, 옆돌기나 라이트 훅을 날리는 방법을 배우려면 이러한 특정 기술을 연습하는 데 시간을 투자해야 한다.

스포츠 종목마다 학습 접근 방식이 크게 다르며, 특히 수준 높은 선수들의 경우는 더욱 그렇다. 이는 특정 스포츠의 조건(예: 반복 횟수 및 강도의 다양한 조합)과 관련이 있을 수 있지만, 적어도 부분적으로는 코칭 신조 및 전통과도 관련이 있을 수 있다. 엘리트 환경에서 예상되는 학습 속도에 대해서는 알려진 바가 거의 없다. 현재 학습에 관한 관심은 주로 기초 발달 단계에 집중되어 있으며, 이 시기에는 기술이 보다 유연하게 변화할 수 있다고 여겨진다. 다른 많은 영역의 퍼포먼스와 마찬가지로, 운동도 성과가 둔화하는 시점이 있다고 가정하는 경우가 많다. 그러나 학습은 퍼포먼스와 유효하게 연결된 다른 영역(예: 팀 스포츠에서의 전술이나 게임 플랜 학습 또는 여행이 잦은 선수들의 스트레스 대처 전략 학습)에서 강조될 수 있다.

현명한 방법

학습 설계의 개념을 기술이나 전술적 영역에만 국한할 필요는 없다. 우리가 다른 사람에게 가르치고 배우는 모든 것(예: 최적의 영양 섭취 방법, 수면 습관, 의사소통, 리더십)을 이 관점을 통해 살펴볼 수 있다.

과부하

과부하는 오랫동안 피지컬 트레이닝의 핵심 개념이었다.[25] 예를 들어, 저항성 트레이닝에서 우리는 더 강해지기 위해 바에 더 많은 무게를 싣는다. 과부하가 학습 속도에 미치는 영향에 대한 연구는 상대적으로 적은 편이다. 트레이닝에서 다양한 경기 상황을 분리하기 위해 주로 축구에서 사용되는 전술 주기화는 다른 주기화 모델과 마찬가지로 과부하의 몇 가지 유사한 특징을 가지고 있다. 기술 수행 결과(유효 패스 비율), 훈련량(패스 횟수), 선수 피드백(인지적 노력 수준) 등 이전 섹션에서 설명한 선수에 대해 수집한 정보들도 훈련 과부하를 처방할 뿐만 아니라 그 효과를 평가하는 데 사용할 수 있다.[26]

이러한 측정치는 학습 환경 자체의 설계를 기반으로 하거나 또는 학습자의 반응을 통해 과부하를 평가하는 데 사용할 수 있다. 전자의 경우, 실제로 개별 제약individual constraint 조건에 따른 과부하의 급성 효과를 조사한 연구가 상당수 진행되었다.[27] 예를 들어, 축구 훈련에서 스몰 사이드 게임은 참가자의 공간과 시간을 제한한다. 그러나 이러한 형태의 고강도 · 과부하 훈련이 장기적인 학습 효과에 미치는 영향에 대한 근거는 아직 부족한 편이다. 후자의 경우, 지각-인지적 피로의 증가(자기 보고 또는 기타)는 선수가 훈련에 대한 정상적인 반응 이상으로 과부하가 걸렸다는 것을 나타내는 지표로 사용될 수 있다. 이는 환경 난이도의 증가 또는 훈련량 증가에 따른 반응으로 나타날 수 있다. 또 다른 예는 선수의 재활 과정과 관련될 수 있다. 이러한 과정에서 훈련은 일반적으로 과부하를 주면서 선형적인 방식으로 진행된다. 그러나 재활 과정 초기 단계에서 운동선수에게 경기의 역동적 특성 중 일부(즉, 지각-인지 훈련 및 타이밍)를 미리 부여할 수도 있다.

현명한 방법

부상 상태는 재활 중인 선수에게 특정 훈련이 부적절할 수 있음을 의미할 수 있지만, 지각 인지적 수단을 통해 과부하를 추구할 수 있다. 예를 들어 럭비 선수가 더 빠른 속도의 충돌 훈련에 들어가기 전에 주변 인식과 의사 결정을 재훈련하는 방법으로 보행 인베이전 게임invasion game을 재활 훈련에 포함시킬 수 있다.

가역성

학습의 가역성과 관련된 질문에는 훈련과 학습에 대한 노출이 감소하거나 제거된 기간에 선수의 퍼포먼스가 부정적인 영향을 받는 정도를 고려하는 것이 포함된다. 또한 훈련 재개 시 선수가 퍼포먼스 수준을 기준치까지 회복하는 데 필요한 시간도 고려되어야 한다. 가역성은 고도로 스포츠에 특화된 문제다. 골프와 같은 개인 종목의 경우, 선수들은 훈련을 위한 충분한 시간 없이 오랜 기간 이동과 경기를 소화해야 할 수 있다. 또한 대부분의 팀 스포츠는 비시즌이 정해져 있는데, 이 기간 동안 선수들이 휴식을 취하면서도 퍼포먼스 수준의 급격한 저하를 경험할 정도까지는 가지 않아야 한다는 상반된 목표의 균형을 맞추는 것이 관건이다. 시행착오와 엄격한 데이터 기록을 통해 시간이 지남에 따라 훈련 중단 또는 감소 기간 동안 특정 능력이 저하되는 비율을 파악할 수 있게 된다. 다양한 기간에 걸쳐 다양한 선수들의 데이터베이스를 수집함으로써 선수가 가역성을 예방하거나 줄이기 위해 수행해야 하는 최소한의 요구 사항(훈련 관점에서)을 파악할 수 있다.

권태(다양성)

권태는 훈련의 단조로움으로 인해 개인이 경험하는 지루함 및 진부함과 관련이 있으며 학습에 해로운 것으로 여겨지고 있다.[20] 훈련 환경과 세션 사이에 제약 조건을 의도적으로 조작하면 다양성을 높여 이러한 권태를 피할 수 있다. 이를 반복 없는 반복repetition without repetition이라고 생각하면 된다. 예를 들어, 농구 훈련 세션에서 15피트 점프슛을 수백 번 시도하되 각 슛의 조건을 다양하게 변경하여 다양성을 높이고 결과적으로 선수의 흥미를 유지하는 방법이 여기에 해당할 수 있다. 코트에서의 위치를 변경하거나 수비수 또는 금전적 인센티브의 형태로 압박을 가할 수도 있다. 인간의 모든 움직임은 가변적이고 복잡하기 때문에 똑같은 동작은 존재하지 않는다. 따라서 학습은 많은 반복을 통해 하나의 접근법을 완벽하게 익히는 것이 아니라 동일한 문제에 대한 여러 해결책을 찾아내고 훈련함으로써 습득하는 과정이라고 할 수 있다. 학습 환경의 제약 조건과 어포던스affordance(행동 유발성)를 조작함으로써 학습자가 내리는 결정과 움직임에 변화를 줄 수 있는 기회를 창출하고 심지어 장려할 수도 있다. 그 결과, 선수들은 예측할 수 없는 순서로 다양한 기술을 연습하는 무작위 연습 방식을 효과적으로 활용할 수 있게 되었다.

무작위 훈련은 학습의 유지와 전이를 개선하는 데 있어 고정된 훈련(반복적인 기술 연습)보다 더 효과적일 수 있다. 재활은 이러한 개념을 탐색하기에 적절한 사례를 제공한다. 예를 들어, 무릎 부상 후 착지 기술을 배울 때 선수는 다양한 전략을 개발하고 다양한 시나리오(예: 높은 곳에서 착지하기, 공중에 떠 있는 상태에서 밀리기, 양쪽 다리 또는 한쪽 다리로 착지하기 등)에서 착지할 수 있을 것이다. 이는 기능적으로도 효과적이지만, 더 흥미롭고 더 즐거울 가능성이 높기 때문에 선수의 동기 부여 수준을 높게 유지할 수도 있다.

현명한 방법

코칭의 일반적인 전략은 하나의 기술을 반복해서 연습하는 것이지만(예: 골프에서 티에서의 롱 드라이브 샷), 장기적인 학습 측면에서 더 효과적인 전략은 연습하는 기술을 무작위로 선택하는 것이다(예: 드라이브 후 피치 후 롱 아이언 등).

집단 학습 환경 설계를 위한 원칙

퍼포먼스 팀의 구성원인 선수, 코치, 지원 스태프는 서로 상호작용하며 지식, 경험, 기술을 공유하여 집단의 역량을 키우는데, 이는 학습 커뮤니티의 행동양식을 보여주고 있다. 현재 퍼포먼스 스포츠 맥락에서 학습 커뮤니티를 탐구하는 동료 검토 연구는 제한적인 상황이다. 관련 문헌 대신 조직 학습,[28] 팀 학습,[29] 훈련 커뮤니티[30]에 대한 연구로부터 일부 식견을 얻을 수 있을 것이다.

- **조직 학습.** 이를 잘 수행하는 조직은 구성원들이 관련 역량을 지속적으로 확장하고 사고 패턴과 집단적 협업을 권장하고 적극적으로 지원한다.
- **팀 학습.** 팀 학습은 공유된 비전에 집중할 수 있도록 팀의 역량을 조율하고 개발하는 것을 포함한다. 팀 학습은 개인의 숙달이 중요하다는 것을 인정하지만, 팀이 성공하기 위해서는 그것만으로는 충분하지 않다고 주장한다. 오히려 성공적인 팀은 가장 복잡한 문제를 다루고 해결하기 위해 집단적으로 협력한다. 정신적 안정감을 느끼고 혁신을 촉진하는 팀 구성원들에게 신뢰는 필수이며, 그들은 또한 이러한 지식을 조율된 행동으로 옮길 수 있다. 또한, 개인과 집단으로서 서로에게 피드백과 성찰을 제공하기 위해 함께 노력한다.
- **훈련 커뮤니티.** 사람들은 전문 지식과 열정을 공유하기 때문에 전략적이면서도 비공식적으로 함께 모이게 된다. 경험과 지식은 창의적이고 제한 없는 방식으로 공유되어 혁신을 촉진하는 데 도움이 된다.

커뮤니티에서 학습을 촉진하려면 집단 학습이 사회적으로 구성되고 새로운 역량이 제도화된다는 점을 인식하는 것이 도움이 될 것이다. 즉, 습득한 새로운 지식과 기술은 커뮤니티의 신념, 규범, 시스템, 프로세스, 일상 및 행동을 변화시키게 된다. 집단 학습은 지식과 기술을 공유함으로써 특정 개인에 대한 의존도를 낮추기 때문에 퍼포먼스 팀, 퍼포먼스 프로그램, 스포츠 조직의 지속 가능성에 대한 막대한 잠재력을 가지고 있다. 퍼포먼스 스포츠에서 집단 학습을 장려하고 촉진하기 위한 몇 가지 제안 사항은 다음과 같다.

- 명확한 기대치를 설정하고 강화하고, 선수, 코치, 지원 스태프가 커뮤니티 학습에 참여하고 기여할 수 있도록 동기를 부여한다.
- 프로그램 내에서 개인 및 팀의 역할과 책임에 대한 세부 정보를 정기적으로 공유하고 업데이트하여 각 개인의 기능에 대한 이해를 높이고 학습 커뮤니티 구성원들이 공통의 목표, 관심사 및 개발 기회를 파악할 수 있도록 한다.
- 역할과 분야를 넘나들며 지식과 기술을 공유할 수 있는 정기적인 기회를 마련한다. 여기에는 정보 공유와 적극적인 문제 해결을 위한 포럼을 자주 개최하고, 일시적인 역할 교환과 실무 견학을 활성화하며, 조직 내 지식 공유를 활용하여 커뮤니티 지식을 저장하고 폭넓게 이용할 수 있도록 하는 것이 포함될 수 있다.

요약

학습은 퍼포먼스에 매우 중요하지만 학습과 퍼포먼스는 별개의 개념이다. 학습은 개별 학습자가 환경 내에 있든, 학습자 커뮤니티가 서로 상호작용하든 상관없이 복잡계 내에서 이루어진다. 제약 조건의 표현은 복잡계 내에서 활동을 형성하는 데 사용될 수 있다. 선수가 주요 수행자이지만, 현대의 퍼포먼스 스포츠 환경에서는 선수 주변의 여러 개인으로 이루어진 네트워크 또한 퍼포먼스 결과에 기여한다. 따라서 퍼포먼스를 향상시키기 위해서는 효과적인 개인 학습과 집단 학습이 모두 필요하다. 복잡계에서 나타나는 행동은 예측할 수 없다는 점을 인식하여, 학습을 위한 활동을 규정짓는 접근 방식을 피하고 대신 효과적인 개인 및 집단 학습을 위한 환경을 설계하는 데 사용할 수 있는 원칙을 제시한다. 독자들이 프로그램 설계의 다른 측면과 마찬가지로 이러한 원칙을 자세히 고려하기를 권장한다.

필수 항목

- 많은 효과적인 학습 접근 방식이 단기간의 퍼포먼스 저하를 유발하므로 실제로는 퍼포먼스만을 기준으로 단정적인 판단을 내리지 않는다.
- 학습 유지 및 새로운 상황으로의 전이를 모니터링하여 학습 경험의 효과를 측정한다.
- 학습자에게 기회를 제한하고 제공하는 의도적이고 전략적인 방식으로 학습 환경의 기능을 조작하여 학습자가 의미 있는 목표를 달성하면서 학습 상황에서 할 수 있는 것과 할 수 없는 것을 탐색하도록 장려한다.
- 선수의 학습을 계획, 모니터링 및 진행하기 위해 취하는 신중한 접근 방식을 적용하여 코치 및 스태프의 학습을 지원하는 환경을 구축한다.
- 개인의 지식과 기술을 공유된 역량, 규범, 일상, 행동으로 전환하는 활동에 자원(예: 시간, 돈, 관심)을 할당하고 보호한다. 집단 학습은 인적 변화가 발생되더라도 그룹에 지식이 유지되도록 함으로써 프로그램의 성장과 조직의 지속 가능성을 지원할 수 있다.

Chapter 27

부상 선수의 재트레이닝

다니엘 르윈든 Daniel Lewindon**, MSc (SEM), MSc (S&C)**
스포츠 및 운동 의학 석사, 근력 · 컨디셔닝 석사, 영국 론 테니스 협회Lawn Tennis Association 퍼포먼스 과학 · 의학 총괄

데이비드 조이스 David Joyce**, MPhty, MSc, MBA**
물리치료 석사, 과학 석사, 경영학 석사, 시냅싱 스트래티지 앤드 퍼포먼스Synapsing Strategy and Performance 대표이사

부상은 스포츠 전 수준에서 자주 발생한다. 이는 성능 향상을 위한 지속적인 노력으로 인한 소모로 인해 발생할 수 있다. 부상은 종종 성적 저하나 훈련 및 경기에서의 시간 일탈로 이어진다.

부상은 선수에게 상당한 스트레스와 좌절감을 가져다줄 수 있지만, 운동 능력과 전반적인 체력을 재검토하고 재건하며 향상할 수 있는 드문 기회이기도 하다. 시즌이 길어지고 경기의 요구 수준이 높아짐에 따라, 신체적 능력을 향상할 수 있는 좋은 기회는 점점 줄어들고 있다. 부상을 기회로 여기는 것은 코치가 어려운 시기를 겪고 있는 선수들을 지도할 때 유용한 마인드셋이 될 수 있다.

이 장에서는 중 · 장기적 부상(4주 이상으로 정의됨) 동안과 직후에 추구해야 할 전략들에 대해 논의할 것이다. 이는 모든 지원 스태프가 통합적으로 부상 관리에 참여하여 최상의 결과를 달성할 수 있도록 필요성을 강조한다. 우리는 재활 계획 및 단계, 전체 훈련으로의 전환, 성과 중심(번영) 마인드셋으로의 전환, 그리고 선수가 경기로 돌아간 후 재부상 위험을 최소화하기 위해 필요한 모니터링 및 지속적인 프로세스에 대한 관리 철학에 대해 논의할 것이다. 우리의 목표는 모든 부상 상황에 적용 가능하며 부상당한 선수의 재건을 위한 학제 간적 접근을 촉진하는 선수 관리 철학을 제시하는 것이다.

프로세스 계획 수립

부상이 발생한 후에야 부상 관리에 대해 고민하기 시작하는 것은 권장되지 않는다. 이는 귀중한 시간을 낭비하고 부적절한 준비로 인해 발생하는 실수를 초래할 수 있다. 부상 관리 프로토콜과 커뮤니케이션 절차를 수립하는 것은 필수적이며, 즉시 통보해야 할 대상과 정보 전달 방법을 명확히 해야 한다. 이 비상 계획은 부상 후 혼란스러운 상황에서 중요한 단계가 누락되지 않도록 도울 수 있다. 또한 이 계획은 선수를 재활 모델의 중심에 두는 것을 원칙으로 하며, 선수와 지원 팀에게 부상 관리에 대한 신뢰와 안정감을 제공한다.

선수 중심 재활을 위한 다학제적 접근법

처음에는 누가 재활 과정에 참여할지를 파악하는 것이 중요하다. 팀의 규모는 조직과 인프라에 따라 다를 수 있지만, 일반적으로 다음과 같은 사람들이 참여할 수 있다.

- 선수
- 코치
- 팀닥터 또는 외부 전문가
- 물리치료사, 선수 트레이너, 카이로프랙터

- 근력 컨디셔닝 코치 또는 피트니스 코치
- 영양사
- 심리학자

가끔 이들 모든 사람들이 공식적으로 팀으로 구성되기도 하지만, 대부분의 경우(특히 프로 스포츠를 제외한 경우) 이러한 역할은 소수의 개인이 담당한다. 그러나 변하지 않는 한 사람은 선수이다. 선수는 항상 관리받는 과정의 중심에 있어야 한다. 이것이 우리가 '퍼포먼스 팀Performance team'이라고 부르는 것이며, 팀이 효과적으로 움직이려면 역할, 책임 및 계획에 대한 명확한 이해와 정립이 필요하다.

다음으로 이해해야 할 개념은 다학제적 팀의 중요성이다. 단순히 다학문적 팀이 아닌 다학제적 팀의 중요성이다. 이 차이는 사소한 것이 아니다. 이는 많은 사람(그리고 따라서 다양한 의견과 결과)이 참여하는 분산된 접근 방식에서 벗어나, 팀의 모든 구성원이 계획과 결과 지표에서 일치된 목표를 추구하는 접근 방식으로의 패러다임 전환을 의미한다. 다학제적 접근 방식은 재활의 많은 측면이 상호 연관되어 있다는 개념을 강조한다. 따라서 특정 시점에는 투입 요소에서 중복되는 부분이 있을 수 있다. 이는 접근 방식의 일관성과 팀 내 단결을 보장하며, 관리 팀 내 약한 고리나 불확실성을 방지하는 가장 좋은 방법이다. '한명의 선수, 하나의 프로그램'이라는 철학은 모든 중장기 재활 프로젝트에서 필수적이다.

진단 관리

재활은 진단과 예상 회복 기간에 대한 철저한 이해에서 시작된다. 현대 과학은 놀라운 진단 방법을 제공했지만, 명확한 구조적 원인이 없는 통증이나 기능 장애는 특정 진단을 내리는 데 제한이 있다. 이러한 경우, 실행 가능한 가설이 가장 가치 있는 지침 원칙이 된다. 부상이 발생하자마자 선수들이 가장 먼저 묻는 질문은 "얼마나 걸릴까요?"이다. 따라서 첫 번째 과제는 선수, 코치, 부모 또는 다른 가족 구성원의 기대를 관리하면서 긍정적이되 현실적이고 정확한(그리고 수용 가능한!) 답변을 제공하는 것이다. 감정적으로 예민하고 불확실성이 큰 시기에는 다음과 같은 단계별 접근 방식이 가장 효과적일 수 있다.

1. 관련성과 신뢰성을 갖춘 전문가들의 의견을 수렴하여 정확한 진단을 세우거나 가설을 수립한 후, 회복 일정을 제공하기 전에 부서 간 및 전문가들 간의 토론을 진행한다.
2. 모든 관련자 및 본인에게 가해지는 스트레스와 압박을 인정하되, 선수나 팀에 대한 자신의 감정적 유대감으로부터 분리한다.
3. 선수와 코칭 스태프에게 최선에서 최악의 경우까지의 시나리오 스펙트럼을 제공하고, 복귀 과정을 완벽하게 설명해야 한다. 즉, 증상과 결과를 중심으로 한 진행형 재활 과정을 통해 선수를 더 나은 신체 상태로 복귀시켜야 한다. 예를 들어, 축구 선수가 증상 없이 직선으로 뛸 수 있을 때 우리는 방향 전환 운동을 도입할 수 있어야 한다. 또 다른 예는 체조 선수가 1m 높이에서 안전하게 착지할 수 있다면, 이후 불균형 바 트레이닝으로 진행할 수 있다.
4. 관련된 모든 당사자의 참여를 포함하여 선수 중심의 계획을 유연하고 구체적이게 설계하고 제공한다. 이는 외부 생활의 압력과 우선순위, 기간 동안 개발해야 할 기본적인 운동 능력도 고려해야 한다.
5. 부상이 관련된 모든 이들에게 기회를 제공했다는 마음가짐을 가지고, 모범이 되도록 행동해야 한다.

선수는 재활 과정에서 정신적으로 앞으로 나아가고자 하는 열정이 필요하다. 아마도 가장 큰 장벽은 불확실성일 것이다. 진단이나 예후에 대한 불확실성은 선수에게 큰 불안을 가져온다. 이에 따라 부상에 대한 완전한 설명과 선수의 경기 복귀에 대한 현실적인 계획이 중요하다. 부상과 재활 계획에 대한 다양한 설명이 필요할 수 있다. 이는 선수의 스타일에 따라 달라질 수 있거나 단순히 선수가 부상이나 다음 단계에 대해 거부감을 느낄 수 있기 때문이다. 모든 것을 설명하고 부상을 당한 선수가 질문을 할 수 있는 충분한 시간을 제공하는 것이 중요하다. 이러한 노력이 없으면 선수는 앞으로 나아가거나 당면한 과제에 집중하기 어려울 것이다.

현명한 방법

우리는 선수가 부상과 재훈련 과정을 가족 구성원에게 설명하는 것처럼 우리에게 설명하도록 요청하는 것이, 그들이 진단과 계획을 얼마나 잘 이해했는지 평가하는 데 도움이 된다는 것을 발견했다.

선수가 부상 시 스캔을 요청하거나 제안 받는 것은 흔한 일이다. 종종 이러한 요청은 코치나 부모로부터 올 수 있다. 비록 이러한 요구가 부상을 당한 부위나 예후에 대한 좋은 통찰력을 제공할 수 있지만, 종종 선수의 기능적 상태와 영상 소견 사이에 불일치가 있을 수도 있다.[1] 의심할 여지없이 진단 기술을 고려해야 하지만, 부상 관리에 변화를 주거나 개인 또는 조직 차원의 의사 결정에 중대한 도움이 될 경우에 한해서만 적용해야 한다(예: 팀 선발). 관계자에게 미리 전달된 명확하고 확립된 의사 결정 과정이 있으면 상황이 발생했을 때 갈등 가능성이 줄어들 수 있다. '스캔을 치료하는 것이 아니라 사람을 치료한다'는 말은 자주 인용되는 구호이다. 스캔에 대한 접근성과 비용 장벽이 낮아지면서 이러한 기술이 더 많이 사용될 것으로 예상된다. 그러나 잘못된 양성 및 음성 결과가 발생할 수 있다. 스캔은 항상 타당한 임상 판단을 보조하는 도구로 볼 필요가 있다. 제시된 증상의 맥락 안에서 신중하게 고려되어야 한다.

현명한 방법

재활 중 불안한 행동을 보이는 선수는 경쟁 상황으로 돌아갈 때 유사한 불안을 나타낼 가능성이 높다. 이로 인해 재활 기간이 훨씬 더 길어질 수 있다. 따라서 가능한 한 빨리 선수들을 경기장 또는 트랙으로 돌려보내고자 한다면, 이러한 불안을 초기에 대체해야 한다. 명확히 설명된 진단은 불안을 줄이는 데 핵심적인 역할을 한다.

손실이 아닌 이익에 대한 생각

부상 재활 측면에서, 재활 프로그램의 계획과 실행 대부분은 스트레스의 경로에 대한 완전한 이해에서 비롯된다. 즉, 무엇을 밀어붙일 수 있고, 얼마 동안 존중해야 하는지, 그리고 왜 그렇게 해야 하는지에 대한 것이다.[2] 이는 다학제적 접근이 필요하며, 전통적이고 보수적인 의학적 접근에서의 방식에서의 사고 전환을 의미한다. 선수에게 하면 안 되는 행동을 알려 주는 대신, 선수가 할 수 있는 행동에 중점을 둔다. 이로써 의료진의 노력과 적응 기간을 최대한 활용할 수 있도록 팀, 코칭 스태프 및 선수가 통합시키고 회복 기간을 보다 효과적이고 전략적으로 활용할 수 있도록 해야 한다.

그림 27.1은 부상을 이해하는 데 요구되는 요소들과, 부상 기간 동안 재활 계획과 실행의 중추를 담당해야 할 핵심 인물들을 보여준다.

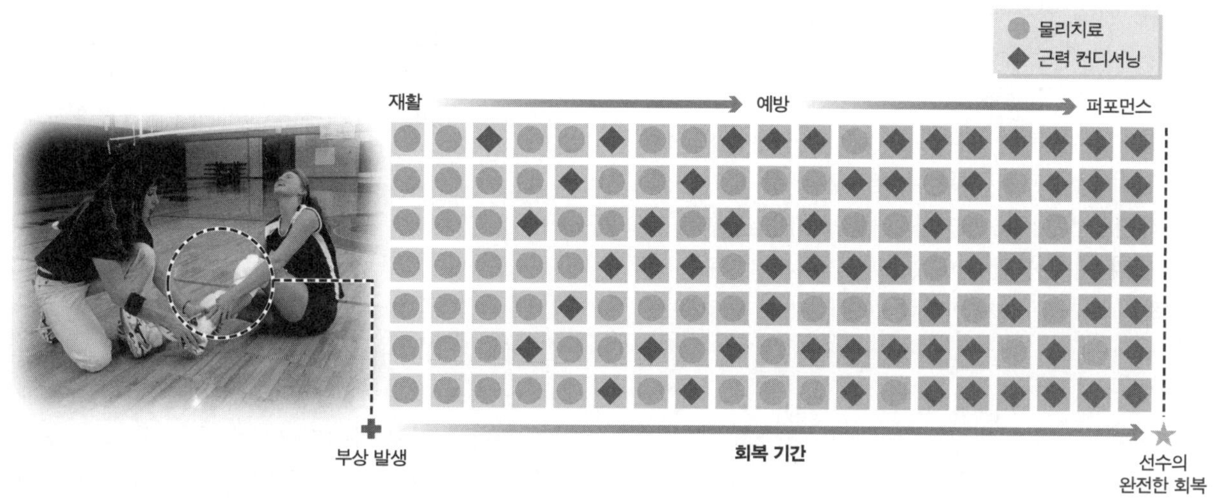

그림 27.1 선수 중심 계획 과정.

기회로서의 부상

선수는 부상을 원하지 않는다. 그래서 약간 흐린 하늘에서 희망의 빛을 찾는 것이 매우 중요하다. 선수 경력에서 이런 불운한 시기를 어떻게 극복하느냐가 중요하다. 부상이 치유되는 데 걸리는 시간은 부상 부위의 해부학적 부분에만 집중하는 것이 아니라 선수 전체를 평가하고 발전시킬 수 있는 기회로 생각할 수 있다. 이러한 종합적인 시각은 다음과 같은 측면을 개선할 수 있는 좋은 기회를 제공한다.

- 부상 위험 프로필(예: 방탄 설계)
- 신체적 능력(예: 유산소성 파워, 상체 근력)
- 움직임 효율성, 품질 및 숙련도
- 심리적 및 감정적 회복탄력성
- 전술적 능력
- 스포츠 외 기능(예: 공부, 자선 활동)

이러한 항목들은 이 책의 다른 장에서 자세히 논의된다. 부상을 당한 선수가 결과를 달성하기 위해 동일한 원칙을 따를 수 있지만, 회복 중인 신체 부위에 가하는 스트레스를 고려해야 한다. 모든 변수에 대한 다학제적 팀 내의 밀접한 협의는 재활 목표를 저해하지 않으면서도 개인의 신체적 요구를 충족시키기 위해 중요하다.

일부 환경에서는, 다른 선수들이 트레이닝을 하는 동안 부상당한 선수가 휴식을 취하는 모습을 보는 것이 좋게 받아들여질 수 있으므로, 신중하게 관리해야 한다. 이를 염두에 두고, 코치는 운동 프로그램에 대해 충분히 정보를 파악하고 참여해야 하며, 단계에 적합한 코칭을 일정에 포함할 수 있어야 한다. 이는 다음 경기 상대 분석 비디오 시청에 선수를 참여시키거나, 경기 당일 보조 업무(예: 물 나르기)를 맡기는 것처럼 간단한 방법일 수 있다. 이렇게 하면 선수가 코치 및 팀과 계속 연결될 수 있으며, 몸 상태가 좋을 때에는 하기 어려운 경기 이해력 개발의 기회가 될 수도 있다.

프로그램 제공

앞서 세계적인 수준의 재활에 대한 철학적 요소를 이해했으므로, 이제 실제로 효과적으로 프로그램을 전달해야 한다. 실천이 정확하고 효과적이지 않다면 이론은 소용이 없다.

계획과 제공

퍼포먼스 팀의 모든 구성원은 재활 과정의 계획과 실행에 있어 중요한 역할을 해야 한다. 현대의 재활 모델은 조직(조직 손상 부위)에 특이적 측면(생리학적 시스템과 생체역학적 원칙을 포함)과 기능적인 측면이 모두 필요하며, 운동 학습motor learning과 재조직화reorganisation 그리고 스포츠와의 관련성에 중점을 둬야 한다.

재활 프로그램은 일반적으로 점진적인 부하 증가에 따라 단계별로 분할된다. 일반적으로 프로그램은 급성, 저부하, 중등도, 고부하 및 스포츠 복귀 섹션으로 구성될 수 있다. 이상적으로는 선수가 복귀한 이후에도 지속적인 재부상 예방 훈련이 포함되어야 한다.

사용되는 설계나 형식에 상관없이, 그 구조는 관리 팀의 모든 구성원과 선수에게도 명확해야 한다. 또한 선수가 프로그램에서 현재 어느 단계에 있는지, 그리고 진행을 위해 달성해야 할 목표가 무엇인지 명확하게 보여주는 경로를 제공해야 한다.

현명한 방법

위험 감수 성향을 조정하고 위험 관리 방안에 대해 명확히 합의한 뒤 실행 방침을 분명하게 전달하는 것은 매우 중요하다. 예를 들어, 선수가 의료진보다 더 많은 위험을 감수할 상황이 있는 경우(또는 그 반대의 경우), 선수는 좌절할 수 있다. 이러한 불일치는 종종 갈등과 원망으로 이어질 수 있다.

재활은 선수들이 연속적인 성공을 거둘 수 있도록 구조화되어야 한다. 성공으로 가는 디딤돌은 재활 기간 동안에 걸쳐 마련되어야 하며, 치유 중인 조직의 신체적 건강 상태를 고려하여 신중하게 결정되어야 하다. 이 과정에서 지원팀과 선수 간의 긴밀한 의사소통이 매우 중요하며, 가치 제안을 다양한 관점에서 검토해야 한다.

예를 들어, 무릎 부상을 입은 선수는 달리기 중 갑작스러운 방향 전환을 특히 우려할 수 있다. 가능한 재활 계획은 느린 슬라럼 달리기부터 시작해 더 좁은 슬라롬 달리기, 지그재그 달리기, 커팅, 그리고 방향 전환으로 진행될 수 있다. 이 기본 구조에 변수를 추가할 수 있다.

- 속도
- 주의력 요구 증가(예: 공 사용)
- 다른 신발(예: 나사식 스터드 장착) 또는 표면 요구 사항
- 상대 선수
- 예측 불가능하거나 경기 관련 방향 변화
- 실시간 회피
- 태클 또는 다중 상대 회피

각 단계는 이전 단계가 완료된 후에만 고려되며, 이는 이 장 후반부에서 논의될 핵심 개념이다.

재활 주기화의 중요성

부과된 자극에 적응하려면 자극과 회복이 모두 필요하다. 따라서 우리는 적절한 시기에 최적의 결과를 얻기 위해 재활을 어떻게 주기화할지 고려해야 한다.

트레이닝 계획을 주기화하는 데는 많은 노력이 들어가지만, 재활을 공식적으로 주기화하는 데는 그보다 훨씬 적은 노력이 들어간다. 예를 들어, 부상당한 무릎에 가해지는 부하를 줄이기 위해 선수는 매일 상체 근력 강화 프로그램을 수행하게 된다. 또는, 접촉성 스포츠에서 아직 충돌 훈련에 참여할 수 없는 선수에게는 별도의 추가적인 달리기 훈련이 할당될 것이다.

현명한 방법

장기적 재활 훈련을 계획할 때, 복귀 예상일을 주요 대회처럼 취급하고 이를 기준으로 역으로 작업하며, 고부하, 중부하 및 저부하 주간을 포함해야 한다. 이렇게 하면 모든 영역이 다루어지며, 지속적인 재활 부하로 인한 선수의 열의가 무뎌지는 것을 방지할 수 있을 것이다.

이는 부하에 대한 전략적이고 장기적인 관점이 없는 비효율적인 프로그램 설계의 예이다. 우리는 이를 단순히 '시간 채우기'라고 부른다. 선수들을 과로시키는 것은 물론 가능하며, 오랜 부상에서 복귀한 선수들이 지친 모습을 보이는 것은 당연하다. 이를 염두에 두고, 재활 및 훈련 부하에 대한 전략적인 접근이 과정의 시작부터 적용되어야 한다. 이 내용은 제19장에서 자세히 논의되었다.

종료 기준의 중요성

각 단계에 걸친 재활 프로그램의 진행 상황은 신중하게 수립된 객관적인 종료 기준의 달성 여부에 따라 판단되어야 하며, 이는 재활 프로그램의 중요한 측면이다. 종료 기준은 부적절한 재활 순서, 훈련 및 운동량과 부하의 가능성을 최소화하여 선수와 모든 팀원들을 위한 명확한 회복 로드맵을 작성하는 데 도움이 된다. 이를 위해서는 부상 부위의 조직 부하, 정상 기능, 그리고 종목·포지션별 요구 사항에 대한 자세한 이해가 필요하다. 이러한 명확성을 통해 지도자는 프로그램에 더 적극적으로 임할 수 있지만, 설정된 지표가 적절하다는 확신을 가지고 선수의 위험을 최소화할 수 있다.

스포츠 의학 전문가가 부상의 스트레스 요인을 가장 잘 이해하고 있을지라도, 팀의 모든 구성원은 이 과정에서 중요한 역할을 수행하여 선수의 재활 및 퍼포먼스의 모든 측면을 고려한 통합적인 프로그램을 만들어야 한다. 중요한 점은 재활의 결과를 시간의 경과에 따라 판단하지 말고, 기능적 역량의 달성에 따라 판단해야 한다는 것이다. 일부 치유 시간은 합리적으로 잘 확립되어 있다(예: 단순 골절 6주, 1도 햄스트링 염좌 21일)고 알려져 있으며, 이는 예후 예측에 도움을 줄 수 있다. 그러나 단순히 경과 시간에만 의존한다면, 기능적 목표 달성이 아닌 시간의 흐름에 더 집착하게 되는 경향이 있다.

예를 들어, 라크로스 선수의 경미한 발목 염좌는 생리학 및 확립된 치유 기간에 따라 10일이면 치유될 것이라고 생각할 수 있다. 그러나 이 기간이 지난 후에도 선수가 감속 및 방향 전환 능력을 보여주지 못한다면, 선수를 다시 경기장에 내보내는 것은 현명하지 않다. 달력 날짜를 지우는 것보다 명확한 복귀 기준을

표 27.1 햄스트링 재활 프로그램에 포함된 종료 기준

단계	종료 기준	완료
급성	능동적 무릎 신전(중립 자세로 앉은 상태): 통증 없이 75% 범위 또는 좌우 대칭	□
	통증 없는 보행, 계단 오르내리기 및 앉아서 일어나기	□
	통증 없는 양발 브릿지(5초 유지): 무릎 굴곡 각도 90°, 60°, 30°	□
낮은 부하	능동적 무릎 신전(중립 자세로 앉은 상태): 통증 없이 100% 범위 또는 좌우 대칭	□
	통증 없이 30° 무릎 굴곡 상태에서 한 발 브릿지	□
	통증 없는 한 발 중간 범위 부하 운동(3면 섭동)	□
	2km 트레드밀 조깅(2% 경사)	□
높은 부하	최대 가속과 감속을 동반한 80% 강도의 직선 달리기 반복	□
	고강도(최대 강도 미만) 다방향 달리기	□
	한 발 최대 부하 및 능력 테스트(예: 등속성 무릎 굴곡/신전, 한 발 데드리프트, 한 발 등척성 유지+엎드린 자세 로우)에서 80% 이상의 대칭성	□
스포츠 복귀	피로 상태에서의 복잡한 민첩성 및 반복적 속도 수행 완료	□
	경기 강도의 훈련을 반복하는 1주간의 풀 트레이닝 완료	□
	선수, 코치 및 퍼포먼스 팀의 동의	□

설정하는 것이 바람직하다.

이 접근법은 재활 기간 전체에 걸쳐 사용할 수 있다. 다시 라크로스 선수를 예로 들어 보자. 선수가 방향 전환이 포함된 훈련을 시작할 수 있다고 가정해 보자. 먼저 느린 속도로 수행할 수 있어야 하며, 그 후에 속도를 높일 수 있다. 속도를 높이기 전에는 감속이 가능해야 하며, 감속을 위해서는 달리기가 가능해야 하고, 달리기 이전에는 한 발로 점프하는 동작을 수행할 수 있어야 한다는 식이다. 햄스트링 재활 프로그램에 종료 기준을 포함시킨 예시는 표 27.1에 제시되어 있다. 이 표는 이 특정 유형의 부상에 대한 우수 사례를 보여주지만, 설명을 위해 사용된 것이며, 다른 유형의 재활 프로그램에도 충분히 응용될 수 있다. 또한, 역량 기반 재활은 조직에 가해지는 부하가 논리적인 흐름을 따르고 있는지 확인하는 데도 도움이 된다.

이는 선수가 트레이닝과 경기에 완전히 복귀했을 때 직면할 것으로 예상되는 스트레스에 신체가 단련될 수 있도록 하는 데 매우 중요하다. 이정표의 달성은 또한 부상당한 선수가 건강을 되찾기 위한 여정을 계획하고 진행 상황을 확인할 수 있도록 도와주며, 이는 시스템과 선수 자신의 신체에 대한 신뢰감을 심어준다.

프로그램 우선순위

재활은 부상 부위에 점진적으로 부하를 가할 뿐 아니라, 기능적 연관성을 극대화하도록 특별히 맞춤화되어야 한다. 이는 선수의 관심을 유지할 뿐 아니라 선수가 특정 훈련을 하는 이유를 즉시 명확하게 이해할 수 있게 해 준다. 근육이나 동작 중 하나를 트레이닝하는 것이 아니라, 운동 선택 시 두 요소를 모두 고려해야 한다.

예시: 한 선수가 대퇴사두근 2도 좌상을 입었고, 부상 후 7일이 경과했다. 이 선수는 통증 없는 보행이 가능하며, 불편함 없이 계단을 오르내릴 수 있다.

운동 1: 부하를 가한 앉은 자세의 무릎 신전

또는

운동 2: 전방 쿼터 런지+기술 훈련+의사 결정 훈련

두 운동 모두 동일한 동작 범위를 통해 동일한 조직에 영향을 미치고, 국소적으로 유사한 자극을 생성한다. 그러나 전방 런지는 익숙한 운동 패턴 안에서 부하를 통합하여 훨씬 더 큰 감각 및 운동 반응을 요구하므로 중추 및 말초 신경계를 자극한다. 의사 결정 기술을 추가로 포함하면 선수의 흥미와 전체적인 시스템 요구량이 증가한다. 즉, 특정 동작 중심의 훈련을 진행하면서 동시에 해당 근육을 표적화할 수 있는 것이다. 이 원칙은 인대나 관절 부상 재활 프로그램에도 동일하게 적용될 수 있다.

현명한 방법

조직에 가해지는 부하의 속도 역시 마찬가지로 중요하다. 대부분의 체육관 기반 운동은 달리기나 점프 시 발생하는 힘의 크기나 속도를 재현하기 어렵다. 종아리만 따로 운동한다고 스프린터가 초당 10m를 달릴 수 있게 될 거라고 기대할 수는 없다. 이런 과제를 수행할 수 있도록 하려면, 실제 스프린트 강도를 점진적으로 높이는 방법이 유일하다. 당연한 말처럼 들리지만, 필드 선수들의 재훈련 계획에서 종종 놓치는 부분이기도 하다.

특수 고려 사항: 달리기로의 복귀

장기간의 고정 또는 부하 감소 후 발로 체중을 싣는 활동으로 복귀할 때 가장 중요한 고려 사항은 달리기로의 복귀 과정이다. 이러한 경우 부상 부위만 고려하는 것이 아니라 운동 사슬의 다른 모든 부위가 약화되었을 수 있다는 점을 고려해야 한다. 가장 명백한 고려 사항은 힘줄에 가해지는 부하다. 힘줄은 일반적으로 고부하 상태에서 2~3일이 지나야 회복된다. 이를 고려하여 7일 동안의 힘줄 부하 일정을 다음과 같이 제안한다.

월요일: 낮음
화요일: 높음
수요일: 낮음
목요일: 중간
금요일: 낮음
토요일: 높음
일요일: 낮음

고부하로 간주되는 부하는 개인에 따라 다르다. 예를 들어, 20분간의 줄넘기는 복서에게는 낮은 부하이지만 수영 선수에게는 높은 부하일 수 있다. 마찬가지로, 컨디션이 좋은 복서에게는 낮은 부하이지만 무릎 수술 후 2개월 동안 트레이닝을 줄인 복서에게는 높은 부하일 수 있다. 재훈련 기간 초기에 높은 부하로 간주되는 것은 시간이 지남에 따라 중간 부하로, 그리고 낮은 부하로 점차 전환되어야 하며, 재훈련 프로그램을 지속적으로 모니터링하고 조정할 필요가 있다.

특히 장기간(3개월 이상)의 휴식 후 선수가 처음으로 발에 체중을 실을 때, 달리기에서 발생하는 증가된 지면 반력에 전체 운동 사슬이 적응할 수 있도록 다음 일정을 따르는 것이 좋다.

주 1주차: 체중 지지 1일, 체중 비지지 2일
주 2주차와 3주차: 체중 지지 1일, 체중 비지지 1일
주 4주차와 5주차: 체중 지지 2일, 체중 비지지 1일
주 6주차 이후: 체중 지지 3일, 체중 비지지 1일

부상 휴식 기간이 3개월 미만인 경우 이 일정을 약간 가속화할 수 있다. 이 경우 다음 일정을 고려할 수 있다.

1주차: 1일 지지, 2일 비지지
2주차: 1일 지지, 1일 비지지
3주차: 2일 지지, 1일 비지지
4주 이후: 3일 체중 지지, 1일 체중 비지지

이러한 일반적인 지침을 적용할 때, 각 선수는 부상에 대한 반응과 그 과정에서의 적응 능력 면에서 모두 차이가 있다는 점을 다시 한번 강조할 필요가 있다. 과부하 위험을 완화하기 위해 체중 부하를 사용하는 세션의 양과 강도를 조절해야 한다. 훈련 자극에 대한 반응dose-response을 면밀히 관찰해야 한다. 또한, '재활의 기술'에 기반한 판단을 병행하는 것이 발을 사용하는 트레이닝으로 복귀하는 데 중요한 역할을 할 것이다.

고유수용성 트레이닝

고유수용감각 훈련은 재활의 핵심 요소로, 부상은 신체의 신경근계 피드포워드 및 피드백 메커니즘을 방해할 수 있기 때문이다. 고유수용감각은 신체의 말초 부위에서 생성되어 정적 및 동적 자세 안정성에 기여하는 내적 구심성 정보를 설명하는 포괄적인 용어다. 이 감각은 관절 위치 감각, 운동 감각(운동 감각) 및 저항(또는 힘) 감각으로 구성된다.[3]

기능적으로 이것은 신체의 내부 동적 방어 시스템의 감소로 나타날 수 있으며, 이는 자동으로 회복되지 않는다. 이는 발목 염좌와 같은 부상이 높은 재발률을 보이는 주요 원인 중 하나일 수 있다.[4]

고유수용성 트레이닝은 선수에게 적절한 방식으로 도전 과제를 제시해야 한다. 한쪽 다리로 서 있는 것은 발목 염좌에서 회복 중인 선수가 시작하기에 좋은 운동이지만, 이것만으로는 선수가 경기 환경으로 복귀할 준비가 되었다고 판단하는 것은 무모한 생각이다. 조직 회복 과정에 따라 관절은 다양한 자세, 다양한 표면(예: 잔디, 모래), 외부 저항(예: 밴드, 무게, 적절한 경우 상대 선수)에 노출되며, 인지 부하나 결정 요구 사항이 변화하는 상황(예: 민첩성 훈련, 공 잡기 또는 피하기)에서 스트레스를 받아야 한다.

이러한 고유수용감각 훈련의 시기는 신중하게 고려해야 한다. 재활 과정의 초기 단계에서는 선수가 피로하지 않은 상태에서 이러한 훈련을 실시하는 것이 바람직하지만, 부상을 방지하는 메커니즘을 진정으로 발달시키기 위해서는 피로한 상태에서 신경 경로를 강화하기 위한 반복적이고 의미 있는 연습이 필수적이다.

정상적인 훈련과 경기로의 복귀

트레이닝으로 복귀한 후 경기에 복귀하기까지의 기간은 재부상 위험이 높은 기간이다. 이는 선수가 실제 상태보다 기분이 좋기 때문에 자신감과 실력이 맞지 않는 상태가 되기 쉽기 때문이다. 이 전환기는 부상 부위의 부하 허용량을 잘 이해하고 숙련된 접근을 바탕으로 신중하게 진행해야 한다.

트레이닝 복귀

통제되지 않은 경기 환경에 놓이기 전에, 선수는 경기 트레이닝에 숙련되고 자신감을 가져야 한다. 이 트레이닝은 선수가 경기에서 직면하게 될 모든 요구 사항을 재현해야 한다. 스포츠의 특성에 따라, 스프린트, 점프 및 착지, 커팅, 직접적인 충돌, 킥, 펀치, 잡기, 빠른 회전, 스로잉, 캐칭 또는 다이빙이 포함될 수 있다. 선수는 이러한 모든 작업에서 일관된 숙련도를 보여야 한다.

이상적으로는, 선수는 경기에 선발되기 전에 일주일 이상의 트레이닝을 통해 트레이닝의 모든 측면에서 숙련도를 보여줄 수 있어야 한다. 숙련도를 보여줄 수 있다면 부상 부위의 안정성과 지구력에 대한 정보를 얻을 수 있고, 선수 본인도 반복적으로 효과적인 수행을 해낼 수 있다는 자신감을 얻게 된다.

숙련도를 입증하는 데 시간을 들인다면, 트레이닝 스태프는 피로로 인해 가려진 선수의 능력과 부상을 검토할 수 있는 시간도 확보할 수 있다. 대부분의 부상은 경기나 대회의 후반부, 선수가 피로한 상태에서 발생하기 때문에, 상대적으로 통제된 상태에서 이러한 능력을 검토하는 것이 합리적이다. 사전 피로 세션에서는 부상 부위에 특별히 부하를 가할 수도 있고 가하지 않을 수도 있지만, 결과적으로 중추 피로가 발생하여 신경근 경로가 방해되어야 한다. 이는 고강도 러닝 또는 사이클링 세션 직후 주요 능력을 테스트하여 달성할 수 있다. 재활의 마지막 단계에 도달하면, 모든 결과가 선수가 스포츠로 복귀하여 활약하는 데 필요한 신체적 능력과 자신감을 가지고 있음을 선수와 코칭 및 퍼포먼스 팀에 증명해야 한다.

경기 복귀

퍼포먼스 팀이 직면하는 가장 어려운 문제 중 하나는 선수가 부상 후 언제 경기에 복귀할 수 있을지 판단하는 것이다. 선수는 자신, 구단주, 코치, 팬, 언론으로부터 전례 없이 빠른 시간 내에 트랙, 경기장, 코트로 복귀해야 한다는 엄청난 압박을 느낄 수 있다. 추측을 배제하는 것이 매우 중요하다. 추측이 틀릴 경우, 선수는 치료실에서 더 오랜 시간을 보내야 할 수도 있기 때문이다. 선수가 경기장에 나설 때 부상이 재발하지 않을 것이라고 완벽하게 보장할 수는 없지만, 경기 복귀(RTC$_{\text{return to competition}}$)를 결정할 때 고려해야 할 여러 요소가 있으며, 이러한 요소를 고려하면 경기에 출전할 수 있는 위험을 판단하는 데 도움이 될 수 있다.

평가 기준은 생리학적 평가와 기능적 평가로 나눌 수 있다. 생리학적 평가는 선수의 건강과 부상의 회복 상태를 점검해 경기 복귀가 신체적으로 안전한지 판단한다. 기능적 평가는 해당 스포츠에서 요구되는 과제를 수행할 수 있는지, 즉 실전 경기 수행 능력을 점검한다.

선수가 경기에 출전할 수 있는 상태인가?

가장 먼저 고려해야 할 사항은 선수의 건강이다. 즉, 부상이 충분히 치유되고 안정되어 선수가 경기에 복귀해도 안전한지 여부이다. 이는 종종 불확실한 영역에 속하기 때문에 까다로운 문제가 될 수 있다. 그러나 불확실한 경우, 명확한 근거와 의학적 소통을 기반으로 추측을 배제하는 것이 중요하다. 이렇게 하면 코칭 스태프와 권위 있게 소통할 수 있다.

통증은 고려해야 할 명백한 변수다. 심각한 고통을 겪고 있는 선수는 정신적, 육체적으로 경기를 치를 수 있는 상태가 아닐 가능성이 높다. 통증이 없다고 해서 문제가 없는 것은 아니다. 통증만으로 부상의 상태를 평가하는 것은 항상 문제가 된다. 때로는 통증(또는 통증이 없는 상태)이 부상의 회복 상태를 나타내는 좋은 지표가 되지 않는 경우도 있다. 어떤 경우에는 선수가 실제 상태보다 기분이 더 좋게 느껴질 수도 있다. 예를 들어, 전방 십자인대 재건술 후 3개월이 지나면 대부분의 사람은 통증을 느끼지 않지만, 대부분의 경우 회복 상태가 경기 복귀를 고려할 만큼 성숙하지 않은 경우가 많다. 이러한 판단을 위해서는 손상된 조직의 치유·회복 시간과 특성을 숙지해야 한다. 따라서 의료팀과의 긴밀한 소통 및 지침이 필수적이다.

그 외에도 국소 근육 기능, 인대 이완도, 근력, 파워 및 지구력, 관절가동범위(ROM), 뼈의 치유 상태 등 여러 측면을 평가해야 한다. 문제는 이러한 매개 변수를 판단하는 가장 좋은 방법이 무엇일지이다. 이상적으로는 선수의 부상 전 상태를 알고 있어야 한다. 또한, 단일 근력 테스트보다 부상 부위의 조직의 기능적 사용을 더 중요하게 평가해야 한다.

선수의 수준이 기준치까지 돌아왔는가?

재활의 목적은 선수가 부상 전과 동일한 또는 그 이상의 신체 건강 및 기능적 퍼포먼스 수준으로 회복하는 것이다. 선수가 이 수준으로 회복했는지 판단하기 위해서는 부상 부위, 운동 사슬 및 선수 전체에 대한 종합적인 평가가 필요하다. 그러나 선수의 모든 측면을 평가하는 것은 비현실적이며, 연구 결과로 뒷받침되지도 않는다. 적용할 수 있는 테스트의 분야는 너무 광범위하며, 그중 상당수는 테스트 대상 선수와 관련이 없는 경우도 많다. 모든 가능한 문제점을 선별하여 가장 가능성이 높은 문제에 집중할 수 있는 정보 수집에 기반한 전략적인 접근이 필요하다.

관심 변수는 부상의 성격과 스포츠의 특성에 따라 달라진다. 스크리닝 도구는 다음의 무결성을 평가해야 한다.

- 부상 부위
- 해당 스포츠에서 흔히 부상당하는 구조예:예: 아이스하키에서 발생하는 부상은 트라이애슬론에서 발생하는 부상과 현저히 다르므로, 해당 스포츠와 관련된 위험 프로필을 이해하는 것이 중요)
- 연령, 병력, 성별 등 개인의 리스크 프로필에 따라 고위험군으로 분류되는 부위

일반적으로 사용되는 테스트에는 고립 또는 다관절 ROM, 국소적인 근력 및 능력 테스트, 운동 사슬 능력의 기능 테스트가 있다. 사지에 부상이 발생한 경우, 부상이 없는 쪽과 비교하지만, 이는 부상이 없는 쪽이 대조군으로 적합하다고 판단될 때, 그리고 해당 근골격 매개변수가 정상적으로 대칭을 이루는 경우에만 적합하다. 부상 전후의 선수를 비교할 수 있는 도구를 사용하는 것이 훨씬 더 좋으며, 이는 근골격 선별 검사의 사용에 대한 설득력 있는 근거를 제공한다.

현명한 방법

부상 후 선수가 완전히 건강한 상태로 돌아왔는지 확신할 수 있는 유일한 방법은 선수의 근골격 평가를 객관적으로 측정하는 것이다.

선수가 100% 몸 상태를 갖춰야 하는가?

프로 스포츠에 종사하는 사람들은 각 선수가 모든 대회나 경기에 완벽한 컨디션으로 출전할 것을 기대하는 것이 비현실적이라는 사실을 잘 알고 있다. 선수가 100% 컨디션이 아니더라도 경기에 출전할 수 있을 만큼 컨디션이 좋다고 인정되는 수준이 있다. 이 결정은 의료진과 선수가 함께 내려야 한다. 항상 선수의 최선의 이익을 염두에 두고, 단기적인 이익과 장기적인 건강을 비교하여 판단해야 한다. 선수가 완전히 회복되기 전에 경기에 복귀시키려는 경우에는 특히 주의해야 한다.

선수가 경기에 복귀할 시기는 궁극적으로 선수 자신이 결정한다. 코칭 및 지원 팀의 구성원은 선수의 건강 상태를 선수에게 충분히 알려야 할 책임이 있다. 모든 선수는 스스로 결정을 내릴 권리가 있지만, 우리 판단에 경기에 출전할 수 있는 컨디션이 충분하지 않다고 생각될 경우, 경기에 출전할 경우의 위험에 대해 충분히 알려야 한다. 부상이 악화되거나 조기 복귀로 인해 영구적인 장애를 입은 선수들이, 위험에 대해 충분히 설명을 듣지 못했다고 주장하며 의료 전문가들을 상대로 소송을 제기한 사례가 여러 건 보고되어 있다. 실제로, 선수에게 경기 복귀의 위험에 대해 충분히 설명을 들었으며 의사의 조언에 반하여 경기에 출전한다는 내용의 문서에 서명을 받는 것이 바람직할 수도 있다.

현명한 방법

부상 후 경기로 복귀하기 위한 적합도 문제는 복잡하고 감정적일 수 있다. 우리의 임무는 선수들을 가능한 한 빨리 경기장으로 되돌리는 것이지만, 그보다 더 중요한 것은 그들을 경기장에 머무르게 하는 것이다. 가능한 한 객관적이고 엄격하게 작업을 수행하고, 추측을 제거함으로써 우리는 선수들이 경기 복귀에 실패한 후 치료실로 돌아오는 위험을 최소화할 수 있다.

선수가 경기에 출전할 수 있는 상태인가?

'경기 출전 가능fit to play'과 '경기 수행 가능fit to perform'이라는 용어는 크게 구별되어야 한다. 선수의 기능과 전반적인 퍼포먼스 상태fit to perform를 고려하지 않고, 엘리트 스포츠로 복귀할 수 있는 의학적 승인을 내리는 것은 잘못된 것이며, 부상의 재발이나 퍼포먼스 저하의 위험이 있다. 복귀하는 선수들이 스포츠에서 최고의 컨디션으로 경기에 임할 수 있도록 해야 한다. 따라서 경기 복귀의 결정은 치유 지표뿐만 아니라 기능적 요소도 함께 고려해야 한다.

선수의 기능적 평가는 선수가 효과적이고 안전하게 경기를 수행할 수 있는지 판단하기 위한 것이다. 스포츠의 정확한 특성, 선수의 포지션, 경기의 수준에 따라 많은 것이 결정되기 때문에 맥락이 중요하다. 이 평가는 경기 또는 구성 요소의 모든 요소를 구체적으로 테스트할 수 있도록 신중하게 설계되어야 하며, 부상 부위에 스트레스를 가하여 경기의 혹독한 조건을 견딜 수 있을 만큼 부상이 충분히 회복되었는지 판단해야 한다.

현명한 방법

철저한 준비 상태 평가에서는 취약성의 징후를 찾는 것에 초점을 맞춰야 한다. 따라서 압박을 받은 상태에서의 기능과 퍼포먼스를 평가해야 한다. 예를 들어, 선수가 컨디션이 좋은 상태에서는 보이지 않는 불균형이 피로가 쌓이면 분명하게 드러나게 된다.

기능적 퍼포먼스를 객관적으로 측정하는 방법으로 여러 가지 테스트가 검증되어 있다. 선수의 신체적 준비 상태를 종합적으로 파악하기 위해서는 여러 가지 생리학적, 기능적 관점에서 회복 상태를 검사해야 한다. 사용할 수 있는 모든 테스트를 모두 나열하는 것은 불가능하며, 부상의 정도와 스포츠의 요구 사항에 따라 많은 부분이 달라질 수 있지만, 표 27.2에 일부 예시가 나와 있다.

표 27.2에 설명된 테스트 중 일부는 모든 코치나 치료사가 사용할 수 없는 장비나 기술이 필요하다. 퍼포먼스 능력을 판단하는 다른 방법도 있다. 표 27.3에 나열된 것과 같은 정성적 측정 방법을 더 검토해 보자. 이 목록이 모든 것을 다 포함하는 것은 아니며, 스포츠의 요구 사항에 따라 평가해야 할 다른 요소가 있을 수 있다. 선수가 복귀하는 스포츠의 종류는 재부상 위험을 평가할 때 중요한 요소가 된다. 예를 들어, 태권도 선수는 럭비 선수보다 어깨 부상 후 경기에 복귀하는 것이 더 빠를 수 있다. 태권도는 팔의 기능에 대

표 27.2 경기 준비도를 평가하기 위해 사용할 수 있는 기능적 결과 측정 지표

	변수	테스트 예시	결과	능력의 기준점
부상-특이적 기능 테스트	점프와 착지 능력	수직 점프 제자리 멀리 뛰기 3회 연속 홉 거리 크로스오버 홉 테스트 스타 밸런스 테스트	높이, 거리, 안정화 시간, 지면 반력 (최대, 총 및 대칭)	부상 전 상태와 동등함 건측의 10% 내외
	민첩성	5-0-5 일리노이 RAT	방향 전환 및 기술	부상 전 상태와 동등함 대조군의 10% 내외
	러닝 능력	MAS Yo-Yo IRT 30-15	반복된 셔틀런 능력	부상 전 상태와 동등함 대조군의 10% 내외
	속도	0~10m 0~40m 플라잉 20m	가속 및 최고 속도	부상 전 상태와 동등함 대조군의 10% 내외
사지 기능 테스트	양측 사지 근기능	스쿼트 벤치프레스 바벨 숄더 프레스 글루트-햄 레이즈	힘, 파워, 피로 지수	부상 전 상태와 동등함 대조군의 10% 내외
	일측 사지 근기능	스텝 업덤벨 숄더 프레스	힘, 파워, 피로 지수	부상 전 상태와 동등함 건측의 10% 내외
기계적 부하	GPS 분석	훈련 특성 훈련 특성	런닝 볼륨, 스프린트 볼륨, 가속 및 감속, 방향 전환 포함	경기 요구 사항에 상응
	기술 능력 분석		속도, 거리, 던지기, 투구 또는 킥의 특성	경기 요구 사항에 상응
생리학적 검사	트레이닝에 대한 반응	심박 변이도(Session-RPE)	훈련 부하에 대한 객관적 및 주관적 반응	부상 전 상태와 동등함 대조군의 10% 내외

표 27.3 경기 준비도 평가의 질적 판단

경기 출전 가능	경기 출전 불가능
강한 섭동에 대한 균형감	쉽게 균형을 잃음
부상 부위에 부담이 적음	부상당한 쪽을 피함
속도를 잃지 않고 정확하게 라인에서 스텝 오프와 지그재그	긴 곡선형 방향 전환
빠르게 가속, 감속 및 방향 전환 가능	부상당한 부위에 접촉하거나 넘어지는 것을 경계함
풀 트레이닝 완료 (여러 세션)	부상당한 부위를 보호하기 위해 생체역학이 변형됨
RTC에 대한 자신감	감속 시 긴 잔류 속도와 가속 시 첫 걸음의 속도 감소
	달리거나 방향을 전환할 때 높은 무게 중심
	정신적으로 경기 준비가 되지 않았거나 과도한 불안감

한 요구가 다른 무술이기 때문이다. 이러한 경우, 해당 스포츠에 대한 지식이 필요하거나, 최소한 선수나 코치와 효과적인 의사소통이 필요하다.

이상적으로는 선수가 경기 출전 가능 열에 나열된 모든 요소를 충족하고 경기 출전 불가 열에 나열된 요소가 하나도 없어야 한다. 가능한 경우, 퍼포먼스 팀의 한 명 이상의 구성원이 경기 환경에서 트레이닝을 관찰하여 이러한 기능적 작업의 숙련도를 판단해야 한다.

현명한 방법

재활의 최종 단계에 코치를 참여시키는 것은 긍정적인 조치일 수 있다. 선수와 스포츠에 대한 과학적 이해가 아무리 발전해도, 최종 단계의 재활 훈련과 테스트 과정을 수립하고 트레이닝 퍼포먼스를 평가할 때 코치의 눈은 여전히 핵심적인 역할을 한다. 또한 선수가 신체적으로 견고할 뿐 아니라 기술적, 전술적으로도 훌륭한 상태를 유지할 수 있도록 돕는다. 자신감을 강화하기 위해 책임을 분산하는 이러한 접근 방식은 재활에 진정한 다분야 접근이 필요함을 강조한다.

마인드셋: 부상에 대한 심리학

부상으로 인해 장기간 경기에 참여하지 못하게 된 경우, 자연스러운 상실의 과정이 존재하며 이를 존중하고 극복하는 것이 중요하다. 슬픔은 일반적으로 죽음과 연관되어 생각되지만, 사실은 상실과 더 관련이 있다. 스포츠에서 부상은 자존감, 성취감, 소득, 심지어 고용까지 잃을 수 있다. 특히 심각한 부상의 경우, 수용 단계에 이르기 전에 부인, 분노, 협상, 우울증과 같은 단계가 나타날 수 있다. 이는 선수가 다른 사람의 부주의로 인해 부상을 입은 경우와 같이 책임 소재가 명확한 경우에 특히 그렇다. 이러한 단계는 정상적인 것이며 반드시 부적응적인 것은 아니라는 점을 인식하는 것이 중요하다. 또한 이러한 감정과 행동이 부상 직후에 최고조에 달할 것이라고 예상하는 것은 당연하지만, 회복 과정에서 직면하는 어려움에 반응하여 나중에 다시 나타날 수도 있다.

재활 과정이 장기화될 경우 개인적 요인(예: 가족 생활, 휴가)과 재활 센터의 위치 및 인력 구성도 더 중요해질 수 있다. 내분비 건강이 재활 과정을 좌우하며, 회복과 퍼포먼스에 대한 심리적 요인의 역할이 문헌에서 주목을 받고 있다.[5] 광범위한 의미에서, 생리학적 수준에서 선수는 조직의 발달을 극대화하기 위해 신진 대사 상태를 유지하려고 노력한다. 호르몬과 신경전달 물질의 농도는 뇌의 각 부위에 의해 조절되며 기분의 영향을 받기 때문에 실용적인 낙관주의, 성장 마인드, 내부 통제 지점이 모두 강조되어야 한다.

현명한 방법

세계적인 수준의 재활 전략은 선수가 경기에 복귀할 수 있도록 명확한 계획을 수립하고, 경기에서의 퍼포먼스와 전반적인 생활에 대한 추가적인 측면도 고려하는 것이다.

경기 복귀에 대한 불안감

심각한 부상을 당한 후 스포츠 경기장으로 복귀하는 것은 두려운 일이다. 선수는 부상 부위뿐만 아니라 정신과 중추 신경계에도 스트레스를 주는 상황에 자신을 노출하게 된다. 따라서 경기장으로의 성공적인 복귀를 위해서는 재활의 신체적, 정신적, 정서적 요소가 모두 완료되어야 한다. 선수들이 이러한 모든 요소가 완전히 통합되지 않았다는 느낌을 받으면 재활이 완료되지 않았다는 생각이 들게 되어 재부상에 대한 불안감을 느끼게 될 가능성이 높다.

선수가 부상을 입으면 뇌는 손상된 부위에 더 많은 주의를 기울인다. 뇌는 부상 부위에 대해 모든 것을 알고 싶어 하기 때문에 부상 부위에 더 많은 공간을 할애한다. 이는 알려진 범죄 다발 지역에 보안 카메라의 수를 늘리는 과정과 비슷하다. 이러한 신경 활동의 증가는 뇌가 추가 부상(또는 재부상)의 위험이 높다고 인식하는 동안 계속 유지된다. 이 카메라들은 하룻밤 사이에 사라지지도, 치유라는 생리적 과정이 완료된 직후에도 사라지지 않는다. 뇌가 위협을 인식하는 한, 이 카메라들은 계속 남아 있다. 재활 과정은 치유라는 생리적 과정이 충분히 완료되고, 신체적 퍼포먼스가 회복되며, 뇌가 위협 수준이 감소했다고 판단하고 보안 카메라의 감도를 낮출 이유가 있다고 판단한 후에야 완료된다.

종종 선수는 이전의 부상이 더 이상 아프지 않지만, 느낌이 다르거나 부상을 인식하고 있다고 말하는 경우가 있다. 이러한 감각은 뇌가 이전에 부상을 입은 부위를 계속 감시하고 있기 때문에 발생하며, 뇌에 불쾌감을 줄 수 있다. 이전에는 뇌가 무의식적으로 처리하던 감각(배경 음악과 같은)이 이제 의식적으로 분석(전경 음악과 같은)되고 있다. 치유 과정이 완료되었더라도 부상 부위에 더 많은 관심이 집중되는 것이다. 이 과정이 너무 오래 지속되면 보안 카메라가 꺼지지 않는 것과 같은 문제가 발생할 수 있다. 불안감이 생길 수 있으며, 이는 퍼포먼스의 저하(예: 기술 실행 능력 저하, 에너지 자원 배분 불량, 스포츠에 필요한 작업에 대한 주의력 저하)의 원인이 될 수 있으며, 실제 재부상의 위험을 높인다고 알려져 있다.[6]

우리는 재활을 부상 조직에 점진적으로 부하와 조건을 가해 스트레스에 견딜 수 있도록 물리적으로 준비하는 단계의 연속으로 생각한다. 이는 분명히 사실이지만, 이 정의는 너무 단순화되어 있다. 재활은 부상 조직을 강화하는 것만큼이나 내부 보안 카메라를 꺼내기 위해 위협 수준을 점진적으로 감소시키는 과정이다. 또한 재활은 선수가 재활이 완료되었다고 인식하고 통증이나 재부상에 대한 두려움이 사라졌을 때만 완료된다는 것도 분명하다.

선수가 모든 신체 테스트를 통과하고 부상 부위 주변에 뛰어난 근력을 보이지만, 여전히 부상에 대해 큰 불신을 가지고 있는 경우는 드물지 않다. 이러한 상황에서는 재활이 완전히 완료되지 않은 부분이 있으며, 손을 씻고 우리의 일이 끝났다고 말하기만으로는 충분하지 않다. 선수는 재활이 완료되었다고 스스로 확신해야 한다. 때로는 선수에게 경기에 복귀할 수 있는 허가를 내주는 것으로 충분할 수도 있지만, 다른 경우에는 훨씬 더 복잡한 문제가 될 수도 있다.

물론 불안감은 개인마다 다르다. 위험 부담이 클수록(예: 결승전이나 중요한 경기, 수입, 더 높은 영예의 선정 등) 재부상의 위협이 커지고, 따라서 선수는 더 불안해질 가능성이 높다. 또 다른 요인은 개인적인 경험이다. 예를 들어, 이전에 햄스트링 부상에서 너무 일찍 복귀했다가 재부상을 당해 더 오랜 기간 동안 경기에 출전할 수 없었던 축구 선수는 두 번째 복귀를 시도할 때 더 불안해할 가능성이 높다. 선수와 스포츠 재활 전문가 사이의 강한 신뢰 관계도 마찬가지로 중요하다. 선수는 부상이 치유되었고 경기에 복귀해도 안전하다고 의사가 말하면 그 말을 믿을 수 있어야 한다.

현명한 방법

경기 환경으로 복귀한 불안한 선수는 느리고, 주저하며, 전속력으로 임무를 수행하지 않으려 할 것이다. 기술 및 전술의 적용이 종종 덜 명확하고, 움직임이 주저하고 힘들게 보일 것이다. 그로 인해 의욕을 잃고 좌절감을 느끼게 될 것이다. 이러한 상황이 흔히 발생한다는 것을 이해하고 사전에 선수에게 상담을 해 주는 것이 현명한 조치이며, 이를 통해 선수와 코칭 스태프 모두 현실적인 기대치를 설정할 수 있다.

요약

부상은 가능한 기회와 긍정적인 경험으로 받아들여야 한다. 이렇게 하면 회복 시간이 단축될 뿐만 아니라 선수를 재평가하고 발전시킬 수 있는 기회가 될 것이다.

재활 과정은 각 단계에서 기능적, 생리학적으로 적절한 종료 기준을 신중하게 설정하여, 시기 적절하고 전체적이며 안전한 진행이 이루어지도록 해야 한다. 이 과정에는 전체 퍼포먼스 팀의 의견이 반영되어야 하며, 선수에게 통일되고 명확한 방향과 목적을 보여주는 맞춤형 계획으로 전달되어야 한다.

재활은 선수가 설정된 모든 목표를 달성하고, 성공적으로 퍼포먼스로 복귀한 후, 장기간 동안 증상이 나타나지 않을 때까지 완료된 것으로 간주되어서는 안 된다. 부상 후 경기에 복귀한 후 처음 몇 주 동안은 재부상의 위험이 가장 높기 때문에, 선수의 지속적인 건강과 퍼포먼스를 모니터링하는 것은 선수가 경기에 복귀할 뿐만 아니라 경쟁력을 유지할 수 있도록 하는 데 필요한 작업이다.

필수 항목

- 부상당한 선수를 재훈련하는 것은 팀 전체가 함께 수행하는 과정이며, 그 중심에는 항상 선수가 있어야 한다.
- 부상은 심각한 불안감을 야기할 수 있다. 우리의 임무는 선수의 눈으로 세상을 보고, 격동의 시기를 함께 헤쳐나가는 조종사 역할을 하는 것이다. 즉, 이 분야에서 일하는 모든 전문가에게는 공감 능력과 관계 형성 능력이 필수적인 기술이다.
- 트레이닝을 할 수 없는 기간을 기회를 박탈당하는 기간(손실의식)이 아닌 기회를 얻을 수 있는 기간(획득의식)으로 재구성하는 것은 선수가 건설적인 긍정적 태도를 유지하는 데 중요하다.
- 재활 과정을 계획할 때는, 최종 목표를 염두에 두고 거꾸로 진행하며, 선수에게 요구되는 신체적 · 심리적 · 기술적 · 전술적 역량의 다양한 영역을 고려해야 한다.
- 재훈련 계획은 적절하게 주기화되어야 하며, 이를 통해 선수는 퍼포먼스를 회복하고 그 상태를 유지할 수 있는 최상의 기회를 얻을 수 있다.

참고 문헌

Chapter 1

1. Hill, A.V. (1927). *Muscular Movement in Man: The Factors Governing Speed and Recovery from Fatigue*. McGraw-Hill.
2. Holmich, P., & Thorborg, K. (2014). Epidemiology of groin injuries in athletes. In D. Diduch & L. Brunt (Eds.), *Sports hernia and athletic pubalgia*. Springer.
3. Bahr, R. (2016). Why screening tests to predict injury do not work—and probably never will: A critical review. *British Journal of Sports Medicine, 50*, 776-780.
4. Bahr, R., Thorborg, K., & Ekstrand, J. (2015). Evidence-based hamstring injury prevention is not adopted by the majority of Champions League or Norwegian Premier League football teams: The Nordic Hamstring survey. *British Journal of Sports Medicine, 49*, 1466-1471.
5. Malone, S., Hughes, B., Doran, D.A., Collins, K., & Gabbett, T.J. (2019). Can the workload injury relationship be moderated by improved strength, speed and repeated-sprint qualities? *Journal of Science and Medicine in Sport, 22*, 29-34. https://doi.org/10.1016/j.jsams.2018.01.010
6. Gentles, J.A. (2012). Reducing injuries is NOT enough—It also helps to win. *Medicine and Science in Sports and Exercise, 44*, S599.
7. Bolling, C., Mellette, J., Pasman, R.H., Van Mechelen, W., & Verhagen, E. (2019). From the safety net to the injury prevention web: Applying systems thinking to unravel injury prevention challenges and opportunities in Cirque du Soleil. *BMJ Open Sport & Exercise Medicine, 5*, e000492.
8. Ekstrand, J., Lundqvist, D., Davison, M., D'Hooghe, M., & Pensgaard, A. (2019). Communication quality between the medical team and the head coach/manager is associated with injury burden and player availability in elite football clubs. *British Journal of Sports Medicine, 53*, 304-308.
9. Hopkins, W. (2015). Spreadsheets for analysis of validity and reliability. http://sportsci.org/resource/stats/xrely.xls.
10. Hopkins, W., Marshall, S., Batterham, A., & Hanin, J. (2009). Progressive statistics for studies in sports medicine and exercise science. *Medicine and Science in Sports and Exercise, 41*, 3-13.
11. Hopkins, W. (2015). Spreadsheets for analysis of validity and reliability. http://sportsci.org/resource/stats/xvalid.xls.
12. Hopkins, W. (2004). How to interpret changes in an athletic performance test. *Sportscience, 8*, 1-7.
13. Sheppard, J.M., Chapman, D., & Taylor, K. (2011). An evaluation of a strength qualities assessment method for the lower body. *Journal of Australian Strength and Conditioning, 19*, 4-10.
14. Claudino, J.G., Cronin, J., Mezencio, B., McMaster, D.T., McGuigan, M., Tricoli, V., Amadio, A.C., & Serrao, J.C. (2017). The countermovement jump to monitor neuromuscular status: A meta-analysis. *Journal of Science and Medicine in Sport, 20*, 397-402.
15. Weiss, L.W., Fry, A.C., & Relyea, G.E. (2002). Explosive strength deficit as a predictor of vertical jumping performance. *Journal of Strength and Conditioning Research, 16*, 83-86.
16. Secomb, J.L., Lundgren, L.E., Farley, O.R.L., Tran, T.T., Nimphius, S., & Sheppard, J.M. (2015). Relationships between lower-body muscle structure and lower-body strength, power, and muscle–tendon complex stiffness. *Journal of Strength and Conditioning Research, 29*, 2221-2228.
17. Lolli, L., Batterham, A.M., Hawkins, R., Kelly, D.M., Strudwick, A.J., Thorpe, R., Gregson, W., & Atkinson, G. (2017). Mathematical coupling causes spurious correlation within the conventional acute-to-chronic workload ratio calculations. *British Journal of Sports Medicine, 53*, 921-922.
18. Hopkins, W.G., Hawley, J.A., & Burke, L.M. (1999). Design and analysis of research on sport performance enhancement. *Medicine and Science in Sports and Exercise, 31*, 472-485.
19. Malcata, R.M., & Hopkins, W.G. (2014). Variability of competitive performance of elite athletes: A systematic review. *Sports Medicine, 44*, 1763-1774.
20. Pettitt, R. (2010). The standard difference score: A new statistic for evaluating strength and conditioning programs. *Journal of Strength and Conditioning Research, 24*, 287-291.
21. Lacome, M., Simpson, B., & Buchheit, M. (2018). Part 1: Monitoring training status with player-tracking technology. Still on the way to Rome. *Aspetar Journal, 7*, 54-63.
22. Gabbett, T.J., Kelly, J., & Pezet, T. (2007). Relationship between physical fitness and playing ability in Rugby League players. *Journal of Strength and Conditioning Research, 21*, 1126-1133.
23. Sawyer, D.T., Ostarello, J.Z., Suess, E.A., and Dempsey, M. (2002). Relationship between football playing ability and selected performance measures. *Journal of Strength and Conditioning Research, 16*, 611-616.
24. Baker, D., & Newton, R.U. (2006). Adaptations in upper-body maximal strength and power output resulting from long-term resistance training in experienced strength-power athletes. *Journal of Strength and Conditioning Research, 20*, 541-546.
25. Cunningham, D.J., Shearer, D.A., Drawer, S., Pollard, B., Cook, C.J., Bennett, M., Russell, M., & Kilduff, L.P. (2018). Relationships between physical qualities and key performance indicators during match-play in senior international Rugby Union players. *PLoS One, 13*, e0202811. https://doi.org/10.1371/journal.pone.0202811
26. Kinugasa, T., Cerin, E., & Hooper, S. (2004). Single-subject research designs and data analyses for assessing elite athletes' conditioning. *Sports Medicine, 34*, 1035-1050.

Chapter 2

1. Beunen, G.P., & Malina, R.M. (2008). Growth and biological maturation: Relevance to athletic performance. In H. Hebestreit & O. Bar-Or (Eds.), *The young athlete* (pp. 3-17). Blackwell

Publishing.

2. Lloyd, R.S., Cronin, J.B., Faigenbaum, A.D., Haff, G.G., Howard, R., Kraemer, W.J., Micheli, L.J., Myer, G.D., & Oliver, J.L. (2016, Jun). National strength and conditioning association position statement on long-term athletic development. *J Strength Cond Res, 30*(6), 1491-1509. https://doi.org/10.1519/JSC.0000000000001387

3. Faigenbaum, A.D., Lloyd, R.S., & Oliver, J.L. (2019). *ACSM essentials of youth fitness*. Human Kinetics.

4. Viru, A., Loko, J., Harro, M., Volver, A., Laaneot, L., & Viru, M. (1999). Critical periods in the development of performance capacity during childhood and adolescence. *European Journal of Physical Education, 4*, 75-119.

5. Kraemer, W.J., Fry, A.C., Frykman, P.N., Conroy, B., & Hoffman, J. (1989). Resistance training and youth. *Pediatr Exerc Sci, 1*, 336-350.

6. Casey, B.J., Tottenham, N., Liston, C., & Durston, S. (2005, Mar). Imaging the developing brain: What have we learned about cognitive development? Research Support, N.I.H., Extramural Research Support, U.S. Gov't, P.H.S. Review. *Trends Cogn Sci, 9*(3), 104- 110. https://doi.org/10.1016/j.tics.2005.01.011

7. Gogtay, N., Giedd, J.N., Lusk, L., Hayashi, K.M., Greenstein, D., Vaituzis, A.C., Nugent, T.F., 3rd, Herman, D.H., Clasen, L.S., Toga, A.W., Rapoport, J.L., & Thompson, P.M. (2004, May 25). Dynamic mapping of human cortical development during childhood through early adulthood. *Proc Natl Acad Sci USA, 101*(21), 8174-8179. https://doi.org/10.1073/pnas.0402680101

8. Myer, G.D., Faigenbaum, A.D., Ford, K.R., Best, T.M., Bergeron, M.F., & Hewett, T.E. (2011, May-Jun). When to initiate integrative neuromuscular training to reduce sports- related injuries and enhance health in youth? *Curr Sports Med Rep, 10*(3), 155-166. https://doi.org/10.1249/JSR.0b013e31821b1442

9. Rogol, A.D., Clark, P.A., & Roemmich, J.N. (2000, Aug). Growth and pubertal development in children and adolescents: Effects of diet and physical activity. *Am J Clin Nutr, 72*(2 Suppl), 521S-528S. https://doi.org/10.1093/ajcn/72.2.521S

10. Meyers, R.W., Oliver, J.L., Hughes, M.G., Cronin, J.B., & Lloyd, R.S. (2015, Feb). Maximal sprint speed in boys of increasing maturity. *Pediatr Exerc Sci, 27*(1), 85-94.

11. Kanehisa, H., Abe, T., & Fukunaga, T. (2003, Dec). Growth trends of dynamic strength in adolescent boys. A 2-year follow-up survey. *J Sports Med Phys Fitness, 43*(4), 459-464.

12. Armstrong, N., & Barker, A.R. (2011). Endurance training and elite young athletes. *Med Sports Sci, 56*, 59-83.

13. Baxter-Jones, A.D.G., Eisenmann, J.C., & Sherar, L.B. (2005). Controlling for maturation in pediatric exercise science. *Pediatr Exerc Sci, 17*, 18-30.

14. Mirwald, R.L., Baxter-Jones, A.D., Bailey, D.A., & Beunen, G.P. (2002, Apr). An assessment of maturity from anthropometric measurements. *Med Sci Sports Exerc, 34*(4), 689-694.

15. Khamis, H.J., & Roche, A.F. (1994, Oct). Predicting adult stature without using skeletal age: The Khamis-Roche method. *Pediatrics, 94*(4 Pt 1), 504-507. www.ncbi.nlm.nih.gov/pubmed/7936860

16. Cumming, S.P., Lloyd, R.S., Oliver, J.L., Eisenmann, J.C., & Malina, R.M. (2017). Bio banding in sport: Applications to competition, talent, identification, and strength and conditioning of youth athletes. *Strength Cond J, 39*(2), 34-47.

17. Malina, R.M., Cumming, S.P., Rogol, A.D., Coelho, E.S.M.J., Figueiredo, A.J., Konarski, J.M., & Koziel, S.M. (2019, Aug 19). Bio-banding in youth sports: Background, concept, and application. *Sports Med*. https://doi.org/10.1007/s40279-019-01166-x

18. Molinari, L., Gasser, T., & Largo, R. (2013, Jul). A comparison of skeletal maturity and growth. *Ann Hum Biol, 40*(4), 333-340. https://doi.org/10.3109/03014460.2012.756122

19. Lloyd, R.S., Radnor, J., De Ste Croix, M., Cronin, J., & Oliver, J. (2016). Changes in sprint and jump performances after traditional, plyometric, and combined resistance training in male youth pre- and post-peak height velocity. *J Strength Cond Res, 30*(5), 1239-1247.

20. Radnor, J.M., Lloyd, R.S., & Oliver, J.L. (2017, Mar). Individual response to different forms of resistance training in school-aged boys. *J Strength Cond Res, 31*(3), 787-797. https://doi.org/10.1519/JSC.0000000000001527

21. Kemper, G.L., van der Sluis, A., Brink, M.S., Visscher, C., Frencken, W.G., & Elferink Gemser, M.T. (2015, Nov). Anthropometric injury risk factors in elite-standard youth soccer. *Int J Sports Med, 36*(13), 1112-1117. https://doi.org/10.1055/s-0035-1555778

22. Rogol, A.D., Cumming, S.P., & Malina, R.M. (2018, Nov). Biobanding: A new paradigm for youth sports and training. *Pediatrics, 142*(5). https://doi.org/10.1542/peds.2018-0423

23. Cumming, S.P., Brown, D.J., Mitchell, S., Bunce, J., Hunt, D., Hedges, C., Crane, G., Gross, A., Scott, S., Franklin, E., Breakspear, D., Dennison, L., White, P., Cain, A., Eisenmann, J.C., & Malina, R.M. (2018, Apr). Premier League academy soccer players' experiences of competing in a tournament bio-banded for biological maturation. *J Sports Sci, 36*(7), 757-765. https://doi.org/10.1080/02640414.2017.1340656

24. Abbott, W., Williams, S., Brickley, G., & Smeeton, N.J. (2019, Aug 14). Effects of bio banding upon physical and technical performance during soccer competition: A preliminary analysis. *Sports (Basel), 7*(8). https://doi.org/10.3390/sports7080193

25. Bradley, B., Johnson, D., Hill, M., McGee, D., Kana-Ah, A., Sharpin, C., Sharp, P., Kelly, A., Cumming, S.P., & Malina, R.M. (2019, Aug 8). Bio-banding in academy football: Player's perceptions of a maturity matched tournament. *Ann Hum Biol*, 1-9. https://doi.org/10.1080/03014460.2019.1640284

26. Reeves, M.J., Enright, k.J., Dowling, J., & Roberts, S.J. (2018). Stakeholders' understanding and perceptions of bio-banding in junior-elite football training. *Soccer Soc, 19*(8), 1166- 1182.

27. Cumming, S.P. (2018, Aug). A game plan for growth: How football is leading the way in the consideration of biological maturation in young male athletes. *Ann Hum Biol, 45*(5), 373-375. https://doi.org/10.1080/03014460.2018.1513560

28. Faigenbaum, A.D., Farrell, A., Fabiano, M., Radler, T., Naclerio, F., Ratamess, N.A., Kang, J., & Myer, G.D. (2011, Nov). Effects of integrative neuromuscular training on fitness performance in children. *Pediatr Exerc Sci, 23*(4), 573-584. www.ncbi.nlm.nih.gov/pubmed/22109781

29. Pichardo, A.W., Oliver, J.L., Harrison, C.B., Maulder, P.S., Lloyd, R.S., & Kandoi, R. (2019, Jul 9). The influence of maturity offset, strength, and movement competency on motor skill performance in adolescent males. *Sports (Basel), 7*(7). https://doi.org/10.3390/sports7070168

30. Myer, G.D., Ford, K.R., Palumbo, J.P., & Hewett, T.E. (2005, Feb). Neuromuscular training improves performance and lower-extremity biomechanics in female athletes. *J Strength Cond Res, 19*(1), 51-60. https://doi.org/10.1519/13643.1

31. Lloyd, R.S., Oliver, J.L., Faigenbaum, A.D., Howard, R., De Ste Croix, M.B., Williams, C.A., Best, T.M., Alvar, B.A., Micheli, L.J., Thomas, D.P., Hatfield, D.L., Cronin, J.B., & Myer, G.D. (2015, May). Long-term athletic development, part 2: Barriers to success and potential solutions. *J Strength Cond Res, 29*(5), 1451-1464. https://doi.org/10.1519/01.JSC.0000465424.75389.56

32. Lloyd, R.S., & Oliver, J.L. (2012). The youth physical development model: A new approach to long-term athletic development. *Strength Cond J, 34*(3), 61-72.

33. Pichardo, A.W., Oliver, J.L., Harrison, C.B., Maulder, P.S., & Lloyd, R.S. (2018). Integrating models of long-term athletic development to maximize the physical development of youth. *Int J Sports Sci Coach, 13*(6), 1189-1199.

34. Lubans, D.R., Morgan, P.J., Cliff, D.P., Barnett, L.M., & Okely, A.D. (2010, Dec 1). Fundamental movement skills in children and adolescents: Review of associated health benefits. *Sports Med, 40*(12), 1019-1035. https://doi.org/10.2165/11536850-000000000- 00000

35. Auvinen, J.P., Tammelin, T.H., Taimela, S.P., Zitting, P.J., Mutanen, P.O., & Karppinen, J.I. (2008, Nov). Musculoskeletal pains in relation to different sport and exercise activities in youth. *Med Sci Sports Exerc, 40*(11), 1890-1900. https://doi.org/10.1249/MSS.0b013e31818047a2

36. Hall, R., Barber Foss, K., Hewett, T.E., & Myer, G.D. (2015, Feb). Sport specialization's association with an increased risk of developing anterior knee pain in adolescent female athletes. *J Sport Rehabil, 24*(1), 31-35. https://doi.org/10.1123/jsr.2013-0101

37. Lloyd, R.S., Faigenbaum, A.D., Stone, M.H., Oliver, J.L., Jeffreys, I., Moody, J.A., Brewer, C., Pierce, K.C., McCambridge, T.M., Howard, R., Herrington, L., Hainline, B., Micheli, L.J., Jaques, R., Kraemer, W.J., McBride, M.G., Best, T.M., Chu, D.A., Alvar, B.A., & Myer, G.D. (2014, Apr). Position statement on youth resistance training: The 2014 International Consensus. *Br J Sports Med, 48*(7), 498-505. https://doi.org/10.1136/bjsports-2013-092952

38. Lesinski, M., Prieske, O., & Granacher, U. (2016, Jul). Effects and dose-response relationships of resistance training on physical performance in youth athletes: A systematic review and meta-analysis. *Br J Sports Med, 50*(13), 781-795. https://doi.org/10.1136/bjsports-2015-095497

39. Behm, D.G., Young, J.D., Whitten, J.H.D., Reid, J.C., Quigley, P.J., Low, J., Li, Y., Lima, C.D., Hodgson, D.D., Chaouachi, A., Prieske, O., & Granacher, U. (2017). Effectiveness of traditional strength vs. power training on muscle strength, power and speed with youth: A systematic review and meta-analysis. *Front Physiol, 8*, 423. https://doi.org/10.3389/fphys.2017.00423

40. Collins, H., Booth, J.N., Duncan, A., & Fawkner, S. (2019, May 17). The effect of resistance training interventions on fundamental movement skills in youth: A meta-analysis. *Sports Med Open, 5*(1), 17. https://doi.org/10.1186/s40798-019-0188-x

41. Collins, H., Fawkner, S., Booth, J.N., & Duncan, A. (2018, Aug 20). The effect of resistance training interventions on weight status in youth: A meta-analysis. *Sports Med Open, 4*(1), 41. https://doi.org/10.1186/s40798-018-0154-z

42. Collins, H., Booth, J.N., Duncan, A., Fawkner, S., & Niven, A. (2019, Jul 3). The effect of resistance training interventions on 'the self' in youth: A systematic review and meta analysis. *Sports Med Open, 5*(1), 29. https://doi.org/10.1186/s40798-019-0205-0

43. Behringer, M., Vom Heede, A., Yue, Z., & Mester, J. (2010, Nov). Effects of resistance training in children and adolescents: A meta-analysis [Meta-Analysis]. *Pediatrics, 126*(5), e1199-1210. https://doi.org/10.1542/peds.2010-0445

44. Behringer, M., Vom Heede, A., Matthews, M., & Mester, J. (2011, May). Effects of strength training on motor performance skills in children and adolescents: A meta-analysis [Meta Analysis Review]. *Pediatr Exerc Sci, 23*(2), 186-206. www.ncbi.nlm.nih.gov/pubmed/21633132

45. Keiner, M., Sander, A., Wirth, K., Caruso, O., Immesberger, P., & Zawieja, M. (2013, Feb). Strength performance in youth: Trainability of adolescents and children in the back and front squats. *J Strength Cond Res, 27*(2), 357-362. https://doi.org/10.1519/JSC.0b013e3182576fbf

46. Sander, A., Keiner, M., Wirth, K., & Schmidtbleicher, D. (2013). Influence of a 2-year strength training programme on power performance in elite youth soccer players. *Eur J Sport Sci, 13*(5), 445-451. https://doi.org/10.1080/17461391.2012.742572

47. Keiner, M., Sander, A., Wirth, K., & Schmidtbleicher, D. (2014, Jan). Long-term strength training effects on change-of-direction sprint performance. *J Strength Cond Res, 28*(1), 223-231. https://doi.org/10.1519/JSC.0b013e318295644b

48. Baker, D.G. (2013, Feb). 10-year changes in upper body strength and power in elite professional rugby league players—the effect of training age, stage, and content. *J Strength Cond Res, 27*(2), 285-292. https://doi.org/10.1519/JSC.0b013e318270fc6b

49. Lloyd, R.S., Radnor, J.M., De Ste Croix, M.B.A., Cronin, J.B., & Oliver, J.L. (2016). Changes in sprint and jump performances after traditional, plyometric, and combined resistance training in male youth pre- and post-peak height velocity. *J Strength Cond Res, 30*(5), 1239-1247.

50. Valovich McLeod, T.C., Decoster, L.C., Loud, K.J., Micheli, L.J., Parker, J.T., Sandrey, M.A., & White, C. (2011, Mar-Apr). National Athletic Trainers' Association position statement: Prevention of pediatric overuse injuries. *J Athl Train, 46*(2), 206-220. https://doi.org/10.4085/1062-6050-46.2.206

51. Besier, T.F., Lloyd, D.G., Cochrane, J.L., & Ackland, T.R. (2001, Jul). External loading of the knee joint during running and cutting maneuvers [Clinical Trial]. *Med Sci Sports Exerc, 33*(7), 1168-1175. www.ncbi.nlm.nih.gov/pubmed/11445764

52. Dos'Santos, T., Thomas, C., Jones, P.A., & Comfort, P. (2017, Mar). Mechanical determinants of faster change of direction speed performance in male athletes. *J Strength Cond Res, 31*(3), 696-705. https://doi.org/10.1519/JSC.0000000000001535

53. Meyers, R.W., Oliver, J.L., Hughes, M.G., Lloyd, R.S., & Cronin, J.B. (2016, Dec). The influence of maturation on sprint performance in boys over a 21-month period. *Med Sci Sports Exerc, 48*(12), 2555-2562. https://doi.org/10.1249/MSS.0000000000001049

54. Meyers, R.W., Moeskops, S., Oliver, J.L., Hughes, M.G., Cronin, J.B., & Lloyd, R.S. (2019, Jul). Lower-limb stiffness and maximal sprint speed in 11-16-year-old boys. *J Strength Cond Res, 33*(7), 1987-1995. https://doi.org/10.1519/JSC.0000000000002383

55. Weyand, P.G., Sternlight, D.B., Bellizzi, M.J., & Wright, S. (2000, Nov). Faster top running speeds are achieved with greater ground forces not more rapid leg movements. *J Appl Physiol (1985), 89*(5), 1991-1999. www.ncbi.nlm.nih.gov/pubmed/11053354

56. Rumpf, M.C., Cronin, J.B., Pinder, S.D., Oliver, J., & Hughes, M. (2012, May). Effect of different training methods on running sprint times in male youth. *Pediatr Exerc Sci, 24*(2), 170-186. www.ncbi.nlm.nih.gov/pubmed/22728410

57. Moran, J., Sandercock, G., Rumpf, M.C., & Parry, D.A. (2016, Oct 28). Variation in responses to sprint training in male youth athletes: A meta-analysis. *Int J Sports Med.* https://doi.org/10.1055/s-0042-111439

58. Meyers, R.W., Oliver, J.L., Hughes, M.G., Lloyd, R.S., & Cronin, J.B. (2017). New insights into the development of maximal sprint speed in male youth. *Strength Cond J, 39*(2), 2- 10.

59. Radnor, J.M., & Cronin, J.B. (2019). Plyometric training for young athletes. In R.S. Lloyd & J.L. Oliver (Eds.), *Strength and conditioning for young athletes: science and application* (2nd

ed., pp. 188-206). Routledge.

60. Casey, B.J., Giedd, J.N., & Thomas, K.M. (2000, Oct). Structural and functional brain development and its relation to cognitive development [Research Support, Non-U.S. Gov't Research Support, U.S. Gov't, P.H.S. Review]. *Biol Psychol, 54*(1-3), 241-257. www.ncbi.nlm.nih.gov/pubmed/11035225

61. Lloyd, R.S., & Oliver, J.L. (2017). Speed and agility training. In N. Armstrong & W. van Mechelen (Eds.), *Oxford textbook of children's sport and exercise medicine* (3rd ed., pp. 507-518). Oxford University Press.

62. Lloyd, R.S., Read, P., Oliver, J.L., Meyers, R.W., Nimphius, S., & Jeffreys, I. (2013). Considerations for the development of agility during childhood and adolescence. *Strength Cond J, 35*(3), 2-11.

63. McManus, A.M., Cheng, C.H., Leung, M.P., Yung, T.C., & Macfarlane, D.J. (2005, Nov). Improving aerobic power in primary school boys: A comparison of continuous and interval training. *Int J Sports Med, 26*(9), 781-786. https://doi.org/10.1055/s-2005-837438

64. Baquet, G., van Praagh, E., & Berthoin, S. (2003). Endurance training and aerobic fitness in young people. *Sports Med, 33*(15), 1127-1143. www.ncbi.nlm.nih.gov/pubmed/14719981

65. Clark, E.M., Tobias, J.H., Murray, L., & Boreham, C. (2011, Jun). Children with low muscle strength are at an increased risk of fracture with exposure to exercise [Research Support, Non-U.S. Gov't]. *J Musculoskelet Neuronal Interact, 11*(2), 196-202. www.ncbi.nlm.nih.gov/pubmed/21625056

66. Sands, W.A., & McNeal, J. (2019). Mobility and flexibility training for young athletes. In R.S. Lloyd & J.L. Oliver (Eds.), *Strength and conditioning for young athletes: Science and application* (2nd ed., pp. 265-278). Routledge.

67. Malina, R.M. (2007). Growth, maturation and development: Applications to young athletes and in particular to divers. In R.M. Malina & J.L. Gabriel (Eds.), *USA diving coach development reference manual* (pp. 3-29). USA Diving.

68. DiFiori, J.P., Benjamin, H.J., Brenner, J., Gregory, A., Jayanthi, N., Landry, G.L., & Luke, A. (2014, Jan). Overuse injuries and burnout in youth sports: A position statement from the American Medical Society for Sports Medicine. *Clin J Sport Med, 24*(1), 3-20. https://doi.org/10.1097/JSM.0000000000000060

69. Malina, R.M. (2010, Nov-Dec). Early sport specialization: Roots, effectiveness, risks. *Curr Sports Med Rep, 9*(6), 364-371. https://doi.org/10.1249/JSR.0b013e3181fe3166

70. Matos, N., Winsley, R., & Williams, C. (2011). Prevalence of nonfunctional overreaching/overtraining in young English athletes. *Med Sci Sports Exerc, 43*(7), 1287- 1294.

71. Williams, C.A., Winsley, R.J., Pinho, G., De Ste Croix, M., Lloyd, R.S., & Oliver, J.L. (2017). Prevalence of non-functional overreaching in elite male and female youth academy football players. *Sci Med Football, 1*(3), 222-228.

Chapter 3

1. World Health Organisation. (2018, March 30). *Mental health: Strengthening our response*. Retrieved from www.who.int/en/news-room/fact-sheets/detail/mental health-strengthening-our-response

2. American Psychiatric Association. (2018, August). *What is mental illness?* Retrieved from www.psychiatry.org/patients-families/what-is-mental-illness

3. Rice, S.M., Purcell, R., De Silva, S., Mawren, D., McGorry, P.D., & Parker, A.G. (2016). The mental health of elite athletes: A narrative systematic review. *Sports Medicine, 46*, 1333-1353. https://doi.org/10.1007/s40279-016-0492-2

4. Arain, M., Haque, M., Johal, L., Mathur, P., Nel, W., Rais, A., Sandhu, R., & Sharma, S. (2013). Maturation of the adolescent brain. *Neuropsychiatric Disease & Treatment, 9*, 449-461. https://doi.org/10.2147/NDT.S39776

5. Blakemore, S.-J., & Choudhury, S. (2006). Development of the adolescent brain: Implications for executive function and social cognition. *Journal of Child Psychology and Psychiatry, 47*, 296-312. https://doi.org/10.1111/j.1469-7610.2006.01611.x

6. Casey, B.J., Jones, R.M., & Hare, T.A. (2008). The adolescent brain. *Annals of the New York Academy of Sciences, 1124*, 111-126. https://doi.org/10.1196/annals.1440.010

7. Office for National Statistics. (2018, September 4). *Suicides in the UK: 2017 registrations*. Retrieved from www.ons.gov.uk/peoplepopulationandcommunity/birthsdeathsandmarriages/deats/bulletins/suicidesintheunitedkingdom/2017registrations

8. McManus, S., Bebbington, P., Jenkins, R., & Brugha, T. (Eds.). (2016). *Mental health and wellbeing in England: Adult Psychiatric Morbidity Survey 2014*. NHS Digital.

9. Hardy, L., Barlow, M., Evans, L., Rees, T., Woodman, T., & Warr, C. (2017). Great British medalists: Psychosocial biographies of super-elite and elite athletes from Olympic sports. *Progress in Brain Research, 232*, 1-119. https://doi.org/10.1016/bs.pbr.2017.03.004

10. Bowlby, J. (1997). *Attachment and loss. Volume 1: Attachment*. Random House.

11. Johnstone, L., & Boyle, M. with Cromby, J., Dillon, J., Harper, D., Kinderman, P., Longden, E., Pilgrim, D., & Read, J. (2018). *The Power Threat Meaning Framework: Towards the identification of patterns in emotional distress, unusual experiences and troubled or troubling behaviour, as an alternative to functional psychiatric diagnosis*. British Psychological Society.

Chapter 4

1. Ettema, G., & Lorås, H.W. (2009). Efficiency in cycling: A review. *European Journal of Applied Physiology, 106*(1), 1-14.

2. Herzog, W. (2009). The biomechanics of muscle contraction: Optimizing sport performance. *Sport Orthopaedics and Traumatology, 25*(4), 286-293.

3. Herzog, W., a Guimaraes, C., Anton, M.G., & a Carter-Erdman, K.A. (1991). Moment-length relations of rectus femoris muscles of speed skaters/cyclists and runners. *Medicine and Science in Sports and Exercise, 23*(11), 1289-1296.

4. Aagaard, P., & Andersen, J.L. (2010). Effects of strength training on endurance capacity in top-level endurance athletes. *Scandinavian Journal of Medicine in Science and Sports, 20*(2), 39-47.

5. Cavanagh, P., & Kram, R. (1985). Mechanical and muscular factors affecting the efficiency of human movement. *Medicine and Science in Sports and Exercise, 17*(3), 326-331.

6. Komi, P.V. (2000). Stretch-shorting cycle: A powerful model to study normal and fatigued muscle. *Journal of Biomechanics, 33*(10), 1197-1206.

7. Roberts, T.J. (2016). Contribution of elastic tissues to the mechanics and energetics of muscle function during movement. *Journal of Experimental Biology, 219*(2), 266-275.

8. Davids, K., Button, C., & Bennett, S. (2008). *Dynamics of skill acquisition: A constraints-led approach* (1st ed.). Human Kinetics.

9. Stergiou, N., & Decker, L.M. (2011). Human movement variability, nonlinear dynamics, and pathology: Is there a connection? *Human Movement Science, 30*(5), 869-888.

10. Stergiou, N., Harbourne, R.T., & Cavanaugh, P.T. (2006). Optimal movement variability: A new theoretical perspective for neurologic physical therapy. *Journal of Neurologic Physical Therapy, 30*(3), 1-10.

Chapter 5

1. Norkin, C.C., & Levangie, P.K. (1983). *Joint structure & function: A comprehensive analysis*. FA Davis Company.
2. Popple, A. (2010). Individual differences in perception. *Encyclopedia of Perception, 1*, 492-497.
3. McGill, S. (2010). Core training: Evidence translating to better performance and injury prevention. *Strength and Conditioning Journal, 32*(3), 33-46.
4. Haff, G.G., & Nimphius, S. (2012). Training principles for power. *Strength and Conditioning Journal, 34*(6), 2-12.
5. Seitz, L.B., & Haff, G.G. (2016). Factors modulating post-activation potentiation of jump, sprint, throw, and upper-body ballistic performances: A systematic review with meta-analysis. *Sports Medicine, 46*(2), 231-240.

Chapter 6

1. Committee on Fitness Measures and Health Outcomes in Youth, Food and Nutrition Board, & Institute of Medicine. (2012, Dec 10). Health-related fitness measures for youth: Flexibility. In R. Pate, M. Oria, & L. Pillsbury (Eds.), *Fitness measures and health outcomes in youth* (p. 7). National Academies Press. www.ncbi.nlm.nih.gov/books/NBK241323/
2. Karayannis, N.V., Smeets, R.J., van den Hoorn, W., & Hodges, P.W. (2013). Fear of movement is related to trunk stiffness in low back pain. *PloS One, 8*(6), e67779. https://doi.org/10.1371/journal.pone.0067779
3. Walker, B. (2011). *The anatomy of stretching second edition: Your anatomical guide to flexibility and injury and rehabilitation*. North Atlantic Books.
4. Page, P. (2010). *Assessment and treatment of muscle imbalance: The Janda Approach*. Retrieved from https://us.humankinetics.com
5. Page, P. (2012). Current concepts in muscle stretching for exercise and rehabilitation. *International Journal of Sports Physical Therapy, 7*(1), 109-119.
6. Kwon, O., Lee, S., Lee, Y., Seo, D., Jung, S., & Chol, W. (2013). The effect of repetitive passive and active movements on proprioception ability in forearm supination. *Journal of Physical Therapy Science, 25*(5), 587-590. https://doi.org/10.1589/jpts.25.587
7. Appleton, B. (2009). *Stretching and flexibility*. Retrieved from www.web.mit.edu
8. Martin, M. (2017, May). *Golgi tendon organs and muscle spindles explained*. Retrieved from www.acefitness.org
9. Sands, W., Mcneal, J., Murray, S., Ramsey, M., Sato, K., Mizuguchi, S., & Stone, M. (2013). Stretching and its effects on recovery: A review. *Strength and Conditioning Journal, 35*, 30-36. https://doi.org/10.1519/SSC.0000000000000004
10. Halson, S. (2013). Recovery techniques for athletes. *Sports Science Exchange, 26*(120), 1-6.
11. Nelson, A. (2019). *Stretching anatomy*. Retrieved from http://us.humankinetics.com
12. Ma, X., Yue, Z.Q., Gong, Z.Q., Zhang, H., Duan, N.Y., Shi, Y.T., … Li, Y.F. (2017). The effect of diaphragmatic breathing on attention, negative affect and stress in healthy adults. *Frontiers in Psychology, 8*, 874. 10.3389/fpsyg.2017.00874
13. Zaccaro, A., Piarulli, A., Laurino, M., Garbella, E., Menicucci, D., Neri, B., & Gemignani, A. (2018). How breath-control can change your life: A systematic review on psycho-physiological correlates of slow breathing. *Frontiers in Human Neuroscience, 12*, 353. https://doi.org/10.3389/fnhum.2018.00353
14. Sutton, B. (2016, Jan 5). *The science of self-myofascial release*. Retrieved from www.ptonthenet.com
15. Cheatham, S.W., Kolber, M.J., Cain, M., & Lee, M. (2015). The effects of self-myofascial release using a foam roll or roller massager on joint range of motion, muscle recovery, and performance: A systematic review. *International Journal of Sports Physical Therapy, 10*(6), 827-838.
16. Saraiva, A., Reis, V., Costa, P., Bentes, C., Costa e Silva, G., & Novaes, J. (2014). Chronic effects of different resistance training exercise orders on flexibility in elite judo athletes. *Journal of Human Kinetics. 40*, 129-137. https://doi.org/10.2478/hukin-2014-0015
17. Ribeiro, A., Filho, M., Avelar, A., Santos, L., Junior, A., Aguiar, A., Fleck, S., Júnior, H., & Cyrino, E. (2017). Effect of resistance training on flexibility in young adult men and women. *Isokinetics and Exercise Science, 25*. 149-155. https://doi.org/10.3233/IES- 170658
18. Öncen, S., Aydin, S., & Pınar, S. (2018). Study of equation model for vertical jump test. *International Journal of Social Sciences and Education Research, 4*, 580-584. https://doi.org/10.24289/ijsser.451529

Chapter 7

1. Wilson, G., Lucas, D., Hambly, C., Speakman, J.R., Morton, J.P., & Close, G.L. (2018). Energy expenditure in professional flat jockeys using doubly labelled water during the racing season: Implications for body weight management. *European Journal of Sport Science, 2*, 235-242.
2. Davidson, L., McNeill, G., Haggarty, P., Smith, J.S., & Franklin, M.F. (1997). Free-living energy expenditure of adult men assessed by continuous heart-rate monitoring and doubly-labelled water. *British Journal of Nutrition, 78*, 695-708.
3. Loucks, A. (2004). Energy balance and body composition in sports and exercise. *Journal of Sports Sciences, 22*(1), 1-14.
4. Hearris, M., Hammond, K., Fell, J., & Morton, J. (2018). Regulation of muscle glycogen metabolism during exercise: Implications for endurance performance and training adaptations. *Nutrients, 10*, 298.
5. Romijn, J.A.J.A., Coyle, E.F., Sidossis, L.S., Gastaldelli, A., Horowitz, J.F.J., Endert, E., & Wolfe, R.R.R. (1993). Regulation of endogenous fat and carbohydrate metabolism in relation to exercise intensity and duration. *Am J Physiol Metab, 265*, E380-E391.
6. Krustrup, P., Mohr, M., Steensberg, A., Bencke, J., Klær, M., & Bangsbo, J. (2006). Muscle and blood metabolites during a soccer game: Implications for sprint performance. *Med Sci Sports Exerc, 38*, 1165-1174.
7. Bradley, W.J., Morehen, J.C., Haigh, J., Clarke, J., Donovan, T.F., Twist, C., Cotton, C., Shepherd, S., Cocks, M., Sharma, A., Impey, S.G., Cooper, R.G., Maclaren, D.P.M., Morton, J.P., & Close, G.L. (2016). Muscle glycogen utilisation during rugby match play: Effects of pre-game carbohydrate. *J Sci Med Sport, 19*, 1033-1038.
8. Nielsen, J., Cheng, A.J., Ørtenblad, N., & Westerblad, H. (2014). Subcellular distribution of glycogen and decreased tetanic Ca2+ in fatigued single intact mouse muscle fibres. *Journal of Physiology, 592*(9), 2003-2012.

9. Burke, L.M., Kiens, B., & Ivy, J.L. (2004). Carbohydrates and fat for training and recovery. *J Sports Sci, 22*, 15-30.
10. Burke, L.M., & Hawley, J.A. (2018). Swifter, higher, stronger: What's on the menu? *Science, 362*(6416), 781-787.
11. Mata, F., Valenzuela, P.L., Gimenez, J., Tur, C., Ferreria, D., Domínguez, R., Sanchez-Oliver, A.J., & Martínez Sanz, J.M. (2019). Carbohydrate availability and physical performance: Physiological overview and practical recommendations. *Nutrients, 11*(5), 1084. https://doi.org/10.3390/nu11051084
12. Impey, S.G., Hearris, M.A., Hammond, K.M., Bartlett, J.D., Louis, J., Close, G.L., & Morton, J.P. (2018). Fuel for the work required: A theoretical framework for carbohydrate periodization and the glycogen threshold hypothesis. *Sports Med, 48*(5), 1031-1048.
13. Jeukendrup, A.E. (2004). Carbohydrate intake during exercise and performance. *Nutrition, 20*, 669-677.
14. Currell, K., & Jeukendrup, A. (2008). Superior endurance performance with ingestion of multiple transportable carbohydrates. *Medicine and Science in Sports and Exercise, 40*, 275-281.
15. Jentjens, R.L., Moseley, L., Waring, R.H., Harding, L.K., & Jeukendrup, A.E. (2004). Oxidation of combined ingestion of glucose and fructose during exercise. *Journal of Applied Physiology, 96*, 1277-1284.
16. WHO. (2007). Protein and amino acid requirements in human nutrition. *World Health Organization Technical Report Series, 935*, 1.
17. Tarnopolsky, M. (2006). Protein and amino acid needs for training and bulking up. In *Clinical sports nutrition* (3rd ed., pp. 90-117). McGraw-Hill.
18. Phillips, S.M., & Van Loon, L.J. (2011). Dietary protein for athletes: From requirements to optimum adaptation. *Journal of Sports Sciences, 29*, 29-38.
19. Phillips, S.M. (2012). Dietary protein requirements and adaptive advantages in athletes. *British Journal of Nutrition, 108*, 158-167
20. Tipton, K., & Wolfe, R.R. (2001). Exercise, protein metabolism, and muscle growth. *International Journal of Sport Nutrition and Exercise Metabolism, 11*, 109-132.
21. Areta, J.L., Burke, L.M., Ross, M.L., Camera, D.M., West, D.W.D., Broad, E.M., Jeacocke, N.A., Moore, D.R., Stellingwerff, T., Phillips, S.M., Hawley, J.A., & Coffey, V.G. (2013). Timing and distribution of protein ingestion during prolonged recovery from resistance exercise alters myofibrillar protein synthesis. *J Physiol, 591*, 2319-2331.
22. Schoenfeld, B.J., & Aragon, A.A. (2018). How much protein can the body use in a single meal for muscle-building? Implications for daily protein distribution. *Journal of the International Society of Sports Nutrition, 15*, 1-6.
23. van Vliet, S., Burd, N.A., & van Loon, L.J.C. (2015). The skeletal muscle anabolic response to plant- versus animal-based protein consumption. *J Nutr, 145*(9), 1981-1991.
24. Phillips, S.M. (2016). The impact of protein quality on the promotion of resistance exercise-induced changes in muscle mass. *Nutr Metab, 13*, 1-9.
25. Schoenfeld, B.J., Aragon, A.A., & Krieger, J.W. (2013). The effect of protein timing on muscle strength and hypertrophy: A meta-analysis. *J Int Soc Sports Nutr, 10*, 1-13.
26. Rasmussen, B.B., Tipton, K.D., Miller, S.L., Wolf, S.E., & Wolfe, R.R. (2000). An oral essential amino acid-carbohydrate supplement enhances muscle protein anabolism after resistance exercise. *Journal of Applied Physiology, 88*(2), 386-392.
27. Burke, L.M., van Loon, L.J., & Hawley, J.A. (2017). Postexercise muscle glycogen resynthesis in humans. *Journal of Applied Physiology, 122*, 1055-1067.
28. Tang, J.E., Moore, D.R., Kujbida, G.W., Tarnopolsky, M.A., & Phillips, S.M. (2009). Ingestion of whey hydrolysate, casein, or soy protein isolate: Effects on mixed muscle protein synthesis at rest and following resistance exercise in young men. *J Appl Physiol, 107*, 987-992.
29. Monteyne, A.J., Coelho, M.O., Porter, C., Abdelrahman, D.R., Jameson, T.S., Jackman, S.R., Blackwell, J.R., Finnigan, T.J., Stephens, F.B., Dirks, M.L. and Wall, B.T. (2020). Mycoprotein ingestion stimulates protein synthesis rates to a greater extent than milk protein in rested and exercised skeletal muscle of healthy young men: a randomized controlled trial. *The American journal of clinical nutrition, 112*, 318-333.
30. Oikawa, S. Y., Bahniwal, R., Holloway, T. M., Lim, C., McLeod, J. C., McGlory, C., & Phillips, S. M. (2020). Potato protein isolate stimulates muscle protein synthesis at rest and with resistance exercise in young women. *Nutrients, 12*, 1235.
31. Brennan, J.L., Keerati-u-rai, M., Yin, H., Daoust, J., Nonnotte, E., Quinquis, L., St-Denis, T., & Bolster, D.R. (2019). Differential responses of blood essential amino acid levels following ingestion of high-quality plant-based protein blends compared to whey protein–A double-blind randomized, cross-over, clinical trial. *Nutrients, 11*, 2987.
32. Simopoulos, A.P. (2002). The importance of the ratio of omega-6/omega-3 essential fatty acids. *Biomed Pharmacother, 56*, 365-379.
33. Burke, L.M., Ross, M.L., Garvican-Lewis, L.A., Welvaert, M., Heikura, I.A., Forbes, S.G., Mirtschin, J.G., Cato, L.E., Strobel, N., Sharma, A.P., & Hawley, J.A. (2017). Low carbohydrate, high fat diet impairs exercise economy and negates the performance benefit from intensified training in elite race walkers. *J Physiol, 595*, 2785-2807.
34. Stellingwerff, T., Spriet, L.L., Watt, M.J., Kimber, N.E., Hargreaves, M., Hawley, J.A., & Burke, L.M. (2006). Decreased PDH activation and glycogenolysis during exercise following fat adaptation with carbohydrate restoration. *Am J Physiol–Endocrinol Metab, 290*, 380-388.
35. Anderson, L., Close, G.L., Konopinski, M., Rydings, D., Milsom, J., Hambly, C., Speakman, J.R., Drust, B., & Morton, J.P. (2019). Case study: Muscle atrophy, hypertrophy, and energy expenditure of a Premier League soccer player during rehabilitation from anterior cruciate ligament injury. *International Journal of Sport Nutrition and Exercise Metabolism, 29*, 559-566.
36. McGlory, C., Gorissen, S.H.M., Kamal, M., Bahniwal, R., Hector, A.J, Baker, S.K., Chabowski, A., & Phillips, S.M. (2019). Omega-3 fatty acid supplementation attenuates skeletal muscle disuse atrophy during two weeks of unilateral leg immobilization in healthy young women. *FASEB J, 33*, 4586-4597.
37. Zhang, Y., Woods, R.M., Breitbach, Z.S., & Armstrong, D.W. (2012). 1, 3⊠Dimethylamylamine (DMAA) in supplements and geranium products: Natural or synthetic? *Drug Testing and Analysis, 4*, 986-990.
38. Judkins, C., Hall, D., & Hoffman, K. (2007). *Investigation into supplement contamination levels in the US market*. HFL.
39. UK Anti-Doping. (2015). *Supplements advice*. Retrieved from www.ukad.org.uk/resources/document-download/supplements-advice
40. International Olympic Committee Expert Group on Dietary Supplements in Athletes. (2018). International Olympic Committee Expert Group statement on dietary supplements in

athletes. *Int J Sport Nutr Exerc Metab, 28*(2), 102-103.

41. Mendez-Villanueva, A., Edge, J., Suriano, R., Hamer, P., & Bishop, D. (2012). The recovery of repeated-sprint exercise is associated with PCr resynthesis, while muscle pH and EMG amplitude remain depressed. *PloS One, 7*, e51977.
42. Sahlin, K. (2014). Muscle energetics during explosive activities and potential effects of nutrition and training. *Sports Medicine, 44*, 167-173.
43. Greenhaff, P.L., Bodin, K., Soderlund, K., & Hultman, E. (1994). Effect of oral creatine supplementation on skeletal muscle phosphocreatine resynthesis. *American Journal of Physiology-Endocrinology and Metabolism, 266*, 725-730.
44. Tarnopolsky, M.A., & Maclaren, D.P. (2000). Creatine monohydrate supplementation enhances high-intensity exercise performance in males and females. *International Journal of Sport Nutrition and Exercise Metabolism, 10*, 452-463.
45. Wiroth, J., Bermon, S., Andrei, S., Dalloz, E., Hebuterne, X., & Dolisi, C. (2001). Effects of oral creatine supplementation on maximal pedalling performance in older adults. *European Journal of Applied Physiology, 84*, 533-539.
46. Vandenberghe, K., Goris, M., Van Hecke, P., Van Leemputte, M., Vangerven, L., & Hespel, P. (1997). Long-term creatine intake is beneficial to muscle performance during resistance training. *J Appl Physiol, 83*(6), 2055-2063.
47. Volek, J.S., Duncan, N.D., Mazzetti, S.A., Staron, R.S., Putukian, M.A.R.G.O.T., Gomez, A.L., Pearson, D.R., Fink, W.J., & Kraemer, W.J. (1999). Performance and muscle fiber adaptations to creatine supplementation and heavy resistance training. *Medicine and Science in Sports and Exercise, 31*(8), 1147-1156.
48. Spriet, L.L., Lindinger, M.I., McKelvie, R.S., Heigenhauser, G.J., & Jones, N.L. (1989). Muscle glycogenolysis and H+ concentration during maximal intermittent cycling. *Journal of Applied Physiology, 66*, 8-13.
49. Chin, E.R., & Allen, D.G. (1998). The contribution of pH⊠ dependent mechanisms to fatigue at different intensities in mammalian single muscle fibres. *Journal of Physiology, 512*, 831-840.
50. Sale, C., Saunders, B., & Harris, R.C. (2010). Effect of beta-alanine supplementation on muscle carnosine concentrations and exercise performance. *Amino Acids, 39*, 321-333.
51. Burke, L.M. (2008). Caffeine and sports performance. *Applied Physiology, Nutrition, and Metabolism, 33*, 1319-1334.
52. Davis, J.K., & Green, J.M. (2009). Caffeine and anaerobic performance. *Sports Medicine, 39*, 813-832.
53. Meyers, B.M., & Cafarelli, E. (2005). Caffeine increases time to fatigue by maintaining force and not by altering firing rates during submaximal isometric contractions. *Journal of Applied Physiology, 99*, 1056-1063.
54. Schneiker, K.T., Bishop, D., Dawson, B., & Hackett, L.P. (2006). Effects of caffeine on prolonged intermittent-sprint ability in team-sport athletes. *Medicine and Science in Sports and Exercise, 38*, 578-585.
55. Spriet, L.L., MacLean, D.A., Dyck, D.J., Hultman, E., Cederblad, G., & Graham, T.E. (1992). Caffeine ingestion and muscle metabolism during prolonged exercise in humans. *Am J Physiol, 262*(6, pt 1), E891-E898.
56. Connell, C.J., Thompson, B., Kuhn, G., & Gant, N. (2016). Exercise-induced fatigue and caffeine supplementation affect psychomotor performance but not covert visuo-spatial attention. *PLoS One, 11*, p.e0165318.
57. Astorino, T.A., & Roberson, D.W. (2010). Efficacy of acute caffeine ingestion for short-term high-intensity exercise performance: A systematic review. *Journal of Strength & Conditioning Research, 24*, 257-265.

Chapter 8

1. Impellizzeri, F.M., Marcora, S.M., & Coutts, A.J. (2019). Internal and external training load: 15 years on. *Int J Sports Physiol Perf, 14*(2), 270-273.
2. Matveyev, L. (1981). *Fundamentals of sports training*. Progress Publishers.
3. Selye, H. (1956). *The stress of life* (2nd ed.). McGraw-Hill.
4. Bompa, T.O. (1983). *Theory and methodology of training*. Kendall/Hunt.
5. Harre, D. (1982). *Principles of sports training: Introduction to the theory and methods of training*. Sportverlag.
6. Kukushkin, G. (1983). *The system of physical education in the U.S.S.R.* Radugi Publishers.
7. Fry, R.W., Morton, A.R., & Keast, D. (1992, Sep). Periodisation of training stress—a review. *Can J Sport Sci, 17*(3), 234-240.
8. Kuipers, H., & Keizer, H.A. (1988). Overtraining in elite athletes-review and directions for the future. *Sports Med, 6*, 79-92.
9. Viru, A. (1984). The mechanism of training effects: A hypothesis. *Int J Sports Med, 5*(5), 219- 227.
10. Rowbottom, D.G., Keast, D., & Morton, A.R. (1998). Monitoring and preventing of overreaching and overtraining in endurance athletes. In R.B. Kreider, A.C. Fry, & O.M.L. (Eds.), *Overtraining in sport* (pp. 47-66). Human Kinetics.
11. Snyder, A.C., Kuipers, H., Cheng, B., Servais, R., & Fransen, E. (1995, Jul). Overtraining following intensified training with normal muscle glycogen. *Med Sci Sports Exerc, 27*(7), 1063-1070.
12. Soligard, T., Schwellnus, M., Alonso, J.-M., Bahr, R., Clarsen, B., Dijkstra, H.P., Gabbett, T., Gleeson, M., Hägglund, M., & Hutchinson, M.R. (2016). How much is too much (Part 1)? International Olympic Committee consensus statement on load in sport and risk of injury. *Brit J Sport Med, 50*(17), 1030-1041.
13. Schwellnus, M., Soligard, T., Alonso, J.-M., Bahr, R., Clarsen, B., Dijkstra, H.P., Gabbett, T.J., Gleeson, M., Hägglund, M., & Hutchinson, M.R. (2016). How much is too much (Part 2)? International Olympic Committee consensus statement on load in sport and risk of illness. *Brit J Sport Med, 50*(17), 1043-1052.
14. Colby, M.J., Dawson, B., Peeling, P., Heasman, J., Rogalski, B., Drew, M.K., & Stares, J. (2018). Improvement of prediction of noncontact injury in elite Australian footballers with repeated exposure to established high-risk workload scenarios. *Int J Sports Physiol Perf, 13*(9), 1130-1135.
15. Murray, N.B., Gabbett, T.J., & Townshend, A.D. (2017). Relationship between preseason training load and in-season availability in elite Australian football players. *Int J Sports Physiol Perf, 12*(6), 749-755.
16. O'Keeffe, S., O'Connor, S., & Ní Chéilleachair. (2019). Are internal load measures associated with injuries in male adolescent Gaelic football players? *Eur J Sport Sci, 20*(2), 249-260.
17. Ruddy, J.D., Cormack, S., Timmins, R.G., Sakadjian, A., Pietsch, S., Carey, D.L., Williams, M.D., & Opar, D.A. (2020). Factors that impact self-reported wellness scores in elite Australian footballers. *Med Sci Sports Exerc, 52*(6), 1427-1435.
18. Halson, S.L., & Jeukendrup, A.E. (2004). Does overtraining exist?: An analysis of overreaching and overtraining research.

Sports Med, 34(14), 967-981.

19. Skorski, S., Mujika, I., Bosquet, L., Meeusen, R., Coutts, A.J., & Meyer, T. (2019). The temporal relationship between exercise, recovery processes, and changes in performance. *Int J Sports Physiol Perf, 14*(8), 1015-1021.
20. Meeusen, R., Duclos, M., Gleeson, M., Rietjens, G., Steinacker, J., & Urhausen, A. (2006). Prevention, diagnosis and treatment of the overtraining syndrome. *Eur J Sport Sci, 6*(01), 1-14.
21. Budgett, R., Newsholme, E., Lehmann, M., Sharp, C., Jones, D., Jones, T., Peto, T., Collins, D., Nerurkar, R., & White, P. (2000). Redefining the overtraining syndrome as the unexplained underperformance syndrome. *Brit J Sport Med, 34*(1), 67-68.
22. Impellizzeri, F.M., Rampinini, E., & Marcora, S.M. (2005). Physiological assessment of aerobic training in soccer. *J Sports Sci, 23*(6), 583-592.
23. Coutts, A. J., Sirotic, A. C., Knowles, H., & Catterick, C. (2009). Monitoring training loads in professional Rugby League. In T. Reilly & F. Korkusuz (Eds.), *Science and football VI* (pp. 272-277). London: Routledge.
24. Viru, A., & Viru, M. (2000). Nature of training effects. In J. Garret, W.E. & D.T. Kirkendall (Eds.), *Exercise and sport science* (pp. 67-95). Lippincott Williams and Wilkins.
25. Åstrand, P.O., & Rodahl, K. (1986). *Textbook of work physiology.* McGraw-Hill.
26. Achten, J., & Jeukendrup, A. (2003). Heart rate monitoring: Applications and limitations. *Sports Med, 33*(7), 517-538.
27. Zavorsky, G.S. (2000). Evidence and possible mechanisms of altered maximum heart rate with endurance training and tapering. *Sports Med, 29*(1), 13-26.
28. Banister, E.W., Calvert, T.W., Savage, M.V., & Bach, T. (1975). A systems model of training for athletic performance. *Aust J Sports Med Exerc Sci, 7*, 57-61.
29. Busso, T., Denis, C., Bonnefoy, R., Geyssant, A., & Lacour, J.R. (1997). Modeling of adaptations to physical training by using a recursive least squares algorithm. *J Appl Physiol, 82*(5), 1685-1693.
30. Lucía, A., Hoyos, J., Santalla, A., Earnest, C., & Chicharro, J.L. (2003, May). Tour de France versus Vuelta a Espana: Which is harder? *Med Sci Sports Exerc, 35*(5), 872-878.
31. Mujika, I. (1998). The influence of training characteristics and tapering on the adaptation in highly trained individuals: A review. *Int J Sports Med, 19*(7), 439-446.
32. Mujika, I., Busso, T., Lacoste, L., Barale, F., Geyssant, A., & Chatard, J.-C. (1996). Modelled responses to training and taper in competitive swimmers. *Med Sci Sports Exerc, 28*(2), 251-258.
33. Foster, C. (1998). Monitoring training in athletes with reference to overtraining syndrome. *Med Sci Sports Exerc, 30*(7), 1164.
34. Foster, C., Daines, E., Hector, L., Snyder, A.C., & Welsh, R. (1996). Athletic performance in relation to training load. *Wisc Med J, 95*(6), 370.
35. Foster, C., Hector, L.L., Welsh, R., Schrager, M., Green, M.A., & Snyder, A.C. (1995). Effects of specific versus cross-training on running performance. *Eur J Appl Physiol, 70*(4), 367-372.
36. Foster, C., & Lehmann, M. (1997). Overtraining syndrome. In G. Guten (Ed.), *Running injuries* (pp. 173-188). W.B. Saunders.
37. Banister, E.W., Calvert, T.W., Savage, M.V., & Bach, T. (1975). A systems model of training for athletic performance. *Aust J Sports Med Exerc Sci*, 7, 57-61.
38. Banister, E., Carter, J., & Zarkadas, P. (1999). Training theory and taper: Validation in triathlon athletes. *Eur J Appl Physiol Occup Physiol, 79*(2), 182-191.
39. Banister, E., & Hamilton, C. (1985). Variations in iron status with fatigue modelled from training in female distance runners. *Eur J Appl Physiol Occup Physiol, 54*(1), 16-23.
40. Morton, R., Fitz-Clarke, J., & Banister, E. (1990). Modeling human performance in running. *J Appl Physiol, 69*(3), 1171-1177.
41. Banister, E.W., & Fitz-Clark, J.R. (1993). Plasticity of response to equal qualities of endurance training separated by non-training in humans. *J Therm Biol, 5*(6), 587-597.
42. Edwards, S. (1993). High performance training and racing. In S. Edwards (Ed.), *The heart rate monitor book* (8th ed., pp. 113-123). Feet Fleet Press.
43. Akubat, I., & Abt, G. (2011). Intermittent exercise alters the heart rate–blood lactate relationship used for calculating the training impulse (TRIMP) in team sport players. *J Sci Med Sport, 14*(3), 249-253.
44. Akubat, I., Patel, E., Barrett, S., & Abt, G. (2012). Methods of monitoring the training and match load and their relationship to changes in fitness in professional youth soccer players. *J Sports Sci, 30*(14), 1473-1480.
45. Stagno, K.M., Thatcher, R., & Van Someren, K.A. (2007). A modified TRIMP to quantify the in-season training load of team sport players. *J Sports Sci, 25*(6), 629-634.
46. Borresen, J., & Lambert, M.I. (2008). Autonomic control of heart rate during and after exercise: Measurements and implications for monitoring training status. *Sports Med, 38*(8), 633-646.
47. Buchheit, M. (2014). Monitoring training status with HR measures: Do all roads lead to Rome? *Front Physiol, 5*, 73.
48. Bellenger, C.R., Fuller, J.T., Thomson, R.L., Davison, K., Robertson, E.Y., & Buckley, J.D. (2016). Monitoring athletic training status through autonomic heart rate regulation: A systematic review and meta-analysis. *Sports Med, 46*(10), 1461-1486.
49. Cowan, M.J. (1995). Measurement of heart rate variability. *West J Nur Res, 17*(1), 32-48.
50. Terziotti, P., Schena, F., Gulli, G., & Cevese, A. (2001). Post-exercise recovery of autonomic cardiovascular control: A study by spectrum and cross-spectrum analysis in humans. *Eur J Appl Physiol, 84*(3), 187-194.
51. Raczak, G., Pinna, G.D., La Rovere, M.T., Maestri, R., Danilowicz-Szymanowicz, L., Ratkowski, W., Figura-Chmielewska, M., Szwoch, M., & Ambroch-Dorniak, K. (2005). Cardiovagal response to acute mild exercise in young healthy subjects. *Circulation, 69*(8), 976.
52. Buchheit, M., Mendez-Villanueva, A., Quod, M.J., Poulos, N., & Bourdon, P. (2010). Determinants of the variability of heart rate measures during a competitive period in young soccer players. *Eur J Appl Physiol, 109*(5), 869-878.
53. Kaikkonen, P., Hynynen, E., Mann, T., Rusko, H., & Nummela, A. (2012). Heart rate variability is related to training load variables in interval running exercises. *Eur J Appl Physiol, 112*(3), 829-838.
54. Lee, C.M., & Mendoza, A. (2011). Dissociation of heart rate variability and heart rate recovery in well-trained athletes. *Eur J Appl Physiol, 112*(7), 2757-66.
55. Uusitalo, A., Uusitalo, A., & Rusko, H. (2000). Heart rate and blood pressure variability during heavy training and overtraining in the female athlete. *Int J Sports Med21*(01), 45-53.
56. Hooper, S.L., Mackinnon, L.T., Howard, A., Gordon, R.D., & Bachmann, A.W. (1995). Markers for monitoring overtraining and recovery. *Med Sci Sports Exerc, 27*(1), 106-112.

57. Buchheit, M., Millet, G.P., Parisy, A., Pourchez, S., Laursen, P.B., & Ahmaidi, S.I.D. (2008). Supramaximal training and postexercise parasympathetic reactivation in adolescents. *Med Sci Sports Exerc, 40*(2), 362.

58. Mujika, I., & Padilla, S. (2001). Cardiorespiratory and metabolic characteristics of detraining in humans. *Med Sci Sports Exerc, 33*(3), 413.

59. Lamberts, R.P., Lemmink, K., Durandt, J.J., & Lambert, M.I. (2004). Variation in heart rate during submaximal exercise: Implications for monitoring training. *J Strength Condit Res, 18*(3), 641-645.

60. Pichot, V., Busso, T., Roche, F., Garet, M., Costes, F., Duverney, D., Lacour, J.R., & Barthélémy, J.C. (2002). Autonomic adaptations to intensive and overload training periods: A laboratory study. *Med Sci Sports Exerc, 34*(10), 1660.

61. Bourgois, J., Coorevits, P., Danneels, L., Witvrouw, E., Cambier, D., & Vrijens, J. (2004). Validity of the heart rate deflection point as a predictor of lactate threshold concepts during cycling. *J Strength Condit Res, 18*(3), 498.

62. Bourgois, J., & Vrijens, J. (1998). The Conconi test: A controversial concept for the determination of the anaerobic threshold in young rowers. *Int J Sports Med, 19*(8), 553.

63. Lucia, A.L., Garvajal, A., Boraita, L., Serratosa, L., Hoyos, J., & Chicharro, J.L. (1999). Heart dimensions may influence the occurance of heart rate deflection point in highly trained cyclists. *Brit J Sports Med, 33*, 387-392.

64. Borg, G. (1982). A category scale with ratio properties for intermodel and interindividual comparisons In H.-G. Geissler (Ed.), *Psychophysical Judgment and the Process of Perception* (pp. 25-34). VEB.

65. Borg, G.A.V. (1970). Percieved exertion as an indicator of somatic stress. *Scand J Rehab Med 2*, 92-98.

66. Borg, G.A.V. (1962). Physical performance and perceived exertion. University of Lund.

67. Foster, C., Florhaug, J.A., Franklin, J., Gottschall, L., Hrovatin, L.A., Parker, S., Doleshal, P., & Dodge, C. (2001). A new approach to monitoring exercise training. *J Strength Cond Res, 15*(1), 109-115.

68. Stevens, S.S. (1970). Neural events and the psychophysical law. *Science, 170*, 1043-1050.

69. Borg, G. (1970). Perceived exertion as an indicator of somatic stress. *Scand J Rehab Med, 2*(2), 92.

70. Borg, G., & Borg, E. (2010). *The Borg CR Scales® folder*. Stockholm University.

71. Borg, G., & Borg, E. (2001). A new generation of scaling methods: Level-anchored ratio scaling. *Psychologica, 28*, 15-45.

72. Borg, E. (2007). *On perceived exertion and its measurement*. Stockholm University.

73. Day, M.L., McGuigan, M.R., Brice, G., & Foster, C. (2004). Monitoring exercise intensity during resistance training using the session RPE scale. *J Strength Cond Res, 18*(2), 353- 358.

74. Wallace, L.K., Slattery, K.M., & Coutts, A.J. (2009). The ecological validity and application of the session-RPE method for quantifying training loads in swimming. *J Str Cond Res, 23*(1), 33.

75. Impellizeri, F.M., Rampinini, E., Coutts, A.J., Sassi, A., & Marcora, S.M. (2004). Use of RPE-based training load in soccer. *Med Sci Spors Exerc, 36*(6), 1042-1047.

76. Coutts, A.J., Reaburn, P.R.J., Murphy, A.J., Pine, M.J., & Impellizzeri, F.M. (2003). Validity of the session-RPE method for determining training load in team sport athletes. *J Sci Med Sport, 6*(4), 525.

77. Alexiou, H., & Coutts, A.J. (2008). The validity of the session-RPE method for monitoring training load in elite female soccer players. *Int J Sports Physiol Perf, 3*(3), 320-330.

78. Halperin, I., & Emanuel, A. (2019). Rating of perceived effort: Methodological concerns and future directions. *Sports Med*, 1-9.

79. McLaren, S.J., Graham, M., Spears, I.R., & Weston, M. (2016). The sensitivity of differential ratings of perceived exertion as measures of internal load. *Int J Sports Physiol Perf, 11*(3), 404-406.

80. McLaren, S.J., Smith, A., Spears, I.R., & Weston, M. (2017). A detailed quantification of differential ratings of perceived exertion during team-sport training. *J Sci Med Sport, 20*(3), 290-295.

81. Fry, R.W., Morton, A.R., Garcia-Webb, P., Crawford, G.P.M., & Keast, D. (1992). Biological responses to overload training in endurance sports. *Eur J Appl Physiol Occup Physiol, 64*(4), 335-344.

82. Hooper, S.L., Mackinnon, L.T., Bachmann, A.W., Howard, A., & Gordon, D. (1995). Markers for monitoring overtraining and recovery. *Med Sci Sports Exerc, 27*(1), 106-112.

83. Saw, A.E., Main, L.C., & Gastin, P.B. (2016). Monitoring the athlete training response: Subjective self-reported measures trump commonly used objective measures: A systematic review. *Brit J Sport Med, 50*(5), 281-291.

84. Hooper, S.L., Mackinnon, L.T., & Howard, A. (1999). Physiological and psychometric variables for monitoring recovery during tapering for major competition. *Med Sci Sports Exerc, 31*(8), 1205-1210.

85. McNair, D.M., Lorr, M., & Droppleman, L.F. (1971). *EITS profile for Mood States*. Educational and Industrial Testing Service.

86. Rushall, B.S. (1990). A tool for measuring stress tolerance in elite athletes. *J Appl Sport Psychol, 2*(1), 51-66.

87. Kallus, K., & Kellmann, M. (2001). *The recovery-stress-questionnaire for athletes user manual*. Human Kinetics.

88. Main, L., & Robert, G.J. (2009). A multi-component assessment model for monitoring training distress among athletes. *Eur J Sp Sci, 9*(4), 195-202.

89. Morgan, W., Brown, D., Raglin, J., O'Connor, P., & Ellickson, K. (1987). Psychological monitoring of overtraining and staleness. *Brit J Sport Med, 21*(3), 107-114.

90. Morgan, W.P. (1989). Psychological monitoring of staleness and overtraining. Growing child in competitive sport. The British Institute of Sports Coaches 1989 International Congress, Leeds, England.

91. Morgan, W.P., Costill, D.L., Flynn, M.G., Raglin, J.S., & O'Connor, P.J. (1988). Mood disturbance following increased training in swimmers. *Med Sci Sports Exerc, 20*(4), 408 414.

92. Morgan, W.P., O'Connor, P.J., Ellickson, K.A., & Bradley, P.W. (1988). Personality structure, mood states, and performance in elite male distance runners. *Int J Sports Psych, 19*(4), 247-263.

93. Halson, S., Bridge, M.W., Meeusen, R., Busschaert, B., Gleeson, M., Jones, D.A., & Jeukendrup, A.E. (2002). Time course of performance changes and fatigue markers during intensified training in trained cyclists. *J Appl Physiol, 93*, 947-956.

94. Filaire, E., Bernain, X., Sagnol, M., & Lac, G. (2001). Preliminary results on mood state, salivary testosterone: Cortisol ratio and team performance in a professional soccer team. *Eur J Appl Physiol, 86*, 179-184.

95. Martin, D.T., Andersen, M.B., & Gates, W. (2000). Using profile of mood states (POMS) to monitor high-intensity training in cyclists: Group versus case studies. *The Sport Psychologist, 14*,

138-156.

96. Filaire, E., Legrand, B., Bret, K., Sagnol, M., Cottet-Emard, J.M., & Pequignot, J.M. (2002). Psychobiologic responses to 4 days of increased training and recovery in cyclists. *Int J Sports Med, 23*(8), 588-594.

97. Renger, R. (1993). A review of the Profile of Mood States (POMS) in the predication of athletic success. *J Appl Sport Psych, 5*, 78-84.

98. McLean, B.D., Coutts, A.J., Kelly, V., McGuigan, M.R., & Cormack, S.J. (2010). Neuromuscular, endocrine, and perceptual fatigue responses during different length between-match microcycles in professional Rugby League players. *Int J Sports Physiol Perf, 5*(3), 367-383.

99. Saw, A.E., Kellmann, M., Main, L.C., & Gastin, P.B. (2017). Athlete self-report measures in research and practice: Considerations for the discerning reader and fastidious practitioner. *Int J Sports Physiol Perf, 12*(s2), S2127-S2135.

100. Gallo, T.F., Cormack, S.J., Gabbett, T.J., & Lorenzen, C.H. (2016, Aug). Pre-training perceived wellness impacts training output in Australian football players. *J Sports Sci, 34*(15), 1445-1451. https://doi.org/10.1080/02640414.2015.1119295

101. Gallo, T.F., Cormack, S.J., Gabbett, T.J., & Lorenzen, C.H. (2017, Feb). Self-reported wellness profiles of professional Australian football players during the competition phase of the season. *J Strength Cond Res, 31*(2), 495-502.

102. Lalor, B.J., Halson, S.L., Tran, J., Kemp, J.G., & Cormack, S.J. (2018, Jan). No compromise of competition sleep compared with habitual sleep in elite Australian footballers. *Int J Sports Physiol Perf, 13*(1), 29-36.

103. Driller, M.W., Mah, C.D., & Halson, S.L.J.S.S. (2018). Development of the athlete sleep behavior questionnaire: A tool for identifying maladaptive sleep practices in elite athletes. *Sleep Science, 11*(1), 37.

104. Coutts, A.J., & Duffield, R. (2010). Validity and reliability of GPS devices for measuring movement demands of team sports. *J Sci Med Sport, 13*(1), 133-135.

105. Jennings, D., Cormack, S.J., Coutts, A.J., & Aughey, R.J. (2012). GPS analysis of an international field hockey tournament. *Int J Sports Physiol Perf, 7*(3), 224.

106. Malone, J.J., Lovell, R., Varley, M.C., & Coutts, A.J. (2017). Unpacking the black box: Applications and considerations for using GPS devices in sport. *Int J Sports Physiol Perf, 12*(s2), S218-S1226.

107. Lacome, M., Simpson, B., & Buchheit, M. (2018). Monitoring training status with player tracking technology. Part 1: Traditional practices and new concepts. *Aspetar Sports Med J, 7*, 54-63.

108. Lacome, M., Simpson, B., & Buchheit, M. (2018). Monitoring training status with player tracking technology Part 2: Still on the road to Rome. *Aspetar Sports Med J, 1*, 64-66.

109. Mooney, M., O'Brien, B., Cormack, S., Coutts, A., Berry, J., & Young, W. (2011). The relationship between physical capacity and match performance in elite Australian football: A mediation approach. *J Sci Med Sport, 14*, 447-452.

110. Brewer, C., Dawson, B., Heasman, J., Stewart, G., & Cormack, S. (2010, Nov). Movement pattern comparisons in elite (AFL) and sub-elite (WAFL) Australian football games using GPS. *J Sci Med Sport, 13*(6), 618-623.

111. Coutts, A.J., Quinn, J., Hocking, J., Castagna, C., & Rampinini, E. (2010). Match running performance in elite Australian rules football. *J Sci Med Sport, 13*, 543-548.

112. Mooney, M., Cormack, S., O'Brien, B., & Coutts, A.J. (2013). Do physical capacity and interchange rest periods influence match exercise-intensity profile in Australian football? *Int J Sports Physiol Perf, 8*(2), 165-172.

113. Rowell, A.E., Aughey, R.J., Clubb, J., & Cormack, S.J. (2018, 07 August). A standardized small sided game can be used to monitor neuromuscular fatigue in professional A-League football players [Original Research]. *Front Physiol, 9*(1011).

114. Mooney, M., Cormack, S., O'Brien, B., Morgan, W., & McGuigan, M. (2013). Impact of neuromuscular fatigue on match exercise intensity in elite Australian football. *J Strength Cond Res, 27*(1), 166-173.

115. Cormack, S.J., Mooney, M.G., Morgan, W., & McGuigan, M.R. (2013). Influence of neuromuscular fatigue on accelerometer load in elite Australian football players. *Int J Sports Physiol Perf, 8*(4), 373-378.

116. Rowell, A.E., Aughey, R.J., Hopkins, W.G., Stewart, A.M., & Cormack, S.J. (2017, August). Identification of sensitive measures of recovery after external load from football match play. *Int J Sports Physiol Perf, 12*(7), 969-976.

117. Staunton, C., Wundersitz, D., Gordon, B., & Kingsley, M. (2018). Accelerometry-derived relative exercise intensities in elite women's basketball. *Int J Sports Med, 39*(11), 822- 827.

118. Buchheit, M., Lacome, M., Cholley, Y., & Simpson, B.M. (2018). Neuromuscular responses to conditioned soccer sessions assessed via GPS-embedded accelerometers: Insights into tactical periodization. *Int J Sports Physiol Perf, 13*(5), 577-583.

119. McNamara, D.J., Gabbett, T.J., Chapman, P., Naughton, G., & Farhart, P. (2015). The validity of microsensors to automatically detect bowling events and counts in cricket fast bowlers. *Int J Sports Physiol Perf, 10*(1), 71-75.

120. Balloch, A.S., Meghji, M., Newton, R.U., Hart, N.H., Weber, J.A., Ahmad, I., & Habibi, D. (2020). Assessment of a novel algorithm to determine change-of-direction angles while running using inertial sensors. *J Strength Cond Res, 34*(1), 134-144.

121. Gastin, P.B., McLean, O., Spittle, M., & Breed, R.V. (2013). Quantification of tackling demands in professional Australian football using integrated wearable athlete tracking technology. *J Sci Med Sport, 16*(6), 589-593.

122. Hulin, B.T., Gabbett, T.J., Johnston, R.D., Jenkins, D.G.J.J.O.S., & Sport, M.I. (2017). Wearable microtechnology can accurately identify collision events during professional Rugby League match-play. *J Sci Med Sport 20*(7), 638-642.

123. Scott, B.R., Duthie, G.M., Thornton, H.R., & Dascombe, B.J. (2016). Training monitoring for resistance exercise: theory and applications. *Sports Med, 46*(5), 687-698.

124. Appleby, B.B., Cormack, S.J., & Newton, R.U. (2019). Reliability of squat kinetics in well- trained rugby players: Implications for monitoring training. *J Str Cond Res, 33*(10), 2635- 2640.

125. Banyard, H.G., Nosaka, K., Sato, K., & Haff, G.G. (2017). Validity of various methods for determining velocity, force, and power in the back squat. *Int J Sports Physiol Perf, 12*(9), 1170-1176.

126. Skiba, P.F. (2006). Calculation of power output and quantification of training stress in distance runners: the development of the GOVSS algorithm. Retrieved from www.physfarm.com/govss.pdf

127. Garvican, L.A., Martin, D.T., McDonald, W., & Gore, C.J. (2010). Seasonal variation of haemoglobin mass in internationally competitive female road cyclists. *Eur J Appl Physiol, 109*(2), 221-231.

128. McGregor, S.J., Weese, R.K., & Ratz, I.K. (2009). Performance modeling in an Olympic 1500-m finalist: A practical approach. *J Strength Cond Res, 23*(9), 2515-2523.

129. Jobson, S.A., Passfield, L., Atkinson, G., Barton, G., & Scarf, P. (2009). The analysis and utilization of cycling training data. *Sports Med, 39*(10), 833-844.

130. Akubat, I., Barrett, S., & Abt, G. (2014). Integrating the internal and external training loads in soccer. *Int J Sports Physiol Perf, 9*(3), 457-462.

131. Weaving, D., Marshall, P., Earle, K., Nevill, A., & Abt, G. (2014). Combining internal-and external-training-load measures in professional Rugby League. *Int J Sports Physiol Perf, 9*(6), 905-912.

132. Delaney, J.A., Duthie, G.M., Thornton, H.R., & Pyne, D.B.J.S. (2018). Quantifying the relationship between internal and external work in team sports: Development of a novel training efficiency index. *Sci Med Football, 2*(2), 149-156.

133. Gallo, T.F., Cormack, S.J., Gabbett, T.J., & Lorenzen, C.H.J. (2016). Pre-training perceived wellness impacts training output in Australian football players. *J Sports Sci 34*(15), 1445- 1451.

134. Taylor, J.L., Amann, M., Duchateau, J., Meeusen, R., & Rice, C.L. (2016). Neural contributions to muscle fatigue: From the brain to the muscle and back again. *Med Sci Sports Exerc, 48*(11), 2294.

135. Enoka, R.M., & Duchateau, J. (2016). Translating fatigue to human performance. *Med Sci Sports Exerc 48*(11), 2228.

136. Tofari, P.J., Kemp, J.G., Cormack, S.J., & Research, C. (2018). Self-paced team-sport match simulation results in reductions in voluntary activation and modifications to biological, perceptual, and performance measures at halftime and for up to 96 hours postmatch. *J Str Cond Res, 32*(12), 3552-3563.

137. Abbis, C.R., & Laursen, P.B. (2005). Models to explain fatigue during prolonged endurance cycling. *Sports Med, 35*(10), 865-898.

138. Marcora, S.M. (2008). Do we really need a central governor to explain brain regulation of exercise performance? *Eur J Appl Physiol, 104*(5), 929.

139. St Clair Gibson, A., Swart, J., & Tucker, R. (2018). The interaction of psychological and physiological homeostatic drives and role of general control principles in the regulation of physiological systems, exercise and the fatigue process—The Integrative Governor Theory. *Eur J Sport Sci, 18*(1), 25-36.

140. Ryan, S., Kempton, T., Impellizzeri, F.M., & Coutts, A.J. (2019). Training monitoring in professional Australian football: Theoretical basis and recommendations for coaches and scientists. *Sci Med Football*, 1-7.

141. Meeusen, R., Nederhof, E., Buyse, L., Roelands, B., De Schutter, G., & Piacentini, M.F. (2010). Diagnosing overtraining in athletes using the two-bout exercise protocol. *Brit J Sports Med, 44*(9), 642-648.

142. Meeusen, R., Piacentini, M., Busschaert, B., Buyse, L., Schutter, G.D., & Stray-Gundersen, J. (2004). Hormonal responses in athletes: The use of a two bout exercise protocol to detect subtle differences in (over) training status. *Eur J Appl Physiol, 91*(2), 140-146.

143. Schmikli, S., Brink, M., de Vries, W., & Backx, F. (2011). Can we detect non-functional overreaching in young elite soccer players and middle-long distance runners using field performance tests? *Brit J Sports Med, 45*(8), 631-636.

144. Barrett, S., Midgley, A., Reeves, M., Joel, T., Franklin, E., Heyworth, R., Garrett, A., & Lovell, R. (2016). The within-match patterns of locomotor efficiency during professional soccer match play: Implications for injury risk? *J Sci Med Sport, 19*(10), 810-815.

145. Taylor, J.L., & Gandevia, S.C. (2008). A comparison of central aspects of fatigue in submaximal and maximal voluntary contractions. *J Appl Physiol, 104*(2), 542-550.

146. Fowles, J.R. (2006). Technical issues in quantifying low-frequency fatigue in athletes. *Int J Sports Physiol Perf, 1*, 169-171.

147. Jones, D.A. (1996). High- and low-frequency fatigue revisited. *Acta Physiol Scand, 156*, 265-270.

148. Strojnik, V., & Komi, P.V. (2000). Fatigue after submaximal intensive stretch-shortening cycle exercise. *Med Sci Sports Exerc, 32*(7), 1314-1319.

149. Tofari, P.J., Opar, D.A., Kemp, J.G., Billaut, F., & Cormack, S. (2016, May). Reliability of measures of quadriceps muscle function using magnetic stimulation. *Muscle & Nerve, 53*(5), 770-778.

150. Cormack, S.J., Newton, R.U., McGuigan, M.R., & Cormie, P. (2008). Neuromuscular and endocrine responses of elite players during an Australian rules football season. *Int J Sports Physiol Perf, 3*, 439-453.

151. Cormack, S.J., Newton, R.U., McGuigan, M.R.J.I. (2008). Neuromuscular and endocrine responses of elite players to an Australian rules football match. *Int J Sports Physiol Perform, 3*(3), 359-374.

152. Gibson, N.E., Boyd, A.J., & Murray, A.M. (2016). Countermovement jump is not affected during final competition preparation periods in elite rugby sevens players. *J Strength Cond Res, 30*(3), 777-783.

153. Malone, J.J., Murtagh, C.F., Morgans, R., Burgess, D.J., Morton, J.P., & Drust, B. (2015). Countermovement jump performance is not affected during an in-season training microcycle in elite youth soccer players. *J Str Cond Res, 29*(3), 752-757.

154. Rowell, A.E., Aughey, R.J., Hopkins, W.G., Stewart, A.M., & Cormack, S.J. (2017). Identification of sensitive measures of recovery after external load from football match play. *Int J Sports Physiol Perf, 12*(7), 969-976.

155. Gathercole, R.J., Sporer, B.C., Stellingwerff, T., Sleivert, G.G., & Research, C. (2015). Comparison of the capacity of different jump and sprint field tests to detect neuromuscular fatigue. *J Strength Cond Res, 29*(9), 2522-2531.

156. Gathercole, R., Sporer, B., Stellingwerff, T., & Sleivert, G. (2015). Alternative countermovement-jump analysis to quantify acute neuromuscular fatigue. *Int J Sports Physiol Perf, 10*(1), 84-92.

157. Adlecreutz, H., Harkonen, M., Kuoppasalmi, K., Naveri, H., Huhtaniemi, I., Tikkanen, H., Remes, K., Dessypris, A., & Karvonen, J. (1986). Effect of training on plasma anabolic and catabolic steroid hormones and their response during physical exercise. *Int J Sports Med, 7*, 27-28 Supplement.

158. Starbuck, C., & Eston, R.G. (2012). Exercise-induced muscle damage and the repeated bout effect: Evidence for cross transfer. *Eur J Appl Physiol, 112*(3), 1005-1013.

159. Stray-Gunderson, J., Videman, T., & Snell, P.G. (1986). Changes in selected objective parameters during overtarining. *Med Sci Sports Exerc, 18*, S54-S55.

160. Kirwan, J., Costill, D., Houmard, J., Mitchell, J., Flynn, M., & Fink, W. (1990). Changes in selected blood measures during repeated days of intense training and carbohydrate control. *Int J Sports Med, 11*(05), 362-366.

161. Stone, M., Keith, R., Kearney, J., Fleck, S., Wilson, G., & Triplett, N. (1991). Overtraining: A review of the signs, symptoms and possible causes. *J Str Cond Res, 5*(1), 35-50.

162. Burke, E., Falsetti, H., Feld, R., Patton, G., & Kennedy, C. (1982). Creatine kinase levels in competitive swimmers during a season of training. *Scan J Med Sci Sports, 4*, 1-4.

163. Fry, R.W., Lawrence, S.R., Morton, A.R., Schreiner, A.B.,

Polglaze, T.D., & Keast, D. (1993). Monitoring training stress in endurance sports using biological parameters. *Clinical J Sports Med, 3*(1), 6-13.

164. Rowbottom, D.G., Keast, D., Goodman, C., & Morton, A.R. (1995). The haematological, biochemical and immunological profile of athletes suffering from the overtraining syndrome. *Eur J Appl Physiol, 70*(6), 502-509.
165. Clarkson, P.M., & Hubal, M.J. (2002). Exercise-induced muscle damage in humans. *American J Phys Med Rehab, 81*(11), S52-S69.
166. Lac, G., Lac, N., & Robert, A. (1993). Steroid assays in saliva: A method to detect plasmatic contaminations. *Arch Physiol Biochem, 101*, 257-262.
167. Kirschbaum, C., & Hellhammer, D.H. (1989). Salivary cortisol in psychobiological research: An overview. *Neuropsychobiology, 22*(3), 150-169.
168. Elloumi, M., Maso, F., Michaux, O., Robert, A., & Lac, G. (2003). Behaviour of saliva cortisol (C), testosterone (T) and the T/C ratio during a rugby match and during the post competition recovery days. *Eur J Appl Physiol, 90*, 23-28.
169. Tofari, P.J., Cormack, S.J., Ebert, T.R., Gardner, A.S., & Kemp, J.G. (2017). Comparison of ergometer- and track-based testing in junior track-sprint cyclists. Implications for talent identification and development. *J Sports Sci, 35*(19), 1947-1953.
170. Rowell, A.E., Aughey, R.J., Hopkins, W.G., Esmaeili, A., Lazarus, B.H., & Cormack, S.J. (2018, Jun). Effects of training and competition load on neuromuscular recovery, testosterone, cortisol, and match performance during a season of professional football. *Front Physiol, 9*, Article 668.
171. Filaire, E., Lac, G., & Pequignot, J.-M. (2003). Biological, hormonal, and psychological paramaters in professional soccer players throughout a competitive season. *Percep Mot Skills, 97*, 1061-1072.
172. Kraemer, W.J., French, D.N., Paxton, N.J., Hakkinen, K., Volek, J.S., Sebastianelli, W.J., Putukian, M., Newton, R.U., Rubine, M.R., Gomez, A.L., Vescovi, J.D., Ratamess, N.A., Fleck, S.J., Lynch, J.M., & Knuttgen, H.G. (2004). Changes in exercise performance and hormonal concentrations over a Big Ten soccer season in starters and nonstarters. *J Strength Cond Res, 18*(1), 121-128.
173. Chicharro, J.L., Lucia, A., Perez, M., Vaquero, A.F., & Urena, R. (1998). Saliva composition and exercise. *Sports Med, 26*(1), 17-27.
174. Flynn, M., Pizza, F., Boone, J., Andres, F., Michaud, T., & Rodriguez-Zayas, J. (1994). Indices of training stress during competitive running and swimming seasons. *Int J Sports Med, 15*(01), 21-26.
175. Roberts, A.C., McClure, R.D., Weiner, R.I., & Brooks, G.A. (1993). Overtraining affects male reproductive status. *Fert Steril, 60*(4), 686-692.
176. Steinacker, J., Lormes, W., Reissnecker, S., & Liu, Y. (2004). New aspects of the hormone and cytokine response to training. *Eur J Appl Physiol, 91*(4), 382-391.
177. Griggs, R.C., Kingston, W., Jozefowicz, R.F., Herr, B.E., Forbes, G., & Halliday, D. (1989). Effect of testosterone on muscle mass and muscle protein synthesis. *J Appl Physiol, 66*(1), 498-503.
178. Crewther, B., Cronin, J., Keogh, J., & Cook, C. (2008). The salivary testosterone and cortisol response to three loading schemes. *J Str Cond Res, 22*(1), 250-255.
179. Sutton, J., Coleman, M., Casey, J., & Lazarus, L.J. (1973). Androgen responses during physical exercise. *Brit J Sport Med, 1*(5852), 520-522.
180. Cumming, D.C., Wheeler, G.D., & McColl, E.M. (1989). The effects of exercise on reproductive function in men. *Sports Med, 7*(1), 1-17.
181. Crewther, B.T., Sanctuary, C.E., Kilduff, L.P., Carruthers, J.S., Gaviglio, C.M., & Cook, C.J. (2013). The workout responses of salivary-free testosterone and cortisol concentrations and their association with the subsequent competition outcomes in professional Rugby League. *J Str Cond Res, 27*(2), 471-476.
182. Cormack, S.J., Newton, R.U., & McGuigan, M.R. (2008). Neuromuscular and endocrine responses to an elite Australian rules football match. *Int J of Sports Physiol Perf, 3*, 359-374.
183. Urhausen, A., Gabriel, H., & Kindermann, W. (1995). Blood hormones as markers of training stress and overtraining. *Sports Med, 20*(4), 251-276.
184. Banfi, G., Marinelli, M., Roi, G.S., & Agape, V. (1993). Usefulness of free testosterone/cortisol ratio during a season of elite speed skating athletes. *Int J Sports Med, 14*(7), 373-379.
185. Rowbottom, D., Keast, D., & Morton, A. (1996). The emerging role of glutamine as an indicator of exercise stress and overtraining. *Sports Med, 21*(2), 80.
186. Smith, D.J., & Norris, S.R. (2000). Changes in glutamine and glutamate concentrations for tracking training tolerance. *Med Sci Sports Exerc, 32*(3), 684-689.
187. Mackinnon, L.T., & Hooper, S.L. (1996). Plasma glutamine and upper respiratory tract infection during intensified training in swimmers. *Med Sci Sports Exerc, 28*(3), 285-290.
188. Parry-Billings, M., & Newsholme, E.A. (1992). The overtraining syndrome: Some biochemical aspects. Integration of Medical and Sports Sciences, 8th International Biochemistry of Exercise Conference, Nagoya.
189. Keast, D., Arstein, D., Harper, W., Fry, R.W., & Morton, A.R. (1995). Depression of plasma glutamine concentration after exercise stress and its possible influence on the immune system. *Med J Aust, 162*(1), 15-18.
190. Gleeson, M., & Walsh, N.P. (2012). The BASES expert statement on exercise, immunity, and infection. *J Sports Sci, 30*(3), 321-324.
191. Mackinnon, L. (1997). Immunity in athletes. *Int J Sports Med, 18*(1), 62.
192. Fallon, K.E. (2006). Clinical utility of blood test in elite athletes with short term fatigue. *Br J Sports Med, 40*, 541-544.
193. Watkins, L., & Maier, S. (2000). The pain of being sick: Implications of immune-to-brain communication for understanding pain. *Ann Rev Psych, 51*(1), 29-57.
194. Main, L.C., Dawson, B., Heel, K., Grove, J.R., Landers, G.J., & Goodman, C. (2010). Relationship between inflammatory cytokines and self-report measures of training overload. *Res Sports Med, 18*(2), 127-139.
195. Pedersen, B.K., & Febbraio, M.A. (2008). Muscle as an endocrine organ: Focus on muscle derived interleukin-6. *Physiol Rev, 88*(4), 1379-1406.
196. Turner, J.E., Bosch, J.A., Drayson, M.T., & Aldred, S. (2011). Assessment of oxidative stress in lymphocytes with exercise. *J Appl Physiol, 111*(1), 206-211.
197. Petibois, C., & Deleris, G. (2008). Analysis and monitoring of oxidative stress in exercise and training by FTIR spectrometry. *Int J Sports Physiol Perf,, 3*(2), 119.
198. Radak, Z., Chung, H.Y., Koltai, E., Taylor, A.W., & Goto, S. (2008). Exercise, oxidative stress and hormesis. *Ageing Res Rev, 7*(1), 34-42.
199. Finaud, J., Lac, G., & Filaire, E. (2006). Oxidative stress: Relationship with exercise and training. *Sports Med, 36*(4), 327.
200. Finaud, J., Scislowski, V., Lac, G., Durand, D., Vidalin, H.,

Robert, A., & Filaire, E. (2006). Antioxidant status and oxidative stress in professional rugby players: Evolution throughout a season. *Int J Sports Med, 27*(2), 87-93.

201. Eckard, T.G., Padua, D.A., Hearn, D.W., Pexa, B.S., & Frank, B.S. (2018). The relationship between training load and injury in athletes: A systematic review. *Sports Med, 48*(8), 1929-1961.

202. Drew, M.K., & Finch, C.F. (2016). The relationship between training load and injury, illness and soreness: A systematic and literature review. *Sports Med, 46*(6), 861-883.

203. Weiss, K.J., Allen, S.V., McGuigan, M.R., & Whatman, C.S. (2017). The relationship between training load and injury in men's professional basketball. *Int J Sports Physiol Perf, 12*(9), 1238-1242.

204. Gescheit, D.T., Cormack, S.J., Duffield, R., Kovalchik, S., Wood, T.O., Omizzolo, M., & Reid, M. (2019). A multi-year injury epidemiology analysis of an elite national junior tennis program. *J Sci Med Sport, 22*(1), 11-15.

205. Ruddy, J.D., Pietsch, S., Maniar, N., Cormack, S.J., Timmins, R.G., Williams, M.D., Carey, D., & Opar, D. (2019). Session availability as a result of prior injury impacts the risk of subsequent injury in elite male Australian footballers. *Front Physiol, 10*, 737.

206. Hoffman, D.T., Dwyer, D.B., Bowe, S.J., Clifton, P., & Gastin, P.B. (2019). Is injury associated with team performance in elite Australian football? 20 years of player injury and team performance data that include measures of individual player value. *Brit J Sport Med*. https://doi.org/10.1136/bjsports-2018-100029

207. Williams, S., Trewartha, G., Kemp, S.P., Brooks, J.H., Fuller, C.W., Taylor, A.E., Cross, M.J., & Stokes, K.A. (2016). Time loss injuries compromise team success in Elite Rugby Union: A 7-year prospective study. *Brit J Sport Med, 50*(11), 651-656.

208. Ruddy, J.D., Pietsch, S., Maniar, N., Cormack, S.J., Timmins, R.G., Williams, M.A., Carey, D.L., & Opar, D.A. (2019, Jun). Session availability as a result o f prior injury impacts the risk of subsequent non-contact lower limb injury in elite male Australian footballers. *Front Physiol, 10*, Article 737.

209. Borresen, J., & Lambert, M.I. (2009). The quantification of training load, the training response and the effect on performance. *Sports Med, 39*(9), 779-795.

210. Wallace, L., Slattery, K., & Coutts, A. (2014). A comparison of methods for quantifying training load: Relationships between modelled and actual training responses. *Eur J Appl Physiol, 114*(1), 11-20.

211. Sanders, D., Abt, G., Hesselink, M.K., Myers, T., & Akubat, I. (2017). Methods of monitoring training load and their relationships to changes in fitness and performance in competitive road cyclists. *Int J Sports Physiol Perf, 12*(5), 668-675.

212. Manzi, V., Iellamo, F., Impellizzeri, F., D'ottavio, S., & Castagna, C. (2009). Relation between individualized training impulses and performance in distance runners. *Med Sci Sports Exerc, 41*(11), 2090-2096.

213. Vermeire, K.M., Vandewiele, G., Caen, K., Lievens, M., Bourgois, J.G., & Boone, J. (2019). Training progression in recreational cyclists: No linear dose-response relationship with training load. *J Strength Cond Res, in press.*

214. Graham, S.R., Cormack, S., Parfitt, G., & Eston, R. (2018, Mar). Relationships between model estimates and actual match-performance indices in professional Australian footballers during an in-season macrocycle. *Int J Sports Physiol Perf, 13*(3), 339-346.

215. Fox, J.L., Stanton, R., Sargent, C., Wintour, S.-A., & Scanlan, A.T. (2018). The association between training load and performance in team sports: A systematic review. *Sports Med, 48*(12), 2743-2774.

216. Sullivan, C., Bilsborough, J.C., Cianciosi, M., Hocking, J., Cordy, J.T., & Coutts, A.J. (2014). Factors affecting match performance in professional Australian football. *Int J Sports Physiol Perf, 9*(3), 561-566.

217. Weston, M. (2018). Training load monitoring in elite English soccer: A comparison of practices and perceptions between coaches and practitioners. *Sci Med Football, 2*(3), 216- 224.

218. Bourdon, P.C., Cardinale, M., Murray, A., Gastin, P., Kellmann, M., Varley, M.C., Gabbett, T.J., Coutts, A.J., Burgess, D.J., & Gregson, W. (2017). Monitoring athlete training loads: Consensus statement. *Int J Sports Physiol Perf, 12*(s2), S2161-S2170.

219. Blanch, P., & Gabbett, T.J. (2016). Has the athlete trained enough to return to play safely? The acute: Chronic workload ratio permits clinicians to quantify a player's risk of subsequent injury. *Brit J Sport Med, 50*(8), 471-475.

220. Griffin, A., Kenny, I.C., Comyns, T.M., & Lyons, M. (2019). The association between the acute:chronic workload ratio and injury and its application in team sports: A systematic review. *Sports Med*, 1-20.

221. Hulin, B.T., Gabbett, T.J., Blanch, P., Chapman, P., Bailey, D., & Orchard, J.W. (2014). Spikes in acute workload are associated with increased injury risk in elite cricket fast bowlers. *Brit J Sport Med, 48*(8), 708-712.

222. Impellizzeri, F.M., Woodcock, S., McCall, A., Ward, P., & Coutts, A.J. (2019). The acute-chronic workload ratio-injury figure and its 'sweet spot'are flawed. SportRxiv, https://osf.io/preprints/sportrxiv/gs8yu

223. Lolli, L., Batterham, A.M., Hawkins, R., Kelly, D.M., Strudwick, A.J., Thorpe, R., Gregson, W., & Atkinson, G. (2019). Mathematical coupling causes spurious correlation within the conventional acute-to-chronic workload ratio calculations. *Brit J Sport Med, 53*, 921-922.

224. Williams, S., West, S., Cross, M.J., & Stokes, K.A. (2017). Better way to determine the acute:chronic workload ratio? *Brit J Sport Med, 51*(3), 209-210.

225. Fanchini, M., Rampinini, E., Riggio, M., Coutts, A.J., Pecci, C., & McCall, A. (2018). Despite association, the acute:chronic work load ratio does not predict non-contact injury in elite footballers. *Sci Med Football, 2*(2), 108-114.

226. Impellizzeri, F.M., Menaspa, P., Coutts, A.J., Kalkhoven, J., & Menaspa, M.J. (2020). Training load and its role in injury prevention, Part I: Back to the future. *J Athl Train, 55*(9), 885-892.

227. Buchheit, M. (2017). Sports science reporting in the real world—want to see my report, coach. *Aspetar Sports Med J, 6*, 36-42.

228. Crowcroft, S., McCleave, E., Slattery, K., & Coutts, A.J. (2017). Assessing the measurement sensitivity and diagnostic characteristics of athlete-monitoring tools in national swimmers. *Int J Sports Physiol Perf, 12*(s2), S295-S2100.

229. Pettit, R.W. (2010). The standard difference score: a new statistic for evaluating strenght and conditioning programs. *J Strength Cond Res, 24*(1), 287-291.

230. Canfield, A.A. (1951). The "STEN" Scale-A Modified C-Scale. *Educational and Psychological Measurement, 11*(2), 295-297.

231. Ruddy, J.D., Cormack, S.J., Whiteley, R., Williams, M.D., Timmins, R.G., & Opar, D.A. (2019, Jul). Modeling the risk of team sport injuries: A narrative review of different statistical approaches. *Front Physiol, 10*, Article 829. https://doi.org/10.3389/fphys.2019.00829

232. Graham, S.R., Cormack, S., Parfitt, G., & Eston, R. (2019, Feb).

Relationships between model-predicted and actual match-play exercise-intensity performance in professional Australian footballers during a preseason training macrocycle. *Int J Sports Physiol Perf, 14*(2), 232-238.

233. Thorpe, R.T., Atkinson, G., Drust, B., & Gregson, W. (2017). Monitoring fatigue status in elite team-sport athletes: Implications for practice. *Int J Sports Physiol Perf, 12*(s2), S227-S234.
234. Weaving, D., Jones, B., Till, K., Abt, G., & Beggs, C. (2017). The case for adopting a multivariate approach to optimize training load quantification in team sports. *Front Physiol, 8*, 1024.
235. Vanrenterghem, J., Nedergaard, N.J., Robinson, M.A., & Drust, B. (2017). Training load monitoring in team sports: A novel framework separating physiological and biomechanical load-adaptation pathways. *Sports Med, 47*(11), 2135-2142.
236. Robertson, S., Bartlett, J.D., & Gastin, P.B. (2017). Red, amber, or green? Athlete monitoring in team sport: The need for decision-support systems. *Int J Sports Physiol Perf, 12*(s2), S273-S279.

Chapter 9

1. Hoyle, E. (1982). Micro-politics of educational organisations. *Educational Management and Administration, 10*, 87-98.
2. Bartholomew, B. (2017) *Conscious Coaching: The Art and Science of Building Buy-In.* CreateSpace Independent Publishing Platform.
3. Robbins, S., and Hunsaker, P. (2014) *Training in interpersonal skills: TIPS for managing people at work* (6th ed.). Pearson Education.
4. Stafford, T., and Dewar, M. (2014). Tracing the trajectory of skill learning with a very large sample of online game players. *Psychological Science, 25*, 511-518.
5. McGinn, K.L., and Lingo, E.L. (2007). *Power and influence: Achieving your objectives in organizations.* Retrieved from https://hbr.org/product/power-and-influence-achieving-your-objectives-in-organizations/801425-PDF-ENG
6. Mintzberg, H. (1983). *Power in and around organizations.* Prentice Hall.
7. Pfeffer, J. (1981). *Power in organizations.* Pitman.
8. Pfeffer, J. (1992). *Managing with power: Politics and influence in organizations.* Harvard Business School Press.
9. Yukl, G.A., & Uppal, N. (2018). *Leadership in organizations.* Pearson India Education Services Pvt.
10. Raven, B.H. (2008). The bases of power and the power/interaction model of interpersonal influence. *Analyses of Social Issues and Public Policy, 8*(1), 1-22.
11. Peck, J., & Childers, T.L. (2008). Effects of sensory factors on consumer behavior. *Handbook of Consumer Psychology.*
12. Zimbardo, P. (1971). *The Stanford prison experiment: A simulation study of the psychology of imprisonment.* Stanford University, Stanford Digital Repository.
13. Fletcher, D., & Arnold, R. (2011). A qualitative study of performance leadership and management in elite sport. *Journal of Applied Sport Psychology, 23*, 223-242.
14. San-Fu, K., & Bor-Shiuan, C. (2005). Assessing sport team culture: Assessing qualitative and quantitative approaches. *International Journal of Sport Psychology, 36*, 22-38.
15. Schein, E.H. (2004). *Organizational culture and leadership* (3rd ed.). Jossey-Bass.
16. Shteynberg, G. (2010). A silent emergence of culture: The social tuning effect. *Journal of Personality and Social Psychology, 99*, 683-689.
17. Zou, X., Tam, K.P., Morris, M.W., Lee, S., Lau, I.Y.M., & Chiu, C. (2009). Culture as common sense: Perceived consensus versus personal beliefs. *Journal of Personality and Social Psychology, 97*, 579-597.
18. Yukl, G., and Falbe, C.M. (1990). Influence tactics and objectives in upward, downward, and lateral influence attempts. *Journal of Applied Psychology, 75*(2), 132-140.
19. Bartholomew, B. (2018). Module 4: Engineering outcomes. In *Bought in: Building trust & getting more effort out of your athletes.* Retrieved from https://courses.artofcoaching.com
20. Lee, S., Han, S., Cheong, M., Kim, S.L., & Yun, S. (2017). How do I get my way? A meta-analytic review of research on influence tactics. *The Leadership Quarterly, 28*(1), 210-228. https://doi.org/10.1016/j.leaqua.2016.11.001

Chapter 10

1. Zatsiorsky, V.M., & Kraemer, W.J. (2006). *Science and practice of strength training.* Human Kinetics.
2. Cormie, P., McGuigan, M.R., & Newton, R.U. (2011). Developing maximal neuromuscular power. *Sports Medicine, 41*(1), 17-38.
3. Stone, M.H., O'Bryant, H., Garhammer, J., McMillan, J., & Rozenek, R. (1982). A theoretical model of strength training. *NSCA J, 4*(4), 36-39.
4. Rhea, M.R., & Alderman, B.L. (2004). A meta-analysis of periodized versus nonperiodized strength and power training programs. *Research Quarterly for Exercise and Sport, 75*(4), 413-422.
5. James, L.P., Gregory Haff, G., Kelly, V.G., Connick, M.J., Hoffman, B.W., & Beckman, E.M. (2018). The impact of strength level on adaptations to combined weightlifting, plyometric, and ballistic training. *Scandinavian Journal of Medicine & Science in Sports, 28*(5), 1494-1505.
6. Cormie, P., McGuigan, M.R., & Newton, R.U. (2011). Developing maximal neuromuscular power: Part 2–training considerations for improving maximal power production. *Sports Medicine, 41*(2), 125-147.
7. Carter, J., & Greenwood, M. (2014). Complex training reexamined: Review and recommendations to improve strength and power. *Strength & Conditioning Journal, 36*(2), 11-19.
8. Blazevich, A.J., & Babault, N. (2019). Post-Activation Potentiation (PAP) versus Post Activation Performance Enhancement (PAPE) in humans: Historical perspective, underlying mechanisms, and current issues. *Frontiers in Physiology, 10*, 1359.
9. Randell, A.D., Cronin, J.B., Keogh, J.W.L., Gill, N.D., & Pedersen, M.C. (2011). Effect of instantaneous performance feedback during 6 weeks of velocity-based resistance training on sport-specific performance tests. *Journal of Strength and Conditioning Research, 25*(1): 87-93
10. Padulo, J., Mignogna, P., Mignardi, S., Tonni, F., & D'ottavio, S. (2012). Effect of different pushing speeds on bench press. *International Journal of Sports Medicine, 33*(05), 376-380.
11. Jovanovic, M., & Flanagan, E.P. (2014). Researched applications of velocity based strength training. *J Aust Strength Cond, 22*(2), 58-69.
12. Harrison, P.W., James, L.P., McGuigan, M.R., Jenkins, D.G., & Kelly, V.G. (2019). Resistance priming to enhance neuromuscular performance in sport: Evidence, potential

mechanisms and directions for future research. *Sports Medicine*, 1-16.

13. Fry, A.C., Stone, M.H., Thrush, J.T., & Fleck, S.J. (1995). Precompetition training sessions enhance competitive performance of high anxiety junior weightlifters. *The Journal of Strength & Conditioning Research, 9*(1), 37-42.

Chapter 11

1. Henry, F.M., Lotter, W.S., & Smith, L.E. (1962). Factorial structure of individual differences in limb speed, reaction, and strength. *Research Quarterly of the American Association for Health Physical Education and Recreation, 33*, 70-84.
2. Faude, O., Koch, T., & Meyer, T. (2012). Straight sprinting is the most frequent action in goal situations in professional football. *Journal of Sports Sciences, 30*, 625-31.
3. Jeffreys, I., Huggins, S., & Davies, N. (2018). Delivering a game speed-focused speed and agility development program in an English premier league soccer academy. *Strength and Conditioning Journal, 40*, 23-32.
4. Clark, D., and Ivry, R.B. (2010). Multiple systems for motor skill learning. *Wiley Interdisciplinary Reviews. Cognitive Science, 1*, 461-467.
5. Anderson, M.L. (2010). Neural reuse: A fundamental organizational principle of the brain. *Behavior and Brain Science, 33*, 245-66.
6. Morin, J.-B., Bourdin, M., Edouard, P., Peyrot, N., Samozino, P., & Lacour, J.-R. (2012). Mechanical determinants of 100-m sprint running performance. *European Journal of Applied Physiology, 112*, 3921-30.
7. Colyer, S.L., Nagahara, R., Takai, Y., & Salo, A.I.T. (2018). How sprinters accelerate beyond the velocity plateau of soccer players: Waveform analysis of ground reaction forces. *Scandinavian Journal of Medicine and Science in Sport, 28*, 2527-35.
8. Jimenez-Reyes, P., Samozino, P., Garcia-Ramos, A., Cuadrado-Peñafiel, V., Brughelli, M., & Morin, J.-B. (2018). Relationship between vertical and horizontal force velocity-power profiles in various sports and levels of practice. *PeerJ, 6*, e5937.
9. Schuermans, J., Van Tiggelen, D., Palmans, T., Danneels, L., & Witvrouw, E. (2017). Deviating running kinematics and hamstring injury susceptibility in male soccer players: Cause or consequence? *Gait Posture, 57*, 270-7.
10. Jiménez-Reyes, P., Cross, M.R., Ross, A., Samozino, P., Brughelli, M., Gill, N., & Morin, J.-B. (2019). Changes in mechanical properties of sprinting during repeated sprint in elite rugby sevens athletes. *European Journal of Sport Science, 19*, 585-94.
11. Samozino, P., Rabita, G., Dorel, S., Slawinski, J, Peyrot, N., Saez De Villarreal E., & Morin J-B. (2016). A simple method for measuring power, force, velocity properties, and mechanical effectiveness in sprint running. *Scandinavian Journal of Medicine and Science in Sports, 26*, 648-58.
12. Romero-Franco, N., Jimenez-Reyes, P., Castaño-Zambudio, A., Capelo-Ramirez, F., Rodriguez-Juan, J.J., Gonzalez-Hernandez, J., Toscano-Bendala, F.J., Cuadrado Penafiel, V., & Balsalobre-Fernandez, C. (2017). Sprint performance and mechanical outputs computed with an iPhone app: Comparison with existing reference methods. *European Journal of Sport Sciences, 17*, 386-92.
13. Morin, J.-B., Samozino, P., Murata, M., Cross, M.R., & Nagahara, R. (2019). A simple method for computing sprint acceleration kinetics from running velocity data: Replication study with improved design. *Journal of Biomechanics, 94*, 82-7.
14. McMillan, S., & Pfaff, D. (2018). *The ALTIS kinogram method*. ALTIS.
15. Handford, C. (2006). Serving up variability and stability. In K. Davids, S. Bennett, & K.M. Newell (Eds.), *Movement system variability*, (pp. 73-84). Human Kinetics.
16. Warren, W.H. (2006). The dynamics of perception and action. *Psychological Review, 113*, 358-89.
17. Weyand, P.G., & Davis, J.A. (2005). Running performance has a structural basis. *Journal of Experimental Biology, 208*, 2625-31.

Chapter 12

1. Sheppard, J.M., Gabbett, T., & Stanganelli, L.C. (2009). An analysis of playing positions in elite mens' volleyball: Considerations for competition demands and physiological characteristics. *Journal of Strength and Conditioning Research, 23*, 1858-1866.
2. Sheppard, J.M., Chapman, D., Gough, C., McGuigan, M.R., & Newton, R.U. (2009). Twelve month training induced changes in elite international volleyball players. *Journal of Strength and Conditioning Research, 23*, 2096-2101.
3. Sheppard, J.M., Gabbett, T.J., Taylor, K.L., Dorman, J., Lebedew, A.J., & Borgeaud, R. (2007). Development of a repeated-effort test for elite men's volleyball. *International Journal of Sports Physiology and Performance, 2*, 292-304.
4. McClay, I., Robinson, J., Andriacchi, T., Frederick, E., Gross, T., & Martin, P. (1994). A profile of ground reaction forces in professional basketball. *Journal of Applied Biomechanics, 10*, 222-236.
5. Weyand, P.G., Sternlight, D.B., Bellizzi, M.J., & Wright, S. (2000). Faster top running speeds are achieved with greater ground forces not more rapid leg movements. *Journal of Applied Physiology, 89*, 1991-1999.
6. Knudson, D.V. (2009). Correcting the use of the term 'power' in the strength and conditioning literature. *Journal of Strength Conditioning Research, 23*, 1902-1908.
7. Sheppard, J.M., Cormack, S., Taylor, K.L., McGuigan, M.R., and Newton, R.U. (2008). Assessing the force-velocity characteristics of well-trained athletes: The incremental load power profile. *Journal of Strength and Conditioning Research, 22*, 1320-1326.
8. Sheppard, J.M., Cronin, J., Gabbett, T.J., McGuigan, M.R., Extebarria, N., and Newton, R.U. (2007). Relative importance of strength and power qualities to jump performance in elite male volleyball players. *Journal of Strength and Conditioning Research, 22*, 758-765.
9. Carlock, J.M., Smith, S.L., Hartman, M.J., Morris, R.T., Ciroslan, D.A., Pierce, K.C., Newton, R.U., Harman, E.A., Sands, W.A., and Stone, M.H. (2004). The relationship between vertical jump power estimates and weightlifting ability: A field test approach. *Journal of Strength and Conditioning Research, 18*, 534-539.
10. Haff, G.G., Stone, M., O'Bryant, H.S., Harman, E., Dinan, C., Johnson, R., & Han, K. (1997). Force-time dependant characteristics of dynamic and isometric muscle actions. *Journal of Strength and Conditioning Research, 11*, 269-272.
11. Kawamori, N., Rossi, S.J., Justice, B.D., Haff, E.E., Pistilli, E.E., O'Bryant, H.S., Stone, M.H., & Haff, G.G. (2006). Peak force and rate of force development during isometric and dynamic mid-thigh clean pull performed at various intensities. *Journal of Strength and Conditioning Research, 20*, 483-491.
12. Kraska, J.M., Ramsey, M.W., Haff, G.G., Fethke, N., Sands, W.A., Stone, M.E., & Stone, M.H. (2009). Relationship between strength characteristics and unweighted and weighted vertical jump height. *International Journal of Sports Physiology and*

Performance, 4, 461-473.

13. Stone, M.H., O'Bryant, H.S., McCoy, L., Coglianese, R., Lehmkuhl, M., & Schilling, B. (2003). Power and maximum strength relationships during performance of dynamic and static weighted jumps. *Journal of Strength and Conditioning Research, 17*, 140-147.
14. Bobbert, M.F., & Van Soest, A.J. (1994). Effects of muscle strengthening on vertical jump height: A simulation study. *Medicine and Science in Sports and Exercise, 26*, 1012-1020.
15. Sands, W.A., Smith, S.L., Kivi, D.M.R., McNeal, J.R., Dorman, J.C., Stone, M.H., & Cormie, P. (2005). Anthropometric and physical abilities profiles: US National skeleton team. *Sports Biomechanics, 4*, 197-214.
16. Fry, A.C., Kraemer, W.J., Weseman, C.A., Contory, B.P., Gordon, S.E., Hoffman, J.R., & Maresh, C.M. (1991). The effects of an off-season strength and conditioning program on starters and non-starters in women's intercollegiate volleyball. *Journal of Applied Sports Science Research, 5*, 174-181.
17. Garhammer, J., & Gregor, R. (1992). Propulsion forces as a function of intensity for weightlifting and vertical jumping. *Journal of Applied Sport Science Research, 6*, 129- 134.
18. Marques, M.C., Van den Tillar, R., Vescovi, J.D., & Gonzalez-Badillo, J.J. (2008). Changes in strength and power performance in elite senior female professional volleyball players during the in-season: A case study. *Journal of Strength and Conditioning Research, 22*, 1147-1155.
19. McBride, J.M., Triplett-McBride, T.N., Davie, A., & Newton, R.U. (2002). The effect of heavy- vs. light-load jump squats on the development of strength, power, and speed. *Journal of Strength and Conditioning Research, 16*, 75-82.
20. Riggs, M., & Sheppard, J.M. (2009). The relative importance of strength and power qualities to vertical jump height of elite beach volleyball players during the countermovement and squat jump. *Journal of Human Sport and Exercise, 4*, 221-236.
21. Sheppard, J.M., & Newton, R.U. (2012). Long-term training adaptations in elite male volleyball players. *Journal of Strength and Conditioning Research, 26*(8), 2180-2184.
22. Weiss, L.W., Relyea, G.E., Ashley, C.D., & Propst, R.C. (1997). Using velocity-spectrum squats and body-composition to predict standing vertical jump ability. *Journal of Strength and Conditioning Research, 11*, 14-20.
23. Young, W., Wilson, G., and Byrne, C. (1991). Relationship between strength qualities and performance in standing and run-up vertical jumps. *Journal of Sports Medicine and Physical Fitness, 39*, 285-293.
24. Hedrick, A. (2008). An evaluation of the weightlifting movements for the volleyball athlete. *Performance Conditioning Volleyball, 14*, 3-12.
25. Suchomel, T.J., Taber, C.B., & Wright, G.A. (2016). Jump shrug height and landing forces across various loads. *International Journal of Sports Physiology and Performance, 11*, 61-65.
26. Dugan, E.L., Doyle, T.L.A., Humphries, B., Hasson, C.J., & Newton, R.U. (2004). Determining the optimal load for jump squats: A review of methods and calculations. *Journal of Strength and Conditioning Research, 18*, 668-674.
27. Sheppard, J.M., Doyle, T.L., & Taylor, K.L. (2008). A methodological and performance comparison of Smith-machine and free weight jump squats. *Journal of Australian Strength and Conditioning, 16*, 5-9.
28. Sheppard, J.M., Cormack, S., Taylor, K.L., McGuigan, M.R., & Newton, R.U. (2008). Assessing the force-velocity characteristics of the leg extensors in well-trained athletes: The incremental load power profile. *Journal of Strength and Conditioning Research, 22*, 1320-1326.
29. Cormie, P., McGuigan, M.R., & Newton, R.U. (2010). Changes in the eccentric phase contribute to improved stretch-shorten cycle performance after training. *Medicine and Science in Sports and Exercise, 42*, 1731-1744.
30. Alemany, J.A., Pandorf, C.E., Montain, S.J., Castellani, J.W., Tuckow, A.P., & Nindl, B.C. (2005). Reliability assessment of ballistic jump squats and bench throws. *Journal of Strength and Conditioning Research, 19*, 33-38.
31. Baker, D., Nance, S., & Moore, M. (2001). The load that maximizes the average mechanical power output during jump squats in power-trained athletes. *Journal of Strength and Conditioning Research, 15*, 92-97.
32. Baker, D., & Newton, R.U. (2007). Change in power output across a high-repetition set of bench throws and jump squats in highly trained athletes. *Journal of Strength and Conditioning Research, 21*, 1007-1011.
33. Newton, R.U., Kraemer, W.J., & Hakkinen, K. (1999). Effects of ballistic training on preseason preparation of elite volleyball players. *Medicine and Science in Sports and Exercise, 31*, 323-330.
34. Newton, R.U., Rogers, R.A., Volek, J.S., Hakkinen, K., & Kraemer, W.J. (2006). Four weeks of optimal load ballistic resistance training at the end of season attenuates declining jump performance of women volleyball players. *Journal of Strength and Conditioning Research, 20*, 955-961.
35. Doyle, T.L.A., Sheppard, J.M., & Sachlikidis, A. (2008). Smith machine jump squats versus free weight jump squats: Which is safer? In *Second world congress on sports injury prevention*. British Journal of Sports Medicine.
36. Jiménez-Reyes, P., Samozino, P., Brughelli, M., & Morin, J.B. (2017). Effectiveness of an individualized training based on force-velocity profiling during jumping. *Frontiers in Physiology, 7*, 677.
37. Jiménez-Reyes, P., Samozino, P., & Morin, J.B. (2019). Optimized training for jumping performance using the force-velocity imbalance: Individual adaptation kinetics. *PLoS One, 4*(5): e0216681. https://doi.org/10.1371/journal.pone.0216681
38. Samozino, P., Rejc, E., Di Prampero, P.E., Belli, A., & Morin, J.B. (2012). Optimal force velocity profile in ballistic movements—altius: Citius or fortius? *Medicine and Science in Sports Exercise, 44*, 313-322.
39. Avela, J., Santos, P.M., & Komi, P.V. (1996). Effects of differently induced stretch loads on neuromuscular control in drop jump exercise. *Eur J Appl Physiol Occup Physiol, 72*, 553- 562.
40. Bobbert, M.F., Gerritsen, K.G.M., Litjens, M.C.A., & Van Soest, A.J. (1996). Why is countermovement jump height greater than squat jump height? *Medicine and Science in Sports and Exercise, 28*, 1402-1412.
41. Bosco, C., & Komi, P.V. (1981). Prestretch potentiation of human skeletal muscle during ballistic movement. *Acta Physiologica Scandanavica, 111*, 135-140.
42. Giovanni, A., Cavagna, A., Dusman, B., & Margaria, R. (1968). Positive work done by a previously stretched muscle. *Journal of Applied Physiology, 24*, 21-32.
43. Komi, P.V., & Bosco, C. (1978). Utilization of stored elastic energy in leg extensor muscles by men and women. *Medicine and Science in Sports and Exercise, 10*, 261-265.
44. Steben, R.E., & Steben, A.H. (1981). The validity of the stretch-shortening cycle in selected jumping events. *Journal of Sports Medicine, 21*, 28-37.
45. Van Ingen Schenau, G.J., Bobbert, M.F., & De Haan, A. (1997). Does elastic energy enhance work and efficiency in the stretch-

shortening cycle? *Journal of Applied Biomechanics, 13*, 389-415.

46. Walshe, A.D., Wilson, G.J., & Ettema, G.J. (1998). Stretch-shorten cycle compared with isometric preload: Contributions to enhanced muscular performance. *Journal of Applied Physiology, 84*, 97-106.

47. Sheppard, J.M., McGuigan, M., & Newton, R.U. (2007). The effect of accentuated eccentric load on vertical jump kinetics kinematics in elite male athletes. *International Journal of Sports Science and Coaching, 2*, 267-273.

48. Sheppard, J.M., & Young, K.Y. (2010). Using additional eccentric loads to increase concentric performance in the bench throw. *Journal of Strength and Conditioning Research, 24*, 2853-2856.

49. Enoka, R. (2000). *Neuromechanics of human movement*. Human Kinetics.

50. Bobbert, M.F. (1990). Drop jumping as a training method for jumping ability. *Sports Medicine, 9*, 7-22.

51. Sheppard, J.M., Giorgi, A., & Hobson, S. (2008). Jump squats with additional eccentric load. *Journal of Australian Strength and Conditioning, 16*, 25.

52. Sheppard, J.M., Hobson, S., Chapman, D., Taylor, K.L., McGuigan, M., & Newton, R.U. (2008). The effect of training with accentuated eccentric load counter-movement jumps on strength and power characteristics of high-performance volleyball players. *International Journal of Sports Science and Coaching, 3*, 355-363.

53. Sheppard, J.M., McGuigan, M.R., & Newton, R.U. (2008). The effects of depth-jumping on vertical jump performance of elite volleyball players: An examination of the transfer of increased stretch-load tolerance to spike jump performance. *Journal of Australian Strength and Conditioning, 16*, 3-10.

54. Villarreal, E.S., Kellis, E., Kraemer, W.J., & Izquierdo, M. (2009). Determining variables of plyometric training for improving vertical jump height performance: A meta-analysis. *Journal of Strength and Conditioning Research, 23*, 495-506.

55. Brearley, S., & Bishop, C. (2019). Transfer of training: How specific should we be? *Strength Conditioning Journal, 41*, 97-109.

56. Bobbert, M.F., Huijing, P.A., & Jan Van Ingen Schenau, G. (1987). Drop jumping. I. The influence of jumping technique on the biomechanics of jumping. *Medicine and Science in Sports and Exercise, 19*, 332-338.

57. Bobbert, M.F., Huijing, P.A., & Jan Van Ingen Schenau, G. (1987). Drop jumping. II. The influence of jumping technique on the biomechanics of jumping. *Medicine and Science in Sports and Exercise, 19*, 339-346.

58. Bobbert, M.F., Mackay, M., Schinkelshoek, D., Huijing, P.A., & Van Ingen Schenau, G.J. (1986). Biomechanical analysis of drop and countermovement jumps. *European Journal of Applied Physiology, 54*, 566-573.

59. Clutch, D., & Wilton, M. (1983). The effect of depth jumps and weight training on leg strength and vertical jump. *Research Quarterly for Exercise and Sport, 54*, 5-10.

60. Schmidtbleicher, D., Gollhofer, A., & Frick, U. (1987). Effects of a stretch-shortening typed training on the performance capability and innervation characteristics of leg extensor muscles. In *Biomechanics X1-A*. Free University Press.

61. Horita, T., Komi, P.V., Nicol, C., & Kryolainen, H. (2002). Interaction between pre-landing activities and stiffness regulation of the knee joint musculoskeletal system in the drop jump: Implications to performance. *European Journal of Applied Physiology, 88*, 76-84.

62. Walshe, A.D., & Wilson, G. (1997). The influence of musculoskeletal stiffness on drop jump performance. *Canadian Journal of Applied Physiology, 22*, 117-132.

63. Toumi, H., Best, T.M., Martin, A., Guyer, S.F., & Poumarat, G. (2004). Effects of eccentric phase velocity of plyometric training on vertical jump. *International Journal of Sports Medicine, 25*, 391-398.

64. Barr, M.J. & Nolte, V.W. The importance of maximal leg strength for female athletes when performing drop jumps. *Journal of Strength and Conditioning Research, 28*, 373-380.

65. Sheppard, J.M., Dingley, A., Janssen, I., Spratford, W., Chapman, D., & Newton, R.U. (2011). The effect of assisted jumping on vertical jump height in high-performance volleyball players. *Journal of Science and Medicine in Sport, 14*, 85-89.

66. Slater, G.J., Duthie, G.M., Pyne, D.B., & Hopkins, W.G. (2006). Validation of a skinfold based index for tracking proportional changes in lean mass. *British Journal of Sports Medicine, 40*, 208-213.

67. Dufek, J.S., & Zhang, S. (1996). Landing models for volleyball players: A longitudinal evaluation. *Journal of Sports Medicine and Physical Fitness, 36*, 35-42.

68. Ford, K.R., Myer, G.D., & Hewett, T.E. (2003). Valgus knee motion during landing in high school female and male basketball players. *Medicine and Science in Sports and Exercise, 35*, 1745-1750.

69. Barber-Westin, S.D., Smith, S.T., Campbell, T., & Noyes, F.R. (2010). The drop-jump video screening test: Retention of improvement in neuromuscular control in female volleyball players. *Journal of Strength and Conditioning Research, 24*, 3055-3062.

70. Myer, G.D., Ford, K.R., McClean, S.G., & Hewett, T.E. (2005). The effects of plyometric versus dynamic stabiliziation and balance training on lower extremity biomechanics. *American Journal of Sports Medicine, 34*, 445-455.

Chapter 13

1. Nimphius, S., Callaghan, S., Bezodis, N., & Lockie, R. (2018). Change of direction and agility tests: Challenging our current measures of performance. *Strength and Conditioning Journal, 40*(1), 26-38. https://doi.org/10.1519/SSC.0000000000000309

2. DeWeese, B., & Nimphius, S. (2016). Speed and agility program design and technique. In N.T. Triplett & G.G. Haff (Eds.), *Essentials of strength and conditioning* (5th ed., pp. 521-557). Human Kinetics.

3. Nimphius, S., & Kadlec, D. (2020). *Overarching change of direction ability: A venn diagram of agility, change of direction speed and maneuverability*. Retrieved from https://doi.org/10.6084/m9.figshare.11558238.v1

4. Sheppard, J.M., & Young, W. (2006). Agility literature review: Classifications, training and testing. *Journal of Sports Sciences, 24*(9), 919-932. https://doi.org/10.1080/02640410500457109

5. Suchomel, T.J., Nimphius, S., & Stone, M.H. (2016). The importance of muscular strength in athletic performance. *Sports Medicine*, *46*(10), 1419-1449. https://doi.org/10.1007/s40279-016-0486-0

6. Beaulieu, M.L., Wojtys, E.M., & Ashton-Miller, J.A. (2015). Risk of anterior cruciate ligament fatigue failure is increased by limited internal femoral rotation during in vitro repeated pivot landings. *The American Journal of Sports Medicine*, *43*(9), 2233-2241. https://doi.org/10.1177/0363546515589164

7. Nimphius, S., McGuigan, M.R., & Newton, R.U. (2012). Changes in muscle architecture and performance during a competitive

season in female softball players. *Journal of Strength and Conditioning Research*, *26*(10), 2655-2666. https://doi.org/10.1519/JSC.0b013e318269f81e

8. Lloyd, R.S., Read, P., Oliver, J.L., Meyers, R.W., Nimphius, S., & Jeffreys, I. (2013). Considerations for the development of agility during childhood and adolescence. *Strength & Conditioning Journal*, *35*(3), 2-11.
9. Spiteri, T., Nimphius, S., Hart, N.H., Specos, C., Sheppard, J.M., & Newton, R.U. (2014). Contribution of strength characteristics to change of direction and agility performance in female basketball athletes. *Journal of Strength and Conditioning Research*, *28*(9), 2415- 2423. https://doi.org/10.1519/JSC.0000000000000547
10. Lawrence, E.L., Peppoloni, L., & Valero-Cuevas, F.J. (2017). Sex differences in leg dexterity are not present in elite athletes. *Journal of Biomechanics*, *63*, 1-7. https://doi.org/10.1016/j.jbiomech.2017.09.013
11. Staynor, J.M., Alderson, J.A., Byrne, S., Rossi, M., & Donnelly, C.J. (2020). By failing to prepare, you are preparing your ACL to fail. *Scandinavian Journal of Medicine & Science in Sports, ahead of print*. https://doi.org/10.1111/sms.13571
12. McBride, J.M., & Nimphius, S. (2020). Biological system energy algorithm reflected in sub system joint work distribution movement strategies: Influence of strength and eccentric loading. *Scientific Reports*, *10*(1), 12052. https://doi.org/10.1038/s41598-020-68714-8
13. Nimphius, S., & Kadlec, D. (2020). *Framework for different physical movements that relate to overarching change of direction ability*. Retrieved from https://doi.org/10.6084/m9.figshare.11589486.v1
14. Spiteri, T., Hart, N.H., & Nimphius, S. (2014). Offensive and defensive agility: A sex comparison of lower body kinematics and ground reaction forces. *Journal of Applied Biomechanics*, *30*(4), 514-520. https://doi.org/10.1123/jab.2013-0259
15. Jones, P.A., & Nimphius, S. (2019). Change of direction and agility. In *Performance assessment in strength and conditioning* (Vols. 1-1 online resource.). Retrieved from http://search.ebscohost.com/login.aspx?direct=true&scope=site&db=nlebk&db=nlabk&A N=1776271
16. Gabbett, T.J., Kelly, J.N., & Sheppard, J.M. (2008). Speed, change of direction speed, and reactive agility of Rugby League players. *Journal of Strength and Conditioning Research/ National Strength & Conditioning Association*, *22*(1), 174-181. https://doi.org/10.1519/JSC.0b013e31815ef700
17. Lee, M.J., Lloyd, D.G., Lay, B.S., Bourke, P.D., & Alderson, J.A. (2013). Effects of different visual stimuli on postures and knee moments during sidestepping. *Medicine and Science in Sports and Exercise*, *45*(9), 1740-1748.
18. Nimphius, S., Callaghan, S.J., & Hawser, A. (2016). *Comparison of simplified change of direction tests*. Presented at the National Strength and Conditioning Association Conference, New Orleans, Louisiana.
19. Nimphius, S. (2020). *Qualitative analysis of movement solutions for ACL reconstructed and non-reconstructed sides during a 180-degree COD*. Retrieved from https://doi.org/10.6084/m9.figshare.12847028
20. Nimphius, S., & Alderson, J. (2019). *Neuromuscular training and change of direction mechanics: Performance and Injury*. Retrieved from https://doi.org/10.6084/m9.figshare.11431107.v1
21. Wulf, G., & Lewthwaite, R. (2016). Optimizing performance through intrinsic motivation and attention for learning: The OPTIMAL theory of motor learning. *Psychonomic Bulletin & Review*, *23*(5), 1382-1414. https://doi.org/10.3758/s13423-015-0999-9
22. Nimphius, S., & Kadlec, D. (2020). *Comparison of different stages of focus based on the athlete and their context for development of COD ability*. Retrieved from https://doi.org/10.6084/m9.figshare.11590185.v1
23. Serpell, B.G., Young, W.B., & Ford, M. (2011). Are the perceptual and decision-making components of agility trainable? A preliminary investigation. *Journal of Strength and Conditioning Research*, *25*(5), 1240-1248. https://doi.org/10.1519/JSC.0b013e3181d682e6
24. Greig, M. (2009). The influence of soccer-specific activity on the kinematics of an agility sprint. *European Journal of Sport Science*, *9*(1), 23-33. https://doi.org/10.1080/17461390802579129

Chapter 14

1. Gastin, P.B. (2001). Energy system interaction and relative contribution during maximal exercise. *Sports Med*, *31*(10), 725-741.
2. Bangsbo, J. (1996). Oxygen deficit: A measure of the anaerobic energy production during intense exercise? *Can J Appl Physiol*, *21*(5), 350-363, discussion 364-369.
3. Bundle, M.W., & Weyand, P.G. (2012). Sprint exercise performance: Does metabolic power matter? *Exerc Sport Sci Rev*, *40*(3), 174-182.
4. Marino, F.E., Gard, M., & Drinkwater, E.J. (2011). The limits to exercise performance and the future of fatigue research. *Br J Sports Med*, *45*(1), 65-67.
5. Willardson, J.M. (2007). The application of training to failure in periodized multiple-set resistance exercise programs. *J Strength Cond Res*, *21*(2), 628-631.
6. Drinkwater, E.J., Lawton, T.W., Lindsell, R.P., Pyne, D.B., Hunt, P.H., & McKenna, M.J. (2005). Training leading to repetition failure enhances bench press strength gains in elite junior athletes. *J Strength Cond Res*, *19*(2), 382-388.
7. Craig, N.P., Norton, K.I., Conyers, R.A., Woolford, S.M., Bourdon, P.C., Stanef, T., & Walsh, C.B. (1995). Influence of test duration and event specificity on maximal accumulated oxygen deficit of high performance track cyclists. *Int J Sports Med*, *16*(8), 534-540.
8. Garvican, L.A., Pottgiesser, T., Martin, D.T., Schumacher, Y.O., Barras, M., & Gore, G.J. (2011). The contribution of haemoglobin mass to increases in cycling performance induced by simulated LHTL. *Eur J Appl Physiol*, *111*(6), 1089-1101.
9. Schoenfeld, B.J. (2012). Does exercise-induced muscle damage play a role in skeletal muscle hypertrophy? *J Strength Cond Res*, *26*(5), 1441-1453.
10. Tomas, A., Ross, E.Z., & Martin, J.C. (2010). Fatigue during maximal sprint cycling: Unique role of cumulative contraction cycles. *Med Sci Sports Exerc*, *42*(7), 1364-1369.
11. Tabata, I., Nishimura, K., Kouzaki, M., Hirai, Y., Ogita, F., Miyachi, M., & Yamamoto, K. (1996). Effects of moderate-intensity endurance and high-intensity intermittent training on anaerobic capacity and VO_2max. *Med Sci Sports Exerc*, *28*(10), 1327-1330.
12. Markovic, G., & Mikulic, P. (2010). Neuro-musculoskeletal and performance adaptations to lower-extremity plyometric training. *Sports Med*, *40*(10), 859-895.
13. Abbiss, C.R., Karagounis, L.G., Laursen, P.B., Peiffer, J.J., Martin, D.T., Hawley, J.A., Fatehee, N.N., & Martin, J.C. (2011). Single-

leg cycle training is superior to double-leg cycling in improving the oxidative potential and metabolic profile of trained skeletal muscle. *J Appl Physiol (1985), 110*(5), 1248-1255.

14. Hultman, E., Söderlund, K., Timmons, J.A., Cederblad, G., & Greenhaff, P.L. (1996). Muscle creatine loading in men. *J Appl Physiol (1985), 81*(1), 232-237.
15. Zuniga, J.M. Housh, T.J., Camic, C.L., Hendrix, C.R., Mielke, M., Johnson, G.O., Housh, D.J., & Schmidt, R.J. (2012). The effects of creatine monohydrate loading on anaerobic performance and one-repetition maximum strength. *J Strength Cond Res, 26*(6), 1651-1656.
16. Horswill, C.A. (1995). Effects of bicarbonate, citrate, and phosphate loading on performance. *Int J Sport Nutr, 5* (Suppl), S111-119. https://pubmed.ncbi.nlm.nih.gov/7550253
17. Harris, R.C., & Sale, C. (2012). Beta-alanine supplementation in high-intensity exercise. *Med Sport Sci, 59*, 1-17.
18. Hobson, R.M., Saunders, B., Ball, G., Harris, R.C., & Sale, C. (2012). Effects of beta-alanine supplementation on exercise performance: A meta-analysis. *Amino Acids, 43*(1), 25-37.
19. Davis, J.K., & Green, J.M. (2009) Caffeine and anaerobic performance: Ergogenic value and mechanisms of action. *Sports Med, 39*(10), 813-832.
20. Gore, C.J., Clark, S.A., & Saunders, P.U. (2007). Nonhematological mechanisms of improved sea-level performance after hypoxic exposure. *Med Sci Sports Exerc, 39*(9), 1600-1609.

Chapter 15

1. Laursen, P.B., & Buchheit, M. (2018). *Science and application of high-intensity interval training: solutions to the programming puzzle*. Human Kinetics.
2. Joyner, M.J., & Coyle, E.F. (2008, Jan 1). Endurance exercise performance: the physiology of champions. *J Physiol, 586*(1), 35-44. https://doi.org/10.1113/jphysiol.2007.143834
3. Buchheit, M. (2017, Jul 17). Houston, we still have a problem. *Int J Sports Physiol Perform, 12*(8), 1111-1114. https://doi.org/10.1123/ijspp.2017-0422
4. Billat, L.V., & Koralsztein, J.P. (1996). Significance of the velocity at VO_2max and time to exhaustion at this velocity. *Sports Med, 22*(2), 90-108. www.ncbi.nlm.nih.gov/htbin- post/Entrez/query?db=m&form=6&dopt=r&uid=0008857705
5. Hill, D.W., & Rowell, A.L. (1996, Jan). Running velocity at VO_2max. *Med Sci Sports Exerc, 28*(1), 114-119.
6. Midgley, A.W., McNaughton, L.R., & Wilkinson, M. (2006). Is there an optimal training intensity for enhancing the maximal oxygen uptake of distance runners?: Empirical research findings, current opinions, physiological rationale and practical recommendations. *Sports Med, 36*(2), 117-132.
7. Laursen, P.B., Rhodes, E.C., Langill, R.H., McKenzie, D.C., & Taunton, J.E. (2002). Relationship of exercise test variables to cycling performance in an Ironman triathlon. *European Journal of Applied Physiology, 87*, 433-440.
8. Laursen, P.B., Shing, C.M., Peake, J.M., Coombes, J.S., & Jenkins, D.G. (2002, Nov). Interval training program optimization in highly trained endurance cyclists [Clinical Trial Comparative Study Controlled Clinical Trial]. *Medicine and Science in Sports and Exercise, 34*(11), 1801-1807. https://doi.org/10.1249/01.MSS.0000036691.95035.7D
9. Leger, L.A., & Boucher, R. (1980, Jun). An indirect continuous running multistage field test: The Universite de Montreal track test. *Can J Appl Sport Sci, 5*(2), 77-84.
10. Buchheit, M. (2008, Mar). The 30-15 intermittent fitness test: Accuracy for individualizing interval training of young intermittent sport players. *J Strength Cond Res, 22*(2), 365-374. https://doi.org/10.1519/JSC.0b013e3181635b2e
11. Dupont, G., Akakpo, K., & Berthoin, S. (2004, Aug). The effect of in-season, high-intensity interval training in soccer players. *J Strength Cond Res, 18*(3), 584-589. https://doi.org/10.1519/1533-4287(2004)18<584:TEOIHI>2.0.CO;2
12. Cazorla, G. (1990). Test de terrain pour évaluer la capacité aérobie et la vitesse aérobie maximale. Actes du colloque international de la Guadeloupe.
13. Cosgrove, M.J., Wilson, J., Watt, D., & Grant, S.F. (1999, Nov). The relationship between selected physiological variables of rowers and rowing performance as determined by a 2000 m ergometer test. *Journal of Sports Sciences, 17*(11), 845-852. https://doi.org/10.1080/026404199365407
14. Wisloff, U., & Helgerud, J. (1998, Jun). Methods for evaluating peak oxygen uptake and anaerobic threshold in upper body of cross-country skiers. *Med Sci Sports Exerc, 30*(6), 963-970. www.ncbi.nlm.nih.gov/pubmed/9624659
15. Berthon, P., Fellmann, N., Bedu, M., Beaune, B., Dabonneville, M., Coudert, J., & Chamoux, A. (1997). A 5-min running field test as a measurement of maximal aerobic velocity. *Eur J Appl Physiol Occup Physiol, 3*(75), 233-238.
16. Hill, D.W., & Rowell, A.L. (1996). Significance of time to exhaustion during exercise at the velocity associated with VO_2max. *Eur J Appl Physiol Occup Physiol, 72*(4), 383-386.
17. Laursen, P.B., Shing, C.M., & Jenkins, D.G. (2003, Aug). Reproducibility of the cycling time to exhaustion at VO_2peak in highly trained cyclists. *Canadian Journal of Applied Physiology = Revue Canadienne de Physiologie Appliquee, 28*(4), 605-615. www.ncbi.nlm.nih.gov/pubmed/12904637
18. Laursen, P.B., Shing, C.M., Peake, J.M., Coombes, J.S., & Jenkins, D.G. (2002). Interval training program optimization in highly trained endurance cyclists. *Med Sci Sports Exerc, 34*(11), 1801-1807. www.ncbi.nlm.nih.gov/htbin- post/Entrez/query?db=m&form=6&dopt=r&uid=12439086
19. Cataldo, A., Cerasola, D., Russo, G., Zangla, D., & Traina, M. (2015, Sep). Mean power during 20 sec all-out test to predict 2000 m rowing ergometer performance in national level young rowers. *Journal of Sports Medicine and Physical Fitness, 55*(9), 872-877. www.ncbi.nlm.nih.gov/pubmed/24921619
20. Quod, M.J., Martin, D.T., Martin, J.C., & Laursen, P.B. (2010, Jun). The power profile predicts road cycling MMP. *International Journal of Sports Medicine, 31*(6), 397-401. https://doi.org/10.1055/s-0030-1247528
21. Sandford, G.N., Pearson, S., Allen, S.V., Malcata, R.M., Kilding, A.E., Ross, A., & Laursen, P.B. (2017, May 10). Tactical behaviours in men's 800m Olympic and World Championship medallists: A changing of the guard. *International Journal of Sports Physiology and Performance*, 1-13. https://doi.org/10.1123/ijspp.2016-0780
22. Buchheit, M. (2010). The 30-15 intermittent fitness test: 10 year review. *Myorobie Journal, 1*(September). www.martin-buchheit.net
23. Blondel, N., Berthoin, S., Billat, V., & Lensel, G. (2001, Jan). Relationship between run times to exhaustion at 90, 100, 120, and 140% of vVO_2max and velocity expressed relatively to critical velocity and maximal velocity. *Int J Sports Med, 22*(1), 27-33.
24. Buchheit, M. (2008). 30-15 intermittent fitness test and repeated sprint ability. *Science & Sports, 23*(1), 26-28.
25. Buchheit, M., Al Haddad, H., Leprêtre, P.M., Millet, G., Newton, M., & Ahmaidi, S. (2009, January). Cardiorespiratory and

cardiac autonomic responses to 30-15 Intermittent Fitness Test. *J Strength Cond Res, 23*(1), 93-100.

26. Bangsbo, J., Iaia, F.M., & Krustrup, P. (2008). The Yo-Yo intermittent recovery test: A useful tool for evaluation of physical performance in intermittent sports. *Sports Med, 38*(1), 37-51.
27. Buchheit, M. (2005). [The 30-15 intermittent fitness test: A new intermittent running field test for intermittent sport players–Part 1]. *Approches du handball, 87*, 27-34.
28. Dupont, G., Defontaine, M., Bosquet, L., Blondel, N., Moalla, W., & Berthoin, S. (2010, January). Yo-Yo intermittent recovery test versus the Universite de Montreal Track Test: Relation with a high-intensity intermittent exercise. *J Sci Med Sport, 13*(1), 146-150.
29. Buchheit, M. (2005, July). The 30-15 intermittent fitness test: Reliability and implication for interval training of intermittent sport players. Tenth European Congress of Sport Science, Belgrade, Serbia.
30. Billat, L.V. (2001). Interval training for performance: A scientific and empirical practice. Special recommendations for middle- and long-distance running. Part I: Aerobic interval training. *Sports Med, 1*(31), 13-31.
31. Billat, L.V. (2001, Feb). Interval training for performance: A scientific and empirical practice. Special recommendations for middle- and long-distance running. Part II: Anaerobic interval training. *Sports Med, 31*(2), 75-90. www.ncbi.nlm.nih.gov/pubmed/11227980
32. Buchheit, M., Laursen, P.B., Kuhnle, J., Ruch, D., Renaud, C., & Ahmaidi, S. (2009, Apr). Game-based training in young elite handball players. *Int J Sports Med, 30*(4), 251-258.
33. Buchheit, M., Laursen, P.B., Millet, G.P., Pactat, F., & Ahmaidi, S. (2007, Sep 18). Predicting intermittent running performance: Critical velocity versus endurance index. *Int J Sports Med, 29*(4), 307-315.
34. Buchheit, M., Lepretre, P.M., Behaegel, A.L., Millet, G.P., Cuvelier, G., & Ahmaidi, S. (2009, May). Cardiorespiratory responses during running and sport-specific exercises in handball players. *J Sci Med Sport, 12*(3), 399-405. https://doi.org/10.1016/j.jsams.2007.11.007
35. Mosey, T. (2009). High intensity interval training in youth soccer players–Using fitness testing results practically. *J. Aust. Strength Cond., 17*(4), 49-51.
36. Dellal, A., Varliette, C., Owen, A., Chirico, E.N., & Pialoux, V. (2012, Oct). Small-sided games versus interval training in amateur soccer players: Effects on the aerobic capacity and the ability to perform intermittent exercises with changes of direction. *J Strength Cond Res, 26*(10), 2712-2720.

Chapter 16

1. Winkelman, N. (2021). Finding focus. In *The language of coaching: The art & science of teaching movement.* Human Kinetics.
2. Chater, N. (2018). *Mind is flat: The remarkable shallowness of the improvising brain.* Yale University Press.
3. Wulf, G. (2007). *Attention and motor skill learning.* Human Kinetics.
4. Wulf, G., Hoss, M., & Prinz, W. (1998). Instructions for motor learning: Differential effects of internal versus external focus of attention. *Journal of Motor Behavior, 30*(2), 169-179.
5. Castaneda, B., & Gray, R. (2007). Effects of focus of attention on baseball batting performance in players of differing skill levels. *Journal of Sport and Exercise Psychology, 29*(1), 60-77.
6. Stoate, I., & Wulf, G. (2011). Does the attentional focus adopted by swimmers affect their performance? *International Journal of Sports Science and Coaching, 6*(1), 99-108.
7. Winkelman, N.C., Clark, K.P., & Ryan, L.J. (2017). Experience level influences the effect of attentional focus on sprint performance. *Hum Mov Sci, 52*, 84-95.
8. Winkelman, N.C. (2018). Attentional focus and cueing for speed development. *Strength & Conditioning Journal, 40*(1), 13-25.

Chapter 17

1. Zatsiorsky, V. (1995). *Science and practice of strength training.* Human Kinetics.
2. Bosch, F. (2016). *Strength training and coordination: An integrative approach.* 2010 Uitgevers.
3. Issurin, V. (2013). Training transfer: Scientific background and insights for practical application. *Sports Med.*
4. Kraemer, W., & Newton, R. (2000). Training for muscular power. *Phys Med and Rehab Clinics, 11*(2), 341-368.
5. Seitz, L., Reyes, A., Tran, T., de Villarreal, E., & Haff, G. (2014). Increases in lower-body strength transfer positively to sprint performance: A systematic review with meta analysis. *Sports Med, 44*, 1693-1702.
6. Suarez, D., Wagle, J., Cunanan, A., Sausaman, R., & Stone, M. (2019). Dynamic correspondence of resistance training to sport: A brief review. *Strength and Cond J, 41*(4), 80-88.
7. Kreider, R., Fry, A., & O'Toole, M. (1998). *Overtraining in sport.* Human Kinetics.
8. Issurin, V. (2008). Block periodization versus traditional training theroy: A review. *J Sports Med Phys Fitness, 48*(1), 65-75.
9. Brearley, S., & Bishop, C. (2019). Transfer of training: How specific should we be? *Strength and Cond J, 41*(3), 97-109.
10. Siff, M., & Verkhoshansky, Y. (1993). *Supertraining: Special strength training for sporting excellence.* University of Witwatersrand.
11. Bondarchuk, A. (2007). *Transfer of training in sports.* Ultimate Athlete Concepts.
12. Behrens, M., Mau-Moeller, A., Mueller, K., Heise, S., Gube, M., Beuster, N., Herlyn, P., Fischer, D., & Bruhn, S. (2016). Plyometric training improves voluntary activation and strength during isometric, concentric and eccentric contractions. *J Sci Med Sport, 19*(2), 170-176.
13. Turner, A., & Jeffreys, I. (2010). The stretch-shortening cycle: Proposed mechanisms and methods for enhancement. *Strength and Cond J, 32*(4), 87-99.
14. Rubley, M., Haase, A., Holcomb, W., Girouard, T., & Tandy, R. (2011). The effect of plyometric training on power and kicking distance in female adolescent soccer players. *J Strength Cond Res, 25*(1), 129-134.
15. Ramırez-Campillo, R., Meylan, C., Alvarez, C., Henrıquez-Olguín, C., Martınez, C., Canas-Jamett, R., Andrade, D., & Izquierdo, M. (2014). Effects of in-season low-volume high-intensity plyometric training on explosive actions and endurance of young soccer players. *J Strength Cond Res, 28*(5), 1335-1342.
16. Magill, R., & Anderson, D. (2013). *Motor learning and control* (10th ed.). McGraw-Hill Education.
17. Bosch, F. (2014). Fine-tuning motor control. In D. Joyce & D. Lewindon (Eds.), *High-performance training for sports* (pp. 113-126). Human Kinetics.
18. Lewthwaite, R., & Wulf, G. (2017). Optimizing motivation

and attention for motor performance and learning. *Current Opinion Psych, 16*, 38-42.

19. Newell, K. (1986). Constraints on the development of coordination. In M. Wade & H. Whiting (Eds.), *Motor development in children: Aspects of coordination and control* (pp. 341-361). Martin Nijhoff.
20. Wulf, G., & Lewthwaite, R. (2016). Optimizing performance through intrinsic motivation and attention for learning: The OPTIMAL theory of motor learning. *Psychon Bull Rev, 23*, 1382-1414.
21. Hutchinson, J., Sherman, T., Martinovic, N., & Tenenbaum, G. (2008). The effect of manipulated self-efficacy on perceived and sustained effort. *J Appl Sport Psych, 20*, 457-472.
22. Stoate, I., Wulf, G., & Lewthwaite, R. (2012). Enhanced expectaancies improve movement efficiency in runners. *J Sport Sci, 30*, 815-823.
23. Wulf, G., Höß, M., & Prinz, W. (1998). Instructions for motor learning: Differential effects of internal versus external focus of attention. *J Motor Behaviour, 30*, 169-179.
24. McLeod, C. (2016, May). Understanding the movement puzzle. Toronto International Strength & Conditioning Summit, University of Toronto.
25. Kraemer, W., Comstock, B., Clark, J., & Dunn-Lewis, C. (1994). Athlete needs analysis. In J. Hoffman (Ed.), *NSCA's guide to program design* (pp. 1-21). Human Kinetics.
26. McLeod, C., & James, K. (2018). Netball. In A. Turner (Ed.), *Routledge handbook of strength and conditioning* (1st ed.). Routledge.
27. Laursen, P., & Jenkins, D. (2002). The scientific basis for high-intensity interval training. *Sports Med, 32*(1), 53-73.
28. Samozino, P., Rejc, E., Di Prampero, P., Belli, A., & Morin, J. (2012). Optimal force-velocity profile in ballistic movements–altius: Citius or fortius? *Med Sci Sports Exerc, 44*(2), 313-322.
29. Suchomel, T., Nimphius, S., & Stone, M. (2016). The importance of muscular strength in athletic performance. *Sports Med, 46*, 1419-1449.
30. Nagahara, R., Mizutari, M., Matsuo, A., Kanehisa, H., & Fukunaga, T. (2018). Association of sporting performance with ground reaction forces during acceleration and maximal speed phases in a single sprint. *J Appl Biomech, 34*(2), 104-110.
31. Cormie, P., McGuigan, M., & Newton, R. (2010). Adaptations in athletic performance after ballistic power versus strength training. *Med Sci Sports Exerc, 42*(8), 1582-1598.
32. Laursen, P., & Buchheit, M. (2018). *Science and application of high-intensity interval training: solutions to the programming puzzle* (1st ed.). Human Kinetics.
33. Dalen, T., Welde, B., Van den Tillaar, R., & Aune, T. (2013). Effect of single vs. multi joint ballistic resistance training upon vertical jump performance. *Acta Kinesiol Univ Tartu, 19*, 86-97.
34. Bobbert, M., & Van Soest, A. (1994). Effects of muscle strengthening on vertical jump height: A simulation study. *Med Sci Sports Exerc, 26*, 1012-1020.
35. Van Hooren, B., Bosch, F., & Meijer, J. (2017). Can resistance training enhance the rapid force development in unloaded dynamic isoinertial multi-joint movements? A systematic review. *J Strength Cond Res, 31*, 2324-2337.
36. Young, W. (2006). Transfer of strength and power training to sports performance. *Int J Sport Physiol Perf, 1*, 74-83.

Chapter 18

1. Marsh, C.E., Thomas, H.J., Naylor, L.H., Scurrah, K.J., & Green, D.J. (2020). Fitness and strength responses to distinct exercise modes in twins: Studies of Twin Responses to Understand Exercise as a Therapy (STRUETH) study. *The Journal of Physiology 598(18), 3845-3858.*
2. Du Bois, E.F. (1921). The basal metabolism in fever. *JAMA, 77*(5), 352-357.
3. Rippon, I., & Steptoe, A. (2015). Feeling old vs being old: Associations between self-perceived age and mortality. *JAMA Internal Medicine, 175*(2), 307-309.
4. Zahrt, O.H., & Crum, A.J. (2017). Perceived physical activity and mortality: Evidence from three nationally representative US samples. *Health Psychology, 36*(11), 1017.
5. Turnwald, B.P., Goyer, J.P., Boles, D.Z., Silder, A., Delp, S.L., & Crum, A.J. (2019). Learning one's genetic risk changes physiology independent of actual genetic risk. *Nature Human Behaviour, 3*(1), 48.
6. Lindheimer, J.B., O'Connor, P.J., & Dishman, R.K. (2015). Quantifying the placebo effect in psychological outcomes of exercise training: A meta-analysis of randomized trials. *Sports Medicine, 45*(5), 693-711.
7. Beedie, C.J., Coleman, D.A., & Foad, A.J. (2007). Positive and negative placebo effects resulting from the deceptive administration of an ergogenic aid. *International Journal of Sport Nutrition and Exercise Metabolism, 17*(3), 259-269.
8. Beedie, C., Benedetti, F., Barbiani, D., Camerone, E., Cohen, E., Coleman, D., & Harvey, S. (2018). Consensus statement on placebo effects in sports and exercise: The need for conceptual clarity, methodological rigour, and the elucidation of neurobiological mechanisms. *European Journal of Sport Science, 18*(10), 1383-1389.
9. Kiely, J. (2018). Periodization theory: Confronting an inconvenient truth. *Sports Medicine, 48*(4), 753-764.
10. Crum, A.J., & Langer, E.J. (2007). Mind-set matters: Exercise and the placebo effect. *Psychological Science, 18*(2), 165-171.
11. Crum, A.J., Salovey, P., & Achor, S. (2013). Rethinking stress: The role of mindsets in determining the stress response. *Journal of Personality and Social Psychology, 104*(4), 716.
12. Smith, E.N., Young, M.D., & Crum, A.J. (2020). Stress, mindsets, and success in Navy SEALs Special Warfare Training. *Frontiers in Psychology, 10*, 2962.

Chapter 19

1. Kiely, J. (2012). Periodization paradigms in the 21st century; evidence-led or tradition-driven? *International Journal of Sports Physiology and Performance, 7*(3), 242-250.
2. Selye, H. (1950). *The physiology and pathology of exposure to stress*. Medical Publisher.
3. Spiering, B.A., Kraemer, J., Anderson, J.M., Armstrong, L.E., Nindl, B.C., Volek, J.S., & Maresh, C.M. (2008). Resistance exercise biology: Manipulation of resistance exercise programme variables determines the responses of cellular and molecular signalling pathways. *Sports Medicine, 38*(7), 527-540.
4. Matveyev, L.P. (1964). *Fundamentals of sports training*. Progress Publishers.
5. Zatsiorsky, V.M. (1995). *Science and practice of strength training*. Human Kinetics.
6. Foster, R.G., & Roenneberg, T. (2008). *Current Biology, 18*(17), R784-R794.
7. Shepard, R.J. (2001). Chronic fatigue syndrome: An update.

Sports Medicine, 31(3), 167-194.

8. Martin, J.C., Gardner, A.S., Barras, M., & Martin, D.T. (2006). Modelling sprint cycling using field-driven parameters and forward integration. *Medicine and Science in Sports and Exercise, 38*(3), 592-597.
9. Viru, A. (1995). *Adaptation in sports training*. CRC Press.
10. Gabbett, T.J., & Jenkins, D.G. (2011). Relationship between training lad and injury in professional Rugby League players. *Journal of Science and Medicine in Sports, 14*(3), 204-209.
11. Novas, A.M., Rowbottom, D.G., & Jenkins, D.G. (2003). Tennis, incidence of URTI and salivary IgA. *International Journal of Sports Medicine, 24*(3), 223-229.
12. Cormie, P., McGuigan, M.R., & Newton, R.U. (2010). Influence of strength on magnitude and mechanisms of adaptation to power training. *Medicine and Science in Sport and Exercise, 42*(8), 1566-1581.
13. Baar, K. (2009). The signalling underlying FITness. *Applied Physiology Nutrition Metabolism, 34*(3), 411-419.
14. Verkoshansky, Y.V. (1985). *Programming and organisation of training process*. FiS Publisher.
15. Ronnestad, B.R., Hansen, J., & Ellefsen, S. (2012). Block periodization of high intensity aerobic intervals provides superior training effects in trained cyclists. *Scandinavian Journal of Medicine and Science in Sports* (epub ahead of print). https://doi.org/10.1111/j.1600-0838.2012.01485.x
16. Issurin, V.B. (2010). New horizons for the methodology and physiology of training periodization. *Sports Medicine, 40*(3), 189-206.
17. Mujika, I. (1998). The influence of training characteristics and tapering on the adaptation in highly trained individuals: A review. *International Journal of Sports Medicine, 19*(7), 439-446.
18. Kelly, V.G., & Coutts, A.J. (2007). Planning and monitoring training load during the competition phase in team sports. *Strength and Conditioning Journal, 29*(4), 32-37.
19. Yessis, M. (1994). Fitness and Sport Review International 20:2. Escondido, CA.

Chapter 20

1. Bangsbo, J., Iaia, F.M., & Krustrup, P. (2008). The yo-yo intermittent recovery test: A useful tool for evaluation of physical performance in intermittent sports. *Sports Medicine, 38*(1), 37-51.
2. Malone, S., Owen, A., Hughes, B., Collins, K., & Gabbett, T.J. (2018). High-speed running as an injury risk factor in soccer: Can well-developed physical qualities reduce the risk? *Journal of Science and Medicine in Sport, 21*(3), 257-262.
3. Gabbett, T.J., & Ullah, S. (2012). Relationship between running loads and soft-tissue injury in elite team sport athletes. *Journal of Strength and Conditioning Research, 26*(4), 953-960.
4. Simao, R., de Salles, B.F., Figueiredo, T., Dias, I., & Willardson, J.M. (2012). Exercise order in resistance training. *Sports Medicine, 42*(3), 251-265.
5. Uchida, M.C., Crewther, B.T., Ugrinowitsch, C., Bacurau, R.F.P., Moriscot, A.S., & Aoki, M.S. (2009). Hormonal responses to different resistance exercise schemes of similar total volume. *Journal of Strength and Conditioning Research, 23*(7), 2003-2008.
6. Prestes, J., Frollini, A.B., de Lima, C., Donatto, F.F., Foschini, D., de Cássia Marqueti, R., Figueira Jr., A., & Fleck, S.J. (2009). Comparison between linear and daily undulating periodized resistance training to increase strength. *Journal of Strength and Conditioning Research, 23*(9), 2437-2442.
7. Astorino, T.A., Allen, R.P., Roberson, D.W., & Jurancich, M. (2012). Effect of high-intensity interval training on cardiovascular function, VO_2max, and muscular force. *Journal of Strength and Conditioning Research, 26*(1), 138-145.
8. Berthoin, S., Mantéca, F., Gerbeaux, M., & Lensel-Corbeil, G. (1995). Effect of a 12-week training programme on Maximal Aerobic Speed (MAS) and running time to exhaustion at 100% of MAS for students aged 14 to 17 years. *Journal of Sports Medicine and Physical Fitness, 35*(4), 251-256.
9. Impellizzeri, F.M., Marcora, S.M., Castagna, C., Reilly, T., Sassi, A., Iaia, F.M., & Rampinini, E. (2006). Physiological and performance effects of generic versus specific aerobic training in soccer players. *International Journal of Sports Medicine, 27*(6), 483-492.
10. Kirkendall, D.T., & Dvorak, J. (2010). Effective injury prevention in soccer. *The Physician and Sportsmedicine, 38*(1), 147-157.
11. Gabbett, T.J., Abernethy, B., & Jenkins, D.G. (2012). Influence of field size on the physiological and skill demands of small-sided games in junior and senior rugby league players. *Journal of Strength and Conditioning Research, 26*(2), 487-491.
12. Hill-Haas, S.V., Dawson, B., Impellizzeri, F.M., & Coutts, A.J. (2011). Physiology of small-sided games training in football: A systematic review. *Sports Medicine, 41*(3), 199-220.
13. Steffen, K., Myklebust, G., Olsen, O.E., Holme, I., & Bahr, R. (2008). Preventing injuries in female youth football—A cluster-randomized controlled trial. *Scandinavian Journal of Medicine and Science in Sports, 18*(5), 605-614.
14. Zebis, M.K., Andersen, L.L., Bencke, J., Kjaer, M., & Aagaard, P. (2009). Identification of athletes at future risk of anterior cruciate ligament ruptures by neuromuscular screening. *American Journal of Sports Medicine, 37*(10), 1967-1973.
15. Quinn, K., Parker, P., de Bie, R., Rowe, B., & Handoll, H. (2000). Interventions for preventing ankle ligament injuries. *Cochrane Database of Systemic Review, 2*, CD000018.
16. Castellano, J., Blanco-Villasenor, A., & Alvarez, D. (2011). Contextual variables and time-motion analysis in soccer. *International Journal of Sports Medicine, 32*(6), 415-421.
17. Rampinini, E., Impellizzeri, F.M., Castagna, C., Coutts, A.J., & Wisloff, U. (2009). Technical performance during soccer matches of the Italian Serie A league: Effect of fatigue and competitive level. *Journal of Science and Medicine in Sport, 12*(1), 227-233.
18. Lamberts, R.P., Swart, J., Capostagno, B., Noakes, T.D., & Lambert, M.I. (2010). Heart rate recovery as a guide to monitor fatigue and predict changes in performance parameters. *Scandinavian Journal of Medicine and Science in Sports, 20*(3), 449-457.
19. Bradley, P.S., Mohr, M., Bendiksen, M., Randers, M.B., Flindt, M., Barnes, C., Hood, P., Gomez, A., Andersen, J.L., Di Mascio, M., Bangsbo, J., & Krustrup, P. (2011). Sub-maximal and maximal yo-yo intermittent endurance test level 2: Heart rate response, reproducibility and application to elite soccer. *European Journal of Applied Physiology and Occupational Physiology, 111*(6), 969-978.

Chapter 23

1. Rochelle, R., Michael, E., & Skubic, V. (1957). Effect of warm-up on softball throw for distance. *Research Quarterly, 28*, 357-363.
2. Karpovich, P.V. (1965). *Physiology of muscle activity*. Saunders.
3. Fradkin, A.J., Zazryn, T.R., & Smoliga, J.M. (2010). Effects of

warming up on physical performance: A systematic review with meta-analysis. *Journal of Strength and Conditioning Research, 24*(1), 140-148.

4. Hedrick, A. (1992). Physiological responses to warm-up. *National Strength and Conditioning Association Journal, 14*(5), 25-27.
5. Bosch, F. (2015). *Strength training and coordination: An integrative approach*. 2010Publishers.
6. Rose, T. (2016). *The end of average: How we succeed in a world that values sameness*. Harper One.
7. Kaldec, D. (2019). *Not sprinting is not sprinting: The reality of speed development*. Presentation, Singapore.
8. Robertson, M. (2008). *Self-myofascial release: Purpose, methods and techniques*. Retrieved from www.RobertsonTrainingSystems.com
9. Cook, C.J., & Crewther, B.T. (2012). Changes in salivary testosterone concentrations and subsequent voluntary squat performance following the presentation of short video clips. *Hormones and Behavior, 61*, 17-22.
10. Carre, J.M., & Putman, S.K. (2010). Watching a previous victory produces an increase in testosterone among elite hockey players. *Psychoneuroendocrinology, 35*, 475-479.
11. Klinesmith, J., Kasser, T., & McAndrew, F.T. (2006). Guns, testosterone, and aggression: An experimental test of a meditational hypothesis. *Psychological Science, 17*, 568-571.
12. Cressy, E. (2008). *The truth about unstable surface training*. Retrieved from www.cressey performance.com
13. Bird, S.P., & Stuart, W. (2012). Integrating balance and postural stability exercises into the functional warm-up for youth athletes. *Strength and Conditioning Journal, 34*(3), 73-79.
14. DeRenne, C., Ho, K.W., Hetzler, R.K., & Chai, D.X. (1992). Effects of warm-up with various weighted implements on baseball bat swing velocity. *The Journal of Strength and Conditioning Research, 6*(4), 214-218.
15. Gullich, A.C., & Schmidtbeicher, D. (1996). MVC-induced short-term potentiation of explosive force. *New Studies in Athletics, 11*, 67-81.
16. Hausswirth, C., & Muijka, I. (2013). *Recovery for performance in sport*. Human Kinetics.

Chapter 24

1. Bompa, T.O., & Haff, G.G. (2009). Peaking for competition. In *Periodization: Theory and Methodology of Training* (5th ed., pp. 187-202). Human Kinetics Publishers.
2. Ritchie, D., Allen, J.B., & Kirkland, A. (2018, Aug 07). Where science meets practice: Olympic coaches' crafting of the tapering process. *J Sports Sci, 36*(10), 1145-1154. https://doi.org/10.1080/02640414.2017.1362717
3. Murach, K., & Bagley, J. (2015). Less is more: The physiological basis for tapering in endurance, strength, and power athletes. *Sports, 3*(3), 209-218.
4. Mujika, I. (2010, Oct). Intense training: The key to optimal performance before and during the taper [Review]. *Scandinavian Journal of Medicine & Science in Sports, 20*(Suppl 2), 24- 31. https://doi.org/10.1111/j.1600-0838.2010.01189.x
5. Pritchard, H.J., Barnes, M.J., Stewart, R.J., Keogh, J.W., & McGuigan, M.R. (2019, Apr 1). Higher- versus lower-intensity strength-training taper: Effects on neuromuscular performance. *Int J Sports Physiol Perform, 14*(4), 458-463. https://doi.org/10.1123/ijspp.2018-0489
6. Bosquet, L., Montpetit, J., Arvisais, D., & Mujika, I. (2007, Aug). Effects of tapering on performance: A meta-analysis. *Med Sci Sports Exerc, 39*(8), 1358-1365. www.ncbi.nlm.nih.gov/entrez/query.fcgi?cmd=Retrieve&db=PubMed&dopt=Cita tion&list_uids=17762369
7. Mujika, I., & Padilla, S. (2003, Jul). Scientific bases for precompetition tapering strategies. *Med Sci Sports Exerc, 35*(7), 1182-1187. www.ncbi.nlm.nih.gov/entrez/query.fcgi?cmd=Retrieve&db=PubMed&dopt=Cita tion&list_uids=12840640
8. Bosquet, L., Leger, L., & Legros, P. (2002). Methods to determine aerobic endurance. *Sports Med, 32*(11), 675-700. www.ncbi.nlm.nih.gov/entrez/query.fcgi?cmd=Retrieve&db=PubMed&dopt=Cita tion&list_uids=12196030
9. Jafer, A.A., Mondal, S., Abdulkedir, M., & Mativananan, D. (2019). Effect of two tapering strategies on endurance-related physiological markers in athletes from selected training centres of Ethiopia. *BMJ Open Sport Exerc Med, 5*(1), e000509. https://doi.org/10.1136/bmjsem-2019-000509
10. Mujika, I., Villanueva, L., Welvaert, M., & Pyne, D.B. (ahead of press, Jan 31). Swimming fast when it counts: A 7-year analysis of olympic and world championships performance. *Int J Sports Physiol Perform*, 1-23. https://doi.org/10.1123/ijspp.2018-0782
11. Meline, T., Mathieu, L., Borrani, F., Candau, R., & Sanchez, A.M. (2019, Feb). Systems model and individual simulations of training strategies in elite short-track speed skaters. *J Sports Sci, 37*(3), 347-355. https://doi.org/10.1080/02640414.2018.150437 5
12. Mujika, I., & Padilla, S. (2000). Detraining: Loss of training-induced physiological and performance adaptations. Part I: Short term insufficient training stimulus. *Sports Med, 30*(2), 79-87.
13. Busso, T. (2003, Jul). Variable dose–response relationship between exercise training and performance. *Med Sci Sports Exerc, 35*(7), 1188-1195. www.ncbi.nlm.nih.gov/entrez/query.fcgi?cmd=Retrieve&db=PubMed&dopt=Cita tion&list_uids=12840641
14. Zatsiorsky, V.M., & Kraemer, W.J. (2006). Basic concepts of training theory. In *Science and practice of strength training* (2nd ed., pp. 1-16). Human Kinetics Publishers.
15. Issurin, V. (2008). Training effects. In M. Yessis (Ed.), *Principles and basics of advanced athletic training* (pp. 45-79). Ultimate Athlete Concepts.
16. Zatsiorsky, V.M., & Kraemer, W.J. (2006). *Science and practice of strength training* (2nd ed.). Human Kinetics.
17. Thomas, L., & Busso, T. (2005, Sep). A theoretical study of taper characteristics to optimize performance. *Med Sci Sports Exerc, 37*(9), 1615-1621. www.ncbi.nlm.nih.gov/entrez/query.fcgi?cmd=Retrieve&db=PubMed&dopt=Cita tion&list_uids=16177616
18. Winwood, P.W., Dudson, M.K., Wilson, D., McLaren-Harrison, J.K.H., Redjkins, V., Pritchard, H.J., & Keogh, J.W.L. (2018, May). Tapering practices of strongman athletes. *J Strength Cond Res, 32*(5), 1181-1196. https://doi.org/10.1519/JSC.0000000000002453
19. Pritchard, H.J., Tod, D.A., Barnes, M.J., Keogh, J.W., & McGuigan, M.R. (2016, Jul). Tapering practices of New Zealand's elite raw powerlifters. *J Strength Cond Res, 30*(7), 1796-1804. https://doi.org/10.1519/JSC.0000000000001292
20. Botonis, P.G., Toubekis, A.G., & Platanou, T.I. (2019, Mar). Training loads, wellness and performance before and during tapering for a water-polo tournament. *J Hum Kinet, 66*, 131-141. https://doi.org/10.2478/hukin-2018-0053

21. Mujika, I. (2009). *Tapering and peaking for optimal performance*. Human Kinetics Publishers.

22. Spilsbury, K.L., Nimmo, M.A., Fudge, B.W., Pringle, J.S.M., Orme, M.W., & Faulkner, S.H. (2019, Jul). Effects of an increase in intensity during tapering on 1500-m running performance. *Appl Physiol Nutr Metab, 44*(7), 783-790. https://doi.org/10.1139/apnm- 2018-0551

23. Bosquet, L., Berryman, N., & Mujika, I. (2018). Managing the training load of overreached athletes; insights from detraining and tapering literature. In M. Kellmann & J. Beckmann (Eds.), *Sport, recovery, and performance: Interdisciplinary insights* (pp. 87-107). Routledge.

24. Hopkins, W.G. (2005). Competitive performance of elite track and field athletes: Variability and smallest worthwhile enhancements. *Sportscience, 9*, 17-20.

25. Hellard, P., Scordia, C., Avalos, M., Mujika, I., & Pyne, D.B. (2017). Modelling of optimal training load patterns during the 11 weeks preceding major competition in elite swimmers. *Appl Physiol Nutr Metab, 42*, 1106-1117. https://pubmed.ncbi.nlm.nih.gov/28651061/

26. Mujika, I., Goya, A., Padilla, S., Grijalba, A., Gorostiaga, E., & Ibanez, J. (2000, Feb). Physiological responses to a 6-d taper in middle-distance runners: Influence of training intensity and volume. *Med Sci Sports Exerc, 32*(2), 511-517. www.ncbi.nlm.nih.gov/entrez/query.fcgi?cmd=Retrieve&db=PubMed&dopt=Cita tion&list_uids=10694140

27. Neary, J.P., Martin, T.P., & Quinney, H.A. (2003, Nov). Effects of taper on endurance cycling capacity and single muscle fiber properties. *Med Sci Sports Exerc, 35*(11), 1875- 1881. www.ncbi.nlm.nih.gov/entrez/query.fcgi?cmd=Retrieve&db=PubMed&dopt=Cita tion&list_uids=14600553

28. Murach, K.A., & Bagley, J.R. (2015). Less is more: The physiological basis for tapering in endurance, strength, and power athletes. *Sports, 3*(3), 209-218.

29. Malcata, R.M., & Hopkins, W.G. (2014, Dec). Variability of competitive performance of elite athletes: A systematic review. *Sports Med, 44*(12), 1763-1774. https://doi.org/10.1007/s40279-014-0239-x

30. Mujika, I., Padilla, S., & Pyne, D. (2002, Nov). Swimming performance changes during the final 3 weeks of training leading to the Sydney 2000 Olympic Games. *Int J Sports Med, 23*(8), 582-587. www.ncbi.nlm.nih.gov/entrez/query.fcgi?cmd=Retrieve&db=PubMed&dopt=Cita tion&list_uids=12439774

31. McGuigan, M.R., & Kane, M.K. (2004, Aug). Reliability of performance of elite Olympic weightlifters. *J Strength Cond Res, 18*(3), 650-653. https://doi.org/10.1519/12312.1

32. Izquierdo, M., Ibanez, J., Gonzalez-Badillo, J.J., Ratamess, N.A., Kraemer, W.J., Häkkinen, K., Bonnabau, H., Granados, C., French, D.N., & Gorostiaga, E.M. (2007, Aug). Detraining and tapering effects on hormonal responses and strength performance. *J Strength Cond Res, 21*(3), 768-775. www.ncbi.nlm.nih.gov/entrez/query.fcgi?cmd=Retrieve&db=PubMed&dopt=Cita tion&list_uids=17685721

33. Gibala, M.J., MacDougall, J.D., & Sale, D.G. (1994, Nov). The effects of tapering on strength performance in trained athletes. *Int J Sports Med, 15*(8), 492-497. www.ncbi.nlm.nih.gov/entrez/query.fcgi?cmd=Retrieve&db=PubMed&dopt=Cita tion&list_uids=7890463

34. Skovgaard, C., Almquist, N.W., Kvorning, T., Christensen, P.M., & Bangsbo, J. (2018, Feb 1). Effect of tapering after a period of high-volume sprint interval training on running performance and muscular adaptations in moderately trained runners. *J Appl Physiol (1985), 124*(2), 259-267. https://doi.org/10.1152/japplphysiol.00472.2017

35. Smith, D.J. (2003). A framework for understanding the training process leading to elite performance. *Sports Med, 33*(15), 1103-1126. www.ncbi.nlm.nih.gov/entrez/query.fcgi?cmd=Retrieve&db=PubMed&dop t=Citation&list_uids=14719980

36. Krespi, M., Sporis, G., & Trajkovic, N. (Ahead of press, Sep 19). Effects of two different tapering protocols on fitness and physical match performance in elite junior soccer players. *J Strength Cond Res, 34*(6):1731-1740.

37. Mujika, I., & Padilla, S. (2000). Detraining: Loss of training-induced physiological and performance adaptations. Part II: Long-term insufficient training stimulus. *Sports Med, 30*(3), 145-154.

38. Banister, E.W., Carter, J.B., & Zarkadas, P.C. (1999, Jan). Training theory and taper: Validation in triathlon athletes. *Eur J Appl Physiol Occup Physiol, 79*(2), 182-191. www.ncbi.nlm.nih.gov/entrez/query.fcgi?cmd=Retrieve&db=PubMed&dopt=Cita tion&list_uids=10029340

39. Zarkadas, P.C., Carter, J.B., & Banister, E.W. (1995). Modelling the effect of taper on performance, maximal oxygen uptake, and the anaerobic threshold in endurance triathletes. *Adv Exp Med Biol, 393*, 179-186. www.ncbi.nlm.nih.gov/entrez/query.fcgi?cmd=Retrieve&db=PubMed&dopt=Cita tion&list_uids=8629477

40. Mujika, I. (1998). The influence of training characteristics and tapering on the adaptation in highly trained individuals: A review. *Int J Sports Med, 19*(7), 439-446.

41. Kubukeli, Z.N., Noakes, T.D., & Dennis, S.C. (2002). Training techniques to improve endurance exercise performances. *Sports Med, 32*(8), 489-509. www.ncbi.nlm.nih.gov/entrez/query.fcgi?cmd=Retrieve&db=PubMed&dopt=Cita tion&list_uids=12076176

42. Mujika, I., Goya, A., Ruiz, E., Grijalba, A., Santisteban, J., & Padilla, S. (2002, Jul). Physiological and performance responses to a 6-day taper in middle-distance runners: Influence of training frequency. *Int J Sports Med, 23*(5), 367-373. www.ncbi.nlm.nih.gov/entrez/query.fcgi?cmd=Retrieve&db=PubMed&dopt=Cita tion&list_uids=12165889

43. Bompa, T.O., Hoffman, J., Blumenstein, B., & Orbach, I. (2019). Tapering and peaking for competitions. In T.O. Bompa, B. Blumenstein, J. Hoffman, S. Howell, & I. Orbach (Eds.), *Integrated periodization in sports training & athletic development* (pp. 174-197). Meyer & Meyer Sport.

44. Mujika, I., Padilla, S., Pyne, D., & Busso, T. (2004). Physiological changes associated with the pre-event taper in athletes. *Sports Med, 34*(13), 891-927. www.ncbi.nlm.nih.gov/entrez/query.fcgi?cmd=Retrieve&db=PubMed&dopt=Cita tion&list_uids=15487904

45. Houmard, J.A., Kirwan, J.P., Flynn, M.G., & Mitchell, J.B. (1989, Feb). Effects of reduced training on submaximal and maximal running responses. *Int J Sports Med, 10*(1), 30-33. www.ncbi.nlm.nih.gov/entrez/query.fcgi?cmd=Retrieve&db=PubMed&dopt=Cita tion&list_uids=2703282

46. McConell, G.K., Costill, D.L., Widrick, J.J., Hickey, M.S., Tanaka, H., & Gastin, P.B. (1993, Jan). Reduced training volume and intensity maintain aerobic capacity but not performance in distance runners. *Int J Sports Med, 14*(1), 33-37. www.ncbi.nlm.nih.gov/entrez/query.fcgi?cmd=Retrieve&db=PubMed&dopt=Cita tion&list_uids=8440543

47. Shepley, B., MacDougall, J.D., Cipriano, N., Sutton, J.R., Tarnopolsky, M.A., & Coates, G. (1992, Feb). Physiological effects of tapering in highly trained athletes. *J Appl Physiol, 72*(2), 706-711. www.ncbi.

nlm.nih.gov/entrez/query.fcgi?cmd=Retrieve&db=PubMed&dopt=Cita tion&list_uids=1559951

Chapter 25

1. Kellmann, M., Bertollo, M., Bosquet, L., Brink, M., Coutts, A.J., Duffield, R., et al. (2018). Recovery and performance in sport: Consensus statement. *Int J Sports Physiol Perform, 13*(2), 240-245.
2. Halson, S.L. (2014). Monitoring training load to understand fatigue in athletes. *Sports Med, 44*(Suppl 2), S139-147.
3. Nedelec, M., McCall, A., Carling, C., Legall, F., Berthoin, S., & Dupont, G. (2012). Recovery in soccer: Part I–Post-match fatigue and time course of recovery. *Sports Med, 42*(12), 997-1015.
4. Mujika, I., Halson, S., Burke, L.M., Balague, G., & Farrow, D. (2018). An integrated, multifactorial approach to periodization for optimal performance in individual and team sports. *Int J Sports Physiol Perform, 13*(5), 538-561.
5. Maughan, R.J., Burke, L.M., Dvorak, J., Larson-Meyer, D.E., Peeling, P., Phillips, S.M., et al. (2018). IOC consensus statement: Dietary supplements and the high performance athlete. *Int J Sport Nutr Exerc Metab, 28*(2), 104-125.
6. Sargent, C., Lastella, M., Halson, S.L., & Roach, G.D. (2014). The impact of training schedules on the sleep and fatigue of elite athletes. *Chronobiol Int, 31*(10), 1160- 1168.
7. Juliff, L.E., Halson, S.L., & Peiffer, J.J. (2015). Understanding sleep disturbance in athletes prior to important competitions. *J Sci Med Sport, 18*(1), 13-18.
8. Halson, S.L. (2019). Sleep monitoring in athletes: Motivation, methods, miscalculations and why it matters. *Sports Med, 49*(10), 1487-1497.
9. Carney, C.E., Buysse, D.J., Ancoli-Israel, S., Edinger, J.D., Krystal, A.D., Lichstein, K.L., et al. (2012). The consensus sleep diary: Standardizing prospective sleep self-monitoring. *Sleep, 35*(2), 287-302.
10. Bender, A.M., Lawson, D., Werthner, P., & Samuels, C.H. (2018). The clinical validation of the athlete sleep screening questionnaire: An instrument to identify athletes that need further sleep assessment. *Sports Med Open, 4*(1), 23.
11. Samuels, C., James, L., Lawson, D., & Meeuwisse, W. (2016). The Athlete Sleep Screening Questionnaire: A new tool for assessing and managing sleep in elite athletes. Br J *Sports Med, 50*(7), 418-422.
12. Driller, M.W., Mah, C.D., & Halson, S.L. (2018). Development of the athlete sleep behavior questionnaire: A tool for identifying maladaptive sleep practices in elite athletes. *Sleep Sci, 11*(1), 37-44.
13. Torres, L., & Schelling, X. (2014). The properties of water and their applications for training. *Journal of Human Kinetics, 44*, 237-238.
14. Venter, R.E. (2014). Perceptions of team athletes on the importance of recovery modalities. *Eur J Sport Sci, 14*(Suppl), S69-S76.
15. Torres, E., Ayora, C., Canovas, C.R., Garcia-Robledo, E., Galvan, L., & Sarmiento, A.M. (2013). Metal cycling during sediment early diagenesis in a water reservoir affected by acid mine drainage. *The Science of the Total Environment, 461-462*, 416-429.
16. Bieuzen, F., Bleakley, C.M., & Costello, J.T. Contrast water therapy and exercise induced muscle damage: A systematic review and meta-analysis. *PloS One, 8*(4), e62356.
17. Wilcock, I.M., Cronin, J.B., & Hing, W.A. (2006). Physiological response to water immersion: A method for sport recovery? *Sports Med, 36*(9), 747-765.
18. Bleakley, C.M., Bieuzen, F., Davison, G.W., & Costello, J.T. (2014). Whole-body cryotherapy: Empirical evidence and theoretical perspectives. *Open Access Journal of Sports Medicine, 5*, 25-36.
19. Costello, J.T., Donnelly, A.E., Karki, A., & Selfe, J. (2014). Effects of whole body cryotherapy and cold water immersion on knee skin temperature. *Int J Sports Med, 35*(1), 35-40.
20. Lombardi, G., Ziemann, E., & Banfi, G. (2017). Whole-body cryotherapy in athletes: From therapy to stimulation. An updated review of the literature. *Frontiers in Physiology, 8*, 258.
21. Cook, C.J., & Beaven, C.M. (2013). Individual perception of recovery is related to subsequent sprint performance. *Br J Sports Med, 47*(11), 705-709.
22. Caia, J., Scott, T.J., Halson, S.L., & Kelly, V.G. (2018). The influence of sleep hygiene education on sleep in professional Rugby League athletes. *Sleep Health, 4*(4), 364- 368.

Chapter 26

1. Soderstrom, N.C., & Bjork, R.A. (2015). Learning versus performance: An integrative review. *Perspect Psychol Sci, 10*(2), 176-199.
2. Hodges, N.J., & Campagnaro, P. (2012). Physical guidance research: Assisting principles and supporting evidence. In N.J. Hodges and A.M. Williams (Eds.), *Skill acquisition in sport: Research, theory and practice* (2nd ed., pp. 150-169). Routledge.
3. Lee, T.D., Eliasz, K.L., Gonzalez, D., Alguire, K., Ding, K., & Dhaliwal, C. (2016). On the role of error in motor learning. *J Mot Behav, 48*(2), 99-115.
4. Memmert, D. (2006). Long-term effects of type of practice on the learning and transfer of a complex motor skill. *Percept Mot Skills, 103*(3), 912-916.
5. Torres-Oviedo, G., & Bastian, A.J. (2011). Natural error patterns enable transfer of motor learning to novel contexts. *J Neurophysiol, 107*(1), 346-356.
6. Kim, R.M., & Kaplan, S.M. (2006). Interpreting socio-technical co-evolution: Applying complex adaptive systems to IS engagement. *Inf Technol People, 19*(1), 35-54.
7. Waldrop, M.M. (1992). *Complexity: The emerging science at the edge of order and chaos*. Touchstone N.Y.
8. Morrison, K. (2008). Educational philosophy and the challenge of complexity theory. *Educ Philos Theory, 40*(1), 19-34.
9. Boehnert, J., Penn, A., Barbrook-Johnson, P., Bicket, M., & Hills, D. (2019, Nov.). *The visual representation of complexity: Definitions, examples & learning points* [Conference poster]. Related Systems Thinking and Design Symposium 7, Torino, Italy.
10. Woods, C.T., McKeown, I., Shuttleworth, R.J., Davids, K., & Robertson, S. Training programme designs in professional team sport: An ecological dynamics exemplar. *Hum Mov Sci, 66*, 318-326.
11. Davids, K.W., Button, C., & Bennett, S.J. (2008). *Dynamics of skill acquisition: A constraints-led approach*. Human Kinetics.
12. Newell, K.M. Constraints on the development of coordination. (1986). In M.G. Wade and H.T.A. Whiting (Eds.). *Motor development in children: Aspects of coordination and control* (pp. 341-360). Martinus Nijhoff.
13. Glazier, P.S. (2017). Towards a grand unified theory of sports performance. *Gd Unified Theory Sports Perform, 56*, 139-156.

14. Casamichana, D., & Castellano, J. (2010). Time–motion, heart rate, perceptual and motor behaviour demands in small-sides soccer games: Effects of pitch size. *J Sports Sci, 28*(14), 1615-1623.

15. Barris, S., Davids, K., & Farrow, D. (2013). Representative learning design in springboard diving: Is dry-land training representative of a pool dive? *Eur J Sport Sci, 13*(6), 638-645.

16. Robertson, S., Spencer, B., Back, N., & Farrow, D. (2019). A rule induction framework for the determination of representative learning design in skilled performance. *J Sports Sci, 37*(11), 1280-1285.

17. Barker-Ruchti, N., Rynne, S.R., Lee, J., & Barker, D.M. (2014). Athlete learning in Olympic sport. *Sports Coach Rev, 3*(2), 162-178.

18. Bielaczyc, K., & Collins, A. (1999). Learning communities in classrooms: A reconceptualization of educational practice. In C.M. Reigeluth (Ed.), *Instructional design theories and models: A new paradigm of instructional theory.* Lawrence Erlbaum Associates, Inc.

19. Gee, J.P. (2005). Learning by design: Good video games as learning machines. *E-Learn Digit Media, 2*(1), 5-16.

20. Farrow, D., & Robertson, S. (2017). Development of a skill acquisition periodisation framework for high-performance sport. *Sports Med, 47*(6), 1043-1054.

21. Proteau, L. (1992). On the specificity of learning and the role of visual information for movement control. In L. Proteau and D. Elliott (Eds.), *Advances in psychology* (pp. 67- 103). North-Holland. www.sciencedirect.com/science/article/pii/S0166411508620117

22. Pinder, R.A., Davids, K., Renshaw, I., & Araújo, D. (2011). Representative learning design and functionality of research and practice in sport. *J Sport Exerc Psychol, 33*(1), 146-155.

23. Guadagnoli, M.A., & Lee, T.D. (2004). Challenge point: A framework for conceptualizing the effects of various practice conditions in motor learning. *J Mot Behav, 36*(2), 212-224.

24. Ericsson, K.A., Krampe, R.T., & Tesch-Römer, C. (1993). The role of deliberate practice in the acquisition of expert performance. *Psychol Rev, 100*(3), 363.

25. Suchomel, T.J., Nimphius, S., Bellon, C.R., & Stone, M.H. (2018). The importance of muscular strength: training considerations. *Sports Med, 48*(4), 765-785.

26. Lee, T.D., Swinnen, S.P., & Serrien, D.J. (1994). Cognitive effort and motor learning. *Quest, 46*(3), 328-344.

27. Phillips, E., Davids, K., Renshaw, I., & Portus, M. (2010). Expert performance in sport and the dynamics of talent development. *Sports Med, 40*(4), 271-283.

28. Senge, P.M. (2006). *The fifth discipline: The art & practice of the learning organization.* Crown Business.

29. Edmondson, A. (1999). Psychological safety and learning behavior in work teams. *Adm Sci Q, 44*(2), 350-383.

30. Wenger, E.C., & Snyder, W.M. (2000). Communities of practice: The organizational frontier. *Harv Bus Rev, 78*(1), 139.

Chapter 27

1. Orchard, J., Best, T.M., and Verrall, G.M. (2005). Return to play following muscle strains. *Clinical Journal of Sport Medicine, 15*(6), 436-441.

2. Blackburn, T.A., and Guido, J.A. (2000). Rehabilitation after ligamentous and labral surgery of the shoulder: Guiding concepts. *Journal of Athletic Training, 35*(3), 373-381.

3. Riemann, B.L., and Lephart, S.M. (2002). The sensorimotor system, part I: The physiologic basis of functional joint stability. *Journal of Athletic Training, 37*, 71–79.

4. Hertel, J. (2006). Overview of the etiology of chronic ankle instability. Third International Ankle Symposium, Dublin.

5. Cook, C.J., and Beaven, C.M. (2013). Individual perception of recovery is related to subsequent sprint performance. *British Journal of Sports Medicine, 47*(11), 705-709.

6. Walker, N., Thatcher, J., and Lavallee, D. (2010). A preliminary development of the Re-Injury Anxiety Inventory (RIAI). *Physical Therapy in Sport, 11,* 23-29.

편집자에 대하여

데이비드 조이스 David Joyce. 호주 시드니에 본사를 둔 글로벌 스포츠 전략 및 퍼포먼스 컨설팅 회사인 Synapsing의 설립자이며 상무이사로 일하고 있다. 그는 여러 세계 및 올림픽 챔피언을 트레이닝하고 재활을 도왔으며, 20년 동안 올림픽 프로그램(영국, 중국, 호주)에서 일하면서 엘리트 축구, 럭비, AFL에서 매우 성공적으로 팀을 이끈 바 있다. 그는 스포츠 과학 및 스포츠 의학 석사 학위와 MBA를 보유하고 있으며, 스포츠 퍼포먼스 분야에서 50여 건의 논문을 발표했다.

다니엘 르윈던 Daniel Lewindon. 영국 테니스 협회(LTA)의 퍼포먼스 과학 및 의학 책임자이다. 그는 엘리트 선수, 코치 및 퍼포먼스 프로그램을 지원하기 위해 스포츠 과학 및 의학의 리더십, 관리 및 통합을 담당하고 있다. 테니스 선수들과 함께 일하기 전에 르윈던은 13년 동안 프로 럭비에서 일했으며, 그중 7년 동안은 잉글랜드의 시니어 팀 물리치료사로 일하면서 선수들의 회복, 부상 예방 및 재활을 담당했다. 그는 스포츠 과학 및 스포츠 의학 석사 학위를 보유하고 있다.

기여자에 대하여

마이크 맥기건 Mike McGuigan, **PhD, CSCS.** 뉴질랜드 오클랜드 공과대학교Auckland University of Technology의 Strength and Conditioning 교수이자 호주 에디스 코완 대학교Edith Cowan University의 객원 교수다. 맥기건 박사는 또한 《Journal of Strength and Conditioning Research》의 선임 부편집장으로도 활동하고 있다.

조 클럽 Jo Clubb, **BSc, MSc.** 퍼포먼스 과학 컨설턴트로, 전 세계의 프로 팀, 관리 기관 및 기술 회사에서 근무하고 있다. 조는 4년 동안 NFL의 Buffalo Bills에서 수석 스포츠 과학자로 근무했다. 그 전에는 NHL의 Buffalo Sabres와 잉글랜드 축구 클럽인 Chelsea Football Club 및 Brighton & Hove Albion에서 근무했다. 그녀는 러프버러 대학에서 스포츠 및 운동 과학 학사 학위를, 호주 가톨릭 대학에서 하이퍼포먼스 스포츠 석사 학위를 취득했다.

로드리 S. 로이드 Rhodri S. Lloyd, **PhD.** 카디프 메트로폴리탄 대학의 소아 근력 및 컨디셔닝 강사이며 청소년 신체 발달 센터의 의장이다. 그의 연구 관심사는 성장과 성숙이 장기적인 운동 능력 발달에 미치는 영향과 청소년의 트레이닝 적응을 뒷받침하는 신경근 메커니즘에 있다. 현재까지 그는 어린이와 청소년의 근력 및 컨디셔닝을 주제로 3권의 책과 110여 편의 피어 리뷰 논문을 발표했다.

존 L. 올리버 Jon L. Oliver, **PhD.** 응용 소아 운동 과학 교수이며 카디프 메트로폴리탄 대학의 청소년 신체 발달 센터의 공동 설립자이다. 또한 오클랜드 공과 대학의 스포츠 퍼포먼스 리서치 인스티튜트 뉴질랜드(SPRINZ)의 겸임 교수이기도 하다. 그의 연구 관심사는 장기적인 운동 능력 개발에서 신체 퍼포먼스, 부상 위험, 건강 및 웰빙이 서로 연결된 영역을 다루고 있다. 그는 다양한 스포츠 분야에서 일해 왔으며, 정책 및 실무에 정보를 제공하기 위해 국내 및 국제적인 전문 기관들과 지속적으로 협력하고 있다.

션 커밍 Sean Cumming, **PhD.** 바스 대학의 스포츠 및 운동 과학 분야 강사다. 프리미어 리그, 영국 축구 협회, 영국 체조 협회, 영국 론 테니스 협회에서 연구 및 컨설팅 업무를 맡고 있으며, 재능 있는 젊은 선수들의 발굴 및 육성에 대한 성장과 성숙의 역할을 연구하고 있다. 그의 생물학적 밴딩bio-banding에 대한 연구는 여러 스포츠 분야에서 성장과 성숙도의 평가, 모니터링, 고려에 관한 정책 및 실무 개선에 기여했다.

사무엘 커밍Samuel Cumming, MSc. 영국 스포츠 연구소(EIS)의 멘탈 헬스 책임자(대행)다. 이 직책에서 그는 하이퍼포먼스 시스템 전반에 걸쳐 영국 스포츠의 멘탈 헬스 전략을 지원한다. 여기에는 멘탈 헬스 교육의 개발 및 제공, 여러 스포츠의 멘탈 헬스 전략에 대한 직접적인 업무, EIS의 멘탈 헬스 전문가 패널의 관리 지원, 그리고 전반적으로 긍정적인 멘탈 헬스를 촉진하는 일이 포함된다. 그는 심리학(임상 심리학을 부전공한 응용 사회 심리학 학사, 스포츠 심리학 석사)을 전공했으며, 2019년에 EIS로 이동하기 전에는 6년 동안 British Rowing에서 GB Rowing Team의 관리 및 지원 업무를 담당했다.

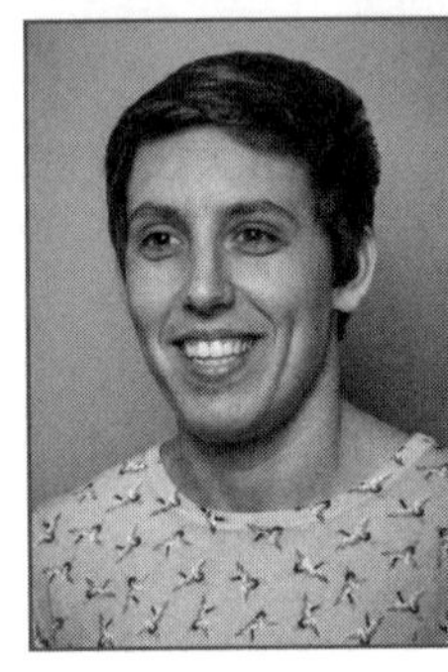

수잔 우드Susan Wood, MSc, DClinPsy. Changing Minds UK의 임상 심리학자다. Changing Minds는 스포츠 분야에서 응용 심리학 서비스를 제공한 풍부한 경험과 엘리트 스포츠 분야에서 정신 건강 서비스의 전략적 개발 및 실행에 대한 전문 지식을 보유하고 있다. 우드 박사는 다양한 전문 및 엘리트 스포츠 분야에서 일하며, 개인 작업, 시스템 상담, 교육 및 트레이닝을 수행하고 있다. 그녀는 엘리트 스포츠 환경에서 정신 건강과 웰빙을 지원하는 데 특별한 관심을 가지고 있으며, 프로 축구 선수들을 대상으로 이 분야에 대한 연구를 진행한 바 있다. 2018년 10월 Changing Minds에 합류하기 전, 우드 박사는 NHS 아동 및 청소년 정신건강 서비스에서 근무했다. 그녀는 다양한 서비스 환경에서 생애 주기 전반에 걸친 사람들과의 작업 경험도 보유하고 있다. 수진은 스포츠에 대한 오랜 열정을 가지고 있으며, 축구에서 청소년 국제 대회에 출전했으며, 현재도 축구와 하키를 국가대표 수준에서 계속하고 있다.

제임스 벨James Bell, MSc, PhD. PGA 골프 코치로 트레이닝을 받은 후, 뱅거 대학에서 퍼포먼스 심리학 석사 및 박사 학위를 취득했다. 박사 학위를 취득한 후, 그는 잉글랜드 및 웨일즈 크리켓 협회(ECB)에서 퍼포먼스 심리학 연수생으로 일하면서 주로 잉글랜드 크리켓 패스웨이의 개발 프로그램에 참여했다. 2013년 2월, 벨 박사는 클리블랜드 브라운스에 심리 서비스 책임자로 채용되어 선수, 코치 및 지원 직원에게 심리 지원을 제공했다. 2014년 10월, 벨 박사는 영국으로 돌아와 럭비 풋볼 연합(RFU)의 심리학 국가 책임자로 근무했다. RFU에서 그는 잉글랜드 럭비 팀(남자, 여자, 7인제 프로그램)을 지원하는 심리학자 팀을 구성하는 일을 담당했다. 2017년 2월, 벨 박사는 UK Sport에서 새로 창설된 문화 개발 책임자로 부임하여 모든 WCP가 지속 가능한 하이퍼포먼스 문화를 채택하도록 하는 일을 담당했다. 문화 개발 책임자로서의 역할과 함께, 그는 EIS 내에서 정신 건강 서비스 및 교육에 대한 책임도 맡았다. 2020년 2월, 벨 박사는 Changing Minds에서 퍼포먼스 서비스 책임자로 새로운 역할을 시작했으며, 다양한 퍼포먼스 환경에서 응용 심리학을 담당하고 있다. 현재 그는 브라이튼 앤 호브 알비온 FC와 LTA에 응용 심리학을 제공하고 있다.

매트 조던Matt Jordan PhD. 6회의 동계 올림픽에서 세계 각국의 선수들을 지도한 근력 및 컨디셔닝 코치이자 응용 스포츠 과학자다. 그의 연구는 저항 트레이닝에 대한 신경근 적응과 엘리트 선수들의 ACL 부상/재부상 예방에 초점을 두고 있다. 근력 코치 및 스포츠 과학자로서의 경력을 통해 조던 박사는 30명 이상의 올림픽 및 세계 챔피언 메달리스트들을 컨설팅했으며, 하이퍼포먼스 스포츠 기관에 자주 전문 지식을 제공하고 있다. 현재 그는 Canadian Sport Institute Calgary의 스포츠 과학 디렉터이며, University of Calgary의 운동학부 겸임 교수로 재직 중이다.

로렌 랜도우 Loren Landow, **CSCS*D.** 운동 및 스포츠 퍼포먼스 전문가로, 덴버 브롱코스의 수석 근력 및 컨디셔닝 코치로 활동하며 생체 역학을 분석하고 교정하는 능력으로 유명하다. 랜도우 코치는 NFL, NHL, MLB, UFC, WNBA에서 활약하는 700명 이상의 프로 선수와 올림픽 메달리스트를 비롯한 모든 연령대와 능력의 수천 명의 선수를 트레이닝한 경력이 있다. 그는 70명 이상의 NFL AllPros와 20명 이상의 NFL 드래프트 1라운드 지명 선수들과 함께 일했다. 그는 퍼포먼스 분야의 선도적인 기관들을 위해 국제적으로 강연을 해 왔으며, 세 권의 책을 집필했다. 『My Off-Season with the Denver Broncos: Building a Championship Team (While Nobody's Watching)』, 『Ultimate Conditioning for Martial Arts』, 『All-Pro Performance Training』. 그는 콜로라도주 센테니얼에 있는 Landow Performance의 설립자이자 소유주이다.

버논 그리피스 Vernon Griffith. Performance Explored LLC에서 활동하는 퍼포먼스 컨설턴트로, 프로 및 대학 스포츠 팀에 움직임과 가동성에 대해 조언하고 있다. 전직 군인인 그는 군 특수 작전 부대에서 현역 및 퇴역 군인들이 신체적, 정신적으로 건전한 상태를 유지할 수 있도록 지원한 경력을 자랑스럽게 생각하고 있다. 또한 고등학교, 대학, 프로 선수부터 익스트림 스포츠 선수에 이르기까지 다양한 선수들과 함께 일하며, 전국의 선수들이 사용할 수 있는 표준화된 움직임 및 가동성에 대한 접근법을 개발하기 위해 노력하고 있다.

댄 엘리스 Dan Ellis, **MSc, PhD(c).** SENr 등록 퍼포먼스 영양학자이며, 현재 영국 테니스 협회(LTA)의 퍼포먼스 영양 책임자로 근무하고 있다. 현재 직책과 함께 리버풀 존 무어스 대학에서 엘리트 테니스 선수의 에너지 및 영양 요구 사항을 연구하며 박사 학위를 취득을 위해 연구하고 있다. 그 밖의 컨설팅 분야로는 도로 사이클링, 산악자전거, 철인 3종 경기 등이 있다.

그레이엄 L. 클로즈 Graeme L. Close **PhD.** 리버풀 존 무어스 대학의 인체 생리학 교수로, 학문적 연구와 영양 및 생리학 컨설팅을 결합하여 세계 유수의 스포츠 기관에 자문을 제공하고 있다. 현재 잉글랜드 럭비 국가대표팀의 영양 컨설턴트, 유럽 투어 골프 및 유럽 라이더 컵 팀의 퍼포먼스 영양 책임자이며, 여러 프리미어 리그 축구 클럽과 선수들에게도 자문을 제공하고 있다. 클로즈 박사는 Sport and Exercise Nutrition Register (SENr)의 부의장이며, European College of Sport Science (ECSS)와 British Association of Sport and Exercise Sciences (BASES)의 정회원이다.

스튜어트 코맥 Stuart Cormack, **PhD.** 호주 멜버른에 있는 호주 가톨릭 대학의 행동 및 건강 과학 대학 부교수이며, SPRINTSports Performance, Recovery, Injury, and New Technologies 연구 센터의 부소장이다. 그는 25년 이상 하이퍼포먼스 스포츠에 지도자로 참여하면서 스포츠 퍼포먼스와 관련된 다양한 분야의 연구 및 응용에 깊은 관심을 가지고 있다. 코맥 박사의 연구는 트레이닝 부하 및 피로 모니터링에 특히 중점을 두고 있으며, 그는 수많은 동료 평가 논문을 발표하고 여러 책의 장을 집필했다. 현재 다양한 연구 프로젝트에 참여하고 있으며 여러 하이퍼포먼스 프로그램에 컨설턴트로 활동하고 있다. 코맥 박사는 또한 호주 근력 및 컨디셔닝 협회의 평생

회원이다.

아론 J. 쿠츠 Aaron J. Coutts, **PhD.** 시드니 공과대학교(UTS)의 스포츠, 운동 및 재활 학부 교수이자 학부장으로 재직 중이다. 또한 UTS의 인간 퍼포먼스 연구 센터Human Performance Research Centre 소장도 맡고 있다. 지난 25년 동안 쿠츠 박사는 선수의 건강과 퍼포먼스를 이해하고 개선하기 위한 증거 기반의 방법 개발에 주력해 왔다. 그의 연구의 대부분은 하이퍼포먼스 선수들의 트레이닝 과정을 측정, 모니터링 및 제어하는 시스템 개발에 집중되어 있다. 학업 활동 외에도, 쿠츠 박사는 여러 하이퍼포먼스 스포츠 기관에 스포츠 과학 자문을 제공하고 있다. 또한, 그는 Exercise and Sport Science Australia (ESSA)의 이사이며 Nike Sport Research Laboratory Advisory Board의 회원이다.

브렛 바르톨로뮤 Brett Bartholomew**.** 근력 및 컨디셔닝 코치, 저자, 컨설턴트이자 Art of Coaching의 창립자다. 그는 팀 환경과 민간 부문에서 선수들을 지도한 경험과 함께 미국 특수 부대원 및 Fortune 500 대기업 직원들을 지도한 경험도 있다. 그는 전 세계 23개 스포츠 분야의 다양한 선수들을 청소년 선수부터 올림픽 선수에 이르기까지 다양한 수준에서 코치한 경력을 보유하고 있다. 그는 수많은 슈퍼볼 및 월드 시리즈 챔피언과 프로 복싱 및 UFC의 여러 프로 선수들을 지원해 왔다.

에몬 플래너건 Eamonn Flanagan, **PhD.** 스포츠 아일랜드 인스티튜트Sport Ireland Institute의 수석 근력 및 컨디셔닝 컨설턴트로, 여러 올림픽 및 패럴림픽 스포츠에 걸쳐 근력 및 컨디셔닝 지원을 관리하고 제공하고 있다. 그는 스포츠 생체역학 박사 학위를 보유하고 있으며, 근력과 파워 향상, 플라이오메트릭 트레이닝 및 평가에 특히 연구 관심이 많다. 플래너건 박사는 이전에 아일랜드 럭비 풋볼 연합Irish Rugby Football Union과 스코틀랜드 럭비 연합Scottish Rugby Union에서 근무한 바 있다.

장-베노이트 모랭 Jean-Benoit Morin, **PhD.** 프랑스 생테티엔 장 모네 대학의 정교수이며, 인간 운동 과학 대학간 연구소(LIBMInterUniversity Laboratory of Human Movement Science)의 회원, 오클랜드 공과 대학의 뉴질랜드 스포츠 퍼포먼스 연구소(SPRINZSports Performance Research Institute New Zealand)의 부연구위원이다. 그는 1998년에 육상 코치 국가 자격증을 취득하고, 2004년에 인간 운동 및 퍼포먼스 분야 박사 학위를 취득했다. Morin 박사의 연구 분야는 주로 인간 운동 및 퍼포먼스이며, 특히 러닝 생체 역학 및 최대 파워 운동(스프린트, 점프)에 관심이 많고, 프로 스포츠 팀의 컨설턴트로도 활동하고 있다.

스튜어트 맥밀런 Stuart McMillan**.** 거의 30년 동안 프로 코치로 활동했으며, 다양한 스포츠 분야의 프로 및 아마추어 선수들을 지도하며 파워와 스피드 향상에 주력해 왔다. 그는 7번의 올림픽에서 70명 이상의 올림픽 선수들을 직접 코치했으며, 이 선수들은 30개 이상의 올림픽 메달을 획득했다. 또한 그는 6개 국가의 국가 스포츠 연맹(NGB)에서 근무했으며, 미국, 캐나다, 영국에서 통합 지원 팀의 일원으로 참여하거나 팀을 이끈 경험이 있다. 2013년부터 그는 애리조나주 피닉스에 위치한 ALTIS에서 공동 소유주이자 최고 경영자(CEO)로 재직 중이다.

제레미 M. 셰퍼드 Jeremy M. Sheppard, **PhD.** 캐나다 스노보드의 통합 지원 팀 리더이자 캐나다 스포츠 연구소의 선임 자문위원이다. 그는 팀 스포츠(축구, 배구)부터 액션 스포츠(서핑, BMX, 스노보드)에 이르는 다양한 스포츠 분야에서 국제적으로 생활하고 일하는 행운을 누려 왔다. 그는 에디스 코완 대학교의 겸임 부교수로 재직 중이다.

다나 아가르-뉴먼 Dana Agar-Newman, **MSc.** 캐나다 스포츠 인스티튜트 퍼시픽Canadian Sport Institute Pacific의 근력 및 컨디셔닝 책임자이다. 그는 캐나다 빅토리아 대학University of Victoria과 제휴하여 응용 근력 및 컨디셔닝 연구를 진행하면서 수많은 영연방, 세계 및 올림픽 선수들과 팀들과 함께 일해 왔다.

소비아 님피우스 Sophia Nimphius, **PhD, CSCS*D.** 에디스 콴 대학교(ECU)의 인간 퍼포먼스 교수이며, 호주 주니어 여자 소프트볼 국가대표팀의 분석가 및 근력 및 컨디셔닝 코치로 활동하고 있다. 그녀는 이전에 서핑 오스트레일리아 헐리 하이퍼포먼스 센터Surfing Australia Hurley High Performance Centre의 스포츠 과학 매니저와 소프트볼 웨스턴 오스트레일리아Softball Western Australia의 하이퍼포먼스 매니저를 역임했다. 미국과 호주에서 국가대표팀, 올림픽 팀, 프로 팀과 함께 스포츠 과학자 및 강도 및 컨디셔닝 코치로 활동한 그녀는 현재 Australian Strength and Conditioning Association, PCAS-Elite), Exercise & Sports Science Australia (ASpS2, AHPM), 및 National Strength and Conditioning Association (CSCS*D)에서 인증을 취득했다. 그녀는 여성 스포츠 분야의 체계적인 변화를 이끌기 위해 다양한 위원회와 이사회에 참여하고 있으며, Australian Institute of Company Directors의 졸업생으로 GAICD 자격을 취득했다.

데이비드 T. 마틴 David T. Martin, **PhD.** 지난 30년 동안 응용 스포츠 과학자로서 올림픽 및 프로 코치와 선수들과 함께 일해 왔다. 마틴 박사는 재능 식별, 경기 요구 사항, 피로 관리, 경기 분석, 고도 트레이닝 및 체온 조절과 같은 주제를 연구한 110여 건의 과학 논문을 발표했다. 호주 스포츠 연구소(AIS)에서 마틴 박사는 수석 생리학자, 사이클링 국가 스포츠 과학 코디네이터, AIS 컴뱃 센터의 퍼포먼스 디렉터로 재직했다. 마틴 박사는 최근 필라델피아 76ers의 퍼포먼스 디렉터(2015~2019)를 역임했으며, 현재 Apeiron Life의 수석 과학자로 재직 중이다.

마르탱 부셰 Martin Buchheit, **PhD.** 스포츠 과학자, 근력 및 컨디셔닝 코치, 파리 생제르맹 FC의 퍼포먼스 책임자다. 또한 호주 빅토리아 대학의 운동 과학 부교수로 재직 중이다. 이전에는 카타르의 ASPIRE 아카데미에서 운동 생리학자로 일했으며, 여러 기관에서 강사, 컨설턴트, 근력 및 컨디셔닝 코치로 활동했다. 부셰 박사는 프랑스 스트라스부르 대학에서 생리학 박사 학위를 취득했다. 그는 160여 건의 피어 리뷰 논문을 발표했으며, 그의 연구의 대부분은 고강도 인터벌 트레이닝에 초점을 두고 있다. 그가 개발한 트레이닝 도구로는 고강도 트레이닝을 프로그램하는 데 사용되는 30-15 간헐적 피트니스 테스트와 심박수 변동성을 사용하여 트레이닝 상태를 모니터링하는 데 사용되는 5-5 러닝 테스트가 있다. 부셰 박사는 경기 분석과 인재 개발 및 발굴에 대한 경험도 보유하고 있다. 그는 마라톤에서 2시간 54분의 개인 최고 기록을 보유한 지구력 선수이기도 하다.

폴 B. 라우르센 Paul B. Laursen, **PhD.** 지구력 코치, 스포츠 과학자이며 뉴질랜드 오클랜드 공과대학교의 겸임 교수다. 퀸즐랜드대학교에서 운동 생리학 박사 학위를 취득한 후, 뉴질랜드 하이퍼포먼스 스포츠High Performance Sport New Zealand의 생리학 관리자로 근무했으며, 현재는 캐나다 브리티시 컬럼비아에 거주하고 있다. 라우르센 박사는 고강도 인터벌 트레이닝에 대한 지식과 연구로 국제 스포츠 및 근력 및 컨디셔닝 커뮤니티에서 잘 알려져 있다. 그 밖의 관심 분야로는 건강, 장수, 심박수 변동성, 체온 조절, 트레이닝에 인공 지능을 적용하는 것 등이 있다. 운동 및 스포츠 과학 저널에 125편 이상의 피어 리뷰 논문을 발표했으며, 공동 저자인 Martin Buchheit와 함께 발표한 논문은 가장 많이 인용되는 논문 중 하나이다. 그는 18회의 아이언맨 트라이애슬론을 완주한 활동적인 지구력 선수이기도 하다.

닉 윙클만 Nick Winkelman, **PhD.** 아일랜드 럭비 풋볼 연합Irish Rugby Football Union의 운동 퍼포먼스 및 과학 책임자다. 아일랜드 럭비에 합류하기 전에는 EXOS의 교육 및 트레이닝 시스템 책임자로 근무했다. 운동 능력 학습 및 단거리 달리기 분야에서 박사 학위를 취득한 그는 『코칭의 언어: 운동 교육의 예술과 과학The Language of Coaching: The Art & Science of Teaching Movement』의 저자이기도 하다.

던컨 프렌치 Duncan French**.** UFC 퍼포먼스 인스티튜트의 퍼포먼스 부사장이며, 전 세계 600명의 UFCUltimate Fighting Championship 선수들의 퍼포먼스 운영을 지휘하고, 라스베이거스와 상하이에 위치한 두 개의 최첨단 하이퍼포먼스 시설을 관리하는 책임을 맡고 있다. 그는 선수들의 건강, 웰빙, 퍼포먼스에 대한 퍼포먼스 서비스의 효과를 극대화하는 스포츠별 기술 인터페이스를 지휘하고 있다. 그는 하이퍼포먼스 스포츠 분야의 세계적인 전문가로 인정받고 있으며, 올림픽 및 세계 선수권 대회 메달리스트, 세계 기록 보유자, 세계 최고 리그에서 활약하는 프로 선수들, NCAA 디비전 I 선수들을 25년 동안 코치한 경력을 보유하고 있다.

존 키일리 John Kiely, **PhD.** 현재 영국 센트럴 랭커셔 대학의 코칭 및 퍼포먼스 연구소에서 엘리트 퍼포먼스 분야 수석 강사로 재직 중이다. 그는 국제 및 프리미어 리그 축구, 국제 및 프리미어십 럭비, NFL, 엘리트 군부대 등 다양한 분야의 숙련된 전문가들의 박사 학위 과정을 지도하고 있다. 코치로서 키일리 박사는 IAAF 세계 선수권 대회, 패럴림픽 및 올림픽에서 메달을 획득한 선수들과 럭비 및 축구 월드컵의 국제 대표팀을 지도한 바 있다. 또한 25년 이상의 풀뿌리 경력을 쌓은 자격을 갖춘 복싱 코치이기도 하다.

벤 로젠블랫 Ben Rosenblatt, **PhD.** 잉글랜드 축구 국가대표팀의 수석 피지컬 퍼포먼스 코치다. 그는 국가대표팀 코치, 선수, 축구 클럽과 긴밀하게 협력하는 대규모 피지컬 퍼포먼스, 영양, 의학 팀과 함께 국제 축구 환경에서 피지컬 퍼포먼스를 개선하기 위한 다분야 전략을 개발하고 있다. 로젠블랫 박사는 15년 동안 올림픽 및 프로 선수들과 함께 일해 왔으며, 2012년 유도에서 올림픽 동메달, 2016년 하키에서 금메달, 2018년 잉글랜드 축구 국가대표팀의 월드컵 준결승 진출 등 화려한 경력을 보유하고 있다. 그는 트레이닝 원리의 생체역학 박사 학위를 보유하고 있으며, 피지컬 사전 준비 및 재활의 효과와 효율성 개선에 대한 연구에 관심을 가지고 있다.

대런 버지스 Darren Burgess, **PhD.** 현재 멜버른 풋볼 클럽의 하이퍼포먼스 매니저로 재직 중이다. 이 직책을 맡기 전에는 아스널 풋볼 클럽의 하이퍼포먼스 디렉터, 포트 애들레이드 풋볼(AFL) 클럽의 하이퍼포먼스 매니저, 호주 풋볼 연맹의 스포츠 과학 책임자, 리버풀 풋볼 클럽의 피트니스 및 컨디셔닝 책임자를 역임했다. 버지스 박사는 1997년부터 2005년까지 시드니에 위치한 호주 가톨릭 대학교에서 운동 과학 강사로 근무했으며, 2012년에 AFL과 축구의 움직임 분석을 주제로 박사 학위를 취득했다. 버지스 박사는 다수의 논문을 학술지에 게재했으며, 국제 학술대회에서 다수 강연했다.

달시 노먼 Darcy Norman**.** 20년 이상 인체 퍼포먼스 업계에서 여러 직책을 맡아 일해 왔다. 지난 10년 동안은 주로 방법론의 개발 및 구현, 응용 데이터, 전략적 관계 구축, 최고 수준의 의료, 재활, 피트니스, 영양, 심리학 및 스포츠 과학 인력의 채용, 트레이닝 및 관리에 주력해 왔다. 움직이는 신체를 이해하는 그는 인간 퍼포먼스 업계의 최전선에서 수많은 스포츠 퍼포먼스 리더들과 함께 일할 수 있는 행운을 누리고 있다.

티나 머레이 Teena Murray**.** NBA 새크라멘토 킹스의 건강 및 퍼포먼스 담당 부사장이다. 그녀는 루이스빌 대학, 코네티컷 대학, 코넬 대학, 애너하임 덕스, 플로리다 팬더스, 국제 아이스하키 연맹, 터키 농구 연맹, 미국 하키 연맹에서 25년 동안 교육자, 연구원, 멘토, 퍼포먼스 전략가, 근력 코치로 일했다. 티나는 운동 생리학, 교육학, 운동학 학위를 소지하고 있으며 현재 경영 리더십 프로그램에 참여 중이다. 그녀는 NSCA와 Collegiate Strength and Conditioning Coaches Association(CSCCa)에서 명예 회원 자격을 보유하고 있다.

데릭 M. 핸슨 Derek M. Hansen**.** 국제적인 스포츠 퍼포먼스 컨설턴트이자 교육자다. 그는 30년 이상 스프린트 코치로 일했으며, 20년 이상 프로팀(NFL, NBA, NHL, MLS, MLB), 국가 대표팀 조직 및 대학 운동 프로그램에 컨설팅을 제공해 왔다. 그는 속도 향상, 전략적 퍼포먼스 계획, 경기 복귀 프로토콜, 전기 자극 기술에 전문성을 보유하고 있다. SprintCoach.com을 통해 컨설팅 서비스를 제공하고, RunningMechanics.com을 통해 교육 과정을 운영하고 있다.

레트 라슨 Rett Larson**.** 독일 여자 배구 대표팀의 헤드 S&C 코치다. 그는 네덜란드 여자 배구 대표팀에서도 같은 역할을 맡았으며, 중국에서 7년간 활동하며 많은 중국 국가대표팀을 지도했다. 특히 2015년 월드컵과 2016년 올림픽에서 우승한 여자 배구 대표팀을 지도한 것이 가장 주목할 만한 성과다. 그는 미국 Velocity Sports Performance에서 10년 동안 코치로 일한 후, 캘리포니아 뉴포트비치에 있는 본사에서 코칭 디렉터로 일했다.

G. 그레고리 해프G. Gregory Haff, **PhD, CSCS*D, FNSCA, AWF-3, ASCC, ASCA-2.** 에디스 코완 대학교Edith Cowan University에서 근력 및 컨디셔닝 교수이자 운동과학 석사 과정(근력 및 컨디셔닝 전공)의 담당 교수다. 또한 그는 살포드 대학교University of Salford 심리학 및 스포츠 학부에서 명예 교수로도 재직 중이다. 해프 교수와 그의 연구팀은 속도 기반 트레이닝이 근력 적응에 미치는 영향과 퍼포먼스를 극대화하기 위한 저항 트레이닝의 구조를 개선하는 방법을 연구하고 있다.

셔나 할슨 Shona Halson**, PhD.** 호주 가톨릭 대학교 행동 및 건강 과학 학부의 부교수로, 2002년부터 2018년까지 호주 스포츠 연구소Australian Institute of Sport의 회복 생리학 부서장을 역임했다. 그녀는 호주 올림픽 위원회Australian Olympic Committee의 세 차례 올림픽 캠페인에 참여했다. 그녀의 연구는 회복, 피로, 수면에 초점을 맞추고 있으며, 130편 이상의 동료 심사 논문을 출판하고 다수의 책 장을 집필했다. 할슨 박사는 International Journal of Sports Physiology and Performance의 부편집장이며, Nike Performance Council의 일원으로 호주 오픈 테니스 토너먼트와 Nike에 컨설팅 서비스를 제공하고 있다.

로레나 토레스-론다 Dr Lorena Torres-Ronda**, PhD.** 전 세계 5개 대학에서 퍼포먼스 및 스포츠 과학을 전공하며 폭넓은 교육 및 연구 경력을 쌓았다. 그녀는 프로 및 올림픽 선수, 골프 선수, 테니스 선수, F.C. 바르셀로나의 농구 선수, 스페인 수영 연맹, 그리고 최근에는 NBA에서 폭넓은 경력을 쌓았다. 또한 샌안토니오 스퍼스에서 스포츠 과학자 및 연구 개발 코디네이터로, 76ers에서 퍼포먼스 디렉터로, 스페인 농구 연맹에서 리더십 역할을 맡고 있다. 그녀는 운동 퍼포먼스, 스포츠 과학, 기술 및 혁신, 데이터 분석 및 시각화, 트레이닝 및 경기 모니터링, 부하 관리, 사전 회복, 영양 및 리더십, 퍼포먼스 문화에 중점을 두고 있으며, 하이퍼포먼스 주제에 대한 연구를 집필 및 공동 집필했다.

샘 로버트슨 Sam Robertson**.** 스포츠 분석 교수로 빅토리아 대학에서 스포츠 분야의 연구 및 상업 활동을 추진하고, 다양한 스포츠 산업 파트너십을 관리하고 있다. 그의 연구는 주로 선수와 스포츠 조직의 의사 결정을 개선하기 위한 분석의 적용에 초점을 두고 있으며, 이 분야에서 100여 건의 피어 리뷰 논문을 발표했다. 또한 전 세계의 프로 스포츠 클럽에 혁신 및 운영 의사 결정 개선에 대해 컨설팅을 제공하고, 다양한 스포츠 기술 스타트업을 자문하고 있다.

재클린 트란 Jacqueline Tran**.** 뉴질랜드 올림픽 및 패럴림픽 스포츠를 위한 장기 학습 지원 프로그램을 이끌며, 최고 수준의 경기에서 성공을 뒷받침하는 체계적인 요소에 초점을 맞추고 있다. 그녀는 스포츠 과학 분야의 활발한 연구원으로, 선수들의 준비 및 회복 훈련과 스포츠 퍼포먼스 분석에 데이터 과학 방법을 적용하는 데 관심이 많다.

역자에 대하여

대표 역자 서민섭

- 경희대학교 스포츠의학과 졸업
- NSCA-CSCS
- EXOS Performance phase 3
- 엠에스피지컬 대표

공동 역자(가나다 순)

고준영

- 경희대학교 체육대학원 스포츠의,과학 석사
- 경희대학교 스포츠의학과 선수트레이닝 전공
- 엠에스피지컬 트레이닝 센터장
- 빙상(쇼트트랙) 종목 의무, 체력 트레이너

김범수

- 남서울대학교 스포츠건강관리학과 학사
- 前 수원 Fc 유스 의무트레이너
- 前 당진 시민축구단 의무트레이너
- 現 스포츠과학원 위촉연구원

김성언

- 주식회사 펄스 대표이사
- 건강운동 연구소 펄스랩 연구소장
- 세종대학교 산업대학원 스포츠산업학과 교수
- 대한운동학회 학술교육위원

김소정

- 現 동덕여자대학교 체육학 박사
- 現 여성운동 맘스테라피 대표
- 現 수원대학교 객원교수
- 現 한국체육대학교 시간강사

김주영

- 現 서원대학교 헬스케어운동학과 교수
- 現 국가대표 및 프로선수 스포츠영양 컨설턴트
- 現 대한민국농구협회 의무위원
- 現 한국운동영양학회 교육위원장 및 편집위원

박훈영

- 건국대학교 대학원 스포츠의과학과 / PAP연구소 부교수
- Frontiers Physiology 운동생리학 분과 부편집장
- Frontiers in Sports and Active Living 운동생리학 분과 부편집장
- Sports Science for Health 영양 및 대사 섹션 편집장

백형진

- 통합의학박사, DO, DN, AT
- 現 스포츠과학원 공동연구원 및 자문위원
- 現 헬스케어웨이브 대표 및 ㈜ 비엠 이사
- 前 태릉선수촌 월계관 체력 담당 트레이너

양승화
- 경희대학교 스포츠의학과 졸업
- 건강운동관리사
- 고려대학교 농구선수단 트레이너
- 엠에스피지컬 트레이너

양지혜
- 現 백석예술대학교 뷰티예술학부 외래교수
- 前 인덕대학교 방송헤어미용예술학과 외래교수
- 前 한양대학교 미래교육원 체육학1 겸임교수
- 前 MBC, EBS, 메가미래교육원 운영교수

오정헌
- 한국체육대학교 운동건강관리학과 졸업
- 엠에스피지컬 트레이너
- NSCA-CSCS
- 前 한국체육대학교 의무지원팀 팀장

우연준
- 경희대학교 스포츠의과학 석사
- 前 강남초이스병원 스포츠의학센터 트레이너
- 前 삼성생명 배드민턴단 의무트레이너
- 現 배드민턴 서승재 & 김원호 선수 개인트레이너

우예훈
- 現 스포츠과학원 초빙연구원
- 現 헬스케어웨이브 강사
- 前 파라아이스하키 국가대표 트레이너
- 前 U12 야구 국가대표 트레이너

이광준
- 백광렬 (주)무브데이 대표이사
- 두원공과대학교 스포츠재활과 겸임교수
- 대한장애인사이클연맹 등급분류위원/이사
- 대한운동학회 미래전략위원회 이사

이상욱
- 세종대학교 스포츠산업학과 석사
- 럭비 국가대표팀 트레이너
- 헬스케어웨이브 강사

이수직
- 서울대학교 스포츠과학전공 석사
- 경희대학교 스포츠의학과 학사
- 프로닉 트레이닝센터 대표
- 메듀플러스 강사, 건강운동관리사

이종창
- 現 대구스포츠과학센터 연구원
- 現 대구과학대학교 전문스포츠지도과 외래교수
- 경희대학교 스포츠의학과 학사
- 경희대학교 체육대학원 스포츠의 · 과학 석사, 박사

장영훈
- 계명대학교 체육학과 졸업
- 경희대학교 스포츠의.과학 전공 석사
- 건강운동관리사
- 엑티메디 스포츠의학센터 운동사

장휘수
- 경희대학교 스포츠의학과 & 운동생리학 석사
- 국가대표 배드민턴단 체력트레이너
- 삼성생명 배드민턴단 트레이너
- 스텝업트레이닝 대표

정현철
- 現 경희대학교 체육대학 스포츠지도학과 교수
- 現 대한체육회 대학스포츠위원회 상임위원
- 前 California State University-Chico 교수
- 前 University of Louisiana at Monroe 교수

진강호
- 경희대학교 스포츠의학과 졸업
- 前)대한아이스하키협회 국가대표 전담 트레이너
- EXOS Performance phase 3
- 진트짐 대표

차범걸
- 바디어스 대표
- 리커버리 스트레칭 대표
- 대한스트레칭전문가협회 협회장
- 『피트니스마인드셋/스페셜테스트 100』 대표 저자

제2판
스포츠를 위한 하이퍼포먼스 트레이닝
High-Performance Training for Sports

1판 1쇄 펴냄: 2025년 12월 5일

편집자: 데이비드 조이스, 다니엘 르윈든
옮긴이: 고준영, 김범수, 김성언, 김소정, 김주영, 박훈영, 백형진, 서민섭, 양승화, 양지혜, 오정헌,
우연준, 우예훈, 이광준, 이상욱, 이수직, 이종창, 장영훈, 장휘수, 정현철, 진강호, 차범걸
펴낸이: 권오현
펴낸곳: 대성의학사

출판등록 2009년 6월 22일(제301-2013-095호)
서울특별시 중구 을지로 126-1 (을지로3가, 3층)
전화 02)2279-3444 / 팩스 02)2285-0108
Homepage www.medibook.co.kr

값 55,000원

ISBN 979-11-90868-52-5(13690)